Criminal Psychology & Analysis

이론과 정책사례중심의

범죄심리분석론

한동효 지음

KYOWOO

P·R·E·F·A·C·E

머리말

인간은 왜 타인을 공격하여 불안하게 만들까. 로렌츠(Konrad Lorenz)는 『공격성에 관하여(On Aggression, 1966)』라는 책에서 공격적인 에너지는 환경적 요인과 상관없이 선천적인 본능에 의해 발생한다고 말한다. 동물의 세계에서 얼룩말과 영양 등 초식동물의 공격성은 풍부한 먹이확보와 적자생존을 위한 영역확장에 도움이 된다. 동물들은 같은 종족들끼리 죽이는 것을 금지함으로써 종족이 소멸되는 것을 막는다. 그러나 인간은 같은 종족끼리 죽이지 않는 억제본능이 동물에 비해 상당히 약하다. 인간은 동족 살인이라는 치명적인 폭력을 금지하지 않기 때문에 대인관계에서 발생하는 갈등이나 범죄, 전쟁 등을 통해 살인을 자행한다. 그는 기술문명이 발전하고 치명적인 무기가 개발되면서 인간끼리의 학살로 인해 종의 사멸의 날이 도래할 수 있다고 경고했다. 한마디로 우울한 현실이고 미래다.

최근 밤길에 마주치는 사람들이 두렵다는 조사결과들이 연일 나오고 있고 각종 사회조사 결과에서 한국사회의 불안요소 1위가 범죄다. 범죄는 사회불안의 주범이며, 삶의 질에 부정적인 요인으로 작용하고 있다는 점에서 심각한 사회문제로 대두되고 있다. 마크 트웨인(Mark Twain)은 "모든 동물 중에서 자장 잔인한 동물은 사람이라고 했다. 행하는 즐거움 때문에 고통을 가하는 동물은 사람뿐"이라는 말로 범죄를 경고했다. 성 아우구스티누스(Sanctus Aurelius Augustinus Hipponensis)는 죄(sin)라고 하는 것은 다섯 단계를 거쳐 발생한다고 했다. 첫째, 마음이 어떤 행동을 생각해 낸다. 둘째, 마음은 그 행동을 감각과 관련지어 생각한다. 행동을 통해 쾌락을 얻을 수 있는가를 따진다는 의미이다. 셋째, 행동이 불러올 수 있는 결과를 고려한다. 넷째, 결과를 기꺼이 감수할 생각이 있을 때 그 생각을 실천에 옮긴다. 다섯째, 행동을 하고 난 이후에 마음이 그러한 행동을 합리화한다. 이는 인간의 전형적인 방어기제인 자기합리화를 표현한 것이며, 합리적 범죄선택이론의 기초적 예언이다.

본론으로 들어가 사전적 의미로 볼 때 범죄(crime, 犯罪)는 '저지른 죄' 혹은 '법률에 의해 형벌을 받아야 할 행위'를 지칭한다. 법률적 개념으로 접근한다면 범죄는 '법을 위반하는 행동'이다. 한마디로 범죄는 사회적 질서를 파괴하고 타인에게 육체적 혹은 정신적 피해를 주거나 다른 사람의 재산 또는 명예에 손상을 입히는 일체의 행위이다. 나아가 범죄심리학

머리말 P·R·E·F·A·C·E

(Criminal Psychology)은 범죄예방 및 재범 방지, 범죄수사, 범죄인의 이해, 범죄인의 상담 및 교정, 범죄성 평가 등에 폭넓은 심리학적 전문성을 적용하여 재범을 방지하기 위한 노력을 기울이는 데 응용하는 학문이다.

이 책은 기존의 범죄심리학에 분석을 덧붙였다. 왜냐하면, 기존의 범죄심리학 관련 이론 등을 기초로 범죄예방과 관련한 국내외 정책을 통해 독자들의 분석적 능력을 제고하기 위해서다. 물론 그 주체는 독자들이다. 경비지도사 자격증을 준비하는 학생들과 범죄학과 범죄심리학을 공부하는 수험생, 그리고 프로파일러(profiler)를 꿈꾸는 대학생과 대학원생들의 편에 서서 좀 더 쉽고 평이하게 집필하고자 노력했다. 이 책은 크게 범죄심리학 이론과 사회문제를 다룬 전반부와 범죄예방 관련 정책사례를 다룬 후반부로 구성하였다. 전반부에서는 범죄학과 범죄심리학의 기초이론과 이슈(issue)를 소개하였고, 후반부는 한국사회에서 중요하게 다루어야 할 범죄와 관련된 정책을 중심으로 사례연구의 결과를 제시했다.

전반부의 제1장에서는 범죄심리학의 본질과 유사학문, 그리고 접근방법 등을 소개하였다. 제2장에서는 범죄심리학, 보다 정확하게 표현하자면 고전주의 범죄학과 실증주의 범죄학을 통해 범죄학의 이론적 배경을 고찰하였다. 제3장에서는 행동주의이론, 인지이론, 정신분석이론 등 개인적 차원의 범죄심리 이론을 다루었다. 제4장에서는 환경적 차원의 범죄심리 이론을 구체적으로 고찰하였다. 크게는 사회구조적 관점과 사회과정적 관점, 그리고 사회반응적 관점으로 나누어 접근하였다. 제5장에서는 반사회적 성격장애와 범죄, 특히 사이코패스(psychopath)와 소시오패스(sociopath)를 중심으로 범죄성을 다루었다. 제6장에서는 연쇄살인과 범죄심리 부분으로 연쇄살인의 유형과 단계, 그리고 국내의 사례를 소개하였다. 제7장에서는 최근 한국사회의 최대 이슈라 할 수 있는 데이트폭력을 중심으로 2차 자료를 활용하여 실태를 분석하고 외국의 관련 제도 등을 소개하였다. 전반부의 마지막인 제8장에서는 베르테르 효과와 심리적 부검을 통해 국내외 사례를 검토한 후 정책적 함의를 제공했다.

P·R·E·F·A·C·E 머리말

이 책의 후반부는 범죄예방 차원에서 제시한 정책사례로 제9장에서는 전자감독제도(일명 전자발찌)의 이론적 배경과 견해 등을 살펴보았다. 동시에 우리나라의 전자감독제도의 현황과 실태를 분석한 후 법률적 쟁점사항과 활성화 방안 등을 제시하였다. 제10장에서는 성충동 약물치료제도(일명 화학적 거세)의 도입배경과 실효성 등을 검토한 후 발전방안을 보다 구체적으로 다루었다. 제11장에서는 범죄예방환경설계(CPTED)의 기본원리와 영국과 미국의 운영현황 등을 제시한 후 국내 CPTED의 법·제도적 현황과 실태를 세밀하게 분석하였다. 마지막으로 제12장에서는 범죄심리학에 관심이 많은 독자들을 위해 스톡홀름 증후군, 죄수들의 딜레마게임 등 범죄의 심리적 기제 등을 소개하였다.

끝으로 이 책은 범죄심리학에 관한 기초적이고 핵심적인 안내서다. 이 책의 특징은 각 장마다 관련 사례와 예시 등을 제시하여 독자들이 흥미롭게 접근할 수 있도록 기존 책들과 차별화를 시도했다는 점에 그 의의가 있다. 이 또한 집필자의 개인적인 소견이며, 바램이지만 범죄심리학과 정책문제를 이해하는데 도움이 되었으면 한다. 오늘도 우리는 새잡이 꾼 파파게노(Papageno)의 마술피리를 연상하며 범죄가 없는 미래로 나아가야 한다는 말로 끝을 맺고자 한다.

저자 씀

CONTENTS 목차

목 차 CONTENTS

제9장 전자감독제도

제10장 성충동 약물치료제도

목차 CONTENTS

제12장 범죄의 심리적 기제

CHAPTER 1

범죄심리학의 본질과 발전

Criminal & Psychology

핵심

범죄심리학(犯罪心理學, criminal psychology)은 심리학적 이론과 원리를 적용하여 범죄자의 행동을 이해하고 설명하는 학문이다. 또한 범죄 행동의 교정 및 예방을 과학적으로 연구하고 응용하는 학문이다. 다시 말해 범죄를 일으키는 범죄자의 특성과 배경, 환경적 요인을 알아내 범죄 예방과 범죄 수사, 범죄자의 갱생에 기여하는 것을 목적으로 하는 심리학의 한 분야이며 응용심리학의 하나로 분류된다. 범죄심리학의 연구 영역은 범죄정신의학, 범죄사회학, 형사 정책 등과 겹치는 부분도 많으며, 범죄학(범죄생물학)의 한 종류라고 볼 수 있다. 범죄심리학을 연구하는 데 있어서 생물학적 관점, 사회학적 관점, 심리학적 관점에서 관련 이론 등을 적용하여 범죄 현상과 범죄자의 원인과 행동을 이해한다. 범죄자는 왜 범죄를 저질렀는지, 범죄를 저지르고 난 후 도주 중 또는 법정에서의 반응 등을 연구하고 범죄 심리학자는 재판에서 배심원들에게 피고인(범죄자)의 마음을 이해시키기 위해 증언하기도 한다.

제1절 범죄심리학의 본질

1. 개요

우리는 일상생활에서 범죄(crime)라는 용어를 자주 접하지만 범죄의 개념을 한마디로 정의하기는 쉽지 않다. 범죄라는 용어는 그 의미에 있어서 매우 복합적이며, 접근방법에 따라 다양한 해석이 가능하다. 사전적으로 범죄는 '저지른 죄' 혹은 '법률에 의해 형벌을 받아야 할 행위'를 지칭한다. 법률적 개념으로 접근한다면 범죄는 '법을 위반하는 행동'을 말한다. 이러한 의미에서 볼 때 모든 범죄는 형사법상의 제재가 예정되어 있는 규범에 위반되는 행위이다(오윤성, 2016). 그러나 범죄는 상황과 상관없는 절대적인 개념이 아니라 시대와 장소, 지역에 따라 변화해 가는 상대적인 개념이다. 살인, 강도, 강간, 절도, 사기 등과 같은 규범의 위반은 법 위반임에도 불구하고 규범위반이 곧 법위반을 의미하는 것은 아니다. 예를 들어 1930년대 미국에서의 금주법(Alcohol Prohibition)은 미국 사회 전체가 술을 마시는 것을 하나의 규범으로 인정했음에도 불구하고 주류매매는 불법으로 간주되었다(Allen E. Liska, 정상희 외 공역, 1990).

또한 범죄를 정의하는데 있어서 법학자들과 범죄학자들의 시각은 차이가 있다. 법학자들은 형식적 의미의 범죄와 실질적 의미의 범죄로 구분하여 정의하고 있다. 여기서 형식적 의미의 범죄는 '형벌법규에 의하여 형벌을 과하는 행위'라고 정의하고 실질적 의미의 범죄는 '사회적 유해성' 내지 '법익을 침해하는 반사회적 행위'로 규정하고 있다(김상균, 2002). 반면 범죄학자들은 범죄의 개념을 세 가지 관점으로 구분하여 접근하고 있다. 먼저 일반적 관점인 '다수의견으로서의 시각'과 '갈등적 시각' 그리고 '상호작용적 시각'으로 구분하여 정의하고 있다. 여기서 다수의견으로서의 시각은 범죄를 다수 국민의 도덕과 가치에 영향을 미치는 형법에 의해 정의된 '불법적 행위'로 정의한다. 다시 말해서 사회적 질서를 파괴하고 타인에게 육체적 혹은 정신적 피해를 주거나 다른 사람의 재산 또는 명예에 손상을 입히는 일체의 행위를 범죄로 본다. 갈등적 시각에서의 범죄는 경제적으로나 정치적으로 힘이 있는 개인이 사회를 통제하기 위해 만든 것으로 본다. 갈등주의자들에게 있어 범죄는 정치적 권력을 지배하고 있는 자가 정의를 내리고 법은 지배계급의 도구에 불과하다고 본다. 마지막으로 상호작용적 시각에서의 범죄는 비행행위에 대한 사회적 인식에 영향을 미치는 상대적이고 끊임없이 변화하는 개념으로 정의하였고 범죄자는 사회가 비행자 또는 사회와 별개인 자로서 낙인찍힌 행동을 하는 자로 정의하고 있다(오윤성, 2016).

한편, 심리(心理)는 말 그대로 마음의 이치를 의미하는 용어이며, 심리학은 마음의 이치를 따지는 학문이다. 심리학은 psyche와 logos라는 말에서 유래하였는데, 여기서 '사이키'로 발음되는 psyche는 생명의 숨결, 다시 말해 영혼 또는 정신을 의미한다. 심리학을 과학적인 학문으로 발전시키는데 큰 공헌을 한 빌헬름 분트(Wilhelm Wundt)가 1879년 인간의 행동을 연구하기 위해 독일 라이프치히에 공인 실험실을 열면서 심리학이라는 용어가 공식적으로 탄생했다(나이젤 C. 벤슨, 윤길순 역, 2003). 분트(Wundt)는 심리학을 '자연과학의 주제를 이루는 외적인 경험들과는 달리 내적인 경험인 감각, 감정, 사고, 의욕 등을 연구하는 학문'으로 정의하였다. 따라서 심리학은 마음의 이치를 연구하여 개체의 행동을 보고 예측하는 과학으로서의 인간의 행동과 정신과정을 연구하는 학문이라 할 수 있다.

실용적인 정의에 따르면, 심리학은 인간과 동물의 행동을 과학적으로 연구하는 학문이다. 아울러 심리학은 '마음의 과학'이라고 정의되기도 하며 행동의 과학으로도 정의되는 연구 분야이다. 움직이는 한 개체의 행동을 관찰함으로써 개체의 행동과 정신과정의 관계를 연구하면서 인간행동의 수정, 변화에 관심을 두고 개인의 심리적 모습을 관찰한다. 그리고 법칙과 이론을 형성하는 고유의 개념과 방법 체계를 갖춘 학문으로 사람의 행동을 관찰하여 마음을 보는 과학으로 요약할 수 있다(Henry Gleitman, 정현갑 외 역, 1999). 심리학은 행동을 유발하게 하는 환경에 주목하는 '실험심리학'과 행동의 주체가 되는 개인의 차이 그리고 퍼스낼리티(personality)나 사물의 견해에 주목하면서 방법론적으로 의학을 채택하고 있는 '정신분석학' 등으로 구분할 수 있다. 이러한 의미에서 볼 때 심리학은 행동과학의 중심적 역할을 하고 있는 학문이라 할 수 있다.

또한 심리학은 어떤 행동이 왜 발생했는지? 그 행동을 발생시킨 인간의 심리적 특성, 기질, 성격 등에 관심을 가지는 학문이다. 이렇게 볼 때 범죄행위를 파악하는데 있어서도 한 인간의 성장과정, 주변 사람들과의 사회적 상호작용 등과 같은 미시적인 환경보다는 개인이 가지는 고유의 성격, 태도, 지각 등과 같은 심리적 변화로 인해 특정 범죄를 저지르는 주된 원인으로 파악하고 있다. 하지만 심리학적 입장에서 살인자의 특성이나 강간범 또는 절도범의 기질을 파악하기에는 한계가 있다. 다시 말해서 통계적으로 살인자의 일반적인 특성은 어떠하다고 규정할 수는 있지만, 이런 특성을 기반으로 어떤 특정 살인사건의 용의자를 추적하는 것은 쉬운 일이 아니다. 그 이유로는 특정 살인용의자의 성장배경, 가정환경, 교육수준 등과 같은 미시적 환경 등을 고려하지 않고 일반심리학적 입장에서 살인범죄의 원인을 파악하는 것은 무의미하기 때문이다.

그렇지만 프로파일링(profiling) 작업에 있어서는 심리학적 지식이 상당히 중요하다. 예를 들어 범죄자 프로파일링(criminal profiling)[1]은 심리학적 지식과 경험에 기초하고 있다. 최근 범죄자 프로파일링은 연쇄살인과 연쇄 성범죄를 넘어 방화, 절도, 강도 등 재산범죄에도 적용되고 있다(Bartol & Bartol, 2010). 결국 심리학은 인간의 특정 행동과 심리과정을 이해하는 학문이기 때문에 범죄행위의 원인을 규명하는데 있어서는 한계가 있다. 그러나 심리학이 인간의 본성, 자아, 동기 등이 특정 범죄에서 어떻게 발현되었는지에 대한 기초 지식을 제공해 줌으로써 범죄심리학과의 연관성을 가진다(황성현 외, 2015).

일반적으로 사람들은 자신의 의사를 결정할 때 3가지 측면을 검토한다. 대체 안이 있느냐, 보상은 어떤 것이냐, 결과로 얻는 것이 무엇이냐 하는 것들이다. 그러나 범죄자들은

---

[1] 범죄자 프로파일링(criminal profiling)은 범죄 현장에는 범죄자의 평소 습성이나 일상적인 행동 방식이 고스란히 반영되어 있다는 것을 전제로 범죄 현장을 분석하여 범죄자의 유형을 밝혀내는 것이다. 또한 범행 그 자체의 특징에 기초한 범인의 인성적 소질 확인, 행동 유형, 지리적 습관과 범인의 인구사회학적 특징을 확인하는 절차를 거친다. 미국 연방수사국(FBI)의 행동과학부(Behavioral Science Unit)에 처음 도입되어 전담 부서를 두고 있다. FBI의 프로파일링 기법이 현재 보편적으로 알려져 있다(Bartol, C. R. & Bartol, A. M. 2004. Criminal Behavior. A Psychological Approach, New Jersey: Pearson Prentice Hall: 330; 임준태, 2009: 148 참조).

충동적이고 계산적이지 못해서 이익만을 크게 생각하는 경향이 있다. 그렇기 때문에 이들은 손해를 가볍게 생각하고 범죄를 행동으로 옮긴다. 여기서 인간은 왜 범죄를 저지르며, 어떤 인간이 범죄를 저지르는가 하는 것을 심리학적인 관점에서 범죄를 연구하는 것이 범죄심리학이다(大村政南, 2001). 심리학의 하위 분야 중의 하나인 범죄심리학은 1872년 독일 학자 에빙(Ebing)의 저서인 "Outline of Criminal Psychology"에서 처음 소개되었다. 이후 범죄심리학 저서를 최초로 발간한 그로스(Hans Gross, 1905)는 어의적으로 범죄심리학은 범죄자의 정신병리, 범죄자의 심리에 대해 있는 그대로의 내력 뿐만 아니라 범죄를 다루는데 사용되는 심리학의 한 형태가 되어야 한다고 주장하였다.

이밖에 하위트(Howitt, 2002)는 범죄심리학은 범죄와 범죄인의 심리적 측면을 다루는 학문이라고 정의하였다[2]. 앤드류와 본타(Andrew & Bonta, 2003)는 범죄행위의 가능성을 예측하고 이러한 가능성에 영향을 미치는 실무적인 측면에 대한 심리학적 지식과 방법의 윤리적 적용이며, 범죄와 형사사법 절차와 관련된 인적, 사회적 비용의 감소를 위한 심리학적 지식과 방법의 윤리적 적용을 포함한다고 정의하였다. Criminal psychology라는 영어 표현을 빌리자면 범죄의 또는 범죄인의 심리학이라 할 수 있지만 이는 범죄자의 행동, 다시 말해 범죄행위의 심리학적 원리를 연구하는 학문으로 보아야 한다(이수정, 2015). 이상과 같이 국내외 학자들의 범죄심리학 관련 정의는 약간의 차이는 있으나 결국 범죄자의 행동과 정신과학을 심리학적 이론을 통하여 과학적으로 연구하는 학문이라는 점에서 공통점을 찾을 수 있다(김상균, 2008).

범죄심리학은 협의의 범죄심리학과 광의의 범죄심리학으로 구분할 수 있다(오윤성, 2016). 먼저 좁은 의미의 범죄심리학은 범죄자의 범행 전후의 심리, 범죄자의 성격 등에 관한 연구로서 보통 범죄심리학이라면 이 분야를 가리킨다(大村政南, 2001). 좁은 의미의 범죄심리학이란 심리학을 범죄문제와 연관하여 활용하는 학문으로서 범죄 사실을 밝히는 실체적 진실 발견의 측면과 발생범죄에 대한 범죄자의 성격판단, 행동예측, 범죄재발방지, 동일수법의 전과자에 대한 대처를 하기 위해 활용하는 분야이다. 또한 범죄심리학은 이상심리, 정상심리, 범행 시 범죄자의 심리를 중심으로 가해자와 피해자의 상호작용 중 심리적 역동성을 이해한다. 통상 범죄발생에 따른 범인 검거, 심문과정에서의 범죄자 취조, 범죄원인의 이해 등을 통한 범죄발생의 통제, 범죄발생의 예측, 범죄행동의 묘사, 가상범죄행동을 설명하기 위한 심리학의 한 분야로 범죄수사의 실무에 사용하는 행동과학과 응용심리학적 기법

[2] Howitt, D. (2002). Forensic and Criminal Psychology, Harlow, Essex: Pearson Education.

으로 설명할 수 있다.

다음으로 넓은 의미의 범죄심리학은 재판심리학, 교정심리학을 말하며, 일부 학자들은 피해자학을 포함하기도 한다. 넓은 의미의 범죄심리학에서 재판심리학은 법정에서의 심리학만이 아니라 수사나 현장검증의 심리학 등을 포함한다. 교정심리학은 범죄자의 처우, 출소 후의 보호와 지도 그리고 재범의 예측과도 관계가 있다(大村政南, 2001). 이처럼 교정심리학은 시설 밖에서의 보호관찰심리학도 포함한다. 마지막으로 피해자학은 피해자가 왜 피해를 입는지에 주목하여 피해자의 심리와 가해자의 심리 간의 상호작용에 관심을 가지는 분야이다.

범죄심리학은 범죄를 일으키는 행동과 관련된 다양한 과학적 이론을 기초로 하여 범죄행동의 원인 및 특성을 밝히기 위한 연구가 주된 방향이다. 범죄예방 및 재범 방지, 범죄수사, 범죄인의 이해, 범죄인의 상담 및 교정, 범죄성 평가 등에 폭넓은 심리학적 전문성을 적용하여 재범을 방지하기 위한 노력을 기울이는 데 응용하는 학문이다. 따라서 범죄심리학 및 범죄와 관련된 사회과학 분야(심리학, 사회학, 교정학, 법학, 경찰학, 범죄학 등)와 자연과학 분야(의학, 생물학, 유전학 등) 등 인접학문과 활발한 학제 간 연구를 수행하게 된다. 현실적으로는 범죄행동의 원인과 과정 및 결과의 기저에 깔린 심리적 메커니즘에 대한 분명한 이해가 우선이다. 그리고 이를 통해서 범죄에 적절히 대응할 수 있는 전문가를 양성하는 것이 주된 목적이다. 오늘날 연쇄살인 범죄 등 중대 범죄수사에서 자주 언급되는 프로파일러(profiler)가 처음 등장한 것은 1972년 미국에서였다. 범죄의 동기를 알 수 없는 연쇄살인사건이 발생하자 미국 연방수사국(FBI)은 프로파일러를 도입했다. 이후 여러 나라에서도 이 제도를 도입하면서 범죄심리학이라는 분야가 더욱 발전하게 되었다.

2. 범죄심리학의 목적

성 아우구스티누스(성 어거스틴)[3]는 죄(sin)라고 하는 것은 다섯 단계를 거쳐 발생한다고 하였다. 첫째, 마음이 어떤 행동을 생각해 낸다. 둘째, 마음은 그 행동을 감각과 관련지어 생각한다. 다시 말해, 행동을 통해 쾌락을 얻을 수 있는가를 따진다. 셋째, 행동이 불러올 수

[3] 성아우렐리우스 아우구스티누스 히포넨시스(Sanctus Aurelius Augustinus Hipponensis, 354~430년)는 4세기 북아프리카인 알제리 및 이탈리아에서 활동한 기독교 신학자이자 주교로, 개신교, 로마 가톨릭교회 등 서방 기독교에서 교부로 존경받았던 인물이다. 그의 이름은 '좋은 징조의' 또는 '덕망 있는' 이란 뜻의 라틴어 아우구스툼(Augustum)에서 유래되었다(위키백과 일부 인용).

있는 결과를 고려한다. 넷째, 결과를 기꺼이 감수할 생각이 있을 때 그 생각을 실천에 옮긴다. 다섯째, 행동을 하고 난 이후에 마음이 그러한 행동을 합리화한다(Roy Hazelwood & Stephen G. Michaud, 2002). 범행 후의 자기의 행동을 정당화하는 심리에서 보면 범죄자라 해도 단순한 절도부터 흉악한 살인사건까지 광범위하고 다양하다. 따라서 범행 후의 심리도 제각각이다. 우에마츠(植松正)는 범죄자가 가질 수 있는 심리를 범행을 하고 난 이후에 자신의 행위를 정당화한다는 정당화의 원칙과 점차적으로 범행을 하면 할수록 범행은 반복되면서 실행은 쉬워지고 심적 갈등도 적어지며 대담해진다는 대담화의 원칙을 주장하였다(大村政南, 2001; 오윤성, 2016).

범죄심리학이 존재하는 것은 범죄행위를 중심으로 한 심리적 과정을 탐색하기 위해서이다. 따라서 범죄심리학의 주된 목적은 범죄행동을 묘사하거나 측정하고 범죄행위의 원인탐색을 통한 범죄행위 발생의 심리학적 측면에서 이를 설명하여 범죄발생을 예측하고 이를 방지함으로써 범죄수사 등을 통한 실체적 진실발견 등 형사사법 활동에 기여하는 데 있다. 현행범을 현장에서 체포하는 경우에도 완벽한 범행재현이란 시간을 되돌릴 수 없으므로 불가능하다. 대부분의 범죄현장은 이미 범죄가 발생한 이후에 현장에 나오게 된다. 필연적으로 시간이 경과하고 난 이후 과거의 상황을 재현하여야 하므로 당시의 범죄행동은 범죄자의 심리이해를 통하여 이를 묘사하지 않으면 안 된다. 특히 범인이 체포된 이후가 아니라 범인을 검거하지 못한 상태에서 그러한 상황을 가정하여 사건의 흐름을 예측하는 것은 평소 범인이나 범죄에 대한 심리학적인 연구나 자료의 축적 없이는 거의 불가능하다. 따라서 범죄행위 원인의 탐색을 통해 왜 이러한 범죄가 발생하는가를 심리학적 측면에서 접근하여 설명할 수 있어야 한다.

어떠한 행위에는 반드시 그 원인이 있다. 다시 말해 마음의 움직임과 행동은 결국 같은 맥락 속에서 이루어진다는 가정 아래 범죄행위의 발생을 일으키는 마음의 상태를 행동을 통하여 관찰하는 것이다. 범죄행동을 사전에 예측한다 함은 범죄 예방적 측면에 있어서 무엇보다 중요하다. 연쇄살인 사건이 발생했을 때 범죄심리를 잘 활용할 경우 범행수법이나 범행현장에서의 각종 유류물 등을 연관시켜보았을 때 다음 범죄발생을 예측할 수 있고 과거에 발생한 사건과의 연관성을 유추할 수 있다. 그렇게 함으로써 결국은 범죄심리를 응용한 수사 등을 통하여 실체적 진실발견 등 형사사법 활동에 기여하게 되어 사회범죄 감소에 일조하게 된다.

한편으로 범죄를 이해하기 위해서는 무엇보다 범죄자의 심리와 행동, 그리고 범죄자를 둘러싸고 있는 사회와 사회현상들을 보다 정확하게 설명할 수 있어야 한다. 따라서 범죄심리학의 첫 번째 목적은 범죄현상을 정확하게 설명하는 것이다. 범죄자의 심리와 행동을 정확하게 설명하기 위해서는 반드시 신뢰도(reliability)와 타당도(validity)의 문제가 따르기 마련이다. 이러한 신뢰도와 타당도의 문제를 극복하고 범죄자의 심리와 행동을 정확하게 측정해 현상을 보다 정확하게 설명해야 한다(김상균, 2008).

다음으로 범죄심리학은 범죄자의 심리와 행동을 정확하게 측정하고 설명하는 것을 기초로 궁극적으로는 범죄자의 심리와 행동을 예측하는 것이다. 이러한 설명을 바탕으로 범죄자의 심리와 행동을 예측하는 것이 두 번째 목적이다. 또한 범죄심리학은 인간의 심리와 행동을 설명하고 예측하는 목적 이외에 범죄자의 행동을 통제하는 목적도 있다. 결론적으로 범죄심리학의 목적은 범죄자의 심리와 행동을 설명하고, 예측하는 동시에 통제함으로써 궁극적으로는 인간과 사회의 복지를 증진시키고 진리와 선을 달성하고자 하는 것이라 할 수 있다.

현상이해/기술 (범죄자의 행동과 심리) → 설명 (관찰/측정) → 예측 (범죄발생) → 통제 (범죄예방 및 통제)

3. 범죄심리학의 유사학문

범죄행동을 이해하고 설명하기 위해서는 심리학뿐만 아니라 범죄학, 사회학, 법학, 인류학, 의학, 철학 등의 다양한 학문적 바탕이 있어야 한다. 그리고 개인적인 범죄행위는 다양한 요인의 영향을 받기 때문에 영미권에서 범죄심리학이라는 단어나 명칭을 찾아보기 어렵지만 아직 유럽에서는 범죄심리학이라는 용어를 사용하고 있다. 그러나 최근 북미지역에서 법정심리 분야에서 활용이 강조되면서 법정·범죄심리학(Forensic & Criminal Psychology)이라는 용어가 자주 사용되고 있다(Howitt, 2002). 범죄심리학의 유사학문으로 법심리학(Legal Psychology)은 법적 절차에 관한 광범위한 분야를 연구하는 학문으로 범죄심리학 이외에 경찰심리학, 법정심리학, 교정심리학 등을 하위 분야로 두고 있다. 경찰심리학은 경찰의 채용 및 업무 수행, 수사 등을 연구하는 학문이고, 법정심리학은 법원에서의 증언이나 판결 등 법적 절차에 나타나는 심리학적 과정을 연구하는 학문이다. 교정심리학은 수감자의 평가와 치료, 재활과 관련된 학문이다(오세진 외, 2010; 이수정, 2015; Bartol & Bartol, 2008).

최근 범죄심리학은 법심리학의 하위 분야로 나누기보다는 함께 통합되어 가고 있으며, 법정에서 피고인의 정신장애, 피소역량, 재범 예측, 치료 및 예방뿐만 아니라 용의자의 행동 특성을 분석하여 수사에 도움을 주고 있다. 한편, 새로운 전문 분야로서의 법심리학은 법의 집행과 교정에 중요하게 작용하는 심리적 요인데 대한 연구와 조언을 하는 학문이다. 법심리학 중에서도 심리학자들이 법정에서 전문가로서 진술하는 증언에 관련된 연구영역이 법정심리학(forensic psychology)이다[4]. 법정심리학자들은 민법과 형법의 많은 측면에 관여하고 있다.

민법의 경우 이혼 중재, 양육권 판단은 물론 권한, 장애 판단도 포함된다. 형법의 경우에는 정신이상이라고 항변하는 경우, 피고자의 정신 상태를 판단하고 관련된 심리적 요소에 대한 전문가의 증언을 제시한다. 최근에는 법정심리학의 영역을 넘어서 법과 관련된 전반적인 인간 행위로 영역이 보다 확장되었다. 예를 들어 판사의 판결이 얼마나 일관성을 지니는가, 조세법의 변화가 탈세행위에 어떠한 영향을 미치는가, 법집행 절차는 합리적인가 등과 같이 법의 합리성이나 심리적 정당성에 관해서까지 확장되었다. 따라서 종래의 법정심리학, 범죄심리학 등의 분야는 법과 관련된 인간행위 전반에 걸친 법심리학으로 통합되고 있다.

법심리학을 구체적으로 살펴보면, 경찰 및 수사심리학, 자문과 증언, 법원 구조와 관할권, 재판절차, 재판상담, 형사재판에서의 자문(예방 구금, 범죄자의 능력, 정신이상, 형량 선고), 민사법원과 소년법원에서의 자문, 폭력과 협박의 심리학, 성범죄심리학, 법정심리학과 범죄피해자(다문화주의와 피해, 피해자의 법적 권리), 가정폭력(학대 그리고 피해자), 교정심리학(청소년의 교정, 재활에 대한 접근) 등 법정에서 일어나는 제반 절차의 진행과 변화에 따른 범죄자와 피해자의 심리적 상태를 파악하여 적절한 조치를 취하고 재활에 성공하도록 돕는 심리학적 활동을 포함하고 있다. 특히 법심리학자들은 법원에서 피고인이 정신장애를 가지고 있는지, 혹은 재판을 받을 능력이 있는지를 법원이 결정할 수 있도록 돕고 배심원의 의사결정 과정과 그에 영향을 미칠 수 있는 요인에 대해서도 연구한다. 또한 어떤 사람이 미래에 폭력적으로 행동할 가능성을 예측하는 위험성 평가[5]를 통해 향후 범죄의 가능성을 평가하고 예방

---

[4] 바톨(Bartol) 등은 사법판단의 대상이 되는 인간의 행동을 연구하는 것을 범죄심리학(Criminal Psychology)이라 하였고, 형사 및 민사 분야를 포함한 사법 시스템 전반에 심리학의 전문적인 실무를 적용하는 법정심리학(Forensic Psychology)으로 구분하여 정의하였다(Bartol, C. R. & Bartol, A. M. 2004. Criminal Behavior. A Psychosocial Approach. New Jersey: Prentice Hall, Wrightsman, L. S).

하기 위해 노력하고 있다(박지선, 2012).

범죄심리학의 또 다른 유사학문으로 수사심리학이 있다. 수사심리학은 프로파일링 기법의 개발에 지대한 영향을 미친 학문으로 수사심리학이란 용어가 한국에 등장한 것은 최근의 일이다. 수사심리학은 범죄심리학과 관심 방향이 다소 상이하다. 범죄심리학이 개개의 범죄자나 일반인이 왜 범죄를 범하게 되는가를 중심으로 다루면서 범죄와 범인의 상호관계를 연구하는 것이 중심적인 과제이다. 하지만 수사심리학은 좀 더 실무적이고 구체적으로 범인의 심문과정에서 유죄의 피의자나 무고한 피의자를 어떻게 분별해 내고 유죄의 피의자로부터 어떻게 진실을 털어 놓게 심리적 가교를 놓아줄 것인가가 우선적인 과제로서 이를 과학적이고 체계적으로 연구하는 데 중점을 두기 때문에 범죄심리학과 구별되어야 한다는 주장도 제기되었다(김종률, 2002; 오윤성, 2016).

한편으로 'criminal interview and interrogation'을 수사심리학의 의미로 사용하고 있으므로 보다 범주를 명확히 하자면, 수사심리학이라기보다는 피의자 신문기법이라는 한정된 분야로 보는 것이 타당하다. 따라서 수사심리학은 범죄심리학의 범주 중 피의자 신문을 중심으로 한 기법에 범죄심리학의 일부 영역을 포함시킨 것에 한정하여 그 범위를 정할 수 있다. 지금까지의 내용을 살펴 볼 때 범죄심리학의 영역은 사건의 심리학적 분석에서부터 범죄자의 교정과 사회복귀와 관련된 심리학에 이르기까지 광범위하다고 볼 수 있다.

4. 범죄심리학의 주요 활용분야

앞에서 제시되었듯이 범죄심리학의 영역은 사건의 심리학적 분석에서 시작해 범죄자의 교정과 사회복귀에 이르기까지 광범위하다(大村政南, 2004). 이처럼 범죄심리학의 영역은 특정 범죄인의 심리적 기제를 연구하는 미시적 영역뿐만 아니라 형사사법 절차에 포함되는 경찰 · 법원 · 교정 단계에서 활용되는 광의의 심리학적 연구영역까지 포함한다고 볼 수 있다. 다시 말해서 범죄심리학은 범죄자의 범행원인에 대한 심리학적 연구를 수행할 뿐만 아

[5] 위험성 평가와 관련하여 Kemshall(1996)은 '일어날 해로운 행동이나 사건의 개연성을 계산하고 행동 및 사건의 빈도를 평가하며, 행동 및 사건이 미칠 영향에 대하여 그 영향의 확률을 계산하는 것' 으로 정의하고 있다. 또한 MacLean Committee(2000)는 공공에 지속적인 위험(danger)을 가지고 있는 심각한 폭력범죄자나 성범죄자들을 평가하는 것으로 정의하였다(Kemshall, H. 1996. Reviewing Risk: A Review of Research on the Assessment and Management of Risk and Dangerousness Implications for Policy and Practice in the Probation Service. A Report for the Home Office Research and Statistics Directorate〈London: Home Office; MacLean Report.. 2000. Recidivism Amongst Serious Violent and Sexual Offender. Edinburgh: Scottish Executive).

니라 이를 형사사법 분야에 적용하여 유무죄를 판단하기 위한 근거자료를 확보하고 죄질의 경중을 판단하는 동시에 범죄예방을 위해 광범위하게 활용할 수 있는 영역이라 할 수 있다(이수정, 2015). 범죄심리학의 활용분야는 범죄학 및 범죄수사 분야와 결합하여 학문적 발전과 실무적 응용을 통하여 범죄수사를 통한 실체적 진실발견을 도모하거나 유사범죄의 재발방지, 범죄예방 및 예측을 위한 청소년 상담, 교정기관 내의 수형자 상담, 기타 여러 분야에서 활용될 수 있다.

범죄심리학의 주요 적용 분야는 범죄자 프로파일링이다. 범죄자의 행동과 범죄 현장을 연결해 이들의 특성을 파악하고 용의자의 범위를 좁혀 경찰 수사에 도움을 주는 역할을 한다. 또한 프로파일링은 수사심리학의 한 분야이다. 아울러 범죄를 저지르기 전의 잠재적 범죄인에 대해서는 범죄자와 관련된 생물, 생리, 성격, 사회적 환경(사회제도), 개인발달, 인지구조와 과정, 가족 · 대인관계, 범죄성향 평가, 범죄예측 등이 연구주제가 될 수 있으며, 범죄 직전의 상황에 대해서는 pre-crime 상태의 심리특성연구, 범행동기 · 범죄촉발의 심리사회적 요인을 중심으로 범죄심리학이 활용될 수 있다. 이밖에 용의자나 범인을 대상으로 수사를 하는 상황에서는 범행과정의 변화, 범죄유형별 범죄자 심리, 프로파일링, 최면수사, 거짓말탐지기 기법 등이 사용될 수 있다.

한편으로 용의자가 피고인의 신분이 되면 피고인 신문기법, 정신감정, 목격자 증언, 형사책임능력(정신장애범죄인) 등을 중심으로 범죄심리학이 활용될 수 있다. 만약 수형자의 신분이 되면 교정심리학과 결합하여 분류평가, 상담치료, 교육, 재활, 가석방에 활용될 수 있다. 전과자에 대해서는 전과자 심리특성에 대한 연구를 통해서 재범방지나 재적응 연구가 이루어질 수 있다. 범죄심리학의 하위 및 연관 분야로서는 범죄심리이론, 범죄심리 연구방법론, 범죄원인론, 범죄수사심리이론, 범죄심리 측정 및 평가, 범죄심리 통계, 범죄심리 상담 및 치료, 범죄예측, 범죄 예방론 등이 있다.

➲ 범죄심리학의 연구주제

<table>
<tr><th>단계별 분류</th><th>범죄심리학 연구 주제</th><th>범죄심리학의
하위 및 연구분야</th></tr>
<tr><td>잠재적
범죄인</td><td>범죄자 관련 생물, 생리, 성격, 사회적 환경(사회제도),
개인발달, 인지구조와 과정, 가족 · 대인관계
- 범죄성향 평가
- 범죄예측</td><td rowspan="6">- 범죄심리이론
- 범죄심리연구방법론
- 범죄원인론
- 범죄수사심리이론
- 범죄심리측정/평가
- 범죄심리통계
- 범죄심리상담 및 치료
- 범죄예측
- 범죄예방론</td></tr>
<tr><td>범죄 직전의
상황</td><td>- pre-crime 상태의 심리특성 연구
- 범행동기/범죄촉발의 심리사회적 요인</td></tr>
<tr><td>범죄자
(용의자)</td><td>- 범행과정의 변화
- 범죄유형별 범죄자 심리
- 프로파일링
- 최면수사
- 거짓말탐지기 기법</td></tr>
<tr><td>피고인</td><td>- 피고인 신문기법
- 정신감정
- 목격자 증언
- 형사책임능력(정신장애범죄인)</td></tr>
<tr><td>수형자</td><td>- 분류평가
- 상담치료
- 교육
- 재활
- 가석방</td></tr>
<tr><td>전과자</td><td>- 전과자 심리특성 연구
- 재범방지
- 재적응 연구</td></tr>
</table>

자료: 오윤성(2016: 22 인용)

제2절 범죄심리학의 발전과 접근방법

1. 범죄심리학의 발전

범죄심리학적 요인이나 범죄자의 정신적 특징을 찾기 위한 노력은 18세기 말부터 19세기에 걸쳐 정신의학자들을 중심으로 시작되었다. 근대 정신의학의 창시자인 피넬(Philipe Pinel)[6]은 1793년 프랑스 혁명기에 범죄자는 선천적이고 정신적인 특성을 갖고 있음을 밝혔다. 또한 에스퀴롤(Jean Esquirol)은 그의 저서 『부분적 망상론: monomanie』에서 피넬의 주장을 옹호하였다. 그 이후 19세기 중반 오늘날 범죄심리학에 연결되는 두 가지 주요 이론이 제기되었는데, 먼저 프리차드(James Prichard)는 '도덕적 정신장해설 내지 배덕설(moral insanity)'을 제기했다. 이 설에서 범죄자는 도덕감각이 마비되어 선악의 구별이 없이 범죄에 빠져 도덕적 광인(狂人)이 된다고 주장했다. 다음으로 프랑스의 정신의학자 모렐(Benedict Morel)의 '변질설'이다. 이 설은 범죄자는 원시적인 수준으로 퇴화되어 신체적, 정신적 병질 징후를 가진 자로 이들의 징후는 유전이 된다고 보았다(김상균, 2008).

영국의 정신의학자 모즈리(Henny Maudsley)는 프리차드(James Prichard)의 도덕적 정신장해설을 발전 계승시켰는데, 그는 기질론적 입장에서 정신장해의 개념을 파악하여 도덕성과 뇌 기관과의 관련성을 설명했다. 또한 모렐(Benedict Morel)의 변질설을 발전 계승한 프랑스의 마니안(Vanentin Magnen, 1835-1916)은 당시의 진화론과 골상학의 성과를 합쳐 평균상실자(정신적 균형이 결여)의 개념을 도입했다. 이밖에도 도덕적 정신장해설과 변질설의 흐름을 이어받은 다수의 이론과 연구가 출현하였으며, 롬브로조(Cesare Lombroso)의 생래적 범죄설에 영향을 주었고 그 이후 정신병질이라는 개념이 정립되었다.

한편, 1827년 범죄심리학이란 서명을 최초로 쓴 독일의 에빙(Ebing)은 『범죄심리학의 기초: Outline of Criminal Psychology』를 출판하였고, 1889년에는 그로서(Hans Gross)가 범죄심리학을 출판하면서 범죄심리학의 흐름이 정착되었다. 그 이후에 1902년 독일의 올펜(E. Wulffen), 1903년 독일의 고벨렌스키(T. Kovelensky), 1904년 소머(K. Sommer), 1904년 독일의

---

[6] 피넬(Pinel)은 프랑스 혁명기에 쇠사슬에 묶인 정신병원의 환자를 해방시킨 것으로 유명하다. 이를 피넬의 혁명이라 하는데, 정신과 의사인 피넬은 "의사가 인간인 것과 마찬가지로 정신병 환자도 인간이므로 인간이 인간을 돌본다는 인도주의적 대우로 정신과 환자들을 치료해야 한다"고 주장했다. 피넬은 1793년 자신이 근무하던 비쉐트르 병원에서 정신병 환자들의 쇠사슬을 풀고 인도적 대우에 의한 치료를 위해 노력했으며, 정신의학에서는 이를 4대 혁명 중 첫 번째 혁명적인 사건으로 꼽는다(영남일보, 2017.12.12. 기사자료 인용).

아샤펜부르크(G. Aschaffenburg) 등이 범죄심리학 관련 저서를 출판하였다. 이 시기에는 심리학자들이 범죄자를 접촉할 기회가 없었기 때문에 법률가나 정신의학자 등이 이 분야에서 활동하였다. 예를 들어 그로스(Hans Gross)도 예심판사 경력을 가진 사람으로서 형법 운용을 위해 인격문제 등을 통해 범죄심리학을 접했다. 아샤펜부르크(G. Aschaffenburg)의 경우에도 독일에서 정신의학을 공부한 학자로 실험심리학에 흥미를 가지고 있었다(이상현 외, 2012).

가브리엘 따르드(Gabriel Tarde, 1843–1904)는 리용학파에 속한 사회학자로 라카사뉴(T. A. E. Laccasagne)와 더불어 롬브로조를 통렬히 비판했다. 따르드(Tarde)는 롬브로조의 생래성범죄자는 직업 범죄자에 불과하고 신체적, 정신적 특징이 있어서 숙명적인 범죄를 저지르는 자는 존재하지 않는다고 비판했다. 범죄의 원인으로 빈곤(영양부족이나 병) 등 사회적 요인을 중시해 가난한 사람과 약자의 환경을 개선하면 범죄자의 수가 감소한다고 주장하였다. 아울러 재판관의 경험을 토대로 도의적 책임론을 지지하였는데, 이러한 비판은 범죄인류학의 근간을 흔들었다. 이밖에 범죄학사에 따르드(Tarde)의 이름을 남긴 것은 범죄심리학의 기초를 세웠다는 점인데, 특히 그의 모방설[7]은 당시 학계에 상당한 반향을 불러일으켰다(김상균, 2008).

19세기 프리차드(James Prichard), 모렐(Benedict Morel), 따르드(Gabriel Tarde) 등에 의해 전개된 범죄심리학적 접근법은 20세기에 접어들면서 비약적으로 발전하였다. 20세기 초에 전개된 범죄심리학적 영역은 크게 정신측정학파, 정신병질학파, 정신분석학파로 대별된다. 먼저 정신측정학파는 범죄의 주요 원인으로 지능의 결함 등 정신박약을 들고 있다. 이 학파에 따르면 범죄자는 지능에 결함이 있어 그 결함은 유전적으로 계속된다고 주장하였다. 이와 관련된 대표적인 연구가 고다드(Henry Goddard)의 가계조사[8]이다. 다음으로 프리차드

---

[7] 모방설은 세 가지 가설로 구성되어 있는데, 첫 번째는 거리의 법칙 혹은 친밀한 접촉의 법칙(law of intimate contact)으로 모방설의 정도는 사람과 사람과의 거리에 정비례해 밀접한 심리적 접촉이 있으면 모방하기 쉽다는 것이다. 예를 들어 시골보다 도시에서 범죄의 유형이 생기기 쉽다는 점이다. 두 번째는 방향의 법칙 혹은 상하의 법칙(law of top down)으로 모방이 퍼지는 방향은 낮은 곳에서 높은 곳으로와 같이 사회적 지위가 낮은 사람에게서 높은 사람에게 미친다는 것이다. 예를 들어 가난한 사람은 부자를, 하류층은 상류층의 행동을 모방한다는 것이다. 세 번째는 삽입의 법칙(law of insertion)으로 유행은 관습이라는 형태로 진행하여 새로운 유행으로서 기존의 모방 속에 삽입되어 예로부터 어떤 관습이었던 모방이 변화한다는 것이다. 예를 들어 총기에 의한 범죄가 증가하자 칼을 이용한 범죄는 감소한다는 것이다. 다시 말해서 새로운 범죄수단이 기존의 수단을 능가한다는 의미이다. 모방의 법칙은 사회현상이 모방에 의해 발전하다는 것으로 심리학의 고전으로 자리매김하였다(김상균, 2008: 25; 허경미, 2014: 48 참조).

[8] 고다드(Henry Goddard, 1866–1957)는 미국의 심리학자이며, 정신박약 연구의 개척자이다. 칼리카크가계(The Kallikak) 조사에 기초하여 정신박약의 유전설, 정신박약의 생래적 범죄설을 주창하여 정신박약자관이나 정신박약 대우에 많은 영향을 미쳤다. 그는 마틴 칼리카크라는 병사가 정신박약 소녀와의 관계에서 생긴 자손들과 그 이후에 독실한 청교도

(Prichard)의 도덕적 정신장해설과 모렐(Morel)의 변질론은 19세기 말부터 20세기에 걸쳐 유전적인 문제에 편중되어 있다는 비판을 받았지만, 당시 우생운동이 고조되면서 지지자가 증가했다. 하지만 20세기에 접어들면서 정신장애의 개념을 엄정하게 정의하여 도덕적 정신장해설과 변질론 대신 정신병질[9]이라는 용어를 사용하게 되었다.

마지막으로 정신분석학파는 의식에 따른 심층심리를 분석함에 따라 범죄에 도달하는 메커니즘의 해명에 힌트를 얻었다. 정신분석학파의 주창자는 프로이드(Freud, 1856–1939)로 그는 범죄의 행동에만 초점을 두지 않고 임상의로서 체험을 기초로 인간행동 전반에 대해 해명을 시도했다. 프로이드(Freud)는 인간의 심층구조는 세 가지 요소로 되어 서로 엉켜있다고 보았다. 그가 제시한 3요소는 전초자아(id, 쾌락의 원리), 자아(ego, 현실의 원리), 초자아(super ego, 도덕성의 원리)로 성욕, 공격성 등의 본능인 전초자아(id)가 무의식 세계에 존재하고 그것을 초자아(super ego)가 제어하면서 인간은 일상생활을 한다는 것이다. 그리고 자아(ego)가 전초자아와 초자아 사이에서 양쪽의 조화를 유지하거나 전초자아와 초자아가 너무 강할 경우 자아는 양쪽으로 압박을 받아 신경증을 유발한다고 보았다. 그 이후 1930년대에 활약한 힐리(William Healy)는 정신장해이론을 주창하였다. 이 이론은 비행을 자기실현의 일종으로 보았으며, 비행의 원인을 어린 시절의 부자관계를 시작으로 한 애정관계의 결핍에서 기원하는 정신장해에서 찾았다. 이처럼 프로이드를 중심으로 한 정신분석학파의 주장은 많은 지지를 받았고 그 후 이상심리학, 역동심리학, 임상심리학의 발전에 크게 기여했다.

롬브로조(Lombroso)에 의해 실증주의 범죄학이 호응을 받은 20세기 초 Münsterberg(1908)는 심리학적 지식이 형사사법 분야에 적용될 가능성이 충분히 있다고 주장하였다.[10] 그는 빌헴름 분트(Wilhelm Wundt)의 초청으로 독일에서 미국으로 간 후 분트(Wundt)와 함께 최초의 심리학 실험실을 만들었다. 그는 『On the Witness Stand』라는 저서를 통해 심리학적 지식을 법정 단계에 적용하여 법정심리학의 초석을 마련한 선구자가 되었다(Wrightsman, 2001). 1920년부터 1950년 사이에 독일과 오스트리아에서는 범죄생물학이 성행하여 정신의학자인

여자와 결혼하여 출산한 자손들을 비교하였다. 전자의 경우에 정신이상자, 매춘부 등이 대부분이었으나 후자의 경우 대부분 의사, 변호사, 교육자 등 사회적으로 출세한 사람들이었다. 고다드는 이를 토대로 정신병질 등이 유전된다는 증거라고 주장했다.

9 정신병질과 관련하여 크게 두 가지 흐름이 있었는데, 첫 번째는 정신병질은 정신병과 정상인 사이의 중간 상태로 이해하는 입장으로 대표적인 연구자는 코흐(J. Kooch)이다. 두 번째는 정신병질을 질병과 관계없이 정상에서 변이 · 일탈한 상태로 파악하는 입장으로 슈나이더(Kurt Schneider)가 대표적이다. 그는 인격의 이상성에서 스스로 고민하거나 또는 그 이상성 때문에 사회가 고민하는 이상인격을 정신병질이라고 주장했다(김상균, 2004: 70–71).

10 Münsterberg, H. 1908. On the Witness Stand. Garden City, NY: Doubleday.

그룰레(H. H. Gruhle)가 범죄심리학을 연구하였으며, 미국에서는 1946년 아브라한센(David Abrahansen)이 범죄심리학을 출간하였다. 이처럼 제1차 세계대전부터 1970년대 후반까지 범죄심리학의 응용이 쇠약해 졌으며, 1930년대부터 1960년대까지 범죄심리학에 대한 연구가 진행되기는 했지만 그 수가 매우 적었다. 그러나 이 시기가 지나면서 사회행동과 인간의 기억에 대한 이해의 요구가 증가하였고 이를 위한 사회심리학적 연구의 필요성이 대두되었다.

1960년대 이후에는 범죄에 대한 심리학적 원인론과 사회학적 원인론에 대한 연구가 활발하게 이루어졌다. 특히 정신분석, 인성, 인지발달, 학습, 지능 등을 적용한 연구가 이루어졌으며, 이 중에서 정신분석을 적용한 연구가 활발했다. 또한 사회학적 원인론 중 사회과정이론에 해당하는 서들랜드(Sutherland, 1947)의 차별적 접촉이론(Differential Association Theory)[11], 버거스와 에이커스(Burgess & Akers, 1966)의 차별적 접촉강화이론(Differential Association Reinforcement Theory)[12], 글라즈(Glaser, 1956)의 차별적 동일시(Differential Identification)[13], 사이커스와 맛차(Sykes & Matza, 1957)의 중화기술이론(Techniques of Neutralization Theory)[14] 등은 심리학적 개념을 빌린 사회학적 이론으로 볼 수 있다.

1980년대 이후는 범죄원인에 대한 실증적인 연구 및 응용의 부흥기로 범죄행동에 대한 심리학적 접근뿐만 아니라 이를 형사사법 분야에 적용하려는 시도가 활발하게 이루어졌다. 이것은 범죄심리학의 순수 이론 영역과 형사사법 분야에 적용하려는 법정심리학의 두 영역으로 구분할 수 있다. 특히 실험심리학자와 사회심리학자들을 중심으로 범죄 및 사법 시스템에 대한 많은 연구가 진행되었고, 이러한 연구결과를 현실에 적용하고자 노력하였다(이수정, 2015).[15] 여기서 심리학자들은 살인, 강간, 성범죄 및 아동학대, 가정폭력 등 범죄 유형별로 연구를 진행하였고 다양한 영역과 효율성에 대한 연구에도 관심을 가졌다. 이러한 분야가 법정심리학이라는 영역으로 정착되었으며, 최근까지 법정심리학의 전문적 교육 및 훈련을 위한 프로그램들이 개설되었다.

---

11 Sutherland, E. H. 1947. Principles of Criminology (4th ed.). Philadelphia: J. B. Lippincott.

12 Burgess, R. & Akers, R. L. 1966. A Differential Association–Reinforcement Theory of Criminal Behavior. *Social Problems*, 14: 363–383.

13 Glaser, D. 1956. Criminality Theories and Behavioral Images. *American Journal of Sociology*, 61: 441.

14 Sykes, G. & Matza, D. 1957. Techniques of Neutralization: A Theory of Delinquency. *American Sociological Review*, 22(6): 664–670.

15 Wrightsman, L. S. 2001. Forensic Psychology. Stamford, CT: Wadsworth.

2. 범죄심리학의 접근방법

범죄심리학은 범죄행동을 중심으로 한 심리적 과정을 탐색할 목적으로 다양한 방식으로 범죄자에게 접근한다. 따라서 동일 범죄자의 심리와 행동을 설명하는데 있어 어떤 측면을 강조하느냐에 따라 범죄자의 심리와 행동에 대한 접근이 달라질 수 있다. 범죄심리학은 인간의 심리와 행동을 이해하기 위한 학문으로 크게 생물학적 접근방법, 행동주의적 접근방법, 인지적 접근방법, 정신분석학적 접근방법, 인본주의적 접근방법 등을 활용하고 있다.

1) 생물학적 접근방법

생물학적 접근방법은 인간의 심리와 행동을 이해하기 위해 유전뿐만 아니라 생물학적 과정과 뇌, 신경계, 염색체 등의 구조를 연구하는 방법이다. 먼저 인간의 심리와 행동은 신경계의 영향을 받는데, 신경계(nervous system)는 크게 중추신경계(central nervous system)와 말초신경계(peripheral central nervous system)로 구분된다. 중추신경계는 뇌와 척수로 이루어져 있으며, 말초신경계는 체성신경계와 자율신경계로 나눠지고 자율신경계는 다시 교감신경부와 부교감신경부로 구성된다. 중추신경계와 말초신경계는 인간의 심리 및 행동과 밀접한 관계가 있다. 예를 들어 마크와 어빈(Mark & Ervin)은 폭력적 공격이 대뇌피질(전두엽, 두항엽, 측두엽, 후두엽)의 손상으로 인해 발생한다고 주장하였다[16].

또한 생물사회학적 관점인 호르몬과 같은 내분비계도 인간의 심리, 행동과 관계가 있다. 생화학적 관점에서는 인체 내의 화학적 결핍이나 불균형이 인간의 사고형태와 행동 등을 통제하고 이러한 불균형이 직접적으로 비행 또는 범죄와 연결된다는 가정을 기초로 연구되고 있다. 생화학적 불균형은 비타민과 같은 영양소의 결핍, 남성호르몬과 같은 내분비 장애, 또는 환경오염에 등에 의해 발생하는 것으로 알려져 있다. 특히 20세기 중반 이후부터 과학기술이 진보함에 따라 생화학 및 신경생리학적 관점에서 범죄와 관련하여 성호르몬의 영향 및 뇌 기능에 관한 연구들이 주목을 받았다. 호르몬의 이상과 범죄에서 자세히 설명하겠지만, 엘리스와 쿤츠(Ellis & Coonts)는 테스토스테론(testosterone)과 범죄의 관계를 부분적으로 규명하였다. 일반적으로 남성호르몬인 테스토스테론은 강간과 살인 등 가장 공격적이고 반사회적인 범죄를 촉진하는 것으로 알려져 있다.

---

[16] Mark V. & Ervin F. 1970. Violence and the Brain, New York: Harper & Row: 43.

이밖에도 인간의 공격적인 행동을 생화학적 측면에서 바라보는 연구자들은 공격적이고 폭력적인 사람과 그렇지 않은 사람, 그리고 범죄율의 성 차이 등을 호르몬의 분비 등과 관련하여 접근하였다. 예를 들면, 윌슨(Wilson, 1993)은 그의 저서인 「도덕감(The Moral Sense)」[17]에서 호르몬과 효소, 그리고 신경전달물질이 인간의 행동을 이해하기 위한 주요 요인이라는 결론을 내렸다. 이러한 요인들이 범죄율의 성 차이를 설명하는데 도움이 된다는 견해를 제시하였는데, 남성은 호르몬과 생화학적 작용으로 생물학적으로 여성보다 더 폭력적이고 그러한 이유로 범죄율도 높은 것으로 나타났다. 또한 남성 스테로이드 호르몬인 테스토스테론의 수치는 나이가 들수록 떨어지는데, 이로 인해 폭력범죄율도 감소한다는 것이다[18]. 신경생물학적 관점에서도 우울증 환자가 자살을 시도할 경우 미세한 전기 자극을 뇌의 중추에 투여함으로써 우울증을 감소시키고 정신분열증 환자의 경우 뇌에 도파민이라는 호르몬 수치가 정상인들보다 높기 때문에 치료를 위해 도파민 수치를 조절하기도 한다. 최근에는 신경계와 내분비계가 인간의 심리 및 행동과 밀접한 관계가 있다는 사실이 밝혀지면서 이에 대한 관심이 고조되고 있다.

2) 행동주의 접근방법

행동주의 접근방법은 인간의 행동을 조형(shaping)하고 통제하는 주변 환경에 대해 연구함으로써 인간의 심리와 행동을 이해하려는 심리학적 접근방법이다. 이 방법은 행동주의 심리학의 입장을 대표하며, 객관적으로 관찰할 수 있는 행동에 초점을 두고 있다. 생물학적 접근방법이나 인지론적 접근방법에서 강조하는 인간의 내적인 과정에는 관심이 없기 때문에 행동주의 접근방법에서는 인간을 검은 상자(black box)에 비유하기도 한다. 또한 인간내부에서 일어나는 신경계의 변화, 호르몬의 변화, 정보처리 과정, 무의식, 자유의지와 같은 존재들을 인정하지 않고 오로지 환경 자극과 이로 인해 유발되는 반응인 행동에만 관심이 있기 때문에 자극에 따른 반응심리학(S-R 심리학)이라고 한다(김상균, 2008). 결국 행동주의 접근방법은 행동주의 학습이론의 기본원리와 같고 인간행동의 대부분은 학습되거나 학습에 의해 수정된다는 기본 전제에 근거를 두고 있기 때문에 학습이론(learning theory)이라고도 한다.

행동주의 접근방법은 구성주의[19]에 대한 반발로 탄생했으며, 반복(Repeatable), 관

[17] Wilson, J. Q. 1993. The Moral Sense, New York: Free Press: 22-35.

[18] Walter Gove. 1985. The Effect of Age and Gender on Deviant Behavior: A Biopsychosocial Perspectives , in Gender and Life Course, ed., A. S. Rossi, New York: Aldine: 115-144.

찰(Observable), 객관적 검증(Testable)이 가능한 행동만을 연구대상으로 삼아야 한다는 입장이다. 여기서 반복, 관찰, 검증 가능한 연구방법을 과학적 연구의 ROT법칙이라 하며, 행동주의 접근방법의 입장은 심리학도 이러한 법칙을 따라야 한다는 것이다. 이러한 차원에서 볼 때 행동주의 접근 방법은 심리학이 하나의 과학적 학문으로 자리매김하는데 많은 기여를 하였다. 하지만 행동주의 접근방법은 지나치게 인간의 심리와 심리과정을 부정함으로써 목적과 수단이 바뀌는 오류를 범했다. 다시 말해서 인간의 행동을 이해하는 것은 인간을 이해하는 하나의 수단임에도 불구하고 결국 행동을 이해하는 것이 목적이 되었다(김상균, 2008). 행동주의 접근방법과 범죄와의 관련성에 대해 아이젠크(Eysenck)는 학습이론으로 설명하고 있는데, 이에 대한 세부적인 것은 다음 장에서 살펴볼 심리학적 범죄원인론에서 자세히 다루고자 한다.

3) 인지론적 접근방법

행동주의 접근방법의 반발에서 나온 인지론적 접근방법은 인간 행동의 기초가 되는 지각, 사고, 기억과 같은 정신과정을 이해하려는 심리적 접근방법이다. 인지론적 접근방법은 인지심리학[20]의 주요 접근방법으로 행동주의 접근방법과는 달리 인간을 외부환경의 수동적 반응체로 보지 않고 자료를 처리해서 정보를 만들고 그 정보를 새로운 형태와 범주로 전환시키는 능동적인 존재로 본다. 인지론적 접근은 심리학사에서 볼 때 구성주의와 형태주의의 맥을 이어주는 접근방법이며, 행동주의 접근방법이 지나치게 협소하고 인간의 심리와 심리과정을 무시한 것에 대한 반발에서 시작되었다. 다시 말해 행동주의 접근방법이 인간을 특징짓는데 있어 많은 비중을 차지하고 있는 인간의 심리와 심리과정을 지나치게 무시했다는 것이다. 인지이론은 행동주의 학습이론에서 주장하는 인간행동의 자극과 반응의 연합으로 해석하는 기계적인 견해에 반대하여 출현했다고 볼 수 있다(이상현 외, 2012).

---

19 구성주의(constructivism)는 인간의 정신구조를 분석한 과학적 심리학의 최초 학파로 인간의 심리구조와 심리기능을 주관적 방법인 자기관찰법으로 연구하였다. 다시 말해서 구성주의는 태어나면서부터 현재의 삶에 이르는 경험의 총체로 정의되는 성인정신(adult mind)을 가장 간단히 한정할 수 있는 구성요소로 분석하여, 이러한 구성요소들이 복합적 형태로 모아지는 방식을 찾아내고자 했다. 구성주의의 주요수단은 내성법(內省法)인데, 내성법은 훈련받은 관찰자가 엄격히 정의된 기술적 어휘를 써서 통제된 대상을 주의 깊게 관찰하는 것을 말한다.

20 인지심리학은 대상을 얼마나 잘 파악했는지를 연구하는 학문으로 정보가 뇌에 입력됨에 따라 뇌가 이를 선택하고 비교하며, 기억의 주머니 속에 저장하고 이미 가지고 있던 다른 정보와 결합하고 이를 전환시키는 등 인간이 정보를 처리하는 과정을 다루는 분야이다. 다시 말해서 인지심리학은 사람 마음의 작용을 정보처리라는 관점에서 접근한 것으로 컴퓨터 과학의 발전으로 탄생했다(김동기 외, 2000: 29; 오윤성, 2016: 14 참조).

한편, 인지론적 접근방법은 인간의 심리와 심리과정을 컴퓨터의 정보처리체계에 비유하면서 인간의 심리와 심리과정을 인정하고 있다. 특히 인지학습이론에서 말하는 인지(cognition)는 지각, 기억, 정보처리와 같은 정신과정을 말하며, 감각으로부터 들어오는 정보의 처리를 가리키는 용어이다. 아울러 인지학습장면(cognitive learning)은 명시적인 강화 없이 인간이 가진 어떤 경험의 결과로서 정보가 처리되는 방식의 변화를 말한다. 인지론적 관점에서 대해 톨만(Edward C. Tolman)은 사람이 자극에 대해서 반응을 학습하는 것이 아니고 자극은 기호로서 기호형태(sign-gestalt)를 형성하여 '어느 곳을 어떻게 하면 어떻게 될까'라는 장의 인지를 하는 것으로 보았다. 아울러 영국의 인지심리학자인 크레이크(Craik)는 인간의 뇌를 컴퓨터와 비슷하다고 주장하였다. 인지론적 접근방법과 범죄와의 관계성은 주로 범죄자의 인지구조와 인지부조화(cognitive dissonance) 등을 중심으로 연구되어 왔다. 다시 말해서 인지론적 접근과 관점에서는 사회구성원들 간의 상호작용 과정에서 타인의 의도를 잘못 이해하거나 인지부조화의 결과로 비행 및 범죄가 발생한다는 것을 전제로 한다. 특히 인지이론과 범죄에 관해서는 피아제(Piaget)가 제시한 도덕적 발달단계를 콜버거(Kohlberg)가 도덕발달이론에 적용한 것이 대표적이라 할 수 있다(황성현 외, 2015).

4) 정신분석학적 접근방법

정신분석학은 행동주의가 미국에서 태동한 1910년을 전후로 유럽에서 발달한 심리적 접근방법으로 정신분석학을 창시한 프로이드(Freud: 1856-1939)에 의해 발전되었다. 정신분석학[21]은 인간의 행동을 이해하기 위해 무의식적 동기와 어린 시절의 경험을 연구하는 심리적 접근방법으로 개인의 성장과정이나 생활과정을 중심으로 정신심리학상의 특징을 해명하고자 하였다. 연구방법에 있어서는 실험연구보다는 개별 환자에 대한 광범위한 사례연구에 근거하고 있다 또한 정신분석적 사상은 심리학자뿐만 아니라 인문, 사회, 예술 등 모든 측면에 영향을 미쳤으며, 심리학, 사회학, 문화인류학 등과 상호 영향을 주고받으면서 발전해 왔다.

프로이드의 정신분석이론은 정신세계에 있어서 무의식 층 및 역학적 구조의 가정, 유아기부터 시작되는 성충동의 존재와 성격발달에 미치는 영향, 정신과 성적 관점에서의 발달

[21] 정신분석학파는 개체의 성장이나 생활과정에서의 정신 상호간의 역학, 예를 들어 어린 시절의 경험이나 학교, 직장, 지역사회에서의 인간관계에 역점을 두고 정신심리상의 특징을 해명하려는 입장을 취하고 있다. 이들은 각 개체가 경험하는 모든 정신생활, 사실은 모두 그 개체의 내면 심리에 축적되고 상황에 따라 복합적으로 상호작용을 함으로써 인격의 특징이 형성된다고 보았다(오윤성, 2016: 30-31 참조).

단계의 설정 등의 특징이 있다[22]. 이 이론은 원초적으로 공격적 · 파괴적 그리고 다른 반사회적 충동이나 본능을 가지고 있다는 것을 전제로 한다. 이와 같은 일련의 행위는 그릇된 어린 시설의 훈련이나 무관심 또는 이를 효과적으로 통제하지 못함으로써 생기고 비행과 범죄를 적절하게 통제하고 조정함으로써 방지할 수 있다고 보았다[23]. 정신분석이론이 개인의 기질에서 범죄행위의 원인을 찾으려고 했다는 점에서 생물학적 접근과 유사하지만 이 이론은 생물학적 과정이나 비정상성에서 범죄의 원인을 찾기보다는 개인의 마음 속 깊은 곳에서 이를 찾으려고 했다는 점에서 차이가 있다[24].

또한 프로이드(Freud)의 정신분석이론에 따르면, 인간의 정신구조는 의식(consciousness), 전의식(preconsciousness), 무의식(unconsciousness)의 층으로 이루어져 있으며, 특히 무의식의 과정을 중시했다. 이밖에 의식과 무의식의 관계를 더욱 발전시켜 개인의 성격구조는 크게 원초자아(id), 자아(ego), 초자아(superego)로 이루어져 있다고 보았다. 여기서 원초자아는 쾌락의 원칙으로 즉각적인 만족에 중점을 둔 깊고 접근할 수 없는 부분이다. 자아는 현실의 원칙으로 원초아의 욕구를 사회에 합법적인 행동으로 나타나도록 조절하는 부분이며, 초자아는 사회의 도덕적인 가치와 이상으로 원초자아의 욕구를 억제하고 도덕의 원칙에 따른다. 이때 자아와 초자아는 아동기와 청소년기에 부모와의 관계 형성에 따라 발달하는데 어린 시절의 불행한 경험이 해결되지 않은 채 무의식 속에 남아 있게 되면 자아와 초자아가 제대로 발달하지 못해 결국 원초아를 조절하지 못하게 되고 반사회적인 행동으로 이어진다고 보았다(山根淸道, 1986).

하지만 개인의 세 가지 성격구조에 대한 개념의 모호성과 측정의 한계, 그리고 무의식이 인간의 심리와 행동 전반을 지배한다는 가정과 범죄행위의 동기는 무의식적이며 알려지지 않은 깊은 곳에 숨겨져 있다는 가설 또한 경험적으로 검증하는데 한계가 있다. 또한 임상적 사례연구에 지나치게 의존함으로써 경험적 일반화가 곤란하고 범죄를 저지른 사람의 현재 상황보다 어린 시절의 경험 등을 지나치게 중시했다는 점에서 비판이 제기되었다. 결론적으로 정신분석이론은 추상적 개념의 모호성에 따른 경험적 검증의 문제뿐만 아니라 모집단을 대상으로 일반화할 수 없다는 문제를 가지고 있다. 그럼에도 불구하고 이 이론은

---

[22] Sjoback, H. 1973. The Psychoanalytic Theory of Defensive Processes, New York: John Wiley & Sons: 183.

[23] Cohen, Albert K. 1966. Deviance and Control, New Jersey: Prentice-Hall, Inc.: 54.

[24] Akers, R. H., & Sellers, C. S. 2011. Criminological Theory: Introduction and Evaluation, Second Edition, Oxford University Press, Inc. (민수홍 외 공역, 2011).

여전히 범죄심리학 연구에서 중요한 위치를 차지하고 있다. 특히 범죄자의 성장배경, 인성, 성격, 태도, 범행 동기나 이유 등에 대한 연구는 특정 범죄자의 심리 및 범행원인을 이해하는데 많은 도움이 되고 있다[25]. 특히 호르니(Karan Horney), 프롬(Erich Fromm), 설리반(Harry Stach Sullivan) 등 신정신분석학파의 등장으로 무의식적 충동인 성본능과 무의식의 역할 등을 재평가하면서 기존의 문제점이 많이 개선되었다[26].

5) 인본주의적 접근방법

인본주의이론은 무의식적 결정론에 근거한 정신분석이론과 환경결정론에 근거한 행동주의이론의 입장에 반대한 제 3세력의 심리학에 속한다. 인본주의적 접근방법은 실존주의 철학에 영향을 받은 심리학적 접근방법이다. 또한 이론적인 설명을 부여하지 않고 있는 그대로의 인간을 보려고 했다는 점에서 현상학적 접근방법[27]이라고도 한다. 다시 말해서 인본주의적 접근은 과학적인 방법이나 이론적인 설명을 부과하지 않고 있는 그대로의 인간을 보는데 초점을 두고 있다(김상균, 2008). 인본주의는 행동주의와 정신분석학과 같은 기존 심리학파들이 인간을 지나치게 기계론적, 결정론적, 분석적 관점에서 보는 것에 반발해 인간의 존엄성을 인정하고 인간의 변화 가능성을 존중했다. 1940년대 키르케고르(Kierkegaard), 하이데거(Heidegger), 사르트르(Sartre), 까뮈(Camus) 등 실존주의 철학[28]에 영향 받아 1960년대 매슬로우(Maslow), 로저스(Rogers) 등에 의해 제기된 심리학적 접근방법이다.

인본주의 접근방법은 사람들이 세상을 보고 경험하고 있는 현재의 사상들이나 현상을 이해하려고 했으며, 이러한 현상을 이해하기 위해 어떤 이론이나 선입관, 과학적 방법론도 무시한다. 또한 심리학자를 포함한 타인들이 관찰함으로써 인간의 본성을 이해하기보다는 자기 자신과 자신의 세계를 스스로 어떻게 보고 해석하고 있는지를 고찰함으로써 인간을

[25] 이창환 · 황성현 · 김상원. 2012. 『신) 범죄학 형사정책』. 서울: 박영사.

[26] 이상현 · 정석헌 · 곽대경 · 이완희. 2012. 『범죄심리학』. 서울: 박영사.

[27] 현상학적 접근방법은 한 개인이 자기 자신 및 외부의 세계를 주관적으로 어떻게 지각하고 해석하는가를 중시한다. 다시 말해서 자신 및 외부에 대한 주관적 경험(subjective Experience)을 중시하는데 자신에 대한 스스로의 태도와 감정은 자기관(self-view) 또는 자기개념(self concept), 그리고 자기상(self image)을 형성하여 현실 세계에 대한 개인적 관점과 더불어 명백한 행동(overt behavior)으로 연결된다는 관점이다(김상균, 2008: 97).

[28] 실존주의 철학은 20세기 전반(前半)에 합리주의와 실증주의 사상에 대한 반동으로서 독일과 프랑스를 중심으로 일어난 철학 사상으로 자신의 인생을 개척해 나가는 주체적 삶을 강조한 철학이다. 키르케고르(Søren Aabye Kierkegaard, 1813~1855), 하이데거(Martin Heidegger, 1889~1976), 사르트르(Jean-Paul Sartre, 1905~1980), 카뮈(Albert Camus, 1913~1960) 등의 철학적 사유를 중심으로 하여 신의 존재나, 인간의 존재에 대한 본질적 가치의 문제들을 제기함으로써 실존주의 철학은 20세기 중반의 지식인들에게 커다란 반향을 불러오게 되었다.

이해하려고 했다. 그런 일련의 과정을 통해 인간본성에 관해 더 많은 것을 깨닫게 된다는 입장으로 개인이 자신과 세상에 대해 가지는 사적인 관점이나 사고, 다시 말해 주관적으로 경험하는 현실세계를 가장 중시했다. 이밖에 행동주의 접근방법이 결과의 원인이 되는 자극이나 과거의 경험이 무엇이냐에 관심을 가진 반면에 인본주의 접근방법은 과정보다 결과를 중시하였다. 결국 인본주의 접근방법에서의 인간은 통제할 수 없는 외부의 힘에 의해 움직이지 않고 스스로 자신을 통제할 능력을 가지고 있는 자유로운 행위자로 보았 다. 다시 말해서 사람은 자유의지(free will)를 가지고 있는 존재이기 때문에 자신의 인생을 스스로 책임지고 창조해 나갈 수 있는 긍정적인 입장을 취하고 있다(김상균, 2008).

특히 인본주의이론의 발달에 기여한 로저스(Carl R. Rogers)는 인간을 통합적 존재로 보았다. 또한 모든 인간이 긍정적 방향으로 성장하고자 하는 경향이 있으며, 자기결정 및 자아실현의 경향과 자신의 운명을 스스로 결정하고 자유롭게 선택하는 존재라는 점을 중시하였다. 인간행동의 동기와 관련해서는 개인이 세계를 어떻게 지각하고 해석하는가에 따라 달라진다고 하여 개인의 주관적 경험(subjective experience)을 강조하였다. 아울러 인간행동에 관한 기본가정은 그의 주관적 경험론에 입각하고 있다. 로저스(Rogers)는 현상학적 심리학자들과 마찬가지로 모든 인간에게 있어서 객관적인 현실세계란 존재하지 않고 주관적인 현실세계만이 존재한다고 보았다(Rogers, 1961).[29]

프로이드(Freud)는 인간행동의 기본 동기를 긴장의 감소에 두었으나 로저스(Rogers)는 이와는 정반대의 입장을 취했다. 다시 말해서 모든 인간은 내적인 긴장이 증가하더라도 자아실현을 위해 고통을 감내하고 행동한다고 주장하였다. 로저스(Rogers)와 마찬가지로 매슬로우(Maslow)도 다른 인본주의자들과 마차가지로 인간을 자아실현을 위해 노력하는 존재로 보았다. 그리고 인간은 태어나면서부터 생존적 경향(survival tendency)과 실현적 경향(actualizing tendency)을 갖고 있다고 보았다. 생존적 경향은 기본적 욕구 혹은 박탈 동기(deprivation motivation)라고도 하며, 인간의 생존을 단순히 생리적 차원에서 유지시키려는 경향을 말한다. 여기에는 생리적 욕구, 안전욕구, 소속과 사랑의 욕구, 존경의 욕구가 포함되며, 한 개인이 이러한 욕구를 충족시키기 못하면 신경증이 유발된다고 보았다. 실현적 욕구는 성장욕구(meta need)로 자신의 잠재능력, 기능, 재능을 발휘하는 욕구로 생존적 경향이 충족되었을 때 나타난다고 주장하였다(Maslow, 1970).[30]

---

[29] Rogers, C. R. 1961. On Becoming a Person, Boston: Houghron Miffin.

[30] Maslow, A. H. 1970. Motivation and Personality (2nd ed.), NY: Harper and Low.

CHAPTER

2 범죄심리학의 이론적 배경

범죄원인론

핵심

범죄원인론은 사람들이 범죄행위를 하는 원인에 관한 기초 이론이다. 범죄원인론에서는 범죄성에 관계되는 사실, 그 중에서 범죄성의 원인을 설명하기 위한 이론을 논의의 대상으로 하고 있다. 범죄가 발생하는 이유와 범죄행위를 하는 요인 등을 설명하기 위한 것으로 크게 고전주의 범죄학파(일명 고전적 범죄이론)와 실증주의 학파(일명 실증주의 범죄학)의 범죄원인론으로 구분된다. 범죄심리학은 범죄의 원인을 개인에게서 찾고자 했던 초기 실증주의 범죄학에서 그 기원을 찾을 수 있다. 여기서는 범죄원인론과 관련하여 고전주의학파와 실증주의학파를 중심으로 그 특징을 고찰하고자 한다. 아울러 범죄행위의 결정요인에 대하여 실증주의 이론 중 생물학적 범죄원인론은 범죄행위의 결정요인이 행위자의 내부에 존재한다고 본다. 심리학적 범죄원인론은 내부적 결정요인과 외부적 결정요인의 상호작용으로 보았으며, 사회학적 범죄원인론은 행위자의 외부에 존재한다고 본다.

제1절 고전주의 범죄학(Classical Criminology)

1. 등장배경과 주요 내용

고전주의 범죄학은 18세기 유럽에서 영향력을 가졌고 인간을 자유의지와 쾌락의 원칙에 의해 행동하는 존재로 파악하는 17세기의 철학적 인간관에서 시작되었다. 고전주의 범죄학파가 등장한 주요 배경은 당시의 법률과 징벌의 혼란에서 찾을 수 있다. 당시의 법률은 일정한 표준이 없어 비교적 잔인하게 적용되었다. 한 예로 1670년 프랑스의 형법조례(criminal ordinance)는 비록 범죄행위에 대한 법전화가 되어 있었고 법관에 대한 권력의 제한도 있었지만 범죄 후의 형벌에 대한 적절한 규정이 없었기 때문에 법관은 사건에 따라 자의적 해석으로 형량을 증감할 수 있었다(임상곤, 2006).

당시 형벌은 참수, 태형, 낙인, 화형 등 매우 잔인한 신체형이 주를 이루었고 16세기에는 유랑자나 가출자도 위험인물로 취급되어 극형에 처해지기도 했다. 1829년 영국에서는 사형에 해당하는 행위유형만 100가지 이상이 되었다고 전해지고 있다(Ysabel, 1978).[1] 당시 대부분의 유럽국가에서는 범죄가 신의 명령에 어긋나는 것으로 간주했기 때문에 악령, 악마 등과 같이 로마 가톨릭 교리에 반하는 행위를 처벌하는 것이 범죄에 대한 처벌이었다. 17세기 유럽 전역에서 시행된 '마녀사냥'도 그 중의 하나였으며, 이러한 잔인한 처벌은 국가의 법체계에 의해서 아무런 보호를 받지 못하고 있었다. 계몽주의 이론가들은 이러한 처벌이 비인간적이라 비난하면서 당시 유럽사회의 범죄와 처벌에 대한 관점에 동의하지 않았다. 대신 시민들의 계약에 의해 만들어진 국가가 제정한 법은 공공의 이익을 수호하되, 천부적 시민의 권리와 자유를 침해해서는 안 된다고 주장하였다. 고전주의 범죄학(Classical Criminology)은 이러한 계몽주의 사상에 근거하여 발전된 이론이다.

한편, 고전주의 학파(Classical School)의 범죄이론은 모든 인간은 자신의 행동결과를 고려하여 자유의지에 의해 행동을 선택하는 존재라고 가정한다. 인간이 합법적인 행위를 하든 그 행위로부터 얻을 수 있는 잠재적 쾌락과 고통을 합리적으로 계산하여 자신의 자유의지로 행위를 선택한다는 논리이다. 모든 인간은 일탈할 잠재성을 가지고 있다고 가정하고 합리적인 선택에 기초하여 자신의 의지대로 처벌하는 것은 당연하지만 해당 범죄에 합당한 처벌이 가해져야 한다고 주장한다. 다시 말해 국가의 처벌은 필요하되, 그 처벌이 잔인하게 과도하거나 자의적이지 않아야 한다는 것이다.

여기서 자유의지(free will)는 행동에 대한 개인의 책임을 표상한다. 다시 말해, 인간이 항상 자신의 행동에 대한 책임을 수용한다는 것을 의미한다. 이는 인간이 항상 자신의 행동에 대한 책임을 수용하는 것을 의미하는 것이 아니라 개인의 행동이 의식적이고 계산된 결과라고 인정하기 때문에 사회가 개인으로 하여금 책임을 지게 한다는 의미를 가진다. 결정론을 신봉하는 사람들은 인간행동의 자유의지를 부정한다. 자유의지를 지지하는 논증은 자유에 대한 주관적 경험, 죄의식 혹은 인격적 행위에 대한 책임이라는 보편적 가정 등을 바탕으로 삼고 있다. 특히 인격적 행위에 대한 책임이라는 보편적 가정은 법 · 보상 · 처벌 · 동기 등의 개념의 기초가 된다.

18세기에 형성되기 시작한 고전주의 범죄학 이론은 다음의 내용이 핵심이다. 첫째, 사람들은 자신의 욕구를 충족시키거나 문제를 해결하기 위하여 건전한 해결책이나 범죄적 해결책을 선택할 자유의사를 가지고 있다. 둘째, 범죄적인 해결방법은 사회적으로 용인된 해결방법보다 적은 노력을 기울이고도 목적을 달성할 수 있기 때문에 더 매력적인 방법이 될

[1] Ysabel Rennil. 1978. The Search for Criminal Man. Lexington. Mass. Lexington Book.

수 있다. 셋째, 범죄적 해결책의 선택은 그러한 행위에 대한 사회적 반응의 두려움 때문에 통제되어질 수 있다. 넷째, 사회의 반응이 더욱 신속, 확실, 엄격할수록 범죄행위는 더욱 잘 통제되어 질 수 있다. 다섯째, 가장 효과적인 범죄예방책은 범죄가 매력적이지 못한 선택으로 여겨질 만큼의 충분한 처벌이다. 특히 범죄억제이론은 고전적 범죄학에 그 바탕을 두고 있다.

고전주의 범죄학은 기본적으로 18세기 당시 이탈리아와 영국의 유명한 두 철학자인 체사레 베카리아(Cesare Beccaria)와 제레미 벤담(Jeremy Bentham)의 공리주의 사상을 기초로 발전했다. 고전주의 범죄학의 대표 인물인 베카리아(Beccaria)는 인간은 쾌락을 주는 행동을 선택하고 고통을 주는 행동을 피한다는 쾌락주의 원칙에 지배된다고 보았다. 하지만 인간은 이기주의적이고 자기중심적이기 때문에 처벌의 두려움에 의해 그들의 행동이 억제되어야 할 필요가 있다고 주장했다(임상곤, 2006; 이수정, 2015).

또한 베카리아는 형사정책에 반영할 범죄억제 요소로 범죄와 형벌의 균형, 일반예방주의, 처벌의 엄격성, 처벌의 신속성, 처벌의 확실성 등을 주장했다. 특히 베카리아는 쾌락주의, 인도주의적 형벌, 사형 및 고문제도 폐지 등을 주장하였다[2]. 베카리아의 견해를 계승한 벤담은 모든 사람은 쾌락을 극대화하고 고통을 최소화하는 행동을 선택하는 존재라고 주장하였다. 범죄억제에 대한 벤담의 견해는 적법한 형사사법체계에 의한 범죄자 처벌을 강조했다. 당시 형벌이 형사법과는 상관없이 사법부의 자의에 의해 잔인하게 가해지고 있는 현실의 비판적인 시작에서 비롯되었다. 고전주의 범죄학파는 선천적으로 범죄를 필연적으로 저지르는 인간이 아니라 충분한 이성적 고려를 할 수 있는 인간으로 보았기 때문에 정책적 차원에서 범죄를 억제하기 위해서 범죄로부터 습득되는 쾌락에 상응한 고통을 부과해야만 한다는 것이다. 따라서 법의 창조와 유지를 지배하는 기본적인 원리는 최대다수에 대한 최대 행복인 것이다. 또한 범죄의 억제를 위해서는 다음의 몇 가지에 초점을 맞추어서 처벌해야 한다고 보았다.

[2] Wolfgang Marvin, 1958, Patterns in Criminal Homicide, Philadelphia: University of Pennsylvania Press.

➲ 처벌의 엄격성(severity of punishment)

처벌의 정도는 범행의 이익을 충분히 능가할 수 있는 정도 이하가 되어서도 안 되고, 범죄억제의 목적을 달성하는데 요구되는 것 이상이 되어서도 안 된다는 것이다.

➲ 처벌의 신속성(swiftness of punishment)

범행시점으로부터 처벌이 부과되는 기간이 빠르면 빠를수록 처벌이 보다 유용하고 정당할 것이며, 범죄와 처벌의 관계가 범죄자의 마음속에 더 오래, 더 강하게 남을 것이라는 것이다.

➲ 처벌의 확실성(certainty of punishment)

범죄에 대한 최고의 억제 중의 하나는 처벌에 있어서 미약한 처벌일지라도 그것이 확실하다면 항상 사람의 마음을 두렵게 할 것이라는 것이다.

범죄행위는 인간이 쾌락과 이익은 극대화하면서 손실과 고통을 최소화하려고 하기 때문에 발생한 것으로서 범행으로 인해 기대되는 이익보다 손실이 크다면 상응하는 처벌을 가함으로서 범죄는 억제될 수 있다고 보았다. 하지만 고전주의 범죄학이 개인의 자유의지를 지나치게 강조함으로써 범죄행위에 대한 책임을 개인에게 집중시키고 범죄행위에 대해 사회적 요인과 생물학적 요인 등 외적 요인을 간과했다는 비판이 제기되면서 19세기 후반에 실증주의 범죄학이 등장했다.

2. 고전주의 범죄학의 영향

자유의지와 완전한 책임이라는 고전주의 이론의 적용에 있어서 나이, 정신상태, 상황 등을 고려하는 개정과 개선의 노력이 가해졌는데, 이러한 노력을 고전학파의 새로운 보완이라는 차원에서 이를 '신고전학파'라 부른다. 신고전학파의 다각도의 노력은 오늘날에 이르기까지 여러 방면에 많은 영향을 주고 있는데, 고전학파의 이론들이 현대적인 형사사법 분야에 적용되는 것으로 여기에는 일반예방주의(general deterrence), 특별예방주의(special deterrence), 격리주의(incapacitation), 응보주의(retribution), 공평응보주의(just desert) 등이 있다. 고전학파의 새로운 발전의 방향은 일상활동이론(routine activity theory)인데, 이 이론은 힌델랑(Hindelang), 고트프레손(Gottfredson), 그리고 가라팔로(Garafalo)의 피해연구[3]에서 시작되어 로렌스 코헨과 마커스 펠슨(Cohen & Felson, 1979)이 보충 발전시켰다[4].

[3] 피해이론에는 피해촉발이론, 생활양식이론, 일탈장소이론, 일상활동이론이 있다. 피해촉발이론의 주요 전제는 피해자가 그들의 도발적 행위로 인해 범죄행위를 촉발한다는 것이다. 생활양식이론의 주요 전제는 사람들이 고도로 위험한 생활양식을 가질 때 피해의 위험이 증가한다는 것이다. 일탈장소이론의 주요 전제는 피해자가 범죄를 조장하는 것이 아니라 그들의 행위나 생활양식과 상관없이 범죄자와 접촉하게 될 때 위험을 높여주는 사회적으로 해체된 범죄 다발 지역

일상활동이론에 의하면, 범죄의 동기와 범죄인은 항상 같은 수를 유지하는데 사회적으로 일정한 비율의 사람은 항상 특수한 이유로 범죄를 저지른다는 것이다. 따라서 강도, 납치 등의 직접적인 폭력범죄에 접촉하게 되는 총 수와 분포는 범죄행위와 밀접한 상관관계를 가질 뿐만 아니라 피해자의 일상활동 및 생활형태와 관련이 된다는 것이다. 일상활동이론에 따르면, 사회적으로 더욱 많은 귀중품의 증가는 절도기회의 증가를 초래하고, 주위의 보호감시 기능이 떨어지면서 절도범죄가 증가한다는 것이다. 또한 사람들의 생활형태가 일상활동이론에 부합할수록 범죄자 혹은 피해자는 증가하게 된다는 것이다. 고전주의 범죄학 이론의 정책적 영향을 입법, 경찰, 교정정책으로 구분하여 살펴보면 다음과 같다(임상곤, 2006).

1) 입법정책

고전주의 범죄학은 범죄 및 범죄자에 대한 입법과 국가 형사정책에 많은 영향을 미쳤다. 범죄 및 형벌에 대한 성문법주의를 도입하고 범죄에 대한 적절한 처벌을 주장함으로써 범죄자에 대한 인권을 보호하는 장치도 마련하였다. 이처럼 고전주의 범죄이론은 인간의 법률, 범죄 및 처벌간의 관계에 관한 사상에 매우 큰 영향을 주었다. 또한 현대의 정책결정권자들이 처벌은 범죄의 억제효과를 가진다는 사고논리를 가지고 일반적으로 범죄를 억제하기 위하여 강경한 태도로 처벌을 주장하는데 이론적 기초를 제공한 것이다. 현대의 입법자들도 형벌의 억제작용을 통한 범죄통제에 상당히 의지하고 있음을 부인할 수 없다.

2) 경찰정책

경찰업무의 본질은 바로 고전주의 범죄학파의 원리를 구체화하는 데에 있다고 볼 수 있다. 다시 말해 제복을 착용하고 순찰차에 경광등을 달고 잠재적인 범죄자에게 심리적 범죄억제력을 주는 것이다. 하지만 미국의 캔자스시티의 범죄예방순찰실험(kansas city preventive patrol experiment)과 같은 연구에 따르면, 경찰의 순찰밀도는 범죄의 억제작용에 영향을 주지 않는다는 결과가 도출되기도 하였다. 이와 같은 특별한 연구가 고전주의 범죄학파의 원리를 지지하지는 않았다. 하지만 다른 연구결과에 의하면, 경찰의 관할지역에

에 거주함으로써 피해자가 되는 경우가 있다는 것이다. 마지막으로 일상활동이론의 전제는 범죄율이 적절한 범행 표적의 이용가능성, 보호력 부재, 동기화된 범죄자의 존재에 의해 설명된다는 것이다(Larry J. Siegel 저, 이민식 외 공역, 2012: 91 참조).

[4] Cohen, L. E., & Felson, M. 1979. Social Change and Crime Rate Trends: A Routine Activities Approach, *American Sociological Review*, 44: 588-608.

대한 차량 또는 도보순찰의 정례화, 법집행 의지의 천명 등은 범죄억제를 위한 효과적인 수단으로 나타났다[5].

한 예로 미국의 Minneapolis Police Department에서는 가정폭력범에 대한 경찰대응 방식에 관한 연구를 실시하였다. 여기서 가정폭력에 대한 경찰의 대응을 정식체포, 권고 · 화해 · 상담, 혐의 범에게 8시간 현장에서 떠나 있도록 하는 격리조치 등 3개 유형으로 나누어 6개월 간 범죄자들의 행동양식을 관찰하였더니 혐의범들은 가장 엄격한 처리방식인 정식체포를 당할수록 이후에 가정폭력 행위가 감소하는 것으로 밝혀졌다. 따라서 그들은 체포라는 강력한 행위가 효과를 가진다고 주장하였으며, 이는 강력한 처벌 또는 제재가 가해자에게 가장 많은 영향을 미치는 것으로 고전주의의 입장을 뒷받침하는 것이라 할 수 있다[6]. 이처럼 경찰이 신속하게 범죄자에 대한 체포 등의 엄격한 처리를 할수록 잠재적인 범죄자들을 억제하는 작용이 높다하면 이는 고전주의 범죄학파의 이론을 상당히 지지하는 결과가 되는 것이다. 그러나 그렇지 않다면 상대적으로 고전주의 범죄학파의 이론에 대한 비판의 근거가 될 것이다.

3) 교정정책

고전주의 범죄학파가 교정정책에 미친 영향도 매우 크다고 할 수 있다. 특히 교정행정에 영향을 주어 부정기형제[7]의 도입이나 가석방제도, 전자감시제도 등의 사회적 처우 관련 제도의 도입에 부정적인 입장을 취했다. 그 중에서 가장 유명한 것은 범죄학자 Fogel(1975)이 제시한 교정에 대한 정의모델(justice model)[8]이다. 그는 가석방이나 수형인의 태도에 따른

---

5 Sherman, Lawrence & Richard Berk. 1984. The Specific Determent Effects of Arrest for Domestic Assault, *American Sociological Review*, 49: 261-272.

6 Cole, G. F. 1992. The American System of Criminal Justice, 6th (ed.), CA: Brooks/Cole Publishing Co.,: 157-158.

7 부정기형제도(indeterminate sentences)는 형의 선고 시에 기간을 특정하지 않고 그 기간이 형의 집행단계에서 결정되는 것을 말한다. 부정기형에는 형의 장 · 단기가 전혀 특정되지 아니하는 절대적 부정기형과 장기와 단기 또는 그 장기가 법정되어 있는 상대적 부정기형이 있다. 부정기형은 형이 명확하지 아니한 경우에 해당하므로 죄형법정주의에 반한다고 할 수 있다. 그러나 형벌의 명확성의 요청에 반하는 것은 절대적 부정기형에 한하며, 상대적 부정기형은 죄형법정주의에 반하는 것이 아니다. 상대적 부정기형은 형기를 수형자의 개선 · 갱생의 진도에 따르게 하여 교정교육의 효과를 기대하는 것으로 교육사상이 지배하고 있는 소년범과 상습범에 대하여 형벌의 개별화사상에 입각하여 널리 인정되고 있는 제도이다. 소년법은 소년형에 대하여 상대적 부정기형을 인정하고 있다(출처: http://www.inter-law.co.kr/BBS/BBSView.aspx?bbs=lawword&idx=2039).

8 정의모델(Justice Model)은 개선 · 의료 모델의 인권침해 문제와 관련하여 범죄자를 공정하게 취급하여야 한다는 모델로 범죄자의 갱생보다는 교정제도의 개선에 초점을 두고 있다. 그러나 이 모델에 의해 공정성 확보가 지나치면 엄벌화와 구금의 장기화로 연결되어 응보형 모델로 전환할 수 있고 형법의 중요한 이념인 예방의 관점이 무시될 우려가 있다(임상곤, 2006: 67-68).

형기의 조정을 강력하게 부인하고 절대형 기제(determinate sentences)를 주장하면서 교도소는 범죄인을 처벌하기 위한 곳으로 보았다. 다시 말해 동일한 범행을 한 범죄인이 동등하고 공정한 처우를 받는다면 가장 무거운 형벌을 받는 수형인도 수용하게 될 것이나 이익과 특권적 분배가 불공평하다면 교정의 정의감이 상실되어 감옥의 관리에 큰 혼란이 올 것으로 보았다(David Fogel, 1975).[9]

한편으로 고전주의 학파의 논리는 초기 범죄학 이론을 형성하는데 있어 많은 기여를 했음에도 불구하고 몇 가지 한계를 내포하고 있다. 먼저 인간의 선악을 이성적으로 판단하고 자유롭게 선택할 수 있는 존재라는 개념을 규정했을 뿐 이를 실질적으로 보여주지는 못했다. 아울러 처벌이 사람에 따라 상이한 영향을 미친다는 사실을 인식하지 못했으며, 범죄에 있어서 특수한 상황여건을 무시했다는 점에서 비판이 제기되었다. 다시 말해서 초범자 · 누범자, 미성년자 · 성인범죄자, 정상인과 정신이상 범죄자 등 범죄자의 개인적 특성을 반영하지 않고 모두 동일시했다는 점이다. 이밖에 처벌의 가치가 범죄의 가치를 능가할 때 범죄를 예방할 수 있다는 사실도 개념적 주장에 그쳤으며, 범죄의 원인을 동일시하고 지나치게 형법과 형사절차에만 관심을 두었다는 점에서 비판이 제기되었다.

TIP 1 범죄억제이론과 합리적 범죄선택이론

두 이론 모두 18세기 공리주의 철학에 기초하고 범죄자를 자유의지와 합리성을 지닌 존재로 파악하고 범죄자는 쾌락을 추구하고 고통을 회피하는 존재라는 점에서 유사하다. 하지만 고전적 범죄억제이론은 엄격한 법적 · 공식적 제재에 의한 범죄억제를 강조했으나 합리적 선택이론은 사람들이 이익을 극대화하고 손실을 최소화하기 위해 합리적 결정을 할 것이라는 기대효용원리에 입각하고 있다는 점에서 차이가 있다.

또한 고전적 억제이론이 죄질에 기초한 형벌이라는 법적 접근인 반면, 합리적 범죄선택이론은 이기주의 원리와 쾌락-고통원리에 의해 범죄행동이 선택된다는 경제적 접근의 성격이 강하다.

TIP 2 파놉티콘(Panopticon)과 스놉티콘(Synopticon)

파놉티콘은 영국의 공리주의 철학자 제레미 벤담(Jeremy Bentham)이 1791년에 고안해 냈다. 파놉티콘은 원래 '다 본다'라는 의미를 가진 단어이다. 벤담이 제안한 바에 따르면 파놉티콘은 바깥쪽으로 원주를 따라서 죄수를 가두는 방이 있고, 중앙에는 죄수를 감시하기 위한 원형 공간이 있다. 죄수의 방은 항상 밝게 유지되고 중앙의 감시 공간은 항상 어둡게 유지되어, 중앙의 감시 공간에 있는 간수는 죄수의 일거수일투족을 모두 볼 수 있는 반면에 죄수는 간수가 자신을

[9] Fogel David. 1975. We are the Living Proof: The Justice Model for Corrections, OH: Anderson Publishing Co.,: 75-86.

감시하고 있다는 사실도 알 수 없다.

1791년 영국의 사상가 제레미 벤담(Jeremy Bentham)에 의해 제안된 원형 감옥. 벤담이 제안한 설계도면에 의하면, 원형의 공간이 가운데에 있는 복층의 감옥으로, 가운데 공간에는 감시탑이 있어 최소한의 인원으로 바깥쪽 감옥에 있는 모든 수감자를 감시할 수 있는 구조로 되어 있다. 'Panopticon'이라는 용어는, 그리스어로 '두루'를 뜻하는 'pan'과 '보다'를 뜻하는 'opticon'이 합쳐진 말이다. 이 디자인은 벤담 당시에는 채택되지 않았지만, 미국 일리노이 주에 있는 스테이트빌 교도소 등에서 그 기본 개념이 반영된 건축 양식을 도입했다.

"최대 다수의 최대 행복"이라는 공리주의적 사고를 갖고 있었던 벤담은 많은 인원에 대한 효율적인 감시와 통제가 필요한 군대, 병원, 공장, 학교, 감옥 등에 파놉티콘의 구조가 효율적이라고 생각했다. 그는 1791년부터 몇 차례에 걸쳐 프랑스와 영국 정부에 파놉티콘 형식의 감옥 건축을 제안했으나 그의 생전에는 실현되지 못했다.

프랑스의 철학자 미셸 푸코(Michel Foucault)는 〈감시와 처벌(Surveiller et punir)〉(1975)에서 벤담의 파놉티콘 개념을 철학적 사유로 재조명했다. 푸코의 파놉티콘은 근대국가의 권력작용을 상징적으로 보여주는 철학적 사유의 모델이다. 근대의 권력자는 파놉티콘적 사회구조를 통해 그의 권력을 군중에게 행사한다.

영국의 소설가 조지 오웰(George Orwell)의 〈1984〉(1949)는 파놉티콘의 개념이 구현된 미래 사회를 보여주고 있는 작품이다. 이 작품에서 조지 오웰은 개인의 정보가 인터넷으로 연결되어 점차 감시와 통제의 대상이 될 가능성을 보여주었다. 현대 정보사회의 파놉티콘적 위험을 예언한 것이다.

'투명사회'의 저자 독일 베를린 예술대 한병철 교수는 투명성이 파괴할 삶의 여러 요소들을 두루 살핀다. 정치를 지나 문화를 훑고 소통의 영역으로 나아가 그의 통찰력은 '디지털 사회'를 살필 때 큰 힘을 발휘한다. 특히 스스로를 발가벗기듯 드러내려고 경쟁하는 요즘 사람들을 '현대적 파놉티콘(panopticon · 모든 것을 감시받는 원형 감옥)'에 갇힌 것과 다름없다고 보았다.

파놉티콘의 반대되는 개념으로 시놉티콘(synopticon)은 감시에 대한 역감시란 의미이다. 파놉티콘이 자리를 잡았던 19세기, 다수가 소수의 권력자를 감시하는 언론의 발달을 시놉티콘이라 명명하면서부터 발달하기 시작했다. 정보사회의 발전에 의해 파놉티콘 체제의 일방적 감시는 시놉티콘으로 바뀌어 가고 있다.

노르웨이의 범죄학자 토마스 매티슨은 언론과 통신을 통해 다수가 소수의 권력자를 감시할 수 있는 체제로 발달했다고 주장하였고, 이러한 권력 감시를 시놉티콘(synopticon)이라 명명했다. 20세기에 들어 정치와 경제면에서 많이 이용되고 있으며, 역감시의 기능을 하는 것으로 의회와 언론이 대표적이다. 홍성욱(2002)은 시놉티콘은 인터넷과 같은 다 대 다(多 對 多, many-to-many) 소통이 가능해지면서 역감시로 진화했다고 말한다.

출처: 박홍순, 미술관 옆 인문학: 파놉티콘 사회, 서해문집
위키백과; 다음백과 [파놉티콘]

제2절 실증주의 범죄학(Positivist Criminology)

1. 실증주의 범죄학의 등장배경

고전주의 범죄학은 18세기 후반과 19세기 법철학에 많은 영향을 미쳤다. 교도소가 범죄자의 처벌을 위한 수단으로 사용되기 시작하였고 형벌도 범죄의 경중에 따라 차별적으로 부가되기 시작했다. 이러한 고전주의 범죄학은 범죄학적인 사고의 중심에 자리 잡았고 이후 출현한 신고전주의 이론에 선구자적 역할을 했다. 그러나 19세기에 새로운 세계관의 출현으로 고전주의 범죄이론의 신뢰성 문제가 제기되었고 범죄의 원인에 대한 새로운 견해가 대두되었다. 18세기 후반 이후 100여 년 동안 고전주의 범죄학이 법, 범죄, 정의에 대한 관념들을 주도하였지만 19세기 후반에 들어 유럽에서는 과학적 방법의 중요성이 강조되면서 과학적 방법론에 의해 발달한 실증주의의 바람이 불기 시작했다. 순수한 사색에 의존한 이론에서 자연적 현상의 관찰과 과학적 분석에 의한 이론이 강조되기 시작했다. 범죄학 연구에서도 만약 자연현상을 설명하는데 과학적 방법이 성공적으로 활용될 경우 과학적 기법이 인간의 행위도 설명할 수 있다는 가정에서 새로운 방향으로 연구를 시작하게 되었다.

실증주의의 창시자인 꽁트(Auguste Comte, 1798–1857)는 실증주의는 두 가지 기본적 전제를 가진다고 주장하였다. 첫째는 인간의 행동은 개인적인 통제를 벗어난 외부요인에 의해 이루어진다는 것이다. 이러한 외부요인은 부, 사회계층 등 사회적 요인뿐만 아니라 전쟁이나 기아 등 정치적, 역사적 요인도 포함된다. 또 다른 외부요인으로 개인의 뇌구조와 생물학적 특성 및 정신능력 등 심리적 요인도 포함되며, 이러한 모든 요인들이 인간의 행동에 영향을 미친다는 것이다. 둘째는 사회문제의 해결에 과학적 방법을 활용한다는 점이다. 실증주의자들은 가설을 검증하기 위해 엄격한 경험적 방법을 사용하였다(Siegel, 2001).[10] 실증주의에 의하면, 모든 인간의 행위는 과학적인 원칙에 의하여 검증가능하다는 과학의 미신이 19세기를 풍미하도록 원동력을 제공한 Charles Darwin(1809~1882)에 의해 더욱 발전하게 되었다.

실증주의 범죄학의 가장 큰 기여는 실증주의의 전제를 바탕으로 범죄인에 대해 경험적 연구를 실시했다는 점이다. 범죄의 원인을 결정하는데 있어 과학적인 방법을 적용했다. 고전주의 범죄학이 인간의 자유의지와 법률적 측면에서 형사사법 절차의 개혁을 강조한 반

[10] Siegel, L. 2001. Criminology: Theories, Patterns, Typologies (7th ed.). Belmont, Califonia: Wadsworth.

면, 실증주의 범죄학은 범죄에 대한 법률적 접근보다는 범죄를 저지른 범죄자들의 특성과 범죄의 원인에 대한 연구를 강조했다. 다시 말해 실증주의 범죄학은 인간의 행동을 결정론이라고 가정하고 개인이 통제할 수 없는 사회, 경제, 개인의 내적 심리요인들에 의해 범죄가 발생하는 것으로 본다는 점에서 고전주의 범죄학과 차이가 있다.

2. 실증주의 범죄학의 주요 내용

유럽의 범죄학자들로부터 시작된 실증주의 학파(Positivist School)는 신체조건과 범죄 사이의 관계를 규명하고자 했던 초기 생물학적 관점을 가진 학자들과 환경적 영향을 강조한 학자들이 여기에 속한다. 실제 유럽에서 시작된 실증주의 학파가 본격적인 이론을 제시하기 시작한 것은 20세기 미국으로부터 심리학의 영향을 받은 이후이다. 과학적 연구방법과 실증적 자료를 강조하는 실증주의 학파의 이론들은 생물학적 이론, 사회학적 이론, 심리학적 이론으로 분류된다. 고전주의 학파와 실증주의 학파는 범죄와 범죄자들에 대해 매우 상반된 견해를 가지고 있다.

앞에서도 제시했지만 고전주의 학파는 범죄행동에 대한 자유의지론을 주장하는 반면에 실증주의 학파는 인간의 행동을 통제할 수 없는 특정 원인에 의하여 범죄행동이 좌우된다고 보는 결정론적 입장을 취하고 있다. 범죄행위의 결정요인에 대하여 실증주의 이론 중 생물학적 범죄원인론에서는 범죄행위가 주로 행위자의 내부에 존재한다고 보았다. 심리학적 범죄원인론에서는 내부적 결정요인과 외부적 결정요인의 상호작용에 비중을 두고 있으며, 사회학적 범죄원인론에서는 범죄행위의 결정요인이 행위자의 외부에 있다고 보았다. 여기서는 실증주의 학파의 하위이론인 생물학적 이론, 심리학적 이론, 사회학적 범죄원인론을 중심으로 살펴보았다.

1) 생물학적 범죄원인론

범죄행동에 대한 생물학적인 설명은 19세기 실증주의가 시작되기 훨씬 이전으로 거슬러 올라간다. 범죄행동과 체형의 관련성에 관한 연구는 500년대부터 시작되었으며, 얼굴 특징과 범죄의 관련성에 관한 연구는 1700년경에 이루어졌다(Reid, 1985).[11] 초기의 결정론적[12]

[11] Lavater, J. K(1741~1801)와 같은 관상학자들은 귀, 코, 눈의 생김새와 그들 사이의 거리를 측정하여 측정값과 반사회적인 행위과의 관련성을 밝히기 위해 범죄자의 얼굴모양을 연구했다. Gall, F. J(1758~1828) 등의 골상학자들은 두개골의 모양이나 돌출형태가 범죄와 연관성이 있는지를 연구하였다(이수정, 2012: 19; 임상곤, 2006: 28; Reid, S. T. 1985. Crime and Criminology 4th ed. New York: Holt, Rinehart and Winston)

실증주의자들은 자신이 통제할 수 없는 타고난 조건이 그 사람의 행동유형에 지대한 영향을 미친다고 믿었다. 인간의 외양이 그 사람의 특성을 나타내주는 것으로 믿었기 때문에 초기 실증주의자들은 범죄의 원인을 범죄자의 체형에서 찾으려고 하였다. 이들은 고전주의 학파가 일부 사람들은 범죄를 선택하지만 대부분의 사람들은 관습적인 가치와 신념을 견지하는 이유를 설명하지 못한다고 비판하면서 범죄를 선택하는 일부의 사람들은 생물학적 결함이 있는 사람들이라고 주장하였다.

(1) 초기 범죄생물학

인간행동의 근원이 생물학적일 수 있다는 견해는 새로운 것이 아니다. 다시 말해서 생물학적 특성을 통해서 사람들의 범죄행동 가능성을 어느 정도 예측할 수 있다. 범죄학 측면에서 범죄의 원인으로 각 개체가 가지는 인격상의 특징인 이면성(Abnormal Aspect)을 강조하는 학파를 범죄생물학파(School of Criminal Biology)라 한다. 대표적인 학자로는 체사레 롬브로조(Cesare Lombroso), 엔리코 페리(Enrico Ferri), 라파엘 가로팔로(Raffaele Garofolo) 등이 있으며, 그들은 생물학적이고 문화적인 진화론과 결정론에 크게 기여하였다. 범죄행동에 대한 생물학적 이론은 자신이 통제할 수 없는 신체적 특징, 뇌와 호르몬, 유전의 영향 등에 의해 범죄가 결정된다고 보았다(오윤성, 2016).

소질론적 범죄원인을 제기하고 자연과학적이고 실증주의적으로 범죄의 원인을 연구한 개척자로서 생물학적 입장의 대표자라 할 수 있는 Lombroso(1835~1909)[13]는 법률위반자가 관습적인 가치를 지닌 사람들과 신체적으로 어떻게 다른가를 과학적으로 설명하기 위하여 사형이 집행된 범죄자들의 시체를 연구하였다. 그 결과 상습적인 절도나 폭력 범죄자들은 애초부터 범죄자로 태어났으며, 이는 격세유전의 결과[14]라고 주장하였다. 이러한 롬브로조(Lombroso)의 연구는 오늘날 과학적 사실이라기보다 일종의 역사적 호기심으로 받아들여지

[12] 결정론은 인간의 모든 행위를 포함해 이 세상에서 일어나는 모든 일들이 정해진 시간과 장소에서 일어나도록 미리 정해져 있다고 보는 입장이다. 사회과학에서는 사회문제나 사건이 우연히 발생하는 것이 아니라 어떤 원인에 의해 발생하는 것이라고 가정하는데, 이러한 입장을 결정론적 관점(deterministic perspective)이라 한다. 이러한 관점은 인간행동의 자유의지론과 대비되는 것으로 이 두 관점은 지금까지 논쟁이 지속되고 있다(Babbie, 2001: 28).

[13] 현대 범죄학의 아버지로 불리는 롬브로조(Cesare Lombroso)는 이탈리아의 범죄인류학파를 대표하는 학자로 당시 범죄학 연구의 지배적인 접근방법인 추상적, 종교적, 철학적 연구경향을 경험적인 증거와 객관적인 분석을 요구하는 보다 과학적인 접근방법으로 대체하는 선구자적 역할을 하였다(Williams, Katherine S. 2004. Criminology, 5th edition in the United State by Oxford University Press Inc., New York: 129).

[14] 격세유전(atavism)은 생물학적인 퇴행을 말하는데, 이는 인간의 진화과정에서 이미 사라진 고대 인류의 원시성이나 야만성과 관련된 특징이 근대 인류에 나타나는 현상을 말한다. 롬브로조는 진화가 진행된 이후에도 고대 인류의 특징을 가진 사람이 출생할 수 있다고 주장하였다(조철옥: 2010: 43).

고 있다. 왜냐하면, 그의 연구가 통제집단을 활용하지 않았다는 방법론상의 결함을 가지고 있으며, 그가 유전되는 것으로 믿었던 많은 인자들, 예를 들어 '범죄자는 털이 많다'라는 것 등은 실제로는 유전적으로 결정되는 것이 아니며 사회로부터 격리되어 생활하였던 범죄자들의 환경에 의해서도 야기될 수 있었기 때문이었다(이수정, 2015).

결국 롬브로조(Lombroso)는 범죄자의 두개골, 신체적 특징이 원시시대의 야만인과 비슷하며, 범죄자는 태어날 때부터 범죄자로 타고난다는 주장은 실증적인 방법론의 한계로 많은 비판을 받았다. 그럼에도 불구하고 롬브로조(Lombroso)의 연구가 높이 평가받는 이유는 범죄를 설명함에 있어서 범죄자의 특성을 실증적으로 관찰하고 연구하고자 시도하였다는 점 때문이다. 이처럼 롬브로조의 생래적 범죄인 이론은 범죄생물학 연구에 많은 영향을 끼친 것은 간과할 수 없다. 범죄의 원인으로 어떤 인종이나 집단에 내재된 특질, 신체적 비정상성, 생물학적 열등성, 신체유형, 저능성, 생물학적 불균형, 생물학적 결점과 역기능을 다루는 이론들은 생래적 범죄이론의 가설에 근거한 것이라고 볼 수 있다. 롬브로조(Lombroso)에 의해 최초로 체계를 갖춘 실증주의학파들의 입장은 후에 그들의 많은 제자들, 특히 수제자인 페리(Enrico Ferri)와 가로팔로(R. Garofalo)에 의해 계승되었다.

(2) 인간의 체형과 범죄

범죄생물학의 또 다른 입장으로 범죄자가 독특한 체형을 가지고 있다고 주장하는 체형학파(somatotype school)가 있다. 체형과 범죄의 유관성에 관한 연구는 셀던(Sheldon, 1949)에 의해 체계적으로 제시되었다. 체형을 포함한 인간의 신체적 특징이 인간의 행동과 성격 또는 특성과 관계가 있다는 주장은 약 2500년 전 히포크라테스(Hippocrates)의 체액의 분류에 따른 성격유형[15]에서 찾아볼 수 있다. 체형학파를 출현케 한 셀던(Sheldon, 1949)은 체형을 세 가지로 구분하였는데, 첫째는 비만형이라고도 하는 내배엽형(endomorph), 둘째는 근육형이라고도 하는 중배엽형(mesomorph), 셋째는 세장형이라고도 하는 외배엽형(ectomorph)으로 구분하였다. 인간의 체형이란 생래적, 다시 말해 타고난 것이며, 체형의 중요성은 그것과 인간의 기질 또는 성격 사이에 강력한 상관성이 있다는 것이다[16].

---

[15] 히포크라테스는 체액의 종류를 혈액(血液), 점액(粘液), 흑담즙(黑膽汁), 담즙(膽汁) 등 네 종류로 나눈 다음 네 종류의 성격유형을 분류하였다. 혈액이 우세한 다혈질의 성격은 다정하고 유쾌하고 사교적이며 반응은 빠르나 오래가지 못한다. 점액이 우세한 점액질은 동작이 느리고 인내심이 강하며, 흑담즙이 우세한 흑담질의 성격은 쉽게 우울해지고 음울하며 조용하다. 담즙이 우세한 담즙질의 성격은 쉽게 흥분하고 화를 잘 내고 반응이 빠르면서 강하고 지속적이라고 주장하였다(김상균, 2008: 93-94).

[16] Sheldon, W. H. 1949. Varieties of Delinquent Youth, New York: Harper & Bros.

여기서 내배엽형은 부드럽고, 둥글고, 행동이 느리고, 낙관적이고 외향적이어서 폭력범죄보다 장물범죄를 범할 가능성이 높다고 주장하였다. 중배엽형은 건장하고 근육형으로 정력적이고 자기 주장형이며, 공격적이고 폭력적이어서 폭력 범죄자가 될 가능성이 높다는 것이다. 마지막으로 외배엽형은 마르고 예민하고 수줍어하며 내향적인 성격의 소유자로서 다른 체형에 비해 지적인 소유자라고 가정하였다. 정도의 차이는 있으나 모든 사람은 이 세 가지 체형 중 하나에 속한다고 보았다. 또한 셀던은 미국 보스톤의 소년재활원에서 200명의 비행소년에 대해 신체검사 및 성장기록자료(biographical data)를 분석했다. 그 결과 중배엽형의 구조를 가진 사람이 범죄성향과 관련이 있다는 결론을 도출하였다. 중배엽을 가진 사람은 끝없이 정열적이고 능동적이며 충동적인 것을 행동으로 옮기는데 빠르고 대담하다는 것이다. 아울러 직선적인 행동을 자제할 수 있는 요인, 다시 말해 양심적인 면, 반성적인 면이 결여되어 있다는 것이다. 셀던(Sheldon)은 범죄의 소질이 주로 세포원형질의 형태에 달려있고 범죄에 대한 효과적인 해결책은 사회적으로 해로운 그 같은 구조형태를 제거하는 것이라고 주장하였다.

셀던(Sheldon) 이후에 이루어진 범죄와 체형에 관한 연구들은 대체로 다음과 같은 비판을 받고 있다. 우선 체형에 관한 정의의 정확성이 부족하다는 것과 범죄행동과 체형의 관계가 분명하지 못하기 때문에 왜 모든 중배엽형 혹은 근육형의 사람들이 범죄를 저지르지 않는지를 설명하지 못했다. 그리고 측정기술의 발달로 인하여 체형과 범죄에 관한 이론은 그 영향력이 약화되었다. 결론적으로 체형과 범죄 관련 연구는 논리적 부적절성과 경험적 타당성의 결여, 그리고 사회적 요인의 결합작용을 무시했다는 비판을 받았다.

CASE 크레츠머(Kretschmer)의 체격론(體格論)

셀던(Sheldon) 이전에 신체구조에 따라 자주 저지르는 범죄의 유형을 구분하는 대표적인 학자가 독일의 에른스트 크레츠머(Ernst Kretschmer)이다. 크레츠머는 1921년 '신체구조와 성격'이라는 책을 통해 4,414건의 범죄사례를 토대로 체형에 따라 어떤 범죄를 많이 저지르는지에 대해 분석하였다. 크레츠머(Ernst Kretschmer)는 사람을 체형에 따라 세장형(細長型), 근육형(筋肉型), 비만형(肥滿型)으로 구분하여 이를 범죄에 적용한 결과, 세장형은 절도나 사기범이 많다는 것이다. 투사형으로 불리는 근육형은 잔혹한 공격성, 격렬한 폭발성을 보이며 폭력 범죄자가 많으며, 이들 중 비만형은 범죄성이 적다고 주장하였다. 특히 크레츠머는 이러한 체격론에 바탕을 두고 정신분열증은 세장형에 많고 조울증은 비만형에 많음을 지적하였다.

(3) 유전과 범죄

초기 생물학적 범죄이론 학자들은 범죄자와 일반인 사이에 차이점이 있으며, 이러한 차이점을 유전에서 찾았다. 인간행동에 대한 유전적 설명은 아이들이 그들의 부모를 닮는다는 사실에서 시작되었다. 다시 말해서 인간은 조상으로부터 물려받은 유전적 소질을 가지고 있다고 가정한다. 이러한 유전과 범죄의 관계를 규명하기 위한 노력은 오랫동안 진행되어 왔고, 대표적인 연구들로는 범죄자의 가계 연구(genealogy studies)와 쌍생아 연구(monozygotic studies), 그리고 입양아 연구(adoption studies) 등이 있다.

① 가계 연구(genealogy studies)

초기 생물학적 범죄이론가들은 범죄성이 가계에 의해 유전된다고 믿었다. 조상들의 범죄소인이 자손에게 이어져 그 가계만이 자손 대대로 많은 범죄가 나온다는 믿음이었다. 범죄인의 가계연구는 대체로 열등한 특정 개인의 자손 가운데 범죄인 · 정신이상자 등을 조사하거나 교도소 또는 정신박약자 수용소에 있는 범죄자의 가계를 소급하여 연구하는 방법을 택했다. 가계연구의 대표적인 학자로는 더그데일(Robert Dugdale), 고다드(Henry Goddard), 고링(Goring) 등이 있다. 이러한 학자들 중에 범죄는 유전의 결과라는 견해를 밝힌 가장 유명한 학자는 더그데일(Robert Dugdale)이다.

➲ 더그데일(Robert Dugdale)의 쥬크가(Juke Family) 연구[17]

범죄자의 가계 연구는 19세기 말 뉴욕의 쥬크(Jukes)가에 대한 더그데일(Dugdale, 1877)의 연구를 우선할 수 있다. 더그데일은 뉴욕주 군소재지의 시설을 교정시찰 하는 중에 우연히도 6명의 유별난 가족들과 마주치게 되었다. 이들 6명과 혈족관계가 있는 15세에서 75세 사이의 29명의 남자 중 17명(58%)이 범죄자였고 15명은 상당한 형의 선고와 71년형을 받았다. 그들이 저지른 범죄와 비행은 폭력과 폭행, 살인을 의도한 폭력, 강간, 좀도둑, 절도, 강도, 위조 등 이었다.

더그데일은 7대에 걸친 쥬크(Jukes)가 후손 1,000명의 소재를 파악하여 그 중 280명이 걸인, 60명이 절도범, 7명이 살인범, 잡범 50명, 50명이 창녀, 40명이 성병환자라는 사실을 발견하였다. 75년간에 이 가문이 그 주에 끼친 금전상의 손해가 130만 불이나 되었다. 쥬크가에 이처럼 많은 범죄자가 나온 것은 유전의 작용으로 해석할 수 있는 것으로 추정했다.

이처럼 쥬크가는 뉴욕에서 범죄, 성매매, 그리고 빈곤으로 악명이 높은 가계였다. 그는 이러한 세 가지 요인이 상호 관련되고 가계를 통해 유전된다고 보았다. 하지만 쥬크가의 경우 범죄자 비율이 상당히 높은 것은 사실이나 범죄성향과 유전적 요인사이의 관계는 입증되지 않았다. 이러한 가족사이의 유사한 범죄행동은 모든 가족에게 작용하는 유사한 환경적 요인의 영향 때문이라고 설명할 수 있으며, 가족 서로가 범죄행동이나 수법을 학습한 결과라고 할 수 있다.

---

[17] Dugdale, R. 1910. The Jukes: A Study in Crime, Pauperisms, Disease, and Heredity (4th ed.) New York: Putnam: 8.

그러나 초기의 범죄자 가계에 대한 연구결과가 가지는 논란의 취약성은 범죄적 기질의 전이가 유전에 의해서만이 아니라 학습이나 사회적 상호작용에 의해서도 설명될 수 있다는 것이다. 따라서 이들 연구에서 지적되어야 할 것은 환경적 요인에 대한 완벽한 통제가 부족했다는 점이다. 이러한 문제점으로 인해 유전과 범죄의 관계를 밝히기 위한 또 다른 방법으로 쌍생아와 입양아에 대한 연구가 시도되었다(Rosental, 1984).[18]

➲ 고링(Charles Goring)의 가계 연구

영국 교도소에서 의사로 근무한 고링(Charles B. Goring)은 수년간에 걸친 연구를 통해 1913년 『영국의 죄수(The English Convict)』라는 저서를 출판했다. 고링(Goring)은 범죄성향이란 기본적으로 유전되는 것이지 물리적 · 환경적 요인들과는 무관하다고 주장하면서 가계 연구를 전개했다. 그는 범죄자들에 대한 연구를 통해 아버지와 아들, 그리고 형제들 사이에 눈 색깔과 신장이 비슷하듯이 범죄성향도 유사하다는 것을 발견했다.

고링(Goring)이 주장하는 핵심은 범죄성향과 관련되어 신체적 특징이 중요한 것이 아니라 부모로부터 전해지는 유전적 물질의 내용이 중요하다는 것이다. 부모가 범죄자면 자손에게 어떤 다른 특질을 물려주는 것과 마찬가지로 범죄성향 역시 그대로 유전된다는 것이다. 그는 어릴 때 아버지와 이별한 자녀와 그 보다 훨씬 뒤에 이별한 자식들 사이의 범죄성향에 별다른 차이가 없었다는 연구결과를 내세워 범죄성향은 유전되는 것이라고 주장했다. 그러나 고링(Goring)의 연구는 통제집단 없이 범죄자 집단만을 대상으로 하였으며, 환경의 영향을 측정하기 위한 어떤 시도도 하지 않았다는 것이 문제로 지적되었다(조철옥, 2010: 44)[19]

② 쌍생아 연구(monozygotic studies)

쌍생아 연구[20]는 실제로 유전이 범죄에 영향을 미치는가를 검증하고자 하는 실증적 연구이다. 이러한 연구는 유전학, 심리학, 그리고 범죄학에 있어서 유전소질과 환경의 관계를 명확히 하는데 기여했다. 다시 말해서 20세기 초에 시작된 쌍생아 연구는 범죄행동에 대한 환경과 유전의 개별적인 영향을 보다 명확하게 밝히려고 하였다. 쌍생아 연구는 일란성 쌍생아(monozygotic twins)와 이란성 쌍생아(dizygotic twins), 그리고 일반 형제자매 사이의 행동 일치율(concordance rate)을 비교함으로써 행위에 대한 유전적 영향을 정확하게 밝힐 수 있다는 가정에서 시작되었다(Shoemaker, 1990).[21] 다시 말해, 범죄행동에 있어 유전이 환경보

---

[18] Rosental, D. 1984. Heredity in Criminality. In I. Jack & S. G. Cos (Eds.), Psychological Approach to Crime and Correction: Theory, Research, Practice, Chicago, IL: Nelson-Hall.

[19] Williams, Katherine S. 2004. Criminology, 5th edition, New York: Published in the United States by Oxford University Press Inc.,: 129.

[20] 쌍생아를 유전학 연구에 처음 이용한 학자는 영국의 갈튼(F. Galton)이고 독일의 생리학자인 랑케(J. Lange)가 이를 범죄연구에 응용하여 1929년 그의 저서인 '운명으로서의 범죄'에서 발표했다. 랑케는 성인남성의 쌍생아 30쌍(일란성 13쌍, 이란성 17쌍) 중 범죄성의 일치가 일란성 쌍생아에 있어서 10쌍(76.9%), 이란성에서 2쌍(11.8%)인 점을 발견했다. 결과적으로 일란성의 경우 이란성보다 범죄 일치율이 높다는 것을 증명한 것이다(허경미, 2012: 58).

다 더 큰 영향을 미친다면, 범죄행동의 유사성은 일란성 쌍생아가 가장 높고, 일반 형제자매가 가장 낮아야 한다는 논리이다.

➲ 크리스티안센(Karl Christiansen)의 쌍생아 연구

쌍생아 연구는 스칸디나비아 범죄학자들에 의해 심층적으로 연구되었다. 크리스티안센(Karl Christiansen)은 덴마크에서 1881년 이후 1910년 사이에 태어난 남자 쌍생아 3,586쌍을 대상으로 연구한 결과, 일란성 쌍생아 52%가 행동의 일치성을 보였으나 이란성 쌍생아는 22%만이 행동의 일치를 보였다. 이러한 결과를 통해 일란성 쌍생아가 범죄행동의 위험성을 증가시키는 유전적 요인을 공유하고 있다는 사실을 보여주었다[22].

➲ 미네소타 연구

쌍생아 연구에 대한 유명한 연구는 미네소타 연구이다. 이 연구는 태어나면서 서로 떨어져 따로 양육된 일란성 쌍생아와 이란성 쌍생아들의 행동을 비교하였다. 어떤 경우에는 쌍생아들은 서로 잘 모르는 사이도 있었다. 연구결과, 따로 양육된 쌍생아들 사이에 행동과 능력의 유사성이 놀라울 정도로 존재하는 것으로 나타났다. 특히 따로 양육된 일란성 쌍생아들은 마치 함께 성장한 것처럼 성격, 관심, 그리고 태도의 유사성을 보였다. 결론적으로 쌍생아 사이의 행동 유사성은 유전적 요인에 기인하며 환경과는 아무런 관계가 없다는 것이다. Rowe(1995)를 포함한 또 다른 전문가들도 유전자를 공유하는 개인들은 그들이 어떻게 양육되든지 간에 성격의 유사성을 보이고 환경은 쌍생들의 성격 유사성에 거의 영향을 미치지 않는 것으로 결론지었다(Rowe, 1995; 조철옥, 2008: 83)[23].

이처럼 쌍생아와 범죄의 관계에 관한 다수의 연구결과가 제시되었음에도 불구하고 결과의 해석을 어렵게 하는 문제를 내포하고 있다. 그러한 결점으로는 ① 쌍생아와 범죄의 상관성에 사용된 표본이 너무 적어 적절한 통계적 비교가 곤란하다는 점, ② 쌍생아가 일란성인지 이란성인지 정확한 확인이 곤란한 점, ③ 범죄와 비행에 관한 공식적인 정의를 배타적으로 사용한 점, ④ 동성 쌍생아와 분리 양육된 쌍생아에게 영향을 미칠 수 있는 환경적 요인에 대한 부적합한 통제, 그리고 연구된 쌍생아들의 대표성에 관한 의문 등으로 요약된다(조철옥, 2008).

결정적으로 쌍생아 연구의 가장 큰 문제는 범죄의 유전성을 증명할만한 결정적인 증거를 발견하지 못했다는 점이다. 예컨대, 어떤 연구는 일란성 쌍생아보다 이란성 쌍생아와 보통의 형제들이 범죄행동의 상동성(일치성)을 보여주는가 하면 그 관계가 비슷한 수준에 지나지 않는 연구결과도 있다. 또한 쌍생아들의 범죄일치성을 반사회적 행동의 전염성으로 해석하는 학자들도 있다. 이를 전염성 효과(contagion effect)라 불렀으며, 범죄성에 관한 형제영향의 효과에 지나지 않는다고 주장하였다[24].

---

21 Shoemaker, D. J. 1990. Theories of Delinquency (2nd ed.), NY: Oxford University Press.

22 Siegel, Larry J. 2003. Criminology, Wadworth, A Division of Thomson Learning, Inc., : 148.

23 Rowe, David. 1995. The Limits of Family Influence: Genes, Experiences and Behavior, New York: Guiford Press: 64.

24 Jones, Marshall and Donald R. Jones. 2000. The Contagious Nature of Antisocial Behavior, *Criminology*, 38: 25–46.

③ 입양아 연구(adoption studies)

유전적 요인이 범죄성에 영향을 미치는지를 알기 위해 이용되는 또 다른 접근방법은 입양된 어린이의 행동에 초점을 맞춘 입양아 연구이다. 입양아 연구는 쌍생아 연구의 결점을 피할 수 있는 방법으로 관심을 받게 되었다. 만약 입양아들이 양부모와 다른 생부모의 행동유형이 규칙적으로 강도 있게 나타난다면 그 행동 결과는 유전적인 요인들의 영향이라고 결론을 내릴 수 있다. 입양아 연구에서는 입양아의 행동이 양부모보다 생부모의 행동과 더 유사하다면, 범죄행동에 유전이 영향을 미친다는 주장이 타당하다는 입장이다. 그러나 입양아 연구의 기본적인 한계는 입양기관이 양부모와 생부모의 가정을 서로 조화시키려고 한다는 것이다. 이를 통계적인 방법으로 해결할 수도 있지만 환경과 유전의 영향을 분리하기가 그리 쉽지 않다는 것이 문제이다. 다시 말해서 입양아 연구는 유전과 환경적 영향 사이의 관계를 분명히 규정하지 못한다는 한계를 항상 안고 있다(조철옥, 2008; 이수정, 2015).

➲ 메드닉(Mednick) 등의 입양아 연구[25]

1984년 메드닉 등은 14,427명의 형사 기소된 입양아들을 그들의 생부모 및 양부모의 형사기소 기록과 비교분석한 결과 입양아들의 기소기록과 그들 생부모의 기록 사이에 유의한 관계가 있다는 사실을 확인했다. 생부모 중 어느 한편이 범죄로 기소된 경우에 입양아가 범죄를 범할 위험은 유의하게 증가했으며 특정 만성적이거나 지속적인 범죄행위를 하는 남성 입양아의 경우에 생부모의 범죄성향이 강력하게 영향을 미치는 것으로 밝혀졌다. 물론 생부모의 범죄유형과 입양아의 범죄유형간에 상관관계가 없으나 생부모와 입양아 사이의 범죄성향은 유의한 관계를 보인 것이다.

그러나 메드닉의 주장은 1990년 갓프레그슨과 허쉬(Gottfredson & Hirsch)의 연구[26]에서 지지를 받지 못했다. 그들은 스웨덴과 미국의 입양아를 대상으로 한 생부모의 범죄성과 입양아의 범죄성 사이에 통계적으로 유의한 관계가 성립되지 않는다는 결론을 내렸다.

➲ 허칭스와 메드닉(Hutchings & Mednick)의 입양아 연구[27]

허칭스와 메드닉의 입양아 연구는 유전과 범죄성의 상관성을 지지하는 가장 유명한 연구 중의 하나이다. 1977년 허칭스와 메드닉은 코펜하겐에서 태어난 남자 입양아에 대한 연구에서 흥미로운 결과를 도출했다. 1927년부터 1941년 사이에 태어난 남자 입양아 1,145명 중 범죄 전과가 있는 185명을 실험집단으로 선택하고 범죄 전과가 없는 143명을 통제집단으로 설정하여 비교를 하였다.

분석결과, 그들은 생부모의 범죄성향이 입양아들의 범죄행동의 강력한 예측요인이라는 사실을 발견했다. 또한 생부모와 양부모가 모두 전과자인 경우에 입양아의 범죄행동이 크게 증가한다는 사실을 확인했다. 다시 말해 생부모와 양부모 모두가 전과경력이 있는 입양아들의 24.5%가 범죄행동을 한 반면에 생부모와 양부모가 선량한 시민일 경우에 단지 13.5%만이 유사한 범죄행동을 한 것으로 나타났다. 결론적으로 입양아 연구는 인간의 유전적 요인과 범죄성 사이에는 상당한 관계가 있다는 점을 강조하였다.

[25] Mednick, S. A, W. F. Galbrielli, & B. Hutchings, Genetic Influences in Criminal Convictions: Evidence from an Adoption Cohort, *Science*, 234: 891-894.

[26] Gottfredson, M. and Travis Hirschi, A General Theory of Crime, Palo Alto, CA: Stanford University Press: 47-63.

한편, 초기 범죄생물학 관련 이론에서 가장 잘 알려져 있고 체계적으로 검증된 것은 메드닉(Mednick)의 유전적 범죄성향론이라 할 수 있다. 메드닉은 이 이론에서 부모로부터 자녀에게 특정 유전요소가 전해진다고 주장하였으며, 범죄 또는 비행행위가 직접적으로 유전되는 것은 아니며 유전적 요인이 범죄행위의 직접적인 원인이 되는 것도 아니라는 것이다. 여기서 유전이 되는 것은 범죄적 환경에 쉽게 노출되거나 정상적인 환경에서도 일탈적 방식을 받아들이는 감수성, 그리고 이러한 감수성을 가진 사람은 자극에 둔감하게 반응하는 자율신경체계(Automatic Nervous System: ANS)를 가지고 있다고 주장하였다. 따라서 그들은 공격성과 반사회적 행위를 통제하는 것을 느리게 배우거나 배우지 못하기 때문에 법을 위반할 가능성이 높다고 주장하였다(Ronald. Akers, 민수홍 외, 2000).

(4) 현대 생물학적 범죄원인론

20세기 초 롬브로조(Lombroso) 등의 초기 생물학적 범죄원인론은 방법론상의 결함과 그로 인한 타당성 부족 등으로 인해 크게 주목받지 못하였다[28]. 범죄에 대한 생물학적 결정주의는 20세기 중반 미국의 사회학자들로부터 배척을 당했다. 실제 초기 생물학적 이론을 거부하는 가장 큰 이유는 학문 영역이나 정책상의 쟁점과는 관련이 없고 논리성의 결여와 경험적으로 검증이 불가능했기 때문이다. 이밖에 가계(家系), 쌍생아(雙生兒), 양자(養子), XXY, XYY 염색체 연구 등 고전적 생물학적 연구는 1960년대에 쇠퇴하였다. 이를 대신하여 범죄와 사회환경 요인 및 심리적 요인의 관련성에 대한 관심이 증대되었다. 1980년대 초반부터 범죄에 관한 생물학적 연구는 사회생물학이 대두되면서 각광을 받기 시작했다[29].

사회생물학은 인간의 행동을 인간 유기체의 생물학적 특징과 사회적 환경과의 결과로 본다. 따라서 특정한 범죄형 인간이 유전되거나 생물학적으로 결정되는 일은 없으며, 범죄행위를 유

[27] Hutchings, Barry and Saranoff A. Mednick. 1977. Criminology in Adoptees and Their Adoptive and Biological Parents: A Pilot Study, in Saranoff A. Mednick and Karl O. Christensen (ed.), Biosocial Bases of Criminal Behavior, New York: Gardner: 127-142.

[28] 현대 생물학적 범죄학자들도 롬브로조의 실증주의가 실패한 이유로 방법론적 결함과 논리적 부적절성, 그리고 사회학적 요인을 고려하지 못했다는 점을 들고 있다(Akers, Ronald L. and Christine S. Sellers. 2004. Criminological Theories, Introduction, Evaluation, and Application, 4th Edition, Roxbury Publishing Company: 46-47).

[29] 1975년 윌슨(Edmund O. Wilson)의 사회생물학(Socialbiology)이라는 저서가 출판되면서 새로운 전기를 맞이한다. 사회생물학의 경우에도 생물학적으로 선천적인 범죄형 인간의 특질(traits)이 존재한다는 점에 초점을 두고 있지만, 생물학적 특징이 범죄형 인간을 결정한다는 초기 범죄생물학과는 달리 생물학 · 유전학적 특징이 사회환경적 요인과의 상호작용의 결과 범죄행동을 유발한다는 전제에 입각하고 있다. 다시 말해 사회생물학적 시각은 생물학적 요인과 환경적 요인을 연결시켜 범죄현상을 설명하는 범죄생물학 연구의 새로운 지평을 열게 되었다. 또한 범죄의 원인이 대부분 유전자의 영향이라고 가정하고는 있지만, 이것이 유일한 원인이라고 하는 결정론적 시각은 아니다(조철옥, 2010: 49).

발하는 유일한 유전자도 없다는 것이 핵심 내용이다[30]. 사회생물학의 영향을 받은 생물사회학적 특질이론(Biosocial trait theory)은 사회생물학의 주장과 마찬가지로 범죄자의 행위가 생물학적 특질에 의해 통제된다고 보는 것이 아니라 생물학적·환경적, 그리고 사회적 요인들의 결과라는 전제에서 출발한다. 이 이론은 크게 네 가지 관점과 관련된 요인들이 범죄의 원인으로 작용한다고 보고 있다. 첫째는 생화학적 관점으로 음식, 호르몬, 환경오염 물질이 범죄성에 영향을 미친다고 보았다. 둘째는 신경생리학적 관점으로 뇌의 구조, 뇌 손상, 뇌의 화학성분이 범죄성에 영향을 미친다는 것이다. 셋째는 유전적 관점으로 유전적인 공격성향, 유전적인 충동적 성격이 범죄행위의 원인으로 보았다. 마지막은 진화적 관점으로 공격적인 남성은 더 많은 후손들에게 공격성을 유전시킴으로서 공격성에 영향을 미친다고 보았다.

최근 범죄생물학적 연구의 특징은 범죄요인을 탐구하는데 있어 유전적 방법을 강조하지 않고 생화학이나 신경생리학 관련 이론 등에 주목하였다(김상균, 2008). 특히 생물학적 연구의 맥락을 이어가는 현대의 범죄학 이론은 생리심리학적 연구들의 방법론적 발전과 그 맥을 같이 한다. 아울러 범죄행동의 유전적 영향을 밝히기 위한 이상염색체에 관한 범죄와 XYY 염색체 간의 관계, 인체 내의 비타민 결핍[31]과 호르몬 등 생화학적 요인에 대한 연구, 뇌파(Electroencephalogram, EEG)를 활용한 신경생리학적(Neurophysiological) 연구가 활발하게 진행되었다. 여기서는 범죄와 연관하여 염색체의 이상과 범죄, 생화학적 관점인 성호르몬과 범죄, 그리고 신경생리학적 관점인 뇌의 이상과 범죄를 중심으로 살펴보았다.

① 이상 염색체(XYY)와 범죄

인간의 정상적인 염색체는 46개이며, 이것은 44개의 보통 염색체와 2개의 성염색체로 구성되어 있다. 그러나 세포분열의 이상으로 인해 남성의 경우에 XXY, XYY, XYYY 등 여러 가지 특이한 염색체를 나타내는 경우가 있다. 여성의 경우에도 XXX, XXXX 등 두 가지 이상의 염색체들로 구성되는 경우가 있다. 염색체의 이상에 관한 관심은 성염색체가 하나 더 있는 XXY라고 하는 클라인펠트 증후군(Klinefelter syndrome, 1942) 조사가 그 시초가 되었

30 Rowe, D. C. 2002. Biology and Crime. Los Angeles: Roxbury Publishing: 105.

31 경찰관 출신인 전 샌프란시스코 시평의원인 화이트가 시장과 시의원을 살해한 혐의로 1급 살인죄로 기소되었다. 본 사건에 대해 변호인 측은 피고인이 스낵과자를 비롯해 컵케이크, 캔디 등을 과다 섭취했기 때문에 당분과다로 뇌의 화학적인 균형이 무너져 정신이 장애를 입었다고 주장에 심신허약에 의한 책임의 경감을 요구했다. 재판부는 변호인 측의 주장을 인정하여 모살죄(謀殺罪)보다 약한 고살죄(故殺罪)를 적용해 7년 8개월의 구금형을 선고했다. 이 항변은 당시 미국에서 인기 있었던 스낵과자 이름을 따 '트윙키 항변(Twinky defence)'이라 불리었고, 사건의 사회성이나 의외의 소송전개 때문에 큰 화제가 되었던 사건이었다. 결국 1978년 미국 캘리포니아주의 화이트재판에서 당분이 많은 음식의 과다섭취로 심신허약이 되었다는 것이 인정돼 피고인의 형이 감경되었다(김상균, 2008: 63)

다. 특히 문제로 지적되고 있는 것은 남성적 경향을 나타내는 Y 염색체가 하나 이상 더 구성된 경우로 XYY, XXYY, XYYY형 성염색체이다. XYY 염색체를 가지고 있는 남성은 과도한 남성화를 초래하고 그로 인해 공격적이고 폭력적인 행동을 할 위험성이 높다는 것이다[32]. 1962년 에딘버러 대학 브라운(W. C. Brown) 박사는 의학지(Lancet)에서 XYY 성염색체를 가진 남성은 절도, 방화, 노출증 경향이 있다고 주장하였다. 이후에 이러한 남성을 초남성(超男性, super-males)이라고 명명했으며, 신체적 특징은 신장이 크고 평균 지능이 낮으며 성적으로 조숙하고 정신분열적인 범죄를 저지를 가능성이 높은 것으로 가정하였다[33].

이러한 주장은 1965년 스코틀랜드의 정신병원에서 수행된 조사를 증거로 제시했다. 저능자 병동에 수용된 196명 중 XYY형 남성이 7명 발견되었고 정신병동에서는 2명이 발견되었다. 일반인들 가운데 1,000명당 1.5명 정도라는 점에서 보면 그 결과는 통계적으로 의미가 있으며, 이러한 결과를 기초로 XYY형은 위험성이 있고 폭력적이며 범죄자가 될 가능성이 높다는 결론을 내렸다[34]. 또한 1967년 호주의 멜버른 시에서 한 노파의 살인범으로 검거된 테이트(Tait)는 멜버른 대학 수형자 연구진에 의해 XYY형을 가진 것으로 확인되었으며, 그는 가학증의 성욕이상자로 밝혀졌다(이상헌 외, 2012).

그러나 이러한 결과와는 달리 XYY 염색체를 가지고 있지만 폭력범죄를 범하지 않는다는 연구도 다수 있으며, XYY 염색체와 폭력이 밀접한 관계가 있다는 증거는 거의 발견되지 않고 있다. 실제로 스코틀랜드의 정신병동 연구를 재검토한 프라이스(W. H. Price)에 따르면, XYY형 재소자 9명의 범죄기록과 정상염색체를 가진 18명의 범죄기록을 비교한 결과 정상염색체를 가진 수용자들의 과거 범죄 평균치가 더 높은 것으로 나타났다. 아울러 XYY 염색체를 가진 수용자의 경우 과거 범죄에서 대인범죄가 9% 미만인데 반해 XY형 집단에서는 22% 정도인 것으로 나타났다. 다른 재소자들을 연구한 결과에서도 XYY형 염색체를 가진 남성이 정상적인 남성보다 폭력 범죄로 수감되는 정도가 더 낮은 것으로 확인되었다[35].

---

32 1966년 시카고 병원에서 9명을 감금하고 간호사 8명을 살해한 사건이 발생하였다. 당시 범인인 스펙(Richard Speck)은 자신이 XYY형 염색체를 타고 났으며, 살인의 원인은 염색체 이상이라고 주장하였다. 이러한 주장이 제기되면서 유전과 범죄사이의 관계에 대한 연구가 시작되었고, 이러한 남성은 잠재적인 살인자이기 때문에 엄격하게 통제되어야 한다는 주장이 일반화되었으나 스펙(Speck) 또는 대부분의 폭력범죄자들이 XYY 염색체 소유자가 아니라는 사실이 밝혀지면서 XYY 염색체에 대한 관심은 사라지기 시작했다(최영인 외, 2002: 64-65; 오윤성, 2016: 35; Siegel, Larry J. 2003. Criminology, Wadworth, A Division of Thomson Learning, Inc.: 148).

33 Jacobs, P. A., & M. Brunton, and M. M. Melville. 1965. Aggressive Behavior, Mental Subnormality and XYY Male, *Nature* 208: 1351-1352.

34 Casey, M. 1966. Sex Chromosomal Abnormalities in Two State Hospital for Patients Requiring Security, *Nature 5*, February: 152-153.

➲ 위트켄(Witken) 등의 XYY 연구[36]

위트켄(Witken)과 그의 동료들은 1944년부터 1947년까지 코펜하겐에서 태어난 남성들을 조사했다. 그들은 키가 184㎝ 이상인 남성 4,139명을 추적하였는데, 그들 중 12명의 XYY형 남성과 16명의 XXY형 남성을 발견했다. XYY형 남성 5명(42%)과 XXY 남성 3명은 정상적인 남성에 비해 범죄를 더 저지른 것으로 나타났다. 세 집단은 범죄발생에 있어 차이가 있었으나 폭력범죄 발생에는 차이가 없었고 XYY형 남성 1명만이 폭력범죄를 범했다. 또 그들은 XYY형 남성과 XXY형 남성은 정상인보다 낮은 지능지수를 보여 낮은 지능수준이 범죄와 관련이 있다고 주장하였다(조철옥, 2010).

최근 범죄 관련 연구자들도 XYY 염색체가 인간의 폭력에 대한 설명요인이 되지 못한다는 판단 하에 이에 대한 연구는 거의 하지 않고 있다. 결국 현대 범죄생물학자들 조차 XYY형 염색체와 관련하여 이론의 과학적 타당성을 인정하지 않고 있다. 하지만 인간의 염색체 내에 포함된 수많은 유전자들이 인간의 신체적 특징뿐만 아니라 개인의 행동에도 영향을 미친다는 인식이 광범위하게 확산되어 있다. 아울러 이안 테일러(Ian Taylor) 등이 신 범죄학에서 제시하고 있는 XYY형 염색체를 가진 범죄자 중 대부분 신장이 크고 이상 성격을 가진 신체적 특징으로 인해 XYY형의 범죄자가 많다는 오해를 불러일으킬 수 있다는 지적도 무시할 수는 없다[37].

② 호르몬의 이상과 범죄

범죄(crime)에 대한 생화학적 접근은 인체 내의 화학적 결핍이나 불균형이 인간의 사고형태와 행동을 통제하고 이러한 불균형이 직접적으로 범죄와 연결되기도 하며, 간접적으로는 사회규범을 지키고 학습하는 것에 영향을 미친다는 가정을 기초로 접근하고 있다. 특히 범죄가 인체 내의 호르몬 등과 같은 생화학적 요소의 결핍이나 불균형으로 인한 정서적 장애에 의한 것이라는 주장은 신범죄학에서 강조하고 있다. 범죄의 원인과 관련하여 생화학적 연구에서는 호르몬의 불균형적 분비에 의해 나오는 무언가의 생화학적 이상이 범죄와 관련이 있다고 말한다. 이러한 생화학적 요소를 범죄원인으로 중시하는 것 자체는 결코 새로운 것은 아니다.

20세기 중반 이후부터 과학기술이 진보함에 따라 생화학 분야도 급속히 발전되어 범죄와 관련하여 성호르몬의 영향이 주목을 받았다. 먼저 남성의 2차적 성장을 결정짓는 호르

[35] Price, W. H., & P. B. Whatmore. 1967. Behaviour Disorders and Patten of Crime Among XYY Males Identified at a Maximum Security Hospital, *British Medical Journal*: 500.

[36] Toch Hans. 1986. Psychology of Crime & Criminal Justice, Illinois: Waveland Press: 302–303.

[37] Taylor, Ian., & Paul Walton and Jock Young. 1973. The New Criminology, New York: Harper and Row: 45–46.

몬인 테스토스테론(testosterone)[38]이 과도하게 분비될 될 경우 폭력적이고 공격적인 성향을 보인다는 연구결과도 있다. 메드닉(Mednick) 등의 연구에서도 재소자 가운데 폭력범의 경우 다른 범죄자보다 테스토스테론의 분비가 많은 것으로 나타났다. 하지만 이와 같은 사실이 폭력의 직접적인 원인인지는 명확하지 않다. 단지 군대나 수용소 등 남성들만 거주하는 집단적인 생활시설에서 폭력적인 성향을 예방하기 위해 호르몬의 발생 및 성장을 저해하는 약물을 사용하기도 한다(허경미, 2012)[39].

또한 1991년에 엘리스와 쿤츠(Ellis & Coonts)는 테스토스테론을 포함한 안드로겐의 뇌기능에 대한 영향이 반사회적 행동과 관련이 있다는 주장을 제기했다. 이들은 범죄에 대한 나이와 성 비율은 테스토스테론의 수준 차이에 의해 결정되고 테스토스테론 수준은 재산범죄와 폭력범죄 모두에게 인과적으로 연결되어 있다는 것이다. 테스토스테론은 태어나기 전의 남성태아에 존재하고 태아의 성적 능력 형성에 중심적인 기능을 하며, 그 효과는 테스토스테론 수준이 아주 높은 남성태아에 강력하게 작용한다고 주장하였다. 또한 안드로겐이 뇌기능에 미치는 영향에 의해서 사람들에 따라 더 많은 환경적 자극을 원하고 처벌에 대한 내성이 강해져 충동적인 정서불안이나 반사회적 정서 상태로 빠져들기 때문에 폭력범 등 중대한 범죄를 더욱 촉진시킨다고 주장하였다(김상균, 2008; 조철옥, 2010; Katherine S. Williams, 2004).

올웬스(Dan Olwens)는 테스토스테론과 언어적, 물리적 공격 사이의 연관성을 발견했다. 호르몬과 폭력 관계에 대한 연구는 생물사회학자들에 의해 이루어졌으며, 남성 성호르몬인 안드로겐(androgens)의 이상 수치가 폭력행동을 유발한다는 결론을 도출하였다. 이밖에 안드로겐과 관련된 남성의 특징은 스릴 추구, 충동성, 힘의 과시, 그리고 언어기술의 부족 등으로 이러한 특징들이 남성의 반사회적 행동과 관련이 있다고 보았다.[40] 남성의 공격성과 관련이 있는 성호르몬인 안드로겐을 가장 많이 포함하고 있는 테스토스테론의 수준은 15세부터 25세 사이에 가장 높다. 이 시기는 가장 공격적인 시기와 일치하며, 특히 같은

[38] 테스토스테론은 얼굴의 수염, 굵은 목소리와 같은 남성적 특징 및 남성의 성기관 발달에 필수적이다. 이 호르몬은 1931년 정소 추출물이 소변에서 얻어졌던 안드로스테론보다 효능이 높은 안드로겐을 함유하고 있다는 사실이 알려진 후, 1935년 정소의 추출물에서 분리되었다. 안드로스테론은 후에 테스토스테론의 생화학적 대사산물로 밝혀졌다. 아나볼릭 스테로이드인 테스토스테론은 고환에서 분비된다. 아나볼릭(anabolic)은 증강시킨다는 의미로 아나볼릭 스테로이드는 근육을 발달시키고 지방을 분해한다. 이 호르몬은 비교적 지속적으로 분비되고 공격적인 행동의 원인이 된다(오윤성, 2016: 28; 다음백과).

[39] Mednick, S. A., & Volavka, J., 1980. Biology and Crime, N. Morris & M. Tony (eds.), *Crime and Justice: An Annual Review of Research*, Vol. 12(Chicago: University of Chicago Press).

[40] Booth, Alan and D. Wayne Osgood. 1993. The Influence of Testosterone on Deviance in Adulthood: Assessing and Explaining the Relationship, *Criminology* 31: 93-118.

또래에게 공격적인 행동을 보이는 것이 특징이다. 실제 호르몬과 반사회적 행동 사이의 결합은 남성호르몬의 절정기인 청소년기에 가장 강력하다고 보고 있다(조철옥, 2010).

한편, 여성의 경우에도 호르몬 체계의 이상이나 변화가 공격적인 행동에 영향을 미친다는 연구도 있다. 여성은 생리 시에 에스트로겐(estrogen)의 과도한 분비로 인해 반사회적 행동이나 공격적인 행동을 한다는 주장이 지속적으로 제기되어 왔다. 이러한 견해는 생리전증후군(Pre Menstrual Syndrome, PMS)[41]과 관련하여 연구되고 있다. 생리전증후군과 여성 일탈행위의 관련성에 대한 최초의 연구자는 달튼(Katharina Dalton)으로 그녀는 영국 여성들이 생리기간 또는 생리 바로 직전에 자살이나 공격적 행위 그리고 기타 반사회적 행동을 하는 경향이 있다고 주장하였다[42]. 하지만 달튼의 연구는 생리전증후군과 범죄와의 관계를 입증하는 증거로 언급되고는 있으나 방법론적 결함이 많은 것으로 나타났다.

또한 세로토닌(serotonin)[43]은 행동통제 호르몬으로 인간의 행동을 통제하는 역할을 하는데[44], 생리전증후군(PMS)을 앓고 있는 여성이 더욱 공격적인 행동이나 절도 등의 범죄적 행동을 보인다는 것이다. 다시 말해 여성은 생리기간 중 세로토닌이라는 뇌 속의 신경물질 양이 줄어들게 됨으로써 여성의 행동이 이상적인 양상을 띈다는 것이다. 젤하임(Sellheim)은 여성들이 월경기에 호르몬의 평행 장애상태가 초래되어 심리적 부조화가 발생하고 그 결과 범죄의 유혹에 쉽게 빠져든다고 주장하였다(강맹진 외, 2007). 이밖에도 피시바인(Diana Fishbein)도 여성의 생리와 공격성 사이에 관련성이 있다고 주장하였는데, 범죄행위로 구속되는 여성의 상당수가 생리 기간에 범행 등 반사회적 행동을 하고 호르몬의 주기적 변화시기에 분노와 적의 등의 감정에 빠져드는 현상이 나타난다는 것으로 응답하였다.[45] 하지

[41] 생리전증후군 혹은 월경전증후군은 황체기(월경기의 후반부) 동안에 일상적 활동을 방해할 정도의 신체적, 정신적 및 행동 증상들이 나타나는 것을 말한다. 생리전증후군에는 두 가지 중요한 특징이 있는데, 하나는 이 증후군이 주기적으로 일어난다는 것이고, 다른 한 가지는 증상들이 배란 후인 황체기에 일어난다. 생리전증후군에 관한 원인은 확실하게 알려져 있지 않지만 월경주기에 따라서 일어나는 여성호르몬의 변화로 우울증일 때 분비되는 세로토닌이라고 하는 물질 분비에 변화가 일어나서 이 증후군이 나타난다고 알려져 있다(질병백과: 생리전증후군 인용).

[42] Katharina Dalton. 1971. The Premenstrual Syndrome, Springfield, Ill.: Chares C. Thomas: 120–150.

[43] 세로토닌과 범죄의 연관성에 관한 또 다른 연구로 국립알코올남용 및 알코올중독자센터(National Institute on Alcohol Abuse and Alcoholism)에서 입소자들을 대상으로 연구한 결과 세로토닌의 양이 적은 사람이 공격적인 증상을 보이는 것으로 밝혀졌다. 또한 살인범의 경우에 있어서도 고의살인범이 과실살인범보다 세로토닌의 양이 현격히 적은 것으르 나타났다(Schmalleger, Frank. 2002. Criminology Today An Integrate Introduction, 3rd, NJ: Prentice Hall: 151.). 디밖에도 1998년 21세의 남녀 781명을 대상으로 한 연구에서 남성의 경우 세로토닌의 양이 범죄와 관련이 있는 것으로 밝혀지기도 했다(허경미. 2012: 54).

[44] James M. Dabbs, Jr., and Marian F. Hargrove, Age, Testrone, and Behavior among Female Prison Inmates, *Psychometric Medicine*, Vol. 59: 447–480.

[45] Fishbein, Diana. 1996. Selected Studies on the Biology of Antisocial Behavior, in New Perspectives in Criminology,

만 생리전증후군(PMS)에 관한 논쟁은 최근까지 지속되고 있다.

지금까지 호르몬의 이상과 범죄와의 관계를 사회생물학자 및 신경생물학자의 주장을 근거로 제시했으나 이에 대한 부정적인 견해를 밝힌 학자들도 다수 있다. 우드리(R. J. Udry)에 따르면, 남성 호르몬이 성적 활동의 증가에는 영향을 미치지만 다른 행위 유형에는 큰 영향을 미치지 않는다고 주장하였다. 또 다른 학자인 월시(Anthony Walsh)는 남성 호르몬과 범죄행위의 관계는 테스토스테론 수치와 무관하게 비행하위문화와의 접촉과 같이 사회환경적 요소들의 영향에 의한 결과라고 주장하였다[46]. 그는 훌륭한 연구자라면 테스토스테론의 높은 수치가 공격적 또는 성적 행동을 야기한다는 주장보다는 단지 그러한 행동을 촉진시킬 뿐이라고 주장해야 한다는 말로 호르몬과 범죄와의 상관성에 대해 부정적인 견해를 밝혔다.

한편으로 여성에 비해 남성이 더 많은 범죄를 저지르는 경향이 있지만 여성범죄에 있어서 남성화이론(Masculinity Theory)의 근거로 호르몬의 영향을 거론하기도 한다. 그렇기 때문에 범죄를 감소시키기 위하여 약물치료를 통한 테스토스테론의 감소는 궁극적으로 공격적 행동을 감소시킬 수 있다는 주장도 제기되었다. 또한 남성 성범죄자들에게 에스트로겐 등의 여성 호르몬을 사용하여 성범죄의 성욕을 감소시키는 이른바 화학적 거세를 한다는 것을 고려할 때 남성 호르몬과 범죄가 전혀 무관하지는 않다고 본다. 이렇게 볼 때 최근 성범죄를 예방하기 위해 이미 발생한 성범죄자들에 대한 처벌을 사법적 차원에서만 할 것이 아니라 생물학적 차원에서 화학적 거세[47]를 추진하자는 주장도 설득력을 얻고 있다(오윤성, 2016).

이처럼 최근에 남성호르몬인 테스토스테론을 시작으로 성호르몬과 인간의 공격성간에 연관성이 있다는 견해가 나오고 있다. 하지만 지금까지 성호르몬이 범죄에 영향을 미치는 메커니즘은 충분히 밝혀지지 않은 실정이다. 또한 호르몬의 이상이 범죄를 직접 발생시키는지도 불명확하고 테스토스테론과 관련하여 연구방법론 측면에서 범죄자와 일반인을 대상으로 비교한 연구도 충분히 이루어지지 못했다. 1987년 루빈(Robert Rubin)은 교도소에 수

---

ed. John Conklin(Needham Heights, Mass: Allyn and Bacon): 26–38.

46 Walsh. A. 2002. Biosocial Criminology: Introduction and Intergration, Cincinatti, OH: Anderson, Publishing: 192.

47 화학적 거세를 실제로 시행하고 있는 캐나다는 'CPA'(Cyproterone Acetate)와 '데포 프로베라'라는 호르몬제를 사용해 테스토스테론 분비를 차단하고 있다. 캐나다 교정국은 CPA로 성폭행범의 테스토스테론 수치를 낮추면 성폭행범들이 성적인 망상을 하는 빈도가 줄면서 자위욕구를 비롯한 성충동도 감소해 성폭행 재범률이 현저하게 떨어졌다는 것이다. 또한 1980년대 후반부터 화학적 거세와 더불어 가족상담, 집단상담, 인지행동 치료를 병행하고 있는데, 부작용이 우려되는 호르몬 치료 기간을 줄이기 위해서다. 화학적 거세는 약물치료를 받는 동안은 그 효과가 뛰어나지만 치료를 끊는 순간 원상태로 돌아갈 확률이 높기 때문에 심리치료를 통해 장기적인 관점에서 성폭행 재범을 막겠다는 것이다. 실제로 약물 투여와 심리치료를 병행한 결과 지난 10년 사이 캐나다에서는 성폭행 재범률이 25%에서 15%로 떨어졌다(출처: KISTI의 과학향기).

용 중인 재소자 중 폭력범죄자가 다른 범죄자에 비해 남성 호르몬 수치가 매우 높은 것으로 나타났으나 기존의 성호르몬과 범죄의 관련성에 대한 연구를 검증한 결과 테스토스테론과 폭력범죄의 연관성을 제시한 결정적인 증거를 찾지 못했다고 주장하였다. 결론적으로 호르몬의 이상이 어떤 경로를 통해 범죄행위에 영향을 미치는지에 대해 명확한 설명은 여전히 부족하다는 것을 알 수 있다. 그렇지만 호르몬의 이상과 범죄의 관련성이 어느 정도 증명되고 있는 만큼 향후 보다 구체적이고 실증적인 연구가 필요하다.

③ 이상 뇌파 · 뇌손상과 범죄

생물학적 범죄원인론자들은 인간의 뇌 이상과 범죄와의 연관성에 많은 관심을 가졌다. 뇌(brain)는 인간과 모든 사고를 지배하는 것으로 생물학적 측면에서 중요한 의미를 함축하고 있다. 신경생리학(Neurophysiology)은 뇌의 기능과 인간행동의 관계를 연구하는 분야로 주로 뇌와 관련된 신경시스템과 중추신경계가 인간행동에 어떤 영향을 미치는지를 연구하는 분야이다. 신경생리학파들은 태아기 또는 그 이전의 단계에 형성된 신경생리적 이상상태가 인간의 행동, 특히 반사회적 행동에 영향을 미친다고 보았다.[48] 여기서는 신경생리학적 관점에서 이상 뇌파와 범죄, 그리고 뇌손상과 범죄의 연관성에 대해 살펴보았다.

먼저 이상뇌파의 범죄와의 관계를 살펴보면, 인간의 뇌파는 1929년 독일의 정신과 의사인 베르거(Hans Berger)에 의해 처음 발견되었다. 베르거는 머리에 외상을 입은 환자의 두개골 결손부의 피하에 2개의 백금전극을 삽입하여 뇌파를 기록하였고, 후에 두피에 전극만 올려도 기록될 수 있다는 것을 관찰하였다. 이러한 뇌파 기록 장치를 심전도(Electrocardiogram: ECG)나 근전도(Electromyogram: EMG)와 같이 뇌전도라 하였으며, 뇌파를 '베르거 리듬'이라고도 한다. 뇌파는 뇌의 기능적 손상과 범죄행위와의 관계를 측정하는 물리적 단위가 될 수 있다는 점에서 중요한 의미를 가진다. 다시 말해서 뇌의 기능적 손상이 범죄에 영향을 미친다는 가정은 뇌의 손상에 대한 물리적 측정에 의해 정상적 기능과 손상과의 차이를 밝혀야 하는데 그 차이는 뇌파로 측정될 수 있다[49].

뇌의 기능을 측정하는 방법은 여러 가지가 있으나 전통적으로 가장 많이 활용했던 뇌기

---

[48] Terri Moffitt, Donald Lyman, and Phil Silva. 1994. Neuropsychological Test Predicting Persistent Male Delinquency, *Criminology* 32: 227–300.

[49] 이상뇌파의 측정은 1970년대 CT촬영장비가 등장하기 전까지 중요한 역할을 담당했다. 여기서 뇌파는 파장에 의해 알파(α)파, 베타(β)파, 세타(θ)파로 나누어 이루어졌다. α 파는 평균 30–50마이크로볼트, 매초 당 12사이클 정도의 뇌파로 통상 눈을 감고 안정을 취했을 때 발생한다. β 파는 30마이크로볼트 이하의 뇌파로 긴장하거나 운동을 할 때 발생하는 뇌파이고 θ 파는 α 파보다 부드러운 4–7사이클의 뇌파로 심호흡 시에 나타난다(김상균, 2008: 65).

능 측정 장치는 뇌파 전위 기록장치(Electroencephalograph, EEG)이다. EEG는 뇌에서 발생하는 전파를 기록하는 것으로 두피에 연결된 전극봉에 의해 기록되는 뇌파를 측정한다. 여기서 정상인의 뇌파는 0.5에서 30헤르츠(hertz)로 정상적인 뇌파를 벗어나는 사람의 행동특성을 측정하면 뇌의 손상과 행동의 관련성을 측정할 수 있다. 일반적으로 EEG 측정에서 뇌파 진행이 비정상적인 경우 적대감이나, 분노, 불안, 초조감 등을 경험하고 충동적으로 행동할 확률이 높다고 보고되고 있다. 성인 대상 뇌파 측정에서는 느리고 좌우 양측의 뇌파를 기록한 사람들은 적의감, 충동적인 행동, 비동조성, 화를 잘 내는 행동 등을 보였다[50].

이상 뇌파와 범죄와의 관계는 1940년대 이후 솔로몬, 레스퍼, 브랜드리, 그라크 등 많은 학자들에 의해 진행되었다. 이들의 연구에서 일반인은 5-25%가 이상 뇌파를 보인 반면, 범죄자의 경우 25-50% 정도가 이상 뇌파를 보인 것으로 나타났다. 특히 이상 뇌파와 범죄 관련 연구를 실시한 윌리암스(Williams 1969)의 보고서에 따르면, 355명의 폭력적 비행자의 뇌파를 조사한 결과 상습적 범죄자의 65%가 이상 뇌파를 보인 반면 초행 범죄자는 24%에 불과한 것으로 나타났다. 또한 이들 표본 중 뇌장애, 뇌 성숙 지체, 천식의 증상을 가진 자를 제외하면 초행 범죄자의 이상 뇌파는 일반인의 이상 뇌파 평균치와 동일한 12%인데 비해 상습 범죄자는 57%에 이른다는 연구결과를 발표하였다(김상균, 2008).

EEG 외에 새로운 측정 장치로 전자이미지를 사용하는 양전자방사단층촬영기법(Positron Emission Tomography: PET)이 있다. 사우스 캘리포니아(Southern California) 대학의 심리학 교수인 레인(Adrian Raine)과 연구팀은 양전자방사단층촬영기법(PET)을 이용하여 살인죄를 지은 남녀 38명의 뇌를 검사한 결과, 좋은 가정 출신의 범죄자들은 가정폭력을 경험한 범죄자들에 비해 두 가지 주요 두뇌영역의 활동이 더 적다는 것을 밝혔다[51]. 이밖에도 폭력적인 범죄자들은 전두엽과 간뇌에 손상이 있다는 것으로 나타났다. 팔론과 헤네시(Nathaniel Parlone & James Hennessy)는 기존의 연구를 중심으로 재분석한 결과, 상습적인 폭력사범의 경우에 뇌의 이상기록 수준이 정상인보다 훨씬 높고 살인자의 뇌의 이상상태 기록은 정상인보다 32배 높은 것으로 나타났다[52]. 다음은 뇌의 여러 영역의 기능적 측면을 평가하기 위한 기법들을 정리한 것이다.

---

50 Zayard, Z. A, S. A. Lewis, and R. P. Britain. 1969. An Encephagraphic and Psychiatric Study of 32 Insane Murders, *British Journal of Psychiatry* 10: 1115-1124.

51 Adrian Raine, Monte Buchsbaum, and Lori LaCasse. 1997. Brain Abnomalities in Murders Indicated by Positron Emission Tomography. *Biological Psychiatry* 42: 495-508.

52 Nathaniel Pallone and James Hennessy. 1998. Brain Dysfunction and Criminal Violence, *Society*, 35: 25.

➲ 뇌전도(Electroencephalogram: EEG)

뇌전도 측정 시 피험자 두피의 특정 위치에 전극을 부착하여 이들 전극에서 뇌의 전기적 신호를 감지하면 컴퓨터가 이를 기록 · 분석한다. 그러면 신호의 진동수와 진폭은 해석이 가능해진다. 진동수의 증가는 각성의 증가와 관련되며, 낮은 진동수는 낮은 각성과 관계된다.

➲ 사건관련전위(Event-Related Potential: ERP)

특정 자극을 제시한 후 뇌의 활동이 변화되는 정도를 측정하는 것으로 변화 또는 편향(deflection)은 양 또는 음의 방향으로 일어날 수 있으며, 자극이 제시되고 수 밀리세컨드 내에서 일어난다. 보통 ERP는 여러 번 측정되는데, 시행된 모든 시도를 가지고 평균을 구한다. P300은 양의 파형으로 자극을 제시한 후 약 300밀리세컨드 경과 후에 발생한다. P300은 자극 평가 또는 범주화 과정을 평가한다. 다시 말해 주의의 관여와 관련이 있다.

➲ 기능적 자기공명영상(Functional Magnetic Resonance Imaging: FMRI)

인지 과제를 수행하기 전과 후, 관심 영역의 혈중 산소 농도의 변화를 측정한다. 이러한 혈류의 산소 수준(Blood Oxygen Level Dependent: BOLD) 신호를 통해 두뇌의 해당 영역이 얼마나 활성화되어 있는지를 알 수 있다. 여러 뇌 영역의 기능들이 문제가 되고 있는 상태와 어떻게 관련되는지를 알아보기 위해 실험집단과 통제집단의 두뇌 활성화 또는 비활성화 패턴을 비교 연구해 볼 수 있다.

➲ 양전자방사단층촬영(Positron Emission Tomography: PET)

이 방법은 포도당과 같은 방사성 동위원소를 피험자에게 주사하는 방법이다. 뇌의 이미지는 신경의 활동에 따라 포도당이 대사되면 방사선 신호가 높게 나타나는 것을 이용하여 얻을 수 있다.

➲ 단일광자전산화단층촬영(Single Photon Emission Computed Tomography: SPECT)

이러한 형태의 기법 또한 방사성 동위원소를 주사하게 된다. 뇌의 각각 다른 부분에서 나오는 방사선의 양은 카메라가 감지한다. 이 차이들은 영역별 대뇌 혈류의 차이로 인해 생기며, 이는 여러 뇌 영역의 활동 수준 차이를 반영한다.

자료: Graham Davies & Anthony Beech 공역, 이봉건 · 이철원 공역.(2017). 「범죄수사심리학」, 106 재인용.

한편, 1968년 텍사스에서 자신의 아내와 어머니 외에 14명을 살해하고 24명에게 부상을 입힌 히트만(Charles Whitman)의 엽기적인 살인 사건을 계기로 신경생리학과 범죄에 관한 관심이 고조되었다. 히트만(Whitman)은 경찰에 의해 사살되었으며, 사체 부검 결과 뇌 속에 악성종양[53]이 발견된 것으로 알려졌다. 과거에 히트만은 사람들을 죽이고 싶은 통제 불능의 격정상태를 경험하였고 이러한 문제를 해결하기 위해 정신과 의사의 자문들 구하기도 했다[54]. 히트만 사건을 계기로 뇌 손상이 살인을 초래한 것이라는 가정 하에 신경생리적 손상과 인간행동의 관계에 대한 연구가 부각되기 시작했다. 이 당시 미국을 비롯한 다수의

[53] 뇌종양(brain tumor)은 환자의 성격변화, 망상증, 그리고 다양한 정신병적 행동을 초래하는 것으로 알려져 있다. 뇌종양에 걸린 사람은 우울증, 격분, 분노와 폭발, 심지어 살인행위에 빠지는 경향이 강하다는 증거도 있다(Rita Shaushnessy, 1995, Psychopharmacotherapy of Neuropsychiatric Disorders, *Psychiatric Animals*, 25: 634-640).

[54] Jhonson, R. 1972, Aggression in Man and Animals, Philadelphia: Saunders: 79.

국가에서 수행된 연구에서 뇌 기능의 손상과 공격적 행동의 사이에 유의미한 관계가 있다는 사실이 입증되었다. 그 내용을 구체적으로 보면, 뇌의 손상과 공격적 행동의 관계는 아주 어린 시절에 형성되고 태어나면서 중증의 신경생리적 결함에 의해 고통을 받는 아동은 성인으로 성장하면서 범죄자가 될 가능성이 높다는 주장이 제기되었다[55].

일반적으로 뇌 손상과 범죄와의 관계는 이를 지지하는 긍정설과 이에 반대하는 부정설이 혼재되어 있다. 먼저 이를 지지하는 연구결과를 보면, 사라파타(Sarapata) 등은 뇌 손상이 범죄에 이르게 할 수 있다는 몇 가지 이유를 제시했다. 먼저 뇌 손상 범죄자들은 인지적 기술수준이 낮아 어떤 행동이 합법적이고 불법적인지 명확히 알지 못한다는 것이다. 두 번째로 뇌 손상은 종종 사람들로 하여금 그들의 정서와 공격적 충동의 통제력을 상실하여 범죄행위로 이어질 수 있다는 것이다. 마지막으로 뇌 손상 범죄자들의 인지적 처리 결함은 그들을 좌절하게 만들고 이것이 정서성과 공격성을 증가시킬 수 있다는 점을 들고 있다(Sarapata, Hermann, Johnson & Aycock, 1998; 김상균, 2008).

최근까지 뇌의 손상과 폭력 및 비폭력 범죄간의 연관성이 꾸준히 제시되어 왔는데, 사라파타(Sarapata, 1998) 등의 연구에서 외상성 뇌 손상자의 50%가 비폭력 범죄를 저질렀고 뇌 손상이 없는 비교집단의 범죄비율은 5-15%에 그친 것으로 나타났다. 프리드만과 헤멘웨이(Freedman & Hemenway, 2000)는 사형선고를 받은 범죄자 16명 중 12명이 뇌 손상 경험이 있는 것을 밝혔다. 특히 뇌 손상과 범죄와의 관계는 뇌의 전두엽(frontal lobe) 손상에 기인한 것으로 간주되고 있다(Turkstra, Johns & Toler, 2003). 대뇌(Forebrain) 중 가장 넓은 부분을 차지하는 전두엽은 예지력과 판단, 지혜, 포부 등 대체로 인간에게만 발견될 수 있는 기능들을 가지고 있다. 다시 말해서 전두엽은 합법적인 행동을 선호하고 불법적인 행동을 피하도록 하는 작용을 하며, 인간이 감정적으로 행동하거나 분노한 나머지 돌이킬 수 없는 행동을 하지 않도록 통제하는 영역이다(요네야마 기미히로, 인트랜스 번역원 역, 2004).

이러한 기능을 담당하는 전두엽이 손상되면 사회적 지각과 판단, 자기통제, 정서와 감정 등과 같은 기능에 부정적 영향을 미쳐 주위의 산만, 기분이양, 자극성, 충동성 등으로 나타나고 범죄성을 보인다는 것이다. 따라서 뇌의 손상과 범죄의 관련성은 뇌 손상에 따른 인지적 · 정서적 장애가 인간행동에 미치는 효과를 반영한 것으로 볼 수 있다. 다시 말해서

55 Adrian Raine, Patricia Brennan, Brigitte Mednick, and Sarnoff Mednick. 1966. High Rates of Violence, Crime, Academic Problems, and Behavioral Problems in with Neuromotor Deficits and Unstable Family Environments. *Archives of General Psychiatry* 53: 544–549.

뇌 손상을 입은 사람들은 사회적 판단이 미숙하고 신경을 건드리는 자극에 과잉반응하기도 하며, 갈등을 조정하기 위한 의소소통이 부족한 동시에 충동적으로 성격이 폭발하기도 한다. 이러한 다양한 행위들은 결국 범죄행동을 유발할 가능성을 높이는 것이다(김상균, 2008).

이와는 반대로 뇌 손상과 범죄의 관계는 일종의 부수적 현상에 불과하고 다양한 변수들이 부상과 범죄행동에 복합적으로 영향을 줄 뿐이라는 주장도 제기되고 있다. 한 예로 생활환경이 열악하고 가정폭력 등 학대를 받은 환경에서 자란 사람의 경우에 사회적 행동을 학습할 기회를 가지지 못한다. 그 결과 그들은 범죄에 빠질 가능성이 커지는 동시에 뇌손상을 입을 위험성이 높은 행동을 하게 될 가능성도 커진다. 실제로 빈곤가정 출신이거나 소수민족 출신자에게 뇌 손상이 많다는 연구결과도 제기되었다(Muscat, 1988).

아울러 코헨(Cohen) 등이 제기한 가정폭력과 관련한 연구에서도 폭력범의 뇌 손상은 폭력의 원인 중 하나에 불과하며 그들의 인지능력, 사회적 내력, 정서적 스트레스 등이 폭력행위에 중요한 역할을 하는 것으로 밝혀졌다(Cohen, Rosenbaum & Kane 등, 1999). 지금까지 신경생리학적 관점에서 뇌 기능과 범죄와의 관계를 살펴보았다. 결과적으로 뇌 손상 등과 범죄와의 관계성을 두고 이를 지지하는 측면과 부정하는 측면이 분분한 만큼 향후 사실관계의 명확한 근거를 기반으로 보다 심도 있는 연구가 이루어져야 할 것이다.

지금까지 생물학적 범죄원인론과 관련한 초기 생물학과 현대 생물학적 관점에서 살펴보았다. 이러한 연구는 관상학(Physiognomy)과 골상학(Phrenology) 등을 시작으로 범죄인류학(Criminal Anthropology), 육체적 열등성과 체격형 이론(Theory of Physiological Inferiority and Body Type), 유전이론(Genetic Theory), 생화학적 요소(Biochemical Factors)와 범죄성, 신경생리적 요소(Neuro-Physiological Factors), 지능, 연령 등의 요소와 범죄성, 나아가 사회생물학적 범죄학(Sociological Criminology)적 입장과 생화학적 접근(Biochemical Approach), 신경생리학적 접근(Neurophysiological Approach) 등 1980년대에 주목받기 시작한 신범죄 생물학적 입장으로 발전되었다. 신범죄생물학의 기본적 입장은 인간의 행동은 유전에 의해 일률적으로 결정되는 것이 아니라 유전과 환경의 상호작용에 기인한다는 입장으로 선회하였다.

최근 전 세계적으로 자주 발생하고 있는 성범죄를 감소시키기 위한 방안으로 성범죄자에 대한 화학적 거세 논란이 활발하다. 이러한 시각은 범죄억제에 생물학적 방법을 통해 접근한 것이다. 이미 미국에선 소아 강간 등 성범죄자를 대상으로 볼티모어 소재 국립성범죄 연구소를 중심으로 남성호르몬인 테스토스테론을 감소시키는 약물투여를 통해 인공적으로 거세시키는 작업이 진행 중이다. 그리고 현대의학은 성염색체와 테스토스테론의 혈액

내 농도에 초점을 맞추고 있다. 테스토스테론의 인체 내 생리기능은 목소리를 굵게 하고 털이 나며 근육과 골격을 남자답게 발달시키는 성호르몬의 역할, 고환속의 정소에서 분비되며 여성에서도 난소와 부신피질에서 소량으로 분비된다. 문제는 테스토스테론이 성욕은 물론 충동적이고 공격적인 행동까지 담당하고 있으며, 실제 다리를 들고 방뇨하는 대담한 행동을 요하는 수캐에서만 볼 수 있는 현상이다. 따라서 흉악범을 대상으로 한 존스 홉킨스병원의 약물주사를 통한 인공거세법이 성범죄재발방지 효과가 있다는 연구결과도 주목을 받고 있으며, 심지어 항(抗)우울제로 쓰이는 프로작과 같은 약물투여도 흉악범들의 공격적 충동을 억제하는 데 도움이 된다. 이외에도 호르몬이 범죄행동에 미치는 영향에 대한 연구도 활발하게 이루어지고 있다.

TIP 3 롬브로조(Lombroso)의 생래적 범죄인 이론(born criminal theory)

이탈리아 베로나의 부유한 유대인 가정에서 태어난 그는 어려서부터 남달리 똑똑했다. 여러 대학에서 문학, 고고학, 의학 등을 공부했고 군의관으로 근무하며 임상경험도 많이 쌓았다. 정신병자 수용 시설 책임자와 토리노대 법의학과 교수 등으로 활동하면서 범죄자 5900여명의 신체 특성을 연구해 범죄인류학을 창시했다.

생래적 범죄인 이론은 롬브로조가 이탈리아의 육군병원의 내과의사로 근무하면서 유죄판결을 받아 처형된 병사들의 시신을 해부한 결과에 의해 발견한 실증적인 이론이라는 점에서 범죄생물학의 출현과 발전에 결정적으로 기여했다. 그는 당시 이탈리아 감옥에 수용된 죄수들의 신체적 특징(머리, 체형, 팔, 피부)과 비교 연구한 결과 이들 중 43%는 ①얼굴이나 머리의 비대칭, ②원숭이 같은 큰 귀, ③두꺼운 입술, ④들어간 턱, ⑤구부러진 코(매부리코), ⑥돌출된 광대뼈, ⑦긴 팔, ⑧많은 주름살, ⑨정상인보다 많은 수의 손가락이나 발가락 중에서 5가지 이상 생물학적 퇴행성의 특징을 가진 것으로 밝혀냈다.

비교 결과 범죄자는 신체적으로 일반시민과 구별되는 사실을 발견하였고 이러한 차이점을 근거로 범죄의 원인이 생물학적 특징에 의한 것이라고 결론지었다. 그는 이들을 생래적 범죄자로 지칭하고 이들이 범죄자가 된 것은 태어날 때부터 생물학적으로 원시적인 신체특징을 가지고 있었기 때문이라고 보았다. 이러한 해부학적 특징은 1870년대에 시작하여 지문에 의해 대체되는 시기인 1920년대 까지 경찰과 교정기관에 의해 범죄자 확인을 위한 공통적인 척도로 사용되었다.

결국 생래적 범죄인은 인간이 야만인으로 생활하던 원시적인 시대의 특성에 적합한 신체적 특징을 지니는 격세유전적 변이성의 특징을 지니고 있다는 것이다. 예를 들어 범죄자들은 육식동물이나 야민인들이 날고기를 먹기 위해 필요로 했던 큰 턱과 강한 어금니를 지니고 있다는 것이다. 생래적 범죄인들은 신체적인 결함을 타고났고 결함에 의하여 범죄를 저지를 수밖에 없다는 것이다. 이러한 관점은 범죄 인류학(criminal anthropology) 연구에 기초를 형성하게 되는 계기가 되었다.

롬브로조의 연구는 과학적인 관점과 분석에 기초하고 있다는 점에서 높이 평가를 받지만 방법론적 결점과 분석의 전제가 된 가정의 모호성 때문에 과학성을 인정받지 못했다. 우선 재소자들을 대상으로 한 실험집단과 비교 가능한 인종적·사회적 배경을 가진 통제집단을 설정하지 않았기 때문에 방법론상 신뢰성 문제가 있다. 또한 범죄인이 될 수밖에 없는 생물학적 특질의 존재에 대한 가정이 모호하여 과학적인 근거가 부족하다는 비판이 제기되었다[56].

출처: 한국경제(2015.11.13.), '미쳤거나 천재거나'(천자칼럼); 조철옥(2010), 「새 범죄심리학」

TIP 4 클라인펠터증후군[Klinefelter's syndrome]과 유전적 질환

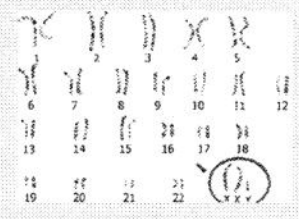

클라인펠터 증후군(Klinefelter's syndrome)은 염색체 수의 이상이 원인이며, 해리 클라인펠터(Harry Klinefelter) 박사가 1942년 처음 발견하였다. 특징으로는 고환이 작고 정자를 만들지 못하며 음경의 크기는 정상이나 2차 성장이 불완전하게 나타나면서 사춘기가 늦다. 또 대개 연약하고 팔다리가 길며 때로는 유방이 비대해지고(여성화유방) 25% 정도가 정신지체를 보인다.

행동장애의 빈도는 그보다 훨씬 높다. 남성 호르몬으로 치료하면 정상적인 남성의 모습이 되고 성충동(性衝動)이 생기지만, 여전히 불임이다. 클라인펠터 환자 대부분은 여성 성염색체를 하나 더 가져서 XXY 형태가 되고 염색체수는 46개가 아닌 47개이다. 그보다 발생 빈도가 조금 낮지만 다른 형태로는 XXXY형 · XXXXY형 · XXYY형 · XXXYY형, 혼합형(모자이크형) 및 부분손실, 다시 말해 결실형이 있다.

이 증후군의 한 변형인 XXXXY형은 위팔의 뼈가 붙은 상태이고 다른 골격기형이 나타나며 음경과 음낭이 충분히 발달되지 못하고, 고환이 음낭 안으로 완전히 내려오지 않으며 정신지체가 뚜렷하게 나타난다. 클라인펠터증후군 환자에게는 당뇨병과 갑상선종이 흔하고 여러 가지 암도 잘 생기는 것으로 밝혀지고 있다.

이밖에 유전성 질환은 염색체 질환, 단일 유전자 질환, 다인자성 유전자 질환 등 크게 3가지로 구분된다. 염색체 질환은 염색체 수가 정상인보다 많거나 적든지, 일부가 떨어져 있는 등 배열에 이상이 있을 때 나타난다. 다시 말해 염색체가 정상적인 23쌍의 배열을 가지지 못할 때 선천적인 유전질환을 갖고 때어난다. 예를 들어 21번 염색체가 3개이면 다운증후군(일명 몽고증), 18번 염색체가 3개이면 에드워드 증후군, 13번 염색체가 3개일 경우는 파타우 증후군이다. 또한 성을 결정하는 염색체 2개 중 염색체가 없고 X염색체 하나만 있으면 터너 증후군, 5번 염색체가 결손 되면 고양이 울음소리를 내는 묘성 증후군이다.

단일 유전자 질환은 유전자 돌연변이로 발생한다. 단일 유전자는 열성과 우성을 규정하는 멘델의 유전법칙을 따르는데 이 유전법칙에 어긋나는 것으로 현재 6천개 정도의 질환이 보고되고 있다. 이 질환은 연골 무형성증, 신경 섬유종증, 망막아종, 페닐케톤뇨증과 같은 유전성효소 결핍질환, 혈우병, 색맹 등이다.

다인자성 유전질환은 몇 개의 유전자가 환경적 요인과 병행하여 선천성 기형이나 질환이 다음 세대로 유전돼 나타난다. 토순과 구개열, 무뇌증, 선천성 심장질환, 신경관 결손증, 선천성 고관절탈구, 내반족 및 유문협착증 등이 이러한 요인에 의해 유전된다.

출처: 다음백과 『클라인펠트증후군』 http://web.edunet4u.net/~hyb83/

TIP 5 XYY 성염색체: 야콥 증후군, 폭력성?

1965년 '중범 형무소 수감자 중 상당수가 XYY 남성'이란 연구가 발표된 이래 각종 영화, 소설 등에서 XYY 성염색체를 가진 남성들은 폭력적이고 거친 야수로 등장한다. 영화 '에일리언3'에는 '이 중 Y 염색체' 남성 범죄자들을 수감한 교도소 행성이 나온다. 아예 '슈퍼남성 증후군'이란 단어도 생겼다.

최근 성폭력 및 살인 사건들이 잇따르면서 범죄자의 '본성'으로 간주돼 온 'XYY 성염색체'에 대한 궁금증이 더해지고 있다. 범죄자의 본성에 대한 이야기가 나올 때면 언제나 등장하는 것이 XYY

[56] 영국의 교도소 의사였던 고링(Charles Goring, 1870~1919)은 생래적 범죄인설(生來的 犯罪人說)과 관련하여 많은 비판을 제기했다. 고링은 영국의 범죄 집단과 비범죄 집단을 10여 년에 걸쳐 영국 각지의 교도소 수형자 3,000명과 일반시민 3,000명을 대상으로 롬브로조가 제시한 생래적 범죄인의 제 특징과 기타 사항을 비교 분석한 결과, 두 집단에 신체적인 차이가 없다고 결론을 내렸다. 고링은 신체적 특징이 원인이 되어 지능이 부족하거나 타인에 대한 연민의 정, 박애 감정의 결여를 초래함으로써 범죄에 이르게 된다고 주장하였다(이상현 외, 2012).

성염색체를 가진 사람들, 즉 '야콥 증후군' 환자들이다.

그러나 최근 들어 XYY 성염색체에 대한 재해석이 활발해지면서 XYY 성염색체를 가진 남성도 정상적인 생활이 얼마든지 가능하다는 주장이 더 설득력을 얻고 있다. 일반적인 남성의 성염색체는 XY다. 하지만 남자 아이 1000명 당 1명꼴로 Y 염색체가 2개인 XYY 성염색체가 나타나기도 한다. 이 경우 Y 염색체가 2개이므로 더욱 남성스럽거나 폭력적이다는 의견이 일반화돼 있다. 야콥 증후군 남성들의 특징은 크게 뚜렷하지 않다. 외모상으로 큰 기형이나 특징이 없기 때문이다. 단지 체격이 급성장해 평균 신장보다 5~7㎝가량 큰 경우가 많다.

하지만 이들은 평균지능이 일반인에 비해 낮거나 학습장애를 겪을 가능성이 높다. 한양대학교 비뇨기과 박성열 교수는 "야콥 증후군(Jacob Syndrome) 환자들의 지능이 정상인보다 낮은 경우가 많이 보고됐다"며 "이 밖에도 행동조절장애나 과잉행동 양상을 보이기도 하지만 원래적으로 공격적인 성격을 가진 것은 아니다"고 말했다.

최근엔 XYY 염색체 남성의 공격성 자체가 유전자적인 것은 아니라는 의견이 지배적이다. 단지 지능이 낮고 체구는 크기 때문에 우발적인 실수일 가능성이 높다는 것이다. 박 교수는 "XYY 염색체 남성의 공격성이 높게 나타나는 경우는 있지만 그것이 Y 염색체 때문인지는 확실치 않다"며 "야콥 증후군 환자가 계획적인 범죄를 치밀하게 구성하거나 살인의 욕구에 취해 폭력을 행한다는 의견은 잘못된 미신"이라고 강조했다.

다행히도 XYY 염색체 남성의 대부분은 큰 무리 없이 정상적으로 사회생활이 가능하다. 정자 수가 적어 후세를 낳지 못할 경우도 있긴 하지만 많은 경우 정상적인 아이를 가질 수 있으며 염색체 이상은 유전되지 않는다. 박 교수는 "요즘엔 산모의 산전검사나 양수검사를 통해 곧바로 아이의 염색체 이상을 알 수 있으므로 야콥 증후군을 쉽게 발견한다"며 "대개 큰 지장 없이 살아가게 되므로 걱정할 필요는 없다"고 덧붙였다.

출처: 파이낸셜뉴스(2010.03.24.),http://www.fnnews.com/news/

2) 심리학적 범죄원인론

범죄의 원인에 관한 고전주의 이론과 생물학적 이론은 범죄행위를 설명하기 위한 분명한 목적을 가지고 발전하였다. 하지만 대부분의 심리학적 이론들은 범죄행위 자체에 특별한 관심을 가지고 체계적으로 이루어진 것은 아니다. 일반적으로 인간의 행동, 인지, 정서, 정신병질 등을 설명하기 위한 심리학 이론들은 범죄를 심리학적으로 이해하기 위해 활용되었다. 특히 성격이론, 정신분석이론, 학습이론 및 인지이론 등은 개인적 차원의 심리학적 이론으로 범죄행위 및 원인을 설명하기 위해 제시된 이론은 아니지만 심리학 이론 중에서 범죄행위를 설명하는 이론으로 평가받고 있다. 여기서는 심리학적 범죄원인과 관련하여 지능이론, 성격이론, 정신분석이론, 학습이론, 인지이론을 중심으로 범죄와의 연관성을 간략하게 살펴보았다(이상현 외, 2012; 이수정, 2015; 조철옥, 2010; 황성현 외, 2015).

① 지능이론과 범죄

지능(intelligence)은 새로운 사물현상에 부딪혀 그 의미를 이해하고 스스로가 가지고 있는 지식을 사용해 해결하는 능력을 말한다. 지능에 대한 개념은 순수하게 유전적이고 생물학적 결과라는 자연이론(nature theory)과 생물학적 요인 및 사회학적 요인의 결합이라는 양육이론(nurture theory)[57]으로 구분된다. 비넷과 터먼(Alfred Binet & Terman)은 지능검사에 사용되는 지능지수 검사방법을 고안했다. 지능이 범죄의 주요 원인이라고 강조한 최초의 학자는 고다드(Henry H. Goddard)로 칼리카크 가계에 대한 연구에서 시작되었다. 그 이후 정신박약(feeble mindedness)을 측정하기 위해 뉴저지주 16개 소년원 수용자의 지능 상태를 조사하였다. 그 조사에 의하면, 정신박약 재소자들의 비율은 최소 28%에서 최대 89%가 정신박약으로 정신박약과 범죄의 관계를 강조했다(森武夫, 1980)[58].

이를 근거로 고다드(Goddard)는 범죄의 주요 원인은 낮은 지능에 있고 나아가 지능은 기본적으로 유전되며 저지능의 사람들은 잠재적인 범죄자라고 주장하였다(Shoemaker, 1990)[59]. 20세기 초반에 이루어진 대부분의 연구는 낮은 지능이 범죄와 일탈행위, 그리고 여러 종류의 사회악을 유발하는 요인이라고 확신하였고 이러한 사실을 수용했다. 하지만 평균 이하의 지능지수가 범죄행동을 하게 된다는 가정에 반대하는 연구들이 1920년대 초기에 나왔다. 슬로슨(Slawson)은 뉴욕 소년원 재소자 1,543명을 대상으로 일반 소년들과 비교하여 조사한 결과, 재소자의 80%가 어휘검사에서 낮은 점수가 나왔으나 수리부문 등 비 어휘부문에서는 정상수준으로 나왔다. 아울러 검거된 범죄자들의 수는 물론이고 범죄유형과 지능지수 사이에는 아무런 관계가 없다는 사실을 밝혀 지능이 범죄의 원인이라는 가정을 부정했다.

또한 1931년 서들랜드(Edwin Sutherland)는 고다드의 연구를 재평가하고 연구 자체의 편차를 발견함으로써 범죄자들은 지능지수가 낮다는 견해를 부정했다. 그는 고다드가 검사방법과 점수계산 방법에서 발생한 오차를 범죄자의 지적 능력의 차이로 돌리는 오류를 범한 것으로 평가했다[60]. 서들랜드의 연구 이후 범죄가 낮은 지능에 의해 초래된다는 주장은 거의 사라지게 되었다. 그 이후 많은 범죄학자들은 지능과 범죄의 연관성을 인정하지 않았으나 1970년대 중반 이후 지능과 범죄에 대한 새로운 관심이 부각되었다.

허쉬와 힌델랑(Hirschi & Hindelang, 1977)은 범죄학 분야의 이론들이 지능과 범죄의 연관성을 지나치게 과소평가하는 경향이 있다는 점에 동의하면서 많은 수의 비행 연구에서 이들

---

[57] 자연이론(nature theory)은 지능이 대체로 유전적으로 결정되고 낮은 지능지수를 가진 사람들은 범죄성향을 가지고 있다는 명제에 근거하고 있다. 양육이론(nurture)은 지능이 부분적으로 생물학적 요인에 영향을 받지만 주로 사회학적 요인에 의해 결정된다는 것이다. 낮은 지능의 부모들이 저지능의 아이들을 낳는 것은 아니므로 지능이 유전된다는 주장은 오류라고 보았다. 1930년대 인간행동에 대한 문화적 설명경향이 지능에 대한 양육이론 학파를 출현하게 했다(Siegel, 2003: 163; 조철옥, 2010: 94-97).

[58] 森武夫, 1980. 犯罪心理學入門. (東京: 大成出版社): 22-23.

[59] Goddard, H. H. 1920. Human Efficiency and Levels of Intelligence, Princeton University Press.

[60] Sutherland, E. H. 1931. Mental Deficiency and Crime, In Social Attitude, ed. Kimball Young, New York: Henry Holt.

의 지능 수준은 일반 소년들에 비해 더 낮다는 사실에 주목하였다. 그들은 지능과 범죄와의 관계는 유의성이 약하지만 상관관계를 있는 것으로 나타났고 지능이라는 변수가 인종, 사회경제적 계층 등 사회 환경적 변수보다 더 중요한 요인이라고 결론지었다. 특히 지능이 직접적으로 비행이나 범죄를 야기하는 요인은 아니지만, 간접적인 방식으로 비행에 연루된다고 주장하였다. 예를 들면, 지능이 낮은 소년들은 학교에서의 성취도 수준에 문제가 생기게 되고, 그럴 경우 학업에 흥미를 잃는 대신에 비슷한 성향을 가진 또래 친구들과 각종 비행을 저지르는 등 일탈행동을 초래하는 강력한 요인으로 작용한다는 것이다[61].

아울러 지능이론에서는 비행 청소년들과 범죄인들의 IQ가 일반 청소년과 일반 성인들에 비하여 평균적으로 낮다고 주장하였고, 지능에서 나타나는 범죄인과 정상인의 차이는 주로 언어적 지능의 차이일 뿐이고 동작적 지능에서는 차이를 거의 보이지 않는다는 연구결과도 제시되었다(Quay, 1987)[62]. 이밖에 헌스타인과 머레이(Herrnstein & Murray, 1994)는 지능과 범죄와의 관련성은 지능지수라는 측정방식의 문제로 인해 지나치게 과소평가 되고 있다고 주장하였다. 그들은 종곡선(the bell curve)을 통해 IQ로 대변되는 지능이 범죄와 관련이 있다고 밝혔으며, 낮은 지능을 가진 사람들이 범죄나 다른 유형의 바람직하지 못한 행동으로 빠지게 하는 '인지적 약점'을 가지고 있다는 점에서 지능과 범죄는 관계가 있다고 주장하였다[63].

지금까지 지능과 범죄에 관해 자연이론과 양육이론을 중심으로 두 변수간의 관련성을 살펴보았다. 지능과 범죄의 관계에 대한 많은 연구결과를 종합했을 때 지능수준이 범죄행위에 미치는 영향은 미미하다. 미국 심리협회에서도 지능과 범죄와의 연결 강도는 아주 낮다는 결론을 내렸으며(Siegel, 2003), 영국 캠브리지 대학 소재 범죄연구소는 지능과 범죄간에 어떤 관계는 있으나 어떤 경우에 낮은 지능과 범죄와의 관계는 제3의 요소들에 의해 유발될 가능성이 있을 정도로 지능은 간접적인 영향을 미치는 요인에 불과하다고 주장하였다. 그럼에도 불구하고 지능이 범죄와 관련성이 있다는 주장이 최근까지 제기되고 있다. 한 예로 피케로(Alex Piquero, 2000)[64]는 필라델피아에 거주하는 아동 집단들의 폭력행동을

---

[61] Hirschi, T., & Hindelang, M. J. 1977. Intelligence and Delinquency: A Revisionist Review, *American Sociological Review*, 42: 571–587.

[62] Quay, H. C. 1987. Intelligency, In H. C. Quay (Eds.), Handbook of Juvenile Delinquency, New York: Wiley.

[63] Herrnstein, R. J., & Murray, C. 1994. The Bell Curve: Intelligence and Class Structure in American Life, New York: Free Press.

[64] Piquero, A. 2000. Frequency, Specialization, and Violence in Offending Careers, *Journal of Research in Crime and Delinquency*, 37: 392–418.

조사한 결과, 지능지수가 가장 강력한 예측변수이며, 폭력범죄를 저지르는 범죄자들과 다른 유형의 범죄자들을 구분할 때도 지능지수를 사용할 수 있다고 주장하여 지능과 범죄간의 관련성을 밝히는 연구는 앞으로도 중요한 연구과제가 될 것으로 본다.

② 성격이론과 범죄

성격이론(personality Theory)은 범죄 자체를 개인 내면에 존재하는 문제로 파악한다는 점에서 정신분석이론과 유사하나 범죄의 원인을 개인의 성격적 결함으로 본다는 점에서 차이가 있다. 성격이론에서는 범죄자를 비정상적이고 부적절하며, 특정한 범죄적 성격을 가지고 있어 법을 준수하는 사람들과는 다른 성격적 특성을 지니고 있는 것으로 가정한다. 다시 말해서 범죄자들은 일반인들과는 달리 정신병질적(psychopathic), 반사회적 혹은 사회병질적(sociopathic) 성격 등을 지니고 있다(Akers & Sellers, 2011). 또한 성격이론은 정확한 측정도구를 사용하여 경험적 검증을 시도했다는 점에서 정신분석이론과 차이가 있다. 일반적으로 성격이론은 성격목록을 구성하여 개인의 성격을 측정하고 범죄자와 일반인의 평균값을 비교하는 방법으로 미네소타 다면인성검사[65]를 가장 많이 활용하고 있다.

먼저 성격과 범죄와 관련하여 요첼슨과 세미나우(Yochelson & Samenow, 1976)는 범죄자를 연구하는데 있어서 전통적인 정신의학적 기법들이 비효과적이라고 주장하면서 효과적인 현장치료 프로그램을 개발하기 위해 범죄자의 성격을 연구하였다. 그들은 255명의 범죄자들을 대상으로 면접과 공식자료를 통해 그들의 사고유형을 파악하였다. 그 결과 범죄자의 성격은 사회경제적 또는 환경적 요인의 결과가 아니라고 주장하였다. 그들이 말하는 범죄자들의 성격은 거짓말을 잘하고 불안정한 자기상을 가지며, 타인으로부터의 모욕이나 상해를 받는 것을 지나치게 두려워하고 남의 물건을 자기 것으로 여기고 낙천성과 왕성한 에너지를 가지고 있다고 주장하였다(김상균, 2008)[66]. 성격이론은 크게 특성이론과 과정이론으로 나눌 수 있는데, 범죄학에서 논의되고 있는 성격이론은 특성이론으로 아이젠크(Eysenck)의 성격이론이 대표적이라 할 수 있다.

---

65 미네소타 다면인성검사(Minnesota Multiphase Personality Inventory: MMPI)는 미국의 심리학자인 해더웨이(S. Hathaway, 1939)가 이끄는 미네소타대학 연구팀이 개발한 다면적 인성검사법이다. 이 검사는 우울, 히스테리, 편집증, 정신병리, 내향성/외향성, 강박관념 등의 비정상적인 성격특성을 파악하기 위한 척도로 구성되어 있다. 대학생들의 성격검사와 기업체에서의 인사관리 등에 사용되고 있으며, 우리나라에서는 한국임상심리학회가 우리의 실정에 맞게 22종의 세분화된 표준집단을 통해 제작하여 사용하고 있다.

66 Yochelson, S. & S. Samenow. 1976. The Criminal Personality: Vol. 1: A Profile for Change. New York: Jacson Aronson.

범죄에 관한 아이젠크(Eysenck, 1964)의 이론은 오늘날 가장 영향력 있는 심리학적 이론으로 범죄에 대한 생물학적 관점에서 성격이론을 제안하였다[67]. 특히 유전적 요인과 생물학적 요인이 어떻게 범죄행위에 중요한 역할을 하는가를 설명하고 있다는 점에서 높이 평가되고 있다. 그는 유전적 소양을 통하여 각 개인은 대뇌피질과 자율신경계 상의 차이를 지니게 된다고 가정하였다. 아이젠크(Eysenck)는 성격을 결정하는 네 가지 중요한 요인으로 일반 지능(General intelligence: G)과 외향성(Extraversion: E), 신경증(Neutroticism: N), 정신병질적 성향(Psychoticism)을 제시하였다. 이 중에서 범죄와 성격에 관한 연구는 외향성과 신경증을 중심으로 이루어졌고 나중에 정신병질적 성향이 두 성격요인에 의해 설명될 수 없는 부문을 보완하기 위해 추가되었다[68]. 아이젠크(Eysenck)는 이러한 3차원적 성격이론을 적용하여 범죄자들의 경우 정신병질적 성향과 외향성이 두드러지게 나타난다고 주장했다[69].

먼저 내/외향성 개념은 아이젠크(Eysenck)에 의해 경험적 조사를 거쳐 하나의 성격모형으로 정립되었다. 외향적인 사람은 충동적이며 낙관적이고, 변덕이 심하고 흥분을 잘한다. 그들은 쉽게 화를 내고 공격적이며 신뢰성이 없다. 또한 일상생활의 지루함에서 벗어나기 위한 흥분과 자극을 추구하는 욕구가 강하기 때문에 범법행위를 할 가능성이 아주 높다. 따라서 반사회적 행동을 할 기회를 즐기고 도전하기를 좋아하기 때문에 대부분의 범죄자들은 외향적인 성격을 가진 사람들이다. 반면, 내향적인 사람은 말이 없고 수줍어하며, 조심성이 많고 감정을 잘 통제하는 동시에 흥분, 변화가 심한 사회적 활동을 회피한다. 아울러 신뢰성이 높고 비공격적이며, 윤리적 기준에 높은 가치를 두고 있다(김상균, 2008; 조철옥, 2010).

특히 외향성과 내향성의 차이는 중추신경시스템 속에 있는 어떤 메카니즘의 유전적 차이 때문에 발생한다고 보았다. 다시 말해 망상활성계(Reticular Activating System: RAS)라고 하는 뇌간의 중심부에 있는 작지만 복잡한 신경세포망의 차이가 이를 결정한다는 것이다. 아이젠크(Eysenck)에 의하면, 외향적인 사람들의 망상형활동시스템(RAS)은 대뇌피질의 각성상태를 효과적으로 조절하지 못하는 특성을 가진다고 주장하였다. 다시 말해서 외향적인 사람의 경우 내재된 각성 수준은 낮은 반면에 내향적인 사람의 경우 내재된 각성 수준이 높다. 따라서 내적으로 각성 수준이 낮은 외향적인 사람들은 대뇌피질을 적절하게 각성시

---

[67] Eysenck, H. J. 1964. Crime and Personality, London: Routledgeand Kegan Paul.

[68] Bartol, C. R. & Bartol, A. M. 2004. *Criminal Behavior. A Psychosocial Approach*, New Jersey: Prentice Hall, Wrightsman, L. S: 97.

[69] Eysenck, H. J. & Eysenck, S. B. J. 1976. Psychoticism as a Dimension of Personality, London: Hodder & Stoughton.

키기 위해 추가적인 자극을 추구해야 하기 때문에 외부로부터 보다 많은 자극을 탐하게 된다는 것이다. 아이젠크(Eysenck)는 범죄행동을 유발하는 대부분의 사람들이 대뇌피질의 낮은 각성상태에 있고 주위 환경으로부터 자극을 얻으려는 강력한 추동을 가지는 동시에 불법적 행동을 추구한다고 주장하였다.

외향성과 마찬가지로 신경증(Neutroticism)도 범죄와 연관성이 높다. 신경증은 성격과 범죄 간의 관계를 규명하기 위한 중요한 변수로 정서성(emotionality)이라고도 한다. 신경증적 성격은 긴장에 대해 생리적으로 반응하는 선천적인 생물학적 성향을 말한다. 기본적으로 신경증은 정서적 반응에 민감하며, 특히 스트레스에 민감하고 지속적인 반응을 보인다는 것이 특징적이다. 신경증이 높은 사람들은 정서적으로 쉽게 흥분하여 불안정하고 불안해하며 성마른 성질을 보인다. 스트레스 수준이 낮은 조건에서도 침울하고 민감하게 반응하며, 나아가 두통, 소화불량 등 신체적 고통을 호소하는 경향도 많다. 만약 신경증을 가진 사람이 반사회적 습관을 가질 경우에 범죄자로 전락할 가능성이 높다. 특히 신경증과 외향성 모두를 가진 사람들은 자극에 대한 불안감으로 인해 범죄행위를 할 가능성이 높다. 다시 말해서 이들은 자기통찰이 결여되어 있고 충동적이고 정서적으로 불안정하여 정상적인 환경에서도 이성적인 판단을 못하여 범죄행위를 할 가능성이 높다(황성현 외, 2015)[70].

한편, 아이젠크(Eysenck)는 외향성과 신경증적 성격차원을 제시한 이후 정신병질적 성향이라고 하는 제3의 성격차원을 제시했다. 정신병질적 성향은 유전적으로 공격적이고 냉담하며, 타인에 대한 동정심이 결여되어 있는 등 비인간적인 성격을 가지고 태어나는 것으로 밝혀져 정신병질적 차원으로 언급되고 있다(Eysenck & Eysenck, 1976)[71]. 정신병질적 성향은 이상심리학에서 논의되는 정신병과 어느 정도 유사하지만 정상적인 성격에서 벗어난 다양한 성격형태로 보기 때문에 정신병과는 차이가 있다. 다시 말해서 정신병질적 성격은 현실과 괴리되어 있다는 임상의학적 의미의 정신이상자와는 명백하게 구분된다(Bartol & Bartol, 2004). 이와 관련하여 아이젠크(Eysenck)는 신경전달 물질인 낮은 수준의 세로토닌 및 모노아민과 결합된 높은 수준의 테스토스테론은 정신병질적 성격 형성에 유의한 영향을 미친다고 주장하였다.

---

[70] Siegel, Larry J. 2012. Criminology: Theories, Patterns, and Typologies(Tenth Edition), Belmont, CA: Wadsworth (이민식 외 공역. 2012. 「범죄학: 이론과 유형 제10판, 서울: CENGAGE Learning.).

[71] Eysenck, H. J. 1987. Personality Theory and the Problem of Criminality, in B. J. McGurk, D. M. Thonton and M. Williams(eds), Applying Psychology to Impersonment, London: HMSO: 50–70.

➲ 아이젠크(Eysenck)의 성격이론

성격특성	신경생리학적 영향	고득점	저득점
외향성	망상활성계(RAS) 중추신경계(CNS)	자극의 추구	자극의 회피
신경증	자율신경계	신경질, 불안정	안정, 온화함
정신병질적 성향	안드로겐 과다	강한 심성	약한 심성

자료: Bartol & Bartol, 2010

아이젠크(Eysenck)의 정신병질적 성향과 관련한 연구는 외향성과 신경증에 비해 많은 관심을 받지 못했으나 정신병질적 성격은 범죄자들의 독특한 특징을 증명할 수 있다는데 주목하고 있다. 특히 정신병질적 성격은 신경증적 성격과는 달리 아동기, 청소년기, 그리고 성인기에 이르기 까지 모든 연령대에서 나타나는 성격유형이라는 점에서 중요한 의미가 있다. 범죄자들의 성격적 연관성에 관한 연구는 80년대 이후 수없이 많이 이루어졌는데, 여기서 가장 많이 논의된 것이 반사회적 성격(Antisocial Personality)이다. 반사회적 성격은 감정의 미성숙과 책임감 및 판단의 결여를 보이고 사회규범을 어기는 동시에 타인의 권리를 침해하는 등 반사회적 행동이 만성적으로 반복되는 이상성격을 말한다. 반사회적 성격장애와 관련해서는 사이코패스(psychopath) 및 소시오패스(sociopath) 등을 중심으로 별도로 논의하고자 한다.

③ 학습이론과 범죄

학습이론은 인간을 이해하는데 있어 무의식이나 내부의 역동관계 등 내적 관계를 인정하지 않고 관찰 가능한 행동수준에 있어서의 자극과 반응의 관계에 초점을 두고 있기 때문에 정신분석이론과 대조적인 입장을 취한다. 여기서 학습(learning)은 경험을 매개로 하여 행동에 비교적 지속적인 변화를 일으키게 하는 과정으로 보고 있다. 이러한 정의에 의하면 범죄행위도 사회적 행동이나 신경증적 행동과 마찬가지로 학습된 것으로 볼 수 있다(菊田幸一 · 西村春夫, 1984; 이상현 외, 2012). 학습이론에는 두 가지 흐름이 있는데, 하나는 자극(stimulus)의 상태에서 새로운 반응(response)을 연합 형성하는 것으로 이러한 학습유형을 연합학습(S-R Learning)이라 한다. 다른 하나는 게슈탈트 학파[72]의 장의 이론을 이용한 것으로

[72] 게슈탈트(gestalt)는 '전체적인 형태'를 뜻하는 독일어다. 전체적인 형태란 부분과 요소를 의미 있게 통합하고 조직해 만드는 것이다. 심리학에서는 게슈탈트 심리학을 형태주의(gestaltism)라고 표현하기도 한다. 유대인이었던 베르트하이머와 그의 공동연구자들은 1930년대 미국으로 건너갔다. 그런데 미국에서 분석적인 방법을 적용하는 심리학의 한 부

학습을 자극상태의 인지구조의 변화 혹은 인지적인 장의 재조건 형성으로 보았다. 일반적으로 전자를 연합학습이론 혹은 행동주의 학습이론, 후자를 인지학습이론이라 한다.

학습이론 측면에서 범죄의 설명을 최초로 시도한 학자는 아이젠크(H. Eysenck)로 그는 정신분석이론을 비판한 사람이지만 범죄행위를 고전적 조건화 이론의 원리에서 찾았다. 그에 따르면, 특정 행동이 보상을 받는 것에 의하여 형성되는 자극과 반응의 결합(S–R연합)은 중추신경계와 관계가 있고 두 개의 자극 간의 근접효과에 의해 형성되는 S-R연합은 자율신경계와 관계를 가진다. 그는 전자의 연합형성을 학습이라 했으며, 후자의 연합형성을 조건이라 하여 범죄행위의 촉진 또는 억제와 관계가 있는 양심은 후자의 조건에 의해 성립된 것으로 그것이 바로 조건반응이라고 하였다. 또한 양심의 형성은 어릴 때부터의 조건형성에 의한 것이고 사회화, 다시 말해 바른 방향으로의 조건형성은 사회적 규범의 학습이고 도덕적 · 사회적 행동으로서의 조건형성이며 이러한 것을 형성하지 못한 사람이 범죄자가 되기 쉽다는 것이다. 따라서 범죄행위를 제거하기 위해서는 정신분석이나 상담(counseling) 등의 치료법이 아니라 조건원리에서의 제거나 탈조건의 방법을 사용해야 한다고 주장하였다(이상현 외, 2012).

한편, 파블로프(Ivan Pavlov)의 고전적 조건화에 개념적 뿌리를 둔 학습과정에 대한 연구는 왓슨(Watson: 1878–1958)에 의하여 보다 정교화 되었다. 강화를 받은 행위는 학습되고 강화가 없거나 처벌받는 행위는 소멸된다는 것을 학습에 관한 수많은 실험을 통하여 입증해 왔다. 이와 같은 학습의 원리는 범죄에도 그대로 적용되는데, 비행이나 범죄를 통하여 이득을 얻었다면 그 행위는 강화될 것이고, 처벌을 받았을 경우 그 행위는 사라지게 된다. 우리사회에서 법적 처벌이란 비행이나 범죄가 학습되지 않도록 형벌을 통해 범죄행동에 대한 억제력을 발휘하는 것이다(이수정, 2015). 하지만 범죄를 억제하기 위해 벌을 가하는 것도 중요하지만 반사회적 행동을 대신하는 바람직한 행동유형을 습득시키는 것도 필요하다.

그러나 학습이론은 범죄의 원인 등을 설명하는데 있어 지나치게 개인의 인지능력을 무시했다는 비판이 제기되었다. 다시 말해서 개개인이 범죄를 행하는 것을 결정할 때 반드시 이익이 있기 때문에 범죄를 한다면, 개인이 가지는 도덕적 판단능력이 영향을 미치지 않는다는 설명은 설득력이 없다는 것이다. 이처럼 범죄나 폭력행위가 학습으로 설명될 수 있다

분인 행동주의를 접하게 되었다. 행동주의자들은 인간의 학습과 경험을 조건형성이라는 단순한 원리로 분석하고 분해하는데 주력하고 있었다. 그러나 베르트하이머의 공동연구자 중 한 사람이었던 쾰러(Köler)는 학습에서도 게슈탈트 심리학을 적용하기 위해 유인원을 대상으로 다양한 연구를 했고, 그 결과 행동주의자들의 시행착오 학습에 반대되는 통찰학습을 주장하게 되었다.

는 관점은 많은 심리학자들 사이에서 논란의 대상이 되었다. 다시 말해서 관찰을 하는 것이 곧 폭력행위만이 아니기 때문에 '한 두 번의 폭력물 시청으로 모든 사람들이 다 폭력행위를 할 수 있겠는가'라는 의문이 제기되었기 때문이다. 따라서 단순한 관찰로 폭력행동을 획득한다는 가정은 여러 경우에 위배되는 결과를 산출 낳았고, 단순한 학습과정보다는 보다 상세한 과정을 통하여 범죄행위의 획득에 관하여 설명하여야 한다는 주장이 설득력을 얻고 있다(Howitt, 2002)[73].

④ 인지이론과 범죄

인간의 발달과 환경 속에서의 기능에 대한 폭넓은 관점을 형성하기 위해서는 인지이론에 대한 이해가 반드시 필요하다. 인지이론은 앞에서 제시한 인간의 행동을 자극과 반응의 연합으로 보는 행동주의 학습의 기계적인 견해에 반대하면서 등장했다. 인지이론에서는 정신과정과 사람이 세상을 어떻게 인지하고 정신적으로 개념화하며 문제를 해결하는지에 주목하였다. 인지학파의 선구자로는 빌헬름 분트(Wilheml Wundt, 1832–1920), 에드워드 티치너(Edward Titchener, 1867–1927), 윌리암 제임스(William James, 1842–1920) 등이 있다. 오늘날 인지이론의 영역 속에는 다양한 하위 분파가 있다. 예를 들어 도덕발달학파의 경우 사람이 세상에 대해 도덕적으로 개념화하고 사유하는 방식에 관심을 가졌다. 이밖에 정보처리학파는 사람이 결정을 하고 문제를 해결하기 위해 정보를 처리, 저장, 부호화, 검색, 조작하는 방법에 많은 관심을 가졌다(Larry J. Siegel 저, 이민식 외 공역, 2012).

인지이론과 관련하여 톨만(Tolman)은 인간은 자극에 대해서 반응을 학습하는 것이 아니라 자극을 기호로써 기호형태(sign gestalt)를 형성하여 '어떤 곳을 어떻게 하면 어떻게 될까'라는 장(場)의 인지를 하는 것이라고 보았다. 학습과 관련하여 인지적 처리의 중요성을 조명해 주는 중요한 현상은 통찰(insight)인데, 통찰은 장면을 이루고 있는 요소들이 갑작스럽게 모아져서 가장 효과적인 통로가 명료화 되고 문제가 해결되는 것을 의미한다[74]. 이밖에 밀러와 도널드(Miller & Dollard, 1941)는 대리학습(vicarious learning)이라는 개념을 사용하여 기존의 관찰학습 혹은 모델링 효과를 지칭하였다[75].

---

[73] Howitt, D. 2002. Forensic and Criminal Psychology. Prentice Hall.

[74] 통찰학습(insight learning)은 대한 최초의 연구는 형태주의 심리학자인 쾰러(Köler)에 의해 시작되었다. 여기서 학습은 시행착오가 아닌 인지현상으로 학습자는 문제해결에 대한 모든 요소를 생각해보고 문제가 해결될 때까지 여러 가지 방식으로 생각하게 된다. 다시 말해 학습자는 문제해결에 필요한 모든 요소가 해결될 때까지 계속하며, 드디어 구조적 이해에 이르는데, 이것이 통찰학습이다. 통찰은 해결 전에서 해결로 갑자기 일어나며 그것 자체가 완전한 것이기 때문에 '아하 경험(aha experience)'을 가진다고 보았다(김상균, 2008: 75–76).

고전적 조건화 및 조작적 조건화 이론에 도전한 또 하나의 이론이 사회학습이론(social learning theory)이다. 사회학습이론의 주요 관점은 사람들은 직접적인 경험으로부터 학습을 할 수도 있지만 다른 사람들에게 일어나는 것을 보거나 어떤 상황을 듣고서도 학습할 수 있다는 점에 주목하였다. 이런 유형의 학습을 관찰학습(observational learning)이라고 하며, 반두라(Bandura, 1986)에 의해 제안되었다. 관찰학습에는 두 가지 결정요인이 있는데, 하나는 관찰자자 어떤 행동에 주의 집중하느냐가 중요하다. 예를 들어 모델의 행동이 동일시해 볼 만큼 유능하다고 생각하거나 모델의 행동을 학습했을 때 보상이 따를 경우 주의 집중 가능성이 높아진다, 다른 하나는 관찰했던 행동을 기억하고 시연해 보는 것이다. 시연을 할 경우 관찰했던 행동을 더욱 잘 기억할 수 있을 뿐만 아니라 그러한 행동을 실제로 수행할 가능성도 커진다(김상균, 2008).

CASE 반두라의 보보인형실험(BOBO Doll Experiment)

캐나다의 심리학자 '반두라'는 그의 유명한 '보보인형 실험'에서 직접적인 보상과 처벌만으로 아이의 행동을 만든다고 주장했던 종전의 학설에 맞섰다. 보보인형 실험은 실험에 참가한 평균 4.4세의 남, 여 어린이들을 '공격'과 '비공격'의 두 집단으로 나눠 각각 남, 여 성인과 놀이방에 있게 한다. 그리고 각 집단 아동과 함께 있는 성인은 다양한 놀이도구를 가지고 함께 게임을 즐긴 뒤 남, 여 성인은 약 150cm의 일명 '보보인형'이 있는 책상에 가서 앉는다.

그 후 '공격' 집단 아이들과 함께 있는 성인은 보보인형을 10분 동안 때리고 발로 차고 망치로 치는 등 과격하고 폭력적인 방식으로 인형을 대했고 '비 공격' 집단 아이들과 함께 있는 성인은 보보인형을 털끝 하나 건드리지 않았다. 이 과정이 끝난 뒤 아이들은 20분 동안 보보인형, 나무망치, 2개의 화살촉 등 공격적인 장난감과 인형, 자동차, 공 등의 비공격적인 장난감으로 채워진 놀이방에서 놀게 하였다. 그 결과, '보보인형'에 대한 성인의 공격적인 행동을 관찰한 아이들이 훨씬 더 공격성이 높은 것으로 드러났다.

특이한 점은 남자아이는 공격적인 남성 성인을 보았을 때, 여자아이는 공격적인 여성 성인을 보았을 때 폭력적인 행동을 더 많이 따라했으며 남자아이는 행동적 모방을 여자아이는 언어적 모방을 많이 한 것으로 나타났다. 결론적으로 보보인형 실험은 아이가 성인을 그것도 자신의 성별과 같은 성인을 모방하는 경향이 크다는 것을 증명했다.

출처: '아이는 어른의 거울이다' 보보인형 실험 [시선뉴스]
http://www.sisunnews.co.kr/news/articleView.html?idxno=31386

또한 인지주의 심리학에서 인지는 일종의 사고과정으로 행동의 근원이 되고, 인간은 수

[75] Miller, N. E. & J. Dollard. 1941. Social Learning and Imitation. Yale: Yale University.

동적인 존재가 아니라 적극적으로 인지적 정보를 처리하는 존재로 파악하였다. 따라서 인간 행동의 원리를 이해하기 위해서는 먼저 내재된 인지과정에 대한 이해가 선행되어야 한다고 보았다. 특히 사회인지이론은 개인의 내적 인지과정보다 개인과 개인 간의 인지과정을 중시한다. 범죄와 관련해서는 자기 통제력의 부재, 다시 말해서 충동성의 경우 범죄행동의 중요한 요인이 될 수 있다. 로스와 파비아노(Ross & Fabiano, 1985)에 따르면, 범죄는 충동성과 행동 사이에 상황에 대한 인지적 분석이라는 단계가 부재할 경우 발생하는 것이라고 설명하면서 상황에 대한 인지적 분석과정의 중요성을 부각시켰다(이수정, 2015)[76].

인지 부조화와 관련하여 세부적으로 살펴보면, 인지 부조화(cognitive dissonance)란 태도가 인지와 서로 일치하기를 바라는 강한 경향을 가지고 있는 것을 말한다. 다시 말해서 인지부조화란 두 가지 이상의 반대되는 믿음, 생각, 가치를 동시에 지닐 때 또는 기존에 가지고 있던 것과 반대되는 새로운 정보를 접했을 때 개인이 받는 정신적 스트레스나 불편한 경험 등을 의미한다. 일반적으로 사람들은 태도와 인지가 부조화 하는 것을 좋아하지 않기 때문에 태도를 변화시킴으로써 부조화를 감소시키기 위해 노력한다. 태도와 일치하지 않은 정보를 접했을 때 부조화가 발생하는데, 이 경우에 태도를 적절하게 변화시켜 이런 태도가 부조화를 감소시키면 그 태도는 고정되고 최종적인 태도가 되는 경향이 있다(이상현 외, 2012). 일반적으로 개인이 이러한 인지 부조화를 겪을 때 공격성, 합리화, 퇴행, 고착, 체념과 같은 증상을 보이는 것으로 알려져 있다[77].

하이더(F. Heider, 1958)는 태도의 변화와 관련한 동기 이론을 제안하였는데, 이 이론은 사람들이 항상 정신적 균형을 유지하고 개선시키려 하는 성향에서 비롯되었다[78]. 이를 POX 모델이라고 하며, 균형이론을 P-O-X이론이라고도 한다. 균형이론에 의하면, 상호작용하는 것에는 세 가지가 있는데 첫 번째는 주체가 되며, 두 번째는 또 다른 사람, 세 번째는 대상물이나 다른 것들이 된다. 다시 말해서 인지의 주체 P가 대상물 X를 인지하는 P-X는 P에 있어서 중요한 타인 O의 X에 대한 인지인 O-X와 밀접한 관계가 있다. 이 셋의 관계가 불균형일 경우에는 P-X이든 O-X이든 어느 것의 관계를 변화시키는 것에 의해 균형을 찾고자 한다는 논리이다. 먼저 균형적인 상태에 대해 살펴보면, 각각의 P-O-X들은 각각 두개씩 짝

76 Ross, R. R. & E. A. Fabiano. 1985. Time to Think: A Cognitive Model of Delinquency Prevention and Offender Rehabilitation, Johnson City, Tenn: Institute of Social Sciences and Arts.

77 김종재. 2013. 「지식사회와 인간관계」. 서울: 박영사.

78 Heider, F. 1960. The gestalt theory of motivation. *Nebraska symposium on motivation*, 8: 145–172.

지어 양과 음의 관계로 관계를 맺을 수 있는데, 이를 곱하였을 때 양의 상태가 되어야 균형을 이룬 것이라고 할 수 있다.

P: 나	⇨	나는 다빈이가 좋다
O: 다빈		다빈이는 유행하는 신발이 있다
X: 다빈이의 패션 신발		나는 그 신발이 좋다

위의 세 가지의 상태는 각각 서로 양의 관계를 형성하여 조화로운 상태에 해당한다. 하지만 사람들은 불균형상태를 피하기도 하는데, 다른 예를 들면 다음과 같다.

P: 나	⇨	나는 어머니가 좋다
O: 나의 어머니		어머니는 나에게 요리를 해 주셨다
X: 내 어머니의 요리		나는 그 요리가 맛있다

위의 예시에서 만약 요리가 맛이 없다고 하더라도 하이더(Heider)의 이론에 의하면 균형을 이루려는 경향 때문에 나는 어머니의 요리를 좋아하게 된다. 만약 어머니의 요리가 싫다고 하더라도 균형이 어긋나기 때문에 나는 불편함을 느끼게 되고 그러한 불편함을 해소시키려는 노력은 균형이론으로 설명이 가능하다.

인지부조화 이론은 개인이 그들의 경험과 현실사이에서 일치를 추구할 것이라는 가정하에 시작되었다. 이런 이유로 사람들은 그들의 인지나 행동을 다른 것과 일치시키기 위해 불일치를 해소하려고 할 것이며, 이러한 노력은 사람들에게 긴장과 스트레스를 줄여준다. 인지부조화 이론을 주장한 페스팅거(L. Festinger, 1957)는 다음과 같은 네 가지 방법으로 부조화를 줄일 수 있다고 보았다[79]. 첫 번째로 자기 행동에 대한 인지를 변화시키고, 두 번째는 환경에 대한 인지를 변화시킨다. 세 번째는 새로운 인지를 도입하고, 마지막으로 믿음에 대한 정보를 부정한다. 예를 들어 어떤 사람이 더 이상 술을 먹지 않겠다고 다짐했다고 생각해보자. 그러나 다짐과는 다르게 소주 한 병을 마셨는데, 이 경우에 부조화를 줄이기 위해서 다음과 같은 방법을 사용한다.

---

[79] Festinger, L. 1957. A Theory of Cognitive Dissonance. California: Stanford University Press.

1. 행동을 바꿈: ⇒ 더 이상 소주를 마시지 않는다
2. 인지를 바꿈(행동을 정당화): ⇒ 조금씩은 마셔도 상관없다
3. 새로운 인지를 통해 행동이나 인지를 정당화함: ⇒ 적당량의 술은 건강에 좋다
4. 가지고 있는 믿음에 의한 정보를 무시하거나 부정함: ⇒ 소주는 술이 아니다

다음으로 사건에 대한 통제 여부도 중요하다(Rotter, 1966)[80]. 범죄자들의 경우 자신의 행동이 자신의 통제권 하에 있는 행위, 다시 말해서 자신이 책임을 져야 하는 행위이기보다는 외부에 통제력이 있기 때문에 어쩔 수 없는 행위라고 여긴다(Hollin & Wheeler, 1981). 사회적 인지과정에 있어서 매우 중요한 요소는 공감과 조망수용, 혹은 역할수용이다. 이러한 요소들은 타인의 입장을 이해하는 것을 말하는데, 특히 공감(empathy)을 위해서는 두 가지 단계가 필요하다. 먼저 타인의 입장을 이해할 수 있는 능력과 타인의 감정을 공감할 수 있는 감정적 능력이 필요하다. 범죄자들의 경우 이와 같은 공감능력에 심각한 문제를 보이며, 특히 이와 같은 경향은 성범죄자들에게 두드러지게 나타난다. 보편적으로 반사회적 성격장애자의 경우 공감능력이 현저히 떨어지는 것으로 알려져 있다(이창한 외, 2012; 황성현 외, 2015).

범죄를 설명하는 또 다른 이론으로 정보처리모형(social information-processing model)이 있다. 정보처리 모형은 범죄자들이 사회적인 자극에 대한 정보처리의 양상에 있어서 일반인들과 다르다는 것을 강조하고 있다. 정보처리모형을 사용하여 범죄자들의 공격성을 주장한 크릭과 닷지(Crick & Dodge, 1996)는 공격적인 사람의 경우 정상적인 사람들과 다르게 사회적 단서를 덜 포착하거나 단서를 지나치게 폭력적인 것으로 해석하며, 갈등관계에서 적절한 반응양식을 잘 찾을 수 없고, 자신의 폭력반응이 사회적으로 용인되는 것이라고 잘못 판단한다고 주장하였다[81]. 그 결과 대인간 갈등을 더욱 공격적인 반응양식으로 해결하고자 시도한다는 것이다. 범죄자들을 대상으로 한 많은 연구에서 범죄자 치료방안 중 인지과정에 초점을 맞춘 방법이 효과가 큰 것으로 나타나고 있다(Gendreau & Andrews, 1990)[82].

끝으로 도덕성 추론(moral reasoning)은 옳고 그른 것을 구별하며 타인의 권리 및 감정을

[80] Rotter, J. B. 1966. Generalized Expectancies for Internal Versus External Control of Reinforcement, *Psychological Monographs*, 80, (Whole No. 609).

[81] Crick, N. R. & Dodge, K. A. 1996. social information-processing Mechanism in Reactive and Proactive Aggression, *Child Development*, 67: 74-101.

[82] Gendreau, P. & Andrews, D. A. 1990. What the Meta-analyses of the Offender Treatment: Literature Tells Us about "What Works", *Canadian Journal of Criminology*, 32: 173-184.

존중하고 이해하는 것으로 콜버그(Kohlberg, 1976)는 도덕성 추론능력이 6단계를 거쳐 발달한다고 보았으며, 각각 두 단계씩 묶어 전인습적 단계, 인습적 단계, 후인습적 단계로 구분하였다. 특히 비행을 저지른 청소년의 경우 전인습적 단계의 도덕성 발달수준에 머물러 있는 반면에 비행을 저지르지 않는 청소년들은 인습적 단계의 도덕성 발달수준으로 성장하였다. 또한 대부분의 성인들은 3, 4단계 정도로 도덕적 수준이 발달하기 때문에 범죄를 행하지 않지만 1, 2단계에 머물러 있는 사람들은 범죄를 저지른다는 것이다. 다시 말해서 도덕적 인지수준이 정상적인 성장단계에 이르지 못한 경우 일탈과 범죄를 저지를 가능성이 높다고 보았다[83].

⑤ 정신분석이론과 범죄

정신분석학의 창시자인 프로이드(Freud)에 따르면, 범죄의 성향이 낮은 사람은 원초자아(id), 자아(ego), 초자아(super ego)의 상호작용에 의해 원초자아의 욕망이나 본능 등을 자아와 초자아가 상호견제하면서 자아상을 형성해간다. 그러나 범죄행위는 원초자아(id)의 반사회적 충동을 자아(ego)와 초자아(superego)가 이를 통제하지 못하거나, 초자아의 지나친 발달 및 미발달로 인해 원초자아와 자아의 발현을 방해하는 등의 심리적 갈등의 결과로 보고 있다. 예를 들어 청소년기에 원초자아를 통제하는 초자아가 발달하지 못하면 즉각적인 만족을 추구하고 공격적인 행동을 하게 된다는 것이다. 이와 반대로 초자아가 지나치게 발달한 사람은 타인에 대해 관대하지 못하고 모든 일에 비판적 성향을 가진다. 아울러 자신이 어떤 상황 하에서 자아를 완벽하게 통제하지 못한 강한 죄의식이나 수치심으로 인해 범죄를 저지를 수 있다는 것이다(황성현 외, 2015).

한편으로 원초자아의 반사회적 충동은 오이디푸스 콤플렉스(Oedipus Complex)로 대표되는 근친상간의 욕구와 그 욕구에 대한 죄책감 및 벌을 받고자 하는 욕구에서 유래되었다(Freud, 1961). 그 증거로 청소년 범죄의 경우 범죄를 저지르기 전부터 막연한 죄책감 등을 표현하는 경우가 많다는 것이다. 반면에 정신분석학자인 알렉산더(Alexander)는 항문기(anal stage)에 즉각적인 욕구충족(immediate gratification)을 지연하는 능력과 현실의 원칙(reality principle)에 따라 행동하는 능력을 제대로 터득하지 못한 사람들이 범죄를 저지르게 된다고 주장하였다(Alexander & Healy, 1935)[84].

---

[83] Kohlberg, L. 1976. Moral Stages and Moralization: The Cognitive-Developmental Approach. In T. Lickona (Eds.), Moral Development and Behavior, New York: Holt, Rinehart, and Winston.

이처럼 정신분석이론을 범죄와의 관계에 적용할 경우 원초자아, 자아, 그리고 초자아 사이의 상호작용의 형성에 있어 부조화에 의해 발생하는 것으로 볼 수 있다. 이러한 자아갈등은 비정상적인 성숙과 본능의 통제, 억압된 성 혹은 죄의식에서 유발된다(Akers & Sellers, 2011). 결국 초자아의 결함(super ego defect)은 충동적인 무의식의 통제를 부적절하게 하여 비행이나 범죄를 유발시킨다. 아울러 초자아의 결함이 없더라도 초자아가 지나치게 발달하거나 엄격할 경우 강한 죄책감이 생겨 이를 완화하기 위해 처벌당할 것을 바라는 범죄도 있다[85]. 자아가 부적절해도 충동을 억제할 능력이 없어 범죄나 비행으로 빠지게 된다. 이밖에 프로이드(Freud)는 원초자아의 본능적 욕구에 대한 조절과 초자아에 의한 도덕성의 발달이 어린 시절 친부모와의 친밀한 관계 형성에 의해 좌우된다고 보았다. 이와 같이 이성 부모에 대한 애착은 정상적인 발달에 결정적 역할을 하는데, 보울비(Bowlby, 1980)[86]는 이를 자신의 애착 이론으로 발전시켰다[87]. 그는 44명의 절도 소년들을 관찰한 결과, 그 중 14명이 자신의 어린 시절 애착 형성의 실패로 인해 이후 사회적 관계 형성에 실패하게 되고 그 후 범죄의 길로 빠져들게 된다는 자신의 가설이 그대로 확인되었다고 주장하였다.

TIP 6 해리 할로우(Harlow)의 원숭이 애착형성

1950년대 미국 위스콘신대의 심리학자인 해리 할로우(Harlow)는 붉은 털 원숭이를 대상으로 한 여러 실험으로 아직까지도 많은 사람에게 기억되는 학설로 남게 됐다. 고전적 심리학의 관찰로써 할로우(Harlow)는 원숭이의 대리모에 대한 애착형성을 관찰하여 애착형성의 원인이 단지 배고픔에 대한 욕구를 채워주는 것으로 형성된 것이 아니라 안전감에 의해서 형성된다는 것을 밝혔다(Harlow, C. and Zimmerman, R. 1959. Affectional Responses in the Infant Monkey.

---

84 Alexander, F. & Healy. 1935. Roots of Crime, New York: Knopf; 이수정, 2015: 39 참조.

85 젠킨스(Jenkins, 1983)는 초자아의 결함에 대해 첫째, 초자아의 실패는 결국 정신질환자 또는 도덕성 결함의 인간을 만들어 낸다. 둘째, 초자아가 약하고 산발적인 기능 작용은 초자아의 중성화를 만들어 낸다. 셋째, 반사회적 행동을 자신의 집단 내에서는 억제하고 반대로 집단 외에서는 허용한다. 넷째, 잘못 구성된 초자아, 예를 들어 난잡한 성행위와 같은 탈선충동에 효과적인 제재를 가하지 못한다. 다섯째, 그 자체가 범죄적인 초자아, 이것은 어떤 종류의 탈선행위를 묵고하거나 요구한다는 것이다(이상현 외, 2012: 74 인용).

86 정신과 의사이자 정신분석가인 보울비(Bowlby)는 분리가 아동에게 미치는 효과를 관찰하였다. 그 결과 분리 불안과 그 효과들로서 부모에게 매달리는 것, 끊임없는 걱정, 공황과 발작, 분노, 우울감 등이 있다. 이런 것들은 유년기의 중요한 시기에 일어나는 상실과 실제 외상적인 분리에 대한 반응들로서 그는 모성박탈 가설(Maternal Deprivation Hypothesis)을 제안하였다. 이 이론은 1950년대의 할로우(Harlow)의 실험으로부터 연유한 본능 개념에 바탕을 두고 있다. 이 가설의 핵심은 생애 초기 단계에 있어서 아동과 어머니 사이에 발생할 수 있는 유대감의 단절이 아동의 지적, 사회적, 정서 발달에 치명적인 영향을 미친다는 점이다(이반 워드, 이수련 역, 2002: 105).

87 애착이론은 정신분석학적 개념에 기초를 둔 절충적 접근으로 보울비(Bowlby)와 가짜 원숭이 실험으로 유명한 할로우(Harlow)의 연구를 통해 발전했으며, 에인즈워스(Ainsworth)로 이어진다. 특히 에인즈워스와 벨(Ainsworth & Bell, 1972)은 유아들에게 낯선 상황을 인위적으로 만들어 반응을 관찰한 후 애착을 안정애착, 저항애착, 회피애착 등 세 가지로 유형화하였다(오윤성, 2016: 86-87).

Science, 130, pp. 431-432; 양병화 외, 2000).

할로우 박사가 연구를 시작하던 시기만 해도 어린 아이가 어머니에게 애착을 형성하는 이유는 모유라는 생존수단을 제공하기 때문이라는 가설이 지배적이었다. 할로우(Harlow) 박사는 애착이라는 것이 과연 섭식과 관련이 있는지에 대해서 의문을 가졌다. 그리고 이를 검증하기 위해 갓 태어난 원숭이를 어미와 격리시켜 우리에서 사육하였다.

먼저 철사로 만들어진 대리모 원숭이와 벨벳(수건)으로 만들어진 대리모 원숭이 두 개를 제작하였다. 그리고 철사로 만들어진 대리모 원숭이에게만 음식을 얻을 수 있게 하였다. 흥미롭게도 새끼 원숭이는 배가 고플 때는 철사로 만들어진 대리모에게 달려가 매달렸지만 대부분의 시간은 벨벳 대리모와 함께 시간을 보냈다. 그리고 실험자들이 굉음을 내어 새끼 원숭이를 놀라게 했을 때 벨벳으로 만든 대리모에게 달려가 안겼다. 먹이를 제공해 주는 철사 대리모가 아닌 포근한 신체적 접촉을 제공해 주는 벨벳 대리모에 애착이 형성된 것이다. 이는 애착형성의 주요 원인이 단지 배고픔에 대한 욕구만족이 전부가 아니라 안락한 어미의 품안이나 피부접촉을 통해서 자신이 안전지대에 있음을 느끼는 안전감이 오히려 중요한 애착형성의 원인이라는 것을 밝힌 것이다.

이 연구결과가 발표된 당시 연구의 파급효과는 상당했다. 단순히 의식주만을 제공하면 된다고 생각하였던 양육의 패러다임이 아동의 정서적 부분에 대한 고려가 필요하다는 것으로 옮겨가게 된 것이다.

애착이론(attachment theory)은 장기적 인간관계의 근본 원인을 설명하는 이론이다. 이 이론의 핵심 주장은 영아가 정상적인 감정, 사회적 발달을 하기 위해서는 하나 이상의 주 보호자(primary caregiver)와 관계를 형성해야 한다는 것이다. 애착이론은 심리학, 진화학, 동물학을 아우르는 학제 간 연구를 바탕으로 한다. 제2차 세계 대전 직후 생겨난 부랑아와 고아들이 많은 사회적 관계에 어려움을 겪자 UN에서는 심리분석가이자 심리치료사인 존 보울비에게 이 문제에 관한 문서를 작성하도록 했다. 이 경험을 바탕으로 보울비는 애착이론의 토대가 되는 이론을 만들었고, 이 이론은 매리에인스워스와 제임스 로버트슨 등의 자료와 연구에 의해 발전되었다.

출처: 로렌 슬레이터 저, 조증열 역(2008), 『스키너의 심리상자 열기』, 에코의 서재
동아일보(2011. 5. 25, 그림인용)

TIP 7 인지부조화 이론(cognitive dissonance theory)

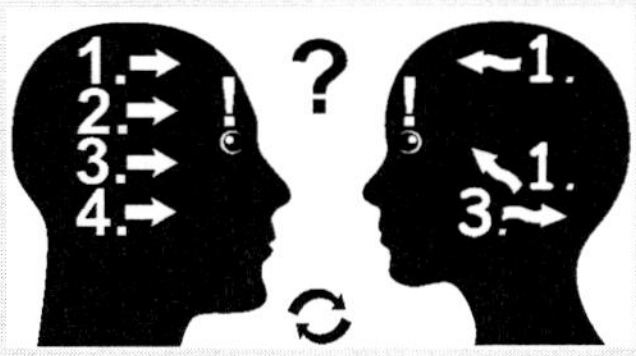

사람들은 태도와 행동의 일관성을 추구하며, 일관성이 깨지면 불편함을 느껴서 다시 일관성을 회복하려고 노력한다. 인지부조화 이론의 전제다. 1957년 사회심리학자 페스팅거(L. Festinger)가 제기한 이론이다.

'정말 그럴까'하는 의구심이 든다면 다음의 상황을 상상해보자. 사랑하지 않는 사람과 결혼하기, 가장 미워하는 친구와 즐겁게 수다 떨기, 싫어하는 음식 먹기, 지루한 게임을 하면서 황금연휴를 보내기 등. 어떤가? 생각만 해도 손이 오그라들 정도 아닌가! 태도와 행동 사이의 불일치와 부조화, 비일관성이 특징인 이런 일들은 사람들을 불편하게 한다. 이처럼 태도와 행동이 일치하지 않을 때 사람들은 불편함을 느끼고, 이를 해소하기 위해 태도와 행동 중 하나를 바꾼다. 이것이 바로 인지부조화 이론이다.

그렇다면 태도와 행동 중 무엇을 바꿀까? 보통은 태도를 바꾼다. 왜냐하면 행동은 이미 엎질러진 물처럼 되돌릴 수 없는 경우가 많으나 태도는 눈에 보이지 않아 바꾸는 것이 수월하기 때문이다. 행동에 맞는 태도를 취하는 이 과정은 일종의 합리화로 볼 수 있다. 물론 어떤 경우는 태도에 맞게 행동을 바꾸거나 부조화를 견디면서 살아가지만, 대부분의 경우는 태도를 바꾼다. 인지부조화 이론은 사회심리학자 페스팅거(Leon Festinger)와 칼스미스(James Carlsmith)가 1956년에 미국 스탠포드대학에서 대학생을 대상으로 한 실험에서 입증되었다.

연구자들은 참가자들에게 매우 지루하고 따분한 과제를 수행하게 한 후 대기실에 있는 다른 참가자들에게 실험이 매우 재미있고 흥미로웠다는 이야기를 해달라고 했다. 일종의 거짓말을 부탁한 셈이다. 그리고 수고비 명목으로 어떤 이들에게는 1달러, 어떤 이들에게는 20달러를 주었다. 그 후에 참가자들에게 실험에 대한 몇 가지 질문을 던졌다. 과제가 얼마나 재미있었는지, 실험이 얼마나 유익했는지, 실험이 학문적으로 중요했는지, 다음 기회에 다시 참가할 의향이 있는지 물었다.

아주 지루한 과제를 수행했고 거짓말까지 한 상황에서 참가자들의 답변은 어땠을까? 어떤 사람들이 과제와 실험을 더욱 긍정적으로 평가했을까? 많은 이들은 당연히 보상을 많이 받았던 사람들이 더욱 긍정적이었을 것이라고 예측한다. 하지만 결과는 정반대다. 오히려 적은 보상을 받은 사람들이 그랬다.

짜증나는 실험(태도)에 참가(행동)한 학생들은 마음이 불편했다. 부조화가 발생했기 때문이다. 그런데 많은 보수(20달러)를 받은 사람들은 자신의 행동에 대한 그럴 듯한 이유를 찾을 수 있었기에 애써 태도를 바꿀 필요가 없었다. 반면 적은 보수(1달러)를 받은 사람들은 불편함을 해소하지 못했고 결국 태도를 바꾸었다.

출처: 강현식(2010). 『꼭 알리고 싶은 심리학의 모든 것』. 소울메이트.
http://100.daum.net/encyclopedia/view/185XX76700101

3) 사회학적 범죄원인론

사회학적 범죄원인론(sociological criminal theories)은 범죄의 원인을 사회 환경에서 찾고 있으며, 비행이나 범죄를 사회적 행동의 일부라는 가정에서 출발하였다. 다시 말해서 생물학적 범죄원인론과 심리학적 이론이 미시적 관점에서 범죄의 원인을 찾은 반면, 사회학적 범죄원인론은 거시적인 관점에서 범죄의 원인을 찾고 있다. 특히 사회학적 범죄원인론은 1920년대 미국 시카고학파의 사회생태학적 연구를 시작으로 범죄행동의 원인 규명에 있어서 범죄자의 사회적 환경에 초점을 맞춘 이론이다. 사회학적 범죄원인론의 경우 사회구조와 사회과정이론, 사회적 발달이론[88], 사회적 갈등이론[89] 등 다양한 관점

[88] 사회적 발달이론(social development theory)은 인간의 발달이 범죄를 이해하는 가장 중요한 변수라고 보았다. 사회적 발달이론은 개인의 발달은 개인과 그를 둘러싼 사회 환경과 관련이 있고 개인의 발달은 사회 환경과의 끊임없는 상호작용을 통해 영향을 받는다고 인식하였다. 사회적 발달이론에는 생애경로이론(life course theory), 연령-성숙이론(age-graded theory), 이원적 경로이론(two path theory), 비행적 발달이론(delinquent development theory), 진화론적 생태이론(evolutionary ecology theory) 등이 있다(Riegal, K. F. 1975. Toward a Dialectical Theory of Development, *Human Development*, Vol. 18: 50-64; 허경미, 2012: 134-145 참조).

[89] 사회적 갈등이론(social conflict theory)은 법의 생성과 집행이 사회적으로 우월한 지위에 있는 계층의 이익을 보호하기 위한 것이며, 국가는 이들의 이익을 대변하는 권력기관으로 보았다. 또한 권력과 부를 소유한 집단이 자신들의 권력 및 부를 위해 특정의 행위를 하는 자를 일탈자로 낙인찍는다는 낙인이론의 법규범에 대한 인식과 맥을 같이하고 있다. 여기에는 급진주의적-비판적 이론(radical-critical theory), 좌익현실주의자이론(left realist criminology theory), 페미니스트이론(feminist theory), 포스트모던이론(postmodern criminology theory), 평화주의이론(peacemaking theory) 등이 있다(Vold, G. & Bernard, T. J. 1986. Theoretical Criminology, 3rd (ed.), NY: Oxford University Press: 269; 허경미, 2012: 146-161 참조).

에서 연구되었다. 여기서는 사회학적 범죄원인론 중 사회구조와 사회과정이론, 사회반응이론을 중심으로 간략하게 살펴보고 세부 내용은 환경적 차원의 범죄심리 이론에서 상세하게 다루고자 한다.

① 사회구조이론과 범죄원인

지역이나 계층, 경제구조, 문화 등과 같은 사회구조에 따라 범죄의 유형이 다양해지는 이유가 무엇인지를 규명하고자 하는 것이 사회구조이론이다. 사회경제적 하류계층을 범죄의 일차적 원인으로 간주하는 사회구조이론에는 생태학적 범죄이론, 긴장이론, 문화적 일탈이론 등이 있다. 먼저 생태학적 범죄이론으로 시카고학파는 급속하게 변화하는 도시지역이 사회의 불안정을 야기하고, 이것이 그 사회를 해체시키고, 결국 범죄를 양산해 낸다고 보는 생태학적 범죄학을 주장하였다. 생태학적 관점은 변화가 빠르게 진행되는 도심지역의 지리학적 특성이 전통적인 사회통제 양식을 붕괴시키는 원인이라고 보았다. 이처럼 해체된 사회에서는 지배적인 가치와 규범이 하류계층의 비합법적인 가치와 규범들과 대립하며 범죄가 증가한다고 보았다.

그러나 해체된 도심지역의 범죄율이 높은 이유는 인구 구성이나 인종의 문제로 범죄성이 강한 사람들이 모여들기 때문인지, 혹은 지역의 구조적 해체로 범죄적 환경이나 문화가 형성되어 누구나 범죄자가 될 수 있는 잠재력을 갖게 되었기 때문인지에 관해서는 명확한 답변을 제시하지 못하였다. 생태학적 범죄이론에서 파생된 사회해체이론이 지역사회의 제도적 조건을 중심으로 범죄의 원인을 규명하고자 한 반면, 긴장이론은 보다 큰 사회적 조건에 초점을 맞춘다. 긴장이론에서는 비행이나 범죄를 개인이 합법적인 사회적 성공을 성취하는 것에 실패한 경험에 대하여 갖는 울분과 좌절의 결과로 보고 있다.

뒤르캠(Durkheim, 1993)에 따르면, 사회는 산업화와 도시화에 의하여 급격한 변화를 겪게 될 경우 사회적 상호작용을 지배할 수 있는 적절한 규범을 개발하지 못하게 된다고 한다. 또한 급격한 사회변화는 전통적인 규범들이 적용될 수 없도록 하고, 실현가능한 수준 이상으로 사회구성원들의 기대치를 끌어 올린다. 이러한 사회구조적 상황을 '아노미(Anomie)', 다시 말해 '무규범'의 상태라고 하였다. 뒤르캠(Durkheim)의 주장을 기초로 아노미(Anomie)이론을 미국사회의 조건에 부합되도록 설명한 학자는 머튼(Merton)이다. 머튼(Merton, 1957)은 문화적으로 규정된 목표와 목표를 성취하기 위한 합법적 수단 사이의 불일치가 아노미 상태를 초래하고, 불일치로 인해 좌절을 경험한 사람들은 일탈적인 수단인 범죄에 의존하게 된다고 설명하였다.

아노미이론을 토대로 하는 하위문화이론은 대부분의 비행이 집단 내에서 발생한다는 것을 전제로 한다. 다시 말해 비행 청소년들은 행동을 같이 하거나 혼자 행동할지라도 최소한 집단의 영향을 받게 된다고 가정하였다. 또 다른 가정은 비행이 주로 하층 남성들에 의한 현상이라는 것이다. 하위문화이론은 하류계층의 청소년이 교육, 영향력 있는 인간관계 등 사회적 성공을 위한 승인된 수단으로부터 소외되기 쉽고, 이것을 상쇄하기 위하여 그들이 성공적이고 중요하다고 느끼는 자신들만의 하위문화를 개발하게 된다고 보았다. 특히 코헨(Cohen, 1955)의 비행하위문화이론은 비행하위문화가 조장되고 유지되는 원인을 설명하는데 상당히 기여한 것으로 평가되고 있다. 이밖에 아노미이론과 비행하위문화이론의 통합을 시도한 차별적 기회이론은 집단비행 현상을 아노미이론을 중심으로 전개하였고 청소년비행의 예방과 교화정책에 많은 영향을 미쳤다.

이러한 사회구조이론은 범죄의 원인 뿐 아니라 범죄예방 분야에 있어서도 지대한 영향을 끼쳤다. 대도시의 낙후된 빈민지역에서 발생하는 높은 범죄율과 비행률, 그리고 비행집단 활동의 설명에 타당한 것으로 평가되었다[90]. 특히 도시 재개발이 문제지역의 범죄율을 떨어뜨릴 수 있다는 것이 좋은 예이다. 그럼에도 불구하고 범죄를 유발하거나 조장하는 것이 하류층의 존재와 그들의 문화 그 자체인지는 확실하지 않다는 문제도 제기되었다. 특히 구조적 접근에 있어서 하류계층 문화 그 자체만 범죄를 촉진시키고 기타 사회적 구조요인이 작용하지 않는지를 확신할 수 없다는 비판과 기타 생물학적 혹은 심리학적 요인도 범죄행동을 발생시키는 요인이 될 수 있다는 반론도 제기되었다. 이밖에 하류계층의 범죄율이 높다는 것 또한 형사사법체계의 편견의 인공물에 지나지 않다는 비판도 제기되었다[91].

② 사회과정이론과 범죄원인

사회구조에 초점을 맞춘 이론들은 사회구조와 범죄가 상관이 있다고 보고 개인의 특성이 아닌 환경의 구조를 강조한 반면, 사회과정이론은 그 사회의 구성원이 어떻게 범죄자가 되는지에 초점을 두고 접근하였다. 다시 말해서 범죄를 조장하는 환경이나 범죄자의 특성보다는 개인이 범죄자가 되는 과정을 설명하고 있다(Reid, 1985)[92]. 또한 개인 상호간의 접

---

[90] Ebensen, Finn-Aage,. & Huizinga, D. 1993. Gangs, Drugs and Delinquency in Survey of Urban Youth, *Criminology*, 31: 565-587.

[91] Tittle, C., 1983. Social Class and Criminal Behavior: A Critique of the Theoretical Foundations, *Social Forces*, 62: 334-358.

촉 및 개개인의 사회적 경험의 과정에서 범죄의 원인을 찾고 있다. 사회과정이론에서는 모든 사람은 잠재적으로 법과 규범을 위반하려는 경향이 있고 범죄성은 생래적인 것이 아니라고 본다(Frank Schmalleger, 2002). 아울러 사회과정에 대한 이론은 동일한 사회구조적 조건을 가진 사람들이 모두 동일하게 반응하지 않는다는 사실에 대하여 연구하는 것으로부터 시작되었다. 하류계층이라고 하더라도 일부는 법을 지키는데 반하여, 어떤 사람들은 그 법을 어기고 범죄를 저지른다. 또한 모든 범죄자가 항상 범죄적인 수단을 사용하는 것은 아니며, 모든 비범죄자가 항상 법을 지키는 것도 아니라는 점에 초점을 두고 있다.

사회적 환경이 개체의 심리를 자극하여 범죄를 발생시킨다는 관점에는 크게 미시환경론과 거시환경론이 있다. 사회과정이론은 미시환경론(theories on micro living environment)으로 개인을 둘러싸고 있는 좁은 의미의 환경과정에서 이루어지는 것들을 범죄발생의 주요 원인으로 보고 있다. 다시 말해서 사회구조이론과 달리 범죄를 발생시키는 요인은 모든 사회계층에 분포되어 있기 때문에 하류계층에 초점을 둔 사회구조이론은 한계가 있다는 것이다. 따라서 사회과정이론을 주장하는 학자들의 경우 개인의 사회화가 범죄행위를 결정한다고 보고 있으며, 개인이 사회과정의 주요 요소들과 맺는 관계가 범죄행위의 시작과 지속을 설명하는데 핵심이 된다고 주장하였다. 아울러 범죄가 개인의 사회화 과정과 가지는 상호작용과 조직, 제도 등과 갖는 상호작용과 연관이 있다고 보았다(Larry J. Siegel 저, 이민식 외 공역, 2012).

사회과정이론에는 범죄를 저지르는 동료와의 친밀한 접촉을 통해 범죄기술을 학습한다는 사회학습이론(social learning theory)이 있다. 또한 범죄학 분야에서 있어서 대표적인 사회학습이론인 차별적 접촉이론(differential association theory)이 있다. 차별적 접근이론을 주장한 서덜랜드(Sutherland, 1978)에 의하면, 범죄성(criminality)은 유전되는 것이 아니라 대인간의 사회적인 상호작용에 의해 학습되는 것이고, 법을 위반하는 것에 대한 호의적인 태도가 호의적이지 않은 태도를 능가하기 때문에 범죄자가 된다고 보았다. 이질적인 사회에서는 매우 다양한 하위문화가 존재하지만 법은 지배적인 문화만의 행동규범을 대표하기 때문에 다양한 하위문화의 구성원들은 그들 집단 고유의 행동규범을 따를 경우 그 사회의 법을 위반하게 된다는 것이다. 그러나 이 같은 추론과 관련하여 비행 동료집단과의 접촉과 범죄 활동에 가담할 가능성 사이에 강한 상관관계가 있지만 인과관계는 아니며, 대인간 상호작용이 아닌 대중매체의 역할을 설명할 수 없다는 취약점이 있다. 이러한 문제점을 수정 · 보완하

---

[92] Reid, S. T. 1985. Crime and Criminology (4th ed.), New York: Holt, Rinehart and Winson.

고자 버거스와 에이커스(Burgess & Akers, 1966)는 차별적 접촉강화이론(differential reinforcement theory)을 제시하였는데, 이 이론에서는 범죄행동이 직접적인 조작적 조건화와 모방을 통하여 학습된다고 보았다.

다음으로 사회과정이론인 사회통제이론(social control theory)은 모든 사람이 범죄를 저지를 수 있는 잠재력을 가지고 있다고 가정한다. 이러한 잠재성이 대부분 사회적 유대를 통하여 통제를 받지만, 일부의 유대가 약화되거나 붕괴되면서 그로 인하여 통제가 느슨해진 사람들이 범죄를 저지른다고 주장하였다. 사회유대이론의 창시자인 허쉬(Hirschi, 1969)는 비행행동은 개인과 사회와의 유대가 약하거나 깨졌을 때 일어난다고 주장하면서 일탈을 억제하는 사회적 유대의 네 가지 요소인 애착(attachment), 관여(commitment), 참여(involvement), 신념(belief)을 통해 범죄행위를 설명하였다. 또한 갓프레드슨과 허쉬(Gottfredson& Hirschi, 1990)는 자기통제이론(self-control theory)을 통해 범죄행위의 가능성은 낮은 자기 통제력에 있다고 보았다. 이밖에 사이크스와 맛차(Sykes & Matza)는 청소년들이 중화기술을 이용함으로써 비행이나 범죄가 발생한다는 중화기술이론을 주장하였다.

③ 사회반응이론과 범죄원인

사회가 범죄자라는 낙인을 찍기 때문에 범죄자가 생기는 것이라고 보는 사회반응이론의 대표적인 이론이 낙인이론(labeling theory)이다. 사회적 반응(societal reaction)학파라고 알려진 낙인이론(labeling theory)은 새로운 관점에서 범죄와 범죄자에 대한 질문을 던졌다. 일탈 행위에 대한 기존의 정의들이 일탈적인 개인에 지나치게 초점을 맞추어서 사람들이 일탈에 대해 반응하는 다양한 방식들을 간과하고 있다고 지적하였다. 이러한 낙인이론에서의 주장은 일탈이 곧 행위와 그 행위에 대한 반응의 산물이라는 것이다. 다시 말해서 일탈은 사회적 반응과 분리되어 개념화할 수 없는 것이므로 사회적 반응이 곧 일탈의 특성과 강도를 규정하는 원인이라는 것이다. 낙인이론은 사람들은 사회의 중요한 사람들로부터 낙인찍히고 자신을 그런 낙인찍힌 사람이라고 수용할 경우 범죄자가 된다고 보았다(Larry J. Siegel 저, 이민식 외 공역, 2012).

CHAPTER

3 개인적 차원의 범죄심리 이론

핵심

범죄학이론인 고전적 범죄론, 사회학적 이론, 생물학적 이론 등은 범죄행위를 설명하기 위한 분명한 목적을 가지고 발전한 반면에 대부분의 일반 심리학적 이론은 범죄행위 자체에 특별한 관심을 가지고 체계화된 것은 아니다. 다시 말해서 범죄자의 심리를 밝히기 위해 발전된 범죄심리학 이론은 여전히 존재하지 않는다. 그럼에도 불구하고 범죄심리학 이론은 범죄행위의 원인을 크게 두 가지 측면인 개인적 관점과 개인이 처한 환경을 설명하는 사회환경적 측면으로 구분하여 접근하고 있다. 범죄행위를 개인에 두는 범죄심리학 이론은 주로 일반 심리학에 이론적 근거를 두고 있다. 물론 개인심리학적 이론은 범죄행위를 설명하기 위해 개발된 이론은 아니지만 일반 심리학 이론 중에 범죄행위를 설명하는 이론으로 성격이론, 인지이론, 정신분석이론 등이 있다. 본 장에서는 전통 심리학이론이라 할 수 있는 행동주의이론, 인지이론, 그리고 정신분석학적 이론 등을 토대로 범죄행위의 원인 및 범죄자의 심리적 특성 등을 살펴보고자 한다.

제1절 행동주의이론의 관점과 범죄심리

행동주의이론(behavioral theory)은 인간의 행동이 대부분 학습되거나 학습에 의해 수정된다는 기본 전제에 근거를 두기 때문에 학습이론이라고도 한다. 이러한 행동주의이론에서는 인지, 감각, 의지, 본능과 같은 개념은 내성적이며 관념적인 것들로 과학적 연구의 대상이 될 수 없기 때문에 자극과 반응에 의해 학습 또는 수정되는 직접 관찰 가능한 인간행동이 연구의 초점이 되어야 한다고 보았다(Watson, 1919)[1]. 범죄가 발생하는 원인을 규명하고자 하는 노력은 인간의 심리를 중심으로 지속적으로 이루어져 왔으나 범죄심리라는 용어와 이론이 등장한 것은 비교적 최근의 일이다. 다시 말해서 인간의 심리에 대한 연구를 하는 과정에서 범죄를 저지르는 원인에 대해 관심을 가지고 인간의 심리에 대한 이론을 접목한 결과 범죄심리의 개념과 이론들이 출현하게 된 것이다.

따라서 범죄심리와 연관된 이론들은 심리학 이론에서부터 비롯되었다고 볼 수 있다. 비

[1] Watson, J. B. 1919. Psychology from Its Standpoint of a Behaviorist, Philadelphia: J. B. Lippencott; 김동배 외, 2005: 461.

행행위의 결정적 요인으로서 사회적 · 문화적 과정을 중시하는 이론들이 가지고 있는 한계는 왜 유사한 환경 하에 노출되어 있는 개인들이 모두 동일한 형태의 비행행위로 발전하지 않는가이다. 개인적 차원에서 범죄행위를 설명하는 이론들은 이러한 한계를 어느 정도 설명할 수 있다는 점에서 의미가 있다(R. Blackburn, 2003; 오윤성, 2016)[2]. 여기에서는 파블로프(Pavlov)의 고전적 조건화 이론과 스키너(Skinner)의 조작적 조건화 이론을 중심으로 행동주의 관점에서 바라보는 범죄의 시각을 살펴보고자 한다.

1. 고전적 조건화 이론

고전적 조건형성(classical conditioning)은 소화과정을 연구한 러시아의 생리학자 이반 파블로프(Ivan Pavlov)에 의해 우연히 발견되었다. 파블로프는 자신의 연구를 위해서 격리된 공간 안에 개를 묶어 놓고 실험대상이 된 개는 소리도 들을 수 없으며, 냄새도 맡을 수 없도록 환경을 조성한 후 음식을 줄 때만 종소리를 울림으로써 분비되는 침의 양을 측정하였다. 여러 차례 음식을 줄 때마다 종소리를 들려주고 난 후, 음식을 주지 않고 종소리만 듣고도 개가 여전히 침을 흘린다는 사실을 확인할 수 있었다.

- 무조건 자극(US: unconditional stimulus): 자동적/생득적 반응을 유발하는 자극
- 무조건 반응(UR: unconditional response): 학습되지 않은 자동적/생득적 반응
- 조건 자극(CS: conditional stimulus): 무조건 자극과 짝지어져 새로운 반응을 유발하는 자극
- 조건 반응(CR: conditional response): 조건 자극에 의해 새로이 형성된 반응

개는 종소리가 먹이의 출현을 신호한다는 것을 학습하고서 설령 먹이가 동반되지 않더라도 종소리에 대하여 침을 흘리게 되었다. 개는 정상적으로 그러한 반응을 일으키지 아니하는 새로운 자극, 종소리에 반응하여 타액을 분비하도록 조건형성이 되었던 것이다. 다시 말해서 고전적 조건형성(classical conditioning)은 자연적 반응을 한 가지 자극에서 이전에는 중립적이던 다른 자극으로 이전해 가는 학습을 의미한다. 파블로프의 고전적 조건화 이론은 범죄발생에 관여하는 심리와 직접적인 관련성은 없으나 이러한 반사작용은 공포나 성행위와 유사한 흥분된 상태의 표현이므로 공포증이나 이상성욕 같은 바람직하지 못한 유별난

[2] Blackburn, Ronald. 2003. the Psychology of Criminal Conduct–Theory, Research, Practice. John Wiley & Sons, Ltd.

행동에 대한 설명 등 행동요법의 단서가 되었다(나이젤 C. 벤슨, 윤길순 역, 2003)[3].

파블로프의 고전적 조건화 이론에 크게 영향을 받은 왓슨(Watson)은 모든 행동을 특정한 환경적 자극에 대한 학습된 반응이라는 입장에서 접근하였다. 또한 능력이나 기질의 선천적, 내재적 차이에 대해 인정하지 않고, 환경적 자극을 통제함으로써 유아의 성격도 원하는 대로 형성시킬 수 있다고 보았다(김동기 외, 2000). 그는 심리학은 자극과 반응간의 상호역할에만 초점을 두어야 한다고 생각하고 특히 동물의 행동연구에 열중했다. 왓슨(Watson)은 자극이 행위를 도출하는 목적 혹은 사건이며 반응은 도출된 행위라는 데 주목하고 자신의 초기 연구인 자극이 반응을 초래한다는 S-R이론(Stimulus-Response psychology: 자극-반응 심리학)에서 동물이건 사람이건 간에 모든 행위는 파블로프의 것과 유사한 방법과 외부적 환경에 의해 통제되는 것이라고 확신하였다. 따라서 왓슨은 고전적 조건화 이론을 행동을 이해하고 예측하며, 통제하는 핵심적 이론으로 삼았다. 이러한 왓슨의 행동주의[4]는 범죄행동의 심리학적 해석에 커다란 영향을 미치게 되었다.

2. 조작적 조건화 이론

파블로프(Ivan Pavlov)가 고전적 조건형성에 대한 실험을 하기 이전에 미국의 심리학자 손다이크(Edward Thorndike)는 동물의 지능을 연구하기 위해 실험을 계획하였다. 손다이크는 동물들이 직접 문을 열 수 있는 문제상자(puzzle box)를 고안하여 실험을 통해 효과의 법칙을 제시하였다[5]. 이러한 효과의 법칙은 조작적 조건형성에 대한 스키너(B. F. Skinner)의 연구에 많은 영향을 미쳤다. 손다이크의 도구적 조건형성이 도구적 행동의 실험연구에 기초를 제공하였다면, 스키너의 조작적 조건형성은 도구적 조건형성을 보다 체계화시켰다. 20세기 미국에서 가장 영향력 있는 심리학자인 스키너(B. F. Skinner)는 오랫동안 행동주의를 대표하는 학자로 알려져 왔다. 특히 에이커스(Akers)와 같이 범죄행위를 연구한 이론가들은

---

[3] 나이젤 C. 벤슨 저, 윤길순 역. 2003. 「심리학」. 서울: 김영사: 65-66.

[4] 행동주의라는 용어는 왓슨이 1913년 심리학지(Psychological Review)에 발표한 논문 '행동주의적 관점에서의 심리학'에 기초한다. 이 논문에서 왓슨은 행동주의에 대해 처음 언급하였는데 행동주의란 심리의 순환적 고리에 의해 재발한다고 주장하였다. 심리의 순환적 고리란 의식 또는 마음이 어떤 행동이나 활동을 한 이후에 뒤이어 발생하고 이렇게 발생한 의식이나 심리적 변화는 다시 다음 행동에 영향을 미치게 된다는 것을 의미한다(오윤성, 2016: 57 참조).

[5] 효과의 법칙(law of effect)은 동물이 어떤 반응을 하였을 때 그 반응이 결과적으로 동물에게 즐거움을 초래할 경우, 그 때의 자극과 반응을 결합하여 다음의 유사상황에 놓일 경우에 그 반응이 일어나기 쉽다는 것이다. 그 결과가 만족스러우면 자극과 반응의 결합이 강화된다는 이론이다. 다시 말해서 효과의 법칙은 반응의 결과로 자극과 반응간의 결합이 강화되거나 약화되는 것을 말한다.

스키너의 행동주의를 사회학적 관점으로 통합하기도 했다(Akers 저, 민수홍 외 역, 2000).

왓슨(Watson)과 마찬가지로 스키너(Skinner)는 심리학의 기본 목적은 행동의 예측과 통제라고 확신하였다. 나아가 행동주의 심리학의 목적은 인간의 행동을 예측하며 통제하도록 하는 것이며 정신적 활동은 인간의 행동 내지 행위를 관찰함으로써 설명될 수 있다고 주장하였다. 스키너(Skinner)에 의하면, 모든 행위는 환경에 의해 좌우된다. 개인은 실제로 자신을 결정할 수 없게 되어 독립적 사고와 자유의지는 허황된 것이라고 보았다. 동물과 인간은 환경에 대하여 로봇 같이 동일하게 행동하게 된다. 그러한 환경적 자극과 반응의 영역은 너무나 복잡하고 무한하지만 차분하게 연구하면 이러한 복잡성은 통제가 가능하다는 것이다(오윤성, 2016).

특히 복잡한 인간행위는 더욱 간단한 행위로 나누어질 수 있고 그 결과로 인해 환원주의(reductionism)의 개념이 등장한다. 다시 말해서 복잡한 행위는 가장 간단한 행위의 자극과 반응의 연계를 점검함으로써 가장 잘 이해할 수 있다는 것이다. 이러한 관점에서 조작적 조건형성(operant conditioning)이라는 개념이 등장하였다[6]. 스키너는 고전적 조건형성을 수용하였지만 모든 형태의 행위를 좀 더 충분히 고려하기 위해 추가적인 형태의 조건화가 필요하다고 주장하였다. 그는 파블로프의 고전적 조건형성과 관련한 실험에서 개들은 어떤 보상을 얻기 위해 그들의 환경에 자발적으로 반응한 것이 아니라는 것이다. 그저 음식이란 자극에 대한 반응을 했을 뿐이며, 스키너는 이를 반응조건(responding conditioning)이라고 하였다. 스키너는 이와 대비하여 개체가 상황에 어떤 영향을 미치기 위해 보완을 예상하는 방법으로 조작된 행동을 한다는 조작적 조건화 이론(operant conditioning principle)을 주장하였다.

또한 스키너(Skinner)는 행위와 결과간의 관련성을 설정하고 쥐나 비둘기를 훈련시켜 음식을 얻기 위해 지렛대를 누르거나 키를 부리로 쪼는 실험을 하였다. 지렛대를 누르거나 키를 부리로 쪼아대는 행위는 단순히 반응하는 것이 아니라 환경에 자발적으로 반응하는 것이다. 따라서 조작적 조건화란 결과로 인해 특별한 반응을 만들어 내거나 고수하는 것을 학습하는 것이다. 조작적 조건형성은 스키너 상자를 통해 실험되고 증명되었다. 스키너 상자는 빈 상자 안에 지렛대가 하나 들어 있으며, 이 지렛대는 먹이통과 연결되어 있어 지렛

---

[6] 조작적 조건화 혹은 조작적 조건형성(operant conditioning)은 신체적 반응과 직접적인 관련성이 없고 개인의 통제 하에 있는 조건화를 연구한 손다이크(Thorndike)의 실험결과에서 발전하였다. 조작적 조건화에서는 인간이 환경적 자극에 능동적으로 반응하여 나타내는 행동인 조작적 행동(operant behavior)을 설명하기 위한 접근방법으로 행동의 학습은 어떤 강화가 없으면 일어나지 않는다고 보았다(Martin, G. & Pear, J. 1983. Behavior Modification: What It is and How to Do It. NJ: Prentice-Hall).

대를 누르면 먹이가 나오도록 되어 있다. 이 상자를 가지고 조작적 조건형성을 실험했는데, 그 과정은 다음과 같다. ① 배고픈 상태의 흰 쥐를 스키너 상자에 넣는다, ② 이렇게 배고픈 상태로 만드는 것을 박탈이라고 한다, ③ 흰 쥐는 스키너 상자 안에서 돌아다니다가 우연히 지렛대를 누르게 된다, ④ 지렛대를 누르자 먹이가 나온다, ⑤ 지렛대와 먹이 간의 상관관계를 알지 못하는 쥐는 다시 상자 안을 돌아다닌다, ⑥ 다시 우연히 지렛대를 누른 흰 쥐는 또 먹이가 나오는 것을 알고 지렛대를 누르는 행동을 자주 하게 된다, ⑦ 이러한 과정이 반복되면서 흰 쥐는 지렛대를 누르면 먹이가 나온다는 사실을 학습하게 된다.

이 실험에서 흰 쥐가 지렛대를 누르는 행동은 먹이에 의해 강화된 것이다. 만약 지렛대를 눌렀을 때 먹이가 나오지 않았다면 지렛대를 누르는 행동을 학습하지 못했을 것이다. 이렇게 어떤 행동을 한 뒤에 유기체가 원하는 것을 제공하는 것을 강화(reinforcement)라고 한다. 고전적 조건형성에서는 강화를 조건화의 과정에서 무조건자극(unconditioned stimulus)을 부여하는 것으로 명명했지만 조작적 조건형성에서는 조건화의 과정에서 부여하는 보상을 의미하는 것으로 사용되었다. 조작적 조건화가 이루어지기 위해서는 강화가 중요한 역할을 한다. 스키너는 쥐의 경우 음식을 보상으로 줄 경우 지렛대를 누르는 방법을 빨리 배운다는 사실을 알아냈다. 파블로프가 종소리라는 선행자극에 반응하는 행동에 집중했다면 스키너는 음식이라는 결과에 반응하는 행동에 집중했다(Lauren Slater, 조중열 역, 2004).

한편, 스키너(Skinner)는 미래적 반응의 가능성을 증가시키는 개념으로서 보상의 강화라는 용어를 사용하고 있으며, 반응 후 지체하지 않고 바로 강화를 부여하면 그 효과는 대단히 크다고 주장하였다. 그는 강화를 일차적 강화와 이차적 강화로 구분하였는데, 일차적 강화(primary reinforcers)는 음식이나 물, 수면보장 등 생존에 필요한 자극을 말한다. 이차적 강화(secondary reinforcers)는 돈이나 칭찬 등 일차적 강화와 연합됨을 학습하였으므로 강화가 되는 자극을 말한다(Michael W. Eysench, 이영애 외 역, 2004). 또한 강화를 긍정적 강화와 부정적 강화로 구분하였는데, 여기서 긍정적 강화는 어떤 행위의 결과로 자신이 바라는 어떤 것을 획득하는 것을 말한다. 부정적 강화는 행위의 결과로서 유쾌하지 않은 사건이나 자극을 피하려는 것을 말한다. 따라서 긍정적 강화이건 부정적 강화이건 간에 미래 행동과 선호도를 증가시킬 수 있게 되는 것이다. 그러나 부정적 강화와 처벌은 행동의 증가와 감소의 차원에서 개념적 차이가 있으므로 구분되어야 한다(오윤성, 2016).

- 강화(Reinforcement)는 어떤 특수한 반응이 일어날 확률을 증가시키는 모든 것으로 쥐에게 주어지는 먹이, 어린이에게 하는 칭찬, 학생들에게 주어지는 장학금 등이 주요 예다.
- 긍정적 강화는 어떤 행동이 일어난 직후에 주어졌을 때 또는 그 상황에서 가해졌을 때 그 행동이 일어날 확률을 높이는 자극으로 즐거운 결과를 낳게 하여 행동의 빈도를 증가시키는 강화를 말한다. 예를 들어 어머니가 자녀에게 매일 침대에서 잠을 자면 일주일에 한번 씩 영화구경을 시켜주겠다고 했을 때 그 아이가 자기 침대에서 자는 경우가 많아지는 경우를 들 수 있다. 이 때 영화구경을 시켜주겠다고 하는 것은 그 아이에게 매일 침대에서 자게 하는 좋은 결과를 낳은 것으로서 긍정적 강화라고 할 수 있다.
- 부정적 강화는 어떤 행동이 일어난 직후에 제거(철회)했을 때 또는 그 상황에서 가해졌을 때 그 행동이 일어날 확률을 높이는 자극으로 무관심이 중요한 예다. 이는 혐오적인 결과를 제거하여 행동의 빈도를 증가시키는 강화를 말한다. 예를 들어 어머니가 아이에게 침대에서 자라는 잔소리를 하지 않게 되면 자기 침대에 가서 자는 경우가 많아지는 것을 들 수 있다. 이 때 잔소리를 하지 않은 것은 혐오적 결과를 제거하여 침대에서 자는 행동을 증가시킨 것으로 부정적 강화라고 할 수 있다.

처벌(punishment)은 사람에게 그가 원하는 어떤 것을 빼앗아가거나 또는 원하지 않는 어떤 것을 가함으로써 반응을 약화시키는 것이다. 여기에는 가하는 벌과 감하는 벌이 있는데, 먼저 가하는 벌(제1종의 벌)은 부정적 강화물을 가하는 것으로 불쾌한 자극과 혐오적인 자극을 제시함으로 행동재현 가능성을 낮추는 것이다. 한 예로 적색 신호등에 정지하지 않은 사람에게 범칙금을 부과하는 혐오적 자극을 제시함으로써 교통위반 빈도를 줄이는 것이 여기에 해당된다. 다음으로 감하는 벌(제2종의 벌)은 긍정적 강화물을 박탈하는 것으로 긍정적 자극을 제거하는 것을 말한다. 한마디로 유쾌한 자극을 철회시킴으로서 행동재현 가능성을 낮추는 것인데, 수업시간에 다른 아이들이 바깥에서 신나게 놀고 있을 때 아이에게 떠든 이유로 교실에 남아있게 하면, 그 아이가 수업시간에 소란스러운 행동을 멈추는 것이 하나의 예라 할 수 있다.

이밖에 도구적 학습에서 반응 후에 혐오적 또는 불쾌한 자극이 뒤따르는 것을 처벌훈련(punishment training)이라고 하는데 혐오적 자극의 경우 반응 후 발생하는 시간에 따라 효과가 다르게 나타난다. 여기서 즉각적인 처벌은 매우 효과가 있으며 처벌의 지연은 효과를 감소시킨다(Michael W. Eysench, 이영애 외 역, 2004). 조작적 조건화 이론과 유사한 개념으로 19세기 초 제레미 벤담(Jeremy Bentham)이 주장한 공리주의가 있다[7].

3. 행동주의 이론과 범죄

행동주의이론의 관점은 인간의 특정한 행동(behavior)은 선행하는 사건, 다시 말해 선행요인(antecedent)과 뒤이어 일어나는 사건인 결과(consequences)에 의해 일어난다고 보았다. 특히 행동주의이론에서는 환경적 선행요인과 결과에 관심을 두고 있는데, 이를 선행요인-행동-결과의 약자를 따 부르는 행동의 ABC 패러다임이라 부른다[8]. 물론 어떤 사건에 대한 예측 자체가 영향을 미치긴 하지만 한 번도 일어난 적이 없는 사건에 의해서 행동이 발생하는 것은 아니다. 그렇기 때문에 행동주의이론에서는 결과적 사건, 특히 강화나 벌이 특정 행동을 다시 일어나게 하거나 일어나지 않게 하는데 영향을 미친다고 보았다. 이처럼 행동주의 이론은 인간의 행동과 환경적 사건이 상호간에 영향을 미치는 방식에 초점을 두었다. 다시 말해서 행동을 일으키는 선행조건에 어떤 반응이 뒤따르는가에 대한 기능적 분석을 통해 행동의 원인과 결과를 발견하고, 원인이 되는 자극을 조정함으로써 결과인 반응, 다시 말해 행동을 통제할 수 있다고 본 것이다.

20세기 초 파블로프(Pavlov)와 손다이크(Thorndike)의 실험에서 발달한 행동주의이론은 고전적 조건화, 조작적 조건화, 그리고 다음에 논의할 인지이론이라는 세 가지 접근방법으로 분류되고 있다. 먼저 고전적 조건화는 파블로프의 실험에서 보는 바와 같이 인간이 환경적 자극에 수동적으로 반응하여 형성되는 행동, 다시 말해 반응적 행동(respondent behavior)을 설명하려는 접근방법이다. 올페(Wolpe), 라자루스(Lazarus), 아이젠크(Eysenck) 등은 고전적 조건화 이론을 공포증(phobia)[9] 치료에 적용하였으며, 체계적 둔감화라는 기법으로 발전시켰다. 체계적 둔감화(systemic desensitization) 기법은 행동주의 치료과정에서 가장 널리 활용되는 임상기법으로 불안과 공포로 인해 야기되는 범

---

[7] 공리주의(utilitarianism)를 체계화한 벤담은 인간 본성에 바탕을 둔 과학적 윤리를 정립하고자 하였다. 그는 도덕이 인간을 위해서 있는 것이지 인간이 도덕을 위해서 있는 것은 아니라면서, 도덕의 목적은 인간의 행복 증진에 있다고 주장하였다. 그리고 벤담은 행복과 쾌락을 동일시하는 쾌락주의 행복론을 제시하였다. 그는 인간은 심리적으로 고통을 피하고 쾌락을 추구하게 되어 있으므로, 쾌락이 유일한 선이고 고통이 유일한 악이라고 하였다(출처: http://100.daum.net/encyclopedia/view/24XXXXX58484).

[8] 스키너(Skinner)에 따르면 인간의 행동은 환경적 자극에 의해 동기화되며, 행동에 따르는 강화에 의해 전적으로 결정된다고 보았다. 이러한 스키너의 인간행동에 대한 기본가정을 ABC 패러다임이라 한다.

[9] 공포증(phobia)은 특수한 상황이나 대상에 대해 심한 불안과 공포를 느끼게 되어 이러한 상황이나 대상을 회피하게 되는 불안장애를 말한다. 일반적으로 최초의 위험한 상황의 공포감이 잠재되었다가 다른 비슷한 상황에 처할 때 일어난다. 공포증의 증상으로는 지속적인 긴장으로 인해 심한 짜증이나 화를 내며, 정서적, 신체적인 증상이 나타나기도 한다. 예를 들어 두통, 수면장애, 소화불량 등으로 나타나기도 한다. 공포증의 하위분류에는 특정 공포증, 사회 공포증, 광장 공포증 등이 있다(http://100.daum.net/encyclopedia/view/b02g0740a)

죄 등의 부적응적 행동이나 회피행동을 수정하는데 효과적인 것으로 알려져 있다. 이 기법은 불안을 일으키는 자극을 행동적으로 분석하고 불안 유발상황에 대한 위계목록을 작성한 다음 이완훈련을 시키고 불안을 유발하는 상황을 상상하게 하여 치료하는 방법이다(Wolpe, 1969).

스키너(B. F. Skinner)는 보상을 간헐적으로 할 때 쥐들은 그 결과와 무관하게 지렛대를 누른다는 사실을 알았다. 또한 보상 자체가 비정기적으로 이루어질 때 행동이 소멸하기 가장 어렵다는 사실을 발견하였다. 제퍼리(C. R. Jeffery, 1965)는 이러한 스키너의 조작적 조건화 이론에 입각하여 행동주의와 범죄행위를 접목시켜 범죄행동은 학습된 것이라고 주장하였다. 버거스와 에이커스(Burgess & Akers, 1966)는 이러한 주장에 동의하였고, 나아가 범죄행동은 조작적 조건화를 거쳐 획득되고 유지된다고 보았다[10]. 나이젤(Nietzel)은 동물 실험을 통해 이러한 주장의 대부분의 직접적 증거를 발견할 수 있다고 하였다. 물론 동물을 이용한 실험이 인간에게도 동일하게 발생한다는 증거는 불충분하며 대안적인 해석이 가능하다는 논란이 제기되기도 하였다. 이에 따라 제퍼리(Jeffery) · 버거스(Burgess) · 에이커스(Akers)는 스키너의 조작적 조건화 이론에만 의존하지는 않고 범죄행동을 설명하기 위해 조작적 조건화와 더불어 서덜랜드(E. H. Sutherland)의 사회학습이론을 결합시켰다. 조작적 조건화가 범죄행동의 기원이라는 가정과 함께 범죄행동은 학습되는 것이며 강화됨으로써 더 강해진다고 주장하였다.

한편, 학습이론 관점에서 범죄의 설명을 최초로 시도한 학자는 아이젠크(H. Eysenck)로 이 부문과 관련해서는 앞의 심리학적 범죄원인론에서 상세하게 다루었다. 그는 조건형성의 어려움과 쉬움에 대해서는 내향성을 가진 사람이 용이하고 외향성이 어렵다고 주장하였다. 왜냐하면, 내향적인 사람은 양심에 시달려 규범과 도덕을 지키고 외향적 성향을 가진 사람은 규범에 구애받지 않고 적극적으로 반사회적 행동을 할 가능성이 높다고 주장하였다. 또한 신경증적 성향을 가진 사람은 자율신경계가 빠르게 활동하며 정서과잉으로 불안정한 행동을 하기 쉽다는 것이다. 결론적으로 외향성과 신경증적 성향을 가진 사람은 범죄와 결부되기 쉬운 성격의 소유자로 보았다(이상현 외, 2012). 이밖에 왓슨(Watson)은 파블로프의 고전적 조건화에 입각하여 범죄를 통해 이득을 얻을 경우 그 행위는 강화된다고 보았다. 끝으로 행동주의이론의 관점에서 볼 때 범죄행위

[10] Burgess, R. L. & R. L. Akers. 1966. A Differential Association–Reinforcement Theory of Criminal Behavior, *Social Problem*, 14: 128–147.

는 긍정적이건 부정적이건 간에 강화의 목적을 위해 취해진 것으로 판단되고 이러한 시각에서 범죄행위를 제거하기 위해서는 긍정적 강화와 부정적 강화 등을 효율적으로 사용할 필요가 있다고 본다.

TIP 1 '파블로프의 개'는 한마리가 아니었다...

오늘날 개는 숱한 동물보호단체의 비난 속에서도 여전히 중요한 실험동물 중 하나로 여겨진다. 사람과 1만4000년 이상 같이 지내는 동안 거의 한 식구처럼 분류돼왔고 그런 인류의 '친구'를 실험용으로 쓰는 것에 대한 반감은 과거나 지금이나 매우 크다. 이런 개를 동물실험용으로 끌고 온 사람은 보통 '조건반사'란 용어로 유명한 파블로프 박사였다.

이반 페트로비치 파블로프 박사는 세계적으로 저명한 생리학 박사로 그가 발견한 조건반사와 무조건반사는 흔히 '파블로프의 개'로 알려져 있다. 먹이를 주기 전부터 개가 침을 흘리는 것을 보고 실험을 했다고 알려져 있지만, 그 실험이 얼마나 잔인했는지는 잘 알려져 있지 않다.

파블로프의 개 실험은 개의 턱에 구멍을 내서 살아있는 개의 타액이 밖으로 나오도록 한 뒤에 이 양을 측정하는 방식이었다. 당연히 실험이 끝난 개는 정상적으로 살 수가 없었다. 파블로프 박사는 이 실험 외에도 소화작용, 신경계, 인슐린, 내분비계 등을 발견하기 위해 수많은 개를 죽이고 해부했다. 파블로프의 개는 한마리가 희생된 것이 아니라 700마리가 희생됐다. 파블로프 박사는 노년에 "내 실험에 희생된 700마리의 강아지 이름을 모두 기억한다"며 자신이 느낀 죄책감에 대해 토로한 바도 있다.

출처: 아시아경제(2017.11.03.) 이현우 기자

제2절 인지이론의 관점과 범죄심리

인지[11]이론은 사고의 획득과 기능에 초점을 둔 이론으로 한 개인이 무엇을 어떻게 알게 되고, 생각하게 되는지 그리고 무엇을 느끼고, 행동하는지에 초점을 두고 있기 때문에 인간의 잠재력과 행동을 이해하고 이를 변화시키데 있어서 필수불가결한 이론적 기반이 되었다. 인지이론에서는 인간을 매우 주관적인 존재로 규정하고 있으며, 이 세상에는 객관적인 현실은 존재하지 않고 각 개인이 나름대로 의미를 부여한 주관적인 현실만이 존재한다고 보고 있다[12]. 한편으로 인간은 과연 합리적 존재인가 하는 점에서는 인지이론가들 간에 의견의 차이를 보이고 있다. 한 예로 엘리스(Ellis)는 인간은 합리적이고 올바른 사고와 비합리적이고 잘못된 사고를 할 수 있는 가능성을 동시에 가진 존재로 보았다. 다시 말해서 인간은 합리적인 자기와의 대화, 자기평가를 통해 자신을 유지할 수 있는 존재로 성장 가능성을 가지지만 동시에 잘못된 사고나 학습으로 인해 형성된 자기 패배적 사고 때문에 성장을 스스로 방해할 수 있는 존재라고 보았다[13].

다음으로 인지과정(cognitive process)은 개개인이 활용 가능한 정보를 지각하고, 조직하고, 그리고 평가하는 정신과정이다. 이는 개인이 어떻게 생각하느냐와 관련된 것으로 탐색, 재생, 그리고 저장과정이 기억의 기본과정이다. 또한 실행과정(executive process)은 문제해결에 기여하는데, 이러한 과정은 문제와 상황의 명확화, 문제해결에 필요한 것에 대한 인식, 인지적 규칙과 전략의 활성화, 융통성, 불안과 혼란의 통제가 포함된다. 아울러 추론과 유목화와 같은 과정은 정보나 사건에 의미를 부여한다. 이밖에 인지구조는 개개인이 현실을 구성하고 해석하며, 문제해결이나 다른 행동에 관련된 정보를 제공한다. 인지의 기본단위에는 도식(schema), 개념(concept), 명제(proposition)가 있다. 대표적으로 스키마(schema)는 사건이나 자극의 특징에 대한 추상적 표상으로 사건이나 자극을 인식하고 그것에 대응하는데 사용되는 기본적인 이해의 틀을 말한다[14].

---

[11] 인지(cognition)란 일정한 자극을 조작하여 지식을 얻는 심리적 과정으로 최근에는 지식, 의식, 지능, 사고, 상상, 계획과 전략의 개발, 합리화, 추론, 문제해결, 개념화, 분류 및 유목화, 환상 그리고 꿈과 같은 높은 수준의 정신적 과정을 포함하는 광의의 개념으로 받아들이고 있다. 여기서 나아가 지각, 기억, 주의집중, 정보처리, 그리고 학습 등이 포함되어 인지에 속하지 않는 심리적 과정은 없다고 보고 있다(Flavell, J. H. 1985. Cognitive Development (2nd ed.), NJ: Prentice-Hall).

[12] Beck, A. T. 1976. Cognitive Therapy and the Emotional Disorder, NY: International Universities Press.

[13] Ellis, A. 1979. The Issue of Force and Energy in Behavioral Change, *Journal of Contemporary Psychotherapy*, 10(2): 83-97.

인지이론에는 세 가지 이론적 관점을 포함하는데, 먼저 인지학습이론과 인지행동이론은 행동과 그 행동에 대한 환경적 반응이 사고에 미치는 영향과 개인의 사고가 행동에 영향을 미치는 기본적 과정을 설명하고 있다. 다음으로 피아제(Piaget) 등이 주장한 인지발달이론은 인간의 인지체계의 발달과 속성을 설명하고 인지기능의 모델을 제시하였다. 인지발달이론은 연령에 따라 사고의 질과 인지능력의 정도에 어떤 차이가 있고, 사회적 · 정서적 발달과 기능에 따라 이러한 특성들이 어떻게 강화되는지에 관심을 가졌다. 마지막으로 엘리스와 벡(Ellis & Beck) 등은 인지발달과 기능에 대한 개념을 임상 역역으로 확대하여 인지치료에 적용하였다. 그들은 사람들이 혼란에 빠지고, 어려움을 겪고 부적절하게 기능하는 이유를 파악하려 했으며 이러한 문제를 변화시키는 전략을 제시하였다. 오늘날 인간의 인지발달과 관련된 연구는 크게 정보처리 관점과 피아제(Piaget)의 영향을 받아 인간의 사고와 추론의 발달에 관여하는 생물학적이고 구조적인 문제에 관심을 가진 연구가 주류를 이루고 있다. 여기서는 인지이론의 기본 개념과 인지왜곡에 관해 고찰한 후 정보처리모형 및 피아제(Piaget)와 콜버그(Kolberg)의 인지발달이론 등을 중심으로 범죄와의 관련성을 살펴보고자 한다.

1. 인지왜곡과 범죄

인지이론에서는 인간의 기능, 성장, 그리고 변화 잠재력에 대해 낙관적이고 비결정론적인 관점을 취하고 있다. 개인의 신체적 성숙, 그리고 합리적 조건과 기회를 제공해주는 환경과의 상호작용의 결과로 나타나는 인지적 성장과 변화는 전 생애에 걸쳐 일어날 수 있다. 또한 인간의 사고는 모든 측면의 기능을 수행하는데 있어서 중재역할을 하며, 내적 사건과 외적 사건 모두에 대해 의미를 부여한다. 예를 들어 선택적 주의집중, 추론, 그리고 판단과 같은 정신과정은 개인의 행동에 영향을 미치고 행동의 속성을 결정하며, 행동에 대한 감정을 결정한다. 특히 인지적 역기능과 왜곡은 사회적 수행과 적응을 방해하는 요인이 되고 정서적 역기능과 증상을 일으키게 된다(Beck, 1976). 특히 인지이론의 주된 전제는 개인적 추론과정이 행동에 영향을 미친다는 것이다.

여기서 인지이론의 관점을 범죄와 연관시켜 살펴보면, 개인적 추론과정에서 타인의 의도를 잘못 이해하거나 인지왜곡의 결과로 비행 및 범죄를 저지른다는 논리이다. 예를 들어 인지적 결함을 가지고 있는 사람은 주위 사람들이 자신에게 해를 주고자 하는 공격적인

[14] Kagan, J. 1984. The Nature of child. NY: Basic Books.

의도를 품고 있다고 잘못 해석하는 경향이 있다. 이러한 잘못된 해석은 다른 사람들과의 갈등을 조장하여 또래집단으로부터 외면당하거나 자신을 방어하기 위해 타인을 먼저 공격하는 반사회적 행동을 취할 가능성이 있다는 것이다. 특히 아동 성범죄자의 경우에 심한 인지왜곡의 결과로 인해 아동 대상 성범죄를 저지를 수 있다. 만약 어떤 여자아이가 아동 성범죄자의 무릎에 앉았을 경우, 그는 여자아이가 자신에게 성적 매력을 느꼈기 때문에 앉았을 것이라는 인지왜곡 현상을 보인다. 결국 성범죄자는 자신과의 성관계를 위해 여자아이가 먼저 유혹했다는 인지부조화와 왜곡의 과정을 거쳐 실제로 그 여자아이에게 성범죄를 저지를 수 있다(황성현 외, 2015). 인지왜곡(cognitive distortions) 현상은 재산범죄에서 가장 많이 발생하는데, 합리적 선택이론(rational choice theory)[15]에서는 범죄발생의 이유로 처벌과 보상의 부조화를 강조하고 있다. 예를 들어 절도범은 자신이 물건이나 돈을 훔침으로써 얻을 수 있는 경제적 이득이 경찰에 체포되어 처벌받을 수 있다는 두려움보다 더 클 경우 절도행위를 할 것이라고 본다. 결국 절도범은 처벌과 보상 간의 개인적 추론과정에서 인지부조화가 발생하여 자신은 절대 경찰에 적발될 가능성이 없다고 착각하는 추론과정을 거친 결과 절도행위를 하는 것이다. 이렇게 볼 때 처벌과 보상 간의 인지부조화가 절도범죄를 저지르는 이유 중의 하나가 될 수 있다. 이처럼 인지이론에서 주장하는 범죄행위의 원인은 어떤 상황에서 인간의 인지적 결함이나 인지왜곡의 결과로 범죄가 발생한다는 것이다.

앞의 인지이론과 범죄에서 제시하였듯이 인지행동의 또 다른 전제로 사건에 대한 통제여부도 중요하다. 예를 들어 친구를 공격하는 행위는 친구들이 자신을 공격할 의도를 가지고 있다고 인지하여 자신을 방어하는 차원에서 친구들에게 선제적으로 공격하는 것이다. 다시 말해서 범죄는 공격성과 행동 사이에서 상황에 대한 인지적 분석단계가 부재할 때 발생한다. 그럼 왜 사람들에게 이런 인지부조화와 인지왜곡이 발생하는가? 인지이론 관련 학자들은 인지왜곡의 주된 원인으로 낮은 도덕성 발달, 낮은 지능, 정보처리 능력의 부재, 공감능력의 부재 등을 제시하였다.

특히 인지능력의 결핍이나 부조화로 인해 발생하는 대표적인 범죄로 성범죄를 꼽을 수 있다. 성범죄에서 나타나는 인지왜곡은 성(sex)에 대한 잘못된 태도와 믿음 때문이다. 성범

---

15 합리적 선택이론(rational choice theory)은 경제학의 합리적 인간관에 기초한 이론으로 인간은 합리적인 자기의지에 의해 자신의 행동을 결정한다고 보는 관점이다. 범죄 관점에서 볼 때 범죄자는 자신의 사정과 주위의 상황적 요인들을 동시에 고려하여 범죄를 저지르는 것이 그렇지 않은 경우보다 더 이익이 된다고 판단할 때 범죄를 실행한다는 것이다. 결국 이 이론은 범죄자가 범죄로 인해 얻게 될 이익과 손실의 크기를 비교하여 범행 여부를 결정한다는 이론이다(최영인 외, 2005: 28-38; 황성현 외, 2015: 128).

죄자들 사이에서 나타나는 인지왜곡은 성범죄행위를 지지하는 잘못된 생각과 사고과정을 말하는데, 그들의 인지구조는 이런 문제투성이의 인지와 사고과정을 고수하려는 믿음에서 출발한다. 예를 들어 여성을 성적인 존재로 보는 사고와 시각, 인간은 성행위를 향유할 자격이 있다는 믿음, 성행위는 여성들을 해치지 않는다는 믿음, 법과 규범을 무시해도 된다는 믿음, 여성을 성적 대상으로 파악하고 남성들의 마음을 상하게 하는 대상이라는 믿음 등을 포함한 여러 가지 유형의 인지구조는 성폭력과 이론적으로나 경험적으로 연결되어 있다는 것이다(Hanson & Morton–Bourgon, 2004)[16].

이러한 인지구조는 성범죄자의 어린 시절에 발달하고 일상생활에서 개인의 인식과 해석에 영향을 미침으로써 성폭력 행위에 정당성을 부여하는 것으로 알려져 있다(Mann & Beech, 2003)[17]. 한편으로 성 공격 인지구조와 관련이 있는 특별한 인지와 잘못된 사고는 성 공격 행위와 직접적인 관련이 있는 것으로 나타났다. 다시 말해서 자신의 성폭력 행위에 대한 책임을 최소화하면서 여성은 성행위를 원한다거나 오히려 여성을 비난하는 잘못된 믿음과 연결되어 있다는 것이다(Beck, 2002; Blumenthal, Gudjonsson & Burns, 1999)[18]. 특히 소아기호증(Pedophilia) 환자는 어린아이와 성적인 접촉을 함으로써 그는 실제로 그 아이에게 성교육을 했을 뿐이라고 착각한다. 또한 성범죄자는 피해자의 행동, 행위, 단서를 잘못 이해하여 오해한다. 립톤(Lipton) 등은 연인들끼리의 데이트 상황에서 강간범의 행위인식을 실험하는 연구를 수행하였다(Lipton, McDonel & McFall, 1987)[19].

그들의 연구결과에 의하면, 강간범들은 상대 여성의 부정적이고 실망하는 단서나 몸짓을 긍정적이고 용기를 돋우는 것으로 착각한다는 사실을 확인하였다. 또한 베케트(Beckett) 등은 아동 대상 성범죄자의 경우 성적 행위에 대한 단서를 잘못 이해한다는 사실에 주목했다(Beckett, Beech, Fisher & Fordham, 1994)[20]. 그들의 연구에 따르면, 소아기호증 환자는 어린

---

[16] Hanson, R. K. & Morton–Bourgon, K. 2004. Predictor of Sexual Recidivism an Updated Meta–analysis, Ottawa, ON, Canada: Public Works and Government Services.

[17] Mann, R. E. & Beech, A. R. 2003. Cognitive Distortions, Schemas, and Implicit Theories, In T. Ward, D. R. Laws, & S. Hudson (eds.), Sexual Deviance: Issues and Controversies: 135–153, Thousand Oaks, CA: Sage.

[18] Beck, A. T. 2002. Prisoners of hate, Behavior Research and Therapy, 40: 209–216; Blumenthal, S., Gudjonsson, G., & Burns, J. 1999. Cognitive Distortions and Blame Attribution in Sex Offenders Against Adults and Children, *Child Abuse and Neglect*, 23: 129–143.

[19] Lipton, D. N., McDonel, E. C., & McFall, R. M. 1987. Heterosocial Perception in Rapists, Journal of Consulting and Criminal Psychology, 55: 17–21.

[20] Beckett, R., Beech, A., Fisher, D., & Fordham, A. s. 1994. Community–Based Treatment for Sex Offenders: An Evaluation of Seven Treatment Programmes, LondonL Home Office.

아이가 성추행에 동의하고 어른과의 성행위로 인해 상처받지 않는다는 왜곡된 믿음을 가지고 있는 것을 발견했다. 또 다른 형태의 인지왜곡은 성적 공격의 부인과 최소화이다. 부인은 책임을 최소화하는 동시에 자기 기만적인 사고과정을 포함하는데, 이러한 부인은 왜곡된 믿음에 의해 강화되는 것으로 나타났다(Schneider & Wright, 2004)[21].

2. 정보처리모형과 범죄

정보처리모형(information processing model)은 인지주의 학습이론의 대표적인 이론으로 컴퓨터의 처리과정을 기반으로 하여 사람들에게 정보가 입력되어 저장, 인출되는 과정을 체계적, 단계적으로 설명한 모형이다. 다시 말해서 환경으로부터 정보가 입력되면 정보를 해석할 수 있도록 부호화하고 적절한 반응을 검색한 후 가장 적합한 행위를 결정하여 그 결정에 따라 행동으로 실천한다. 이러한 정보의 흐름 혹은 과정을 정보의 저장소(감각기억, 단기기억, 장기기억)와 인지처리과정(주의집중, 지각, 시연, 부호화, 인출 등)으로 모형화한 것이다. 이와 관련하여 볼 때 정보처리모형은 단일한 하나의 이론이 아니고 정보가 뇌 속으로 흘러 들어가고 뇌 밖으로 나오는 과정에 대해 설명하는 이론이다. 일반적으로 이 이론에서는 인간의 뇌를 정보가 흐르고 있는 복잡한 상징 조작 체계(symbol-manipulating system)로 본다. 인지과정에서 인지기능에 대한 정보처리모형은 인지체계를 상호작용하는 부분들이 복잡한 구성으로 보는 체계이론(system theory)의 기본적 개념을 활용하고 있다. 먼저 환경적 투입은 개인에 의해 다양한 방식으로 처리되거나 조작되는 정보이다. 이러한 관점에서 볼 때 인지과정은 정보처리과정과 같다. 다시 말해서 컴퓨터와 마찬가지로 사람들의 마음은 다양한 방식으로 정보와 지식을 조작하는 규칙과 절차를 제시해 주는 복잡한 프로그램에 근거하여 작동한다[22].

이와 관련하여 퍼지 흔적이론(fuzzy Trace theory)[23]에서는 말한 내용 그대로의 기억과 요

---

[21] Schneider, S. L. & Wright, R. C. 2004. Understanding Denial in Sexual Offenders: A Review of Cognitive and Motivational Processes to Avoid Responsibility, *Trauma, Violence, & Abuse*, 5: 3-20.

[22] Siegler, R. S. 1983. Information Processing Approaches to Development, In P. H. Mussen (ed.), Handbook of Child Psychology (Vol. 1), NY: John Wiley: 129:211.

[23] 퍼지 흔적 이론(fuzzy-Trace theory)은 비교적 최근에 제안된 이론으로 넓은 의미의 정보처리 접근에 속한다. 이 이론은 정보처리모형에서 사용되는 단기기억, 부호화 또는 처리과정의 개념을 적용한다. 그러나 인간의 정보처리를 컴퓨터에 비유하는 것은 옳지 않다고 주장하는데, 그 이유로 인간은 정확한 축어적 표상에 의해 논리적으로 생각하기보다 부정확한 요점기억 표상에 근거해서 추리하고 기억하기를 선호하는 존재이기 때문이라는 것이다. 퍼지 흔적이론은 기억의 이중 과정모형으로 말한 내용 그대로와 요점에 대한 흔적은 각각 그 세부내용이 별도로 부호화된다는 이론이다

점 기억이 부호화(encoded)되고, 저장되고, 그 다음에는 인출된다고 보았다. 예를 들면, 경찰 조사에서 정보를 기억해 내도록 요구받거나 또는 용의자를 일렬로 세워 놓고 용의자를 가려내라고 요구받을 경우에 말한 내용 그대로의 기억을 회상하는 것은 표적인 용의자의 세부사항인 줄서 있는 사람의 얼굴과 기억 속에 있는 세부사항이 정확하게 일치하는지의 여부에 따라 이루어진다. 반면, 요점 기억을 회상해 내는 것은 표적인 용의자의 세부사항과 기억 속에 있는 세부사항 사이에 유사성을 토대로 이루어진다. 퍼지 흔적이론에서는 틀린 기억이 많이 나오는 것은 경험한 것의 요점을 이해하려는 노력의 결과로 이는 저절로 생기며, 이런 경향은 반복적인 학대와 마찬가지로 연결된 사건들이 반복해서 발생할 때 증가한다는 것이다(Craham Davies · Anthony Beech 공저, 이봉건 외 공역, 2017)[24].

닷지(Dodge)는 정보처리모형을 사용하여 범죄자들의 공격성을 연구한 대표적인 학자로 타인의 의도와 행동에 대한 이해와 추론이 어떻게 행동반응에 기여하는가를 개인의 인지적 과정에 초점을 두고 정보처리모형을 제안하였다. 그는 개인의 행동반응은 자신이 처한 사회적 단서를 어떻게 받아들이고 그 단서를 어떻게 처리하느냐에 따라 달라진다는 것을 주장하였다. 또한 닷지(Dodge)는 여섯 단계로 이루어진 사회정보 처리과정에서 어느 한 단계에서 잘못된 과정은 개인의 부적응을 일으킬 수 있다고 보았다. 다시 말해서 각각의 개별 단계에서 정보를 효과적으로 처리할 경우 바람직한 행동을 할 가능성이 높아지고, 한 단계 이상에서 적절하게 반응하지 못하거나 왜곡된 방식으로 반응할 경우에 부적응 행동이 발생할 가능성이 높아진다는 것이다(Dodge, 1986; Dodge & Tomlin, 1987)[25].

먼저 제1단계인 부호화과정은 사회적 단서를 부호화하는 단계로 단서를 부호화하는 것은 단서에 적절하게 주의를 기울이고 정보를 조합하는 것을 포함한다. 단일 순간에 사회환경에 있는 정보의 양이 많기 때문에 적절한 단서에 주의를 하고 정보를 단순화 하는 과정이 요구된다. 또한 주어진 자극이 복잡하고 압도적일수록 어떤 것에 선택적으로 주의를

(Brainerd, C. J. & Reyna, V. F. 1998. Fuzzy-trace Theory and Children' s False Memories, Journal of Experimental Child Psychology, 71: 81–129).

[24] Holliday, R. E., Brainerd, C. J. & Reyna, V. F. 2011. Developmental Reversals in False Memory: Now You see Don' t!, *Developmental Psychology*, 47: 442–447; Reyna, V. F., Mills, B., Estrada, S. & Brainerd, C. J. 2007. False Memory in Children: Data, Theory, and Legal Implication, in M. Toglia & D. Read (Eds.), *The Handbook of Eyewitness Psychology, Volume 1: Memory for Events*: 473–510. NJ: Erlbaum.

[25] Dodge, K. A. 1986. A Social Information Processing Model of Social Competence in Children, in *Minnesota Symposium On Child psychology*, 18, ed M. Perlmutter, Hilsdate, NJ: Erlbaum: 77–125; Dodge, K. A. & Tomlin, A. M. 1987. Utilization of Self-Schemas as a Mechanism of Interpretational Bias in Aggressive Children, *Social Cognition*, 5(3): 280–300.

두는 것을 배우며, 사회적 단서들에 대한 결핍된 혹은 부정확한 부호화는 일탈된 반응을 유발한다고 보았다(Crick & Dodge, 1994)[26]. 제2단계 표상과 해석과정에서는 일단 단서가 부호화되면 표상이나 해석과정이 일어난다. 단서를 자신의 과거 경험이나 기억에 통합하고 그 단서에 대해 의미 있는 해석을 하게 되는데, 이 과정에서 인지적 편향이 나타날 수 있다. 일반적으로 공격적인 아동들은 적대적인 귀인(歸因, attribution)[27]을 할 만한 근거가 없는 상황에서조차 적대적 귀인을 하는 경향이 있으며, 단서를 위협적인 것으로 해석하게 되면 보복적 공격이 따를 가능성이 높다고 보았다(Dodge, 1980)[28].

1. 제1단계(부호화 과정)

↓

2. 제2단계(표상과 해석과정)

↓

3. 제3단계(목적의 명료화과정)

↓

4. 제4단계(반응 탐색 및 생성과정)

↓

5. 제5단계(반응 평가 및 결정과정)

↓

6. 제6단계(행동수행 평가과정)

다음으로 제3단계인 목적의 명료화 과정은 초기 모형을 수정하면서 추가한 것으로 개인이 특정한 사회적 상황에 대한 반응 목적을 명료화하는 과정이다. 다시 말해서 개인이 과거 경험에 따라 현재의 사회적 상황과 관련하여 개정될 수 있는 어떤 목적들을 가지기 시작한다. 또한 사회적 자극에 반응하여 목적을 수정하고 새로운 목적을 구성하기도 하는데, 여기서 부적절한 목적을 세울 경우 일탈적 행동의 결과를 낳을 수 있다. 4단계인 반응탐색 및 생성과정에서는 가능한 행동반응을 탐색하고 생성한다. 이 단계는 주어진 상황에 대해

[26] Crick, N. R. & Dodge, K. A. 1994. A Review and Reformulation of Social Information Processing Mechanisms in Children's Social Adjustment, *Psychological Bulletin*, 115(1): 74-101.

[27] 귀인(attribution)은 어떤 일을 수행하는데 영향을 미치는 행동의 원인에 대한 신념을 말한다. 개개인인 원인과 결과의 관계를 어떻게 지각하느냐에 따라 환경에 대한 반응뿐만 아니라 환경 속의 사건에 부여하는 정서적 의미가 달라진다는 것을 말한다.

[28] Dodge, K. A. 1980. Social Cognition and Children's Aggressive Behavior, *Child Development*, 51: 162-170.

자신의 한정된 과거 경험을 토대로 반응을 탐색하고 생성한다. 또한 이 단계에서 사람들은 자신이 생성한 다양한 반응목록 중에서 가장 합당한 반응에 접근하게 된다.

제5단계인 반응평가 및 결정과정은 생성된 반응에 관한 잠재적 결과를 평가하고 효율성에 대한 확률을 계산하여 한 가지 행동반응을 선택하는 과정으로 사회적 상황에 대한 반응선택과정을 포함한다. 여기에는 각 반응을 수행하는 그들의 능력에 대한 자신감의 정도인 자기효능감이나 각 반응의 적절성에 대한 반응평가를 포함한다. 마지막 6단계인 행동수행평가과정은 처리과정의 정점으로 앞 단계에서 선택한 반응을 행동으로 옮기는 과정이다. 언어적 기술이나 행동적 기술은 선정된 반응을 효과적으로 표현하는데 중요하다. 행동수행기술은 시연, 환류(feedback), 연습 등을 통해 습득되며, 최적의 반응이 선택된 다음에 그것을 수행하는 과정이 따른다.

한편, 공격적인 성향을 가진 사람은 위와 같은 여섯 단계의 정보처리과정을 다 거치지 않고 특정단계에만 한정되어 정보를 처리하기 때문에 범죄행동으로 이어진다. 정보처리모형을 통해 연구한 자료에 의하면, 첫 단계인 단서에 대한 부호화와 해석에 있어서 문제행동을 보이는 청소년은 일반 청소년에 비해 사회적 상황을 해석할 때 더 적은 수의 사회적 단서를 이용하는 것으로 나타났다(Dodge & Newman, 1981)[29]. 그들은 자신에게 주어진 상황을 이미 잘 파악했다고 믿기 때문에 더 이상의 정보를 필요로 하지 않고 주어진 단서에 대하여 적절한 처리를 하지 못하는 것이다. 또한 또래 관계에서 문제행동을 보이는 청소년은 상대방의 의도 단서를 탐지하는 데 있어서도 결함을 보였고(Coie & Dodge, 1987)[30], 일반 청소년에 비해 사회적 상황에서 할 수 있는 대안 반응을 적게 산출하는 경향이 있었다. 도발 상황이나 새로운 친구관계를 맺는 상황에서 문제행동과 관련된 반응을 더 많이 보여, 친사회적 반응도 더 적게 하는 것으로 나타났다(Quiggle 등, 1992)[31]. 이밖에도 반응을 결정하는 과정에서 또래 관계에서 문제행동을 보이는 청소년은 자신이 선택한 반응이 가져올 결과를 우호적으로 평가하는 경향이 있으며, 자신이 산출하고 결정한 반응의 수행이 더 쉽다고 지각하는 반면, 공격적인 행동을 하고 싶은 충동을 억제하는 것과 관련된 자기효능감

29 Dodge, K. A. & Newman, J. P. 1981. Biased Decision-making Processing in Aggressive in Aggressive Boys, *Journal of Abnormal Psychology*, 90(4): 375–379.

30 Coie, J. D. & Dodge, K. A. 1987. Social Information-Processing Factors in Reactive and Proactive Aggression in Children' s Peer Groups, *Journal of Personality and Social Psychology*, 53(6): 1146–1158.

31 Quiggle, N. L., Garber, J., Panak, W. & Dodge, K. A. 1992. Social Information Processing in Aggressive an Depressed Children, *Child Development*, 63: 1305–1320.

은 상대적으로 낮게 나타났다(Perry · Kusel · Perry, 1988)[32].

지금까지 논의한 정보처리모형(information processing model)을 토대로 범죄와의 관계를 요약하면 다음과 같다. 일반적으로 범죄자들은 사회적인 자극에 대한 정보처리과정에서 일반인들과 다르다는 것을 강조하고 있다. 예를 들면, 공격적인 사람은 비폭력적인 사람들보다 사회적 단서를 덜 포착하거나, 단서를 지나치게 폭력적인 것으로 해석한다. 또한 갈등관계에서 적절한 반응양식을 잘 찾지 못하고, 자신의 폭력반응이 사회적으로 용납될 것이라고 잘못 판단하는 경향이 있다. 정보처리과정에 문제가 있는 사람들은 인지적 결함이 있을 수 있으며, 무엇인가를 결정을 할 때 부정확한 정보를 사용하는 경향이 강하다. 공격적인 사람은 덜 공격적인 사람보다 유용한 사회적 단서에 관심을 적게 보일 수 있고 보다 빨리 상황에 반응하는 것으로 나타났다.

또한 공격적인 사람은 사회적 상황에서 공격적 단서에 보다 선택적으로 주의집중 하는 경향이 있다. 그들은 비공격적인 사람보다 상황에 대한 정보보다는 개인적 믿음과 도식에 기초하여 타인의 의도를 잘못 해석한 후 공격적인 행동을 보이기도 한다(황성현, 2015). 슬라비와 궤라(Slaby & Guerra, 1988)는 매우 공격적인 청소년이 덜 공격적인 청소년보다 어떤 문제에 직면했을 때 많은 정보를 구하지 않았으며, 다양한 해결책을 제시하지도 않고 공격적인 행동의 결과에 대해서도 별로 생각해 본 바가 없다는 연구결과를 제시하였다. 아울러 반응 결정 시 공격적인 행동반응을 더 긍정적으로 평가하는 경향을 보이는 등 정보처리과정에서 인지왜곡을 보이는 것으로 나타났다[33]. 또한 공격적인 성향을 가진 사람은 그렇지 않은 사람들보다 자신의 이전 경험에서 체득한 잘못된 믿음에 기초하여 정보를 처리하는 경향이 있었다.

다시 말해서 높은 공격성을 가진 사람은 불충분한 사회정보 처리과정을 통해 덜 공격적인 사람보다 더 적개심과 공격성을 수용하는 확실한 믿음 때문에 공격적인 행동을 하는 경향이 있는 것이다. 이처럼 대부분의 사람들은 인지적 사고과정을 거쳐 자신이 결정한 행동을 실행하게 되는데, 일부 정보처리능력이 부족한 사람의 경우에 인지적 결함이나, 의사결정과정에서 주위의 부정확한 정보를 사용하거나, 과거 자신이 경험한 잘못된 정보처리

---

[32] Perry, D. G., Kusel, S. J. & Perry, L. C. 1988. Victims of Peer Aggression, *Development Psychology*, 24: 807-814.

[33] Slaby, R. G. & Guerra, N. G. 1988. Cognitive Mediators of Aggression in Adolescent Offenders: I. Assessment, *Developmental Psychology*, 24(40): 580-588.

결과를 신뢰함으로써 범죄를 저지르게 된다는 것이다. 또한 인지과정에서 결함이 있는 사람은 자신이 매 순간 받아들이는 정보를 처리하는 과정에서도 결함을 보이거나 여러 단계의 정보처리과정에서 특정 단계에서 멈추거나 다음 단계를 건너뛰는 경향을 보였다.

한편으로 공격성의 경우 친사회적이거나 이타적인 행동을 조정하는 보다 적극적인 노력을 통해 감소시킬 수 있다는 주장에 관심을 가질 필요가 있다. 리차드와 닷지(Richard & Dodge, 1982)[34]는 친사회적 행동 성향이 높은 아동들은 사회적 문제해결에 효과적인 대안 반응을 효율적으로 산출하고 적응적인 행동을 할 확률이 높다고 주장하였다. 이러한 연구를 기반으로 크릭과 닷지(Crick & Dodge, 1996)는 정보처리과정에서 친사회적 반응의 탐색을 추가하여 모형을 확장하였다[35]. 친사회적 행동을 보이는 청소년의 경우 갈등 상황에서 문제가 잘 해결될 것이라고 기대하는 경향이 높았고, 이러한 기대가 공격성을 감소시키고 사회적 적응 및 타인과의 관계에 협력적인 태도를 이끌 것으로 예측할 수 있기 때문이다. 친사회적 행동의 예로는 공감해 주기, 타인의 입장에서 생각하기, 용서하기, 이해하기, 미소 짓기, 칭찬하기, 대화 기술 등이 있다.

3. 인지발달 이론과 범죄

인지발달 이론의 대표 학자인 피아제(Jean Piaget)[36]는 인간의 지능이 개인과 환경간의 끊임없는 상호작용의 결과로 발달한다고 주장하였다. 그는 인지구조의 질적 차이를 기준으로 발달의 단계를 구분하여 이전의 단계에서 이루어진 이해의 틀인 도식(schema)[37]을 기초로

---

34 Richard, B. A. & Dodge, K. A. 1982. Social Maladjustment and Problem Solving in School-aged Children, *Journal of Consulting and Clinical Psychology*, 50(2): 226–233.

35 Crick, N. R. & Dodge, K. A. 1996. Social Information Processing Mechanisms in Reactive and Proactive Aggression, *Child Development*, 67(3): 993–1002.

36 피아제(Piaget, Jean)는 1896년 스위스의 뇌샤텔에서 태어났으며, 1980년 사망했다. 생물학과 자연 세계에 깊은 관심을 가진 조숙한 아이로 특히 연체동물에 관심을 가졌으며, 고등학교를 졸업하기 전에 몇 가지 논문들을 출판하기도 했다. 피아제는 뇌샤텔 대학교에서 자연과학 박사 학위를 받은 이후 취리히 대학교에서 잠깐 공부했다. 심리학적인 생각의 갈등이 이 시기에 싹트게 되면서 그의 정신분석학에 대한 관심 역시 이 시기에 나타났다. 피아제는 어린 아이의 정신발달, 논리적 사고발달에 관한 연구를 통해 문제를 추구했다. 그는 임상법을 통해 연구를 했으며, 그의 대표 저서로는 "아동의 언어와 사고", "발생적 인식론 서설" 등이 있다.

37 도식(schema)은 유기체가 외부의 사물을 인지하고 대응하는데 사용하는 지각의 틀 또는 반응의 틀이다. 다시 말해 보기, 쥐기, 때리기, 차기와 같이 외부환경에 대처하기 위해 인간이 반복하는 행동과 경험을 말한다. 인간의 첫 도식은 '빨기 도식'이다. 유아들은 배기 고프지 않아도 입에 닿는 모든 것은 빤다. 도식은 동화를 거쳐 새로운 도식에 대한 조절을 하고 다시 그 새로운 도식에 외부세계를 동화하는 순환적 과정을 거쳐 분화 · 통합된다(Lidz, Theodore. 1968. The Person Throughtout the Life Cycle, NY: Basic Books, Inc.).

하여 새로운 사고의 도식을 통해 인지발달이 이루어진다고 보았다. 또한 피아제(Piaget)는 인지발단 단계를 전제로 아동의 도덕적 사고와 판단능력, 다시 말해 아동의 도덕발달 단계를 세 단계로 구분하여 도덕추론능력이 연령에 따라 어떻게 발달하는지를 연구하였다. 또한 피아제(Piaget)가 제시한 도덕성 발단단계를 기초로 콜버그(Kohlberg)는 이를 여섯 단계로 구분하였다. 여기서는 피아제가 제시한 인지발달의 단계와 도덕발달 단계를 고찰한 후 콜버그의 도덕성 발달단계를 중심으로 범죄와의 연관성을 살펴보고자 한다.

1) 피아제의 인지발달 이론

피아제(Piaget)는 인간의 인지를 유기체가 환경에 생물학적으로 적응하는 한 형태로 보고 인간은 감각에 주어지는 환경의 정보를 수동적으로 받아들이기보다 능동적으로 선택하고 해석하여 자신의 지식을 구성한다고 주장하였다. 그는 인지발달이 유기체가 환경과 상호작용하는 순응과정(adaptational process)을 통해 이루어진다고 보았다. 이러한 순응과정은 동화와 조절이라는 두 개의 하위과정으로 나누어진다. 피아제(Piaget)는 아동들이 자신의 주변환경에 어떻게 적응하는지에 관심을 가지고 적응과정을 아동이 바깥 세계와의 끊임없는 상호작용을 한 결과로 간주하면서 적응은 동화(assimilation)와 조절(accommodation)이라는 두 가지 과정에 의존한다고 주장하였다.

동화(assimilation)는 자신의 인지구조를 조절하지 않고 바깥 세상에 대한 해석을 자신이 가지고 있는 기존의 인지구조에 맞추어 해석하면서 적응하는 것을 말한다. 다시 말해서 자신이 가지고 있는 사용 가능한 지식과 선호하는 방식으로 외부의 대상이나 상황을 이해하고 해석하는 것이다. 인간은 새로운 환경이나 사건에 노출되었을 때 그에 대한 정보를 의식수준에서 받아들이는 것뿐만 아니라 자신의 사고방식으로 통합한다. 조절(accommodation)은 대상이 기존의 인지구조로 이해가 되지 않을 때 그 구조를 변화시켜 바깥 세상에 적응하는 것을 말한다. 기존 지식구조에서 새로운 외부 대상이나 상황이 동화가 안 될 때 갈등이 생기고, 이러한 갈등을 해소를 위한 활동으로 외부세계에 대처하는 방법을 보다 효율적이고 정교하게 구성할 수 있다. 여기서 적응은 동화와 조절의 평행상태를 말하며, 피아제(Piaget)는 이러한 동화와 조절과정을 통해 인간의 인지가 점점 발달한다고 보았다.

특히 피아제(Piaget)는 아동들의 감각, 지각, 사고, 추리, 지능, 그리고 문제해결 능력과 같은 인지능력의 발달에 많은 관심을 가졌다. 인지능력의 발달은 아동과 그를 둘러싼 환경간의 상호작용에 의해 단계적으로 획득되고 발달단계의 순서는 변화지 않는다고 주장하였다. 하지만 각각의 단계는 불변해도 단계를 지나가는 속도에는 차이가 있으며, 이러한 발달은 학습이나 유전적 요인에 의해 결정되는 것이 아니라 환경과의 상호작용으로 아동 스스로가 구성한다고 보았다. 각 단계는 감각 및 운동능력의 결과로 이루어지는 인지발달에서 출발하여 추상적이고 논리적 사고의 습득과 표현, 다시 말해 형식적 사고로 완결되는 인지발달의 네 단계인 감감운동 단계, 전조작적 단계, 구체적 조작단계, 형식적 조작단계를 제시하였다. 그는 출생부터 청소년기에 이르기까지의 인지발달단계를 제시하고 있는데, 각 단계에서 나타나는 사고의 특성, 정상적 발달연령 등을 간략하게 살펴보면 다음과 같다.

① 감각운동 단계(sensory motor stage)

이 단계는 출생부터 약 2세까지 지속되는 단계로 지능과 인식은 유아의 반사적이고 급격히 발달하는 감각 및 운동능력의 결과이다. 이 기간 동안에 유아는 점진적으로 자신의 감각과 신체의 운동행위 사이의 관계를 알게 된다. 유아는 성숙과 환경에 대한 탐색을 통해 더 높은 수준의 심리적 성장에 기반이 되는 개념을 발달시키고 물리적 세계의 속성에 대한 기초적인 이해를 습득하게 된다. 다시 말해서 주위 환경과의 경험을 통해 자신이 외부 세계와는 분리된 존재로 인식하게 된다. 특히 이 시기에 중요한 능력을 획득하게 되는데, 이를 대상영속성(object permanence)이라 한다. 대상영속성은 어떤 대상이 눈앞에 보이지 않더라도 그 대상이 계속 존재하고 있다는 사실을 인식하는 능력을 말하며[38], 감각운동기에 터득해야 하는 매우 중요한 도식이다. 예를 들면, 생후 5개월 된 아이에게 장난감을 보여주면, 아이는 장난감을 시각적으로 추적하여 다가가지만 장난감을 가리면 아이는 더 이상 장난감이 존재하지 않는 것처럼 행동한다. 그 이후 10개월 정도 지나면 능동적으로 숨겨진 장난감을 탐색하는데, 이 때 대상영속성이 확보된다.

② 전조작적 단계(pre-operational stage)

이 단계는 2세부터 7세까지 지속되며, 언어를 사용하게 되면서 사물이나 사건을 기억하고 표현하는 능력이 가능해지지만 조작능력에는 한계가 있어 변형된 경험을 논리적으로 환원시키지 못하고 지각에 의한 직접적인 경험으로 사물이나 사건을 이해한다. 조작(operation)이란 정보의 전환을 이해하는 정신능력으로 처음으로 되돌아갈 수 있는 능력을

[38] Santrock, J. W. 1999. Life-span Development (7th ed.), Boston: McGraw-hill.

말한다. 이 단계에서 아동은 보이지 않는 사물을 생각할 수 있게 되고 사물을 나타내는 새로운 상징을 만드는 것을 즐거워하기도 한다. 다시 말해서 상징적 도식을 발달시키는데, 예를 들어 마음속으로 사물의 이미지를 만들어 낼 수 있기 때문에 나무막대기를 총이나 칼로 여겨 가지고 놀 수 있게 된다. 이 단계에서는 상징놀이를 통해 사회, 신체 및 내적 세계를 실험하고 이해하며, 현실적으로 불가능한 것도 다룰 수 있게 된다.

하지만 이 시기의 아동들은 보존개념[39]이 형성되어 있지 않기 때문에 사물을 판단할 때 눈에 보이는 지각적 속성에 의해서만 판단할 뿐 내재적 연관성이나 규칙을 이해하지 못한다. 또한 이 단계에서는 자신의 관점과 사고가 옳다고 보는 자기중심적(egocentric) 사고양식을 보여 타인의 관점과 역할을 이해하지 못하고 자신이 생각하는 것과 똑같이 다른 사람들도 그렇게 생각한다고 여긴다. 예를 들어 자신이 배가 고프면 인형도 배가 고플 것이라고 생각하고 자신이 보고 있는 장난감이 상대방에게도 보일 것이라고 생각한다. 한다. 이밖에 이 시기의 아동들은 생명이 없는 대상에 대해 생명을 부여하는 물활론(animism)[40]적 사고를 주로 하는 것이 특징적이다.

③ 구체적 조작단계(concrete operational stage)

이 단계는 7세부터 11세까지 지속되며, 비논리적 사고에서 논리적 사고로 전환된다. 보존개념에 대한 분명한 이해가 가능하게 되고 자기중심적 관점에서 탈피하여 다른 사람의 입장을 조망할 수 있는 사고를 하게 되며, 이러한 탈중심성은 언어의 발달로 의사소통이 이루어지면서 더욱 활발해진다. 특히 보존, 가역성, 연속성, 분류[41]와 같은 기본적인 논리체계가 획득되는 시기이다. 결론적으로 구체적 조작단계에서 보존개념을 획득하고, 탈중심성과 또래들과의 상호작용을 통해 자율적 도덕관이 발달하는 동시에 동물과 식물이 생물보

---

39 보존개념(conservation)은 수, 길이, 넓이, 부피 등이 그 형태나 모양을 변형하여 여러 가지 다양한 방법으로 제시하더라도 그것들의 본질은 변화지 않는다는 것을 아는 능력을 말한다. 전조작기의 인지구조와 조작기의 인지구조간의 차이는 보존개념을 갖는지에 그 차이가 있다(김상균, 2008: 117).

40 물활론 혹은 애미니즘(Animism)은 해, 달, 별, 강과 같은 자연계의 모든 사물과 불, 바람, 벼락, 폭풍우, 계절 등과 같은 자연 현상에 생명이 있다고 보고, 그것의 영혼을 인정하여 인간처럼 의식, 욕구, 느낌 등이 존재하다고 믿는 신앙이다. 물활론은 각각의 사물과 현상에는 정령(精靈), 다시 말해 '눈에 보이지 않는 어떤 영적인 힘 또는 존재'가 깃들어 있다고 믿는 것이다. 결국 모든 물질은 그 자체로 살아 있거나 영혼의 작용 또는 그와 비슷한 원리의 작용에 참여함으로써 살아 있다고 보는 철학체계를 말한다(출처: http://ko.wikipedia.org/wiki)

41 가역성(reversibility)은 시작한 곳까지 합리적으로 거슬러 올라 갈 수 있는 능력을 말하며, 연속성(seriation)은 크기가 증가하고 감소함에 따라 요소들을 정신적으로 분류할 수 있는 능력을 말하며, 일정한 특징에 따라 대상을 배열하는 능력(크기, 무게, 부피, 길이 등)이다. 분류 혹은 유목화(classification)는 대상을 일정한 특징에 따라 다양한 범주로 구분하고 동시에 2개 이상의 계층을 고려할 수 있는 능력으로 하위 유목이 가능해진다(Wadsworth, B. J. 1971, Piaget' s Theory of Cognitive Development, NY: David McKay).

다 하위 유목임을 알게 된다. 하지만 이 시기의 아동들의 경우 조작적 사고는 아직 불완전하여 구체적으로 눈에 보이는 사물이나 대상에 대해서만 체계적이고 조작적인 사고가 가능할 뿐 추상적 문제에 대해서는 여전히 체계적인 사고를 하지 못한다.

④ 형식적 조작단계(formal operational stage)

피아제(Piaget)의 인지발달 이론의 마지막 단계인 형식적 조작기는 12세부터 15세까지 지속되며, 추상적 사고가 최고로 발달하는 시기이다. 이 시기는 자신의 지각이나 경험보다는 논리적 원리의 지배를 받으며 추상적 사고가 가능하기 때문에 경험하지 못한 사건에 대한 가설적이고 추상적인 합리화를 통해 과학적 사고를 할 수 있게 된다. 다시 말해서 구체적인 상황을 초월하여 상징적인 추론이 가능해지고 가설설정과 미래사건의 예측이 가능해진다. 또한 하나의 문제를 해결하기 위해 모든 가능한 대안들을 논리적으로 검토하는 조합적인 사고(combinational thinking)도 가능해진다. 이러한 사고는 청소년기의 지배적인 사고양식으로 형이상학적이고 이념적인 문제에 관심을 가지며 성인들의 삶 자체에 의문을 제기하는 청소년들의 경향성과도 연관이 있다. 이러한 형식적 사고능력은 13세부터 15세까지 가장 활발하게 나타나며, 지능지수와 정적 상관관계가 있는 것으로 나타났다. 이러한 형식적 사고는 이질적 성원으로 구성된 동년배 집단에 참여할 경우 더욱 촉진되고 교과과정을 통한 학습이 형식적 사고의 발달을 촉진하는 것으로 나타났다[42].

한편, 피아제(Piaget)는 아동들이 자신의 주변 환경에 어떻게 적응하는지에 관심을 가지고 적응과정을 아동이 바깥 세계와의 끊임없는 상호작용을 한 결과로 간주하면서 동화와 조절이라는 두 가지 주요과정에 의존한다고 주장하였다. 아동들은 자신의 경험을 기존의 도식으로 이해할 수 없을 때 불균형(disequilibrium)이라는 불쾌한 상태를 경험하게 된다. 실제로 발생하는 것과 발생하기를 기대하는 것 간에 갈등, 다시 말해서 불균형 상태가 발생할 때 아동은 평행상태를 되찾기 위하여 조절과 동화를 사용하게 된다(Michael W. Eysench, 이영애 외 역, 2004). 아동들의 사고는 일련의 조작단계를 거치며, 아동의 도덕적 추리 역시 일련의 단계를 거치게 되는데, 피아제는 아동의 도덕성 발달단계를 전도덕성 단계(premoral period: 0–5세), 도덕적 현실주의 또는 타율적 도덕성 단계(stage of moral realism or heteronomous morality: 5–10세), 도덕적 상대성 또는 자동적 도덕성 단계(stage of moral relativism or autonomous morality: 10세 이상) 등 3단계로 구분하였다.

---

[42] Looft, W. R. 1971. Egocentrism and Social Interaction in Adolescence, *Adolescence*, 6: 485–495.

➲ 전도덕성 단계(Premoral Period)

이 단계의 아동들은 규칙이나 도덕성에 대한 이해가 거의 불가능하며 도덕성이 아직 형성되기 전 단계이다.

➲ 도덕적 현실주의 또는 타율적 도덕성 단계 (Stage of Moral Realism of Heteronomous Morality)

이 단계의 아동들은 자신의 생각을 굳게 믿으며 상황이 어떻게 변하든 규칙을 반드시 지켜야 한다고 확신하는 도덕성이 현실화되는 단계이다. 부모 등 중요한 사람들에 의한 타율적 도덕성이 형성되고 그들에 의해 이러한 규칙들이 만들어진 것이라고 믿는다. 행위자의 의도보다는 결과를 놓고 행동의 옳고 그름을 판단하는 경향이 있다. 또한 정의에 대한 생각이 매우 강하므로 내재적 정의를 믿으며 잘못된 행동에 대해서는 어떤 방식이든 처벌받아야 한다고 생각하게 된다. 그들은 행동이 고약할수록 처벌이 더 심해야 한다는 속죄적 처벌을 믿는다.

➲ 도덕적 상대성 또는 자동적 도덕성 단계 (Stage of Moral Relativism or Autonomous Morality)

이 단계의 아동들은 전 단계에 비해 도덕문제에 더 융통성 있게 접근한다. 즉 정당한 목적을 위해 선의의 거짓말(White Lie)을 하여도 무방하다고 생각한다. 그 이유는 행동의 잘못이 행위의 결과보다는 그 의도에 있음을 인지할 수 있기 때문이다. 속죄적 처벌보다는 상호처벌을 믿는다. 그러므로 죄에 걸 맞는 처벌이 합리적이라고 생각할 수 있는 능력을 가진다. 또한 자주 잘못된 행동을 하는 사람들이 처벌을 받지 않을 수 있음을 알게 되어 내재적 정의를 더 이상 믿지 않게 된다. 아동기의 사고는 다른 사람도 자신의 사고방식과 동일할 것이라고 생각하는 자기 중심적 사고(Egocentric Thinking)를 통해 세상을 자기 위주로 보게 되는데 이 단계를 통해 그들은 다른 사람들의 상이한 시각과 입장을 인식하게 되고 그러한 사실을 통해 보다 성숙된 도덕성 추리의 발달이 가능하게 된다. 또한 어느 정도 성숙한 아동들은 도덕성에 대해 융통성을 가지고 해석하면서 자신이 가지고 있던 기존의 가치에 의문을 품게 된다(Michael, 이영애 역, 2002).

➲ 피아제의 도덕성 발달단계

<table>
<tr><td rowspan="4">타율적
도덕성</td><td colspan="2">▸ 규칙이란 신성하고 불변적인 것이므로 규칙에 일치하는 행동은 착한 행동이고 규칙에 어긋나는 행동은 나쁜 행동이라 생각함</td></tr>
<tr><td colspan="2">▸ 5~7세 아이들은 자신이 따라야 할 규칙, 질서, 사회적 정의가 있다는 것을 깨달음(규칙의 절대자가 만들었고 무조건 복종해야 한다고 생각)</td></tr>
<tr><td>도덕적
책임</td><td>행위자의 의도에 의해서가 아니라 행위의 결과에서 생긴다고 봄</td></tr>
<tr><td>도덕적
실재론</td><td>어른들의 권위에 복종하는 것이 도덕적 행위의 본질이라고 생각하고 어른의 자의에 의한 벌이나 처벌이 정당하다는 것을 인정함</td></tr>
<tr><td></td><td>내재적
정의</td><td>처벌은 공정한 것이며 위법의 자동적 결과임. 정의는 타고난 것이라고 봄</td></tr>
<tr><td rowspan="3">자율적
도덕성</td><td>도덕적
상대론</td><td>8~11세경 아이들은 사회적 규칙은 임의적인 약속이고 사람들의 동의에 의해 변화될 수 있다는 것을 알게됨</td></tr>
<tr><td>도덕적
융통성</td><td>상황에 따라 규칙을 지키지 않을 수도 있고 반드시 처벌 받는 것도 아니라는 것을 깨달음</td></tr>
<tr><td>처벌</td><td>처벌은 인간적 의도에 의해 영향을 받는 것이라고 봄</td></tr>
</table>

2) 콜버그(Kolberg)의 도덕성 발달단계와 범죄성

로렌스 콜버그(Lawrence Kohlberg)는 피아제의 이론을 토대로 출발하여 인간의 도덕적 사고에 초점을 두고 연구하였다. 콜버그(Kolberg)는 아동의 인지구조에서 피아제의 의견과 그 맥을 같이 하고 있으나 피아제가 아동을 중심으로 이론을 전개한 데 비해, 그는 도덕적 추리가 청년기 심지어 성년 초기까지 발달한다고 주장하였다[43]. 콜버그도 피아제와 마찬가지로 모든 아동들이 최상의 수준까지 가는 것은 아니지만 단계는 순서대로 진행되며 상위로 갈수록 분화되고 추상적으로 진행된다고 보았다. 또한 도덕성의 발달이 사회화의 산물이 아니고 아동들의 자발적인 행동의 결과로 보았다는 점에서도 맥락을 같이하고 있다. 피아제의 인지발달이론을 확장시킨 콜버그는 도덕적 갈등 상황에서 개인이 어떻게 판단하고 그 판단을 어떻게 추론하는가를 면밀히 분석하여 도덕성 발달단계를 보다 구체화하였다.

콜버그에 따르면, 개인이 어떤 특정 상황에서 옳다고 판단하는 평가의 기준이 다르고 이 기준은 도덕발달 단계에 따라 다르게 나타난다고 보고, 자신의 이론을 전개하기 위해 도덕적 딜레마라는 개념을 도입하였다(Kohlberg, 1969)[44]. 또한 도덕성의 가장 본질적인 구조는 정의의 원리(principle od justice)라고 보았다. 여기에서의 핵심적인 의미는 평등과 상호성에 의해 규제되는 책임과 의미의 분배이다. 그는 타인존중으로서의 정의의 원리는 법의 원리보다 상위의 도덕성이라는 것이다. 콜버그의 도덕성 발달단계는 피아제가 주장하고 있는 도덕성 발달단계와 일치하지 않는다. 그는 도덕성 발달수준을 전 인습적 수준(preconventional level), 인습적 수준(conventional level), 후 인습적 수준(postconventional level)의 3가지의 수준으로 구분하고 각 수준마다 2단계씩, 총 6단계를 거쳐 발달한다고 보았다. 각 단계의 특징을 살펴보면 다음과 같다.

① 전인습적 수준(preconventional level)

이 수준에서 사람들은 행위의 결과가 가져다주는 보상이나 처벌에 의해 옳고 그름을 판단하거나 규칙을 정하는 사람들의 물리적인 권위에 따라 도덕성을 고려하여 판단하는데,

---

43 피아제(Piaget)는 인지발달이 청소년기에 멈춘다고 주장하였으나 일부 학자들은 성인기에도 인지발달은 계속된다고 주장하였다. 또한 청소년기에 도달한다는 형식적 조작기의 경우에 상당수의 성인이 도달하지 못한다는 반박도 제기되었다. 피아제 이후 대부분의 인지이론에서는 신체적 성숙이 이루어진 이후에도 지속적인 성장과 발달이 일어난다고 가정하고 있다. 또한 모든 인간이 형식적 조작기로 이동하는 것은 아니며, 3명의 청소년 중 1명만 형식적 조작기 수준의 사고를 한다는 연구결과도 제시되었다(Newman, B. M. & Newman, P. R. 1999. Development Through Life: A Psychosicial Approach (7th ed.), Belmont, CA: Book/Cole Wadsworth; Santrock, J. W. 1999. Life-span Development (7th ed.), Boston: McGraw-hill).

44 Kohlberg, L. 1969. Stage in the Development of Moral Thought and Action, New York: Holt, Rinehart & Winston.

이 수준은 다시 복종과 처벌의 단계와 도구적 상대주의 단계로 나뉜다. 전 인습적 수준에서의 아동들은 벌을 피하거나 보상을 받기 위해 외부에서 주어진 규칙을 따른다.

먼저 복종과 처벌 지향 단계(1단계)는 권력에 복종하고 처벌을 피하는 것이 옳다고 보는 단계다. 의심할 여지없이 복종해야 하는 고정불변의 규칙이 있다고 생각한다. 이 단계에서 사람은 인간적 의미나 가치와는 무관하게 행위의 물리적 결과에 의해 옳고 그름을 결정한다. 처벌을 피할 수 있거나 힘이 있는 사람에게 복종하는 것 자체가 도덕적 가치를 가진다. 아동은 부모나 자신에게 막강한 권한을 받는 대상으로부터 혼나지 않도록 자신의 행동을 조정해 나가려고 한다. 다음으로 도구적 상대주의 단계(2단계)로 자신에 대한 책임을 다하는 단계이다. 이 단계에서 아동은 자신이나 타인의 욕구를 도구적으로 충족시키는 행위를 한다. 다시 말해서 공정성, 분배의 평등성에 대한 인식이 시작되지만 진정한 정의나 관용보다는 서로의 등을 긁어주는 것과 같이 자신에게 돌아오는 이익을 먼저 생각하고 상대방을 도와주는 수준 정도로 그친다. 1～2단계에 속하는 7세 때는 거의 모든 도덕적 판단이 처벌을 피하는 것 혹은 보상을 받는 것과 연관되어 있다.

② 인습적 수준(conventional level)

이 수준에서는 가족, 사회, 국가의 기대를 유지하는 것 자체가 그 결과와 무관하게 가치가 있다고 판단한다. 이러한 태도는 단순히 개인적 기대나 사회적 질서에 동조하는 것뿐만 아니라, 적극적으로 질서를 유지하고 지지하며, 집단이나 그 구성원들에게 동일시하고 충성하는 마음을 포함한다. 타인으로부터 인정을 받는 행동을 지향하며 타인으로부터 비난받지 않기 위해 어떠한 행동은 회피한다.

먼저 착한 소년·소녀 지향 단계(3단계)는 좋은 동기를 가지고 다른 사람을 배려하고 타인의 입장에서 자신을 바라볼 수 있는 단계다. 이 단계에서 옳은 행동은 타인을 기쁘게 하거나 도와주며, 타인으로부터 인정받는 것을 의미한다. 동기와 감정이 정의로운가에 비추어 생각하며 타인으로부터 얼마나 인정받을 수 있는가에 따라 판단한다. 타인의 반응이 도덕적 판단의 기준이 되지만 물리적인 힘보다는 심리적인 인정 여부에 관심이 있으며, 착해짐으로서 타인의 인정을 얻으려 한다. 이 단계에서부터 인간은 사회적 규제를 수용하며, 행위의 옳고 그름을 판단하기 시작한다. 4단계는 법과 질서 유지단계로 이 단계에서는 사람들은 자신의 의무를 다하며, 권위자를 존중하며, 사회적 질서를 유지하는 것이 옳은 행동이라고 생각한다. 사회의 일원으로 개인의 의무를 다하고 권위 집단, 사회법규와 규칙에 복종하는 것이 옳다고 생각하면서 이에 동조하기 위해 노력한다. 결국 사회질서가 유지되기 위해서는 법에 복종해야 한다는 것을 강조한다. 3~4단계에 속하는 10세 때는 판단의 절반가량이 사회적 인정 여부 혹은 엄격한 법률의 규약에 기초하고 있다.

③ 후인습적 수준(Postconventional Level)

이 수준에서는 집단의 권위나 권리를 행사하는 사람들과는 무관하게 도덕적 가치와 원리를 규정하려는 노력을 보인다. 개인이 가지고 있는 기대와 규칙은 타인의 기대와 규칙과는 구별되는 것이며 특정한 사회제도의 규칙과 인습은 광범위하게 적용되는 도덕적 규율과 부분적 기준과는 구별된다. 5단계인 사회적 계약 단계는 사회적 계약과 합법적 원리를 지향하는 이 단계는 사회규칙을 따르며 집단이나 사회 전체의 복리를 위해 봉사할 줄 아는 단계다. 이 단계에서 사람들은 개인의 권리를 존중하고 사회 전체가 인정하는 기준을 준수하는 것이 옳은 행동이라고 확신한다. 사회적 약속은 대다수의 사회구성원들의 보다 나은 이익을 위해 언제든지 바뀔 수 있는 것으로 판단함으로써 이전 단계와는 달리 도덕적 융통성을 발휘한다.

마지막으로 6단계인 보편적 윤리 단계는 사회에서 합의된 규칙, 다시 말해서 사회적 계약에 따라 모든 인류에 대한 의무를 다하는 단계다. 이 단계에서 옳은 행동은 자신이 선택한 윤리적 원칙과 일치하는 양심에 의해 결정된다, 이 원리는 인간의 존엄성, 정의, 사랑, 공정성에 근거를 둔 추상적이며 보편적인 행동지침이 된다. 이 단계에 도달한 사람은 자신의 양심이 가하는 처벌을 사회가 가하는 처벌보다 더욱 고통스럽게 생각하기 때문에 범죄를 저지를 가능성이 가장 낮은 단계에 속한다. 13세부터는 보다 추상적인 규칙, 다시 말해 일반적으로 의견이 일치된 사회계약이나 추상적인 윤리적 원리를 택하기 시작한다(Henry Gleitman, 정현갑 외 역, 1999).

③ 도덕성의 발달단계와 범죄

콜버그(Lawrence Kohlberg)는 도덕성의 발달 개념을 처음으로 범죄학적 이슈에 적용했다. 그는 사람들이 도덕적 발달 단계를 거치며, 이들 단계에서 옳고 그름에 대한 결정이나 판단을 여러 가지 이유로 내리게 된다는 것을 발견했다. 또한 도덕성 발달 단계에서 범죄자는 비범죄자들과 다른 도덕성 발달단계를 거친다는 것이다. 다시 말해서 어떤 범죄자들은 2단계에 그치는가 하면 다른 범죄자들은 3단계에서 자신의 도덕성이 멈춘다는 것이다. 개인의 도덕성 발달단계에서 어느 단계 이상 발달하지 못하고 발달을 멈추는 사람은 범죄자가 되는 경우가 많다는 것이다. 따라서 도덕성 발달의 단계가 높은 사람은 범죄를 저지르지 않는 반면에 도덕적 추론이 낮은 단계에 있거나 멈춘 사람은 범죄를 저지를 가능성이 높다는 것이다.

[콜버그의 도덕성 발달단계]

수준	단계	특징
1수준 인습이전 수준 (0-9세)	1단계: 주관화 (벌과 복종에 의한 도덕성)	• 가장 초보단계 • 벌을 회피하기 위한 행위 • 적자생존과 연관
	2단계: 상대화 (욕구충족 수단 으로서의 도덕성)	• 상과 칭찬을 받기 위해 도덕적 행위를 함 • 인생의 가치를 자신이나 타인의 욕구충족에 둠 • 개인적 쾌락주의 • 1:1 교환단계
2수준 인습 수준 (9세-성인기)	3단계: 객체화 (대인관계 조화를 위한 도덕성)	• 타인으로부터 승인받으려 하는 행위 • 착한 아이 지향 단계 • 인생의 가치를 가족과 타인에 대한 애정과 조화에 둠
	4단계: 사회화 (법과 질서를 준수하는 도덕성)	• 규칙과 질서를 따름 • 어떤 경우라도 예외를 인정하지 않음(예: 전화 회사가 요금지불을 안한 고객에게 전기공급 중단을 당연시 함)
3수준 인습이후 수준 (특별한 개인)	5단계: 일반화 (사회계약 정신 으로서의 도덕성)	• 사회복지 측면에서 공명정대한 제3자의 입장 취함 • 공리주의 지향 단계 • 인생을 사회복지와 보편적 인간의 권리 설정
	6단계: 궁극화 (보편적 도덕원리에 대한 확신으로서의 도덕성)	• 개인적 양심의 원리에 입각한 도덕성 • 인생을 보편적 인간의 가치를 갖는 신성한 것으로 믿음

또한 콜버그 등은 범죄자의 도덕성 판단 단계가 비범죄자의 도덕성 판단 단계에 비해 현저하게 낮다는 사실도 발견했다(Koglberg 등, 1973)[45]. 콜버그의 도덕발달 단계가 발표된 이후 그의 이론을 경험적으로 증명하려는 시도가 이루어졌다. 예를 들어 네덜란드 청소년들을 대상으로 한 연구에서 일반 청소년의 경우 대부분 도덕발달 수준이 3단계에 속하는 반면 비행 청소년들은 대부분 2단계에 속하는 것으로 밝혀졌다(Travecchio 등, 1999)[46]. 이밖에 헨글러(Henggeler)의 연구에 의하면, 범죄를 저지르지 않는 사람은 주로 높은 수준의 도

45 Kohlberg, L., Kauffman, K., Scharf, P. & Hickey, J. 1973. The Just Community Approach in Corrections: A Manual, Niantic: Connecticut Department of corrections.

46 Traveccchio, L. W. C., Stams, G. J. J. M., Brugman, D. & Thommer-Bouwens, M. A. E. 1999. Moral Judgement and Delinquency in Homeless Youth, *Journal of Moral Education*, 28(1): 63-79.

덕단계인 3단계 혹은 4단계에 이른 반면에 범죄자들은 도덕적 추론의 가장 낮은 단계인 1단계 혹은 2단계에 머문다고 주장했다(Henggeler, 1989)[47].

한편, 콜버그는 도덕적 추론을 도덕적 행위에 있어 중요한 단일 요소로 간주했다. 일반적으로 사람들은 높은 도덕적 사고와 행동 간에 많은 연관성이 있을 것으로 보지만, 현실상에 도덕적 사고와 행동 간의 관계를 파악하는 것은 쉽지 않다(Blasi, 1980)[48]. 특히 비행은 비도덕적 행위만을 의미하는 것은 아니고 비행행위와 도덕성 발단간의 관계를 파악하는 것 역시 간단하지가 않다. 도덕성 발달단계와 범죄와의 관계 또는 도덕적 추론과 도덕적 사고가 약화될 때 발생하는 범죄와의 관계 또한 예상하기 어렵다. 자명한 것은 평균적으로 비행을 저지르는 사람들이 그렇지 않은 사람들보다 도덕적 성숙도가 낮은 발달지연을 보인다는 점이다[49]. 아울러 비행을 저지르는 사람들은 기껏해야 남들의 관심을 끌고 행동에 대한 보상을 기대하는 전 인습적 수준에 머무르는 경향이 강하지만, 이러한 경향은 공식적으로 통계에 의한 것으로 제한되며 자기 보고서(Self Report)에 따르면, 비행자들과 도덕적 단계 사이에 명백한 상관관계는 없는 것으로 확인되고 있다.

도덕성 발달과 범죄의 연관성은 범죄의 유형에 따라 달라질 수 있다. 사이코패스들은 대부분 전 인습적 단계에 머물러 있으며, 이러한 것들은 전 인습적 단계의 자기중심적, 쾌락적 사고 등의 특징과 일치하고 있다(Jurkovic and Prentice, 1977; Kegan, 1986; 오윤성, 2016). 쓰로돈과 레이드(Thornton & Reid, 1982)는 계획적이고 신중한 범죄를 행할 때에는 처벌의 위험보다 얻을 수 있는 개인적 이득의 비교를 통한 전 인습적 사고를 거쳐 자신의 범죄행위를 정당화한다고 주장하였다. 다시 말해서 범행 이전에 계획을 하는 절도, 강도와 같은 범죄를 저지르는 상습범들은 경제적 이익이 없는 폭행 등으로 체포되는 범죄자들보다는 전 인습적 사고가 강하다는 것이다. 반면, 신중하지 못한 범죄는 도덕적 단계와의 연관성이 상대적으로 적은 것으로 보고 있다. 도덕성 발달과 비행 간의 연관성을 나타내는 증거는 많이 있으나 전 인습적 추론은 어린 계층이나 사이코패스적인 성향을 가진 비행자들에게 많이 적용된다. 그러나 도덕적 행위에 영향을 미치는 상황적 요소와 비도덕적 인성간에 도덕적 사고가 어떠한 상호작용을 하는가는 아직 명확하게 밝혀지지 않고

[47] Henggeler, S. W. 1989. Delinquency in Adolescence, Newbury park, CA: Sage.

[48] Blasi, A. 1980. Bridging Moral Cognition and Moral Action: A Critical Review of the Literature, *Psychological Science*, 2: 101–110.

[49] Blackburn, Ronald. 2003. The Psychology of Criminal Conduct-theory, Research, Practice, John Wiley & Sons, Ltd.

있다(Blackburn, 2003).

이밖에도 도덕성 발달단계와 범죄와의 관련성에 관한 연구에서는 범죄를 저지르지 않으려는 결정이 도덕성 발달단계에 의해 영향을 받는다는 결과를 제시하였다. 예를 들면, 도덕성 발달 수준이 가장 낮은 단계에 있는 사람은 제재의 두려움으로 범죄를 억제한다는 것이다. 그리고 중간단계에 있는 사람은 가족과 친구의 반응을 고려하여 범죄를 억제하며, 가장 높은 단계에 있는 사람들은 다른 사람에 대한 의무와 보편적인 권리에 대한 신념 때문에 범죄를 자제한다는 것이다[50]. 도덕성 발달이론은 단순히 처벌을 피하거나 이기적인 관점에서 법을 준수하는 사람이 법 자체는 모든 사람을 이롭게 하는 것이라고 생각하는 사람들에 비해 범죄를 저지를 가능성이 더 높다는 점을 시사하고 있다(Larry J. Siegel 저, 이민식 외 공역, 2012).

TIP 2 하인츠 딜레마(Heinz Dilemma)

콜버그는 고등학교 졸업 후 상선(商船)에서 정비사로 일하면서 유럽의 유대인 난민들이 영국인들이 통제하던 세관을 통과하여 팔레스타인으로 밀항하는 일을 도왔다. 그는 '사람은 언제부터 불법적이지만 도덕적으로 올바른 행위를 하게 되는가?'에 대한 의문을 품고 시카고 대학에서 심리학과 도덕심에 대해 연구를 하게 되었다.

연구 끝에 콜버그는 〈10세에서 16세까지 사고와 선택 유형 발달〉이라는 논문을 완성하게 되는데, 하인츠 딜레마는 그 연구 자료의 일부이다. 추후 콜버그는 아동의 도덕 인지 발달에 대해 집중적인 연구를 진행하여 도덕성 발달단계를 제시하게 된다. 콜버그는 자신의 도덕성 발달이론을 피아제의 2단계 도덕성 발달이론의 확장 형식으로서 제안하였다. 콜버그는 어린이들과 청소년들을 대상으로 이 딜레마를 제시하고, 최초 면접 이후 3~4년마다 한 번씩, 총 20년 동안 지속적으로 면접을 실시하면서 그 대답이 어떻게 변해 가는지 지켜보았다. 그리고 콜버그는 "연령에 따라서 도덕성이 발달하는 일종의 단계가 있다" 고 결론지었다.

> 하인츠의 아내는 어떤 희귀한 암으로 죽어가고 있다. 의사들의 말로는 아내를 구할 수 있는 약이 한 가지 있다고 하는데, 그것은 하인츠의 마을에 사는 한 약사가 최근에 발견한 라듐 화학물이다. 그 약은 성분부터 워낙 비싼데다가, 약사가 매겨놓은 값은 제조비용의 열배나 된다. 라듐을 구입하는 데는 200달러가 드는데, 약값은 소량에 2000달러를 받는 것이다. 하인츠는 닥치는 대로 사람들을 찾아가 돈을 빌려달라고 부탁한다. 그럼에도 결국 1000달러밖에 구하지 못한다. 그는 약사에게 찾아가, 그 약을 먹지 못하면 아내가 죽게 되니 약을 싸게 팔거나 돈을 나중에 받아달라고 부탁한다. 그러나 약사는 이렇게 대답한다. "안 돼요. 내가 발견한 약이고, 나는 이 약으로 돈을 벌 거예요." 하인츠는 자포자기에 빠진다. 그는 약국을 부수고 들어가 약을 훔친다. 하인츠는 그랬어야만 하는가?

〈하인츠 딜레마 : 아내를 위해 약을 훔친 행위를 처벌해야 할까?〉

콜버그는 위와 같은 이야기를 들려주고 다음과 같은 질문을 던졌다. '남편은 약을 훔쳤기 때문에 벌을 받아야 하는

[50] Veneziano, Scott & Louis Veneziano. 1992. The Relationship Between Deterrence and Moral Reasoning, *Criminal Justice Review*, 17: 209–216.

가?' '약사는 비싼 약값을 요구할 권리가 있는가?' '약사 때문에 아내가 죽게 되었다고 비난하는 것은 정당한가?' 만약 비난이 정당하다면 그리고 아내가 사회적으로 중요한 인물이었다면 약사를 더 무겁게 처벌해야 할까?

■ 도덕성 발달의 3수준 6단계에 근거한 하인츠 딜레마 파악

콜버그는 위 질문을 듣고 대답한 이유가 연령별로 달라지는 것을 관찰하고, 도덕성 발달을 3수준 6단계로 제시했다. 먼저 제 1수준인 '전(前) 인습적 도덕기'로 인식의 범위가 자신에게 한정되어 진정한 의미의 도덕성 개념은 없는 수준이다. 1, 2단계가 여기에 속한다. 1단계는 벌의 회피 및 복종의 단계이다. 3~7세 아이들이 1단계 수준에 속한다. 이 단계에서 개인은 도덕적 딜레마 상황 속 두 가지 관점을 함께 고려하는 것을 어려워한다. 외적으로 통제되는 도덕성에 따라, 벌을 받게 되는 행동은 나쁘고 상을 받게 되는 행동은 좋다고 간주된다. 콜버그는 이것이 주로 어린이들이 갖고 있는 수준이라고 보았으며, 사람들의 의도를 무시하고 권위에 대한 두려움과 처벌의 회피에만 집중하게 된다고 보았다.

- 찬성측 : 만일 아내를 죽게 내버려 둔다면, 아내를 살리기 위해 돈을 훔치지 않은 것에 대해 하인츠 씨가 비난을 받을 것이며, 아내의 죽음에 대해 하인츠 씨와 약사가 조사를 받게 될 것이다.
- 반대측 : 약을 훔친다면 곧 붙잡혀서 감옥에 갈 것이며, 설령 하인츠 씨가 무사히 달아난다고 해도 경찰에게 붙잡히게 될 것이 두려워지게 될 것이다.

■ 2단계는 욕구충족과 거래가 중요한 단계이다. 8~11세 아이들이 2단계 수준에 속한다. 콜버그는 둘째 단계에서 개인은 이제 도덕적 딜레마 상황 속에서도 사람들이 서로 다른 견해를 가질 수 있음을 깨닫는다. 이제 개인은 자신에게 이익이 되는 것은 좋은 것, 손해가 되는 것은 나쁜 것으로 인식할 수 있게 된다. 가장 좋은 상황은 서로에게 이익이 되게 하는 것인데, 호의를 똑같이 교환하고 서로에게 보답하는 것이 바로 그러한 경우이다.

- 찬성측 : 하인츠 씨가 아내를 살리기 위해 감옥에 갈 위험을 감수한다면 그것은 그의 판단이고 그의 책임이다. 그리고 약사도 마찬가지로, 자신이 원하는 바를 결정하는 것은 자신에게 달려 있다.
- 반대측 : 하인츠 씨는 죽어 가는 아내를 살리는 것에서 얻는 가치보다 더 큰 위험에 처할 것이다. 이를 종합적으로 고려할 때 하인츠 씨는 약을 훔치지 말았어야 했다.

■ 제 2수준인 '인습적 도덕기'로 인식의 범위가 타인까지 확대되는데, 전통적인 법과 질서에 동조하는 도덕성이 발달하여 자신이 속한 집단의 기대나 기준에 맞추어 행동하려고 한다. 3~4단계가 여기에 속한다. 이 시기에는 행동에 따라 어떤 결과가 나오는지 또는 최대한 손해를 줄일 수 있는 방법을 근거로 판단을 내린다. 3단계는 '착한 아이(good boy)'가 되는 것과 평판이 중요하다. 콜버그의 3단계에서 개인은 이제 좋은 사람 원리를 따른다. 이들은 타인으로부터 신뢰를 얻고, 성실하고 훌륭한 사람으로 인정받기를 원하며, 대인관계에서 발생할 수 있는 불화를 피하려 한다. 이는 외부 관찰자의 시점으로 두 사람 간의 관계를 파악하는 능력 때문이라고 이해된다. 콜버그는 청소년들이 주로 3단계의 답변을 내놓는다고 보았다.

- 찬성측 : 약을 훔친다고 해도 타인의 반응은 최소한 씁쓸한 동정이겠지만, 훔치지 않는다면 가족과 친지, 이웃들은 분명 하인츠 씨를 비정한 남편이라고 생각할 것이다. 그 때에 하인츠 씨는 다시는 그 누구의 얼굴도 똑바로 쳐다볼 수 없게 될 것이다.
- 반대측 : 약을 훔치게 되면 약사를 비롯하여 모든 사람들이 하인츠 씨를 범죄자라고 생각하게 될 것이다. 타인의 물건을 훔치는 것은 하인츠 씨 본인과 그 가족들, 병중의 아내에게도 치욕이 되며, 반드시 후회하게 될 것이다.

■ 4단계는 법과 질서가 중요하다. 이 시기에 속하는 18~25세의 사람들은 도덕적 기준을 판단할 때 법과 질서를

잘 지키는 것이 중요하다는 생각을 갖고 있다. 콜버그의 4단계에서 개인은 더 이상 타인과의 관계에 의존하지 않는다. 이제 도덕성은 사회 질서의 준수와 준법정신이라는 보다 큰 관점에 의존하게 된다. 이들은 법규가 모든 사람들에게 똑같이 공평하게 집행되어야 하며, 사회 구성원들은 법규를 준수하기 위해 의무를 다해야 한다고 생각한다. 여기서 개인은 법규가 개인들 간의 협동 관계를 확인하는 데 중요한 장치라고 생각한다. 콜버그는 대부분의 성인들이 이 단계에 도달한다고 보았다.

- 찬성측 : 하인츠 씨가 약사의 연구실에서 신약을 훔친 행위 자체는 명백한 불법이다. 그러나 하인츠 씨가 자신의 불법 행위에 대한 처벌을 달게 받을 것으로 각오했음이 확실히 확인된다면, 그의 위법행위는 더 비판받을 수 없다.
- 반대측 : 아내가 죽어 가는 상황이라고 할지라도 하인츠 씨가 법을 준수하는 것은 시민으로서의 의무이다. 사람들이 법을 어기는 데 그들이 궁지에 몰렸기 때문이라는 변명이 통한다면 세상에는 문명이 사라지고 범죄만이 남게 될 것이다.

■ 제 3수준인 '후(後) 인습적 도덕기'로 도덕적인 판단에 자신의 사유가 포함되는 시기이다. 5~6단계가 여기에 속한다. 이 시기에는 보편적인 도덕원칙과 양심에 따라 판단하게 되는데, 16세 이후에는 대부분의 사람들이 후 인습적 수준으로 발전할 수 있다. 그러나 진정한 의미로 이 수준에 도달하는 사람은 매우 소수이다. 5단계는 사회계약적인 관점을 중요시한다. 25세 이상의 사람들이 이 시기에 속한다. 콜버그의 5단계는 상당히 드물게 나타난다. 여기서 명시된 법규 자체는 더 이상 설득력을 갖지 못한다. 탈인습적 수준에 도달한 개인은 법 조항에 도덕성이 얽매이지 않으므로, 하인츠 딜레마에서 반드시 찬성의 입장을 보이게 된다.

- 찬성측 : 설령 하인츠 씨의 행위를 처벌하는 법규가 있다고 하더라도 이는 생명에 대해 판단을 내리는 법규에 문제가 없음을 의미하지는 않는다. 하인츠 씨를 처벌할 것이 아니라, 오히려 관련 법규가 새로운 사회적 계약과 합의에 따라 재해석될 필요가 있다.

■ 6단계는 보편적 윤리 개념을 중요시한다. 소수의 사람들만이 도달할 수 있는 단계로 법이나 관습보다 인간의 생명이 무엇보다 우선되어야 한다고 생각한다. 마지막 6단계는 사실상 관찰된 바가 극히 드물며 일부 선각자나 철학자들에게서나 발견될 수 있다고 알려져 있다. 이 단계에서 개인은 구체적으로 명시된 도덕적 규칙 외에 보다 추상적이고 높은 차원에 위치한 "보편적 원리" 에 호소한다. 이 단계의 도덕성은 어떤 행위의 잘잘못을 가리기 위해 올바른 행위를 "모든 사람에게 가치가 있는, 스스로 선택한 양심의 윤리적 원리"로 정의한다. 이것은 법이나 사회적 동의와 일치할 수는 있겠지만 적어도 독립적으로 존재하는 것이다. 콜버그 자신도 만나본 적 없는 이상적인 단계라 할 수 있으며, 존 롤스의 《정의론》에서 상당한 영향을 받아 만들어놓은 단계라고 알려져 있다.

- 찬성측 : 생명에 대한 존중은 재산에 대한 존중보다 항상 우선시되어야 한다. 인간의 생명과 인격을 존중하는 것은 절대적이고, 따라서 개인은 일체의 법률을 초월하여 죽음으로부터 서로를 구하고 돌보아야 하는 공동의 선한 의무를 지니고 있다.

출처: 나무위키(https://namu.wiki) http://newidea.egloos.com
하인츠 딜레마[Heinz' s dilemma] (상식으로 보는 세상의 법칙: 심리편, (주)북이십일 21세기북스)

TIP 3 도덕성 발달의 세 가지 관점

무엇이 도덕적인 것인지에 대한 해석이 사람마다, 학설마다 다르다. 대체로 대립되는 세 가지 관점이 있다. 첫째, 사회학습이론(반두라)이다. 사회학습이론에서는 도덕성 발달이 특정 사회가 가진 가치, 규범, 관습, 등을 내면화함으로써 이루어진다고 보고 있다.

둘째, 정신분석학적(프로이드) 관점이다. 정신분석학적 관점에서는 도덕성을 초자아의 형성과정으로 설명하고 있다. 도덕성을 인간의 어떤 내면적인 성격이나 혹은 본성적인 특징으로 규정하고 이러한 성격이나 본성을 적극적으로 개발하거나 통제할 수 있도록 길러주는 것이 도덕교육의 할 일이라는 입장이다.

끝으로 인지발달이론(피아제, 콜버그)이다. 인지발달이론은 도덕성 발달이론 중 가장 영향력이 크다. 도덕성이란 어떤 상황에서의 행위의 적합성과 그 이유에 대한 추론능력을 의미한다. 다시 말해서 도덕성은 주어진 구체적인 상황을 도덕적으로 해석하여 무슨 행동이 옳고 그른지를 가려보고 그 결과로서 어떤 특정 행동을 하도록 선택하는 심리적 또는 이성적 판단과정으로 보았다.

제3절 정신분석이론의 관점과 범죄심리

정신분석학은 개인의 성장과정이나 생활과정을 중심으로 정신심리학상의 특징을 해명하고자 하였다. 정신분석이론은 사람들의 성격특성을 연구하거나 특정상황에서의 행동반응을 관찰하는 대신 행동의 방향을 결정짓는 무의식적 동기를 고찰한다. 또한 인간의 행위가 충동과 통제의 상호작용에 의한 생물학적 요인보다는 정신적 · 심리적 요인에 의해 이루어진다고 보았다. 정신분석이론의 창시자는 지그문트 프로이드(Sigmund Freud)는 환자들의 정신적 문제를 발견하고 치료하기 위한 자신의 이론과 기법을 설명하려고 정신분석이라는 용어를 사용하였다. 앞에서도 제시했지만 정신분석이론(psychoanalysis theory)은 개인의 내부에서 범죄의 원인을 찾으려 한다는 점에서 생물학적 이론과 공통점이 있으나 생물학적 과정이나 비정상성에서 그 원인을 찾은 것이 아니라 개개인의 마음속 깊은 곳에서 범죄행위의 원인을 찾으려는 점에서 차이가 있다(Akers & Sellers, 2011). 여기서는 정신분석이론의 주요 개념과 성격발달 단계, 그리고 정신분석이론과 범죄의 연관성을 중심으로 살펴보고자 한다.

1. 정신분석이론의 기본 개념

프로이드(Freud)는 인간을 합리적 존재로 간주했던 당시의 지적 분위기에 반기를 들고 인간을 의식의 영역 밖에 존재하는 비합리적이고 통제할 수 없는 무의식적 본능에 지배를 받는 존재로 보았다. 또한 인간의 모든 행동, 사고, 감정 등은 신체적 긴장상태에서 유발되는 무의식적인 성적 본능과 공격적 본능에 의해 결정되며, 이러한 본능적 긴장을 해소하기 위해 행동을 한다고 주장하였다. 따라서 프로이드(Freud)는 인간의 자유의지, 책임감, 자기 결정과 선택을 할 수 있는 능력, 다시 말해 인간의 자유를 인정하지 않았고 인간의 모든 행동은 무의식적인 힘에 의해 결정되며, 인간은 이러한 힘의 지배를 받는 수동적 존재로 보았다. 이밖에도 프로이드(Freud)는 인간의 기본적인 성격구조는 초기 아동기, 특히 5세 이전에 어떠한 경험을 하였는가에 따라 결정되고 이러한 성격구조는 성인기가 되어서도 변화지 않고 지속된다는 입장을 보임으로써 현재보다는 과거를 중시했다.

프로이드(Freud)의 정신분석이론의 기본 가정은 심리적 결정론의 원리와 무의식의 원리로 요약할 수 있다. 심리적 결정론의 원리(principle of psychic determinism)는 어떠한 인간의 행동도 우연하게 일어나는 것은 결코 없다는 것을 의미한다. 다시 말해서 인간의 심리적 문제는 단순히 나타나는 것이 아니며 인간의 모든 행동에는 반드시 원인과 결과가 관련되어 있다고 보았다. 예를 들어 프로이드(Freud)는 아이가 엄마의 젖을 빠는 행동은 성감대인 입 주변의 성적 만족을 얻으려고 하는 생물학적 기원을 가진 본능에 의해서 유발되는 것으로 보았다. 이러한 가정에 근거하여 인간행동을 우연한 사건이나 자유의지의 결과로 보지 않았으며, 모든 행동의 근원적 원인을 밝히는데 많은 관심을 가졌다. 꿈꾸는 행동, 말의 실수, 무엇인가를 깜빡 잊어버리는 행위 등과 같이 외관상 우연히 일어난 듯이 보이는 행동조차도 본인이 의식하지 못하는 기존의 원인들로부터 나온다고 보았다. 이러한 과정에서 프로이드(Freud)는 무의식이라는 인간 정신의 심층구조에 까지 이르게 된 것이다.

무의식의 원리(principle of the unconscious)는 인간의 모든 행동, 사고, 감정을 실제로 지배하는 것이 무의식이라는 것이다. 프로이드(Freud)에 의하면, 무의식은 의지의 노력으로 의식될 수 없는 개인의 정신계의 일부이며, 의식적인 사고과정과는 별개의 방식을 취한다고 보았다. 정신분석이론에서 무의식은 특정 개인의 가장 원초적이고 가장 덜 성숙된 소원, 충동, 욕망 등으로 구성된다. 또한 인간의 심리적 영역에 있어서 무의식이 행동과 정서, 생각을 통제하며 이를 결정한다. 프로이드(Freud)는 무의식을 강조하면서 성적 및 공격적 충동들이 인간행동의 동기적 요인이 된다는 것을 강조하였다. 아울러 인간의 정신활동은 바로 의식과 무의식, 원초자아(id)와 초자아(super ego) 사이에 일어나는 갈등의 결과로 보았다. 이러한 특성 때문에 프로이드(Freud)의 이론을 갈등심리학 혹은 심층심리학이라고도 한다[51].

[51] Arlow, J. A. 1979. Psychoanalysis, in R. J. Corsini (eds.), Current Psychotherapies (2nd ed.), IL: F. E. Peacock Publishers, Inc.: 1–43.

한편, 프로이드(Freud)가 인간의 성격을 이해하는데 있어 가장 큰 공헌을 한 것은 인간의 마음을 세 가지 수준으로 제시한 것이다[52]. 그는 눈에 보이지 않는 인간의 정신세계를 지도로 제시하여 가시화하였는데, 이를 지형학적 모델이라고 한다. 이 모델에서 프로이드(Freud)는 인간의 정신을 의식(consciousness), 전의식(preconsciousness), 무의식(unconsciousness)으로 나누어 이를 빙산에 비유하여 설명하였다. 의식(consciousness)은 개인이 어느 순간에 인식하고 있는 감각, 지각, 경험, 기억 등의 모든 것으로 말한다. 의식과 관련하여 프로이드(Freud)는 각 개인이 인식할 수 있는 것은 극히 작은 부분에 지나지 않는다고 보았으며, 빙산의 일각에 불과하다고 보았다. 전의식(preconsciousness)이라는 정신과정은 바로 인식되지는 않지만 조금만 접근하면 접근할 수 있는 영역이다. 전의식은 의식과 무의식의 경계선상에 있으면서 여기에 나타나는 생각과 행동을 통해 무의식에 관한 실마리를 얻을 수 있다.

무의식(unconsciousness)은 정신세계의 대부분을 형성하고 있으며, 의식할 수 없는 내용이지만 은연중에 사고나 활동에 영향을 미치는 것으로 보았다. 또한 무의식이라는 정신과정은 욕구나 본능이 깊게 자리 잡고 있는 영역으로 인식할 수도 없고 직접적으로 확인할 수도 없는 접근 불가능한 창고에 해당된다. 무의식은 평소에 지각하지 못하고 내버려두고 방치되었던 의식영역으로 개인의 경험은 물론 타고난 성격이나 유전적인 것도 영향을 준다. 무의식은 비밀스러운 소망과 두려움, 과거의 정신적 외상에 대한 기억이 담겨져 있다. 프로이드(Freud)는 무의식이 작용하는 증거로 잘 알고 있는 사람의 이름, 인상, 그리고 생활상의 경험을 잊어버리는 경향, 소유물을 잊어버리는 경향, 말실수, 실수로 잘못 쓴 문장, 글자를 잘못 읽는 것, 행동상의 실수 등을 제시하였다[53]. 의식과 무의식의 세계에서 비정상적인 행위를 하는 사람들에 대해 초기에 프로이드의 생각은 비록 본인들은 의식적으로 인지하지 못하지만 각자에게 영향을 끼친 어린 시절의 충격적인 사건들에 의해 비정상적인 행동이 나타난다고 주장하였다.

---

52 Corey, G. 2000. Theory and Practice of Counseling and Psychotherapy (6th ed.). CA: Wadsworth Publishing.

53 프로이드(Freud)는 무의식적 과정의 우월성을 받아들여 자유연상, 저항, 선호도, 생활양식, 농담과 실수, 예술작품, 신경증적 증상, 꿈에 대한 연구를 하게 되었다. 특히 그는 꿈을 '무의식적인 어떤 것을 왜곡하여 대처한 것'으로 보고 무의식을 파악하기 위해서는 꿈을 해석해야 한다고 주장하였다(Freud, S. 1966. Introductory Lectures on Psychoanalysis, NY: Norton).

➲ 의식(consciousness)

현재 느끼거나 알 수 있는 모든 경험과 감각, 정신생활의 극히 일부분만 의식의 범위에 있다고 봄

➲ 전의식(pre-consciousness)

의식 속의 자료들이 저장되는 영역으로 현재는 의식되지 않지만 주의를 기울이면 의식됨, 쉽게 의식으로 재현할 수 있는 심리적 내용으로 기억매체 속에 저장된 과거의 경험을 뜻함(예: 어제 아침 반찬, 고등학교 졸업식 축하하러 온 사람들의 이름)

➲ 무의식(unconsciousness)

쉽게 의식으로 재현할 수 없는 사고, 감정, 본능, 욕구, 동기, 갈등 등의 자료들이 저장되어 있음. 여기에는 두 가지 구성요소가 있는데, 하나는 유아기 때의 경험 내용으로 그 때는 말을 할 줄 모르는 시기이므로 당시의 경험은 결코 의식으로 떠오르지 못함. 다른 하나는 불안에 의해 억압되어 버린 본능적 욕구가 역동적 작용을 하면서 무의식에 저장되는 것임

2. 프로이드의 성격구조론

프로이드(Freud)는 지형학적 모델 다음으로 초기의 많은 개념들을 통합한 구조적 모델을 제시하였다. 구조적 모델에서 프로이드(Freud)는 의식과 무의식의 관계를 더욱 발전시켜 성격은 크게 원초자아(id), 자아(ego), 초자아(super ego)라는 세부분으로 구성된다고 보았다. 이러한 세 부분은 각각 다른 독특한 기능과 속성을 가지고 있으나 이들 부분이 상호작용하여 전체 성격체계를 구성하고 각각의 하위체계는 개인의 행동에 각기 다른 영향을 미친다고 주장하였다. 프로이드의 정신분석이론이 범죄심리학에 어떻게 적용되는지를 살펴보기 위해서는 정신분석이론의 주요 개념인 원초자아, 자아, 초자아의 개념을 이해할 필요가 있다.

1) 원초자아(id)

원초자아(id)는 성격의 원형이며 타고나는 것이며 원초아라고도 한다. 원초적 자아인 이드(id)는 욕망, 본능, 충동 등과 같은 쾌락추구의 성향을 말하는 것으로 모든 리비도(libido)[54]의 원천이며, 자아와 초자아의 바탕을 이루고 있는 것이다. 생후 2~3년 동안은 원초자아만 존재한다. 다시 말해서 아이가 태어나면 아직 자아나 초자아가 형성됨이 없이 오직 원초자아만 있는데, 이 원초자아로부터 자아와 초자아로 발달하게 된다. 이러한 원초자아는 생물

[54] 프로이드(Freud)는 초기 이론에서 삶의 본능 중에서 성적 에너지를 리비도(libido)라 하였다. 그는 리비도가 사춘기에 갑자기 나타나는 것이 아니라 태어나면서부터 서서히 발발하는 것으로 보았다. 이러한 성본능은 구강기, 항문기를 통해 발달하다가 5세경에 절정에 이른 이후 억압을 받아 잠재되었다가 사춘기에 다시 성욕으로 나타난다고 주장하였다(황성현 외, 2015: 46-47 참조).

학적 동기의 저장소로서 생물학적 동기는 프로이드(Freud)가 지적한 2대 본능, 다시 말해 생의 본능인 성적 본능과 죽음의 본능인 공격성으로 구성되어 있다. 원초자아(id)는 이기적이며 전형적으로 즉각적인 만족을 추구한다(나이젤 C. 벤슨, 윤길순 역, 2003).

원초자아는 성격의 기초로 일생동안 그 기능과 분별력은 유아적인 수준에 머물러 있다. 원초자아는 외부세계와 단절되어 있는 동시에 법칙, 논리, 이성, 가치 등에 대해 전혀 알지 못하기 때문에 시간이나 경험에 의해서도 변화지 않는다. 만약 성인기에 원초자아가 대부분의 심리적 에너지를 보유하고 있을 경우 이러한 성인은 상대적으로 충동적이고, 야만적이며 비합리적인 행동을 할 가능성이 크다. 또한 프로이드(Freud)는 두 가지 사고유형, 다시 말해 1차적 사고과정(primary process)과 2차적 사고과정(secondary process)을 제시하였다[55]. 원초자아의 첫 번째 특징인 1차적 사고과정은 원초자아 또는 무의식에서 유래된 것으로 신체적 긴장감을 줄이는데 필요한 대상의 기억표상을 만드는 과정이다. 이러한 과정은 논리와 시간성이 없고 절서정연하지 못한 것이 특징이며, 이러한 형태의 사고과정은 객관적 현실을 알지 못하고 본질적으로 이기적인 동시에 낙천적이고 전지전능하다.

프로이드(Freud)는 1차적 사고과정이 초기 아동기에 강하게 나타나지만 전 생애에 걸쳐 일어난다고 주장하였다. 유아기에 있어 이러한 사고는 자신의 외부세계를 인식하지 못하는 것을 말하며, 모든 욕구가 마술과 같이 충족될 것이라 믿고 신체적 긴장이 원초자아에 전달되는 즉시 방출하려고 한다. 성인기에 나타나는 1차적 사고과정은 현실을 전혀 고려하지 않고 긴장 해소에 필요한 실제 대상을 대신할 수 있는 가상적 정신표상을 만들어 내는 소원 충족(wish fulfillment) 사고에 몰두하는 사람에게서 엿볼 수 있다. 프로이드(Freud)는 성인기에 1차적 사고가 지배적일 경우에 정신병리를 보인다고 주장하였다. 이처럼 원초자아는 실제 대상이 아니라 대상의 이미지를 만들어냄으로서 본능적 충동을 만족시키려고 한다.

원초자아는 본능적 충동에 의해 즉각적인 만족을 추구하는데, 이러한 원초자아(id)의 또 다른 특징이 고통을 회피하고 쾌락을 추구하는 쾌락의 원리(pleasure principle)이다. 다시 말해서 원초자아는 단지 긴장해소와 만족에 관심을 두고 있으며, 타인의 권리에 대한 고려 없이 즉각적인 욕구충족을 요구한다. 프로이드(Freud)는 원초자아가 본능적 충동을 만족시켜 주고 긴장을 해소시켜 줄 수 있는 대상에 심리적 에너지를 투입하는 것을 대상선택(object choice) 또는 대상충당(object cathexis)이라고 하였다. 원초자아에 의한 충동적 행동은

---

[55] Lowenstein, S. F. 1985. Freud's Metapsychology Revisited. *Social Casework*, 6(3): 139–151.

사회로부터 비판과 처벌을 받기 때문에 고통이나 긴장을 증가시킬 뿐이다. 따라서 긴장해소의 효과적인 방편을 마련하기 위해 현실을 고려할 수 있는 자아(ego)의 형성이 불가피하게 되고 결국에는 심리적 발달이 이루어진다. 특히 아이들은 성공적 획득의 의미가 과연 무엇인가에 대해 깨닫게 되며 점차적으로 외부의 환경을 인식하고 이를 고려하거나 주위 환경에 순응 또는 지배를 받게 되는데, 여기에서 자아(ego)의 필요성이 대두된다.

핵심

- 쾌락의 원리(pleasure principle): 본능적 충동에 의해 즉각적인 만족을 추구, 주변 환경이나 상황에 대한 고려 없이 고통을 최소화하고 쾌락을 추구하는 속성을 가짐
- 1차적 사고과정(primary process thinking): 유기체 내부의 긴장을 감소시키는 하나의 방법은 소망하는 것에 대한 심상(mental image)이나 환상(hallucination)을 형성(예: 굶주린 사람은 맛있는 음식을 머릿속으로 상상-음식에 대한 심상 형성)함으로써 간접적으로 소망충족을 할 수 있음. 프로이드에 의하면, 꿈속에서 생각하는 여러 대상이나 사건도 결국 원초아의 충동을 충족하기 위한 노력의 하나로 봄

2) 자아(ego)

자아(ego)는 자신이 원하는 것을 즉각적으로 충족시킬 수 없다는 것을 배우기 시작하는 인생의 초기에 발달한다. 자아는 원초자아의 욕구에 대해 외부 세계의 제약을 고려하면서 표현하고 충족시키려는 마음의 조직적·합리적·현실지향적인 체계이다[56]. 이렇게 볼 때 자아는 외부 세계의 직접적인 영향에 의해 수정된 원초자아의 일부로서 성격의 집행자이며, 경영자라 할 수 있다. 자아에 배분된 에너지는 원초자아에서 유래된 것이지만 이러한 에너지는 초자아와 전초자아 사이의 갈등을 조정하고 원초자아를 통제하는데 사용된다. 자아는 개인이 객관적인 현실세계와 상호작용을 할 필요가 있을 때 원초자아에서 분화되기 시작하며, 유전 등의 선천적 요인과 사회 환경요인이 복합적으로 작용하여 정교화 된다. 프로이드(Freud)에 따르면, 자아의 분화는 생후 6-8개월 이후에 시작되며 대략 2-3세가 되면 어느 정도 확립된다고 보았다.

자아(ego)는 본능적 충동을 충족시킬 수 있는 현실적이고 보다 바람직한 대상과 방법이 나올 때까지 심리적 에너지의 방출을 지연시키고 본능의 만족을 지연시킨다. 다시 말해서

[56] Pervin, Lawrence A. 1975. Personality: Theory, Assessment, and Research, John Wiley & Sons, Inc.: 158.

자아는 원초자아의 쾌락의 원리가 아니라 현실의 원리(reality principle)에 의해 작동된다. 이러한 현실의 원리를 현실의 필요에 의해서 쾌락의 원리를 다른 변용된 것으로 대치하는 방식을 배움으로써 현실을 고려하여 실질적으로 쾌락을 실현시키고자 하는 경향을 의미한다. 따라서 현실의 원리를 사용하는 것이 쾌락의 원리가 포기되는 것은 아니고 쾌락의 획득이 일단 유보되는 것이며, 결국에는 쾌락을 획득하는 것이다. 이처럼 사회적으로 바람직하고 수용될 수 있는 방출방법이 나올 때까지 긴장을 참아내고 실질적인 만족을 획득하는 것이 자아의 1차적 기능이며, 이를 현실의 원리(reality principle)라고 한다(김동배 외, 2005; 김상균, 2008).

자아(ego)는 유아기 때 원초자아의 부산물로 발달하며 원초자아의 충동이나 욕구에 대해 현실을 고려함으로써 원초자아의 제반 욕구를 충족하도록 도와주는 역할을 한다. 다시 말해서 자아는 심상(mental image)을 현실에 맞게 검토하는 기능과 환경 조건이 적절할 때까지는 욕구충족 내지 긴장의 방출을 지연시키는 기능을 한다. 이러한 자아의 또 다른 특징을 2차적 사고과정(secondary process)이라 한다. 2차적 사고과정은 1차적 사고과정에 의해 형성된 심상을 현실과 비교 검토하는 것으로 긴장의 감소를 위해 수립한 행동계획의 실현가능성을 판단하게 되는데, 이를 현실검증(reality test)이라 한다. 자아는 이러한 현실검증을 통해 충동을 지배할 수 있게 되고 환상과 현실을 구분할 수 있는 능력이 강화된다. 결론적으로 자아의 가장 중요한 작용은 원초자아의 요구와 주변세계의 현실, 그리고 초자아의 요구를 조정하고 실행하는 것이라 할 수 있다.

핵심

- 현실의 원리(reality principle): 자아의 중요한 작용은 원초아의 요구와 주변세계의 현실 그리고 초자아의 요구를 조정하고 실행하는 것임. 적정 시기까지 긴장을 지연시켜 사회가 수용하는 형태로 만족을 얻는 능력
- 2차적 사고과정(secondary process thinking): 1차적 사고과정에 의해 형성된 심상을 현실과 비교 검토하는 것으로, 현실적인 계획을 세울 때까지 만족을 지연하는 사고과정

3) 초자아(super ego)

초자아(super ego)는 사회의 전통적 가치와 이상으로 구성되어 있으며, 부모의 사회적 가치와 이상을 동일시(identification)함으로써 발달한다. 또한 아동기 초기 때 원초자아의 또 다

른 부산물로 발달하며, 초자아는 부모의 영향을 받아 3세부터 발달하기 시작하여 아동기를 거쳐 사춘기 이후에 완전히 성숙된다. 초자아는 사회의 행위에 대해 옳고 그름을 따지는 윤리적 판단을 하는 기능을 한다. 따라서 초자아는 성격의 도덕적인 부분이며, 심판자로서 도덕의 원리(moral principle)에 입각하고 있는데, 이는 원초자아의 쾌락추구 경향을 억제하고 자아가 선택하는 방책들이 보다 완전하고 이성적인 것이 되도록 하는 기능을 담당한다. 초자아(super ego)는 원초자아(id)가 추구하는 쾌락성이나 자아(ego)가 추구하는 현실적인 것을 넘어 이상적이며 완전성을 추구하고 있다(김상균, 2008; 오윤성, 2016).

이러한 초자아의 발달은 성격 발단단계 중 성기 갈등의 산물이라 할 수 있다. 이 단계에서 아동은 부모의 도덕적 권위를 동화하여 자신의 내적인 권위로 변화시키게 된다. 다시 말해 부모와 동일시하는 과정에서 초자아를 형성하게 된다. 아동의 초자아에는 부모의 실제 행동이 아니라 부모의 초자아가 반영되어 있는 것이다. 다시 말해 부모의 말이나 행동 등에 담겨져 있는 사회적 가치를 내면화하여 초자아를 형성하게 된다. 하지만 여기에는 반드시 부모만 포함되는 것은 아니며, 어린이집 교사, 경찰, 간호사 등 부성인물(father figure)과 모성인물(mother figure)에 의해서도 형성된다.

한편, 초자아는 내용면에서 자아이상(ego-ideal)과 양심(conscience)이라는 두 개의 하위체계로 구성되어 있다. 자아이상은 부모가 도덕적으로 바람직한 것이라고 여기는 것으로 부모의 칭찬 등 보상에 의해 형성된다. 이러한 자아이상(ego-ideal)을 부모의 도덕적 선(善)이라고 하며 부모가 도덕적으로 선이라고 평소에 강조하는 것을 아이들은 이상적으로 생각한다. 그러므로 가정교육을 통해 평소 부모가 아이들에게 강조하는 도덕적 선은 곧바로 아이들이 추구하는 이상적인 면으로 구체화할 수 있다는 것을 의미한다. 이에 반해 양심은 부모가 도덕적으로 나쁘다고 간주한 것으로 부모의 처벌에 의해 형성된다. 양심은 부모의 도덕적 악(惡)으로 부모가 평소에 도덕적으로 잘못된 것이라고 강조하거나 행동하는 것을 보아온 아이들은 이러한 행위를 하게 되면 양심의 가책을 받게 되는 것이다. 이러한 초자아는 자아로 하여금 도덕성에 무조건 따르도록 강요하는데 모든 에너지를 쏟는다. 다시 말해서 양심의 금지를 받을 경우 초자아는 원초자아나 자아를 통해 심리적 에너지가 방출되는 것을 방지하게 되는데, 이를 초자아의 반대충당(anti-cathexis)이라 한다.

핵심

- 도덕의 원리(moral principle): 사회의 행위에 대해 옳고 그름을 따지는 윤리적 판단 을 행하는 것으로 원초아의 쾌락추구 경향을 억제하고 자아가 선택하는 방법이 보다 완전하고 이성적인 것이 되도록 하는 기능을 함
- 초자아의 두 가지 핵심 내용: 자아이상(ego-idal)과 양심(conscience)
  - 자아이상 : 보상에 의해 형성되며 사회적으로 승인되는 방향으로 자기완성을 기하도록 해줌: 부모의 상으로부터 발달하는 '자아이상'은 도덕적으로 좋은 것에 대해 판단하게 됨
  - 양심 : 부모나 주변인으로부터 처벌에 의해 형성되며, 자신의 행동에 대해 죄책감이나 수치심을 느끼게 함으로써 행동을 자기통제 되도록 함: 부모에게서 받은 벌은 양심을 형성하여 나쁜 것에 대한 판단을 함(죄의식 경험)

이밖에 프로이드(Freud)는 처벌과 보상은 인간의 내적 긴장을 감소 또는 증가시키는 것으로 처벌은 육체적인 처벌과 심리적인 처벌로 구분하였다. 여기서 육체적인 처벌은 아이를 때리거나 원하는 것을 주지 않음으로써 처벌을 받고 있다는 것을 느끼게 하는 것이다. 그리고 심리적 처벌은 언어적 폭력, 위협, 나아가 무관심을 보임으로써 좌절감을 주거나 심리적 소외감을 유발시키는 것을 의미한다. 보상의 경우에도 육체적 보상과 심리적 보상으로 구분할 수 있다. 육체적 보상은 음식이나 장난감 등 바라는 것을 주는 것이며, 심리적 보상은 관심을 가지거나 격려, 칭찬을 함으로써 심리적인 만족감을 느끼게 하는 것을 말한다. 이러한 보상과 처벌은 자아(ego)에 가해지는 것으로 설명하고 있다. 프로이드는 동성의 부모에 대한 공포는 초자아 발달에 대단히 중요하다고 주장하였다. 따라서 공격적이고 처벌을 많이 하는 부모들의 자녀는 강한 초자아를 가질 수 있다고 생각할 수 있으나 사실은 그 반대이다. 자녀에게 폭력을 가하거나 다른 형태의 처벌을 많이 하는 부모들의 자녀는 나쁜 행동을 하면서 죄책감이나 수치심을 거의 느끼지 않는다(Michael W. Eysench, 이영애 외 역, 2004).

[프로이드(Freud)의 성격 구조모형]

성격구조	지침	핵심내용
전초자아 (id)	쾌락 원칙 (pleasure principle)	무의식적인 생물학적 욕구로 즉각적인 만족을 요구함
자아 (ego)	현실 원칙 (reality principle)	성격은 원초자아의 요구를 순환할 수 있도록 돕고, 현실에 적응할 수 있도록 도움
초자아 (super ego)	도덕 원칙 (moral principle)	원초자아의 쾌락추구 경향을 억제하고 자아가 선택하는 방책들이 보다 완전하고 이성적인 것이 되도록 하는 기능을 담당함. 자아이상(ego-ideal)과 양심(conscience)을 형성함

출처: Larry J. Siegel 저, 이민식 외 공역. 2012. 『범죄학: 이론과 유형』. p. 165 재구성.

3. 프로이드의 성격발달 단계

프로이드(Freud)의 성격 발달단계를 심리성적 발달단계(psychosexual development)라고도 하는데, 그 이유는 성적 에너지인 리비도(libido)가 집중된 부위에 따라 아동기의 발단단계를 구분했기 때문이다. 이처럼 프로이드는 생물학적 성숙, 특히 성적 충동의 만족에 따라 성격이 발달한다고 보았다. 그는 특정 시점에서 1차적인 성적 만족을 제공해주는 신체영역, 다시 말해 성감대(erotogenic zone)를 성격 발달에 매우 중요한 요소로 인식하였다. 프로이드는 성감대를 세 가지로 구분하고 이를 중심으로 인간의 심리적 발달과정을 설명하고 있는데, 여기서 성감대는 입, 항문, 성기를 말한다. 프로이드는 인간의 생을 세 가지 단계, 다시 말해서 전생식기(pregenital phase), 잠복기(latency phase), 생식기(genital phase)로 구분하였다. 전생식기는 생후 5세까지로 이를 다시 구순기(oral phase), 항문기(anal phase), 성기기(phallic phase) 등 세 가지 단계로 구분하였다. 그리고 5세 이후 12세까지를 잠복기(latency phase), 13세 이후를 생식기(genital phase)로 구분하여 성격 발달단계를 제시하였다.

이처럼 프로이드(Freud)는 성격발달의 단계를 성적 발달의 관점에서 설명하고 있으며, 특정 단계에서의 만족이 지나치게 충족되거나 제대로 충족되지 못할 경우에는 성격의 고착이 나타난다고 주장하였다. 발달단계에 있어 한 단계에서 다음 단계로의 진행이 방해를 받으면 특정 단계에서 고착될 수 있고 이러한 고착이 성인기 성격에 직접적인 영향을 미치게 된다는 것이다. 특히 고착(fixation)은 심리적 에너지가 특정단계에서 과도하게 만족되었거나 지나치게 만족되지 못하여 좌절되었을 때 더 많이 일어난다. 고착된 에너지는 다음 단계로 이동하는데 사용할 수 없기 때문에 그만큼 발달이 지장을 받고 불완전해지게 되며[57], 이러한 고착은 한 개인이 완전한 성장에 도달할 수 있는 능력을 방해하게 된다. 프로이드(Freud)는 부분적 고착(partial fixation)과 퇴행(regression)이라는 보완적 개념을 제시하여 이를 설명하였다. 여기서 부분적 고착은 한 개인이 비록 성인기에 도달하였더라도 부분적 고착과 연관된 행동으로 되돌아가려는 성향을 보인다는 것이다. 또한 심리성적 발달단계에서 고착의 강도가 강할수록 그 시기로의 퇴행이 일어나는데, 여기서 퇴행은 여러 가지 갈등 상황에 직면했을 때 고착된 단계로 심리적 퇴행을 해서 그 단계의 욕구를 만족을 하게 된다는 것이다. 각 단계별 내용과 특징을 설명하면 다음과 같다.

1. 구순기
(oral stage: 출생~1세)

⬇

2. 항문기
(anal stage: 1~3세경)

⬇

3. 성기기
(phallic Stage: 3~6세경)

⬇

4. 잠복기
(latent stage: 6~11세경)

⬇

5. 생식기
(Genital stage: 사춘기)

1) 구순기 단계((oral Stage)

프로이드(Freud)의 심리성적 발달단계상 첫 단계는 구순기(oral phase)로 이 단계는 생후 약 1년까지의 시기에 해당된다. 이 시기에 성적 욕구를 충족하는 신체부위가 입에 집중되어 빨기, 삼키기, 깨물기 등 입으로 하는 행위를 통해 쾌감을 얻는다. 다시 말해 이 시기에 아이들의 생존 및 쾌락 획득과 밀접한 신체부위는 입, 입술, 혀라 할 수 있다. 따라서 아이들의 성감대는 구순(口脣) 영역에 집중되며, 빨기와 삼키기가 긴장을 감소시키고 성취하는 주된 전략이 된다. 따라서 입이 생존을 위한 쾌락의 주요 원천이 되고 구순 만족을 통해 신뢰와

[57] Hogan, R. 1976. Personality Theory: The Personological Tradition, NJ: Prentice-Hall.

낙관적인 성격을 쌓아가며, 본능적으로 빨게 되는 것이다(나이젤 C. 벤슨, 윤길순 역, 2003).

구순기는 초기와 후기로 나누어지며 초기는 주로 빠는데 쾌감을 느끼고 후기는 치아의 발달로 깨무는데서 원초적 욕망을 충족시킨다. 먼저 구순 초기단계는 출생 후 8개월 정도까지 지속되며, 이를 구순적 빨기 단계 또는 구순 동조적 단계라고 한다. 프로이드(Freud)는 빨기의 경우에 생존에 필요한 영양분을 섭취하는 것 이외에 또 다른 쾌락을 안겨주기 때문에 배가 고프지 않아도 가짜 젖꼭지나 손가락을 빨게 된다고 주장하였다. 프로이드는 이러한 쾌락을 자애적(autoerotic)이라 했으며, 1차적 나르시시즘(primary narcissism)과 일맥상통한다. 다음으로 생후 8개월이 지나면 치아가 나기 시작하면서 아이들은 좌절감을 경험할 때 깨물고 싶은 충동을 느끼게 되는데, 이 시기를 구순적 깨물기 단계 또는 구순 공격적 단계라 한다. 이 과정에서 공격성이 발달하게 되고 자신의 어머니와 분리된 존재라는 것을 인식하게 되는 동시에 어머니에 대한 개념을 발달시킨다.

구순기 초기인 구순 동조적 단계에서 과도하게 만족감을 얻거나 좌절한 경우 성인이 되었을 때 매우 낙관적이며, 타인을 믿고 의존하며, 모든 것을 희생해서라도 다른 사람들에게 인정을 받으려고 한다. 이러한 사람들은 수동적이며, 미숙하며, 안정감이 없고 타인들로부터 잘 속는 특징을 가진다. 이에 비해 구순 공격적 단계에 고착될 경우 논쟁적이고 비관적이며 상대방을 비꼬며, 자신에게 필요할 때까지 타인을 이용하거나 지배한다. 이처럼 구순기 초기의 욕구 충족이 과하거나 부족하게 되면 고착현상이 나타나는데 이 경우 청소년기에 음주나 흡연행위 같은 비행을 이른 나이에 저지를 가능성이 높으며, 성인이 되어서도 상습 음주 및 흡연자가 될 가능성이 높아진다. 또한 구순기 후기에 고착현상이 나타난다면 성인이 되어서도 타인을 심하게 비판하거나 꼬집거나 비판하는 성격을 보이기도 한다. 끝으로 프로이드(Freud)는 구순기 영역은 평생 동안 성감대로 남아있게 된다고 보았으며, 성인기에 나타나는 이러한 특징으로 손톱 물어뜯기, 껌 씹기, 흡연, 음주, 키스, 과식 등을 제시하였다.

2) 항문기 단계(anal stage)

전생식기의 2단계에 해당되는 항문기(anal phase)는 신경계의 발달로 괄약근을 스스로 조절하여 자신이 원하는 대로 배변이나 배뇨를 조절할 수 있기 때문에 배설행동, 다시 말해 배변의 보유 및 배설과 관련된 행동을 중심으로 성격이 발달한다. 이 시기에 아이는 부모로부터의 배변훈련(toilet training)을 통해 부모의 권위와 최초로 접촉하게 되어 원초자아(id)의 욕구가 처음으로 제약을 받는다. 다시 말해서 항문영역에서 성적 쾌감을 추구하는 아이와 청결 습관을 가르치려는 부모의 현실적 요구 사이에 일종의 싸움이 벌어지게 되는데, 그 과정에서 원초자아로부터 자아가 분화되기 시작한다. 아이들은 이 시기에 배변의 배설과 보류에서 쾌감을 경험하며, 신체근육이 성장하면서 배설과 보류를 조절하는 능력을 가지게 된다.

먼저 아이들은 자신의 본능적 충동의 만족을 방해하는 외부 세력과 직면하게 될 경우 배설과정을 무기로 사용함으로써 부모를 조정하는 법을 배운다. 예를 들어 변기가 없을 때 부모에게 변기를 달라고 요구하거나 시간 간격을 두고 변기에 앉아 착한 아이가 줄 최종의 선물인 배변을 초초하게 기다리게 하는데, 이를 항문적 배설단계라 한다. 이에 비해 항문적 보유단계에서는 배변을 통제하여 내보내지 않고 소유하는 것을 배우게 된다. 이처럼 항문기에서는 배변훈련을 통해 고착 여부가 결정되기 때문에 부모와 자녀 사이의 통제문제가 무엇보다 중요하다. 만약 이 단계에 고착될 경우 자신에게 지나칠 정도로 몰입하거나 타인에 대해 배려를 하지 못하는 성격을 가지게 된다.

항문기에 고착된 성격은 두 가지로 나타나는데, 먼저 부모가 지나치게 엄격하고 강압적인 배변훈련을 한 경우 일부러 지저분한 행동을 하여 부모에게 대항하기도 한다. 이를 항문폭발적 성격(anal expulsive)이라 하며, 이러한 성격을 소유한 사람은 불결, 무질서, 낭비, 그리고 잔인하고 파괴적인 성격을 초래한다. 이에 반해 부모가 정한 규칙에 동조하고 순응하는 아이들은 질서정연하게 정돈하고 결백한 행동을 하려는 강박적 욕구가 발달하여 지나치게 통제된 행동을 하게 된다. 이러한 성격유형을 항문강박적 성격(anal compulsive)이라 말하며, 자신의 분노감정을 표현하지 못하고 소극적이고 완고한 행동을 하고 결백성이나 깔끔한 성격의 특성을 가진다. 이러한 배변훈련과 달리 부모가 배변을 적절하게 조절할 경우에는 창조성과 생산성으로 연결되며, 관용, 자선, 박애행동을 보이는 성격을 소유하게 된다.

3) 성기기 단계(phallic stage)

전생식기의 마지막 단계인 성기기(phallic phase)는 3세에서 6세경까지의 기간으로 프로이드(Freud)는 이 단계를 매우 중요시했다. 이 시기에 아이들의 성적 관심과 흥분은 더욱 강해지고 성기에 성적 관심이 있으며, 자신의 성기를 관찰하고 남들과 비교하는 동시에 남녀의 성기가 다른 것에 많은 호기심을 가진다. 프로이드(Freud)는 이 단계에서 아이들은 이성의 부모에 대해 무의식적인 성적 소망을 가진다고 보았으며, 이 시기에 남자아이가 겪는 갈등 상황을 오이디푸스 콤플렉스(oedipus complex), 그리고 여자아이가 겪는 갈등을 엘렉트라 콤플렉스(electra complex)[58]라고 하였다. 이 시기에 동성의 부모를 적대시하고 이성의 부모에 대해 근친상간적 소망을 갖기 때문에 동성 부모와는 경쟁자로서의 관계로 인식하여 질투와 분노 등의 갈등을 경험하게 되는데, 이러한 갈등 관계의 형성은 아이의 성별에 따라 차이가 있다.

먼저 남자아이의 경우 초기에 어머니를 사랑하여 소유욕을 가지지만 어머니에 대한 사랑의 감정을 아버지가 용서하지 않을 것이라 여기고 보복을 두려워하며, 언젠가는 아버지가 자신을 해칠 것이라는 불안과 공포를 경험하게 된다. 이러한 불안은 아버지가 어머니를 사랑하고 있는 자신의 성기를 거세해 버리지 않을까 하는 공포로 나타나는데, 이러한 두려움을 거세불안(castration anxiety)이라 한다. 거세불안의 갈등 상황에서 남자아이는 어머니에 대한 근친상간적 소원과 아버지에 대한 적의를 억압을 통해 무의식적인 오이디푸스 갈등을 억누른다. 이러한 과정에서 남자 아이는 어머니에 대한 사랑과 성적 감정이 사회적으로 용인되지 않는다는 것을 인식하고 이러한 욕망을 무의식 속으로 억압해 버리고 순수하고 고귀한 사랑으로 승화시킨다.

결국 남자아이는 아버지에 대한 적대감을 억압하고 동일시함으로써 오이디푸스 콤플렉스를 해결하게 된다. 이러한 동일시 과정을 통해 나타나는 중요한 현상은 남자아이가 단지 아버지의 행동패턴만 모방하는 것이 아니라 옳고 그름에 대한 윤리적 판단까지 습득함으로써 초자아가 형성되기 시작한다는 점이다. 이처럼 남자아이가 자신을 아버지와 동일시하고 아버지의 가치관, 목표, 습관 등을 모두 받아들여 초자아가 더욱 발달했을 때 해결된다(나이젤 C. 벤슨, 윤길순 역, 2003; 오윤성, 2016). 만약 오이디푸스 콤플렉스가 해소되지 못하고 무의식 속에 잠재하게 되면, 사춘기 이후에 다시 이와 같은 행동이 나타나 결혼 또는 애정의 대상을 어머니와 비슷한 여성을 선택하는 경향을 보이기도 하고 연상의 여인을 사랑하기도 한다.

여자아이의 경우도 첫사랑의 대상은 어머니이다. 그러나 외부성기를 자각하는 과정에서 자신의 성기가 이미 거세된 것으로 인식하며, 거세된 것이 어머니의 탓으로 돌리고 미워하게 된다. 그리고 자신의 음핵(clitoris)이 남근처럼 자랐으면 하는 공상과 동시에 자신에게 없는 것을 가진 아버지를 소유하고 싶어 하는데, 프로이드(freud)는 이를 남근선망(penis envy)이라고 하였다. 여자아이에 있어서 오이디푸스 콤플렉스(oedipus complex) 경향을 엘렉트라

58 오이디푸스 콤플렉스(oedipus complex)는 남자아이가 어머니를 성적으로 사랑하면서 경험하는 딜레마이다. 엘렉트라 콤플렉스(electra complex)는 딸이 아버지에게 애정을 품고 어머니를 경쟁자로 인식하여 반감을 갖는 경향을 가리키는 정신분석학 용어로 오이디푸스 콤플렉스와 대비되는 개념이다. 실제 제자 융(C. Jung, 1875-1951)이 엘렉트라 콤플렉스라는 용어를 사용했다. 프로이드 자신은 그 말을 사용하지 않았으며, 여아의 경우도 오이디푸스 콤플렉스라고 불렀다.

콤플렉스(electra complex)라 한다. 이는 남자아이가 아버지에 대해 느끼는 질투심에 대한 상대적 개념으로 여자아이가 어머니에 대해 느끼는 질투심을 말한다. 그러나 여자아이가 아버지에 대한 성적 애착을 가지고 있더라도 어머니와 동일시하는 현상이 나타나는데, 이는 여자아이가 어머니의 다양한 특성을 닮고 배워서 더 여성적으로 변모함으로써 아버지에 대한 어머니와의 애정경쟁에서 유리할 수 있다고 믿기 때문이다. 아버지를 사랑하고 어머니와 경쟁하는 아이들도 동일시와 승화 과정을 통해 엘렉트라 콤플렉스를 해소한다. 하지만 이것이 억압되어 있을 경우 사춘기 이후 무의식으로부터 노출되어 나이가 많은 연상의 남성을 좋아하는 경향을 보이기도 한다(김상균, 2008).

프로이드(Freud)는 성기기를 매우 중요한 단계라고 보았는데, 그 이유는 동성의 부모와 동일시하는 것이라고 보았으며, 이 과정에서 초자아의 분화가 이루어지고 동일시를 통해 아이는 부모의 이상과 가치를 받아들인다. 이 시기에 아이들이 외상적 갈등(traumatic conflict)을 성공적으로 해결하면 성적 역할의 동일시와 성적 정체감을 가질 수 있다. 이 단계의 발달과업을 적절하게 이행했을 때 성인이 되어 성행위를 통해 이러한 성적 욕망을 해소할 수 있고, 헌신, 충성심, 효도, 낭만적인 사랑 등의 감정을 표현할 수 있다. 그러나 성기기에 고착된 성인 남자의 경우에 경솔하며 과장되고 야심적이며 항상 남성다움을 유지하려고 노력한다. 또한 여성의 경우에는 성관계에 있어 순진하고 결백해 보이지만 난잡하고 유혹적이며 경박한 기질을 가지거나 자기주장이 강하여 남성을 능가하고자 많은 노력을 한다. 끝으로 프로이드(Freud)는 성기기 단계에서 발달과업을 적절히 수행하지 못할 경우 성인기가 되어 신경증을 일으키게 되는데, 특히 남성의 경우에 성적 무기력과 여성에 대한 불감증의 원인이 된다고 보았다.

핵심

- 오이디푸스 콤플렉스: 남자아이가 어머니를 성적으로 사랑하면서 경험하는 딜레마. 이때 남자아이는 아버지를 경쟁자로 생각하고 적대적인 감정을 가짐. 그러나 아버지와의 관계 때문에 아이는 거세불안을 느낌- 적절 방어기제를 사용하여 해결할 수 있음
- 엘렉트라 콤플렉스: 아버지와 사랑에 빠져 어머니에게 적개심을 품음. 여자아이도 거세불안을 느끼지만, 남근이 없다는 인식에서 출발하기에 남자아이가 느끼는 거세불안과는 다름. 유아기 때 남근이 거세당했다고 믿고 어머니를 비난, 그리고 남자아이보다 열등하다고 생각하는데, 이를 남근선망(penis envy)이라 함
- 거세불안: 남자아이가 자신의 어머니와 나눈 성적 관계를 아버지가 알게 되면 자신의 성기를 제거할지 모른다는 두려움

오이디푸스 콤플렉스(Oedipus Complex)

성기기는 정상적인 발달과정에서 매우 중요한 단계이다. 지크문트 프로이드는『꿈의 해석: Die Traumdeutung, (1899)』에서 이 개념을 도입했다. 이 용어는 그리스 신화에 나오는 테베의 영웅 오이디푸스의 이름에서 따온 것이다. 그리스 신화에서 테베스왕이 아들을 낳았는데, 그 아들이 장차 자신을 죽이고 왕이 된다는 신탁을 받았다. 그 아들이 바로 오이디푸스다. 오이디푸스는 왕에게 버려져 자신이 왕자인줄도 모르고 성장했다. 그리고 나중에 이 사실을 모른 채 아버지를 죽이고 어머니인 왕비와 결혼했다. 오이디푸스는 후에 이 사실을 알고 비통해하며 자신의 눈을 찔러 장님이 되었고 테베를 떠나 사막을 방황하게 된다.

여성에게 나타나는 이와 비슷한 현상은 엘렉트라 콤플렉스라고 하는데 이 용어는 자기 어머니의 살해를 도운 또 다른 신화 속의 인물 이름을 딴 것이다.

출처: https://ko.wikipedia.org/wiki/

4) 잠복기 단계(latency stage)

잠복기(latency phase)는 전생식기와 생식기의 중간 단계로 일반적으로 6~12세까지를 말하며 통상 5세경 오이디푸스 콤플렉스(oedipus complex)를 극복하게 된다. 잠복기에는 이전 단계에서 가졌던 성적 충동이 억압되어 무의식 속으로 잠복하는 휴지기에 들어선다. 이와 같은 유아적인 성적 에너지가 무의식 속으로 갇히게 되는 이유를 프로이드(Freud)는 생리학적 발달에 기인하는 것으로 보았다. 하지만 성기기의 충격적인 정신적 외상에서 벗어나 평온한 상태를 유지하기를 원하는 아동의 심리적 요인에 기인한다는 해석도 있다. 그러나 이러한 성적 소망은 완전히 없어지는 것이 아니고 그 강도가 약화될 뿐이다. 일반적으로 아이들은 성장하면서 같은 성의 부모가 경쟁자가 아니라는 사실을 깨닫고 다른 성의 부모를 소유하려는 욕구를 포기하게 된다.

이 시기는 발육과 성장, 지적인 활동, 친구와의 우정 등에 집중되어 성적인 관심은 줄어들며, 이드(id)가 약해지고 자아와 초자아가 강해진다. 이성에 대한 관심이 낮아지고 동성 또래와 놀이를 하며, 이 과정에서 삶에 필요한 사회기술을 습득한다. 부모에 대한 성적인 관심은 애정, 존경, 헌신으로 바뀌면서 오히려 또래 친구들이 동일시의 주요 대상이 되어 이들로부터 큰 영향을 받는다. 잠복기에는 특별한 고착현상이 나타나지는 않지만 잠복기에 고착될 경우에 성인이 되어 이성에 대한 정상적인 관심을 발달시키지 못하고 동성 간의 우정에 집착할 수도 있다. 이후 12세경에는 남녀 모두 생식기관에 생리적 변화가 일어나게 되며 소위 사춘기가 시작되면서 성본능의 에너지가 증가하게 된다. 특히 잠복기에 이르게 되면 원초자아, 자아, 초자아간의 관계가 정립된다.

5) 생식기 단계(genital stage)

생식기(genital phase)는 프로이드가 주장하고 있는 단계 중 최종적인 단계로 통상 12세 후반에서 노년기까지를 모두 포함한다. 구순기부터 성기기까지는 자기애적 성본능이 강한 전생식기(pregenital phase)에 해당되고 사춘기 기간 동안 지속되는 생식기에는 정신적 사랑(platonic love)을 포함한다. 사춘기에는 남성과 여성호르몬의 분비가 많아짐에 따라 2차적 성적 특징이 발달하게 됨으로서 잠복기에 억압되었던 성적 관심이 다시 되살아나고 성적 쾌감을 유발했던 성감대는 생식기를 포함한 전신으로 확대되고 더욱 성숙해진다. 또한 생식기는 지속적으로 성생활을 영위하면서 개체의 사회화가 조성되는 시기라고 할 수 있다. 이 단계의 중요한 특징은 생산적으로 활동하거나 깊은 사랑을 하고 성적 오르가즘을 느낄 수 있는 능력이 형성된다는 것이다.

단계	연령	성감대	주요활동	갈등의 장	방어기제	성격특성
구순기	출생- 18개월	입, 혀, 입술	받기, 먹기	음식섭취	투사, 내면화	낙천-비관 어수룩함-의심 능동적-수동적 감탄-시기
항문기	18개월- 3세	항문	주기, 보유	배변훈련	반동형성, 격리	인색-관대 고집-순종 청결-불결 정확-애매
성기기	3-5세	성기	이성교제	오이디푸스 엘렉트라	억압	허영-자학 자신-소심 저돌-우유부단 순결-음란 남성적-여성적
잠복기	6세- 사춘기	성본능 잠재, 성본능과 관련 없는 기술습득				
생식기	사춘기	전신	성교	오르가즘	승화	성숙-미성숙 적응-부적응

일반적으로 집단 활동을 통해 인간관계를 형성하고 나아가 결혼을 통하여 가정을 꾸리며 책임감을 가지고 배우자와 자녀 등 가족에 대한 부양을 하게 된다. 나아가 사회생활

중 직장에서의 승진이나 책임감을 가지고 한 인간으로서의 삶을 영위하게 되는 시기라 할 수 있다. 이 시기에 억압된 이성부모에 대한 사랑과 갈망이 고개를 들지만, 자아와 초자아가 남근기 때와 비교가 안 될 정도로 강해져 있기 때문에 다양한 방어기제를 사용한다. 그 예로 남자아이가 어머니를, 여자아이가 아버지를 극도로 증오하게 되기도 하고, 이성부모에 대한 사랑이 선생님 등 다른 대상으로 대치되기도 한다. 동시에 같은 또래의 이성에 대한 관심도 커진다. 정신분석이론에서는 생식기적 성격을 가장 이상적인 성격 유형으로 보았으며, 이런 성격의 사람은 말하고 사랑할 수 있는 능력을 갖추고 있어 인간관계가 원만하고 책임감이 발달되어 이성과의 사랑이 만족스럽다고 보았다.

TIP 4 성적 에너지 '리비도(libido)'

리비도(libido)는 성욕 또는 성적 충동을 말한다. 그러나 심리학에서 사용하는 리비도는 사전적 의미의 성적 충동보다 훨씬 포괄적인 개념으로 사용된다. 리비도(libido)는 인간이 태어나면서부터 가지고 태어나는 생득적 에너지를 말한다. 원초자아(id)는 비합리적, 반사회적이고 본능적 충동의 무의식적 상태이며, 개체가 사회생활에 합리적으로 적응하면서 생존해 나가기 위해서는 어떤 형태로든 통제되거나 순응하도록 조정될 필요가 있다. 사회적 순응이나 적응을 위해서는 원초자아를 통제할 수 있는 의식적이고 합리적인 부분인 자아(ego)와 정신의 도덕적 부분이나 양심을 관장하는 초자아(super ego)의 존재가 필요하다.

리비도(libido)란 생명본능이 사용하는 갈등의 에너지이다. 기본적으로 인간이 지니고 있는 성적 욕구로, 프로이드가 제시한 리비도는 정신분석학 용어로 성본능(性本能), 성충동(性衝動)을 뜻한다. 이 말은 보통 말하는 성욕, 다시 말해 성기(性器)와 성기의 접합을 바라는 욕망과는 다른 넓은 개념으로 인간이 태어날 때부터 갖추고 있는 본능 에너지를 뜻한다. 원래는 라틴어로 욕망을 뜻하는 단어이다. 성적인 욕구가 내부로 향하느냐 외부의 객체에게로 향하느냐에 따라 자아 리비도와 대상 리비도로 나눌 수 있는데, 어떤 경우이든 욕망이 만족을 향해 움직일 때 동원되는 에너지 전체를 지칭한다.

오스트리아의 심리학자 프로이드는 인간이 두 가지 기본적 욕구를 지니고 있다고 하였는데, 하나는 공격욕구인 타나토스이고, 또 하나는 성욕구인 리비도다. 성적 본능의 에너지를 리비도(libido)라고 가정하고, 리비도가 사춘기에 갑자기 나타나는 것이 아니라 태어나면서부터 서서히 발달하는 것이라고 생각하였다.

다시 말해 성본능은 구강기 · 항문기를 통해 발달하다가 5세경 절정에 이른 후, 억압을 받아 잠재기에 이르고, 사춘기에 다시 성욕으로 나타난다고 한다. 인간의 자아에 의해 성욕구가 통제받기 때문에 상황에 따라 리비도는 억눌린다고 볼 수 있다. 리비도는 '긍정적이다와 부정적이다'로 구분할 수 없다. 한편 상황에 따라 도덕성과 리비도가 대립하게 되는데 이때 자아가 이를 조절하고 억제, 억압 등의 방어기제를 사용하게 되는 것이다.

또한 프로이드는 인간을 추동하여 생존해 나갈 수 있게 하는 생득적인 에너지가 있으며, 성적 행위는 그런 에너지의 발현으로 보고 있다. 인간이 가지고 태어나는 리비도는 수준이 인간 인격의 중심적인 측면이다. 인간이 그 에너지를 사용하는 방식도 인간의 인격(욕구와 욕망)과 행동(직업, 취미, 관심사)에 따라 달라진다(나이젤 C. 벤슨, 윤길순 역, 2003).

출처: 위키피디아 2015; 사회복지 용어사전(2017)

4. 방어기제(defense mechanism)와 범죄

정신분석이론에서는 사회적으로 인정할 수 있는 방법으로 공격적 충동의 표현을 허용하는 다양한 방어기제를 제시하고 있다. 사람은 누구나 정신적 안정 상태를 유지하려고 하지만 살아가는 과정에서 성적 충동이나 공격적 충동, 적개심이나 좌절감 등으로 인해 갈등을 경험한다. 따라서 스트레스로부터 자신을 보호하고 갈등을 일으키는 충동을 타협시키고 내적 긴장을 완화시킬 수 있는 다양한 심리적 방어기제를 사용하게 된다. 자아(ego)가 이와 같은 갈등과 불안에 대응하고 대처하는데 있어 사용하는 책략을 방어기제 혹은 자아방어기제(ego defence mechanism)라고 한다. 따라서 방어기제라 함은 자아가 자신의 불안을 감소시키기 위해서 사용하는 모든 범위의 정신적 전략을 의미한다. 일반적으로 방어기제는 자아(ego)가 원초자아(id)를 억누르려고 할 때의 불안, 위압적인 초자아(super ego)의 명령에 복종할 수 없을 때의 죄의식, 냉엄한 현실의 도전을 받을 때의 치욕감 등에서 도피하려고 하여 자신의 강함이나 정상임을 가장하려고 할 때 방어기제가 생긴다. 여기서는 프로이드(Freud, 1926) 등이 제시한 방어기제의 종류를 고찰하고 방어기제의 사용 여부가 범죄와 관련이 있는지를 살펴보았다.

1) 심리적 방어기제(defence mechanism)

심리적 방어기제(defence mechanism)라는 용어는 프로이드의 논문 『방어의 신경정신학, 1894』에서 처음 사용되었다. 방어기제는 정신내적 갈등의 원천을 왜곡, 대체, 차단하는데, 이는 무의식적으로 채택되며 한 가지 이상의 방어기제가 동원되는 경우가 많다. 이러한 방어기제는 불안과 긴장을 감소시킬 뿐만 아니라 자아를 보호하려는 것으로 수용하기 힘든 본능적 충동을 의식하지 않도록 도와준다. 또한 원초자아(id)와 초자아(super ego) 사이에 여러 가지 갈등이 발생될 때 자아(ego)가 심리적으로 자신을 방어하기 위해 사용하는 것을 의미하며, 사회적응을 도모하고 정신건강을 향상시키기도 한다[59]. 모든 방어기제에는 두 가지 특징이 있는데, 하나는 무의식 수준에서 작용하기 때문에 자기기만적이다. 다른 하나는 현실의 지각을 왜곡하고 부정하거나 거짓으로 만듦으로써 불안을 감소시킨다.

심리적 방어기제의 종류가 관련해 프로이드(Freud, 1926)가 관심을 가졌던 방어기제에는 퇴행, 억압, 반동형성, 투사, 합리화 등이 있다. 이밖에 안나 프로이드(Anna Freud, 1936)가

---

[59] Taylor, B. and Brown, A. 1989. Social Casework and Environmental Cognition, *Social Work*, 34: 463-467.

자아와 증상형성의 관계를 밝히면서 퇴행, 억압, 반동형성, 고립, 투사, 내사, 승화 등의 방어기제를 주장하였다[60]. 그 이후 자아와 자동화된 기능에 초점을 두었으며(Hartman, 1945), 죄책감과 관련된 전치, 반동형성 등의 방어기제가 포함되었다(Fenichel, 1945). 정신분석이론에서 제시하고 있는 주요 방어기제를 살펴보면 다음과 같다.

① 억압(repression)

억압(repression)은 망각의 한 형태로 프로이드(Freud)에게 있어 가장 중요한 메커니즘이었다. 정신분석학에서 다루는 가장 중요한 방어기제인 억압은 본인이 현실을 의식하기에, 처한 현실이 너무 고통스럽거나 충격적인 경우 이를 무의식속으로 가두어 버리고 눌러버리는 것을 말한다. 다시 말해서 억압은 갈등 상황을 해결하기 위하여 가장 많이 사용하는 무의식적 정신기제로 이를 통해 자아는 고통스럽거나 위협적인 충동, 감정, 소원, 환상, 기억 등을 무의식속으로 밀어내어 의식화되는 것을 막아준다. 억압은 기타 방어기제나 신경증적 증상의 기초가 된다. 억압은 끔찍한 기억이나 두려운 것 또한 원하지만, 근친상간 등과 같이 죄책감을 유발하는 생각이 떠오르지 않도록 막아준다.

억압[61]의 전형적인 예는 기억상실이며, 귀찮은 과제를 하지 않고 '깜박 잊었다'고 말하는 경우도 여기에 해당된다. 또 다른 예로 보기 싫은 사람과 만나기로 한 약속이 한참 지나서야 생각나는 경우라든가, 어릴 때 나쁜 기억이 있는 사람의 경우 어른이 되어서도 의식적으로 기억이 나지 않는다면 억압적 방어기제를 사용하고 있다고 본다. 특히 의식적으로 받아들일 수 없는 욕망, 감정, 기억, 사고 등을 무의식 영역으로 보내 이를 배제하는 기제로 죄책감, 수치심, 자존심을 상하게 하는 경험일수록 억압되기 쉽다. 이밖에도 저명인사를 소개하는 시간을 잘못 기억하는 것도 여기에 해당된다. 이밖에 히스테리성 기억상실증을 들 수 있는데, 환자는 불안하게 될 만한 일을 행하거나 목격하고 난 뒤에 그 일 자체와 그때의

[60] 안나 프로이드(Anna Freud, 1965)는 방어기제가 정상적인지 또는 병리적인지는 ①한 가지 방어기제를 사용하는지 혹은 여러 가지 방어기제를 사용하는지와 관련된 균형, ②방어의 강도, ③사용한 방어기제의 연령 적합성, ④위험이 사라졌을 때 사용한 방어기제를 철회할 수 있는 가능성 등 네 가지 요소를 근거로 판단해야 한다고 주장하였다. 또한 방어기제들 간에는 위계적 서열이 있다고 보았으며, 그녀가 제시한 위계적 서열은 합리화, 억압, 대치, 동일시, 전환, 지성화, 반동형성, 취소, 내면화, 투사, 부정의 순이다(Freud, A. 1965. Normality and Pathology in Childhood, NY: International University Press; 김동배 · 권중돈, 2005: 308 참조).

[61] 억압과 유사한 방어기제로 억제(suppression)가 있다. 의식과 무의식의 경계에서 억압이 무의식적으로 생각과 느낌을 눌러버리는 것이라면, 억제는 의식적으로 생각과 느낌을 눌러버리는 것을 의미하기 때문에 억압과는 구별된다. 예를 들어 실연, 창피를 당한 기억들을 머리에서 지우려고 하는 경우는 억압이 아닌 억제이다(김동배 외, 2005: 308; 오윤성, 2016: 74 참조)

주위상황을 완전히 잊어버린다. 프로이드 심리학에서 말하는 억압은 모든 신경증적 행동, 정신지체 관련 질병 및 심리성적 장애들과 연결되는 방어기제라 할 수 있다.

② 투사(projection)

투사(projection)는 가장 원초적인 방어기제로 프로이드의 제자였던 융(Jung)은 분석심리학에서 투사가 가장 중요한 방어기제라고 주장하였다. 투사는 자신에게 내재되어 있는 심리적 속성이 타인에게도 있을 것이라는 전제하에서 행동하는 것이다. 투사는 스스로 용납할 수 없는 욕망, 생각, 느낌을 자기가 아닌 다른 사람으로 옮겨서 설정해 놓은 방어기제로 자기의 죄책감으로부터 방어하기 위한 개념이며, 공포와 좌절, 나쁜 경험들을 투사할 수 있다. 자신이 실제로 적의감을 가지고 있었지만 이를 인정하기 보다는 다른 사람이 자신에게 적의감을 가지고 있는 것으로 착각하는 망상증 증세를 보이는 것이 특징이다[62]. 이러한 방어기제를 즐겨 사용하는 사람들은 경험적 연구를 통해 성격적으로 인색하고 고집스러우며, 혼란스럽고 수줍어하는 특질을 소유하고 있는 것으로 밝혀졌다. 일상생활에서 다른 사람에게 폭행을 한 사람이 과음 때문이라고 한 것과 같은 것이 투사라 할 수 있다(조철옥, 2010).

투사와 관련한 예로 부모에게 혼이 난 아이는 이 경험을 토대로 자신이 통제하는 위치에 서게 되면 통제의 대상인 인형을 상대로 똑같은 잔소리를 해댈 수 있다. 그리고 부정행위 등으로 배우자에게 불성실한 사람이 자신의 배우자도 불성실할 것이라는 가정 하에 배우자를 비난하는 형태이다. 주로 바람을 많이 피우는 남성이 배우자의 일거수일투족에 더욱 관심을 가지고 통제하려는 형태가 대표적인 것이다. 이처럼 자신이 수용할 수 없는 사고나 충동을 다른 사람에게 전가하는 기제로 다른 사람에게 상처를 주려는 사람은 오히려 자신이 상처를 받았다고 느끼는 것도 투사의 한 형태이다. 또한 특정지역 사람들은 배신을 잘한다는 편견으로 미워하거나 조직에서 중요하지 않다든지 하는 사회적 편견, 몇 사람을 희생양으로 삼아 문제를 봉합하는 것은 투사의 좋은 실례이다. 이밖에도 부도덕한 성적 충동을 강하게 억압하고 있는 여성이 '남자는 모두 도둑이다'라고 말하는 경우도 투사라고 할 수 있다.

③ 부정(denial)

부정(denial)이란 자신에게 너무나 고통스러운 상황이 닥쳤을 때 이를 인정하지 않음으로써 자신을 보호하려는 방어기제이다. 가장 원시적인 방어기제의 하나로 아동이나 심한 정

---

62 Pervin, Lawrence A. 1975. Personality: Theory, Assessment, and Research. John Wiley & Sons, Inc.: 162.

서 장애인들이 주로 사용한다. 현실에 존재하는 위험이나 불쾌한 현실을 부정함으로써 불안을 회피하고 편안한 상태를 유지하려는 방어기제이다. 예를 들어 사랑하는 사람이 죽었다거나 자신을 배신하였을 때 느끼는 고통으로부터 자신을 보호하기 위해 이러한 현실을 애써 인정하지 않으려는 시도가 여기에 해당된다. 일반적으로 시간이 점차적으로 경과함에 따라 현실을 인정하게 되나 현실을 지속적으로 인정하지 않게 되면 여러 가지 문제에 봉착하게 된다. 또 다른 예로 아들이 강도짓을 하다가 체포되었다는 연락을 받고 절대 아니라고 하면서 실신하는 부모의 경우와 자식의 죽음을 인정하지 않고 잠시 다른 곳으로 갔다고 말하는 부모, 불치병 환자가 시한부 삶인 줄 알면서 미래를 화려하게 계획하는 것 등이 부정에 해당한다. 현실 부정은 자신에 대한 위협적인 현실을 인정하지 않으려는 곳에서 흔히 나타난다. 한 예로 가까운 친구의 사망 소식을 접한 사람이 아니라고 부정하는 것은 부정의 반사적 행동이다. 어린 아이가 애완동물이 죽은 것을 알고도 오랫동안 그 동물이 살아있는 것처럼 행동하는 것도 현실 부정이라 할 수 있다. 프로이드(Freud)는 부정이 어린아이나 미성숙한 성인에게서 전형적으로 나타나지만 성숙한 성인도 극히 고통스러운 상황이 발생할 때 부정 기제를 사용한다고 주장하였다.

④ 고착(Fixation)

고착(fixation)은 어린아이에게 더 이상 성장이 좋지 않다는 느낌을 주는 과도한 충족에서 비롯되거나 더 어린 시절로 퇴행하게 하고 그 시점에 머물게 하는 욕구좌절의 경험에서 비롯된다고 보았다(Norman Cameron, 김기석 역, 1980). 또한 어떤 스트레스 상황에 처했을 때 성격발달 과정이 중단된 상태를 고착(Fixation)이라 한다. 성격발달 단계 중 어느 한 단계에 머물러 다음 단계로 발전하지 않음으로써 다음 단계가 주는 불안에서 벗어나려는 방어기제이다. 일반적으로 어린아이의 경우 자연스럽게 성장해 나가는 것이 정상적이지만, 성장해 가는 과정에서 다음 단계로 발전해 가는 것에 대해 불안감을 느끼고 현 단계에서 머물러 유아기에 병적으로 집착하는 것을 고착이라고 한다.

항문기의 고착 사례를 보면, 어린아이에게 강제로 배변을 보게 하면 무엇이든 양보하지 않으려는 고집이 생길 수 있으며, 성인이 되면 무엇이든 쌓아 두는 구두쇠가 될 수 있다. 이와 반대로 지나치게 규칙적으로 변을 보게 하면 강박적으로 시간을 지키거나 아니면 반대로 항상 늦는 사람이 될 수 있다. 또한 청결을 지나치게 강조하면, 항상 청결과 단정함에 신경을 쓰는 강박적인 성격이 되거나 반발심에서 항상 지저분한 사람이 될 수 있다(나이젤

C. 벤슨, 윤길순 역, 2003). 고착의 경우 결혼한 이후에도 자신이 감당할 수 없다고 여기는 어떤 상황이 발생하면 부모, 특히 어머니에게 의존하는 남성, 소위 마마보이나 모든 일을 친정에 의존하는 여성들이 여기에 해당되는데 어른이 되기를 거부하는 피터팬 증후군(Peter pan syndrome)과 관련이 있다(선안남, 2014).

➲ 피터팬 증후군(Peter pan Syndrome)

피터팬 증후군(Peter Pan syndrome) 또는 콤플렉스는 몸은 성인이되 성인이 되기를 거부하고 어린이나 소년이 되기를 원하는 심리상태 또는 그러한 행동을 말한다. 어른이 된 후에도 사회에 적응을 하지 못한 채 어린아이와 같은 행동을 하는 사람들에게서 볼 수 있는 특성이다. 이러한 사람들은 책임감이 없고, 항상 불안해하며, 쉽게 현실에서 도망쳐 자기만의 세계에 빠져드는 경향을 보인다.

피터팬 증후군은 1970년대 미국남성을 중심으로 그 경향이 보이기 시작했다. 1980년 이후에는 일본에서도 젊은 남성들 사이에 그런 경향이 확산되었는데, 일본은 1980년의 경제위기 이후 장기적 침체와 함께 피터 팬 증후군이 확산되었다. 피터 팬 증후군이 발생한 원인으로는 미국에서 페미니즘이 정착하고 여성의 자립이 일반화되는 동시에 주부들의 자립정도 또한 높아졌는데, 이에 따라 가정의 불안정이 심화된 것, 학교교육과 가정교육이 제기능을 발휘하지 못하게 된 것을 들 수 있다.

⑤ 합리화(rationalization)

합리화(rationalization)란 잘못된 견해나 행동 따위에 대하여 그럴듯한 이유를 대어 정당화시키는 것으로 개인의 심적 불안과 위협을 현실왜곡을 통해 해소하거나 방어하는 기제를 말한다. 그러한 행동의 근본적 원인은 현실에 더 이상의 실망을 느끼지 않으려고 나름대로의 구실을 만드는 것이다. 개인이 처한 상황과 자신의 능력을 비교해 보고 더 이상 정상적으로 나아가는 것이 불가능하다고 생각하였을 때 비합리적이거나 자신의 행위를 정당화시키기 위한 이유를 대는 행위이다. 이솝우화에 나오는 여우와 신포도에 관한 우화가 합리화의 대표적인 예라 할 수 있다. 자신의 행동으로 좌절하거나 비판 상황에서 실제 동기를 받아들이기 어려울 때 진정한 동기를 감추기 위해 그럴듯한 이유를 제시하는 방어기제로 종종 변명으로 나타날 수 있다. 예를 들어 시험에 불합격한 학생은 실제 이유를 의식적으로 인정하기보다 오히려 교수의 가르침이 잘못되었다고 믿는 경우도 일종의 자기 합리화다.

+ Plus 여우와 신포도

'굶주린 여우가 길을 가다가 포도를 발견했다. 그런데 불행하게도 그 포도는 너무 위쪽에 달려 있어 여우의 손길이 닿지 않았다. 여우는 포도를 따기 위해 수십 번 시도를 했지만 모두가 헛일이었다. 마침내 포도를 포기한 여우는 "저건 분명 신포도일거야"라고 중얼거리며 가던 길을 갔다.' 이 우화는 포도를 따먹고 싶었지만, 이를 이루지 못하자 마치 그 포도가 신포도라 안 따먹는 것처럼 자기를 합리화하는 여우의 심리를 표현한 것이다.

이러한 행동을 두고 심리학에서는 스트레스 해소를 위해 자기합리화라는 방어기제가 발동했다고 분석한다. 일반적으로 스트레스는 바라는 욕구가 있으나 원만히 해결되지 않는 상황에서 나타난다. 합리화의 방어기제 유형에는 신포도형, 달콤한 레몬형, 투사형, 망상형 등이 있다. 신포도형(sour grapes)은 어떤 목표를 달성하려 했으나 실패한 사람이 자신은 처음부터 그것을 원하지 않았다고 변명하는 경우다. 달콤한 레몬형(sweet-lemon)은 자기가 현재 소유하고 있는 것이야말로 바로 그가 원하던 것이라고 스스로 믿는 것을 말한다. 투사형(projection)은 자신의 결함이나 실수를 다른 대상에게 책임을 전가하는 유형이며, 망상형(delusion)은 원하는 일이 마음대로 되지 않을 때 자신의 능력에 대해 허구적인 신념을 가짐으로써 실패의 원인을 합리화한다.

출처: 강원도민일보(2011. 10. 11 일부 발췌), 천남수, 사회조사연구위원

인간 정신의 합리화 메커니즘을 최초로 실험을 통해 밝힌 페스팅거(Leon Festinger)에 의하면, 인간은 자신의 마음속에서 양립 불가능한 생각들이 심리적 대립을 일으킬 때, 적절한 조건하에서 자신의 믿음에 맞추어 행동을 바꾸기보다는 행동에 따라 믿음을 조정하는 동인을 형성한다고 주장하였다. 그는 인간이 평생 자신의 믿음과 일치되는 정보에만 관심을 기울이고, 주변에 자신의 믿음을 지지하는 사람들과 어울리며 이미 자신이 저질러 놓은 것을 의심케 하는 모순된 정보는 무시한다고 주장했다(Lauren Slater, 조중열 역, 2004). 특히 합리화 방어기제에서 행동은 보이지만 동기는 나타나지 않는다는 것이 특징이다. 다시 말해서 사람들은 합리화 기제를 통해 자신의 불순한 동기를 감추고 착한 행동을 할 수 있는 존재라는 점이다. 사람으로 하여금 겉으로는 도덕성과 윤리를 지배하는 초자아를 배반하지 않고 위험한 충동을 행동으로 표현할 수 있게 한다. 한 예로 친구의 잘못을 선생님께 말한 것은 내가 그렇게 해야 할 의무 때문이었다고 그럴듯한 이유를 들지만 사실상 친구와의 경쟁에서 이기려고 하는 욕망이 실제적인 이유인 것이다.

⑥ 퇴행(regression)

퇴행(regression)은 자신을 보호하기 위하여 비교적 단순한 초기의 발달단계로 후퇴하는 행동이다. 다시 말해 실패가능성이 있거나 불안한 상황에 대한 해결책으로 초기의 발달단

계나 행동양식으로 후퇴하는 것을 말한다. 퇴행은 고착과는 달리 이미 성장하여 그 성장단계를 지나왔음에도 불구하고 불안이 예상될 때는 무의식적으로 이미 지나온 과거의 단계로 다시 돌아감으로써 예상되는 불안에서 벗어나려는 방어기제이다. 퇴행의 경우 위협은 전초자아(id)의 충동보다 외부 현실에 존재하는 경우가 많다. 이처럼 퇴행은 심리적 위협에 직면하여 미성숙하고 어린아이와 같은 행동패턴으로 돌아가는 것을 의미한다(조철옥, 2005).

예를 들어 둘째 동생을 본 어린아이는 지금까지 부모로부터 받아왔던 사랑과 관심이 자연적으로 새로 생긴 동생에게 옮겨갈 것이라는 생각을 하게 된다. 그 결과 부모로부터의 사랑을 다시 찾아오기 위해 또는 자신에게 관심을 끌기 위해서 지금까지 잘 가리던 대소변을 가리지 못하는 행동을 할 수도 있다. 이러한 행동은 오히려 발달의 반대방향으로 가는 현상으로 심각한 정신병 환자가 태아의 자세로 누워있는 것도 안락했던 어머니의 자궁 속으로 되돌아가고자 하는 욕망에서 비롯된 퇴행행동으로 설명하고 있다. 손가락이나 연필, 사탕을 빨고 지나치게 흡연을 하고 술을 마시는 것도 일종의 구강기로의 퇴행이라고 할 수 있다(나이젤 C. 벤슨, 윤길순 역, 2003). 어른 환자가 간호사에게 아이처럼 졸라대는 모습과 남편과 처음으로 말다툼을 한 신혼주부가 다시 친정집으로 돌아감으로써 편안함을 찾으려 하는 것도 일종의 퇴행이다.

⑦ 승화(sublimation)

승화는 충동과 갈등이 발생했을 때 이러한 감정을 그대로 표출하게 된다면 여러 가지 문제를 야기할 가능성이 큰 경우 이를 사회적으로 인정되는 형태와 방법을 통해 발산하는 것을 의미한다. 각 개인이 사회적으로 용납할 수 없는 근본적인 충동을 사회적으로 용납된 행동으로 표현함으로써 적절하게 전환시키는 자아기능이라 할 수 있다. 만일 공격적 충동을 타인에게 불법적으로 표출하게 된다면 폭력행위나 살인 등 법을 어기는 결과를 초래하게 된다. 그러나 이를 한 단계 더 높은 차원으로 격상시켜 사회화하면 다른 방법으로도 얼마든지 합법적으로 발산시킬 수 있다는 사실을 인식하고 이를 실행하는 것이다. 이처럼 승화는 충동의 표현을 억제하지 않고 충동의 목표와 대상을 바꾸기 때문에 건강하고 건설적인 책략으로 간주된다.

예를 들어 정신분석이론에서는 성적 충동에서 나오는 에너지를 예술, 전문 연구 등 사회적으로 더 가치 있는 일에 쓰일 수 있다고 설명하고 있다. 승화는 방어기제 중 가장 능률적이고 창조적인 것, 가장 건전하고 바람직한 기제로 공격적인 충동을 운동으로 전환하거나 성적 욕구를 예술로 승화하는 것이 대표적이 예다. 다시 말해서 일상적인 생활에서의 승화의 예는 운동이나 정원 가꾸기로 스트레스나 분노를 없애는 것이다. 프로이드는 레오나르도 다빈치의 모나리자 상을 자신의 어머니에 대한 사랑의 승화로 해석했다. 승화의 대표적인 예는 타인에게 자주 폭력을 행사하여 교정시설에 수용중인 재소자가 자신의 폭력 충동과 갈등이 발생하는 것을 권투로 승화시켜 선수로 출전해 우승한 것이다. 미국의 유명한 복서 중 할렘 가에서 폭력을 행사하다가 권투로 진출해 성공한 사람들이 이에 해당한다. 프로이드(Freud)는 모든 문화적 노력과 성취가 승화된 원시적 충동의 결과라고 주장하였다.

⑧ 반동형성(reaction formation)

반동형성(reaction formation)은 용납할 수 없는 감정이나 충동을 정반대의 감정이나 행동으로 대체시켜 표현하는 방어기제이다. 반동형성도 억압과 마찬가지로 어떤 충동을 의식에서 추방하는 것이다. 반동형성은 주체가 가지고 있는 무의식적 소망이나 좋아하거나 싫어하는 방향과 반대되는 쪽으로 행동하는 방어기제로 받아들여질 수 없는 충동이나 생각, 감정을 그것과 반대가 되는 측면을 강조하거나 과장함으로써 자신의 원래 생각을 숨기고 불안을 억누르는 것이다. 반동형성은 먼저 받아들일 수 없는 충동을 억압하고 그 다음으로 반대적인 행동이 의식적 차원에서 표현되는 두 단계를 거친다. 사랑은 증오로, 지배는 복종으로, 애정은 증오로, 관심은 무관심으로, 질책은 칭찬으로 표출되는 형태이다.

예를 들면, 원하지 않는 아이를 가진 어머니의 경우 아이를 원하지 않았었다는 죄책감 때문에 아이를 지나치게 염려하고 보호함으로써, 아이와 자신에게 좋은 어머니라는 인상을 남기려 한다. 이러한 반동형성을 통해서 자신의 감정을 남에게 드러내지 않음으로써 자신을 보호하게 된다. 우리 속담에 미운 놈 떡 하나 더 준다는 말이 있다. 초등학교 시절 자기가 좋아하는 여자아이에 대해 고무줄을 끊는 행동 등을 통하여 오히려 괴롭힘으로써 자신의 관심이나 사랑을 표시하는 행동, 조직에서 인간관계를 맺는 과정에서 자신이 싫어하는 대상에게 일부러 호의를 베푸는 등의 행동이 대표적인 것으로 강한 부정은 강한 긍정이라 할 수 있다. 자신을 학대하는 남편 앞에서 그를 매우 사랑하는 것처럼 행동을 하는 것도 반동형성의 예라 할 수 있다. 이밖에 엄청난 금품 제공에 갈등하는 공직자가 청렴성은 공직자의 최고 덕목이라고 거창하게 열변을 토하는 것도 일종의 반동형성으로 볼 수 있다.

⑨ 전치(displacement)

전치(displacement) 혹은 전위는 자신이 원했던 원래의 목표나 인물 대신 그것을 대치할 수 있는 다른 목표나 인물에게 에너지를 쏟아놓는 방어기제이다. 다시 말해 에너지를 다른 활동으로 돌리는 것으로 원래의 불안대상에서 그것보다 위협이 적은 다른 대상으로 방향을 바꾸는 것을 의미한다. 자신의 감정에 충실하여 그러한 감정을 불러일으킨 원인과 전혀 관련 없는 다른 대상에게 자신의 감정을 발산함으로써 자신의 감정을 해소하는 것이다. 다시 말해서 어떤 것에 좌절하거나 어떤 사람에게 화가 났을 때 그것을 다른 사람에게 분풀이하는 것이다. 일반적으로 전치와 대치는 유사하지만 대치는 대체물이 되는 대상 자체를 강조한 반면, 전치는 대상에 대한 감정에 강조점을 두고 있다[63].

이러한 방어기제를 통하여 자신에게 쌓인 분노와 감정의 찌꺼기를 말끔히 청소하게 된다. 한 예로 '프랑스에서 실업률이 최고에 달했을 때 고양이가 없었다'라는 말은 자신을 실직시킨 대상에게 화풀이를 할 수 없는 소시민들이 애꿎은 고양이에게 화풀이를 해서 살아남은 고양이가 없었다는 것이다. 우리나라 옛 속담에 종로에서 뺨 맞은 사람 한강에서 눈을 흘긴다느니, 시어머니에게 혼난 며느리가 부뚜막의 강아지에게 발길질한다는 말이 전치의 예로 자주 인용되고 있다. 또 다른 예로 자신의 도덕적 타락에 대해 강한 무의식적 죄책감을 느끼는 사람이 하루에도 몇 번씩 손을 씻는 경우, 마음에 들지 않는 부하 직원이 작성한 기안문서에서 오탈자를 집중적으로 찾거나 넥타이를 비롯한 옷매무새를 지적하는 것도 전치에 해당된다.

⑩ 보상(compensation)

보상(compensation)은 심리적으로 어떤 약점이나 제약이 있는 사람이 이를 보상받기 위하여 다른 어떤 것에 몰두하는 방어기제이다. 남보다 못한 내가 더 열심히 사는 방법으로서의 보상은 프로이드(Freud)보다는 아들러(Alfred Adler)의 개인심리학에서 언급되고 있는 중요한 방어기제로 개인이 가진 정신적, 신체적, 환경적 열등감을 해결하기 위해 이를 보완하는 측면에서 다른 측면을 더욱 열심히 함으로써 대체하게 된다. 자신의 실제 혹은 가상의 결점을 다른 것에 몰두하여 우월감을 채우려는 것이다. 예를 들어 자신의 부모에게 효도를 하지 못한 불효자가 이웃의 홀로된 노인을 극진히 부양하는 것이 여기에 해당된다. 또한 키가 작은 사람이 공격성을 가지는 경우[64]나 한 분야에 실패한 사람이 다른 분야에서 성공

---

63 대치(substitution)는 정서적으로 아주 중요하지만 심리적으로 수용할 수 없는 대상을 심리적으로 수용 가능한 비슷한 다른 대상으로 무의식적으로 대치하는 것을 말한다. 한 예로 오빠에게 매력을 느끼는 여동생이 오빠와 흡사한 용모를 가진 남자와 사귀는 것을 들 수 있다(김동배 외, 2005: 310 인용).

64 이러한 현상을 나폴레옹 콤플렉스(Napoleon complex) 혹은 나폴레옹 증후군(Napoleon syndrome)이라 한다. 이는 키

하려고 애쓰는 경우를 들 수 있다. 보상은 자존심, 명성이나 신체적 측면의 방어를 위해서 사용하는 문제해결 방안인데 심한 신체적 약점을 가진 사람이 훌륭한 기술자이나 능력자로 발전되는 경우가 종종 있다. 일반적으로 보상이라는 방어기제를 사용하는 사람들의 경우 사회에서 존경을 받는 경우가 많지만, 때로는 이러한 보상의 시도가 실패했을 때 병적 열등감에 빠질 위험성도 있다. 아들러(Alfred Adler)[65]는 병적 열등감(inferiority complex)에 이르는 양육환경을 신체적 결함이나 응석받이로의 양육, 그리고 방임 등에 의해서 일어난다고 보았다.

⑪ 원상복귀 혹은 철회(undoing)

원상복귀(undoing)는 무의식에서 어떤 대상을 향해 품고 있는 자신의 성적인 또는 적대적인 욕구로 인해 상대방이 피해를 보게 될 것이라고 생각되는 것을 원래 상태로 되돌려 놓는 것을 의미한다. 다시 말해서 자신의 욕구와 행동으로 인하여 타인에게 피해를 주었다고 느낄 때, 그 피해적 행동을 중지하고 원상복귀 시키려는 일종의 속죄 행위라 할 수 있다. 자기 자신이 용납이 안 되거나 죄책감을 일으키는 행동, 사고, 감정을 상징적인 방법을 통해 취소 또는 무효화하는 것으로 심리적 말살이라고도 한다. 예를 들어 부정비리로 번 돈의 일부를 자선사업에 쓰는 것, 부인을 때린 남편이 꽃을 사다 주는 것 등이 있다. 또 다른 예로 동생을 때린 후 행동을 취소하기 위해 동생에게 뽀뽀하는 행위나 바람을 피우는 남편이 부인에게 더 잘해주는 경우, 여비서에게 호감을 가진 남자가 부인에게 줄 비싼 선물을 사는 경우도 여기에 해당된다.

⑫ 동일시(identification)

동일시(identification)는 용납할 수 없는 충동 그 자체를 부정하고 그 충동을 갖고 있는 사람 또는 그 사람의 일면과 동일화하여 수용하는 과정을 의미한다. 다시 말해서 어떤 충동을 부정하는 어떤 사람이 그 충동을 가지고 있는 사람의 행동, 태도, 속성을 자신의 것으로 취하는 것이다. 예를 들어 공격적 충동을 억압하고 있는 사람이 강력하고 공격적인 히틀러와 같은 사람과 동일시하는 것이다. 또한 아버지를 무서워하는 아이가 그 아버지를 닮아가는 것, 부모의 가장 싫은 점을 자신이 닮아 그대로 행동하는 것이나 강한 성적 욕망이

가 작다는 열등감을 보상하고자 하는 욕구가 과도하여 다른 사람을 지나치게 지배하려는 경향을 말한다.

[65] 신체적 열등감을 가졌던 아들러(Adler, 1870-1937)는 열등감이 근본적으로 인간의 우월 추구에 대한 동기유발의 근거가 된다고 보았다. 또한 열등감과 보상을 위한 노력이 모든 발전과 성장의 원인이 된다고 믿었으며, 열등의식이 결코 약점이나 비정상이 아니고 모든 사람에게 공통적으로 존재한다고 주장하였다(Adler, A. 1956. The Individual Psychology of Alfred Adler, NY: Basic Books; 김동배 외, 2005: 365).

있는 여성이 화려한 여배우와 동일시하는 것 등이 있다. 이밖에 어떤 이상과 공생하려고 노력함으로써 권력을 가지고 있다는 느낌을 갖기 위해 노력하는 경우가 있다. 이러한 것을 병적 동일시라 하는데, 한 예로 어린 시절 부모의 이별을 경험한 경우에 부모 역할에 대해 병적 동일시를 형성하게 되어 지나칠 정도로 자녀를 걱정하는 태도를 보이는 경우가 여기에 해당된다.

⑬ 반전(retroflexion)

반전(retroflexion)은 자신이 다른 사람에게 행하고 싶은 행동을 오히려 자신에게 돌려서 행하는 행동을 말한다. 자신이 만일 타인에게 그러한 행동을 하게 된다면 나중에 감당하기가 어렵거나 심리적으로 매우 고통을 받게 될 수도 있다는 가정 하에 타인에 대한 분노와 공격충동을 직접 하는 것이 두려워 이러한 행동의 대상으로 자신을 선정하게 된다. 예를 들어 부부싸움을 하면서 부인에게 폭력을 행사하고 싶지만 이를 행사한 이후 자신의 행동에 대해 설명하기가 현실적으로 쉽지 않은 상황이라고 판단될 경우 부인에게 폭력을 가하는 대신 스스로 자신의 머리를 벽에 박는 등의 행동을 하게 되는 것을 의미한다.

⑭ 편향(deflection)

편향(deflection)은 어떤 환경과의 경험과 접촉에 있어서 주관적으로 자기 자신이 감당하기 어려운 상황이 닥쳤을 때, 일시적으로 너무 힘든 심리적 결과를 피하고 순간적으로 자신을 보호하기 위하여 자신의 감각을 둔화시키거나 접촉을 피하는 일종의 적응기제이다. 예를 들어 너무나 슬픈 상황이 닥쳤을 때 웃음을 짓는다든지, 상대와 결혼을 해야 하는 진지한 상황에서 농담을 한다든가, 남으로부터 모욕을 당하여 화가 머리끝까지 치미는 황당한 분노의 상황에 처했을 때 피식 웃는 등의 상황이 이를 잘 설명해 주고 있다. 이러한 방어기제는 일시적으로 자신을 보호하는 역할을 하게 된다.

⑮ 분리(isolation) 혹은 격리

분리(isolation) 혹은 격리는 특정 대상(기억, 경험, 사고 등)을 그와 관련된 감정과 분리시키는 것을 말한다. 따라서 고통스러웠던 사실은 기억하나 감정이나 정서를 억압함으로써 이를 지각하지 못하게 한다. 마치 그 대상에 대해 아무런 감정이 없는 것처럼 보이는 것으로 이러한 방어기제의 경우 강박장애에서 흔히 나타난다. 예를 들어 아버지의 죽음에 대해 슬픈 감정이 없던 사람이 아버지를 연상시키는 권위적인 남자 주인공이 죽는 영화를 볼 때는 비통하게 우는 경우를 들 수 있다.

⑯ 내사 혹은 내면화((introjection)

내사 혹은 내면화(introjection)는 외부의 대상을 자기 자신의 내면세계로 받아들이는 방어기제이다. 다시 말해서 자신의 주관적인 면이 결여된 채 주위에서 접하는 타인의 신념과 기준을 무비판적으로 수용하는 것으로 무조건 받아들이고 보자는 식의 태도를 취하는 것을 의미한다. 투사와 반대되는 방어기제로 우울증을 야기하는 중요한 방어기제이다, 이러한 방어기제는 어릴 때 부모나 선생님 등 주위의 권위적 인물이 평소 보이는 태도나 가치, 부여된 의무 등이 많은 영향을 미친다. 자신의 속내를 드러내 좋고 주관적인 면을 주장하게 되면 의견이나 신념이 다른 주위 사람들로부터 공격을 받을 수 있으므로 자신의 내면을 드러내지 않고 그대로 긍정하거나 받아들이는 것이 훨씬 더 안전하다는 판단에서 나오는 행동으로 볼 수 있다. 예를 들어 어머니를 미워하는 감정을 받아들일 수 없기 때문에 자기 자신을 미워하는 것으로 대치하는 것이 여기에 해당된다.

⑰ 융합(confluence)

융합(confluence)은 심리적 공생관계를 의미하며, 개인이 자신과 타인과의 경계나 상황을 명확히 인식하지 못하고 타인과 심리적 상태의 차이점이 없다고 생각하는 접촉경계의 혼란 현상을 말한다. 일반적으로 주위에 있는 타인과 자신은 심리적 공생관계로 형성되었다고 생각하면서 일체감을 느끼며 행동한다. 이 과정에서 만일 조금이라도 불일치된다고 느끼면 불안이나 분노의 감정을 가지게 된다.

⑱ 저항(resistance)

저항(resistance)은 억압된 재료들이 의식화되는 것을 방해하는 것을 말하는데, 그 이유는 억압된 감정 자체가 의식화되면 너무 고통스럽기 때문이다. 이 경우에 대개 기억이 없다고 대답을 하는 경우가 많다. 프로이드(Freud)가 억압에 대한 개념을 체계화할 수 있었던 이유는 자유연상 과정에서 억압된 내용을 상기시킬 때 부딪치게 되는 연상의 단절, 침묵, 불안 등의 관찰을 통해서 할 수 있었다. 다시 말해 무의식의 내용을 의식화할 때 심층수준에서 의식화를 방해하는 방어기제가 저항이다.

TIP 5 나폴레옹 콤플렉스(Napoleon complex), 과학으로 입증

나폴레옹 콤플렉스(Napoleon complex)란 키가 작다는 열등감을 보상하고자 하는 욕구가 과도하여 다른 사람을 지나치게 지배하려는 경향을 말한다. 그런데 나폴레옹은 정말 키가 작았을까? 기록에 의하면 나폴레옹의 키는 5피트 6인치였다고 한다. 우리에게 익숙한 센티미터로 계산하면 167.64cm 정도이다. 그렇다면 어째서 나폴레옹 콤플렉스란 말이 생겨난 것일까? 나폴레옹이 그렇게 작은 키가 아니었는데도, 왜 나폴레옹은 작은 키의 대명사가 되어 나폴레옹 콤플렉스란 말까지 생겨난 것일까? 나폴레옹 콤플렉스를 정확한 심리학적 용어로 바꾼다면 열등감 콤플렉스이다. 열등감 관련 이론으로 유명한 사람은 아들러(Alfred Alder)이다. 바로 이 아들러가 열등감에 대한 자신의 이론을 설명함에 있어서 대표적인 예로 나폴레옹의 작은 키를 들었다.

키가 작은 남성이 키가 큰 남성에 비해 더욱 공격적인 성향이 강하다는 사실이 과학적으로 확인됐다고 영국 과학전문지인 뉴사이언티스트 등이 2018년 5월 11일 보도했다. 네덜란드 암스테르담에 있는 자유대학(Vrije University) 연구진은 42명의 실험참가자를 대상으로 실험을 실시했다. 연구진은 이들에게 일명 '독재자 게임'(Dictator Game)을 하도록 지시했다. 독재자 게임은 분배자가 정해진 자원의 분배량을 결정해 수령자에게 일방적으로 분배하는 실험으로, 인간이 한정적인 경제적 자원을 합리적으로 추구하는 이기적인 존재라는 고전 경제학의 이론을 반박하는 대표적인 실험이다. 독재자 게임에 참가하는 사람은 익명의 다른 참가자와 짝지어지고, 한 명은 분배자가 되고 또 다른 한 명은 수령자가 된다. 분배자는 주어진 자원을 자신이 원하는 비율로 분배하여 수령자에게 나눠주며 수령자는 분배자가 나누어주는 몫을 거부하거나 협상할 권한이 없다. 또한 분배자는 수령자의 보복을 걱정할 필요가 없는 상황이다.

연구진은 실험참가자 전원을 2명씩 팀을 이루게 한 뒤 독재자 게임을 실시하기 전, 분배자로서 자신을 위해 얼마나 지키고 싶은지, 수령자에게 얼마를 줄 생각인지 등과 관련한 질문을 던졌다. 이후 독재자 게임을 하게 한 결과, 실험참가자 중 키가 170㎝ 전후로 비교적 작은 그룹에 속하는 남성들은 자신을 위해 남겨둔 칩이 평균 14개였던 반면, 키가 2m 전후로 비교적 큰 그룹에 속하는 남성들이 자신을 위해 남겨둔 칩은 평균 9개에 불과했다. 즉 키가 작은 그룹에 속하는 남성들은 그렇지 않은 남성에 비해 더욱 공격적으로 자신의 것을 취하고 지키려는 경향이 강했다는 것이다. 반면 키가 작은 그룹에 속하는 남성들은 자신이 수령자가 됐을 때에는 분배자들에게 더 이상의 공격적인 태도를 보이지 않았다. 이러한 결과는 일명 '나폴레옹 콤플렉스'를 과학적으로 입증했다는 평을 받았다. 나폴레옹 콤플렉스는 키가 작은 사람들이 보상심리로 공격적이고 과장된 행동을 하는 콤플렉스로, 나폴레옹 1세가 키가 작은 데서 연유한 말이다.

연구진은 뉴사이언티스트와 한 인터뷰에서 "아마도 키가 작은 남성들은 자원을 얻을 기회가 적기 때문에, 이런 사람들이 더 똑똑할 것"이라며 "키가 작은 남성들은 자신의 작은 키를 만회하기 위해 동료들보다 더 적극적으로 행동할 수 있다"고 설명했다. 자세한 연구결과는 미국 '심리과학협회저널'(journal of the Association for Psychological Science) 최신호에 실렸다.

송혜민 기자 huimin0217@seoul.co.kr
출처: http://nownews.seoul.co.kr; 나우뉴스, 2018.05.12

2) 방어기제와 범죄의 관계

프로이드(Freud)는 성격구조를 전초자아(id), 자아(ego), 초자아(super ego)를 중심으로 설명하였으며, 이들은 상호간에 복잡한 관계를 형성하고 있다고 보았다. 여기서 전초자아(id)는 충동에 의해 발생하는 에너지의 원천이며, 초자아(super ego)는 죄책감을 유발하는 도덕적 심판관이다. 그리고 자아(ego)는 외부세계의 현실을 평가하고 전초자아의 요구와 초자아의 명령을 조정하는 집행관으로 이들 간에 적절한 균형이 이루어져야 한다. 만약 전초자아의 충동이나 초자아의 엄격성 또는 스트레스가 자아의 능력을 능가하여 합리적인 판단과 문제 해결 기능을 방해할 경우 심각한 문제를 초래할 수 있다. 프로이드는 신경증이나 정신병 등의 심리적 장애는 이들 세 구조간의 균형이 붕괴된 징후라고 주장하였다. 이처럼 세 구조간의 균형이 붕괴될 상황에 처하거나 자아가 조정의 기능을 못하고 통제를 상실할 때 자아는 불안을 경험하게 된다. 불안은 현실불안, 신경증적 불안, 도덕적 불안으로 구분되는데[66], 정신분석이론에서 중요하게 인식되는 불안은 전초자아의 충동을 자아가 통제할 수 없을 것이라는 두려움으로 인해 발생하는 신경증적 불안이다. 이러한 신경증적 불안으로부터 자신을 보호기기 위해 발달된 것이 방어기제이다.

이러한 불안을 해결하기 위해 사용되는 방어기제는 정신병리적 기능을 포함하고 있기 때문에 과도하게 사용하거나 의존하게 되면 정신병적 현상이나 범죄를 발생시킬 수 있다. 왜냐하면, 방어기제의 과다한 사용으로 인해 다른 자아 기능에 투입될 정신에너지를 고갈시키기 때문이다. 만약 자아의 에너지를 지속적으로 소모할 경우 보다 건설적이고 창조적인 행동에 사용할 에너지의 양이 제약을 받게 되고 더 이상 충동이나 과거의 아픈 기억을 억압하지 못하면 일탈행위나 범죄행위, 또는 이상행동 현상이 나타나게 된다. 현대 사회에서 다양한 범죄의 원인이 되는 스트레스나 우울증, 자살 등은 억압된 기억을 제대로 해소하지 못하는 경우에 발생하는 정신적 질병이라 할 수 있다. 또한 무의식 속에 억압되어 있던 동기나 정동이 어떤 기회에 폭발하는 경우가 있으며, 억압 작용을 약화시키기 위해 술이나 마약 등을 사용하는 경우도 있다(이상현 외, 2012).

합리화(rationalization)에서는 도덕성을 내세우면서 비도덕적인 행동을 할 수 있다는 점을 강조하고 있다. 합리화라는 방어기제가 타인에 대한 경쟁심이나 보복의 수단으로 쓰일 경우에 가장 비인간적이고 잔인한 기제가 될 수 있다. 대부분의 보복성 범죄는 그 정도가 잔인할수록 합리화 기제의 작동결과에 의한 것이다. 다시 말해서 자신의 경쟁심과 적대감이 범죄의 동기라는 것을 감추고 상대방의 잘못을 응징하는 것이 사회정의를 실현하고 지

[66] 현실불안(reality anxiety)은 외부세계의 위험을 지각하는 데서 비롯되는 고통스러운 심리적 체험으로 길을 가는데 갑자기 차가 인도로 돌진해 오는 경우 등이 여기에 속한다. 신경증적 불안(neurotic anxiety)은 본능에서 유발된 위험을 지각하는 데서 비롯된 체험으로 자아의 반대충당이 원초자아의 대상충당을 통제하는데 실패하면 어떻게 되는지에 대한 불안이다. 성적 본능이나 공격적 본능이 표출되는 것에 대해 적정하는 것이 여기에 해당된다. 도덕적 불안(moral anxiety)은 원초자아가 부도덕적으로 욕구를 충족하려고 할 경우 초자아의 처벌이 따를 것이라고 생각함으로서 유발되는 불안이다(김동배, 외, 2005: 304-305 참조).

역사회를 위한 최선의 방법이었다고 합리화함으로써 보복행위나 범죄를 자행할 수 있다. 원한에 의한 살인이나 잔인한 보복성 범죄는 대부분 자신의 행동에 대한 합리화의 결과라 할 수 있다(조철옥, 2010). 이밖에 범행 이후에 '도둑에게도 할 말은 있다'고 하는 그럴듯한 이유를 꾸며내는 심리기제의 합리화를 보이는 것은 피해자에 대해 일부러 친절하게 하는 소위 속죄라는 마음도 있다.

또 다른 방어기제인 퇴행(regression)은 그 자체가 주로 외부 환경적 요인으로 유발되는 심적인 불안과 위협에 대한 방어행동이기 때문에 범죄행위와 밀접한 관계가 있다. 개인의 퇴행성 행위가 계속 방해를 받거나 특히 제재의 형태로 나타나면 그에 대한 반응으로 자해적 도피나 상대방에 대한 공격적 행위로 변할 수 있다. 또는 검거된 범죄자들이 이상한 행동을 한다든지 모자란 척 할 경우에도 퇴행적인 발상으로 볼 수 있다. 반동형성(reaction formation)도 그 기능을 상실할 경우 문제가 발생 할 수도 있는데, 한 예로 모범적인 한 소년이 부모에게 폭력을 가한다든지 파리 한 마리도 죽이지 못하는 사람이 광란의 살인을 자행할 때 반동형성 방어기제가 무너지고 개인의 내부에 존재하는 충동이 있는 그대로 표출된 것이다.

전치(displacement)는 다른 사람의 언어적 공격으로 심리적인 불안이나 위협을 받았을 때 이를 해소하기 위해 사용하는 방어기제이다. 여기서 다른 사람의 언어적 공격은 주로 자존심이나 인격을 모독하는 행위이기 때문에 처음에는 자신보다 힘없고 만만한 대상을 선택하여 화풀이를 하지만 이것이 반복되거나 심해지면 상대방에 대한 직접적인 공격이나 폭력범죄 및 반사회적 행위를 할 가능성이 높다. 이밖에도 자신을 동일시할 만한 적절한 성공모델을 갖지 못한 사람이 나쁜 모델을 받아들이는 위험성도 있다. 또한 다른 사람들의 폭력을 관찰함으로써 자기의 공격적 충동을 대리적으로 만족하는 경우도 있으며, 보상의 실패가 범죄로 이어지는 경우도 있다. 성적 충동의 보상 측면에서 이성의 속옷을 훔쳐 수집하거나 방화로 이어지는 사례도 있다[67].

5. 정신분석이론과 범죄성

범죄성과 관련하여 심리학자들은 초기 아동기의 정신적 외상으로 나타나는 정신이상 상태와 연관시켜 왔다. 개인 심리학의 창시자인 아들러(Alfred Adler)는 열등감을 가진 사람이 이를 우월의 욕구로 보상받으려는 증상을 말하는 열등감 콤플렉스(inferiority complex)라는 용

[67] Toch Hans. 1986. Psychology of Crime & Criminal Justice. Illinois: Waveland Press: 305.

어를 제시했다. 또한 에릭슨(Erik Erikson, 1870-1937)[68]은 인간이 자신의 가치와 방향을 해결하기 위해 노력하는 성장의 각 단계마다 발생하는 심각한 개인적 갈등인 정체성 위기(identity crisis)에 대해 설명하였다[69]. 일반적으로 정체성 위기를 겪는 청소년은 통제 불능의 행동을 보이거나 약물이나 다른 형태의 일탈을 시도하기도 한다는 것이다. 각 단계마다 개인과 개인 사이에 발생하는 위기가 있으며, 이러한 위기를 적절하게 해소하지 못할 경우에 반사회적 행동 등의 문제가 발생한다고 보았다. 특히 3단계인 학령전기에서 5단계인 청소년기에 정체성 위기를 해결하지 못할 때 범죄적 인성이 쉽게 나타날 수 있다고 주장하였다[70].

고전적인 프로이드 정신분석학에서 범죄는 어린 시절 정서적 발달과정에서 나타난 장애와 비정상으로 설명하고 있다(Friedlander, 1947; 민수홍 외 2000). 특히 과거 어린 시절의 경험이나 기억으로부터 벗어날 수 없으며, 이것이 성인기의 행동에 끊임없이 영향을 미친다는 것이다[71]. 정신분석이론에서는 범죄행위를 정신적 질환, 정서적 무질서, 신체적 장애의 표출이나 증후 등 범죄의 본질적 원인으로 보고 비합리적이고 무의식적인 동기를 강조하였다. 또한 이러한 것은 범죄행위에 국한된 것이 아니라 여러 유형의 일탈행위, 내재해 있는 억압된 죄의식, 좌절, 무력감, 억제된 공격성, 해결되지 않는 무의식과 정서적 고통에서 그 원인을 찾고 있다. 그러므로 어린 시절에 발생한 여러 가지 과정들이 결과적으로 범죄나 비행에 결정적 원인으로 작용하고 있다는 것이다(오윤성, 2016).

프로이드(Freud)는 범죄의 원인을 초자아가 발전하지 못했거나 지체되는 경우를 들고 있다. 이러한 원인으로서는 부모가 없거나 있다고 하더라도 없는 것과 마찬가지인 상태, 다시 말해서 부모의 역할을 제대로 하지 못하는 경우를 말한다. 예를 들어 부모가 교정시설에 있거나 아이들을 학대하는 경우, 그리고 부모가 자식에 대한 애정을 제대로 표현하지 못하거나 냉담한 부모 밑에서 성장한 아이, 지속적인 양육의 어려움이 있는 불안전한 조건이나 범죄성이 있는 부모에게 양육된 경우에는 불안전한 초자아를 형성하게 된다. 이러한 환경에서 자란 아이들은 해결되지 못한 죄의식을 표출하기 위하여 범죄를 저지를 뿐 아니라 억압된

---

68 에릭슨(Erik Erikson)은 프로이드(Freud)의 성격발달 단계와 유사한 개념으로 ① 영아기(출생-2세: 신뢰감 대 불신감), ② 유아기(2-4세: 자율성 대 수치심), ③ 학령전기(4-6세: 솔선성 대 죄의식), ④ 아동기(6-12세: 근면성 대 열등감), ⑤ 청소년기(12-22세: 정체감 대 정체감 혼란), ⑥ 성인기(22-34세: 친밀성 대 소외), ⑦ 중 · 장년기(34-60세: 생산성 대 침체), ⑧ 노년기(60세 이후: 자아통합 대 절망) 등 8단계의 심리사회적 발달단계를 제시했다.

69 Erikson, E. H. 1968. Identity Youth and Crisis, NY: Norton.

70 Lnnes, Brian. 2003. Profile of a Criminal Mind, Human and Books Ltd.

71 Blackburn, Ronald. 2003. the Psychology of Criminal Conduct-Theory, Research, Practice. John Wiley & Sons, Ltd.

죄의식으로부터 벗어나기 위하여 검거되고 처벌되기를 무의식적으로 원한다는 것이다.

한편, 범죄자에 대해 정신분석이론은 인생의 초기인 아동기에 발생한 사건에 대해 지배받는 공격적이고 좌절에 빠진 사람으로 보고 있다. 이들은 아동기에 불행한 경험을 하였거나 가족이 적절한 애정과 보살핌을 제공해 주지 못했을 수도 있다. 그래서 범죄자는 사회에 적응할 수 없게 만드는 약하고 상처받은 자아로 인해 고통을 당한다는 것이다. 결국 약한 자아는 미성숙과 취약한 사회기술, 그리고 타인에 대한 지나친 의존과 연관되어 있다. 자아가 약한 사람은 반사회적 또래 친구나 약물 남용으로 범죄에 쉽게 빠져 들 수 있다. 어떤 범죄자는 미발달된 초자아를 갖고 있기 때문에 처벌받는 행위에 대한 내면적 개념작용이 결여되어 있다. 다시 말해서 그들은 자신의 행위에 대한 결과에 어려움을 겪기 때문에 범죄를 저지른다[72].

이처럼 정신분석학자들은 범죄행위를 범죄자가 실제로 지각하지 못하는 정신적 갈등, 다시 말해 무의식 속에 잠재해 있는 갈등의 결과라고 보았다. 이러한 갈등은 이성인 자아(ego)와 양심인 초자아(super ego)의 요구와 본능인 전초자아(id)의 요구 사이에서 내부갈등상태로 항상 인간의 마음속에 존재하고 있다고 주장하였다. 여기서 범죄는 인간의 내부갈등을 사회적으로 허용되지 않는 방법으로 해소하려고 할 때 발생한다는 것이다. 범죄는 질병의 외적 표출신호이거나 정신적 갈등에 대한 해결 결과의 하나에 해당된다. 범죄와 관련한 정신분석학적 접근은 프로이드(Freud)의 이론에서 시작되었다. 그는 범죄에 관해 구체적으로 연구하지 않았으나 범죄행위를 설명하는 기초가 되었고 많은 학자들의 관심을 받아왔다[73]. 결국 범죄에 대한 정신분석학적 시각은 비행이나 범죄 그 자체에 초점을 맞추는 것이 아니라 프로이드가 주장하고 있는 개념인 원초자아, 자아, 초자아 간의 심리적 갈등의 증후로 보고 있다.

다시 말해서 자아(ego)는 전초자아(id)와 초자아(super ego)의 균형을 유지하는 기능을 하는데, 초자아의 명령에 복종해야 하고 전초자아를 다른 방향으로 이끄는 역할을 한다. 자아의 노력에도 불구하고 전초자아의 추동(drives)과 초자아의 통제가 균형을 이루지 못하고 갈등상태가 지속될 경우에 갈등상태는 일탈행위나 범죄의 원인이 된다고 보았다. 프로이드(Freud)의 성격구조 중에서 범죄행위의 원인과 밀접한 관계가 있는 것이 초자아이다. 정신

---

[72] Andrews, D. A. and Bonta, James. 1994. The Psychology of Criminal Conduct, cincinnati, OH: Anderson.

[73] Williams, Katherine S. 2004. Textbook on Criminology, 5th Edition, Published in the United States by Oxford University Press Inc., New York: 171.

분석학의 입장에서도 초자아의 결함(super ego defect)이 충동적인 무의식의 통제를 부적절하게 하여 비행이나 범죄가 발생한다고 주장하였다.

특히 범죄와 관련하여 많은 연구를 한 아우구스트 에이크혼(August Aichorn)은 어린아이의 일탈행위가 초자아의 낮은 발달과 관련이 있다고 주장하였다[74]. 부모의 사랑이 없는 양육은 어린아이에게 초자아의 저 발달을 초래함으로써 일탕행위를 하게 만들고 반사회적인 상황을 강화하여 더 많은 범죄행위를 하게 만든다고 보았다. 하지만 그는 모든 일탈자들이 초자아의 저 발달 상태에 있는 것은 아니며, 초자아의 발달실패가 모든 범죄성향을 설명할 수 있다고 보지는 않았다. 하지만 에이크혼(Aichorn)은 초자아의 저 발달과 범죄성향은 상관관계가 있음을 강조하였다. 이밖에 보울비(Bowby)는 5세 이전에 어린아이를 부모와 분리시켜 양육하는 것이 범죄행위의 원인이 된다는 사실을 연구를 통해 입증함으로써 부모의 애정 결핍이 초자아의 저 발달을 초래하고 이것이 범죄의 원인이 된다고 주장하였다(조철옥, 2010). 결과적으로 정상적인 초자아의 발전과 관련하여 선행조건은 부모의 애정과 보호가 있어야 한다는 것을 의미한다(이상현 외, 2012).

마지막으로 프로이드(Freud)가 정신분석학에서 주장한 인간행동에는 어느 정도 무의식적 측면이 있으며, 무엇보다 어린 시절에 불안에 대처하는 양식이 범죄와 관련이 있다는 점은 높이 평가되고 있다. 그리고 자유연상이나 꿈의 분석 등 치료 관련 상담기법이나 성격발달 단계를 통해 인간행동을 사정하는데 많은 도움을 주었다. 또한 범죄자의 성장배경, 가족생활, 인성, 태도, 범행 동기나 이유 등에 대한 심리적 탐구는 특정 범죄자의 심리 및 범죄행위의 원인을 이해하는데 많은 기여를 했다는 점을 인정해야 할 것으로 본다. 하지만 정신분석이론은 임상적인 사례연구에 지나치게 의존함으로써 경험적 검증이 어렵고 모집단을 대상으로 일반화할 수 없다는 한계를 가지고 있다. 이밖에 인간을 근친상간적 욕구 등 성적 자극에 의해 지배당하는 존재로 보았다는 점과 여성이 남근선망을 가지고 있다는 여성에 대한 편견 등으로 인해 많은 비판을 받았다.

---

[74] 에이크혼(Aichorn)은 비행 청소년을 연구한 자료에서 청소년에게 반사회적 행위를 준비하도록 하는 성향이 존재하지 않으면 스트레스만으로 범죄자가 되지 않는다고 주장하였다. 잠재적 비행(latent delinquency)이라고 명명된 그러한 정신 상태는 그들의 성격으로 즉각적인 만족을 추구하거나 타인과의 관계보다 개인의 욕구를 충족하는 것을 더 중요하다고 간주하는 청소년, 그리고 옳고 그름을 고려하지 않고 본능적으로 행동하는 청소년에게서 나타났다(Aichorn, August, 1935, Wayward Youth, New York: Viking Press; Larry J. Siegel 저, 이민식 외 공역, 2012: 166 참조).

CHAPTER

4 환경적 차원의 범죄심리 이론

핵심

환경적 차원의 이론은 주로 범죄학이론에 근거하고 있으며 범죄행위의 원인을 개인적 차원으로 한정한다는 점에서 앞에서 제시한 개인심리적 이론과 맥을 같이한다. 하지만 환경적 차원의 범죄이론은 개인심리적 영역을 넘어 개인이 처해 있는 환경적 차원으로 확대했다는 점에서 차이가 있다. 이러한 이론들은 범죄학에서 다루는 사회과정이론, 사회반응이론, 그리고 범죄의 일반이론에서 주로 논의되고 있다. 사회과정이론은 개인이 사회과정의 주요 요소들과 맺는 관계 및 과정이 범죄행위의 시작과 지속성을 설명한다고 보는 이론으로 사회학습이론과 사회유대이론 등이 있다. 사회반응이론은 개인의 행위결과에 대해 사회적 반응이 어떠한지를 밝히는 이론으로 낙인이론이 대표적이다. 범죄학 관점의 일반이론은 범죄행위의 원인을 통제력과 긴장 및 스트레스의 결과로 파악하는 것으로 일반긴장이론과 자기통제이론 등이 있다. 또한 환경적 차원에서 사회구조적 관점의 거시환경론(아노미이론, 비행하위문화이론 등)과 사회과정적 관점의 미시환경론(사회학습이론, 차별적 접촉이론, 차별적 접촉강화이론, 사회통제이론, 표류이론 등)으로 분류하는 것이 일반적이다. 여기서는 사회구조적 관점과 사회과정적 관점, 그리고 사회반응적 관점으로 분류하여 고찰하였다.

제1절 사회구조적 관점의 범죄이론

일반적으로 범죄학자들은 사회적 조건과 범죄의 관계를 중시했으며, 도시의 낙후된 지역에서 자란 사람들은 풍요로운 사람에게 지원되는 사회적 자원과 경제적 자원이 부족할 수밖에 없다는 점에 주목했다. 이러한 관점에서 그들은 범죄의 원인은 개인적 특성이 아니라 사회적 힘(social forces)이라고 보았다. 그리고 범죄율의 경우 빈곤과 사회적 무질서의 특성을 갖고 있는 지역이 더 높다는 사실에 관심을 가졌다. 비록 중산층 이상의 사람들도 범죄를 저지르지만, 이런 범죄들은 사기나 횡령 등의 비폭력적 행위가 대부분이고 일반대중에게 큰 위협이 되지는 않는다는 것이다. 이에 비해 하류계층의 범죄는 주로 청소년 갱이나 실직 상태에 있는 젊은 사람들의 폭력적이고 파괴적인 행위의 산물이라는 것이다(Larry J. Siegel 저, 이민식 외 공역, 2012).

다시 말해서 가난과 경제적 자원이 결핍된 환경에서 성장한 아이들이 상류층 친구들에 비해 심각한 범죄에 많이 연루되어 있다는 것이다[1]. 이러한 현상을 설명하기 위해 일부 범죄학자들은 사회구조이론을 중심으로 발전시켜 왔다. 그들은 주로 붕괴된 하류계층 거주 지역에서 작동하는 사회·경제적 힘이 범죄행위 패턴의 주요 결정요인이라고 보았다. 다시 말해서 사회·경제적 요인에 의해 형성된 사회구조가 범죄의 원인이라는 것이다. 아울러 범죄의 원인이 되는 사회적 힘은 어릴 때부터 영향을 주기 시작하여 그들의 삶 전체에 영향을 미친다고 주장하였다. 이밖에 사회구조 이론가들에 따르면, 범죄의 원인을 생물학적 특성, 심리적 불균형, 기타 개인의 특성이라고 보는 관점에 반대한다. 이들은 같은 사회 환경에 거주하는 사람들은 비슷하고 예측 가능한 행동을 하는 경향이 있다고 주장하였다. 만약 사회 환경이 인간행동에 영향을 주지 않는다면 범죄는 사회구조와 관계없이 동일하게 발생해야 하는데, 실제는 그렇지 않다는 것이다[2]. 하류계층이 거주하는 지역의 범죄율이 중산층 이상이 거주하는 지역보다 범죄율이 높다는 사실은 사회구조가 범죄에 영향을 미친다는 것을 대변하고 있다.

사회구조적 접근은 1960년부터 1970년대까지 비행의 상황을 설명하는데 유용했으며, 당시 범죄학 발전에 크게 공헌했다. 또한 이 접근방법은 이론에 거치지 않고 1960년대 미국의 경우 현실적인 비행 방지대책으로 실시되었다. 이러한 사회구조적 접근은 뒤르켐(Durkheim)의 사회학 이론에 편승하여 사회구조가 범죄를 유발하는 요인을 내재하고 있다고 보았다. 사회구조적 관점에서의 범죄이론은 사회의 계층화가 부와 권력 그리고 특권 등의 불평등한 분배에 의하여 생성되며, 특정 사회계층은 가치관, 태도 그리고 규범 등을 공유하는 사람들로 구성되므로 계층 간의 갈등이 발생할 수밖에 없다는 데에서 비롯되었다.

하류계층은 현대사회에서 요구하는 여러 가지 성공을 향한 수단이나 기회가 상대적으로 제한되어 있기 때문에 이에 대한 불만이나 박탈감 등이 원인이 되어 사회경제적 하류계층이 범죄자가 될 수 있는 가능성이 높다고 보는 시각이다(이윤호, 1999; 오윤성, 2016). 다시 말해서 범죄는 하류계층에서 더욱 심각하게 나타나며, 중류층이나 화이트칼라 범죄의 경우 하류계층보다 덜 심각하고 덜 위험하다는 것이다. 사회구조이론은 비행과 범죄의 원인을 규명하는데 있어서 사회계층에 따라 다양한 공식적·비공식적 요인들이 있다고 가정하였으며,

---

1 Bjerk, David. 2007. Measuring the Relationship Youth Criminal Participation and Household Economic Resource, *Journal of Quantitative Criminology*, 23: 23–39.

2 Brownfield, David. 1986. Social Class and Violent Behavior, *Criminology*, 24: 421–438.

특히 저소득층의 범죄는 빈곤과 사회적 불평등이 주요 원인이라고 보았다(허경미, 2014).

사회구조이론은 이를 보는 관점에 따라 이론이 중첩되지만, 사회해체이론, 긴장이론, 문화적 일탈이론으로 대별된다. 먼저 사회해체이론에는 파크와 버거스(Park & Burgess)의 동심원이론과 쇼와 맥케이(Shaw & McKay)의 사회해체이론이 있다. 긴장이론의 경우에도 뒤르켐(Durkheim)과 머튼(Merton)의 아노미이론이 있으며, 문화적 일탈이론에는 밀러(Miller)의 하류계층문화이론, 코헨(Cohen)의 비행하위문화이론, 크로워드와 오린(Cloward & Ohlin)의 차별적 기회이론 등이 있다. 이러한 이론들은 하류계층의 거주지역이나 갈등 및 문화 등이 범죄의 원인으로 작용한다는 점에서 사회구조이론의 하위이론에 속한다고 볼 수 있다. 여기서는 쇼와 맥케이(Shaw & McKay)의 사회해체이론, 머튼(Merton)의 아노미이론, 코헨(Cohen)의 비행하위문화이론, 크로워드와 오린(Cloward & Ohlin)의 차별적 기회이론을 중심으로 세부적으로 살펴보고자 한다.

1. 사회해체이론(social disorganization theory)

사회해체이론(social disorganization theory)은 1920~1930년대 시카고 대학의 구조기능주의에 입각한 사회학자들이 도시범죄 및 비행을 연구하면서 시작되었다. 사회해체이론은 쇼와 맥케이(Shaw & McKay)의 연구를 통해 널리 알려졌으며, 그들은 도시생활에 대한 생태학적 분석의 개척자인 시카고학파의 파크와 버거스(Park & Burgess)[3]로부터 큰 영향을 받았다. 이 이론은 사회 생태적 특징이 범죄율을 결정한다고 보았으며, 사회 생태적으로 주거환경이 열악하고 주민들 간의 공동체 의식은 사라지고 분열된 공동체는 교육, 보건, 주택 등 기초적인 서비스를 제공할 수가 없기 때문에 도심지가 해체된 지역이다. 그 결과 사회해체 지역의 가정, 기업, 학교 등과 같은 사회통제기관들도 공식적인 기능을 제대로 수행하지 못하고 해체되기 시작한다(Larry J. Siegel 저, 이민식 외 공역, 2012). 이처럼 사회해체는 지역사회 내에서 관습적인 통제뿐만 아니라 비공식적 통제력이 붕괴되고 지역사회의 개인이나 조직

[3] 파크와 버거스(Park & Burgess)는 미국의 도시들이 동심원을 중심으로 5개의 지대로 나뉘어 발달한다는 동심원이론(concentric zone model theory)을 주장하였다. 여기서 제1동심원 지대는 기업체가 밀집한 도심지역이며, 제2동심원 지대는 제1지대에 인접한 지역으로 주민 이동이 심하고 상공업지역과 주거 지역이 혼재한 전이 지역이다. 제3동심원 지대는 기술자나 준기술자가 주거하는 노동자 계층 주거지역이며, 제4동심원 지대는 핵가족과 중류층이 거주하는 아파트 밀집지역이며, 제5지대는 교외와 위성도시에 거주하는 통근자 주거지역으로 상류층이 거주하는 지역을 말한다(Park, Robert E. 1936. Human Ecology, American Journal of Sociology: 42; Burgess, Ernest. 1925. The Gross of a City, in Robert Park and Ernest Burgess eds., The City, Chicago: University of Chicago Press).

이 집합적으로 공통의 문제를 해결할 수 없는 것을 말한다(허경미, 2014). 이러한 사회해체 지역에서 범죄율이 높다는 것이 사회해체이론의 핵심이다.

사회해체이론에 따르면, 범죄율은 하류계층이 거주하는 도심의 인접지역에서 가장 높게 나타나고 도시 외부인 상류계층이 거주하는 지역으로 갈수록 낮아진다는 사실을 밝혔다. 그러나 이 지역의 주민들이 생물학적으로나 정신적으로 비정상적인 것은 아니며, 그들의 범죄와 비행은 비정상적인 사회구조 환경에 대한 적절한 적응의 결과라고 주장하였다. 다시 말해서 환경적 요인들이 범죄의 근원적 원인이며, 개인의 비정상적 요인이나 열등감 등은 범죄율과 관계가 없다[4]. 아울러 이와 같은 사회구조 환경에서 범죄와 비행의 인습은 세월이 흘러 지역구성원이 바뀌었음에도 불구하고 다음 세대로 전승된다는 것이다. 따라서 그들은 산업화, 도시화 등에 따른 사회구조의 급격한 변화가 전통적 사회질서와 가치의 사회적 통제를 약화시킴으로써 사회해체의 원인이 되었다고 주장하였다(황성현 외, 2015).

한편, 쇼와 맥케이(Shaw & McKay)는 버거스(Burgess)가 개발한 동심원 모델을 이용하여 시카고 지역의 범죄율을 조사하였다. 이러한 연구를 통해 5개의 동심원 또는 지대로 구성된 상이한 생태학적 지역 간의 범죄율이 안정적이고 차이가 있다는 사실을 발견했다[5]. 이러한 결과를 세부적으로 살펴보면, 범죄가 가장 집중된 지역은 제2동심원 지대인 전이 지역으로 나타났다. 또한 65년 동안 각 지역의 범죄율은 구성원이 바뀌었음에도 불구하고 안정적이었다. 범죄율은 제1동심원 지대와 제2지대가 높지만, 다문화와 합법적 · 일탈적 가치, 그리고 이탈리아계와 폴란드계 등 다민족과 구성원의 이동으로 사회해체가 극심한 제2지대인 전이 지역에서 범죄율이 가장 높고 제5지대로 갈수록 상대적으로 낮은 범죄율을 보였다[6].

결국 지역산업과 상업뿐만 아니라 중류계층의 거주자들이 도심으로부터 교외지역으로 이동함으로써 도심은 더욱 궁핍해지고 쇠퇴된다는 것이다. 이와 같은 사회해체의 경향은 높은 실업률, 학교 무단결석, 사생아 출산율, 편부모 가정의 증가, 열악한 주거환경 등을 특징으로 하는 하류계층을 남기게 되었다. 특히 전이 지역에는 전통적인 규범과 일탈적인 규범이 혼재하는데, 여기서 성장하는 소년들은 주로 도박꾼, 포주, 마약상 등 일탈적인 생활양식에

---

4 Valier, Claire. 2003. Foreigners, Crime and Changing Mobilities, *British Journal of Criminology*, 34: 1–21.

5 Siegel, Larry J. 1991. Criminology: Theories, Patterns, And Typologies, 4th ed., New York: West Publishing Company: 184.

6 Shaw, Clifford R. and Henry D. McKay. 1972. Juvinile Delinquency and Urban Areas, rev. ed. Chicago: University of Chicago Press: 52.

따라 살아가는 어른들이 전이 지역에서 경제적으로 성공하여 잘 산다는 것을 관찰하게 됨으로써 일탈적인 규범을 선택하게 된다는 것이다. 이러한 사회구조 환경으로 인해 도심 지역이나 전이 지역 등에 거주하는 주민들의 경우 체포, 유죄선고, 구금 등의 공식적인 비율이 다른 지대보다 높게 나타나는 결과를 초래했다는 것이다.

끝으로 쇼와 맥케이(Shaw & McKay)가 확립한 사회해체이론은 75년 이상 범죄학계를 풍미해 왔다. 범죄율이 사회구조에 일치한다는 점과 범죄는 빈민지역의 열악한 생태적 조건의 산물이라고 주장한 내용은 학문적으로 높은 평가를 받았다. 이처럼 사회해체이론은 범죄와 도시생태와의 관계를 규명하는데 많은 영향을 미쳤으며, 아노미이론이나 사회통제이론 등의 이론적 발전의 기초를 제공한 것으로 평가되고 있다. 이러한 업적에도 불구하고 사회해체라는 개념 자체가 제대로 정의되지 않았으며[7], 사회해체와 범죄의 상관성에 관한 연구에서 민족과 문화적 요인의 중요성을 과소평가했다는 비판이 제기되었다. 또한 경찰이나 사법기관의 공식적인 통계만을 사용함으로써 편차와 부정확성이 존재한다는 비판을 받았다. 예를 들어 하류계층의 범죄는 경찰에 의해 더 많이 수사되고 처벌을 받아 공식통계자료에서 더 크게 부각될 수 있다는 것이다. 이밖에도 사회생태 구조와 범죄율 사이의 관계가 실제 범죄행위가 아니라 경찰활동을 더 많이 반영한 결과일 수도 있다는 비판도 제기되었다. 한 예로 중산층이 거주하는 사람들이 범죄를 저지르지만 이들은 법망을 빠져나가 공식통계에 나타나지 않는 반면에 하류계층이 거주하는 지역의 사람들은 훨씬 더 많은 체포와 재판에 직면할 가능성이 높기 때문에 경찰 자료의 신뢰성과 타당성 문제가 지적되었다.

2. 아노미이론(anomie theory)

아노미이론을 논의하기 이전에 먼저 긴장이론(strain theory)을 살펴볼 필요가 있다. 긴장이론에서는 범죄의 원인을 합법적으로 성공을 쟁취하기 어려운 계층이 이를 쟁취하지 못할 때 발생하는 좌절감 때문에 발생한다고 보았다. 또한 범죄의 발생 이유로 하류계층이 가지는 사회에 대한 분노와 좌절의 직접적인 결과라는 가정에 입각하고 있다. 모든 인간은 최소한 중류계층이 가지는 목표를 지향하고 있으나 그것을 성취하지 못할 때 발생할 수 있는 좌절감이 하류계층 사람으로 하여금 범죄행위를 할 수 있다는 것이 긴장이론의 핵심이다.

[7] Straus, Murray. 1991. Discipline and Deviance: Physical Punishment of Children and Violence and Other Crime in Adulthood, *Social Problems*, 38: 101–123.

이러한 긴장이론은 교육이나 직업의 기회를 제대로 얻지 못하고 경제적으로 궁핍한 상태에 빠져 합법적인 성공이 불가능한 상태에 있는 사람들에게 적용되는 이론이며, 소수의 사람들에게 적용되는 이론으로 평가받고 있다(Siegel. 1991; 조철옥. 2008).

긴장이론의 대표적인 논리가 아미노이론이며, 긴장이론은 아노미 개념에서 설명이 가능하다. 아노미(anomie)는 사회규범이 붕괴된 상태를 말하며, 이로 인해 규범이 사라지고 가치관이 붕괴되면서 나타나는 개인적, 사회적 불안정 상태를 말한다. 아노미[8]이론은 시카고학파인 쇼우와 맥케이(Show & McKay)의 사회해체이론을 계기로 발전했으며, 1950년대 후반 머튼(Robert Merton)에 의해 완성되었다. 아노미이론은 미국 사회의 높은 범죄율과 도시의 하층 주거지역의 범죄 집중 현상을 설명하는 뒤르켐(Durkheim)의 자살 연구에 이론적 근거를 두고 있으며, 이를 범죄학에 이용하였다. 다시 말해서 뒤르켐(Durkheim)은 사회 전반의 아노미 상태를 대상으로 이론을 전개한 반면, 머튼(Merton)은 사회의 특정 부문인 하류계층을 연구대상으로 했다는 점에서 차이가 있다[9]. 또한 그는 자신의 소망을 성취하는데 필요한 수단이나 조건을 갖추지 못해 방황하는 사람들의 심리적 상태를 아노미(anomie)라는 용어로 함축하였다. 출세와 성공에 필요한 적절한 수단을 찾지 못하는 상황에서 하류계층은 상대적 박탈감을 느껴 일체의 규범의식을 상실한 심리상태를 아노미상태라고 하였다.

범죄와 관련하여 아노미이론은 합법적 경제활동이라는 과정상에서 계층적 차이로 인하여 상대적으로 불리하거나 불가능한 위치에 있다고 여기는 사람이 비합법적이거나 범죄에 쉽게 가담할 수 있다고 본다. 물론 이러한 상황에 처한 대부분의 사람들이 범죄를 저지르는 것은 아니며, 사회적으로 용인되는 목표나 성취수단, 그리고 이에 대한 개인의 선택이 한 사람을 범죄자와 비범죄자로 구분하는 중요한 갈림길이 된다. 따라서 목표와 수단의 괴리가 아노미상태를 초래하고 그것이 비행의 구조적 원인이라는 점에서 아노미이론을 일탈의 수단-목표이론(Means-end Theory of Deviance)이라고도 한다. 머튼(Merton)은 『사회적 이론과 구조, 1938』라는 저서에서 부를 얻고자 하는 모든 인간의 공통 목표가 그것을 달성하고자하는 수단 사이에서 불협화음을 발생시키는 것을 아노미현상이라 불렀다[10]. 현대 사

[8] 아노미(anomie)는 뒤르켐(Durkheim)이 발표한 '자살론(1897)' 에서 처음 사용한 개념으로 그리스어에서 '규범이 없는' 이라는 뜻을 가진 'a nomos' 에서 유래했다. 정신분석학자들이 말하는 초자아의 기능이 마비된 정신 상태를 의미하며, 일탈행위를 설명하는 개념으로 처음 사용하였다. 뒤르켐은 사회규범이 급격한 사회변화 · 전쟁 · 소요 등의 기간 동안에 제대로 작용하지 못하여 붕괴하는 상태를 "아노미(Anomie)" 라 했으며, 이러한 무규범 · 억제력 상실상태에서 범죄가 발생한다고 주장하였다(김상균, 2008).

[9] Williams, Katherine S. 2004. Criminology, 5th edition in the United State by Oxford University Press Inc., New York: 272-273.

회에 있어서 경제적 성공이 모든 사람들에게 목표로 강조되었으나 다른 한편으로 모든 사람이 부를 얻으려는 합법적인 수단을 사용할 수 없고 많은 제한이 따르게 된다.

이러한 과정에서 합법적인 수단으로 자신의 목표를 달성할 수 없는 사람은 목표를 달성할 수 없다는 아노미적인 긴장상태에 도달하게 되고 그 긴장상태에서 벗어나기 위해 범죄행위를 통하여 목표를 달성하려고 한다. 머튼(Merton)은 준법의식을 상실한 사회구조에서 범죄가 발생한다고 보았으며, 이런 아노미 상황에서 사람들의 대처방법인 목적과 수단의 수용과 거부에 기초하여 이를 5가지로 유형화하였다[11].

[머튼(Merton)의 목표(goals)와 수단(means)의 적응유형]

적응 형태	문화적 목표 (culture goals)	제도화된 수단 (institutional means)	범죄 유형
동조형(conformity)	+	+	일반인, 비범죄자
혁신형(innovation)	+	−	범죄자(절도, 재산범죄)
의례형(ritualism)	−	+	하위직 공무원
퇴행형(retreatism)	−	−	부랑아, 마약중독
반역형(rebellion)	±	±	혁명가, 선동가

참고: + (수용), − (거부), ± (현재 가치의 거절 혹은 새로운 가치의 대체)

먼저 동조형(conformity)은 문화적 목표와 제도화된 수단을 수용하는 적응유형으로 사회의 성공목표에 대해 수용하고 그에 도달하기 위해 제도적 수단을 받아들이는 경우가 여기에 속한다. 현실의 성공목표를 부와 성공을 바라고 교육과 높은 임금을 받는 직업을 통해 이를 획득할 수 있다. 혁신형(innovation)은 아노미 상태에 있는 사람들이 문화적 목표를 제도화된 수단으로 달성할 수 없다고 보고 범죄적 수단을 동원해서라도 목표를 달성하려는 적응유형이다. 어떤 한 개인이 사회적 목표를 받아들이지만 합법적 수단을 통해 획득하는 것을 거부하거나 이를 획득할 능력이 없을 경우에 발생한다. 다섯 가지 적응유형 중 혁신형이 범죄행위와 가장 밀접한 관계가 있다. 특히 머튼(Merton)은 혁신형에 속하는 사람들이 아노미의 정도를 확장시키고 범죄행위에 반응하지 않던 사람들도 범죄에 가담하도록 만들어 아노미가 확산되고 강화된다고 주장하였다[12]. 의례형(ritualism)은 문화적 성공목표를 포

10 Merton, Robert K. 1938. Social Structure and Anomie, *American Sociology Review* 3: 672–682.

11 Merton, Robert K. 1957. Social Structure and Anomie, in Social Theory and Social Structure (Glencoe, IL: Free Press).

12 Hilbert, Richard. 1989. Durkheim and Merton on Anomie: An Unexplored Contrast in Its Derivatives, *Social Problem* 36: 243.

기하지만 제도화된 수단을 철저히 지키는 유형으로 부를 축적하는 것에 대해 큰 관심이 없다. 이들은 범죄행위의 근원이라 할 수 있는 경제적인 성공목표를 포기했기 때문에 범죄 행위 수준이 다른 유형에 비해 가장 낮은 것이 특징이다. 퇴행형(retreatism) 혹은 도피형은 사회적으로 용인되는 목표와 수단을 모두 거부하고 현실 도피적 생황을 하는 적응유형이다. 머튼(Merton)은 이런 유형에 속하는 사람은 사회 안에 존재하고 있지만 사회생활을 하는 사람이 아니라고 주장했다. 반역형(rebellion)은 전통적인 목표나 수단을 대안적인 목표와 수단으로 대체하는 적응유형이다. 기존의 사회구조에서 급진적인 변화를 원하거나 새로운 생활양식, 목표, 신념 등을 추구하는 이들이 여기에 해당된다.

동조형	➔	현실의 성공목표에 대하여 용인의 태도를 취하면서 제도적 수단도 용인하여 정상생활을 유지하는 사람으로 문화적인 목표를 받아들이고 일탈을 향한 조직의 압력에도 불구하고 합법적 수단을 고수하는 유형의 사람
혁신형	➔	현실의 성공목표를 용인하여 적극적으로 추구하나 반드시 제도적인 수단에만 의존하는 것을 배척하고 비합법적인 수단도 용인하는 사람. 대부분의 범죄와 비행, 특히 재산범죄는 주로 이 방식에 따른 것임
의례형	➔	현실의 높은 성공목표를 외면하면서 제도적 규범수단에 충실하여 범죄에 가담하지 않고 순종적인 생활을 해 나가는 사람. 관료조직에서 하위직 공무원들은 더 이상 출세하려고 하지 않고 매일 일하면서 자신의 일에만 몰두하는 경향이 대표적인 의례형에 속함
퇴행형	➔	현실의 성공목표에 대해서 포기의 태도를 취하며 제도적 규범생활에 복종하여 순진한 생활을 하지도 않는 퇴행적 생활을 즐기는 사람들로 알코올, 마약 중독자, 부랑자, 정신질환자, 정신신경증환자 등이 이에 속함
반역형	➔	현실의 성공 목표들의 어떤 부분들은 인용하나 다른 부분을 배척하고 또 현재의 제도적 규범과 수단과 방법에 대해서도 일부는 인정하나 다른 부분은 배척하므로 결국 현행제도의 개혁을 주장하고 나서는 형태로 데모와 혁명모의에 가담하는 유형임

이러한 다섯 가지 유형 중 머튼(Merton)이 가장 관심 있게 다룬 적응유형은 혁신형이었다. 다시 말해서 사회의 하류계층은 문화적 목표를 달성 할 수 있는 합법적인 기회가 차단되었기 때문에 사회구조적 아노미 현상을 극복하는 방법으로 제도화된 수단 대신 비합법적인 수단을 개발함으로써 중·상류층에 비해 범죄에 쉽게 가담한다는 것이다. 여기서 동조형과 의례형은 범죄와는 관계가 없지만 나머지 세 가지 유형은 어떤 형태로든 범죄와 연관이 있다. 이러한 머튼(Merton)의 아노미이론은 하류계층 출신자들이 상대적으로 범죄를 많이

저지르는 이유를 설명하기에 적합하다는 평가를 받아 1950년대 범죄학 연구에 활력을 불어 넣었다(김상균, 2008).

머튼(Merton)의 아노미이론은 사회구조적 범죄이론 중 가장 영향력 있는 이론으로 평가되고 있다. 특히 그는 범죄 등 일탈행위와 사회적 행동을 통제하는 성공의 목표를 연결시켜 인간의 좌절감과 범죄성을 야기하는 갈등의 원인을 지적하기 위해 노력했다. 또한 사회가 성공목표를 달성하기 위한 합법적인 수단을 불공평하게 분배한다는 점에 주목해 범죄율이 높은 지역의 존재와 하류계층의 일탈 및 범죄행위의 발생을 설명하는데 기여했다. 이밖에 머튼(Merton)은 범죄가 발생하는 원인이 개개인의 성격에 의해 발생하는 것이 아니라 사회적 조건에 의해 발생한다고 주장함으로써 20세기 후반에 범죄를 감소시키고 통제하기 위해 실시된 대책에 상당한 영향을 미쳤다(Siegel, 2012; Larry J. Siegel 저, 이민식 외 공역, 2012).

그러나 머튼(Merton)의 아노미이론은 아노미 사회의 규정과 관련된 사회적 여건들이 개인의 행동에 미치는 영향요인으로 전환될 수 있는지에 대해 충분히 설명하지 못했다. 특히 머튼(Merton)은 사람들이 어떠한 이유로 특정 유형의 범죄를 저지르는지에 대해 설명하지 않았다[13]. 예를 들어 어떤 사람은 강도가 되고 또 다른 사람은 마약 밀매업자가 되는지를 설명하지 못했다. 또한 아노미이론은 범죄율의 차이를 설명할 때는 유용하게 사용할 수 있을지 몰라도 대부분의 청소년 범죄자가 성인이 되면 범죄행위를 하지 않는지에 대해서도 설명하지 못했다. 이밖에도 아노미이론에서는 모든 사람들이 같은 목표와 가치를 공유하고 있다고 가정하고 있는 그 자체가 잘못되었다는 것이다. 특히 자기보고(self-report)식 조사[14]에서 중·상류계층도 하류계층 못지않게 범죄를 저지른다는 결과가 나오면서 설득력이 약회되어 쇠퇴의 양상을 보였다(Siegel, 2003; 김상균, 2008; 조철옥, 2008).

[13] Cohen, Albert. 1965. The Sociology of the Deviant Act: Anomie Theory and Beyond, *American Sociological Review*, 30: 5-14.

[14] 자기보고(self-report)는 일반적으로 다수의 응답자가 모여 있는 상태에서 익명으로 실시함으로써 설문대상자의 비밀을 보장해준다. 대부분의 자기보고 연구가 청소년 비행이나 소년범죄에 주목하고 있으나 약물중독자, 재소자 등 선택된 집단의 범죄기록을 조사하는데 사용되기도 한다. 범죄 관련 항목들과 더불어 자기보고식 설문조사는 범죄자의 태도, 가치, 믿음, 행동, 심리적 성향 등의 개인적 특성에 대한 정보도 포함한다. 그러나 자기보고식 설문조사의 경우 솔직한 대답에 의존하고 있기 때문에 실제 범죄행위에 가담한 응답자가 이를 정확하게 응답하지 않을 수도 있으며, 결측(missing cases) 등의 한계점도 있다(Larry J. Siegel 저, 이민식 외 공역, 2012: 41-43).

3. 비행하위문화이론(delinquent sub-culture theory)

하위문화이론(sub-culture theory)은 사회구조이론의 분과이론으로 열악한 지역에 거주하는 사람들이 사회적 고립과 경제적 박탈감에 어떻게 반응하는가를 설명하기 위해 사회해체이론과 긴장이론을 결합한 이론이다. 특히 하위문화이론은 하류계층의 청소년이 교육, 가족지원, 그리고 영향력 있는 인간관계 등 사회적 성공을 위한 승인된 수단으로부터 소외되기 쉽고, 그러한 절망감으로 인해 자신들만의 하위문화를 형성한다는 점을 강조하고 있다. 이러한 하위문화 중에 비행과 범죄를 내용으로 한 것이 비행하위문화이론이다[15]. 여기서 비행하위문화란 범죄자집단 등에서 공유되어지고 있는 특정 신념이나 가치관에 근거한 사고 및 행동양식을 총칭하는 것으로 범죄나 비행행위가 당연시되는 문화를 의미한다.

코헨(Albert Cohen)은 『비행소년(Delinquent Boys, 1955)』이라는 저서에서 처음으로 비행하위문화이론을 언급했다[16]. 코헨의 비행하위문화이론은 개인이 목표달성의 어려움으로 인해 비행의 원인인 긴장으로 이어진다는 점에서 머튼(Merton)의 아노미이론을 추종하고 있다. 여기서 긴장을 초래하는 원인이 부를 축적하여 경제적으로 성공해야 한다는 목표를 달성할 수 없다는 불안감 때문이 아니라 성공할 수 있는 안정된 지위를 보장받기 못해 발생한다고 보았다. 코헨은 하류계층 청소년의 비행이 실제로 미국 중류계층의 가치와 규범에 대한 저항이라고 보았다. 아울러 이들을 둘러싸고 있는 여러 가지 여건이 중류사회가 지향하는 가치에 도달할 수 없다는 좌절감으로 인해 성공목표를 합법적으로 성취하지 못하게 되고 이로 인한 신분좌절(status frustration)이 발생하게 된다는 것이다. 이러한 신분좌절이라는 문화적 갈등을 경험한 많은 하류계층 청소년들은 쉽게 비행이나 범죄에 가담하게 된다는 것이다. 이러한 관점에서 볼 때 그의 이론은 사회해체이론과 긴장이론을 통합한 이론이라 할 수 있다.

코헨(Cohen)의 비행하위문화이론은 청소년들의 범죄가 비행 청소년 집단에 의해 발생하는

---

[15] 코헨(A. K. Cohen)의 비행하위문화이론은 두 가지 이론을 낳았다. 하나는 밀러(Walter. B. Miller)의 하류계층문화이론이며, 또 다른 하나는 브라우(P. Blau) 등이 주장한 상대적 결핍론이다. 밀러는 하류계층의 비행소년이 비행에 도달하는 것은 코헨이 말하는 중류계층에 대한 적대감정이 아니라 하류계층 문화의 적응에 따른 소산이라고 주장했다. 상대적 결핍론은 정치사회학 관련 이론으로 스토퍼(S. A. Stoffer) 등이 사용한 개념이지만, 이를 체계적으로 논의한 학자는 런시만(W. C. Runciman)이다. 상대적 결핍은 타인과 비교하여 경제적 불평등, 사회적 부정 등으로 인한 불만이나 좌절이 일어나는 것을 말하며, 이런 상태는 하류계층만이 아닌 중 · 상류계층에게도 발생한다. 브라우(Blau) 등은 이러한 상대적 결핍이 범죄의 원인이 된다고 주장하였다(김상균, 2008: 176).

[16] Cohen, A. K. 1955. Delinquent Boys, New York: Free Press.

하위문화가 원인이라는 사실을 설명하는데 적절하다[17]. 이렇게 형성된 청소년 하위문화는 중류계층의 가치와 충돌하면서 직접적인 만족을 추구하는 비행에 빠져들게 된다. 이러한 코헨의 비행하위문화이론은 네 가지 기본 가정으로 요약할 수 있다. 첫째, 적지 않은 하류계층의 청소년들이 학교생활에 제대로 적응하지 못하고 실패한다. 둘째, 이런 저조한 학업성취는 비행 및 범죄와 연관성이 있다. 셋째, 이들의 저조한 학업성취는 하류계층의 청소년이 가지는 가치와 중류계층의 청소년이 가지고 있는 가치와의 갈등에서 비롯된다. 넷째, 대부분의 하류계층의 청소년들이 저지르고 있는 비행이나 범죄는 보다 긍정적으로 자기를 합리화시키기 위한 하나의 방편으로 집단비행의 형태로 발전한다(오윤성, 2016)[18].

특히 하류계층 청소년들은 우선적으로 가정적인 측면에서부터 취약점을 가지고 시작하는데, 하류계층의 부모들은 그들의 자녀들이 중류층의 문화에 들어가기 위해 필수적인 기술을 가르칠 수 있는 능력이 없다. 다시 말해서 하류계층의 가정에서는 중류계층의 문화 속으로 자신들을 진입시킬 정도의 추진력이나 잠재력 없이 부모들이 가지고 있는 상대적인 취약점이 연장되어 사회적으로 성공할 수 있는 여러 가지 여건들을 제공해 주지 못한다는 것이다. 하류계층의 청소년이 직면하는 하나의 중요한 장애는 교사, 고용주 또는 감독관과 같은 권위 있는 사람들에게 긍정적으로 평가를 받을 수 없다. 코헨은 이런 권위적인 인물들에 의해 설정된 기준을 중류계층의 측정 잣대(middle-class measuring rod)라 불렀으며[19], 하류계층의 청소년들이 이러한 기준을 충족하기 못할 경우에 경험하는 갈등과 좌절이 비행 및 일탈행위의 원인이 된다고 주장하였다.

한편, 코헨(Cohen)은 중류계층의 의사결정자들에 의해 부정적인 평가를 받은 하류계층 청소년들의 경우 보통 다음과 같은 세 가지 적응유형 중 하나를 선택한다고 보았다(Larry J. Siegel 저, 이민식 외 공역, 2012). 첫 번째는 거리배회 소년(coner boy)으로 그들은 중류계층에 의해 부정적인 평가를 받은 하류계층 청소년들의 가장 일반적인 반응형태이다. 거리배회 소년은 상습적인 비행소년은 아니지만 조숙한 성관계나 호기심에 의한 약물 남용 등 비교적 가벼운 비행행위를 하는 무단 결석자 등이 여기에 해당된다. 그들의 충성 대상은

---

17 Williams, Katherine S. 2004. Textbook on Criminology, 5th Edition, Published in the United States by Oxford University Press Inc., New York: 317; 조철옥, 2008: 282.

18 Shoemaker, D. J. 1990. Theories of Delinquency (2nd ed.), NY: Oxford University Press.

19 코헨(Cohen)은 중류계층의 가치 기준으로 ① 추진력과 야망, ② 개인적 책임감, ③ 경쟁영역에서의 성취와 성공, ④ 미래를 위해 소망과 충동의 직접적인 만족 유보, ⑤ 장기적인 계획과 예산 형태의 합리성, ⑥ 타인에 대한 자기통제, ⑦ 언어 및 물리적 폭력과 공격의 자제, ⑧ 여가의 건전성, ⑨ 타인 사유재산에 대한 존중 등을 제시하였다(조철옥, 2008: 283 참조).

자신들에 대한 지지, 동기, 관심을 끌기 위해 의지하고 있는 동료 집단들이다. 아메리칸 드림(american dream)[20]의 기준을 성취할 수 없다는 것을 잘 알고 있는 그들은 하류계층 동료들이 제공하는 세계로 도피하여 안정적인 구성원이 되어 그곳에서 보통 이하의 직업을 구하고 결혼하여 하류계층 사회에 안주하게 된다. 두 번째는 대학생 소년(college boy)으로 그들은 중류계층의 보다 더 높은 생활방식을 지향하여 중간계층의 규율, 가치관을 받아들인다. 중류계층의 측정 잣대를 비난하기 보다는 자신도 그 기준에 순응하여 성공하려고 노력한다. 그러나 코헨(Cohen)은 이런 유형의 청소년들을 희망이 없는 길을 향해 떠나는 사람으로 표현하였다. 왜냐하면, 그들은 중류계층의 기준을 성취하기 위해 필요한 학업이나 사회적 · 언어적 조건이 결여되어 있기 때문이다.

마지막으로 비행소년은 중류계층의 문화와 반대되는 일련의 규범과 원칙을 선택한다는 것이다. 다시 말해서 학교와 중류계층의 기준과 가치에 저항하고 악의적인 행동을 하는 동시에 오늘을 위해 살고 내일은 어떻게 되겠지 하는 식의 단기적인 쾌락주의(hedonism)에 몰두한다. 그들은 갱을 자율적이고 독립적이면서 '매력, 충성, 단결'의 중심으로 이해하기 때문에 그러한 집단에 가입할 수도 있다. 또한 비행소년들은 중류계층의 기준에 의해서는 성공할 수 없는 무능력으로 인해 좌절을 겪은 이들은 코헨이 반동형성(reaction formation)이라고 부른 과정에 의존하게 된다. 반동형성의 징후는 좌절상태에 빠지게 한 자극에 비해 불균형적이라 할 만큼 과도하게 반응한다. 비행소년들은 대학생 소년(college boy)의 중류계층에 동화하려는 시도를 비난하고 거리배회 소년(coner boy)의 수동적인 행동을 경멸한다. 따라서 비행소년들은 중류계층의 가치체계가 지배하는 사회 하에서는 지위에 대한 욕구불만과 자존심의 상실이라는 문제에 부딪치게 되는데, 이를 해소하기 위해 비공리성, 악의성, 부정성, 파괴지향, 변덕, 단기적 쾌락주의, 집단으로서의 독자성 등의 하위문화를 형성한다는 것이다[21].

---

[20] 메스너와 로젠펠드(Messner & Rosenfeld)는 성공 목표가 미국 사회에 널리 퍼져 있다는 머튼(Merton)의 주장에 동의하면서 이를 아메리칸 드림(american dream)이라 불렀으며, 이 용어를 목표와 과정 모두를 지칭하는 것으로 사용하였다. 먼저 하나의 목표로서 아메리칸 드림은 물질적 상품의 축적과 개방된 개인 간의 경쟁을 통한 부의 축적을 포함한다. 다음으로 하나의 과정으로서 아메리칸 드림은 물질적 성공을 추구하는데 사회화 되는 것과 미국사회에서 금전적 성공은 달성이 가능하다고 믿는 것 둘 다를 포함한다(Larry J. Siegel 저, 이민식 외 공역, 2012: 217 참조).

[21] 비공리성(non-utilitarianism)은 범죄나 범죄행위 그 자체보다는 범죄조직에 같이 속해 있는 자기 동료들로부터 따돌림을 당하지 않고 나아가서는 영광과 지위, 공범의식을 느끼기 위해 행하는 것으로 경제적 이득의 추구보다는 유희적 성격을 가진 행위를 선호한다. 악의성(maliciousness)은 다른 사람이 고통을 당하는 모습에서 쾌락을 느끼는 심리상태를 가리키며, 성인사회나 갱이 아닌 동년배 및 중류계층의 문화와 상징에 대한 적대행위를 가진다. 부정성은 중류계층의 가치를 거부하는 것으로 자기들 나름대로의 정당화와 합리화를 시키는 것을 말한다. 단기적 쾌락주의는 장기적인

코헨(Cohen)의 비행하위문화이론은 비행하위문화가 조장되고 유지되는 요인을 설명하는데 기여하였다. 특히 지위 좌절과 중류계층의 측정 잣대 등의 개념을 도입하여 일탕행위가 개인의 특성이 아니라 사회구조가 이를 조장하고 유지한다는 것을 명확히 했다. 이밖에 거리배회 소년(coner boy), 대학생 소년(college boy), 비행소년 등 세 가지 적응유형을 도입하여 많은 하류계층 청소년들이 범죄자가 되지 않는지를 설명하는데 도움을 주었다. 이밖에도 긴장이론과 사회해체이론을 기술적으로 통합함으로써 범죄학 분야에서 중요하게 다뤄지고 있다. 그러나 코헨(Cohen)의 비행하위문화이론도 몇 가지 문제점이 제기되었는데, 먼저 이 이론은 처음부터 지나치게 하류계층 청소년들이 비행집단이라는 계층적 편견을 가졌다는 비판이 제기되었다. 또한 코헨의 비행하위문화이론을 경험적으로 검증하는데 있어 한계가 있는데, 예를 들어 계층적 차이가 낮은 학업성취도와 관계가 있다는 사실은 인정되지만 이 문제는 대다수의 청소년들이 겪는 문제이기 때문에 계층적 차이가 일탈행동의 원인이라는 주장은 타당성이 떨어진다는 지적을 받았다. 이밖에도 하류계층의 청소년 전체가 중류계층의 문화와 가치관을 지향하는 것은 아니기 때문에 신분좌절로 인해 비행하위문화를 형성한다는 주장에는 문제의 소지가 있다(조철옥, 2008; 허경미, 2014).

4. 차별적 기회이론(differential opportunity theory)

아노미이론의 또 다른 계열은 아노미이론과 비행하위문화이론의 통합적 시도로 크로워드와 오린(Cloward & Ohlin)이 주장한 차별적 기회이론(differential opportunity theory)이 대표적이라 할 수 있다. 그들은 코헨의 견해에 동의하면서 사회 내에는 비행하위문화가 존재한다고 주장하였으며, 청소년 비행이 모든 계층의 청소년들 사이에서 발생한다는 점을 인정했다. 아울러 모든 사회에 존재하는 비행하위문화는 비행을 유발하는 필수조건이 된다고 보았다[22]. 그러나 중류계층에 속하는 청소년들의 비행은 개인적인 갈등의 결과로 보았으나 하류계층 청소년들의 비행은 그들의 행위를 인정하고 지원하는 하위문화의 영향이라는 점에서 하류계층 청소년들의 범죄행위에 더 중점을 두었다(조철옥, 2008; Larry J. Siegel 저, 이민식 외 공역, 2012).

계획과 목표 하에서 사는 것보다 학업이나 취업 등에 대한 노력을 게을리 한 채 당장의 쾌감을 느끼기에 급급한 심리 상태를 의미한다(임상곤, 2006: 191-192; 김상균, 2008: 175-176; 오윤성, 2016: 104).

[22] Cloward, Richard and Lloyd Ohlin, 1960, Delinquency and Opportunity, New York: Free Press: 7.

특히 비행 청소년집단(youth gang)을 비행하위문화의 중요한 요소로 보았으며, 모든 불법적인 행위가 갱(gang) 청소년에 의해 저질러지는 것은 아니지만 그들을 가장 심각하고 대가가 큰 범죄행위의 원천으로 보았다. 비행 청소년집단은 전통적인 수단을 통해 성공에 도달할 수 있는 기회가 적은 지역에서 발생한다. 이러한 차별적 기회이론은 머튼(Merton)의 아노미 이론과 서덜랜드(Sutherland)의 차별적 접촉이론의 개념을 활용하였다. 그들은 도시의 하류계층 청소년들이 그들의 성취목표를 달성하기 위해 합법적 또는 비합법적인 두 가지 차별적 기회를 수단으로 이용할 수 있다는 점을 전제로 하고 있다. 크로워드와 오린(Cloward & Ohlin)이 주장한 차별적 기회이론의 핵심내용은 차별적 기회이다[23].

또한 그들은 머튼(Merton)의 문화목표와 제도화된 수단 간의 괴리와 유사하게 합법, 비합법적 수단과 폭력의 수용 여부를 중심으로 일탈행위를 동조형, 쇄신형, 공격형, 도피형으로 유형화하였다. 여기서 동조형은 머튼의 동조형, 쇄신형은 머튼의 혁신형과 동일하고 공격형(aggression)은 폭력을 수용하여 공격적 행동으로 좌절을 표현하는 청소년을 의미한다. 도피형은 남을 공격할 만한 신체적 조건을 갖추지 못하여 약물에 의존하는 사람으로 머튼의 퇴행형과 같다. 도피형 중에는 합법적 수단뿐만 아니라 비합법적 수단에서도 제외된 사람, 다시 말해 합법적인 수단을 통해 부를 획득하려 하다가 여의치 않아 불법행위를 통해서라도 원하는 것을 얻으려고 하지만 그마저도 실패한 사람을 이중 실패자(double failure)라고 하였다.

차별적 기회이론에서 하류계층의 청소년 비행은 성공할 수 있는 수단에 기회를 주지 않는 제도적·구조적 문제로 인해 발생하지만 아무 곳에서나 발생하지 않고 비행을 할 기회가 있는 지역에서 발생한다. 또한 비행 청소년이 되는 것은 비합법적인 기회인 비행하위문화와 접촉하여 이를 획득함으로써 가능하며, 합법적인 기회가 없다고 해서 모두가 비행 기회를 가지는 것은 아니라고 보았다. 이밖에 개인이 목표를 달성할 시 합법적 수단을 사용하는지 안하는지는 그 사람이 어느 정도 비행하위문화에 접촉해 범죄를 학습하는 기회를 갖고 있는가에 따라 결정된다고 주장했다. 아울러 크로워드(Cloward)와 오린(Ohlin)은 슬럼지역과 도시 하층계급 사이에서 나타나는 비행하위문화를 범죄적 하위문화, 갈등적 하위문화, 퇴행적 하위문화로 분류하여 적응유형을 제시하였다.

---

[23] 차별적 기회(differential opportunity)라 함은 모든 계층의 사람들이 동일한 성공목표를 공유하지만 하류계층에 속한 사람들의 경우 이 목표를 달성할 수 있는 수단이 제한되어 있다는 것을 말한다. 다시 말해서 중상류계층의 경우 문화적 성공목표를 세워 성공을 위한 제도적 수단에 쉽게 접근할 수 있으나 하류계층의 경우 제도적 수단에 접근할 기회가 주어지지 않는다는 것을 의미한다(조철옥, 2008: 287; Larry J. Siegel 저, 이민식 외 공역, 2012: 229 참조).

먼저 범죄적 하위문화(criminal subculture)는 목표달성을 위해 비합법적 수단을 취하는 것이 일상화된 사회구조 중에서 형성된 문화로 불법적인 기회구조와 접촉이 가능하여 사기나 절도 등 재산범죄를 저지르는 비행문화집단을 말한다. 특히 범죄적 하위문화는 비행 청소년과 성인 범죄자들이 범죄 집단을 구성해 성공적인 범죄환경을 만들 수 있는 하류계층 지역에 존재한다. 다음으로 갈등적 하위문화(conflict subculture)는 문화적 목표는 인정하지만 합법적인 기회 또는 불법적인 기회구조가 모두 차단된 집단을 말한다. 이러한 기회구조가 차단됨으로써 좌절상태에 빠진 갈등형 집단에 속하는 구성원들의 범죄는 폭력범죄가 대부분이다. 마지막으로 퇴행적 하위문화(retreat subculture)는 합법적 수단과 비합법적인 수단으로도 성공할 수 없는 이중 실패자들을 말한다. 사회 통제력이 약한 지역에서 발생하고 주로 마약 등 약물범죄가 많이 발생한다(김상균, 2008; 조철옥, 2008).

차별적 기회이론은 1960년대 이전의 미국 범죄학 이론을 통합한 것으로 집단비행 현상을 일으키는 사회구조적 요인을 아노미이론을 중심으로 전개하였고 비행의 성격과 형태를 차별적 접촉이론을 토대로 파악했다는 점에서 높이 평가되고 있다. 특히 차별적 기회이론은 청소년비행의 예방과 교화정책에 많은 영향을 끼쳤으며, 1960년대 미국에서는 현실적인 비행방지대책으로 이어졌다. 당시 미국의 법무장관이었던 케네디는 차별적 기회이론을 적용하여 오린(Ohlin) 등에게 소년비행 대책의 구체적 방안을 의뢰했다. 그 결과로 1961년 소년비행 예방 및 규제법이 탄생했다. 이 법은 당시 미국 정부가 추진한 '빈곤에 관한 도전' 정책의 하나로 교육 · 의료의 충실 · 근로 기회의 확대 및 하류계층을 위한 주택건설 등의 시책을 장려하고 소년비행 대책을 위해 활동 프로그램을 실시한 것이 주요 내용이다.

이러한 취지하에서 뉴욕시는 '청소년동원계획(Mobilization for Youth, MFY)'이라 불리는 청소년 비행방지 프로그램을 실시하였다. 또한 존슨 대통령도 '위대한 사회' 추진 계획의 일환으로 '빈곤과의 전쟁'을 선언한 후 대규모 예산을 동종의 활동 프로그램에 투입했으나 이러한 비행예방 정책은 오린(Ohlin) 등의 의도인 합법적 기회의 확대에는 도달하지 못하고 실패로 돌아갔다. 아울러 차별적 기회이론은 '기회'의 개념에 대한 모호성과 하위문화의 3가지 유형은 단순한 이념에 불과하며 현실에 부합되지 않는다는 비판을 받았다. 이밖에도 신분좌절이라는 사회적 변수만을 강조한 나머지 개인의 차별적 반응에 영향을 미치는 가족구조와 인종적 요소 등 개인적 특성을 고려한 변수를 무시하고 있다는 비판도 제기되었다.

TIP 1 뒤르켐(Emile Durkheim)의 아노미이론

19세기 말 프랑스 사회학자인 뒤르켐은 근대 사회가 기계적 연대에서 유기적 연대[24]로 불완전하게 이동하면서 규범 부재 및 상실에 따른 아노미 상태가 야기되었다고 주장하며, 당시의 사회 병리 현상을 아노미와 관련하여 설명하였다. 가장 대표적인 것이 아노미적 자살에 대한 설명이다. 그는 "자살론(1897)"에서 사회 변동기에는 따를 만한 가치나 규범이 없어 표류하는 사람들이 아노미적 자살을 하게 된다고 설명하였다.

뒤르켐(Emile Durkheim)은 사회적 분업(division of labour) 과정에서의 병리현상들, 예컨대 부분들 간의 부조화, 사회연대성의 약화, 사회계급 간의 갈등을 아노미(anomie)라 규정하였다. 예를 들어 분업과정 속에 있는 개인은 공통 규칙을 준수하고 작업과정을 숙지해야 최종 상품이 차질 없이 생산되는데, 이러한 규칙이 작동되지 않을 때 분업이 마비되고 분열 상태에 빠지는 것을 아노미(anomie)라 했다. 결국 사회체계 속의 각 요소들 간의 관계를 규제하는 규칙이 붕괴된 상태가 아노미라는 것이다.

뒤르켐(Emile Durkheim)은 아노미 개념을 자살연구에도 적용했다. 그는 자살 원인과 관련한 기존 요인인 정신병리, 인종, 유전, 기후 및 모방 등이 자살률의 변이를 제대로 설명하지 못한다고 비판하면서 자살은 기본적으로 사회분업의 확대와 더불어 개인주의가 팽배해지고 개인의 도덕적 규제가 해이해지는 등 사회통합이 약화되면서 증가했다고 주장하였다.

또한 뒤르켐은 자살을 ① 이기적 자살(egoistic suicide), ② 이타적 자살(altruistic suicide), ③ 아노미적 자살(anomic suicide)로 유형화하였다. 이기적 자살은 사회적 통합 정도가 낮은 경우에 발생한다(예: 미혼 남녀의 연애 자살 등). 이와 반면에 이타적 자살은 사회적 통합 정도가 지나치게 높을 때 발생한다(예: 일본의 가미가제 특공대, 파업 투쟁 중 분신자살 등). 아노미적 자살은 사회규범이 붕괴되어 행위의 기준을 상실할 때 발생하며, 급격한 계층 이동을 경험한 사람이 그것에 좌절하여 자살하는 형태이다. 또한 아노미와 결합된 자살의 형태이로 기대하지 않았던 재앙이나 빠른 경제성장, 혹은 그와 비슷한 혼란과 같은 사회질서의 심각한 붕괴와 결합된 자살을 말한다(예: 파산한 기업인의 자살 등).

이러한 세 가지 자살 유형을 사회통합 측면과 사회규제 측면에서 볼 때 사회통합 정도가 낮을 때 이기적 자살이, 반대로 높을 경우에는 이타적 자살이 증가하고 사회적 규제가 약할 때 아노미적 자살이 증가한다. 또한 이기적 자살은 사회통합의 약화가 개인의 삶의 의미를 상실하게 만들어 자살로 이어지는 반면 아노미적 자살은 사회적 규제가 약화되어 자살을 야기한다는 점에서 차이가 있다.

뒤르켐(Durkheim)에 의하면, 아노미적 자살은 사회변동이 급격한 시기에 증가한다고 말한다. 결국 경기주기에 따라 자살률이 다르다는 것이다. 다시 말해서 불경기와 호경기일 때 자살률이 높다는 것이다. 불경기일 때는 실업이 증가하고 임금이 하락하여 삶의 목표와 이를 달성하는데 필요한 수단이 괴리되고, 이것이 스트레스를 증가시켜 자살에 이르게 한다는 점이다. 호경기 때는 목표에 대한 성취도가 증가하고 열망수준이 커지는데 이 또한 목표–수단 간의 괴리가 생기면서 스트레스를 증가시켜 자살에 이르게 된다고 주장하였다.

출처: 박홍순, 미술관 옆 인문학: 파놉티콘 사회, 서해문집
위키백과; 다음백과 [파놉티콘]

---

24 기계적 연대(mechanical solidarity)는 사회적 분업이 덜 진행되고 사회규범은 억압적이며, 사회통합 정도가 상당히 높은 전통사회에서 나타난다. 아울러 개인 간의 차이가 최소화되고 사회구성원들이 공통적 가치를 강하게 지향할 때 커지며, 기능적 분화(differentiation of functions)의 산물이다. 반면 유기적 연대(organic solidarity)의 사회는 계약관계가 지배적이고 개인 간 가치관의 차이가 커지며, 사회통합 또는 사회적 응집력이 낮다. 이 단계에서는 자살과 같은 사회적 일탈이 증가하고 개개인의 욕망이 제대로 규제되지 않는다(임상곤, 2006).

TIP 2 애그뉴(Agnew)의 일반긴장이론(general strain theory)

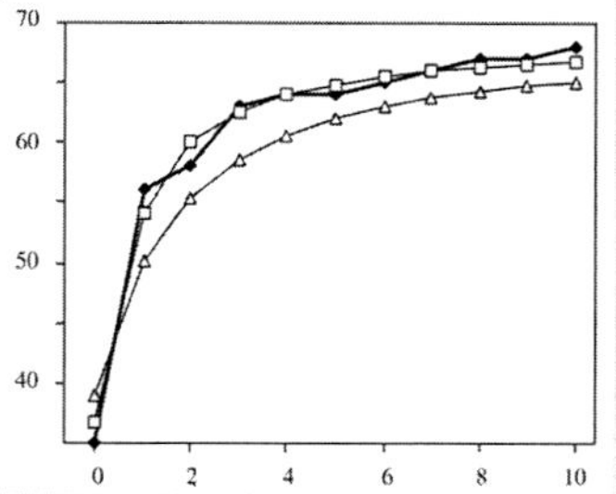

애그뉴(Robert Agnew)의 일반긴장이론(general strain theory, 1992)은 머튼(Merton)의 아노미이론에 이론적 뿌리를 두고 있다. 즉, 현대사회에서 사회통합력이 약화되면 구성원의 감정에 대한 억제력이 상실되고 무규범에 가까운 상태가 되는데 이 때 각종 유형의 범죄가 발생한다고 머튼은 주장했다. 애그뉴는 이런 머튼의 아노미상태를 개인적 수준의 긴장으로 끌어내려 범죄발생의 원인을 설명했다. 하지만 머튼(Merton)의 이론과 달리 계층과 상관없는 긴장의 개인적, 사회심리학적 원인을 다루고 있다.

원래 머튼의 아노미이론은 범죄의 원인을 개인수준이 아닌 아노미상태라는 사회구조적 요인으로 파악했기 때문에 거시적 범죄이론으로 분류된다. 그러나 애그뉴는 범죄의 원인을 거시적 수준이 아닌 개인이 받는 긴장 및 스트레스라는 개인적 수준으로 끌어내려 분석했기 때문에 미시적, 개인 환경적 범죄이론으로서의 일반긴장이론을 주장했다. 그가 말하는 청소년 비행이란 청소년이 그의 주변 인물들과의 적대적인 인간관계에서 발생한 사회 정서적 문제를 해결하는 방법이라고 가정한다.

애그뉴(Agnew)는 범죄발생의 원인으로 첫째, 목표달성의 실패, 둘째, 긍정적 자극의 소멸, 셋째, 부정적 자극의 발생을 제시했다. 애그뉴의 주장에 따르면, 스트레스 및 긴장(strain)의 유형은 모두 다르지만 범죄와 비행은 모두 스트레스의 결과로 파악한다. 이렇게 스트레스나 긴장이 발생하면 이를 해소하기 위해 범죄행위를 한다는 것이다. 다시 말해서 인간은 여러 긴장요인으로 화, 우울감, 절망감 등의 부정적 감정을 경험하게 되며, 그러한 부정적 감정을 해소하기 위해 범죄 및 비행을 저지른다는 것이다. 일반긴장이론은 주로 누적적 인과관계(cumulative causation)가 형성되는데 부정적 감정들이 한계선에 다다르게 되면 범죄행위가 유발된다고 보았다.

제2절 사회과정적 관점의 범죄이론

사회과정이론은 개인 상호간의 접촉과 사회적 경험에서 범죄의 원인을 밝히려는 이론으로 모든 사람은 잠재적으로 법과 규범을 위반하려는 성향을 가졌으며, 범죄는 생래적이 아니라는 관점에서 출발한다[25]. 대부분의 사람들은 그들의 가족 구성원, 친구, 교사나 고용주, 사법체계의 관리자들과의 상호작용에 의해 영향을 받는다. 이러한 관계 자체가 역기능적이고 파괴적일 경우 관습적 성공은 불가능할 것이고 범죄가 그 대안이 될 수 있을지 모른다. 사회과정이론에서 범죄적 행동은 인간 상호간의 관계 및 사회화 과정에서 학습되는 것이며, 집단 상호관계(group membership)를 학습이 이루어지는 가장 일반적인 통로로 인식하고 있다. 또한 사회과정이론은 동일한 사회구조 하에 있는 모든 사람들이 범죄자와 비범죄자로 구분되는 것에 의문을 품고 이론을 전개하였다. 다시 말해서 개인 상호간에 이루어지는 가정, 친구, 직장, 소속 집단의 특성 등 개인에게 가까이 있는 환경이 변수로 작용한다고 보았다.

또한 사회과정이론의 접근방법은 따르드(Tarde)[26]의 일탈설의 흐름을 따른 것으로 범죄행동의 학습이 범죄를 유발한다는 논리이다. 이 접근방법은 개인의 문제의식은 개인이 어떤 심리적 과정을 거쳐 범죄에 도달하는가에 있으며, 사회구조적 접근과 달리 범죄자의 심리적 요소를 중시했다. 이밖에 사회과정적 접근은 개인이 사회과정의 주요 요소들과 맺는 관계 및 과정이 범죄행위의 시작과 지속성을 설명한다고 보는 견해이다. 아동기의 사회화과정, 교육경험, 동료관계, 가족과의 애착 등과 같이 개인이 경험하는 사회현상과 범죄와의 관계를 밝히는 이론으로 넓은 의미에서는 통제이론 등을 포함한다. 여기서는 사회학습이론의 핵심 이론인 차별적 접촉이론과 차별적 접촉강화이론을 먼저 살펴본 후 사회유대이론, 자기통제이론, 표류이론 등을 중심으로 고찰하였다.

[25] Schmalleger, Frank. 2002. Criminology Today: An Integrate Introduction. 3rd (ed.). NJ: Prentice Hall: 229.

[26] 가브리엘 따르드(Gabriel Tarde, 1843–1904)는 프랑스의 사회학자로 심리학적 사회학파인 프랑스학파의 대표학자이다. 사회는 모방이며 일종의 몽유상태라는 유명한 '모방의 법칙'을 주장했으며, 사회적 상호작용(정신내적 활동)에 관한 그의 이론은 집합적 인간군 내에서의 개인적인 것을 강조하여 사회를 집합적 총체로 본 에밀 뒤르켐의 견해와 대립된다. 비교범죄연구(La Criminalité comparée, 1886)를 비롯한 저서에서 따르드는 범죄행위에 미치는 환경의 중요성을 지적하면서 체사레 롬브로조 학파의 극단적인 생물학적 인과론을 비판했다. 참고로 프랑스학파는 범죄자의 인류학적 측면을 중시하는 이탈리아 학자인 롬브로조와 대립했으며, 19세기 말에서 20세기 초까지 범죄의 원인으로 사회적 요인을 중시하는 범죄사회학이 태동한 시기이다(다음백과 참조).

1. 사회학습이론(Social Learning Theory)

사회학습이론은 인간의 행동방식을 결정하는 핵심 요인이 사회적 모델이라고 주장했던 밀러와 도널드(Neal Miller & John Dollard)에 의해 개발되었다. 이후 보다 진보된 형태의 학습이론이 반두라(Albert Bandura)에 의해 제안되었는데, 이것이 바로 사회학습이론이다. 반두라는 관찰학습을 통해 인간이 처벌과 보상에 의해 얼마나 공격적인 행동을 억제하고 모방하는 지를 연구하여 많은 관심을 받았다. 그는 보보 인형실험(BOBO doll experiment) 등을 통해 사람은 다른 사람들의 상을 받는 행위는 모방하고 벌을 받는 행위는 회피한다고 주장하였다[27]. 사회학습이론에 따르면, 범죄는 범죄행위와 결합된 규범, 가치, 그리고 행동을 학습한 산물로 보았다. 사회학습은 범죄행위에 대한 실질적인 기술뿐만 아니라 범죄행위와 결합된 죄책감이나 수치심 등을 처리하는 방법과 같은 범죄자의 심리적 측면도 포함한다.

사회학습이론(social learning theory)의 기본 가정은 비행이나 일탈은 사회 구성원들 간의 상호작용을 통해 학습된다는 명제로부터 출발한다(Akers & Sellers, 2011). 다시 말해서 범죄는 사회구성원들 간의 상호작용을 통해 범죄의 기법, 태도 등을 학습함으로써 범죄에 대해 우호적이거나 중화적인 태도를 가지게 되며, 범죄를 저지르는 또래집단과의 접촉을 통해 범죄행위를 학습하게 된다는 것이다. 범죄학 영역에서 볼 때 사회학습이론은 비행과 일탈행위에 학습을 적용한 패터슨(Patterson, 1994)[28], 사회학습이론을 근거로 비행과 범죄에 대해 설명한 후 예방책을 제시한 앤드류(Andrew, 1980)[29]에 의해 발전되었다. 여기서는 범죄학 분야에 있어 대표적인 사회학습이론인 서들랜드(Sutherland)의 차별적 접촉이론과 에이커스와 버거스(Akers & Burgess)의 차별적 접촉강화이론 등을 중심으로 살펴보고자 한다.

1) 차별적 접촉이론(differential association theory)

서덜랜드(Edwin Sutherland)의 차별적 접촉이론(differential association theory)은 가장 대표적인 사회학습이론에 속한다. 그는 미국의 유명한 범죄학자로 1939년 『범죄학의 원리(principles

[27] Bandura, Albert. 1965. Influence of Models' Reinforcement Contingencies on the Acquisition of Imitative Responses, *Journal Personality and psychology*, Vol.1: 589–595.

[28] Patterson, Gerald R. and Patrica Chamberlain. 1994. A Function Analysis of Resistance during Parent Training Therapy, *Clinical Psychology: Science and Practice*, 1: 53–70.

[29] Andrew, D. A. 1980. Some Experimental Investigations of the Principles of Differential Association through Deliberate Manipulations of the Structure of Service Systems, *American Sociological Review*, 45: 448–462.

of criminology)』에서 이 이론을 처음으로 제시하였다[30]. 서덜랜드(Sutherland)는 화이트칼라 범죄와 전문절도 그리고 지능범죄에 대한 연구를 통해 범죄가 하류층 사람들의 빈곤이나 부적응이 원인이라는 기존의 견해에 반론을 제기했다. 다시 말해 범죄성향은 개인적 특성이나 사회경제적 지위와는 무관하며, 어떤 문화 속에서 개인에게 영향을 미치는 학습과정의 결과로 보았다. 결과적으로 범죄행위에 필요한 기술과 동기는 범죄행위에 우호적인 가치관과 태도, 그리고 호의적인 정의와 기타 범죄행위의 다른 형태와 접촉한 학습의 결과라고 주장하였다[31].

서덜랜드(Sutherland)의 차별적 접촉이론은 범죄의 원인으로 가족이나 친구 등 1차 집단(primary group)과의 상징적 상호작용 속에서 학습되는 것이며, 학습에는 범죄 기술뿐만 아니라 범죄에 대한 욕구나 동기, 태도 등도 포함하고 특히 친한 범죄 또래집단과의 차별적 접촉을 통해 범죄를 학습하게 된다는 것이다. 다시 말해서 사람들은 1차 집단인 가족, 친한 친구 등으로부터 범죄에 우호적인 가치관 및 태도 그리고 행위를 학습하게 된다는 것이다. 범죄학습의 과정에서 법 위반에 대한 우호적인 정의 등을 학습하게 되는데 법 위반에 대한 우호적인 정의나 가치관이 합법적인 정의를 능가하게 될 경우 범죄가 발생한다고 보았다. 예를 들어 청소년이 자신과 친한 비행 청소년 집단과 자주, 오랫동안 어울리다 보면 그들로부터 법 위반에 대한 가치나 태도 등을 비판 없이 수용하게 되고 그들과 함께 또는 단독으로 범죄를 저지를 가능성이 높아진다는 것이다. 왜냐하면, 범죄에 대한 우호적인 가치관과 태도를 비행친구들로부터 학습 받았기 때문에 범죄를 쉽게 저지를 수 있다고 보았다(황성현 외, 2015).

서덜랜드(Sutherland)는 자신의 연구를 기초로 단순히 하류계층이기 때문에 범죄행위를 할 가능성이 높다고 보지는 않았다. 오히려 범인성의 상황이 주어졌을 때 그것을 범죄의 기회로 수용하느냐, 그렇지 않느냐를 결정하는 과정에 주목하면서 범죄적 인격형성의 과정을 해명하고자 자신의 이론을 전개하였다. 서덜랜드(Sutherland)는 개개인의 범죄성을 개인의 차별적 접촉(differential association)에서 그 원인을 찾았으며, 이를 설명하기 위하여 다음과 같이 아홉 가지 명제를 제시했다(Sutherland, 1970; Siegel, 1992)[32].

---

30 서덜랜드(Sutherland, 1883~1950)가 사망하자 그의 동료인 도널드 크레시(Donald Cressey)는 사회학습이론을 성공적으로 설명하고 대중화하여 차별적 접촉이론이 범죄행위를 설명하는 가장 대표적인 이론으로 평가받는데 기여했다(Larry J. Siegel 저, 이민식 외 공역, 2012: 247 참조).

31 Sutherland, Edwin. 1940. White-Collar Criminology, *American Sociology Riview*, 5: 2-10.

32 Sutherland, Edwin. and Donald Cressy. 1970. Criminology, 8th ed., Philadelphia: Lippincott: 77-79; Siegel, Larry

➲ 차별적 접촉이론의 9가지 명제

① 범죄행위는 다른 사람들과의 접촉과정을 통해 학습된다.
② 범죄행위는 의사소통과정에 있는 다른 사람과의 상호작용에서 학습된다.
③ 범죄행위의 학습에서 중요한 사항은 친밀한 인격적 집단(가족, 친구, 동료 등)에서 이루어진다.
④ 범죄행위가 학습될 때, 학습내용은 범죄기술, 구체적인 동기나 욕구, 합리화와 태도 등이다.
⑤ 구체적인 동기나 욕구의 방향은 법을 우호적이거나 비우호적으로 정의하는 것으로부터 학습된다.
⑥ 법위반에 호의적인 정의가 법위반에 비호의적인 정의보다 클 때, 개인은 비행을 저지르게 된다.
⑦ 차별적 접촉양상은 빈도, 지속성, 우선성, 강도의 측면에서 다양하다.
⑧ 범죄적 또는 반범죄적 유형과의 접촉에 의한 범죄행위의 학습과정은 다른 학습과정에 포함된 모든 기제를 포함한다.
⑨ 비록 범죄행위가 일반적 욕구와 가치의 표출이라 하더라도, 범죄행위는 일반적 욕구와 가치에 의하여 설명되지는 않는다.

먼저 범죄행위는 학습된다는 첫 번째 주장에서 자신의 이론이 범죄행위는 범죄자의 선천적인 특징이 원인이 아니라 후천적인 학습에 의해 이루어진다고 주장하여 이전의 논의들과 차별화하였다. 그는 비행과 범죄행위는 글쓰기, 그림 그리기, 읽기 등의 행위와 마찬가지로 학습된다고 주장하였다. 두 번째로 학습은 타인과의 상호작용의 산물이라고 보았는데, 개인이 범죄환경에 노출되어 있거나 낮은 지능 및 가족문제와 같은 개인적 특성을 가지고 있는 것만으로 범죄자가 되지 않는다는 것이다. 결국 범죄는 타인과의 상호작용을 통한 학습에 의해 발생하는 것이다. 세 번째로 범죄행위는 개인적으로 친밀한 집단 내에서 이루어진다고 보았다. 사람은 영화나 TV 등 대중매체를 통해 범죄행위를 학습할 수 있지만, 개인적으로 가족, 친구, 동료들과 가장 밀접하게 접촉하는데, 이것이 그들의 일탈행위나 태도 발달에 영향을 주는 것이다. 예를 들어 부모가 술을 남용하는 과정에서 자란 아이는 음주 자체를 사회적·신체적으로 이로운 행동으로 보는 경향이 높다[33].

네 번째로 범죄행위의 학습은 범행기법과 동기 및 욕구, 그리고 합리화와 태도 등을 포함한다. 범죄행위와 관련된 학습은 때로는 복잡하고 때로는 간단한 기술도 학습하며, 동기, 욕구, 합리화 등도 학습한다. 비행 청소년들은 동료로부터 열쇠를 따고 상점에서 물건을 훔치는 법, 약물을 구하고 사용하는 방법 등을 배운다. 초보자의 경우 범죄행위에 사용할 적절한 용어를 학습하고 법을 위한했을 때 그에 상응하는 적절한 반응방법을 습득하기도 한다. 그리고 범죄자들은 자신의 불법행위에 대해 어떻게 방어하고 합리화하며, 뉘우치는

J. 1991. Criminology: Theories, Patterns, And Typologies, 4th ed., New York: West Publishing Company.

[33] Brown, Sandra., Creamer, Vicki., and Stetson, Barbara. 1987. Adolescent Alcohol Expectancies in Relation to Personal and Parental Drinking Patterns, *Journal of Abnormal Psychology*, 96: 117-121.

것처럼 보이는 대응방법까지 터득하게 된다. 다섯 번째로 법에 대한 학습된 인지가 범죄동기와 충동에 영향을 준다는 점이다. 법을 경멸하고 무시하면서 법 위반행위를 당연시하는 사람들은 서로 친밀한 관계를 형성하고 이들 집단들과 친밀한 관계를 유지하는 사람들은 자연적으로 반사회적 문화규범을 학습하게 된다는 것이다.

여섯 번째로 법 위반에 대한 우호적인 정의(definition)가 법 위반에 대해 비우호적인 정의를 압도할 때 개개인 범죄를 저지르게 되는데, 이러한 가정이 차별적 접촉이론의 핵심이다. 일곱 번째 차별적 접촉은 빈도(frequency), 기간(period), 지속성(duration), 우선성(priority), 강도(intensity) 측면에서 다르게 나타난다. 예를 들면, 범죄자와 자주 접촉할수록, 기간이 길수록, 어릴 때 시작될수록, 접촉대상의 권위와 설득력의 강약에 따라 그로부터 영향 받는 정도가 달라진다는 것이다. 여덟 번째로 범죄적 학습 또는 비범죄적 학습은 고전적 조건형성, 강화, 모방 등의 기제를 모두 포함하며, 범죄행위의 학습은 단순한 모방학습의 문제가 아니라는 점이다. 마지막으로 범죄행위의 욕구와 가치는 일반적 욕구 및 가치와 다르고 동기 또한 전통적 행위를 위한 동기와는 다르다는 점을 강조하면서 범죄행위의 학습은 범죄행위에 우호적인 사회규범과의 접촉을 통해서만 이루어진다고 보았다. 다시 말해서 불법적인 행동은 바로 범죄에 대한 호의적인 정의에 더 많이 접촉함으로써 일탈 규범을 학습한 결과로 보았다(Larry J. Siegel 저, 이민식 외 공역, 2012).

서덜랜드(Sutherland)는 이러한 9가지 기본 원리 중에서 가장 중요한 원리로 범죄행위는 학습된다는 첫 번째 명제와 법위반에 호의적인 정의가 법위반에 비호의적인 정의보다 클 때, 개인은 비행을 저지르게 된다는 여섯 번째 명제라고 주장했다. 다시 말해 범죄행위는 범죄를 자주 저지르는 또래친구들과의 차별적 접촉을 통해 학습하게 되며 주로 법위반에 관해 호의적인 정의를 지지할 때 범죄가 발생된다는 것이다. 예를 들어 어떤 청소년이 “어른들도 음주와 흡연을 하는데 학생이라고 해서는 안 된다는 정의에 동의할 수 없다”고 주장하고(⑥: 법위반에 대한 우호적인 정의), 친하게 지내는 친구들이 거의 다 음주와 흡연을 한다면(①: 친구와의 차별접촉) 그 청소년은 음주와 흡연을 할 가능성이 높아진다는 것이다(황성현 외, 2015).

이러한 9가지 전제를 통해 범죄행위는 친한 친구집단과의 차별적 접촉을 통해 학습된다는 서덜랜드의 이론은 1930년대에 범죄의 원인을 거시적 차원의 사회해체의 결과물로 파악하는 주류사회에 큰 반향을 일으켰다. 서덜랜드가 차별적 접촉이론을 발표할 당시 서구사회의 주류 범죄학은 거시적 차원의 범죄연구에 머물러 있었으나 범죄의 원인을 사회구조적 측면의 거시적 차원이 아닌 사회화 과정인 미시적이고 개인적 차원에서 접근했다는 점에서 중요한 의미를 가진다. 다시 말해서 차별적 접촉이론은 범죄를 사회구조의 부정적인 부산물로 보는 것이 아니라, 사회구성원들 간의 상징적 상호작용의 결과로 발생한다는 점을 강조했다. 따라서 시카고학파를 중심으로 한 사회해체이론과는 반대로, 미시적인 접근을 시도한 효시적인 이론으로 이후 범죄를 개인적인 측면에서 파악하는 다른 이론에 많은 영향을 미쳤다.

한편, 차별적 접촉이론의 중요성에도 불구하고 9가지 명제를 중심으로 이를 검증한 연구들은 상당히 부족했다. 왜냐하면, 차별적 접근이론의 원리 자체가 경험적으로 검증할 수 있게 개념화하기 어려웠기 때문이다. 이러한 한계에도 불구하고 일탈을 일삼는 친구와의 만남, 일탈태도, 일탈행위 간의 상관관계를 검증하려는 연구가 진행되었다. 예를 들면, 제임스 쇼트(James Short, 1960)는 재소자 청소년 연구에서 그들이 법 위반 이전에 비행 청소년들과 접촉했다는 사실을 밝혔으며[34], 호츠테틀러(Hochstetler, 2002) 등은 일탈 친구와의 접촉은 집단적으로나 개인 행위에 있어 범죄를 지지하는 일탈태도를 유지하게 만든다고 주장하였다[35].

또한 마크 워(Mark Warr)는 오랜 동안 비행 청소년 친구들을 접한 반사회적 행동을 보인 아이들의 경우 그러한 친구가 없는 아이들보다 더 지속적으로 비행을 저지른다는 연구결과를 제시했다. 이밖에도 차별적 접촉은 약물남용과 마약매매의 시작과 경력과도 상관관계가 있는 것으로 나타났다. 이는 약물사용이나 판매를 하는데 있어서 적절한 기술이나 태도가 요구되기 때문이다. 케네스 터널(Kenneth Tunnel, 1993)은 마약 판매상과의 인터뷰 과정에서 많은 초보자들이 숙련된 경험을 가진 판매자들로부터 지도를 받았다는 사실을 입증하였다[36]. 끝으로 차별적 접촉이론은 범죄율에서 성별 차이를 설명하는데 있어서도 유용한 것으로 나타났는데, 결과적으로 남성이 여성보다 일탈 친구로부터 더 많은 영향을 받는 것으로 나타났다[37].

그러나 차별적 접촉이론은 이론의 명제가 너무 모호하고 개념의 조작적 정의 등의 한계

[34] Short, James. 1960. Differential Association as a Hypothesis: Problem of Empirical Testing, *Social Problems*, 8: 14–25.

[35] Hochstetler, Andy., Heith Copes, and Matt DeLisi. 2002. Differential Association in Group and Solo Offending, *Journal of Criminal Justice*, 30: 559–566.

[36] Tunnell, Kenneth. 1993. Inside the Drug Trade: Trafficking from the Dealer's Perspectives, *Qualitative Sociology*, 16: 361–381.

[37] Mears, Daniel., Mattthew Ploeger, and Mark Warr. 1998. Explaining the Gender Gap in Delinquency: Peer Influence and Moral Evaluations of Behavior, *Journal of Research in Crime and Delinquency*, 35: 251–266.

로 인해 경험적으로 검증하기 힘들다는 비판을 받았다. 예를 들면, 범죄행위가 학습된다는 첫 번째 명제에서 학습의 조작적 정의를 밝히지 않았기 때문에 어떤 과정의 학습을 통해 범죄행위를 배우게 되는지에 대한 구체적이고 경험적인 검증이 어렵다. 특히 여덟 번째 명제에서 일반적 학습기제가 범죄행위에도 연관된다는 주장에서 학습기제가 무엇인지에 대해 설명하지 않았다(Akers & Sellers, 2011). 또한 차별적 접촉이론에서 대부분의 가설과 명제들은 추상적이어서 실제 범죄현상에서 경험적으로 검증하기가 불가능하다는 비판을 받았다. 그럼에도 불구하고 서덜랜드의 차별적 접촉이론이 범죄행위의 원인을 개인적 수준에서 입증할 수 있다는 점에서 1930년대 이후에 등장한 범죄이론에 상당한 영향을 미친 것은 높이 평가되고 있다.

2) 차별적 접촉강화이론(differential association-reinforcement theory)

현재 범죄학에서 사용되는 사회학습이론은 에이커스(Akers)의 사회학습이론이 대표적이라 할 수 있다. 에이커스의 이론은 초기 학습이론의 주창자인 서덜랜드(Sutherland)의 차별적 접촉이론에 그 뿌리를 두고 있으나 서덜랜드가 주장한 이론이 많은 비판을 받으면서 이를 보완하기 위해 1966년에 버거스(Burgess)와 함께 차별적 접촉강화이론을 발표했다. 그들은 스키너(Skinner)의 행동주의 학습이론과 반두라(Bandura)의 사회학습이론, 서덜랜드(Sutherland)의 차별적 접촉이론을 토대로 핵심적인 내용을 통합하여 비행의 사회적 학습이론을 제시하였는데, 이 이론을 차별적 접촉강화이론이라고 불렀다. 이 이론에 따르면 사람들은 자신들을 둘러싸고 있는 사회적 환경과 함께 타인과의 상호작용을 통해 비행을 학습한다는 것이다(Burgess & Akers, 1966; 오윤성, 2016)[38].

버거스와 에이커스(Burgess & Akers)는 범죄학습이 개인 집단에 의해 발생한다는 서덜랜드의 주장을 포함하여 범죄의 시행착오적 학습 원리를 통한 사회학습을 강조하였다. 다시 말해서 개개인은 다른 사람들과 관계없이 환경과의 직접적인 접촉을 통해서도 학습을 할 수 있다는 것이다. 이러한 학습이론의 주요 관점은 차별적 강화 등의 행동주의 학습이론의 요소들과 차별적 접촉 개념 등을 결합하여 사람들은 상과 벌을 받는 타인의 행동을 통해서 학습할 수도 있으며, 타인과의 접촉을 통해서도 범죄행위를 학습할 수 있다는 것이다. 또한 차별적 접촉강화이론은 현대 형태주의 이론의 학습메커니즘을 수용하였다. 이러한

---

[38] Burgess, Robert and Ronald L. Akers. 1966. A differential association-reinforcement theory of Criminal Behavior, *Social Problem*, Vol.14: 364.

학습메커니즘 중 중요한 개념은 보상, 처벌, 그리고 강화이다. 인간의 행동은 보상과 처벌에 관한 관찰에 의해 자발적 행동이 조건화되고 보상을 받는 행위에 대해 차별적으로 강화된다(조철옥, 2008).

그 이후에 에이커스(Akers, 1979)는 서덜랜드(Sutherland)의 차별적 접촉이론과 차별적 접촉강화이론을 보다 정교화 하여 사회학습이론을 제시하였다. 결국 차별적 접촉이론이 경험적으로 검증하기 힘들다는 비판이 제기되면서 개념과 명제들을 경험적으로 증명할 수 있는 명확한 조작화를 통해 초기의 이론을 보완하였으며, 자신의 이론을 뒷받침하기 위해 기존의 차별적 접촉강화이론에서 모방(imitation)의 개념을 추가한 사회학습이론을 발표했다. 에이커스(Akers)의 사회학습이론(social learning theory)은 비행이나 일탈은 사회 구성원들 간의 상호작용을 통해 학습된다는 명제로부터 출발한다.

사회학습이론에 의하면, 사람들은 자신에게 중요한 역할을 하는 다른 사람이나 집단과의 상호작용을 통해 스스로의 행동을 평가하도록 학습되는데, 그 집단이 비행이나 범죄에 우호적이라면 자신도 그 집단의 가치에 따라 범죄에 우호적 태도나 가치관을 가지게 되고 범죄를 합리화하는 과정을 거쳐 결국 범죄행위를 하게 된다는 것이다. 사회학습이론은 차별적 접촉(differential association), 정의(definition), 차별적 강화(differential reinforcement), 모방(imitation)이라는 네 가지 개념에 초점을 맞추어 범죄와 비행 및 일탈행위를 설명하고 있으며, 차별적 접촉강화이론을 이해하기 위해서는 이러한 개념에 대한 이해가 우선적으로 필요하다고 판단된다(Akers, 1994; Akers & Sellers, 2011)[39].

① 차별적 접촉(differential association)

차별적 접촉(differential association)이란 사람들이 법을 준수하고 위반하는 것에 대해 우호 또는 비우호적인 규범적 정의에 노출되어 있는 과정을 의미한다. 개인은 범죄자들과의 접촉을 통해 일탈정의(deviance definition)를 배우고, 이런 일탈적 정의를 지닌 개인은 법을 위반할 가능성이 높아진다. 차별적 접촉의 집단 중에서 가장 중요한 집단은 가족과 친구 같은 1차 집단이지만, 학교, 지역사회, 종교 지도자, 법집행기관 등 2차 집단도 영향을 미친다. 이러한 집단 구성원들과의 접촉에서 빈도, 기간, 지속성, 우선성, 강도 등에 따라 영향력의 크기는 달라진다. 다시 말해서 범죄를 저지르는 친구집단을 자주 만나거나, 오랜 기간 동안

[39] Akers, Ronald. 1994. Criminological Theories: Introduction and Evaluation, CA: Roxbury: 97-99; Akers, Ronald and Sellers, C. S. 2011. Criminological Theories: Introduction and Evaluation, Second Edition, Oxford University Press, Inc.

관계를 유지하고 있거나, 이른 시기에 만났거나, 아주 밀접하게 만나 접촉할수록 자신 또한 범죄를 저지를 가능성이 높아진다는 것이다. 결국 차별적 접촉은 범죄 및 비행집단이나 가족과의 상호작용이나 접촉에 얼마만큼 노출되어 있는지를 파악하는 개념이다(황성현 외, 2015)[40].

② 정의(definition)

정의(definition)는 특정행위에 대해 개인이 부여하는 의미와 태도로 행위에 대한 옳고 그름, 선과 악, 정당함과 부당함 등에 대한 스스로의 평가를 말한다. 개인이 일탈, 비행, 범죄 등과 관련하여 어떤 정의를 가지는지에 따라 행동은 달리 나타난다. 예를 들어 특정 개인이 어떤 행위를 거부하는 정의나 태도를 가질 경우 그러한 행위를 할 가능성은 적어지고 범죄에 대한 우호적인 정의를 받아들일 경우 범죄를 저지를 가능성이 높다. 여기에는 긍정적 정의(positive definition)와 중화적 정의(neutralizing definition)가 있는데, 일반적으로 긍정적 정의는 그 행위가 도덕적으로 바람직하거나 전적으로 허용될 수 있다는 신념을 의미한다. 다음으로 중화적 정의는 범죄를 정당화하거나 변명을 통하여 범죄에 대해 우호적인 태도를 가지는 것을 말한다[41]. 이러한 정의 개념에서 볼 때 사람들이 범죄행위에 대해 우호적인 태도를 가지거나 법과 도덕을 지킬 필요가 없다고 생각한다든지, 특정 범죄를 저지르는 것에 대해 나쁘다는 생각을 하지 않을 경우 범죄행위를 할 개연성이 높다고 볼 수 있다.

③ 차별적 강화(differential reinforcement)

차별적 강화는 사람들 사이에서 존재하는 상호작용과 환류(feedback)의 결과로서 어떤 개인이 범죄자들과의 접촉이나 범죄행위에 대해 관찰을 통한 모방에 의해 학습하게 되고 학습된 행위에 대해 좋은 평가를 받을 경우 그 행동은 강화된다는 것을 의미한다. 또한 차별적 강화는 어떤 행위의 결과로 나타나는 실제적인 보상과 처벌 간의 균형이라고 할 수 있다. 행위결과에 대한 승인, 돈, 음식, 만족감, 즐거운 감정 등의 보상이 체포, 낙인 등과 같은 처벌보다 더 클 경우에 그 행위는 강화된다. 강화의 양상도 크기, 빈도, 가능성 등에 따라 달라지는데, 예를 들어 개인의 행동에 대한 강화가 클수록, 강화가 자주 일어날수록,

---

40 차별적 접촉을 다시 ①친구와의 차별적 접촉(differential peer association), ②부모의 규범적 태도(parents' norm qualities), ③친구들의 규범적 태도(peer norm qualities) 등 세 가지 세부지표로 구성하였다. 예를 들어 범죄를 저지르는 친구들과 자주 어울리거나, 특정 범죄행위에 대해 부모가 처벌하지 않을 경우, 그리고 특정 범죄행위에 대해 친한 친구들이 호의적일수록 어떤 한 개인도 범죄행위를 할 가능성이 높아진다는 것을 의미한다(황성현 외, 2015: 139-140 참조).

41 Sykes, Gresham and David Matza. 1957. Techniques of Neutralization: A Theory of Delinquency, *American Journal of Sociology*, 22: 664-670.

강화의 가능성이 클 경우에 행동은 반복적이고 자주 일어날 가능성이 높다. 범죄행위를 했을 경우 칭찬이나 물질적 보상이 생기고 보상을 자주 받는 경우에 그러한 행위는 미래에도 반복된다.

이러한 사회적 강화는 사회나 하위집단이 부여하는 실질적 · 가시적 · 상징적 보상 등을 모두 포함한다. 일반적으로 범죄행위와 관련한 보상은 금전과 같은 물질적인 것이 해당되지만 보복이나 스트레스 해소 등과 같은 심리적 보상도 포함된다. 또한 사회적 보상은 상징적인 경우가 대부분이다. 예를 들어 자신의 신념이나 이념(ideology)를 위해 죽음을 불사하고 테러를 자행하거나 종교 및 정치적 신념 때문에 테러나 납치 등을 하는 범죄행위는 상징적인 보상에 해당된다. 차별적 접촉강화이론에서 제시하고 있는 주요 개념 중의 하나인 차별적 강화는 크게 부모들의 반응(parents' reaction), 친구들의 반응(peer reaction), 공식적 저지(formal deterrence), 보상과 처벌(rewards–costs), 강화 균형(reinforcement balance) 등 다섯 가지 지표로 구성되어 있으며, 지속적인 범죄행위를 설명하는데 있어 주요 요소가 된다.

따라서 범죄행위에 대해 부모의 반응이 비판적이지 않거나 친구들의 반응이 호의적일 경우, 경찰이나 사법기관에 발각될 가능성이 낮다고 판단되거나 처벌보다 보상이 크다고 판단할 경우, 친구들과의 우정이 더 강화되거나 경제적 또는 정신적 이득을 얻을수록 특정 개인은 범죄행위를 할 가능성이 높아진다는 것이다(조철옥, 2008; Larry J. Siegel 저, 이민식 외 공역, 2012; 황성현 외, 2015).

④ 모방(imitation)

모방은 다른 사람의 행동을 관찰한 후 그것과 유사하게 행동하는 것으로 모방 대상의 특성이나 자신의 가치관, 행위에 대한 정의 등에 따라 결정된다. 이 경우에 대체적으로 1차적 집단인 가족이나 친구 등이 모방의 대상이 되지만 최근에는 대중매체가 중요한 대상이 되고 있다. 모방은 이전의 행위를 유지하거나 중단하는 것보다 새로운 행위를 시도하거나 수행할 때 더욱 중요한 역할을 한다. 이처럼 모방은 행위의 반복보다는 시작에 영향을 미치는 학습요인이지만 모방학습에 의한 범죄행위를 한 이후에 범죄행위에 대한 우호적인 정의를 하고 처벌보다는 보상이 클 경우에 미래에 반복적 행동으로 발전할 수 있다. 일반적으로 모방은 미디어 속에 나타난 사람들이나 친구, 그리고 부모와 관련되며, 사람들이 범죄를 저지른 것을 미디어 속에 나타난 인물이나 친구, 부모가 범죄행위를 하는 것을 직접 본 경험이 있거나 관찰했을 경우에 범죄행위를 할 가능성이 높다.

차별적 강화와 관련하된 연구는 에이커스(Akers)와 다른 범죄학자들에 의해 경험적으로 검증되었다[42]. 그들은 3,065명의 남녀 청소년을 대상으로 약물과 음주 관련 행동을 사회학습, 차별적 강화와 관련된 변수를 통해 설명하려고 시도했다. 여기서 약물과 음주에 관한 친구의 태도, 친숙한 사람들 중 불법약물을 사용한 사람들의 수, 친한 사람이 약물남용으로 보상 및 처벌을 받았는지 등을 측정변수로 사용하였다. 이러한 연구를 통해 에이커스(Akers)는 약물 및 알코올 남용과 사회학습 관련 변수 간의 설명력이 높은 것으로 나타났으며, 존경하는 사람으로부터 그들의 비행이 보상될 것이라는 기대가 비행행위를 하는데 있어 가장 중요한 요인으로 작용한다고 주장하였다(Larry J. Siegel 저, 이민식 외 공역. 2012)[43].

한편, 차별적 접촉이론과 차별적 접촉강화이론의 경우 개인이 비행집단이나 범죄자들과의 차별적 접촉을 통해 비행행위를 학습하여 범죄행동을 한다는 점에서는 유사하다. 하지만 차별적 접촉이론은 비행 청소년들과의 접촉을 강조한 반면, 차별적 접촉강화이론은 비행 청소년 뿐만 아니라 다른 사람들과의 상호작용 과정 및 타인의 행동에 대한 관찰학습을 통해 처벌을 받는 행위보다 상을 받는 행동을 강화하는 것도 범죄행위로 연결된다는 점에서 분명 차이가 있다. 차별적 접촉강화이론은 범죄행위의 원인을 규명하기 위한 중요한 관점으로 꼽히고 있으며, 사회화와 관련된 내용이 어떻게 범죄를 정의하는지를 고려하였다. 특히 이 이론은 개인들이 경험을 통해 처벌의 위험성보다 보상이 더 큰 행동 대안을 선택한다는 견해를 제시했다는 점에서 합리적 선택이론의 관점과 부합된다. 예를 들어 잠재적 범죄자들은 과거 경험의 결과를 고려한 후 범죄행위가 이로운지, 아니면 위험에서 피해야 할지를 결정한다는 것이다. 이러한 관점들을 통합할 경우 사람들은 범죄를 통해 얻게 되는 이익과 비용의 균형을 학습하기 때문에 합리적 선택을 한다고 볼 수 있다(Larry J. Siegel 저, 이민식 외 공역. 2012; 조철옥, 2008)[44].

사회학습이론은 서덜랜드(Sutherland)의 차별적 접촉이론을 시작으로 버거스와 에이커스(Burgess & Akers)의 차별적 접촉강화이론을 거쳐 에이커스(Akers)의 사회학습이론으로 완성되었다. 1980년대 이후 2000년대까지 서구사회와 유럽권 국가에서 경험적 연구에서 가장

---

[42] Krohn, Marvin., William Skinner, James Massey, and Ronald Akers. 1985. Social Learning Theory and Adolescent Cigarette Smoking: A Longitudinal Study, *Social Problems*, 32: 455-471.

[43] Winfree, L. T., Christine Sellers, and Dennis, L. Clason. 1993. Social Learning and Adolescent Deviance Abstention: Toward Understanding the Reasons for Initiating Quitting and Avoiding Drugs, *Journal of Quantitative Criminology*, 9: 101-125.

[44] Akers, Ronald. 1990. Rational Choice, Deterrence and Social Learning Theory in Criminology: The Path Not Taken, *Journal of Criminal Law and Criminology*, 81: 653-676.

많이 검증된 이론의 하나로 알려져 있다. 특히 1980년대 이후 허쉬(Hirschi)의 사회유대이론과 함께 범죄학이론의 양대 산맥 중 하나로 평가를 받고 있다. 에이커스(Akers)의 사회학습이론은 차별적 접촉이론이 조작화하지 못했던 개념들을 경험적으로 검증할 수 있도록 조작적 정의를 내렸다는 점에서 그 의의가 있다. 이 이론이 발표된 이후 차별적 접촉, 정의, 차별적 강화, 모방 등 사회학습 변수를 이용한 많은 연구들이 진행되어 왔다. 이러한 연구를 통해 범죄 및 비행은 타인과의 상호작용을 통하여 학습된다는 사실이 밝혀졌다.

그럼에도 불구하고 개인의 비행이나 범죄가 범죄 집단 등의 문제집단과의 접촉을 통한 학습의 결과하는 주장에 대해 비판이 제기되었다. 먼저 비행집단이나 범죄자들과의 접촉이 비행이나 범죄행동에 시간적으로 우선한다고 볼 수 없다는 점이다. 다시 말해서 비행 청소년들과의 접촉이 원인이고 비행이나 범죄행동의 실행이 결과라는 가정 자체가 시간적 측면에서 볼 때 반대가 될 수 있다는 것이다[45]. 예를 들면, 범죄 경험이 전혀 없는 청소년이 비행 친구의 접촉을 통해 범죄를 저지르게 되었을 경우에는 사회학습이론의 논리가 맞지만, 반대로 비행친구와 차별적 접촉이 범죄행위의 원인이 아니라 결과일 경우, 다시 말해 어떤 또 다른 요인으로 비행을 자주 저지르는 청소년이 비행 친구들과 자연스럽게 어울렸다면 비행친구와의 접촉은 원인이 아니라 결과가 되기 때문에 인과관계의 추론 조건 중 시간적 우선성에 위배된다는 것이다.

이러한 비판적 견해에 대해 에이커스(Akers) 등은 경험적 연구를 통해 사회학습과 범죄의 시간 순서 및 환류효과는 일치한다는 사실을 밝혔다. 예를 들어 캔델과 데이비스(Kandel & Davis, 1991)는 청소년 약물남용에 대한 여러 가지 종단적 연구(longitudinal study)에서 약물사용의 원인이 비행친구와의 차별적 접촉 때문이며, 불법 약물을 자주 사용한 청소년이 약물을 남용한 친구들과 어울리는 결과를 초래한 것은 아니라고 주장했다[46]. 이밖에도 워(Warr, 1993)는 일탈행위가 일탈친구와의 차별적 접촉에 선행하기보다는 친한 친구와의 차별적 접촉이 일탈행위의 강화로 나타난다고 주장했다(Warr, 1993)[47]. 다시 말해서 에이커스(Akers)는

[45] 인과관계의 추론 조건에는 크게 공변성(covariation), 시간적 우선성(time order of occurrence), 비허위성(nonspuriousness) 등 세 가지가 있다. 인과관계를 증명할 첫 번째 조건인 공변성은 하나의 변수가 변화할 때 또 다른 변수도 따라서 변화해야 한다는 것을 말한다. 두 번째 조건인 시간적 우선성은 한 변수가 원인이고 또 다른 변수가 결과라는 의미로 이를 입증하기 위해서는 적어도 두 변수의 변화에 시간적으로 어떤 변수가 우선적인지를 보여주어야 인과관계의 기존요건이 성립된다. 마지막으로 비허위성은 두 변수의 사실관계를 말하며, 제3의 변수에 의해 설명할 수 없는 두 변수간의 연관성을 의미한다(한동효, 2014: 152–156 참조)

[46] Kandel, D. B., & Davis, M. 1991. Friendship Networks, Intimacy, and Drug Use in Young Adulthood: A Comparison of Two Competing Theories, *Criminology*, 29: 441–469.

청소년들은 친구들로부터 비행 및 범죄의 정의 및 태도를 배우게 되고, 그 이후에 비행친구들과의 접촉으로 친구관계가 제한되기 때문에 시간적 우선성에 문제가 있는 것처럼 보일 수 있으나 분명한 것은 비행친구와의 접촉이 원인이고 그 결과 여러 가지 비행 및 범죄를 저지르게 된다고 주장하였다. 이러한 문제에도 불구하고 최근 청소년 비행 및 범죄, 성인들의 강간을 포함한 성관련 범죄, 노인범죄, 갱 집단 범죄 등을 설명하는 데 있어서 상당히 설득력이 있는 이론으로 평가받고 있다. 또한 차별적 접촉, 정의, 차별적 강화, 모방 등의 사회학습의 원리는 지역공동체에서의 집단상담, 자활프로그램, 범죄단체 중재, 약물 및 알코올, 비행 예방프로그램, 비행 및 범죄자에 대한 사적 및 공적 지원프로그램 등의 기초를 지원해 주었다는 평가를 받고 있다(황성현 외, 2015; 허경미, 2014).

TIP 3 반두라(Bandura)의 관찰학습

사회학습이론에서는 개체의 사회적 학습과 공격이라는 상관성에 주목한다. 공격행동은 원래 생래적인 것이 아니며 사람들은 살아가는 과정에서 어떻게 공격적 행동을 학습하면서 어떤 조건이 공격성을 생성, 유지시키는지의 측면에서 공격성을 설명하고 있다. 다시 말해서 사회적 학습행동을 통하여 인간의 공격행동이 점차적으로 강화되고 보상된다고 본다. 사회학습이론은 반두라(Albert Bandura)에 의해 주창되었다.

사회인지이론이라고 불리기도 한다. 반두라는 인간의 인지적, 정신적 과정이 환경에 대한 반응형태를 결정한다고 주장하였다. 반두라(Bandura, 1973)는 이러한 개념을 사회적 학습에 대응하는 개념으로 관찰학습 혹은 모델링이라고 소개하였다. 반두라는 어떤 행동을 유도하는 데 있어서 반드시 직접적 강화가 필요한 것은 아니라고 주장하면서 다른 사람들을 관찰하고 그들의 행동 결과를 보기만 해도 배울 수 있다고 했는데, 이러한 간접학습을 대리학습 또는 관찰학습이라 명명하였다.

그는 이를 증명하기 위하여 두 집단의 아이들을 대상으로 보보인형 실험이라는 간단한 실험을 하였다. 구체적 실험방법으로 실험집단에 대해 어른이 장난감 방에서 공기를 넣어 부풀린 보보인형에게 난폭하게 구는 것을 보여준 후 아이들을 한 명씩 장난감 방에 남겨두고 이를 카메라로 관찰하였다. 이에 반해 통제집단은 어른이 폭력을 쓰지 않고 노는 것을 보여 주었다. 그 결과 직접적 자극이 없었음에도 실험집단은 통제집단에 비해 상당히 공격적인 행동을 보였으며 뚜렷한 강화 없이도 자발적으로 모델링을 하고 있었다.

반두라에 의하면 마음속으로 존경하는 모델일수록 자신들의 행동에 더 많은 영향을 미칠 수 있다고 하였다. 이에 해당하는 모델들은 연예인 등 상징적 모델, 부모와 교사, 형제 그리고 또래 친구들이 포함된다.

출처: 오윤성 저, 범죄, 그 심리를 말하다(2016)

[47] Warr, M. 1993. Parents, Peers, and Delinquency, *Social Forces*, 72: 247-264.

2. 사회유대이론(social bonding theory)

일반적으로 범죄심리 관련 학자들의 경우 범죄행위의 원인을 밝히기 위해 "대부분의 사람들은 범죄를 저지르지 않는데 반해, 왜 어떤 사람들은 범죄를 저지르며, 그 이유는 무엇인가?"에 관심을 가졌다. 하지만 사회통제이론(social control theory)을 주장하는 학자들은 "왜 사람들은 범죄를 저지르지 않는가?"라는 질문에 관심을 가졌다. 사회통제이론의 대표적인 이론으로 알려져 있는 사회유대이론의 창시자인 허쉬(Hirschi)는 모든 사람들을 잠재적 범죄자로 가정하였다. 그러나 그들은 자신의 불법적 행동이 친구나 부모, 이웃 등과의 유대관계가 약화되거나 깨어지는 것을 두려워하기 때문에 범죄를 저지르지 않는다고 주장하였다[48]. 다시 말해서 대부분의 사람들은 범죄를 저지르고 싶은 욕구가 있으나 1차 집단에 속하는 부모, 친구, 학교 및 직장 동료들이 실망할까봐 범죄를 저지르지 않고 법, 도덕, 사회적 관습, 주위 사람들의 평판 등을 해치지 않고 건전하게 살아간다는 것이다(조철옥, 2008; 황성현 외, 2015).

허쉬(Hirschi)가 주장한 사회유대이론(social bonding theory)은 범죄는 사회에 대한 개인의 유대가 약하거나 붕괴되었을 때 발생한다는 가정에서 출발하고 있다. 이러한 역할을 하는 것이 사회통제(social control)이며, 사회유대이론에서는 이를 사회유대(social bonding)라고 한다. 사회유대는 개인과 사회 사이의 친밀한 관계를 말하며, 일반적으로 사회제도를 통한 관계를 말한다. 만약 어떤 사람의 사회적 유대가 약화되거나 붕괴되었을 때 또는 1차 집단 구성원들의 평판이나 관계에 신경 쓰지 않을 때 범죄가 발생한다는 것이다. 인간의 유대는 네 가지 요인에 의해 결정되며, 그 네 가지는 애착(attachment), 관여(commitment), 참여(involvement), 신념(belief)이다. 사회유대이론에서는 이 네 가지 개념에 초점을 맞추어 범죄와 비행 및 일탈행위를 설명하고 있다.

① 애착(attachment)

타인에 대한 애착은 타인과의 관계에 대한 민감성과 관심의 정도를 말한다. 다시 말해 타인에 대해 가지는 긴밀한 애정 관계, 타인에 대한 존경, 타인과의 동일시 정도를 말하며, 애착이 강할수록 타인의 기대에 벗어나는 행동을 하지 않으려는 것을 전제로 한다. 특히 타인에 대한 애착은 정신분석 개념 중 초자아나 양심에 대응하는 사회적 개념이다. 허쉬(Hirschi)

---

[48] Hirschi, T. 1969. Causes of delinquency. Berkeley, CA: University of California Press.

는 부모에 대한 애착이 강할 경우 훈육이 비행을 통제하고 관습적인 규범에 순응한다고 강조하였다. 또한 또래 친구에 대한 애착 역시 비행 경향을 통제할 수 있다고 보았다. 일반적으로 애착은 타인에 대해 어느 정도 애정을 가지는가, 얼마나 그들을 존경하는가, 어느 정도 그들을 존중하여 그들의 기대에 어긋나지 않으려고 노력하는가 등을 측정하는 개념이다.

애착(attachment)에 관한 측정지표는 크게 부모에 대한 애착(parental attachment), 친구들에 대한 애착(peer attachment), 부모의 감독(parental supervision), 종교적 애착(religious attachment) 등 4가지 지표로 구성된다. 애착의 개념에서는 청소년 자신이 부모나 친구와의 애착이 약하다고 생각할수록, 부모님이 내가 밖에 있거나 외박할 때 어디에서, 누구와, 무엇을 하며, 언제 돌아올지 잘 모를수록, 종교 활동을 위해 교회 등에 자주 나가지 않을수록 비행 및 범죄를 저지를 가능성이 높아진다고 보았다. 이와 반대로 청소년들이 가족 특히 부모와 친구, 교사 등과의 애착이 강할수록 범죄를 저지를 가능성은 줄어든다.

② 관여(commitment)

관여는 사람들이 사회에서 요구하는 전통적인 교육이나 직업에 얼마나 깊은 관심을 가지고 투자하는지를 파악하는 개념이다. 다시 말해서 전통적인 생활노선에 투자되는 시간과 에너지, 그리고 노력을 말하며, 관여는 일탈행위를 비용 · 편익접근의 관점에 의존한다. 관여는 청소년이 관습적인 생활과 행동을 수용하는 정도를 말하는 것으로 관여의 정도가 클수록 범죄나 비행 가능성을 줄어든다고 할 수 있는데, 좋은 성적을 받는 것을 중요하게 여기는 정도로 측정할 수 있다. 예를 들면, 청소년들의 경우 자신의 신분에 맞게 학교에서의 성적(GPA) 등이 관여를 측정하는 중요한 잣대가 된다.

학생의 신분에서 관여의 정도가 강하면 강할수록 불법행위를 저지를 가능성이 줄어들게 되는데 관여가 불법행위를 통제하는 중요한 수단이 되기 때문이다. 관여는 교육에 대한 열망(educational aspirations), 직업에 대한 열망(occupational aspirations), 학교의 평균성적(GPA) 등 3가지 지표를 통해 측정할 수 있다. 따라서 청소년들이 공부를 열심히 해서 원하는 대학이나 직장에 가는 것이 중요하다고 생각할수록, 안정적이고 보수가 많은 직장을 가지는 것이 중요하다고 생각할수록, 학교의 평균성적이 좋을수록 비행이나 범죄를 저지를 가능성이 낮아진다는 것을 의미한다(황성현 외, 2015).

③ 참여(involvement)

참여는 선한 행위에 참여하는 기회빈도 수의 증가로 선한 행위를 많이 하면 할수록 악에

물들 일이 없다는 것인데, 예컨대 사회봉사의 기회가 많으면 아무래도 범죄와의 접촉이 줄어들 수 있다. 참여는 관여의 결과로 자신이 중요하다고 생각하는 직업이나 활동에 얼마만큼 시간이나 정력을 투자하는지를 파악하는 개념이다. 참여는 열망에 의해 실제로 관습적인 일에 참여하는 것으로 청소년이 학교, 여가 및 문화 활동, 가족과 함께 시간보내기와 여행하기, 이 외에 과외활동 등과 같은 활동에 열중하는 강도를 의미한다. 예를 들어 청소년이 관습적인 활동에 참여할수록 비행친구들과 만나 비행 및 범죄를 저지를 시간이 줄어들기 때문에 관습적인 활동에 참여하는 것 자체가 비행을 억제하거나 차단하는 효과를 가진다. 결국 청소년이 방과 후 동아리활동, 체험활동, 수련활동 등에 자주 참여할수록, 여행 등을 통해 가족과 함께 시간을 많이 보낼수록, 여가 및 문화 활동 횟수가 많을수록, 방과 후 학원, 개인 및 그룹과외에서 학과목 공부를 많이 할수록 비행이나 범죄를 저지를 가능성은 낮아진다.

④ 신념(belief)

사회유대이론에서 말하는 신념(belief)은 전통적인 가치와 규범을 인정하고, 특히 법과 사회규칙이 도덕적으로 옳기 때문에 이러한 것들이 지켜져야 한다는 믿음을 의미한다. 이러한 개념은 반드시 특정 법이나 법률에 대한 믿음을 말하기보다 전통적인 가치와 규범에 대한 믿음을 말하며, 사람들로 하여금 범죄를 범하도록 하는 일탈적 신념을 의미하는 것이 아니다. 사회유대이론의 신념은 사회학습이론의 정의(definition)개념에서 법순응/위반 정의와 유사한 성격을 띠고 있다. 청소년이 이런 신념이나 법 순응 · 위반 정의가 약할 경우 반사회적 일탈행위를 할 가능성이 높아진다. 신념은 일반적으로 부모세대의 법 준수에 대한 신념(belief in parental norms)과 종교적 신념(belief in religious norms)으로 구분된다. 따라서 청소년 자신이 법 준수에 대한 신념과 종교적 신념이 강할수록 비행이나 범죄를 저지를 가능성은 낮아진다. 사회의 구성원으로 살아가면서 사회적 규범에 따르는 일이 사회적 정상이라는 믿음을 가지고 생활하는 것이 범죄와 멀어질 수 있다는 것이다.

오늘날 허쉬(Travis Hirschi)의 사회유대이론은 대표적인 통제이론으로 알려져 있으며, 초기의 통제이론은 허쉬(Hirschi)의 이론으로 대체되었다. 또한 이 이론은 비행뿐만 아니라 또 다른 유형의 범죄나 일탈행위에 적용될 수 있는 내용타당성이 높은 이론으로 평가받고 있다. 허쉬(Hirschi)의 가장 중요한 공헌은 사회유대이론의 주요 가설을 경험적으로 검증하려고 시도했다는 점이다. 그는 실증적 자료의 분석을 통해 사회통제이론 모델을 지지하는 상당한 경험적 증거자료를 밝혔다. 예를 들어 부모와 강한 애착을 형성하고 있는 청소년들은 범죄에 쉽게 빠져들지 않았고 학업에 열중하는 동시에 음주를 거부하는 것과 같은 전통적인 가치에 대한 관여는 전통적 행동의 지표라는 것이 밝혀졌다.

이러한 사회유대이론은 사회학습이론과 함께 1980년부터 2000년 사이 서구사회에서 가장 많이 경험적으로 검증된 이론으로 알려져 있다. 이처럼 사회유대이론은 많은 학자들의 실증적인 연구를 통해 지지를 받았다. 예를 들어 사회적 유대가 약한 청소년들은 비행 청소년이 되는 경향이 높다는 가설이 경험적으로 검증되었다[49]. 특히 청소년들의 음주 및 흡연행위와 같은 대체적으로 사소한 비행의 원인을 설명하는 데 뛰어난 이론으로 평가받고 있다. 또한 사회유대이론의 기본 요소인 애착, 관여, 신념의 측정지표와 일탈행동의 참여와의 결합관계는 긍정적이고 유의한 것으로 나타났다. 부모와의 애착관계를 형성하고 있는 청소년들은 조화로운 사회유대를 유지하였으나 가족에 대한 애착이 없는 청소년들은 비행에 쉽게 빠지는 경향이 있는 것으로 밝혀졌다.

그러나 사회유대이론은 사회학습이론의 창시자인 에이커스(Akers)에 의해 많은 비판을 받았고, 이러한 내용을 다른 범죄학자들이 검증함으로써 사회유대이론의 결정적인 단점이 드러나기도 했다. 실제 에이커스(Akers)와 코크런(Cochran)은 청소년의 대마초 흡연에 관한 연구를 통해 비행과 관련한 사회유대의 관계를 검증한 결과, 그 효과는 사회학습이론의 주요 요인인 차별적 접촉, 차별적 강화, 개인적 태도에 비해 그 관계가 미약하다고 주장하였다[50]. 또한 사회유대이론에서 부모나 친구와의 강한 유대는 범죄를 감소시키는 역할을 하는 것으로 알려졌으나 경험적 연구결과 친구와의 강한 유대가 오히려 범죄를 증가시키는 요인으로 밝혀지기도 했다(Warr, 2002)[51]. 이밖에 청소년의 비행을 연구한 대부분의 경험적 연구에서 친구와의 강한 유대가 비행을 증가시킨다는 사회학습이론을 오히려 더 지지하는 것으로 드러났다. 다시 말해서 비행친구와의 차별적 접촉으로 청소년 범죄는 증가하는 것으로 드러난 것이다. 이러한 결론에 의해 사회유대이론을 지지하는 것이 아니라 오히려 사회학습이론과 차별적 접촉이론을 지지하는 결과를 초래했다.

---

[49] Wiatrowski, Michael., David Griswold, and Mark K. Roberts. 1981. Social Control Theory and Delinquency. *American Sociological Review*, 46: 525–541.

[50] Akers, R. L., & Cochran, J. K. 1985. Adolescent Marijuana Use: A Test of Three Theories of Deviant Behavior. *Deviant Behavior*, 6: 323–346.

[51] Warr, M. 2002. Companions in Crime: The Social Aspects of Criminal Conduct. Cambridge England: Cambridge University Press.

한편, 부모와의 강한 유대가 자녀의 범죄율을 감소시킨다는 사회유대이론의 주장과는 달리 범죄에 자주 노출되된 부모와의 유대는 오히려 자녀의 범죄율을 증가시키는 결과도 도출되었다(Sampson & laub, 1993)[52]. 사회유대이론의 또 다른 문제는 다른 범죄이론과의 비교연구에서 설명력이 떨어지는 것으로 나타났다. 다시 말해서 사회유대이론이 단독으로 청소년 및 성인의 범죄를 설명할 때는 어느 정도 설득력이 가지고 있으나 사회학습이론이나 자기통제이론과의 비교연구에서는 설명력이 상당히 떨어지는 것으로 밝혀졌다. 끝으로 애그뉴(Robert Agnew)는 사회유대의 약화가 범죄행위를 초래하는 원인이 아니라 비행이나 범죄행위로 사회적 유대가 약화된다고 보았다[53]. 범죄행위가 오히려 가족이나 친구들과의 사회적 유대를 약화시키는 원인이라는 주장은 사회유대이론에 대한 가장 신랄한 비판이라 할 수 있다.

3. 자기통제이론(self-control theory)

허쉬(Hirschi)는 1990대에 접어들어 통제이론으로서의 전통적인 사회유대이론에서 탈피하여 갓프레드슨(Gottfredson)과 함께 자기통제이론을 주창했다(Gottfredson & Hirschi, 1990)[54]. 그들의 주장에 의하면, 자기통제력(self-control)이 낮은 사람의 경우 범죄행위를 할 가능성이 높고 자기 통제력이 높은 사람은 평생 동안 범죄행위를 할 가능성이 낮다는 것이다. 결국 모든 범죄행위의 가능성은 낮은 자기통제력(low self-control)에 있다고 주장하였다. 여기서 자기 통제력이 약한 사람은 '충동적이고, 무감각하고, 신체적 위험을 갖고 있는 동시에 근시안적이고 비언어적 성향을 가진 사람'으로 보았다. 그들은 자기통제이론이 모든 범죄에 적용 가능한 일반이론이며 전통적인 범죄학이 범죄율의 차이를 인종차이, 환경차이, 성 차이 등에 의해 설명하고 있으나 그 자체가 잘못된 것이고 인종 간, 지역 간, 남녀 간의 범죄율 차이는 자기통제의 차이에 있다고 보았다(김상균, 2008; 황성현 외, 2015).

특히 낮은 자기 통제력은 모든 범죄유형에서 발견되고 낮은 자기 통제력은 어릴 때 가정에서의 부적절한 사회화의 결과로 나타난다고 주장하였다. 다시 말해 어린 시절에 부모가 자녀의 비행행위를 알지 못하거나, 알더라도 적절한 처벌과 훈육을 하지 않을 때 자녀의

[52] Sampson, R. J., & Laub, J. H. 1993. Crime in the Making: Pathway and Turning Points Through Life, Cambridge, MA: Harvard University Press.

[53] Agnew, R. 1985. Social Control Theory and Delinquency: A Longitudinal Test, *Criminology*, 23: 47-61.

[54] Gottfredson, M., & Hirschi, 1990. A General Theory of Crime, Palo Alto, CA: Stanford University Press.

낮은 자기 통제력이 생성된다는 것이다. 이렇게 형성된 낮은 자기 통제력은 일생 동안 지속되며, 어떤 다른 환경이나 제도에 의해 영향을 받지 않고 한 사람의 일생을 좌우한다는 것이다. 아울러 자기통제는 학교, 직장, 결혼생활 등에서 한 개인의 사회 능력이나 작업수행 능력에 영향을 미칠 수 있다. 자기 통제력이 낮은 사람은 모든 유형의 범죄를 저지를 가능성이 높고 학교, 직장, 결혼생활에 실패할 가능성이 높다고 주장하였다.

한편, 갓프레드슨과 허쉬(Gottfredson & Hirschi)는 낮은 자기 통제력이 경험적으로 어떻게 측정되어야 하는지에 대해 설명하지 않았다. 하지만 그의 동료들은 낮은 자기 통제력의 구성요소를 만족감을 늦추기가 힘듦(impulsivity), 단순작업 선호(simple tasks), 위험추구 경향(risk-seeking), 육체적 활동 선호(physical activities), 자기중심성(self-centered), 화를 잘 내는 성향(temper) 등 여섯 가지를 개발하여 제시하였다. 첫째, 자기 통제력이 낮은 사람들은 어떤 행위의 결과, 즉각적인 만족감이나 이익을 얻기를 원한다는 것이다(Wilson & Hermsten, 1985)[55]. 둘째, 낮은 자기 통제력을 가진 사람들은 단순한 작업을 선호하는 속성을 가지고 있다. 일반적으로 단순 작업을 선호하는 사람들의 경우 지능이나 이해력의 부족이 문제가 아니라 복잡한 일에 투입해야 할 많은 시간과 에너지를 투입하는 것을 싫어하기 때문에 한 가지 일에 몰두하기 힘들다(황성현 외, 2015).

셋째, 위험을 추구하는 사람들의 경우 일상적이고 따분한 일을 선호하지 않는데, 낮은 자기 통제력의 구성요소로 위험을 추구하는 경향이 포함된다. 특히 상습적인 범죄자들의 경우 경찰에 발각될 위험성 자체를 즐기는 경향이 있다. 넷째, 낮은 자기 통제력을 가진 사람들은 인지적이고 정신적인 활동보다 육체적인 활동을 선호하는 경향이 있다. 대부분의 범죄는 육체적 활동을 동반하는데, 합법적인 활동의 경우 지적이고 정신적인 노력을 필요로 하지만 불법적인 활동은 물리적이고 즉각적으로 실행할 수 있는 육체적 활동을 동반하기 때문에 낮은 자기 통제력을 가진 사람들은 이러한 경향이 강하다. 다섯째, 낮은 자기 통제력을 가진 사람은 타인의 고통에 무관심하거나 자기중심적인 경향이 강하다. 마지막으로 낮은 자기 통제력을 가진 사람은 자신의 감정을 통제하지 못하고 화, 분노, 원망 등을 물리적 폭력을 통해 표출하는 경향이 강하다고 보았다.

1990년에 범죄 일반이론인 자기통제이론이 발표된 이후 이 이론은 전 세계적으로 가장 짧은 기간 동안 수많은 경험적 연구가 이루어질 정도로 엄청난 반향을 불러 일으켰다. 자

[55] Wilson, J. Q., & Herrnstein, R. J. 1985. Crime and Human Nature, New York: Simon & Schuster.

기통제이론이 범죄학계의 이목을 집중시킨 이유는 이론의 간결성에 있었다. 다시 말해서 낮은 자기 통제력이 모든 범죄의 원인이라는 단순하고 명료한 명제 때문에 범죄가 발생하는 현장에서 가장 빈번하게 적용된 것이다. 자기통제이론은 서구 사회에서 1990년대부터 2000년대까지 수많은 경험적 검증을 거쳤다. 이 이론은 범죄와 비행을 저지르는 청소년뿐만 아니라 성인에 이르기까지 광범위하게 적용되어 경험적 검증이 이루어졌다.

범죄학에서 자기통제이론은 범죄의 일반이론(general theory of crime)으로 불릴 정도로 모든 범죄유형을 잘 설명하는 이론으로 평가를 받았다. 이 이론의 가장 큰 장점은 단일 요인인 낮은 자기 통제력이 모든 범죄행위의 원인이라고 주장하는 데 있다. 낮은 자기 통제력은 어린 시절 가정에서 부모의 잘못된 사회화로 인해 발생하며 전 생애에 걸쳐 변하지 않고 꾸준하게 악영향을 미친다고 보았다. 따라서 우리 사회에서 상습적으로 각종 범죄를 저지르는 사람의 범죄 심리는 낮은 자기 통제력으로 잘 설명될 수 있다. 일반적으로 한 인간의 긴 인생여정에서 청소년기인 10대 중 · 후반부터 20대 초반까지 가벼운 경비행이나 지위비행을 저지를 수 있으나 20대 후반을 지나 30대에 들어서면 거의 대부분의 사람들은 범죄행위를 하지 않는다. 그러나 일부 상습 범죄자는 30대 이후에도 범죄성이 줄어들지 않는데, 그 이유는 어린 시절 형성된 낮은 자기 통제력 때문이라는 것이다(Gottfredson & Hirschi, 1990).

1990년에 자기통제이론이 발표되기 전까지 상습 범죄자의 범죄성향을 논리적, 경험적으로 설명한 이론이 거의 없었기 때문에 자기통제이론은 특히, 상습범죄자의 범죄성을 잘 설명한 이론으로 평가를 받았다. 또한 갓프레드슨과 허쉬(Gottfredson & Hirschi)가 주장한 자기통제이론은 2000년대를 전후로 상당한 반향을 불러일으킨 이론이지만 다음과 같은 비판이 제기되었다. 먼저 에이커스(Akers)는 낮은 자기 통제력 그 자체가 비행과 범죄의 원인이 아니라 결과라는 것이다. 다시 말해서 낮은 자기 통제력을 가진 사람이 각종 범죄를 저지르는 것이 아니라 낮은 자기통제력 그 자체가 비행 및 범죄라고 주장하였다(Akers & Sellers, 2011)[56]. 특히 에이커스(Akers)는 낮은 자기 통제력은 흡연, 음주, 마약사용, 부적절한 성행위 등과 같은 범죄유사행위까지 설명한다는 갓프레드슨과 허쉬(Gottfredson & Hirschi)의 주장을 반박했다.

다음으로 샘슨과 라웁(Sampson & Laub, 2003)은 발달이론(development theory)에서 비행을 저지르던 사람이 성인이 되어 연령과 관련된 비공식적 사회통제가 강화될 경우 범죄를 중

[56] Akers, R. H., & Sellers, C. S. 2011. Criminological Theory: Introduction and Evaluation, Second Edition, Oxford University Press, Inc. (민수홍 외 공역, 2011).

단하게 된다는 사실을 주장했다[57]. 이러한 주장은 낮은 자기 통제력을 지닌 사람이 일생 동안 상습범죄자로 살아간다는 자기통제이론과 상반된 것이다. 그들은 비행 청소년이 범죄를 중단하는 결정적 원인으로 결혼과 직업 경력을 꼽았다. 다시 말해서 20대 후반과 30대 초반에 대부분의 비행 청소년들이 범죄를 중단하게 되는데, 그 이유는 안정적인 직업을 가지는 동시에 결혼생활을 시작함으로써 자신들의 미래를 설계하기 때문으로 파악했다. 이처럼 대부분의 사람들은 20대 후반과 30대 초반 사이 인생의 전환점을 맞이하면서 대부분 범죄행위를 중단하고 관습적인 생활을 일생 동안 영위한다는 것이다.

이밖에 자기통제이론은 1969년에 허쉬(Hirschi)가 주장한 사회유대이론과의 관계를 잘 설명하지 못하고 있다. 허쉬(Hirschi)의 사회유대이론은 1990년에 발표한 자기통제이론과 어떤 관계가 있는지를 설명하지 않았으며, 자기통제를 통제의 유일한 일반기제로 다루기 위해 자기 통제력은 애착에 포함될 수 있다는 허쉬(Hirschi)의 주장은 문제가 있다는 비판도 제기되었다(Akers & Sellers, 2011). 이러한 자기통제이론의 문제가 제기되었음에도 불구하고 현대 사회의 각종 범죄행위의 원인을 설명하는 강력한 수단이 되고 있다. 특히 1990년 이후에 범죄행위의 원인을 가장 잘 설명하는 단일 원인으로 지목된 낮은 자기 통제력은 범죄학뿐만 아니라 범죄심리학에서 상당한 영향력을 행사한 변수로 평가받고 있으며, 최근까지 범죄현상을 설명하는 경험적 측정도구로 꾸준하게 사용되고 있다(황성현 외, 2015).

4. 표류이론(drift theory)

1960년대까지 주류를 형성했던 사회학적 결정론에 반기를 든 대표적인 이론이 맛차(David Matza)의 표류이론이었다. 맛차(David Matza)에 따르면, 비행은 외부의 환경요인이나 사회적 압력에 의해 필연적으로 발생하는 것이 아니라 비행자의 자유의지에 근거하여 일어난다고 보았다. 표류이론의 경우에도 환경적 요인을 완전히 무시한 것은 아니지만 맛차(David Matza)는 유전 · 환경에 의해 결정되기 보다는 자신의 의지에 의해 결정한다고 주장하였다. 맛차(matza)는 1964년에 발표한 「비행과 표류」라는 저서에서 비행소년은 일반 소년들과 근본적인 차이가 있으며, 그 차이로 인해 비행에 빠져들 수밖에 없다는 점을 기본적인 접근방법으로 하고 있다(David. Matza, 1964). 하지만 맛차(David Matza)는 비행 청소년의

[57] Sampson, R. J., & Laub, J. H. 2003. Life-course Disasters? Trajectories of Crime Among Delinquent Boys Followed to Age 70, *Criminology*, 41 : 555-592.

경우에 지배적인 합법적 가치체계를 완전히 부정한 것은 아니었다[58].

다시 말해서 비행소년은 때로는 합법적 가치체계를 따르고 때로는 반항한다는 것이다. 결국 비행소년은 합법적인 가치체계와 비합법적 가치체계 사이를 왔다 갔다 하는 행동을 한다는 것이다. 여기서 표류란 사회통제가 약화되었을 때 소년들이 합법적인 규범이나 가치에 전념하지 못하고, 그렇다고 위법적인 행위양식에도 몰입하지 않는 합법과 위법의 중간단계에 있는 상태를 말한다. 맛차(David Matza)는 이런 현실을 설명 가능하게 하는 이론은 표류이론뿐이라고 가정하였다. 그는 모든 비행소년이 성인이 된 후 비합법적인 가치체계 사회에서 합법적인 가치체계 사회에 도달하여 법을 준수하는 생활을 보내는 것은 비행이 많은 소년에게 있어 표류중인 일시적 현상이란 점을 대변하는 것이라고 주장하였다.

한편, 사이크스와 맛차(Sykes & Matza)는 청소년들이 중화기술을 사용함으로써 비행이 발생한다는 중화기술이론을 주장하였다[59]. 그들은 잠재적인 일탈자들과 범죄자들이 전통적 가치를 중화하거나 균형적이게 하는 범죄수법을 획득하는 학습경험에 의해 범죄자가 된다고 본 것이다. 또한 비행소년이 위법행위를 저지를 때 스스로 이를 정당화한다고 생각해 이것을 중화기술(techniques of neutralization)[60]이라 명명하였다. 중화기술의 핵심은 물타기와 합리화이다. 소년들이 표류상태에 빠져드는 과정에서 주장한 중화의 기술이란 보통 합리화를 말하는 것으로 타인들로부터의 비난을 의식적으로 중화시킴으로써 그 비난의 화살을 빗나가게 하고, 그 완화감에서 범죄와 비행행위를 하게 되는 경우를 말한다. 이렇게 함으로써 법의 위반을 용인하고 양심의 가책이나 억제력을 느끼지 않게 되므로 범죄행위에 빠지게 되는 것이다(G M. Sykes & D. Matza, 1957).

58 Matza, D. 1964. Delinquency and Drift, New York: John Wiely.

59 중화기술이론은 이후 잠재가치이론으로 발전하였고 다시 표류이론으로 발전되었다. 중화기술이론에서 발전된 잠재적 가치이론은 중화기술을 촉진시키는 유한계급의 가치관(모험과 스릴, 노동 천시, 남성적 공격성, 일확천금을 노리는 것 등)이 범죄인의 가치관 및 태도와 밀접한 관련이 있어 잠재적으로 작용한다고 보는 관점이다(Sykes, G., & Matza, D. 1957. Techniques of Neutralization: A Theory of Delinquency, *American Sociological Review*, 22: 664-670.).

60 중화기술은 서덜랜드(Sutherland)의 차별적 접촉이론에서 말하는 범죄와 비행에 대한 호의적인 태도와 같은 의미로 비행에 대한 합리화와 변명이다. 범죄에 대한 중화적인 정의를 믿는다고 해서 비행자들이 관습적인 사회가치를 전적으로 부정하거나 사회적인 규범이나 가치에 직접적으로 모순되는 가치를 가지는 것은 아니다. 그들은 단지 지하문화적 가치(subterranean values)를 가지고 있어서 전통적 가치를 회피하고 숨은 가치에 의해 일탈적 행위를 합리화하는 것이다(조철옥, 2008: 225 참조).

➲ 중화기술(techniques of neutralization)

① 책임의 부정(denial of responsibility)
비행에 대해 사실상 책임이 없다고 합리화시키는 기술로 자신의 행위가 어떻게 해 볼 수 없는 상황에서 일어난 것이라고 변명하거나 그 탓을 남에게 돌리는 행위

② 가해의 부정(denial of injury)
가해의 부정은 행위로 손상을 입거나 재산상 피해를 본 사람이 없다고 함으로써 비행을 합리화하는 기술로 자신의 행위가 사회에 손실을 끼친 내용이 없다고 주장하는 행위

③ 피해자 부정(denial of victim)
피해자의 부정은 행위로 인하여 피해를 본 사람이 있을지도 모른다는 것을 인정하면서도 그런 사람은 피해를 입어 마땅하다고 생각함으로써 행위를 합리화하는 기술

④ 비난자에 대한 비난(condemnation of the condemners)
비난자에 대한 비난은 비난하는 사람들 즉, 경찰이나 기성세대, 선생님 등이 위법적인 사람일 경우를 들어 비행을 저지른 청소년의 잘못을 비난하는 것은 모순이라고 주장

⑤ 고도의 충성심에 호소(appeal to higher loyalties)
충성심은 자신의 행위가 옳지 않지만, 친구나 자신이 중요시하는 집단에 대한 충성심으로 말미암아 가책을 느끼지만 어쩔 수 없었다는 주장으로 자신의 가족이나 친구 또는 자신의 신념에 충실하기 위해 어쩔 수 없이 법을 어기게 되었다고 합리화하는 행위

사이크스와 맛차(Sykes & Matza)는 다음과 같은 관찰을 통해 그들의 이론적 모델을 정립하였다. 첫째, 범죄자들은 때때로 그들의 불법행위에 대해 죄의식을 갖는다. 둘째, 범죄자는 정직하고 법을 준수하는 사람을 존경하고 칭찬한다. 셋째, 범죄자는 자신이 범죄를 범할 대상과 범해서는 안될 사람을 구분한다. 넷째, 범죄자는 전통적 가치에 대한 동조요구로부터 자유로운 것은 아니기 때문에 법을 준수하는 사람들처럼 학교나 교회 등 사회 활동에도 자주 참여한다. 이러한 요인들 때문에 범죄행위와 관련된 청소년들은 표류과정에서 일탈적 방향으로 옮기게 되어 그들의 행동이 사회적으로 수용되는 규범을 위반한 때에 그들의 행위를 중화시키는 기술을 습득하게 되는데, 이러한 중화기술을 5가지로 유형화하였다(오윤성, 2016).

결국 '나는 누구도 해치지 않았으며 그런 뜻이 아니었다, 그 피해자들이 나에게 다가왔기 때문에 피해를 입은 것이다, 그러한 행동은 나를 위해서 한 행동은 아니었다.'는 등의 중화기술을 사용한다는 것이다. 결국 표류이론은 비행소년을 비행과 무비행의 생활양식 사이에서 떠다니는 존재로 파악하여 이들이 항상 특정한 하위문화에 지배되어 끊임없이 반사회적 행동을 하는 것이 아니라는 관점을 내세우고 있다. 특히 그들은 청소년에 대한 사회통제의 약화가 비행증가의 원인이긴 하지만 성인기에 접어들어 비행은 줄어들고 청소년의 비행은 교정의 대상이 아니라 인정해야 할 다양성이라고 평가했다.

지금까지 중화기술이론을 중심으로 어떤 이러한 가설을 검증하기 위해 많은 노력을 했

으나 그 결과를 확신할 수 없는 상황이다. 예를 들어 어떤 연구에서는 법 위반자가 절도나 폭행 등 범죄행위를 찬성한다는 결과를 제시했으나 또 다른 연구에서는 그들이 비록 범죄행위를 하지만 불법행위에 대해 찬성하지 않는다는 결과도 제시되었다[61]. 이밖에 법 위반자가 정직과 공정함 등 사회가치를 수용한데 반해 다른 연구에서는 이와 반대되는 결과도 제시되었다[62]. 특히 중화기술의 수용은 화이트칼라 범죄를 설명하는데 사용되었다[63]. 기업인의 경우 '정부가 소비자의 위험을 지나치게 과장했다.'(가해의 부정), '시장은 안전해서 몇 안 되게 발생하는 손실에 기업 생산자가 책임질 필요는 없다.'(책임의 부정), '마지막 선이 문제다.'(충성심의 요구)라는 식으로 중화를 한다는 것이다. 끝으로 중화기술이론은 범죄와 비행 연구에 크게 기여한 동시에 왜 어른이 되어 범죄를 그만두는지를 설명할 수 있다는데 의의가 있다. 청소년들은 어른이 되면 사회의 도덕성을 부정할 수 없기 때문에 범죄를 그만두게 된다. 이는 간헐적으로 비행을 하던 청소년이 어른이 되어 왜 범죄를 그만두는지를 잘 설명할 수 있다. 그들은 어른이 되어 관습적 행위 형태로 표류하기 때문에 더 이상 범죄를 저지르지 않는다는 것이다.

---

[61] Agnew, R. 1994. The Techniques of Neutralization and Violence, Criminology, 32: 555–580; Hindelang, M. 1970. The Commitment of Delinquents Drift?, Social Problems, 17: 500–509; Regoli R., & Poole, E. 1978. The Commitment of Delinquents to Their Misdeeds: A Reexamination, *Journal of Criminal Justice*, 6: 261–269.

[62] Siegel, L., & Rathus, S. & Ruppert, C. 1973. Values and Delinquent Youth: An Empirical Reexamination of Theories of Delinquency, *British Journal of Criminology*, 13: 237–244.

[63] Piquero, N. L., & Tibbetts, S., & Blankenship, M. 2005. Examining the Role of Differential Association and Techniques of Neutralization in Explaining Corporate Crime, *Deviant Behavior*, 26: 159–188.

제3절 사회반응적 관점의 범죄이론

사회반응적 관점은 개인의 행위에 대한 사회의 반응이 어떠한지를 밝히는 견해로 낙인이론이 대표적이다. 사회의 반응에 따라 각 개인은 범죄를 지속할 것인지, 아니면 중지할 것인지를 결정한다는 것이다. 상습범죄는 사회적으로 낙인과정을 거쳐 형성된 것이므로 범죄를 줄이기 위해서는 사회적 낙인을 제거해야 한다는 것이 사회반응적 관점의 주된 주장이다. 여기서는 상징적 상호작용이론과 낙인이론의 기초지식 및 낙인이론의 평가 등을 중심으로 살펴보았다.

1. 상징적 상호작용이론과 낙인

낙인이론의 사상적 배경은 상징적 상호작용이론(symbolic interaction theory)에 근거를 두고 있으며, 범죄학에 미친 영향은 지대하다. 상징적 상호작용이론은 객관적인 현실은 존재하지 않는다는 전제에서 출발한다. 개인의 자아 개념도 객관적으로 존재하는 것이 아니라 타인과의 상호작용에 의해 해석되고 의미부여의 과정을 거쳐 정의된다[64]. 상징적 상호작용이론에서는 인간의 사고능력은 사회적 상호작용에 의해 형성되며, 사회적 상호작용을 통하여 인간은 인간 고유의 사고능력을 행사하도록 해 주는 의미와 상징을 습득한다. 이런 의미와 상징은 인간으로서 독특한 행위와 상호작용을 수행하도록 해주며 행위의 상호작용이 뒤얽혀 여러 유형의 집단과 사회를 구성한다는 것이다(조철옥, 2008; 황성현 외, 2015). 이처럼 상징적 상호작용이론은 사람들이 어떤 것을 나타내는 몸짓이나 신호, 단어 혹은 이미지 등과 같은 상징물을 통해 의사소통을 한다고 보았다(이민식 외 공역, 2012).

사람들은 다른 사람의 상징적 몸짓을 보고 해석하며 그것을 자아 이미지에 통합시킨다. 타인이 사용한 상징물을 보고 자신이 얼마나 일을 잘 수행하는지, 호감과 인정 등을 받는지를 알게 된다. 사람들이 현실을 어떻게 직시하는가는 그들이 접한 메시지의 내용이나 상황, 상호작용에 관한 주관적인 해석, 그것이 미래의 행동을 어떻게 형성할 것인지에 달려있다. 또한 사람들은 평생 동안 타인과의 상호작용에서 다양한 상징적 낙인과 행동을 주고받

[64] 쿨리(Charles Horton Cooley)의 영상자아(looking-glass self)이론은 낙인이론에 상당한 영향을 미쳤는데, 영상자아에는 3가지 과정이 포함된다고 주장하였다. 첫째로 우리가 다른 사람에게 어떻게 보일까 하는 우리의 상상, 둘째로 우리 모습에 대한 다른 사람의 상상을 생각해보고, 셋째로 우리 자신에 대한 이러한 판단들을 스스로 해석하는 과정을 통하여 해석하게 된다는 것이다(Cooley, C. H. 1964. Human Nature and the Social Order. New York: Schocken).

는다. 이런 낙인은 행동과 태도의 특성을 나타내며, 낙인은 하나의 특성만을 규정하는 것이 아니라 전체로 규정짓는다. 예를 들어 어떤 사람이 미쳤다는 낙인은 그 사람이 위험하고, 정직하지 않고, 불안정하고, 폭력적이고, 이상하다는 것을 가정한다. 또 다른 예로 육체적으로 매력적이라는 긍정적 특성으로 낙인 된 사람은 지적이고 유능하다는 다른 특성도 갖는 것으로 평가되기도 한다[65]. 이와 반대로 문제를 일으키고 정신적으로 이상하고, 바보스럽다는 부정적 낙인은 자아 이미지를 손상시켜 열등감에 빠지게 한다. 이렇게 낙인 된 사람은 자아 이미지가 손상되지 않은 사람보다 비행 행동에 참여할 가능성이 높다는 것이다[66]. 낙인이론의 지지자들은 상징적 상호작용 내에서 이러한 낙인과정이 범죄와 비행행위를 초래한다고 하였다(조철옥, 2008; 이민식 외 공역, 2012).

2. 낙인이론(labeling Theory)

낙인이론(labeling theory)은 대표적인 사회반응이론으로 비행이나 범죄는 사회적 낙인의 산물로 낙인이 없다면 범죄도 발생하지 않는다고 주장함으로써 범죄에 대한 사회적 반응이 범죄자를 양산한다고 보는 견해이다. 물론 사회과정이론인 사회학습이론과 사회유대이론도 상징적 상호작용이론에 기반을 두고 있지만, 이 이론에 가장 많은 영향을 받은 범죄학 이론은 낙인이론이라 할 수 있다. 만약 사회구성원들 간에 상징적 상호작용이 없다면 낙인이론은 존재할 수가 없다. 왜냐하면, 낙인을 찍는 주체가 바로 매일 같이 상호작용하는 친구, 직장동료, 가족, 이웃, 지역사회, 사법기관의 주체들이기 때문이다. 예를 들어 범죄를 자주 저지르는 비행집단의 청소년에게 학교 친구들이나 선생님들 또는 사법기관에서 범죄자 또는 비행집단의 청소년이라는 낙인을 찍었기 때문에 그 낙인에 부응하여 각종 범죄를 저지르게 된다. 이러한 경우에 주위 사람들과의 상호작용이 없다면, 낙인을 찍을 주체가 사라지기 때문에 우리 사회에서 낙인 또한 존재하지 않게 된다.

이처럼 낙인이론은 범죄의 원인이 무엇인가에 초점을 두기 보다는 사회에서 어떤 사람이 파괴적인 상호작용에 기초하여 범죄자라는 낙인이 찍혀지고 그것에 대한 반응의 결과를 밝히려고 했다는 점에서 사회반응이론(social reaction theory)에 속한다. 또한 낙인이론은 범

---

[65] Jackson, L., & Hunter, J., & Hodge, C. 1995. Physical Attractiveness and Intellectual Competence: A Meta-Analytic Review, *Social Psychology Quarterly*, 58: 108-122.

[66] Adams, M., & Robertson, C., & Gray-Ray, C., & Ray, M. 2003. Labeling and Delinquency, Adolescence:: 171-186.

죄에 대한 정의를 상호작용적 관점에서 접근하고 있다. 사회학자인 에릭슨(Kai Erickson)은 비행은 어떤 형태의 행동 그 자체에 내재하는 속성이 아니라 외부에서 지켜보는 관찰자들이 그 행동에 부여하는 속성이라고 주장하였다[67]. 사회반응이론에 따르면, 살인, 강도, 강간 등의 범죄들이 나쁘거나 사악하다고 하는 것은 그러한 범죄에 대해 낙인을 부여한 결과에 지나지 않는다고 주장하였다.

낙인이론은 1960년대 중반 베커(Howard Becker)의 '아웃사이더(outside, 1963)'가 발간되면서 각광을 받기 시작했다. 낙인은 1930년대 역사학자 타넨바움(Tannenbaum)이 '범죄와 커뮤니티(crime and the Community)'에서 처음으로 제시하였다. 타넨바움(Tannenbaum)은 악의 극화(dramatization of evil)라는 개념을 사용하여 범죄행위의 원인은 사회적으로 지워진 낙인의 결과라고 주장하였다(Tannenbaum, 1938; 황성현 외, 2015). 그 후 범죄의 발생과 형태에 대한 사회통제 체계의 효과를 강조한 레머트(Ediwin Lemert)에 의해 최초로 실증적인 분석이 이루어졌다. 낙인이론이 주목받은 1960년대 중반 미국에서는 전통적인 가치관이 흔들리기 시작해 범죄가 급속히 증가하였고, 당시 베커(Becker) 등이 제기한 낙인이론은 극히 신선한 것으로 받아들여졌다.

결국 사회조직 내에서 주위 사람들과의 언어, 몸짓, 사회행위 등과 같은 상징성을 가진 끊임없는 상호작용으로 인해 우리는 서로 서로에게 나쁜 사람, 좋은 사람, 사귀고 싶지 않은 사람, 친한 친구로 사귀고 싶은 사람 등과 같은 낙인이 부여되는 것이다. 낙인이론을 형성하는 기본 개념은 사회적 상호작용론, 이차적 일탈, 악의 극화, 자기 충족적 예언, 싸움에 진 개의 이데올로기 등으로 요약된다.

➲ 낙인이론의 기본개념

① 사회적 상호작용론
범죄는 소질적 요인이나 환경적 요인에 기본을 둔 것이 아닌 범죄자로서 낙인찍힌 자(범죄자)와 낙인을 찍는 자(형사사법기관, 사회)와 상호작용 과정에서 나타난다.

② 이차적 일탈
최초의 범행(일차적 일탈)이 의해 생긴 범죄자 혹은 교도소 출신이라고 낙인찍힌 개인이 사회적 핸디캡을 갖게 되어 낙인찍힌 자는 스스로도 부정적인 자기관념을 굳혀 재범(이차적 일탈)을 범하게 된다.

③ 악의 극화
범죄자가 주인공이고 형사사법기관이나 사회가 연출가나 관객이 되어 악의 드라마가 상영된다. 비행소년 대책의 요점은 이 악의 드라마를 제거하는 것이다.

---

[67] Erickson, K. 1962. Notes on the Sociology of Deviance, *Social Problem*, 9: 397-414.

④ 자기충족적 예언
개인에 대한 부정적 예언(예를 들어 교사가 어느 학생에게 비행소년이 된다고 지적함)이 당사자에 대해 주위의 거부반응을 불러일으키고 당사자 스스로도 일탈적 정체성을 굳혀 사회의 예언대로 일탈의 결과를 낳게 된다.

⑤ 싸움에 진 개의 이데올로기
베커(Becker)는 "누구의 편에 서는가?"를 논하는 논문에서 전통적인 범죄자가 국가 권력 측의 이긴 개(overdog)의 이데올로기에 기초를 둔 것을 비판하면서 범죄자는 싸움에 진 개(underdog)의 이데올로기 측에 서야 한다고 주장하였다.

---

1) 레머트(Lemert)의 사회적 낙인으로서의 비행

타넨바움(Tannenbaum)의 주장[68]을 기본으로 레머트(Lemert)는 낙인이론을 과학적으로 증명하기 위해 체계적으로 분석한 낙인이론가로 평가받고 있다. 낙인이론의 대표적 학자인 레머트(Lemert)는 그의 대표 저서인 『사회병리학(1951)』과 『인간의 일탈, 사회적 문제, 그리고 사회적 통제』에서 일차적 일탈(primary deviance)과 이차적 일탈(secondary deviance)이란 용어를 사용하여 일탈행위를 설명하고 있다. 먼저 일차적 일탈은 사회적 · 문화적 · 심리적 · 생리적 요인으로부터 유발되는 것으로서 처음으로 사회적 반응을 불러일으키는 최초의 일탕행위를 말한다. 레머트(Lemert)는 일차적 일탈(primary deviance)을 행위자에게 별로 영향을 주지 않고 쉽게 잊혀 버리는 법위반이나 범죄행위로 규정했다(Lemert, 1951)[69].

일차적 일탈(primary deviance)은 우발적으로 일어날 수도 있고, 개인의 사회적, 문화적, 심리적 요인에 의해 일어날 수도 있다. 일차적 일탈은 청소년기에 누구나 한번쯤 저지를 수 있는 사소한 비행에 해당된다. 일차적 일탈은 한 사람의 임상적 구조와 자아관념 또는 사회적 역할에 거의 영향을 미치지 않는다. 예를 들어 학교에서 옆 친구의 물건을 훔치는 행위, 호기심으로 술을 한번 마시거나 담배를 피우는 행위 등이 일차적 일탈에 해당된다. 또 다른 예로 한 대학생이 구내서점에서 책을 훔쳐 그 과목에 A을 받고 로스쿨에 입학해 나중에 유명한 판사가 되었다. 이 학생은 책을 절도했으나 발각되지 않았기에 이 일은 별다른 영향을 끼치지 않은 사소한 사건이 될 수 있었다. 낙인이론가들은 일차적 일탈에 큰

---

68 타넨바움(Tannenbaum)은 '악의 극화(dramatization of evil)'라는 개념을 사용하여 범죄행위의 원인은 사회적으로 지워진 낙인의 결과라고 주장하였다(Tannenbaum, 1938). 예를 들면, 청소년들이 지역사회에서 사소한 비행을 저지르게 될 때 비행 청소년이라는 꼬리표가 붙게 된다. 이 청소년은 스스로 부정적 자아관을 형성하게 되고, 다른 비행 청소년들과의 접촉을 통해 본격적으로 범죄행위에 가담하게 된다고 보았다((Tannenbaum, F. 1938. crime and the Community, Boston: Ginn; 황성현 외, 2015: 153).

69 Lemert, E. M. 1951. Social Pathology, New York: McGraw-Hill.

관심이 없었다. 왜냐하면 사춘기에 누구나 한번쯤 저지를 수 있는 사소한 경비행일 뿐만 아니라, 비행을 저지른 청소년 자신의 심리적 구조에도 별 다른 영향을 미치지 않기 때문이다. 레머트(Lemert)는 일차적 일탈로 인해 비행 청소년이나 상습범죄자가 되는 것은 아니라고 주장하였다.

이차적 일탈(secondary deviance)은 일차적 일탈 행위에 대한 사회적 반응의 결과로서 야기되는 행위를 말한다. 일차적 일탈에 비해 이차적 일탈은 일탈 사건이 그것에 낙인을 부여할 중요한 타인이나 사회통제기관에 주목을 받을 때 발생한다. 이차적 일탈은 일차적 일탈의 결과에 대한 사회적 반응으로 비행 청소년, 마약중독자, 나쁜 놈 등과 같은 오명적 낙인의 결과로 발생하는 일탈행위이다. 예를 들어 책을 절도한 대학생이 경비원에게 발각되어 학교에서 퇴학 조치를 당한 경우이다. 이 학생은 로스쿨 진학의 꿈은 사라지고 학교로부터, 친구들로부터, 사회로부터 절도범이란 낙인이 찍혀 그런 낙인에 부응하여 결국에는 마약상이 되고 교도소로 가게 된다. 이 때 낙인의 결과로 나타난 범죄행위가 바로 이차적 일탈에 해당된다.

레머트(Lemert)는 이차적 일탈은 일탈자들이 상습범죄자로 나아가게 만드는 범죄행위의 가장 근본적 원인으로 파악했다. 일단 사회적 일탈자, 불량청소년, 비행 청소년 등의 낙인이 찍히면 그들은 사회적으로 고립되고, 정상적인 친구관계의 형성이 불가능하게 되어 자신의 처지와 비슷한 비행 청소년으로 낙인찍힌 친구들을 찾아 그들과 주로 어울리게 되면서 상습비행자의 길을 걷게 된다는 것이다. 레머트(Lemert)의 이러한 주장은 낙인이론의 형성을 촉진하였으며, 이론적 지향점이 되었고 역할이론과 상징적 상호작용론을 수용하고 있다는 평가를 받았다(김상균, 2008; 이민식 외 공역, 2012; 황성현 외, 2015).

2) 베커(Becker)의 사회적 지위로서의 비행

베커(Howard Becker)는 일탈을 '사회적 지위(social status)'라는 용어를 사용하여 설명하고 있으며, 낙인이론을 집대성한 학자로 유명하다. 그에 의하면, 일탈행동을 규정하거나 낙인찍는 것은 사회적 지위와 같은 효과를 주며, 낙인이 체계적인 일탈을 낳는 과정을 관습적 경력(conventional career)을 갖게 하는 과정과 비교할 수 있는 것이라고 강조하였다. 베커(Becker)는 레머트(Lemert)의 주장을 확대 적용하여 금지된 행동에 대한 사회적 반응이 이차적 일탈을 부추길 뿐 아니라 사회집단이 어긴다면 일탈이 되는 규율을 만들고 그 규율을 특정인에게 적용하여 이방인(outsiders)으로 낙인찍음으로써 일탈을 창조한다고 주장하였다.

다시 말해서 사회의 주류계층 또는 기득권층이 법과 규율을 제정하고 그 규율을 어긴 사람에게 일탈자, 범죄자, 비행 청소년 등과 같은 낙인을 찍어 주류 사회에서 마치 존재하면서도 존재하지 않는 이방인처럼 취급한다는 것이다. 이 때 일탈자는 낙인이 성공적으로 부여된 사람이며, 일탈행동은 사람들이 그렇게 낙인찍은 행동이라고 베커는 주장했다(Becker, 1963)[70].

어떤 범죄자에게 이차적 일탈로 인해 '일탈자'로 공식적으로 규정되면 그 사람의 주된 지위(master status)는 다른 어떤 것보다 먼저 '일탈자'로 규정한다. 이런 규정은 사회적 낙인의 결과이며, 그 사람의 현재 상황이나 직업의 전문성, 인간성, 가정환경, 사회적 지위 등의 높고 낮음에 상관없이 그는 '일탈자'라는 주된 지위를 획득하게 된다. 이런 주된 지위(master status)를 획득한 일탈자는 사회적 상호작용에서 제약을 받게 되고 일반적인 사람들과의 사회적 상호작용이 불가능하게 되어 범죄행위에 쉽게 빠져 들게 된다.

베커(Becker)도 다른 낙인이론가들과 마찬가지로 낙인이 없었다면 이차적 일탈은 존재하지 않았을 것으로 판단하고 더 나아가 우리 사회의 법집행자들이 결국 이차적 일탈자를 '이방인'으로 낙인찍는 것이 범죄 발생의 주된 원인이라고 주장했다. 이러한 관점에서 볼 때 일탈행위는 일탈자 개인이 취한 행위의 성질을 의미하는 것이 아니라 사회의 법규를 위반하고 처벌을 받은 자에 대해 적용한 결과라 할 수 있다. 마지막으로 베커(Becker)는 규칙을 창조하는 사람을 도덕적 기업가(moral entrepreneurs)라고 칭했다. 오늘날 도덕적 기업가의 예로는 동성애자(Gay)의 생활을 못마땅해 하면서도 그들의 아이를 입양하거나 동성결혼을 반대하는 전통적인 종교집단의 구성원들을 들 수 있다(이민식 외 공역, 2012; 황성현 외, 2015)[71].

3. 낙인이론(labeling Theory)의 평가와 영향

낙인이론은 중세의 범죄학이 범죄자 개인에 초점을 두고 범죄자에 대한 형사사법기관이나 사회의 대응을 경시한 것을 반성하는 내용을 담고 있다. 이 이론에서 범죄는 본래적으로 존재하는 것이 아니고 누군가가 그를 비난해 낙인을 찍기 때문에 범죄가 된다고 가정하였다. 특히, 형사사법기관이나 사회가 범죄자에게 낙인을 붙이는 과정에 착안하여 낙인(stigma) 찍는 것을 재검토해야 한다고 주장하였다. 범죄학 관련 저서에서 낙인이론의 중요

70 Becker, H. S. 1963. Outsider: Study in the Sociology of Deviance. New York: Free Press.

71 Goodstein, L. 1998. The Architect of the 'Gay Conversion' Campaign. *New York Times*, 13 August: p A10.

성은 조금씩 감소하고 있으나 범죄와 일탈행동을 설명하는데 있어 과소평가할 수는 없다.

사실상 많은 경험적 연구에서 낙인이 지속적인 범죄행동에 중요한 역할을 하는 것으로 나타났다. 낙인이론의 경우 초기 경험적 연구에서 범죄행위의 원인을 설명하는 이론으로 지지를 받지 못했으나 1960년대 이후 많은 경험적 연구가 진행되었다. 예를 들어 낙인이 자아개념의 형성에 영향을 미치는지와 관련하여 낙인이 부정적 자아개념에 다소 영향을 미치는 것으로 나타났으며(Gibbs, 1974)[72], 주로 심각하지 않은 가벼운 비행에 영향을 미치는 것으로 판명되기도 했다(Ageton & Elliott, 1974)[73]. 마츠에다(Matsueda)는 미국 청소년의 종단자료를 이용하여 비행행동에 대한 부모, 교사, 동료들에 의해 반영된 평가의 영향력을 검증한 결과, 반영된 평가가 비행행동에 영향을 미치는 것으로 확인되었다[74].

낙인에는 부모, 교사, 동료 등 비공식적 낙인(informal labeling)과 지역사회 또는 사법기관의 주체자들에 의한 공식적 낙인(formal labeling)이 있는데, 대부분의 연구에서 공식적 낙인이 비행행위의 원인으로 단정 짓지는 못했다. 근래에 들어 낙인이론의 경험적 연구는 비공식적 낙인이 비행 및 범죄행위에 영향을 미치는지를 주된 관심사로 삼았는데, 일부 연구에서 부모와 교사, 또래 친구 등의 비공식적 낙인이 비행을 증대시킨다는 연구결과도 제시되었다(Paternoster & Iovanni, 1989). 베르버그(Jön Gunnar Bernberg)와 크론(Marvin Krohan)은 13세에서 23세의 연령을 대상으로 한 종단적 연구에서 공식적 개입으로 인해 축적된 불이익은 미래의 위반행동을 억제하기보다 낙인찍힌 사람은 반사회적 행동에 지속적으로 참여하게 된다는 연구결과를 제시하기도 했다[75].

여기서 낙인이론의 긍정적인 평가 내용을 살펴보면, 패터노스터(Raymond Paternoster)와 아이오반니(Leeann Iovanni)는 낙인이론이 범죄 연구에 기여한 몇 가지 사항을 제시했다. 첫째, 낙인이론은 사회통제기관들이 범죄의 인과관계의 결정에 핵심적인 역할을 한다는 점이다. 다시 말해서 범죄행위는 행동을 통제하고 취급하는 기관과 개인의 권력 작용에 대한 논의가 없다면 충분히 이해가 될 수 없다는 것이다. 둘째, 낙인이론은 개인과 그들의 행동

[72] Gibbs, L. E. 1974. Effects of Juvenile Legal Procedures on Juvenile Offenders' Self- attitudes, *Journal of Research in Crime and Delinquency*, 11: 51-55.

[73] Ageton, S. S., & Elliott, D. S. 1974. The Effects of Legal Processing on Delinquent Orientations, *Social Problem*, 22(1): 87-100.

[74] Matsueda, R. 1992. Reflected Appraisals, Parental Labeling and Delinquency: Specifying Symbolic Interactionist Theory, *American Journal of Sociology*, 97: 1577-1611.

[75] Bernberg, J. C., & Krohn, M. 2003. Labeling, Life Chances, and Adult Crime: The Direct and Indirect Effects of Official Intervention in Adolescence on Crime in Early Adulthood, *Criminology*, 41: 1287-1319.

을 형성하는 사회적 상호작용과 사회적 반응의 결과에 주목해 범죄행위는 개인의 질병이나 정신병적 증상이 아니라는 것이다. 셋째, 낙인이론은 범죄행위를 일차적 일탈, 범죄경력을 이차적 일탈로 구분했고, 이러한 개념이 다르게 해석되고 취급되어야 한다고 주장하였다[76]. 이밖에 이론적 측면에서 일탈의 형성과 관련된 사회통제의 양면성을 보지 못한 사회구조적 관점의 이론들이 가진 허점을 보완했다. 다시 말해서 일탈은 사회통제가 사회적 일탈행위를 억제하기도 하지만 한편으로 낙인으로 인해 통제 그 자체가 범죄를 촉진하는 요인으로 작용할 수 있다는 점도 제시한 것이다(조철옥, 2008).

다음으로 낙인이론의 부정적인 평가에 관해 살펴보면, 낙인이론이 발표된 이후 상당히 많은 경험적 연구가 진행되었으나 낙인이론이 범죄행위를 설명하는데 있어 한계가 있는 것으로 나타났다. 초기 낙인이론가들이 주장한 사회의 공식적 낙인이 범죄행위를 유발하는 원인이 된다는 연구결론보다는 오히려 부모, 또래친구, 교사 등에 의한 비공식적 낙인이 청소년의 경비행이나 지위비행을 어느 정도 설명하는 수준에 거쳤다. 왜 낙인이론의 경험적 연구결과는 만족할 만한 수준으로 나오지 않는 것인가? 낙인이론이 비판을 받은 첫 번째 이유는 일차적 일탈의 근본적인 원인을 제대로 설명하지 못했다는 점이다. 다시 말해 낙인이론가들이 주장하는 사회적 낙인에 의해 이차적 일탈이 발생한다는 사실을 수용한다 하더라도 일차적 일탈의 원인에 대한 설명을 전혀 시도하지 않았다는 것이다. 비록 레머트(Lemert)가 일차적 일탈의 원인을 사회적, 심리적, 개인적 요인 때문이라고 주장하였으나 일차적 일탈은 낙인이론가들의 관심대상이 아니었다.

두 번째 이유는 비행자가 범죄자로 낙인찍힌다 하더라도 그들은 낙인의 적용에 그대로 복종하지 않으며, 자신의 자아정체성을 비행자로 형성되는 것을 거부하고 부정한다는 연구결과들도 다수 있다(Rogers & Buffalo, 1974). 이와는 반대로 범죄자는 자신에게 부여하는 낙인과 상관없이 법규범이나 사회규범을 위반하는 경우가 많았다. 마지막으로 낙인이론의 가장 큰 문제는 경험적 연구들이 낙인이론의 핵심 주장을 뒷받침하는 데 실패했다는 점이다(Mahoney, 1974; Tittle, 1975; Braithwaite, 1989; Shoemaker, 2004). 예를 들어 일차적 일탈을 비슷하게 경험한 사람들 중에 구금과 낙인을 모면한 자도 낙인찍힌 사람과 마찬가지로 비행을 반복하고, 상습범죄자로 발전하는 결과를 초래했다(황성현 외, 2015).

이러한 비판에도 불구하고 낙인이론은 범죄학의 이론적 측면보다 범죄대책 측면에 많은

[76] Paternoster, R., & Iovanni, L. A. 1989. The Labeling Perspectives and Delinquency: An Elaboration of the Theory and an Assessment of the Evidence, *Justice Quarterly*, 6: 379–394.

공헌을 하였다. 경험적 연구결과 낙인이론의 경험적 타당성을 보장받았다기보다는 낙인이론에서 주장하는 사회적 낙인이 범죄에 직 · 간접적으로 나쁜 영향을 미친다는 사실에 주목했다. 낙인이론은 1960년대 사법기관에서 행해지는 사회통제시스템이 범죄율을 줄이기보다는 오히려 악화시킨다는 사실을 알아냈다. 낙인이론가들의 주장처럼 사법기관의 공식적 낙인으로 재범률이 늘어날 수 있다는 경각심을 불러일으킨 것이다. 이에 따라 서구 사회의 사법기관에서는 낙인이론가들의 주장을 적극 수용하여 1970년대부터 처우전환운동을 전개하게 된 계기가 되었다. 처우전환 프로그램으로 체포된 범법자, 특히 소년범을 공식적 형사사법체계로부터 분리시키는 제도를 시행했던 것이다. 다시 말해 이들은 소년법원이나 교도소로부터 비공식적 보호관찰과 사회봉사라는 지역프로그램으로 전환되도록 함으로써 사회의 공식적 낙인에서 자유로울 수 있는 처우전환프로그램을 받을 수 있었다(황성현 외, 2015).

현대 사회에서 운용하고 있는 청소년 재범자에 대한 보호관찰제도나 사회봉사제도는 낙인이론의 주장에 따른 것이라고 해도 과언이 아니다. 다시 말해 낙인이론은 재범자에 대한 처벌 위주의 교도행정보다는 다시 사회에 복귀하여 건전한 생활을 영위할 수 있도록 하는 처우전환 위주의 교도행정으로 전환하는 결정적 계기가 되었다. 미국의 경우 낙인이론을 사회적으로 수용한 결과, 비교적 가벼운 지위비행을 저지른 청소년을 구금하지 못하게 했을 뿐만 아니라 법적으로 그런 지위비행을 더 이상 비행으로 분류하지 않게 되었다(Akers & Sellers, 2011; 민수홍 외 공역, 2011).

낙인이론의 또 다른 공헌은 브레이스웨이트(Braithwaite, 1989)의 재통합적 수치심 이론(reintegrative shaming theory)[77]을 탄생시켰고, 이 이론을 계기로 각 나라에서 회복적 사법정책[78]이 활발하게 전개되는 출발점이 되었다. 특히 범죄대책 측면에서 사회통제의 강화-일탈이란 명제에서 형사사법기관은 '불개입주의원칙'을 취해야 한다는 주장이 제기되었다. 여기서 구체화된 정책을 4D 정책이라 하는데, 4D는 비범죄화(Decriminalization), 비시설화

---

77 브레이스웨이트(Braithwaite)는 '羞恥(shaming)'라는 새로운 이론적 개념을 제안하고 이것을 통해 기존 이론의 핵심적인 여러 가지 개념들을 분석하였다. 그의 입장은 사람들이 범죄를 회피하는 가장 큰 이유가 범죄 행위로 인한 처벌의 두려움 때문이 아니라 범죄 행위 자체가 혐오스럽고 수치스럽기 때문이라는 사실에 기초하고 있다. 여기서 수치는 그것을 받아들이는 사람에게 양심의 가책을 갖게 하는 의도 또는 효과를 가진, 불찬성을 표시하는 모든 사회적 과정과 수치심을 느끼는 타인에 대한 비난이라고 묘사한다. 그는 수치라는 것을 기본적으로 조건화된 반응이라고 파악하고 있는데 반사회적 행위가 있을 때 주위 사람들이 질타와 훈계를 하는 것을 경험하고 이러한 경험들이 축적됨으로써 학습된다고 보았다(Braithwaite, j. 1989. Crime, Shame, and Reintegration, Melbourne, Australia: Cambridge University Press).

78 회복적 사법(restorative justice) 운동은 범죄와 관련된 가해자와 피해자를 화해시켜 그들 사이의 갈등을 해소하고 범죄자를 사회에 복귀시키는 운동을 말한다. 이 정책은 형사사법체계, 피해자, 지역사회의 다른 이해관계자가 참여하여 범죄 해결방법을 모색하는 동시에 피해자가 지역사회에 끼친 손해를 배상하는 것을 목표로 하고 있다(조철옥, 2008: 248).

(Deinstitutionalization), 다이버전(Diversion)[79], 적정절차(Due process)를 의미한다. 이러한 4D 정책은 미국뿐만 아니라 서유럽 각국에서 1970년대의 주도적인 형사사조가 되었다(김상균, 2008).

스티그마 효과(Stigma Effect)

스티그마라는 말은 고대 그리스에서 만들어졌다. 고프맨(Erving Goffman)에 의하면 고대 그리스인에 있어 스티그마는 제시자의 도덕적 지위나 이론적 상황에 있어 어떤 이상이나 부정적 평가를 가리키기 위한 신체적 징표였다.

- 스티그마 효과란 부정적인 낙인이 찍힌 사람이 실제로 그렇게 행동하게 되어 부정적인 인식을 더욱 강화하는 현상을 말하는 것으로 낙인효과라고도 한다. 부정적으로 낙인찍히면 실제로 그 대상이 점점 나쁜 행태를 보이고, 또한 대상에 대한 부정적 인식이 지속되는 현상이다. 스티그마 효과는 다양한 사회적 편견과 관련이 있다. 특정인에 대해 부정적 편견이 강할수록 그 대상자가 편견에 맞추어 행동하게 될 가능성이 커지기 때문이다. 스티그마 효과와 반대로 주변에서 실제보다 긍정적인 평가를 받은 대상자가 점차 그것에 맞게 행동하면서 결과가 좋아지는 현상은 피그말리온 효과라 한다.

출처: 「다음백과사전」

TIP 4 피그말리온 효과(Pygmalion effect)와 실험사례

피그말리온은 그리스신화에 나오는 조각가로 그는 아름다운 여인상을 조각했는데, 이를 깊게 사랑하게 되었다. 그리고는 조각이 사람이었으면 하고 간절히 원했는데 여신(女神) 아프로디테(로마신화의 비너스)는 그의 사랑에 감동하여 여인상에게 생명을 주었다. 로젠탈 효과, 자성적 예언, 자기 충족적 예언이라고 부르기도 한다.

로젠탈과 제이콥슨(Rosenthal & Jacobson, 1968))은 교사들에게 심리검사를 토대로 '특정 아이들이 늦된 아이(late bloomer)가 될 것'이라고 말해 주었다. 연구자들은 교사들을 현혹시키기 위해 의도적으로 이와 같은 거짓 주장을 한 것이다(실험 : 그들은 미국 샌프란시스코의 한 초등학생에 다니는 전교생을 대상으로 지능검사를 실시했다. 그리고 지능검

[79] 다이버전(Diversion)이란 범죄인의 자연스런 사회복귀와 재범방지를 위해서는 사법처리 대신에 지역사회의 보호와 관찰 등을 실시해야 한다는 제도로써 이미 선진국에서는 90년대 초반부터 시행하고 있는 선도훈방 프로그램이다. 전환조치라고도 불리는 다이버전은 일반적으로 공식적인 사법절차로부터의 이탈이라는 요소와 사회 내 처우프로그램에의 위탁이라는 요소에 의하여 파악될 수 있다. 다이버전은 범죄인에게 유죄판결을 피할 수 있도록 하여 낙인효과를 방지하며, 형사사법제도에 융통성을 부여하여 범죄를 효과적으로 처리할 수 있도록 하는 동시에 과밀수용을 방지하여 교정의 효과를 극대화할 뿐만 아니라 각종의 시설 내 처우의 폐단을 막을 수 있는 가장 합리적인 대안으로 떠오르고 있다(경찰학사전 참조).

사 결과와 상관없이 무작위로 한 반에서 20명의 학생을 뽑았다.

그 학생들의 명단을 교사에게 주면서 이 학생들이 지적능력이나 학업성취의 향상 가능성이 높은 학생들이라고 믿게 하였다. 8개월 후 이전과 같은 지능검사를 다시 실시했는데, 그 결과 명단에 속한 학생들은 다른 학생들보다 평균 점수가 높게 나왔다. 초창기에는 이들 늦된 아이들이 다른 아이와 큰 차이가 없었지만, 일정 기간이 지난 후에는 다른 아이들 모두 지능발달의 속도가 매우 빨라졌다. 로렌탈과 제이콥슨은 교사의 믿음이 그들로 하여금 다른 아이들과는 다른 행동을 하게 만들었다고 주장하였다.

그리스 신화에 나오는 조각가 피그말리온의 이름에서 유래된 '피그말리온 효과'는 교사가 어떤 학생을 우수할 것이라는 기대로 가르치면 그 기대를 받은 학생은 더 우수하게 될 확률이 높다는 이론으로 무슨 일이든 기대한 만큼 이루어진다는 것을 의미한다.

출처: 『두산백과사전』, 동아출판사, 1982.

TIP 5 세기의 실험이라 불리는 '스탠퍼드 감옥 실험'

2004년, 전 세계는 이라크에서 벌어진 미군과 영국군의 포로학대 사건에 경악했다. 공개된 사진에는 이라크 포로가 양손에 전깃줄을 잡고 봉투를 뒤집어쓴 채로 상자 위에 서 있었다. 미군은 이 포로에게 상자에서 떨어지면 전기충격을 가할 것이라고 위협하고 있었다. 죄수들은 피라미드처럼 포개져 있었고, 죄수들의 피부에는 영어로 욕설이 적혀 있었다. 병사들이 발가벗은 포로들을 배경으로 기념 촬영을 한 사진도 있었다(중략).

이 사건을 보면서 고개를 끄덕거리는 사람은 1971년에 대학생들을 대상으로 감옥 실험을 진행했던 미국 스탠포드대학의 심리학자 짐바르도(Philip Zimbardo)였다. 그는 사건이 일어나자마자 자신의 홈페이지(www.prisonexp.org)에 이라크의 포로학대 사진과 감옥 실험 사진을 함께 실었다. 놀랍게도 두 사진은 연출된 것처럼 흡사했다. 포로를 학대하는 군인의 악랄함은 40년 전 스탠포드대학의 지하실에서 이미 예견되었다고 주장하기에 충분했다. 전 세계 언론의 관심을 받게 된 짐바르도는 이 실험을 토대로 '무엇이 선량한 사람을 악하게 만드는가'라는 부제가 붙은 『루시퍼 이펙트(Lucifer Effect)』를 출간했다.

■ 짐바르도(Philip Zimbardo)의 감옥 실험

필립 짐바르도(Philip Zimbardo)는 다른 사람에게 상을 줄 수도 벌을 줄 수도 있는 사회권력을 가진 상황에서 인간들이 어떤 반응을 보이는가에 대한 실험을 하였다. 그는 많은 학생 중에서 반사회적 경력이 없고 정신적으로도 성숙한 21명을 선발해서 하루 15달러를 주고 두 개의 집단으로 무작위로 10명에게 죄수 역할, 11명에게 간수 역할을 맡겼다. 죄수와 간수 모두 극히 정상적인 사람들이였음에도 불구하고 간수 역할을 맡은 사람들은 날로 가학성을 드러내고 죄수 역할을 맡은 사람들의 절반은 억울, 분노, 불안 등의 병적 징후를 보이기 시작했다. 실험은 2주간을 예정하고 있었지만 결국 6일 만에 종결할 수밖에 없었다.

이 모의교도소 실험으로 무엇을 알게 되었을까? 간수들은 점점 권위적이고 권력적이 되었고 죄수 역을 맡은 사람들에 대해서 냉혹해졌다. 죄수들은 이것은 모의실험이라는 사실을 잘 알면서도 간수 역할의 사람들에게 잘 보이려고 행동하거나 신경증이 되기도 했다. 사람은 상황에 따라 쉽게 변모해 버리는 것이다. 그는 교도관이 가혹하게 죄수를 대하는 것이 과연 개인의 성격에 기인한 것인지 아니면 교도소에서 교도관에게 주어지는 권력의 영향이 더 큰 것인지를 밝혀내고, 교도소에서 발생하는 죄수와 교도관과의 관계를 파악하기 위해 실험을 하였다.

이러한 실험을 통하여 조직의 권력구조 등의 상황요인이 인간의 행동에 커다란 영향을 미칠 수 있으며, 정서적으로 안정된 사람이라 할지라도 자신에게 주어진 권한을 남용할 수 있고, 사회권력을 가진 자들은 점점 가혹해지고 권력의 사용을 즐기면서 증가하였고, 상대적으로 권력을 가지지 못한 편에서는 시간이 경과하면서 순종적이 되어 갈 수 있음을 발견하였다(Michael W. Eysench, 이영애 역, 2002).

실험의 결과는 매우 충격적이었다. 환경에 따라서 사람이 이렇게 악랄해질 수 있다니! 범죄자의 재범률이 높은 이유도 상당 부분은 감옥이라는 환경에 있음을 알 수 있다. 이라크 포로학대 사건을 계기로 이 실험은 사람들의 관심을 끌게 되었으며, 2001년에 독일에서 〈엑스페리먼트(Das Experiment)〉라는 제목으로 영화가 만들어졌다. 또 2010년, 헐리웃에서 동일한 제목으로 리메이크되기도 했다.

출처: 강현식(2010), 『꼭 알리고 싶은 심리학의 모든 것』, 소울메이트.
오윤성(2016), 『범죄, 그 심리를 말하다』, 박영사.

CHAPTER

5 반사회적 성격장애와 범죄

psychopath & sociopath

핵심

오늘날 정신병질자를 의미하는 사이코패스(psychopath)와 사회병질자를 의미하는 소시오패스(sociopath) 등의 유사 용어가 혼재되어 사용됨으로써 혼란을 빚고 있다. 이러한 용어는 공식적인 진단명은 아니며, 1968년 미국정신의학회(APA)는 기존의 소시오패스라는 이름을 반사회적 성격장애로 고친 이후 현재까지 사용하고 있다. 반사회적 성격장애는 감정의 미성숙, 책임감과 판단의 결여, 그리고 사회규율을 어기고 타인의 경험을 침해하는 반사회적 행동이 만성적으로 반복되는 이상 인격자를 말한다. 또한 극단적인 증세를 보이는 반사회적 성격장애자를 사이코패스라고 칭한다. 사이코패스와 비슷한 개념인 소시오패스는 반사회적 성격장애, 사이코패스 등과 비슷한 의미로 사용된다. 여기서는 반사회적 성격장애, 사이코패스, 소시오패스의 개념 등을 고찰한 후 원인, 특성, 진단방법 및 범죄와의 연관성 등을 살펴보았다.

제1절 반사회적 성격장애와 범죄

정신병리학자와 임상심리학자들은 아동기나 청소년기에 시작하여 성인이 되어도 타인의 권리를 무시하고 침해하는 광범위한 형태를 반사회적 성격장애로 정의하고 있다(조철옥, 2010). 또한 그들은 합법적인 행동에 관한 사회규범에 순응하지 못한 채 절도나 폭력 범죄로 인해 반복적으로 체포되는 행동을 한다. 반사회적 성격장애(Antisocial Personality Disorder, APD)는 사이코패스(psychopath)와 아주 유사하지만 행동지표의 정의에 한정된다는 측면에서 정서적, 인지적 측면을 포함하는 일차적 사이코패스보다 개념적으로 협소하다. 그렇지만 미국의 정신의학회(APA)의 진단 및 통계 편람인 DSM(Diagnostic and Statistical Manual)은 반사회적 성격장애를 로버트 헤어(Robert Hare)의 일차적 사이코패스 개념[1]과 유사하게 정의하고 있다[2].

[1] 헤어(Robert Hare)가 주장한 사이코패스의 세 가지 유형 중 하나인 1차적 사이코패스(primary psychopath)는 일반인이나 범죄자 집단들과는 구분되는 확인 가능한 심리적, 정서적, 인지적, 그리고 생물학적 차이를 가지고 있는 사람들을 말한다. 1차적 사이코패스들은 폭력적이거나 극히 파괴적인 사람이 아니라 사교적이고 매력적이며, 말솜씨가 능수능란하다. 그들은 영원히 법의 반대편에 서 있다는 점에서 범죄자일수도 있지만, 그렇지 않은 사람들도 많이 있다(조철옥, 2010: 194).

[2] Bartol, C. R. & Bartol, A. M. 2005. Criminal Behavior: A Psychological Approach, 7th ed., Upper Saddle River, New Jersey: Pearson Prentice Hall.

반사회적 성격장애는 성격이나 행동이 보통 사람들의 수준을 벗어나 편향된 상태를 보이는 것으로 현실 사회에서 자신에게나 사회적으로 부정적인 영향을 끼치게 되는 성격이상으로 정의할 수 있으며, 종전에는 정신병질자(psychopath), 사회병질자(sociopath)라고 불렀다. 반사회적 성격장애가 있는 사람은 사회적 규범이 없는 사람으로 타인의 권리를 무시하고 침범한다. 또한 자신의 잘못된 행동에 대해 죄책감이 없으며 그것이 잘못인지를 인정하지 못하며, 범죄자 중에서 반사회적 성격장애의 비율이 높다. 일반적으로 반사회적 성격장애자(antisocial personality disorder)는 감정의 미성숙과 책임감 및 판단의 결여를 보인다. 또한 사회 규율을 어기고 경험을 통해 배우지 못하고 타인의 권익을 침해하는 반사회적 행동이 만성적으로 반복되는 이상 성격자를 말한다. 반사회적 성격장애를 가진 개인은 공감능력이 부족하고, 무감각하며 냉소적이고 타인의 감정, 권리, 그리고 고통 등을 경멸하는 경향을 가지고 있다(American Psychiatric Association, 2013; 황성현 외 2015).

1. 반사회적 성격장애의 원인과 특징

일반적으로 반사회적 성격장애를 생물학적, 의학적으로 접근하는 학자들의 경우 반사회적 성격장애의 원인으로 유전적 요소가 많다고 주장한다. 그 이유로 반사회적 성격장애자는 선천적으로 충동성과 감각추구 성향이 높은 것으로 나타나기 때문이다. 또한 신경전달물질인 세로토닌의 기능과 연관하여 파악하기도 하고, 심리학적으로 인지기능 중 공간지각 및 기억 능력에 있어 충동적으로 위험한 자극을 추구한다는 주장도 있다. 이와는 반대로 후천적, 환경적으로 형성된다는 학자들의 견해도 무시할 수 없다. 어린 시절부터 부모의 비일관적인 양육이나 학대, 착취, 폭력, 유기를 지속적으로 경험한 경우 반사회적 성격장애가 발현된다고 주장한다. 예를 들어 가족역할모델[3]을 주장하는 학자들은 반사회적 성격장애의 원인을 어린 시절 부모의 애정결핍이 일차적인 원인이므로 부모의 양육태도가 자녀의 반사회성에 직접적인 영향을 미친다고 주장하고 있다(황성현, 2015).

이처럼 성격장애[4]의 한 유형인 반사회적 성격장애의 주된 원인은 아직 명확하게 밝혀지

[3] 반사회적 성격장애의 원인과 관련하여 크게 회피학습모델, 가족역할모델, 행동유전모델로 설명하기도 한다. 가족역할모델에서는 반사회적 성격장애의 원인으로 부모의 양육태도가 중요하다고 말한다. 특히 반사회적 성격장애를 가진 아버지는 자녀의 반사회적 행동에 있어 가장 유익한 모델로 보고 있다(김상균, 2008: 102).

[4] 성격장애는 별나거나 이상한 유형(편집성 성격장애, 분열형 성격장애, 분열성 성격장애), 극적 · 감정적 · 산만한 유형(반사회성 성격장애, 경계성 성격장애, 자기애성 성격장애, 연극성 성격장애), 걱정하거나 두려워하는 유형(회피성 성격장애, 의존성 성격장애, 강박성 성격장애) 등 크게 3가지 유형으로 구분된다(위키백과 참조).

지 않고 있는 실정이다. 반사회적 성격장애는 자녀의 반사회적 행동양식을 유전적으로 쉽게 결부시키는 사회적 분위기로 인해 유전된다고 결론지을 수도 있으며, 유전적인 것이 아니라 가족이 성격장애를 촉진하는 경제적, 사회적 배경을 공유하기 때문에 장애도 공유된다는 주장도 제기되고 있다(Bartol & Bartol, 2010; 장석현 · 이창한 역, 2010). 특히 사회화 과정에서 규범을 습득하지 못하게 되면서 사회에 적응하지 못해 발생하기도 하고 어린 시절의 바람직하지 못한 경험과 사건으로 인해 성격발달에 부정적인 영향을 미친 것이 원인일 수도 있다.

다음으로 반사회적 성격장애의 행동양식은 성인기까지 지속되고 법과 사회적 제도의 규범을 잘 따르지 않을 가능성이 높다. 이들은 타인의 소망, 권리, 감정을 무시하고 자신의 이득이나 쾌락을 위해 자주 타인을 속이거나 조종하기도 한다. 아울러 거짓말, 사기, 변명, 합리화 등으로 자신의 잘못을 포장하기도 하며, 충동성이 강해 미래에 대한 계획을 세우지 못하며 즉흥적으로 행동하기도 한다. 불안정하고 공격적이며 반복적으로 신체적 싸움이나 폭력행위를 저지르기도 하며 기혼자의 경우 배우자나 자녀를 자주 구타하는 것이 특징적이다. 또한 자신이나 다른 사람의 안전을 전혀 고려하지 않고 자극적이고 위험한 행위를 감행한다. 이러한 특성으로 인해 심각한 위험을 초래할 수 있는 성추행, 강간, 미성년자와의 성관계 등 성적행동이나 약물남용에 쉽게 빠지기도 한다.

한편, 반사회적 성격장애자들은 자녀양육이나 보호를 등한시하여 자녀를 위험에 노출시키기도 한다. 반사회적 성격장애자는 자신의 행동이나 주위 사람들에 대한 신의를 지키지 않으며 사회적 지위에 맞는 역할을 잘 수행하지 못하는 공통적인 특징을 가지고 있다. 다시 말해 경제적 무능력으로 채무불이행이나 자녀와 배우자에 대한 부양의 의무를 잘 수행하지 못한다. 또한 그들은 그들 행동의 잘못된 결과에 대해 거의 자책하지 않으며 오히려 타인에게 책임을 떠넘기는 경향이 강하다. 타인에 대해서는 냉정하거나 무관심한 특성도 지니고 있다. 따라서 타인의 불행이나 국가적 재난에 대한 공감능력이 결여되어 있어 수치심이나 부끄러움, 죄책감 등을 느끼지 못하는 경향이 있다. 하지만 이러한 반사회적 행동이 정신분열증이나 조울증 중에서 극히 흥분한 상태가 일정기간 반복되는 조증 현상이 나타나는 경우에는 반사회적 성격장애라고 진단하지는 않는다(이수정, 2015).

결론적으로 반사회적 성격장애자는 겉으로 보기에는 똑똑해 보이고 말도 합리적이지만 말과 행동이 일치하지 않고 결석을 자주하는 등 성실성이 결여되어 있다. 자기중심적이고 다른 사람의 입장에서 생각하는 공감능력이 결여되어 있으므로 타인과의 깊은 대인관계를 형성하지 못한다. 어릴 때부터 비행, 무단결석, 가출, 법위반, 거짓말 등 반사회적 행동을 반복적으로 표출하며, 성인이 되어서도 가장으로서의 역할, 직장인으로서의 사회적 역할 등 자신의 사회적 지위에 맞는 역할을 잘 수행하지 못한다. 따라서 잦은 범죄행위, 가정의 무책임, 폭력행위, 성적 문란, 채무불이행, 거짓말, 합리화, 무모한 모험 등을 반복하는 경향이 있다. 또한 타인에 대한 공감능력이나 감정이입이 결여되어 있기 때문에 위험한 상황에서도 전혀 불안해 하거나 우울감, 상실감 등을 느끼지 못한다. 이밖에도 타인을 교묘하게 조종하여 자신의 의지대로 움직이게 하고 일이 잘못되었을 경우 자신의 행위를 뉘우치기보다는 타인에게 책임을 전가하거나 합리화하는 특성을 가지고 있다.

2. 반사회적 성격장애의 진단과 범죄성

반사회적 성격장애를 가장 잘 표현하고 진단하는 측정도구로는 미국정신의학회의 진단기준(DSM-5)이 있다(American Psychiatric Association, 2013). 반사회적 성격장애에 대한 미국정신의학회의 진단기준을 좀 더 구체적으로 설명하면, 반사회적 성격장애자의 연령은 적어도 18세 이상이어야 하며 15세 이전에도 몇 가지 품행장애(conduct disorder)의 경력을 갖고 있어야 한다. 15세 이전의 품행장애는 다음의 증상 중 셋 이상이 해당되어야 하며, 18세 이후에는 적어도 다음의 9가지 증상 중에서 넷 이상이 해당되어야 한다(김상균, 2008).

➲ 반사회적 성격장애의 진단 기준(DSM-5)

A. 진단 당시의 연령이 18세 이상이어야 한다.
B. 15세 이전에 품행장애의 증거가 있어야 한다.
C. 다른 사람의 권리를 무시하고 침해하는 형태를 지속적으로 보이며 이러한 특징은 15세 이후에 꾸준하게 나타내며 다음 중 최소한 세 가지 이상의 증상을 보여야 한다.
  ① 체포 여부를 불문하고 구금의 이유가 되는 반사회성 행동을 반복해서 보이는 등 사회적 규범을 지키지 못한다.
  ② 자기 개인의 이익이나 쾌락을 위하여 거짓말을 하며 가명을 사용하거나 남을 잘 속인다.
  ③ 미리 계획을 세우지 못하고 충동적이다.
  ④ 성미가 급하고 공격적이어서 반복해서 싸움을 하거나 남을 협박한다.
  ⑤ 자신이나 다른 사람의 안전을 고려하지 않고 무시한다.
  ⑥ 지속적으로 직장을 갖지 못하거나 재정적 책임을 중히 여기지 않는 등 책임감이 없다.
  ⑦ 다른 사람을 해치거나 학대하거나 다른 사람의 물건을 도둑질하고도 냉담하며 잘못을 합리화 하는 등 뉘우침이 없다.
D. 정신분열증(조현증)이나 조증기에 나타나는 반사회적 행동의 경우는 해당되지 않는다.

➲ 15세 이전의 품행장애

① 등교하지 않는 행동(최소 2년에 걸쳐 1년에 5일 이상)
② 정학 또는 퇴학, 범법 행위
③ 가출(2회 이상)
④ 만성적인 거짓말
⑤ 조기 반복되는 무분별한 성행위
⑥ 술이나 약물남용
⑦ 절도
⑧ 반항적인 파괴행동
⑨ 가정이나 학교에서의 만성적 폭행
⑩ 싸움을 잘 일으킴

➲ 18세 이후의 반사회적 행동

① 직업적응실패(빈번한 직업변경, 빈번한 결근, 새로운 직장 없이 직장 사표제출)
② 부모로서의 책임결여(소아 영양부족, 위생상태 불량에 의한 소아질환, 소아의 중병에 대한 치료 불이행, 이웃이나 집 없는 친척에 소아를 맡기는 일, 부모 부재 시 6세 이하의 소아를 어린이를 보는 사람에게 맡기는 일, 일의 실패, 살림의 낭비)
③ 사회규범에 대한 적응 실패. 즉 반복되는 범법행동(반복되는 절도, 불법직업, 여러 번의 구속 또는 체포)
④ 2회 이상의 이혼 혹은 별거 또는 성적 문란
⑤ 반복되는 폭행 등의 공격성과 자극과민성(배우자 또는 자녀 포함)
⑥ 반복되는 경제능력의 실패
⑦ 장래에 대한 계획수립 실패(목적 없는 방랑)
⑧ 진실성 결여(속임수, 거짓말)
⑨ 무모한 행동(음주운전 및 과속운전 등)

이처럼 반사회적 성격장애의 특성과 진단 등에서 파악했듯이 반사회적 성격장애자는 지극히 높은 범죄성향을 가지고 있다. 물론 반사회적 성격장애라는 진단을 어떻게 내리느냐에 따라 범죄와의 관련성을 명확하게 파악할 수는 없지만 일반적인 특성을 파악해 볼 때 범죄와 깊은 관련성을 맺고 있는 것은 확실하다. 심각한 범죄를 포함한 흉악범죄자의 75~80%가 반사회적 성격장애의 행동특성과 유사하며 전체범죄자 중에서 반사회적 성격장애가 차지하는 비율은 50~80%가 된다고 추정하기도 한다(김상균, 2008). 또한 바톨(Bartol)은 미국의 교정시설에 반사회적 성격장애라고 여겨지는 피수용자는 30~50%이며, 50%이상을 넘는 교정시설도 흔히 존재한다고 주장하였다(Bartol & Bartol, 2010). 결론적으로 반사회적 성격장애와 범죄자는 구체적으로 어느 정도의 연관성을 가지는지는 학자들마다 견해가 다르지만 분명한 사실은 깊은 상관관계를 가지고 있다는 것은 부인할 수 없다(황성현 외, 2015).

제2절 사이코패스(psychopath)와 범죄

사이코패스(psychopath)라는 용어는 1801년 프랑스 정신과 의사인 필리프 피넬(Philippe Pinel)이 정신병 증상이 없이 충동적이고 위험한 행동을 타인에게 반복하는 사람으로 일반인이 저지르는 범죄와 구분하였다. 정신을 뜻하는 '사이코(psycho)'와 병리상태를 뜻하는 '패시(pathy)'가 합쳐져서 만들어진 용어로 사이코패스는 대개 건전한 사회적응을 어렵게 하는 비정상적 기질(psychopathy)을 지니고 있다. 또한 사이코패스는 반사회적 성격장애의 극단적인 장애를 가진 사람으로 정신병질자를 말하며, 법적인 정신이상자는 아니다. 또한 망상, 비합리적 사고, 환각 등 정신병적 증상이 나타나지 않는다는 점에서 사이코시스, 다시 말해 정신증(psychosis)[5]과는 구별된다. 사이코패스(Psychopath)는 반사회적 성격장애와 상당히 유사한 개념이다. 앞의 반사회적 성격장애를 진단하는 기준(DSM-5)의 성격을 갖는 사람을 설명하기 위해 사이코패스 또는 반사회적 성격격장애자라는 용어를 사용하지만 이 용어들이 종종 혼용되어 사용되고 있다(오윤성, 2016).

일부 심리학자들의 주장에 따르면, 반사회적 성격장애는 열악한 가정환경에서 비롯된 반면에 사이코패스는 개인적인 결함이나 이상 때문에 발생하는 것으로 파악하기도 한다(Siegel, 2012). 하지만 대부분의 임상의와 범죄심리학자들은 반사회적 성격장애와 사이코패스를 구별되지 않고 사용하는 경향이 있다. 엄격하게 말하면, 사이코패스(psychopath)나 소시오패스(sociopath)라는 용어는 공식적인 진단명은 아니며, 공식적으로 인정한 용어는 반사회적 성격장애(APD)라고 할 수 있다. 비록 사이코패스가 학술적으로 인정된 공식 명칭은 아니지만 최근에 상당히 대중화된 용어이기 때문에 여기서는 사이코패스의 역사와 그 특징, 그리고 범죄와의 관련성 등을 중심으로 살펴보았다.

1. 사이코패스의 역사와 개념

사이코패스라는 단어는 비교적 최근에 사용된 용어이기는 하지만, 역사적 유래는 오래되었다. 범죄학의 아버지라고 불리는 롬브로조(Lombroso)는 1876년에 범죄자는 선천적으로 타고난다는 '생래적 범죄자(born crimanal)'이론을 주창하면서 생래적 범죄자 이외에 다른 두

[5] 사이코시스(psychosis)는 기괴한 행동, 환각, 망상, 부적절하고 불안한 정서, 현실감 저하 등 정신증상을 보이는 정신질환의 형태이다. 사이코패스는 이런 정신증상을 앓고 있지 않다(대한신경정신의학회, http://terms.naver.com).

개의 유형인 '정신이상범죄자(insane criminal)'와 '기회적 범죄자(criminaloid)'를 제시한 바 있다. 여기서 정신이상범죄자는 백치, 저능아, 간질환자, 정신병자 등이 이 부류에 속하며 이들은 사회에 잘 적응하지 못하며, 그들의 범죄적 기질을 통제하지 못한다고 주장하면서 최근 광범위하게 사용되는 사이코패스와 유사한 개념을 주창한 바 있다.

롬브로조의 사망 이후 1900년대에 들어서면서 정신병질과 범죄에 관한 여러 연구가 진행되었는데 대표적 연구자로는 크레펠린(Kraepelin), 슈나이더(Schneider), 로덴(Rohden), 젤리히(Seeling) 등이 있다. 이들 중 현재 정신병질에 대한 가장 보편적인 분류 방법으로 슈나이더의 연구가 자주 인용되고 있다. 슈나이더(Schneider)에 주장에 의하면, 모든 정신병질자가 범죄자가 되는 것이 아니고, 또한 대부분의 범죄자가 정신병질자가 아니라고 주장하였다. 정신병질자는 정신병자와는 근본적으로 다르므로 정신치료보다는 성격 교정에 초점을 맞추어야 한다고 주장하였다(Schneider, 1958)[6].

그러나 범죄심리학에서 사이코패스의 성격적 특징을 연구한 최초의 연구자는 크레펠린(Krapelin)이라 할 수 있다. 크레펠린(Krapelin)은 1913년에 그의 저서인 『임상학적 정신의학(clinical psychiatry: a textbook for physicians)』에서 사이코패스를 7개의 범주로 분류하였다(Krapelin, 1913)[7]. 또한 칸(Kahn, 1913)은 사이코패시에 관한 16개의 특징을 발표하였으며, 패트리지(Patridge)는 1930년에 사이코패시가 정신적 부적응이기보다는 사회적인 의미에만 초점을 맞추어 사이코패스를 소시오패스(sociopath)라는 용어로 대체하기를 제안하기도 했다. 이처럼 1900년대 초반, 여러 학자들에 의해 사이코패스의 다양한 분류와 용어의 무분별한 확산을 자제하고 이 결과로 나타나는 모호성을 제거하기 위해 미국정신의학회(the American Psychiatric Association)에서 1952년에 진단 및 통계 편람인 DSM(diagnostic and statistical manual)[8]에서 사이코패스라는 용어를 없애고 공식적으로 '소시오패스(sociopath)'라는 용

---

[6] Schneider, K. 1958. Psychopathic Personalities, 9th ed., Hamilton, Trans, London: Cassell.

[7] 크레펠린(Krapelin)은 사이코패스를 흥분형(the excitable), 불안정형(the unstable), 충동형(the impulsive), 괴짜형(the eccentric), 거짓말쟁이 및 사기꾼형(the liars and swindlers), 반사회형(the antisocial), 싸움형(quarrelsome) 등 7가지 유형으로 분류하고 이 유형들은 모두 다 타고난 기질에서 기인한다고 주장하였다(Krapelin, E. 1913. Clinical Psychiatry: A Textbook for Physicians, New York: Macmillan).

[8] 1952년부터 미국 정신의학협회가 주관하여 기획 · 출판하는 정신 장애 진단 및 통계 편람(Diagnostic and Statistical Manual of Mental Disorders)을 말한다. 초기에는 제2차 세계대전 참전 군인들의 정신건강과 장애진단을 위해 세계보건기구의 ICD-6을 기초로 출간했다. 이후 경계성 성격 장애, 사회 공포증, 외상 후 스트레스 장애, 자폐증, 주의력 결핍 장애 등을 포함하며 개정되었고, 1994년 DSM-IV에는 아스퍼거 증후군(발달장애의 일종으로 사회에 관계되거나 화학 현상과 관련된 상호작용에 어려움을 겪고 관심사와 활동에 상동증이 나타나는 자폐 스펙트럼 장애의 한 종류), 성인 양극성 장애 등을 포함했다. 2013년 많은 임상사례를 보충한 DSM-5가 출간되었다(다음백과 인용).

어를 채택하였다. 다시 말해서 '소시오패스적 성격장애자(sociopathic personality disturbance)' 또는 반사회적 이상성격자(antisocial reaction)'를 채택하게 된 것이다(Bartol & Bartol, 2010). 그 후 1968년 미국정신의학회(APA)는 소시오패스라는 이름을 반사회적 성격장애(antisocial personality disorders)로 고쳤으며, 1980년에 개정된 DSM-Ⅲ, 1987년에 개정된 DSM-Ⅲ-R, 1994년에 개정된 DSM-Ⅳ, 2000년에 개정된 DSM-Ⅳ-TR, 2013년에 개정된 DSM-5에서도 반사회적 성격장애라는 용어가 계속 사용되고 있다(Bartol & Bartol, 2010; 황성현 외, 2015).

➲ 슈나이더(Schneider)의 정신병질 유형과 범죄 관련성

유형	특성	범죄와의 관련성
무정성	고등감정의 결여자	흉악범, 범죄단체 조직
폭발성	병적 흥분 · 자극에 민감	충동범죄, 충동적 자살
광신성	개인사상, 특정종교에 열중, 타인불신	확신범(투쟁적 관심사), 종교적 양심범
의지박약성	환경영향에 대한 저항 상실	재범, 청소년범죄
과장성	타인의 관심유발	고등사기
발양성	낙천적 성격, 경솔	모욕죄, 사기
기분이변성	기분동요, 예측곤란	방화, 음주광
자신결핍성	강박관념, 강한 도덕성	범죄와 관련 없음
우울성	염세적, 회의적 인생관	범죄와 관련 없음
무력성	심신의 부조화, 타인의 관심호소	범죄와 관련 없음

다음으로 사이코패스의 개념을 살펴보면, 사이코패시(psychopathy)의 최고 권위자인 클렉클리(Hervey Cleckley)는 사이코패스를 경험이나 처벌이 의해서도 결코 개선할 수 없는 항상 문제를 야기하는 반사회적 성격의 소유자로 정의하고 있다[9]. 헤어(Robert Hare)는 매력적이고 교활한 생활방식 그리고 냉혹하게 자신의 생활방식을 추구하며, 광범위한 낙담의 흔적과 좌절된 기대 그리고 빈 지갑을 숨기고 있는 사회적 약탈자로 규정하였다. 아울러 자신의 목적을 위해 타인을 조종하고 양심이 결핍되어 있기 때문에 자신의 반사회적 행동이나 타인에게 가한 해악에 대해 죄책감이나 가책을 느끼지 않는 사람으로 정의하였다. 라프터(Rafter)는 사이코패스를 정신적 무능력이라는 의미로 정의하는 것이 타당하다고 주장했으나

[9] Cleckley, H. 1959. Psychopathic States, in An American Handbook of Psychiatry, ed. S. Aneti(New York: Basic Books).

사살상은 성격장애자로 정의하였다[10]. 또한 감정과 정서의 왜곡이나 악용상태에 빠져있으며, 이상적 욕망 및 도덕감, 정서와 기분의 기복이 심한 특이한 행동유형, 충동적 행동, 특히 폭력적인 행동의 소유자로 보았다. 이밖에 라이큰(David Lykken)은 이들이 처벌의 두려움을 느끼지 못하는 '낮은 공포지수(low fear Quotient)'를 가지고 태어난다고 주장하였다[11].

일반적으로 사이코패스는 정신적, 행동적, 대인 관계적 측면 등을 포함한 인생 전반의 포괄적 영역에서 만성적으로 높은 정신병질(psychopathy) 성향을 드러내는 사람을 지칭한다[12]. 사이코패스는 정신병질적 성향을 가지고 있으나 엄격한 의미에서 정신질환자와는 차이가 있다. 왜냐하면 사이코패스는 정신질환자와는 달리 인식능력이 부족하거나 현실감각이 떨어지지 않으며, 대부분의 정신장애자에게서 나타나는 환상, 환청, 망상, 강한 부정적 스트레스 등을 경험하지 않기 때문이다. 사이코패스는 정신질환자와는 달리 극히 이성적이고 자신의 행동이 무엇을 의미하며 원인이 무엇인지 잘 알고 있다[13]. 이런 정신병질의 성향이 높은 사이코패스는 자기중심적인 특성이 두드러지며, 정서적으로 냉담하고 타인의 고통에 무감각하며, 충동적이다. 또한 무책임하며 죄책감을 잘 느끼지 못하는 동시에 타인을 기만하고 공격성을 표출시키며, 여러 범법 행위를 저지르는 행동적 특성을 나타낸다. 결론적으로 사이코패스는 사회병리 또는 반사회적이고, 공격적이며 반사회적 행위에 대한 죄책감을 느끼지 못하는 사람들이며, 타인과의 애착심을 유지할 수 없는 특징을 가진 사람들이라고 할 수 있다.

---

[10] Rafter, N. 1997. Psychopath and Evolution of Criminological Knowlodge, *Theoretical Criminologe*, 1(2): 235.

[11] Lykken, D. 1996. Psychopath, Sociopath, and Crime, *Society*, 34: 30-38.

[12] Hare, R. D. 1970. Psychopathy: Theory and Research, New York: John Wiley Sons.

[13] Hare, R. D. 1999. Without Conscience: The Disturbing World of the Psychopaths among Us, New York: Guilford Press.

➲ 클렉클리(Cleckley)와 헤어(Hare)의 사이코패스 정의

클렉클리(Clekley)의 정의	헤어(Hare)의 정의
- 피상적인 매력과 높은 지능	- 말주변이 좋음, 피상적 매력
- 병적인 자기중심성	- 자기가치에 대해 과장하는 경향
- 비진실성과 위선	- 병적인 거짓말
- 교묘한 속임수	- 연민이나 죄책감 부족
- 연민이나 죄책감의 부족	- 피상적인 감정
- 감정변화에 대해 일반적으로 무딤	- 냉담, 무정성, 공감능력 부족
- 대인관계의 둔감(동정심 결여)	- 행동 책임감 수용의 실패
- 신뢰감 상실	- 난잡한 성적 행동
- 비인격적 성생활	- 현실적, 장기적 목표 결여
- 일상생활방식 따르는데 실패	- 빈약한 행동 조절력
- 충동성	- 높은 자극추구
- 부적절하게 동기화된 반사회적 행동	- 지루해하는 경향성
- 빈약한 판단력	- 무책임성
- 망상 및 신경증 증상의 부재	

2. 사이코패스의 원인과 특징

사이코패스의 원인이 정확하게 무엇인지에 대해 명확하게 밝혀진 것은 없기 때문에 이를 구체적으로 정의하는데는 한계가 있다. 일반적으로 뇌구조와 기능의 이상설로 설명하기도 하고 후천적으로 어릴 때의 가정에서의 부적절한 사회화 과정 및 양육과정에서의 문제를 원인으로 주장하기도 한다. 지금까지 사이코패스에 대한 명확한 원인은 밝혀지지 않았으나 대체로 생물학적 요인 혹은 유전적 요인, 환경적 요인, 그리고 두 가지 요인의 결합 등으로 구분하여 그 원인을 설명하고 있다.

1) 사이코패스의 원인

① 생물학적 요인

사이코패스의 원인에 관한 생물학적 요인에는 크게 전두엽의 문제와 전두엽에서 분비되는 신경전달물질인 세로토닌의 문제로 나눌 수 있다. 인간의 뇌 앞부분에 속하는 전두엽은 감정을 느끼고 어떻게 반응할지를 결정하고, 다른 동물에게는 없는 인간의 양심이 존재하는 곳으로 알려져 있다. 일반적으로 일반인들은 끔찍한 장면을 보았을 때, 전두엽 부분이 매우 활성화되고 감정이 드러나며 어떻게 반응할까 등의 판단을 하지만 공격성이 강한 사

람은 감정을 느끼는 전두엽의 기능이 일반인에 비해 떨어지기 때문에 그런 끔찍한 장면을 목격해도 전두엽이 활성화되지 않는 경향이 있다. 그 원인은 동물실험을 통해 밝혀졌는데 세로토닌이 전두엽에서 제대로 분비되지 않을 때 공경성이 크게 증가하는 것으로 나타났다(김상균, 2008; 황성현 외, 2015).

한편, 세로토닌은 전두엽의 촉진제로 작용하여 세로토닌이 직접 공격성을 억제하거나 전두엽에 영향을 주어서 공격성을 억제하는 두 가지 경로로 공격성을 억제한다. 인간의 몸속에 효소를 조절하는 MAOA(Monoamine oxidase A)[14] 유전자가 있는데, 염색체의 이상으로 이 유전자가 적을 경우 뇌 속의 신경전달 물질인 세로토닌이 줄어드는 현상이 발생한다. 이는 전두엽의 기능을 약화시키고 공격성을 증가시키는 중요한 요인이 된다. 이처럼 뇌에 문제가 있을 경우 보통 상태일 때보다 사이코패스가 될 확률이 높으며, 이는 유전적으로 타고 난다는 것이다(김상균, 2008).

또한 헤어(Hare)는 인간의 기본 성격이 유전적, 생물학적으로 결정된다는 증거, 뇌손상으로부터 사이코패스와 유사한 증상이 나타날 수 있다는 사실과 유소년 초기에 사이코패시적 행동특성이 나타난다는 점 등을 제시하면서 사이코패스는 선천적으로 유전에 의해 발생할 수 있다고 주장했다. 또한 어린 시절 뇌, 전뇌에 손상을 입었거나 기능장애를 일으켜 공격성, 부적절한 사회행동, 충동성이 발생한다고 보았다(Hare, 2003)[15]. 이밖에 케이건(Robert Kegan)은 사이코패스의 뇌구조는 비정상적으로 느리게 성장하여 성인 사이코패스의 뇌파가 일반 청소년과 유사하고 자기중심성, 충동성, 이기심, 욕구지연 능력 결여 등이 어린 아이의 뇌파가 유사한 점으로 볼 때 발달지체적인 성격을 지닌다고 주장하였다(오윤성, 2016).

② 사회 환경적 요인

사이코패스의 후천적 혹은 사회 환경적 요인을 주장하는 학자들의 경우 전두엽과 전두엽에서 분비되는 세로토닌이 부족한 사람들이 사이코패스가 될 수는 있으나 유전적 요인이 사이코패스의 행동을 결정하는 것은 아니라고 보았다. 다시 말해서 세로토닌이 부족한 사

---

[14] MAOA(Monoamine oxidase A) 유전자는 뇌 조직에 존재하는 신경전달물질의 대사를 조절하는데 폭력성과 관련이 있다. MAOA는 도파민, 세로토닌 등 주요 신경전달물질을 분해하는 역할을 하는데, MAOA가 제 역할을 하지 못하면 이 신경전달물질들이 뇌 속에 축적돼 충동제어에 어려움을 겪고, 폭력성과 분노감이 커진다. 폭력성 및 반사회적 행동과 관련된 유전자 가운데 가장 큰 논란의 중심에 서 있는 것이 바로 MAOA다. 유전학자들은 20여 년 전부터 MAOA 결핍이 폭력적 행동과 유관하다는 입장을 밝혀 왔으며, 10여 년 전부터 언론에서는 MAOA 결핍 유발 유전자를 '전사 유전자(warrior gene)' 라 부르고 있다(서울경제 2016.05.10. 재인용).

[15] Hare, R. D. 2003. The Psychopathy Checklist Revised Manual, Second Edition, Toronto, Canada: Multi-Health Systems.

람이라도 반드시 반사회적 행위나 정신병질적 성향을 가지는 것은 아니라는 것이다. 사회환경적인 요인이 사이코패스의 주요 원인이라고 주장하는 이유는 어릴 시절 가정에서의 부적절한 사회화나 부모와 자녀 관계가 원만하지 않은 가정에서 정상적인 훈육과정을 거치지 못한 사람들 중에 사이코패스가 많은 것으로 확인되고 있다(김진혁, 2014). 이처럼 사이코패스는 어릴 시절 가정에서의 잘못된 사회화 과정으로 인해 발생한 후 학교생활을 거치면서 점차 그 증상이 발전될 수 있다[16].

이러한 반사회적인 성향은 주로 어린 시절 가정환경에서 발현되는데 부모의 상실감, 비일관적인 훈육태도, 부모의 정서적 학대, 유기, 방임 등이 원인인 것으로 지목되고 있다. 다시 말해 부모와 자식 간의 애착과 부모로부터의 학대 경험이 사이코패스의 특성과 밀접한 관련이 있으며, 사이코패스 척도에서 높은 점수를 받은 범죄자는 신체적 학대와 부모로부터의 애착 분리를 경험한 경우도 있다(Campbell 등, 2004; 곽금주 · 김연주, 2008)[17]. 가정에서 부모와의 애착과 부모의 양육행위는 사이코패스 특성의 발현에 영향을 주는 요소로 인식되고 있으며, 부모와 자녀 간의 애정결핍이 반사회적 행동이나 범죄와 관련이 있는 것으로 나타났다[18]. 이밖에도 청소년이 가진 정신병질적 성향과 문제가 있는 부모의 상호작용 패턴이 정신병질의 원인이며[19], 부모로부터의 학대경험이 사이코패스의 원인이라는 많은 선행 연구결과도 있다. 사이코패스의 성격특성인 공감부족 및 정서적 결여는 초기 가정에서의 학대와 같은 환경적 요인 때문이며(Saltaris, 2002), 아동학대가 성인기의 높은 사이코패스 점수를 예측하는 변수라는 연구결과도 제시되었다(Weiler & Widom, 1996)[20]. 마지막으로 정신병질적 특성을 가진 수감자들은 그렇지 않은 수감자들보다 부모에게서 무관심이나 방

---

[16] 로버트 헤어(Hare)에 의하면, 사이코패스는 학년 초기에 반복적이고, 우발적으로 겉보기에 부주의한 거짓말을 하며, 타인의 감정, 기대, 고통에 무관심하며 규칙에 반항하고 끊임없이 말썽을 부린다. 또한 체벌의 위협이나 질책에 반응이 없고 다른 아이나 부모의 물건을 훔치고 끊임없는 공격성향, 괴롭힘, 싸움을 일삼는다. 이밖에 잦은 무단결석, 늦은 귀가, 가출경력이 있으며, 동물을 괴롭히거나 죽이는 행동을 하고 이른 나이에 성에 관한 실험을 하며, 기물파괴와 방화를 저지르는 등의 특징을 가진다고 주장하였다(Hare, 2003).

[17] Campell, M. A., Porter, S., & Santor, S. 2004. Psychopathic Traits in Adolescents Offenders: An Evaluation of Criminal History, Clinical, and Psychosocial Correlates, *Behavioral Sciences and the Law*, 22(1): 23–47; 곽금주 · 김연수, 2008. 발달적 관점에서 본 정신병질: 아동기와 청소년기를 중심으로, 「한국심리학회지」, 27(1): 71–89.

[18] Saltaris, C. 2002. Psychopathy in Juvenile Offenders can Temperament and Attachment be Considered as Robust Developmental Precursors?, *Clinical Psychology Review*, 22: 739–752.

[19] Frick, P. J., O' Brien, B. S., Wootton, J. M., & Mcburnett, K. 1994. Psychopathy and Conduct Problems in Children, *Journal of Abnormal Psychology*, 103(4): 700–707.

[20] Weiler, B. L., & Widom, C. S. 1996, Psychopathy and Violent Behavior in Abused and Neglected Young Adults, *Criminal Behavior and Mental Health*, 6: 253–271.

임을 더 많이 받았다는 연구결과[21](Marshall & Cooke, 1999) 등을 종합해 볼 때 어린 시절 가정에서의 학대, 방임, 무관심 등이 사이코패스의 사회 환경적 요인으로 거론되고 있다.

지금까지의 내용을 종합해 볼 때 사이코패스의 원인은 명확하게 밝혀지지 않았지만 일반적으로 전두엽과 세로토닌의 문제 때문이라는 생물학적 요인과 어릴 시절 가정에서 부모와 자녀 간의 부적절한 훈육형태, 방임, 학대 때문이라는 사회 환경적 요인이 사이코패스의 주된 원인이라 할 수 있다. 한편으로 로버트 헤어(Hare)는 사이코패스는 생물학적 요인과 사회 환경적 요인이 복합적으로 작용해서 나타난다고 주장하였다. 다시 말해, 유전적 요인이나 기질 요인이 선행적으로 뇌 기능의 생물학적 토대와 기본 성격 형성에 영향을 미치고, 여기에 환경과 경험이 더해져 사이코패스 성향이 발생할 수도 있고 그렇지 않을 수도 있다는 것이다.

따라서 생물학적 요소와 사회 환경적 요소가 어떻게 상호작용하느냐에 따라 사이코패스가 될 수도 있고 안 될 수도 있다는 것이다. 예를 들어 사이코패스의 생물학적 요인이 매우 높다고 하더라도 어린 시절 가정에서 제대로 된 사회화 과정을 거칠 경우 사이코패스의 발현 가능성은 낮아진다. 반대로 생물학적 요인은 다소 낮더라도 부모와 자녀간의 애착관계, 부모의 학대, 방임 등과 같은 잘못된 가정환경에서 성장할 경우 정신병질적(psychopathy) 성향을 학습하게 되고 성인이 되었을 때 사이코패스가 될 가능성이 높아진다고 볼 수 있다.

2) 사이코패스의 특징

사이코패시(psychopathy)에 관한 가장 중요한 특징 중의 하나는 긍정적인 그리고 부정적인 감정 둘 다 부족하다는데 있다. 사이코패스는 외관상 매력적이며, 자신의 이익을 위해 타인을 능숙하게 다루기도 한다. 또한 긍정적인 감정이 결여되어 있기 때문에 무책임하게 행동하고 종종 다른 사람들에게 잔인하게 행동할 수도 있다. 클렉클리(Cleckley)[22]는 사이코패스의 반사회적 행위는 스릴을 위해서뿐만 아니라 경제적 이익과 같은 뭔가를 얻기 위해 충동적으로 이루어진다고 보았다(Davison, Neale, & Kring, 2004; 임준태, 2009)[23]. 또한 사이코

[21] Marshall, L., & Cooke, D. J. 1999. The Childhood Experience of Psychopaths, *Journal of Personality Disorders*, 13(3): 211-225.

[22] 클렉클리(Herbey Cleckley)는 『건강한 자의 가면(The Mask of Sanity)』이라는 저서에서 사이코패스의 특징 16가지를 제시하였다. 그가 제시한 특징은 ①외관상의 매력과 우수한 지능, ②병적인 이기주의, ③거짓과 위선, ④속임수, ⑤후회와 죄책감의 결여, ⑥전반적인 애정 반응의 빈곤, ⑦대인관계의 무반응성, ⑧신뢰성의 결여, ⑨비인간적인 성생활, ⑩계획된 생활 불능, ⑪충동성, ⑫부적절하게 동기부여 된 반사회적 행동, ⑬판단력의 결여, ⑭망상의 부존재, ⑮고뇌의 부재, ⑯음주 후 기괴한 행동 등이다(Cleckley, H. 1976. The Mask of Sanity, 5th ed., St. Louis: Mosby).

패스는 특유의 반사회적 인격성과 기질적 특성 때문에 자신의 행위가 위법하고 부정하다는 것을 알면서도 이를 억제할 수 있는 자기 통제력을 상실한 고도의 재범 위험군에 속하는 사람들로 알려져 있다. 헤어(Robert Hare)는 사이코패스의 특징을 13가지 제시하고 있는데, 이는 클렉클리(Cleckley)가 제시한 내용과 유사하다. 여기서는 헤어(Hare)가 사이코패스 진단표에 제시한 내용을 토대로 정서적, 행위적, 생물학적 특징으로 구분하여 살펴보았다.

① 정서적 특징

사이코패스는 대인관계에서 자기 과시적이고 오만하고 냉담하고 겉치레를 잘하며 기만적이고, 정서적으로 성미가 급하고 다른 사람들과의 강한 정서적 유대를 형성하지 못하며 가책이나 근심을 거의 느끼지 않는다(Hare, 1991)[24]. 헤어의 사이코패스 체크리스트에 제시된 정서적 특징을 구체적으로 살펴보면, 먼저 감정 및 정서적 측면에서 타인에게 연민의 정을 느끼지 못할 정도로 냉담하며, 감정의 폭이 얕아 공감능력이 부족하며, 죄의식, 후회 등의 감정이 결여되어 있다. 사이코패스는 거짓말, 속임수 등에 능해 남을 부정직한 방법으로 잘 조정하는 교활한 면도 지니고 있는데, 이는 자신의 가치에 대한 지나친 자만심과 연결된다. 또한 타인과의 관계가 피상적이기 때문에 깊은 유대관계를 기초로 하는 결혼관계를 잘 성사시키지 못하고 여러 번의 짧은 이성관계로 끝나는 경우가 많다.

사이코패스의 정서적 특성을 다르게 표현하면, 깊은 정서 상태인 척 가장하는 기술이 매우 뛰어나고 적절한 정서를 효과적으로 흉내 낼 수는 있지만 진실한 충성심, 따뜻함과 열정은 찾아보기 힘들고 정직한 척 보이게 하는 교활한 능력을 지니고 있다. 아주 드문 현상이지만, 만약 그들이 타인을 도와주었거나 이해하는 반응을 보인다면 그것은 다른 목표를 위한 일시적인 위장이나 속임수일 가능성이 높다. 왜냐하면, 그들은 타인의 관점에서 바라보는 공감능력이 결여되어 있을 뿐 아니라 흉악한 범죄를 저지르고도 오히려 피해자를 비난하거나 자신의 범죄행위를 합리화함으로써 양심의 가책이나 죄책감을 느끼지 못하기 때문이다. 오히려 그들은 범죄행위를 자신의 무료함을 충족시키기 위한 일종의 게임(game)으로 여기는 경향도 있다.

바톨(Bartol)에 의하면, 사이코패스는 양심의 가책이나 죄책감이 결여되어 있기 때문에 위

---

[23] Davison, G. C., Neale, J. M., & Kring, A. M. 2004. Abnormal Psychology, 9th ed., Hoboken, NJ: John Wiley and Sons, Inc.

[24] Hare, R. D. 2003. The Hare Psychopathy Checklist Revised Manual, Second Edition, Toronto, Canada: Multi-Health Systems.

조, 절도, 강간, 상해, 사기 등과 같은 개인적 이익을 위해 파괴적, 반사회적 행동에 몰두한다고 주장하였다. 또한 그들은 사법기관에 의해 체포되었을 때도 후회하지 않는다. 다시 말해서 그들은 자기의 범죄성을 바로 인정하고, 오히려 타인에게 심각한 해를 입힌 행위에서 일종을 희열을 느끼는 경향이 있다. 그들은 사람의 머리를 타격하거나 차를 망가뜨리고, 아기를 학대해도 '재미있을 것 같아서'라고 진술하는 경우도 있다(Bartol & Bartol, 2010)[25].

② 행위적 특징

사이코패스는 자신의 행동에 대해 책임지지 않으며 난잡한 성행동을 할 가능성이 높고 대인관계 면에서는 언변이 뛰어나서 마치 타인들에게 상당히 매력적인 사람으로 비춰질 가능성이 높다. 그러나 그런 매력은 진실 된 감정과 행위가 동반된 것이 아닌 것으로 쉽게 들통 나기 때문에 피상적 매력에 그친다. 헤어(Hare)의 사이코패스 체크리스트에 제시된 행위적 특성을 구체적으로 살펴보면, 먼저 생활양식 측면에서 사이코패스는 비현실적인 목표를 세우고 그 목표를 달성하기 위해 타인을 교묘하게 조종하는 기생적 생활태도를 보인다. 그들은 장기적인 목표를 세우지 않기 때문에 충동적으로 행동하는 경향이 강하다. 일상적인 업무에서 쉽게 권태감을 느껴 뭔가 자극적이고 짜릿함을 줄 수 있는 범죄행위에 쉽게 빠지는 경향이 있다.

특히 어린 시절부터 각종 비행을 저지른 범죄경력을 가지고 있으며 성인이 된 이후에도 여러 가지 다양한 범죄경력을 가지고 있을 가능성이 높다. 다시 말해서 사회적 일탈의 측면에서 행동의 옳고 그름, 결과의 타당성 여부에 대한 숙려 없이 충동적으로 범죄를 저지른다. 아울러 타인이 주는 모욕이나 경멸에 대해 자신의 행동을 제어하지 못하고 쉽게 감정이 폭발하여 공격적인 태도를 취한다. 참을성이 없고, 성미가 급하며. 다혈질에 욕구불만적인 특징을 보이는 동시에 언제나 사회적으로 용인되지 않는 극도의 스릴과 자극을 갈망하여 퇴폐적이고 방탕한 생활을 추구하는 경향이 있다. 나아가 사이코패스는 일체의 책임감과 의무감이 없고 유소년기부터 심각한 일탈행동을 시작하여, 성인이 된 후에도 반사회적 행동을 지속적으로 추구하는 경향이 있다(안성조, 2008)[26].

마지막으로 사이코패스의 행위적 특성을 가장 잘 표현하는 단어로 충동성을 들 수 있는

---

[25] Bartol, C. R. & Bartol, A. M. 2010. Criminal Behavior: A Psychological Approach, 7th Edition., Upper Saddle River, New Jersey: Pearson Prentice Hall. (장석현 · 이창한 역. 2010. 「범죄심리학」. 서울: 나남출판사).

[26] 안성조. 2008. 사이코패스의 범죄충동과 통제이론: 사이코패스의 특이성과 통제이론적 접근의 한계. 「경찰법연구」. 6(1): 196-233.

데, 충동성은 사이코패스의 중요한 행위적 특징이라 할 수 있다(Hart & Dempster, 1997)[27]. 바톨(Bortal)의 주장에 의하면, 충동성은 주기적으로 나타나기 때문에 사이코패스는 몇 개월 이상이나 선량한 시민, 성실한 배우자, 믿을 만한 종업원으로 연기할 수 있다. 그들은 크게 성공하거나 높은 직위에 오르거나 명예를 얻기도 한다. 그러나 그들은 무책임한 면을 갖고 있기 때문에 위조수표를 발행하기도 하고, 회사 컴퓨터를 일부러 망가뜨리거나 술에 취하여 난동을 부리고, 상사의 차를 훔치기도 한다. 또한 그들은 갑자기 말다툼이나 싸움을 하는 나쁜 기질을 가지고 있는 경향도 강하다(Bartol & Bartol, 2010).

③ 생물학적 특징

케이건(Robert Kegan)은 사이코패스의 뇌구조는 비정상적으로 느리게 성장한다고 주장하였다. 성인 사이코패스의 뇌파가 일반 청소년의 것과 유사하고, 자기중심성, 충동성, 이기심, 욕구를 참지 못하는 성향 등의 발달지체적인 성격을 지닌다는 것이다. 또한 사이코패스는 처벌에 대한 자율신경계(ANS: Autonomic Nervous System)의 반응이 느리고 혈압과 심장 박동수에서도 유의한 차이가 나타났다(김상균, 2008). 따라서 처벌에 대한 두려움이 적고 불안도 덜 느끼며 스트레스에 둔감하지만 충동성이 강해 쉽게 흥분하는 경향이 있다. 다시 말해서 사이코패스는 정상인과는 달리 심리적으로 덜 민감하고, 육체적인 처벌에 의한 학습능력도 떨어진다. 예를 들어 이수정(2015)은 블레어(Blar, 2001)의 연구에서 표정 자극을 이용하여 사이코패스는 편도체의 정서자극에 대한 활성화 수준이 매우 저하되어 있다는 사실을 확인하였고, 레인(Raine, 2001)의 연구를 인용하여 사이코패스는 번연계 기능과 전전두엽 기능의 광범위한 손상으로 분노통제에 상당한 장애가 예측된다고 주장하였다(이수정, 2015).

이밖에 미국 브르크하멜연구소가 제시한 연구결과를 보면, 사이코패스는 감정을 지배하는 전두엽 기능이 일반인의 15%에 불과해 타인의 고통에 무감각하고 양심의 가책을 느끼지 않는다. 이처럼 고통에 무감각하기 때문에 죄의 대가로 받게 될 처벌을 두려워하지 않아 재범률도 높고 연쇄 범죄를 저지를 가능성도 높다는 연구결과도 제시되었다. 또한 공격적 성향을 억제하는 분비물인 세로토닌이 부족하여 공격적이며 잔인할 정도의 성격적 결함을 드러낸다는 것이다(The Science Times, 2009.08.26.).

---

[27] Hart, S. D., & Dempster, R. J. 1997. Impulsivity and Psychopathy, In C. D. Webster & M. A. Jackson (Eds.), Impulsivity Theory, Assessment and Treatment, New York: Guilford.

3) 사이코패스의 진단

사이코패스는 관련된 징후들의 집합인 하나의 증상이지만 이런 징후를 가졌다고 해서 그 사람이 사이코패스라는 의미는 아니다. 누가 사이코패스로 진단될 만큼 충분한 징후를 가지고 있는지 여부를 판단하는 것은 어렵고 복잡한 과정으로 고도로 훈련된 전문가에 의해 사이코패스 체크리스트의 적절한 사용을 통해서만 이루어져야 한다(Akers & Sellers, 2011). 사이코패스의 성격적 특징을 전면적으로 다룬 학자는 클렉클리(Cleckley)이며, 헤어(Hare)는 여기에 기초하여 사이코패시에 대한 표준화된 임상적 측정으로 사이코패시 진단표(psychopathy checklist: PCL)의 초판과 개정판(PCL-R)을 제시하였다(Hare, 1965; 1991). 사이코패스의 진단표는 클렉클리(Cleckley, 1982)가 최초로 제시하였으며[28], 그가 제시한 16가지 특징은 사이코패스의 개념에 대해 다음과 같은 중요한 세 가지 시사점을 제공한다(Andrews & Bonta, 2010)[29].

첫째, 사이코패스는 환각이나 망상에 빠져 있는 사람이 아니고 정상인의 외모를 가지고 있다는 것이다. 둘째, 사이코패스는 사회적 통제에도 반응이 없다는 점이다. 셋째, 범죄행동이 반드시 사이코패스로 진단을 내리기 위한 필요조건이 아니라는 점이다. 즉, 모든 범죄자가 사이코패스 특성을 보이지는 않으며, 범죄행위를 했다고 하여 사이코패스라고 볼 수는 없다. 마찬가지로 사이코패스라고 하여 꼭 범죄를 저지른다고 볼 수도 없다. 이런 점은 사이코패스와 다른 범죄자들을 다루고 치료하는 방법이 질적으로 상당히 달라야 한다는 것을 시사하고 있다.

또한 로버트 헤어(Robert Hare)는 클렉클리(Cleckley)가 제시한 사이코패스 진단표와 특성을 기초로 하여 사이코패시에 대한 표준화된 진단표를 개발했으며 오늘날 사이코패스 검사도구로 헤어의 진단표가 가장 광범위하게, 가장 과학적으로 사용되고 있다. 이 진단표에는 20가지 항목이 제시되어 있는데 그중 10가지는 감정과 대인관계(개인의 성격적 태도) 측면을 측정하고 나머지 10가지는 사회적 일탈성(반사회적이거나 부도덕한 행위)을 파악하여 전문가의 최종 판단으로 진단된다.

---

[28] Cleckley, H. 1982. The Mask of Sanity. (4th ed.). St. Louis: Mosby.

[29] Andrews, D. A. and Bonta, James. 2010. The Psychology of Criminal Conduct(paperback). Anderson Publishing.

➲ 클렉클리의 사이코패스 진단표

주요 특성(key features)
1) 타인을 부정직하게 조정하거나 기만함(manipulative)
2) 피상적 매력(superficial charm)
3) 평균 이상의 지능을 가짐(above-average intelligence)
4) 망상 등과 같은 정신병적 증상이 없음(absence of psychotic symptoms(delusions, hallucinations)
5) 근심 걱정 결여(absence of anxiety)
6) 죄책감 결여(lack of remorse)
7) 경험으로부터의 학습 실패(failure to learn from experience)
8) 병적인 자기중심성(egocentric)
9) 감정적으로 미성숙(lack emotional depth)
기타 특성(other characteristics)
10) 문란한 성생활(trivial sex life)
11) 신뢰할 수 없음(unreliable)
12) 계획을 세우고 실천하는 데 어려움(failure to follow a life plan)
13) 신뢰할 수 없음(untruthful)
14) 진심으로 자살시도를 하는 일은 드묾(suicide attempts rarely genuine)
15) 충동적(impulsive)
16) 반사회적 행동(antisocial behavior)

로버트 헤어(Hare)가 제시한 사이코패스 체크리스트는 현재 사이코패스의 특징으로 받아들여지고 있지만 사이코패시는 확실히 구분되는 임상진단 도구가 아니라 편의에 의해 전문가들에게 통용되는 편리한 이름표로서 쉽게 오용되고 남용될 위험성도 가지고 있다. 따라서 사이코패스 체크리스트는 형사사법체계 내에서 재범위험성을 평가하는 위험성 예측지표로만 사용되어야 하기 때문에 사이코패스 진단을 과학적이고 객관적으로 평가할 수 있는 전문가에 의해 사용되어져야 한다(이수정 외, 2009)[30].

30 이수정 · 고려진 · 김재경, 2009. 한국판 Psychopathy Checklist-Revised(PCL-R)의 구성타당도 연구, 「한국심리학회보」, 23: 57-71.

➲ 헤어의 사이코패스 진단표(PCL-R)

1) 언변이 좋음/피상적 매력(glibness/superficial charm)
2) 과장된 자아 존중감(grandiose sense of self-worth)
3) 흥분에 대한 욕구/쉽게 지루해함(need for stimulation/prone to boredom)
4) 병적인 거짓말(pathological lying)
5) 사기근성/남을 부정직하게 조종함(conning/manipulative)
6) 양심의 가책이나 죄책감 결여(lack of remorse or guilt)
7) 얕은 감정(shallow affect)
8) 냉담함/공격능력 결여(callous/lack of empathy)
9) 기생적인 생활양식(parasitic lifestyle)
10) 낮은 행동 통제력(poor behavioral controls)
11) 문란한 성생활(promiscous sexual behavior)
12) 어린 시절 문제행동(early behavioral problems)
13) 현실적 · 장기적인 목표 결여(lack of realistic, long-term goals)
14) 충동성(impulsivity)
15) 무책임성(irresponsibility)
16) 자신의 행동에 대한 책임을 받아들이지 못함(failure to accept responsibility for own actions)
17) 여러 번의 짧은 결혼관계(many short-term marital relationships)
18) 청소년기의 잦은 비행(juvenile delinquency)
19) 조건부 가석방의 취소(revocation of conditional release)
20) 다양한 범죄경력(criminal versatility)

사이코패스를 구분하는 방법으로 PCL-R(Psychopathy check list-Revised)이 사용되고 있는데[31], 이러한 사이코패스 체크리스트(PCL)는 정신과 의사 등 전문가가 한 인물에 대해 면밀히 관찰하고 그 문항에 점수를 부여하여 사이코패스인지를 알아보는 것이다. 그러나 PCL-R 테스트는 심리학에 관해 약간의 지식만 있으면 이 테스트 결과를 자기가 원하는 대로 낼 수가 있기 때문에 신뢰성이 떨어진다. 그 이유는 PCL-R 검사 자체가 성격중심이 아니라 행동중심으로 평가하기 때문이다. 다시 말해서 어떤 행동을 주로 하는가? 평가하는 것이 핵심이기 때문에 성격적인 분류가 모호하다. 그 결과 기본적으로 조작적이고 거짓말을 잘하는 사이코패시적 성격 특성상 전문가 평가로도 정확한 진단이 어려운 실정이다. 아울러 PCL-R의 항목들은 반사회적 성격장애(Antisocial Personality Disorder)와 유사한 측면이 많아서 분류하는 데도 애매한 부분이 많다는 점에서 한계가 따른다.

[31] 최근 PCL-R은 재2판으로 개정되었는데, 여기에는 법의학적 적용가능성과 연구결과에 관한 새로운 정보를 포함하고 있다. 또한 다른 나라 범죄자들에게 사용하기 위한 목적으로 확장되었으며, 남성 및 여성 범죄자들에 관한 업데이트된 표준적 그리고 유효한 자료들을 담고 있다(Bartol & Bartol, 2005: 129; 임준태, 2009: 339).

이러한 한계를 보완하는 차원에서 최근 재범위험성 평가도구인 CAPP(Comprehensive Assessment of Psychopathic Personality)가 각광을 받고 있다. 기존의 PCL-R 검사는 행동평가를 중심으로 반사회적 행동, 무감각한 반응 등을 혼재해서 측정하느라 단순한 진단도구로밖에 역할을 못하였다. 이에 반해 CAPP는 평가항목을 각 성격적 특성(attachment, behavior, cognitive, dominance, emotion, self)으로 규정하고 이에 따르는 구체적인 행동으로 분류하고 있다. 예를 들어 거짓말을 자주하면서 상황을 자신에게 유리하게 바꾸려 시도한다면 지배(dominance)가 높다고 판단하며 사기(Fraud)와 높은 연관을 보일 것이라 예측하는 것이다. 따라서 PCL-R처럼 단순한 현재 상태의 평가보단 성격에 따른 분류와 구체적인 예측이 가능하다는 장점이 있다.

4) 사이코패스 범죄자와 범행패턴

사이코패스의 원인과 특징 등을 살펴볼 때 사이코패스는 범죄와 깊은 관련성을 가지고 있다. 사이코패스가 범죄에 관여하는 비율을 보면, 전체 일반인 중에서 약 1%가 사이코패스일 확률을 가지고 있으며, 성도착자의 10%, 전체 범죄자군의 15~20%, 상습적인 배우자 폭력범의 20%, 강간범의 35%, 인질 · 불법감금범의 50%, 성적 가학증자의 65%가 사이코패스라는 보고가 있다(Hare, 2003). 그러나 시모드와 호지(Simourd & Hoge)는 헤어(Hare)의 예측이 지나치게 과장된 것으로 보고 전체 수형자의 11%만이 범죄적 사이코패스라고 주장하였다[32]. 또한 미국정신의학회는 미국사회에서 반사회적 성격장애자는 남성의 약 4%, 여성의 약 1%로 추정하고 있다(Bartol & Bartol, 2010). 그러나 반사회적 성격장애자의 범죄성은 사이코패스의 범죄성향보다는 훨씬 낮기 때문에 실제로 미국 사회에서 사이코패스의 비율은 1%이하일 것으로 추정하고 있다. 물론 정신병질적(psychopathy)인 성향을 가졌다고 해서 그들 대부분이 범죄자가 되는 것은 아니고 일부만이 범죄를 저지르기 때문에 실제로 범죄성향을 가진 사이코패스가 각종 범죄 및 반사회적 행동을 할 가능성은 더욱 줄어든다고 볼 수 있다.

일반적으로 사이코패스와 범죄자는 동의어로 받아들여지고 있으며, 사이코패시가 정신병이냐의 여부와 상관없이 대부분의 학자들은 이를 범죄성향과 결합시킨다. 특히 사이코패스와 반사회적 성격은 상습범죄의 개념과 일치한다. 고도의 상습범 중 80%가 사이코패스

---

[32] Simourd, B. L., & Hoge, R. D. 2000. Criminal Psychopathy: A Risk and Need Perspective, *Criminal Justice and Behavior*, 27: 256–272.

의 행동패턴을 보인다. 앞에서 제시했듯이 전체 남성인구의 4%와 여성인구의 1% 정도가 사이코패스에 해당되지만, 그들은 해마다 심각한 강력범죄의 반을 범하는 것으로 나타났다[33]. 고도의 상습범 전체가 사이코패스의 아니더라도 성격장애와 장기적 범죄경력 사이에 상관성이 있는 것은 분명하다(조철옥, 2008).

우리나라의 경우 지난 2004년부터 2013년까지 한국언론진흥재단 기사통합 검색시스템인 KINDS(Korea Integrated Newspaper Database System: http://www.kinds.or.kr)을 통해 사이코패스라는 단어를 사용하여 국내 언론보도를 분석하였다. 그 결과, 전체 사이코패스 범죄관련 보도건수 약 2,700여 건 중에서 실제로 사이코패시적 성향의 범죄는 약 25%에 불과한 것으로 나타났다. 반면, 실제로 사이코패스와 직접적 관련이 없는 기사가 75% 정도를 차지하고 있어 유영철사건 이후 사이코패스에 대한 언론의 과장된 보도 때문에 우리 사회에서 사이코패스에 대한 잘못된 지식이 전달되고 있다는 비판이 제기도 되었다. 그럼에도 불구하고 사이코패스 관련 범죄유형 중에서 살인(174건, 43.2%), 연쇄살인(129건, 32.0%), 성범죄(82건, 20.3%)가 가장 많이 보도되었다. 아울러 사이코패스 진단표와 비교했을 때 국내 사이코패스들은 후회나 죄책감 결여(136건, 33.7%), 냉담함 혹은 공감능력 결여(86건, 21.3%), 자신의 행동에 대한 책임을 느끼지 못함(42건, 10.4%) 등과 같은 특성을 지니고 있는 것으로 나타났다(박지선 · 조준택, 2013)[34].

① 사이코패스 범죄자

사이코패스는 범죄학 영역에서 가장 많은 관심과 흥미를 보인 용어이며, 최근 법심리학자(forensic Psychologist)들은 상습적 범죄자의 범죄행동을 설명하기 위해 사이코패스 범죄에 많은 관심을 보이고 있다. 특히 사이코패스가 반드시 범죄자인지에 대해서는 견해를 달리하고 있다. 앞에서 언급한 바와 같이 사이코패스와 범죄자를 동의어로 받아들이고 있는 반면에 대다수의 사이코패스들이 심각한 반사회적 역사를 가지고 있는 것은 아니며, 심각한 범죄자들이 반드시 사이코패스인 것은 아니라는 것이다. 결국 사이코패스 범죄자라 함은 사이코패스들 중에 심각한 반사회적 행동을 광범위하게 보여주는 사이코패스들로 제한된다. 하나의 집단으로서 사이코패서들은 지배적, 조작적, 충동적이며, 위험감수와 반사회적 생활방식의 특징을 가진 지배적이고 교활한 인간들이다. 그들은 가장 큰 스릴을 다양한 성

[33] Lynam, D. 1996. Early Identification of Chronic: Who is Pledging Psychopath?, *Psychological Bulletin*, 120: 209–234.

[34] 박지선 · 조준택. 2013. 내용분석을 통해 본 사이코패스 관련 언론보도 실태 및 추세, 「한국경찰연구」, 12(4): 175–200.

적 만족에서 얻고 있으며, 시간이 지나면서 다양한 피해자를 목표로 삼는 개인들 이라고 할 수 있다.

사이코패스는 광적이고 설명이 불가능한 기분의 변화 속에서 범죄를 저지르고 계획을 세워 범죄를 범하지는 않지만 범행 자체는 충동적이다. 사이코패스가 성범죄를 범했을 경우에 일정한 패턴을 찾아보기 힘들다. 범행은 혼란스럽고 반복적이며 상당히 빠른 속도로 연속적으로 이루어진다. 또한 여성의 경우 사이코패스로 분류되지 않고 히스테리로 분류되며, 남성은 폭력성향을 가지는 반면에 여성은 그렇지 않기 때문에 성별에 있어서도 차이를 보인다[35]. 그러나 사이코패스가 성인뿐만 아니라 청소년들까지 적용될 수 있는지에 대해서는 의견이 일치하지 않는다. 야블론스키(Lewis Yablonsky)는 청소년 비행집단의 핵심 구성원들이 사이코패시 상태라고 보았으며[36], 아이젠크(Eysenck)는 사이코패스는 연령과 반비례하여 나이가 들수록 감소한다고 주장하였다[37]. 한편으로 로빈스(Lee N. Robins)는 소시오패스(sociopath)는 성인 질병이며, 청소년들은 단지 잠재적인 소시오패스로 고려될 수 있을 뿐이라고 주장하였다[38].

연쇄살인범의 경우 대부분 사이코패스로 그들은 희생자에 대한 양심의 가책이나 죄책감을 느끼지 못하고 아무런 감정이나 배려도 없다. 아울러 범죄행위에 대한 일말의 후회도 없고 냉담하고 무관심하다. 폭력범죄의 50% 이상이 사이코패스 범죄이고 출소 후 재범률이 80%에 달할 정도로 재범률이 높고 강력범죄의 재범률이 40% 정도로 일반범죄자의 8배에 해당한다. 그러나 어떤 특정 집단, 특히 수형자 집단 내의 사이코패스 범죄자에 대한 추정치는 문화적 · 인종적 그리고 대상 집단의 연령분포와 시설의 유형 등에 따라 달라진다는 문제점이 있다.

② 사이코패스 범죄자의 범죄 패턴

그레튼(Gretton) 등에 따르면, 사이코패스 범죄자들은 일반적으로 윤리의식과 도덕적 감정이 결여되어 있고 자신만의 행동규칙에 따라 살아가며 자신의 욕구를 충족하기 위해 냉혈

---

[35] Salekin, R. T., Rogers, R., & Machin, D. 2001. Psychopathy in Youth: Pursuing Diagnostic Clarity, *Journal of Youth and Adolescence*, 30: 173-195.

[36] Yablonsky, L. 1970. The Violent Gang, Revised Edition, Baltimore: Penguin.

[37] Eysenck, H. J., & Eysenck, B. G. 1978. Psychology, Personality, and Genetics, in R. D. Hare and Schalling(eds.), Psychopathic Behavior, New York: Wiley.

[38] Robins, L. N. 1993. Childhood Conduct Problems, Adult Psychopathology, and Crime, in Sheilagh Hodgins(ed.).

적 · 도구적 공격과 폭력을 사용하는 경향이 있다고 주장하였다[39]. 또한 헤어(Hare)는 사이코패스의 냉혹한 폭력행위는 일반적으로 모든 사람들을 대상으로 하고 특이한 점은 법 집행기관의 공무원을 대상으로 범죄를 저질렀다는 것이다. 실제 FBI보고서(1992)는 임무수행 중에 살해된 법 집행기관 공무원 중 거의 절반이 사이코패스 범죄자들에 의해 살해되었다고 기록되어 있다. 아울러 사이코패스 성범죄자들의 범죄행위는 다른 성범죄자들보다 아주 폭력적이고 야만적이며, 가학적인 경우가 대부분이다.

또한 단순한 성적 충동보다는 스릴 추구와 자극에 의해 더 많이 동기부여가 된다. 사이코패스 성향을 가진 강간범들은 분노, 복수, 가학성 성애 그리고 기회주의와 같은 비 성적인 동기에 의해 범죄를 저지르는 경우가 많다. 집단으로서 사이코패스들은 일반 폭력사범보다 가학적으로 행동하고 심각한 형태의 성적 살인행위를 하는 것이 특징이다. 사이코패스의 전형적인 특징을 보이는 연쇄살인범들은 특히 가학적이고 잔인한 살인행위를 자행한다. 그들은 다른 범죄자들보다 타인에 대한 성적 고통이나 비 성적인 두 가지 고통으로부터 만족을 얻기 위해 범죄를 범한다[40]. 일반적으로 사이코패스가 아닌 일반 범죄자들은 가정 내 폭력이나 극히 감정적인 충동에 의해서 살인이나 연쇄폭력을 행사한다. 하지만 이러한 유형의 폭력은 사이코패스 범죄자들에게는 관찰되지 않는다. 사이코패스 범죄자들은 종종 복수나 징벌의 형태, 그리고 주취 상태에서 폭력을 행사한다. 이밖에도 일반 범죄자들은 그들이 잘 알고 있는 여성을 대상으로 폭력을 행사하는데 비해 사이코패스 범죄자들은 그들이 잘 모르는 남성을 대상으로 폭력을 행사한다는 점에 차이가 있다(Bartol & Bartol, 2005).

---

[39] Gretton, H. M., McBride, M., Hare, R. D., O' Shaughnessy, R., & Kumka, G. 2001. Psychopathy and Recidivism in Adolescent Sex Offenders, *Criminal Justice and Behavior*, 28: 427–449.

[40] Woodworth, M., & Porter, S. 2003. In Cold Blood: Characteristics of Criminal Homicides as a Function of Psychopathy, *Journal of Abnormal Psychology*, 111: 436–445.

TIP 1 사이코패시 체크리스트-수정본(Psychopathy Checklist-Revised, PCL-R)

사이코패스는 사이코패스의 특성이라 여겨지는 100개 이상의 심리적, 행동적 특성 목록을 처음에는 22개의 문항으로, 그리고 후에는 20개의 문항으로 줄인 사이코패시 체크리스트-수정본(PCL-R)을 통해 사이코패스의 정도를 평가한다.

PCL-R 각 문항은 0점에서 2점 사이로 평정되며 총점은 40점이다. 북미권에서는 각 문항의 총점이 33~40점일 때 사이코패스 성향이 매우 높은 5등급으로 분류하고, 25~32점은 다소 높은 4등급, 17~24점은 보통인 3등급, 그리고 0~8점은 매우 낮은 1등급으로 분류하고 있다(Hare, 1991).

경기경찰청 범죄분석팀 프로파일러(Profiler)들은 강호순을 상대로 사이코패스 테스트(PCL-R)를 실시했다. 강은 두 차례 테스트에서 27점과 28점이 나왔다. 연쇄살인범 유영철의 점수는 38점이었다. 참고로 2005년 '그것이 알고 싶다'에 방송된 엄 여인은 사이코패스 테스트 결과 40점 만점이 나온 것으로 알려졌다. PCL-R은 20개 문항으로 문항마다 0~2점(전혀 그렇지 않다: 0점, 조금 그렇다: 1점, 정말 그렇다: 2점)이 부여돼 모두 40점 만점이다. 미국은 30점 이상, 한국은 24점 이상이면 사이코패스로 분류한다.

■ 사이코패스 테스트(PCL-R) 전문

설문 항목	0	1	2
1. 말 잘하는 것을 매력이라 생각한다.			
2. 자기의 가치에 대해 자랑하고 다닌다.			
3. 거짓말을 입에 달고 산다.			
4. 속임수를 경멸하거나 극단적으로 싫어한다.			
5. 범죄를 저질러도 양심의 가책을 느끼지 않는다.			
6. 감동적인 것을 봐도 감동인지 모른다.			
7. 매사에 냉담하고 남이 말하는 것에 공감하지 않는다.			
8. 책임감이 없거나 부족하다.			
9. 일상생활에서 많은 정신적 자극이 필요하고 지루함이 많이 느낀다.			
10. 기생충처럼 남에게 빌붙어 산다.			
11. 나쁜 행동을 자제할 능력이 부족하다.			
12. 소년비행을 경험했거나 영유아기 때 잔인한 행동을 많이 했다.			
13. 현실성이 부족한 목표를 길게 끌며, 그것을 할 수 있다고 믿는다.			
14. 매사에 충동적이다.			
15. 무책임하다.			
16. 소년(소녀)비행 경험이 있다.			
17. 약속을 잘 깬다.			
18. 아무데서나 성적인 행위를 서슴치 않는다.			
19. 짧고 많은 연애를 한다.			
20. 범죄적인 재능을 타고 났거나, 재능을 범죄에 이용하려고 한다.			

참고: 0(전혀 그렇지 않다), 1(조금 그렇다), 2(정말 그렇다)

출처: 중앙일보(2009.02.04.) 경찰청 프로파일러의 사이코패스 테스트.

TIP 2 B-Scan 360: 직장인 사이코패스 진단 테스트

사이코패스 여부를 판정하기 로버트 헤어(Dr. Robert Hare) 교수가 고안한 20 문항으로 구성된 '정신병질자 진단도구(PCL-R)'를 사용하는 것이 일반적이나 화이트칼라 사이코패스를 진단하기 위해서는 폴 바비악(Paul Babiak)과 헤어(Robert Hare) 교수가 개발한 비스캔 369(B-Scan 360)을 더 많이 사용하고 있다.

범죄자의 수준에는 미치지 않고 직장에는 다닐 수 있는 사이코패스를 가려내기 위해 폴 바비악과 로버트 헤어가 개발한 'B-Scan 360'은 4가지 각도에서 107개 항목으로 구성하여 인성을 판별할 수 있다. 다음 내용은 B-Scan 360의 핵심 내용에 따라 만들어 낸 '약식 사이코패스 직장인 테스트'를 제시한 것이다.

= 성격적 측면
① 진실성이 없다: 특히 타인에 대한 칭찬에서 진실을 느낄 수 없다(0, 1, 2) ② 거만하다: 세상에 자신보다 잘 난 사람은 없다는 식으로 뽐내기를 좋아한다(0, 1, 2) ③ 신뢰할 수 없다: 거짓말을 곧잘 한다(0, 1, 2) ④ 교묘하게 사람을 다룬다: 타인으로 하여금 자신이 원하는 일을 하도록 유도한다(0, 1, 2)
= 대인관계 측면
⑤ 무감각하다: 타인이 고통을 당하는 상황을 보고도 별다른 감정을 보이지 않는다(0, 1, 2) ⑥ 무자비하다: 타인에게 고통을 주는 일(해고, 인사 불이익 등)을 서슴없이 행한다(0, 1, 2) ⑦ 피상적이다: 자신의 감정을 표현할 때 기계적(매뉴얼에 맞게)으로 한다는 느낌이 든다(0, 1, 2) ⑧ 남의 탓을 한다: 자신의 잘못을 매번 남의 탓으로 돌린다(0, 1, 2)

= 조직에서의 행태
⑨ 참을성이 없다: 결과를 기다리지 못하고 자꾸 보챈다(0, 1, 2) ⑩ 변덕스럽다: 수시로 업무 지시 내용 등을 바꾼다(0, 1, 2) ⑪ 신뢰성이 없다: 안심하고 맡길 수 없다. 주위 사람들이 도와줘야 한다(0, 1, 2) ⑫ 주의가 산만하다: 한 가지 업무에 집중하지 못하고 자꾸 다른 일들을 챙기려고 한다(0, 1, 2) ⑬ 타인 성과를 가로 챈다: 타인의 능력에 의존, 부하 직원의 성과를 자신의 공적으로 둔갑시킨다(0, 1, 2)
= 반사회적 성향
⑭ 극적이다: 타인에게 강한 인상을 남길 수 있는 과장된 행동을 잘하다(0, 1, 2) ⑮ 부도덕하다: 양심에 거리낌이 없는 듯이 부도덕한 행동을 쉽게 한다(0, 1, 2) ⑯ 괴롭힌다: 부하직원이나 하청 업체 직원 등 자신의 영향력 아래에 있는 약자를 괴롭힌다(0, 1, 2)

기준	0점: 전혀 그렇지 않다, 1점: 그런 경향이 상당히 강하다, 2: 정확히 그렇다
채점 결과	7점 이하: 회사가 붙들어야 할 인화(人和)형 인재 8~15점: 상당히 까칠하기는 하지만 사이코패스로 보는 것은 무리임 16~23점: 저돌적인 기업 전사(戰士)이거나 아직 이빨을 드러내지 않은 사이코패스 24점 이상: 요주의 인물 ✤비고: 총점에 관계 없이 ①, ②, ③, ④, ⑤, ⑥, ⑮, ⑯번 항목에서 2점을 받은 것이 4개 이상이면 요주의 인물

출처: 카이스터경영대 뉴로마인드연구실, 1982.

TIP 3 사이코패스 사례: 대학을 속이고 나라를 속인 희대의 '가짜' 데마라

데마라(Demara)는 고등학교 교육을 받기 위해 서류를 위조하고 끊임없이 수많은 직업을 시도한 전형적인 1차적 사이코패스의 사례라 할 수 있다. 미국을 떠들썩하게 했던 희대의 사기꾼 페르디난드 왈도 데마라, 그는 높은 사회적 지위를 얻기 위해 사기극을 펼쳤다. 그의 대담성은 상상을 초월한다.

데마라는 가짜 신분을 갖는 것에 집착했다. 그는 한때 하버드대학에서 심리학 박사학위를 받았던 프렌치(French) 박사의 신분증을 가지고 있었다. 데마라는 다른 위조된 서류를 근거로 장교 임명을 기다리면서 미국 해군에서 근무하기도 했다. 그러나 보안심사를 통해 신원이 발각될 가능성이 있다는 사실을 알고 프렌치 박사의 신분증을 갖는 것이 낫다고 판단했다. "이것이야 말로 내가 나아갈 유일한 방법이다"라는 유서를 남기고 부두 끝자락에 자신의 옷가지를 남겨둠으로써 자살을 감행한 것으로 꾸몄다. 해군 장교들은 그가 사망한 것으로 받아들였다.

데마라는 하버드대 심리학 박사 신분을 위조해 캐나다의 한 대학에서 철학부 학장까지 하면서 수많은 철학 강좌를 가르쳤다. 가짜 교수인 셈이다. 학교 측은 이 같은 그의 행각을 전혀 눈치 채지 못했다. 신출귀몰한 사기극은 여기서 그치지 않았다. 자신과 친분이 있던 의사인 시르(Joseph Cyr)의 학적 기록 전부를 위조해 캐나다 해군에 군의관으로 입대했다. 고도의 전문지식이 필요한 의료 영역에까지 뛰어든 것이다.

한국전쟁 기간에 데마라는 전쟁 지역으로 떠나는 구축함에 배치 받았다. 그 배는 심각한 부상자들을 수송 중이던 작은 한국 배를 만났다. 부상자들은 응급 의료조치를 위해 선내로 이송되었다. 세 명의 부상자들은 응급수술을 통해서만 생명을 구할 수 있을 만큼 심각한 상황이었다. 비록 데마라가 이전에 수술 장면을 본 적은 없지만, 그는 재빨리 관련 책들을 다시 보았다. 그는 밤새도록 수술을 했고 새벽녘에 세 명의 부상자의 생명을 건졌고 16명의 환자들까지 성공적으로 치료했다.

혼자 익힌 의학 지식으로 한국전에서 부상을 입은 병사들을 구해낸 뉴스가 크게 보도되기에 이르렀다. 진짜 시르 박사는 그 자신의 이름 위에 데마라가 있는 것을 보고 충격을 받았다. 곧바로 그는 이를 폭로했고 데마라는 캐나다 해군에서 해임되었다. 신분을 위조당한 시르의 신고로 덜미가 잡히긴 했지만 이런 '돌발 변수'가 없었다면 그가 어디까지 사기를 쳤을지 알 수 없는 일이다(Bartol & Bartol, 2005).

출처: 임준태(2009). 프로파일링; 과학동아 2009년 3호. 이정호 기자

기사 엿보기 헤어진 연인과 연락하는 사람, 사이코패스 가능성이 높다?

헤어진 연인과 친구로 지내는 사람 중 사이코패스 성향을 가진 사람의 비율이 높다는 연구결과가 나왔다. 최근 영국 매체 데일리메일은 옛 연인과 헤어지고 나서도 좋은 관계를 유지하는 사람 중엔 나르시시즘(자기 자신에게 과도한 애착을 보이는 것), 마키아벨리즘(지나치게 관능을 추구하는 것), 반사회적 성격장애 등 '어둠의 3요소[41]'를 가진 이들이 많다고 보도했다.

이어 헤어진 후에도 전 애인과 주기적으로 연락하며 지내는 남녀 861명을 대상으로 미국 미시간주 오클랜드 대학에서 진행한 연구 결과를 제시했다. 연구에 따르면 참가자들에게 가장 먼저 "왜 헤어진 연인과 친구 관계를 유지하냐"

고 묻자 대부분의 참가자는 상대방에게 얻을 수 있는 정보와 돈, 성적 만족감, 함께 해왔던 시간이 주는 안정감과 믿음 등을 이유로 들었다.

그 후 연구진은 참가자들의 대답을 토대로 성격 검사를 진행했다. 그 결과 돈, 정보, 성적 만족 등 실용적인 이유를 꼽은 참가자 중 성격 장애를 가진 사람이 많다는 걸 발견했다. 자신의 필요 또는 개인적 욕망을 해결하기 위해 전 애인을 이용하는 경향은 여성보다 남성에게서 더 크게 나타났다.

연구 책임자인 저스틴 모길스키는 "사이코패스 성향을 보이는 대부분의 사람이 헤어진 연인에게 먼저 연락을 취한다"며 "어떤 의도를 가졌는지 파악할 필요가 있다"고 말했다. 연구진 리사 웰링은 "이 연구 결과는 헤어진 뒤에도 친구로 지내는 모든 연인에게 해당하는 것은 아니다"며 본 연구가 '실용주의적' 사고를 지닌 사람들에게 해당하는 연구임을 밝혔다.

출처: 중앙포토, 중앙일보(2017.05.10. 재인용)

[41] 나르시시즘(narcissism)은 사람들에게 널리 알려진 자기애 성향이 강한 것을 말하며, 마키아벨리즘은 목적을 위해서는 수단과 방법을 가리지 않는 성격을 말한다. 또한 사이코패스는 반사회적인 성격장애를 갖는 것을 가리킨다.

제3절 소시오패스(sociopath)와 범죄

1. 소시오패스의 개념

소시오패스(sociopath)는 반사회적 성격장애, 사이코패스 등과 비슷한 의미로 사용되고 있다. 반사회적 성격장애의 일종으로, 범죄를 저지르는 행태 등에서 사이코패스와 혼동되기도 하지만 아무런 자각 없이 범죄를 저지르는 사이코패스와 달리, 소시오패스는 자신의 반사회적 행동에 대해 인지하고 있다는 점에서 차이가 있다. 소시오패스는 자신의 성공을 위해서는 수단과 방법을 가리지 않고 나쁜 짓을 저지르며, 이에 대해 전혀 '양심의 가책'을 느끼지 않는 사람을 뜻한다. 소시오패스라는 용어는 미국정신의학회가 1952년에 진단 및 통계연람인 DSM(Diagnostic and Statistical Manual)에서 그 전까지 혼용되어 온 용어의 무분별한 확산을 방지하기 위해 사이코패스라는 용어를 없애고 공식적으로 소시오패스(sociopath)라는 용어를 채택하였다.

그 후 미국정신의학회는 1968년에 소시오패스라는 이름을 반사회적 성격장애자로 고쳐 사용하면서 지금까지 소시오패스는 반사회적 성격장애와 동일한 개념으로 사용되고 있다(Bartol & Bartol, 2010). 그러나 용어에 민감한 일부 범죄학자나 사회학자들의 경우 소시오패스는 적절히 사회화되지 않은 상습적 범죄자를 가리키는 명칭으로 사용되어야 한다고 주장하면서 적절한 치료나 갱생 또는 구금의 효과를 보지 못하는 상습적 범죄자와 동일한 개념으로 사용하기도 한다. 반사회적 성격장애와 거의 비슷한 용어인 소시오패스는 우리 사회에서 비율적으로 사이코패스보다 더 많이 발견된다. 헤어(Hare)에 따르면, 소시오패스는 전체 범죄자의 약 50~80%에 해당하지만 사이코패스는 범죄자의 약 15~25%밖에 해당하지 않을 것으로 추정하였다(Hare, 1996). 그는 또한 사이코패스는 교도소 수용자들 중에서 쉽게 찾을 수 있고 그들은 수에 비해 지나치게 많은 범죄를 저지른다고 주장하였다. 남자와 여자 수형자들 가운데 20%가 사이코패스로 추정되며 심각한 범죄의 50% 이상이 사이코패스에 의해서 발생한다고 보았으며, 사이코패스의 재범률은 다른 범죄자보다 3배 정도 높을 것으로 추정하였다(Hare, 1999).

일반적으로 소시오패스는 유전적 영향보다는 후천적으로 성장환경에서 그 원인을 찾으므로 전두엽 및 세로토닌에 문제가 있기보다는 어린 시절 가정에서의 학대, 방임, 비일관적인 훈육방법 등 잘못된 사회화 과정으로 인해 공감능력 부족, 무책임성, 죄책감 결여 등의 행동특성을 보인다. 다시 말해서 그들은 스스로의 이익만이 중요하기 때문에 양심과 동정심, 죄책감이 없고 자신의 영역을 넓히기 위해 지속적으로 타인을 속이고 험담하며 자신보다 낮은 위치에 있는 사람을 기만하고 무책임하게 잘못을 떠넘기기도 한다. 타인의 안전과 건강에 대해서도 경시하지만 자기애가 강하여 자신의 상처에 대한 연민은 큰 편이다. 이 때문에 타인을 해친 후에도 양심의 가책을 느끼지 않고 행동의 원인을 사회나 타인의 탓으로 돌리는 등 사건을 포장하며 자신의 행동을 정당화, 합리화하는 경향이 강하다고 할 수 있다[42].

2. 사이코패스와 소시오패스의 차이

사이코패스와 소시오패스의 공통점은 반사회적 성격장애의 진단기준에서 찾아볼 수 있다. 이들은 법과 사회적 관행을 무시하고, 다른 사람의 권리를 묵살하며, 후회나 죄의식과 같은 감정을 느끼지 않으면서, 감정의 폭발이나 폭력적 행동을 보이는 경향이 있다. 불량배, 깡패, 무법자, 건달, 악당, 양아치 등 많은 별명을 갖고 있는 이들의 반사회적 행동에는 낮은 공감 능력과 부족한 양심이 깔려있다. 사이코패스와 소시오패스는 어떤 면에서 다른가? 바톨에 따르면, 사이코패스는 범죄인 여부에 상관없이 일반인과는 다른 실증 가능한 특정의 행동과 생물학적 성향을 보인다고 언급했다(Bartol & Bartol, 2010). 다시 말해서 사이코패스는 유전적, 생물학적 영향을 더 많이 받으며, 소시오패스는 사회 환경적 요인으로 인해 주로 발생하는 것으로 해석할 수 있다.

소시오패스와 사이코패스의 또 다른 차이점을 반사회적 성격장애의 진단 기준표(DSM-5)와 헤어의 사이코패스 진단표(PCL–R)에서 찾는 학자도 있다. 사이코패스와 소시오패스는 평가하는 측면의 다양성과 다차원성에서 뚜렷한 차이가 있다는 것이다. 주로 겉으로 나타나는 행동적인 측면에 집중하는 소시오패스와는 달리 사이코패스는 행동적인 측면 외에도 인생 전반의 광범위한 영역인 정서적, 성격적, 대인 관계적 측면 등에서 나타나는 특성도 평가한다(Hare, 1970). 실제로 사이코패스의 진단표인 PCL-R의 총 20가지 항목은 크게 두

42 소시오패스(sociopath)의 특징은 다음과 같다. 먼저 자신의 성공을 위해 타인을 이용하고 거짓말을 일삼지만, 양심의 가책을 느끼지 않는다. 그리고 자신을 잘 위장하고 감정조절이 뛰어나며, 인생을 이겨야 하는 게임이나 도박으로 여기며 다른 사람들을 이용할 표적(target)으로 생각한다. 아울러 매우 계산적이며, 겉으로는 매력적이고 사교적으로 보일 수 있다. 이밖에도 어릴 때 비정상적으로 잔인하거나 공격적인 행동들 재미삼아 한 경험 (예: 동물학대, 방화 등)이 있고 쉽게 지루함을 느끼며, 자극욕구가 강해서 새롭고 위험한 과제를 흥미로워한다. 마지막으로 자신의 잘못이 발각되면, 거짓으로 후회, 반성을 하거나(예: '이번 잘못을 통해 많은 것을 배웠다', '다시는 이런 일을 하지 않겠다' '나도 피해자다') 동정심에 호소하면서 자신의 순진함을 강조한다.

가지 요인으로 구성되어 있는데, 대인관계/정서적 요인과 사회적 일탈 요인으로 구성되어 있다. 대인관계/정서적 요인은 다시 대인관계 측면과 정서적 측면으로, 사회적 일탈요인은 생활양식 측면과 반사회성 측면으로 구성되어 있다(Hare, 1991).

따라서 사이코패스 진단은 주로 행동적인 특성을 나타내는 사회적 일탈요인뿐만 아니라 정서적, 언어적, 성격적, 대인관계적인 특성들을 모두 나타내는 대인관계/정서적 요인을 포함한 보다 다차원적인 구조를 갖고 있다. 이에 반해 소시오패스는 사회적 일탈요인에서 주로 반사회성을 나타낸다. 사이코패스는 유전 등 생물학적인 요인이 더 강한 반면 소시오패스는 사회 환경적 요인에 많은 영향을 받는다. 이에 따라 사이코패스 진단표는 행동적인 측면 이외에 정서적, 성격적, 대인관계적 측면을 종합적으로 고려하여 진단하는 경향이 있는 반면에 소시오패스의 진단표는 주로 행동적인 측면에 집중하는 경향이 있다. 소시오패스는 우리 가족 중에, 학교에, 혹은 직장에 '평범'해 보이는 사람들 중에 존재할 수 있다. 실제로 소시오패스가 사이코패스에 비해 훨씬 많다고 알려져 있는데, 전 인구의 4%정도가 소시오패스라는 주장도 있다. 심리학자 마사 스타우트(Martha Stout)[43]는 소시오패스는 우리의 일상 속에 늘 함께 있으며, 이 사실을 인정하고 그들을 알아야 한다고 말했다.

지금까지 내용을 종합하여 사이코패스와 소시오패스의 차이점을 제시하면 다음과 같다. 첫째, 사이코패스는 충동적이고 즉흥적이며 두려움을 느끼지 못하는 기질을 가지고 태어난다. 이와 다르게 소시오패스는 남들과 다르지 않은 정상적인 기질을 가지고 태어나지만, 유년기 시절의 사회 환경적 결핍요인에 의해 성격장애를 가지게 된다. 둘째, 사이코패스는 자신의 감정에 미숙하고 감정을 억제하지 못해 순간적으로 극도의 감정반응을 보이는 경우가 많다. 그러나 소시오패스는 자신의 감정조절에 뛰어나고 타인의 감정을 잘 이용한다. 이들은 자신의 이득을 위해서, 필요하다면 순한 양처럼 행동하며 선한 미소를 짓고 타인에게 친절을 베푼다. 셋째, 사이코패스는 끔직한 범죄를 충동적으로 저지르며 자신의 무서운 기질을 드러내지만, 소시오패스는 '평범'한 보통사람의 모습으로 우리들 곁에 존재하면서 계산적이고 치밀한 반사회적 행동을 저지른다. 넷째, 사이코패스는 윤리나 법적 개념이 없

[43] 소시오패스에 대해 25년간 연구한 심리학자 마사 스타우트(Martha Stout)의 대표 저서인 『당신 옆의 소시오패스(The Sociopath next door)』에서 소시오패스는 전체인구의 4%로 대략 100명이 모인 집단에서 98%의 확률로 최소한 한 명 이상의 소시오패스가 있다. 또한 선천성과 후천성을 동일한 연관 정도인 50% 정도로 보고 있으며 선천성을 타고 난다 해도 환경적인 촉발제가 있어야 가능한 것으로 보고 있다. 다만 환경적 요인이 무엇인지 모르며, 일반인의 경우 연관성이 높은 교육정도, 가정의 소득수준 모두 관계없이 발현된다는 것이다(나무위키, 2017.05.18. 재인용).

어서 옳고 그름에 대해 구별할 수 없지만, 소시오패스는 잘못된 행동인 것을 알면서도 반사회적행동을 저지른다는 점에서 차이가 있다.

끝으로 일부학자들은 사이코패스와 소시오패스의 차이를 원인에 대한 학문의 견해차이로 이 두 성격장애를 구분하기도 한다. 사이코패스는 주로 상담·임상심리학자들이 사용하는 용어로 생물학적, 유전적, 환경적 요인에 의해 나타나는 성격장애로 본다. 반면 소시오패스는 유년시절의 심각한 트라우마(trauma), 학대 등 환경결핍 요인을 중요시하는 사회심리나 사회복지 관련 학자들이 주로 사용하는 용어이다. 결국 사이코패스는 선천적인 이유로, 소시오패스는 자라온 가정이나 사회적 환경에 의해 발생한다는 점에서 차이가 있다.

기사 엿보기 소시오패스 들여다보기

소설 속의 유명 탐정 '셜록 홈즈'를 현대적으로 재해석한 영국 드라마 〈셜록(Sherlock)〉이 전 세계적으로 인기가 높다. 드라마에서 홈즈는 뛰어난 추리력을 갖고 있지만 성격이 괴팍하고 별나 주변 사람들에게 인기가 없다. 한 예로 홈즈로부터 무시당한 한 법의학자는 그를 '사이코패스(psychopath, 정신병질자)'라 비난한다. 그러나 거칠 것 없는 홈즈는 자신은 고기능 '소시오패스(sociopath, 사회병질자)'라며 공부 좀 더 하라고 맞받아친다.

출처: keyword로 읽는 과학, 과학향기(2014)

나와 소중한 사람을 착취할지도 모르는 소시오패스, 어떻게 알아볼 수 있을까? 의료전문지 '메디컬데일리'가 정리한 4가지 방법을 살펴보자. 주의할 것은 아래 특징에 해당한다고 해서 모두 소시오패스인 것은 아니라는 점이다. 실제로 성격장애가 있다는 최종 판단은 전문의에게 맡기자.

- 극도로 자기중심적이다

소시오패스는 극단적인 자기애와 자만심을 가진 나르시시스트로 끊임없는 존경과 찬양을 요구한다. 따라서 소시오패스는 자신의 잘못도 남의 탓으로 돌리는 경향이 강하다. 자신은 사회적 규칙이나 규범 위에 있다고 생각하기 때문이다.

- 매력적이며 남을 조종하는 데 능하다

소시오패스는 남을 이용해 자신이 원하는 걸 얻으려 한다. 그래서 매우 카리스마 넘치고 친화적이다. 사람들이 자신의 매력에 끌린다는 걸 잘 알기 때문이다. 이렇게 소시오패스는 타인을 속이고 멋대로 움직이는 데 능하기 때문에 성격 장애가 있다는 걸 알아차리기가 쉽지 않다.

- 타인을 신경 쓰지 않는다

정신의학진단편람(DSM)에 따르면 소시오패스의 특징인 타인에 대한 무관심은 어린 시절부터 시작해 청소년기를 거쳐 성년에까지 이른다고 한다. 그러므로 소시오패스는 생애 전반기에 걸쳐 타인을 착취해 이득을 취하면서 아무런 감정을 느끼지 못한다. 더불어 공감 능력이 없기 때문에 친구는 많지만 대개 피상적인 관계일 가능성도 높다고 한다.

- 범죄를 저지른 전력이 있다

소시오패스는 책임감이 없기 때문에 실제로 범죄를 저질렀거나 저지를 가능성이 있다. 메이오정신의학 클리닉에 따르면 소시오패스는 끊임없는 자극과 흥분을 찾고 이것이 무책임성과 연결되면서 사회적 규범을 어기는 일에까지 확장되는 경우가 있다고 한다.

출처: 코메디닷컴뉴스(2016.12.21.)

TIP 4 소시오패스(Sociopath) 판별법

하버드 대학의 임상심리사(clinical psychologist) 마사 스타우트(Martha Stout)에 따르면, 미국인들 중 4%가 의학적인 관점에서 '소시오패스(Sociopaths)'로 분류된다. 소시오패스는 정상인들과는 다른 방식으로 두뇌가 작동하며 공감 능력이 턱없이 부족한 특징을 지닌 집단으로서, 정상인라면 마땅히 느껴야할 양심의 가책이나 동정심마저 결여되어 있어 종종 악마로 묘사되곤 한다.

소시오패스를 판별하는 방법의 기원은 1970년대로 거슬러 올라간다. 당시 캐나다 출신의 심리학자 로버트 해어(Robert Hare)는 소시오패스들이 공통적으로 가지고 있는 특징들을 정리하여 표준 체크리스트를 만들었다. 현재까지도 이 리스트는 심리학자들 사이에서 꽤나 유용한 것으로 정평이 나 있으며, 표준 체크리스트에 포함되어 있는 소시오패스의 특징들은 다음과 같다.

1. 카리스마(charisma)
2. 끊임없이 자극을 갈구하는 성향(a constant need for stimulation)
3. 충동성(impulsiveness)
4. 혼음(sexual promiscuity)
5. 병적 허언(pathological lying)
6. 교활함과 속임수(cunning and manipulation)
7. 기생적인 생활 방식(a parasitic lifestyle)
8. 자신의 행동에 대한 책임 회피(a refusal to accept responsibility for their own actions)

마사 스타우트는 표준 체크리스트를 확인한 결과 동료들 중 누군가가 소시오패스로 의심된다면, 다음과 같은 조치를 취할 것을 당부한다.

1. 소시오패스의 존재를 부정하지도, 그들과 잘 지낼 수 있다고도 생각하지 말라.
2. 어떤 사람으로부터 무엇인가 잘못되었다는 느낌을 받는다면 당신의 느낌이 사실일 확률이 높다.
3. 소시오패스로 의심되는 사람이 당신에게 던지는 달콤한 말에 귀 기울이지 말라. 당신의 경계심을 누그러뜨리기 위해 소시오패스들이 종종 사용하는 기법이다.
4. 소시오패스는 당신과 친구들 사이의 굳건한 우정을 이간질하려 들 것이며, 당신의 자존감을 떨어뜨리고 삶의 의미를 퇴색시키기 위해 어떠한 노력이든 다할 것이다. 무시하라.
5. '3의 법칙(rule of 3)'을 기억하라. 첫 번째는 그저 우연일 수도 있다. 두 번째는 운이 나쁜 것일 수 있다. 하지만

같은 일이 당신에게 세 번이나 반복된다면 그것은 우연도 아니오, 나쁜 운도 아니다. 의도된 것일 뿐이다.
6. 소시오패스가 동원하는 권위에 주눅들지 말라.
7. 두려움에 맞서 싸워라. 소시오패스는 당신이 느끼는 두려움을 이용하려 들 것이다.
8. 소시오패스가 벌이는 놀이에 휘말리지 말라.
9. 그들이 흘리는 눈물에 현혹되지 마라. 악어의 눈물일 뿐이다.
10. 그들을 바꾸려 들지 마라. 그들은 절대 변하지 않는다.
11. 그들의 행동을 절대 감싸고돌지 마라.
12. 가능하면, 그들로부터 멀리 떨어져라. 상종하지 않는 것이 최선의 방법이다.

출처: 봉리브로, 마사 스타우트, 당신 옆의 소시오패스, 공정식; news peppermint.

기사 엿보기 성적 환상이 연쇄살인 부른다, 로버트 레슬러와의 인터뷰

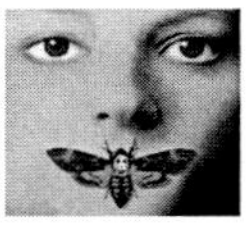

이 여름, 영화보다도 더 무서운 공포가 한국을 뒤덮고 있다. 현재까지 21명을 살해한 혐의를 받고 있는 유영철씨(34) 사건은 한국에서는 좀처럼 볼 수 없었던 '전형적인' 연쇄살인사건이다. '연쇄살인'은 1975년 미국연방수사국(FBI) 행동과학 연구팀 로버트 레슬러(67)가 쓰기 시작한 용어로 3건 이상의 살인을 저지르고 사건 사이 시차를 두며 한 번에 한 명씩 살해하는 경우를 말한다.

그는 20년간 연쇄살인사건을 전담하면서 범인상(像) 추정(criminal profiling) 기법을 정착시킨 인물이다. 범인상 추정기법은 범죄 유형과 범인의 심리, 성장배경, 전후 행적을 분석해 각각의 유형으로 체계화한 다음 다른 사건의 용의자 추적에 활용하는 것으로 한국에서는 이달 초 범인상 추정 전문팀을 발족시켰다. 미국의 주요 연쇄살인사건 대부분이 레슬러씨의 손을 거쳤고, '양들의 침묵' '카피캣' 'X 파일' 같은 영화나 TV 시리즈가 그를 모델로 삼았다. 동아일보 위크엔드는 로버트 레슬러[44]를 26일 전화로 단독 인터뷰하고 연쇄살인범의 동기와 발생 원인, 예방법에 대해 들었다. 그는 현재 버지니아 범죄행동연구소에서 범인상 추정 교육과 강력범죄에 관한 민간자문역을 맡고 있다.

■ 살인범은 어렸을 때 길러진다

연쇄살인범은 대개 정신병자로 치부된다. 그러나 미국에서 연쇄살인범의 75%는 체계적인 사고를 하는, 의학적으로 정신이 멀쩡한 사람들이라고 레슬러는 설명했다. 정상인들보다 지능지수(IQ)가 더 높고 천재에 가까운 경우도 있다. 이들은 자신이 목표로 삼은 희생자를 원하는 장소로 꾈 만큼 능수능란하고, 증거를 없앨 만큼 치밀하다. 현장을 조작하는 경우도 흔하다. 수법은 살인이 거듭될수록 점차 정교해지고, 흉포해진다. 이들은 왜 사람을 한 번도 아니고, 여러 차례에 걸쳐 잔인하게 살해하는가.

---

44 로버트 레슬러(Robert K. Ressler, 1937~2013)는 전 FBI 요원이자 저자이다. 미시간주립대와 대학원에서 범죄학과 경찰관리운영학을 전공하였고, 1970~1990년 FBI 근무 시 흉악범죄예방프로그램(VICAP)을 설립하였다. 그는 연쇄살인범의 영어 낱말 serial killer(연쇄살인)를 만든 사람으로, 1970년대에 범인의 정신학적 프로파일링에 중대한 역할을 하였다. 저서로는 성적 살인의 유형과 동기(Sexual Homicide: Patterns and Motives; 앤 울버트 버거스 · 존 더글러스와 공저, 1988년), 살인자들과의 인터뷰(Whoever Fights Monsters: My Twenty Years Tracking Serial Killers for the FBI;

또 연쇄살인 희생자의 대부분은 왜 여성인가. 레슬러씨는 그 이유를 비정상적이고 위험한 '성적 환상'에서 찾는다. "이들은 여성을 사람이 아닌 욕구 충족을 위한 물건으로 보죠." 어린 소년들이 연쇄살인의 희생자가 되는 것도 같은 이유다. 이 밖에 사회나 기득권층에 대한 분노, 생물체를 지배하려는 욕구도 동기가 된다. 살인에 대한 환상은 어렸을 때 생겨난다. 그리고 머릿속에서 온갖 상상을 거치면서 정교해지고, 실제 살인으로 이어진다고 레슬러는 덧붙였다. 오랫동안 계획해 왔기 때문에 방법이 매우 잔인하다. 통계적으로는 12세 이전에 비정상적 환상을 만들어낸 뒤 청소년기를 거쳐 발전시키고, 25~35세에 첫 살인을 저지른다. 특히 8~12세에 자신의 역할모델이 되는 부모가 없을 경우 선악에 대한 판단이 없어진다는 것이다. "문제는 이런 환상이 자라는 것을 막을 환경이 조성되지 못하는 데 있습니다. 연쇄살인범은 태어나는 것이 아니라 기능을 상실한 가정에서 길러지는 것이죠."

■ 조기 발견과 예방이 최선이다

연쇄살인범은 개인적인 성향에 따라 희생자를 고른다. 특정 체형과 연령을 고르거나 일정한 머리색이나 하이힐을 신은 여자 등 자신의 성적 환상에 부합하는 대상을 선택한다. 때문에 누구든지 희생자가 될 수 있다. 레슬러는 연쇄살인범의 출현을 막기 위해서는 위험한 성향을 보이는 아동을 일찍 발견해 치료해야 한다고 조언했다. 가장 좋은 방법은 학교에서 특수교육을 받은 교사가 관심을 갖고 식별해내는 것이다. 미국에서는 일부 진보적인 학교가 이런 시스템을 운용하고 있다. 일단 연쇄살인을 저지르고 나면 정상인으로 교화하기가 힘들기 때문에 이런 예방책은 매우 중요하다. 레슬러는 "한번 살인에 대한 환상을 갖게 되면 10~15년 감옥에 가둬놔도 사회에 나가면 또다시 살인을 반복한다"고 말했다.

■ 유씨는 성기능 장애자인 듯

그에게 유영철씨 사건에 대한 기사를 보내 분석을 부탁했다. 일부 부유층을 제외한 대부분의 희생자들이 여성으로, 시체를 10군데 이상으로 잘라 유기하는 등 잔인한 수법을 썼으며 이혼한 전처에 대한 복수심에서 살인한 것으로 진술했다는 내용이다. 레슬러는 "현장을 보지 않아 정확한 분석은 불가능하다"면서 "지금의 정보만으로는 성도착자(sexual psycho)로 보인다"고 말했다. 레슬러씨는 범인상 추정가(criminal profiler)에게 필요한 가장 중요한 자질로 '균형'을 꼽는다. 사건을 객관화시켜 보지 못하면 분석가 자신이 범인에게 동화될 수 있다는 것이다. 영화 '양들의 침묵'에서 FBI 요원 스탈링이 렉터 박사의 심리전에 말려드는 것이 한 예다. 연쇄살인범을 수없이 만나 본 레슬러였지만 그들의 불우한 어린 시절에 대해서는 안타까운 마음이 든다고 했다. 정상적인 가정에서 제대로 자라났더라면 자신은 물론 사회에 그토록 끔찍한 해악을 주지는 않았을 것이기 때문이다. 괴물은 태어나는 것이 아니라 길러지는 것이며, 괴물을 키운 것은 바로 우리 사회다.

출처: 동아일보(2004.07.30. 55면, 곽민영 기자)

1992년), Justice Is Served(톰 섀치트먼 공저, 1994년), I Have Lived In the Monster(1998년) 등이 있다.

CHAPTER 6

연쇄살인과 범죄심리

Serial Killing & Criminal Psychology

핵심

살인은 타인이 한 사람의 생명을 살해함으로써 그 생명을 빼앗아 가는 범죄이며, 가장 무거운 처벌을 받는 범죄행위이다. 특히 살인의 분류 상 다수살인에는 연속살인과 연쇄살인이 있는데, 그 차이점은 개별 살인행위 사이의 심리적 냉각기(cooling-off period)를 가지느냐의 여부에 있다. 연쇄살인범의 유형을 제시한 대표적인 학자로는 Rossmo(1996), 홈즈와 드버그(Holmes & DeBurger, 1998), 폭스와 레빈(Fox & Levin, 1994), 디츠(Dietz, 1986), 레슬러(Ressler, 1988) 등이 있다. 연쇄살인범의 특징으로는 아동기의 주요 경험(어머니 요인, 아버지 요인, 야뇨증, 동물학대, 방화 등), 정서적 결여와 사회 부적응, 환상, 성도착과 성적 가학성, 공간적 이동 등의 다양한 특징이 있다. 이러한 연쇄살인범의 특징을 토대로 국내 사례(유영철, 정남규)를 간략하게 살펴보았으며, 연쇄살인의 범행과정과 관련하여 7개 단계(심리적 준비단계, 낚시질 단계, 구애 단계, 포획단계, 살인 단계, 회상단계, 침체단계)를 중심으로 단계별 주요 내용과 사례를 제시하였다.

제1절 연쇄살인의 정의와 유형

1. 연쇄살인의 정의

살인은 타인이 한 사람의 생명을 살해함으로써 그 생명을 빼앗아 가는 범죄이며, 가장 무거운 처벌을 받는 범죄행위이다. 또한 살인은 인류 역사와 함께할 정도로 가장 오래된 범죄행위인 동시에 인간의 공격적인 성향과 더불어 수많은 지역에서 자행되어 왔다. 범죄적 행위로서의 살인은 타인의 생명에 치명적 위협을 가하는 것으로 고의성이 있어야 하며, 때로는 경제적 이득이나 분노, 원망, 충동 등 어떤 유형의 목적을 달성하기 위해서 계획적으로 자행되는 것을 의미한다. 일반적으로 범죄행위로서의 살인이라 함은 고의성(premeditation)과 숙고(deliberation)를 포함한다(Siegel, 2012; 황성현 외, 2015)[1].

여기서 고의성(premeditation)은 살인을 미리 계획하고 타인에게 타격을 가할 목적을 가진

[1] Siegel, Larry J. 2012. Criminology: Theories, Patterns, and Typologies(Tenth Edition). Belmont, CA: Wadsworth (이민식 외 공역. 2012. 「범죄학: 이론과 유형 제10판. 서울: CENGAGE Learning.).

행위를 의미하며, 단시간 내에 즉흥적으로 계획할 수도 있고 몇 주 혹은 몇 년간 계획할 수도 있다. 숙고(deliberation)는 살인 자체가 충동의 결과로 나타난 것이 아니라 신중하게 심사숙고한 후에 실행되는 행위를 말한다. 살인범은 살인에 대한 의심, 살인에 대한 이유, 살인을 선택하지 않은 이유 등에 대해 신중하게 고려한 후 살인할 마음을 계속 품고 있다가 살인을 행동으로 옮겨야만 고의 또는 숙고 살인이 성립된다.[2] 또한 미연방수사국(FBI)에서는 살인의 형태를 1급 살인과 2급 살인으로 구분하고 있으며, 통상적으로 고의성과 숙고가 함축된 1급 살인은 모살(murder)에 해당되며 2급 살인은 고살(manslaughter)로 취급된다[3]. 고살에는 자의적 고살(nonnegligent manslaughter)과 비자의적 고살(negligent manslaughter)이 있다. 자의적 고살은 격분한 상태에서 폭력을 유발할 수 있는 갑작스러운 말다툼의 결과로 이어진 살인으로 비록 의도는 있었으나 악의나 적의가 없는 경우의 살인을 말한다. 비자의적 또는 부주의한 고살(involuntary or negligent manslaughter)은 어떤 사람을 해칠 의도가 전혀 없이 부주의한 행동의 결과로 발생한 살인을 말한다. 비자의적 고살은 과실치사로 대부분 자동차 사고에서 발생하는데, 예를 들어 음주운전자가 지나가는 행인을 치여 사망할 경우 여기에 해당된다. 이외에도 살인의 성격에 따라 개인 살인과 조직 살인으로 구분하기도 하며, 희생자의 수에 따라 일반살인과 다수살인으로 구분하기도 한다.

범죄수사의 실무적 차원에서 연쇄살인범(serial killer)이라는 용어는 1970년대부터 본격적으로 사용되기 시작하였다. 특히 연쇄살인이라는 용어는 1974년부터 1979년까지 약 30여 명의 여성을 살해한 테드 번디(Ted Bundy)가 저지른 잔혹한 범죄를 지칭하기 위해 처음으로 사용하였다(Simons, 2001). 1970년대 미국에서는 대량살인(mass murder) 및 연쇄살인(serial murder)이 발생하면서 사회문제로 대두되었다(이수정, 2015). 미국의 연방수사국 요원이자 FBI 행동과학연구소의 창립 멤버였던 로버트 레슬러(Robert Ressler)가 연쇄살인범(Serial

[2] 비록 가해자가 피해자를 죽일 의향이 없었으나 살인은 본래 위험한 행위의 결과 때문에 발생하고 그 결과 살인으로 간주된다. 한 예로 희소한 사건이지만, 11세 소녀를 유괴한 후 강간한 에이즈 감염자인 이냐시오 페레아(Ignacio Perea)에 대해 살인죄를 적용했다. 이 사건에서 배심원들은 에이즈(AIDS)는 치명적 무기와 같다는 검사의 주장을 받아들였고, 그 결과 페레아(Perea)는 25년형을 구형받았다(Baertlein, L. 1994. HIV Ruled Deadly Weapon in Rape Case, Boston Globe, 2 March: 3).

[3] 모살(murder, 謀殺)은 고의성과 숙고를 포함한 살인으로 타인을 살해할 의도를 가지고 계획적으로 한 살인을 말한다. 반면에 고살(manslaughter, 故殺)은 의도되지 않은 살인을 말하며, 미국에서는 살인을 1급살인(first-degree murder)과 2급살인(second-degree murder)으로 구분한다. 일반적으로 고의성과 숙의를 내포한 살인은 1급 살인에 해당되지만, 반드시 이를 포함하는 것은 아니다. 예를 들어 고의성과 숙의를 내포하지 않은 강간이나 강도 등 중죄를 동반한 살인도 중죄모살(felone murder)로 1급 살인으로 취급한다. 그러나 대부분의 모살은 1급 살인에 해당되고 고살은 주로 2급 살인에 해당된다(이민식 외 공역, 357; 황성현 외, 2015, 242 인용).

Killer)이라는 용어를 처음 사용한 것으로 알려져 있다. 1970년대 초 영국경찰대학에서 열린 국제회의에 참가한 학자나 실무자들이 연속적으로 발생하는 범죄를 의미하는 연쇄라는 용어를 강간, 절도, 방화, 살인에 접목시켜 언급하는 것을 듣고 반복적으로 타인을 살해하는 살인범에 대해 연쇄살인범(Serial Killer)이라는 용어를 사용한 것이 기원이 되었다.

FBI 범죄분류 매뉴얼(FBI Crime Classification Manual, 1992)에 따르면, 연쇄살인은 '사건 사이에 냉각기를 가진 상태에서 세 곳 이상의 장소에서 세 차례 이상 살인을 저지르는 행위'로 정의하고 있다. 구체적으로 횟수는 세 건 이상, 장소는 서로 다른 장소에서 세 군데 이상, 시간적 관점에서는 살인과 살인 사이에 휴지기를 일컫는 냉각기(cooling-off period)가 있어야 하는데 이는 몇 시간에서부터 몇 년까지 될 수도 있다. 여기에서 장소와 시간 그리고 심리적 냉각기는 연쇄살인과 대량살인을 구별하는 중요한 특징이라 할 수 있다

대량살인은 분노로 가득 찬 개인이 한꺼번에 많은 사람들이 살해하는 것이며 자기파괴적 경향이 강하다. 불만을 가진 고용인이 자동소총으로 사무실에 들어와 난사한 후 자살하는 경우가 대표적인 예이다. 그러나 이러한 분류는 자체가 지나치게 광범위하거나 협소하고, 범행의 구체적 성질, 다시 말해 심각한 성도착 증세 등에 관한 구체적인 설명이 없다는 점에서 오늘날의 연쇄살인을 정의하기에는 다소 부족한 면이 있다. 따라서 이러한 FBI 정의의 결점을 수정, 보완하고 정교함을 추가하여 미국국립법연구소(National Institutes of Justice)는 연쇄살인에 대해 둘 이상의 연이은 살인, 이 각각의 사건은 독립적이어야 하며, 항상 그런 것은 아니나 통상 한 사람에 의해 범행이 이루어지는 것으로 정의하였다. 또한 사건발생은 몇 시간, 혹은 몇 년의 간격을 통해 발생할 수도 있으며, 범행의 동기는 심리적인 것으로 범행 장소에서 범인의 행동과 물리적 증거는 가학적 성범죄의 양상을 보이는 것으로 정의하고 있다(Harold Schechter, 2004: 오윤성, 2016)[4].

2. 살인범죄와 연쇄살인범의 유형

1) 살인범죄의 분류

살인은 생명을 영원히 제거한다는 점에서 다른 범죄와 구분되며 인간의 생명을 단절시키는 돌이킬 수 없는 결과를 초래한다. 일반적으로 살인은 살인의 고의를 가진 사람의 불

[4] Schechter, H. 2004. The Serial Killer Files, New York: Ballantine Books.

법적인 살인행위로서 타인의 생명을 박탈하는 것을 말한다. 살인은 형사법상 모든 범죄 중 가장 심각한 범죄이며, 사형으로 처벌될 수 있는 유일한 범죄이다. 서구사회에서 살인사건에 공소시한을 적용하지 않는다는 사실만 보더라도 살인자를 얼마나 혐오하는지를 알 수 있다. 앞에서 살인의 종류는 간략하게 고찰하였기 때문에 여기서는 먼저 살인범죄의 유형을 살펴본 후 연쇄살인범의 유형과 특징, 그리고 연쇄살인의 단계를 중심으로 국내외 사례 등을 구체적으로 제시하고자 한다.

(1) 피해자의 수와 공간적 특성에 따른 분류

살인은 피해자의 수와 공간적 특성에 따라 단일살인(single homicide), 이중살인(double homicide), 삼중살인(triple homicide), 다중 또는 대량살인(mass homicide)으로 분류하고 있다. 단일살인은 한 사건 한 장소에서 1명의 피해자가 살인된 경우이고, 이중살인은 한 사건 한 장소에서 2명의 피해자가 살해된 경우를 말하다. 삼중살인은 한 사건 한 장소에서 3명의 피해자가 살인된 경우이며, 대량살인은 한 사건 한 장소에서 4명 이상의 피해자가 살해된 경우를 말한다. 대량살인은 다시 두 범주로 분류되는데, 하나는 고전적 대량살인(classic mass murder)이고 다른 하나는 가족 대량살인(family mass murder)이다. 고전적 대량살인은 몇 초, 몇 분 또는 며칠에 걸쳐 일정한 기간 동안에 한 장소에서 한 사람에 의해서 발생하는 다수에 대한 살인을 말한다. 가족 대량살인은 4명 이상의 가족이 동시에 살해되는 경우를 의미한다. 이 경우에 있어 통례적으로 가해자가 자살하는 경우가 있는데, 이것은 대량살인자살(mass murder · suicide)로 분류되고 가해자가 자살하지 않는 경우에만 가족 대량살인으로 분류된다.

한편으로 피해자의 수에 따라 일반살인(homicide)과 다수살인(multiple murder)으로 구분하기도 한다. 일반살인은 피해자가 1명인 개인 간에 발생하는 살인형태로 단일살인과 같다고 볼 수 있으며, 다수살인은 2명 이상의 피해자가 발생하는 경우이다. 다수살인은 또 다시 대량살인(mass killing), 연속살인(spree killing), 연쇄살인(serial killing)으로 세분화된다. 일반적으로 범죄학과 범죄심리학에서 대량살인은 전쟁, 정치적 테러리즘 등 정치적, 종교적 신념하에 발생하는 집단살인인 제노사이드(genocide)[5]는 대량살인으로 보지 않는다(Siegel. 2012).

---

[5] 1948년 국제연합 총회에서 채택된 '제노사이드 범죄의 방지와 처벌에 관한 협약'에 따르면, 제노사이드는 국민 · 인종 · 민족 · 종교집단을 전체 혹은 부분적으로 파괴할 의도를 가지고 실행된 행위로 정의하고 있다. 이 협약은 국민 · 인종 · 민족 · 종교집단 구성원에 대한 살해뿐만 아니라, 육체적 · 정신적 위해(危害), 가혹한 생활조건의 부과, 강제적 불임조치, 강제이송까지도 포함시키고 있다. 이 협약의 이론적 기초를 제공한 사람은 폴란드 출신 법학자 라파엘 렘킨

대량살인과 관련해서 폭스와 레빈(Fox & Levin, 1998)은 한 사건에서 4명 이상이 살해되는 것으로 규정하였다[6].

CASE ① 대량살인(mass killing)

대량살인은 한 번의 통제할 수 없는 감정의 폭발에 의한 살인으로 동시살인(simultaneous)이라고도 한다. 예를 들어, 1966년 8월 1일 텍사스 대학교의 307피트 타워 꼭대기에서 총을 쏘아 14명을 살해하고 30여 명에게 총상을 입힌 찰스 휘트먼(Charles Whitman), 1984년 7월 18일 캘리포니아 샌이시드로에 위치한 맥도날드 레스토랑에서 21명을 살해한 제임스 휴버티(James Huberty), 1991년 10월 16일 텍사스 킬린의 한 카페테리아 밖에서 22명을 조직적으로 살해하고 경찰이 접근해오자 자살한 조지 헤나드(George Hennard), 2007년 4월 16일 버지니아 공대에서 32명을 살해하고 25명에게 중상을 입힌 조승희는 대표적인 대량살인범에 해당된다(Larry J. Siegel, 이민식 외 공역, 2012: 363).

대량살인과 유사한 개념인 연속살인(spree killing)은 다수의 피해자를 발생시킨다는 점에서 대량살인과 동일하지만 발생장소나 시간적 간격에서 차이가 있다. 일반적으로 대량살인은 한 장소에서 4명 이상의 피해자가 발생하는 경우이지만 연속살인은 한 사건이나 한 장소가 아닌 여러 장소로 이동하면서 사건이 발생하고 24시간 이내의 시간적 간격이 있는 경우가 대부분이다.

CASE ② 연속살인(spree killing)

1949년 9월 6일 뉴저지에서 연속살인범인 Howard Unruh는 자신의 동네를 걸어 다니면서 이웃에게 총을 발사하여 13명이 사망하고 3명이 중상을 입었다. 이 경우에 범죄가 발생한 시간은 20여분에 불과했지만, 다른 장소로 이동하면서 발생한 사건이기 때문에 이 사건은 대량살인이 아닌 연속살인으로 분류된다(이수정, 2015: 320).

또한 폭스와 레빈(Fox & Levin, 2003)은 대량살인범의 유형을 복수형 살인범(revenge killer), 사랑형 살임범(love killer), 이익형 살인범(profit killer), 테러형 살인범(terrorist killer) 등 4가지로 분류하였다[7]. 여기서 복수형은 개인이나 사회에 대한 증오와 그에 대한 응징을 목적으로

(Raphael Lemkin)이며, 그는 이를 통해 20세기에 들어와 보편화된 국민이나 민족 집단에 대한 파괴행위에 관해 인류의 경각심을 불러일으키고자 하였다(http://100.daum.net/encyclopedia/view/검색일: 2018.08.31).

[6] Fox, J. A., & Levin, J. 1998. Multiple Homicide: Patterns of Serial and Mass Murder, in Crime and Justice: An Annual Edition, Vol. 23, ed. Tony, M., Chicago: University of Chicago Press.

[7] Fox, J. A., & Levin, J. 2003. Mass Murder: An Analysis of Extreme Violence, *Journal of Applied Psychoanalytic*

하고 관계가 멀어진 아내와 자녀, 고용주, 피고용인 등이 주요 공격대상이다. 사랑형은 비뚤어진 애정의 표현으로 사랑하는 사람들을 살해하는 경우로 사건 이후에 주로 자살을 택할 만큼 의기소침한 사람이며, 배우자나 자녀를 살해하는 경우가 많다. 이익형은 자신의 경제적, 심리적 이익을 위해 다수의 사람들을 살해하는데, 그들은 보통 범죄를 은폐하고 목격자를 제거하며, 범죄 음모를 실행하기 위해 살해하는 경향이 강하다. 마지막으로 테러형은 자신들의 종교적, 정치적 신념 등을 위해 타인을 살해하는 경우가 여기에 해당된다.

다음으로 연속살인(spree killing)과 연쇄살인(serial killing)은 범죄가 발생한 공간적 특성과 피해자의 수에 의해 분류된다. 연속살인은 두 곳 이상의 장소에서 한 건의 사건이 발생하는 경우이며, 이때 범죄자는 심리적 냉각기를 가지지 않는다. 연쇄살인은 3곳 이상의 개별적인 장소에서 3건 이상의 개별적인 사건이 발생하는 경우로 이 때 범죄자는 살인사건을 행하는 동안 심리적 냉각기를 가진다. 연쇄살인범은 범죄와 관련된 환상을 갖고 상세하게 범행 내용을 계획하며, 마지막으로 저지른 살인으로부터 심리적 냉각상태가 되었을 때 다시 범행을 저지르는 것이 특징적이다. 이러한 냉각기(cooling-off period)는 최소 몇 일, 몇 주 혹은 몇 달이 될 수도 있으며Lester, 1995), 학자에 따라서는 최소한 30일 정도의 냉각기가 나타난다는 주장도 있다(Douglas, Burgess & Burgess, Ressler, 1992)[8]. 이와 같은 개념에 근거해 볼 때 연속살인과 연쇄살인을 구분하는 일차적인 기준은 개별적 사건에서 개별적 피해자가 일련의 시간적 간격에 따라 반복적으로 발생하는가의 여부, 다시 말해서 연속적으로 발생하는 사건들의 개별성과 심리적 냉각기의 존재 여부에 있다.

CASE ③ 연쇄살인(serial killing)

캔자스 위치토에서 묶고(bind), 고문하고(torture), 살해하는(kill) 단어로 대표되는 BTK로 잘 알려진 악명 높은 연쇄살인범 데니스 레이더(Dennis Rader)는 31년간 경찰망을 피해왔다. BTK 살인범은 조롱하는 말로 가득 찬 편지와 소포 꾸러미를 경찰과 언론에 보냈다. 1970년 소름끼치는 살인을 저지른 후에 그는 지하로 숨어 영원히 사라진 것처럼 보였다. 21년간 침묵을 지킨 그가 갑자기 다시 나타나 지역 방송국에 연락을 취해왔다. 미연방수사국(FBI)은 그가 지역 방송국과 마지막으로 통화한 내역을 면밀히 분석해 그가 59세의 데니스 레이더라는 사실을 밝혀냈다. 그 후 그는 사형을 당하지 않기 위해 10명을 죽였다고

Studies, 5: 47–64.

[8] Douglas, J. E., Burgess, A. W., Burgess, A. G., & Ressler, R. K. 1992. Crime Classification Manual, New York: Simon & Schuster.

고백했다.

연쇄살인범은 살인 후 일종의 잠복기를 가지면서 일상생활을 한다. 레이더(Rader)는 캔자스 파크시티의 감사국(Compliance Department)에서 감독관으로 일했다. 그는 그곳에서 동물 관리, 주택문제, 구역제, 일반 통행관리 등 다양한 불법 방해사건을 처리했다. 두 아이의 아버지인 그는 지역위원, 컵 스카우트(Cub Scout) 지도자, 한 때 신도평의회 회장을 역임했던 루터 교회의 일원으로 교회와 지역사회에서 헌신적으로 봉사한 사람이었다. 레이더의 일대기와 개인 삶을 들여다보면 그런 끔찍한 연쇄살인을 저질렀다는 사실을 도저히 믿을 수 없을 정도다(Larry J. Siegel, 이민식 외 공역, 2012: 361 재인용).

(2) 살인범죄의 동기에 따른 분류

동기에 의한 살인범죄 분류는 범죄동기별로 살인의 유형을 구분하지는 않는다. 다만, 일반적인 살인범죄의 동기를 4개의 큰 범주와 24개의 하위 범주로 구분하고 있다. 여기에는 범죄적 이익을 위한 동기, 개인적 원인에 의한 동기, 성적 동기, 집단적 원인에 의한 동기 등이 있다(이수정, 2015). 먼저 범죄적 이익을 위한 동기에는 금전적 이익을 위해서 갱 조직 간의 갈등이나 경쟁과 같은 한 집단의 이익을 위해 살인을 저지르는 경우가 포함된다. 또한 몸값을 받아내기 위한 유괴살인이나 우리 주위에서 발생하고 있는 보험금을 노린 살인사건도 여기에 해당된다.

다음으로 개인적 원인에 의한 동기에서 살인은 개인이 가지는 여러 가지 동기에 의해 살인이 발생하는 경우로써 원한, 치정, 극단적인 가치관 등에 의한 살인이 여기에 해당된다. 성적 동기는 개인적 동기에 해당될 수 있는 범위지만 살인에 있어서 중요한 동기로 작용하기 때문에 독립된 하나의 범주로 분류되며, 연쇄살인의 동기는 대부분 이 유형에 포함되지만(Meloy, 2000)[9], 범죄자에 따라 개인의 이익을 목적으로 연쇄살인을 하는 경우도 있다. 예를 들어 7명의 연쇄살인범을 대상을 한 사례연구에 따르면, 7명 중 4명은 성적 동기로 인해 범죄를 저질렀고 나머지 3명은 개인적인 이익을 위해 살인을 하고 피해자의 소유물 중 보석이나 차량, 돈을 훔친 것으로 나타났다(Beasley, 2004). 마지막으로 집단적 이익에 의한 살인은 사이비 종교 등 종교적 의식의 하나로 살인을 자행하는 경우와 집단의 이익을 위해 인질극을 벌이는 테러 등이 포함된다. 이 유형은 개인적 이익을 위한 살인과 유사하지만 집단적 차원에서 발생한다는 점에서 구별된다.

[9] Meloy, J. R. 2000. The Nature and Dynamics of Sexual Homicide: An Integrative Review, *Aggression and Violent Behavior*, 5(1): 1–22.

TIP 1 우순경 총기난사 사건

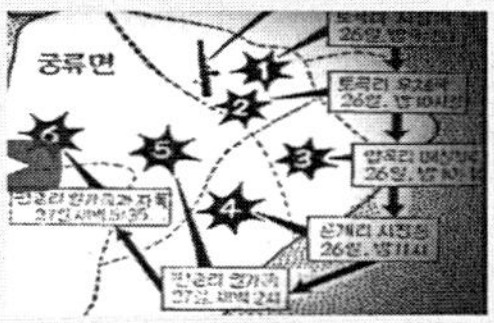

우범곤은 1982년 4월 27일 하룻밤 사이 62명을 연속살해하고 자살한 대한민국의 경찰관이었다. 1982년 4월 26일 경상남도 의령군 궁류면 궁류지서(현재 궁류치안센터)에서 근무하던 중 총기난사 연속살인을 일으키고 수류탄으로 폭사했다. 당시 기네스북에 단시간 최다살상 기록으로 일본의 쓰야마 사건을 경신했으며, 이 기록은 2011년 노르웨이의 아네르스 베링 브레이비크[10]에 의해 경신되기까지 유지되었다.

우리나라에서 발생한 최악의 연속살인의 사례가 1982년 경남 의령군에서 발생한 우범곤 순경사건이다. 1982년 4월 26일, 그의 애인(전말순, 당시 25세)이 우범곤의 가슴에 앉은 파리를 잡아준다고 살짝 쳤는데, 우범곤은 그것이 못난 자신을 모욕하려고 한 것이라 생각하고 싸움이 시작되었다. 이후 술을 마신 그는 취한 상태로 예비군 무기고에 들어가 카빈 소총 2개, 실탄 180발, 수류탄 7개 등을 탈취했다.

4월 26일 오후 9시, 의령군 궁유면 궁유지서 앞 시장에서 수류탄을 투척한 후 우체국에 가서 전화교환원을 살해해 외부와의 연락을 끊었다. 수류탄 소리에 놀라 사람들이 뛰쳐나오자 총기를 난사, 한번에 34명이 사망했다. 이후 의령군 일대 4개 마을을 돌아다니며 자신의 애인을 비롯하여 불이 켜진 집에 들어가서 소총을 난사하고 수류탄을 투척하는 등 젖먹이부터 70대 노인에 이르기까지 수많은 사람들을 학살했다.

그러면서 마주친 이웃에게는 '간첩이 나타났다'고 둘러대고, 또 다른 이웃과는 술자리까지 함께하다 핀잔을 받자 그 자리에서 죽여 버렸다. 1시간 20분 후, 주민 신고로 사건을 접수한 의령경찰서는 우범곤 사살 명령을 내리나 자정 무렵 우범곤은 으슥한 농가로 잠적했다. 그리고 다음날 새벽 5시, 최후로 인질 5명과 함께 수류탄으로 자폭해서 사망했다. 이 사건으로 주민 62명이 사망하는 참혹한 사태가 벌어졌으며, 33명이 중경상을 입었다.

부산 출생으로 해병대 복무 중 특등사수로 뽑히기도 했던 순경 우범곤은 경찰관으로 임용된 후 1981년 4월부터 1982년 2월까지 청와대에서 근무한 적이 있었지만, 인사 과정에서 탈락하여 1982년 3월 의령군으로 좌천되었고, 동거녀 전말순(당시 25세)과의 사이가 몹시 좋지 않았다. 당시 경찰은 평소 술버릇이 나빴던 우범곤이 동거녀와 말다툼을 벌인 뒤 흥분 상태에서 우발적인 범행을 저지른 것으로 결론지었다.

당시 이 사건의 진압이 미흡했다는 이유로 정부에 대한 내각 사퇴 압력이 있었으며, 이 사건으로 노태우가 내무부 장관에 오를 기회를 잡기도 했다. 아무튼 이 당시의 경찰 고위직은 대부분 사퇴해버렸다. 또한 현시점에서도 주로 40대 이상의 경남 출신 사람들은 통칭 "우순경 사건" 하면 거의 모르는 사람이 없을 정도로 이 사건은 파급효과는 엄청났다.

출처: 위키백과, 우범곤
세계일보(2007. 04. 18.), 국내 최악의 총기난사 사건은 우범곤 순경 사건

2) 연쇄살인범의 유형

연쇄살인범을 분류하면 다양한 유형이 있는데, 먼저 Rossmo(1996)는 연쇄살인범의 피해자에 대한 행동특성을 두 가지로 구분하여 설명하였다. 하나는 적절한 피해자 탐색이고 또 다른 하나는 피해자 공격방법이다. 피해자 탐색방법에는 사냥꾼형, 밀렵형, 끌낚시형, 올가

[10] 아네르스 베링 브레이비크(노르웨이어: Anders Behring Breivik)는 노르웨이의 연쇄 살인범이자 극우파 테러리스트이다. 2011년 7월 22일 테러 및 총기난사를 일으켜 76명을 살해한 혐의로 체포된 용의자이다. 2011년 7월 22일, 그는 오슬로의 정부청사에 ANALFO 폭탄으로 폭탄테러를 일으키고 이어 집권 여당인 노동당의 청소년 정치캠프가 열리고 있는 우퇴위아 섬으로 이동, 그 곳에서 1시간가량 섬을 활보하며 캠프 참가자들을 향해 글록 권총, M16 등의 총기를 난사하였다. 이로 인하여 오슬로에서 8명, 우퇴위아 섬에서 68명이 사망하였다(YTN, 2011.07.26, 노르웨이 연쇄 테러 사망자, 76명 확인, 자료 인용).

미형이 있으며, 피해자 공격방법에는 맹수형, 스토커형, 매복형이 있다. 홈즈와 드버그(Holmes & DeBurger, 1998)는 망상형, 사명감형, 쾌락형, 권력 · 통제형으로 분류했으며, 폭스와 레빈(Fox & Levin, 1994)은 정신병질적(psychopathy) 관점에서 스릴형, 사명형, 편의형 등으로 분류했다. 이밖에 디츠(Dietz, 1986)는 정신병질적 성적 가학자, 탐닉형 범죄자, 범죄조직 구성형, 독살 및 질식사형, 정신병형으로 분류했으며, 레슬러 등(Ressler, 1988)은 범죄현장의 증거를 기초로 조직적 범죄와 비조직적 범죄로 분류하였다.

(1) 로스모(Rossmo)의 분류

먼저 피해자 탐색방법에 의한 분류에서 사냥꾼형(hunter)은 그들의 주거지에서 나와 피해자를 탐색한다. 사냥꾼형의 범행은 자신의 거주도시로 범죄행위가 제한된다. 밀렵형(poacher)은 범행 대상을 찾아 거주도시 외부로 나가거나 어떤 행동구역을 가지고 활동한다. 하지만 사냥꾼형과 밀렵형의 구별은 어렵고 주관적이며, 이는 주거지형(marauder) 및 통근형(commuter)과 유사하다. 끌낚시형(Troller)은 특별히 희생양을 찾아다니는 것보다 일반적인 활동경로 속에서의 그들의 활동 중에 우연히 희생양과 마주치는 범죄자들을 말한다. 이들의 범죄는 자연스럽게 일어나는 것이 대부분이지만, 성범죄자의 경우에는 미리 범죄 상황을 상상하고 계획해서 언제든지 기회가 왔을 때 대처할 수 있도록 준비해 둔다. 마지막으로 올가미형(Trappers)은 다가오는 잠재적 희생양의 위치나 택배원, 우편배달부, 가스검침원 등으로 직업을 가장하거나, 여러 가지 핑계를 이용하여 그들의 집이나 통제가능한 장소로 유인한다. 여성 연쇄살인범은 대부분 이 유형에 속한다(김상균, 2008). 다시 말해 남성 연쇄살인범의 경우 피해자를 추적하거나 스토킹하는 경향이 있으나 여성 연쇄살인범은 피해자를 유혹한 후 살해하는 경향이 강하다[11].

다음으로 피해자 공격방법에 의한 분류로 맹수형(rapter)은 자신의 희생양을 발견하는 즉시 공격하는 유형이다. 물색형 또는 스토커형(stalker)은 목표물을 따라다니며 주시하고, 그들의 활동영역으로 유인하는 동시에 공격할 수 있는 기회를 기다린다. 이러한 스토커의 공격, 살인, 그리고 사체매장 장소는 피해자의 활동공간과 많은 연관을 가진다. 매복형(ambusher)은 자신이 통제 가능한 공간, 다시 말해 그의 집이나 일하는 장소에 쳐 놓은 '그물망'에 걸린 사람을 공격한다. 대다수의 매복형은 희생양을 선택할 때 사회적으로 소외되고 아무런 연고

---

[11] Keeney, B., & Heide, K. 1994, Gender Differences in Serial Murderers: A Preliminary Analysis, *Journal of Interpersonal Violence*, 9: 652-658

가 없는 사람을 선택하거나 행방불명되었다고 경찰에 신고한 사람을 선택한다[12].

➲ 연쇄살인의 제 유형

<table>
<tr><th colspan="2">피해자 탐색방법에 의한 구분</th><th colspan="2">피해자 공격방법에 의한 구분</th></tr>
<tr><th>유형</th><th>내용</th><th>유형</th><th>내용</th></tr>
<tr><td>사냥꾼형</td><td>피해자를 자신의 주거지역 근처에 기반을 두고 피해자를 찾는 범죄자</td><td>맹수형</td><td>피해자를 만나자마자 공격하는 유형</td></tr>
<tr><td>밀렵형</td><td>본인의 거주지역보다 행동반경이 넓고 여기저기 다니며 피해자를 찾아 침입하는 범죄자</td><td>스토커형</td><td>피해자를 선택하여 조용히 따라가서 공격하는 유형</td></tr>
<tr><td>끌낚시형</td><td>여기 저기 다니며 피해자를 물색하는 범죄자</td><td rowspan="2">매복형</td><td rowspan="2">범인이 통제할 수 있는 장소, 거주지나 작업장으로 유인하여 공격하는 유형</td></tr>
<tr><td>올가미형</td><td>그의 통제 하에 피해자를 만날 수 있도록 상황을 연출하는 범죄자</td></tr>
</table>

(2) 홈즈와 드버그(Holmes & DeBurger)의 분류

홈즈와 드버그(Holmes & DeBurger)는 연쇄살인범의 행위양식에 따라 망상형(visionary motive type), 사명감형(missionary motive type), 쾌락형(hedonistic motive type), 권력 · 통제형(powercon-trol motive type)으로 분류하였다[13].

① 망상형(visionary motive type)

망상형은 연쇄살인범이 환청, 환각, 망상 등으로 인해 개인 또는 집단에 속한 사람들을 살인하는 유형을 말한다. 정신병을 가지고 있지 않은 연쇄살인범도 성격의 혼란을 수반한 정신병질적(Psychopathic) 경향을 가지고 있을 수 있다. 그러나 대부분의 연쇄살인범은 정신병자가 아니며, 그들은 명백히 현실을 인식하고 그에 따라 반응한다. 이러한 대부분의 경우와는 다르게 망상형 연쇄살인범(The Visionary Serial Killer)은 그들이 본 환상 또는 그들이 들은 목소리에 의해 살인을 하게 된다. 구체적으로 어떤 유형의 사람을 살해하라는 환청, 때때로 외부에서 조종하는 악마 또는 마귀의 목소리를 듣기도 한다(오윤성, 2016).

이들 중에는 여성을 이 세상에서 없애야 할 악의 존재로 판단하고 자신이 이들을 이 세

---

12 유영철은 출장 마사지 여성을 자기의 원룸으로 유인하여 살해한 점으로 볼 때 매복형(Ambusher)의 전형적인 행태라고 볼 수 있다(김상균, 2008: 222 재인용).

13 Holmes, R., & DeBurger, J. 1988. Serial Murder, Studies in Crime, Law, and Justice, Vol.2, Sage Publication.

상에서 제거하는 신의 도구라고 생각하는 경향이 있다. 예를 들면, 어떤 사람이나 조직의 구성원을 살인하라는 내면의 소리나 신의 계시를 받았으며, 만약 명령에 복종하지 않을 시 자신에게 신의 징계가 내려진다고 생각하고 살인을 정당화하는 경우가 여기에 해당된다. 이 유형의 연쇄살인범은 현실감각이 부족하고 때로는 정신질환 진단을 받기도 한다(김상균, 2008; 황성현 외, 2015).

CASE ① 요크셔 리퍼(The Yorkshire Ripper)

1975년 10월부터 1978년까지 영국 요크셔 지방에서 매춘부 13명을 살해한 피터셔터 클리프의 경우가 여기에 해당된다. 그는 "공동묘지에서 무덤을 파는 일을 한 적이 있는데 그 때 묘비에서 매춘부를 죽이라는 말을 들었다"며 범행을 진술했다. 당시 흉기로 여성의 시신을 훼손하는 끔찍한 범행 수법 때문에 '요크셔 리퍼(영국 요크셔 출신의 살인마라는 뜻)'라는 별칭을 지녔으며, 지난 1957년부터 1978년까지 창녀 등 13명의 젊은 여성을 살해해 전국을 공포에 떨게 만들었다. 희대의 살인마로 불리던 클리프는 1981년 30년 징역형이 선고됐다. 그는 옥살이 중 망상성 정신분열증을 앓아 1984년 이후 브로드무어 정신병원에 수감되었다(출처: 와이드커버리지, 2013.03.13. 기사자료 인용).

② 사명감형(missionary motive type)

확신형 혹은 사명감형은 자신의 기준이나 신념체계의 기준에서 비추어 볼 때 이 세상에서 반드시 제거되어야 하는 집단의 구성원을 희생자로 선택하여 고의적으로 살인하는 유형을 말한다. 사명감형은 일반적으로 자신의 왜곡된 잣대로 옳지 않은 일과 부도덕한 일을 하는 집단을 선택해서 희생자로 삼는 경향이 강하므로 주로 성매매 여성, 약한 노인, 사회적 약자 등을 대상으로 할 가능성이 높다. 연쇄살인범인 유영철의 경우, 살해동기가 자신을 버린 전처에 대한 막연한 증오심 때문에 전처와 비슷한 직업을 가진 여성을 대상으로 살해했다는 점에서 사회적 약자인 여성을 제거되어야 하는 집단으로 선정했던 것이다.

이처럼 사명감형 연쇄살인범(the mission serial killer)은 어떤 계층이나 매춘부, 직업여성 혹은 다른 인종이나 종교집단 등 특정 집단의 사람들을 박멸해야 한다는 의무감을 느끼고 행동하게 된다. 이들은 정신병자는 아니며 환청이나 환시현상이 없기 때문에 현실에서는 일반인과 동일하다. 그러나 특정한 집단의 사람들을 제거해야 한다는 의무를 스스로 자신에게 부여하고 이에 따라 행동하게 된다. 그들은 체포 당시 주위 사람들이 살인범으로 체포된 것에 대해 매우 놀라거나 평소에 자신을 다른 사람들에게 노출시키지 않기 때문에 그럴 사람이 아니었다고 증언할 가능성이 높다.

CASE ② 잭 더 리퍼(Jack the Ripper)

영국 빅토리아 왕조시대인 1888년 8월부터 같은 해 11월경까지 10주 동안 런던에서 윤락녀 5명을 살해하고, 그 음부를 도려내는 범행을 저질렀으나 범인이 밝혀지지 않은 'Jack the Ripper'사건이 이 경우에 해당된다고 볼 수 있다. 범인은 잭 더 리퍼(Jack the Ripper)라는 가명으로 자신이 범인이며 "창녀를 증오한다."라는 편지를 경찰에 보내기도 했다.

CASE ③ 나치 친위대 사령관 히믈러(Himmler)

세계 2차 대전 당시 유대인을 집단적으로 학살한 독일 나치집단은 아무런 죄의식 없이 대량으로 유대인들을 학살하였다. 그들은 유대인들은 이 세상에서 사라져야 할 인종이며 쓰레기이므로 제거해야 한다고 믿었다. 나치 친위대 사령관이었던 히믈러(Himmler)는 초등학교 교사출신의 유익한 성품을 가진 사람으로 아이들이 땅에 쓰러져 피를 흘리는 것을 보고도 눈물을 흘렸으며, 꽃이 꺽인 것을 보고도 가슴 아파하였다. 그러나 그는 많은 유대인을 가스실로 보내어 학살하는 결정에 서명하면서 아무런 양심의 가책을 느끼지 않았다. 이러한 측면에서 나치의 유대인 학살은 집단적 사명감형 연쇄살인의 특성을 가지고 있다고 할 수 있다.

CASE ④ 지존파, 그들도 사명감형 연쇄살인범일까?

1993년 7월부터 1994년 9월까지 총 5명을 연쇄살인을 한 김기환, 강동원 등의 지존파사건은 전형적인 사명감형에 속한다. 그들은 부유층을 대상으로 한 증오심을 행동으로 옮기자는 목적으로 조직을 결성하여 서울 강남의 현대백화점 고객 1,200여 명의 명단을 입수하여 범행을 계획하였다. 그러나 실제 그들이 살해한 대상은 부유층과는 거리가 먼 지극히 평범한 서민들을 살해했다는 점에서 사명감형에 속하는 연쇄살인범들의 신념체계에서 일관성을 찾기는 힘들다.

③ 쾌락형(hedonistice motive type)

쾌락형 연쇄살인범(The Hedonistic Serial Killer)은 스릴감이나 즐거움, 쾌락을 추구하는 유형으로 살인 자체를 즐기는 유형을 말한다. 이러한 유형은 자신의 즐거움이나 쾌락추구에 있으며, 자신의 행동에 대한 양심의 가책이 없는 전형적인 정신병질적 성향을 가진다. 살인을 통해 성적인 쾌감을 느끼거나 또는 스릴감을 맛보고 위안을 가지려고 하는 것이 주요 동기이다. 동시에 이들은 인간의 고귀한 생명을 자신의 쾌락을 위한 도구로 삼기 때문에 인간을 사물처럼 취급하여 사람을 살해한 후 시체를 토막 내는 경우가 많다. 따라서 이 유형은 어떤 다른 유형의 연쇄살인범보다 위험한 유형이라 할 수 있다.

이러한 쾌락형은 다시 성적 만족과 금전추구라는 두 가지 동기에 따라 욕정 · 스릴형(lust or thrill-oriented type)과 금전 추구형(comfort-oriented type)으로 나눌 수 있다. 쾌락형 연쇄살인범의 첫 번째 하위범주인 욕정 · 스릴형 연쇄살인범(lust or thrill serial killer)은 개인적인 폭력성과 성적 만족 간에 결정적인 상관관계를 가진다. 이 유형은 피해자에 대하여 극단적이고 가학적(sadistic)인 폭력을 사용하는 것이 특징이다(Harold Schechter, 2009). 폭력 사용에 있어서 성적 연관성을 확실히 나타내며 폭력의 극단적 형태인 살인을 통하여 자신의 성적 만족을 인식하게 된다. 따라서 그들은 희생자의 시신을 토막 살해하거나 사후강간(necrophilia), 그리고 죽어가는 희생자의 고통에서 흥분이나 즐거움을 느낀다. 이러한 연쇄살인범들은 단순히 살인행위를 즐기며, 성적 흥분은 이런 유형의 살인자들이 갖는 공통점이라 할 수 있다(임준태, 2009).

이 유형의 연쇄살인범에게 있어서 살인은 가장 에로틱한 경험이며 이러한 행동으로부터 즐거움을 도출할 수 있기 때문에 사람을 죽인다. 살인으로부터 즐거움으로 얻기 때문에 앞에서 제시된 망상형과 사명감형 연쇄살인범이 빠른 시간 내에 피해자를 살해하는 것과는 대조적으로 사람을 살해하는 과정에 있어서도 상황이 허용하는 한 시간을 지연시키는 경향이 있다. 이들의 대표적인 범행형태는 희생자의 머리를 비닐봉지로 씌운 뒤 죽기 직전까지 이를 씌었다가 다시 살리는 가혹하고도 반복적인 종교 의식적 행위를 하는 경우도 있으며, 희생자의 무기력함을 보면서 성적인 즐거움을 얻기도 한다. 이러한 욕정 · 스릴형 살인범의 살인 행동은 주로 성적 만족에서 동기를 찾을 수 있다(오윤성, 2016).

CASE ⑤ 흡혈귀 강간범 웨인 보든

1968년부터 1972년까지 '흡혈귀 강간범'으로 널리 알려진 웨인 보든(26세)은 몬트리올 출신의 매력적인 남자로 5명의 여성 피해자들의 가슴에 항상 물어뜯은 흔적을 남겼다. 모든 피해자들을 자신들의 아파트에서 발가벗기고 교살되어 죽은 채 발견되었다. 저항의 흔적은 발견되지 않았다. 수사관들은 소녀들이 데이트한 것을 살펴보았고, 곧 '빌'이라는 이름을 포착했다. 심지어 경찰은 혐의자의 사진까지 가지고 있었다. 경찰은 그가 몰고 다니던 차의 한 종류인 모든 푸른색 메르세데스를 검색하여 그를 체포했다. 그는 법정 치과 의술을 통해 배수의 자유형 판결의 유죄를 선고받았다(임준태, 2009: 435 인용).

쾌락형의 두 번째 하위범주인 금전추구형 연쇄살인범(comfort-oriented serial killer)은 욕정 · 스릴형 연쇄살인범과는 달리 범행동기로 성적인 만족을 추구하지 않는 대신 개인적인 이익과 물질적 보상을 위해 사람을 살해하는 유형이다. 전문 암살범들은 자신의 금전적 이익을 위해 살인을 하는 대표적인 금전추구형이다. 또 다른 금전추구형 연쇄살인범들은 자신과 어떠한 관계가 있는 대상을 살해함으로써 이익을 얻게 된다. 통상적으로 여성들이 남성들에 비해 금전추구형 연쇄살인범이 많다. 예를 들어 보험금 수령, 재산분배 그리고 다른 물질적 취득을 위해 남편이나 청혼자 등 주위 사람과 인간관계를 맺고 있는 사람을 살해함으로써 금전적 이익을 얻게 된다(임준태, 2009; 오윤성, 2016).

CASE ⑥ 보험금 수령 관련 엄 여인 사건

20대 후반이었던 엄 여인은 보험설계사로 일하면서 2번 결혼했는데, 남편 2명을 다 약을 먹여 살해하고 어머니와 오빠를 실명하게 했으며, 보험금을 타려고 불까지 질렀다. 1976년생인 그녀는 빼어난 미모에 여성스러운 어투와 조용하고 나긋나긋한 성격으로 도무지 주위에서 그 여인의 범행을 상상조차 못했다고 한다. 남편이 죽은 후에도 시가(媤家)에 극진히 잘해 천사라고 불릴 정도였다. 처음에는 마약에 중독되어 돈이 필요해 범행했다고 진술했으나 마약을 한 적이 없는 것으로 드러나 결국 동기는 돈이었음이 밝혀졌다. 그 후 그녀는 정신 감정을 받았는데 반사회성 성격장애 테스트에서 만점 40점에 40점을 받아 매우 심각한 사이코패스로 확인되었다. 그 후 재판을 거쳐 방화치사상, 중상해 등 9가지 혐의가 유죄로 인정되어 무기징역이 확정되었다. 2018년 현재 교도소 복역 중이다(출처: 나무위키: https://namu.wiki).

④ 권력 · 통제형(power-control motive type)

권력 · 통제형 연쇄살인범(the power-control serial killer)은 희생자의 삶과 죽음을 자신이 통제할 수 있다는 정복감과 힘의 우위에서 오는 만족감 때문에 살해하는 유형으로 피해자에 대한 완전한 통제로부터 성적 만족을 추구한다(Holmes & Holmes, 1998)[14]. 이 유형의 연쇄살인범에 있어서 성적 만족은 필수적 요소가 아니며, 존재하기도 혹은 존재하지 않을 수도 있다. 이들에게 있어 중요한 것은 무력한 피해자에 대해 권력을 행사하고 통제하는 능력이다(Michaud & Aynesworth, 1983)[15]. 다시 말해서 상대방이 연쇄살인범에게 겁을 먹고 공포에 질려 살려달라고 호소할 경우 자신이 상대방을 마음대로 할 수 있다는 통제감을 가진다. 상대방을 자신이 원하는 방식으로 만들 수 있다는 힘과 권력을 가졌다는 만족감이 즐거움의 원천이다(오윤성, 2016).

---

[14] Holmes, R. M., & Holmes, S. T. 1998. Serial Murder, 2nd ed., Newbury Park, CA: Sage Publication.

[15] Michaud, S. G., & Ayneswoth, H. 1983. The Only Living Witness: A True Account of Homicidal Insanity, New York: New American Library.

이러한 유형의 연쇄살인범들은 주로 여성, 노인, 어린이 등과 같이 자신의 힘으로 충분히 제압할 수 있는 약자를 희생자로 삼는 게 주요 특징이다. 이들의 살해 동기는 성적인 즐거움을 추구하기보다는 희생자를 완전히 통제할 때 느낄 수 있는 심리적 만족감이 더 강하다. 이들의 과거행적을 살펴보면, 성장과정에서 권위적인 인물이나 가족들로부터 부정적인 영향을 받은 경우가 많으며, 자아상에 문제가 있는 경우도 종종 발견된다. 이들은 희생자를 완벽하게 지배하는 행위로부터 쾌락형 연쇄살인범의 하위유형인 욕정 · 스릴형이 가진 즐거움과 비슷한 성적 즐거움을 경험한다. 이 유형의 연쇄살인범은 심리적으로 정상이며 쾌락형 연쇄살인범과 동일하게 정신병을 가지고 있지 않다. 반사회적 성격을 가지고 있기 때문에 사회적, 문화적 규칙과 규범을 알고 있으나 이를 무시하며 자신의 개인적 규칙과 규범에 따라 행동방향을 결정하는 특성을 보인다. 결과적으로 권력 · 통제형은 협박이나 명성 등의 이유로 살해를 저지르고 상대방을 살게 하거나 죽게 하는 것을 지배하려는 연쇄살인범들이다.

한편, 홈즈와 드버그(Holmes & DeBurger)가 제시한 연쇄살인범의 유형과 범죄현장의 관련성을 중심을 그 특징을 살펴보면 다음과 같다. 먼저 망상형의 경우에 과도하게 상처를 내어 살인을 하는 경향이 있으며, 범행 흉기는 피해자가 가지고 있는 물건을 사용하는 경우가 많고 흉기를 현장에 남긴다. 이러한 특징을 기초로 범인은 현장 근처에 살고 있을 가능성이 높고 피해자는 우발적으로 선택된 것으로 볼 수 있다. 사명감형은 한 유형의 피해자를 선택하여 스토킹하고, 자신이 소지하고 있던 흉기를 사용하는 경향이 있으며, 흉기를 범죄현장에 남겨 두는 일은 거의 없다. 권력 · 통제형의 살인 동기는 피해자를 완전히 소유하고 싶어 하는 것을 특징으로 하기 때문에 성적 만족을 위해 여러 가지 다양한 형태를 취할 수 있고, 피해자를 완전히 지배함으로써 자신의 만족을 발산시킨다. 일반적으로 권력 · 통제형 연쇄살인범은 다음과 같이 다섯 가지 살인과정의 단계를 거친다(Holmes & Holmes, 1996; 김상균, 2008; 오윤성, 2016)[16].

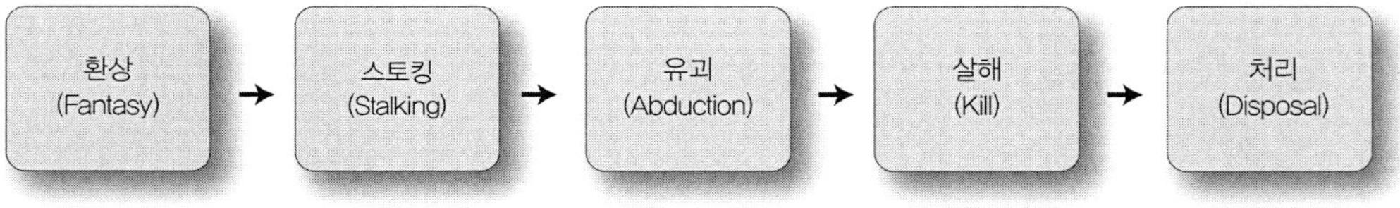

16 일부 학자들은 연쇄살인의 단계를 ①몽상기(the aura phase), ②탐색기(the trolling phase), ③구애기(the wooing phase), ④납치기(the capture phase), ⑤살인기(the murder phase), ⑥회상기(the totem phase), ⑦우울기(the depression phase) 등 7단계로 구분하여 설명하기도 한다(김상균, 2008. 『범죄심리학』, 서울: 청목출판사: 218).

먼저 환상(Fantasy)의 단계로 연쇄살인범들은 지속적인 상상을 통해 폭력적인 충동을 키우고, 이를 강화시킨다. 이 단계에서 연쇄살인범들은 환상을 통해 자신의 피해자를 비인간화시키게 되고, 자신이 만들어낸 왜곡된 도덕관을 적용하여 피해자에 대한 폭력을 합리화시킨다. 환상이 계속 정교해지게 되면 이것을 현실에서 시행해보고자 하는 욕구가 증가하고 환상속의 폭력을 현실에서 실행하기 위해 준비하기 시작한다. 두 번째는 스토킹(Stalk) 단계로 범행을 할 적합한 피해자를 학교, 이웃, 또는 직장 등에서 물색하고 적절한 대상이 선택되면 실제로 폭력을 행사하기로 결심한다. 세 번째는 유괴(Abduction) 단계로 범죄자가 이전에 경험했던 환상이 점점 증가하게 되어 환상속의 피해자를 찾게 된다. 여기서 희생자를 낚아 챌 수 있는 기회를 잡을 수 없게 되면 점점 자신이 만들어 놓은 덫에 걸려들 수 있도록 노력하기도 한다. 범행을 실행하면서 피해자를 마치 벌레처럼 여기게 되고 자신의 범죄를 합리화하기 위해 필요한 모든 수단을 자기 자신에게서 만들어낸다. 현실에서의 범행 실행은 단지 범죄자가 상상을 통해 했던 모든 것들을 재현하는 것에 불과하기 때문에 이에 대한 현실에서의 죄책감을 느끼지 못한다.

네 번째는 살해(Kill) 단계로 자신이 상상한 것 중에서 자신의 만족감을 최대화할 수 있는 방법을 선택하여 범죄를 저지르고 피해자의 심한 고통과 절망을 보는 것이 매우 중요한 자극제가 된다. 피해자의 시체를 절단하는 행위는 시체강간을 한 범죄 현장에서 흔히 볼 수 있는 증거이며, 가슴, 성기, 장기, 복부 등을 절단하는 경우도 있다. 마지막 단계는 시체의 처리(Disposal) 단계이다. 시체를 처리할 때 보이도록 전시하는지 혹은 수사관들이 발견하기 어렵도록 숨기는지의 여부도 범죄자의 심리를 파악할 수 있는 중요한 단서가 된다. 피해자의 시체를 전시하는 경우는 자신의 범죄 경력을 알리려고 하는 의도가 내포되어 있다. 시체를 처리 또는 유기하는 단계가 끝나면 살인의식이 끝나게 되고 범죄자는 만족감에 빠져 심리적인 안정 상태에 이르게 된다. 이러한 안정 상태가 다시 심리적 저하 상태로 돌아가서 연쇄살인범은 또 다른 환상을 꿈꾸며 범행대상을 물색한다.

다음으로 범죄현장의 특성과 연쇄살인범의 유형별 관련성을 살펴보면, 통상적으로 망상형, 사명감형, 금전추구형은 살해현장에서 피해자의 사체를 이동시키지 않는 특징을 보인다. 또한 연쇄살인범의 유형 중 망상형은 특정한 피해자의 유형에 대해 관심이 없는데, 그 이유는 환청이나 망상에 의한 외부적 동기에 의해 동기부여가 되었기 때문이다. 쾌락형, 사명감형, 권력 · 통제형 연쇄살인범들은 자신의 심리적 욕구를 충족시켜 주거나 그들의 죽음이 자신에게 금전적 이익을 줄 수 있는 피해자를 조심스럽게 선택한다. 쾌락형 연쇄살인범의 하위 범주인 금전추구형 연쇄살인범만이 자신과 인간관계를 맺고 있는 피해자를 살해하는 반면에 다른 유형은 비면식 관계에 있는 사람들을 살해하는 것이 일반적이다. 독극물 등은 금전추구형 연쇄살인범과 통상적으로 연관성을 가지며 자주 사용된다.

➲ 범죄현장의 특성과 연쇄살인범 유형별 관계

범죄현장 특성	망상형	사명감형	욕정형	스릴형	금전추구형	권력 · 통제형
범죄현장통제	X	O	O	O	O	O
과도하게 살해	O	X	X	O	X	X
흐트러진 현장	O	X	X	X	X	X
고문의 증거	X	X	O	O	X	O
사체 이동	X	X	O	O	X	O
특정한 피해자	X	O	O	O	O	O
현장 무기유기	O	X	X	X	O	X
피해자와의 연관성	X	X	X	X	O	X
피해자 면식성	O	X	X	X	O	X
과도한 성행위	X	X	O	O	X	O
무기로 고문	X	X	O	O	X	O
피해자 교살	X	X	O	O	X	O
성기 삽입	?	O	O	O	통상 안함	O
이물질 삽입	O	X	O	O	X	X
시간(屍姦)	O	X	X	O	X	O
범죄자의 성별	남성	남성	남성	남성	여성	남성

출처: Holmes, R. M., & Holmes, S. T. 2002. Profiling Violent an Investigative Tool(3rd ed.), Sage Publication: 129.

특히 범죄현장은 사체유기 현장과 명백하게 다른 경우가 많은데 망상형, 사명감형, 금전추구형 연쇄살인범들은 통상적으로 자신이 살해했던 곳으로부터 피해자의 사체를 이동시키지 않는다. 그렇기 때문에 만일 살해현장이 바로 사체유기 현장과 동일할 경우 범죄자는 피해자와 근접한 곳에서 생활하고 있을 가능성이 크며, 비조직적인 반사회적 성향을 가지고 있는 유형의 특성과 많은 부분에서 공통점이 있다. 무기의 선택에 있어서는 흉기소지 여부, 범행을 하거나 시간의 증거, 남성 성기 혹은 여성에 대한 겁간 흔적, 기타 범죄현장에서 발견된 요소들은 수사를 용이하게 할 것이다.

예를 들어 만일 연속적으로 매춘부들이 살해되었을 경우 이 유형의 범죄자는 하느님으로부터 그러한 여성들을 모두 제거하라고 계시를 받았을 수도 있다. 만일 범죄현장에 수많은 물적 증거와 함께 혼돈적인 면이 농후하다면 그럴 가능성이 더욱 커진다. 또한 시간의 흔적이 연관되어 있지 않았다면 살인범의 동기는 사명감형 연쇄살인범의 특성인 내면적인 근원을 가지고 있을 수도 있다. 프로파일러(profiler)는 연쇄살인범의 범주에 범죄현장과 사체처리 현장간의 증거를 비교함으로써 범인의 유형에 관련된 기초적인 정보를 획득하게 될 것이다. 비록 컴퓨터가 발달하였다 하더라도 프로파일러의 개인적 관련성의 가치는 결코 평가절하 되어서는 안 된다(Holmes & Holmes, 2002; 오윤성, 2016).

(3) 폭스와 레빈(Fox & Levin)의 분류

폭스와 레빈(Fox & Levin)은 연쇄살인범을 사이코패스로 규정하고 연쇄살인범의 특징을 여섯 가지로 유형화하였다. 먼저 연쇄살인범들은 피해자들에게 강간, 항문성교, 고문을 하고 손발을 자르거나 목을 매달기도 한다. 둘째로 이런 행동을 하기 위해서 피해자들을 찾아서 먼 거리까지 이동하기도 한다. 셋째로 연쇄살인범 중에 가학적인 살인자일수록 범행수법은 더욱더 악해지는 경향이 있다. 넷째로 연쇄살인범 중에 극소수는 망상이나 환상에 의해 범행을 하지만 대다수는 악마가 말을 전했다거나 이상한 목소리를 들었다거나 하는 경우는 거의 없을 정도로 정신병적 증상은 없다. 다섯째로 연쇄살인범의 다수가 정신질환은 없으나 전형적인 반사회적 성격장애 같은 사회병질적 성격을 가지고 있다. 따라서 죄책감이나 양심이 없고 자신의 범죄행위를 정당화하는 경향이 강하며 다른 사람을 지배하거나 통제하려는 그릇된 욕망을 지니고 있다. 마지막으로 연쇄살인범들은 일반인들의 사회통념과 다른 그릇된 가치관을 가지고 있기 때문에 일반인들이 잘못됐다고 판단하는 것을 옳다고 생각하는 경향이 강하다(Fox & Levin, 1998). 이와 같이 폭스와 레빈(Fox & Levin)은 연쇄살인범의 특징을 여섯 가지로 요약하였으며, 이를 근거로 크게 세 가지 유형의 연쇄살인범들이 우리 사회에 존재한다고 주장하였다(Fox & Levin, 1994: 황성현 외, 2015)[17].

① 스릴형(thrill killers)

스릴형 연쇄살인범(thrill killer)은 가학성 성애자(sadism)[18]나 지배를 추구하는 연쇄살인범들

[17] Fox, J. A., & Levin, J. 1994. Overkill: Mass Murder and Serial Killing Exposed. NY: Plenum.

[18] 19세기 말 독일의 심리학자 리하르트 폰 크라프트 에빙이 프랑스의 사드 후작의 이름을 따서 만든 말이다. 사디즘(sadism)은 반대 개념인 매조키즘(masochism)과도 연관되지만 사디스트는 매조키스트가 아닌 대상을 찾는 경우가 많

로서 연쇄살인범들 중 가장 일반적인 형태로 분류된다. 300명 이상의 소녀와 여성을 성폭행하고 살해한 안데스의 괴물 로페스(Pedro Armando Lopez)가 이러한 유형에 속한다. 이러한 유형은 우리나라에서도 발견되는데, 1986년 9월부터 1991년 4월 사이에 경기도 화성지역에서 발생한 부녀자 10명이 연쇄적으로 성폭행 당한 후 무참하게 살해된 사건도 범죄대상이나 수법으로 볼 때 가학적 성애자의 범행일 가능성이 높다(조철옥, 2010).

② 사명형(mission killers)

사명형 연쇄살인범(mission killer)은 세상을 개혁하고 싶다거나 살인을 할 수밖에 없는 사명감에 의해 행동하는 유형으로 주로 특정 계층이나 여성에 대한 적개심과 복수심이 원인이라고 볼 수도 있다. 에이즈(AIDS) 감염 여성들에 대한 복수로서 연쇄살인을 한 이란의 거미인간, 2004년 여성에 대한 복수심으로 21명의 여성을 살인한 유영철, 1994년 한국사회를 충격으로 몰아넣은 지존파도 부유층에 대한 막연한 적개심에 따른 연쇄살인범으로 일종의 사명의식이 작용한 결과라고도 볼 수 있다. 특히 지존파는 부자를 저주한다는 강령까지 만들어 백화점 고객 명단을 입수하여 범행 대상을 물색하는 등 부유층에 대한 적개심으로 범행을 하게 되었다는 동기를 명백하게 밝혔다(조철옥, 2010).

CASE ⑦ 이란의 거미인간 사이드 하네이(Saeed Hanaei)

이란의 연쇄살인범인 사이드 하네이(Saeed Hanaei)는 신출귀몰하고 은밀한 살인행각 때문에 잡히기 전까지 거미라는 별명이 붙었다. 2년 동안 마샤드에서 최소한 16명의 매춘부를 살해했다. 여성들은 전부 자신들이 두르고 있던 차도르로 목이 졸려 살해됐으며, 그 시체는 머리부터 발끝까지 전부 차도르로 감싸진 채 길거리에 내다 버려졌다. 사회풍조 덕에 살인을 저지르고도 영웅대접까지 받았지만 후에 강간혐의가 밝혀지면서 2002년 건설 노동자로 일하던 사이드 하네이가 체포됐다. 재판 초기과정에선 많은 이슬람 근본주의자들이 몰려들어 '하네이는 단순히 나라를 깨끗이 하고 사회를 정화하려는 것 뿐이었다'라며 변호했지만, 매춘부들을 죽이기 전 희생자들과 성관계를 가졌다는 게 밝혀지면서 입을 다물었다. 그는 매춘부들은 바퀴벌레보다도 쓸모없는 존재며, 하루에 한명씩 죽이지 않으면 밤잠을 이룰 수 없을 정도로 증오하게 되었다고 진술했다. 결국 하네이는 사형선고를 받았고 얼마 후 테헤란에서 사형이 집행되었다.

출처: 나무위키(검색일: 2019. 3. 15)

은데, 상대방이 꺼려해야 성적 흥분을 느끼기 때문이다. 사디즘적 폭력의 정도와 범위는 상당히 넓어서 사랑의 유희에서 볼 수 있는 것에서부터 때로는 심각한 부상이나 죽음에까지도 이르게 하는 극단적이고 잔인한 행위까지 포함한다. 사디스트는 실제로 상대방에게 육체적 고통을 주는 것보다는 정신적인 고통을 줌으로써 만족을 얻을 수도 있다.

③ 편의형(expedience killers)

편의형 연쇄살인범(expedience killer)은 재정적, 물질적 이익을 얻기 위해 또는 자신을 인지된 위협에서 보호하기 위해 살인을 저지르는 유형이다[19]. 이러한 유형의 연쇄살인범들은 대체로 경제적, 정치적 또는 이념적인 이유로 불특성 다수를 살인하는 전문적인 살인 청부업자들과 테러리스트들이다. 우리나라에서는 2009년 10여 명을 살해한 강호순이 대표적인 편의형 연쇄살인범이다. 강호순은 보험금을 노리고 장모 집에 불을 질러 장모와 부인을 살해하기도 했으며, 두 사람을 살해한 심리적 고통을 모면하기 위해 버스를 기다리거나 노래방에서 일하는 여성을 살해했다. 편의형 연쇄살인범들의 공통된 특징으로 경제적 이익 또는 인지된 위협에서 스스로를 보호하기 위해 사람들을 연쇄적으로 살해한다. 강호순의 경우에도 보험금을 타내기 위해 장모와 네 번째 부인을 살해했으며, 장모와 부인을 존속 살해한 심리적 고통이 인지된 위협으로 다가오자 그런 위협이나 심리적 압박에서 벗어나기 위해 다른 여성들을 살해했다.

(4) 디츠(Dietz)의 분류

디츠(Dietz)는 연쇄살인범의 유형을 정신병질적 성적 가학자(psychopathic sexual sadist), 탐닉형 범죄자(crime spree killers), 범죄조직 구성형(functionaries of organized crime operations), 독살 및 질식사형(custodial poisoner and asphyxiator), 정신병형 등 다섯 가지로 분류하였다[20].

① 정신병질적 성적 가학자(psychopathic sexual sadist)

정신병질적 성적 가학자(psychopathic sexual sadist)는 쾌락을 목적으로 고문과 살해를 하는 연쇄살인범을 말한다. erotophonophiliac이라는 용어로도 사용되는데, 살인의 동기 중에 성적인 만족이 일부분 포함되어 있는 살인을 말한다(Money, 1990; 김상균, 2008). 이들은 반사회적 성격장애를 가지고 있으며 성적으로 가학적인 성향이 강해 자신의 성적 쾌락을 위해 고문이나 살해를 연쇄적으로 한다.

② 탐닉형 범죄자(crime spree killers)

탐닉형 범죄자(crime spree killers)의 경우에 있어 범행의 동기는 경제적인 이유나 모험추

[19] Fox, J. A., & Levin, J., & Quinet, K. 2004. The Will to Kill: Making Sense of Senseless Murder, 2nd ed., Boston: Allyn & Bacon.

[20] Dietz, P. E. 1986. Mass, Serial and Sensational Homicides, *Bulletin of the New York Academy of Medicine*, 62(5): 477–491.

구(thrill-seeking)가 대부분이다. 이들은 돈, 모험추구, 자신이 중요하다고 생각하는 가치관을 추구하기 위해 반복적으로 살인을 하는 경향이 있다.

③ 범죄조직 구성형(functionaries of organized crime operations)

범죄조직 구성형(functionaries of organized crime operations)은 갱, 테러리스트, 청부살인범, 범죄 집단 조직의 일원으로 도구적, 금전적, 영역다툼, 보복을 목적으로 살인을 연쇄적으로 일삼는 사람들을 말한다.

④ 독살 및 질식사형(custodial poisoner and asphyxiator)

독살 및 질식사형(custodial poisoner and asphyxiator)은 주로 치료시설에서 발생하는 연쇄살인이 여기에 해당된다. 다시 말해서 아동을 돌보는 사람들, 베이비시터, 수양부모 등이 약물이나 독극물로 살인을 하는 유형이다. 특히 이들은 의료계통에서 오랫동안 종사한 경력이 있는 사람들로 약물이나 독극물의 효능, 약리작용을 잘 아는 사람들일 가능성이 높다. 예를 들어 약 35~60명의 환자를 살해한 연쇄살인범 마이클 스윈고(Michael Swango) 박사는 살인을 통해 삶의 희열을 느꼈다. 스윈고(Swango)는 자신의 일기장에 살인에서 얻은 기쁨과 만족감을 표현했다. 그는 "살인을 내부에 존재하는 달콤하고 허스키하며, 친밀한 향내"라고 표현했으며, "내가 아직도 살아 있다는 감정을 느끼게 하는 유일한 방법인 살인이여"라고 적어 놓았다. 한편으로 살인을 통해 만족감을 얻었으나 환자가 당하는 병에 대한 고통을 살인을 통해 경감시켜 줬다고 생각함으로써 자신의 살인행위를 정당화했다(Siegel, 2012). 또 다른 독살 및 질식사형 연쇄살인범으로 영국의 시프먼(Harold Frederick Shipman) 박사를 들 수 있다. 시프먼(Shipman)은 15명의 늙은 환자를 살해했는데 2004년 그가 자살한 후에 진행된 보강조사에서 실제로 최소한 218명 이상의 환자를 살해한 것으로 드러났다(Esmail, 2005)[21].

⑤ 정신병형

정신병형은 정신이상적인 환각에 사로잡힌 자에 의해 발생하는 연쇄살인을 말한다. 정신병형 살인자는 수치심, 죄책감, 슬픔, 그 외 일반적인 인간의 감정을 다스릴 능력이 없는 심각한 성격장애로 살인행위를 저지른다(Siegel, 2012).

---

[21] Esmail, A. 2005. Physician as Serial Killer: The Shipman Case, *New England Journal of Medicine*, 352: 1483-1844.

(5) 레슬러 등(Ressler)의 분류

미연방수사국(FBI)은 처음으로 연쇄살인범을 체계적으로 분류했는데, 그것이 조직적이고 비조직적인 연쇄살인범 유형이다. 이러한 이분법적 유형론은 1972년 FBI에 행동과학부(Behavioral Science Unit, BSU)가 설립되면서 본격적으로 시작되었다. 강력범죄에 대한 범죄자 프로파일링을 지원하게 되면서 축적된 자료와 1978년 실시된 연쇄살인범들에 대한 인터뷰자료 등을 근거로 범죄자 프로파일링의 대상이 되는 범죄들의 유형을 조직적 및 비조직적 형태로 분류하였다. 이러한 이분법적 유형의 주요 전제는 행동특성과 이에 상응하는 범죄자의 특징에 의한 범죄의 해석에 있다. 예를 들어 조직적인 범주는 조직적 범죄자에 상응하는 조직적이고, 계획적인 범죄를 포함하며, 성도착 범죄가 여기에 포함된다. 이에 비해 비조직적인 범주는 무질서하고 우연적이며, 정신질환을 가진 범죄자 특성을 포함한다[22].

또한 이분법적 유형에서는 범죄자가 범죄를 저지를 때 남기는 심리적 단서인 범행수법(Modus Operandi, MO)과 인증(signature)이 범죄현장 분석 시 중요하다[23]. 범행수법(MO)은 학습된 행동으로서 범죄를 저지르는 동안 범죄자가 보이는 독특한 행동양식이다. 범죄수법은 수사관이 사건의 연관성을 파악할 때 중요하며, 범행수법의 유사성에 근거하여 범죄분석 및 다른 사건관의 관계분석을 하게 된다. 또한 상습 폭력범죄자가 범죄 시 또 다른 범죄행위 요소를 갖게 되는데, 이것이 인증(signature)이다. 범행수법(MO)과 다르게 인증(signature)은 일정하고 영속적으로 유지되지만 때로는 범죄가 지속되면서 진화되기도 한다. 인증은 범죄가 일어나는 동안에 일관되게 나타나는 행동을 의미하지만 범죄를 완성하기 위해 범죄자가 필수적으로 필요로 하는 행동은 아니다[24]. 로버트 레슬러(Robert K. Ressler) 등은 범죄현장의 증거를 기초로 조직적 또는 비조직적 범죄(organised offender vs disorganized offender)로 구분하였다.

① 조직적 범죄자(organised offender)

FBI의 분류방식에 의하면, 조직화된 연쇄살인범들은 일반적으로 아주 교활한 범죄자로 평가되며, 범행을 계획하는 데 상당히 많은 시간을 보낸다. 범행은 계획된 것이며, 피해자를 유혹해서 살인하기 위해 속임수나 교묘한 수단을 사용하는 경향이 있다. 조직적 범죄자가

[22] Kocsis, R. N., & Cooksey, R. W. 2002. Criminal Psychological Profiling of Arson Crimes, *International Journal of Offender Therapy and Comparative Criminology*, 46(6): 631–656.

[23] Holmes, R. M., & Holmes, S. T. 1996. Profiling Violent Crimes: An Investigative Tool, Thousand Oaks, CA: Sage.

[24] Mott, N. L. 1999. Serial Murder: Patterns in Unsolved Cases, *Homicide Studies*, 3(3): 241–255.

저지른 범죄현장은 잘 계획되고 반복적이고 주도면밀한 행동의 산물이다. 조직적 범죄자는 조직적이고 체계적인 범죄현장의 특성을 보이고 자신과 어울릴만한 사람이 없다고 느끼기 때문에 타인과 어울리는 것을 꺼려한다. 조직적 범죄자는 피해자를 억압하기 위한 도구를 사용하고 살아있는 피해자에게 성적 행위를 하며, 차량을 이용하는 경우가 많다. 이들은 범죄를 촉발하는 요인을 가지는데, 이 요인들이 현실적일 수도 있고 상상에 의한 요인일수도 있다. 또한 집에서 멀리 떨어져 있어도 안정감을 느끼기 때문에 멀리 여행을 할 수도 있고 피해자를 멀리 떨어져 있는 장소로 데려갈 수도 있다. 이러한 특성들이 조직적인 범죄자의 체포를 어렵게 만드는 요인으로 작용한다(Holmes & Holmes, 1996; 이수정, 2015).

➲ 조직적 범죄자의 특징(체계적 계획살인)

성격특성	범행 후 행동	인터뷰 기법
– 높은 지능 – 사회적 능력 보유 – 파트너와 함께 생활 – 높은 출생 계층 – 어린 시절의 엄격한 훈육 – 감정통제 가능 – 남성적 이미지 – 매력적인 외모 – 이동성이 있음 – 대중매체에 관심이 많음	– 범죄현장에 돌아감 – 경찰을 따라 다니는 경찰 애호가 – 시체를 범죄현장에서 이동 – 시체를 광고하듯이 배치	– 직접적 전략을 사용 – 상세한 세부 내용 제시 – 범죄자가 자신이 한 일만을 시인할 것이라는 것을 자각하고 있어야 함

② 비조직적 범죄자(disorganized offender)

비조직적 범죄자의 경우 일반인들의 지능보다 낮고 부모의 가혹한 훈육 상황이 보고되고 있다. 아버지의 직장 경력은 불안정하며, 비조직적 범죄자는 비일관적이고 열악한 직장 경력을 가지고 있다. 비조직적 범죄자는 즉흥적이고 무질서한 행동을 하는데, 이들은 종종 현장에 증거와 흉기를 남기고 사체를 현장에 유기한다. 또한 피해자를 죽인 후에 성적 행위를 하며(necrophilia), 피해자를 비인격적으로 만들고 차량을 이용하지 않는 것이 특징이다. 비조직적인 범죄자는 스스로가 이상해보여서 사람들을 기피하며, 비조직적 유형에 속하는 범죄자는 모든 부분에서 비체계적인 사람이다. 이들은 전형적으로 체력이 약하고 내향적인 경향이 있으며, 어린 시절에 친구가 없고 주로 혼자서 할 수 있는 취미를 가지고 있거나 상상속의 친구를 갖는 경향이 있는 동시에 사회적 활동을 거의 하지 않는다.

이들은 자신의 집에서 멀리 떨어진 곳에서는 안정감을 느끼지 못하기 때문에 범행현장은 주로 자신이 살고 있는 거주지 혹은 직장에서 가까운 경향이 있다(김상균, 2008; 임준태, 2009; 이수정, 2015).

➲ 비조직적 범죄자의 특징(비체계적 충동살인)

성격특성	범행 후 행동	인터뷰 기법
- 평균 이하의 지능 - 사회적으로 부적절 - 비숙련 노동자 - 낮은 출생 계층 - 아버지의 직업 불안정 - 어린 시절 학대 및 비일관적 훈육 경험 - 혼자 생활 - 범죄현장 가까이 거주하거나 일함 - 대중매체에 거의 관심 없음 - 행동변화가 큼 - 야간에 활동적임 - 위생상태가 좋지 않음 - 비밀장소를 가지고 있음 - 데이트를 하지 않음 - 고등학교 중퇴 학력	- 범죄현장에 되돌아옴 - 피해자의 장례식에 참여하는 경우도 있음 - 종교로 귀의 가능성 높음 - 일기나 뉴스기사를 오려 보관함 - 거주지를 변경할 수 있음 - 성격상 변화가 나타날 수 있음	- 동정심을 보여야 함 - 간접적으로 정보를 제공 - 상담 접근법 사용 - 밤에 인터뷰 할 것

제2절 연쇄살인범의 특징과 단계

1. 연쇄살인범의 특징

연쇄살인범은 하루아침에 만들어지는 것이 아니라 어린 시절부터 독특한 특징을 갖는다는 것이 일반적인 견해이다. 연쇄살인범은 대체적으로 어린 시절에 고통스러운 상황을 경험했으며, 장기간의 사회적 박탈 및 심리적 학대상태에 놓이는 경우가 많다. 일반적으로 가족 중 정신질환, 마약 및 알코올중독, 그리고 범죄경력을 가진 사람이 많고 어린 시절에 받았던 처벌을 불공정하고 학대적인 것으로 인식하고 어머니와의 관계가 냉담한 어린 시절을 보낸다. 또한 적절한 역할모델이 되어 줄 아버지가 없거나 있더라도 신체적, 성적, 정서적으로 학대적인 아버지를 가지고 있는 경우가 많은 것으로 알려져 있다[25]. 더글라스와 올세이커(Douglas & Mark Olshaker)는 그들의 저서 『마음의 사냥꾼(MIND HUNTER)』에서 연쇄살인범 등 흉악범들이 하나 같이 끔찍한 어린 시절과 열악한 성장배경을 갖고 있다고 주장하였다. 여기서는 연쇄살인범의 아동기의 경험에서 나타나는 특성과 연쇄살인범이 가지고 있는 일반적인 특징[26]을 중심으로 살펴보았다(김상균, 2008; 이수정, 2015, 오윤성, 2016).

1) 아동기의 경험과 특성

로버트 레슬러(Robert K. Ressler)는 정상이었던 사람이 35세를 넘어서면서 갑자기 사악하고 파괴적인 살인자로 전락하는 일은 절대 없으며, 살인의 전조는 어린 시절부터 존재하고 진전되어 온 것으로 보았다. 연쇄살인범의 대부분은 바람직하지 못한 가정에서 성장하는 경우가 많다. 특히 직계가족 중에는 정신병과 범죄 전과가 있거나 범죄활동에 연루된 부모 아래에서 성장했다. 보다 구체적으로 살펴보면, 인간의 생애에 있어서 6, 7세까지의 어린아이의 삶에서 가장 중요한 것은 어머니이며, 어린아이가 사랑이 무엇인지를 배우는 기간도 바로 이 시기이다(로버트 K. 레슬러 · 톰 샤흐트만, 황보석 역, 1994). 무엇보다도 중요한 것은 어

[25] Egger, S. A. 1999, Psychological Profiling, *Journal of Contemporary Criminal Justice*, 15, August.

[26] 미연방수사국(FBI)은 연쇄살인범의 특성을 ① 90% 이상이 남성, ② 지능지수(IQ)가 보통이상이고 머리가 좋음, ③ 학교생활에 적응하지 못하고 직장은 막노동, ④ 눈에 띄게 불안정한 가정, ⑤ 어린 시절 아버지에게 버려지고 지배적인 어머니에게 자람, ⑥ 가족 중 범죄, 정신병, 약물중독 이력이 있음, ⑦ 부모를 증오, ⑧ 어린 시절 정신적, 육체적, 성적으로 학대당함, ⑨ 어린 시절 정신병 이력이 있음, ⑩ 높은 자살률, ⑪ 관음증, 도착증, 가학 · 피학성 변태성욕, 포르노에 관심, ⑫ 12살 이후에도 야뇨증, ⑬ 방화에 집착함, ⑭ 가학적 활동과 동물학대 등의 14가지를 제시하였다.

린아이의 경우 예외 없이 자신의 어머니와의 관계가 매우 냉담하기 때문에 적어도 6~7세까지는 자신의 삶에서 가장 중요한 시기임에도 불구하고 어머니로부터 사랑을 제대로 받지 못하고 성장하게 되는 경우가 많았다는 점에 주목할 필요가 있다(오윤성, 2016).

연쇄살인범의 아동기와 관련하여 1983년 도로시 루이스 등은 이들의 전조현상으로 어머니 요인, 아버지 요인, 아동기 건강요인 등을 제시하였다. 먼저 어머니 요인으로서는 어머니가 정신과질환 때문에 입원을 했던 경우가 많았다. 또한 다른 어머니에 비해 아동학대를 하는 비율이 매우 높고 가정 내에서 가정폭력을 경험하거나 목격했을 가능성이 매우 크다. 다음으로 아버지 요인으로 이들의 아버지는 폭력적이며, 때로는 가족이나 타인에 대한 위협행동을 자주하는 아버지 밑에서 아동기를 보낸 경우가 많은 것으로 나타났다. 이밖에 생물학적 아버지가 없는 채로 아동기를 보내거나 있다 하더라도 알코올 중독이나 약물중독으로 인해 그 역할을 하지 못하는 아버지 아래에서 생활해 왔을 가능성이 높다.

다시 말해서 8~12세 사이의 남자아이에 있어서 아버지가 절대적으로 필요한 시기임에도 불구하고 사망, 수감, 별거, 이혼 등으로 분리되었으며 물리적, 육체적으로는 아버지가 존재하고 있으나 정서적으로 이미 떠나 있는 상태이다. 따라서 이들의 마음속에는 어머니에 대한 분노가 쌓여 있을 뿐 아니라 아버지라는 존재로부터 적절한 훈육을 받을 수 있는 기회도 없었다. 특히 어머니에 대한 나쁜 기억은 나아가 세상의 많은 여자들과의 원만치 않은 관계로 발전할 가능성이 크다(로버트 K. 레슬러 · 톰 샤흐트만, 황보석 역, 1994). 마지막으로 아동기 건강요인과 관련하여 연쇄살인범들은 다른 사람들에 비해 신체적, 정신적 건강문제를 갖고 있는 경우가 많은 것으로 나타났다(스트븐 후안, 배도희 역, 2006).

또한 일부학자들은 연쇄살인범과 관련하여 아동기의 주요 특징을 'MacDonald Triad'로 설명하고 있다[27]. 맥도널드(MacDonald)는 연쇄살인범의 행동발달사를 연구한 결과, 공통된 특징으로 아동 초기에 야뇨증, 불장난, 동물학대 경험이 있음을 발견하였다. 이밖에 다니엘 헬맨과 나단 블랙맨(Hellman & Blackman, 1966)은 성인기의 살인행동을 가장 잘 예측해 줄 수 있는 아동기 행동유형으로 아동기 후반까지 지속되는 야뇨증과 방화, 동물학대 등 세 가지

[27] 존 마샬 맥도날드(J. M. MacDonald)는 미국정신의학저널(American Journal of Psychiatry)에 '반사회적 태도의 3대 현상(Triad of Sociopathy)' 을 발표했는데 그 세 가지 유형 중 하나로 동물 학대를 지적했다. 이후 수많은 연구자들이 동물 학대 행위가 심각한 범죄로 이어질 수 있음을 경고했다. 맥도날드 3요소(MacDonald triad, triad of sociopathy or the homicidal triad)는 정신의학저널의 살인위협(The Threat to Kill)에 발표(1963)된 것으로 사회병질(정신병질)행동과 관련된 3가지 행동특성의 조합으로 방화(firesetting), 야뇨증(enuresis), 동물학대(torturing animals)를 말한다. 맥도날드 3요소는 3개 모두 또는 둘의 조합이 함께 나타나면, 특히 연쇄범죄와 관련하여 추후 폭력성향의 전조가 되거나 관련된다고 제안된 3가지 행동특성의 조합인데 사이코패스(psychopath)도 관련된다(오마이뉴스, 2014.10.26. 보도자료 일부 인용).

를 제시하였다. 야뇨증은 정신적 공허감 등 심각한 정서적 문제를 표시해 주는 것으로 부모에 대한 가학적이고 적대적인 반항의 표현이라고 보았다. 방화는 사회적 규범을 존중하지 않는 것이며, 동물학대는 생명경시 및 폭력경향성을 반영한 것이다. 여기서 방화는 폭력과 연합되어 있으며, 동물학대는 친구들에 대한 복수의 한 양식이라고 주장하였다. 이러한 세 가지 요인들은 '3대 초기 경고 징후'로 알려져 있다(스티븐 후안, 배도희 역, 2006; 오윤성, 2016).

특히 방화는 환상의 논리적 연장에서 생각할 수 있는데, 베고비츠(David Berkowitz)는 불붙은 건물에서 실려 나오는 시체들을 즐거운 듯이 지켜보았는데 이러한 행위는 궁극적 행위, 즉 살인을 실행할 수 있는 장으로 들어서기 위한 전주곡이었다. 또한 동물학대와 관련하여 베코비츠(Berkowitz)는 6세 혹은 7세경에 양어머니의 수족관에 있는 물고기를 죽이기 위해 암모니아를 쏟아 붓고, 물고기들을 핀으로 찔렀던 일도 있었다(로버트 K. 레슬러 · 톰 샤흐트만, 황보석 역, 1994). 또한 에드먼드 캠퍼(Edmund Emill Kemper)의 경우에도 어릴 때 고양이 두 마리를 죽여서 내장을 가지고 장난을 쳤다(존 더글러스 외, 이종인 역, 1999).

이밖에 아브라함센(Abrahamsen, 1973)은 연쇄살인범의 어린 시절의 특징으로 성적 학대와 신체적 학대, 버림받은 경험을 제시하였다. 이 중에서 아동학대 경험이 연쇄살인의 중요한 원인이라는 주장도 많이 제기되었다. 스클레신거(Schlesinger, 2001)는 'MacDonald Triad'를 확장하여 아동기의 학대경험, 병적인 거짓말, 동물학대, 통제욕구, 방화, 관음증, 여자아이 폭행이 연쇄살인을 설명하는 중요한 특징이라고 주장하였다. 위트만과 아쿠타가와(Whiman & Akutagawa, 2003)는 연쇄살인범의 행동의 역동성을 이해하는 요인으로 유아기의 정서적 박탈감, 잘못된 양육 등을 제시하였다(김상균, 2008)[28]. 지금까지 제시된 아동기의 전조현상은 어머니 요인, 아버지 요인, 아동기의 건강 요인, 야뇨증, 방화, 동물학대, 성적 학대와 신체적 학대, 관음증, 여자아이 폭행, 정서적 박탈감, 잘못된 양육 등으로 요약된다.

2) 정서적 결여와 사회 부적응

연쇄살인범의 일반적인 특징으로 대다수의 연쇄살인범들은 정신적으로 크고 작은 상처를 가지고 있으며, 성장과정에서 발견되는 이러한 정신적 결함은 오랜 시간이 지난 후에도 남아 있다는 사실이다. 일반인들은 작은 동물들을 봤을 때 귀엽고 사랑스럽다는 반응을 보이는 것이 대부분이지만 연쇄살인범들의 경우 식물인간처럼 아무런 반응이나 감정의 변화

[28] Whitman, T., & Akutagawa, D. 2004. Riddles in Serial Murder: A Synthesis, *Aggression and Violent Behavior*, 9: 693–703.

가 없다. 특히 잔인한 장면에 나올 때 오히려 흥분과 호기심, 좋은 느낌의 뇌파 반응을 보여 연쇄살인범들에게 있어서 슬픔이나 죄책감 등은 의미가 없다. 이들은 어린 시절에 정상적인 사람들 사이에서 볼 수 있는 상호 애정과 의존에 대한 접촉이나 정서적인 따스함을 거의 경험하지 못했으며, 부모의 냉담한 태도를 보상해 줄 수 있는 형제, 자매 또는 다른 가족 구성원들과의 관계 역시 결여되어 있다.

또한 연쇄살인범들은 어린 시절 심한 정신적, 신체적 학대의 경험이 있거나 성장과정에서 가까운 사람들로부터 무시당하고 살았다. 때로는 자신의 행동에 아무런 제약을 받지 않는 환경에서 성장하기도 한다. 성격 자체가 변덕스러워 이상한 행동을 하게 되고 인형의 목을 비틀어 버린다든지 물건을 던져 파괴해 버리는 등 살해 성향이 어린 시절부터 싹트기 시작한다. 연쇄살인범들의 지능은 대부분 낮은 편은 아니지만 공부에 집중할 수 없으므로 학업성적은 기복이 심하고 높지 않은 것이 특징이다. 일반적으로 성격 자체는 밖으로 잘 드러내지 않는 내성적인 성격이기 때문에 얌전하다는 평을 듣거나 관심 밖에 있게 된다. 이와는 대조적으로 무단결석을 하고 수업시간에 달아나거나 교사를 공격한다든지 학교에 방화를 하는 등 파괴적이거나 눈에 띄게 난폭한 행동을 하는 경우도 있다. 성인이 되어 출세를 위해 여러 가지를 시도하지만 실패하고 직장에 들어가더라도 오래 있지 못하고 나와 끊임없이 떠돌이 생활을 한다.

이러한 특징으로 인해 결국 사회에 적응하지 못하고 떠돌이 생활을 하는 사람들 중에는 연쇄살인범이 많다. 사춘기를 지나면서 이성에 대해서는 정상적인 합의하에서 성적 접촉을 하는 경험이 있으며, 상대로부터 거부당했을 때 자신에 대한 무능력의 인식, 분개, 적개심 등이 살인으로 이어질 단초를 제공하게 된다. 또한 연쇄살인범들은 성적인 경험을 파괴적인 행동과 연계하여 상대방을 격하하거나 모욕하고 지배하려는 비정상적인 시도를 하게 되는데 이는 상대를 비인격화시켜 하나의 사물로 전락시킨다. 특히 조정, 지배, 통제 등이 세 가지 용어는 미래의 스토커, 강간범 그리고 살인자가 될 수 있는 모든 성범죄자들이 가지는 슬로건이다(Douglas & Olshaker, 1998)[29].

마지막으로 연쇄살인범 중에는 자신의 망상으로부터 살인에 대한 동기를 부여받기도 하며, 나쁜 일이 생겼을 때 그럴 줄 알았다는 등의 자기 암시를 하기도 한다. 시험적으로 반사회적인 행동을 시도해 보고 이러한 시도가 문제를 일으키지 않고 그냥 넘어가게 될 경우

29 Douglas, J., & Olshaker, M. 1998. Obsession, Pocket Books.

자기중심적인 성향을 가지게 되며, 처벌받지 않을 것이라는 자신의 행위에 대한 확신을 하면서 다시 범행가능성을 예측하기도 한다. 미국의 추세이긴 하지만 이들의 인구학적 특성을 보면, 대부분 남자로 백인이 많고 25세에서 34세까지의 연령층에서 많이 나타난다. 이밖에 비교적 지적이고 또는 적어도 전문 지식이 있는 총명하고 카리스마적인 성격을 가지고 있으며, 경찰 또는 경찰 일에 흥미를 가지고 있는 사람도 있다(오윤성, 2016).

3) 환상

살인에 대한 환상은 어린 시절부터 생겨나고 이러한 환상을 거치면서 정교해지고 실제적인 살인으로 이어진다. 범죄학자들은 환상 없이 폭력적인 행동은 실행될 수 없다고 보고 있다(Douglas 등, 1992; Sears, 1991). 또한 환상의 내용과 특성은 모든 사람이 다르며 연쇄살인범의 경우도 유형별로 차이가 있다. 망상형 연쇄살인자범의 환상은 지옥으로부터의 환상 또는 신으로부터의 목소리에 집중될 것이고 욕정 또는 스릴, 쾌락주의 연쇄살인범의 성적 환상은 얼굴 없는 피해자에 초점이 맞춰질 것이다(Holmes & Holmes, 2002). 연쇄살인범의 경우 사춘기 시절에 친구들과의 협동이 요구되는 정상적 흥미와 활동을 발전시키는 대신 혼자만의 세계에서 자기 마음대로 할 수 있는 난폭하고 음란한 환상 속으로 빠져든다(로버트 K. 레슬러 · 톰 샤흐트만, 황보석 역, 1994). 특히 폭력적 성범죄는 환상에서 비롯된다고 판단된다. 폭력적 환상에 있어서 오늘날의 범죄자는 과거의 범죄자들에 비해 훨씬 이른 시간에 자신의 범죄를 개념화한다. 결과적으로 그들의 환상은 점차 복잡화되며 일부 사건에서는 도가 심해진다.

연쇄살인범들은 일상생활에서 즐겁고 좋은 일들, 예를 들어 결혼이나 아이를 출산하면 일시적으로 연쇄살인을 저지르지 않지만, 이것 또한 지속되지는 않는다. 만일 현실적으로 자신을 압박하는 요소, 다시 말해 실직이나 경제적 어려움, 이혼 등이 발생할 경우 이로부터 받은 스트레스를 해소하기 위해 다시 살인을 저지를 가능성이 높다. 성폭력범이 범죄를 저지르기 전에 환상을 품는 기간이 길면 길수록 범죄자가 원하는 피해자의 특징은 더욱 구체화된다. 환상은 보통사람들에게도 있을 수 있으며 성적 욕구를 품는 것은 자유이지만 많은 사람들이 이러한 환상을 구체적으로 실행하지는 않는다. 성범죄자들과 보통사람들과의 차이점은 환상을 구체적으로 실행을 하느냐 하지 않느냐의 차이에 있다(Hazelwood & Michaud, 2002)[30].

한편, 포르노그래피(pornography)[31]는 성범죄자들에게 새로운 아이디어의 끊임없는 원천이며 폭력적이고 성적인 공격으로 유도하는 과정에서 매우 중요한 역할을 할 수도 있다. 어떤 포르노그래피는 풍부한 시각적 영감의 무한한 자료를 제공함으로써 폭력적인 성적 환상을 더욱 강화시킨다. 일반적으로 성범죄자들은 자신의 일탈 환상을 강화하는 동안 자신이 선호하는 비디오나 음란사진에 많은 시간을 투자하는 경향이 있다(Hazelwood & Michaud, 2002). 연쇄살인범이 처음부터 살인을 하는 것은 아니며, 처음에는 사람을 죽이거나 위해를 가할 가능성에 대해 심각하게 생각하지 않는다. 하지만 상상만으로는 지루하기 때문에 자신이 가지고 있는 도색잡지나 음란 비디오 등을 통해 다양한 욕구를 충족시킨다.

이러한 행위만으로 자신의 욕구를 충족시키지 못하기 때문에 주위에서 마주치는 사람들을 대상으로 정신적, 신체적 접촉을 간절히 원하게 된다. 그리고 살아있는 인간을 대상으로 현실적으로 지배하고 통제하기 위하여 유괴, 납치, 폭력 행사 등을 생각하게 된다. 구체적으로 자신의 생각을 실현하기 위해 상상으로만 그려왔던 피해자를 현실적으로 납치하고 성추행하는 등의 범행을 한 후 자신의 행동을 합리화시킨다. 지금까지 가치가 없다고 느꼈거나 사회적 기생충이라고 경멸해 왔던 대상, 그리고 자신이 돌봐준다고 생각하는 어린아이들을 대상으로 범행을 한 이후에 자신에 대한 합리화가 이루어지게 된다. 예컨대 자신의 행위가 타인에게 의도적으로 해를 가했거나 불법적이고도 잘못된 행위임을 공개적으로 인정하고 싶지 않은 것이다(Holmes & Holmes, 2002)[32]. 정상적인 사람들은 성적인 경험이라는 관점에서 환상을 품지만 비정상적인 사람들은 성적인 경험을 파괴적인 행동과 연계시키는 특징을 가지고 있다.

4) 성도착과 성적 가학성(sadism)

성도착은 성적 각성을 위해 사람 또는 다른 물체를 사용하는 것을 선호하고 현실 또는 상상 속에서 고통이나 굴욕감을 일으키는 반복적인 성행위, 그리고 파트너의 동의 없이 이루어지는 반복적인 성행위를 말한다. 레슬러(Ressler) 등은 성행동의 표출과 관련하여 광범위한 연구를 진행하였는데, 범죄자의 81%가 성적으로 가장 관심 있는 대상은 포르노그래

---

30 Hazelwood, R., & Michaud, S. G. 2002. Dark Dream, St. Martin's Paperbacks.

31 포르노그래피(pornography)를 줄인 포르노는 성적 자극을 목적으로 인간의 신체나 성적 행동을 명확히 묘사하는 모든 표현 양식이다. 포르노그래피는 비디오(포르노 영화), 비디오 게임, 만화, 미술 작품, 사진, 애니메이션 등 다양한 형태로 표현된다. 그리스어 포르노그래포스(pornographos), 다시 말해 '창녀에 관해 쓰여 진 것'이라는 의미를 가진 단어에서 유래되었다.

32 Holmes, R. M., & Holmes, S. T. 2002. Profiling Violent an Investigative Tool(3rd ed.), Sage Publication: 119–122.

피였다고 주장하였다. 프렌키(Prentky, 1989) 등의 연구결과를 보면, 연쇄살인범과 단순살인범을 비교했을 때 성도착증의 정도가 훨씬 높고, 특히 물품음란증(fetishism)[33]은 연쇄살인범이 71%인데 비해 단순살인범은 33%에 불과했다. 복장도착증(transvestism)[34]은 연쇄살인범이 25%인데 반해 일반살인범은 한 명도 없는 것으로 나타났다. 브리타인(Brittain, 1967)은 가학적 살인사건에서 성도착증이 중요한 역할을 한다고 역설하였는데, 그는 성적 살인범들의 경우 환상속의 삶이 일상 속의 삶보다 더 중요하다는 결론을 내렸다(김상균, 2008).

한편, 범죄자의 행동을 설명하는데 있어서 가학적(sadistic)이란 용어는 대중매체는 물론 일반적으로 널리 사용되어 왔다(Brent & Turvey, 2002)[35]. 사디스트(sadist)에 있어서 통상 상대방을 학대하거나 죽이는 사례가 흔하게 발생하는 것은 의식적 욕망이 상대방과의 성관계만으로는 충족될 수 없기 때문이다. 의식적인 살인자들은 자신들의 비정상적인 성적 욕구와 환상을 충족시키기 위한 방법의 하나로 음란물을 보거나 수집하고 보관하기도 한다. 따라서 가학성(sadism)은 배우자, 파트너 혹은 희생자 등을 잔혹하게 다루고 고통을 가함으로써 얻어지는 성적 만족이라는 개념을 포함하고 있다. 미국정신의학회의 진단기준(DSM-Ⅳ)에서는 가학성을 성격 장애(personality disorder)의 범주로 포함시켜 이를 다시 두 가지 형태로 구분하여 설명하고 있다[36]. 첫째, 다른 사람이 심리적, 신체적으로 고통을 당하는 것을 목격하고 기쁨이나 환희를 느끼는 가학적(sadistic) 성격장애로 모든 연쇄살인범이 이 범주에 들어간다고 볼 수 있다. 둘째, 성적 가학증으로 모든 연쇄살인범이 성적 가학증을 가진 것은 아니지만 대부분이 이와 관련되어 있다는 것이다[37].

성적 가학증은 되풀이되는 욕구와 성적인 환상을 가지며, 가학적인 행동을 통해 가해자

---

[33] 물품음란증(fetishism)을 주물숭배 색욕이상증이라고도 하며, 특정한 물건에 의해 성적인 흥분을 느끼는 증상을 말한다. 패티시즘(fetishism)이라는 단어를 최초로 사용한 사람은 프랑스의 정신분석학자 알프레드 비네(Alfred Binet)로 그는 정상적인 사랑이란 복잡한 패티시즘의 결과라고 주장하였다. DSM-Ⅳ에서 제시하고 있는 물품음란증의 진단기준을 보면, 여성의 내의 등 무생물인 물건을 중심으로 성적 흥분을 강하게 일으키는 공상, 성적 충동, 성적 행동이 반복되며, 적어도 6개월 이상 지속된다. 그리고 이러한 공상, 성정 충동, 행동이 임상적으로 심각한 고통이나 사회적, 직업적, 또는 다른 중요한 기능영역에서 장애를 초래한다. 마지막으로 기호물이 옷 바꿔 입기에 사용되는 여성 의류(복장 도착증) 또는 촉감으로 성기를 자극하려는 기구(예: 진동기)에 국한하지 않는다(오윤성, 2016: 251 참조).

[34] 복장도착증(transvestism)은 이성의 옷이나 대상물을 걸침으로서 성적 흥분을 가져오는 증상으로 복장 도착적 물품음란증, Cross Dressing 등 여러 가지 용어로 불린다. 이성의 복장을 착용하면서 성적 흥분을 얻는 경우는 거의 모두 남성에게만 볼 수 있는 현상이다. 이러한 취향은 사춘기부터 시작되지만 그 이전에 시작될 수도 있고 30대, 40대에서도 나타난다.

[35] Brent E., & Turvey, M. S. 2002. Criminal Profiling, Academic Press.

[36] Blackburn, Ronald. 2003. the Psychology of Criminal Conduct-Theory, Research, Practice, John Wiley & Sons, Ltd: 77.

[37] Schechter, H. 2004. The Serial Killer Files, New York: Ballantine Books: 206-207.

가 희생자에게 수치심을 포함한 심리적, 육체적 고통을 가하면서 성적 흥분을 이끌어내는 행동을 의미한다. 희생자가 느끼는 고통은 가해자에게는 바로 성적인 자극이 된다. 가학적 환상이나 행동은 희생자를 기어 다니게 하거나 우리에 가두는 등의 우월적 지배 행동으로 나타나기도 한다. 이러한 우월적인 지배행동에는 희생자에 대한 속박, 눈 가리기, 구타, 채찍질, 꼬집기, 불태우기, 전기충격, 강간, 칼로 베기, 찌르기, 목 조르기, 고문, 신체절단 혹은 살인 등이 포함된다[38]. 아울러 가학성은 타인을 벌하는 과정에서 느끼게 되는 성적 만족이라 할 수 있다(Holmes, 1991).

아이들과 관련하여 버거스(Burgess), 그로스(Groth), 홀름스트롬(Holmstrom) 등은 가학성을 다음과 같이 묘사하였다. 가학적 범죄자는 아이들을 괴롭히면서 즐거워하며 아이들의 두려움과 고통, 괴로움 등이 가학적 소아기호증(pedophile)을 가진 사람들을 흥분시키는 요소가 된다고 주장하였다. 아이들을 해치고 성적으로 더럽히고 혹은 죽이는 것이 이들의 의도이다. 이들의 분노는 성적 행동과 힘에 의해 유지된다는 것이다(Burgess, Groth, Holmstrom, 1977). 특히 그로스(Groth)는 분노와 힘을 성적으로 전이시킴으로써 공격성 자체는 성적으로 매우 자극적인 행동이 되는데, 가해자는 희생자를 의도적으로 괴롭히면서 강력한 만족감을 얻게 되고, 희생자의 고통과 분노, 괴로움 그리고 고뇌와 무기력함, 아픔을 즐기게 된다고 주장하였다(Groth, 1979; 오윤성, 2016).

끝으로 편집성 성격장애를 가진 사람들은 의심이 많고 잘 믿지 않으며 경계심이 지나치게 많고 배신당할까봐 끊임없이 경계한다. 가학적 변태성욕자들은 대부분 편집증적인 공포에 시달린다. 편집증은 다른 사람에 대해 근거가 없는 의심을 키우고 무구한 발언이나 사건에 숨겨진 의미를 가져다 붙인다. 또한 가학적 변태성욕자들이 항문 강간을 선호하는 이유는 항문 강간이 피해자에게 주는 고통과 모멸감과 관련성이 있다. 외부 물질을 체내에 삽입하는 행위 등은 피해 여성을 극단적으로 대상화한 결과인 것이다(Hazelwood & Michaud, 2002).

5) 공간적 이동성

연쇄살인범은 특정 장소에서 범행을 하는 살인범(place-specific killer)과 지리적으로 이동적인 살인범(traveling killer)으로 구분된다. 특정 장소에서 범행을 저지르는 살인범은 오직

[38] 연쇄살인범은 아니지만 성적 가학성을 보인 살인범의 전형으로 김길태 사건을 들 수 있다. 김길태는 2011년 3월에 부산시 덕포동에서 예비중학생인 여자아이를 납치 성폭행한 후 가정집 물탱크 안에 희생자를 석회가루로 범벅된 나체 상태로 방치한 사건을 저질렀다. 그는 이미 1997년에 성폭행 미수와 2001년 부녀자를 감금하고 성폭행하여 교도소에 8년 동안 복역한 범죄강력을 가지고 있었다(황성현 외, 2015: 280 참조).

한 장소에서만 살인을 하는 유형이며, 이동성 살인범은 많은 지역에 걸쳐 살인을 저지르는 유형이다. 특히 시체의 유기장소와 피해자의 납치장소가 다를 경우에 시체를 유기하는 위치가 납치하는 위치가 범죄자의 거주지를 더욱 잘 예측해준다는 연구결과도 있다(Mott, 1999). 지리적으로 이동적인 범죄자들은 1년에 수천마일을 여행하면서 살인을 저지른다. 이들은 경찰의 체포를 피하고 경찰들에게 혼란을 주기 위해서 이동 자체를 선호하는 경향이 있다(Holmes & Holmes, 1996).

지리적으로 안정적인 연쇄살인범	지리적으로 이동적인 연쇄살인범
– 일정 기간 동안 동일 지역에 거주 – 거주지역과 동일한 지역 또는 근교에서 살인 – 거주 지역 혹은 근교에서 시체 유기	– 계속 여행을 함 – 법집행에 혼란을 야기하기 위해 여행을 함 – 먼 지역에 시체를 유기

출처: Holmes, R. M., & Holmes, S. T. 1996. Profiling Violent Crimes: An Investigative Tool. Thousand Oaks, CA: Sage.

6) 사회적 특성

미국의 대부분 연쇄살인범들은 매력적이고 남성적이며 경찰이나 경찰 업무에 많은 관심을 가지는 것으로 나타났다[39]. 또한 범죄가 반복됨에 따라 점점 더 계획성이 없어지고 살인을 저지르는 시간적 간격이 점차적으로 줄어드는 반면에 범행에 사용하는 폭력성은 더욱 증가하게 된다(Holmes & Holmes, 1996). 연쇄살인범들은 학교에서 교과수행을 잘 할 수 있는 정도의 지능을 가지고 있지만 대부분 학업에 있어 실패하는 것으로 나타났다. 또한 숙련된 직업을 수행할 능력을 가지고 있으나 실제 비숙련 노동에 종사하고 전반적으로 보통 정도의 능력을 가지고 있음에도 불구하고 학교, 군대, 사회관계, 직업의 측면에서 열악한 수행을 보이는 것이 일반적이다(Ressler, Burgess & Douglas, 1988; 이수정, 2015).

7) 피해자의 선택

다중살인범(mass murder)은 자신의 피해자가 누가 되던지 관심이 없기 때문에 그들과 접촉하는 사람들은 누구나 자신의 피해자가 될 수 있다. 그러나 연쇄살인범들은 피해자의 유형을 자신이 선택한다. 그들은 스스로 피해자를 선택하고 범행의 장소와 과정을 계획하며,

[39] 일반적으로 범죄자는 누군가로 분장하는 경우가 있는데, 대체로 경찰로 분장하는 경우가 많다. 실제 많은 연쇄살인범들은 'police-groupies'로 묘사된다. 일부 연쇄살인범들은 경찰을 사칭하거나 제복을 구입하기도 하며, 경찰이 많이 이용하는 차량을 타고 다니거나 경찰이 자주 가는 장소(음식점, 술집 등)에 자주 나타나기도 한다. 한 예로 2004년 체포된 유영철도 위조한 경찰 신분증을 사용한 것으로 드러났다.

그러한 조건이 충족되지 않았을 경우에는 살인을 하지 않는 특성을 가진다(Douglss, Burgess, Burgess & Ressler, 1992). 연쇄살인범들은 실제로 범행 이전에 환상의 과정이 중요한 작용을 한다. 이들은 이상적인 피해자의 상(image)을 환상과정에서 만들고 실제로 살인을 할 경우 자신의 상상속의 이상에 가까운 사람을 피해자로 선택하려고 한다. 또한 연쇄살인범들은 피해자가 자신의 수중에 들어왔을 때 피해자를 어떻게 학대하고 어떤 폭력을 행사할 것인가를 환상을 통해 구체적인 사항까지 생각해두기도 한다. 때로는 마음에 드는 피해자를 발견할 때까지 기다리고 자신이 만들어낸 왜곡된 도덕관을 적용하여 피해자에 대한 폭력행위를 합리화시켜 죄책감을 갖지 않게 된다(Holmes & Holmes, 1996).

2. 연쇄살인의 단계

일반적으로 연쇄살인의 단계는 심리적 준비단계, 낚시질 단계, 구애 단계, 포획단계, 살인 단계, 회상단계, 침체단계 등 일곱 가지 단계를 거치는 것으로 알려져 있다. 이러한 일곱 가지 단계를 중심으로 단계별 특징 등을 살펴보면 다음과 같다.

① 제1단계: 심리적 준비단계(the aura phase)

연쇄살인범들이 피해자들에게 성행위 등을 하지 않았다 하더라도 성범죄 살인범이라고 규정짓는 것은 살인범들이 성적인 환상을 품기 때문이다. 먼저 심리적 준비단계는 일상적 현실세계를 대체하는 환상(fantasy)이 형성되면서 환상 속에서 치러지는 의식에 참여할 대상을 찾아야 한다는 강박관념에 시달리게 된다. 연쇄살인범은 살인을 저지르기 전 평범한 일상에서 일탈하는 변화와 자신의 행동이 바뀔 것이라는 신호를 느끼게 된다. 그러면서 주위의 모든 것들이 갑자기 아주 느리게 움직이는 듯한 느낌을 받으며 소리나 색깔 등을 전보다 훨씬 선명하고 생생하게 느낀다. 또한 후각은 훨씬 예민해지며 피부 역시 민감해져서 아주 미세한 부딪힘에도 강한 자극을 받게 된다. 그들은 현실감각을 상실하고 자신의 머릿속에서 상상을 통하여 한 단계 한 단계 범행을 진척, 흥분을 고조시켜 절정(Climax)에 이르기도 한다. 이러한 환상은 사람에 따라 수주일 또는 수년간 연속되기도 하는데 머릿속에서 마치 비디오테이프처럼 재생되기도 한다. 그러다가 활동범위 내에서 환상 속에 들어와 역할을 담당해 줄 만한 사람이 발견되는 순간, 심리적 준비단계는 종료되고 지금까지의 환상이 현실로 전환되면서 다음 단계인 낚시질단계(The Trolling Phase)로 넘어가 실제로 희생자를 포획하기 위한 작업에 들어가게 된다.

심리적 준비단계는 사전에 적절히 개입된다면 예방이 가능하고 강박적 충동을 해소할 수도 있으나 문제는 이러한 상황에 처해 있다는 사실을 알기가 거의 불가능하다는데 있다. 연쇄살인범은 욕망과 쾌락(Lust)욕구를 만족시키고자 하는 원초적 본능(Primal Instinct)에 의해 지배되는 단순한 생물적 존재(Biological Engine)로 탈바꿈함으로써 일반적으로 합리적 이성이라든가 자유의지에 의한 선택과는 전혀 다른 살아있으나 죽은(a death in life), 그리고 그림자 같은 존재(a shadowy existence)로 불리기도 한다. 이러한 환상이 사라지거나 살인의 의식을 끝낸 이후에야 현실의 세계로 복귀하게 된다.

일반적으로 연쇄살인범의 심리적 단계는 왜곡된 생각이나 사고방식에서 비롯된다. 이 단계에서 범죄자들은 적극적인 심리적 균형상태 하에 있다. 살인을 함으로써 발생할 수 있는 바람직하지 않은 결과에 대해 깊이 생각할 수 있는 위치에 있지 않으며, 자신이 그러한 행동을 하게 되면 어떠한 내 · 외적 보상을 받을 수 있는가에 더 많은 관심이 있을 뿐이다. 다시 말해 눈앞의 이익에만 관심이 있다. 연쇄살인범은 사회적으로 여러 가지 면을 가지고 있는데, 망상적 유형의 범인을 제외하고 많은 유형의 연쇄살인범들이 정신병질자(psychopath)로 자신의 매력을 이용하여 다른 사람의 긴장을 풀게하고 이득을 취한다. 그러나 이러한 상태가 지속적일 수는 없다. 그러한 행위는 조만간에 자신의 위치를 위협할 것이라는 현실을 직시하면서 다음 단계인 낚시질단계로 넘어가게 된다(Holmes & Holmes, 2002; 오윤성, 2016).

② 제2단계: 낚시질 단계(the trolling phase)

다음으로 낚시질 단계는 연쇄살인범에게는 매우 긴장하고 집중력이 높아지면서 강박적, 열광적, 편집증적인 행동패턴을 보인다. 이 단계에서 연쇄살인범은 더 이상 현실 속의 정상적인 인간으로 기능하고 있지는 않지만 일상생활의 자극에 대해서는 본능적으로 반응한다. 다시 말해서 심리적 단계를 거쳐 낚시질 단계로 진입했다는 것은 연쇄살인범의 일거수일투족을 지배하는 새로운 행동 프로그램이 작동했다고 볼 수 있다. 평소에 지나치며 보았던 경험과 환상 및 변태적인 욕구들이 뒤섞여 희생자를 낚아 올리기 위해 낚싯대를 드리울 위치를 결정하거나 희생자를 적극적으로 찾아 나선다. 연쇄살인범이 선호하는 지역으로는 지하 주차장, 인적이 드문 밤거리 외진 골목길, 청소년 회관, 대학의 여학생 기숙사, 초등학교 운동장이나 장애인 시설, 한적한 시골길[40]이나 아이들의 통학로 등이 있다. 연쇄살인

[40] 2000년 10월과 12월 전북 고창에서 발생한 여아 연쇄살인범이나 미제사건의 하나인 화성 연쇄살인범의 경우 주로 농로길이나 야산 길을 피해자 낚시 장소로 이용하였다.

범들은 가장 적합한 목표물을 찾겠다는 생각으로 자신도 모르는 사이 특정한 장소에서 희생자를 찾기 위해 배회하는 자기 자신을 발견하기도 하며 일단 희생자가 확정되면 희생자에 대한 스토킹을 하면서 먼 곳으로부터 점차적으로 희생자에게 접근하게 된다(오윤성, 2016).

CASE ① 1. 낚시질 단계의 사례

예시1: 존 웨인 게이시(John Wayne Gacy)[41]는 자신이 좋아하는 소년을 찾기 위해 호스트 바 밀집촌을 배회하였다. 또한 게이시는 종종 경찰관 행세를 하면서 버스 정류장이나 '버그하우스 스퀘어(Bughouse Square)'라는 좁은 동성애자 구역에서 범행상대를 물색했다.

예시2: 시애틀 법대 학생이었던 테드 번디(Ted Bundy)는 미모의 여학생을 찾아 시애틀 대학교의 남녀 공용 기숙사 근처를 맴돌았고 플로리다로 이주한 직후에도 인근 대학교의 여학생 기숙사에서 희생자를 물색했다.

CASE ② 2. 낚시질 단계의 사례

예시3: 칼튼 게리(Carlton Gary)는 노인 여성들만 노렸는데 부자들을 털어서 가난한 사람들에게 나누어 준다는 환상을 실현하기 위해 부촌인 콜럼버스 지역의 윈튼에서 대상자를 발견할 때 까지 그곳을 관찰했다. 특히 희생자를 몇 주 동안 관찰하면서 이웃집들을 방문하고 물건 배달을 하면서 희생자의 일상생활, 습관, 스케줄 등을 파악했다. 아울러 한 번도 본 적이 없는 자신의 어머니를 연상케 하는 노인들과 자신의 이모, 할머니를 가정부로 고용했던 부유한 백인 할머니와 닮은 사람들만 공격대상으로 삼았다.

예시4: 헨리 리 루카스(Henry Lee Lucas)[42]는 한적한 지방도로에서 오티스 툴(Ottis Toole)과 함께 텍사스를 가로지르는 황야지대의 한적한 도로 주변을 희생자 낚시의 장소로 삼았다. 루카스는 희생자들을 바(bar)에서 물색하거나 주유소나 도로에서 히치하이킹 하려는 여성들을 주요 대상으로 삼았다.

---

[41] 존 웨인 게이시(John Wayne Gacy, 1942-1994)는 미국의 대표적인 연쇄살인범으로 평소에 광대 분장을 하고 아이들을 돌보는 봉사를 해왔기에 '광대 살인마'라는 별명이 붙었다. 많은 재능을 가지고 있었던 인물이나 양심이 없다는 치명적인 문제가 있었고, 결국 그것이 자신은 물론 30여 명에 달하는 수많은 사람까지 죽음으로 몰아넣는 원인이 되었다. 피해자들은 처음엔 회사 직원이 대상이었으나, 점점 대담해져서 길가는 청소년들을 몰래 납치해서 강간 후 살해하기에 이르렀다. 게이시는 1980년 33명의 피해자를 살해한 혐의로 사형을 선고받았다. 그렇게 30여 명을 살해했다. 형이 집행되기 까지 14년 동안 서커스 광대 등 기괴한 그림을 그렸으며, 1994년 5월 52세의 나이로 약물주사를 맞으면서 사형이 집행되었다. 게이시는 'KISS MY ASS'("웃기고들 있네", 또는 "X까"로 해석됨)를 유언으로 남겼다고 한다(출처: 나무위키; Schechter, Harold. 2003. The Serial Killer Files, New York: Ballantine Books: 196-198).

[42] 헨리 리 루커스(Henry Lee Lucas, 1936~2001)는 미국의 연쇄살인범으로 자신이 17개 주에 걸쳐 360명 이상 살해했다고 주장하였다. 그는 유명한 연쇄살인범 중 한명이며, 토머스 해리스의 작품에 등장하는 연쇄살인범 한니발 렉터

③ 제3단계: 구애단계(the wooing phase)

연쇄살인범의 외모는 결코 혐오스럽게 생겼다거나 불안감을 조성하는 스타일이 전혀 아니다[43]. 그러므로 피해자들을 폭력으로 위협하여 끌고 가지 않고 오히려 마각을 드러내기 전까지는 순진한 모습으로 유혹하는 경향이 강하므로 범행초기의 피해자들은 연쇄살인범을 상대로 거의 저항을 하지 않으며 오히려 협조하는 경우도 있다. 이처럼 연쇄살인범들은 피해자들을 유혹하여 덫으로 끌어들이고 대부분 피해자에게 신임을 얻어 경계심을 허문 다음에 덫으로 유인한다.

CASE ③ 구애단계의 사례

예시1: 콜럼버스 스토킹 연쇄살인범인 존 웨인 게이시(John Wayne Gacy)는 피해 소년들에게 같이 있어 주는 대가로 취직을 시켜주고 성적인 봉사를 하는 대가로 돈을 주겠다고 유혹했으며, 때로는 아버지 같은 따스함과 이해심을 보이며 소년들을 유인했다. 이후 소년들이 자신을 따라 그의 집이나 사무실, 또는 공사현장까지 오면 완전히 상황을 장악했다. 따라온 소년이 그저 시키는 대로하고 돈만 바라면 그는 소년을 농락하며 성적 즐거움을 맛보고 돈을 주어 돌려보냈다. 하지만 소년이 저항하거나 자신을 속이려하면 소년의 머리를 내리쳐 제압하고 꽁꽁 묶어 강간한 후 잔인하게 고문하고는 죽여 자신의 집 지하에 파묻었다.

예시2: 테드 번디(Ted Bundy)는 아주 귀엽고 소년 같은 외모와 분위기로 여자 희생자들의 동정심과 모성 본능을 자극해서 팔을 다친 초년생을 도와준다고 느끼도록 만들었다. 그는 통상적인 남녀관계의 틀을 뒤집어 여인들의 환심을 사는 데 있어 전문가였다. 오히려 피해자들이 강하고 건강한 사람이었고 주차장이나 해변 가에서 다치고 약해보이는 미남청년에게 도움을 주기 위해 적극적으로 다가갔고 살인자는 부상당하고 겸손한 태도로 아주 부끄러워하며 도움을 청했다.

예시3: 오티스 툴(Ottis Toole)은 쇼핑이나 어린아이들의 뒷마당, 또는 학교 운동장 같은 장소에서 아이들을 유혹해 먼 곳으로 데려갔다. 대부분의 아이들은 사탕을 주거나 부모에게 데려주겠다고 약속하는 등 낯선 사람들을 두려워하지 않고 잘 따라간다는 점을 이용한 것이다.

의 모델 중 한명이다. 루커스는 텍사스 주에서 신원미상의 여자를 살해한 혐의로 사형 선고를 받았지만, 살인 사건이 발생한 날짜에 그가 플로리다 주에 있었을 가능성이 있다는 증거를 기초로 종신형으로 감형되었다.

[43] 2009년 부녀자 7명을 살해한 연쇄살인범 강호순이 체포되었을 때 사람들은 두 번 놀랐다. 희생자를 모조리 목을 졸라 죽인 후 암매장한 잔인함에 치를 떨었다. 한편으로 선한 얼굴에 또 한 번 모골이 송연해졌다. 공개된 사진 속에서 그는 개를 안고 환하게 웃고 있었다. 그만하면 준수한 외모였다. 살인극이 끝나면 그는 평범한 30대 청년으로 돌아가 가축을 기르고 스포츠 마사지 일을 했다. 이웃들은 "친절하고 상냥한 사람이었다"고 했다. 아무도 얼굴에 숨겨진 악마성을 눈치채지 못했다. 범죄심리학 전문가들은 경기 서남부 지역 연쇄살인범 강호순(38)이 '호감형 연쇄살인범'인 테드 번디형이라고 평가했다(조선일보, 2016.05.10. 서울신문, 2009.01.30. 인용).

④ 제4단계: 포획단계(capture phase)

포획단계는 덫에 걸려든 피해자를 낚아채는 단계로서 연쇄살인범들은 피해자가 혼자가 될 때까지 기다리면서 피해자가 도망갈 수 있는 모든 가능성을 차단시킨 채, 스스로의 심리적 흥분감을 고조시킨다. 피해자가 결국 덫에 걸려드는 '포획'상태에 이르게 되면 살인마의 흥분상태는 최고조에 이르게 되는데 이 단계가 연쇄살인범이 가장 즐기는 순간이다. 그 이유는 피해자를 포획하고 난 이후에는 마음대로 피해자를 농락하며 얼마든지 자기만의 '의식'을 치를 수 있다는 기대감에 차 있기 때문이다. 포획단계에서의 행동은 갑자기 차문을 잠가 버리거나, 창문을 통해 갑자기 침입하며, 필요하다면 피해자를 제압하기 위하여 피해자의 얼굴에 주먹을 날려 피해자를 무력시키기도 한다. 그리고 앞으로 행해질 폭력에 대한 음산하고 무서운 협박을 한 후 점진적인 공포를 가중시키기도 하는데 낚시질 단계와 구애 단계, 포획 단계가 일괄적이면서 짧은 시간에 이루어지기도 한다.

CASE ④ 포획 단계의 사례

예시1: 칼튼 게리(Carlton Gary)는 피해자의 집에 침입하자마자 방어능력을 갖추지 못한 피해자를 재빨리 공격하는 수법을 썼다. 이후 그는 피해자를 위협한 후 강간하고, 피해자의 나일론 스타킹이나 창문 블라인드의 끈 또는 스카프 같은 것으로 목을 졸라 살해한 후 시신을 덮었다.

예시2: 테드 번디(Ted Bundy)는 피해자를 유혹하여 '살육장'인 자신만의 장소로 데려가 무참히 때려죽이고 피해자의 살점을 씹었다.

예시3: 헨리 리 루카스(Henry Lee Lucas)는 '포획'이 이루어지면 피해자에게 앞으로 자신이 행할 끔찍한 짓을 구체적으로 설명해주면서 피해자가 두려움에 떠는 모습을 감상하며 즐겼다.

⑤ 제5단계: 살인 단계(the murder phase)

연쇄살인범이 포획에 성공한 이후에는 강력한 통제와 주도권의 확보 아래 평소에 전혀 할 수 없었지만 환상 속에서 꿈꾸어 왔던 행동을 피해자를 대상으로 마음껏 즐기게 된다. 가능한 한 자신의 욕구를 충족시키기 위하여 지금까지 상상해 왔던 모든 방법을 동원하여 피해자에 대한 가학적인 행동을 하게 된다. 이러한 과정에서 피해자의 공포와 경악 그리고 동정과 자비를 갈구하는 행동은 연쇄살인범에게 즐거움을 가중시킬 뿐이다. 사실 이러한 피해자의 행동은 평소에 그가 원했던 것이며, 최대한 피해자를 농락하고 가학적인 성행위를 한 이후에 마침내 살해하게 된다. 희생자가 죽음에 이르는 순간, 연쇄살인범들은 거의 절정에 달하게 된다. 이때 성적인 오르가즘을 느꼈다고 고백한 경우도 있으며, 최소한 승리감과 쾌감, 힘을 만끽하고 존재 자체의 의미를 깨닫게 된다. 가장 흥미로운 사실은 이 경우만큼은 불우했던 어린 시절을 경험하면서 간직한 가슴 아픈 추억이나 고통을 안겨준 부모나 가족 등 마귀와 같은 사람들에 대한 기억 등으로부터 해방감을 느끼며, 끔찍했던 어린 시절의 기억으로 인해 생긴 두려움이나 불안감에서 해방된다. 이밖에 살해한 이후에 사체에 대하여 자신이 꿈꾸어 왔던 방식대로 사체에 대한 모욕이나 절단 등의 행동을 하게 된다. 이러한 행위는 회상기에 대비한 행위이다(오윤성, 2016).

CASE ⑤ 살인 단계의 사례

예시1: 존 웨인 게이시(John Wayne Gacy)는 어렸을 때 몸이 많이 아팠고 여자아이 같았으며, 폭력적이고 알콜중독자인 아버지에게 늘 폭행을 당했다. 그래서인지 그는 희생자들을 집 지하로 끌어들인 후 성기를 걷어찼고 엄청난 고통을 가하여 희생자를 죽음으로 몰아기면서 시편 23장을 읽어주며 '죽음 앞에 용감해보라'는 충고를 아끼지 않았다. 그가 추구한 것은 천천히 고통스럽게 희생자를 죽이는 것이었다.

예시2: 조셉 캐링거(Joseph Kallinger)는 희생자에게 고통을 주는 것을 즐겼다. 그는 공범인 16세였던 마이클과 함께 산채로 남자 희생자들의 성기를 잘랐는데, 어머니의 영향이었을 것으로 추정되고 있다. 어린 시절 그가 울면 그의 어머니는 자신으로 하여금 시뻘건 불 위에 손을 갖다 대게 만들었는데, 피부가 타들어갈 때까지 손을 못 빼게 했다. 그 이유는 강인하게 자라게 하기 위해서였다고 한다. 조셉 캐링거는 희생자가 고통에 못 이겨 크게 비명을 지를수록 더욱 즐거워했다. 그의 마지막 희생자는 다름이 아닌 자신의 막내아들이었는데, 고통을 견디다 못해 마지막 숨이 넘어가면서 "아빠, 살려주세요"라고 말했을 때 오르가즘을 느꼈다고 한다.

예시3: 헨리 리 루카스(Henry Lee Lucas)는 여자 희생자들의 성기를 칼로 도려내거나 라이터로 태웠고 살아있는 상태에서 손가락이나 발가락을 잘랐다. 이 때 가장 절정을 느꼈다고 고백했다. 루카스 역시 어린 시절 끔찍한 경험을 하게 되는데, 그의 어머니는 어린 루카스(Lucas)를 불로 지지거나 몽둥이로 때려 기절시키곤 했다. 또한 그가 좋아하는 것은 무조건 부수거나 죽여 버렸으며, 여자 옷을 입혀 학교에 보냈다. 이밖에도 불구 남편과 아들이 보는 앞에서 수많은 남자와 성행위를 했다. 성인이 된 루카스(Lucas)는 말투나 행동, 외모가 어머니와 비슷하면 납치해 살해했다.

⑥ 제6단계: 회상단계(the totem phase)

연쇄살인범들은 토템(totem), 다시 말해 죽은 희생자의 시체 일부 등을 간직함으로써 승리감이나 자신감, 그리고 절정감을 느끼거나 절대적인 힘을 상징하는 트로피로서의 의미를 부여하려고 한다. 때로는 살인과정을 폴라로이드 카메라로 찍거나 비디오테이프로 녹화해

놓음으로써 자신의 연쇄살인과정을 회상한다. 그러나 시간이 점차로 경과하게 되면 토템의 마술적인 힘은 사라져버리고, 정신적으로 극히 가라앉는 침체단계로 접어들게 된다.

CASE ⑥ 회상기 단계의 사례

예시1: 회상기를 설명하기 위한 예로 평소에 곰을 두려워하는 종족이 어느 날 곰과 사투를 벌여 곰을 죽인다면, 대개의 경우 이들은 곰을 박제로 만들거나 곰의 다리뼈 혹은 두개골 등을 잘라 보관하면서 일종의 기념품으로 삼는다. 후일 마을 사람들이 그 날의 상황을 회상할 때, 실제로 곰의 다리뼈나 두개골을 만지면서 얘기하면 그날의 승리감을 다시 한번 떠올리며 도취하는데 큰 도움이 되기 때문이다. 이런 다리뼈나 두개골을 후일 "행운의 상징" 내지 "길조"를 의미하는 물건이 되며, 이를 토템(totem)이라 부른다.

예시2: 레너드 레이크(Leonard Lake)는 희생자의 죽음에 이르는 과정을 담은 테이프를 다수 가지고 있었으며, 어린 시절 어머니의 잔소리를 극히 싫어했던 에드먼드 캠프(Edmund Kemper)[44]는 어느 날 어머니를 죽인 후 지긋지긋했던 목소리를 만들어낸 원흉인 성대를 잘라 불에 태운 후 쓰레기통에 버렸다. 그 후 어머니의 머리만 잘라 자신의 아파트로 가져갔고, 며칠 동안 이를 다트 보드(Dart Board)로 사용했다. 또한 1972년 5월 스탠퍼드 대학에서 18세의 피스(Mary Ann Peace)와 루체사(Anita Luchessa)를 차에 태워 살해했으며, 시체를 자신의 아파트로 가져가 시체를 해부하고 사진을 찍기도 했다.

예시3: 1970년대와 80년대 미국 캘리포니아 주 일대에서 40여 건의 강간과 10여 건의 살인을 저지른 혐의를 받아 '골든스테이트 혹인 마스크를 쓴 킬러라는 별칭이 붙은 조세프 제임스 드앤젤로(72)를 42년 만에 살인혐의로 체포했다. 그는 피해자의 물품 가운데 기념품과 보석, 동전 등을 수집한 것으로 알려졌다(연합뉴스, 2018.04.26. 보도자료 인용).

⑦ 제7단계: 침체단계(The Depression Phase)

연쇄살인범은 살인이 끝나고 난 후 자신의 행동에 대한 회상을 통해 자신감에 차 있다가도 점차 시간이 지나면서 자신의 살인행위에서 오는 절정감을 상실하고 우울한 절망감에 시달리게 된다. 또한 심리적 준비단계에서부터 회상기 단계까지 진행되던 일종의 환각에서 깨어나 다시 정상적인 사회생활로 복귀하게 된다. 이 기간에 지금까지 자신이 저지른 끔찍

---

[44] 에드먼드 캠퍼(Edmund Emill Kemper Ⅲ)는 1970년대 초반에 활동한 미국의 연쇄살인범으로 공범살인자(co-ed killer)로 알려져 있다. 그는 히치하이킹해서 자동차에 태운 6명의 젊은 여성을 살해한 사건으로 그런 별명을 얻게 되었다. 어려서부터 사회병질적 행동을 보여 동물을 고문해 죽이고 여동생의 인형에 기괴한 성적(性的) 의식을 거행하기도 했으며, 여동생들의 인형을 절단하기도 했다. 1973년 4월 그의 어머니 크라렐을 망치로 살해하고 목을 베고 강간했다. 이후 그는 경찰을 불러 자수했으며, 사형을 요청했으나 사형이 유예되었고, 8명을 살해한 혐의로 캠퍼에게 종신형을 선고했다(임준태, 2009: 113-117).

한 범죄행위에 대한 자책감에 시달리거나, 경찰이나 기자에게 참회 섞인 고백 수기를 전달하기도 하며 간단한 편지로 고해성사를 대신하는 등 스스로 학대하는 경향을 보이기도 한다. 그러나 일정한 심리적 냉각기를 가진 후 도저히 억제할 수 없는 살인충동에 다시 사로잡히게 된다. 연쇄살인범인은 어느 때보다 더 자기중심적이 되어 처벌을 받지 않고 다시 범행을 할 수 있을 것이라고 확신한다. 일단 선을 넘은 이상살인자는 좀 더 주도면밀하게 다음 범죄를 계획하는데, 다음번에는 주의 깊게 희생자를 찾을 것이고 첫 번째 범죄보다 더 난폭한 살인을 저지르게 된다(로버트 K. 레슬러 지음, 황보석 역, 1994).

TIP 2 희대의 살인마, 테드 번디(Ted Bundy)

시어도어 로버트 번디(Theodore Robert Bundy, 1946년 11월 24일~1989년 1월 24일)는 미국의 연쇄살인범, 유괴범, 강간범, 주거침입범으로 1970년대 혹은 그 이전부터 젊은 다수의 여성들을 폭행하고 살인한 네크로필리아(Necrophilia, 시신유골 애착증)이기도 하다. 보통 테드 번디(Ted Bundy)로 알려져 있으며, 과거에는 "연쇄 살인의 귀공자"로 불리기도 했다.

"양들의 침묵"의 소재가 됐던 연쇄살인범 테드 번디(Ted Bundy)는 1974년부터 시작하여 약 30여명의 여성을 죽인 살인마로 알려져 있다. 잘생긴 외모와 언변 때문이었을까. 그가 체포된 뒤에 그를 동정하는 사람들과 펜클럽까지 생겨났으며 감옥에 있는 동안 번디는 그의 팬과 결혼까지 하게 된다. 그의 살인 행위에 대하여 전 세계가 경악하였고 그 이후로 '연쇄살인'이라는 용어가 사용되기 시작하였다

테드 번디는 1946년 버몬트 주에서 태어났다. 22세의 미혼모였던 번디의 어머니는 어린나이에 그를 키울 자신이 없어 자신의 부모에게 아이를 맡긴다. 그 덕분에 번디는 어렸을 때부터 자신의 친 어머니를 누나인줄 알 고 있었다. 이후 미국 한 명문대에서 법학을 공부하고 있던 번디는 잘생긴 외모로 여학생들의 인기를 한 몸에 받고 있었다. 하지만 그의 마음속에 자리 잡은 여자는 첫사랑이자 한 때 연인이었던 스테파니 뿐이었고 테드 번디는 스테파니를 갖지 못한 괴로움에 점점 미쳐갔다. 이후 그는 스탠포드대학에 진학을 하게 되는데 그 이후로부터 그녀와 사이가 점점 멀어지게 된다. 그녀에게 있어서 번디는 자신이 생각하는 만큼 원하는 남자가 아니었던 것이다. 문제는 훗날 그의 범행 대상으로 삼은 피해 여성들의 상당수가 스테파니와 막연하게 닮았다는 것인데, 이는 실연의 상처가 그에게 범행 동기로 작용했던 것으로 보인다.

스테파니와 이별 후 그 충격이 쉽게 가시지 않았는지 번디는 점점 성적도 떨어지고 결국엔 학교를 자퇴하기에 이른다. 자신이 태어난 마을로 간 번디는 충격적인 사실을 알게 된다. 바로 누나로만 여겼던 사람이 자신의 친어머니이고 자신의 부모님이라 여겼던 사람들이 조부모였던 것이다. 그 이후 번디의 마음속에는 점점 '여자에 대한 증오'가 생겨나게 된다.

그 이후 번디의 살인본능이 몸 밖으로 표출되기 시작했다. 첫 번째 살인기도는 1974년 1월에 일어난 18세 여성 살인미수 사건이다. 이후 그가 워싱턴 주에 거주하는 동안 여러 달에 걸쳐서 최소 7명이 살해됐다. 이후 9월 유타주 솔트레이크 시티로 이사해 유타 대학에 등록하는데, 여기서도 그의 살인은 그치지 않았다. 솔트레이크 시티에서도 젊은 여성들이 하나둘 사라지기 시작했고, 얼마 뒤 토막 난 시신이 협곡에서 발견되었다. 또한 이때 단순히 유타주에서만 머무르지 않고, 콜로라도까지 진출, 최소 5명이 넘는 희생자들을 살해했다. 번디의 범행기간은 대체로 1974년 1월부터 1978년 2월까지로 보고 있고, 실제 살해한 피해자들은 19명에서 36명 정도로 추정된다.

처음 그는 여성을 몰래 훔쳐보는 것부터 시작하다가 솟구치는 욕구를 제어하지 못하고 일을 저지르고 마는데 자신의 매력적인 외모와 학벌, 언변 등을 이용한 그는 여성들을 납치해 성폭행 한 다음 음부에 막대기를 넣는다든지 토막을 낸 시신과 성행위를 한다든가 두 명을 동시에 납치한 다음 한 명이 보는 앞에서 다른 한 명을 성폭행하고 살해하는 모

습을 보여주기까지 하는 등 잔인한 모습을 보였다.

그에게 있어 여자는 자신의 욕망을 분출하기 위한 하나의 도구로밖에 생각하지 않았다. 그는 재판 때 자신이 해리성 정체장애를 가지고 있는 것처럼 행동하여 사형을 받지 않고 정신병원에 수감되려고 노력했지만, 결국 법정은 번디에게 사형을 선고했다. 1989년 1월 29일, 전기의자에서의 사형으로 생을 마감하였다.

출처: KBS Joy(2017.07.29.) '차트를 달리는 남자' 방영자료

제3절 국내사례로 본 연쇄살인범의 특징

2000년대에 접어들어 한국 사회를 충격과 공포로 몰아넣었던 연쇄살인범 정두영, 유영철, 정남규, 강호순에게서 나타나는 공통된 특징은 무엇일까? FBI의 연쇄살인범 분류체계로 볼 때 유영철은 매우 조직적이고 체계적인 범죄자라 할 수 있다. 유영철은 2003년 9월부터 2004년 7월까지 주로 서울 일대에서 부유한 노인들과 여성들을 대상으로 20명을 살해한 후 2005년 6월 사형선고를 받고 교도소에서 복역 중이다. 유영철은 망치나 칼 등의 위협적인 도구를 사용하여 사람들을 죽였으며, 지문을 도려내고 사체를 없애기 위해 방화를 하거나 토막살인 후 야산에 묻기도 했다. 다음으로 정남규 사건은 여러 가치 측면에서 볼 때 비조직적이고 비체계적인 범죄로 분류되고 있다. 정남규는 2004년 1월부터 2006년 4월까지 서울 서남부에서 유영철과 대조적으로 특정 계층을 대상으로 한 것이 아니라 무작위로 13명을 살해했다. 연쇄살인범 정남규의 특징은 자신의 살인충동에 의해 닥치는 대로 살인을 한 쾌락살인마이다. 정남규는 2007년 4월 사형을 선고받고 구치소 생활 중 2009년 11월 스스로 목숨을 끊었다(황성현 외, 2015). 여기서는 유영철과 정남규를 사례로 현장특성, 범행특성, 어린 시절, 인지능력, 성격 등을 통해 연쇄살인범의 특징을 살펴보았다.

첫째, 현장특성과 범행특성으로 볼 때 유영철의 경우 매우 조직적이고 체계적인 범죄로 분류된다. 또한 몇 건의 사건을 제외하고는 자신만의 비밀장소에서 은밀하게 범행을 하고 시체를 현장에서 이동시켰다. 범행 후 정리 정돈한 흔적이 있으며, 선호하는 피해자의 유형이 분명하였고 살인도구도 일정하며, 살해 후 사체를 유기한 형태 등으로 미루어 볼 때 조직적인 범죄자에 속한다고 볼 수 있다. 이와는 대조적으로 정남규는 공공연한 장소나 피해자의 집에서 범행하여 사체를 현장에 남겨 두었다. 그리고 범죄취약 계층을 대상으로 무분별하게 살해했으며, 살해 장소가 일정하지 않고 살인도구 또한 다양하다는 점에서 비조직적이고 비체계적인 범죄자라 할 수 있다.

➲ 연쇄살인범 유영철과 정남규의 비교

	유영철 사건 (2004년)	정남규 사건 (2006년)
현장특성	– 매우 조직적이고 체계적 – 비밀장소에 은밀하게 – 사체를 현장에서 이동시킴 – 시체 매장 – 범행 후 정리정돈	– 산만하고 비체계적 – 공공연한 장소 혹은 피해자의 집 – 사체를 현장에 남겨 둠 – 범행 후 도주 – 범행도구는 남겨두지 않음
범행특성	– 성폭행 흔적 있음 – 선호하는 피해자 유형 분명 – 다수의 피해자를 비밀장소로 유인 – 피해자상과 불일치할 경우 살려주기도 함 – 금품 목적 아님 – 살해 후 정성들여 사체유기 – 살인도구 일정	– 성폭행 흔적 있음 – 일반적으로 취약계층 – 무분별하게 살해(살해과정 잔혹) – 살해 장소가 일정하지 않음 – 금품갈취 흔적 있음 – 살해 후 별다른 행위 시도 않음 – 살인도구 다양
어린 시절	– 결손가정 – 부모 부재 – 중퇴경험 – 또래 간 적응적	– 부친 알코올중독 – 중퇴경험 – 피학대 경험 – 성폭행 피해 – 또래 간 부적응
인지능력	– 평균 이상의 지능 – 사리분별력 뛰어남 – 행동통제력 상당함	– 평균수준 혹은 그 이하의 지능 – 사리분별력 떨어짐 – 행동통제 불능
성격특성	– 사회적 고립 – 사이코패스 – 불안수준 낮음 – 분노형 – 피해자들과 대화 시도	– 사회적 고립 – 사이코패스 – 대인관계 회피형 – 폭발적 공격성
전과특성	– 이른 비행 – 절도/강도/성폭행/살인 순	– 이른 비행 – 절도/강도/성폭력/살인 순

출처: 황성현 외 4인 공역. 2015.『한국 범죄심리학』. 경기: PNC, p. 279 인용.

둘째, 연쇄살인범은 어린 시절 불우한 가정환경 하에서 성장한 경우가 대부분이며, 가정에서 자신들이 받았던 처벌을 불공정하고 학대적인 것으로 인식하고 있다. 특히 어머니와의 관계가 냉담했으며, 앞에서도 제시했듯이 아버지가 없거나 있더라도 신체적·정서적으로 학대적인 아버지를 두는 경우가 많은 것으로 나타났다. 유영철의 경우에도 아버지가 사고로 사망한 후 홀어머니 밑에서 불우한 어린 시절을 보냈다. 정남규도 알코올 중독자였던 아버지의 잦은 학대와 구타로 불우한 어린 시절을 보냈다. 이처럼 연쇄살인범은 어린 시절부터 부모로부터의 애정 결핍으로 성인이 된 후에도 사회나 직장에서 타인과의 친분관계에 어려움을 겪게 되고 사회 환경에 능동적으로 대처하지 못한다. 그 결과 자신만의 세계에 빠져 여러 가지 환상을 키워나가면서 왜곡된 세계관을 구축하는 경향이 강하다.

셋째, 연쇄살인범에게 공통적으로 나타나는 심리상태로 왜곡된 성적 환상을 들 수 있다. 유영철과 정남규는 피해여성들을 성폭행했다는 공통적인 특징을 가지고 있다. 그들은 주로 여성을 범행 대상으로 삼았는데 살해 전에 항상 성적인 폭력을 일삼았다. 유영철은 전처와 비슷한 직업을 가진 성매매 여성을 대상으로 범행을 하면서 성적으로 타락한 여성들은 우리 사회에서 제거되어야 한다는 왜곡된 사명감을 가지고 있었다.

넷째, 연쇄살인범은 충동성이 강해 자신의 행동을 제어할 능력이 부족하고 자신의 행동에 대한 통제력이 약해 약간의 자극에도 분노하여 감정을 폭발시키는 성향을 보인다. 다시 말해서 어떤 일을 미리 계획하여 실행하는 것이 아니라 즉흥적으로 실행하며, 준비되지 않는 실행에서 자주 발생하는 난관이나 어려움에 처하면 스스로 통제력을 상실한다. 따라서 사소한 일에도 갑자기 화를 내거나 공격적인 태도를 취한다. 이런 유형의 연쇄살인범으로 정남규가 대표적이다. 정남규는 유영철과 달리 상당히 충동적이었으며, 폭발적인 공격성을 가지고 있었다. 경찰에 검거된 후에도 더 많은 사람들을 죽이지 못해 억울하다고 말할 정도로 그의 내면에는 상상할 수 없는 분노와 충동성이 쌓여 있어 부정적 감정을 스스로 통제할 수 있는 능력이 전혀 없었다[45]. 또한 연쇄살인범들은 즉흥적으로 하고 싶어 하는 일이란 것이 대체적으로 불법적이거나 위험한 일들이 대부분이다. 왜냐하면, 연쇄살인범들은 극단적인 자극을 추구하는 경향이 강하기 때문이다. 언제나 자신의 무료함이나 외로움을 달래 줄 짜릿하고 자극적인 일을 갈망하고 방탕하거나 스릴 넘치는 생활을 즐긴다. 이러한 성격특성 때문에 어린 시절부터 다양한 범죄를 저지른 범죄경력을 가지고 있을 가능성이 높다. 유영철과 정남규도 이른 나이 때부터 비행이나 범죄 경력을 가지고 있었으며, 성인이 된 이후에도 절도, 강도, 성폭행 등과 같은 여러 종류의 범죄경력을 가지고 있었다. 연쇄살인범이 직장생활을 하고 있다면 변덕스럽고 결근이 잦으며, 회사의 자원을 오용하거나 사규를 자주 위반하는 등 전반적인 업무태도도 불성실하다. 유영철의 경우 고등학교 2학년 중퇴 후 사진기사(1년), 중장비기사(1년), 선원(2년), 대중음식점 종업원(1년) 등의 직업을 가졌지만 한 직장에서 오래 일한 경험이 없을 정도로 직장에서 동료들에게 신뢰를 얻지 못했다.

[45] 정남규는 재판 과정에서 그의 피해자는 저소득층 및 여성으로 전원 사회의 약자들이고 그 목적이 엄연히 쾌락에 의한 연쇄살인이었음에도 불구하고 "부자를 더 죽이지 못해 억울하다"고 진실했다.

다섯째, 대부분의 연쇄살인범들은 반사회적 성격장애자로 정신병질적(psychopathy) 성향을 보인다. 연쇄살인범들은 겉으로 보기에는 똑똑해 보이고 말도 합리적이지만 말과 행동이 일치하지 않고 성실성이 결여되어 있다. 그들은 신뢰할 수 없고 불성실하며 병적으로 거짓말을 잘하고 저기중심성이 강하다. 이런 자기중심성은 다른 사람의 입장에서 생각하는 공감능력의 결여로 나타나 타인과의 깊은 대인관계를 형성하지 못한다. 유영철과 정남규는 청소년기 이후에 타인과의 깊은 대인관계를 형성하지 못했다. 특히 유영철의 경우 어릴 때 아버지의 사망 이후 친하게 지내는 친구가 없었으며, 정남규도 도시빈민으로 거주하면서 어릴 때부터 친구와 선배들의 따돌림, 아버지의 학대로 타인과의 친밀한 관계를 유지한 경험이 거의 없었다.

마지막으로 연쇄살인범들은 정신병질적(psychopathic) 성향으로 인해 범죄행위에 대한 죄책감이 결여되어 있다. 그들에게 죄책감이 부족한 것은 어릴 때 가정에서 제대로 된 부모와의 관계를 형성하지 못해서 발생한다. 유영철과 정남규 등 거의 대부분의 연쇄살인범은 어린 시절 불우한 가정환경 속에서 자랐다는 공통적인 특징을 가지고 있다. 불우한 가정에서 자란 그들은 부모로부터 일관된 훈육을 받은 경험이 없기 때문에 옳고 그름에 대한 명확한 가치관이 형성되어 있지 않았다. 또한 부모로부터 구타나 학대를 당하지 않기 위한 생존전략으로 자신을 합리화하거나 변명하는 데 능숙한 생활습관을 키워왔다. 성인이 된 이후에도 법을 어기는 행동을 했음에도 불구하고 자신은 잘못이 없고 자신을 이렇게 만든 사회나 희생자에게 책임을 전가하고 자기합리화를 통해 살인을 반복하게 된다.

TIP 3 프로파일러도 경악시킨 연쇄살인범 정남규

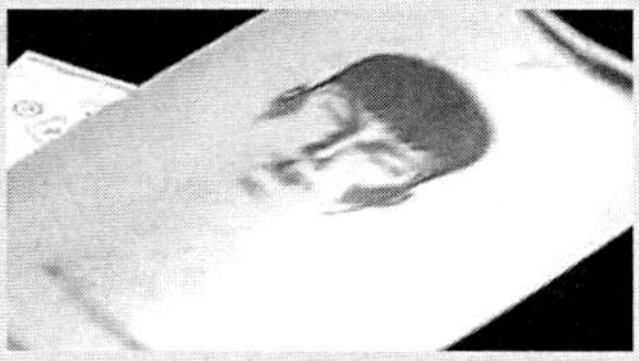

2004년 1월 14일에 그는 경기도 부천시에서 초등학생 2명을 납치 및 성폭행한 뒤 살해한 것을 비롯하여, 경기도와 서울특별시 일대를 돌아다니며 심야에 귀가하는 여성들을 무차별적으로 살해하거나 거주지에 침입하여 살인과 방화를 함께 저지르는 등 연쇄살인 행각을 벌였다. 그가 주로 신길, 구로, 관악 등 서울 서남부 일대에서 살인을 벌여 이 연쇄살인은 '서울 서남부 연쇄살인사건'이라고 불린다.

2018년 2월 10일, '그것이 알고싶다'에서 다룬 사건 중 대중들에게 충격을 준바 있는 '연쇄살인자 심리 파일–사이코패스, 그들은 누구인가'편이 재조명 된 것이다. 특히 정남규는 2004년부터 2년간 13명이나 살인한 잔인한 연쇄살인범으로, 전형적인 '사이코패스' 성향을 띠고 있다.

정남규는 살인의 1순위로 젊은 여자, 2순위로 여자 어린이와 남자 어린이를 꼽았던 것으로 알려져 시청자들에게 충격을 줬다. 더욱이 정남규는 검찰 조사에서 "사람을 죽임으로써 기분 나쁜 느낌을 없앴다", "피 냄새를 맡고 싶다. 피 냄새에서는 향기가 난다"는 섬뜩한 말을 전해 눈길을 끌었다. 그는 수사 과정에서 "1천명을 죽여야 하는데 채우지 못하고 잡힌 게 억울하다"고 말하는 등 살인 자체에 집착하는 모습을 보이기도 했다.

또한 "내가 유영철보다 한수 위다", "내가 죽인 것을 유영철이 자기가 죽인 것처럼 떠들어댔다"며 연쇄살인범 유영철과의 경쟁심을 내비치기도 해 모두를 경악하게 했다. 실제로 법정에서 정남규는 "나를 빨리 사형시켜달라"며 "나는 지금도 살인을 하고 싶어서 죽겠다"고 말하기도 했다.

당시 정남규를 조사했던 프로파일러 권일용 전 경감은 "악의 내면을 들여다보는 느낌을 받았다며" "내 삶에 회의가 느껴질 정도로 고통스러웠다"고 회고하기도 했다. 연쇄살인범 정남규는 2009년 11월 구치소에서 스스로 목숨을 끊었다. 그는 구치소에서 있던 중 사형집행에 대한 여론이 고조되는 것을 불안해했던 것으로 알려졌다.

출처: 매거진플러스(http://www.queen.co.kr)

CHAPTER 7

폭력의 진화 데이트폭력

Dating violence

핵심

데이트폭력은 이성간의 관계와 폭력 의도 및 정도에 따라 다양한 견해가 존재한다. 데이트폭력 등 친밀한 관계에서 발생하는 폭력은 폭력행위의 인식과 규정에 혼란이 생길 수 있는데 , 대체로 데이트폭력 가해자는 폭력을 있을 수 있는 사소한 것으로 바라보고 그러한 행동이 정당하다고 믿고 인식하는 정도가 강하다. 그러나 보편적으로 데이트폭력은 이성간의 친밀한 만남 속에서 서로에게 신체적, 정서적, 성적, 경제적 상처를 주거나 피해를 입히는 것으로 신체적, 정서적, 성적 폭력 등을 포함하는 개념으로 이해될 수 있다. 전통적으로 연인간의 폭력이 사회문제로 인식된 것으로 오래되지 않았다. 경찰청은 2016년 2월 한 달간을 '연인 간 폭력 집중 신고기간'으로 운영한 결과 전국에서 총 1,279건의 신고가 접수되었고, 그 중 868명(구속 61명)이 형사 입건된 것은 한국 사회의 데이트폭력 실태의 심각성을 보여준다. 데이트폭력은 재범률이 높은 범죄임에도 불구하고 상대적 약자인 여성 피해자가 중대한 위협을 느끼는 폭력이 발생하기 전에는 신고나 도움 요청에 소극적인 태도를 보이는 것이 더욱 심각한 문제다. 데이트폭력의 원인은 다양하나 주로 가정폭력 내지 아동기의 피학대 경험이 주요 요인으로 간주되고 있다.

제1절 폭력범죄와 범죄원인

폭력(violence)에는 격분과 분노, 좌절을 동반한 표출적 폭력(expressive violence)과 강도나 살인 등을 통해 경제적 · 사회적 지위를 향상시킬 수 있는 도구적 폭력(instrumental) 등이 있다. 범죄학에서 폭력범죄는 타인에게 폭력을 사용하는 범죄로 대인폭력을 의미하기 때문에 살인, 강도, 강간, 폭행, 상해 등의 모든 범죄가 폭력범죄에 해당된다. 우리가 보편적으로 폭행을 폭력범죄로 알고 것과는 다른 개념이다. 폭력의 원인은 다양하지만 대인폭력은 사람들을 공포 속으로 몰아넣고 사망자를 발생시키는 동시에 지역사회를 더욱 불안하게 만든다[1]. 그러면 어떤 이유로 인간은 폭력적으로 행동하는가? 폭력의 원인과 관련하여 학자들 간에 다양한 주장이 제시되고 있지만 대체로 그 원인은 심리적 · 생물학적 특성이라 할 수

[1] Tina G., Petras, T., & Greenbaum, R. 2006. Crime and Residential Choice: A Neighborhood Level Analysis of the Impact of Crime on Housing Prices, *Journal of Quantitative Criminology*, 22: 299-317.

있는 개인적 특질과 성격, 개인의 성장환경, 약물남용, 폭력의 하위 문화적 가치, 사회 환경 등으로 요약된다. 이러한 내용을 토대로 여기서는 폭력의 원인을 크게 인간 내부의 개인적 특질요인, 사회환경적 요인, 사회문화적 요인 등을 통해 살펴보았다[2].

1. 개인적 특질요인

1) 인간의 개인적 특성

1995년 3월, 과거 보이스카우트 회장이었던 해밀턴(Thomas Hamilton)은 스코틀랜드인이 거주하는 던블래인(Dunblane)의 한 초등학교에 네 자루의 고성능 라이플을 들고 들어가 16명의 학생들과 1명의 교사를 살해했다. 이 사건은 영국 국민들에게 엄청난 충격을 주었고, 이를 계기로 영국에서는 모든 총기류에 대해 엄격히 규제해야 한다는 주장이 제기되었다(Stryker McGuire, 1996)[3]. 특히 해밀턴(Hamilton)의 엽기적인 살인행위를 다양한 척도로 분석한 결과, 폭력과 심리적·생물학적으로 비정상이라 할 수 있는 개인적 특질 간에 상당히 밀접한 관계가 있는 것으로 나타났다.

심리학자인 루이스(Dorothy Otnow Lewis) 등은 살인을 경험한 청소년들이 비정상적인 뇌파흐름(EEG)과 정신 운동기능 손상 및 심각한 발작 등의 신경계 손상과 낮은 지능, 과대망상증, 비논리적 사고, 환각 증상과 같은 정신이상 징후로 고통 받고 있다는 사실을 알아냈다[4]. 특히 루이스(Lewis)는 1998년 『정신이상이란 이유의 유죄(Guilty by Reason of Insanity)』라는 책에서 사형을 선고받은 재소자들의 경우 정신장애와 지적인 기능장애가 있음을 밝혀냈다[5]. 이밖에도 우울증, 충동성, 공격성, 부정직, 병리적 거짓말, 경계성 인격장애(borderline personality) 징후, 그리고 정신병리적 성격을 포함한 다양한 이상성격은 다양한 형태의 폭력행위와 관련이 있는 것으로 나타났다[6]. 이러한 점을 고려할 때 상당수의 살인자가 범죄를

---

[2] Siegel, L. 2001. Criminology: Theories, Patterns, Typologies (7th ed.). Belmont, Califonia: Wadsworth; 임준태, 2009: 246-256; 조철옥, 2010: 274-282 참조.

[3] McGuire, S. 1996. The Dunblane Effect, *Newsweek*, 28: 46.

[4] Lewis, D. O., Moy, E., Jackson, L., Aaronson, R., Restifo, N., Serra, S., & Simos, A. 1985. Biopsychosocial Characteristics of Children Who Later Murder, *American Journal of Psychiatry*, 142: 1161-1167.

[5] Lewis, D. O. 1998. Guilty by Reason of Insanity, New York: Fawcett Columbine.

[6] Holtzworth-Muroe, A., & Stuart, G. 1994. Typologies of Male Batterers: Three Subtypes and the Differences Among Them, *Psychological Bulletin*, 116: 476-497; Rogers, R., Salekin, R., Sewell, K., Cruise, K. 2000. Prototypical Analysis of Antisocial Personality Disorder, Criminal Justice Behavior, 27: 234-255.

저지른 후 자살한다는 것은 놀라운 일도 아니다. 이외에도 더욱 특이한 주장도 제기되었는데, 자신이 저지른 범죄로 인하여 장차 사형을 당하게 될 것이라고 기대하고 살인을 하는 자살형 살인범도 있다[7]. 비록 이러한 증거를 통해 폭력범죄자들이 일반인에 비해 훨씬 더 정신병리적 징후를 가지고 있다고는 하지만, 어떤 단일의 임상적 진단만으로는 폭력범죄자들의 특징을 밝혀내기 어렵고 이러한 조건들이 어떻게 발전되었는지도 확실하지 않다[8].

2) 진화론적 요인과 인간의 본능

진화론적 요인과 인간의 본능은 공격성과 밀접한 관계가 있다. 프로이드(Freud)는 인간의 공격성은 본능적 욕구에 의해 생성되는 것으로 보았다(Siegel, 2001). 인간의 행위는 두 가지 본능적 욕구, 다시 말해 삶의 본능인 에로스(eros)와 죽음의 본능인 타나토스(thanatos)에 의해 결정된다고 보았다. 여기서 삶의 본능은 자아실현으로 나아가게 하고 죽음의 본능인 타나토스(thanatos)는 외형적으로 폭력과 가학성 변태성욕(sadism)으로 나타나고 내부적으로는 자살, 알코올 중독, 그리고 다양한 자기 파괴적 습관으로 나타난다. 공격성과 관련하여 프로이드(Freud)는 공경성이 본능적인 것이기 때문에 치료의 가망은 거의 없다고 보았다[9].

많은 생물학자들과 인류학자들은 인간의 폭력성을 두고 모든 인간에게 내재되어 있는 공통적인 본능이라고 보았다. 또한 공격성과 폭력성은 인간을 포함한 동물의 선천적인 본능의 함수로 보는 견해도 있다. 이러한 견해를 옹호한 로렌츠(Konrad Lorenz)는 그의 저서 『공격성에 관하여(On Aggression, 1966)』에서 공격적인 에너지는 환경적 요인과 상관없이 선천적인 본능에 의해 발생한다고 주장하였다[10]. 예를 들어 동물세계에서 얼룩말과 영양 등 초식동물의 공격성은 풍부한 먹이확보와 적자생존을 위한 영역확장에 도움이 된다. 로렌츠(Lorenz)는 인간도 동물처럼 생존을 위한 공격적 본능을 가지고 있다는 사실을 발견했다. 동일한 종의 동물 사이에서 벌어지는 공격성은 치명적인 결과를 초래하지는 않는다. 그들 사이에 갈등과 충돌이 발생하면 승자는 우월한 기술이나 힘의 표시에 의해 결정되며, 동물의 세계에서는 같은 종족들끼리 죽이는 것을 금지함으로써 종족이 소멸되는 것을 막는다(조철옥, 2010).

---

[7] Van Wormor, K., & Odiha, C. 1999. The Psychology of Suicide Murder and the Death Penalty, *Journal of Criminal Justice*, 27: 361–370.

[8] Reiss, A., & Roth, J. 1993. Understanding and Preventing Violence, Washington, D.C: National Academy Press.

[9] Freud, S. 1922. Beyond the Pleasure Principle, London: Interpsychoanalytic Press.

[10] Lorenz, K. 1966. On Aggression, New York: Harcourt Brace Jovanovich.

그러나 인간은 동물들의 세계에서 볼 수 있는 것처럼 같은 종족끼리 죽이지 않는 억제본능이 동물에 비해 상당히 약하다. 인간은 동족 살인이라는 치명적인 폭력을 금지하지 않기 때문에 대인관계에서 발생하는 갈등이나 전쟁을 통해 서로 살인을 자행한다[11]. 특히 로렌츠(Lorenz)는 기술문명이 발전하고 이전보다 더욱 치명적인 무기가 개발되면서 인간끼리의 학살로 인해 종의 사멸의 날이 도래할 수 있다고 경고하였다. 이밖에도 진화론적 관점의 이론에서는 남성이 여성보다 폭력범죄를 많이 범한다는 점을 강조하고 있다. 이러한 남성의 공격성은 그들의 번식본능과 성적 공격본능을 지배하는 유전자의 작용과 밀접한 관계가 있다. 남성들 간에는 성적으로 경쟁자의 위치에 있는 남성을 물리치기에 충분할 정도의 공격성을 보여주려고 하는 본능이 있으며, 이러한 현상은 육체적인 힘의 절정기인 젊은 시기에 광범위하게 나타나고 있다[12].

2. 사회환경적 요인

폭력의 원인과 관련하여 사회환경적 요인에는 불안정한 가족관계나 아동학대, 폭력에의 노출, 잔인화 과정, 폭력 환경 학습, 약물남용, 무기 이용 가능성 등 여러 가지가 있다. 여기서는 사회화와 훈육, 어린 시절 아동학대의 경험, 폭력 환경의 학습, 약물 남용 등을 중심으로 구체적으로 살펴보았다.

1) 사회화와 훈육

폭력에 관한 또 다른 관점으로 부적절한 사회화와 훈육이 폭력과 관련이 있으며, 특히 불안정한 가족관계나 원칙이 없는 훈육, 육체적 학대 등은 폭력행위와 직접적으로 연관되어 있다[13]. 다시 말해서 결손가정이나 일탈적인 부모, 비 일관적인 훈육, 부모의 관리 · 감독의 소홀 등이 폭력과 직접적으로 연결되어 있다(Larry J. Siegel 저, 이민식 외 공역, 2012). 대체적으로 유아는 각기 독특한 기질을 가지고 태어나지만 유아기 당시 부모로부터 어떤 대우를 받았는가에 따라 그들의 정체성 발달에 많은 영향을 미친다. 어떤 아동의 경우 부

---

[11] Barber, N. 2006. Why is Violent Crime So Common in the Americas?, *Aggressive Behavior*, 32: 442–450.

[12] Daly, M., & Wilson, M. 1994. Evolutionary Psychology of Male Violence, in Male Violence, ed., Archer, London: Routledge.

[13] Lattimore, P., Visher, C., & Linster, R. 1995. Predicting Rearrest for Violence Among Serious Youthful Offenders, *Journal of Research in Crime and Delinquency*, 32: 54–83.

모가 다루기 어려울 정도로 신경질적이고, 경우에 따라 이러한 좋지 못한 유아기 성격은 나중에 공격성과 행동장애로 나타난다[14]. 또한 적절한 통제와 일관성 있는 훈육에 실패한 부모의 경우 아이에게 억압적인 행위를 강화시키는 잘못된 결과를 초래하게 된다. 부모의 잘못된 훈육과 어린 시절의 거절은 전 생애에 걸쳐 폭력적인 행동으로 나타난다[15]. 훈육의 효과에 대해 실태조사를 한 스트라우스(Murray Straus)는 체벌과 공격성 간에 강력한 관계가 있음을 밝혔다[16].

2) 아동학대 경험

어린 시절 부모로부터 학대를 받았거나 관심을 받지 못한 아동의 경우 성인이 된 후에 심각한 범죄성향을 가지게 되고 그로 인하여 평생 동안 범죄의 굴레에서 벗어나지 못하게 된다. 아동학대와 관련한 경험적 연구에 의하면, 어린 시절 학대받은 경험이 있는 아동들의 경우 그렇지 않은 아동에 비해 나중에 심각한 수준의 폭력을 포함한 비행 행위에 가담하는 것으로 밝혀졌다[17]. 실제 학대와 폭력의 연관성은 자식이 부모를 살해한 존속살인에서 확인되었으며, 특히 성적 학대는 부모를 살해하는 명확한 요인이 되고 있다(Siegel, 2001)[18]. 루이스(Lewis)는 사형이 선고된 청소년 범죄자 관련 연구에서 모든 범인이 어릴 때 심각한 수준의 학대를 오랫동안 겪은 경험이 있는 것으로 나타났다(Larry J. Siegel 저, 이민식 외 공역, 2012). 또한 학대가 유아기부터 청소년기까지 지속적으로 진행될 경우 이는 한 사람의 삶에 지대한 영향을 미친다. 스트라우스(Straus)는 부모에게 체벌을 받은 아동들의 경우 성장하면서 형제자매에게 육체적 폭력을 행사하고 나중에 성인이 되었을 때 배우자를 학대하거나 다른 형태의 폭력범죄를 저지를 가능성이 높다는 연구결과를 제시하였다[19].

---

[14] Loeber, R., & Hay, D. 1997. Key Issues in the Development of Aggression and Violence from Childhood to Early Adulthood, *Annul Review of Psychology*, 48: 371–410.

[15] Raine, A., Brennan, P., & Mednick, S. 1997. Interaction Between Birth Complication and Early Maternal Rejection in Predisposing Individuals to Adult Violence: Specificity to Serious, Early-Onset Violence, *American Journal of Psychiatry*, 154: 1265–1271.

[16] Straus, M. 1991. Discipline and Deviance: Physical Punishment of Children and Violence and Other Crime in Adulthood, *Social Problem*, 38: 101–123.

[17] Scudder, R., Blout, W., Heide, K., & Silverman, I. 1993. Important Links between Child Abuse, Neglect, and Delinquency, *International Journal of Offender Therapy*, 37: 315–323.

[18] Ewing, C. P. 1990. When Children Kill, Lexington, MA: Lexington Books.

[19] Straus, M. 1991. Discipline and Deviance: Physical Punishment of Children and Violence and Other Crime in Adulthood, *Social Problem*, 38: 133–154.

폭력과 어린 시절 학대의 상관관계를 경험적으로 밝힌 로니 아덴스(Lonnie Athens)는 어린 시절에 학대를 받은 아동이 어떻게 공격적인 성인으로 성장하는지를 폭력화 과정을 통해 설명하였다[20]. 특히 폭력적인 성향은 사춘기 초기에 경험하는 폭력적인 사건들로 시작하는 다음과 같은 단계를 거치면서 시작된다. 첫째, 잔인화 단계(brutalization)로 부모의 육체적 · 성적 학대에 의해 시작되고 이를 넘어 동료집단과 이웃, 그리고 학교 동료에 의해 강화되는 경향이 있다. 대부분의 사람들은 어린 시절에 이 과정을 거치지만 소수의 사람들은 성인이 된 후에 잔인화를 경험하기도 한다. 둘째, 교전단계로 잔인화 된 청소년들은 가정과 학교 또는 길거리에서 호전적이고 분노에 찬 행동을 보이고, 다른 사람들에게 폭력으로 대응한다. 그들의 폭력적인 행동의 성공은 성취감과 지배의식을 제공한다. 셋째, 악의의 단계에 해당하는 범죄성의 표출단계(emerging criminals)로 자신들은 두려워하도록 폭력적인 정체성을 개발하고 다른 사람을 괴롭히는 것을 즐기게 된다(조철옥, 2010).

한편으로 아덴스(Athens)는 잔인화 행위 그 자체는 어떤 사람이 아주 위험한 폭력범죄자가 되는 충분조건은 아니라는 사실을 인정하였다. 폭력범죄자는 폭력화의 전 과정, 다시 말해서 호전성, 폭력사건, 그리고 적대감 등 폭력으로 사회화되는 전 과정을 거쳐야 된다. 잔인한 행동을 일삼는 아이들의 모두가 폭력범죄자로 되는 것은 아니다. 어떤 아이들은 후에 그들의 유년기 학대사실을 부인하고 규범을 통해 자신의 어린 시절을 재정의하기도 한다.

3) 폭력 환경의 학습

가정, 학교 등에서 폭력에 지속적으로 노출되어 있는 사람들은 그들 자신이 폭력적 수단과 방법에 익숙해질 수 있다. 사람들은 잔인한 폭력현장을 목격하거니 폭력을 당할 경우 그 폭력을 학습할 수도 있고 비인간성과 잔혹함으로 인해 폭력행위를 배격할 수도 있다. 인간은 선과 악을 구분할 수 있는 이성을 가지고 있기 때문에 선악의 관점에서 본다면 당연히 폭력을 반대하는 선택을 해야 한다. 하지만 가정이나 학교, 그리고 또 다른 환경에서 폭력에 노출된 사람들은 그들 스스로 폭력행동을 학습하여 폭력적인 방법을 사용한다는 연구결과가 제시되었다. 허치슨과 허셀(Hutchison & Hirschel)이 노스캐롤라이나에서 실시한 가정폭력 관련 사례연구에 따르면, 아이들의 절반 이상이 폭력을 목격하였고, 3분의 2에

[20] 아덴스(Athens)는 공격성을 기준으로 인간을 ①비폭력적 집단, ②타인을 해칠 목적으로 육체적 공격성 하는 성향을 가진 폭력적 집단, ③공격준비가 되어 있고 공격할 의도도 크지만 폭력행동 이전에 최후통첩을 보내거나 육체적인 몸짓을 중간수단으로 사용하는 폭력 농후집단 등 세 가지 집단으로 분류하였다(Athens, L. 1992. The Creation of Dangerous Violent Criminals, Urbana Ill : University of Illinois Press: 27-80).

해당하는 아이들이 경찰이 도착했을 때 폭력현장에 있었던 것으로 밝혀졌다[21].

또한 사회과학자인 얼스(Felton Earls)는 시카고 지역에서 청소년을 대상으로 폭력에 대한 종단적 연구를 실시한 결과, 9세에서 15세 사이의 청소년들 대다수가 폭력의 피해자였고 목격자였으며, 상당수가 무기를 사용한 폭력인 것으로 밝혀졌다. 특히 폭력에 노출된 적이 있다고 응답한 30~40%는 직접 폭력에 가담한 것으로 나타났다[22]. 그 이후 2005년 보고서에는 총기 사용을 목격한 청소년은 이를 목격한 경험이 없는 청소년보다 그 다음 해에 2배 이상 폭력범죄를 저질렀다. 총기범죄를 단 한번 경험한 청소년의 경우도 후일 폭력범죄에 가담할 확률이 2배 이상 높은 것으로 나타났다[23]. 이러한 환경에서 생활하는 아동들의 경우 점점 더 거칠어지고 무감각해지며, 자신의 감정을 다른 사람에게 표현하지 않는다. 또한 다른 약한 사람들을 이용하거나 괴롭히지만, 반대로 자신들보다 강한 사람들이나 연장자로부터 괴롭힘을 당한다. 그 결과 점차적으로 절망감에 사로잡히게 되고 부모와 교사는 그들이 잘못한 것만 찾아내어 질책하고 잘한 일에는 관심을 기울이지 않는다는 사실을 알게 된다. 따라서 그들은 청소년 비행집단의 유혹에 쉽게 빠져든다[24].

4) 약물 남용

개인적 · 사회적 측면에서 볼 때 약물 남용은 폭력과 깊은 관련이 있다. 약물 남용자는 그렇지 않은 사람들보다 더 많은 폭력을 행사하고 약물을 사용하지 않은 지역과 비교했을 때 약물 남용자가 많이 거주하는 지역에서 더 많은 폭력사건이 발생하는 것으로 나타났다[25]. 또한 크랙코카인(crack cocaine)과 헤로인을 많이 사용하는 지역에서 노상강도와 관련된 사건이 빈번히 발생하고 약물 남용 비율이 높은 지역의 경우 사회해체, 가난, 실업, 폭력 건수를 높일 수 있는 사회환경적 요인을 많이 가지고 있다[26]. 일반적으로 약물 남용은 다음

21 Hutchison, I., & Hirschel, J. D. 2001. The Effect of Childen's Presence on Woman Abuse, *Violence and Victims*, 16: 3–17.

22 Earls, F. 1998. Linking Community Factors and Individual Development, Washington D.C: National Institute of Justice.

23 Bingenheimer, J. B., Brennan, R. T., & Earls, F. 2005. Firearm Violence Exposure and Serious Violent Behavior, *Science*, 308: 1323–1326.

24 Greene, M. 1993. Chronic Exposure to Violence and Poverty: Interventions that Work for Youth, *Crime and Delinquency*, 39: 106–124.

25 Nielsen, A., Martinez, R., & Lee, M. 2005. Alcohol, Ethnicity, and Violence: The Role of Alcohol Availability for Latino and Black Aggravated Assaults and Robberies, *Sociological Quarterly*, 46: 479–502.

26 Messner, S., Deane, G., Anselin, L., & Nelson, B. 2005. Locating the Vanguard in Rising and Falling Homicide

과 같이 세 가지 형태로 영향을 미친다[27].

먼저 정신약리학적 관계로 폭력은 인간의 기분을 전환시키는 약물 복용의 직접적인 결과로 나타난다. 이에 대한 실험결과를 보면, 헤로인과 메스암페타민(필로폰)과 같은 약물 과다 사용은 폭력적이고 공격적인 행동을 유발한다(Larry J. Siegel 저, 이민식 외 공역, 2012). 또한 알코올 남용은 인지적 능력을 감소시키고 합리적인 대화와 타협을 제한함으로써 합리적 의사소통을 불가능하게 하기 때문에 모든 형태의 폭력과 관련된다는 사실은 오래 전부터 인정되어 왔다[28]. 특히 알코올중독자가 총기를 소지하고 있을 때 음주행위는 더욱 위험하다[29]. 다음은 경제적 강제행위와 관련된 것으로 마약 섭취는 경제적인 강박적 행동을 유발할 수 있는데, 상습 마약 투약자들의 경우 필요한 돈을 취득하기 위해 폭력을 행사하고 폭력적인 유흥가에 출입한다. 마지막으로 마역 거래를 전문적으로 하는 조직(gang)은 자신의 구역에서 경쟁자를 제거하고 상권을 장악하기 위해 폭력을 행사한다. 따라서 마약조직은 폭력을 사용하여 영역을 지키는 것을 당연시하는데, 이를 체계적 연결고리(systemic link)라고 한다. 마약조직의 마약거래에 관한 연구에 따르면, 그들의 폭력은 모든 도시에서 발생하는 살인사건의 상당부분을 차지하고 있다[30].

3. 사회문화적 요인

폭력은 가난을 고착화하고 지역을 해체시키는 문화적 믿음과 가치, 생활양식의 산물일 수도 있다. 이러한 현상을 설명하기 위해 볼프강과 페라구티(Marvin Wolfgang & Franco Frracuti)는 특정 지역에서 발생하는 폭력의 원인을 지역 특유의 하위문화로 접근하였다[31]. 이를 폭력의 하위문화(subculture of violence)라고 하는데, 일탈적 하위문화에 관한 규범은 한

Rates Across Cities, *Criminology*, 43: 661–696.

27 Goldstein, P., Brownstein, H., & Ryan P. 1993. Drug Related Homicide in New York: 1984–1988, *Crime and Delinquency*, 39: 106–124.

28 Stevens, T., Ruggiero, K., Kilpatrick, D., & Saunders, B. 2005. Variables Differentiating Singly and Multiply Victimized Youth: Results from the National Survey of Adolescents and Implications for Secondary Prevention, *Child Maltreatment*, 10: 211–223.

29 Phillips, S., Matusko, J., & Tomasovic, E. 2007. Reconsidering the Relationship Between Alcohol and Lethal Violence, *Journal of Interpersonal Violence*, 22: 66–84.

30 Goldstein, P., Bellucci, T., Spunt, B., & Miller, T. 1991. Volume of Cocaine Use and Violence: A Comparison and Between Men and Women, *Journal of Drug Issue*, 21: 345–367.

31 Wolfgang, M., & Ferracutti, F. 1967. The Subculture of Violence, London: Tavistock.

사회의 지배적인 가치체계와는 동떨어져 있다. 이러한 하위문화에서 폭력은 개인의 생활양식, 사회화 과정과 인간관계에 영향을 미치고 하위문화의 구성원들은 사회적 갈등과 딜레마를 해결하기 위한 수단으로 폭력을 사용한다. 따라서 일부 하위문화 집단에서 폭력은 관습과 규범에 의해 정당화 된다. 갈등 상황이 문화적으로 정의된 상황 하에서는 폭력이 정당한 행위로 간주되며, 그러한 갈등적 상황에서 부정적 결과로 인해 피해를 입은 개인은 폭력적인 수단을 사용하여 보상을 추구하려는 경향이 있다[32]. 폭력의 하위문화는 극도의 빈곤과 사회해체가 발생하는 지역에서 종종 나타난다. 대부분의 사람들은 폭력을 꺼려하지만 소득의 불평등과 인종차별은 폭력을 우호적으로 받아들이는 규범과 가치를 증폭시키는 역할을 한다. 이러한 지역에 거주하는 사람들은 폭행과 강도 범죄에 흉기를 소유하는 경향이 높기 때문에 폭력 피해자는 그 사실을 잘 알고 있으며, 피해를 당할 위험에 처하게 되면 싸움을 피한다(Larry J. Siegel 저, 이민식 외 공역, 2012)[33].

또한 폭력범죄의 발생률은 폭력 사용을 쉽게 받아들이는 청소년 갱단을 선호하는 하위문화가 만연한 도시지역에서 가장 많이 발생하며, 폭력을 신봉하는 성향도 있다[34]. 갱단의 청소년들은 갱단에 소속되지 않은 청소년에 비해 총이나 흉기를 더 많이 소지하고 있으며, 그런 총기류를 집밖으로 가지고 나오는 또래집단과 친하게 지낸다. 이밖에 갱 조직원과 폭력은 밀접한 관계가 있다. 폭력은 마약거래와 갱 조직원의 보호뿐만 아니라 개인적인 복수와 자기방어의 필요성 때문에 일어난다[35]. 범죄학자 데커(Scott Decker)는 세인트루이스 갱단에 속해 있는 청소년들과의 인터뷰를 통해 폭력은 갱단 소속 의식에 관한 핵심적인 가치라는 사실을 밝혀냈다[36]. 일부 청소년의 경우 폭력은 갱이 실제로 무엇인가를 정의하는데 도움을 주었다는 것이다. 이밖에 갱단 생활에 빠져있는 청소년은 폭력범죄의 피해자가 될 가능성이 높고 피해를 경험한 청소년들은 복수를 감행하기 때문에 폭력이 폭력을 낳는 악순환이 되풀이 된다[37].

---

[32] Luckenbill, D., & Doyle, D. 1989. Structural Position and Violence: Developing a Cultural Explanation, *Criminology*, 27: 419–436.

[33] Baumer, E., Horney, J., Felson, R. & Lauritsen, J. 2003. Neighborhood Disadvantage and the Nature of Violence, *Criminology*, 41: 39–71.

[34] Messner, S., & Tardiff, K. 1986. Economic Inequality and Levels of Homicide: An Analysis of Urban Neighborhoods, *Criminology*, 24: 297–317.

[35] Howell, J. 1999. Youth Gang Homicides: A Literature Review, *Crime and Delinquency*, 45: 208–241.

[36] Decker, S. 1994. Gangs and Violence: The Expensive Character of Collective Involvement, University of Missouri–St. Louis.

한편, 폭력은 국가적 가치체계에서도 나타나는데, 사회학자 네아폴리탄(Jerome Neapolitin)은 많은 국가의 특성을 통해 폭력을 예견할 수 있다고 보았다. 이러한 특성에는 높은 수준의 사회해체, 경제적 긴장, 높은 비율의 아동 학대, 국가의 용인된 폭력, 정치적 부정부패, 비효율적인 형사사법제도 등이 있다. 폭력이 빈번하게 발생하는 국가에 살고 있는 아동들은 경제적으로 빈곤하고 사회적으로 소외되어 있으며, 폭력에 자주 노출되어 있고 법에 대한 신뢰도 부족하다. 이러한 나라의 경우 형사사법제도가 미비하기 때문에 자기 방어를 위해 스스로 무기를 소유하거나 민간 경호원을 고용하기도 한다[38]. 이러한 각각의 요소들은 폭력범죄, 다시 말해 살인, 강간, 폭행, 강도와 같은 전통적인 보통법상의 범죄와 노동현장에서의 폭행, 증오범죄, 정치적 폭력과 같은 새롭게 인식된 범죄에 영향을 미치는 것으로 알려져 있다(임준태, 2009; Larry J. Siegel 저, 이민식 외 공역, 2012).

제2절 데이트폭력의 의의와 특성

1. 데이트폭력의 개념

데이트폭력(dating violence)의 정의와 관련하여 초기 학자들은 성폭력을 포함한 신체적 폭력만을 데이트폭력으로 한정하였다(Makepeace, 1981)[39]. 그러나 이후 언어폭력 및 정서적 학대, 위협을 가하는 행동과 같은 심리적 폭력도 범주에 포함시켰다. 데이트폭력의 정의에서 푸이그(Puig, 1894)와 마샬 등(Marshal & Rose, 1988)은 구혼기의 학대(courtship abuse)라는 용어를 사용하여 데이트하는 상대에게 가하는 신체적 공격행동으로 정의하였다. 또한 슈거만과 호탈링(Sugarman & Hotaling, 1989)은 '구애기의 학대'라는 용어를 사용하여 데이트 상황에 있는 미혼의 두 사람 사이에서 적어도 한 사람이 신체적 폭력을 사용하거나 사용하겠다고 위협하는 행동으로 정의하였다[40]. 이밖에 스테츠(Stets, 1992)는 교제 중 상대방에게 신체

---

37 Gordon, R., Lahey, B., Kawai, E., Loeber, R., Loeber, M., & Farrington, D. 2004. Antisocial Behavior and Youth Gang Membership, *Criminology*, 42: 55–88.

38 Neapolitan, J. 1999. A Comparative Analysis of Nations with Low and High Levels of Violent Crime, *Journal of Criminal Justice*, 27: 259–274.

39 Makepeace, J. M. 1981. Courtship Violence Among College Student, *Family Relations*, 30: 97–102.

40 Sugarman, D. B., & Hotaling, G. T. 1989. Dating Violence: Prevalence Context and Risk Markers: In M. A. Pirog-good and J. E. Stets(Eds), Violence in Dating Relationship: Emerging Social Issue, New York: Praeger Publishers.

적 해를 야기시키는 행동으로 정의하였고[41], 키머링과 아리아스(Kimerling & Arias, 1998)는 교제 관계에서 통제를 획득하기 위한 수단으로써 심리적 · 신체적 행위를 해하는 것으로 규정하였다.

스트라우스(Straus)는 데이트폭력을 데이트관계에 있는 남녀가 상호간 합의 없이 한 사람이 일방적으로 상대방에게 해를 끼칠 의도를 가지고 행하는 신체적, 언어적, 성적 폭력으로 정의하였다[42]. 미국의 질병관리예방센터(Center for Disease Control and Prevention, 1997)에서는 미혼의 데이트관계에서 발생하는 정서적, 신체적, 성적 폭력으로 규정하고 있다[43]. 외국의 경우에 데이트폭력을 데이트 하는 상황에 있는 미혼의 두 사람 사이에서 적어도 한 사람이 신체적 폭력을 사용하거나 사용하겠다고 위협하는 행동 또는 미혼의 데이트 관계에서 발생하는 정서적, 신체적, 성적폭력을 포괄적으로 지칭하는 것으로 정의하고 있다. 국내의 경우에는 데이트폭력을 혼전폭력, 구혼기 폭력, 연애폭력, 교제폭력, 이성교제폭력, 데이트관계 폭력이라는 개념들로 혼용하여 사용하고 있으며, 폭력(violence)이라는 용어 대신 학대(abuse), 공격(aggression) 등의 용어를 사용하기도 한다. 이처럼 데이트폭력의 개념은 학자에 따라 다양하게 정의하고 있고 획일적인 정의는 없으나 결혼을 하지 않은 연인사이에서 발생한다는 점을 제외하면 부부사이의 폭력 내용과 유사하다[44].

실무차원에서는 '치정폭력'이라는 표현을 쓰기도 하지만, 경찰청은 부부사이가 아닌 남녀간에 발생하는 폭행 · 상해 · 살인 · 성폭행 · 감금 · 약취유인 · 협박 · 명예훼손을 행하는 행동으로 정의하고 있고 "연인 간 폭력"이라는 명칭으로 사용하고 있다[45]. 하지만 최근에는 시민들 대부분이 데이트폭력이라는 용어를 사용하기 때문에 경찰청에서도 2017년부터 데이트폭력이라는 용어로 대체하여 사용하고 있다. 그러나 이러한 정의는 데이트폭력의 행위

41 Stets, J. E. 1992. Interactive Precess in Dating Aggression: A National Study, *Journal of Marriage and Family*, 54: 165–177.

42 Straus, M. A. 2004. Prevalence of Violence Against Dating Partners by Male and Female University Students Worldwide, *Violence Against Women*, 10: 790–811.

43 미국의 경우에도 데이트폭력에 대해 각 주(州)마다 통일된 개념 정의가 없어 보호명령제도를 중심으로 데이트폭력에 대한 제재가 이루어지고 있으며, 각 州에서 가이드라인을 설정하여 개념의 기준을 제시하고 있다(류병관, 2014. 데이트폭력에 있어 피해자 보호 방안, 법학연구, 22(3): 91–114).

44 신소라. 2018. 데이트폭력 피해 대학생의 심리적 특성에 대한 사례분석, 한국범죄심리연구, 14(2): 47–62.

45 여기서 '남녀 간'은 기혼 · 미혼 · 연인관계 전후를 불문하며, 부부(사실혼 포함) 또는 부부였던 자는 제외된다. 또한 경찰의 정의는 법적으로 정립된 개념은 아니지만 수사상 통용되는 개념으로 외국의 정의와 비교하여 그 성격을 남녀간에 발생하는 폭력으로 한정하고 있어 동성 커플간의 폭력은 데이트폭력에 해당되지 않는 것으로 보고 있다(경찰청 브리핑, 2016.02.03. 자료인용).

주체를 단순히 미혼남녀로 국한시키는 문제가 있다고 판단된다. 왜냐하면, 데이트폭력 자체가 미혼남녀뿐만 아니라 기혼남녀 간, 그리고 결혼 후 이혼한 남녀 간 혹은 부적절한 관계에서 발생할 수도 있고 심지어 동성 간에도 발생할 수 있기 때문이다. 현재 데이트폭력은 초기에 주로 발생했던 신체적 · 정서적 폭력에서 나아가 성적폭력 이외에도 스토킹까지 데이트폭력의 새로운 유형으로 확대되고 있는 추세이다. 따라서 데이트폭력의 개념 또한 사회적 추세에 따라 점점 변화되고 있는 데이트폭력의 행위자 및 그 유형까지 포함하는 개념으로 재정립할 필요가 있다. 다시 말해서 데이트폭력을 미혼 · 기혼과 상관없이 남녀 이성뿐만 아니라 동성 간에 발생하는 신체적, 정신적, 성적폭력 및 스토킹을 포함하여 그 범위를 확대할 필요가 있다.

2. 데이트폭력의 유형

데이트폭력은 행위 유형에 따라 분류하고 있는데, 일반적으로 신체적 폭력, 정서적 폭력, 언어적 폭력[46], 성적 폭력, 경제적 폭력, 행동통제 등으로 구분하고 있다. 바질(Basile, 2009)은 데이트폭력의 유형을 신체적 폭력, 정신적 폭력, 성적 폭력 그리고 신체적 폭력이나 성 폭력을 위한 위협 등 네 가지로 유형화하였다[47]. 랜(Leen, 2013) 등은 바질(Basile) 등이 제시한 유형 중 네 번째 유형은 앞의 세 가지 유형에 포함되기 때문에 이를 제외하였다[48]. 언어적 폭력은 심리적 폭력이나 정서적 폭력과 유사한 개념으로 사용되거나 별도의 개념으로 파악[49]하기도 하는데, 여기서는 정서적 폭력에 포함시켜 살펴보았다.

먼저 신체적 폭력은 상대방에게 신체적인 힘이나 도구를 사용하여 상대방을 구속하거나 상해를 입히는 것을 말하며, 밀고, 물고, 발로 차고, 흉기나 손으로 때리는 것 등을 모두 포함한다(Sugarman & Hotaling, 1989). 다시 말해서 의도적으로 물리적인 힘을 행사하는 것으

46 언어적 폭력은 큰 소리를 지르거나 욕설을 하거나 비하하는 것, 약점을 잡아 모욕하거나 악의에 찬 말을 하는 것, 때리거나 물건을 던지겠다고 위협하거나 협박하는 것 등을 포함한다(Straus, M. A., Hamby, S. L., Boney-MaCoy, S., & Sugarman, D. B. 1996. The Revised Conflict Tactics Scales(CTS2), Journal of Family Issue, 17(3): 283-316).

47 Basile, K. C., & Saltzman, L. E. 2009. Sexual Violence Surveillance: Uniform Definitions and Recommended Data Elements, Center for Disease Control and Prevention, National Center for Injury Prevention and Control.

48 Leen, E., Sorbring, E., Mawer, M., Holdsworth, E., Helsing, B., & Bowen, E. 2013. Prevalence, Dynamic Risk Factors and the Efficacy of Primary Intervention for Adolescent Dating Violence: An International Review, *Aggression and Violent Behavior*, 18(1): 159-174.

49 Kaura, S. A., & Lohman, B. J. 2007. Dating Violence Victimization, Relationship Satisfaction, Mental Health Problems, and Acceptability of Violence: A Comparison of Men and Women, *Journal of Family Violence*, 22: 367-369.

로 심할 경우 상해나 살인까지 일어날 수 있다. 신체적 폭력을 가하는 사람들의 특징은 대부분 과도한 스트레스를 감당하지 못하거나 음주상태에서 폭력을 가하고 이후에 용서를 구하는 행동을 한다는 점이다. 결국 폭력 이후의 사과와 용서, 그리고 다시 반복되는 폭력의 악순환이 가장 큰 문제라 할 수 있다. 다음으로 정서적 폭력[50]은 데이트 관계에서 상당 부분 발생하며 널리 사용되는 공격 형태로는 상대방 모욕, 욕설, 비난, 소리 지르기, 경시, 위협, 협박, 상대방 주변 인물과의 접촉 불허 행동 등이 포함된다(Straus, 1979). 또한 상대방이 만나주지 않거나 헤어질 경우 자살한다고 위협하거나 자해행위 등으로 상대방에게 심리적 위협을 가하는 것도 정서적 폭력에 해당된다. 최근 스토킹도 데이트폭력의 정서적 유형의 대표적인 사례로 포함시키고 있다.

성적 폭력은 상대방의 동의 없이 강제로 성행위를 하거나 강요, 위압하는 행동으로 성추행과 성희롱, 강간 등이 여기에 포함된다(Straus 등, 1996). 성적 폭력은 다시 세 가지 하위유형으로 분류되는데, 첫째로 상대방의 의사에 반하여 성적인 행동을 하기 위해 물리적인 힘을 행사하는 것으로 의도한 성행위를 했는지의 여부와 상관없이 폭력에 해당된다. 둘째로 성적 행동을 하거나 시도함에 있어서 상대방이 동의할 수 없는 신체적이나 정신적 상황일 경우에 해당한다. 셋째로 의도적으로 상대방이 동의하지 않은 신체적 접촉이나 성적행동을 하는 경우에도 해당된다. 현재 사귀고 있거나 호감을 느끼는 관계에서 상대방의 동의 없이 일방적으로 이뤄진 성관계를 데이트 강간[51]이라 한다. 일부 남성들의 경우 강제적인 성관계를 위해 술을 먹이기도 하고 결별하겠다는 말로 위협하기도 한다[52]. 또한 리벤지 포르노(revenge porno)[53] 등을 통해 상대방의 약점을 다른 사람에게 폭로하겠다고 협박하기도 한

---

[50] 신체적 폭력과 성적 폭력의 대부분은 정서적 폭력으로부터 시작되고 정서적 폭력과 중복적으로 발생한다. 또한 신체적 폭력보다 정서적 폭력은 더욱 심한 후유증을 낳을 수 있는데, 통제나 간섭, 정신적 압박과 같은 피해를 경험하게 될 경우 피해자는 자신의 존재에 대해 자신의 심리내면에서 잘못된 인식을 가지게 되고 외상 후 스트레스 장애(PTSD)와 같은 정신장애를 초래하기도 한다(Sabina, C., & Straus, M. A. 2008. Polyvictimization by Dating Parters and Mental Health Among US College Student, *Violence and Victim*, 23(6): 667–682).

[51] 미국의 사례에서 보면, 데이트 강간은 대학 캠퍼스 내에서 자주 발생한다. 여대생의 약 15~30%가 이런 부류의 강간과 강간 미수 사건의 피해자로 추정되고 있다. 2006년 여대생을 대상으로 한 설문조사에서 조사대상자의 27%가 성교를 위한 키스와 애무 같은 원치 않는 성적 접촉을 당한 경험이 있는 것으로 조사되었다(Gross, A., Winslett, A., Roberts, M., & Gohm, C. 2006. A Examinations of Sexual Violence Against College Women, *Violence Against Women*, 12: 288–300).

[52] Tyler, K.. Hoyt, D., & Whitbeck, L. 1998. Coercive Sexual Strategies, *Violence and Victim*, 13: 47–63.

[53] 리벤지 포르노(revenge porno)는 당사자의 동의나 인지 없이 배포되는 음란물 화상 또는 영상을 말한다. 연인 등 친밀하거나 아는 관계인 사람간의 이별에 앙심을 품고 상대를 모욕하기 위해 성적 사진 등을 유포하는 경우가 많다. 금전을 노린 모르는 사람으로부터 동의 없이 유포되는 일반인 음란물도 리벤지 포르노에 포함된다. 2017년에는 리벤지 포르노나 몰카 등의 범죄가 증가하면서 온라인상에 남은 글, 사진, 동영상 등 디지털 흔적을 지워주는 디지털 장의사

다. 특히 성적 폭력은 피해에 대한 노출을 가급적 회피하려는 사회적 특성과 피해자의 수치심이나 자책 등으로 노출을 꺼려하기 때문에 다른 폭력 유형보다 더 축소되어 보고되는 실정이다.

이밖에 금전거래를 가장한 금품 요구나 갈취하는 경제적 폭력이 있으며, 주변인들로부터 고립시키는 행동통제 등이 있다. 행동통제는 데이트폭력의 가장 흔한 형태로 데이트폭력 가해자들의 경우 피해자의 인간관계와 생활반경을 제한하고 통제하려는 경향이 있다. 이러한 심리적 감금상태가 지속될 경우 피해자는 가족과 친구들로부터 고립되고 데이트폭력에 대한 도움을 받지 못하는 결과를 초래할 수도 있다. 또한 데이트폭력 관련 사건에 대한 통계자료를 바탕으로 직접적으로 폭력을 가하는 유형, 상대방을 감시하며 간섭하는 유형, 일방적인 신체접촉이나 성관계를 요구하는 유형으로 구분하는 경우도 있다[54].

신체적 폭력	성적 폭력
– 손발로 폭행 · 목조르기 – 흉기 위협	– 강제적 성행위 – 성관계 영상 촬영 · 유포
정서적 폭력	**경제적 폭력**
– 폭언 · 무시 – 통제 · 감시 – 협박 · 자해	– ‘돈 빌려 달라’ 요구, 갈취 – 피해보상 등

➲ 데이트폭력의 세부 유형

유형	세부 내용
정신적 폭력	정신적으로 고통을 주는 경우로 상대방이 자신의 핸드폰, e-메일 등을 수시로 체크하고, 누구와 함께 있는지, 다른 이성을 만나는지 의심하며 끊임없이 검사한다. 동의 없이 상대방 아이디와 비밀번호를 알아내어 e-메일을 훔쳐보거나 핸드폰을 검사하는 것은 형사처벌 대상이다.
협박	상대방을 협박하는 경우로 다툼이 있을 경우 자신의 말을 듣지 않으면 “찾아가서 해코지를 한다”거나 “주위 가족을 해치겠다”, “다시 만나지 않으면 죽이겠다, 가만두지 않겠다”라고 말하는 것이다. 이는 형법상 협박죄에 해당한다.
소문	상대방에 관한 안 좋은 소문을 내는 경우로 헤어진 후 연인에 관한 헛소문이나 약점을 고의로 이리저리 말하고 다니는 것이다. 그 소문의 내용이 상대방의 외적 평가를 손상시키는 정도라면 비록 그 소문이 사실이라고 하더라도 명예훼손죄로 처벌될 수 있다.

(디지털 세탁소)가 새로운 직업으로 등장했다. 최근에 리벤지 포르노라는 표현이 성적인 특징을 부각해 피해자에게 2차 피해를 줄 수 있어 ‘디지털 성범죄 영상’ 등으로 바꾸어 부르고 있다(출처: 에듀윌 시사상식 2017년 11월호: http://100.daum.net/encyclopedia/view/201XXX1711016: 2018년 9월 20일 검색).

54 박현정 · 정순형, 2017. 데이트폭력범죄에 대한 독자적 형사제재의 필요성에 관한 고찰, 인문사회 21, 8(3): 583–603.

언어 폭력	모욕감을 느낄 정도로 심한 욕설의 하는 경우로 다툼이 있을 때 연인 사이에서 할 수 없는 심한 욕설 및 약점을 가지고 공격하는 말을 하는 것이다. 많은 사람이 듣거나 들을 수 있는 장소에서 욕설을 하는 경우 모욕죄가 성립할 수 있다.
신체 폭력	신체적으로 폭력을 가하는 경우로 손바닥 혹은 주먹으로 때리는 행동, 발로 차거나 목을 조르는 행동, 물건을 던지거나 벨트 등 흉기로 때리는 행동, 신체적으로 상대방을 구속하여 신체에 상해를 입히는 것이다. 이는 폭행죄에 해당한다.
성추행	아무리 연인 사이지만 강제로 만지거나 성추행을 하는 경우이다. 거부 의사를 표명했음에도 억지로 키스를 하거나 신체를 만진다던지 하는 것이다. 강제적인 행위들이 상대방이 성적 수치심을 야기하였다면 그 자체가 강제추행이 될 수 있다.
성폭행	한쪽이 거부하는데도 억지로 관계를 가지는 것이다. 연인 사이에 함께 술을 마시다가 여성이 취해서 잠이 들자 남성이 간음이나 추행을 하는 경우 또한 비록 폭행 협박이 없었더라도 상대방의 심신상실이나 항거불능 상태를 이용하였으므로 성폭행에 해당한다.
스토킹	상대방 의사와 상관없이 의도적으로 계속 따라다니면서 정신적, 신체적 피해를 입히는 경우이다. 구체적으로 특정한 사람을 그 의사에 반하여 편지, 전자우편, 전화, 컴퓨터 통신, 선물, 미행, 감시, 집과 직장 방문 등을 통하여 공포와 불안을 타인에게 반복적으로 주는 행위이다.

3. 데이트폭력의 원인과 특성

사회학습이론에 의하면 인간의 공격성은 문화의 영향을 받고 공격성을 유발하는 장기적인 요인 중 가장 중요한 것이 어린 시절의 사회화로 보고 있다. 이러한 학습에는 단순히 폭력적인 상황을 관찰한 아동들이 반드시 유사한 공격 행위를 하지는 않는다. 그러나 공격 행위를 한 대상이 그러한 행위를 한 이후에도 처벌을 받지 않거나 지속적으로 공격 행위를 하는 모습을 관찰하게 될 경우 강화요인으로 작용하여 아동들에게 영향을 미친다는 것이다. 폭력의 전수는 가해 행위에만 영향을 미치는 것은 아니며, 피해 행위를 수용하게 되면 폭력의 원인 및 효과에 대해 잘못된 인식을 하게 된다.

어린 시절 가정폭력을 목격한 아동의 경우 성인이 되어 가정폭력의 피해자가 될 가능성이 높은 이유는 폭력에 대한 허용도가 높아졌기 때문이다. 장기간에 걸쳐 폭력을 당하는 피해자는 폭력의 원인이 자신에게 있고 자신의 잘못으로 폭력이 발생한다고 생각하는 경우도 있다. 이처럼 폭력에 대한 수용성은 폭력적인 관계를 지속시키게 되는 원인으로 작용하게 된다. 한편, 현대사회의 경쟁구도 속에서 정신문화가 붕괴되면서 인간의 존엄성과 자존감이 상실되고 상대적 박탈감과 불안, 외부환경에 대한 공포심 등을 해소하기 위하여 연인관계에 있는 상대방을 대상으로 분노, 집착을 표출하게 되면서 데이트폭력이 발생한다. 특히 데이트 도중에 갈등상황이 발생하면 감정을 조절하지 못하고 분노의 잘못된 표출형태가 폭력으로 이어지게 되는데, 이것이 데이트폭력의 주된 원인이라 할 수 있다.

데이터폭력의 원인은 다양하지만 크게 개별적 요인, 가정 환경적 요인, 사회적 요인으로 구분할 수 있다. 먼저 개별적 요인으로 행위자의 특징을 살펴보면, 대체적으로 소유욕이 강하고 질투심이 많으며 성격상의 문제와 연애의 실패 경험이 많은 동시에 무분별한 음주로 인해 폭력이 발생한다. 다음은 가정 환경적 요인으로 기능적 결손가정[55]의 영향으로 어린 시절부터 가정폭력[56]이나 학대를 당한 경험이 많고 히스테리성 성격장애[57] 증상 등으로 인해 과도한 집착이 폭력으로 발산되는 경우가 있다. 이처럼 가정 환경적 요인은 연인관계에도 부정적인 영향을 미칠 수 있다. 어린 시절에 폭행을 목격한 환경이 성장 후에 스트레스와 갈등으로 폭력을 유발하는 원인을 제공하는데, 특히 폭력적인 가정환경에서 부모와의 애착관계를 형성한 경험이 없기 때문에 연인관계에서도 유대감을 형성하기 어렵고 쉽게 폭력성을 보이기도 한다. 마지막으로 사회적 요인에 의해서도 폭력성의 원인을 찾을 수 있다. 예를 들어 사회생활을 하면서 과도한 업무로 인한 스트레스 혹은 콤플렉스를 극복하지 못하고 분노를 데이트관계에 있는 상대방에게 표출하기도 한다. 결론적으로 데이트폭력은 개별적 요인, 가정 환경적 요인, 사회적 요인 등으로 인해 발생하며 하나의 요인뿐만 아니라 여러 요인들이 복합적으로 영향을 미쳐 자신이 감당할 수 없는 분노를 연인관계의 상대방에게 표출하게 된다. 또한 데이트폭력의 경우 가해자의 폭력 후 반응은 사랑, 용서뿐만 아니라 극단적으로는 의심 내지 폭력에 따른 희열감을 표출하고 더 나아가 보복에 대한 협박의 양상을 보이기도 한다.

한편으로 성인 초기의 이성 관계는 친밀감을 형성하고 성적관계를 넘어 다음 세대에 대

---

55 일반적으로 결손가정은 크게 형태적 결손과 기능적 결손으로 구분된다. 먼저 형태적 결손의 경우 범죄나 일탈에 영향을 미치지 않지만 훈육의 결함이나 가정불화, 가정폭력 등의 기능적 결손의 경우 애정결핍 등으로 상대에 대한 과도한 집착으로 인해 범죄와 일탈에 직접적인 영향을 미친다(배종대, 2014. 「형사정책」, 서울: 홍문사, 211–216).

56 가정 내에서 발생하는 폭력은 당사자들뿐만 아니라 이를 목격한 자녀들에게 심각한 스트레스 요인으로 작용하며, 성장 후 외상으로 남아 의식적 · 무의식적 수준에서 부정적인 영향을 미칠 수 있으며, 가정폭력을 목격한 경험이 있는 경우 49% 이상이 데이트폭력을 경험한 것으로 조사되었다(O'Keefe, M. 1998. Factors Mediating The Link between Witnessing Interparental Violence and Dating, *Journal of Family Violence*, 13: 39–57; Riggs, D. S., & O'Leary, K. D. 1996. Aggression between Heterosexual Dating Partners: An Examination of Courtship Aggression, Journal of Interpersonal Violence, 11: 519–540).

57 히스테리성 성격장애(histrionic personality disorder)는 이기적이고 자기중심적이며 극적인 표현을 하고 즉각적 만족과 관심을 요구하며, 그런 요구가 좌절되면 불쾌하게 느끼고 히스테리를 부리는 성격장애를 말한다. 이러한 성격으로 인해 지속적인 대인관계를 유지하기 어려운 경우가 많으며, 감정의 표현이 과장되고 주변의 시선을 받으려는 성격 특징을 가지고 있다. 증상으로는 끊임없이 관심의 초점이 되려하거나 관심을 끌기 위해 극단적인 행동이나 심한 분노 발작을 일으켜 폭력성을 보인다(Roy Hazelwood · Stephen G. Michaud, 「프로파일러 노트: 범죄심리를 해석하는 새로운 눈」, 허진 역, 2007: 278–279).

한 헌신과 사랑을 확립하는데 기여한다. 따라서 남녀 간의 건강한 데이트의 경험은 이성뿐 아니라 전반적인 대인관계 기술을 향상시키고, 미래의 결혼 생활에 긍정적인 영향을 미치기도 한다. 그러나 데이트 경험이 많아지고 연인 간의 관계가 지속되면서 데이트 관계에서 폭력이 일어날 확률이 매우 높다. 왜냐하면 남녀 간의 데이트 관계는 신체적, 성적관계뿐만 아니라 정서적인 관계로서 모든 부분들을 공유하고 있기 때문이다. 이로 인해 서로에 대한 기대가 좌절과 분노로 이어져 폭력적 행동이 일어날 확률이 매우 높다. 그러나 데이트 관계에서 폭력이라는 수단을 통해 통제를 당하고 있는 상대방의 경우 심각한 신체적 폭력이 일어나기 전까지 그 행위가 폭력적 상황임을 인식하지 못하고 데이트 관계를 지속하는 경향이 있다. 이러한 경향은 데이트폭력의 특성에 기인한 것으로 가정폭력과 유사한 특성을 가지고 있다.

다시 말해서 데이트폭력도 가정폭력과 마찬가지로 폭행이 발생하고 난 후 가해자의 반성과 사과에 따른 피해자의 용서, 이후 또다시 폭행이 가해지는 등 상습폭행이 지속적이고 반복적으로 발생하고 있기 때문이다. 최근 한국사회도 가정폭력과 마찬가지로 데이트폭력이 빈번하게 발생하고 있으며, 가정폭력 보다 더 심각한 2차 범죄로 이어지고 있다. 이러한 원인은 데이트 관계의 특성인 친밀한 관계에서 발생하여 사건이 은폐·축소되는 경우가 많고, 폭력이 노출된 이후에도 관계가 지속되고 있기 때문이다. 다시 말해 데이트 관계라는 특수성으로 인해 친밀한 관계에서 경미한 수준의 신체적·심리적 폭력은 묵인될 수 있는 행위라는 인식이 보다 심각한 폭력관계로 나아가게 만드는 중요한 요인이 되고 있다. 아울러 데이트폭력이 분명한 범죄이지만 피해의 당사자뿐만 아니라 일반시민들도 이를 범죄로 인식하지 않는다는 점에서 문제는 더욱 심각하다.

이처럼 데이트폭력은 다른 범죄에 비해 가해자와 피해자의 관계 특성상 폭력의 형태가 반복적이고 지속적인 측면에서 매우 위험성이 높은 범죄유형이라 할 수 있다. 특히 연인관계에서 발생하는 범죄이기 때문에 스스로 인식하지 못하고 계속되는 폭력행위에도 지속적인 관계를 거부했을 때 발생할 수 있는 보복으로 인한 두려움으로 상당수가 연인관계를 유지하고 있다. 또한 폭력행위 이후에 반성과 위로의 반복은 피해자로 하여금 가해행위에 대하여 오히려 이해하고 동조하는 스톡홀름 증후군(Stockholm syndrome) 증세를 보이기도 한다. 이러한 현상은 연인의 폭력행위를 피해자가 우발적이고 충동에 의해 발생한 것으로 이해하고 수용하는데서 시작되며, 때로는 상대방의 폭력 원인이 자신에게 있다고 인지하고 무기력과 상대에 대한 의존성을 학습하게 되면서 이러한 증세를 보인다. 이밖에도 폭력을 참고 견디면 더 좋은 관계로 발전할 수 있을 것이라는 기대를 하게 되는데, 일부 학자들은 이러한 감정 상태를 낙관적 편향(optimistic Bias) 혹은 이타적 망상(altruistic delusion)이라고 지칭하였다[58].

지금까지의 내용을 중심으로 데이터폭력의 특성을 살펴보면, 먼저 일반 폭력범죄와는 달리 상습적이고 지속적인 폭력이 유지될 수 있는 가능성이 높다는 점이다. 둘째로 연인과 밀접한 관계가 유지되기 때문에 신고율이 낮다는 측면에서 일반범죄에 비해 암수범죄가 많다고 볼 수 있다[59]. 특히 데이트 강간의 경우 일부 피해여성들은 그런 성적 경험을 진정한 의미의 강간으로 인식하지 않으며, '숲속에서 갑자기 나타난' 낯선 사람에게 당하는 사건을 진정한 의미의 강간으로 보기 때문에 경찰에 신고하지 않는 경향을 보이며, 강간으로 인해 너무 혼란스럽거나 두려워서 경찰에 신고하지 않는다[60]. 마지막으로 다른 범죄와 달리 데이트폭력 당사자 간에 공유하는 부분이 많기 때문에 신고와 처벌 이후에 보복범죄의 가능성이 높다는 측면에서 위험성, 불안감, 공포감 등 2차 피해가 발생한다는 것과 더 잔인하고 흉포한 형태를 보인다는 점에서 독특한 차이를 보인다. 결론적으로 데이트폭력은 더 이상 연인 간 또는 당사자 간의 개인적인 문제가 아니라 사회적인 문제라는 인식의 전환이 요구된다.

[58] Handsel, V. A. 2007. Psychological Variables in Battered Women's Stay/Leave Decisions: Risk-taking Perceived Control, and Optimistic Bias Doctoral Dissertation, University of North Carolina at Wilmington.

[59] 데이트폭력 범죄를 암수범죄로 보는 이유는 다음과 같다. 먼저 연인관계인 당사자 간에 행위의 정도에 대해 인식을 못한다는 인식의 부족, 가해자와 피해자 간에 발생한 폭력을 인식했다고 하더라도 신고하지 않는 경우, 연인관계에서 발생함으로써 고소를 취하하는 경우가 많아 수사기관이 인지하더라도 소극적인 대처에 그치는 경우, 수사기관의 적극적인 대처에도 공소제기가 안 되는 경우, 소송의 결과 유죄판결을 받지 않는 경우 등이 있다.

[60] Fisher, B., Diagle, L., Cullen, F., & Turner, M. 2003. Reporting Sexual Victimization to the Police and Others: Result from a National-Level Study of College Women, *Criminal Justice and Behavior,* 30: 6-39; Larry J. Siegel 저, 이민식 외 공역, 2012: 352-353.

제3절 데이트폭력의 실태분석 및 사례

1. 데이트폭력의 실태분석

데이트폭력(Dating violence), 다시 말해서 연인간의 폭력은 가정폭력과 더불어 사소한 문제 혹은 제3자가 관여하기 곤란하거나 개입하지 않아야 할 개인적인 문제라는 인식이 지배적이었다. 하지만 2000년대 초 국내에서도 데이트폭력에 대한 학문적 관심이 본격적으로 시작되었고 2014년 이후 사회적 이슈로 부상하면서 관심이 급증했다. 한국언론진흥재단의 뉴스 빅 데이터 분석서비스(BIG Kinds) 자료에 의하면, '데이트폭력'이라는 키워드의 뉴스 검색건수는 정보가 제공된 1990년 이후부터 2005년까지는 거의 없었고 2006년 한 두건씩 언론에 보도될 정도였다. 그러나 2014년부터 사회적 관심을 반영한 기사들이 등장하면서 2014년 184건, 2015년 245건, 2016년 7월 기준 473건으로 급증했다.

최근 연인 사이에서 벌어지는 데이트폭력이 상습적으로 되풀이되고 있는데, 2015년 기준 데이트폭력 발생 건수는 7,692건이다. 이 중에서 살인은 102건, 성폭행 · 추행은 509건에 달했다. 살인이나 성폭행 등 중대 범죄로 이어지기 전에 112 신고로 위험 신호가 나타나는 데도 불구하고 사고를 막지 못하고 있다. 최근 5년간 애인으로부터 목숨을 잃은 사람은 296명, 애인을 살해하려다 미수에 그친 사람도 309명에 이르는 것으로 나타났다[61]. 2011년부터 2015년까지 5년간 605명의 사람들이 애인으로부터 살해 위협을 경험했거나 살해되었다.

[61] 더불어민주당 박남춘 의원(안전행정위원회)이 '죽음 부르는 데이트폭력 실태와 개선방안'정책보고서 발간했다. 박남춘 의원은 최근 5년간 애인으로부터 목숨을 잃은 사람이 296명에 달하고, 애인을 살해하려다 미수에 그친 사람도 309명에 이르는 것으로 드러났다고 밝혔다. 그러면서 데이트폭력이 강력 범죄로 진화하고 있어 강력한 피해자보호조치가 필요하다는 목소리가 높아지고 있다고 주장하였다. 박남춘 의원은 지난 19대 국회에서 데이트폭력 방지법-데이트폭력범죄의 처벌 등에 관한 특례법안-을 발의했다(인천 국제뉴스, 2016.10.01. 자료 인용).

➲ 데이트폭력 현황(2011-2015)

(단위: 명)

연도별	계	상해	폭행	폭처법 위반	살인	강간 · 강제추행
2011년	7,292	3,074	2,633	1,068	127	390
2012년	7,584	3,028	2,822	1,226	99	409
2013년	7,237	2,571	2,848	1,179	106	533
2014년	6,675	2,273	2,702	1,109	108	483
2015년	7,692	2,306	3,670	1,105	102	509

➲ 데이트폭력에 의한 살인(기수, 미수), 폭행치사, 상해치사 현황(2011-2015)

(단위: 명)

구분	살인기수	살인미수 등	폭행치사	상해치사	합계
2011	47	80	4	8	139
2012	46	53	1	10	110
2013	48	58	9	11	126
2014	47	61	6	4	118
2015	45	57	7	3	112
합계	233	309	27	36	605

자료: 경찰청(2016)

또한 헤어진 연인을 대상으로 한 데이트폭력의 형사입건 수는 2015년 7,692건에서 2016년 8,367건, 2017년 10,303건으로 증가하였다. 2017년 발생한 데이트폭력 사건을 유형별로 보면, 폭행 · 상해가 7,552건으로 전체 73.8%를 차지하고 있으며, 경범 등 기타 유형이 1,357건, 체포 · 감금 · 협박이 1,189건 등으로 나타났다. 특히 2016년 경찰이 데이트폭력 근절 특별팀(TF)을 구성한 이후에도 데이트폭력으로 목숨을 잃은 경우도 35건으로 조사되었다.

➲ 데이트폭력 유형별 현황(2016-2017)

(단위: 명, %)

연도별	신고 건수	계	폭행 · 상해	체포 · 감금 · 협박	살인		성폭력	경범 등 기타
					기수	미수		
2016년	9,364	8,367	6,233	1,017	18	34	224	841
2017년	14,136	10,303	7,552	1,189	17	50	138	1,357
계	23,500	18,670	13,785 (73.8)	2,206 (11.8)	35 (0.2)	84 (0.4)	362 (1.9)	2,198 (11.8)

이밖에 대검찰청 '범죄분석' 자료에 따르면 2004년부터 2015년까지 지난 10년간 살인범죄 피해자 총 10,283명 중 피해자가 연인인 경우는 1,059명으로 전체의 10%를 차지해 그 비중이 적지 않았으며, 데이트폭력 가해자의 77%가 전과가 있는 것으로 드러나 재범의 우려가 높은 것으로 나타났다. 데이트폭력은 연인관계라는 친밀한 과정에서 발생하기 때문에 지속적으로 반복되는 반면 은폐되기 쉬워 실제 피해는 이보다 더 클 것으로 추정되고 있다. 특히 데이트폭력 가해자의 경우 피해자의 신상이나 가족관계, 거주지 등 사생활 정보를 파악하고 있어 가족 등에 대한 추가 범죄나 스토킹 등 2차 범죄로 이어지는 경우가 많아 가해자와 피해자의 신속한 분리 및 피해자 보호대책이 시급하다.

이처럼 강력범죄로 발전하는 데이트폭력의 피해가 심각해짐에 따라 이에 대한 대책으로 경찰청은 2016년 2월 3일 전국 경찰서에 데이트폭력 근절 특별팀을 252개 구성하고 집중 신고기간을 운영하여 체계적으로 대응하고 있다. 또한 가해자의 폭력성, 상습성, 잔혹성 등을 상세히 확인하여 적극적인 형사개입을 통해 엄정하게 대응하고 있다. 그 결과 2016년 한 해 동안 전년대비 8.8% 증가한 8,367명을 입건하였고, 2017년에는 10,303명을 입건하는 등 보다 강력한 처우가 이루어지고 있다.

그러나 최근 전 동거녀 살인사건 등 데이트폭력으로 인한 강력범죄가 지속적으로 발생함에 따라 추가 피해를 예방하기 위해 112시스템 '데이트폭력' 코드를 신설하였고 가해자에 대한 서면경고 및 피해자 신변보호제도 안내서를 배부하고 있다. 이밖에 흉기사용이나 재발사건 등 긴급 상황의 경우 지역경찰과 수사전담반이 동시에 출동하여 전문적이고 엄정히 현장에 대응하고 초동조치 후 특별팀의 모니터링을 통해 추가피해를 예방하고 있다. 이러한 예방조치에도 불구하고 데이트폭력은 증가하고 있기 때문에 초동조치에 필요한 행동의 범위에 있어 법적 근거가 명확해야 한다는 문제가 제기되고 있다.

➲ 데이트폭력 피해자 신변보호제도	
보호시설 연계 및 임시숙소 제공	주거지 거주가 곤란하거나 보복범죄 우려가 있는 등 신변보호가 필요한 피해자를 대상으로 숙소 제공
신변경호	위험발생이 명백 · 중대한 경우 근접 · 밀착경호, 경찰관서 출석·귀가 시 동행 등 신변경호 수준과 기간을 정하여 실시
주거지 순찰 강화	피해자 주거지 및 주변에 대한 맞춤형 순찰 실시
112 긴급신변보호 대상자 등록	112신고통합시스템에 데이트폭력 피해자 및 피해우려자의 연락처(가족 포함 최대 3개) 등록, 긴급신고체계 구축 및 신속 출동
위치추적장치 대여	위험방지를 위해 비상연락체계를 갖출 필요가 있는 경우 위치추적장치(스마트워치)를 피해자에게 대여, 부착된 긴급버튼을 누르면 112신고 연결
CCTV설치	위급 시 피해자가 주거지 CCTV 화면 및 비상음을 송출, 경찰 긴급출동
신원정보 변경	피해자의 이름, 전화번호, 차량번호 등 신원정보 변경을 적극 지원
사후 모니터링	피해자에 대하여 재발 우려 정도에 따라 등급 구분, 사후 모니터링

출처: 경찰청 브리핑(2017. 03.03. 보도자료 인용).

한편, 2016년 2월 데이트폭력 근절 특별팀을 구성하여 1개월간에 걸쳐 데이트폭력 집중 신고기간을 운영한 결과 전국적으로 총 1,279건의 신고를 접수받아 이 중 868명(구속 61명)을 형사입건하였다. 그동안 데이트폭력은 상대적 약자인 여성 피해자가 대부분이고 재범률이 높은 범죄[62]임에도 불구하고 피해자들은 중대한 위협을 느낄 정도의 폭력이 발생하기 전에는 피해자 개인이 감당해야 할 몫으로 방치되고 있다고 인식하여 신고나 도움요청에 소극적인 태도를 보여 왔다. 이러한 문제를 해결하기 위해 경찰은 미신고 된 암수범죄를 포함하여 모든 데이트폭력 범죄에 대해 신고를 유도하기 위하여 집중신고기간을 운영하였다. 아울러 피해자들이 언제 어디서나 편리하게 신고를 할 수 있도록 112신고 외에도 각 경찰관서 누리집(홈페이지)에 연인 간 폭력 신고 · 제보 안내 알림창을 게시하고, 스마트폰 앱(목격자를 찾습니다) 등 다양한 신고창구를 개설하였다. 이밖에도 여성의 접촉이 잦은 대형 마트 · 외식업체 · 대학가 주변 및 여성전용 누리망 카페 · 여성 관련단체 등을 상대로 홍보 활동을 전개하고 있다.

데이트폭력 근절 특별팀을 중심으로 입체적 · 종합적 수사를 통해 가해자의 폭력성 · 상습성 여부 등을 상세히 확인하여 엄정 처리한 결과, 2015년 동기간 대비 사법처리 인원이 582명에서 868명으로 49.1% 증가하였다. 가해자 및 피해자의 특성을 분석한 결과, 데이트

[62] 치안정책연구소 자료에 따르면, 2005년부터 2014년까지 연인 간 폭력 범죄자의 평균 재범률은 76.5%인 것으로 나타나고 있다(치안정책연구소, 2016. 데이트폭력의 실태 및 대응방안).

폭력 가해자의 경우 성별과 무관하게 20 ~ 30대가 58.3%로 가장 많아 데이트폭력 가해자 10명 중 6명 정도가 20~30대인 것으로 나타났다. 다음으로 40 ~ 50대가 35.6%, 10대가 가장 적은 것으로 조사되었다. 직업별로는 회사원이 21.4%, 자영업 10.9%를 차지했으며, 무직자도 27.1%를 차지하였다. 데이트폭력 범죄자 중 전과자는 58.9%, 전과가 없는 사람은 41.1%로 전과자의 비율이 더 높았고, 전과자 중에는 1~3범 이하(31.2%)가 다수이나 9범 이상도 11.9%를 차지하여 재범방지를 위해 피해자에 대한 면밀한 신변보호활동이 필요할 것으로 판단된다.

현재 경찰청이 실시하는 데이트폭력 실테조사의 문제점은 가해자의 연령, 직업, 전과 등 객관적으로 활용되는 자료에 한정되어 있다는 점이다. 이러한 객관적 자료 이외에 폭력범죄와 관련된 전과에 대한 분석이 데이트폭력 범죄에 중요한 자료가 되기 때문에 이를 확대할 필요가 있다. 예를 들어 영국에서 실시하고 있는 '폭력전과 조회 통보제'는 가정폭력 정보공개제도에 관한 것으로 데이트 관계의 당사자 간에는 과거 전과사실을 확인할 수 있다. 따라서 우리나라의 경우에도 지속적인 연인관계를 유지할 것인지에 대한 선택권을 줄 필요가 있으며, 피해를 최소화하기 위한 방안의 하나로 도입의 필요성에 관한 논의를 할 시점이라고 판단된다[63].

다음으로 데이트폭력 피해자의 유형에 따른 분석결과, 여성(92%)이 대부분을 차지하고 있으나 남성(4.1%)도 일부 확인되었고, 피해유형별로 폭행 · 상해(61.9%), 체포 · 감금 · 협박(17.4%), 성폭력(5.4%) 순이며, 살인도 2건(0.2%) 발생하였다. 피해신고는 대부분 112신고(77%) 위주였으나 방문신고(10.6%) · 고소 · 진정(8.1%) 등 사후 신고도 상당수 있는 것으로 나타났다. 하지만 이 조사의 경우 피해자 유형을 남자와 여자로 구분하고 있어 관계에 따른 구분이 어렵고 피해유형의 대부분은 형사법 관련 유형에만 국한되어 있어 경범죄에 대한 해당되는 유형이 누락되어 있다. 데이트폭력의 특징 중 하나는 초기 폭력범죄의 경우 대체적으로 경범죄에서부터 시작되기 때문에 사전예방을 위한 조치로 경범죄로 인한 초동조치에 관한 조사도 병행해야 할 것으로 본다.

63 강용길 · 박재풍 · 박원규 · 이춘삼. 2016. 데이트폭력 예방 및 대응 관련 쟁점사항에 관한 연구. 「치안정책연구」. 30(1): 185-196.

2. 데이트폭력의 사례분석

1) 일반사례

우리나라의 경우 데이터폭력에 대한 관심은 꾸준히 증가하고 있으나 발생 빈도나 증가폭에도 불구하고 이에 대한 사회적 관심과 논의는 여전히 부족한 실정이다. 그 이유로는 데이트폭력을 단순히 연인들의 사랑싸움으로 보고 그 심각성을 인지하지 못하고 있기 때문이다. 한편으로는 보복에 대한 두려움 때문에 적절한 대처를 하지 못해 사건이 외부적으로 알려지는데 한계가 있으므로 충분한 실태파악에 어려움이 뒤따른다. 그러나 최근 데이터폭력 피해 실태가 미디어 등을 통해 사회에 알려지면서 이에 대한 관심이 증가하고 있다.

CASE ①

2013년 3월 28일 여자 친구가 전화를 퉁명스럽게 받았다는 이유로 피해여성의 집에 찾아가 2시간 감금하고 무차별 폭행한 사건이 발생했다. 이후 2015년 11월 의학전문대학원에 재학 중인 남자친구로부터 폭력 피해를 당하는 내용의 녹취록이 언론에 공개됨으로써 더욱 충격을 주었다(광주 서부)[64].

CASE ②

2015년 6월 진보적 칼럼니스트의 여자 친구가 상습적으로 구타를 당해 왔다고 폭로하면서 온라인상에 데이트폭력을 경험한 여러 피해자들이 자신의 피해사실을 드러내기 시작했다. 문씨는 2009년 언쟁을 벌이던 중 한씨가 자신을 행거에 밀치고 발로 여러 차례 가격했으며, '네가 구타유발자라서 때렸다고 말했다. 문씨는 자신의 인터넷 블로그에 진보논객으로 알려진 한씨와 2008년부터 2012년까지 교제하면서 한씨의 자취방 등에서 지속적으로 데이트폭력을 당했다는 글을 올렸다[65].

---

[64] 2015년 11월 광주지법은 A씨에 대해 벌금 1200만원을 선고했다. 재판부는 판결문에서 "피해자를 2시간 이상 계속해서 폭행하는 등 죄질이 좋지 않다"면서도 "피고인이 의학전문대학원생으로 집행유예 이상의 형을 선고받을 경우 학교에서 제적될 위험성이 있어 벌금 1200만원을 선고한다"고 밝혔다. 이에 대해 의학전문대학원 학생협회는 적법한 처벌이 이루어져야 한다는 비판이 제기되자 대학 측에서 A씨를 제적처분 했다(닥터스뉴스, 2015.11.30. 보도자료 인용).

[65] 2015년 데이트폭력 가해자로 지목된 한씨가 의혹을 제기한 문씨를 명예훼손으로 고소했으나 2016년 8월 15일 인천지법 형사14단독 위○○ 판사는 정보통신망 이용 촉진 및 정보보호 등에 관한 법률 위반(명예훼손) 혐의로 기소된 문씨에게 선고유예 판결을 내렸다. 참고로 선고유예는 가벼운 범죄에 대해 범죄 정황이나 범죄 정도 등 여러 요인을 감안해 형선고를 미뤘다가 2년이 지나면 면소(免訴)된 것으로 간주해 사실상 없던 일로 해주는 판결이다(연합뉴스, 2016.08.15. 보도자료 인용).

CASE ③

사귀던 여자 친구가 헤어지자고 한다는 이유로 피해자의 식당에 찾아가 폭행하고, 집 앞에서 벽돌로 내리쳐 살해하려다 미수에 그친 피의자가 검거되었다. 경남 창원서부경찰서는 2016년 1월 28일 "헤어지자"고 말한 여자 친구를 벽돌로 때려 살해하려 한 혐의(살인미수)로 A씨(46)를 붙잡아 조사했다. A씨는 지난 24일 오전 8시30분쯤 창원시 의창구 B(55·여)씨 집 앞에서 귀가하던 B씨의 머리를 벽돌로 때린 혐의를 받았다. A씨는 경찰에서 "8개월 전부터 사귀던 B씨가 갑자기 헤어지자고 해 화가 나 범행했다"고 진술했다.

CASE ④

2017년 1월 9일 이 모씨(35·여)가 숨진 채 발견된 건 그가 전 남자친구이자 동거인이었던 강 모씨(33)를 경찰에 신고한 지 3시간 만이었다. 이날 오후 2시 26분께 강씨는 헤어진 이씨를 붙잡기 위해 이씨가 사는 서울 논현동의 한 빌라를 찾았지만, 다툼 끝에 이씨는 강씨를 무단침입으로 신고했다. 출동한 경찰은 강씨를 경찰서로 연행했다. 경찰은 강씨가 이씨와 1년 가까이 동거한 연인이라는 사실을 확인하고 오후 3시 40분께 그를 풀어줬다. 피해 여성에게는 "강씨를 만나지 말고 현관 비밀번호도 바꾸라"고 경고했다. 그러나 강씨는 풀려난 지 2시간 만에 다시 이씨 집을 찾았다. 이씨의 신고로 경찰 조사까지 받았다는 사실에 화가 난 강씨는 오후 5시 30분 이씨가 사는 빌라 지하 주차장에서 이씨를 불러냈다. "다시 만나자"는 강씨의 제안을 이씨가 거절하자 미리 준비한 칼로 이씨를 위협한 뒤 주먹과 발로 마구 구타했다. 이씨는 두개골이 완전히 골절될 때까지 폭행을 당했다. 강씨가 유유히 현장을 빠져나간 뒤 주민 신고로 이씨는 병원으로 옮겨졌지만 결국 숨을 거뒀다. 범행 이후 도주한 강씨는 결국 이튿날인 10일 새벽 대구에서 경찰에 붙잡혔다. 19일 서울 강남경찰서는 헤어진 여자친구를 주먹과 발로 수차례 때려 숨지게 한 혐의(살인)로 강씨를 검찰에 송치했다. 경찰 조사 결과 범행 당시 강씨는 술에 취하지 않은 상태에서 전 여자 친구를 잔인하게 살해했다.

CASE ⑤

대전서부경찰서는 2017년 1월 13일 만나주지 않는다는 이유로 전 여자 친구를 흉기로 찔러 살해한 혐의(살인)로 A씨(28)에 대해 구속영장을 신청했다고 밝혔다. 경찰 조사에 따르면 A씨는 지난 12일 오후 7시쯤 대전시 서구 전 여자친구 B씨(23) 집 앞에서 B씨를 흉기로 찔러 살해한 혐의를 받고 있다. 사건의 내막을 살펴보면 A씨는 미리 흉기를 준비하고 B씨가 퇴근하기를 기다렸다 끔찍한 범죄를 저질렀다. 신고를 받고 출동한 경찰은 사건발생 3시간 뒤인 오후 10시쯤 충북 옥천의 한 여관에 숨어 있던 A씨를 검거했는데, A씨는 경찰에서 "겁만 주려고 했다. 얘기를 하자고 했는데 거절해서 우발적으로 흉기를 휘둘렀다"고 진술했다. 헛된 상대에 대한 집착이 죽음까지 불러온 끔찍한 사건이다.

CASE ⑥

2018년 3월 부산에 거주하는 한 여대생이 남자친구에게 이별을 고했다가 엘리베이터에서 겉옷이 다 벗겨진 채 폭행을 당하고 남자친구에게 끌려가 감금당한 모습이 CCTV에 포착돼 전 국민을 충격에 빠트린 사건이 발생했다. 당시 이 사건을 통해 데이트폭력의 심각성이 다시금 사회 전반에 대두되기도 했다. 2018년 4월에도 자신과 한 달 정도 교제한 여성이 이별을 고하자 여자 친구의 집 앞에서 대기하다가 여자 친구 아버지를 흉기로 찔러 죽인 사건도 발생했다. 데이트폭력의 잔혹성이 어디까지 피해를 입힐 수 있는지 입증한 사건이었다.

2) 유형별 주요 검거 및 피해자 보호 우수사례

(1) 폭행 · 상해

➲ 유형: 폭행 · 상해 (단위: 명)

관서	검거 및 보호사례
부산 서부	-15. 9. 13. 헤어지자고 했다는 이유로 휴대전화 문자 매세지로 욕설을 보내고 과도 사진을 전송하는 등 1,600여회에 걸쳐 협박한 피의자 검거(불구속)
	► (피의자) 고소장 접수 후 소환불응, 특별팀에서 인계 후 주거지(충남 서산) 직접 진출하여 검거, 연락 · 접근 금지로 재범방지 다짐 ► (피해자) 핫라인 구축, 112 긴급신변보호대상자 등록
부산 영도	-15. 7월경 2년간 사귀던 여자 친구가 이별을 요구한다는 이유로 식칼을 들이대며 위협 후 주먹과 팔꿈치로 머리와 등을 폭행한 피의자 검거(불구속)
	► (피의자) 방문신고접수, 재범방지 다짐, 접근 · 연락금지 등 강력경고 ► (피해자) 심리상담지원, 112 신변보호대상자 등록, 핫라인 구축 등
대구 성서	-16. 2. 2. 헤어지자고 했다는 이유로 음주상태에서 자신의 차를 몰고 피해자가 운영하는 식당에 돌진하여 출입문을 손괴하고 망치로 폭행하려한 피의자 검거(구속)
	► (피의자) 112신고 접수 즉시 출동 · 현행범 체포, 수시로 찾아와 피해자를 귀찮게 했다는 진술 및 관련 폐쇄회로TV(CCTV) 확보, 구속 ► (피해자) 핫라인 구축 및 사건 진행사항 통보
울산 중부	-16. 1. 24. 여자 친구가 말대꾸한다는 이유로 다툼이 되어 폭행하고, 성관계 사실을 알리겠다며 협박 문자를 100여회 발송한 피의자 검거(불구속)
	► (피의자) 신고 즉시 가 · 피해자 분리, 강력경고하여 재범방지 다짐 ► (피해자) 심리지원 의뢰 및 스마트워치 지급
경기2 남양주	-16. 2. 9. 헤어지자고 했다는 이유로 피해자 주거지에 침입하여 불을 지르겠다며 협박한 피의자 검거(구속)
	► (피의자) 방문신고접수, 재범방지 다짐, 접근 · 연락금지 등 강력경고 ► (피해자) 핫라인 구축, 주거지 순찰 강화, 보복범죄 여부 주기적 점검 실시

충남 서산	–16. 2. 19. 헤어지자고 했다는 이유로 강제로 승용차에 태워 감금하고, 도망치는 피해자를 아가 폭행하여 상해(전치 7주)를 가한 피의자 검거(구속)
	► (피의자) 피해사실 확인 즉시 체포영장 발부받아 은신처에서 검거, 구속 ► (피해자) 핫라인 구축, 주거지 순찰강화
경북 칠곡	–16. 2. 14. 헤어지자고 했다는 이유로 심야시간에 피해자(회사동료) 주거지에 침입하여 폭행하고, 칼로 죽이겠다며 협박한 피의자 검거(불구속)
	► (피의자) 피해자 방문신고 접수 즉시 주거지에서 긴급체포, 피해자 합의하여 불구속 ► (피해자) 회사에 통보하여 피의자 인사조치, 핫라인 구축
경남 마산 동부	–16. 2. 16. 헤어지자고 한다는 이유로 피해자 주거지 방범창을 절단하고 침입하여 식칼로 위협 및 강간하고, 번개탄을 피워 살해하려다 미수에 그친 피의자 검거(구속)
	► (피의자) 행인이 신고하여 병원 후송 후, 피해자 진술확보하고 체포, 구속 ► (피해자) 핫라인 구축, 화재현장 청소비 지원(154만 원), 경남도 부설 성폭력상담소 연계, 치료비 및 생계비 지원 연계(범죄피해자지원센터)
제주 서부	–16. 1. 29. 헤어지자고 했다는 이유로 피해자의 직장에 찾아가 문신을 보이며 소란을 피워 업무를 방해하고, 약 100회에 걸쳐 전화와 문자로 죽이겠다며 협박한 피의자 검거(구속)
	► (피의자) 피해사실 확인 즉시 체포영장 발부받아 검거, 입체적 · 종합적 수사로 구속 ► (피해자) 담당형사 핫라인 구축, 사건진행사항 통지 등 심리 지원

관서	우수사례
인천 남동	–남자친구에게 상습적으로 폭행을 당하였다며 상담(사건 미접수) 후, 가해자에게 경고 및 피해자와 핫라인 구축, 재차 폭행당한 피해자가 핫라인으로 도움을 요청하여 즉시 관할 지구대 등 출동, 피의자 현행범 체포
	► 상담전문여경 피해자 상담으로 여죄 확인하여 피의자 추가 입건 ► 주거지 · 직장주변 순찰강화, 스마트워치 지급, 112 신변보호대상자 등록
제주 서부	–이전 폭력사건에 대해 피해자가 합의를 거부한다는 이유로 2주간의 상해를 가한 피의자를 핫라인 신고를 통해 신속 검거(구속)
	► 피해자가 핫라인 구축된 담당형사에게 문자신고, 즉시 출동하여 현장 검거 ► 담당형사 핫라인 구축, 사건진행사항 통지 및 심리상담 지원
부산 남부	–유부남인 사실을 숨기고 6년간 동거하던 중, 피해자가 말대답을 한다는 이유로 가위로 머리를 자르고 식칼로 위협하는 등 상습 폭행한 피의자 검거(구속)
	► 첩보입수 후, 체포영장 발부받아 출근하는 피의자 체포 · 구속 ► 핫라인 구축, 스마트워치 및 임시숙소 제공, 112신변보호대상자 등록

(2) 협박 및 불안감 조성

관서	우수사례
부산 해운대	-피해자가 만남을 피한다는 이유로 주거지를 찾아가 과도를 목에 들이대거나 협박 문자를 전송하는 등 8회에 걸쳐 협박한 피의자 검거 (구속)
	► 신고접수 즉시 피의자 검거 시까지 피해자에게 임시숙소 제공하고 핫라인 구축 ► 검거 후에도 향후 재발 방지를 위해 112 신변보호대상자 등록 및 심리상담지원
서울 성동	-피해자가 만남을 거부하자 피해자의 직장을 수차례 찾아오고, 500여회에 걸쳐 문자메세지를 발송하여 불안감을 조성한 피의자 검거 (구속)
	► 건조물침입 현행범인 체포, 추가피해 확인 중 문자 등 증거자료 확보 · 구속 ► 담당형사 핫라인 구축, 스마트워치 지급, 주거지순찰 실시

(3) 감금

관서	우수사례
인천 연수	-내연관계인 피해자가 결별을 선언하자, 그간의 데이트 비용 500만 원을 돌려달라며 피해자의 고교생 딸을 납치하여 감금한 피의자 검거 (구속)
	► 신고 즉시 출동 · 검거, 집행유예 후 피해자를 방문한 피의자 엄중 경고 ► 핫라인 구축, 스마트워치 및 임시숙소 제공, 등 · 하교 시 경찰관 동행
용인 동부	-애인이 전(前) 애인을 만난다는 이유로, "같이 죽자"고 협박하고 소주병으로 위협하며 차량에 3시간동안 감금한 피의자 검거(구속)
	► 피의자 휴대폰 위치추적 중 주거지로 이동한 사실 확인하여 검거 ► 피해자·수사팀 핫라인 구축, 임시숙소 제공, 스마트워치 지급 등

(4) 성폭력

관서	우수사례
서울 강서	-피해자가 말을 듣지 않는다는 이유로 칼로 협박하여 감금하는 등 협박 · 감금 · 주거침입 · 카메라촬영 등 피의자 검거(구속)
	► 기(旣) 접수사건 분석하여 데이트폭력 의심사건 확인하고 수사착수, 최근 1년간 여죄11 건 추가 확인, 구속 ► 스마트워치 지급, 112긴급신변보호 대상자 등록, 사건진행사항 통지 등
경기북 일산	-피해자가 혼인신고를 거부하자 감금하여 성폭행하고, 도망가려는 피해자를 잡아 가위로 손가락 끝마디를 절단한 피의자 검거 (구속)
	► 신고접수 즉시 강력팀 등 현장출동 · 현행범 체포, 입체적 · 종합적 수사로 구속 ► 피해자와 핫라인 구축 및 사후 모니터링 실시, 각종 보호조치 설명 후 심리상담 지원

(5) 살인

관서	검거 및 보호사례
전남 화순	–16. 2. 23. 여자 친구가 임신사실을 부모님에게 알리겠다고 하자 이를 숨기기 위해 목을 졸라 살해 후 유기한 피의자 검거(구속)
	► (피의자) 휴대전화 위치추적 및 CCTV 등 탐문으로 피의자 특정, 검거
경기 용인 동부	–16. 2. 19. 평소 채무 등의 문제로 신변을 비관하던 중 피해자를 죽이고 자신도 죽으려고 마음먹고 피해자의 목을 끈으로 졸라 살해하려다 미수에 그친 피의자 검거(불구속)
	► (피의자) 112신고 접수 후, 피의자 차량 발견하여 특정, 검거 ► (피해자) 주거지 · 직장 주변 순찰 강화, 112 신변보호대상자 등록, 핫라인 구축

(6) 피해자가 남성인 사례

관서	검거 및 보호사례
부산 서부	–16. 2. 11. 피해자가 만나주지 않는다는 이유로 문자메시지로 욕설을 보내고, 주거지에 찾아가 폭행하고, 가위로 점퍼 2점을 잘라 손괴한 피의자 검거(불구속)
	► (피의자) 112신고 접수 즉시 출동, 임의 동행하여 범행 자백 ► (피해자) 피의자와 합의, 별도 보호조치 원치 않음
대구 성서	–16. 2. 5. 술에 취해 동거 중인 남자친구와 말다툼 중 피해자의 머리채를 잡아 흔들고 뺨을 때리는 등 폭행한 피의자 검거(불구속)
	► (피의자) 112신고 접수 즉시 출동, 피의자 검거, 재발방지 경고 ► (피해자) 핫라인 구축, 피의자에 대한 처벌 및 보호조치 원치 않음
대전 서부	–16. 2. 20. 남자친구가 헤어지자고 하였다는 이유로 피해자가 없는 사이 주거지에 침입하여 칼로 소파를 긁어 손괴하고 시계 등을 절취한 피의자 검거(불구속)
	► (피의자) 112신고 접수 즉시 출동, 재발방지 경고 실시 ► (피해자) 별도 보호조치 원치 않으나 지속적인 점검 실시

자료: 경찰청 브리핑(2016년 3월 7일, 2017년 3월 3일 보도자료 인용)

기사 엿보기 헤어진 연인과 연락하는 사람, 사이코패스 가능성이 높다?

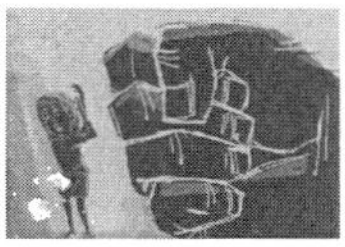

사귀던 애인을 세 차례 이상 폭행한 경우 합의와 상관없이 재판에 넘겨진다. 당국이 '데이트폭력'을 뿌리 뽑기 위해 강경책을 꺼내들었다. 데이트폭력에는 '삼진 아웃제'를 적용해 엄단하겠다는 것이다. 대검찰청 강력부(부장 권순범 검사장)는 2018년 7월 2일부터 데이트폭력 범죄의 구속 기준과 사건처리 기준을 대폭 강화한다고 1일 밝혔다. 검찰은 폭력 사범에게 적용되는 삼진 아웃제를 데이트폭력 사범에게도 적용하기로 했다. 같은 피해자를 상대로 데이트폭력 범죄 전력이 2차례 이상인 사람이 다시 범죄를 저지르면 원칙적으로 정식 기소하고 구속도 적극 검토한다. 피해자가 처벌을 원하지 않아 '공소권 없음'으로 처리한 경우일지라도 삼진아웃 계산에 반영할 방침이다. 이는 피해자 대다수가 여성이고 같은 피해자에 대해 단기간에 범행이 반복적으로 일어나는 데다 강력 범죄로 이어질 수 있는 데이트폭력 범죄의 특성을 반영한 것이라고 검찰은 설명했다.

검찰은 데이트폭력 범죄 구형 형량도 높이기로 했다. 과거 피해자와 합의 등으로 '공소권 없음' 처분한 사건을 구형할 때 형량 가중 요인으로 검토하기로 했다. 데이트폭력 특성에 맞는 구체적인 가중 요소도 발굴해 구형 기준을 강화할 계획이다.

검찰은 또 피해자에게 피해 회복을 위한 범죄피해 구조금과 치료비, 심리 치료비 등 경제적 지원이나 법률 지원을 강화하고 범죄피해자 통합지원 기관인 스마일센터와 연계해 심리 치유도 적극 지원한다. 보복범죄를 막기 위해 가해자가 피해자에게 접근하지 못하도록 피해자에게 비상호출기나 보호 시설, 주거 이전비 지원, 법정 동행 등 안전장치도 제공한다.

이번 조치는 정부가 지난 2월 발표한 스토킹 · 데이트폭력 피해 방지 종합 대책의 일환이다. 데이트폭력 범죄가 갈수록 늘어 사회 문제가 되자 정부는 데이트폭력 범죄를 일반 폭력 사건보다 더 엄중하게 처벌키로 한 바 있다. 경찰청에 따르면 데이트폭력 범죄는 2014년 6675건에서 2015년 7692건, 2016년 8367건, 2017년 1만303건으로 매년 증가세다. 지난해 발생한 데이트폭력은 죄명별로 폭행 · 상해가 7552건(73.3%)으로 가장 많았다. 이어 △체포 · 감금 · 협박 1189건(11.5%) △주거 침입 481건(4.7%) △살인(미수 포함) 67건(0.7%) 등의 순이었다.

대검 관계자는 "국민을 불안하게 하는 데이트폭력 범죄에 엄정 대처하고, 피해자 보호 및 지원에도 만전을 기하겠다"고 말했다.

출처: 세계일보(2018. 07. 01 보도자료 인용)

제4절 외국의 데이트폭력 방지제도

데이트폭력과 관련하여 우리나라에서는 잠재 가해자에 대한 인권을 중시하는 반면 미국, 영국 등에선 데이트 범죄를 예방하기 위해 경찰의 적극적인 조치를 허용하고 있다. 미국에서는 데이트폭력 신고가 들어오면 가해자는 무조건 경찰에 체포된다. 신고를 받고 현장에 출동한 경찰관이 아무런 조치 없이 철수하면 연인 사이에 또다시 폭력이 벌어질 수 있기 때문이다. 또한 스토킹에 대한 예방 조치도 즉각적으로 이루어지고 있으며, 스토킹 신고를 받고 출동한 경찰관이 현장에서 피의자를 격리할 필요가 있다고 판단되면 판사에게 '긴급보호명령'을 요구할 수 있다. 판사의 보호명령을 어길 경우 스토커는 곧바로 경찰에 체포된다[66].

영국은 연인의 폭력 전과를 조회할 수 있는 가정폭력 전과 공개제도를 통해 데이트 범죄를 예방하고 있다. '클레어법[67]'으로 불리는 이 제도는 2009년 영국 여성 클레어 우드가 폭력 전과자였던 파트너에게 살해당한 뒤 제정됐다. 전과 공개는 전담 경찰관의 면담을 거친 뒤 신중하게 이뤄지도록 해 인권 침해 가능성을 최소화하고 있다. 영국은 연인의 폭력 전과를 조회할 수 있는 가정폭력전과 공개제도를 통해 데이트 범죄를 예방하고 있다. 이 법안을 시행한 첫 해 1,300여명의 여성을 구제했다. 호주에서는 신체공격, 스토킹, 폭력위험이 형사상 범죄에 해당한다고 명시하고 있으며, 피해자는 경찰에 신고하여 도움을 받을 수 있다. 이 경우 데이트 범죄 가해자에게 72시간 접근금지 명령이 내려지며, 72시간 동안 피해자가 있는 곳에 가해자가 접근하면 곧바로 경찰에 체포된다. 경찰이 가해자를 구속했다가 풀어줄 경우에도 재판 전 가해자가 피해자에게 가까이 갈 수 없도록 조건부 석방 조치를 내린다. 이밖에 독일은 2007년 스토킹 관련법을 제정하여 상대방의 동의 없이 가까이 접근하거나 전화 등으로 반복적인 연락을 취하는 행위를 처벌하고 있다. 일본은 2000년부터 '스토커 행위 등의 규제에 관한 법률'을 제정했으며 경범죄와 중범죄로 구분하여 처벌하고 있다[68]. 본

---

[66] 1990년 캘리포니아 주에서 최초로 스토킹금지법을 제정한 이래 최근까지 50개 주에서 스토킹 형사처벌법이 실효중이다. 가장 강력한 권한인 '의무 체포'를 통해 피해자는 데이트폭력 가해자로부터 벗어날 수 있다.

[67] 2009년 영국 그레이터맨체스터 주에 살던 클레어 우드(Clare Wood)라는 여성(36)이 자신의 전 남자친구 조지 애플턴(40)에 의해 살해당하는 사건이 발생했다. 딸의 사망 이후 클레어의 부친은 "사전에 가해자의 폭력 전과를 알고 있었다면 딸의 죽음을 막을 수 있었을 것"이라며 데이트폭력 전과를 확인할 수 있도록 입법을 청원하는 서명 운동을 벌였다. 노동당 각료를 지낸 블레이어 헤이즐 등이 이 운동에 동참했고, 그 결과 가정폭력정보공개청구제도(domestic violence diclosure scheme), 일명 클레어법이 도입되었다. 클레어법은 2012년부터 1년 2개월간 간 겐트 주, 노팅엄셔 주, 그레이터맨체스터 주, 윌트셔 주 등 4개 지역에서 시범 운영을 거쳐 2014년 3월부터 전국적으로 시행되었다. 영국에서 시행 중인 '가정폭력 정보공개 청구제도', 즉 클레어법은 가정폭력이나 데이트폭력의 잠재적 피해자들을 보호하는데 목적이 있다(다음백과 자료 인용).

절에서는 미국, 영국, 일본의 데이트폭력 방지제도를 간략하게 살펴보았다.

➲ 데이트폭력 관련 국가별 비교

현장대응	한국	미국
	-경고, 설득 ► 형사소송법상 체포요건 충족 시에만 체포 가능	-의무체포 ► 1994년 여성폭력방지법에 규정 ► 데이트폭력 가해자는 무조건 체포, 피해자로부터 격리
정보공개	한국	영국
	-관련제도 없음 ►경찰 도입 추진 중	-클레어법 ►2012년 가정폭력전과 공개제도 ►연인의 폭력전과 조회할 수 있는 정보공개제도 마련
접근금지	한국	호주
	-관련법 없음 ►데이트폭력방지법 스토킹금지법 국회 계류	-72시간 접근금지 ►2012년 가정폭력방지법에 규정 ►현장경찰관 재량으로 가해자 격리

1. 미국의 데이트폭력 방지제도

미국에서는 1990년대 이후 데이트폭력의 심각성을 인식하고 보호명령(protection order) 도입 및 스토킹 방지법 제정하여 데이트폭력범죄 예방 및 피해자 보호에 적극적으로 대처해 오고 있다. 특히 미국은 2월을 '데이트폭력 근절의 달'로 지정하여 연방정부 차원에서 적극적으로 대응하고 있다. 이러한 대응체계에도 불구하고 최근까지 미국에서도 데이트폭력과 관련된 사건은 지속적으로 발생하고 있다. 미국 연방보고서에 따르면, 2009년 친밀한 파트너 관계에 있는 커플 중 동거중인 경우에는 58.1%, 비동거중인 경우에는 25.3%가 데이트폭력을 경험한 것으로 나타났다[69].

또한 FBI의 보고서에 의하면 동거여부를 떠나 연인사이에서 여자 26%, 남자 5%가 상해·폭력 등 범죄의 피해자가 되고 있으며, 데이트폭력과 관련된 살인사건이 2009년에는

[68] 2016년 5월 일본의 아이돌 가수 도미타 마유가 팬이 휘두른 흉기에 찔려 중태에 빠졌다. 범인은 사건 전 도미타의 사회관계망서비스(SNS) 계정에 하루에도 몇 번씩 글을 올렸고, 도미타 측은 경찰에 도움을 요구했던 것으로 알려졌다. 2017년 1월 3일부터 일본에서는 이렇게 상대방이 거부하는데도 SNS로 계속 메시지를 보내면 이른바 '넷 스토커'로 간주해 처벌하는 개정 스토커 규제법이 시행되었다(연합뉴스, 2017.01.09. 보도자료 인용).

[69] Greenlees, G. T. 2012. Drawing the Necessary Line: A Review of Dating Domestic Violence Statutes Around the United States, *Family Court Review*, 50: 679.

610건, 2010년에는 623건이 발생하였다. 이러한 통계수치는 미국 전역에서 발생한 전체 살인사건의 4.79%에 해당된다[70]. 여기서는 최근 미국에서 데이트폭력과 관련한 2차 범죄피해 방지를 위해 운영 중인 보호명령제도를 중심으로 도입배경과 발전과정 및 각 주별 운영현황 등을 검토한 후 데이트폭력에 대한 사전예방책으로서 스토킹금지법의 입법현황에 대해 살펴보았다.

1) 보호명령제도

보호명령제도는 1970년대 가정폭력을 방지하기 위해 발행한 법원의 민사적 명령장으로서의 성격을 가지고 있으며, 보호명령을 위반한 경우에 형사처벌을 할 수 있도록 고안되었다[71]. 1970년 콜롬비아 특별구가 최초로 '가족범죄법'을 제정하여 보호명령제도를 도입한 이후 1976년 펜실바니아주를 시작으로 1980년대까지 미국의 모든 주가 가정폭력방지 관련법을 제정하였고 보호명령제도를 도입하여 운영하고 있다. 이후 1990년대에 들어서 2차 범죄피해의 위험성이 대두됨으로써 피해자보호의 필요성이 강조되는 다른 범죄유형에도 확대 적용하기 시작했다[72]. 다시 말해서 일반적으로 가족구성원으로서 결혼한 부부 또는 전배우자 및 자녀를 대상으로 한 가정폭력범죄에 대해서만 부과될 수 있었던 보호명령이 점차적으로 적용대상을 확대하여 현재는 친밀한 파트너의 개념으로 데이트 관계에 있는 당사자를 가정폭력의 개념 범위에 포함시킨 것이다[73]. 이러한 보호명령제도는 피해자에게 즉각적인 구호를 제공하고 가해자로부터 폭력, 학대, 상해, 스토킹, 괴롭힘을 방지하기 위해 설계되었다[74]. 보호명령제도의 주된 목적은 편지, 전화, e-메일, 제3자를 통한 접촉 등 모든 직·간접적인 접촉의 금지를 통하여 피해자를 가해자로부터 즉시 격리하는데 있다[75].

---

70 FBI, 2011. Crime in the United States 2010, Expanded Homicide Data Table 10, FBI.Gov.

71 Tarr, N. W. 2003. Civil Orders for Protection: Freedom or Entrapment?, 11 wash, *U. J.L. & Poly* 157: 191.

72 Dejong, C., & Burgess-Proctor, A. 2006. A Summary of Personal Protection Order Statutes in the United States, *Violence Against Women*: 68–88.

73 예를 들어 메사추세츠주의 경우 2010년부터 보호저분의 적용범위를 가정폭력(데이트폭력), 스토킹, 가족관계가 아닌 일반 성폭력범죄에 모두 적용하고 있다. 데이트폭력의 피해자가 보호명령을 받기 위해서는 보호명령을 요구하는 피해자가 임박한 학대 위험의 가능성이 보이면 우선 법원은 가해자의 참석 없이 피해자를 보호하기 위해 임시 보호명령을 할 수 있다.

74 Kratochvil, R. 2009. Intimate Partner Violence During Pregnancy: Exploring the Efficacy of a Mandatory Statute, *10 Hours, J. Health L., & Poly*, 63: 90.

75 Marcum, T. M., & Hoort, C. D. 2013. Albert be on the Lookout for Protection Orders in the Educational Setting, *30 T.M. Cooley L. Rev.*, 39: 41.

현재 미국의 보호명령제도는 크게 가정폭력 보호명령(domestic protection orders), 스토킹피해자 보호명령(stalking/harassment protection orders), 성폭력피해자 보호명령(Sexual assault victim protection orders) 등 세 가지 유형으로 분류하고 있다. 먼저 가정폭력에 대한 보호명령은 가족구성원, 동거자, 데이트관계 등 특정한 가족관계가 있어야 하며, 실제 가정폭력이 발생했다는 사실이 증명되었을 경우에만 처분할 수 있다. 하지만 스토킹, 성희롱, 성폭행에 대한 보호처분의 경우 가족관계라는 특수한 신분관계를 요구하지 않기 때문에 모든 사람들에게 적용되고 있다. 또한 스토킹피해자 보호명령은 가해자가 피해자에게 2회 이상 피해자의 안전에 일반적으로 위협이라고 느낄 수 있는 행위를 했을 경우에 보호처분의 요건이 된다. 마지막으로 성폭력피해자 보호명령의 경우 처분을 하기 위해서는 피해자가 주(州) 형법에서 규정하는 1번 이상의 성폭행피해 경험이 있어야 한다.

➲ 미국의 데이트폭력 적용대상 범위

대상에 따른 구분		적용 범위
가정폭력 보호명령	가족관계와 같은 특수 관계	가족구성원, 동거자, 데이트 관계 등 특정한 가족관계
	특수 관계가 아닌 대상	스토킹, 성희롱, 성폭력에 대하여 가족관계라는 특수한 신분관계를 요구하지 않아 누구에게나 적용
스토킹피해자 보호명령		가해자가 피해자에게 2회 이상, 피해자의 안전에 일반적으로 위협을 가하는 행위
성폭력피해자 보호명령		피해자가 州형법에 규정하는 1번 이상의 성폭력 피해경험이 있는 자에게 적용

자료: 류병관, 2014. 데이트폭력에 있어 피해자 보호방안. 「법학연구」. 22(3): 94

미국의 보호명령제도와 관련하여 운영상의 문제점을 살펴보면, 먼저 보호명령의 적용에 있어 가장 논란이 되고 있는 것은 데이트 관계의 범위이다. 다시 말해 미국에서 가정폭력방지법을 그대로 준용하여 데이트폭력사건에도 보호명령을 부과하고 있는데, 가장 중요한 문제는 가족구성원의 개념을 넘어선 데이트 관계를 어떤 기준을 근거로 정해야 할 것인가에 있다. 이러한 논란 속에 미국의 각 주(州)는 판례 및 입법을 통해 동거여부, 데이트 기간 등의 객관적 기준과 친밀도, 애정의 정도, 특별한 관계 등의 주관적 판단 기준을 주별로 각자 상이하게 적용함으로써 보호명령의 부과 대상이 축소되거나 확대되는 등의 여러 가지 문제가 발생하고 있다.

한편, 미국 내에서 보호명령을 부과할 수 있는 데이트폭력의 대상이 되는 유형은 각 주법의 데이트 관계의 개념정의에 따라 4가지 형태로 구분할 수 있다. 첫째, 미국의 대부분의 주(州)에서는 데이트 관계에 대한 명확한 법률상 개념정의 없이 보호명령을 부과할 수 있다. 이러한 주(州)들은 법률상에 데이트 관계에 있었거나 데이트 중인 어른 또는 미성년자로서 이러한 사람들이 현재 로맨틱한 관계에 있거나 있었던 경우는 모두 보호명령을 받을 수 있다. 그러나 실제 재판 과정에서 판사들은 데이트 관계를 판단하는 가이드라인이 없기 때문에 이를 적용하는데 있어 혼란을 겪기도 한다. 이에 대해 캘리포니아 법원은 입법적 가이드라인 없이 데이트 관계를 설명하는 것은 많은 문제를 발생시킨다고 지적하고 있는 만큼 데이트 관계를 입증하는 것은 쉬운 일이 아니다[76].

둘째, 미국의 몇몇 주(州)는 데이트 관계에 대한 입법적 정의를 가지고 있지만 그 개념이 너무 넓고 추상적이어서 실제로 구체적인 사건에 대해 법원이 데이트 관계를 인정하는데 특별히 고려해야 할 만한 요소들을 제공하지 못하고 있다는 비판이 제기되고 있다. 셋째, 주(州)법을 통해 데이트 관계를 인정하는 여러 가지 요소를 명문으로 규정하고 있는 주(州)도 있으나 실제 이러한 주(州)들도 결국은 사건별로 판사의 판단에 의해 데이트 관계를 판단해야 한다는 문제가 발생하고 있는 실정이다. 넷째, 데이트폭력 피해자를 위한 보호명령을 특별히 규정하지 않고 있는 주(州)와 법률에서 동성애자는 데이트폭력의 개념에서 명문으로 제외하고 있는 주(州)도 있다. 따라서 뉴저지주의 방식대로 데이트 관계를 정의하는 것이 혼란을 최소화하는 방안이라고 본다.

2) 스토킹금지법

미국의 경우 스토킹(stalking) 관련 법률이 제정되기 전까지 스토커로부터 피해자를 보호할 수 있는 것은 보호명령이었다. 하지만 보호명령이 요구하는 현실적인 신체의 학대가 없거나 증명하기 어렵고, 일정한 시간이 소요된다는 점에서 스토커 처벌에 한계가 있다[77].

---

[76] 이와 관련하여 뉴저지주에서는 Andrews V. Rutherford(2003)사건을 계기로 법원은 여섯 가지 질문을 통한 데이트 관계의 입증방법을 제시하고 있다. 그 내용을 보면 첫 번째로 최소한 서로가 사회적으로 상호간에 결합되어 있고 자유로운 교제관계에 있었는지? 두 번째로 얼마나 오래 동안 데이트관계를 지속하고 있었는지? 세 번째로 상호관계 만남의 이유와 빈도는 얼마나 되는지? 네 번째로 개인적 또는 함께 이든 상호간에 만남지속에 대한 향후 기대는 어떤 것인지? 다섯 번째로 언어나 행동으로 상대방에 대해서 서로의 관계에 대한 확신을 보여준 것은 무엇인지? 여섯 번째로 상호간 데이트관계를 유지하거나 헤어진 어떤 특별한 이유가 있는지? 등을 제시하고 있다. Andrews 사건의 판결은 이후 미국 내에서 '데이트관계'의 개념을 확정하는 기준으로서 많은 사례에서 인용되고 있다(Andrews V. Rutherford, 2003. 832 A.2d 379; 류병관, 2014: 97).

그 이후 캘리포니아주에서 영화배우가 팬(fan)에게 살해된 사건이 발생한 후 1990년 스토킹 금지법을 최초로 제정하여 현재에는 모든 주(州)가 스토킹금지법을 입법화하였다. 연방 스토킹금지법은 스토킹을 미국 주(州)경계나 국경을 넘어서 상해, 희롱, 감시, 손상, 괴롭힘 등으로 피해자나 그 직계가족 등에게 공포, 심각한 상해 등 정신적 고통을 주는 경우에는 연방 스토킹범죄로 처벌하고 있다.

스토킹은 개별적인 행위가 그 자체로는 범죄가 아니더라도 결합된 행위가 특히 스토커가 피해자에게 두려움을 주입하거나 피해자의 법익침해를 야기하려고 의도한 경우에는 위법행위의 유형에 해당 할 수 있다. 스토커는 전배우자 또는 전애인, 강박관념을 가진 팬, 이웃, 친구, 지인 또는 심지어 낯선 사람일 수도 있지만 대부분 긴밀한 관계를 가진 자에게 나타나며, 스토킹 피해자의 약 60%가 아는 사람에 의해 발생한다[78].

다음으로 스토킹의 성립요건을 보면, 스토커가 스토킹 행위를 한다는 범죄의 의사를 가지고 있어야 한다. 의사는 미국의 각 주(州)마다 차이가 있는데, 예를 들어 캘리포니아주는 피해자가 합리적으로 손해를 두려워하도록 야기할 의사의 신빙성이 있는 위험을 요건으로 하고 있다. 플로리다주에서는 스토커가 피해자에게 정신적인 손해를 가할 의사가 있을 것을 요건으로 하며, 캔사스주의 경우 상당한 정신적 고통을 야기시킬 목적이 있어야 한다[79]. 특히 스토킹금지법의 구체적인 위협 요건의 실효성은 부분적으로 그 의사 요건에 달려 있다. 피해자가 합리적으로 스토커의 행위에 의하여 두려움을 느낀다고 가정하면 범죄의 요건은 충족된다. 또한 스토킹 행위가 충족되기 위해서는 특정행위에 대한 위협이 있어야 하는데, 그 범위에 따라 버지니아주의 경우 위협 또는 행위 둘 중 하나만 충족하면 된다. 뉴저지주의 경우에는 위협과 행위 등 두 가지가 모두 충족되어야 하며, 메사추세츠주는 위협, 행위 및 그 위협을 실행할 의사와 외형적인 능력까지 요구되고 있다. 이밖에 위협이 되는 행위로 인해 피해자나 그 가족의 생명 또는 신체의 안전에 대한 상당한 두려움이나 중대한 정신적 고통을 야기해야 한다[80]. 행위의 유형에 대해 일부 주(州)에서는 추적하거나 따라다

[77] Bradburm, W. E., 1992. Stalking Statutes: An Ineffective Legislative Remedy for Rectifying Perceived Problems with Today's Injunction System, *19 Ohio N.U.L. Rev*: 271.

[78] Tjaden, P., & Thoennes, N. 1998. Stalking in America: Finding from the National Violence Against Women Survey, *U.S. Department of Justice Programs National Institute of Justice*: 5–6.

[79] Elrod, L. D., & Honorable, J. P. 2013. Kansas Family Law, *Kansas Law and Practice Database Update November*: 2

[80] Tolhurst, K. A. 1994. A Search for Solutions: Evaluating the Latest Anti-stalking Developments and the National Institute of Justice Model Stalking Code, *William & Mary Journal of Women and the Law*: 283.

니는 행위, 접근, 마주침, 괴롭힘, 접촉, 희롱하는 행위를 스토킹 행위로 명시하고 있으나 이를 명시할 경우 그와 유사한 행위는 처벌할 수 없기 때문에 대부분의 주(州)에서는 스토킹 유형을 명시하고 있지 않다.

마지막으로 스토커가 체포 이후에 계속해서 구금상태에 있으면 문제가 없으나 보석이나 집행유예 등으로 풀려날 경우 피해자는 지속적인 위협을 받게 되는데 몇몇 주(州)에서는 이러한 문제를 절차적으로 보장하고 있다. 또한 스토킹금지법 또는 관련법에서 스토커에 대한 보석제한 또는 공판 전 석방을 제한하고 있다. 다시 말해서 보석조건을 판단함에 있어서 피해자에게 나타날 수 있는 위험을 고려하고 있고, 공판 전 석방의 조건으로서 접근금지명령을 요건으로 하고 있다. 조지아주의 경우 스토커가 종전에 스토킹범죄와 관련하여 공판 전 석방, 가석방 또는 집행유예의 조건을 위반했을 때 공판 전에 구금할 수 있다고 규정하고 있다. 이밖에도 대다수의 주(州)는 스토킹금지법 위반행위를 경범죄 또는 중범죄로 규정하고 있으나 보호명령을 위반한 경우에는 중범죄로 처벌하고 있다[81].

2. 영국의 데이트폭력 방지제도

데이트폭력의 방지를 위해 영국에서는 2014년 가정폭력전과공개제도(Domestic Violence Disclosure Scheme; DVDS)을 도입하여 시행하고 있다. 일명 「클레어법」이라고 불리는 이 제도는 '클레어 우드'(Clare Wood)라는 여성이 남자친구의 폭력에 시달리다 살해당한 사건이 계기가 되어 제정되었다. 당시 가해자인 남성은 과거 애인에 대한 폭행과 학대로 괴롭힘 방지법(protection from harassment, 1997)에 의해 세 번의 유죄판결을 받았다. 이러한 사실을 사전에 피해자가 알았더라면 사고를 미연에 방지 할 수 있었을 것이라는 인식 하에 데이트 상대의 폭력전과 정보를 공개하자는 사회적 공감대가 형성되었다. 특히 이 제도는 폭력 전과가 있을 경우 연인 관계에서도 폭력성이 그대로 나타나며 재범 가능성도 높다는 조사결과를 바탕으로 제정되었으며, 클레어법(Clare' s Law)은 2012년 1년간 4개 지역에서 시범 실시 한 후 2014년 3월부터 영국전역과 웨일즈 지역에 확대 실시되었다[82].

가정폭력전과공개제도(DVDS)[83]는 문의할 권리(right of ask)에 기초하여 잠재적 피해자가

[81] 박상열. 2003. 미국의 스토킹금지법에 대한 연구. 「비교형사법연구」. 5(1): 737.

[82] 홍영오. 2015. 데이트폭력에 대한 효과적인 예방 및 대응방안. 한국형사정책연구원. 「KIC 이슈페이퍼」. 제9호: 10-11.

[83] 이 제도는 전과정보와 관련하여 관계기관간의 공유와 공개를 통한 위험의 관리에 초점을 두고 있다. 주의해야 할 사항은 가정폭력전과공개제도(DVDS)로 인해 새로운 법률이 제정되지 않았기 때문에 모든 정보공개는 이미 존재하는 법률,

잠재적 가해자의 전과정보를 경찰에 요청할 권리를 주는 것이다. 그리고 알 권리(right to know)에 기초하여 경찰이 사전에 잠재적 피해자에게 전과정보를 제공하는 것이다. 이러한 전과정보를 제공함으로써 새로운 애인에게 관계를 지속할지 선택하게 하여 범죄예방에 기여하는 동시에 관계기관이 잠재적 가해자의 전과정보를 접했을 때 강화된 사전조치를 취할 수 있다는 점에서 장점으로 부각되었다. 이처럼 클레어법(Clare's Law)은 연인이 폭력전과가 있는지 확인해 볼 수 있는 정보공개청구제도이다. 따라서 이 제도의 목적은 문의할 권리(right of ask)와 알 권리(right to know)라는 공개절차를 통해 데이트 파트너의 과거 전과사실을 인지한 상황에서 관계를 지속할지 여부를 선택할 수 있도록 하고 있다[84].

여기서 가정폭력전과공개제도(DVDS)의 절차를 간략하게 살펴보면, 크게 문의할 권리에 의한 정보신청, 알 권리에 의한 정보의 통지, 지역정보공개결정위원회의 최종 결정, 잠재적 가해자에 대한 통지 등 네 단계를 거친다. 먼저 문의할 권리(right of ask)에 의한 전과정보의 공개여부는 경찰과의 접촉, 대면면담, 종합위험평가를 거친 후 최종적으로 지역정보공개결정위원회의 심사를 통해 결정된다. 다음으로 알 권리(right to know)에 의한 전과정보 공개는 경찰이 잠재적 피해자가 위험에 처해 있음을 인지했을 경우 이를 공개할 것인지 여부를 지역정보공개결정위원회에 곧바로 회부하게 되어 있다. 문의할 권리와 알 권리에 의한 정보공개 여부에 대해 지역정보공개결정위원회가 최종 결정권을 가지는데, 이 경우에 정보공개가 잠재적 피해자를 보호하고 필요한 정보만을 공개하며 절박한 필요성이 인정되어야 한다. 마지막으로 잠재적 가해자에게 잠재적 피해자의 신청에 의해 정보가 제공되었다는 사실을 통지할지 결정하게 되는데, 이 경우에 있어서 잠재적 가해자가 이 사실을 알았을 때 잠재적 피해자를 해할 위험이 있거나 위험이 예상될 경우에 통지하지 않을 수도 있다.

결국 잠재적 가해자의 정보공개는 지역 경찰서, 보건소, 아동보호기관, 폭력방지연합회 등의 단계를 거친 후 지역 경찰서, 보건소, 아동보호기관, 폭력방지조언협회 등의 대표와 관련 전문가들로 구성된 지역정보공개결정위원회(the local decision-making forum)의 심의를 거쳐 필요가 있다고 판단되는 경우에만 허용이 된다. 2014년 가정폭력전과공개제도(DVDS)가 공식적으로 도입된 이후 영국 내무부는 1년간의 운영현황을 제시하였다. 운영성과에 있

다시 말해 기존의 판례법, 인권보호법(Human Right Act, 1998), 정보보호법(Data Protection Act, 1998), 범죄자갱생법(Rehabilitation of Offenders Act, 1974)을 준수해야 한다(House of Commons-Home Affairs Section, 2013. Clare's Law: Guidance: 2).

[84] 소병도, 2016. 영국의 가정폭력전과제도 도입에 대한 고찰, 「경찰학연구」, 16(2): 61-86.

어 구체적인 정보는 제시되지 않았으나 2014년 3월 4일부터 12월 말까지 4,724건의 정보공개 신청이 있었고, 이 중 1,938건이 공개되었다. 그 이후 2015년 1월 초부터 7월 말까지 691건의 정보공개 신청이 있었고, 이 중 297건이 공개되었다[85].

3. 일본의 데이트폭력 방지제도

일본의 경우에도 2000년 초반까지 우리나라와 마찬가지로 데이트폭력과 관련하여 특별한 규제 법안은 없는 실정이었다. 그러나 일련의 사건들이 발생하면서 데이트폭력에 적극적으로 대응하고자 관련 입법들을 제 · 개정 하였다[86]. 특히 오케가와(桶川) 스토커 살인사건[87]을 계기로 2000년 5월 스토커행위 등 규제 등에 관한 법률을 제정하여 스토커행위 등에 대한 개입수단을 마련하였고, 나아가 2013년에는 동법 개정을 통해 규제대상 행위를 확대하였다[88]. 또한 2013년에는 배우자로부터의 폭력방지 및 피해자 보호에 관한 법률(DV방지법)을 개정하여 동거 연인 간에도 동법을 적용할 수 있도록 하였으며, 2014년에는 사생 성적 화상 기록 등에 의한 피해방지에 관한 법률(리벤지 포르노 규제법)을 제정하여 연인 사이에서 빈번히 발생하는 리벤지 포르노(revenge porno)에 적극적으로 대응 하고 있다.

이처럼 폭력에 대한 제재 방안으로 DV방지법 개정과 스토커 규제를 위한 입법을 통해 형벌권 발동의 기준을 제시하고 있다. 일본도 독자적인 기준이 아닌 기존의 법률의 개정을 통해 법률 적용범위를 확대하는 차원에서 특별법 영역에 포함시키고 있다. 아울러 일본의 데이트폭력과 관련된 법제들은 규제의 대상을 확대하고 형법을 통해 그 실효성을 담보하고자 하는 공통점을 가지고 있다. 그 중에서도 특히 우리나라의 가정폭력범죄의 처벌 등에 관한 특례법에 해당하는 DV방지법의 개정을 통해 동거 중 연인간의 폭력까지 그 적용대상

---

85 Home Office, 2016. Domestic Violence Disclosure Scheme(DVDS) Pilot Assessment: One Year on– Home Office Assessment of National Roll–out: 4.

86 2007년 젊은 연인 사이에 발생하는 폭력실태조사에서 50% 이상의 남녀가 신체적 · 정신적 폭력을 경험한 것으로 나타났다. 그 이후 휴대폰 등을 이용하여 위치를 확인하고 카메라 등을 사용하여 함께 있는 사람을 찍어 보내도록 하는 등 기기를 이용한 간섭과 감시가 더욱 심해진 것으로 조사되었다(한국여성의 전화연합, 2009: 174).

87 오케가와 스토커 살인사건은 1999년 10월 26일 사이타마현 오케가와시에서 여대생이 헤어진 애인에게 살해된 사건이다. 헤어진 상대 남성이 피해 여성에게 수차례의 전화, 주거침입을 반복하고 명예를 훼손하는 메모를 부착하는 등의 악질적이고 집요한 괴롭힘을 계속하자 피해 여성이 경찰에 신고하여 경찰에 수차례 상담하였다. 그러나 경찰서 형사2과장 등이 소극적으로 대응한 것이 발각되어 사회적으로 큰 문제가 되기도 했다(김혁, 2016: 90–91)

88 2013년 6월 26일 스토커규제법 개정안이 국회를 통과하였으며, 개정안의 주요 내용으로는 전자메일 발송에 대한 규제, 금지명령 등의 신청 및 통지 등 피해자에 대한 관여 강화, 부인상담소 또는 그 범위에 적절한 시설을 통한 피해자 지원, 금지명령을 내릴 수 있는 공안위원회의 확대 등이 있다(김혁, 2016: 90).

을 확대하였다. 일본의 경우에 연인관계의 폭력을 규제하는 독자적인 형사체계를 두고 있지는 않지만 2001년 제정된 스토커 규제법을 통해 간접적으로 폭력에 대응하고 있어 우리나라의 경범죄처벌법으로 제재를 가하는 것보다 훨씬 강력하게 대처하고 있다. 관련 법령을 마련해야하는 우리에게 시사하는 바가 크다고 할 수 있다[89].

제5절 데이트폭력 방지를 위한 제도적 방안

최근 들어 단순한 연인 간 다툼 수준을 넘어 데이트폭력은 갈수록 그 상황이 심각해지고 있지만 적절한 대응책은 미비한 실정이다. 폭행으로 신고했어도 부부 사이에 벌어진 폭력 사건은 가정폭력범죄 특례법에 따라 현장에 출동한 경찰이 '긴급 임시조치'로 격리조치를 할 수 있지만 데이트폭력의 경우 직접적인 처벌 규정을 두고 있지 않다. 다시 말해서 데이트폭력이 발생하면 사안에 따라 형법이나 폭력행위 등 처벌에 관한 법률에 의해 폭력범죄로 처벌하고 있다. 다만 2012년 3월 스토킹범죄를 처벌하는 조항이 신설되어 헤어진 연인에 대한 스토킹 행위에 대하여 처벌이 가능하게 되었다. 여기서 스토킹 범죄를 처벌하는 경범죄처벌법 제3조 제1항 제41호를 살펴보면, 상대방의 명시적 의사에 반하여 지속적으로 접근을 시도하여 면회 또는 교제를 요구하거나 지켜보기, 따라다니기, 잠복하여 기다리기 등의 행위를 반복하는 사람에 대해 10만원 이하의 벌금, 구류 또는 과료의 형으로 처벌하도록 규정하고 있다.

데이트폭력은 더 이상 연인 간의 개인적인 문제가 아닌 사회적인 문제이기 때문에, 명백한 범죄임을 인지하여 다양한 법 · 제도적 장치를 마련할 필요가 있다. 경찰은 지난 2016년 2월 3일부터 같은 해 3월 2일까지 한 달간 전국 경찰관서에 데이트폭력 근절 특별팀을 구성하고 데이트폭력 집중신고기간을 운영하였고 다음 해인 2017년 7월 24일부터 8월 31일까지 데이트폭력 집중신고 기간을 운영하기도 하였다. 그리고 경찰은 집중신고 기간 운영을 통해 피해자 또는 주변인의 적극적 신고를 유도함으로써 숨겨진 피해사례를 발굴하고 신속한 초동조치 및 엄정한 수사와 함께 범죄예방과 피해자 보호를 강화하였다. 또한 경찰청은 2018년 6월 16일부터 8월 24일까지 데이트폭력 집중신고기간을 운영한 결과, 총

[89] 오세연 · 곽영길, 2011. 데이트폭력의 실태와 대응방안에 관한 연구: 사례분석을 중심으로, 「한국경찰학회보」, 13(5): 3-27.

4,478건의 신고를 접수했고, 이 가운데 2,237명을 형사 입건했다[90]. 이밖에 연인 사이에 발생하는 데이트폭력이 더 이상 사랑싸움이 아닌 범죄로 변질해 상대방에게 큰 상처로 남는 명백한 범죄라는 것을 우리 사회가 인식해야 하며 적극적인 신고를 통해 근절해야 한다고 강조하였다.

이러한 일련의 노력들을 통해 데이트폭력이 더 이상 개인의 문제가 아닌 사회적 문제로의 인식의 전환이 이루어지고 있다. 이러한 사회적 관심이 증가하면서 데이트폭력과 관련한 특례 법안들이 15대 국회부터 지금까지 꾸준히 발의되었으나 입법화에는 실패하였다[91]. 최근 제20대 국회 개원과 함께 2016년 6월 '스토킹 범죄의 처벌 등에 관한 특례 법안'이 발의되었으나 국회에 계류 중에 있다[92]. 이처럼 데이트폭력이 해마다 증가하여 중요한 사회문제로 대두되고 있는 만큼 여기서는 데이트폭력에 있어 피해자 보호방안을 검토해보고자 한다.

1. 가정폭력특별법의 범위 확대

데이터폭력을 데이트 관계에 있는 연인사이에서 발생하는 신체적, 정신적, 성폭력으로 정의하고 있다는 점에서 가정폭력의 개념과 유사하다. 따라서 가정폭력 특별법의 개정을 통해 가정폭력의 개념 범위에 데이트 관계를 포함시키는 방법을 고려해 볼 필요가 있다[93]. 또한 가정폭력범죄의 처벌 등에 관한 특례법상 피해자 보호조치는 실제적 진실발견이라는 수사의 한 단계로서 취해지는 것이 아니라 피해자와 밀접한 관계에 있는 가해자로부터 피

---

90 한국일보, 100일 집중 단속했더니, 입건된 데이트폭력범만 2200여명(2018.09.06. 보도자료 인용). (http://www.hankookilbo.com/ News/Read/201809061563090216, 검색일: 2018. 09. 28)

91 지금까지 제기된 특례 법안으로는 1999년에 스토킹 처벌에 관한 법안을 시작으로 스토킹금지법안(2003), 스토킹 등 대인공포 유발행위의 처벌에 관한 법안(2005), 스토킹 처벌 및 방지에 관한 법안(2009), 스토킹 처벌 및 피해자 보호에 관한 법안(2012), 스토킹 방지법안(2013), 스토킹 범죄의 처벌 등에 관한 법안(2015), 데이트폭력범죄의 처벌 등에 관한 법안(2016) 등이 발의되었다. 그러나 위와 같은 법안들은 국회의원의 임기만료로 폐지·철회되는 경우가 반복되면서 입법화 되지는 못했다(한성훈, 2017. 데이트폭력에 대한 대응방안에 관한 연구, 「법학연구」, 25(4): 9).

92 남인순 의원 등 12인(의안번호 2000102)이 2016.06.03.에 발의하였다. 또한 더불어민주당 박남춘 의원은 지난 19대 국회에서 데이트폭력 방지법(데이트폭력범죄의 처벌 등에 관한 특례법안)을 발의하였다. 하지만 법제사법위원회에서는 박남춘 의원의 대표발의 안에 대해 개별법의 남발 등을 이유로 기존 법률의 개정을 통해 해결하는 방안을 마련하자는 결론을 내렸다(법제사법위원회, 2016).

93 여기서 가정폭력의 개념 범위에 '데이트 관계'를 추가할 경우 어떻게 개념정의를 할 것인가 하는 문제이다. 현재와 같이 다양하게 나타나고 있는 데이트 관계 유형을 명확하게 법률로서 명문화하기에는 현실적으로 무리가 있기 때문이다. 이러한 문제를 해결하는 차원에서 미국 뉴저지주 법원이 제시하고 있는 데이트 관계의 기간·횟수·친밀도 등 6가지를 참고로 가정폭력특별법을 개정할 필요가 있다.

해자를 보호하기 위한 조치로 이루어진다는 점에서 데이트폭력 피해자의 2차 피해방지를 위한 효과적인 대책이 될 수 있다. 이밖에 대다수의 데이트폭력이 기소되지 않는 경우가 많고 기소되더라도 처벌을 받지 않는 경우가 많기 때문에 데이트폭력 피해자들은 형사 기소가 제공한 것 이상의 보호를 필요로 한다. 보호명령은 가해자로부터 피해자의 생명, 신체의 안전을 보호하는 동시에 또 다른 폭력 사건의 발생을 사전에 방지할 수 있는 효과적인 수단이 될 수 있다. 데이트폭력은 가정폭력의 기본적인 속성과 특성이 피해자와 가해자의 결혼 여부만 차이가 있을 뿐 동일하게 적용할 수 있다는 측면에서 가정폭력범죄의 처벌에 관한 특례법상 피해자 보호명령제도를 도입하는데 있어 큰 문제는 없다고 판단된다(류병관, 2014).

이러한 점을 종합해 볼 때 데이트폭력 피해자에도 가정폭력특별법에서 적용되는 긴급임시조치, 임시보호조치, 피해자보호명령 제도를 도입해 볼 필요가 있다. 다만, 본 제도의 실효성을 확보하기 위해서는 가해자의 보호처분 및 보호명령 불이행에 대한 형사처벌 규정을 엄격하게 적용하여 가해자가 준수 사항을 위반하지 않도록 보다 확실히 강제할 필요가 있다. 긴급조치 수단으로 활용되어야 할 임시조치 제도는 피해자 · 경찰 · 검사 · 법원에 이르는 다단계 신청절차로 인해 신청부터 결정시까지 1주일 이상이 소요되어 사실상 본연의 기능을 제대로 할 수 없다는 문제점이 있기 때문에 임시조치 기간 중에도 데이트폭력 피해자가 직접 법원에 피해자보호명령을 신청할 수 있도록 하고, 법원은 보호명령신청이 있으면 3일 이내에 신속한 결정을 내리도록 해야 할 것이다. 또한 현행 가정폭력방지특별법에는 규정하고 있지 않지만 보호명령의 유형으로서 퇴거명령제도를 도입하는 방안도 고려해 볼만하다. 현행법은 가정폭력피해자가 원하는 경우 보호시설 등에서 생활할 수 있도록 하고 있으나 피해자가 현재 거주하는 장소를 떠나 생활하는 것은 이중의 고통을 안게 되는 문제가 있으므로 가해자에 대한 퇴거명령처분을 보호명령에 포함시키고 접근금지를 병행하여 피해자를 보다 확실하게 보호할 필요가 있다.

2. 스토킹금지법 제정

최근 데이트폭력의 전 단계라고 볼 수 있는 스토킹 행위에 의한 신체적, 정신적 고통을 받는 피해자가 점점 증가하고 있으며, 이러한 스토킹이 일반 형사범으로 이어지는 사례가 종종 발생하고 있다. 물론 스토킹은 데이트 관계라는 특별한 신분관계가 없어도 누구에게

나 적용될 수 있다는 점과 아직 형법범죄로 발전한 단계가 아니라는 점에서 데이트폭력과는 명확히 구별된다. 미국은 이러한 심각성을 인식하여 1990년 캘리포니아주를 선도로 "스토킹금지법"을 제정하였고 그 이후 캐나다, 호주, 영국 등 영미법 국가를 중심으로 스토킹처벌법이 제정되었다. 아시아 국가 중 일본이 2000년 스토킹금지법을 제정하여 시행하고 있으며, 우리나라는 1999년 5월 "스토킹처벌에 관한 특례법"이 발의되어 국회에 상정된 적이 있으나 15대 국회가 종료하면서 자동 폐기되었고, 2003년 10월 13일 일본의 스토킹금지법을 참고로 '스토킹금지법안'이 제출되었으나 입법화되지 못했다.

특정한 스토킹행위가 현행법상 형벌법규 처벌대상이 되어 처벌할 수 있는 경우라도 이러한 시점은 이미 피해자가 정신적·육체적 심각한 피해를 입은 후라는 점을 고려하여 스토킹금지법은 필요하다고 본다. 다시 말해 일반 형법범 또는 데이트폭력으로 발전하기 전에 데이트 관계와 상관없이 '괴롭힘'의 형태로 피해자에게 위협을 가하는 행동에 대해서는 2차 범죄피해에 대한 사전적 예방수단으로서 가정폭력특별법에서 규정하고 있는 내용과 유사하게 보호처분으로서 경찰의 경고처분, 접근금지명령, 전달금지명령, 의료기관에의 위탁, 경찰서 유치장 또는 구치소에 유치처분 등의 근거규정을 마련할 필요가 있다.

또한 스토킹행위가 범죄행위의 전단계라는 점에서 형사처벌의 대상으로 하는데 문제가 있어 입법의 논란이 있다면, 이러한 처분의 성격을 '민사처분'형태로만 규정하고, 법원의 민사처분을 위반한 경우 이를 근거로 형사처분을 부과할 수 있도록 할 수도 있을 것이다. 입법의 여부를 떠나 스토킹행위방지법이 제정된다면 보다 효과적으로 데이트폭력을 사전에 예방할 수 있는 수단으로 활용될 수 있다는 점은 분명해 보인다. 우리나라의 경우 스토킹 관련 범죄는 경범죄처벌법 제3조 제1항 제40호(장난전화 등)와 제41호(지속적 괴롭힘)에 의해 처벌하고 있다. 그러나 스토킹의 심각성을 고려해 볼 때, 경범죄로 처벌하는 것은 너무나 가벼운 처벌이어서 더 많은 가해자를 양산 할 수 있다. 따라서 스토킹금지법이 제정될 경우 보다 효과적으로 데이트폭력을 사전에 예방할 수 있는 수단으로 활용될 수 있다고 본다. 이밖에도 데이트 관계가 종료한 후에 발생하는 리벤지 포르노 범죄에 효과적으로 대응할 수 없는 문제도 있다. 이에 최근 리벤지 포르노 처벌법안도 국회에 발의 되어 계류중에 있다. 리벤지 포르노법은 이별 후에 이루어지는 데이트폭력 범죄를 처벌 할 수 있는 보완적인 입법이라 할 수 있다[94].

[94] 정부는 2017년 9월26일 '디지털 성범죄 Zero, 국민 안심사회 구현' 4대 추진전략 발표를 통해 리벤지 포르노를 인터넷 등에 유포할 경우 벌금형은 불가하고, 리벤지 포르노 유포자에 5년 이하 징역형을 내리는 동시에 타인이 촬영한 영

3. 가정폭력전과공개제도(클레어법)의 도입

가정폭력전과공개제도(클레어법)는 연인간의 폭력전과를 확인 할 수 있는 정보공개청구제도로서 데이트폭력의 잠재적 피해자에게 연애 상대방의 전과정보를 제공해 주어 데이트폭력 범죄를 사전에 예방하기 위한 제도이다. 클레어법 도입과 관련하여 정보를 취득한 상대방에 대한 책임가중과 잠재적 가해자의 범죄위험이 소멸되었다고 판단되는 시점에서 가해자에게 전과정보가 공개되었다는 사실을 고지하는 것을 전제로 우리나라도 '가정폭력처벌특별법'에 이 제도를 도입하자는 주장이 제기되었다(소병도, 2016). 이러한 주장은 클레어법이 데이트폭력 범죄를 예방하는데 효과적일 것이라는 기대 때문이다. 물론 연애 당사자의 폭력전과사실을 알게 되면 잠재적 피해자는 사실상 그 관계를 단절할 가능성이 매우 높다고 판단된다.

그러나 가정폭력전과공개제도의 경우, 현실적인 측면에서 다음과 같은 문제를 발생시킬 수 있다. 먼저 폭력전과로 인해 연애를 더 이상 할 수 없거나 또는 지속할 수 없게 된다. 그 결과 데이트 당사자 간의 갈등을 촉발하는 주요원인이 되어 심각한 범죄로 이어질 가능성을 배제 할 수 없다. 따라서 클레어법 도입과 관련하여 좀 더 신중함이 필요하다고 생각된다. 또한 우리나라의 경우 개인정보보호법과 상충되는 문제가 있다. 다시 말해서 우리나라 개인정보보호법은 개인정보의 처리 및 보호에 관한 사항을 정함으로써 개인의 자유와 권리를 보호하고, 나아가 개인의 존엄과 가치를 구현함을 목적으로 하고 있다. 이러한 목적을 가지고 있는 개인정보보호법에 의하면 개인정보는 타인이나 공공기관이 함부로 수집하거나 정보를 제공할 수 없도록 되어 있다. 그런데 클레어법에 의하면, 단지 데이트 관계에 있는 연애의 당사자라는 이유만으로 상대방의 전과, 다시 말해 상대방의 개인정보를 제공받게 된다. 이는 헌법상의 개인정보자기결정권을 위반하는 것이라 할 수 있다. 그러므로 클레어법 도입이 필요하다고 한다면, 영국의 시행과정 및 성과를 면밀하게 분석하고, 나아가 우리 법체계의 정합성 검토가 이루어진 후에 도입을 추진하는 것이 바람직하다.

우리나라의 경우 2014년 발생한 살인은 총 1,063건으로 이 중 108건이 애인에 의해 발생하였고, 살인범죄자 1,063명 중 607명이 전과가 있는 것으로 나타났다[95]. 이러한 통계자료

상을 촬영 대상자 동의 없이 유통한 경우 5년 이하 징역 또는 3000만원 벌금형, 영리 목적으로 촬영 대상자 동의 없이 유포한 경우 7년 이하 징역형, 대상자가 촬영에 동의한 경우에도 영상 유포 시 5년 이하 징역 또는 벌금 1000만원 이하 벌금형을 부과하는 등 처벌 수준을 강화한다고 발표한 바 있다(서울와이어, 2017.09.06. 기사인용).

[95] 대검찰청, 2015, 「범죄분석」: 580–581.

에서 알 수 있듯이 연인 사이에 발생하는 살인은 전과가 있는 자가 자신의 연인을 살해할 가능성이 높다는 점을 시사하고 있다. 이러한 결과로 볼 때 데이트 관계에 있는 사람의 경우 상대방의 전과정보를 조회할 수 있도록 하는 방안도 고려할 필요가 있다. 최근 경찰에서도 가정폭력전과공개제도(DVDS)의 도입을 고려하고 있다고 밝혔으며[96], 한국형사정책연구원에서도 영국의 가정폭력전과공개제도를 도입하여 상대방의 위험정도를 평가하여 전과정보를 공개할 수 있다고 주장한 만큼 전과정보의 공개범위 등 이 제도의 실효성에 대한 구체적인 검토가 이루어져야 할 것이다.

4. 데이트강간 개념 도입

강간(rape)은 힘을 사용하는 의미를 가진 라틴어의 'rapere'에서 유래되었으며, 관습법에서는 여성의 의사에 반하거나 강제적으로 여성을 범하는 성욕적인 인식으로 규정하고 있다. 강간은 가장 혐오스럽고 무서운 범죄 중의 하나로 전통적인 관습법에서의 강간은 남성이 결혼관계에 있지도 않고 같이 동거하지도 않은 여성을 상대로 하는 비자발적인 성행위를 포함하고 있다[97]. 우리나라는 특별히 강간의 유형을 구별하여 논하고 있지 않지만, 미국의 경우 강간죄의 처벌과 관련하여 강제력 행사정도에 따라 강간을 최소 3등급에서 최대 6등급 유형으로 나누어 처벌하고 있다. 또한 강간죄 성립과 관련하여 가해자와 피해자의 관계를 중심으로 다양한 유형의 개념을 도입하고 있다. 그 중 대표적인 분류가 단순 강간(simple rape)과 면식 강간(acquaintance rape)[98]이다. 특히 강간죄에 있어 논의의 핵심이 되고 있는 저항 및 동의의 문제가 발생하는 사례의 대부분을 면식범 강간유형이 차지하고 있다는 점에서 두 유형에 대한 개념정의는 매우 중요하다(류병관, 2014).

미국에서는 비식범 강간은 단순강간(simple rape)의 개념으로 면식범 강간은 실제 강간(real rape)의 개념으로 발전하였다. 실제 강간은 가해자가 이미 피해자를 알고 있으며, 주로 혼자이며 흉기나 심각한 폭행을 사용하지 않은 상태에서 발생하는 강간을 의미하므로 데이

---

96 윤상민. 2016. 데이트폭력 대응하는 입법적 대책에 대한 검토. 「법학연구」. 16(4): 309.

97 Randall. S., & Rose. V. M. 1984. Forceable Rape. in Major Forms of Crime. ed. Robert Meyer. Beverly Hills: sage.

98 면식 강간은 평소 알고 지내는 사람에게 당하는 것으로 가족 구성원이나 친구가 가해자일 가능성이 높다. 면식 강간에 포함되는 강간으로는 연인사이에 발생하는 성적 공격인 데이트 강간(date rape), 피해자가 미성년자인 미성년자 강간(statutory rape), 합법적으로 결혼한 부부 사이에서 강제적인 성관계 때문에 발생하는 부부 강간(marital rape) 등이 있다(Fisher. B., Cullen. F., & Daigle. L. 2005. The Discovery of Acquaintance Rape. *Journal of Interpersonal Violence*. 20: 493-500).

트강간 또는 부부강간의 개념으로 해석되고 있다. 이런 실제 강간의 유형은 기존의 전통적인 강간범죄를 기초로 한 법률과 형사법체계에서는 그 사건 자체가 형사사건화 되는 것조차 어려우며, 설사 형사소추가 이루어진다 해도 강간의 유죄가 인정되기에는 더욱 어렵다. 현재 우리나라 강간사례에서도 면식범 강간으로 데이트 강간, 부부강간[99] 유형이 증가하고 있다. 따라서 강간 개념은 이런 실제 강간을 기준으로 '성적자기결정권'에 충실하게 재정립되어야 하며, 시대적 상황에 맞게 폭행 · 협박에 근거한 '저항'의 요소를 삭제하고 '동의(consent)[100]'여부에 의해서만 강간을 판단해야 할 필요도 있다.

지금까지 데이트폭력의 원인 및 특징 등에서 알 수 있듯이 데이트폭력은 가해자와 피해자가 연인관계라는 특성 때문에 범죄로 신고 · 접수되는 경우가 적고 설사 형사고소를 한다고 해도 사후에 고소취하 되는 경우가 많으며, 공소제기 된다고 해도 공소유지 및 유죄입증이 어려워 실제 형사 처벌되는 경우가 적다. 이러한 이유로 인해 그동안 우리사회는 데이트폭력을 단순한 연인간의 애정다툼 정도의 경미한 범죄로 인식하고 방치해 온 측면이 있다. 그러나 최근 데이트폭력이 살인, 강간, 상해 등 2차 강력 범죄로 이어지면서 그 피해가 심각하다. 따라서 지금이라도 우리사회가 데이트폭력의 심각성을 인식하고 데이트폭력 피해자의 2차 범죄피해를 방지하기 위해 관심을 가져야 할 것이다. 따라서 데이트폭력에 효과적으로 대처하고 피해자를 보호하기 위해 다음과 같은 대책을 마련해야 한다.

먼저 데이트폭력을 근절하기 위해서는 우선적으로 가정폭력방지법상의 보호명령제도를 데이트폭력에도 도입해야 한다. 가정폭력과 데이트폭력의 경우에는 가해자와 피해자가 긴밀한 관계에서 폭력으로부터 신속히 피해자를 보호해야 한다는 제도적 취지에 부합하기 때문에 미국처럼 가정폭력방지법상 가정구성원의 개념에 데이트 관계에 있는 자를 포함시켜야 할 것이다. 다음으로 데이트폭력의 사전예방책으로 스토킹(stalking)처벌 및 피해자보

---

[99] 우리나라도 부부강간을 인정한 판례가 있다(대법원 2013.5.16.선고 2012도 14788). 대법원은 "남편이 반항을 불가능하게 하거나 현저히 곤란하게 할 정도의 폭행이나 협박을 가하는 경우에 강간죄를 적용해야 한다"고 밝히고, "폭행에 이르게 된 경위, 평소 부부간 관계, 폭행 당시와 그 이후 사정을 종합해 신중하게 판단해야 한다"고 하면서 대법원은 부부강간으로 남편이 흉기로 협박하거나 상해를 입히고 피해자가 극도의 공포를 느꼈을 경우 등 부부강간을 인정하는 기준을 엄격하게 요구한다고 보았다.

[100] 강간에 있어 가장 중요한 이슈(issue)는 동의(consent)로 가해자가 강제적으로 덤볐을 때 피해자가 자발적으로 동의하지 않았다는 사실을 입증해야 한다. 다시 말해 피해여성의 성격이 확고했으며, 강간범을 부추기거나 오해하게 만들지 않았다는 사실을 피해여성 쪽에서 오히려 입증해야 한다. 그러나 캘리포니아 일리노이 주는 만약 한 여성이 한 남성과의 성관계가 시작된 이후 그녀의 마음이 변해 상대 남성과의 성관계에 대한 동의를 철회할 수 있다는 사실을 승인했다. 여성이 끝내자고 말할 때 그 행위는 끝나야 하며 그렇지 않을 경우 강간으로 간주된다(Larry J. Siegel 저, 이민식 외 공역, 2012: 355).

호법의 제정도 시급하다. 당장 스토킹행위를 범죄로 취급하여 형사 처벌하는 것이 어려울 경우에 우선적으로 법원의 민사적 임시처분제도를 도입하여 경고처분, 접근금지명령, 피해자보호명령제도를 활용할 필요가 있으며, 가정폭력전과공개제도(DVDS)의 도입도 신중하게 고려해 볼 필요가 있다.

또한 데이트폭력에 대한 사회적 관심이 무엇보다 중요하다. 이를 위해서 우선적으로 데이트폭력의 종류, 위험성, 처벌가능성에 대한 적극적인 홍보활동 및 민간상담기관과의 유기적인 협조를 통해 데이트폭력도 엄연한 범죄이며 피해자에게 향후 심각한 2차 범죄피해를 당할 수 있다는 점을 주지시켜야 할 것이다. 데이트폭력에 대한 인식 제고를 위한 구체적인 방안으로 일본 내각부가 3년마다 실시하고 있는 데이트폭력에 대한 남녀 간의 인식도 조사를 벤치마킹하여 우리나라도 매년 또는 격년제로 실시하여 그 결과를 공익광고 형태로 언론이나 신문매체, SNS을 통해 적극적으로 홍보하거나 홍보물을 제작하여 교부함으로써 인식의 전환을 꾀할 수 있다고 본다.

끝으로 국가 및 지방자치단체, 학교기관 등은 피해자가 발생한 경우 피해신고가 활성화 될 수 있도록 상담 및 신고체제를 구축하는 통합적인 지원시스템을 마련할 필요가 있다. 특히 수사기관은 피해자의 신고가 있는 경우 경미한 데이트폭력이라도 경고조치 및 피해자보호조치 등의 적극적인 개입을 통하여 2차 강력 범죄로 확대되는 것을 사전에 차단해야 할 것이다. 이밖에도 피해자의 경우 데이트폭력이 범죄라는 사실을 인식하고 데이트폭력이 시작된 초기부터 가해자에게 대하여 명확한 거부의사표시를 통하여 형사고소 가능성을 경고할 필요가 있다. 나아가 데이트폭력이 반복 · 지속되는 경우 증거를 확보하고 즉시 민간기관과의 상담 및 수사기관에 신고하는 등 관련기관에 도움을 요청하고 관련 기관은 이러한 요청에 적극적으로 대응하여 데이트폭력의 피해를 최소화해야 할 것이다.

TIP 1 스토킹(Stalking)

상대방의 동의 없이 지속적으로 접근하여 괴롭히는 행위를 말한다. 직접적인 접촉이 없더라도 상대방이 불안과 공포를 느낄 수 있다는 점에서 폭력에 해당한다. 생활 반경에 물리적으로 접근하는 행위뿐 아니라 전화나 e-메일, SNS 등을 통해 반복적으로 연락하는 행위도 스토킹에 포함할 수 있다.

- 스토킹은 은밀히 다가서다(stalk)에서 파생되어 명사화(stalking)된 일종의 신종 사회 범죄로 상대방의 의사와 관계없이 자신의 소유욕을 충족시키기 위해 남을 괴롭히는 행위이다. 스토킹은 물질만능주의가 만연된 사회에서 주로 나타나는 선진국형 병이라고도 한다. 극성팬들에 의해 끊임없이 살해 위협을 받고 있는 마돈나, 휘트니 휴스턴은 스토킹의 대표적인 사례이며, 스토킹의 위험성은 여기에 그치지 않고 존 레넌, 지아니 베르사체 등의 피살로 이어지기도 했다. 조디 포스터의 극성팬이 그녀의 관심을 끌기 위하여 레이건 미국 대통령을 저격한 사건도 있었

다[101]. 스토킹은 '지속적'이고 '반복적'으로 일어나는 것이 특징이다. 피해자는 불안과 공포 등 정신적으로 심한 압박을 받으며 자유로운 일상을 침해받는다. 또한 스토킹에서 시작하여 폭행이나 협박, 살인까지 이어지는 사례도 많아 사회 문제가 되고 있다.

■ 스토킹의 유래

– 스토킹(Stalking)이란 '접근하다, 몰래 다가가다'라는 뜻의 '스톡(Stalk)'에서 유래했다. 같은 의미로 남을 스토킹 하는 사람은 '스토커(Stalker)'라 한다. 16세기 영어권에서 스토커는 '배회하는 사람'이나 '좀도둑', '침입자', '밀렵꾼' 등을 뜻했다. 단어의 의미가 변한 것은 미디어가 발달하기 시작한 20세기 초부터다. 당시 연예인 등 유명인사에게 집착하며 괴롭히는 낯선 사람들이 등장했는데 미디어는 이들을 스토커, 그들의 행위를 스토킹이라 불렀다. 이후 스토킹은 원하지 않는 상대방에게 반복적으로 접근하는 행위를 통칭하는 말로 의미가 굳어졌다.

■ 스토킹의 유형

– 상대방 의사와 관계없이 직 · 간접적으로 접근하는 행위는 스토킹에 포함할 수 있다. 일상적으로 활동하는 학교나 주거지, 근무지 등에서 지속적으로 지켜보거나 미행하는 행위가 대표적이다. 전화나 편지, e-메일, SNS, 문자 등으로 일방적인 연락을 계속하는 것 역시 스토킹에 해당한다. 스마트폰이나 e-메일, SNS 등 온라인상에서 이뤄지는 스토킹을 '사이버 스토킹(Cyber Stalking)[102]'이라 하여 구분하기도 한다. 또한 상대방이 원하지 않음에도 계속 선물을 주거나 서비스를 신청하는 행위 역시 스토킹으로 볼 수 있다.

■ 문제점과 현황

– 스토킹은 피해자의 자유로운 생활을 침해하여 정신적, 신체적 고통을 안긴다. 또한, 폭력과 살인 등 다른 범죄행위로 발전할 수 있다는 점에서 문제가 된다. 한국의 경우 아는 사람에 의한 스토킹 피해가 많은 비중을 차지한다. 한국 여성의 전화 성폭력상담소 상담통계에 따르면 2013년 스토킹 상담 중에서 95%가 적어도 안면이 있거나 일정한 관계를 형성한 사이에서 발생했다. 그중 애인이나 과거 애인 등 데이트 관계에서의 스토킹 피해가 전체 피해 사례의 75.1%로 가장 높게 나타났다.

– 친밀한 관계에서의 스토킹은 가해자가 피해자의 생활 반경을 파악하고 있다는 점에서 해결이 쉽지 않다. 또한 데이트폭력을 동반하거나 주변 인물들을 위협, 협박하는 사례도 있다. 피해자뿐 아니라 피해자의 가족이나 친구, 동료, 이웃 등이 스토킹으로 인해 정신적, 신체적 피해를 보기도 한다. 한국 여성의 전화는 여성 피해자가 남자친구나 남편에게 헤어지자고 했을 때 스토킹 범죄로 이어지면서 협박, 위협, 폭행 등을 당하는 경우도 많다고 분석하기도 했다.

■ 현재 법적 처벌조항

– 우리나라에서 스토킹은 「경범죄 처벌법」 제3조의 '지속적 괴롭힘' 조항에 따라 처벌한다. 만일 스토킹 행위가 폭행이나 협박, 주거침입, 주거 및 신체수색, 명예훼손, 모욕, 강요 등을 동반한다면 형법에 따라 처벌할 수 있다. 스토킹을 한 사람은 해당 조항에 따라 10만 원 이하의 벌금이나 구류, 과료의 형에 처한다. 그러나 스토킹의 특성상 향후 폭행, 살인 등 다른 범죄로 발전할 수 있는 데다 피해자의 자유로운 일상을 현격히 침해하는 만큼, 처벌 기준을 강화해야 한다는 주장이 계속되고 있다.

– 2016년 6월 「스토킹 범죄의 처벌 등에 관한 특례법안」이 국회에 발의되었다. 「스토킹 범죄의 처벌 등에 관한 특례법안」은 일정한 행위를 스토킹으로 규정하여 처벌을 강화하는 내용의 법안이다. 구체적으로는 피해자에 대한 신변안전조치와 피해자보호명령, 스토킹 범죄 관련 재판에서 피해자를 배려하는 근거 등을 마련하는 내용으로 구성되었다. 과거 한국에서 스토킹 관련 법안은 1999년, 2003년, 2007년 세 차례 발의된 바 있으나 통과된 적은 없다. 이처럼 우리나라의 경우 스토킹에 대한 법률이 제정되지 않아 별다른 보호책이 없어 주로 폭력행위 처벌법

등을 적용하고 있다. 사이버 스토킹에 대해서는 '정보통신망 이용촉진 및 정보보호 등에 관한 법률'에 처벌조항을 두고 있다.

폭언, 폭행으로 인해 공포감을 조성하거나 느끼는 경우	협박죄 적용
성적 수치심이나 혐오감 유발 (성폭력범죄의 처벌 등에 관한 특례법 제12조)	성폭행 적용
반복적으로 문자, 쪽지, e-메일 등을 보내어 공포심이나 불안감 등을 유발	정보통신망 이용촉진 및 정보보호 등에 관한 법률 제74조 제1조 제3항 적용
집 주변에서 계속 따라오거나, 집으로 몰래 들어오는 경우	경범죄 처벌법, 주거침입죄 적용
계속되는 스토킹으로 피해자가 우울증이나 신경쇠약에 빠지는 경우	상해죄, 폭행치상죄 적용

101 로널드 레이건 전 미국 대통령 총격범인 존 힝클리는 1981년 3월 워싱턴 힐튼호텔 앞에서 레이건 대통령을 저격했다. 당시 25세이던 그는 영화 '택시드라이버'로 유명세를 탄 조지 포스터에게 깊은 인상을 주기 위해 범행을 저질렀다고 동기를 밝혔다. 그의 총격에 레이건 대통령과 제임스 브래디 대변인 등이 총상을 입었다. 그는 정신이상 판정으로 무죄를 선고받고 1982년부터 세인트 엘리자베스 병원에 수용돼 왔다. 2016년 9월 10일 AFP통신은 존 힝클리(61)가 35년 만에 석방됐다고 보도했다. 미국 연방법원은 2016년 7월 그가 더 이상 위협이 되지 않는다며 석방을 명령한 바 있으며, 연방 판사는 그는 엄격한 조건 하에 자신의 고향에서 90세의 노모와 함께 살게 된다고 밝혔다. 보도에 따르면 그는 자신의 어머니 집에서 80㎞ 이내에 머물러야 하며 전 · 현직 대통령이나 부통령, 의원들이 있는 지역으로는 갈 수 없다(다음뉴스, 2016.09.11. 보도자료 인용).

102 '넷 스토킹'이라고도 하는 '사이버 스토킹'도 증가 추세에 있다. 2016년 8월 SNS에서 사진을 보고 반했다며 여성에게 만나자는 메시지를 보내고 거부당하자 "잡아먹겠다"는 등의 문자메시지를 555건이나 보낸 남성이 구속되었다(연합뉴스, 2017.01.08. 보도자료 인용).

CHAPTER 8

베르테르 효과와 심리적 부검

Werther effect & Psychological autopsy

핵심

베르테르 효과(Werther effect) 또는 카피캣 자살(copycat suicide, 동조자살 혹은 모방 자살)은 유명인의 자살이 있은 후에 유사한 방식으로 잇따라 자살이 일어나는 현상을 말한다. TV 등의 미디어에 보도된 자살을 모방하기 때문에 나타나는데, 1974년 사회학자 데이비드 필립스(David Philips)가 창안했으며, 용어는 괴테의 소설 《젊은 베르테르의 슬픔》의 주인공 이름에서 유래되었다(노란색 조끼, 파란 연미복을 입고 권총으로 자살했으며 총알은 오른쪽 관자놀이를 관통하였음). 심리적 부검(心理剖檢, psychological autopsy)은 자살에 대해 수집된 포괄적인 후향적 정보를 가지고 자살에 대해 연구하는 방법이다. 자살자의 가족 구성원, 친척, 친구, 직장 동료, 담당 의료인 등 기타 지인들에 대한 구조화된 면접을 통해 자살자에 대한 모든 활용 가능한 정보를 수집하고, 추가적으로 모든 활용 가능한 의료기록 및 정신과 치료기록, 검사결과와 기타 자료 등을 활용하고 있다.

제1절 베르테르 효과의 의의와 사례분석

1. 베르테르 효과의 개념과 유래

세계보건기구(WHO)는 자살을 '생명을 위협하는 행위를 충분히 인지한 자의 의도적 행위'로 정의하고 있으며, 프로이드(Freud)는 '내부로 향한 분노'로 정의하였다. 또한 자살행위를 과학적으로 연구한 뒤르켐(Durkheim)은 어느 정도 자살하려는 의도를 갖고 자살 동기를 인지하여 자기 자신에게 가한 상해라고 하였다[1]. 결국 자살은 죽으려는 의도를 가지고 스스로 상해를 입혀 사망한 것이며, 그 의도를 실행할 때 결과를 예상 또는 지각하고 있어야 하는 것이다. 법적인 측면에서 자살은 형법상의 범죄가 될 수 없고 처벌되지 않는다. 형법에서 의미하는 살해의 경우 사람은 자기 이외의 타인을 의미하기 때문에 자기 스스로 생명을 끊는 것은 여기에 포함되지 않는다. 따라서 형법에 처벌대상과 처벌이익이 없기 때문에 처벌 규정을 둘 수 없어 구성요건 해당성이 없다.

한편으로 자살은 개인의 신체적 · 정서적 손상을 가져올 뿐만 아니라 가족이나 자신이

[1] Durkheim, E. 1967. Suicide: A Study in Sociology. Nabu Press.

속한 집단 및 사회에까지 심각한 후유증을 남기기 때문에 국가적 차원의 관심이 요구된다. 자살을 범죄행위로 취급할 수는 없지만 자신의 생명을 보호하는 것은 인간사회의 가장 기본적인 의무로 파악할 수 있다. 아울러 유명인들에 대한 영향력이 커지고 그러한 영향력이 대중매체 등을 통해 지속적으로 대중들에게 전달된다는 사실을 감안한다면 유명인의 자살은 또 다른 자살을 일으킬 수 있는 원인으로 작용하고 있다는 사실을 간과해서는 안 된다. 민감한 시기를 거치는 청소년은 물론 우울증세가 있는 성인들의 경우 평소 선망의 대상인 연예인의 자살로 큰 충격에 빠질 수 있다. 실제로 일부 자살자의 경우 자살방법 등을 선택하는 과정에서 유명인을 모방하고 있다는 점에서 문제는 더욱 심각하다[2].

베르테르 효과(Werther effect)는 괴테(Johann Wolfgang von Goethe)가 1774년 발표한 소설 '젊은 베르테르의 슬픔(Die Leiden des jungen Werthers)[3]'에서 유래되었으며, 18세기 말 유럽에서 극중 주인공 베르테르를 흉내 낸 모방 자살이 급증했다고 해서 붙여진 이름이다. 당시 유럽의 여러 나라에서는 주인공처럼 푸른 윗옷에 노란 조끼를 받쳐 입고는 권총으로 자살하는 사람들이 많이 나타나게 되었다. 결국 로마 교황청은 이 책을 금서로 지정했고 이탈리아, 독일, 덴마크 등지에서도 발간이 금지되었다. 괴테를 순식간에 전 유럽에 알린 이 소설은 18세기 당시에도 5개 국어로 번역될 만큼 선풍적인 인기를 끌었다. 그리고 유럽 곳곳에서 베르테르를 모방한 자살이 유행처럼 번지기 시작했는데, 이 작품을 읽고 베르테르의 자살을 모방하여 자살한 사람은 지금까지 전 세계 2,000여명 정도로 추산되고 있다.

1974년 사회학자인 데이비드 필립스(David Phillips)는 이러한 모방 자살이 전 유럽으로 확산된 것에 비유해 이를 베르테르 효과(Werther effect)라고 이름 지었다. 그는 20년간 자살에 대한 연구를 하면서 자신이 모델로 삼거나 존경하던 인물, 또는 사회적으로 영향력이 있는 유명인이 자살할 경우, 그 사람과 자신을 동일시하여 사람들이 자살을 시도한다고 주장하였다. 그는 1948년부터 1968년까지 뉴욕 자살 관련 뉴스보도를 분석하여 미디어에 자살사건을 다룬 후 2개월 동안 10배 정도의 자살률이 급증했으며, 미디어의 자살보도가 실제 자살을 유발하는데 중요한 영향을 미친다고 주장하였다[4].

---

2 김종오. 2010. 베르테르 효과에 대한 심리학적 분석: 연예인을 중심으로. 「한국범죄심리연구」. 6(3): 40-41.

3 베르테르(Werthers)라는 청년이 한 무도회장에서 롯데라는 여성을 만나게 되고 운명적 사랑에 빠진다. 그러나 그녀에게는 이미 약혼자가 있었다. 어느 날 타지로 여행을 갔다 오니 사랑하는 롯데가 약혼자와 결혼을 한 것이다. 이러한 사실에 충격을 받은 베르테르는 결국 권총 자살을 하고 만다. 그는 자살을 하면서 자신의 죽음이 그의 사랑하는 여인 롯데에게 평화와 기쁨이 될 것이라며 이 죽음이 오직 소수의 고귀한 사람들에게만 허락된 죽음이라며 미화한다. 이 소설로 인해 베르테르의 정서적 갈등과 죽음에 공감하는 유럽의 젊은이들이 이 소설의 주인공처럼 자살하는 사태가 급증했다.

4 Phillips, D. 1974. The Influence of Suggestion on Suicide: Substantive and Theoretical Implication of the Werther

특히 유명인의 자살이 언론에 보도된 후 자살률이 급증한다는 사실을 파악했다(Korea Joongang Daily, 2008). 예를 들어 마를린 먼로가 자살로 생을 마감한 당시 미국에서는 일시적으로 자살이 12%나 증가하였다고 전해지고 있다. 베르테르 효과는 자신이 모델로 삼고 있거나 흠모하는 유명인이 자살할 경우, 그 인물과 자신을 동일시해서 자살을 시도하는 현상이다. 일례로 홍콩배우 장국영이 자살했을 때 한동안 장국영의 팬들이 하루에 약 6명씩이나 목숨을 끊은 것으로 밝혀졌다. 이처럼 베르테르 효과는 자신이 모델로 삼거나 존경하는 인물 또는 유명인이 자살할 경우 유사한 방식으로 잇따라 자살하는 현상을 일컫는 것으로 동조자살(copycat suicide)[5] 혹은 모방 자살이라고도 한다.

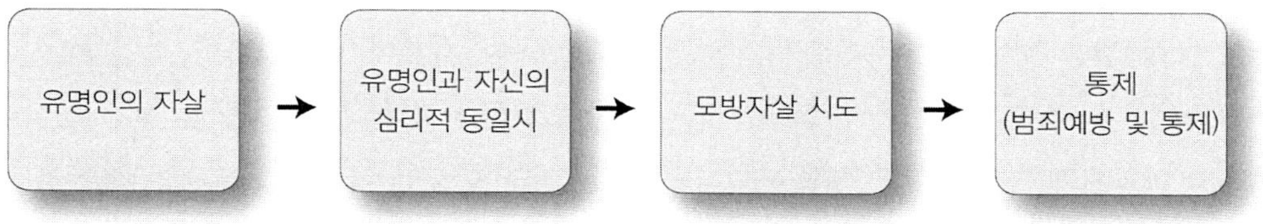

※ 1974년 미국 자살 연구학자인 필립스(David Philips)는 유명인의 자살사건이 언론에 보도된 이후 일반인의 자살이 급증하는 패턴을 발견하고 이를 '베르테르 효과'라 명했다.

2. 베르테르 효과와 사회학습이론

모방 자살을 설명하는 가장 대표적인 이론이 반두라(Albert Bandura)에 의해 체계화된 사회학습이론(social learning theory)이다. 반두라(Bandura)는 관찰학습을 통해 사람들은 사회현상과 다른 사람들의 행동을 관찰하여 그들과 유사한 행동을 할 수 있다고 주장하였다. 그에 의하면, 사람들이 타인의 행동을 관찰하고 모방하는 것은 그것이 자신에게 이득이 되기 때문이고 자신과 관찰자를 동일시하기 쉽고 모방행동에 대한 억제력이 약해진다고 보았다. 이러한 이론적 근거로 볼 때 유명인의 자살을 통한 모방 자살을 시도하는 사람들은 그들과 비슷한 환경에 처한 사람들이 그 문제를 어떻게 해결하는지를 미디어를 보고 학습한다고 볼 수 있다. 다시 말해서 절박한 상황 하에서 미디어 보도에서 자신과 유사한 상황에 처한 사람의 자살행위를 접하게 될 경우 자살행위가 자신의 문제를 해결할 수 있는 방안으로

Effect, *American Sociology Review*, 39: 340–354.

[5] 과거 영국에서는 경멸스러운 인물을 고양이(cat)에 빗대어 놀리곤 했다. 그 이후에 복사(copy)라는 단어가 첨가되면서 '카피캣(copycat)'은 뉴스보도나 영화 등에 등장하는 살인사건과 같은 흉악범죄를 모방하는 현상으로 쓰이게 되었다.

받아들이게 된다는 것이다(이흥식, 2008; 김종오, 2010).

모방 자살은 자살을 시도하는 사람들이 그들이 받는 고통에 비해 선택할 수 있는 해결방법이 극소수라는 관점에서 출발한다. 누군가가 자신과 같은 문제를 쉽게 해결할 수 방법을 알고 있기 때문인 것으로 이해할 수 있다. 물론 이러한 자살 생각이 반드시 자살로 이어지는 것은 아니며, 대다수의 사람들은 자살을 생각한다고 하더라도 동시에 자살에 대한 강한 억제력이 작용하기 때문에 실제로 자살에 이르지는 않는다. 하지만 사회학습이론에 따르면, 미디어에 의한 반복된 자살 보도는 자살에 대한 억제력을 약화시키는 것으로 이해할 수 있다. 예를 들어 연기자 안재환의 자살이 수십억 원의 부채로 인한 괴로움 때문이었다는 내용이 대대적으로 보도되자 평소 학원 운영에 어려움을 토로하던 학원장이 유서를 남기고 그와 같은 방법으로 자신의 차 안에서 자살을 한 사건이 보도되기도 하였다[6].

지금까지 다수의 학자들은 사회학습이론을 통해 언론의 자살 관련 보도와 실제 자살행위간의 인과관계를 검증하였으며, 사회학습이론에서의 모방이 베르테르 효과를 설명해 낼 수 있다는 것이다. 험프리(Derek Humphry)는 그의 저서인 『마지막 비상구(Final Exit)』에서 질식 등 품위 있는 죽음을 맞이할 수 있는 실제적인 방법 등을 제시하였다. 이 책이 발간된 후 뉴욕에서는 질식에 의한 자살이 31.3%나 증가했으며, 질식으로 인한 자살사건의 27%가 자살 장소에서 이 책이 발견되었다[7]. 또한 시알디니(Cialdini)는 자살 보도 이후 발생한 후속 자살사건들이 미디어에서 제시한 자살 상황 등과 매우 유사하게 나타난다는 사실을 밝혔다. 이밖에 블루멘델과 쿠퍼(Blumenthal & Kuper)는 자살을 시도하는 사람들의 경우 자살 직전의 희망적인 메시지와 방아쇠 사건(Trigger event) 중 어느 것이 제공되느냐에 따라 다른 결과가 나올 수 있다고 주장하였다. 다시 말해 자살을 고민한 경험이 있거나 잠재적으로 자살을 시도할 수 있는 사람이 자살과 관련된 미디어 보도에 노출될 경우 자살 보도는 실제 자살을 이끄는 방아쇠 효과(Trigger effect)를 일으킬 수 있는 반면에 후속 자살을 예방하는 파파게노 효과(Papageno effect)를 일으킬 수도 있다[8].

베르테르 효과(Werther effect)와 관련한 실제 사례를 보면, 오스트리아에서 지하철이 개설

---

[6] 배준성 · 허태균. 2010. 스트레스, 우울, 자살의 이해와 예방: 자살보도에 대한 지각과 인식(사회학습효과의 검증). 「한국심리학회지 사회문제」. 16(2): 181.

[7] Stack, S. 2005. Suicide in the Media: A Quantitative Review of Suicides Based on Nonfictional Stories. Suicide Life Threat Behavior. 35: 121-133.

[8] Blumenthal, S., & Kuper, D. 1986. Generalizable Treatment Strategies for Suicidal Behavior. In J. Mann & M. Stanley(eds.). Annuals of the New York Academy of Sciences. 487: 327-340.

된 이후 1984년부터 1987년 사이에 지하철 자살 건수가 급증하였다. 당시 미디어가 지하철로 뛰어들어 목숨을 끊는 모습을 극적이고 충격적인 기사거리로 보도하면서 자살과 자살시도는 급증하였다. 이에 따라 오스트리아 자살예방협회(OVSKK)는 언론보도 지침을 만들어 각 언론사에 배포하였고, 언론은 자살 관련 보도를 자제해달라는 권고를 적극 수용하여 6개월 후 자살률은 80% 이상 급감하였다. 국내에서도 중앙자살예방센터와 보건복지부에서 오스트리아의 사례처럼 언론보도가 자살예방에 긍정적인 영향을 미칠 수 있다는 점을 감안하여 2004년 7월 언론의 자살보도 권고기준을 공표하여 시행하였고, 2013년 새로 개정된 언론보도 권고기준 2.0을 발표하여 시행하였다[9]. 그 이후 보건복지부는 자살보도의 사회적 책임을 인식하고 언론과 개인이 자살예방에 동참할 것을 권유하고자 2018년 7월 말 자살보도 권고기준 3.0을 발표하였다. 이 기준은 신문, 방송, 인터넷 매체를 포함한 모든 미디어와 경찰과 소방 등 국가기관, 개인의 사회관계망서비스 계정(SNS), 블로그, 온라인 커뮤니티 등에서도 유의해야 하는 기준이다(보건복지부. 2018.07.31. 내부보도자료 인용).

➲ 「자살보도 권고기준 3.0」 5가지 원칙

1. 기사 제목에 '자살'이나 자살을 의미하는 표현 대신 '사망', '숨지다' 등의 표현을 사용합니다.
2. 구체적인 자살 방법, 도구, 장소, 동기 등을 보도하지 않습니다.
3. 자살과 관련된 사진이나 동영상은 모방자살을 부추길 수 있으므로 유의해서 사용합니다.
4. 자살을 미화하거나 합리화하지 말고, 자살로 발생하는 부정적인 결과와 자살예방 정보를 제공합니다.
5. 자살 사건을 보도할 때는 고인의 인격과 유가족의 사생활을 존중합니다.

※ 유명인 자살보도를 할 때 이 기준은 더욱 엄격하게 준수해야 합니다.

3. 베르테르 효과의 국내외 사례분석

1) 언론보도와 모방자살의 관계

자살과 관련한 언론보도가 자살의 확산에 영향을 미친다는 실증적 연구들이 국내외 많

[9] 보건복지부는 2013년 9월 10일 자살예방의 날을 맞아 '자살보도 권고기준 2.0' 9가지 원칙(① 언론은 자살에 대한 보도를 최소화해야 한다. ② 자살이라는 단어는 자제하고 선정적 표현을 피해야 한다. ③ 자살과 관련된 상세 내용은 최소화해야 한다. ④ 자살 보도에서는 유가족 등 주변 사람을 배려하는 신중한 자세가 필요하다. ⑤ 자살과 자살자에 대한 어떠한 미화나 합리화도 피해야 한다. ⑥ 사회적 문제 제기를 위한 수단으로 자살 보도를 이용해서는 안 된다. ⑦ 자살로 인한 부정적 결과를 알려야 한다. ⑧ 자살 예방에 관한 다양하고 정확한 정보를 제공한다. ⑨ 인터넷에서의 자살 보도는 더욱 신중해야 한다)을 제시했다(보건복지부. 2013.09.10. 보도자료 인용).

은 연구자들에 의해 진행되어 왔다. 먼저 거널(Gunnel)은 오스트리아 유명인사의 총기자살과 영국 여가수의 분신자살 사건 이후 많은 사람들이 그들과 동일한 방법으로 자살을 택한 사례를 제시하면서 모방 자살(copycat suicide) 현상을 설명하였다. 특히 언론의 보도가 자살을 증가시킬 뿐만 아니라 사람들은 언론에서 제시한 자살방법 및 장소 등을 학습하고 모방한다고 주장하였다[10]. 또한 1990년대 이후 많은 학자들이 자살과 언론보도에 주목하여 자살의 전염성을 거론하였다. 굴드 등(Gould, Jamieson & Romer)은 신문이나 TV를 통한 자살보도가 실제 자살을 증가시키는 요인으로 작용하며, 보도기간, 보도량, 매체의 인지도 등도 후속 자살을 유발하는 요인이라고 주장하였다[11]. 아울러 자살방법, 장소, 동기 등 자살 관련 사항에 대하여 자세히 기술하거나 자극적인 헤드라인을 표기하고 다수의 매체를 통해 보도했을 경우에도 자살에 많은 영향을 미치는 것으로 나타났다(Gould, 2001; Etzersdorer, Vooracek & Sonneck, 2001)[12]. 이밖에도 광범위한 보도, 자살과 자살자를 미화시키거나 선정적으로 묘사한 보도도 모방 자살을 야기 시킬 수 있다.

스텍(Stack)은 유명인사의 자살보도, 사실 기사 여부[13], 매체의 종류, 그리고 매체의 종류가 다양하고 반복적일수록 모방 자살의 파급효과가 커질 수 있다고 주장하였다. 또한 그는 신문뉴스가 TV뉴스보다 후속자살에 훨씬 부정적인 영향을 미친다고 보았다. 국내연구에서도 자살보도가 부정적인 영향을 미친다는 결과를 꾸준히 제시하고 있다. 특히 대중매체로 인하여 자살에 대해 긍정적인 태도를 형성하는 집단의 경우 우울증 등이 심해지는 것으로 나타났고 대중매체가 자살 위험성에 간접적으로 영향을 미치는 것으로 나타났다[14]. 아울러 언론이 자살사건이나 자살자를 미화하여 보도한 경우 의도하지 않았다고 하더라도 보도에 노출된 사람들은 자살이 개인문제 해결의 한 방안 또는 행위로 받아들일 수 있다고 지적하였다(배준성 · 허태균, 2010). 이밖에도 신문에서 자살 보도량이 증가하면 자살자의 자살 상담

---

10 Gunnel, D. 1994. Reporting Suicide, *British Medical Journal*, 308(6941): 1446.

11 Gould, M., Jamieson, P., & Romer, D. 2003. Media Contagion and Suicide Among the Young, *American Behavioral Scientist*, 46(9): 1269–1284.

12 Gould, M. 2001. Suicide and the Media, Annals of the New York Academy of Sciences, 932: 200–221; Etzersdor, E., Voracek, M., & Sonneck, G. A. 2001. Dose-response Relationship of Imitational Suicides with Newspaper Distribution, *Aust N Z J Psychiatry*, 35(2): 251.

13 사실 기사 여부란 영화나 소설 속 주인공의 자살보다 실존하는 인물의 자살과 관련된 보도로 실존인물의 보도가 자살에 높은 영향을 미친다는 것이다(Stack, S. 2000. Media Impacts on Suicide; A Quantitative Review of 293 Findings, *Social Science Quarterly*, 81(4): 957–971).

14 정승민 · 박영주. 2009. 자살보도가 자살위험성에 미치는 조건적 효과에 관한 연구, 「한국경찰연구」, 8(2): 153–182.

건수 역시 증가하고 언론의 자살보도가 잠재적 자살자에게 영향을 미치는 사회적 요인으로 작용할 수 있다는 연구결과도 제시되었다[15].

한편, 자살 보도와 자살이 상관이 있는지에 관해 서울아산병원 융합의학과 김남국 교수팀은 유명인 자살에 대한 언론의 기사 수와 모방 자살 증가 수를 파악해 유명인 자살에 대한 언론보도와 모방 자살의 상관관계가 통계적으로 유의미하다는 결과를 제시했다. 1990년부터 2010년 사이 자살한 유명인 중 언론에 많이 보도된 15명에 대한 신문과 TV 기사량, 통계청의 모방 자살자 수를 정량적으로 모델링해 분석한 결과, 상관계수가 0.74로 유의미한 관계가 있는 것으로 나타났다[16]. 특히 2008년 자살로 숨진 탤런트 최○○씨의 상관계수가 가장 높았다. 자살에 대한 일별 신문 보도량과 일별 모방 자살의 상관계수가 0.71, TV 보도량과 모방자살의 상관계수는 0.76으로 나타났다.

특히 그들은 사람들의 경우 유명인이 본받을 점이 있다고 생각해 그들의 행동을 모방하려고 한다고 지적하였다. 하지만 유명인의 자살 같은 부적응적인 행동도 따라 해 모방 자살로 이어지기도 하며, 모방 자살은 위인 본받기의 부정적인 행동양태라고 주장하였다. 또한 자살에 대한 선정적인 보도가 범람하는 현실에서 세계보건기구(WHO)와 보건복지부가 제시한 '유명인 자살 이후 언론보도지침'과 '자살 보도 권고 기준 2.0'은 눈여겨볼만하다. 또한 그들은 유명인의 자살 이후 언론보도에 노출된 횟수와 모방 자살의 연관성이 밝혀졌다는 점에서 향후 언론의 역할이 중요하고 우리나라 언론도 자체적인 자살보도지침을 마련할 필요가 있다고 주장하였다(국민일보, 2014.03.18. 보도자료 인용).

또 다른 예로 2017년 12월 아이돌그룹 '샤이니'의 종현이 스스로 목숨을 끊은 후 12월 18일부터 24일까지 1주일 동안 제목에 '종현'이 언급된 기사는 포털 기준 7,407건으로 나타났다. 당시 뇌물수수 혐의로 구속된 이명박 전 대통령을 제목에 언급한 기사(2009건 · 3월23일~29일: 2009건)나 집행유예로 풀려난 이재용 삼성전자 부회장의 2심 선고 이후 관련 기사(2714건 · 2월6일~12일: 2714건)보다 3배 정도 많은 수치다. 기사의 건수로 따지면 국정농

---

15 김병철, 2010. 자살보도가 잠재적 자살자에게 미치는 영향. 「커뮤니케이션학 연구」. 18(1): 41-63.

16 상관관계는 분석모형에서 사용한 변수들 간의 관계를 규명하는 것으로 둘 이상의 변수들에서 하나의 변수가 변함에 따라 다른 변수가 어떻게 변하는가를 알려주는 분석방법이다. 그러나 상관관계 분석의 한계는 두 변수들 간의 인과관계를 규명할 수 없으며, 단지 둘 이상의 변수들이 정(+) 또는 부(-)로 함께 변화는 방향과 관계의 정도만을 제시해 준다. 여러 변수들 간의 상관관계는 상관계수(γ)의 절대치가 클수록 상관관계가 높은 것을 의미한다. 일반적으로 γ 〈0.20일 때는 무시할 수 있을 정도의 "아주 낮은 관계"라 하고, $0.20 \leq \gamma \leq 0.40$이면 "낮은 관계", $0.40 \leq \gamma \leq 0.70$이면 "비교적 높은 관계"를 말한다. 그리고 $0.70 \leq \gamma \leq 0.90$이면 "높은 관계"이며, $\gamma > 0.90$이면 "아주 높은 관계"라고 할 수 있다.

단으로 대한민국을 뒤흔든 최순실(본명 최서원)씨의 1심 선고(3254건 · 2월13일~19일)와 박근혜 전 대통령의 구속(4115건 · 2017년 3월31일~4월6일)보다도 파급력이 컸다. 29명이 숨진 '제천 화재'(4542건 · 2017년 12월21일~27일), 51명이 숨진 '밀양 화재'(4822건 · 1월26일~2월1일)도 비할 바가 아니다. 기사 수만 놓고 보면 말 그대로 대한민국을 뿌리째 뒤흔든 사건처럼 보인다. 실제로도 그랬을까. 이유는 금세 파악된다. 자극적인 제목 아래 숨진 인물의 과거를 캐거나 사회관계망서비스(SNS)에 올린 게시물 등을 재조명하는 의도가 너무나 노골적이기 때문이다. 다시 말해 '페이지뷰'(PV)를 높이려는 목적으로 쓴 기사가 대부분이다 이런 기사들은 언론들이 유명인의 자살사건을 어떤 식으로 생각하고 있는 지를 단적으로 보여준다. 유명인의 자살보도가 자살에 영향을 미친다는 베르테르 효과에 대한 우려가 높아지는 배경이기도 하다(세계일보, 2018.03.31. 보도자료 인용)[17].

2) 유명인의 자살과 베르테르 효과

2005년 배우 이은주의 자살을 시작으로 2007년 가수 유니와 배우 정다빈이 잇따라 목숨을 끊은 데 이어 2008년 배우 안재환이 자살한지 1개월이 되지 않은 상황에서 배우 최진실이 자살하면서 우리사회에 많은 충격을 주었다. 일반인들의 경우 자신이 평소에 좋아하는 유명 연예인이 자신과 비슷한 문제로 갈등하고 이로 인해 자살을 하게 되면 자신 또한 그 문제를 해결할 수 없다고 판단하여 같은 방법을 택하게 된다. 특히 세대가 젊은 사람들일수록 이러한 문제를 해결하기 어려워하고 유명 연예인 등을 닮고 싶어 하는 속성이 강하기 때문에 모방 자살의 확률이 그만큼 높아질 수 있다.

2009년 사망원인통계 자료와 통계청 사망원인별 · 월별 사망자 수를 중심으로 자료를 분석한 결과, 유명 연예인의 자살 이후 두 달간 평균적으로 자살자가 약 607명 증가한 것으로 조사되었다. 이 결과는 2005년부터 2009년까지 각 언론의 1면에 실린 유명 연예인 자살보도를 기준으로 분석한 것으로 최진실의 자살 이후 2개월 간 1,008건으로 가장 많은 자살자 수 증가를 보였다. 그 다음으로는 안재환 694명, 유니 513명, 이은주 493명, 정다빈 322.5명 순으로 추정되었다. 결론적으로 유명 연예인의 자살 사건 직후 자살 사건이 이어지는 베르테르 효과를 예방하기 위해서는 유명 연예인의 자살 자체를 예방하기 위한 대책도 필요지만, 이로 인한 사회적 파장을 최소화하기 위해서 연예인의 자살 보도 방식에 대

---

[17] http://www.segye.com/newsView/20180331001720(2018년 4월 27일 검색).

한 점검과 개선이 필요하다고 판단된다.

	이은주 (2005. 02)	유니 (2007. 01)	정다빈 (2007. 02)	안재환 (2008. 09)	최진실 (2008. 10)	평균
유명연예인 자살 사건 후 2달간 자살자 수(A)	2,568	2,330	2,304	2,876	3,081	2,632
자살 사건 전년도의 동일기간 자살자 수(B)	2,154	1,822	1,992	1,961	1,807	1,947
자살사건 다음 연도의 동일 기간 자살자 수(C)	1,992	1,812	1,971	2,403	2,339	2,103
기대치(E=B와 C의 평균)	2,073	1,817	1,981.5	2,182	2,073	2,025
자살증가효과 추정치(A–E)	493	513	323	694	1,008	607

자료: 중앙자살예방센터(2013)

특히 최진실이 자살한 연도인 2008년 연간 자살자 수는 12,858명으로 자살 관련 통계가 작성되기 시작한 1995년 이후 한해 자살자 수가 가장 많은 것으로 나타났다. 여기서 유명인의 자살과 모방 자살의 국내 사례를 보면, 2008년 11월에 20대 중반의 한 여성이 자살을 시도했다. 구직 실패, 경제적 어려움, 연인과의 이별 등으로 인한 고통을 견디지 못하고 목숨을 버리려 했다. 최진실의 자살 이후 한 달여 만의 일이었다. 현실이 암흑 같던 그에게 최씨의 사망은 더 큰 충격이었다. 평소 악플과 루머로 괴로워했다는 고인의 마음을 알 것 같았다. "그래, 차라리 그녀처럼 편해지자." 몇 주 동안 망설이던 그는 결국 최씨처럼 목을 매 자살을 시도했고 그 길만이 유일한 탈출구처럼 느껴졌다는 것이다. 가족들이 조기에 발견한 덕분에 그는 다행히 목숨을 건졌으나 최신실의 자살방법을 그대로 모방한 사건이 잇따라 발생하면서 심각한 사회문제로 부각되었다.

한편, 소방방재청의 '연도별 자살 및 자살미수 관련 119 출동현황(2008~2010년)'과 이를 토대로 한 경찰 및 학계 분석에 따르면, 안재환의 자살(2008.09.8) 이후 일반인의 자살 및 자살시도는 8월 1,414건에서 9월 1,669건으로 한 달 사이에 18%가 증가했다. 그러나 바로 다음 달 최진실(10.02)과 장채원(10.03)의 자살 이후에는 1,669건에서 2,084건으로 25%가 증가하여 이들의 자살 여파가 한 달여 동안 지속되었다. 장자연(2009.03.07)의 경우에도 자살 및 자살시도가 2월에 1,372건에서 3월에 1,851건으로 무려 35%나 늘었다가 다음 달 1,737건으로 줄어들었다. 최진영(2010.03.09)의 자살 직후에는 18%가 증가하면서 한 달 이상 자살 추세가 이어졌다. 관련 전문가들의 분석결과에 따르면, 베르테르 효과가 한 달 이상 지속된다는 것은 놀라운 사실이며 한국인에게 유독 두드러지는 '대세추정의 효과', 다시 말해서 타인의 행동에 영향을 받고 시선을 의식하는 성향이 크게 작용한 것으로 분석하였다. 미국이나 유럽 등에서는 베르테르 효과가 크게 나타나지 않으며 체념, 자포자기 상태에 있는 사람에게 유명 연예인 자살은 갈등 해결을 위한 하나의 '가이드'가 된다고 주장하였다. 아울러 모방 자살을 부추길 수 있는 지나친 보도 등을 자제해야 한다는 주장도 제기되었다.

3) 베르테르 효과의 확산에 따른 예방

2014년 2월 26일 생활고를 비관한 송파구의 세 모녀가 함께 목숨을 끊은 이후 인터넷에서 '동반자살' 검색량이 평소보다 2배 넘게 늘어난 것으로 나타났다. 비슷한 사연으로 삶을 포기하는 가족들이 잇따랐고 이는 유사한 상황에 처한 빈곤층이 스스로 세상을 버리는 베르테르 효과를 불러일으켰다는 게 전문가들의 분석이다. 이에 따라 복지 사각지대 해소와 함께 자살자들의 심리적 요인을 분석해 예방대책을 마련하는 것이 시급하다는 지적이 제기었다. 한국보건사회연구원은 세 모녀 사건이 있었던 2014년 2월 24일부터 3월 2일간 '동반자살'이라는 검색어 빈도는 2014년 최대치를 기록했다.

이 자료는 '네이버 트렌드' 키워드 분석 시스템을 통해 해당 검색어 빈도를 표준화 수치로 계산했으며, 최고치를 200으로 놓고 각 주간 검색어 빈도를 비교했다. 그 결과, 2014년 2월 24일부터 3월 2일까지 '동반자살'이라는 검색어 지수는 최대치인 200이었다. 직전 2014년 2월 17일부터 23일까지 검색어 지수가 88건임을 감안하면 동반자살에 대한 검색양이 두 배 늘어난 것이다. 자살 관련 전문가들은 인터넷에 자살 관련 보도가 나오면 해당 키워드 검색어가 급증하고 유명인이거나 관심을 끄는 사건이면 좀 더 오래 지속되는 경향이 있다고 주장하였다. 2014년 3월 2일 오후 경기 동두천에서는 '미안하다'는 글씨가 적힌 세 금고지서와 함께 엄마와 아들이 숨진 채 발견되었다. 같은 날 서울 화곡동에서도 한 부부가 생활고로 스스로 목숨을 끊었고, 3월 3일에도 경기도 광주에서 아버지가 자식 둘과 함께 극단적인 선택으로 세상을 떠난 사건이 잇따라 발생했다. 세 모녀 사고의 원인이 빈곤이라는 사실이 퍼져 나가면서 같은 처지에 있던 사람들의 심리를 자극했을 수 있다는 견해가 제기되었다. 절망적인 상황에 빠졌을 때 극단적인 선택을 고민하는 경우가 있는데 주변에서 보도가 나오면 관심을 가지게 되고 여기에 자극을 받아 극단적 선택을 하는 베르테르 효과가 생길 수 있다는 것이다.

한편, 베르테르 효과의 일례로 로빈 윌리엄스가 극단적인 선택을 한 후 미국 사회에서 로빈 윌리엄스와 같은 방법을 선택한 이들이 10%가량 늘었다는 연구결과가 나오기도 했다. 당시 콜롬비아대학 연구팀은 로빈 윌리엄스 자살 직후인 지난 2014년 8월부터 12월까지 18,690건의 자살이 보고됐다고 밝혔다. 이는 평균 자살 건인 16,849건보다 9.8% 이상 늘어난 수치로 베르테르 효과가 일어난 것으로 분석했다. 이 연구팀은 이와 같은 자살률 증가에 대해 윌리엄스의 자살이 원인이 됐다고 확실하게 판단할 수는 없다는 입장임에도 그와 유사한 방법, 예를 들어 질식에 의한 자살로 사망한 경우가 32% 증가한 점을 감안했을 때 상관관계가 있는 것은 분명하다고 베르테르 효과를 언급했다[18].

지금까지 베르테르 효과의 징후와 확산 사례 등을 살펴보았는데, 자살은 베르테르 효과 등으로 인해 사회에 미치는 파장이 크기 때문에 사전예방이 무엇보다 중요하다. 최근 자살 관련 언론보도가 후속 자살을 확산시킬 수 있다는 주장이 제기되면서 유럽과 미국, 호주 등 여러 국가에서 자살보도 권고 지침을 제작하여 활용하면서 자살률이 감소하고 있다[19]. 우리나라도 최근 보건복지부가 자살과정을 자세히 묘사하는 등 자극적인 보도를 막기 위한 대응 매뉴얼을 마련하여 "자살예방 국가 행동계획"(2018~2020)을 발표했다[20]. 베르테르 효과의 우려에 따라 보건복지부는 경찰청, 방송통신심의위원회와 공동 대응 매뉴얼을 구성하였다. 이러한 대응매뉴얼 구성안에 따라 경찰청은 자살 관련사건 발생 직후 보건복지부 담당자에게 먼저 통보해야 하며, 사건 브리핑 시 확정되지 않은 내용이나 자살 수단 등은 언급을 자제해야 한다는 방침을 세웠다(헤럴드경제, 2018.03.09. 보도자료 인용).

18 http://biz.heraldcorp.com/common_prog/newsprint(2018년 4월 27일 검색).

19 핀란드의 경우 80년대 중반 세계 최고 수준의 자살률을 기록하고 있었다. 이후 핀란드는 자살률을 낮추기 위해 범국가적인 노력을 기울여 왔으며, '자살'이라는 단어를 금기어로 삼아 언론뿐만 아니라 일상생활에서도 사용하지 않으면서 자살률을 절반 수준으로 낮추게 되었다(노컷뉴스, 2012.08.27. 보도자료 인용).

20 정부는 자살예방 전문가 · 현장실무자 간담회 등을 거쳐 자살 원인분석과 고위험군 발굴체계 구축, 고위험군에 대한 집중관리, 자살시도 사후관리 등 3가지 큰 틀에서 전략을 수립했다. 우선 자살자 7만 명에 대한 수사기록을 검토해 자살 동기, 자살자의 특성, 자살방법, 장소, 지역별 특성 등을 파악하기로 했다. 아울러 자살자의 사망 전 심리와 행동 양상을 분석해 구체적 원인을 파악하는 심리부검을 활성화해 정책의 토대로 삼기로 했다(디지털타임스, 2018.01.23. 보도자료 일부 인용).

TIP 2 파파게노 효과(Papageno effect)

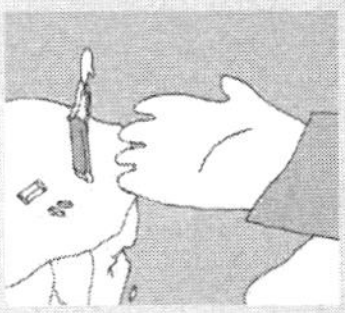

파파게노(Papageno)는 모차르트의 오페라 《마술피리(the Magic Flute)》(1791년)에서 심오한 철학과 반전이 거듭되는 이야기 구조 속에서 웃음과 희망을 상징하는 인물이다. 오페라에서 새잡이꾼 파파게노는 연인(파파게나)과의 이루지 못한 사랑을 비관해 자살하려 한다. 이때 요정들이 나타나 희망의 노래를 부른다. 요정의 도움으로 죽음의 유혹을 극복한 파파게노는 희망을 상징한다.

출처: 위키백과

희망적인 이야기로 시련과 절망의 상태를 긍정적으로 극복할 수 있도록 돕는 현상을 '파파게노 효과'라 한다. 파파게노 효과의 사례로 1970년 오스트리아 비엔나에 처음 지하철이 도입된 이후, 80년대부터 갑자기 지하철 자살률이 급증하기 시작했다. 전문가들은 분석 결과, 당시 자살률이 높았던 도넛타워에서 사람들이 어떤 방식으로 자살을 했는지 상세하게 보도한 대중매체의 보도방식을 원인으로 주목했다. 비엔나 자살예방센터에서는 절대로 자살사건을 보도하지 말자는 방침을 세웠고, 오스트리아의 대부분의 언론사들이 이 권고안을 받아들였다. 이후 오스트리아의 자살률은 절반 수준으로 감소했다.

한국에서도 자살에 관련한 언론보도를 자제하고 있다. 한국기자협회 자살보도 권고 기준에 의하면 자살자와 그 유족의 사생활이 침해되지 않도록 주의를 기울이고 있다. 또한 자살은 다수의 복합적인 원인들에 의해 발생하므로 충분한 근거 없이 일반화하지 않도록 주의하고 있다. 최근에는 SNS 서비스가 활발히 이용되고 있어 허위 사실을 유포하거나 공포심을 조장하는 사례가 많기 때문에 흥미 위주의 속보 및 특종 경쟁의 수단으로 자살사건을 다루어서는 안 된다[21].

TIP 3 우울한 청소년… 사망원인 1위 10년째 자살

우리나라 한 해 교통사고로 죽는 청소년보다 자살로 죽는 청소년이 두 배 더 많은 것으로 나타났다. 우리나라 청소년 자살률은 경제협력개발기구(OECD) 회원국 평균 자살률 보다 3배나 높고 영국이나 멕시코 국민 전체 자살률보다도 높은 수준이다. 자살이 10년째 청소년 사망원인 1위를 기록하고 있지만 개선될 기미조차 없다.

청소년 사망원인 통계는 2000년만 해도 교통사고가 10만명당 14.3명으로 압도적 1위였다. 하지만 2002년 9.8명, 2010년에는 6.0명, 2015년에는 4.0명까지 줄어들었다. 이에 비해 자살은 2000년 6.0명에서 계속 증가해 2008년 8.6명을 기록한 뒤 2010년에는 10.3명까지 치솟았다. 이후 조금씩 감소하는 추세였지만 2016년에는 2015년(7.2명)에 비해 다시 반등했다. 또한 2017년 청소년 자살률은 4.7명으로 낮아졌으나 최근 5년 간 자살로 사망한 10대 청소년만 556명에 이르고 있다.

평상시 스트레스를 느꼈든 중고등학생은 지난해 37.2%나 됐다. 거기다 '최근 12개월 동안 2주 내내 일상생활을 중

---

[21] 법률적 관점에서 자살은 형법 252조 2항 자살교사방조죄와 형법 253조 위계위력살인죄를 처벌하고 있다. 자살교사방조죄는 타인이 자살하도록 교사하거나 방조하는 것을 말하며, 위계위력살인죄는 위계나 위력으로 자살을 교사 또는 방조하는 경우를 말한다. 자살을 교사 방조하면 252조 2항 자살교사방조죄가 되어 1년 이상 10년 이하의 징역에 처하지만, "위계 또는 위력으로" 자살을 교사 방조하면 253조 위계위력살인죄가 되어 250조 살인죄와 같은 사형, 무기 또는 5년 이상의 징역에 처한다. 즉, 자살의 교사 방조에 위계나 위력 여부가 매우 중요하다. 위계위력살인죄는 살인죄에 준하여 처벌하는데, 예컨대 직접 칼로 찔러 살인하지 않고, 스스로 칼로 찔러 죽으라고 협박하여 자살케 한 경우로서, 살인과 별다른 차이가 없기 때문에 살인죄에 준하여 처벌한다고 명시하고 있다.

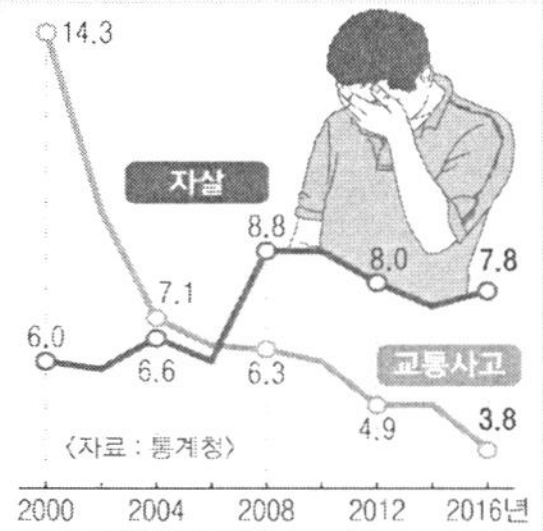

단할 정도로 슬프거나 절망감을 느낀 적이 있다'고 응답한 중고등학생도 25.1%였다. 우울감 경험률은 2007년 41.3%에서 꾸준히 줄어들고는 있지만 여전히 적잖은 청소년들이 극심한 스트레스와 우울감에 고통받고 있는 셈이다. 남학생(20.3%)보다는 여학생(30.3%)이, 중학생(23.5%)보다는 고등학생(26.4%)이 더 우울감을 많이 느꼈다.

우리나라 청소년 자살률은 외국과 비교해도 매우 높은 수준이다. 경제협력개발기구(OECD) 35개 회원국 평균 자살률이 12.3명(2014년 기준)이었다. 특히 한국 청소년 자살률은 영국(7.5명)이나 멕시코(5.2명) 국민 전체 자살률보다도 높았다. 비단 청소년뿐만 아니라 한국인 전체 자살률 역시 26.5명으로 OECD 평균 12.3명(2014년 기준)보다 두 배 이상 높았다.

출처: 서울신문(2018.04.26.), http://www.seoul.co.kr/news/newsView
헤럴드경제(2018.10.08.)

제2절 심리적 부검의 도입과 외국의 사례

1. 심리적 부검의 의의와 절차

1) 심리적 부검의 개념과 출현

심리적 부검(psychological autopsy)이라는 용어를 처음 사용한 슈나이더먼(Shneidman)은 이를 사망자와 잘 알고 있는 배우자나 부모, 자녀, 애인, 친구, 고용주와 직장동료 등 주요 주변인물과의 면담을 통해 사망원인을 조사하는 방법이라고 정의하였다[22]. 자살한 사망자의 가족이나 친구 등 주변인들의 진술과 기록을 통해 사망 전 일정기간 동안 자살자의 심리행동 양상 및 변화 상태를 검토하여 자살의 원인을 추정하는 절차를 의미한다. 다시 말해서 어떤 사람이 자살을 했을 경우 일기와 같은 개인적 기록을 포함하여 광범위한 자료조사를 기반으로 사망자의 의도와 죽음을 유발한 정신적 · 행동적 요인을 밝혀내는 것이다. 핀란드와 영국, 중국, 일본 등 여러 국가에서 심리적 부검을 통해 알아낸 통계 정보를 자살 예방 정책에 적극적으로 활용하고 있다[23].

결국 심리적 부검(心理剖檢, psychological autopsy)은 자살에 대해 수집된 포괄적인 후향적 정보를 가지고 자살에 대해 연구하는 방법이라 할 수 있다. 다시 말해서 자살 유족의 진술

---

22 Shneidman, E. 1981. The Psychological Autopsy, *Suicide and Life-Threatening Behavior*, 11: 323-340.

23 권호인 · 고선규. 2016. 심리부검에 대한 고찰과 제언. 「한국심리학회지: 문화 및 사회문제」, 22(4): 624.

과 기록 검토를 통해 자살사망자의 심리 행동 양상 및 변화 상태를 확인하고 자살의 구체적인 원인을 검증하는 체계적인 조사 방법이다. 자살자의 가족 구성원, 친척, 친구, 직장 동료, 담당 의료인 등 기타 지인들에 대한 구조화된 면접을 통해 자살자에 대한 모든 활용 가능한 정보를 수집한다. 또한 추가적으로 모든 활용 가능한 의료기록 및 정신과 치료기록, 검사결과와 기타 자료 등을 활용한다. 이처럼 심리적 부검은 다양한 피조사자와 기록들로부터 정보를 종합하는 것이라 할 수 있다. 또한 심리적 부검은 사망의 종류를 결정하는데 도움을 준다. 심리적 부검을 통해 자연사인지, 사고사인지, 자살인지, 타살인지를 결정하는데 도움을 얻을 수 있다. 결국 심리적 부검은 수집된 정보를 바탕으로 국가 차원의 자살예방 정책의 수립에 기여할 수 있으며, 나아가 자살 유족들의 건강한 애도에 도움을 주는 긍정적인 효과가 있는 것으로 알려져 있다(보건복지부 · 중앙심리부검센터, 2017)[24].

한편, 심리적 부검의 역사는 1930년대로 거슬러 올라간다. 1934년부터 1940년 사이에 미국 뉴욕경찰 93명이 연속적으로 자살한 사건에 대해 질부르그(G. Zilboorg)가 수행한 정신분석적 연구가 최초의 심리부검 연구로 알려져 있다. 당시 라과디아(LaGuardia) 뉴욕시장은 정신의학자인 질부르그에 요청하여 정신의학자, 역사학자, 인류학자, 사회복지사 등으로 구성된 전문 조사팀을 구성한 후 자살한 경찰관의 배우자 가족들을 대상으로 면담을 실시하여 포괄적인 사례조사를 수행하였다. 이 조사는 자살에 대한 심리역동적 동기, 공격적 충동의 조절, 총기 접근성에 초점을 두고 실시했으나 결론을 내지 못하고 중단되어 그 결과에 대해서는 알려진 사실이 없다(Clark & Horton-Deutsch, 1992)[25].

따라서 실질적으로 완결된 최초의 연구이자 현대적 의미의 심리적 부검[26]이 시작된 것은

---

[24] Henry, M., & Greenfield, B. J. 2009. Therapeutic Effect of Psychological Autopsies: The Impact of Investigating Suicide on Interviewees, *Crisis*, 30(1): 20-24.

[25] 1934년부터 1940년까지 뉴욕에서 발생한 경찰관 자살사건은 이전 6년에 비해 2배나 높은 수치였는데, 이는 1933년부터 실시된 반부패 척결운동(anti-racketeering crusades)과 관련이 있는 것으로 추측되었다. 당시 아일랜드계 이민자들의 사조직이었던 태머니홀(Tammany Hall)이 뉴욕 정치권과 결탁하면서 정치적 매수와 사법, 행정비리를 조장했으며, 수많은 조직범죄(gang crime)와 경찰부패를 양산했다. 당시 라과디아 뉴욕시장이 이러한 정치권의 비리와 사법, 행정부패를 척결하고자 단행했던 수사과정에서 부정부패에 연루된 많은 경찰관들이 자살을 선택한 것으로 추측되고 있다(Clark, D. C., & Horton-Deutsch, S. L. 1992. Assessment in Absentia: The Value of the Psychological Autopsy Methods for Studying Antecedents of Suicide and Predicting Future Suicides, In Maris, R. W., Berman, A. L., Maltsberger, J. T., Yufit, R. I. Assessment and Prediction of Suicide, The Guilford Press).

[26] 부검은 그 목적에 따라 행정해부, 사법해부, 병리해부로 구분된다. 이 중 자살자의 경우에 행정해부에 속하는데, 행정해부는 시체해부보존법 등의 행정법규에 의해 행하는 부검으로 범죄와 관련되지 않은 변사체를 부검하는 것이다. 행려병사자, 바다나 하천에서 발생한 익사체, 수면제 등에 의한 자살시체, 공장 혹은 교통기관에 의한 재해시체, 자연사 시체 등이 대상자가 된다.

1950년대 후반 무렵이라 할 수 있다. 초기 심리적 부검은 미국 검시관의 고충과 함께 시작되었다고 보고 있다. 1950년대 당시 검시관들은 사인이 불분명한 의문사 사건들에 대해 자살, 타살, 사고사, 자연사 등의 사망원인을 판단하는데 많은 어려움을 겪고 있었다. 1958년 LA 법의관실(Medical Examiner's office)은 LA 자살예방센터(LASPC)에 사망 원인이 불명확한 사례에 대해 자살과 사고사 여부를 감별해달라고 요청했고, 요청을 받은 이들은 사망사건을 조사하기 위한 절차를 개발하였다. 당시 LA 자살예방센터를 이끈 슈나이드먼(Shneidman)은 신체적 부검과 비교되는 의미에서 심리적 부검(psychological autopsy)이라는 용어를 처음 사용했으며, 사망자의 의도를 파악하기 위한 후향적 조사방법이라고 규정하였다[27]. 당시 심리적 부검의 목적은 자살의 원인을 추정하기보다는 사망의 원인이 자살인지, 타살인지, 사고사인지, 자연사인지와 같은 사망방식(mode of death)을 판별하여 사망 신고서를 작성하는 것이었다[28].

1959년 미국 병리학위원회는 법의병리학(forensic Pathology)을 병리학의 전문영역으로 승인하고 슈나이드먼(Shneidman) 등이 개발한 심리부검을 의문사건의 자살 여부를 판별하기 위한 방법으로 전국적으로 시행하였다. 그 이후 약 30년 동안 LA 자살예방센터는 LA 법의관실과 협약을 체결하여 심리적 부검을 통해 매년 60건의 의문사 사건의 자살 여부 및 원인을 규명하였다[29]. 슈나이드먼(Shneidman)은 1968년 미국자살학회(American Association of Suicidology, AAS)를 창립해 자살 사망자에게 적용할 수 있는 심리적 부검 도구를 개발·보급하고 있다. 특히 슈나이드먼은 자살 유가족 가운데 일부는 장래에 자살할 위험성이 높기 때문에 슬픔을 최소한 해소할 수 있도록 도움을 줄 필요가 있다는 사실을 알았으며, 심리적 부검을 통한 면담이 그들의 고통스러운 감정을 치료하는데 효과가 있다는 사실을 최초로 관찰하였다[30]. 이후 다수 연구자들의 연구결과에서 심리적 부검과 관련하여 면담을 한 대다수의 자살 유가족들에게 긍정적인 치료효과가 있는 것으로 나타났다[31].

---

[27] http://100.daum.net/encyclopedia/view/47

[28] 현대적 의미로 알려진 심리적 부검은 1959년 워싱턴 의과대학의 정신건강의학과 교수였던 로빈스(Robins) 등이 세인트루이스(St. Louis)에서 1년간 자살한 134명을 대상으로 실시된 후향적 지역사회기반 연구로 알려져 있다. 이들은 정신장애에 대한 조작적 기준을 만든 후 표준화된 면담방법을 사용하여 유가족을 대상으로 면담하였다(Robins, E., Gassner, S., Kayes, J., Wilkinson, R. H., & Murphy, G. E. 1959, The Communication of Social Intent: A Study of 134 Consecutive Cases of Successful(Completed) Suicide, *American Journal of Psychiatry*, 115: 724-733).

[29] Litman, R. E. 1989. 500 Psychological Autopsies, *Journal of Forensic Science*, 34: 638-646.

[30] Shneidman, E. 1969. On the Nature of Suicide, San Francisco: Jossey-Bass.

[31] Diller, J. 1979. The Psychological Autopsy in Equivocal Deaths, *Perspective in Psychiatry Care*, 17: 156-161.

1970년대까지 미국과 영국을 중심으로 실시된 심리적 부검은 모두 의과대학 정신의학팀이 자살자의 주변 인물과의 면담을 통해 자살자의 성격, 가정, 사회적 배경, 직업, 알코올 및 약물남용, 심리적 증상, 신체적 · 정신적 병력 및 진료기록, 자살의도 표현, 자살을 유발한 사건 등에 대한 정보를 체계적으로 수집하여 실시되었다. 이러한 자살사망자를 대상으로 한 임상적 심리부검(Clinical psychological autopsy)이 진행되었다. 이러한 연구에서 자살자의 남녀 비율이 2:1 정도 되었고, 전체 자살자의 94%가 자살 시점에 정신병리 증상을 가지고 있는 것으로 나타났다. 이밖에 57~86%가 정동장애(affective disorder)[32]나 알코올중독 또는 두 가지 증상을 모두 가지고 있었다는 결과를 제시함으로써 자살 고위험군에 대한 보다 실질적인 정보를 제공했다는 평가를 받고 있다[33].

특히 심리적 부검은 1980년부터 1990년대 이후 전 세계적으로 확산되었으며, 핀란드는 1987년 국가자살예방프로젝트로 심리적 부검을 실시하여 90년대 초 OECD 국가 중 자살률이 1위였으나 이를 통해 자살률을 절반 정도로 낮추는 성과를 보였다. 그 이후 심리적 부검은 미국, 캐나다, 호주, 서유럽, 북유럽 국가에서 널리 시행되었고 1991년 이스라엘, 아시아 지역에서는 1995년 대만, 1999년 인도, 2002년 중국, 2004년 홍콩, 2012년 일본 등으로 확산되었다. 특히 일본은 1993년에 93명의 심리적 부검을 시행했으며, 2000년대 중반 들어 후생노동성 산하 국립정신보건연구소 주도 아래 전국적 규모의 심리적 부검 조사를 착수하였다.

1990년 이전의 1세대 심리부검 관련 연구들은 주로 통제집단이 없이 일련의 자살사망 사례를 수집하고 그 특징을 기술하였으나 통제집단의 부재라는 한계를 가지고 있었다. 하지만 1990년대 이후 2세대 심리적 부검 관련 연구는 통제된 연구나 정신질환을 밝힐 수 있는 연구방법에서 벗어나 보다 표준화된 면담도구를 개발하여 사용하였다. 이밖에 자살사망자와 성별, 연령, 거주지역이 동일한 대조집단을 선정한 사례-대조집단 연구를 실시했으며, 구조화된 정신과적 진단면접을 통해 정신장애 유병률과 공병률을 판단하는 기법 등을 사용하고 있다.

이처럼 현재 전 세계적으로 심리적 부검에 대한 연구가 활발하게 이루어지고 있고 재판

[32] 정동장애는 감정의 상태가 꾸준하거나 시시때때로 변화는 상태를 말하며, 크게 우울증과 조울증으로 구분된다. 정동장애는 조증(지나친 활동, 자신감 넘치는 말, 팽배한 자부심 등으로 인해 들뜨고 과대 망상적이며 흥분된 상태) 또는 울증(생활에 대한 무감각, 수면장애, 감정불안, 무가치, 죄책감 등을 느끼는 낙담한 상태) 상태가 포함되며, 종종 이 2가지 상태가 복합적으로 나타나는 조울증 등이 있다.

[33] Dorpat, T. L., & Ripley, H. S. 1960. A Study of Suicide in the Seattle Area, Comparative Psychiatry, 1: 349–359; Barraclough, B. M., Bunch, J., Nelson, B., & Sainsbury, P. 1974. A Hundred Cases of Suicide: Clinical Aspects, *British Journal of Psychiatry*, 125: 355–373.

결과를 바꾸는 결정적인 자료로 사용되기도 한다(Isometsä, 2001; Knoll, 2008)[34]. 또한 기존의 심리적 부검 관련 연구들은 자살 사례에 대한 위험요소를 정신의학자나 심리학자들이 평가하는 방식으로 진행되어 왔기 때문에 주로 정신의학이나 심리학적 영역으로 인식되어 왔다. 하지만 근래에 들어 이러한 접근방식은 개인의 심리상태나 질병 요인을 파악하는데 있어서는 유용하지만 복합적인 심리사회적 요인(psycho-social factors)을 포괄적으로 분석하는데 한계가 있다는 비판이 제기되었다[35]. 따라서 최근 사회학적 접근방법을 통해 자살사건의 사회적 요소들을 질적으로 분석함으로써 이러한 심리적 부검 연구의 한계를 보완하는 차원에서 사회적 부검(sociological autopsy)에 대한 연구가 시도되고 있다(Owens et al., 2008; Fincham et al., 2011; Scourfield et al., 2012)[36].

2) 심리적 부검의 도입목적과 절차

일반적으로 심리적 부검의 목적은 크게 세 가지로 구분되는데, 먼저 변사사건이 발생했을 때 자살인지 타살인지를 밝히는 법의학적인 목적이 있다[37]. 다음으로 자살자의 사망원인을 조사하여 지역사회나 국가 차원의 자살예방활동을 지원하고 보건정책을 수립하기 위해서이다. 마지막으로 특정 개인의 자살 이유를 집중적으로 조사함으로써 법적인 참고자료로 이용하는데 그 목적이 있다[38]. 예를 들어 법적으로는 자살이 의심되는 민사 또는 형사소송에서 자살의 가능한 원인들을 재구성하여 상대방의 법적 과실을 입증하는 것을 지원할 수 있다.

한편, 심리적 부검의 절차는 가족 구성원이나 사망자와 가깝게 지낸 지인을 대상으로 하는 광범위한 면담과 사망자와 관련된 의학적, 정신과적 및 수집가능한 모든 문서 등 두 가지 형태로 구성되어 있다. 관련 문서로는 자살사망자의 사망 진단서, 의무기록, 경찰조사 및 법정기록, 유서 등의 자료가 포함된다(Isometsä, 2001). 심리적 부검에 있어서 면담을 하는 정보 제공자는 유가족이 가장 많고 성인의 경우 주로 배우자, 동거인, 부모, 성인 자녀

---

[34] Isometsä, E. T. 2001. Psychology Autopsy Studies: A Review, European Psychiatry, 16: 379-385; Knoll, J. L. 2008. The Psychological Autopsy, Part Ⅰ: Applications and Methods, *Journal Psychiatry Practice*, 14(6): 393-397.

[35] Cavanagh, J. T., Carson, A. J., Sharpe, M., & Lawrie, S. M. 2003. Psychological Autopsy Studies of Suicide: A Systematic Review, Psychological Medicine, 33(3): 395-405.

[36] 이미정, 2015. 심리부검 연구의 변화양상과 형사정책적 함의, 「한국범죄심리연구」, 11(1): 132-133.

[37] 문국진, 1991. 자살의 증명과 심리부검, 「대한법의학회지」, 15(1): 1-13.

[38] Bartol, C. R. & Bartol, A. M. 2005. Introduction to Forensic Psychology: Research and Application, California: SAGE Publication.

등이 될 수 있다. 사망자에게 치료, 상담, 복지서비스, 요양 등의 서비스를 제공한 사람이 포함되기도 하는데, 이 경우 사망자의 의학적, 사회학적 서비스와 관련된 정보를 파악할 수 있다는 장점이 있다.

정보 제공자에게 방문이나 전화를 이용하여 직접 접촉하는 것은 높은 참여를 유도할 수 있으나 참여자들의 불편감이 문제로 제기되기도 했다(Runeson & Beskow, 1991)[39]. 초기 접촉방법으로는 먼저 안내문 등의 자료를 보내고 이후 전화를 통해 구두로 논의하는 방법이 권장되고 있다[40]. 이밖에 먼저 전화로 정보 제공자에게 접촉한 후 1주일 후에 우편물을 발송하는 방법도 일반적이라 할 수 있다(한국자살예방협회, 2009). 이 방법의 경우 정보 제공자가 궁금한 사항을 조사자가 바로 알려줄 수 있고 설명을 해줌으로써 동의와 협조를 유도할 수 있다는 장점이 있다. 또한 정보 제공자와 접촉하기 가장 좋은 시기는 사망 2개월 후부터 6개월 사이가 적합한데[41], 그 이유는 이 기간이 외상적인 애도의 시기를 비껴가면서도 기억이 소멸되지 않은 시기이기 때문이다(권호인 외, 2016).

일반적으로 면담방식은 구조화된 면담방식을 사용하고 있는데, 구조화된 면담 방식은 자살과 관련된 모든 영역을 포함할 수 있다는 장점이 있다. 하지만 이 경우에 있어서도 면담 내용이 정보 제공자에게 맞추어 융통성 있게 조정될 필요가 있다(Isometsä, 2001). 또한 코너(Conner, 2012) 등은 반구조화된 면담을 추천하였는데, 먼저 정보 제공자에게 자살 사망자와의 관계를 묻고 자살에 이르게 된 경위나 죽음과 관련하여 기억나는 것, 자살 이유에 대한 의견을 충분히 물은 이후에 구조화된 질문으로 진행하는 방식이다. 이는 정보 제공자가 사망자의 죽음에 대해 충분한 기회를 주기 위함이다. 어떤 경우라도 사망자의 존엄성은 존중되어야 하며, 면담 수행자는 사망자들의 친족들이 모두 사망의 원인을 자살로 보지 않을 수 있다는 점을 인지하고 있어야 하고 이러한 견해 역시 존중되어야 한다.

---

[39] Runeson, B., & Beskow, J. 1991. Reactions of Survivors of Suicide Victims to Interviews, *Acta Psychiatrica Scandinavica*, 83: 169–173.

[40] Hawton, K., Appleby, L., Platt, S., Foster T., Cooper, J., Malmberg, A. et al. 1998. The Psychological Autopsy Approach to Studying Suicide: A Review of Methodological Issues, *Journal of Affective Disorder*, 50: 269–276.

[41] Conner, K. R., Beautrais, A. L., Brent, D. A., Conwell, Y., Phillips, M. R., & Schneider, B. 2012. The Next Generation of Psychological Autopsy Suicide; Part Ⅱ. Interview Procedures, *Suicide & Life-Threatening Behavior*, 42: 86–103.

2. 외국의 심리적 부검 사례

일반적으로 외국의 심리적 부검은 국가가 주도하여 심리적 부검을 실시하였는데, 여기서는 핀란드, 미국, 일본 등의 사례를 간략하게 제시하였다.

1) 핀란드의 심리적 부검 사례

핀란드는 1986년 국가보건위원회(National Board of Health)에서 국가 자살률 감소를 위한 국가자살예방프로젝트를 준비하였다[42]. 핀란드는 1987년 4월부터 1988년 3월까지 총 1,397건의 심리적 부검을 실시한 후 그 결과를 토대로 자살원인을 분석하여 자살예방프로그램을 마련하는 등 국가차원에서 대대적인 자살예방프로젝트를 추진하였다. 여기에는 의사(8%), 임상심리학자(47%), 정신보건간호사(27%), 사회복지사(15%) 등 245명의 정신건강전문가가 투입되었다. 이들은 면담뿐만 아니라 사망진단서, 정신과 및 진료기록, 경찰 및 법적 기록, 유서 등 자살사망자에 대한 관련 기록 등을 확보하여 분석하였다.

면담도구는 총 234 문항의 구조화된 면담도구를 사용하였으며, 자살사망자의 일상생활 및 행동, 가족, 알코올 및 약물 사용, 이전의 자살시도 및 정신건강서비스 이용실태, 그리고 당시의 생활사 등 전 영역이 포함되었다. 그 결과, 자살사망자 중 93%가 하나 이상의 정신장애가 있는 것으로 드러났다. 여기서 가장 흔하게 나타난 질병은 우울장애(59%)와 알코올 관련 장애(43%)였으며, 이를 토대로 우울증을 비롯한 또 다른 정신장애의 발견과 치료, 알코올 중독자 치료 및 가족지원 등 정신건강 문제에 대한 정책을 수립하여 실행했다. 아울러 학교 기반 프로그램, 공공교육, 자살보도에 대한 언론보도의 기준 강화, 자살 유족의 상담과 지원체계 구축 등 총체적인 자살예방 정책을 수립하여 이를 실천하였다[43].

그 결과, 1990년 인구 10만명 당 30.3명이이었던 자살률이 2004년 20.4명, 2008년 16.7명, 2011년 16.4명으로 45.7% 감소하였다(한국자살예방협회, 2011; 서종한, 2018). 이러한 결과는 단순히 심리적 부검을 도입한 것뿐만 아니라 심리적 부검에 대한 철저한 사전계획 및 절차수립, 그리고 그 결과에 대한 정확한 분석과 정책 실행 및 예산 등이 뒷받침될 때 자살

---

[42] Hakanen, J., & Upanne, M. 1996. Evaluation Strategy for Finland' s Suicide Prevention Project. *Crisis*, 17: 167-174.

[43] 핀란드식 심리적 부검 관련 진행절차를 간략하게 살펴보면, ① 자살 사건 발생, ② 경찰 현장조사, ③ 심리적 부검에 대한 유가족 동의 절차, ④ 정신과 전문의와 유가족 1대1 심층면접, ⑤ 자살자 주변 환경(직업, 친구관계 등) 조사, ⑥ 수집 자료의 전문가 분석 분류, ⑦ 자살자 유형별 분류 및 데이터베이스(DB)화, ⑧ 자살 고위험지군 대상 맞춤 정책(정신의학적, 사회심리적) 등의 순으로 진행되었다.

률 감소로 이어지는 성과가 나타났다는 점에서 우리에게 시사하는 바가 크다(권호인 외, 2016). 이처럼 1990년대 초까지만 해도 OECD 국가 중 자살률 1위였던 핀란드가 1987년 국가 차원에서 대대적으로 자살예방프로젝트를 추진한 결과 20여년 만에 '자살률 1위 국가'의 오명을 벗고 자살예방 선진국으로 거듭나게 되었다.

2) 미국의 심리적 부검 사례

미국의 경우 심리적 부검은 다양한 형태로 변형되어 검시관이나 검시의뿐만 아니라 프로파일러(profiler)에 의해 실시된 적이 있다. 심리적 부검이 가잘 활발하게 시도되고 개발된 시기는 1950년대 후반부터 1960년대 초반이었다. 1959년 로빈스(Robins)의 심리적 부검 관련 연구를 시작으로 슈나이드먼(Shneidman)은 질적 연구방법을 통해 조사자가 점검해야 할 최소한의 기준으로 16개 항목을 제안했다(Shneidman, 1977)[44].

➲ 슈나이드먼(Shneidman)의 6개 항목	
Shneidman의 심리적 부검 조사	① 사망자를 확인할 수 있는 정보(성명, 연령, 주소, 혼인상태, 직업 등) ② 사망과 관련된 상세한 정보(사망원인, 방법, 기타 적합한 정보 등) ③ 사망자의 과거 내력 정보(형제관계, 결혼, 병력 및 치료기록, 자살시도 등) ④ 가족의 사망력(자살, 암, 기타 치명적 병력 등으로 인한 사망력) ⑤ 사망자의 성격 및 생활양식에 대한 정보 ⑥ 사망자의 스트레스 반응에 대한 전형적 패턴, 감정 기복 등의 정보 ⑦ 지난 12개월 동안 특정문제로부터의 혼란, 압력, 긴장 등 ⑧ 사망자의 전체적인 생활양식과 죽음에 있어서 알코올, 약물의 역할 ⑨ 사망자의 대인관계 ⑩ 죽음이나 자살과 관련된 사망자의 판타지, 꿈, 생각, 공포감 등 ⑪ 사망 전 사망자의 변화(습관, 취미, 식습관, 성적 패턴 등) ⑫ 사망자의 생활과 관련된 정보(변덕, 성공, 계획 등) ⑬ 자신의 죽음에 대한 사망자 스스로의 역할(사망의도의 평가) ⑭ 사망자의 치명성 평가 ⑮ 사망자에 대한 주변인들의 반응 ⑯ 사망자 주변인들의 언급이나 특이사항 등

또한 미국의 질병관리본부는 슈나이드먼(Shneidman)의 연구방법과 다른 자살 통계의 타당성과 신뢰성에 중점을 둔 새로운 심리적 부검의 연구방법을 개발하였다. 이 방법을 통해 근거자료를 산출하고 자살률을 감소시키기 위한 연구 활동을 지원하는 것을 목적으로 사망

[44] Shneidman, E. 1977. The Psychological Autopsy, In L. Gottschalk, F. Mcguire, E. Dinovo, H. Birch, & J. Heiser (Eds.), Guide to the Investigation and Reporting of Drug Abuse Deaths, Washington, D.C.: USDHEW, U.S. Government Printing Office.

의 종류를 판정할 때 심리적 부검 조사자의 정확도를 향상시키는 것을 목표로 하였다. 이를 위해 관련 전문가로 구성된 실무위원회를 구성하고 심리적 부검 과정에서 점검해야 할 22개의 항목으로 구성된 자살 판정을 위한 조작적 기준(Operational Criteria for the Determination of Suicide: OCDS)을 개발하였다[45]. 그 후 3년 뒤 심리적 분석과 관련된 문헌을 검토하여 자살 판정에 관한 경험적 기준(Empirical Criteria for the Determination of Suicide: ECDS)이라는 새로운 심리적 연구방법을 개발하였다. 이 방법은 OCDS에 있는 기존의 22개 문항을 그대로 유지하면서 추가로 확인할 필요하다고 판단된 33개 문항을 추가하여 총 55개의 평가항목을 만든 후 자기파괴성과 의지가 반영된 16개의 항목만을 선택하여 새롭게 자살판정의 기준을 만든 것이다[46].

➲ 미국 질병관리본부 자살판정에 대한 경험적 기준

1) 자기파괴성
- ① 자기-파괴성을 예시하는 병리학적 증거
- ② 자기-파괴적 손상을 예시하는 독성학적 증거
- ③ 자기-파괴적 사망을 예시하는 목격자의 증언
- ④ 자기-파괴적 사망을 예시하는 조사 증거(경찰보고, 현장사진)
- ⑤ 자기-파괴적 사망을 예시하는 심리학적 증거(관측된 행동, 삶의 방식, 성격)
- ⑥ 자기-파괴적 사망을 예시하는 사망자의 발언(언어적 부검 필요)
- ⑦ 자살 사망자가 죽고 싶은 희망을 암시하거나 임박한 죽음에 대해 표현했다는 증거
- ⑧ 자살 사망자가 사망 수단의 잠재적 치명성(lethality)을 인식했다는 증거
- ⑨ 자살 사망자가 자살 사고(suicidal thought)를 했다는 증거
- ⑩ 자살 사망자가 최근 갑작스런 심정 변화를 겪었다는 증거
- ⑪ 자살 사망자가 심각한 우울증 혹은 정신질환을 겪었다는 증거
- ⑫ 자살 사망자가 자신의 무기력감(hopelessness)에 대해 표현했다는 증거
- ⑬ 자살 사망자가 긴장이 많은 상황과 실제적인 또는 잠재적인 상실에 대해 표현했다는 증거
- ⑭ 자살 사망자가 가까운 가족에게 전반적인 불안정을 겪었다는 증거
- ⑮ 자살 사망자가 최근 대인관계의 갈등을 겪었다는 증거
- ⑯ 자살 사망자가 전반적으로 취약한 육체적 건강을 가지고 있었다는 증거

---

[45] OCDS는 크게 의도(intent)와 자의성(self-inflicted)의 두 가지 범주로 구성되어 있으며, 다학제적 전문가들이 제작 및 의견수렴과정에 참여함으로써 자살과 관련한 다양한 관점의 의견이 수렴되어 있다. OCDS는 1987년 세계검시관학회에서 승인을 받았으며, 1987년 미국자살예방협회(AAS)에서도 OCDS의 보급을 공식적으로 권고하였다(Rosenberg, M. L., Davidson, L. E., Smith, J. C., Berman, A. L., Buzbee, H., Gantner, G., et al. 1988. Operational Criteria for the Determination of Suicide, *Journal of Forensic Social*, 33: 1445-1456: 나경세 외, 2015: 42).

[46] OCDS가 엄격한 판정 범주를 바탕으로 검시관 등이 법적으로 자살 여부를 명확하게 판명하는데 도움을 줄 수 있도록 개발된데 반해, ECDS는 이 보다 더 유연한 관점에서 바라볼 수 있고 연구목적으로 활용될 수 있도록 구성되었다. 의도와 자의성을 바탕으로 점수를 합산하여 기준점에 따라 자살 여부를 판단할 수 있으며, 법적으로는 사고로 기술할 수밖에 없는 상황에 대해서도 그 맥락에 따라 자살 형태의 비중을 확인할 수 있도록 구성되어 있다(나경세 외, 2015: 42 인용).

한편, 미군에서도 심리적 부검을 실시하고 있는데, 1996년 미 법무장관이 군대, 경찰 등 모든 무장병력에 대해 표준화된 심리적 부검을 실시하도록 지시한 이후 2002년 국방부는 교과과정, 보고서 양식, 동료 판정 등의 내용을 포함한 심리적 부검 실행 모델을 개발하여 실시하고 있다. 미 국방부에서 개발한 『AR 600-63』에 해당하는 군대 건강증진 프로그램 규정에서 명시한 기준과 과정에 따라 담당 수사관이 일정 교육을 이수 받은 후 진행하고 있다. 여기에는 자살사망자의 죽음에 대한 상부보고와 자살예방 프로그램의 개발지원에 목적을 두고 있다. 이러한 심리적 부검의 활용은 의문사 규명이라는 본래의 기능을 넘어 지속적으로 증가하고 있다. 특히 사망에 대한 후향적 분석은 보고의 정확성을 높이고 군대와 경찰에서 자살에 대한 역학연구를 촉진하였다. 이와 동시에 사건 발생 전의 자살사망자와 특별한 관계에 있던 사람들과 자살 당시의 상태에 대해 논의함으로써 자살예방활동을 위한 단초를 제공하고 있다. 이처럼 미군에서는 심리적 부검을 통해 죽음에 대한 사유, 사망의 종류를 명확히 하고, 이를 위해 자기파괴성과 의지를 반영하는 자살분류에 대한 조작적 기준을 개발하였다.

➲ 미군 AR 600-63 항목

<table>
<tr><td rowspan="3">AR 600-63</td><td colspan="2">- 자기 파괴성
► 죽음을 스스로 행한 증거(예: 부검, 심리적 평가, 독성학적 소견, 검시결과, 병원, 유서)</td></tr>
<tr><td colspan="2">- 의지/ 자신을 죽일 의지
► 명백한 표현, 비언어적 표현
► 암시적이거나 간접적인 의지의 표현</td></tr>
<tr><td>• 죽음에 대한 준비
• 작별을 고하거나 죽고 싶은 소망 표, 죽음 임박 인정
• 낙망에 대한 표현
• 죽는 방법을 획득하거나 배우려는 노력, 치명적 행동 연습</td><td>• 구조를 피하는 방법 강구
• 치명률이 높은 사망방법 인식
• 이전의 자살시도
• 이전의 자살위협
• 긴장 상황 또는 심각한 상실
• 심각한 우울증 또는 정신질환</td></tr>
</table>

미국의 경우 심리적 부검의 대부분은 민사 또는 형사소송에서 있는데, 자살과 관련된 많은 민사사건에서 심리학자들은 생대방의 법적 과실을 입증하는 것을 돕기 위해 자살의 가능한 원인들을 재구성하도록 요구받고 있다. 예를 들어 특정 조직의 업무절차나 보건서비스의 결여, 업무량이 자살을 초래할 정도의 스트레스를 유발한 것으로 입증될 경우 민사적 책임을 지게 된다(Bartol & Bartol, 2005). 또한 심리적 부검은 자살사망자 유가족들이 자살사

망자를 치료하던 정신과 의사 및 병원을 상대로 자살자에 대한 부적절한 치료를 사유로 민사소송을 제기할 때 활용되기도 한다(Moss, 1983; 보건복지부, 2014). 이밖에도 생명보험 보험약관에서는 피보험자가 사망한 경우 보험금을 지급하지 않는다고 명시하고 있기 때문에 피보험자가 사망한 경우에 자살인지 타살인지 구별하는 것은 중요한 민사적 쟁점이 될 수 있다. 마지막으로 심리적 부검과 관련하여 형사소송에 있어 활용사례를 보면, 남편을 살해한 구타를 당한 아내의 심리상태를 판단하는 경우 피고 측의 변호인에 의해 심리적 부검이 활용되어 오고 있다.

3) 일본의 심리적 부검 사례

일본은 1993년 동경 정신의학연구소에서 심리적 부검을 계획하여 동경 일부지역에서 진행하였으나 유가족에 대한 사생활 보호문제 등이 거론되면서 조사가 잘 진행되지 못했다. 하지만 응급의료기관을 이용한 심리적 부검을 진행하였고, 그 결과 93명의 자살사망자 중 43명이 우울증이 있는 것으로 밝혀졌다. 일본에서도 필립스(Philips) 등이 중국의 23개 지역 519명의 자살사망자를 대상으로 실시한 심리적 부검 도구를 일본의 실정에 맞게 수정하여 사용하고 있다[47]. 특히 일본은 2000년대 중반에 접어들면서 후생노동성 산하 국립정신보건연구소의 주도하에 전국적인 규모의 심리적 부검을 추진하였다. 이와 관련하여 2005년 심리적 부검의 타당성 조사를 실시하였고 2006년에는 28명의 유가족을 대상으로 시범사업을 실시한 후 2007년 유가족 사례관리 서비스를 제공할 수 있는 60개 지역 대상 심리부검 사업을 추진하여 총 50건의 심리적 부검을 진행하였다.

그 결과 우울증은 46%, 조현병 26%, 물질사용 장애와 기타 정신질환이 각각 3%가 있었던 것으로 나타났다. 또한 일본의 경우 다른 국가와의 차이점은 사례관리 서비스를 신청한 자살 유가족 혹은 유가족 자조집단에서 심리적 부검 사례를 발굴한다는 점이다(한국자사예방협회, 2011).

이러한 심리적 부검 연구를 통해 일본 내 자살사망자의 우울증 비율이 대조군과 비교하여 더 높다는 결과가 도출되었다(Hirokawa 등, 2012)[48]. 또한 일본의 심리적 부검의 특징은

---

[47] 중국에서는 2000년 북경자살예방연구센터의 주도로 북경 등 중국 23개 지역에서 총 519명의 자살사망자에 대한 심리적 부검을 실시하였다. 그 결과 우울증, 과거의 자살시도 경험, 사망 전 높은 스트레스, 특히 대인관계 갈등 등의 위험요인이 중요하다는 사실을 밝혀냈다(Philips, M. R., Yang, G., Zhang, Y., Wang, L., Ji, H., & Zhou, M. 2002. Risk Factors for Suicide in China: A National Case-control Psychological Autopsy Study, *The Lancet*, 360: 1728–1736).

주로 정신과 전문의와 다른 관련 전문가로 구성되어 2인 1조로 진행된다. 진행 시간은 2시간 정도 소요되며, 정보제공자는 부모, 형제, 배우자, 자녀 등의 가족을 대상으로 상세하게 면담이 진행되며, 자살사망자의 주변 인물인 친구, 직장 동료, 담당 의료인도 포함하여 진행한다. 이처럼 일본은 2000년대 중반 자살대책기본법[49]을 제정한 후 심리적 부검에 대한 타당성 예비조사, 유가족을 대상으로 한 사전 시범사업 등을 실시고 있다. 그 이후 지속적인 심리적 부검에 관한 연구 등을 통해 자살사망자의 경우 대조군에 비해 정신장애 비율이 월등히 높다는 것을 알아냈다[50]. 현재 일본도 국가 차원에서 보다 체계적인 자살예방과 위기 대응 및 사후관리 시스템을 구축하여 자살 유가족에 대한 지원을 추진하고 있다. 특히 자살사망자의 사후조치에 의한 분석통계를 근거로 자살 경로와 배경 및 구조 등을 분석한 자살대책 백서를 토대로 중앙과 지방, 그리고 민간 협력을 통해 자살예방 프로그램의 실효성 제고에 노력하고 있다.

[48] Hirokawa, S., Kawakami, N., Inagaki, A., Eguchi, N., Tsuchiya, M., et al. 2012. Mental Disorders and Suicide in Japan: A Nation-wide Psychological Autopsy Case-control Study, *Journal of Affective Disorders*, 140(2): 168-175.

[49] 일본은 1997년 인구 10만명 당 19.3명이던 자살사망자가 1998년 26.0명으로 폭등하였고, 그 이후 약간의 감소세를 보이던 자살사망자가 2003년 27.0명으로 증가하면서 사회적 관심이 고조되었다. 이러한 사회적 관심으로 2006년 10월 「자살대책기본법」이 제정되었다. 자살대책기본법은 크게 자살예방에 대한 조사 · 연구 및 정보수집, 자살 고위험자에 대한 의료서비스 제공 체계 정비, 자살고위험자의 조기발견 및 발생방지, 자살시도자 및 자살자 유가족에 대한 지원, 자살예방 활동 담당 민간단체 지원, 내각부에 자살 종합대책 회의 설치 · 운영, 자살예방 종합대책 수립 및 추진 등의 내용을 담고 있다(이상영, 2015. 우리나라 자살예방 대책의 문제점과 개선방안, 한국보건사회연구원, 보건복지포럼).

[50] Hirokawa, S., Kawakami, N., Matsumoto, T., Inakaki, A., Eguchi, N., Tsuchiya, M., et al. 2012. Mental Disorders and Suicide in Japan: A Nation-wide Psychological Case-Control Study, *Journal of Affective Disorders*, 140: 168-175.

제3절 우리나라 심리적 부검의 도입 및 사례

1. 심리적 부검의 도입배경 및 절차

보건복지부와 한국자살예방협회에서는 우리나라 현실에 맞는 심리부검 프로그램 개발을 위해 지난 10년 간 세계 각국의 심리적 부검 조사사례, 자살사망자 사례 수집 경로, 대조군 선정방법 등의 항목을 검토하였다. 그 결과 2000년 베이징 자살연구예방센터의 필립스(Michael Philips) 등이 개발하여 현재 중국, 홍콩, 일본 등에서 사용 중인 면담도구가 가장 적합하다고 판단하여 전문가 자문위원회를 통해 국내 상황에 맞게 수정 · 보완하여 사용하고 있다. 심리적 부검은 신체적 부검과 대비되는 개념으로 자살사망자의 마음을 조사하는 방법이다. 왜 자살에 이를 수밖에 없었는지를 규명하기 위해 자살 사망자를 둘러싼 포괄적인 정보를 연구한다. 부모나 배우자, 자녀, 연인, 직장 동료, 담당의사 등 주변 인물 인터뷰, 경찰의 사건 수사 기록, 의료기관 의무기록 등이 모두 조사의 중요한 자료가 된다[51].

국내에서 심리적 부검이 처음 행해진 것은 2008년 군의문사진상규명위원회 내 심리부검 자문소위원회가 만들어지면서 시작되었다. 당시 소위원회는 군대 자살사건에 대해 정신질환 외에 개인적 선택의 한계를 넘어 불가피한 사유의 기준을 확립하고, 이에 근거해 국가 책임의 범위를 설정하는 역할을 담당할 목적으로 구성되었다. 자살을 개인의 문제가 아니라 개인을 둘러싼 조직 및 사회, 국가 차원의 문제로 접근하기 시작했다는 데 의의가 있다.

자살사망자에 대한 심리적 부검이 본격적으로 시작된 것은 2009년 한국자살예방협회가 보건복지부의 지원을 받아 자살원인을 심층적으로 분석하여 우리나라의 실정에 맞게 맞춤형 자살예방대책을 마련할 목적으로 국가 차원에서 처음으로 실시되었다. 그 이후 국내에서는 충청남도와 부산시가 자살을 줄이기 위해 심리적 부검을 실시하였는데, 충청남도는 충청남도 광역정신건강증진센터가 2012년 11월에 시작해 2013년도에 25명의 자살사망자에 대해 심층면담을 시행한 것으로 보고되고 있다. 부산시는 2013년 1월 부산경찰청과 공조해 심리적 부검을 시범적으로 추진할 계획이라고 밝혔으나 2013년 2월부터 12월까지 실시한 심리적 부검의 실적은 228건에 불과했다[52]. 결국 2011년 「자살예방 및 생명존중문화

---

51 나경세 · 백종우 · 윤미경 · 김현수. 2015. 심리부검: 우리나라에서 향후 방향에 대한 검토 및 고찰. 대한신경정신의학회(JKNA, Journal of Korean Neuropsychiatric Association), 54(1): 41.

52 부산시와 부산지방경찰청이 2013년 지방자치단체 중 처음으로 심리적 부검을 실시한다고 밝힌 이후 2013년 한 해 동안 심리적 부검을 실시한 실적은 228건에 그쳤다. 2012년 기준 부사지역 자살자 수는 1천50명으로 21%에 불과한

조성을 위한 법률」이 제정된 이후 2013년부터 5년마다 보건복지부가 전국단위의 자살실태 조사를 실시하게 되면서 국가 차원에서 심리적 부검 연구를 통한 분석결과가 처음으로 발표되었다.

이를 토대로 2014년 4월 중앙심리부검센터를 발족함으로써 우리나라는 국가 심리적 부검 체계의 기틀을 마련하게 되었다. 다시 말해서 2009년 이후 자살과 관련된 사회적 문제가 심각해지자 2014년 보건복지부는 우리나라 자살 사망원인을 규명하고 자살예방 정책을 수립하고자 중앙심리부검센터를 설립하여 심리적 부검 사업을 수행하고 있다. 심리적 부검은 자살한 고인에 대해 알고 있는 유가족과 친구, 직장 동료 등이 신청할 수 있다. 면담은 비밀이 유지되며 별도의 인적사항도 기록하지 않고 분석과 통계를 위한 자료로만 사용된다. 또한 중앙심리부검센터에서는 유가족 등 정보제공자를 대상으로 각 지역 정신건강증진센터나 자살예방센터와 연계해 지속적인 상담과 사례관리 등 심리지원 서비스를 제공하고 있다. 중앙심리부검센터에서 조사·분석한 심리적 부검 자료는 자살예방정책에 활용되고 있다(중앙심리부검센터, http://www.psyauto.or.kr).

여기서 중앙심리부검센터에서 실시하는 심리적 부검 절차에 관해 보다 구체적으로 살펴보면, 먼저 심리적 부검의 면담은 지역의 정신건강복지센터 및 경찰서를 비롯한 여러 기관을 통해 의뢰되고 있고 자살사망자 유가족이 직접 신청하기도 한다. 이처럼 다양한 경로를 통해 사례발굴이 이루어진 후 자살사망자와 유가족이 면담 대상 기준을 충족하는지 여부를 확인한 후 가능한 유가족의 편의와 요구를 수용하여 면담장소 등을 조정한 후 심리적 부검을 실시하고 있다. 심리적 부검 면담 대상기준 및 정보제공자의 권고 기준, 배제기준은 다음과 같다(중앙심리부검센터, 2017).

수준이며, 이 가운데 유족에 대한 심층면담 조사는 39건에 그쳤다. 전체 자살자 수의 21% 남짓한 심리적 부검으로 자살사망자의 심리적 요인과 환경 등을 종합적으로 분석하는데 한계가 있다는 비판이 제기되기도 했다(부산일보, 2014.04.07. 보도자료 인용).

➲ 심리적 부검 대상기준 및 참여 권고기준과 배제기준

대상자 기준	정보제공자 참여 권고 기준
• 만 19세 이상 성인 • 경찰조사: 자살사망자로 확정된 자	• 만 19세 이상 성인 • 자살사망자의 배우자, 부모, 형제, 자녀 등 가족 • 대상자의 동거인, 연인, 직장동료, 침구 등 – 정보제공자 2인 중 1인은 가족(단, 내부심의에서 허용한 경우 가족을 포함하지 않은 유족을 대상으로 면담 가능) – 대상자의 사망 직전 6개월간 근황을 보고 가능한 자 • 사별기간 3개월부터 3년 이내(권고사항) **배제기준** – 객관적인 정보제공에 제약이 있는 자 – 인지기능 및 언어적 의사소통에 제한이 있는 자 – 심리부검 면담 결과를 소송 및 각종 분쟁의 근거자료로 활용하려는 자

심리적 부검의 세부절차를 보면, 면담은 정보제공자 1인당 주면담원과 보조면담원 각 1인으로 총 2인이 배정되어 실시되는데, 한 사례에 정보제공자 2명이 참여할 경우 총 4명의 면담원이 배정되어 면담을 진행하게 된다. 여기서 주면담원은 심리적 부검 면담을 주도적으로 이끄는 역할을 하며, K-PAC 2.1의 전체 내용을 숙지한 상태에서 정보제공자의 이야기를 자연스럽게 따라가며 면담을 진행한다. 보조면담원은 면담에 필요한 서류를 점검하고 편안하고 안정된 환경에서 면담이 진행될 수 있도록 장소를 정리하는 등의 역할을 담당한다. 또한 전체 면담 내용을 속기하며 체크리스트를 점검하여 주면담원을 보조하게 된다. 심리적 부검의 면담 종료 1주일 후에는 해당 주면담원이 유선 상으로 심리부검 텔레첵(Psychological Autopsy Tele-Check)을 실시하여 면담 이후 유가족의 생활, 정서, 신체상의 변화나 기타 도움의 필요여부를 확인한다. 여기서 지속적인 사례관리가 필요하다고 판단되면 유가족 동의하에 지역의 정신건강복지센터와 사례를 연계하고 있다. 또한 해당 사례를 요약하고 자살의 위험요인 및 보호요인 등을 확인하기 위해 심리적 부검 보고서(Psychological Autopsy Report)을 작성하는 제반 절차를 거친다.

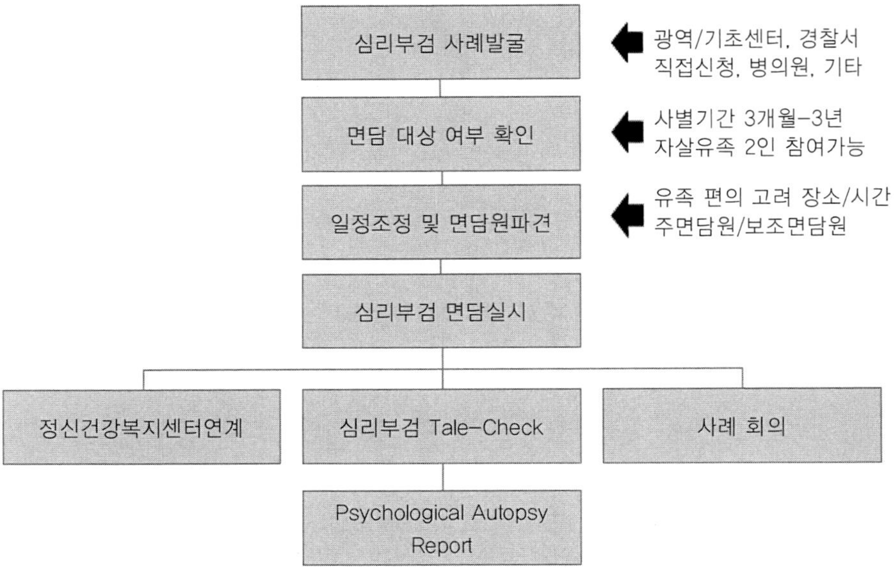

2. 심리적 부검의 면담방식과 도구

최근 중앙심리부검센터에서 실시하고 있는 심리적 부검의 면담방식은 반구조화된 면담(semi Structured interview)으로 자살사망자의 객관적인 정보뿐만 아니라 질적 정보를 놓치지 않기 위해 K-PAC 2.1에는 각 영역별로 '자유 기술' 및 '구체적 기술'을 작성하도록 되어 있다. K-PAC(Korea- Psychological Autopsy Checklist)는 국내외의 심리부검 도구를 수집 조사하여 공통 문항을 추출하고 심리적 부검과 관련된 문헌 개관을 통해 개발된 근거기반 중심(evidence-based)의 심리적 부검의 도구이다. 2014년에 개발된 K-PAC 2.0을 수정 · 보완하여 2016년부터 K-PAC 2.1을 심리적 부검 면담에 사용하고 있다. K-PAC 2.1은 유가족 등의 정보제공자, 면담대상자, 면담원의 평가 등 세 가지 영역으로 구분되어 있다.

➲ K-PAC 2.1의 구성

세부 영역	세부 구성 내용
정보제공자 (유족)	– 일반정보
	– 유족의 심리, 정서적 상태
	– 유족의 반응 및 대처
면담대상자 (자살사망자)	– 일반정보
	– 자살행동 및 사망정보
	– 직업 및 경제상태
	– 가족 및 부부관계
	– 연애관계 및 가족의 대인관계
	– 기타(성격, 취미 및 과거력)
	– 건강상태 정보(고인의 신체 및 정신건강)
	– 정신건강 정보(가족 및 친구)
	– 정신과적 진단면담 MINI(Mini–International Neuropsychiatric Interview)
	– 면담 종결 및 유족 제언
면담원 평가	– 자살사망 당시 치명도
	– 고인의 추정 정신질환 및 심각도
	– 고인 가족의 추정 정신질환 등
	– 심리적 부검 보고서(Psychological Autopsy Report): 별도 작성

또한 각 사례에 대한 자살의 위험요인 및 보호요인 등을 확인하고 사례의 개념화를 위한 목적으로 면담이 종료된 후 주면담원은 사례에 대한 심리부검 보고서(psychological autopsy report)을 작성한다. 심리부검 보고서는 장시간 지속되었고 조절하기 어려워 자살의 위험을 증가시키는 만성 위험요인, 개인의 특성, 성향, 취약성 등을 포함해 자살에 영향을 미칠 수 있는 소인적, 잠재적 요인인 기여 위험요인, 단기간 내에 자살 위험을 증가시키는 급성 위험요인, 자살을 촉발시킨 특정 사건인 촉발 자극사건, 자살을 막을 수 있었을 것이라 생각되는 보호요인으로 구성되어 있다. 하지만 유가족이 건강한 애도를 돕고 고인의 삶을 통합적으로 받아들일 수 있도록 한다는 점에서 도움이 되지만 고인의 삶을 구체적으로 되돌아보는 과정이 일시적으로 힘들 수 있다. 따라서 심리적 부검 관련 면담이 종료된 후 주면담원이 유족의 심리정서적 상태를 점검하고 추가적인 도움이 필요한지를 확인하기 위해 유선 상으로 심리적 부검 텔레첵(psychological autopsy tele–check)을 실시하고 있다[53].

3. 우리나라의 심리적 부검의 사례

우리나라는 2000년대도 중반 이후 국가주도의 심리적 부검이 실시되었는데, 여기서는 군의문사진상규명위원회, 한국자살예방협회, 보건복지부 산하 중앙심리부검센터 등에서 실시한 심리적 부검 사례를 중심으로 고찰하였다[54].

1) 군의문사진상규명위원회

우리나라에서 국가적 차원에서 시행한 첫 심리적 부검은 '군의문사 진상규명 등에 관한 특별법'에 따라 대통령직속 군의문사진상규명위원회가 설치되었고 산하에 심리부검자문소위원회가 활동하면서 시작되었다. 군의문사진상규명위원회는 2006년 1월부터 2009년 12월 말까지 활동하며 유족에 의해 접수된 진정사건 600건 중 364건에 대한 조사를 실시하여 의문사에 대한 진실과 자살의 원인을 규명하기 위한 심리적 부검과 유사한 형태의 조사를 실시하였다. 군의문사진상규명위원회 심리부검자문소위원회의 경우 체계적인 방법에 따라 심리적 부검을 시행하여 그 결과를 보고한 것은 아니지만, 정신건강의학과 전문의와 임상심리학자 등 전문가들이 참여하여 기존의 관행에 벗어나 자살을 포함한 군대 내부의 사망사건에 대한 폭넓고 다각적인 정신사회적 요인들을 종합적으로 고려해 사망원인을 밝히고자 시도했다는 점에서 그 의의를 찾을 수 있다.

2) 한국자살예방협회 · 보건복지부

우리나라는 2009년에 발표한 자살예방대책 5개년 계획에 자살 예방 프로그램 개발과 확산을 위해 자살 사망자에 대해 심리적 부검을 시행할 것이라는 내용을 담고 있지만 당시 그 성과는 저조했다. 우리나라의 공식적인 심리적 부검 사례는 2009년 보건복지부와 한국

[53] Psychological Autopsy Tele-Check는 만족도(심리부검 면담의 전반적인 만족도, 절차 및 진행과정에 대한 만족도), 정신건강 서비스(현재 유족지원 사업 참여 여부 및 사례 연계 관련 사항), 심리부검 면담 이후의 변화(면담 이후 생활, 정서, 신체상의 변화), 기타(심리부검에 대한 기타 의견이나 바라는 점) 등 네 가지 영역으로 구성되어 있다(중앙심리부검센터, 2018).

[54] 이밖에 최근 광역자치단체에서 실시한 심리적 부검 사례를 보면, 제주지방경찰청은 2009년 3월부터 2011년 12월까지 삼성정신건강연구소와 협력하여 심리적 부검을 실시했다. 서울시자살예방센터와 강서구 · 성북구 정신건강증진센터는 2009년 1월부터 2012년 12월까지 자살사망자의 축약 심리부검에 관한 연구를 진행하였다. 인천광역시자살예방센터도 2009년 5월부터 2014년 12월까지 심리부검을 실시했으며, 충청남도 광역정신건강증진센터도 2013년 1월부터 11월까지 자살률이 높은 4개 지역을 대상으로 심리적 부검을 실시했다. 마지막으로 경기도자살예방센터도 2013년 4월부터 2013년 12월까지 보건복지부와 아주대학교가 시행한 심리부검사업에 협력하여 진행하였다.

자살예방협회 주도로 행한 7건의 사례로 보고 있다. 이 사업은 자살 사망자 심리적 부검 및 자살 시도자 사례관리 서비스 구축방안을 마련하기 위해 인천시, 수원시, 원주시 등 3개 지역에서 발생한 자살에 대해 대대적으로 시도되었다. 당시의 연구진행 과정을 보면, 먼저 연구진은 3개 지역의 총 11개 경찰서를 방문하여 심리적 부검의 취지와 목적, 그리고 절차에 대해 설명하고 해당 경찰서의 협조를 요청하였다. 해당 경찰서에서는 관할 내에 자살이 의심되는 변사사건이 발생하는 경우 담당 수사관이 유가족을 조사한 후 유가족에게 대한 해당 지역의 정신건강증진센터의 유가족 사례관리 서비스를 안내하거나 본인 동의하에 연락처를 정신건강증진센터에 알려주고 각 지역의 정신건강증진센터 주관 하에 심리적 부검을 시행하는 방식으로 이루어졌다.

여기서는 북경 자살연구 및 예방센터(Beijing Suicide Research and Prevention Center)의 필립스(Philips, 2002)가 DSM-Ⅳ(APA, 2000)을 기반으로 개발한 심리부검도구를 우리나라의 상황에 맞게 수정하여 사용하였다. 경찰, 지역정신보건센터와 협력하여 사례발굴을 하였음에도 불구하고 심리적 부검에 대한 부정적인 인식으로 인해 자살사망자의 유가족 참여율이 저조하여 6개월 간 총 15사례를 수집하였고, 그 가운데 자살동기를 밝혀내는데 성공한 사례는 7건에 그쳤다[55]. 하지만 우리나라에서 체계적인 방법론에 따라 심리적 부검을 수행한 최초의 사례이며, 한국형 심리적 부검 면담모델 및 도구를 최초로 구축했다는 점에서 그 의미가 있다. 그러나 초기에 예상했던 것보다 상당히 적은 7건의 사례로 심리적 부검을 실시했고 자살에 대해 언급하기를 꺼려하는 사회문화적 상황에서 심리적 부검을 어떻게 하면 활발하게 수행할 수 있을지에 대한 화두를 던진 계기가 되었다(나경세 외, 2015)[56].

3) 보건복지부 자살실태조사

보건복지부는 2011년 제정되어 2013년 2월 히생된 「자살예방 및 생명존중문화 조성을

[55] 결과적으로 총 4건에 대해서만 보고서에 포함하여 기술하였기 때문에 사례수가 적고 연구 설계의 경우 통제집단이 없이 자살사망자의 과거력, 성격, 대인관계 등을 중심으로 한 서술적 연구에 거쳤다는 문제가 제기되었다. 특히 면담과정과 조사원의 교육을 어떻게 실시했는지에 대한 설명이 명확하게 제시되지 않았고 표본과정에서 면담접촉과 그 과정에 대해 일부만을 기술하였다(서종한 외, 2018:354-355).

[56] 당시 심리적 부검과 관련하여 보고된 내용을 보면, 먼저 대상자인 유가족이 면담을 시작한지 약 2개월 정도는 대상자의 감정기복 및 정신적인 충격으로 본인들의 정신적 고통만 표출할 뿐 심리적 부검에 대한 정보를 제공하지 못했다. 또한 대상자가 힘든 시간을 보내고 있는데 반해 면담자가 심리적 부검사업을 대상자를 만나는 것에 대해 죄책감을 느꼈으며, 대상자가 심리적 부검에 필요한 정보를 제공하기를 꺼려한 부분이 있었다는 등의 내용이 포함되어 있다(보건복지부, 2014).

위한 법률(자살예방법)」 제11조에 근거하여 자살의 다차원적 원인을 밝히고 자살사망자 및 시도자의 특성과 위험요인을 규명하기 위해 서울대학교 의과대학에 의뢰하여 실시한 '2013년 자살실태조사' 결과를 발표했다. 당시 실태조사는 자살사망자에 대한 심리적 부검, 사망자 관련 통계자료 분석, 자살시도자 실태조사 및 대국민 자살 인식조사 등으로 실시되었다. 여기서 심리적 부검 조사는 2013년 3월 29일부터 2014년 12월 29일까지 전국의 자살사망자 유가족 72명을 대상으로 심층면담 자료와 유서 등을 분석하였다.

심리적 부검 결과를 바탕으로 유형분석에 필요한 유의미한 준거로 대인관계, 경제적 사건, 정신과적 문제, 자해 · 자살 시도력, 사회적 환경 및 생애사건 경험, 가족 · 지인 등 주변인의 자살행동 노출, 치료기관 서비스 접촉, 자살의도 혹은 이유 노출, 사망자의 성격이나 스트레스 반응 등의 다른 관련 정보, 부모와의 경험, 알코올 중독 혹은 약물 남용 경험, 가족 · 지인 정신질환 노출 등 12~15가지 준거를 밝혀냈다. 이러한 준거를 바탕으로 계층적 군집분석을 실시하여 72건의 자살사망 사례에 대한 심리적 부검 결과, 우리나라의 자살사망 유형은 급성 스트레스 유형, 만성 스트레스 유형, 적극적 자해 · 자살시도 표현 유형, 정신과적 문제 유형 등 4가지로 밝혀졌다. 또한 유형 구분이 가능한 71건의 사례 가운데 제1유형은 19건, 제2유형은 17건, 제3유형은 13건, 제4유형은 22건 등으로 집계되었다.

➲ Type of suicide death

구분	1 유형	2 유형	3 유형	4 유형
유형	급성 스트레스 유형	만성 스트레스 유형	적극적 자해 · 자살시도 표현 유형	정신과적 문제 유형
사건	19건	17건	13건	22건
하위 유형	4	3	2	2

먼저 제1 유형인 급성 스트레스 유형은 자살 12개월 이내 발생한 경제 · 대인 스트레스 등 특정 사건으로 인해 급성으로 사망에 이르게 된 경우로 자살 직전까지 생애 전반에 걸쳐 자살에 직 · 간접적으로 영향을 줄 수 있는 두드러진 생애 사건은 없는 것으로 나타났다.

CASE ① 급성 스트레스 유형 가상 사례

자살사망자는 20세 대학생으로 1남 2녀 중 첫째로 고등학교 중위권 이상의 성적을 유지하며 주변 친구와도 원만한 관계를 맺고 생활해 왔었다. 하지만 중학교 졸업 쯤 친구의 권유로 일진회에 가입하였고, 가입 후 폭력 동아리라는 사실을 알게 된 자살 사망자는 탈퇴하려고 했었다. 하지만 이를 안 일진회 회원들이 학대와 따돌림을 가했고 이로 인해 사망자는 급격히 성격이 의기소침해졌고 주변을 경계하는 등 강박행동을 보이기도 하였다. 또한 부모와의 대화가 단절되고 혼자 있는 시간이 급격히 많아지는 등 우울감을 보였다고 진술했다. 자살 전에는 머리카락을 잘라 부모에게 가지고 있으라는 등 자살에 대한 준비를 하였고, 부모가 없는 사이 집안에서 줄을 이용하여 목을 매 사망하였다. 유서를 남기지는 않았다.

제2 유형인 만성 스트레스 유형은 특별히 정신과적 문제는 없지만 자살 직전까지 전 생애에 걸쳐 자살행동에 영향을 줄 수 있는 생애사건과 어려움이 만성적으로 존재하였다. 다시 말해서 질병, 폭력, 학대, 빈곤 등의 만성적 스트레스가 전 생애에 걸쳐 반복적으로 발생하는 상황에서 특정 촉발 사건에 의해 사망에 이른 경우 이다.

CASE ② 만성 스트레스 유형 가상 사례

자살 사망자는 30대로 외동아들이며, 부모 모두 사업차 지방출장이 많아 방치되는 일이 잦았다. 그래서 모든 것을 스스로 해야 한다는 압박감이 많았다. 학교나 성당에서도 깊은 유대관계를 친구들과 만들지 못했으며, 생활이 어려워 아르바이트를 하면서 대학생활, 동아리 활동 등에서 친구들에게 인생이 너무 힘들다고 울며 하소연 하는 경우가 많았다. 자살 전 친구가 교통사고로 사망하는 사건이 발생한 후 부모와 친구들에게 죽음과 천국에 대한 이야기를 많이 했다고 한다. 이처럼 만성 복합 스트레스 자살유형은 생애 초기부터 자살 사망한 당시까지 대인관계 적응, 학업, 가족관계에서의 문제, 경제적인 문제가 장기간 혼합되어 스트레스가 가중되어 자살하는 경우이다.

제3 유형인 적극적 자해 · 자살시도 표현 유형은 절망감 등 심리적 고통으로 인해 자살의도를 주변사람들에게 적극적으로 알리고 자해, 자살을 여러 번 시도하는 과정에서 사망이 발생한 경우이다. 예를 들어 대인관계 문제가 심각하고 스트레스 반응이 심각한 상태에서 자해, 자살시도, 자살표현이 적극적인 과정 중에 사망한 경우이다.

CASE ③ 적극적 자해 · 자살시도 표현 유형 가상 사례

자살사망자는 어렸을 때 부모를 모두 잃고 가난하게 성장했다. 자살 당시 30대 중반 남성으로 친척집에서 자랐는데 잦은 구타와 학대로 고등학교 1학년 때 가출했다. 이후 여러 직업을 거치다가 20대 후반 같은 직장에서 일하던 동료 여성과 결혼한 이후 경제적 문제로 불화가 깊어지는 과정에서 부인의 외도를 알게 되고 이때부터 부인 및 주위 지인들 앞에서 자살 시도가 매년 4~5차례씩 지속되었다. 반복적인 자해 시도 및 자살 위협 등을 내비치면서 결국에는 사망에 이르렀다.

마지막으로 제4 유형인 정신과적 문제 유형은 최소한 하나 이상의 정신과적 문제가 존재하는 가운데 자살사건으로 사망한 경우에 해당된다. 예를 들어 정신과적 진단을 받고 장기 혹은 단기간 생애 사건을 경험하면서 정신질환 악화와 맞물려 사망한 유형이라 볼 수 있다(보건복지부, 2014; 서종한 외, 2018).

CASE ④ 정신과적 문제 유형 가상 사례

5년 전 병원에서 정신분열 진단을 받고 입원 경력이 있던 50대 여성으로 외래진료를 받으면서 장기간 약물을 복용해 왔다. 대인관계는 다니던 교회의 권사 몇 분 외에 대인관계 거의 없었다. 주방 보조 일을 하며 생계를 유지했고, 정신질환 진단을 받은 후에는 정신장애 등급으로 인한 정부보조금만으로 생활하였다. 사망 전 허리를 다쳐 소득이 상당 부분 감소하였고, 이로 인해 경제적 어려움이 심화되어 경제적, 심적으로 힘든 상황에 처했다. 사망 전에 정신분열증상으로 하나님의 음성이 들리는 환청, 보물이 묻혀 있는 곳을 말하는 음성, 혹은 술을 끊어라 등의 환청이 들렸고, 기분변화가 동반된 조울증까지 진단 받았다. 음주도 지속적으로 이루어졌고, 알코올 복용이 심해지면서 주위 친척들과도 잦은 다툼이 발생해 가족 간의 관계도 거의 단절된 상태였다. 이 자살사망자는 장기간 정신과적 문제로 경제, 신체, 대인관계에 심각한 손상을 받고 약물중단과 경제적 악화로 정신질환 증세가 악화되면서 자살에 이르게 된 정신과적 문제 유형이라 볼 수 있다.

➲ 자살사망자 유형별 특징

자살사망자 유형 분류			유형 특징
제1유형	급성 스트레스 유형		유형 2, 4의 준거 해당 없이 생애 사건의 급성 반응으로 자살과정의 발생 예시: 특별한 생애 사건이 없었던 사람이 특정 급성 사건(예: 경제, 업무 소진, 관계단절에 촉발되어 사망하는 경우
	하위 유형	급성 학업 · 직업 좌절/실패 스트레스 급성 경제 스트레스	

유형	구분	내용
	4가지	급성 대인 스트레스 급성 혼합 스트레스
제2유형	만성 스트레스 유형	오랜 기간 생애 어려움 사건, 양육환경(폭력, 학대 등), 잇따른 실패, 가정관계 갈등, 성격문제, 취약한 스트레스 반응, 낮은 자존감, 대인관계, 경제적 사건 예시: 장기간의 경제적 어려움, 대인관계 손상, 장기간의 실업, 반복적인 생애사건과 스트레스 경험, 심각한 스트레스 반응 등으로 사망하는 경우
	하위 유형 3가지	만성 경제 스트레스 만성 대인 스트레스 만성 혼합 스트레스
제3유형	적극적 자해/자살시도 · 표현 유형	– 심리적 고통(절망감, 무만감, 남에게 부담을 준다는 느낌, 단절된 대인관계, 소속감의 좌절 등), 자해 · 자살시도, 자살의도 노출, 의사 소통의 방편, 일부분의 장기적 손상 예시: 심각한 심리적 고통을 자해, 반복적 자살시도를 통해 표현하려 함. 자살표현이 적극적인 과정에서 사망
	하위 유형 2가지	자살목적(SA, Suicidal Attempt) 자해 · 자살시도 비자살목적(NSSI, None Suicidal Self-Injury) 자해 · 자살시도
제4유형	정신과적 문제 유형	정신과적 장애, 최소한 하나 이상의 정신과적 문제가 존재 군집 1, 2, 3에 포함되는 급성, 장기적 문제, 적극적 자해 · 자살시도가 있더라도 군집 4에 포함 예시: 정신과적 진단을 받고 장기 혹은 단기간 생애 사건을 경험 하면서 정신질환 악화와 맞물려 사망
	하위 유형 2가지	단기(5년 이하) 장기(5년 초과)

처벌의 정도는 범행의 이익을 충분히 능가할 수 있는 정도 이하가 되어서도 안 되고, 범죄억제의 목적을 달성하는데 요구되는 것 이상이 되어서도 안 된다는 것이다.

이밖에도 심리적 부검을 통해 14가지 자살 위험요인을 규명하였는데, 공통 위험요인은 거의 모든 자살사망자에서 1개 이상 나타나는 자살과 직접적인 관련성이 높은 징후로 자해 2회 이상 또는 자살시도 1회 이상, 최소 2회 이상의 반복적인 자살의도 표현, 우울증을 포함한 정신과적 진단 1회 이상 등 3가지가 파악되었다. 아울러 공통 위험요인이 1~2개 이상, 추가적 위험요인이 3~5개 이상, 연령대별 가중위험요인이 포함된 경우 자살이 임박한 상태로 즉각적인 개입이 필요한 고위험 단계로 분류했다.

➲ 자살사망자 유형별 특징

위험요인	주요내용
공통 위험요인	1. 자해 2회 이상 또는 자살시도 1회 이상 2. 최소 2회 이상의 반복적인 자살의도 표현 3. 정신과적 진단 1회 이상(우울증 포함)
추가적 위험요인	1. 어느 정도 이상의 관계 단절 발생 존재 여부 2. 무직, 파산, 실직, 5천만 원 이상 빚 중 2개 이상 3. 12개월 이내 생애사건 중 4개 이상 4. 스트레스 반응 여부 5. 불행 · 가정폭력 · 학대 · 방임 · 협박 중 2개 이상 6. 이혼, 사별, 독신, 별거 중 2개 이상 7. 알코올 경험 여부 8. 최근 혹은 과거 건강상태 변화 9. 가족, 지인 자살관련 행동 노출 1회 이상 10. 가족, 지인 정신질환자 수 1명 이상 11. 가족 중 심각한 신체질환자 존재
연령대별 가중 위험요인	20대: 최근 신체건강 문제 40대: 정신과적 문제, 대인관계 문제, 경제적 사건, 부부문제 50대: 대인관계문제, 경제적 사건, 최근 신체건강 문제, 가족/지인 신체질환 경험 60대: 알코올 중독 문제, 최근 신체건강 문제, 가족/지인 신체질환 경험

자료: 보건복지부(2014), 「2013년 자살실태조사」

한편, 자살사망자 72명의 연령대별 자살 징후를 보면, 연령이 낮을수록 소셜네트워크서비스(SNS) 등을 통해 다수에게 간접적인 자살 암시를 하는 경우가 많았고, 연령이 높을수록 신변정리를 하거나 직접적으로 전화를 통해 언급하는 경우가 많은 것으로 나타났다. 예를 들어 20대 이하의 경우 보험해지, 하드 포맷, 휴대폰 사진 지우기 등의 신변정리를 하고 사후세계에 관심을 갖거나 인터넷으로 연예인 자살방식을 검색하기도 했다. 이밖에 카카오

톡 등 SNS의 문구나 사진을 바꾸는 패턴도 나타났다. 30-40대의 경우 평소 왕래가 없던 친지 · 가족에게 안부 전화를 하거나 근황을 묻기도 했다. 50-60대의 경우 주로 글을 남기면서 다른 연령대보다 좀 더 적극적이면서 반복적으로 자살을 암시하고 직장 및 가정에서 죽고 싶다는 등의 말을 반복해서 언급하는 것으로 나타났다(보건복지부, 2014).

➲ 연령대별 자살 징후

구분	행동	정서	표현
20대 이하	SNS 문구 교체 컴퓨터 하드 포맷	안절부절, 우울증세 악화 경계심, 불안감 증폭	사후세계에 관심 표현 인터넷에서 자살 방식 검색
30-40대	반복적인 음주 알코올 중독과 가정폭력	화 · 분노 통제력 상실과 무기력	자살표현, 주변인 원망 과거 잘못 언급
50-60대	갑자기 물건 구입 대인관계 와해, 신변정리	두려움과 불안감, 무기력 우울증 등 정신질환 악화	주변인에게 당부 직접적인 자살 언급

4) 중앙심리부검센터의 심리부검[57]

중앙심리부검센터는 2015년부터 2017년까지 3년간 총 289명(남성 191명, 여성 98명)의 자살사망자와 352명의 자살 사망 유족 자료를 통해 심리적 부검을 실시하였다. 먼저 자살사망자의 기본 정보를 보면, 30대가 65명(22.5%), 40대가 68명(23.5%), 50대가 66명(22.8%)으로 나타났다. 사망 당시 동거인이 없이 독거 상태였던 자살자망자는 51명(17.6%), 동거인이 있었던 경우는 238명(82.4%)이었으며, 결혼 여부는 기혼이 122명(42.2%), 미혼은 64명(22.1%) 등 이었다. 다음으로 자살 관련 정보로 사망 장소는 자택 166명(57.4%), 공공장소 40명(13.8%) 등으로 나타났고, 자살방법[58]에 있어서는 목맴으로 사망한 사람은 136명(47.1%), 투신 72명(24.9%), 가스음독 41명(14.2%), 기타 화학물질 음독 16명(5.5%) 순이었다. 자살사망자를 최초로 발견한 사람은 가족인 경우가 131명(45.3%), 모르는 사람이 60명(20.8%) 등이었으며, 유서를 남긴 자살사망자는 124명(42.9%)인 것으로 나타났다.

---

57 이 내용은 중앙심리부검센터가 실시한 2017 심리부검 면담 보고서의 일부를 발췌하여 제시한 것으로 결과보고서는 2016년 한국형 심리부검 체크리스트가 K-PAC 2.0에서 K-PAC 2.1로 개정되면서 일부 문항은 K-PAC 2.1을 사용한 2016-2017년 자료만 분석한 것으로 보고되었다(중앙심리부검센터, 2018: 19).

58 K-PAC에서는 자살 사망방법을 한국질병사인분류 KCD6-KDC5 연계표 통합코드의 12가지 기준(약물음독, 기타 약물음독, 가스음독, 농약음독, 기타 화학물, 목맴, 익사, 총기, 분신, 물질자해, 투신, 기타)에 준하여 분류하였다(중앙심리부검센터, 2018: 22).

또한 심리적 부검 면담 총 298 사례를 분석한 결과에서 경고신호(warning sign)을 보낸 자살사망자는 266명(92.0%)으로 높게 나타났다. 경고신호는 자살사망자가 자살에 대해 생각하고 있거나 자살할 의도가 있음을 드러내는 징후를 말하며, 언어 · 행동 · 정서적 방식으로 나타난다. 사망 전 경고신호를 보인 266명을 대상으로 관찰된 경고신호를 보면, 언어적 경고신호를 보인 자살사망자는 217명, 행동적 경고신호는 226명, 정서적 경고신호는 191명으로 나타났다. 또한 언어 · 행동 · 정서적 경호신호를 모두 보인 자살사망자는 147명, 언어 및 행동적 경호신호를 보인 자살사망자는 38명, 행동 및 정서적 경고신호를 복합적으로 보인 자살사망자는 24명 등으로 나타났다.

➲ 자살 경고신호 세부내용(중복)59

범 주	분석 결과 및 내용
언어	자살이나 살인, 죽음에 대한 말을 자주 함(n=83)
	신체적 불편함을 호소함(n=76)
	자기비하적인 말을 함(n=62)
	자살하는 방법에 대해 질문함(n=23)
	사후세계를 동경하는 말을 함(n=14)
	자살한 사람들에 관한 이야기를 꺼냄(n=14)
	편지, 수양록, 노트 등에 죽음과 관련된 내용을 적음(n=21)
행동	수면상태의 변화: 불면이나 과다수면(n=105)
	식사상태의 변화: 과식이나 소식, 체중 감소나 증가(n=75)
	주변을 정리: 통장, 집안정리, 물건정리(n=45)
	자신의 자살에 대한 계획을 세움(n=25)
	평소와 다른 기괴하거나 비일상적인 행동: 위험하고 무모한 방식의 운전(n=26)
	집중력 저하 및 사소한 일에 대한 결정의 어려움: 이로 인한 수행 저하가 발생(n=50)
	외모관리에 대해 무관심(n=44)
	자해행동이나 물질남용을 보임(n=38)
	죽음과 관련된 음악, 시, 영화 등에 과도하게 몰입(n=8)
	인간관계를 개선하려고 노력하거나 신변정리(n=31)
	평소 소중히 여기던 물건을 다른 사람에게 줌(n=14)
정서	감정상태의 변화: 죄책감, 수치감, 외로움, 평소보다 화를 잘 내거나 짜증(n=107)
	무기력, 대인기피, 흥미상실(n=76)

[59] 이 자료는 개정된 K-PAC 2.1부터 추기된 항목으로 2016년부터 2017년에 시행한 심리부검 면담 자료 총 168명의 자료를 분석한 결과이다. 168명 중 경고신호가 있었던 것으로 파악된 자살사망자는 154명(91.7%)이었고, 경고신호 각 항목은 중복으로 해당될 수 있다.

이밖에 자살에 영향을 미친 요인으로 사망 전 자살사망자가 겪은 생애 스트레스 사건 분석 결과를 살펴보면, 정신건강 관련 문제가 있었던 경우는 253명(87.5%), 가족 관련 스트레스 사건의 경우 185명(64.0%), 경제적 문제 176명(60.9%), 직업 관련 스트레스 사건은 155명(53.6%), 부부 관련 스트레스 사건은 119명(41.2%), 신체건강 스트레스 사건은 91명(31.5%)으로 나타났다.

한편, 정부에서는 국민의 정신건강 문제의 사전예방과 조기 관리에 중점을 둔 정신건강 종합대책을 2016년 2월에 발표하면서 생애주기별 자살 예방정책을 강조하고 있다. 중앙심리부검센터에서도 2017년 심리부검 면담 결과보고 자료에서 4개의 생애주기 집단으로 구분하여 결과를 제시하였다. 그 결과를 보면, 전 연령대에서 우울장애, 물질관련 장애와 같은 정신건강 문제를 경험하는 비율과 가족 관련 스트레스 비율이 전반적으로 높게 나타났고, 사망 전 경고신호를 보이는 비율이 공통적으로 높게 나타났다.

➲ 생애주기별 자살사망자의 특성

생애주기	위험 요인	특성
청년기 (19–34세) (n=80)	– 성인기 이전 부정적 사건 – 연애 관련 문제	– 성인기 이전에 부정적인 사건을 경험한 비율이 높음 – 연애 관계와 관련하여 연인과 다투거나 불화 혹은 연인과의 이별 문제가 높음
중년기 (35–49세) (n=96)	– 경제적 어려움 – 직장 스트레스	– 직장 내 대인관계, 이직 및 업무량 변화, 실직 등 직업 관련된 스트레스 사건을 경험하는 비율이 높음 – 경제적 문제가 많았으며 세부 항목으로는 부채가 주요 요인 – 부채 중에서도 주택 관련된 부채 비율이 타 연령보다 높음
장년기 (50–64세) (n=77)	– 직업 및 경제 관련 스트레스 – 자살 관련 행동	– 직업 관련하여 실업 문제로 인한 스트레스가 높음 – 경제적 문제에서 부채와 관련된 스트레스 비율이 높은데 부채의 원인은 사업자금, 생활비인 경우가 많으며, 수입 감소로 인한 스트레스도 상대적으로 높음 – 과거 자살을 시도한 비율, 정신건강 치료/상담 비율이 다른 연령대에 비해 높으며 가족의 자살 시도/사망을 경험한 비율도 높음
노년기 (65세 이상) (n=36)	– 신체질병 관련 스트레스 – 사회적 고립	– 만성질환을 비롯한 신체 건강 관련 스트레스 사건 비율이 높음 – 혼자 지내거나 친구가 적고 믿고, 의지할만한 신뢰자가 없는 경우의 비율이 높은 등 사회적 관계가 취약함
공통 (전 연령) (n=289)	– 정신건강 문제 – 가족 관련 스트레스 사망 전 경고신호	– 전 연령대에서 우울장애, 물질 관련 장애와 같은 정신건강 문제를 경험하는 비율이 전반적으로 높음 – 연령대에 따라 가족 관련 스트레스 양상 다소 상이함 – 대부분의 자살사망자가 자살과 관련된 경고신호를 보이지만 주변 가족, 지인들은 이를 인지하지 못한 경우가 대부분임

자료: 중앙심리부검센터 홈페이지 내부자료(http://www.psyauto.or.kr/sub/data_02.asp)

먼저 청년기(19세-34세)는 성인기 이전 부정적 사건을 경험한 비율(51.3%)이 다른 연령대보다 높게 나타났고 연애 관계 스트레스(27.5%)나 학업 관련 스트레스 사건(13.8%)이 다른 생애주기와 다른 특징을 보였다. 중년기(35세-49세)는 직장 내 대인관계나 이직, 업무량 변화 등의 직업 관련 스트레스 사건(59.4%)과 경제적인 문제(69.8%)가 특징적이며, 특히 부채 관련 문제가 다른 생애주기에 비해 높게 나타났다. 장년기(50세-64세)의 경우 실업 등과 같은 직업 관련 스트레스 사건(59.7%)이 많았으며, 경제적 문제(64.9%)와 관련된 사건도 높았다. 또한 과거 자살시도 경험(48.1%), 정신건강 관련 치료나 상담(59.7%), 가족의 자살시도나 사망을 경험(55.8%)한 비율이 다른 생애주기에 비해 높게 나타났다. 마지막으로 노년기(65세 이상)는 신체 건강과 관련된 스트레스 비중(80.6%)이 높고 의지할만한 신뢰자가 없는 비율(55.6%), 친구가 1-3명밖에 없는 비율(38.9%)이 다른 연령대에 비해 높게 나타났다.

끝으로 2015년부터 2017년까지 3년 동안 심리부검 면담에 참여한 352명 유족의 자료를 분석한 결과, 유족의 88.4%에 해당되는 311명이 사별 이후 일상생활에서의 변화가 있었던 것으로 나타났다. 또한 80.1%의 유족이 우울감을 경험하였으며, 이중 95명(27.0%)은 심각한 우울 상태인 것으로 조사되었다. 자살사망자의 유족 중 224명(63.6%)은 주변에 고인의 자살 사실을 알리지 못한 사람이 있는 것으로 파악되었는데, 자살에 대한 부정적인 편견이나 상대방이 받을 충격, 비난에 대한 두려움 등의 이유로 사실대로 알리지 못한 것으로 나타났다. 심리적 부건 면담 이후 사후 확인이 이뤄진 유족 254명 중 216명(85.0%)은 심리적 부검 면담에 대해 만족하는 것으로 나타나 향후 우리나라도 자살예방을 위한 심리적 부검을 보다 활성화할 필요가 있다고 본다.

제4절 심리적 부검의 활성화를 위한 정책적 함의

1. 심리적 부검의 확산을 위한 전제

심리적 부검과 관련하여 미국의 사례에서 알 수 있듯이 법의학이나 보건학, 법률소송, 재난심리 등 다양한 분야에서 활용되고 있다[60]. 특히 1980년 후반 이후 미국에서는 민사소송에 이어 형사소송에서도 심리적 부검 결과가 증거로 채택되면서 사망원인이나 사건정황이 불분명한 의문사의 실체에 접근하는데 있어 법의관 및 경찰수사관들에게 유용한 증거수집 도구로 활용되고 있다(이미정, 2015)[61]. 지금까지 민사소송에서 심리적 부검 결과는 주로 사망자의 자살 여부를 판단하여 사망자가 보험금의 수혜자가 될 수 있는지를 판단하거나 근로자의 자살에 따른 산업재해소송에서 고용주의 법률적 책임을 판단하기 위한 증거로 활용되어 왔다. 우리나라도 2013년 법원이 최초로 심리적 부검을 통해 그 결과를 증거로 채택하여 자살과 업무의 관련성을 인정하는 판결을 내렸다.

판결사례-

서울고법 행정9부(재판장 박형남 부장판사)는 2013년 12월 19일 김모씨의 유족이 공무원연금공단을 상대로 낸 유족보상금지급거부처분 취소소송 항소심(2012누27505)에서 원고패소 판결한 1심을 취소하고 원고승소 판결했다. 항소심 재판부는 이 사건을 심리하면서 1,000건 이상 자살사례를 연구한 민성호 연세대 정신건강의학과 교수에게 감정을 맡겼다. 민성호 교수는 김씨의 유족 4명과 직장 동료 선후배 등에 대해 개별 대면면담을 진행했다. 민성호 교수는 김씨가 과다한 업무량에도 승진을 위해 삶의 상당 부분을 업무에 투자했는데 승진이 좌절돼 상실감을 느꼈고, 조직개편으로 인한 업무 증가에 따른 혼란상태, 그 과정에서 우울장애가 발병해 자살했다는 의견을 냈다.

재판부는 판결문에서 김씨가 정상적인 근무시간보다 40%가량 초과근무를 하면서 많은 업무량을 처리했고, 업무량이 더욱 많아졌음에도 충원돼야 할 직원이 충원되지 않아 부하 직원이 해야 할 업무까지 처리하면서 심한 스트레스를 받았다며 특별승진 대상자에서 제외되자 심한 절망감을 느껴 중증의 우울장애가 발병해 자살이라는 극단적인 선택을 하게 돼 김씨의 사망과 업무

[60] Klinenberg, E. 2002. Heat Wave: A Social Autopsy of Disaster in Chicago. Chicago: Chicago University Press.

[61] Knoll, J. L. 2008. The Psychological Autopsy, Part Ⅰ: Applications and Methods. *Journal of Psychiatry Practice*. 14(6): 393-397.

사이에 인과관계가 있다고 밝혔다. 또한 사체에 칼을 댈 수 없다는 부검에 대한 부정적 사회통념을 고려해 심리적 부검을 자살원인 규명절차로 변경하는 것을 검토할 필요가 있다고 밝혔다. 법원이 우울증을 앓다 자살한 공무원에 대해 사법사상 처음으로 '심리적 부검'을 실시하고 공무상 재해로 인정한 것이다(서울고법 2013. 12. 19. 선고 2012누27505).

또한 형사소송에서는 주로 사망자의 자살 또는 타살 여부를 판단하거나 학대 및 폭력 등의 영향으로 자살 및 타살인지를 판단하기 위한 증거로 심리적 부검이 활용되고 있다. 국내의 경우 지금까지 형사소송에서 심리적 부검이 증거로 활용된 경우는 없으나 근래에 일가족 살해 후 자살사건(family annihilation)에 대해 경찰 수사만으로 사건의 진실을 규명하는 데 한계가 있기 때문에 심리적 부검을 의무화하여 자살사망자의 심리적 원인을 파악하고 자살예방대책을 마련하기 위해 자살예방법 개정안을 발의하기도 했다[62].

➲ 심리적 부검의 활용영역 및 사례

영역	내용	사례
법의학	의문의 죽음에 대한 원인 규명	군대 내에서 발생한 의문사에 대한 사건 조사
보건학	자살 연구	응급의료기관에서 자살사망자와 교통사고사망자를 대상으로 자살 위험요인에 대한 환자 대조군 연구를 수행
	자살예방 활동	국가 또는 지역사회 차원의 자살예방 대책 수립과 자살예방 프로그램 운영
	자살사망자 유가족 사례관리 서비스	자살사망자 유가족에 대한 인터뷰를 통하여 유가족이 사망자의 죽음에 대한 느낌과 사망자의 삶에 관한 이야기를 나누며 자연스럽게 슬픔의 배출구를 찾아가는 치료적 기능을 수행
법률	보험금 지급 관련 소송	생명보험에 가입한지 2년 만에 피보험자가 갑자기 사망하였을 경우, 심리적 부검을 통해 자살, 타살, 사고사 여부를 판명(생명보험 표준 약관은 보험 가입 2년 이내의 자살에 대해서 보험금 지급을 금지)
	형사 소송	상습적으로 남편에게 구타당한 아내가 남편을 갑자기 살해하였을 경우, 피고 측 변호인이 심리적 부검을 통해 남편을 살해했을 당시 아내의 심리상태를 판단

[62] 국회 교육문화체육관광위원회 소속인 새누리당 윤재옥 의원은 2014년 11월 24일 자살 원인규명 조사를 가능토록 하는 '자살예방 및 생명존중문화 조성법(자살예방법)' 개정안을 국회에 제출했다. 개정안은 자살 시도의 원인을 규명하기 위해 보건복지부 장관과 시 · 도지사가 필요하다고 인정하는 경우 전문가로 구성된 조사반을 구성해 '심리 부검'을 실시토록 규정했다(연합뉴스, 2014.11.24. 보도자료 인용). 그 이후 2016년 8월 10일 더불어민주당 정춘숙 의원은 심리부검사업의 법제화를 위해 '자살예방 및 생명존중문화 조성을 위한 법률 일부개정법률안'을 대표발의 했다(국회뉴스, 2016.08.10. 보도자료 인용)

	의료사고에 대한 소송	자살사망자의 유가족이 정신과 의사를 상대로 부적적한 치료에 의한 자살에 대해 소송
	산업재해 인정 보상 소송	업무로 인한 스트레스가 자살을 야기했다고 유가족이 회사를 상대로 소송
	제조물 책임제도 관련 소송	상품의 결함으로 인해 소비자가 자살한 경우, 해당 상품의 생산, 유통, 판매 등 일련의 과정에 참여한 자가 그 손해를 배상할 의무를 책임

자료: 보건복지부, 자살 사망자 심리적 부검 및 자살 시도자 사례관리 서비스 구축 방안, 한국자살예방협회 연구자료.

그러나 이러한 노력에도 불구하고 우리나라에서 심리적 부검이 활성화되지 못하는 가장 큰 이유는 죽음을 터부시하고 자살 자체를 덮으려고 하는 한국인의 정서 때문이라는 것이 지배적인 견해이다. 이처럼 2014년부터 자살예방을 위한 심리적 부검 제도가 본격적으로 실시되고 있으나 자살에 대한 오해와 편견으로 인해 자살사망자 유족들의 자발적 참여를 기대하기 어려운 실정이다. 따라서 이러한 문제를 해결하기 위해 우선 자살에 대한 완고한 인식의 터부를 허물어야 하며, 자살을 여타의 사망 원인처럼 특별한 경계심 없이 언급하고 들여다볼 수 있을 때 자살도 예방할 수 있다는 인식의 전환이 필요하다. 또한 자살사망자의 명백한 위험요인과 생애주기별 위험요인을 과학적이고 체계적으로 규명하고 나아가 대조군을 설정하여 상호 비교를 통해 보다 구체적인 위험요인을 밝힐 필요가 있다(권호인 외, 2016). 이밖에도 국가주도의 심리적 부검을 수행하는 중앙심리부검센터를 주축으로 표준화된 심리부검 면담도구를 개발하고 관련 자료들이 축적될 수 있도록 심리적 부검 관련 법률의 제 · 개정을 통해 제도적 장치를 마련해야 한다.

2. 심리적 부검의 정책적 함의

우리나라는 2009년부터 심리적 부검을 본격적으로 실시하였으나 초보적 수준에 머물러 있다는 평가를 받았다. 그러나 2012년 이후 심리적 부검 관련 연구가 활발히 진행되면서 국가적 차원에서 심리적 부검에 대한 정책적 기틀을 다지는 단계에 접어들면서 향후 발전 가능성은 높을 것으로 전망된다. 특히 2013년 자살실태조사와 2017년 보건복지부가 자살예방 차원에서 2014년 중앙심리부검센터를 설립한 후 최근 3년간(2015-2017) 자살사망자의 자료를 활용하여 심리적 부검 결과를 제시함으로써 국가차원의 자살예방정책수립에 기여할 것으로 본다. 따라서 여기서는 자살 및 타살의 법의학적 조사 및 예방을 위한 심리적 부검의 활용, 심리적 부검을 위한 유관기관 협력체계 구축 등을 중심으로 정책적 함의를 제시하고자 한다.

첫째, 앞의 심리적 부검의 활용영역에서 제시했듯이 최근 심리적 부검 방법을 자살이나 타살에 대한 법의학적 조사와 형사소송을 위한 증거수집 도구로 활용하는 사례가 증가하고 있다. 심리적 부검을 통해 사망자의 자살 또는 타살여부 뿐만 아니라 자살 · 타살사건에 대한 가정폭력 등 학대폭력의 영향, 자살사건의 동기 및 정황 등을 사망자의 유족 및 주변인을 대상으로 체계적인 면담 및 유서 등 다양한 기록물을 수집하여 조사 · 분석함으로써 의문사로 남을 수 있는 사망사건의 진위를 규명하는데 매우 중요한 역할을 할 수 있다. 아울러 자살 또는 타살 사망자 개인의 복합적인 심리 · 사회환경적 요인들을 이해하고 사망자들에게 나타나는 공통 위험요인 및 패턴을 분석하여 사전예방 대책을 마련하는데도 활용할 수 있다. 이밖에도 법의학 및 형사소송 절차에서 경찰은 심리적 부검을 자살 및 타살 사건의 증거 수집을 포렌식(forensic) 도구로 활용할 수 있다. 특히 2017년 심리부검 결과에서도 나타났듯이 자살사망자 유족 및 주변인들의 경우 죄책감이나 우울증을 경험했고, 이로 인하여 장래 자살이나 범죄피해의 고위험군이 될 가능성이 높기 때문에 심리부검 면담을 통해 정신건강 관련 심리치료의 기회를 제공함으로써 연쇄적인 비극사건을 사전에 예방하는 효과도 있을 것으로 본다(이미정, 2015).

둘째, 자살사건에 있어서 심리적 부검의 실효성을 확보하기 위한 가장 기본적인 전제는 경찰과 지역 정신건강증진센터간의 유기적인 협력체계가 구축되어야 한다. 경찰기관은 자살사망자 유족과 직접적으로 접촉하기 때문에 심리적 부검 대상자의 사례발굴이 용이하고 유족의 동의 시 자살사망자에 대한 기본정보 및 조사기록, 유서 등의 관련 자료를 제공해줄 수 있다[63]. 또한 경찰은 자살사망자 유족과 심리부검 면담 전후로 유족에 대한 애도 및 심리치료가 필요한 경우가 있기 때문에 지역 정신건강증진센터와의 협력체계를 구축하고 상호협력관계를 유지해야 한다. 다시 말해서 경찰서와 지역 정신건강증진센터가 협력체계를 구축할 경우 경찰이 자살사망자에 대한 현장조사를 실시한 후 유가족 진술조사 시 이 사건을 정신건강증진센터로 연결하여 유족이 힘든 상황을 극복할 수 있도록 조치해 줄 수 있다. 그 이후 유족이 안정되면 정신건강증진센터를 통해 자연스럽게 심리상담과 심리적 부검을 받을 수 있도록 유도할 수 있다. 특히 전국적으로 심리적 부검을 확대하기 위해서는 광역시도

[63] 경찰의 경우 모든 사망사건의 1차 조사자인 동시에 자살사망자의 자살방법, 자살사유, 자살 시점, 자살 당시 약물 및 알코올 복용 여부 등을 확인하여 전산시스템에 등록하도록 되어 있기 때문에 경찰의 협조와 유가족의 동의가 있을 경우 경찰 변사사건 조사체계 및 일선 경찰의 협력을 통한 가장 많은 사례발굴이 이루어질 수 있다(보건복지부, 2014: 208-209; 권호인 외, 2016: 634).

내에서 개별적인 협약을 체결하기보다는 경찰청 본청과 보건복지부, 그리고 중앙심리부검센터 상호간의 업무협조가 필요하다. 나아가 외부자원 및 네트워킹의 관점에서 광역자살예방센터와 정신건강의학과 전문의, 경찰청, 심리 및 사회복지전문가, 응급의료기관 등이 연계할 수 있는 다학제적 네트워크가 반드시 필요하다(보건복지부, 2014; 나경세 외, 2015).

셋째, 경찰수사 분야에서 심리적 부검을 다룰 수 있는지가 중요하기 때문에 관련 업무를 담당하는 경찰관을 대상으로 한 조사체계 및 자살사건에 대한 기본적인 지식, 그리고 담당 경찰의 역할에 대한 교육훈련을 강화할 필요가 있다. 특히 사체에 대한 물리적 검안을 담당하는 경찰검시관들과 과학수사 및 강력계 담당수사관, 피해자전담경찰관, 프로파일러 등 법의학 지식을 필요로 하는 경찰관에 대해서도 심리적 부검방법 및 프로토콜 등에 대한 전문교육훈련 등을 실시할 필요가 있다. 또한 심리적 부검 면담원은 심리부검을 진행하면서 제한시간 내에 자살사건 및 자살사망자의 다양한 생애 영역에 대한 정보를 획득함과 동시에 면담에 참여하는 유족의 심리상태도 고려해야 한다. 이를 위해 면담원은 정신건강 관련 분야에서의 임상경험과 임상적 면담에 대한 경험이 필요하기 때문에 향후 심리적 부검의 활성화 차원에서 심리적 부검 면담원의 전문성도 요구된다.

마지막으로 세계보건기구(WHO)에 따르면, 한 명의 자살사망자가 발생할 경우 최소 5명에서 10명의 주변 사람들이 상처를 받는 것으로 알려져 있다. 특히 자살사망자의 배우자, 부모, 자녀 등 유족은 높은 수준의 죄책감과 우울증을 경험하고 그 고통이 큰 것으로 나타났다(보건복지부, 2018)[64]. 한국자살예방협회는 가족 사망 후 사회적 관계의 단절을 경험하면서 상실감에 따른 감정을 표현할 기회조차 없었던 유적들이 심리부검 면접원의 공감과 경청, 이해를 통해 상실감을 수용하고 일상을 회복했으며, 이것이 심리적 부검을 성공적으로 마치는데 기여했다고 보았다. 따라서 심리적 부검 그 자체만으로도 유족에게 치료적 효과가 있으며[65], 유족의 막연한 죄책감과 자기 비난을 덜어줄 수 있고 심리적 부검에서의 경험을 토대로 자살로 인해 단절된 사회관계망을 다시 작동시키는 계기가 될 수 있다. 향후 심리부검 면담은 자살사망자의 원인분석을 통한 자살예방 뿐만 아니라 자살사망자 유족을 위한 사후 개입의 역할을 할 수 있도록 보다 체계화되어야 할 것으로 본다.

---

[64] Mitchell, A. M. 2009. Depression, Anxiety and Quality of Life in Suicide Survivors: A Comparison of Close and Distant Relationships, *Archives of Psychiatric Nursing*, 23: 2–10; Gilewski, M. J., & Farberow, N. L. 1991. Interaction of Depression and Bereavement on mental Health in the Elderly, Psychology and Aging: 67–75.

[65] Henry & Greenfield. 2009. Therapeutic Effect of Psychological Autopsies: The Impact of Investigating Suicide on Interviewees, *Crisis*, 30: 20–24.

CHAPTER

9 전자감독제도

범죄예방 정책사례(1)

핵심

전자감독제도는 법에서 정한 감시대상자가 특정 시간과 장소에 있는지를 확인하기 위한 것으로 손목이나 발목 등에 전자감응장치를 부착시켜 전자파를 발신하고 추적하는 새로운 사회 내 처우기법의 하나이다. 우리나라는 성폭력, 미성년자 유괴, 살인, 강도 범죄를 저지른 자의 발목에 전자장치를 채우고 위치추적과 보호관찰을 통해 재범을 억제할 목적으로 2008년 9월부터 시행되었다. 제도의 시행 초기에는 성폭력 범죄자를 대상으로만 실시했지만 이후 대상자가 확대되었고, 전자장치 부착자는 GPS시스템을 통해 24시간 위치추적을 받는다. 아울러 야간 등 특정 시간대 외출 제한, 특정 지역이나 장소 출입금지, 주거지 제한, 범죄 피해자 등 특정인에 대한 접근 금지 등의 제한도 받는다. 전자감독제도의 도입 시 이를 뒷받침할 범죄학적 이론이 충분히 논의된 것은 아니지만 대표적으로 범죄억제이론, 합리적 선택이론, 일상활동이론 등을 통해 설명하고 있으며, 주요 쟁점으로는 법적 성격, 이중처벌 문제, 소급효의 문제 등이 거론된다.

제1절 전자감독제도의 의의와 유형

1. 전자감독제도의 개념과 유래

전자감독제도(electronic monitoring system)[1]는 전자기계(electronic device)를 이용하여 감시대상자를 감시 · 감독하는 형벌프로그램으로 법에서 정한 감시대상자가 특정 시간과 장소에 있는지를 확인하기 위한 것으로 손목이나 발목 등에 전자감응장치를 부착시켜 전자파를 발신하고 추적하는 새로운 사회내처우기법의 하나라고 할 수 있다[2]. 법무부에서는 전자감독(Electronic Monitoring)이라는 용어를 사용하고 있으며, 전자적 기술을 적용하여 범죄인을

[1] 전자감독제도는 특정 범죄자에 대한 위치추적 전자장치 부착 등에 관한 법률에서 사용된 용어로 전자장치제도 혹은 전자감시제도 등으로 혼용되어 사용되고 있다. 여기서는 범죄자에 대한 감독에 전자적 기술을 적용하는 제반 형사정책수단과 프로그램을 통칭하는 것으로 보고 법무부에서 공식적으로 사용하고 있는 전자감독제도로 통일하여 사용하였다.

[2] 최정학. 2007. 전자감시제도(electronic monitoring system)의 도입에 관한 연구: 특정 성범죄자에 대한 위치추적 전자장치 부착에 관한 법률의 비판적 분석. 「형사정책」. 19(2): 351.

감독하는 형사정책 수단으로 재범위험성이 높은 특정 범죄자의 신체에 전자장치를 부착하여 24시간 대상자의 위치와 이동경로를 파악하고 보호관찰관의 밀착 지도 · 감독을 통해 재범을 효과적으로 방지하는 제도로 정의하고 있다. 우리나라에 전자감독제도가 도입될 당시의 정책적 의의는 성폭력범죄자의 재범을 막아야 한다는 형사정책적 요구와 교정시설의 유지 · 관리를 위한 비용절감의 현실적 필요성에 의하여 도입된 제도이다.

이처럼 전자감독제도는 재범위험성이 높은 성폭력범죄의 경우와 징역형을 선고받은 성폭력범죄자 중 다시 성폭력범죄를 범할 위험성이 있다고 인정되는 자에 대해 위치를 확인할 수 있는 전자장치를 부착하여 그 행적을 추적할 수 있도록 함으로써 성폭력범죄의 재범을 예방하는데 목적이 있다. 이 제도의 주된 대상은 성폭력범죄를 반복하는 경우나 아동 · 청소년에 대해 성폭력범죄를 저지른 범죄자로 볼 수 있다. 특히 아동 · 청소년에 대한 성폭력은 일반 성인 성폭력범죄에 비해 피해가 심각하고 재범위험이 다른 유형의 성폭력범죄자에 비해 높은 것으로 나타나고 있다[3]. 일반적으로 전자감독제도는 범죄피해자의 접근금지 실시를 통한 범죄피해자 보호 강화, 과학적 재범방지 대책의 도입으로 국민의 특정범죄에 대한 불안감 감소, 전자감독 의무 위반 시 신속하고 강력한 형사처벌, 특정 범죄자에 대한 24시간 전자감시를 통한 범죄기회의 사전 차단, 특정범죄자의 위치정보를 수사 및 재판자료로 활용함으로써 특정 범죄자에 대한 수사 및 재판의 효율성 제고 등의 정책효과를 거둘 수 있다는데 그 의의가 있다[4].

한편, 전자감독제도가 출현한 것은 1960년대이지만 이를 본격적으로 범죄자들에게 적용한 것은 1980년대 이후로 볼 수 있다[5]. 1964년 하버드대 심리학과 교수였던 랠프 쉬츠게벨(Ralph Schwitzgebel)은 세계 최초로 미국의 형사사법제도에 전자감시시스템을 구상하였다. 그는 범죄자를 교도소에 수감하는 것보다는 인간적이고 비용이 절감되는 다양한 대체수단의 한 방법으로 이를 고안하였다. 실험심리 측면에서 정신병원 퇴원 자와 가석방 자에게 행동전달증강장치(BTR, Behavior Transmitter Reinforcer)라고 하는 소형수신기를 휴대하게 하고 그 행동을 감시, 통제하며 개선하려고 하였다. 당시 대량운송시대에 대응하여 버스나 전차

---

[3] Rice, M. E., & Harris, G. T. 1997. Cross-validation and Extension of the Violence Risk Appraisal Guide for Child Molesters and Rapists, *Law and human Behavior*, 21(2): 231-241.

[4] 오삼광, 2012. 현행법상 전자감시제도의 문제점과 발전방안에 관한 연구. 「서울법학」, 20(1): 314.

[5] Nellis, M. 1991. Electronic Monitoring of Offenders in England and Wales, *British Journal of Criminology*, 31(2): 165-185; Renzema, M., & Mayo-Wilson, E. 2005. Can Electronic Monitoring Reduce Crime for Moderate to High-risk Offenders? *Journal of Experimental Criminology*, 1(2): 215-237.

의 흐름을 모니터하는 시스템에서 힌트를 얻었으며, 그 이후 이 제도는 매사추세츠 주에서 교도소 출소자, 학생, 사업가 등을 대상으로 시험적으로 실시되었다[6]. 특히 그는 전자감독제도가 특정한 시설에 수감하지 않고 범죄자들이 일상적인 생활을 하는 동시에 행동을 제한함으로써 시민들의 안전을 보호하고 범죄자의 사회화를 유도할 수 있는 교정수단으로 평가하였다.

또한 1977년 뉴멕시코주 지방법원 판사인 러브(Jack Love)는 1977년 코믹시리즈 소설인 스파이더맨(Spiderman)의 한 장면에서 주인공이 자신의 모든 행동을 볼 수 있는 태그를 부착한 체 행동하는 것을 보고 범죄자의 전자감시체계를 착안하였다. 그는 1983년 전자전문가인 고스(Goss)에게 기기제작을 의뢰하여 최초로 형 집행을 위해 사용될 수 있는 전자장치를 만들었다. 러브(Love) 판사는 이 장치를 3주일 정도 자신에게 실험한 후 1983년 4월 보호관찰 준수사항을 위반한 30세의 범죄자에게 한 달 간의 전자감시 가택구금을 선고하면서 사용하게 되었다. 그 이후 1984년 플로리다의 팜피치 카운티에서 전자감독제도인 가택구금프로그램(Home Confinement Program)을 도입하여 교도소 수감자를 대폭적으로 감소시켰다. 당시 사회내처우를 판결한 보호관찰대상자에게 전자팔찌(bracelet)를 착용시켜 준수사항의 이행을 감독하는 방식으로 보호관찰에 통제기능을 강화하기 위하여 발전되어 온 하나의 감독수단이라 할 수 있으며, 구금형을 회피하고자 구금형의 대체수단으로 활용되기 시작하였다.

전자감독제도를 본격적으로 도입한 이후 미국에서는 1988년에 32개 주에서 이 제도를 도입하였고, 1988년 이후 모든 주로 확대되었다[7]. 2008년까지 미국에는 약 160만 명의 수용자가 교정시설에 수용되어 있었으며, 510만 명의 범죄자가 사회내처우를 받는 것으로 나타났다. 이는 2000년도의 460만 명에 비해 1.4% 정도 증가하였다. 최근 전자감독제도는 죄질이 보통(medium) 또는 아주 나쁜(high-risk) 범죄자들에 대한 기소 전 감시 및 수감 중이던 중범죄자(serious offenders)의 석방 시 이들에 대한 사회 내 감시수단으로 확고하게 자리를 잡았다. 특히 성범죄자에 대한 전자감독은 뚜렷한 확대추세를 보이고 있으나 전자감독의 한계 및 효과에 대한 논의도 활발하게 진행되고 있다[8].

[6] Payne, Brian K., & Gainey, Randy R. 2000. Is Good-time Appropriate for Offers on Electronic Monitoring? Attitudes of Electronic Monitoring Directors, *Journal of Criminal Justice*, 28: 497-506.

[7] 미국에서는 전자감독제도를 포함하여 법무부 산하의 법집행효과 평가 및 정보교환 등을 위하여 국립법집행교정기술센터(National Law Enforcement Corrections Technology Center: NLECTC)를 1996년 법무부 산하에 설치하였다.

[8] 재택구금(house arrest)과 관련하여 확립된 정의는 없으나 형사사법의 어느 단계에서 형사시설에 수용해야 할 범죄자를

1990년을 전후로 캐나다, 호주, 영국, 싱가포르, 이스라엘, 스웨덴, 뉴질랜드, 네덜란드, 스위스, 독일 등에서 전자감독제도를 도입하여 시행하고 있다. 이처럼 전자감독제도를 시행하고 있는 국가들의 경우 미결구금을 대체하기 위하여 전자감독을 조건으로 한 보석을 실시하거나 집행유예나 가석방 시 보호관찰 프로그램과 연계하여 전자감독을 실시하고 있다[9]. 다시 말해서 보호관찰의 감시적 성격을 강화하는 측면도 있으나 기본적으로 재사회화 이념에 따라 구금형보다는 사회내처우를 강조하고 있고 불필요한 구금형을 회피하고자 하는 정책적 지향점을 가지고 있다. 그 유형으로는 재택구금, 가택구금, 가택연금으로 구분하여 실시하고 있으며[10], 대부분의 국가가 통금명령(curfew order)과 수강명령(attendance center order)을 병행하여 운영하고 있다[11].

2. 전자감독제도의 유형

전자감독제도는 도입 초기부터 시스템을 정교하게 발전시키려는 노력으로 성능 및 이동성 측면에서 상당한 발전을 이루어오고 있다. 먼저 제1세대의 기계 설비를 라디오주파수(Radio Frequency: RF)시스템이라 불렀으며, 이를 다시 수동형(passive)과 적극형(active)의 두 가지로 분류하였다. RF시스템은 기본적으로 정해진 시간대에 정해진 장소, 다시 말해 학교, 직장, 주거지 등에 범죄자가 위치하고 있는 가를 확인하는 것을 주요 목적으로 개발되었다. 먼저 단속적 감시시스템(passive system)인 수동형은 중앙관제센터에서 일정한 시간 혹은 불규칙적으로 범죄자에게 신호를 보낼 경우 이에 응답하는 시스템으로 범죄자의 주거지나 직장 등에 범죄자가 위치해 있는지를 확인하는 것이다. 이는 중앙관제센터가 보내는

자택에 머물게 하여 일정한 행동을 제한하는 것으로 말한다. 가택구금(home detention)은 전자감독 대상자가 하루 종일 자신의 주거지에 머물러 있는 것을 전제로 하는 상당히 무거운 제재수단이다. 하지만 생필품을 사기 위해 시장을 가거나 응급치료 등과 같이 꼭 필요한 시간들은 예외적으로 인정된다. 가택연금(home incarceration)은 자신의 주거지에서 자유를 제한하는 유형 중 가장 강력한 것으로 판결의 선고에 의한 형 확정 이후 형 집행의 단계에서 시설 내 구금에 대한 대안으로 사용되고 있다. 단지 의료적 치료 혹은 종교 활동과 같이 아주 제한된 조건에서만 주거지를 떠날 수 있다. 가택구금의 경우와 달리 취업을 하거나 생필품 구입, 그리고 방문객을 받아들이는 것 등은 금지된다. 김혜정, 2015. 전자감독제도의 도입 및 운영을 위한 예비연구, 한국형사정책연구원: 34-35; 허경미, 2013. 미국 전자감독제의 효과성 및 정책적 시사점연구, 「교정연구」, 59: 37.

9 Turner · Hess · Myers · Shah · Werth · Whitby, 2007. Implementation and Early Outcomes for the San Diego High Risk Sex Offender(HRSO) GPS Pilot Program, Center for Evidence-Based Corrections, University of California Irvine: 25.

10 Black, Matt., & Smith, Russell G. 2003. Electronic Monitoring in the Criminal Justice System, *Trend & Issue in Criminal Justice*, 254, May: 2.

11 Payne, Brian K., & Gainey, Randy R. 2004. The Electronic Monitoring of Offenders Released from Jail or Prison: Safety, Control, and Comparisons to the Incarceration Experience, *The Prison Journal*, 84: 413-435.

신호를 검증하는 칩이 내장된 기기를 범죄자의 손목에 부착하고 신호를 받은 범죄자가 응답한 경우에 범죄자의 목소리를 분석함으로써 범죄자가 관제센터의 통제를 제대로 받는가를 확인하는 것이다.

다음으로 지속적 감시시스템(active system)인 적극형은 기본적으로 범죄자가 항상 수신기를 발목에 부착하여 송신자가 보내는 신호를 자신의 수신기로 확인하고 이에 응답하는 방식으로 이루어진다. 중앙관제센터는 범죄자가 신호체계를 방해하는 것을 찾아내며, 보호관찰관은 정상적인 응답체계가 이루어지지 않을 경우 범죄자에 대한 확인 및 경고 등의 제재를 가하게 된다. 그러나 RF 시스템은 장비조작이 간편하고 비용이 저렴하다는 장점은 있으나 범죄자의 위치를 정확하게 알지 못하고 정해진 시간대에 정해진 위치에 있는지를 명확하게 알 수 없는 단점이 있다. 다시 말해서 수동형의 경우 즉각적으로 범죄자의 현 위치를 확인하기 어렵다는 단점이 있고, 적극형의 경우 정해진 시간대에 범죄자의 응답 상황을 알 수는 있지만 그 위치를 정확하게 파악하는데 어려움이 있다[12].

이러한 문제를 보완한 것이 GPS(Global Positioning System)를 이용한 감시시스템으로 RF시스템의 수동형과 적극형의 개념을 모두 포함한 것으로 24시간 지속적으로 범죄자의 위치를 실시간으로 모니터링 할 수 있다[13]. 이러한 GPS시스템의 경우도 수동형(passive)과 적극형(active)으로 구분할 수 있다[14]. 먼저 수동형 GPS시스템은 상당부분 적극형의 GPS시스템의 원리를 공유하고 있으나 가장 큰 차이는 범죄자의 이동을 실시간으로 중앙관제센터에 전달되지 않는다. 이 시스템은 범죄자의 동선과 휴대폰 사용내역의 내용이 다음 날 보호관찰관에게 전달된다. 다시 말해 범죄자가 전 날의 기록을 다음 날 자신의 기기를 송수신기에 접속함으로써 관제센터에 보고하게 되고 관련 기록들이 보호관찰관에게 전달된다. 이에 비해 적극형 GPS시스템은 범죄자의 손목이나 발목에 부착한 송신기(transmitter)를 통한 신호가

---

12 단속적 감시시스템(passive system)과 지속적 감시시스템(active system)은 전자감독과 관련한 1세대 방식으로 주로 '가택구금'과 연계되어 제한된 장소의 이탈 여부를 감독하는 방식이다. 1983년 미국 뉴멕시코주 Albuquerque에서 가석방 보호관찰 준수사항을 위반한 범죄자에게 가택구금의 형태로 실무상 처음 적용된 이후 미국 대부분의 주에서 이 제도를 도입하여 활용하였다(김혜정, 2000. 전자감독제도의 적용가능성에 대한 검토: 전자감독은 새로운 형행의 신호탄인가?. 「형사정책」. 12(2): 110-111).

13 전자감독시스템의 2세대 방식으로 가택구금 중인 범죄자가 생업유지 등을 위해 외부 활동을 하는 경우 감독에서 벗어나는 문제점을 보완하기 위해 90년대 중반 위성통신기술을 활용하여 위치를 확인하는 GPS(Global Positioning System)를 위치추적 장치에 활용하는 방식이다(이형섭. 2013. 위치추적 전자감독제도 시행 5년의 현황과 과제. 「보호관찰」. 13(1): 60).

14 미국, 캐나다, 호주 등 전자감독제도를 도입한 대부분의 국가들은 GPS시스템을 활용하고 있다(Bottos, Shauna. 2007. An Overview of Electronic Monitoring in Collections: The Issue and Implications. Ottawa: Research Branch Correctional Service Canada).

범죄자의 휴대폰을 거쳐 중앙관제센터의 모니터에 송출되는 원리이다. 이 시스템은 범죄자의 위치를 중앙관제센터에서 실시간 확인할 수 있는 장점이 있다[15].

특히 이 시스템은 법원으로부터 피해자의 주거지나 직장 근처 등 특정지역에 접근하지 못하도록 명령을 받은 범죄자가 이 지역에 접근할 경우 중앙관제센터의 모니터에 경고가 나타나고 이것이 보호관찰관의 휴대폰으로 전달된다. 만약 피해자가 사전에 경고 장치를 등록했다면 피해자에게도 경고음이 발신된다. 이처럼 GPS를 이용한 감시시스템은 범죄자에게 접근 가능지역과 불가능지역을 모두 적용할 수 있도록 프로그래밍 할 수 있는 장점이 있다. 다시 말해서 GPS시스템은 범죄자가 일정한 장소에만 머물거나 특정 시간대에 특정 장소에 접근하지 못한다. 만약 범죄자가 이를 위반할 경우 범죄자 및 중앙관제센터, 보호관찰관에게 동시에 신호를 보내거나 사후에 통고될 수 있도록 설계되었다.

➲ 재택감독과 위치추적 전자감독 비교

구분	재택감독(RF)	위치추적(GPS) 전자감독
도입시기	1980년대 초반	1990년대 후반
도입목적	교도소 과밀수용 해소	성폭력, 살인 등 강력범죄 예방
법적성격	대체형벌, 미결구금의 대안	형기종료 후 보안처분
대상범죄	교통사범, 절도범 같은 경미 범죄	성폭력, 살인, 강도 등의 중범죄
감독유형	RF방식(근거리 무선통신)	GPS방식(위성항법시스템)
감독대상	재택 여부	실시간 위치정보
부착기간	대체로 6개월 미만	대체로 5년 이상
장점	장비조작 용이, 저렴한 비용,	이동경로 확인 및 재범 시 검거 용이
단점	외출 시 위치파악 곤란	인력 및 비용 부담

한편, 앞에서도 제시했듯이 외국의 전자감독제도는 미국, 영국, 스웨덴, 호주, 싱가포르 등 세계 약 22개국에서 도입하여 운영하고 있다. 하지만 24시간 감독체계를 갖추고 있는 국가는 7개국에 불과하며, 나머지 국가는 1세대 유형인 재택감독 형태로 운영되고 있다. 미국 등 외국의 경우 전자감독제도 도입 당시 교도소의 과밀수용 해소와 경미한 범죄에

[15] Black, Matt., & Smith, Russell G. 2003. Electronic Monitoring in the Criminal Justice System, *Trend & Issue in Criminal Justice*, 254: 1-6; Office of Program Policy Analysis and Government Accountability. (2005). Electronic Monitoring should be Better Targeted to the most Dangerous Offenders, Research Report: No.05-19.

대해 사회 내 감독을 통해 사회적 낙인을 최소화하기 위해 도입된 것이다. 우리나라에서 실시되고 있는 전자감독제도는 GPS를 통해 전자장치 부착 대상자의 이동경로를 24시간 감독하는 2세대 전자감독시스템이다. 여기서 우리나라에서 사용 중인 전자감독시스템을 구체적으로 살펴보면, 먼저 전자감독시스템은 부착장치, 단말기, 재택 감독 장치 등 3개의 개별 장치로 구성되어 있다. 다시 말해서 피부착자의 발목에 착용하는 전자장치, 부착자의 현재 위치를 파악해 관제센터로 정보를 보내는 휴대용 추적장치, 그리고 대상자의 재택여부를 확인하는 장치인 재택 감독장치로 구성되어 있으며, 전자장치 부착자는 외출 시 휴대용 추적장치를 함께 가지고 다녀야 한다.

➲ 전자감독시스템 구성요소

부착장치	휴대용 추적장치	재택 감독장치

– 피부착자의 발목에 부착 – 휴대용 추적장치 소지여부 감독 – 본체 및 스트랩 훼손 감지	– 위치를 파악하여 관제센터로 전송 – 필요시 보호관찰관 및 관제센터와 음성통화 – 장치훼손 감지	– 피부착자의 주거지에 설치하여 대상자 귀가, 재택여부 파악 – 휴대용 추적장치 충전 – 장치훼손 감지

위치추적의 원리는 4단계로 부착자의 발목에 부착된 전자장치에서 전자파를 발신해 이를 휴대용 추적장치에 정보를 보내고 이를 GPS와 이동통신망이 탐지해 부착자의 위치를 자동으로 확인하는 방식이다. 전국의 전자장치 부착자의 위치는 발신기를 통해 이들의 위치와 이동경로 등의 정보가 실시간으로 24시간 법무부 중앙관제센터에 전달, 기록된다. 중앙관제센터는 해당 성범죄자가 법원의 전자장치 부착명령과 함께 부과한 스쿨존 등 특정지역 방문금지, 피해자에 대한 접근금지, 특정시간 외출 금지 등 특별 준수사항을 이행하는지도 감시하게 된다(서혜석 외, 2016)[16].

[16] 서혜석 · 이정은. 2016. 전자장치 부착 대상자들의 재범경험에 대한 질적 내용분석 연구: A시의 보호관찰 성범죄자들을 중심으로. 「보호관찰」. 16(2): 75-115.

➲ 위치추적의 원리

위치추적장치	이동통신망	위치추적관제센터	보호관찰소
1 단계	2 단계	3 단계	4 단계
특정범죄자의 휴대용 추적장치를 통해 위성신호를 수신 ➡	이동통신망을 통해 위치정보를 중앙관제 센터에 송신 ➡	특정 범죄자의 이동 경로 지속탐색 및 발생정보 처리 ➡	일선 보호관찰소 전담 직원은 위치 정보를 지도감독에 활용

만약 부착자가 접근 금지구역이나 전파탐지 불가 지역으로 들어가게 되면 위치추적센터에 있는 시스템 경보장치가 자동으로 경보를 울리고 동시에 부착자에게도 알람이나 진동이 울리게 된다[17]. 이런 경우 대상자를 담당하는 보호관찰관에게 위치추적센터 직원이 유선으로 연락을 하고 담당 보호관찰관은 현장에 출동해 경보발생의 진위를 파악하여 문제를 해결하는 역할을 담당한다. 또한 전자장치 훼손 등 긴급 상황이 발생하면 즉각 출동할 신속대응팀이 2017년 기준으로 전국 51개 보호관찰소에 배치되어 있다.

[17] 경보처리 절차를 구체적으로 살펴보면, 먼저 위치추적관제센터에서 전자장치대상자 위치와 준수사항 이행 여부 등을 실시간으로 모니터링하고 있으며, 경보 발생시 1차적으로 사유파악, 위험경보 시 보호관찰소의 전자감독 신속대응팀에 즉시 통보하고 있다(박성수, 2015. 가해제와 재범률 간의 상관관계분석 및 중간처우적 방안으로써 재택구금제 도입 연구, 「2015년 법무부 정책연구보고서」: 23.

제2절 전자감독제도의 이론적 논의

범죄학자들의 경우 새롭게 도입되는 범죄예방 및 통제 관련 정책이나 프로그램이 성공적으로 시행되기 위한 전제조건으로 범죄학적 이론에 기반을 두고 각종 프로그램이 개발되어야 한다고 강조하였다[18]. 다시 말해서 이론의 타당성을 검증할 수 있는 실증적인 연구가 이루어진 후 범죄예방 및 통제에 관한 정책이나 프로그램이 개발되어야 실패를 최소화할 수 있다는 것이다. 전자감독제도의 도입 시 이를 뒷받침할 범죄학적 이론이 충분히 논의된 것은 아니지만 범죄학 관련 이론 중 범죄억제이론, 합리적 선택이론, 일상활동이론, 저항이론 등이 어느 정도 이론적 근거가 될 수 있다고 판단하여 이를 중심으로 살펴보았다[19]. 또한 전자감독제도의 도입과 관련하여 장단점 등을 고찰하였다.

1. 전자감독제도의 이론적 배경

1) 범죄억제이론

억제이론(deterrence theory)은 근대적 형사사법체계의 형성에 있어 기초가 되었으며, 최근까지 억제이론을 토대로 형사사법체계가 운영되고 있다. 18세기 체사레 베카리아(Cesare Beccaria)와 제레미 벤담(Jeremy Bentham)은 각각의 저서 『범죄와 처벌에 관하여(On Crime and Punishments)』와 『도덕과 법제의 원리에 대한 고찰(An Introduction to the Principles of Morals and Legislation)』을 통해 범죄의 원인을 설명하기 보다는 보다 합리적이고 공정한 형사사법체계에 대한 철학적 근거를 제시하였다. 고전주의 범죄학에 의하면, 형법의 제정과 처벌은 억제이론에 근거를 두고 있으며, 범죄행위에 대한 제재를 통해 범죄는 억제된다는 것이다. 이러한 처벌이 효과를 거두기 위해서는 제재가 본질적으로 공개적이고, 신속하고, 범죄에 비례하고, 확실하고 엄격해야 한다는 것이다. 또한 억제는 일반 억제(general deterrence)와 특별 억제(specific deterrence)의 두 가지 방식이 적용된다. 먼저 일반 억제는 범죄에 대한 처벌의 고통이 일반대중에게 인식되어 범죄를 억제하게 만드는 효과인 반면 특

[18] Akers, R., & Sellers, C. S. 2004. Criminological Theories: Introduction, Evaluation, and Application, Los Angeles, CA: Roxbury Publishing; Vold, G. B., & Bernard, T., & Snipers, J. B. 2002. Theoretical Criminology, Fifth Edition, New York: Oxford University Press.

[19] 박선영. 2010. 전자감독제도의 효과성 연구. 한국형사정책연구원: 31-35 참조.

별 억제는 범죄를 저지른 당사자가 자신에게 부과된 처벌을 경험하며, 재범을 억제하게 되는 범죄자 자신에 대한 범죄억제효과라 할 수 있다[20].

이처럼 엄격성, 신속성, 확실한 제재를 통한 범죄의 억제라는 측면에서 볼 때 억제이론은 우리나라에서 도입한 전자감독제도의 취지에 부합되는 이론이라 할 수 있다. 외국의 경우 전자감독제도의 도입 의도가 교정시설 과밀수용의 해소와 경미범죄자에 대한 사회내처우를 강화하기 위한 수단이었으나 우리나라는 성범죄에 대한 강력한 처벌을 주장하는 국민적 요구에 의해 성범죄자에 대한 엄격한 처벌과 집중적인 감시 · 감독이라는 취지로 도입되었다. 따라서 성범죄자에 대한 전자감독의 부과를 통해 억제이론이 주장하는 일반 억제와 특별억제의 효과를 기대해 볼 수 있다. 물론 전자감독과 같은 제재수단이 과연 잠재적 범죄자들에게 얼마나 범죄억제 효과로 작용할 수 있을지는 알 수 없다. 그러나 전자장치 등을 착용한 범죄자가 정상적인 사회생활을 하는데 불편함을 인식할 경우 이러한 제재수단을 통해 향후 범죄억제 효과가 나타날 수 있을 것으로 본다. 다만, 전자장치 부착으로 일상생활에 제약을 받고 외출을 꺼리는 등의 사회적 낙인이 더 큰 부담으로 작용할 수 있다는 점에서 보다 깊이 있는 분석이 요구된다[21].

2) 합리적 선택이론

합리적 선택이론(rational choice theory)은 고전주의 범죄학파에 의해 범죄가 발생하는 원인에 대한 이론에서 시작되어 범죄자들의 범죄행위를 설명하는 이론적 기반이 되었다. 다시 말해서 합리적 선택이론은 억제이론의 확장, 변형된 이론으로 정통 범죄학 이론으로 시작된 것은 아니지만 1970년대 중반 이후 미국과 영국의 범죄학자들을 중심으로 범죄행위를 설명하기 위해 현대 합리적 선택이론이 등장했다[22]. 특히 1975년 고전주의 관점에 새로운 지평을 연 제임스 윌슨(James Q. Wilson)은 그의 저서 『범죄에 대한 숙고(Thinking about Crime)』에서 범죄가 빈곤 등 외부요인에 의한 것이며, 정부의 프로그램으로 해결할 수 있을 것이라고 믿었던 실증주의의 견해를 비판하면서 범죄를 저지를 수 있는 사람을 억제하고 범죄자를 감금함으로써 범죄기회를 줄여야 한다고 주장하였다[23].

---

[20] 연성진 · 유진. 2015. 전자감독제도 운영성과 분석 및 효과적인 개선방안에 관한 연구. 한국행사정책연구원 연구총서(15-AB-06): 16.

[21] 김지선·장다혜·김정명·김성언·한영수·강호성·문희갑. 2014. 성폭력범죄자 사후관리시스템에 대한 평가연구(II): 전자감독제도에 관한 평가연구. 한국형사정책연구원.

[22] Williams, F. P., & McShane, M. D. 2004. Criminological Theory. Englewood Cliffs, NJ: Prentice Hall.

18세기 공리주의 철학과 경제학의 기대효용을 기반으로 한 합리적 선택이론은 범죄자의 범죄행위를 통해 발생하는 이익과 손해를 고려하여 이익이 크다고 생각했을 때 범죄를 저지르게 된다는 논리로 범죄는 합리적인 인간이 자유의지에 따라 행한 것이라고 보았다. 따라서 합리적 선택이론은 범죄자가 처한 사회적 요인보다는 범죄자의 선택에 대한 책임감에 초점을 둠으로써 강력한 처벌이 주된 범죄통제와 예방 전략을 이끌게 된다는 점에서 억제이론의 변형된 형태라 할 수 있다. 합리적 선택의 접근에 따르면, 법 위반은 위반자가 돈, 복수, 스릴, 여흥 등의 개인적 요인과 범죄대상의 보호 수준 및 경찰력 등 상황적 요인을 고려하여 법 위반의 위험을 결정한 후에 일어난다. 범죄의 위험이 그로부터 얻은 보상보다 클 경우 범죄를 저지르지 않을 것이며, 체포되어 처벌을 받는다고 생각하면 범죄의 위험보다는 다른 삶을 선택하게 될 것이다[24]. 범죄를 선택하기 전에 이성적 범죄자(reasoning criminals)는 대상을 신중히 선택하고 체계적으로 선택적으로 행동한다는 관점이다.

합리적 선택이론을 전자감독제도의 효과성과 연계할 때 성폭력범죄자는 자신이 만약 준수사항 위반행위나 재범행위를 할 경우 24시간 위치추적시스템을 통해 쉽게 보호관찰관에게 발각된다는 것을 알고 있다. 또한 그로 인해 엄격하게 처벌될 가능성이 높다는 사실을 알고 있을 경우 범죄로 인한 처벌의 고통이 잠정적인 성공의 기쁨보다 크다는 사실을 합리적으로 판단하게 됨으로써 효과가 나타날 수 있다(조윤오, 2010)[25]. 따라서 전자감독 대상자는 전자장치를 의식하며 또 다른 범죄를 저지르는 것에 대한 기대효과와 죄 값을 합리적으로 선택하여 이성적인 판단을 할 것이라는 기대가 전자감독제도의 도입 근거가 될 수 있다(박선영, 2010).

TIP 1 죗값과 합리적 범죄선택

범죄는 위험하지만 수지맞는 사업이다. 범죄자는 어리석지 않다. 손익계산서를 미리 머릿속에 짠다. 금전적 이익을 우선 따져본다. 재수가 없어 붙잡히면 뇌물을 주거나 변호사를 사는 등 빠져나갈 구멍을 생각해둔다. 감옥에 갇히는 최악의 경우를 상정해 형벌의 무게와 수감생활의 고통 · 불이익을 계산한다.

이런 모든 가능성을 열어 놓고 득과 실을 비교해본 뒤 실행에 옮긴다. 범죄경제학에서 분석하는 관점이다. 사기 · 횡령 · 배임 등 지능형 범죄에 상당히 설득력이 있다. 1992년 노벨 경제

---

[23] Wilson, J. Q. 1983. Thinking about Crime, rev. ed. New York: Vintage Books.

[24] Hung-en Sung and Linda Richter. 2007. Rational Choice and Environmental Deterrence in the Retention of Mandated Drug Abuse Treatment Clients. *International Journal of Offender Therapy and Comparative Criminology*. 51: 686-702.

[25] 조윤오. 2010. 성폭력 범죄자에 대한 위치추적 전자감독제도의 효과성 연구. 2009 법무부 용역과제. 법무부.

학상을 받은 미국 시카고대 게리 베커(Gary Becker) 교수는 이를 합리적 범죄(rational crime)라고 했다. 범죄로 얻게 될 기대이익이 지불해야 할 기대비용보다 클 때 범죄는 발생한다. 여기서 '기대비용=적발 확률(체포 · 구속 등)×처벌 강도(형량)'라는 등식이 성립한다.

범죄를 막으려면 검거될 확률과 형량을 높여 가혹할 정도의 죗값을 치르도록 하는 게 효율적이다. 저울은 법에 곧잘 비유된다. "저울은 가벼움과 무거움을 있는 그대로 달 수 있지만 움직인다면 바르게 달 수 없다"고 중국 법가(法家)의 한비자는 설파했다. 죄와 벌이 균형을 이루는, 다시 말해 죗값을 제대로 매겨야 법의 권위가 선다는 뜻이다.

미국 법원은 2008년 사상 최대의 금융사기극을 벌인 버나드 메이도프 전 나스닥증권거래소 위원장에게 150년의 징역형을 선고했다. 폰지(Ponzi, 다단계 금융) 사기로 고객들에게 600억 달러 규모의 손실을 입힌 죄를 법의 이름으로 응징했다. 감방에서 나올 생각을 접고 생을 마감하라는 단죄의 의지를 읽게 한다. 한몫 잡은 범죄 수익으로 전관예우 변호사를 고용해 구속적부심, 집행유예, 가석방, 형집행정지 등 갖가지 방법으로 풀려나는 우리의 풍경과는 천양지차다.

출처: 중앙일보 분수대(2011년 5월 12일자 부분인용)

3) 일상활동이론

일상활동이론(routine actives theory)은 로렌스 코헨과 마커스 펠슨(Lawrence Cohen & Marcus Felson)이 이론을 구체화시켰다[26]. 일상활동이론의 핵심적 전제는 모든 것이 동일하다면 범죄를 저지를 기회가 많을수록 범죄율과 피해율이 높다는 것이다. 또한 그들은 범죄의 원인을 개인에서 사회적 원인으로 확대하여 일상생활의 변화가 범죄 피해자가 될 가능성을 높여준다는 점을 강조하고 있다. 특히 사람을 대상으로 하는 폭력범죄와 물건을 직접 훔치는 범죄유형인 약탈적 범죄의 양과 분포가 전형적인 미국인의 생활양식과 일상 활동을 반영하는 세 가지 요인의 상호작용과 밀접한 관계가 있다고 주장하였다. 이러한 세 가지 요인은 동기화된 범죄자, 적절한 표적, 감시의 부재로 이러한 조건을 차단시키면 범죄가 감소할 수 있다는 것이다. 예를 들어 범죄대상은 제대로 보호받지 못할 경우, 그리고 10대 소년들과 같은 대규모의 동기화된 범죄자 집단에 노출될 때 피해를 당할 가능성이 높다[27]. 이밖에도 표적의 가치와 가용성이 증가하면 범죄율 또한 증가하며, 반대로 아이팟(iPod), 휴대폰 같이 이전의 고가 상품의 재판매가가 내려가면 침입절도의 비율 또한 내려갈 것이다(Larry J. Siegel 저, 이민식 외 공역, 2012)[28].

---

[26] Cohen, L. E., & Felson, M. 1979. Social Change and Crime Rate Trends: A Routine Activities Approach, *American Sociological Review*, 44: 588–608.

[27] LaGrange, Teresa, 1999. The Impact of Neighborhoods, Schools, and Malls on the Spatial Distribution of Property Damage, *Journal of Research in Crime and Delinquency*, 36: 393–422.

[28] Wellsmith, M., & Burrel, A. 2005. The Influence of Purchase Price and Ownership Levels on Theft Targets: The Example of Domestic Burglary, *British Journal of Criminology*, 45: 741–764.

전자감독제도와 관련하여 일상활동이론에서 범죄발생의 세 가지 요인 중의 하나인 감시의 부재가 전자감독제도의 운영원리와 부합된다고 볼 수 있다. 코헨과 펠슨(Cohen & Felson)은 감시의 부재를 극복하기 위한 방법으로 공식적, 비공식적 감시를 언급하며 경찰에 의한 순찰, 이웃의 관심, 보안체계 등과 같은 환경적 설계를 통한 감시효과를 강화할 것을 주장하였다. 또한 그들이 예방조치로 제시한 전략 중의 하나인 10대 청소년에게 야간 통행금지를 도입하고 술집과 주류 판매점의 영업시간을 제한하는 법률 등의 공식적인 사회통제의 경우 일부 전자장치 부착 대상자에게 부과된 외출제한과 장소제한을 이러한 공식적 사회통제로 해석할 수 있을 것으로 판단된다. 이러한 이론들이 전자감독제도 도입 당시에 심도 있게 검토되지는 않았으나 향후 전자감독제도의 효과성을 검증할 때 유용하게 활용될 수 있다.

4) 저항이론

전자감독제도의 지지자들은 전자감독이 범죄자들에 대한 억제적 요인으로 작용할 것으로 보며, 그러한 억제효과는 준수사항의 성실한 이행은 물론 더 나아가 재범의 억제로 나타날 것으로 예측하였다. 그러나 저항이론의 관점은 점자감독이 분노 감정을 유발함으로써 오히려 범죄자의 문제 행동을 촉진·강화시킬 수도 있다고 보았다. 여기서 저항은 적절치 않은 제재 수단에 대한 범죄자의 반감과 그로 인한 잠재적 범죄의 발생을 의미한다[29]. 일부 특정 범죄자들의 경우에는 처벌이나 제재 수단의 증가가 범죄를 억제하는데 도움이 되지 않는다는 것이다. 예를 들어 상습범과 재범 경력이 있는 범죄자들에게는 낙인효과 때문에 집중 보호관찰이나 전자감독과 같은 강화된 처벌이 항상 범죄억제에 긍정적으로 기여하는 것은 아니며, 오히려 강화된 처벌이 제재방식과 절차에 대한 반항을 유발하여 더욱 심각한 행동으로 이어질 수 있다는 것이다[30].

이러한 저항의 부정적인 결과는 직접적인 저항과 간접적인 저항 등 두 가지 형태로 나타난다. 먼저 직접적인 저항은 자신에게 형벌을 가한 집행기관이나 체포 또는 판결을 담당한 정부기관에 대한 불법행위를 말하며, 간접적인 저항은 과도한 형벌로 인한 분노감정을 전이된 보복 대상에게 표출하는 불법행위를 말한다[31]. 셔먼(Sherman, 1993)은 저항이 발생하

[29] Sherman, L. W. 1993. Defiance, Deterrence, and Irrelevance: A Theory of the Criminal Sanction, *Journal of Research in Crime and Delinquency*, 30(4): 445–473.

[30] Lemert, E. M. 1967, Human Deviance, Social Problem, and Social Control, Englewood Cliff, NJ: Prentice Hall.

[31] 조윤오, 2010. 위치추적 전자감시제도의 저항이론 관련요인 분석, 「형사정책연구」, 21(2): 289–317.

는 네 가지 상황을 제시하였는데, 먼저 처벌을 경험한 당사자가 다른 사람과 비교하여 자신이 받은 처벌 내용이 불공평하다고 인식하는 경우에 처벌에 대한 분노와 저항감이 발생한다는 것이다[32]. 다음으로 범죄자가 자신에게 형벌을 부과한 정부기관에 대해 유대감을 느끼지 못하거나 기관으로부터 소외되었다고 느낄 때 저항이 발생할 수 있다[33]. 그 다음으로 범죄자가 자신에게 부과된 형벌이 자신의 불법행위에 대해 책임을 묻는 처벌이 아니라 사람들로부터 낙인을 찍고 장기간의 고통을 주기 위한 싱징적 처벌이라고 인식할 때 저항이 발생한다. 끝으로 범죄자가 자신이 저지른 범죄행위나 자신에게 부과된 형벌에 대해 진정으로 수치심을 느끼지 못할 경우 처벌에 대한 저항이 발생한다는 것이다. 결국 저항이론에서는 처벌에 대한 일정한 인식, 다시 말해 제재의 공평성 인식에 따라 범죄자의 문제 행동이 억제될 수도 있고 증가될 수도 있다는 점을 강조하고 있다[34].

2. 전자감독제도에 관한 견해

전자감독제도의 장단점 및 효과와 관련한 논쟁은 시행초기부터 꾸준히 제기되어 왔으며, 특히 신체에 특수한 장치를 부착하여 대상자를 감시하는 것은 인권침해라는 비판이 제기되었다. 이러한 문제에도 불구하고 전자감독제도를 적극적으로 도입하자는 의견도 꾸준히 주장되고 있다. 최근 우리나라의 경우 전자장치 부착 대상자가 급속하게 증가하는 현 시점에서 전자감독제도의 도입에 관한 찬·반 논의에 대해 기존의 입장을 살펴볼 필요가 있다.

1) 전자감독제도의 찬성론

전자감독제도를 찬성하는 입장에서 가장 큰 장점은 첫째, 전자감독이 비용측면에서 효과적이라는 점이다. 전자감독제도의 시행 초기의 목적에 부합하여 교정시설 과밀수용에 따른 수감시설을 증설해야 하는 비용을 절감할 수 있다는 측면에서 비용 효과적이라는 장점이

32 Belvedere, K., Worrall, J. L., & Tibbetts, S. G. 2005. Explaining Suspect Resistance in Police-Citizen Encounters, Criminal Justice Review, 30: 30-44.

33 이러한 예로 넬리스(Nellis)는 보호관찰관과의 관계가 긍정적인 경우 전자감독 대상자에게 신뢰 중심의 순응이 더 활발히 발생한다는 연구결과를 제시하였다(Nellis, M. 2004. Electronic Monitoring and the Community Supervision of Offenders: 224-247 in Alternatives to Prison, edited by Bottoms, A. E. Rex, S., and Robinson, G. Cullompton: Willan; 조윤오, 2010: 297-298).

34 Bouffard, L. A., & Piquero, N. L. 2010. Defiance Theory and Life Course Explanations of Persistent Offending, Crime and Delinquency, 56(2): 227-252.

있다[35]. 그러나 최근 각국에서는 전자감독을 출소 후 추가 제재로 보호관찰 대상자에게 집중 보호관찰의 한 형태로 부과하는 경향이 높아지면서 구금의 대안으로서 가지는 비용절감의 효과를 최근의 추세에 적용하기에는 한계가 있다고 본다. 또한 대부분의 국가에서 전자감독의 비용을 대상자가 부담하는 방식으로 바뀌면서 전자감독 자체가 구금보다 비용적인 측면에서 효과적이라는 주장은 설득력이 있으나 전자감독 비용을 전적으로 국가가 부담하는 우리나라의 상황에 적용하기에는 문제가 있다(박선영, 2010).

둘째, 전자감독을 구금 대신 이용함으로써 범죄자를 사회 내에 배치하여 가족, 친구를 포함한 인간관계를 지속할 수 있으며, 직업을 가지게 함으로써 교화 및 개선 측면에서 큰 의미가 있다[36]. 다시 말해서 교정시설이 가진 역기능을 해소하고 범죄자로 하여금 사회적 지지 네트워크를 가지게 함으로써 범죄자가 사회로 재통합되는 것을 가능하게 해 준다는 점이다[37]. 전자감독제도가 범죄자의 재사회화 및 사회복귀를 도와주는 중요한 방법으로 범죄자의 재범을 방지하고 반사회적 성격과 행위를 교정하는 노력은 지속적인 제도를 통해서만 가능하다. 교정시설보다는 더 나은 조건의 환경과 직업, 평상적인 활동으로 부정적인 심리적 갈등을 완화할 수 있기 때문에 전자감독을 통해 성공적으로 교정할 수 있다는 점이다. 그러나 전자감독이 범죄자를 사회에 배치하여 성공적인 사회복귀를 위해 유리하게 작용한다는 주장은 반대로 전자감독이 대상자의 대인관계나 직장생활에 부정적인 요소로 작용한다는 점도 간과할 수는 없다.

셋째, 전자감독을 경험한 범죄자들은 전자장치 등의 부착으로 수치심을 토로하지만 전자감독제도의 지지자들은 브레이스와이터(Braithwaite)의 재통합적 수치를 바탕으로 수치의 긍정적인 효과를 주장하였다. 그들에 의하면, 범죄자들은 재통합적 수치(reintegrative shaming)와 해체적 수치(disintegrative shaming)를 경험하게 된다는 것이다. 여기서 재통합적 수치[38]는 사회 재통합을 가능하게 하는 반면에 해체적 수치는 범죄자로 하여금 재범을 가능하게 한

---

35 Lilly, R., Richard A., Ball, G., Curry, D., & Smith, R. 1992. An Evaluation of 5 Years of Electronic Monitoring, *Federal Probation*, 56(4): 42–47.

36 Elrod, P., & Brown, M. P. 1996. Predicting public support for electronic house arrest: Results from a New York county survey, *American Behavioral Scientist*, 39.

37 Gainey, Randy R., Brian K. Payne and Mike O'Toole, 2000. The relationship between time in jail, time on electronic monitoring, and recidivism: An event history analysis of a jail based program, *Justice Quarterly*, 17(4): 733–752.

38 재통합적 수치(reintegrative shaming)는 수치를 주는 사람이 수치를 받는 사람과의 유대를 지속할 것이라는 확신을 주는 경우를 말한다. 재통합적 수치는 수치를 받는 사람이 자신이 한 행동이 잘못되었으나 동시에 동조집단에서 다시 받아들여질 것이라는 점을 인식할 때 발생한다.

다고 주장하였다[39]. 재통합적 수치와 해체적 수치의 차이는 범죄자와 피해자를 포함한 지역사회와의 화해가 이루어지는지 혹은 아닌지의 문제로 용서를 통해 재통합적 수치를 경험한 범죄자는 지역사회에 재진입할 수 있다는 것이다.

이밖에 전자감독제도의 장점으로는 지역사회에서 보호관찰 및 가석방 대상자의 행동을 효과적으로 관찰하고 감시할 수 있으며, 통제를 강화하고 직접적인 접촉기회를 많이 갖는 등의 활동으로 인해 범죄자의 재범률이 낮아진다는 것이다[40]. 아울러 전자감독제도는 다양한 범죄자에게 적용할 수 있는 융통성 있고 형사처우의 여러 단계에서 적용할 수 있다는 장점이 있다. 이처럼 전자감독제도는 비용절감, 사회 내 배치를 통한 사회복귀 강화, 수치심 등을 통한 재범 억제 등의 장점이 있는 것으로 평가되고 있다.

2) 전자감독제도의 반대론

전자감독제도의 장점에도 불구하고 반대론자들은 다음과 같은 문제점을 제기하였다. 첫째, 전자감독제도의 도입으로 인해 제기되는 가장 큰 문제로 사회통제망의 확대를 지적하고 있다. 사회통제망의 확대(net widening)[41]와 관련하여 본타(Bonta) 등은 캐나다에서 시행되고 있는 전자감독제도와 관련하여 전자감독을 받는 집중보호관찰 대상자와 전자감독을 받지 않는 집중보호관찰 대상자를 비교하였다. 그들은 위험성 점수를 사용해 두 집단 간 대상자의 위험성이 가져오는 효과를 통제하였는데, 두 집단의 재범율에 있어서 통계적으로 유의미한 차이가 없음을 지적하면서 전자감독은 사회통제망 확대를 초래할 수 있다고 주장하였다[42]. 또한 패드젯(Padgett, 2006) 등도 전자감독의 효과성 연구를 통해 전자감독에 부과된 많은 조항을 준수하지 못할 경우 이로 인한 추가적인 구금이 발생하여 전자감독이 추구하는 구금의 감소라는 본연의 목적을 달성하지 못하고 더한 처벌을 유발함으로써 사회통제망 확대 효과를 초래할 수 있음을 지적하였다.

둘째, 전자감독제도가 과학적인 연구에 기반을 두고 도입된 것이 아니라 감정적인 대응

[39] Braithwaite, J. 1989. Crime, shame and reintegration. Cambridge, U.K: Cambridge University Press.

[40] Padgett, K. G., Bales, W. D., & Blomberg, T. G. 2006. Under Surveillance: An Empirical Test of the Effectiveness and Consequences of Electronic Monitoring, *Criminology and Public Policy*, 5: 61–92.

[41] 형사사법망이라고도 번역되는 net widening 효과는 구금에 대한 대안과 법정에 서게 되는 원인을 줄이기 위해 사회봉사명령, 수강명령, 보호관찰 등 다양한 대체 프로그램을 사용함으로써 오히려 국가 형사사법망 하에서 관리대상이 아닌 사람들까지 끌어들여 궁극적으로는 관리 대상자가 증가하는 부작용을 의미한다(박선영, 2010: 38 참조).

[42] Bonta, J., Wallace-Capretta, S., & Rooney, J. 2000. Can Electronic Monitoring make a Difference? An Evaluation of Three Canadian Programs, *Crime and Delinquency*, 46(1): 61–75.

이라는 주장이 제기되었다(Mair, 2005)[43]. 성폭력범죄자에 대한 대중과 정부의 반응은 엄격한 경향이 있다. 이러한 현상은 성폭력범죄가 대중의 공포심과 거부감에 대응하는 정책입안가의 방식이 장기적인 안목이 배제된 임시방편적이고 근시안적 대응 때문이라는 것이다[44]. 다시 말해서 정책을 입안하는 사람들이 대중을 안심시키기 위해 서둘러 관련 법령을 제시하는데, 이러한 법률 제정의 대부분이 성범죄자와 성범죄자에 대한 사실에 기반을 두기 보다는 대부분 잘못된 대중적 믿음에 기반을 두고 있다는 비판이 제기되었다[45]. 따라서 전자감독제도의 도입과 확대에 있어서 감정적이고 즉흥적인 대응에서 벗어나 과학적인 연구에 기반을 둔 장기적 안목의 대응 태도가 더 중요하다고 강조하였다.

셋째, 전자감독제도가 범죄자의 재사회화 및 교정에 적극적인 영향을 줄 수 있는가에 대한 의문과 낙인의 문제가 꾸준히 제기되고 있다. 범죄자의 경우 사회에서 범죄에 빠질 수 있는 많은 상황에 노출되어 있기 때문에 실제로 전자감독의 적용률은 점점 더 높아지고 있으나 재사회화의 성공률은 매우 낮다는 비판이 제기되었다(Renzema, & Mayo-Wilson, 2005). 아울러 전자감독제도가 구금처우를 피하고 재사회화를 한다는 취지를 가지고 있으나 그 대상자에게는 낙인을 찍음으로써 재사회화는 한계가 있다는 것이다. 이밖에 전자감독제도의 반대 사유로 지나친 사생활 침해 등의 인권침해[46], 인간의 존엄성 침해, 수치심으로 인한 자아 존중감의 하락, 지나친 통제에 기인한 대인관계와 직장생활 위축으로 인한 사회복귀의 실패 등의 문제가 제기되었다(박선영, 2010).

---

[43] Mair, G. 2005. Electronic Monitoring in England and Wales: Evidence Based or Not? *Criminal Justice*, 5.

[44] McAlinden, A. M. 2006. Managing Risk: From Regulation to the Reintegration of Sexual Offenders, *Criminology and Criminal Justice*, 6.

[45] Stolze(2002)는 그녀의 저서인 『Criminal Justice Policy Making』에서 정치가들이 정치적 지지를 얻기 위해 국민들의 요구에 즉각적으로 반응하여 새로운 법령과 정책을 내놓는데, 여기에는 내용이 없고 실제 발전을 이끌어 낼 수 없는 대응이라며 상징적 정책(symbolic politics)이라는 용어를 사용하며 이를 비난하였다(Stolze, B. A. 2002. Criminal Justice Policy Making. Westport, CT: Praeger).

[46] 특히 인권침해는 국내외적으로 전자감독의 시행과 관련해 해소해야 할 가장 중요한 문제로 인식되고 있다(김일수, 2005. 범죄인 전자감독에 관한 연구. 한국보호관찰학회, 2005 법무부 용역과제).

제3절 우리나라의 전자감독제도의 현황과 실태분석

1. 전자감독제도의 도입배경과 확대과정

전자감독제도는 1984년 플로리다 주정부에서 교정행정의 비용을 감소시키기 위하여 공식적으로 도입한 것이 그 효시라 할 수 있다. 1980년대 초반 미국을 시작으로 시행된 전자감독제도는 캐나다(1987년), 영국(1989년), 스웨덴(1994년), 뉴질랜드(1995년), 네덜란드(1995년), 호주(1996년) 등으로 확산되었다. 우리나라는 1990년 후반부터 전자감독제도에 관심을 가지고 법무부를 중심으로 형사사법의 한 형태로 이를 활용하기 위해 준비해 왔다. 전자감독제도의 도입을 위한 초기 논의 과정은 1998년 5월에 개최된 '전국 보호관찰 기관장 회의'에서 공식적인 의제로 논의하면서 시작되었다. 이후 약 20여명의 여성을 잔인하게 연쇄살해 한 유영철 사건(2003.9-2004.7)이 발생하면서 법무부를 중심으로 전자감독제도에 대한 검토 작업이 구체적으로 진행되었다. 그러나 전자감독제도에 관해 학계를 중심으로 논의가 시작되었으나 도입문제나 비용 및 부작용 등에 대한 심도 있는 논의가 이루어지지 못했다[47].

특히 초기 논의 과정에서는 전자감독제도의 도입에 따른 인권침해 가능성에 대한 우려가 상당히 컸다. 또한 1990년대 후반 성폭력 범죄의 발생 빈도가 증가하면서 정부는 성폭력 특별법을 제정하였고, 2000년대 초반 청소년 성보호법을 제·개정하면서 청소년을 대상으로 한 성폭력 범죄에 대한 형을 강화하고 성폭력 범죄의 예방을 위한 제도로 2000년부터 신상공개제도를 시행하였으나 제도의 실효성 문제와 여러 가지 한계로 인해 범죄예방의 효과를 달성하지 못했다. 이밖에 2000년대 초반 보호감호제도와 관련하여 인권침해 논란이 일면서 사회보호법이 폐지되는 상황 하에서 인권침해의 가능성이 큰 또 다른 형사제재 수단의 도입에 대해 부정적인 시각이 형성되면서 큰 진전을 보지 못했다.

이러한 상황 하에서 2005년 4월 한나라당 박근혜 의원이 전자팔찌를 채워서라도 성폭력 범죄를 근절하겠다는 요지의 주장을 한 후 몇 달간 찬·반 논의가 활발하게 진행되었다. 결국 2005년 7월 한나라당 박세환 의원에 의해 「특정 성폭력 범죄자에 대한 위치추적 전자장치 부착에 관한 법률안」 대표 발의되었으나 인권침해 및 이중처벌 등의 논란에 부딪혀

[47] 당시 전자감독제도가 도입되지 못한 주된 이유는 개인의 프라이버시권의 침해위험성이 가장 큰 장애요인이었다. 우리나라는 1999년에 이미 2002년도부터 전자감독제도를 도입하겠다는 방침을 밝혔으나 인권침해 우려에 대한 반발에 부딪쳐 포기하였다.

입법화에는 실패하였다[48]. 그 이후 2006년 2월 용산 초등학교 여학생 성폭행 살해사건이 발생하면서 아동 성폭력 범죄에 대한 강력한 대처를 요구하는 여론이 형성되면서 전자감독제도에 관한 논의가 본격적으로 이루어졌다. 이후 인권침해 등의 논란이 이어지다 2007년 4월 제주도 초등학생 강간 살인사건이 발생하면서 성폭력 범죄자에 대해 강력한 제재와 감독이 필요하다는 여론이 형성되어서 2007년 4월 국회를 통과했다[49]. 그 이후 4차에 걸친 개정을 통해 부착기간 및 대상범죄의 유형이 확대되었는데, 그 내용을 살펴보면 다음과 같다(연성진 외, 2015; 박준휘 외, 2017).

1) 전자장치부착법 제1차 개정

2007년 4월 27일 법률이 제정되어 법률 공포일로부터 1년 6개월이 지난 시점부터 시행하기로 했으나 2007년 12월 안양 초등생 납치, 성폭행 · 살해사건과 2008년 3월 일산 초등생 납치 미수사건 등이 잇따르면서 전자감독제도의 조기 실행에 대한 국민적 요구와 관심이 높아졌다. 그 결과, 국회는 법률이 제정된 지 1년이 지나지 않은 시점에서 2008년 6월 13일 제1차 개정을 통해 시행일을 종전 2008년 10월28일에서 2개월 앞당긴 2008년 9월1일로 조정하였다(법률 제9112호). 주요 개정 내용은 전자장치 부착기간을 최장 5년에서 10년으로 연장하였으며, 정책의 실효성이 높이기 위해 부착자의 공공장소 출입금지, 야간 등 특정시간대에 외출제한, 피해자 등 특정인에 대한 접근금지, 성폭력 치료프로그램 이수 등 특별준수사항을 도입했다. 또한 준수사항 위반 시 3년 이하의 징역 또는 1,000만 원 이하의 벌금에 처하도록 하는 등의 처벌규정을 마련하는 등 정책을 강화하였다[50].

---

[48] 2005년 이후 정남규 사건 등 아동, 부녀 성폭력사건이 발생하면서 반사회적인 성폭력범죄에 대한 우려와 정부대응의 요구를 증폭시켰다. 이에 따라 성범죄 전과자의 전자장치 착용에 대한 법률안제정이 발의되었으나 법률안 제정 당시 시민단체와 여당(당시 열린우리당)이 제기한 인권침해 문제로 논란이 있어 1년여 동안 표결이 이루어지지 못했다(김대진 · 최천근 · 정송미, 2015. 이슈관심주기 모형을 적용한 정책변동 분석: 강력범죄자 전자장치사례를 중심으로. 한국정책학회보, 24(2): 183-212).

[49] 박세환 의원의 발의안에 법무부의 수정안과 국회 법제사법위원회의 의견이 추가되어 2007년 4월 27일, 시행일을 2008년 10월 28일로 하는 「특정 성범죄자에 대한 위치추적 전자장치부착에 관한 법률(법률 제8394호)」이 제정 · 공포되었고 새로운 유형의 형사제재로서 도입되었다.

[50] 당시 국회는 재석 180명 중 찬성 176명(97.8%), 반대 0명(0.0%), 기권 4명(2.2%)으로 법률안 제정 당시보다 더 높은 비율의 지지를 받으며 통과되었다. 참고로 법률안 제정 당시에는 재석 250명 중 찬성 217명(86.8%), 반대 13명(5.2%), 기권 20명(8.0%)으로 법률안이 통과되었다.

2) 전자장치부착법 제2차 개정

2008년 12월 11일 경기도 안산에서 등교하던 초등학생을 유괴해 성폭행한 조두순 사건이 발생하면서 아동대상 범죄에 대한 경각심이 높아졌다. 이로 인해 제2차 개정은 미성년자에 대한 성폭력을 근절하고자 하는 당시의 사회분위기가 고조된 가운데 2009년 5월 8일 전자장치 부착 대상 범죄에 미성년자 유괴범죄를 추가하였다. 또한 법률명도 「특정 성폭력범죄자에 대한 위치추적 전자장치 부착에 관한 법률」에서 「특정 범죄자에 대한 위치추적 전자장치 부착에 관한 법률(법률 제9654호)」로 변경되어 종래의 범죄 대상이었던 성범죄의 범위를 넘어 다른 범죄로 전자장치 부착 대상을 확대하는 계기가 되었다.

3) 전자장치부착법 제3차 개정

전자감독제도를 시행한 지 1년 5개월만인 2010년 2월 부산에서 예비 여중생을 납치해 성폭행·살해한 김길태 사건이 발생하였고, 같은 해 6월 서울에서 초등생을 납치해 성폭행한 김수철 사건이 발생하여 국민들에게 큰 충격을 주었다. 특히 김길태와 김수철은 성폭력 전과자이고 재범 위험성도 있었지만 '전자장치부착법' 시행 이전에 출소했다. 이에 따라 전자장치 부착 대상에서 제외된 대상자는 국가의 관리 사각지대에 있다는 점이 지적되었고, 소급적용을 해서라도 성범죄자로부터 국민의 안전을 보장해야 한다는 여론이 일었다. 이에 따라 2010년 4월 15일, 2010년 7월 16일을 시행일로 하는 중대한 법 개정이 있었다.

제3차 법률 개정의 주요 내용을 살펴보면, 우선 전자장치부착 명령의 대상이 되는 특정범죄로서 기존 성폭력범죄와 미성년자 유괴범죄 외에 살인범죄도 추가되었다. 또한 보호감호 중 가출소 처분을 받은 자에 대해서도 부착명령을 부과할 수 있도록 했으며, 모든 전자장치부착 대상자는 보호관찰을 받도록 규정하였다. 아울러 성범죄자에 대한 사후관리 수단의 부재가 조두순 사건과 같은 범죄 발생의 원인으로 보고 법률 시행일인 2008년 9월1일 이전에 성폭력 범죄를 범한 이들에게 전자감독제도를 소급적용 할 수 있도록 했으며, 전자장치 부착 기간의 상한을 10년에서 30년으로 대폭 연장하였다. 이밖에도 3차 개정에서는 부착기간의 하한을 법정형에 따라 1년 이상 등으로 하였으며, 특히 13세 미만의 경우 부착기간의 하한을 2배로 증가하는 등의 하한규정을 새롭게 도입하였다(법률 제10257호).

4) 전자장치부착법 제4차 개정

2012년 12월 18일에 공포된 4차 개정에서는 강도 범죄가 추가되었으며[51], 성폭력범죄와 살인범죄의 미수범, 그리고 상습범에게 전자감독을 부과할 수 있도록 했다. 또한 형 집행 종료 후 전자감독을 부과하지 않고도 보호관찰을 할 수 있도록 하였고 법률명은 「특정 범죄자에 대한 보호관찰 및 전자장치 부착 등에 관한 법률(법률 제11558호)」로 변경되었다. 아울러 2013년 6월 19일을 시행일로 하여 신체적 · 정신적 장애가 있는 자를 대상으로 한 성폭력 범죄자에 대한 부착 명령 청구 근거를 마련하였다. 이밖에도 보호관찰소가 관할 경찰관서에 전자장치 피부착자의 신상정보를 제공하도록 하여 우범자 관리 등 공조체제를 강화하였다.

한편, 대상범죄의 확대와 부착기간의 연장은 당시 강력범죄에 대한 언론의 집중보도에 많은 영향을 받았다고 볼 수 있다. 예를 들어 2008년 3월 혜진 · 예슬양 살해사건으로 알려진 안양 초등생 살해사건의 범인인 정성현이 구속된 지 5개월 후 2008년 8월 1일 「미성년자 대상 유괴범죄에 대한 위치추적 전자장치 부착에 관한 법률안(김기현 의원 대표발의)」이 발의되었다. 2008년 12월 11일 발생한 안산 초등학생 성폭행 사건이 2009년 9월 언론에 대대적으로 보도되면서 조두순 사건으로 세상에 알려진 후 정부는 살인범죄가 추가된 3차 개정의 일부개정 법률안을 2009년 12월 29일 발의했다. 개정 법률안이 발의되어 있는 상황에서 2010년 2월 24일 예비 중학생을 납치 · 성폭행 · 살해한 후 사체를 유기한 김길태가 3월 10일 검거된 이후 살인범죄를 대상범죄로 추가하고 부착기간 상한을 30년으로 상향조정하고 소급적용을 도입하는 등의 대대적인 개정안이 국회 본회의에서 가결되었다. 끝으로 2012년 1월 6일 정부가 강도 범죄를 추가하는 개정 법률안을 제출했으나 임기만료로 폐기되었으며, 2012년 8월 29일 강기윤 의원이 대표 발의한 강도 범죄 추가안이 발의되었다. 그 당시 2012년 8월 20일 서진환의 중곡동 임산부 성폭행 · 살해사건이 발생했으며, 나주 초등생 성폭행 사건, 인천 만삭 주부 성폭행 사건 등 성범죄가 계속해서 발생하자 2012년 11월 22일 강도 범죄를 대상범죄로 추가하는 법률개정안을 발의하였다(연성진 외, 2015)[52].

---

[51] 강도 범죄의 추가 사유를 보면, 강도의 재범률은 2005년부터 2009년까지 평균 27.8%로 강간(15.1%), 유괴(14.9%), 살인(10.3%)보다 높았다. 또한 제주올레길 피해여성처럼 강도의 실행 착수가 성폭행이나 살인 등의 흉악범으로 이어질 가능성이 높은 동시에 우발적 범행보다는 계획적 범행이 많은 이유로 추가되었다.

[52] 이 시기의 국회 회의 건수는 본회의 1회, 상임위원회 1회로 총 2회였으나 이전보다 강화된 법률개정안은 재석 169명 중 찬성 166명(98.2%), 반대 1명(0.6%), 기권 2명(1.2%)으로 이전 표결보다 높은 찬성률을 보였다(김대진 외. 2015: 202).

➲ 전자장치부착법 제·개정 과정

구분	입법형식	대상	최장 기간	배경 및 주요 내용
제정 2007. 4. 27. 제정 2008. 10. 28. 시행예정	의원입법 (박세환)	성폭력 범죄	5년	용산 초등생 성폭행 살해사건
1차 개정 2008. 6. 13. 개정 2008. 9. 1. 시행	의원입법 (박세환)	-	10년	안양 초등생 성폭행 살해사건 일산 초등생 납치 미수사건 2개월 조기 시행 특별준수사항 부과조항 신설 준수사항 위반죄 신설
2차 개정 2009. 5. 8. 개정 2009. 8. 9. 시행	의원입법 (김기현)	미성년자 유괴죄 추가		의정부 초등생 납치 미수사건 법제명 변경(특정 범죄자) 만19세 미만의자 선고가능
3차 개정 2010. 4. 15. 개정 2010. 7. 16. 시행	대안입법 (법사위)	살인죄 추가	30년	조두순 사건, 김길태 사건, 김수철 사건 성폭력범죄 3년 소급적용 부착기간 하한 차등도입 전자감독기간 내 의무적 보호관찰
4차 개정 2012. 12. 18. 개정 2012.12.18., 2013. 6.19. 2014. 6. 19. 시행	대안입법 (성폭특위)	강도죄 추가		통영·나주 초등생 성폭행 사건 중곡동 임산부 성폭행 살해사건 등 (서진환) 형 집행종료 후 보호관찰제도 신설

2. 전자감독제도의 목적과 특징

전자감독제도의 활용 목적은 다양하지만 외국의 경우에 교도소 과밀화 문제를 해결하고 교정비용 등의 절감[53] 등을 목적으로 도입되었다. 하지만 우리나라는 징역형을 선고받은 성폭력범죄자 중 재범가능성이 높은 범죄자에게 전자장치를 부착함으로써 재범의지를 감소시키고 성범죄가 실제 발생했을 때 신속한 수사가 이루어지도록 위치추적정보를 제공할 목적으로 도입되었다. 법무부에서는 전자장치 시행과정에서 교정비용의 감소와 교도소의 과밀화 해소 등의 효과를 부수적으로 제시했으나 실제로 도입의 주된 목적은 재범 감소와 수사대응능력의 향상에 있었다. 특히 우리나라의 경우 전자감독제도의 도입과 시행과정에 있어 외국과 비교했을 때 몇 가지 특징을 내포하고 있다(한영수 외, 2013).

먼저 우리나라는 전자장치부착법을 처음 제정할 당시 전자감독을 고위험군 성폭력범죄자의

[53] Beck, J., Klien-Saffran, ., & Wooten, H. B. 1990. Home Confinement and the Use of Electronic Monitoring with Federal parolees, *Federal Probation*, 54: 22-31

재범방지를 위한 수단으로 사회를 방위하기 위한 취지가 강했다. 또한 전자장치부착법 개정 과정에서 미성년자 대상 유괴범과 살인범, 강도범으로 전자장치 부착명령의 적용대상을 확대하고 소급적용과 부착기간을 상향 조정한 것은 고위험군 범죄자로부터 사회를 방위하기 위한 강성 형벌정책의 일환이라 할 수 있다. 이러한 정책은 독일의 최근 입법과정에서 형기 종료 출소자에게 부과하는 보안처분의 일종인 행상감독처분(Führungsaufsicht)의 준수사항으로 위치 추적방식의 전자감독을 실시할 수 있는 것과 맥락을 같이하고 있다(김지선 외, 2014). 하지만 전자감독을 시행하고 있는 국가들 전체가 이러한 강성 형벌정책 차원에서 전자감독을 도입한 것은 아니라는 점이다. 앞의 전자감독 제도의 도입목적에서 간략하게 제시했듯이 교도소 과밀 수용의 해소방안, 다시 말해 구금형의 대체수단으로 도입된 경우도 많이 있다[54].

다음으로 전자감독제도의 도입취지 측면에서 볼 때 국가별로 서로 상반된 형벌정책에 기반을 두고 전자감독제도를 시행하고 있다. 우리나라와 독일의 경우 전자감독을 특정 고위험군 범죄자에 대한 보다 강력한 보안처분으로 활용하려는 강성 형벌정책에 기반을 두고 있다. 반면에 스웨덴이나 오스트리아는 구금완화를 목적으로 구금형의 대체수단으로 전자감독제도를 도입하였다. 그러나 전자감독제도를 도입하여 시행하고 국가들의 최근 추세는 강성 형벌정책과 연성 형벌정책의 이중적인 태도를 보이기도 한다. 예를 들어 재범위험성이 매우 높은 성폭력범죄자와 같은 고위험군 범죄자에 대해서는 강력한 사회 내 보안처분으로 전자감독을 활용하려는 강성 형벌정책을 고수하면서 다른 한편으로는 구금형의 대체수단으로 전자감독을 활용하려는 연성 형벌정책을 추구하고 있다. 결국 전자감독이 구금시설이 아닌 장소에서 이루어진다는 점에서 자유를 완전히 박탈하는 구금형벌에 비해 완화된 형태의 보안처분으로서 '자유박탈 형벌과 보안처분'의 대체수단이라는 측면을 가지고 있으면서도 기존의 사회 내 제재수단과는 달리 전자장치와 기술로 24시간 대상자를 감시할 수 있는 매우 강화된 형태의 보안처분의 성격을 동시에 지니고 있다는 것이 특징적이다.

한편, 우리나라 전자감독제도의 도입 취지는 성폭력범죄와 같은 고위험군 범죄자를 24시간 감독함으로써 재범을 방지하고 사회를 방위하려는 목적이 강했다. 2000년대 접어들어 아동과 여성에 대한 성폭력 살인사건이 잇따라 발생하면서 보다 강력한 범죄예방대책이 필요했기 때문이다. 위성항법장치(GPS)에 의한 위치추적 기술을 접목한 전자감독시스템은

[54] 예를 들면, 스웨덴이나 오스트리아는 단기자유형의 형벌집행의 한 형태로 전자감독에 의한 가택구금제도를 도입하여 시행하고 있다. 형의 집행을 구금시설이 아닌 수형자의 집에서 받도록 하되 전자감독 관련 기술을 활용한다는 점에서 가택구금 형태의 전자감독은 구금완화의 효과로 이어지고 있다(김지선 외, 2014: 199).

이러한 입법취지를 구현할 수 있는 최적의 방안으로 대두되었다. 2000년대 이후 위치추적 기술은 이동통신의 발달과 더불어 급속하게 발전하여 전자장치를 부착한 고위험군의 이동 상황을 실시간 감독할 수 있는 전자감독시스템을 구축하게 되었다. 따라서 우리나라는 무선주파수(RF)방식에 의한 1세대 전자감독시스템을 거치지 않고 위치추적방식에 의한 2세대 전자감독시스템을 도입한 국가가 되었으며, 최근까지 전자감독 장치의 기능을 개선해 왔다 (한영수 외, 2013; 김지선 외, 2014).

➲ 전자감독장치 기능 개선사항

구분	부착장치	휴대용 추적장치	재택감독장치
2008	- 상대적으로 가장 작은 크기 - 의료용 무독성 실리콘 재질의 스트랩 사용 - 국정원 암호화 보안기능 적용	- 통화기능(단축키 적용) - 문자 수신 - 강제착신 기능 - 국정원 암호화 보안기능 적용	- 국정원 암호화 보안기능 적용
2009	- 스트랩 변경(강화필름 삽입) - 착용감 개선(곡선형 본체) - 재터리 용량 증가 (1,500mAh→ 1,800mAh)	- 배터리 용량 증가 (1,500mAh→ 1,900mAh) - 내부식성 충전단자 적용 (금 도금 단자)	- 휴대장치 충전부
2010	- 스트랩 변경(스프링강 삽입) - 고정피스 체결방식 변경 (버튼식→ 슬라이드식) - 착용감 개선(곡률 변경) - 장치 간 통신 보안성 강화	- 배터리 용량 증가 (1,900mAh→ 2,300mAh) - 충전 시 자동전원 on 기능 - 장치 간 통신 보안성 강화	- 충전방식 개선 - 전원공급정치 변경 - 장치 간 통신 보안성 강화
2011	- 충전식 배터리(2차 전지) 적용 - 장치 간 통신 보안성 강화 (3.7V, 850mAh)		- 전원부 고정장치 적용
2012	- 스트랩 변경 (스테인레스 스틸 삽입)		
2013		- S-GPS, Wi-Fi 통신방식 추가 - 충전포트 변경(Mini-USB) - 외관(스마트폰 방식) 및 버튼, 디스플레이 창 변경 - 1회 충전 시 48시간 이상 작동	- 휴대용 추적장치 충전포트 디자인 및 포트 변경

3. 전자감독제도의 주요 내용과 절차

전자감독(Electronic Monitoring)은 전자적 기술을 적용하여 범죄인을 감독하는 형사정책 수단으로 재범위험성이 높은 특정 범죄자의 신체에 전자장치를 부착하여 24시간 대상자의 위치, 이동경로를 파악하고 보호관찰관의 밀착 지도·감독을 통해 재범을 효과적으로 방지하는 제도이다. 또한 특정 범죄자의 재범 방지와 성행(性行)교정을 통한 재사회화를 위해 그들의 행적을 추적하여 위치를 확인할 수 있는 전자장치를 신체에 부착하게 하는 부가적인 조치를 취함으로써 특정범죄자로부터 국민을 보호함을 목적으로 하고 있다. 여기서는 전자감독의 대상자 및 부착기간, 전자감독제도의 절차 등을 살펴보았다.

1) 전자감독제도의 대상자 및 부착기간

먼저 2012년 12월 18일에 개정된 「특정 범죄자에 대한 보호관찰 및 전자장치 부착 등에 관한 법률」에서 규정하는 전자감독 대상자는 성폭력범죄, 미성년자 대상 유괴범죄, 살인범죄, 강도범죄를 저지른 특정 범죄자를 대상으로 하고 있다. 또한 전자감독이 부과되는 형사제재의 단계와 부과 주체에 따라 형 집행 종료 후의 전자장치 부착, 가석방기간 전자장치 부착, 치료감호법 또는 (구)사회보호법 상 가종료 또는 가출소 기간 중 전자장치 부착, 형의 집행유예 기간 중 전자장치 부착으로 구분할 수 있다. 먼저 형 집행 종료 후의 전자장치 부착 대상은 2005년 박세환 의원이 대표 발의한 법률안에 제안된 전자감독 유형으로 청구요건 및 부착기간을 정리하면 다음과 같다.

➲ 형 집행 종료 후의 전자장치 부착 대상자

청구요건	- 성폭력범죄, 강도범죄 재범위험성+ ① 형 집행 종료 후 10년 이내 동종재범, ② 전자장치 부착 전력자가 동종 재범 ③ 2회 이상 범행(습벽 인정), ④ 19세 미만자 대상 범죄(성폭력만 해당) ⑤ 장애인 대상 범죄(성폭력만 해당) - 미성년자 대상 유괴범죄, 살인범죄 ① 동종 재범위험성 ② 실형 전력자가 동종 재범(재범위험성 불요, 필요적 청구)
부착기간	- 법정형 상한이 사형 또는 무기징역 : 10년 ~ 30년 - 징역형 하한이 3년 이상의 유기징역 : 3년 ~ 20년 - 징역형 하한이 3년 미만의 유기징역 : 1년 ~ 10년 ※ 단, 19세 미만자 대상 범행 시 하한 2배 가중 ※ 경합범에 대하여 가장 중한 죄의 부착기간 상한의 1/2까지 가중 가능(최장 45년)

자료: 법무부 홈페이지(http://www.moj.go.kr) 법무정책 중 전자감독제도를 참고로 재구성함

또한 2010년 4월 15일에 공포된 3차 개정에 따라 소급적용이 도입되면서 성폭력범죄자로 2008년 9월 1일 이전에 제1심을 선고받아 전자장치부착법 시행 당시 징역형 이상의 형, 치료감호 또는 보호감호 집행중인 사람 및 징역형 등의 집행이 종료, 가종료·가출소·가석방 또는 면제된 후 3년이 경과되지 않은 사람으로서 성폭력범죄를 다시 저지를 위험성이 있다고 인정되는 사람에 대해 검사의 청구와 법원의 결정으로 부착명령을 내릴 수 있다[55].

➲ 소급적용의 청구요건 및 부착기간

청구요건	– 성폭력범죄 2008. 9. 1.(전자감독제도 시행일) 이전 유죄 확정 + 2010. 7. 16. 기준 ① 출소예정자(6개월 이상 남은 사람), ② 출소 임박자(6개월 미만 남은 사람) ③ 출소자(징역형 등 집행 종료 후 3년이 경과되지 않은 사람) • 청구요건 재범위험성 + ① 2회 이상 형 집행(형기 합계 3년 이상) 종료 후 5년 이내 동종 재범 ② 전자장치 부착 전력자가 동종 재범, ③ 2회 이상 범행(습벽 인정) ④ 13세 미만자 대상 범죄
부착기간	최장 10년의 범위 내에서 결정

아울러 특정 범죄자 중 법원의 부착명령 판결을 받지 않고 가석방된 자와 치료감호 집행 중 가종료 또는 치료위탁 된 피치료감호자, 그리고 (구)사회보호법에 따른 보호감호 집행 중 가출소되는 피보호감호자에게 전자장치를 부착할 수 있다. 가석방·가종료·가출소한 자에 대한 전자감독은 일종의 행정처분으로 형기종료 후 부착명령과 달리 법원의 판결에 의하지 않고 부과된다. 이 중에서 치료감호 중 가종료된 자의 경우 치료감호 자체가 책임주의 원칙에 의거하여 범죄행위의 책임을 지우고 형벌을 집행하는 것이 불가능하다고 판단되는 자를 대상으로 한 자유 박탈적 보안처분이기 때문에 치료감호 기간 중 일부를 전자감

[55] 전자장치 부착 소급 적용과 관련한 논란은 2012년 헌법재판소의 '소급 합헌' 결정으로 일단락되었다. 당시 2008년 9월 이전에 미성년자 강간죄를 저지르고 2010년 8월 출소한 성범죄자 ㄱ씨에 대해 검찰이 전자장치 부착명령을 청주지법 충주지원에 청구하자, 법원은 헌법재판소에 위헌법률심판을 제청했다. 2012년 12월 27일 헌법재판소는 "전자장치는 국민을 성폭력 범죄로부터 보호하는 공익을 목적으로 하며, 비형벌적 보안처분으로 소급금지 원칙이 적용되지 않는다"고 결정했다(특정 범죄자에 대한 위치추적 전자장치 부착 등에 관한 법률 부칙 제2조 제1항 위헌제청, 헌법재판소, 2012.12.27. 2010헌가82 판결). 소급적용은 형 집행이 종료 또는 면제된 지 3년이 지나지 않은 자를 대상으로 하고 있어 소급적용 당시 부착명령을 받은 대상자들의 부착기간이 종료되는 시기에 이를 경우 소급적용으로 인한 위헌 논란과 부착명령대상자의 반발로 인한 문제는 해소될 것이라고 보는 견해도 있다(연성진 외, 2015: 31).

독으로 전환하여 집행하는 것 또한 보안처분이라 할 수 있다[56]. 이밖에 법원은 특정범죄를 저지른 자에게 보호관찰부 집행유예를 선고하면서 보호관찰 기간 내에 준수사항의 이행여부 확인 등을 위해 전자장치 부착명령을 내릴 수 있다.

➲ 가석방 · 가종료 · 가출소 및 집행유예의 부착요건 및 기간

가석방	– 부착요건: 가석방된 특정 범죄자 보호관찰 시 필요적 부착(단, 보호관찰심사위원회 불요 결정 시 예외) – 부착기간: 가석방 기간(최장 10년)
가종료 가출소	– 부착요건: 특정 범죄자 치료감호 가종료 · 보호감호 가출소 시 – 부착기간: 치료감호심의위원회가 결정한 기간(보호관찰기간 내 최장 3년)
집행 유예	– 부착요건: 특정 범죄자 집행유예 + 보호관찰 판결 시 – 부착기간: 법원이 정한 기간(보호관찰 기간 내, 최장 5년)

2) 전자감독제도의 절차와 벌칙

전자감독제도의 일반적인 절차는 검사의 청구가 있어야 하며, 검사는 공소가 제기된 특정범죄 사건의 항소심 변론 종결 시까지 전자장치 부착명령을 법원에 청구할 수 있다. 또한 법원은 공소가 제기된 특정범죄사건을 심리한 결과 부착명령을 선고할 필요가 있다고 판단되면 검사에게 부착명령을 요구할 수 있다. 부착명령 대상자는 성폭력 범죄로 징역형의 실형을 선고받은 사람이 그 집행을 종료한 후 또는 집행이 면제된 후 10년 이내에 성폭력범죄를 저지른 경우, 성폭력 범죄로 이 법에 따른 전자장치를 부착 받은 전력이 있는 사람이 다시 성폭력범죄를 저지른 경우, 성폭력 범죄를 2회 이상 범하여(유죄의 확정판결을 받은 경우를 포함) 그 습벽이 인정된 경우, 19세 미만의 사람에 대하여 성폭력범죄를 저지른 경우, 신체적 또는 정신적 장애가 있는 사람에 대하여 성폭력범죄를 저지른 경우에 하나의 요건에 해당하고 재범의 위험성이 있다고 인정될 때에는 판결로 위치추적 전자장치 부착명령을 선고한다.

---

[56] 강우예 · 박학모, 2009. 형사법개정연구(Ⅳ): 보안처분제도의 정비방안, 한국형사정책연구원.

이밖에도 미성년자 대상 유괴범죄, 살인범죄, 강도범죄를 저지른 사람으로서 이와 관련한 범죄를 다시 범할 위험성이 있다고 인정되는 사람에 대하여 부착명령을 법원에 청구할 수 있다. 또한 부착명령은 검사의 지휘를 받아 보호관찰관이 집행하고 부착명령은 형 집행이 종료되거나 면제 · 가석방되는 날 또는 치료감호의 집행이 종료 · 가종료되는 날 석방 직전에 피부착명령자의 신체에 전자장치를 부착함으로써 집행한다. 다음은 부착명령 절차와 관련하여 판결 · 결정단계, 판결문 접수, 개시 이전, 집행계획 수립, 부착명령 집행, 지도감독, 종료 순으로 세부 내용을 제시한 것이다.

➲ 전자장치 부착명령 절차

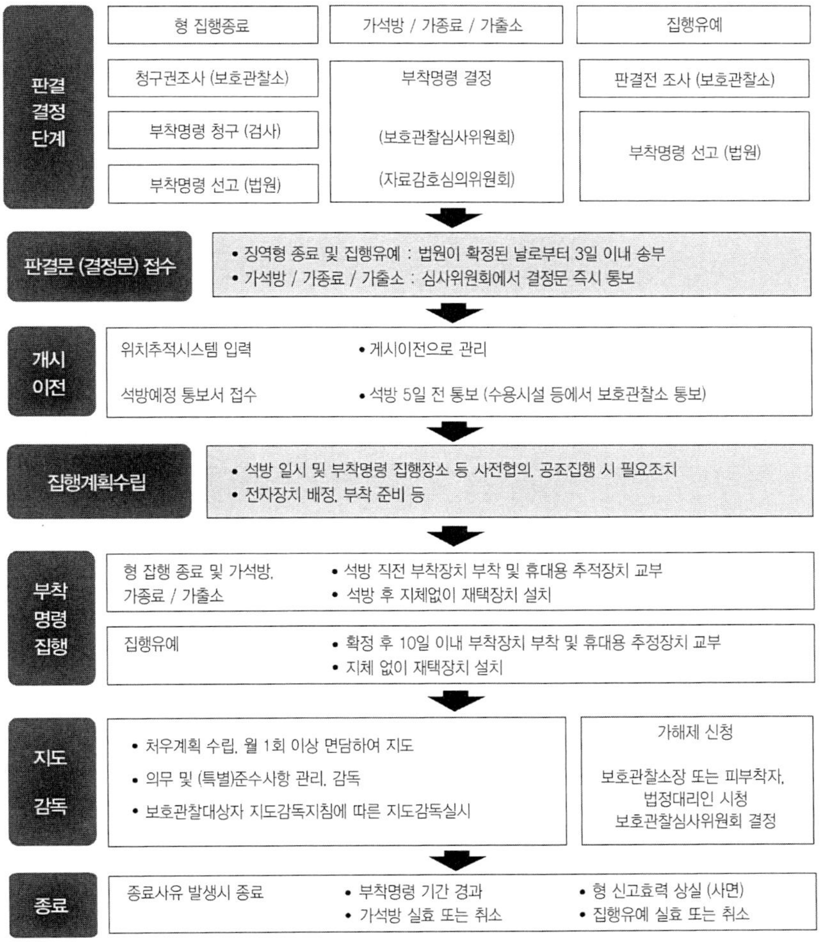

이밖에 특정 범죄자에 대한 보호관찰 및 전자장치 부착 등에 관한 법률 제6장 제36조, 제37조, 제38조, 제39에서 위반사항에 관한 벌칙을 제시하고 있다. 특히 피부착자가 전자장치의 부착기간 중 전자장치를 신체에서 임의로 분리 · 손상, 전파 방해 또는 수신자료의 변조, 그 밖의 방법으로 그 효용을 해하여서는 아니 된다고 규정한 제14조 제1항을 위반하여 전자장치의 부착기간 중 전자장치를 신체에서 임의로 분리 · 손상, 전파 방해 또는 수신자료의 변조, 그 밖의 방법으로 그 효용을 해한 경우 7년 이하의 징역 또는 2천만 원 이하의 벌금에 처한다는 규정이 2017년 12월 12일 개정되어 2018년 6월 13일부터 시행되었다(제38조 제1항).

➲ 관련 벌칙 조항

구분	내용
1년 이상 유기징역	수신자료를 관리하는 자의 경우 ① 수사 또는 재판자료(법관의 영장제시) ② 보호관찰관의 지도 및 원호 목적 ③ 보호관찰 심사위원회의 부착명령 가해제 취소 이외의 사용
7년 징역 또는 2천만 원 이하 벌금	피부착자가 전자장치 부착기간 중 전자장치를 신체에서 임의로 분리 · 손상, 전파 방해 또는 수신자료의 변조, 그 밖의 방법으로 그 효용을 해한 경우
1년 이상 유기징역	전자장치 부착 업무를 담당하는 사람이 정당한 사유 없이 피부착자의 전자장치를 해제하거나 손상한 경우
2년 이상 유기징역	전자장치 부착 업무를 담당하는 사람이 금품을 수수, 요구 또는 약속하고, 전자장치를 해제하거나 손상한 경우
10년 이하의 징역	타인으로 하여금 부착명령을 받게 할 목적으로 공무소 또는 공무원에 대하여 허위 사실을 신고하거나, 형법상 위증죄를 범한 경우
10년 이하의 징역 또는 금고 (10년 이하 자격정지 병과)	부착명령 청구사건에 관하여 피부착명령 청구자를 모해할 목적으로 형법상 '허위 감정 통역 행사', '허위 진단서 등 작성 행사', '위조 사문서 등 행사' 의 죄를 범한 경우
3년 이하의 징역 또는 1천만원 이하 벌금	피부착자가 '피해자 등 특정인에의 접근금지', '특정범죄 치료 프로그램의 이수' 준수사항을 정당한 사유 없이 위반 한 경우
1천만원 이하 벌금	피부착자가 '야간 등 특정 시간대의 외출제한', '특정지역 · 장소에의 출입금지', '재범방지와 성행교정을 위하여 필요한 사항 이행' 준수사항을 정당한 사유 없이 위반 했을 경우

4. 전자감독제도의 실태와 현황분석

전자감독제도의 현황은 전자감독제도가 처음으로 시행된 2008년부터 2017년까지 특정 범죄자에 대한 보호관찰 및 전자부착 등에 관한 법률을 근거로 범죄유형별 전자감독 집행인원 및 처분유형별 전자감독 집행인원, 전자장치 부착기간 현황 등을 중심으로 살펴보았다.

1) 범죄유형별 전자감독 집행인원[57] 현황

범죄유형별 전자감독 부착명령 집행인원을 살펴보면, 2017년 말 기준으로 전체 누적인원은 7,501명으로 이 중에서 성폭력범죄자는 4,065명(54.2%)로 가장 많은 것으로 나타났다. 그 다음으로 살인범죄자는 2,599명(34.6%), 강도범죄자는 822명(11.0%), 유괴범죄자 15명(0.2%) 등의 순으로 나타났다. 연도별로는 2008년부터 2011년까지 전자감독 집행인원이 증가하다가 2013년도에는 큰 폭으로 증가하였고, 특히 성폭력범죄의 집행인원이 상당히 증가하였다[58].

➲ 범죄유형별 전자감독 집행인원

(단위: 명, %)

연도	총계	성폭력범죄	유괴범죄	살인범죄	강도범죄
2008	188	188(100.0)	0(0.0)	0(0.0)	0(0.0)
2009	347	347(100.0)	0(0.0)	0(0.0)	0(0.0)
2010	465	239(51.4)	0(0.0)	226(48.6)	0(0.0)
2011	766	366(47.8)	2(0.3)	398(51.9)	0(0.0)
2012	526	209(39.7)	1(0.2)	316(60.1)	0(0.0)
2013	1,136	817(71.9)	1(0.1)	318(28.0)	0(0.0)
2014	950	570(60.0)	2(0.2)	229(24.1)	149(15.7)
2015	836	390(46.7)	2(0.2)	244(29.2)	200(23.9)

[57] 여기서 집행인원은 신수인원을 말한다. 신수인원은 해당연도에 새롭게 전자감독 대상자가 된 인원을 말한다. 신수인원은 집행인원을 말하는데, 이는 법원이나 보호관찰심의위원회로부터 전자장치 부착결정을 받은 인원 중 해당연도에 전자감독이 집행된 인원이라는 점을 의미한다. 이와 달리 실시인원은 당해 연도에 집행이 개시된 신수인원과 전년도에 이월된 인원을 모두 합친 인원을 말한다.

[58] 참고로 전자감독 실시인원은 2008년 205명에서 매년 증가하여 2017년 4,350명으로 지난 10년간 21.2배 증가하였다. 그 이유는 2010년 이후 형기를 종료한 성폭력범죄자가 대다수를 차지하고 있고 형집행 종료자에 대한 부착기간이 두 차례에 걸쳐 연장되었기 때문이다.

2016	1,133	435(38.4)	2(0.2)	451(39.8)	245(21.6)
2017	1,154	504(43.7)	5(0.4)	417(36.1)	228(19.8)
총 계	7,501	4,065(54.2)	15(0.2)	2,599(34.6)	822(11.0)

자료: 법무부 범죄예방정책국(특정범죄자관리과) 내부자료

범죄유형별로 간략하게 살펴보면, 성폭력범죄의 2009년 347명에서 증감을 반복하다가 2013년 1,136명으로 전년도에 비해 4배 정도 증가한 후 2014년과 2015년 2년 연속 감소하다가 2016년 1,133명, 2017년 1,154명으로 다시 증가한 것으로 나타났다. 2013년 성폭력범죄의 집행인원이 증가한 것은 2010년 법 개정으로 형기종료 후 소급하여 전자장치를 부착하는 대상자가 포함되었기 때문이다[59]. 다음으로 2009년부터 전자감독 부착 대상이 된 미성년자 유괴범죄는 집행인원의 증가에 크게 영향을 미치지 않은 반면에 2010년부터 대상이 된 살인범죄는 2010년 226명에서 2011년 398명, 2012년 316명으로 나타나 범죄유형별로 가장 높은 비율을 차지하였다. 마지막으로 2014년부터 전자감독 대상이 된 강도범죄는 2014년 149명에서 2016년 245명을 크게 증가하였다. 전체적인 맥락에서 볼 때 지난 10년간 집행인원의 증가는 성폭력범죄의 증가와 더불어 대상범죄가 살인, 강도범죄로 확대되면서 나타난 결과로 볼 수 있다.

2) 처분유형별 전자감독 집행인원 현황

현행 법규상으로 전자감독은 시설구금 회피를 위한 앞문형(front door, 집행유행 대상자)과 구금형 집행 완화를 위한 뒷문형(back door, 가석방 · 가종료 · 가출소 대상자), 그리고 사회방위를 위한 목적의 형집행 종료자 등 다양한 대상자에게 적용할 수 있다. 먼저 뒷문형인 가석방의 경우 2009년 이전에는 처분유형에 있어 대부분을 차지하였으나 2010년에는 65.8%로 급감했으며, 2013년에는 26.6%까지 낮아졌으나 그 이후 점차로 증가하면서 2017년에는 48.5%로 증가추세를 보였다[60]. 가종료와 가출소의 경우 최근 들어 구성비가 다소 증가하였

[59] 성범죄의 구성비는 지난 10년간 큰 변화를 겪었는데, 2008년과 2009년 성폭력범죄의 구성비는 100%였으나 전자감독 대상이 살인범죄로 확대된 2010년에는 61.4%로 감소했고 이후 지속적으로 감소하여 2012년에는 39.7%로 크게 낮아졌다. 그러나 소급대상자가 유입된 2013년에는 71.9%로 다시 높아졌다가 이후 지속적으로 감소하다가 2016년에는 살인범죄(39.8%)보다 다소 낮은 38.4%를 차지하였다(김지선, 2018. 전자감독 도입 성과와 선진화 방안. 전자감독 시행 10주년 기념 학술대회 발표자료).

[60] 처분유형별 전자감독 집행인원에서 2008년과 2009년에 가석방자가 대부분을 차지한 이유는 성폭력범죄자에 대한 전자감독을 가석방자에게 적용했기 때문이다. 하지만 2010년부터 성범죄자에 대한 가석방이 전면 금지되면서 그 비율이 급감하게 되었으며, 2010년 이후 가석방이 금지된 상황에서 가석방자가 차지하는 비율이 어느 정도 유지된 것은 2010년 전자감독 대상이 된 살인범죄와 2014년 대상이 된 강도범죄의 경우 주로 가석방자를 대상으로 전자감독이 실

으나 처분유형별 전자감독의 집행인원에서 차지하는 비율은 매우 낮다. 시설구금 회피의 목적으로 활용되는 집행유예의 경우에 2008년 0.5%에서 2012년 2.9%로 증가하였으나 그 이후 다시 감소하는 것으로 나타났다.

다음으로 2008년부터 2017년까지 10년간 처분유형별 전자감독 집행인원 7,501명 중에서 「특정 범죄자에 대한 보호관찰 및 전자장치 부착 등에 관한 법률」 제2장에 규정된 형 집행 종료 후에 전자장치를 부착한 집행인원은 3,158명(일반형기종료자 1,603명, 소급형기종료자 1,555명)으로 전체 42.1%를 차지하였다. 연도별로 보면, 가석방자가 집행인원의 대부분을 차지했던 제도시행 초기 이후인 2010년부터 형기종료자의 수가 증가하여 2013년에는 전체 1,136명 중 775명으로 68.3%로 가장 높은 비율을 차지하였다. 그 이후 2015년을 기점으로 감소하다가 2017년에는 39.9%로 가석방 다음으로 높은 비율을 보였다.

➲ 처분유형별 전자감독 집행인원

(단위: 명, %)

연도	계	가석방	가종료	가출소	집행유예	형기종료		
						계	일반	소급
2008	188	186 (99.0)	1 (0.5)	0 (0.0)	1 (0.5)	0 (0.0)	0 (0.0)	0 (0.0)
2009	347	329 (94.8)	12 (3.5)	0 (0.0)	5 (1.4)	1 (0.3)	1 (0.3)	0 (0.0)
2010	465	306 (65.8)	12 (3.5)	2 (0.4)	29 (6.2)	116 (25.0)	18 (3.9)	98 (21.1)
2011	766	397 (51.8)	6 (0.8)	5 (0.7)	46 (6.0)	312 (40.7)	68 (8.9)	244 (31.8)
2012	526	295 (56.1)	28 (5.3)	2 (0.4)	15 (2.9)	186 (35.3)	118 (22.4)	68 (12.9)
2013	1,136	302 (26.6)	14 (1.2)	13 (1.1)	32 (2.8)	775 (68.3)	179 (15.8)	596 (52.5)
2014	950	347 (36.5)	24 (2.5)	23 (2.4)	17 (1.8)	539 (56.8)	241 (25.4)	298 (31.4)
2015	836	403 (48.2)	44 (5.3)	17 (2.0)	5 (0.6)	367 (43.9)	263 (31.5)	104 (12.4)
2016	1,133	599 (52.9)	100 (8.8)	26 (2.3)	7 (0.6)	401 (35.4)	333 (29.4)	68 (6.0)

시되었기 때문이다(이형섭, 2013, 위치추적 전자감독제도 시행 5년의 현황과 과제, 「보호관찰」, 13(1): 55-165; 김지선, 2018: 10 참조).

2017	1,154	560 (48.5)	91 (7.9)	30 (2.6)	12 (1.0)	461 (39.9)	382 (33.1)	79 (6.8)
총 계	7,501	3,724 (49.6)	332 (4.4)	118 (1.6)	169 (2.3)	3,158 (42.1)	1,603 (21.4)	1,555 (20.7)

자료: 법무부 범죄예방정책국(특정범죄자관리과) 내부자료

다음으로 전자장치부착법이 시행된 초기에는 유죄판결과 함께 형기종료 후 부착명령을 선고받은 대상자들의 형기가 종료되지 않았고 소급적용이 적용되기 이전이기 때문에 가석방자들이 집행인원의 대부분을 차지하고 있음을 알 수 있다. 그 이후 성폭력범죄자의 가석방이 불가능해지고 살인범죄 및 강도범죄가 전자감독의 대상이 되면서 가석방 집행인원은 2013년도에 감소했다가 2014년부터 다시 증가하였다. 또한 가종료 대상자는 8년간 집행인원이 131명으로 2.6%에 불과한 것으로 나타났다. 이밖에 집행유예자에 대한 전자감독의 경우 가석방자에 대한 전자감독과 마찬가지로 보안처분이 아닌 형벌집행의 변형된 형태로 구금회피 수단으로서의 전자감독으로 볼 수 있다[61]. 2008년부터 2015년까지 8년간 집행유예기간 중 집행인원은 전체 전자감독 집행인원 5,123명 중 150명(2.9%)인 것으로 나타났다.

한편, 성폭력범죄자의 처분유형별 집행인원은 법률이 시행된 이후 2011년부터 부착명령 집행인원 중 형기종료자가 85.0% 이상 높은 비율을 차지하였으며, 2013년부터는 전체 90.0% 이상을 차지하고 있다. 여기서 일반 형기종료 대상자는 2009년 이후 지속적으로 증가하였으며, 소급 형기종료 대상자는 2013년 전체 집행인원 817명 중 595명(73.0%)으로 급증했다가 2014년 이후에 감소했다. 특히 2010년 이후 성폭력범죄자 중 형기종료 후 부착명령 대상자가 급증한 것은 2010년 4월 15일에 공포된 3차 개정에 따라 소급적용이 도입되었기 때문에 나타난 현상으로 볼 수 있다.

➲ 처분유형별 전자감독대상 성폭력범죄 집행인원

(단위: 명, %)

연도	계	가석방	가종료	가출소	집행유예	형기종료		
						계	일반	소급
2008	188	186 (99.0)	1 (0.5)	0 (0.0)	1 (0.5)	0 (0.0)	0 (0.0)	0 (0.0)

[61] 그러나 행정처분에 의하여 부착명령이 선고되는 가석방자의 전자감독과는 달리 집행유예의 경우 법원의 판결에 의한 사법처분이다(특정 범죄자에 대한 보호관찰 및 전자장치 부착 등에 관한 법률 제28조 제1항 참조).

2009	347	329 (94.8)	12 (3.5)	0 (0.0)	5 (1.4)	1 (0.3)	1 (0.3)	0 (0.0)
2010	239	84 (35.1)	8 (3.3)	2 (0.8)	29 (12.1)	116 (48.5)	18 (7.5)	98 (41.0)
2011	366	3 (0.8)	3 (0.8)	5 (1.4)	44 (12.0)	311 (85.0)	67 (18.3)	244 (66.7)
2012	209	0 (0.0)	8 (3.8)	2 (1.0)	15 (7.2)	184 (88.0)	116 (55.5)	68 (32.5)
2013	817	0 (0.0)	5 (0.6)	13 (1.6)	32 (3.9)	767 (93.9)	171 (20.9)	596 (73.0)
2014	570	0 (0.0)	11 (1.9)	20 (3.5)	17 (3.0)	522 (91.6)	224 (39.3)	298 (52.3)
2015	370	0 (0.0)	13 (3.5)	8 (2.2)	4 (1.1)	345 (93.2)	246 (66.5)	99 (26.7)
총 계	3,106	602 (19.4)	61 (2.0)	50 (1.6)	147 (4.7)	2,246 (72.3)	843 (27.1)	1,403 (45.2)

자료: 법무부 범죄예방정책국(보호관찰과) 내부자료

3) 전자장치 부착기간 현황

2007년 4월 특정 성폭력범죄자에 대한 위치추적 전자장치 부착에 관한 법률이 제정된 이후 1차 개정과 3차 개정을 통해 전자장치 부착기간이 5년에서 30년으로 증가했다. 이러한 법률개정을 통해 부착기간 상한의 증가와 하한의 도입은 실제 부착명령기간의 증가로 이어졌는데, 제도도입의 초기인 2008년의 경우 부착명령기간 1년 미만이 95.8%로 대부분을 차지하였으나 2010년 이후 큰 폭으로 감소했다. 특히 15년 이상 30년 미만의 장기부착명령을 받은 자의 경우 2010년 이전에는 거의 없었으나 2013년과 2014년에 큰 폭으로 증가했다.

➲ 연도별 부착명령기간

(단위: 명, %)

구분	총계	2008	2009	2010	2011	2012	2013	2014	2015
1년 미만	1,827 (24.0)	180 (95.8)	308 (77.6)	184 (27.7)	201 (18.4)	167 (18.3)	178 (10.4)	276 (19.2)	333 (27.2)
1년 이상 3년 미만	887 (11.6)	7 (3.7)	38 (9.5)	151 (22.7)	236 (21.6)	145 (15.9)	154 (9.0)	122 (8.5)	34 (2.8)
3년 이상 5년 미만	905 (11.9)	1 (0.5)	27 (6.7)	67 (10.0)	130 (11.9)	90 (9.9)	238 (14.0)	197 (13.7)	155 (12.6)

5년 이상 10년 미만	1,794 (23.5)	0 (0.0)	17 (4.3)	176 (26.5)	253 (23.1)	167 (18.4)	549 (32.2)	388 (27.0)	244 (19.9)
10년 이상 15년 미만	1,662 (21.8)	0 (0.0)	7 (1.8)	74 (11.1)	198 (18.1)	269 (29.5)	453 (26.6)	313 (21.8)	348 (28.4)
15년 이상 30년 미만	548 (7.2)	0 (0.0)	0 (0.0)	13 (2.0)	76 (6.9)	73 (8.0)	133 (7.8)	142 (9.8)	111 (9.1)
총 계	7,623	188	397	665	1,094	911	1,705	1,430	1,225

자료: 법무부 범죄예방정책국(보호관찰과) 내부자료

이밖에 범죄유형별로는 강도범죄자의 88.4%가 1년 미만이며, 살인범죄자의 80.5%가 3년 미만인해 반해 성폭력범죄자의 35.4%가 10년 이상의 장기부착명령을 받은 것으로 나타났다.

➲ 범죄유형별 부착명령기간

(단위: 명, %)

구분	총계	성폭력범죄	유괴범죄	살인범죄	강도범죄
1년 미만	1,827(24.0)	579(11.0)	1(5.6)	934(47.3)	313(88.4)
1년 이상 3년 미만	887(11.6)	228(4.3)	2(11.1)	656(33.2)	1(0.3)
3년 이상 5년 미만	905(11.9)	821(15.6)	4(22.2)	68(3.5)	12(3.4)
5년 이상 10년 미만	1,794(23.5)	1,780(33.7)	1(5.6)	8(0.4)	5(1.4)
10년 이상 15년 미만	1,662(21.8)	1,443(27.3)	6(33.3)	194(9.8)	19(5.4)
15년 이상 30년 미만	548(7.2)	425(8.1)	4(22.2)	115(5.8)	4(1.1)
총 계	7,623	5,276	18	1,975	354

자료: 법무부 범죄예방정책국(보호관찰과) 내부자료

4) 범죄유형 및 처분유형별 전자감독 실시현황

2018년 5월 기준 전자감독 실시인원은 2,986명으로 범죄유형별로 살펴보면, 성폭력범죄자가 2,419명으로 전체의 81.0%로 가장 많은 비중을 차지하였고, 그 다음으로 살인범죄(14.8%), 강도범죄(3.9%) 순으로 나타났다. 처분유형별로는 형기종료자가 2,342명으로 전체의 78.4%를 차지하고 있으며, 형기종료자 중 일반 형기종료자가 46.7%, 소급 형기종료자가 31.7%인 것으로 나타났다. 그 다음으로 높은 비중을 차지하고 있는 것은 가석방자로 전체의 11.1%를 차지하고 있고 구금형 집행 완화를 위한 뒷문형인 가석방 · 가종료 · 가출소의 경우 전체 20.9%를 차지하는 것으로 나타났다.

➲ 범죄유형 및 처분유형별 전자감독 실태(2018. 05 기준)

(단위: 명, %)

범죄유형	처분유형							계
	가석방	가종료	가출소	집행유예	형기종료			
					소계	일반	소급	
성폭력	1 (0.0)	87 (3.6)	28 (1.2)	17 (0.7)	2,286 (94.5)	1,338 (55.3)	948 (39.2)	2,419 (81.0)
유 괴	0 (0.0)	2 (18.2)	0 (0.0)	0 (0.0)	9 (81.8)	9 (81.8)	0 (0.0)	11 (0.4)
살 인	275 (62.4)	122 (27.7)	2 (0.5)	1 (0.2)	41 (9.3)	41 (9.3)	0 (0.0)	441 (14.8)
강 도	56 (48.7)	23 (20.0)	30 (26.1)	0 (0.0)	6 (5.2)	6 (5.2)	0 (0.0)	115 (3.9)
계	332 (11.1)	234 (7.8)	60 (2.0)	18 (0.6)	2,342 (78.4)	1,394 (46.7)	948 (31.7)	2,986 (100.0)

자료: 법무부 범죄예방정책국(특정범죄자관리과) 내부자료

한편, 범죄유형별로 처분유형을 보면 성폭력범죄의 경우 형기종료자가 94.5%로 대다수를 차지하고 있고 미성년자 유괴범죄도 형기종료자가 대부분인 것으로 나타났다. 이와는 달리 살인범죄는 가석방의 비율이 62.4%로 가장 높은 비율을 차지하였고 가석방 · 가종료 · 가출소가 90.6%로 대다수를 차지하였다. 강도범죄의 경우에도 뒷문형(back door)인 가석방 · 가종료 · 가출소 94.8%로 높은 비중을 차지하고 있다. 이러한 내용에서 알 수 있듯이 성폭력범죄의 경우 형기종료 후 보안처분의 일환으로 전자감독을 받는 대상자가 대부분을 차지하고 있는 반면에 살인과 강도범죄는 형집행 완화를 위한 수단으로써 전자감독에 동의한 가석방자를 대상으로 하고 있다(김지선, 2018).

5. 전자감독제도의 운영에 따른 성과평가

전자감독제도의 범죄예방효과에 관해서는 국내외적으로 논란은 지속되고 있으며, 우리나라의 경우에도 2008년 전자감독제도의 실시 초기부터 실효성에 대한 의문이 제기된 이후 지금까지 논란은 지속되고 있다. 이러한 논란이 지속되고 있음에도 불구하고 국내에서는 제도 자체의 실효성과 지속가능성에 대한 연구는 다소 희박하다. 하지만 최근 전자감독제도와 관련하여 비용효과를 분석한 결과 전체적으로 재범률의 감소에 긍정적인 효과가 있는 것으로 나타났다. 다시 말해서 전자감독제도의 사업시행 전후로의 재범률을 비교한

결과 사업시행 이전보다 시행 이후의 재범률이 감소한 것으로 나타났으며, 사업시행으로 인해 재범자 수의 감소효과도 매년 증가한 것으로 나타났다[62]. 여기서는 전자감독제도의 운영성과 측면에서 재범의 억제효과와 전자감독 장치의 훼손 현황을 중심으로 운영성과를 살펴보았다.

1) 전자감독 대상자의 재범현황

전자감독제도의 재범 억제효과에 관해서는 부정적인 견해와 긍정적인 견해가 혼재한 상태이다. 1980년대 이후 전자감독제도를 시행해 온 미국의 연구결과를 보면, 먼저 1990년대 초 쿠퍼리더(Cooprider) 등의 연구에서는 전자감독자의 재범률이 19.0%로 비감독자(13.0%)보다 높은 것으로 나타났고 전자감독 대상자의 재범은 대부분 전자감독에 따른 규칙위반이 차지하였다[63]. 또한 재판전 석방자(pretrial release)에 대한 전자감독의 효과를 연구한 카디간(Cadigan)은 전자감독자의 재구속률은 중범죄자, 경범죄자 등 범죄의 종류와 상관없이 감시를 받지 않은 사람들보다 더 높은 것으로 나타났다[64]. 이밖에 졸린과 스티팍(Jolin & Stipak)은 전자감독을 받은 약물치료자들의 재구속률이 단순한 전자감독 대상자들보다 더 높은 것으로 나타났다[65].

이에 비해 패드젯(Padgett) 등은 1998년부터 2002년까지 플로리다 주에서 전자감독 명령을 받은 5,500여명의 전자감독 대상자와 재택구금감독을 받은 7만여 명을 대상으로 한 연구에서 전자감독 대상자들에 대한 재범억제효과가 어느 정도 있는 것으로 나타났다. 또한 주파수 방식의 전자감독(Radio Frequency: RF)과 위치추적 방식의 전자감독(Global Positioning System: GPS)으로 구분하여 재범 실태를 분석한 결과에서 GPS방식의 전자감독 대상자들이 RF방식의 대상자들에 비해 재범률이 높은 것으로 나타났다[66]. 이와 반대로 발레스(Bales)

---

[62] 피부착자의 1인당 관리 · 비용을 분석한 결과에서는 총비용(고정비 누적) 적용기준으로 2008년에는 4,118만원의 비용이 투입되었고, 그 이후 점차적으로 감소하여 2013년에는 672만원의 비용이 소요된 것으로 나타났다(김지선 외, 2013: 573).

[63] Cooper, K., & Kerby, J. 1990. Practical Application of Electronic Monitoring at the Pretrial Stage, *Federal Probation*, 54: 28–35.

[64] Cadigan, Timothy P. 1991. Electronic Monitoring in Federal Pretrial Release, *Federal Probation*, 55: 26–30.

[65] Jolin, A., & Stipak, B. 1992. Drug Treatment and Electronically Monitored Home Confinement: An Evaluation of a Community-based Sentencing Option, *Crime and Delinquency*, 38: 158–170.

[66] Padgett, K. G., Bales, W. D., & Blomberg, 2006. Under Surveillance: An Empirical Test of the Effectiveness and Consequences of Electronic Monitoring, *Criminology & Public Policy*, 5(1): 61–92.

등이 수행한 연구에서는 GPS방식이 RF방식보다 재범억제효과가 있는 것으로 나타났고, 전자감독의 효과는 성범죄자 및 약물중독자 등의 경우에는 효과가 있으나 폭력범에게는 효과가 미미하며, 전자감독의 장단이 크게 영향을 미치지 않은 것으로 나타나[67] 우리나라의 전자감독 부착 대상자의 확대 추세에 시사하는 바가 크다[68].

한편, 최근 법무부는 전자감독제도 시행 10년을 맞이하여 전자감독제도의 집행현황과 재범현황 등을 발표했다. 이 자료에 따르면 2018년 7월 기준 전자감독 부착명령 개시인원은 총 8,531명이며, 이 중 성폭력범죄자는 4,515명으로 전체 52.9%를 차지하고 있으며, 그 다음으로 살인 2,999명(35.2%), 강도 1,002명(11.7%), 미성년자 유괴 15명(0.2%) 순으로 나타났다. 전자감독제도가 시행된 이후 성폭력범죄의 전자감독 부착 대상자의 동종 재범률은 1.9%로 제도도입 이전 5년간(2004-2008) 성폭력범죄자의 동종 재범률 14.1%에 비해 상당히 낮게 나타나 전자감독제도의 재범억제효과가 있는 것으로 밝혔다(법무부 보도자료, 2018.9.5. 재인용).

➲ 성폭력범죄 동종 재범 현황

(단위: 건, %)

구분	' 08	' 09	' 10	' 11	' 12	' 13	' 14	' 15	' 16	' 17	' 18.7	평균
성폭력 실시사건	205	591	465	685	874	1,747	2,370	2,650	2,894	3,046	2,766	1,663
동종재범 (재범률)	1 (0.5)	0 (0.0)	3 (0.7)	15 (2.2)	21 (2.4)	30 (1.7)	48 (2.0)	53 (2.0)	58 (2.0)	66 (2.2)	46 (1.7)	31 (1.9)

자료: 법무부 보도자료(2018.9.5.)

이밖에도 2016년 기준으로 성폭력범죄 전자감독대상자의 기간결과별 재범현황을 보면, 재범자 총 58명의 기간경과별 구성비는 3년 이내가 36.2%, 1년과 2년 이내가 각각 19.0%, 6개월 이내가 6.9%로 나타났다. 결국 3년 이내의 재범률이 81.1%로 가장 높기 때문에 재

[67] Bales, W., Mann, K.., Blomberg, T., Gaes, G., Barrick, K., Dhungana, K., & McManus, B. 2010. A Quantitative Assessment of Electronic Monitoring, Tallahassee, The Florida State University, *College of Criminology and Criminal Justice*: : 64.

[68] 이처럼 전자감독제도의 효과와 관련하여 미국에서 실시된 연구결과는 상반된 결과로 나타났다. 이와 관련하여 쉬미트(Schmidt)는 미국에서 여러 지역에서 진행된 전자감독제도를 소개하면서 이것이 성공한 지역도 있으나 성공하지 못한 지역도 상당히 있다고 주장하였다. 최근 전자감독제도의 헌법적 문제와 사실적 문제를 종합적으로 분석한 쉐크터(Shekhter)도 전자감독제도의 재범억제효과를 확신할 수 없다고 주장하고 있다(Schmidt, A. K. 1998; Electronic Monitoring: What Does the Literature Tell Us?, Federal Probation, 6(2): 11; Shekhter, S. 2011. Every Step You Take, They' ll be Watching: The Legal and Practical Implications of Lifetime GPS Monitoring of Sex Offenders, *Hastings Constitutional Law Quarterly*, 38: 1,105).

범률 예방차원에서 이 기간에 집중적인 예방교육이나 감독이 필요하다고 본다.

➲ 성폭력 전자감독대상자 기간경과별 재범 현황(2016년 기준)

(단위: 건, %)

구분	계	6개월 이내	1년 이내	2년 이내	3년 이내	4년 이내	5년 이내	5년 이상
총계	58 (100.0)	4 (6.9)	11 (19.0)	11 (19.1)	21 (36.2)	6 (10.3)	4 (6.9)	1 (1.7)

자료: 법무연수원(2018), (2017 범죄백서)

또한 2008년 이후부터 2018년 7월까지 전자감독 대상자의 재범률은 1.5%로 낮게 나타나 법무부는 4대 특정범죄를 억제하여 사회적 비용을 절감하는 성과를 보였다고 발표했다. 그러나 전자감독장치 착용 대상범죄와 범죄자의 수가 증가하면서 2008년 0.5%에서 2017년 말 기준 1.8%로 증가하고 있기 때문에 전자감독 적용 대상을 미성년자 유괴범죄, 살인범죄, 강도범죄까지 확대한 현 시점에서 효과성에 대한 체계적인 진단이 필요하다고 본다(허경미, 2013; 박준휘 외, 2017).

➲ 전자감독 대상자 연도별 재범률

(단위: 명, %)

구분	'08	'09	'10	'11	'12	'13	'14	'15	'16	'17	'18.7	평균
전체 실시사건	205	591	714	1,561	1,747	2,555	3,260	3,598	4,066	4,350	3,736	2,398.45
특정재범 (재범률)	1 (0.5)	0 –	4 (0.6)	17 (1.1)	23 (1.3)	33 (1.3)	52 (1.6)	62 (1.7)	69 (1.7)	77 (1.8)	51 (1.4)	35.36 (1.5)

자료: 법무부 보도자료(2018.9.5.)

전자감독제도는 전자장치 부착으로 부착대상자들이 범죄를 저지르면 위치정보의 노출로 쉽게 체포될 것이라는 처벌의 확실성에 근거한 억제이론과 이익보다 체포부담이 높기 때문에 범죄를 저지르지 않을 것이라는 합리적 선택이론 등에 근거를 둔 제도이다[69]. 그러나 현행 GPS방식은 전자장치를 이용하여 대상자의 위치를 확인할 뿐 구체적인 행동까지 통제할 수 없는 문제점으로 인해 사회방위와 재사회화에는 한계가 따른다. 다시 말해서 전자장

[69] 차민교 · 김동희 · 김태완 · 곽대경, 2014. 전자감독제도의 실태분석을 통한 지능형 전자장치 도입방안, 「한국재난정보학회논문집」, 10(3): 374-387.

치를 부착하는 것은 특정범죄자의 행적을 추적하고 심리적 압박을 통해 재범을 방지하기 위한 목적에서 비롯된 것이기 때문에 피부착자의 행동이나 대화내용까지 통제하는 것은 아니다. 이러한 이유로 실제 범죄를 계획하고 실행하려는 자를 검거하기는 어려운 태생적 한계를 가지고 있다[70].

전자감독제도 시행 초기에 재범억제효과가 탁월하다고 믿어 왔고 법무부도 시행 후 1년 반 정도 지난 시점에서 재범방지에 큰 효과가 있다는 점을 강조하였다. 하지만 2010년 이후 재범률이 증가하면서 전자감독의 효과에 대한 의문이 제기되고 있다. 전자감독제도를 우리나라보다 먼저 도입한 외국의 경우에도 최근 동제도의 실효성과 경제성에 대한 비판이 제기되고 있는 실정이다. 다시 말해서 전자감독제도를 유지하기 위해 투입되는 막대한 비용에 비해 실제 제도의 실시를 통해 나타난 효과가 높지 않다는 것이다(박성수, 2015)[71]. 따라서 징역형 종료 이후 전자감독이 사회복귀 사상에 입각한 교정목적을 수행할 수 없을 뿐만 아니라 사생활 침해정도도 높다는 점에서 문제가 제기되고 있는 만큼 전자감독제도가 재범억제효과가 있는지에 대한 보다 구체적인 논의와 효과를 검증하기 위한 실증적인 연구가 필요하다고 본다.

2) 전자감독 장치의 훼손현황

전자장치부착법 제14조는 전자장치의 부착기간 중 전자장치를 신체에서 임의로 분리 · 손상, 전파 방해 또는 수신자료의 변조, 그 밖의 방법으로 그 효용을 해하지 않을 것을 의무로 명시하고 있다. 또한 동법 제38조 벌칙조항에 피부착자가 제14조에 규정된 전자장치효용유지의무를 위반할 경우 7년 이하의 징역 또는 2천만 원 이하의 벌금에 처하도록 하고 있다. 전자장치 훼손율은 형기가 종료된 성폭력범죄자에 대한 소급적용이 도입된 2010년 1.4%로 증가했다가 2013년 매우 감소했으나 이후 다시 증가한 후 2017년에 다시 감소하여 하향 안정화 추세를 보이고 있다. 지난 10년간 우리나라의 전자장치 훼손율은 평균 0.4%로 호주 3.2%, 미국 네바다 주 1.9% 대비 매우 낮은 수준으로 나타났다(법무부 보도자료, 2018.9.5. 재인용).

---

70 이혜미. 2012. 전자감시제도의 문제점과 개선방안. 「이슈와 논점」. 제523호. 국회입법조사처.

71 한 예로 영국의 경우 전자감독하의 전과자들 중 50%가 여전히 재범의 의지가 있는 것으로 나타났으며, 전자감독을 받은 전과자 중 75% 정도가 2년 이내에 재범을 저지르고 있는 것으로 분석되었다(박성수, 2015: 30).

➲ 전자감독 장치 훼손율

(단위: 명, %)

구분	'08	'09	'10	'11	'12	'13	'14	'15	'16	'17	'18.7	평균
전체 실시사건	205	591	714	1,561	1,747	2,555	3,260	3,598	4,066	4,350	3,736	2,398
훼손사건 (훼손율)	1 (0.5)	5 (0.9)	10 (1.4)	12 (0.8)	12 (0.7)	6 (0.2)	9 (0.3)	11 (0.3)	18 (0.4)	11 (0.3)	13 (0.4)	10 (0.4)

자료: 법무부 보도자료(2018.9.5.) 참고로 재구성함

그러나 기존 연구에서 제시하였듯이 전자장치 훼손자에 대한 처벌현황을 보면 전자장치 부착법 제38조에 명시된 처벌기준으로 볼 때 상당히 낮은 처벌을 받은 것으로 나타났다. 특히 검찰의 평균 구형은 징역 1년1월 또는 벌금 5백만원이었고 징역형 구형의 경우 1년 이하의 구형이 60.9%를 차지하였다. 상습훼손자의 경우에도 1년6월에서 2년의 낮은 구형을 받아 전자장치 훼손을 방지하는데 있어 그 역할이 미비하다고 볼 수 있다. 법원의 선고현황은 검찰구형보다도 낮아 평균 징역 8월 또는 벌금 440만원을 선고받았고 징역형의 경우 선고된 사건 중 83.3%가 징역 10월 이하인 것으로 나타났다[72].

➲ 전자장치 훼손사건(도주포함) 처벌현황

(단위: 건수)

구분	2008	2009	2010	2011	2012	2013	2014	2015	총계
훼손 (도주)	1 (–)	5 (2)	10 (4)	12 (3)	12 (9)	6 (4)	9 (9)	10 (10)	65 (41)
처벌 현황	징역: 0 벌금: 1	징역: 3 벌금: 2	징역: 8 벌금: 2	징역: 7 벌금: 5	징역: 11 벌금: 1	징역: 5 벌금: 1	징역: 8 공소기각: 1	징역: 7 재판중: 3	징역: 40 벌금: 12 재판중: 3 공소기각: 1

자료: 법무부 범죄예방정책국 내부자료(2015.8. 기준)

현행 전자장치부착법에 전자장치효용유지의무와 준수사항 위반자에 대한 처벌규정이 있음에도 불구하고 보호관찰관이 즉각적이고 독자적인 대응을 할 수 있는 제재수단이 미비하여 감독을 효과적으로 수행하는데 어려움이 뒤따른다. 특히 가석방·가종료·가출소 및 집행유예의 경우 준수사항을 이행하지 않을 시 잔여형기 또는 보안처분 및 유예된 징역형이

72 연성진·유진. 2016. 전자감독제도 운영성과 분석 및 효과적인 개선방안에 관한 연구. 「KIC ISSUE PAPER」. 6: 9–10.

집행되는 등의 제재수단이 있으나 (소급)형기종료대상자는 별도의 제재수단이 없어 전자장치부착법 제38조와 39조에 명시된 처벌조항의 실효성을 확보하는 차원에서 보완이 필요하다고 본다[73].

기사 엿보기 여성비명 감지 가능한 '전자장치' 있었다면 성폭행 막았을 텐데…

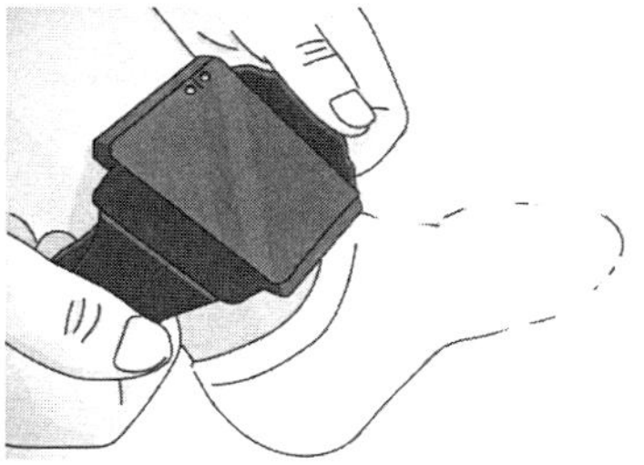

성범죄 재범을 막기 위해 도입한 '위치추적전자장치(전자장치)' 시스템의 허점 때문에 또다시 무고한 여성이 성폭행을 당했다. 피해자는 같은 건물에 사는 이웃집 여성이었다. 성폭행은 지난 6일 오전 3시쯤 강원도 원주시의 한 건물에서 발생했다. A씨(35)는 같은 건물에 사는 이웃 여성의 집에 몰래 침입해 이 여성을 강제로 성폭행했다. 지난 6월 출소한 A씨는 성범죄 전력이 3차례 있어 전자장치를 착용한 상태였다. 하지만 범행 당시 법무부 중앙관제센터나 관할 보호관찰소에는 경보가 울리지 않았다.

전자장치의 경우 대상자가 전자장치를 훼손하거나 휴대용 추적장치에서 멀어지면 감응 범위 이탈로 즉시 해당 지역을 관할하는 보호관찰소 내 위치추적 중앙관제실에 경보가 울린다. 하지만 이번 사건처럼 전자장치 부착 대상자가 다세대주택에 살고, 같은 건물 내에서 범죄가 발생하면 감지하기 어렵다. 같은 건물 내에서는 대상자의 위치가 '홈(H)'으로 표시되기 때문이다. 이 같은 허점을 이용한 범죄는 곳곳에서 발생하고 있다.

2017년 8월 춘천지법에서 지적장애가 있는 친딸을 성폭행하는 등 8년간 몹쓸 짓을 해 징역 12년을 선고받은 B씨(53)의 사례가 대표적이다. B씨는 이미 3차례나 성폭력범죄 전력이 있어 전자장치를 부착한 상태였지만 자신의 집에서 범행을 저질러 전자장치가 별다른 효력을 발휘하지 못했다. 지난 5월 채팅 애플리케이션을 통해 만난 여성을 집으로 유인한 뒤 흉기로 위협, 성폭행한 C씨(34 · 서울)도 전자장치 착용자였다. 이 사건 역시 경찰은 피해 여성의 비명을 들은 이웃 주민의 신고를 받고 현장에 출동해 C씨를 검거했다.

이에 따라 법무부는 2014년 2월 범죄 징후를 사전에 예측할 수 있는 '외부 정보 감응형 전자장치(지능형 전자장치)' 개발을 추진하겠다고 밝혔다. 이 전자장치는 비명 등 범죄와 연관됐을 수 있는 정황까지 감지하는 기능을 탑재한 장치다. 하지만 3년6개월이 지나도록 개발 중이라는 이야기만 나올 뿐 현재까지 도입되지 않고 있다.

법무부에 따르면 지난해 말 기준 전자장치 부착자는 4066명으로 이 중 71.2%인 2894명이 성범죄자다. 2008년 전자장치 도입 당시 205명과 비교하면 14배가량 늘었다. 현재 성범죄자 등이 착용하는 전자장치는 손목시계 모양의 '발찌'와 휴대전화처럼 생긴 '송신기', 대상자가 집에 있는지를 확인하는 '재택감독장치' 등으로 구성돼 있다.

---

[73] 이에 대한 보완책의 하나로 전자장치부착법 제38조에 규정된 전자장치효용유지의무 위반자에 대한 수사와 동법 제39조에 규정된 준수사항 위반 및 보호관찰관 지시사항 위반사건에 한정하여 보호관찰관에게 사법경찰권을 부여하는 방식이 제시되었다(연성진 외, 2015: 128-132 참조).

> 대상자는 외출 시 송신기를 반드시 가지고 다녀야 한다. 송신기와 발찌의 거리가 1m 이상 떨어지거나 출입금지구역에 접근하면 관제센터에 경보가 울리고 곧바로 경찰이 현장에 출동한다. 하지만 대상자의 위치만 확인 가능해 범죄를 사전에 막기는 어렵다는 지적이 많다.
>
> 출처: 중앙일보, 비명 감지 못하는 전자장치(2017.9.11. 기사자료 일부 인용)

제4절 전자감독제도의 법률적 쟁점

전자감독제도의 법률적 쟁점과 관련하여 여기서는 전자감독제도의 법적 성격, 형 종료 이후의 전자장치 부착명령에 대한 이중처벌 문제와 과잉금지원칙의 위배 여부, 소급효금지원칙의 문제, 인권침해 등을 중심으로 문제점과 향후 검토사항을 살펴보았다.

1. 전자감독제도의 법적 성격

전자감독제도의 규범적 논의에 있어 가장 중요한 사안은 처분의 법적 성격에 관한 것으로 종래에 형벌 또는 형벌적 성격을 가진 보안처분으로 보는 입장과 자유를 제한하고는 있지만 보안처분의 하나라는 입장이 대립되어 왔다. 이에 대해 우리나라 대법원은 보안처분의 일종으로 보았으며(대법원 2011.7.28. 2011도5813), 헌법재판소에서도 전자감독처분이 과잉금지의 원칙과 소급효 금지원칙에도 반하지 않는다고 결정하였다(헌법재판소 2012.12.27. 2011헌바89; 2012.12.27. 2010헌가82, 2011헌바39). 먼저 법원의 입장은 전자감독제도의 목적과 요건, 운영방식 등의 전체적인 내용을 볼 때 형벌과는 다른 보안처분이라는 것이다.

그렇지만 이 중에서 제도의 목적과 요건 등은 다소 형식적인 측면이 있고 헌법재판소에서도 인정했듯이 현대의 새로운 형사제재는 형벌과 보안처분의 경계선에 있는 것들이 많기 때문에 문제는 실질적인 기준, 다시 말해서 제재 대상자에 대한 권리침해 정도라고 할 수 있다. 법원이 전자감독처분을 보안처분으로 본 이유는 대상자의 사생활 비밀과 자유 및 인격권, 그리고 개인정보 자기결정권 등을 침해하기는 하지만 그 정도가 심하지 않다는데 있다(최정학, 2014). 그러나 이러한 결정을 전자감독처분의 법적 성격에 대한 최종 결론으로 받아들일 수 있는지에 대해서는 의견이 분분하다. 사실상 형벌과 전통적인 보호관찰 사이에 위치하는 '집중 보호관찰(intensive probation)[74]'은 '중간제재(intermediate sanction)'로서 이를 법적으로 어떻게 해석할지에 대해서는 여전히 논란이 되고 있다.

일부에서는 전자감독처분이 통상의 보안처분이 예정하고 있는 자유의 제한 정도를 넘어서는 권리침해의 내용을 담고 있다는데서 문제를 제기하고 있다. 예를 들어 전자장치 부착대상자의 경우 신체에 직접 부착함으로써 적어도 신체의 완전성을 침해하는 효과를 갖는다는 점이다. 또한 거주지역의 제한이나 특정지역의 출입을 금지함으로써 거주이전의 자유와 이동의 자유가 일부 제한받게 되고 위치정보가 추적됨으로 인해 사생활의 침해를 받게 된다는 것이다. 아울러 전자장치를 착용함으로써 느끼는 모욕감이나 수치심, 그리고 가족관계나 주변 사람들과의 인간관계에 부정적적으로 작용함으로써 받게 되는 인격권 또는 행복추구권도 침해를 받을 여지는 있다. 결국 새로운 보안처분의 법적 성격은 구체적인 처분내용을 기준으로 판단되어야 함에도 불구하고 전자감독처분이 형벌과 쉽게 구별되는 가벼운 권리침해만을 내용으로 하고 있는지에 대해서는 보다 구체적인 논의가 필요할 것으로 판단된다[75].

2. 이중처벌금지와 과잉금지원칙의 문제

이중처벌금지의 원칙은 동일한 범죄행위에 대해 거듭하여 처벌할 수 없다는 헌법상의 원리로 특정 범죄자에게 형벌을 부과하고 형벌의 집행이 종료된 후에 또 다시 전자감독을 받게 하는 것은 헌법상의 이중처벌금지의 원칙에 위배된다는 비판도 제기되고 있다. 이는 형 집행 종료 후의 전자감독을 순수한 보안처분이 아닌 형벌의 일종으로 보기 때문이다. 이들의 주장에 의하면, 전자감독제도는 사실상 수치형 또는 명예형과 유사한 성격이 있어서 이미 집행된 징역형에 이어 다시 전자감독을 부과하는 것을 중복처벌이라는 것이다[76]. 이는 사회보호법의 폐지 논의 당시에 징역형과 함께 부과된 보호감호가 이중처벌에 해당한

---

[74] 집중 보호관찰은 통상의 보호관찰에 감독이나 감시기능이 추가된 형태의 형사제재를 말한다. 최근 보호관찰은 이렇게 감독기능을 강화하는 형태와 치료처분을 통해 재사회화가 강조되는 형태로 구분되어 가고 있다(Taxman, F. S. 2006. Crime Control Strategies and Community Change: Reframing the Surveillance vs. Treatment Debate, *Federal Probation*, 70: 4).

[75] 미 연방대법원은 2003년 어떤 처분이 실질적으로 형벌의 성격을 갖는가를 판단하는 5가지 기준을 제시하였다. 그 내용을 살펴보면, ① 그 처분이 역사적, 전통적으로 형벌로 간주되어 왔는가, ② 그 처분이 피처분자에게 어떤 적극적인 제한을 부과하는가, ③ 그 처분이 형벌의 목적을 증진시키는가, ④ 그 처분이 비형벌적 목적과 합리적인 관련을 갖는가, ⑤ 그 처분이 앞의 비형벌적 목적에 비추어 과도한 것은 아닌가하는 것 등이다(최정학, 2014: 183-184).

[76] 한영수 · 강호성 · 이형섭, 2013.「한국 전자감독제도론: 범죄인 위치추적과 전자장치 운용에 관한 이론과 실무」. 서울: 박영사.

다는 주장과 맥락을 같이하고 있다[77]. 최근에 형 집행을 종료한 자에 대해서까지 전자장치 부착명령을 청구하는 이른바 재범의 위험성을 다시 판단하여 전자장치 부착의 가부에 대한 결정을 내려 부착명령을 선고하고 집행하는 것은 이중처벌의 원칙에 대한 위배 소지가 있다는 주장이 만만치 않게 제기되고 있다[78].

이러한 견해와는 달리 형 집행 종료 시 부과되는 자유 제한적 보안처분으로 보는 입장은 사회보호의 필요성, 다시 말해 재범의 위험성 판단이라는 점에서 재판 시 전자장치 부착명령 여부를 결정할 수 있다고 주장하였다[79]. 특히 대법원은 전자감독제도의 시행초기에 판례에서 전자감독제도는 성폭력범죄자의 재범 방지와 성행교정을 통한 재사회화를 위해 그의 행적을 추적하여 위치를 확인할 수 있는 전자장치를 신체에 부착하는 부가적인 조치를 취함으로써 성폭력범죄자로부터 국민을 보호함을 목적으로 하는 일종의 보안처분이라고 판시하였다(대법원 2009.9.10.선고 2009도6061). 앞에서도 제시했듯이 헌법재판소도 전자장치 부착명령의 소급효금지원칙 위배 여부를 판단하는 결정에서 전자장치 부착명령의 법적 성격을 전통적인 의미의 형벌이 아닌 보안처분으로 판단하였다.

다음으로 과잉금지의 원칙과 관련하여 주요 쟁점사항을 살펴보면, 전자장치부착법 부칙상의 소급적용 규정이 같은 법 부칙조항의 시행 당시 이미 징역형이나 치료감호 또는 보호감호의 집행이 종료된 후 3년이 경과되지 않은 사람에게까지 부착명령을 청구할 수 있도록 한 사항에 대해 헌법상의 과잉금지원칙에 위배된다는 논란이 있었다. 하지만 전자장치부착법의 시행 당시에는 대상자에 포함되지 않았던 사람들에 대해서도 전자감독을 하도록 대상자를 소급적으로 확대한 것은 공익적 목적을 위해 불가피했는지, 그로 인해 침해되는 법익이 필요 최소한의 것이었는지 여부 등을 충분히 검토할 필요가 있다(김지선 외, 2014).

전자장치부착법 부칙상의 소급적용 규정에 대한 위헌심판사건(헌법재판소 2012.12.27. 결정 2010헌가82)에서도 과잉금지원칙의 위배 여부가 쟁점이 되었다. 당시 판결에서 재판관 4인의 일부위헌의견을 보면, 성폭력범죄자의 재범방지와 국민의 보호가 중대한 공익이라 하더라도 출소자가 전자장치 부착으로 입게 되는 불이익의 정도와 법적 안전성에 대한

---

[77] 보호감호가 형식적으로는 보안처분에 해당되지만 그 집행에 있어서는 징역형과 큰 차이가 없는 형사제재이기 때문에 징역형과 보호감호를 동시에 부과하는 것은 이중처벌에 해당한다는 비판도 적지 않게 제기되었다(원혜욱, 2012. 전자장치 부착명령의 적용범위에 대한 고찰: 만 19세 미만의 자에게 부착명령을 선고할 수 있는가?, 「보호관찰」, 12(2): 285–312).

[78] 송진경, 2011. 위치추적 전자감시제도에 대한 비판적 검토, 「형사법연구」, 23(2): 311–337.

[79] 김혜정, 2011. 전자장치부착명령의 법적 성격과 제 문제, 「법조」, 660: 299–331.

신뢰침해의 정도에 비추어 법익균형성을 상실했다는 이유로 부칙 조항 중 징역형 등의 집행이 종료된 후 3년이 경과되지 않은 사람에게 부착명령을 청구하는 것은 과도한 소급입법으로 과잉금지원칙에 위배된다는 의견을 제시했다. 하지만 전자장치부착법 부칙상의 소급적용규정 전부가 소급효금지원칙에 위배되어 전부위헌의견을 낸 1인의 재판관까지 포함해 9인의 재판관 중 일부위헌의견을 제시한 4인을 포함한 5인의 재판관이 위헌의견을 냈으나 3분의 2에 미치지 못하여 합헌결정이 나왔다[80].

또한 헌법재판소는 입법 목적의 정당성, 수단의 적절성, 피해의 최소성, 법익의 균형성 등 비례원칙의 모든 측면에서 전자감독처분은 과도한 것이 아니라는 결론을 내렸다(헌법재판소 2012.12.27. 2011헌바89). 그러나 전자장치 부착기간을 최장 30년까지 가능한 전자장치의 부착이 성범죄를 넘어 유괴, 살인, 강도범죄까지 확대 적용되는 현 시점에서 이러한 판단이 유지될 수 있을지에 대해서도 의문이 제기되고 있다. 이밖에도 전자감독 처분을 보안처분이라고 결정했으나 이러한 처분으로 얻을 수 있는 효과에 비해 처분의 정도가 지나치지 않는가 하는 과잉금지원칙의 위반 여부도 논란의 과제로 남아 있다(최정학, 2014; 박성수, 2015).

3. 소급효금지원칙의 문제

소급효금지원칙은 행위 후에 새로운 범죄의 구성요건을 신설하거나 처벌규정을 강화하여 행위자에게 불리하게 소급하여 적용하는 것을 금지하는 헌법상의 원리를 말한다. 전자감독제도의 주요 법적인 쟁점 중의 하나로 소급효의 문제를 들 수 있다. 2008년 6월 개정된 전자장치부착법의 부칙 제2조가 같은 해 9월 이전에 1심 판결이 선고됨으로써 이 법률의 적용대상이 아닌 성폭력범죄자 중 형 집행 중이거나 집행종료 · 가종료 · 가출소 · 가석방 · 면제된 후 3년이 경과되지 않은 사람들에 대해 소급하여 전자장치 부착명령을 청구할 수 있도록 하였다. 이와 같이 전자장치부착법의 최초 시행 시점 이전의 성폭력행위에 대해서 심지어 확정판결을 받고 형벌 또는 보안처분이 집행 중이거나 집행이 종료되어 출소한 자에게까지 전자장치 부착명령의 소급적용을 인정한 부칙조항에 대해 위헌논란이 지속되

[80] 전자장치부착법 부칙상의 소급적용 규정이 과잉금지원칙에 위배되지 않는다는 합헌결정의 요지는 다음과 같다. 성폭력범죄로 인한 피해는 인격살인으로 부를 정도로 피해자에게 회복할 수 없는 육체적, 정신적 상처를 남길 수 있고 특히 어린 나이에 성폭력을 경험할 경우 심리적 상처와 후유증으로 인해 평생 정상적인 생활을 하지 못하고 불행한 삶을 살아갈 경우도 있다. 성폭력범죄로부터 국민, 특히 여성과 아동을 보호한다는 공익은 매우 큰데 반하여 이 사건 부칙조항이 전자장치 부착명령의 대상자 범위를 소급하여 확대하였다고 하여 대상자들의 신뢰이익의 침해 정도가 과중하다고 볼 수 없다는 것이다(김지선 외, 2014: 206 재인용).

었다. 이러한 논쟁은 전자장치 부착명령이 형벌이 아니라 보안처분이기 때문에 보안처분에 대해서도 소급효금지원칙이 적용될 수 있는지에 관한 문제로 확대되기도 했다[81].

한편, 전자장치부착법 부칙상의 소급적용 규정에 대한 위헌심판사건에서 헌법재판소는 전자장치 부착명령이 비형벌적 보안처분이라는 점에서 소급효금지원칙이 적용되지 않는다고 결정했다[82]. 다시 말해서 전자장치 부착명령이 단순히 전통적 의미의 형벌이 아니라는 이유만으로 소급효금지원칙의 적용을 배제한 것이 아니라 의무적 노동의 부과나 여가시간의 박탈을 내용으로 하지 않고 전자장치의 부착을 통해 피부착자의 행동 자체를 통제하는 것도 아니라는 점에서 차별적 효과를 나타낸다고 보기 어렵다는 이유로 전자장치 부착명령은 형벌과 구별되는 비형벌적 보안처분으로서 소급효금지원칙이 적용되지 않는다고 보았다. 이처럼 전자장치의 부착을 통해 피부착자의 행동 자체를 통제하는 것이 아니라는 점에서 자유를 박탈하는 구금형식과는 구별되고 일반적인 행동의 자유나 인격권이 제한될 수 있으나 그 정도가 심하지 않기 때문에 소급효가 금지될 만한 형사제재로는 판단되지 않는다고 본 것이다.

이러한 취지는 가정폭력특례법상의 사회봉사명령은 의무적 노동의 부과와 여가시간의 박탈을 주요 내용으로 하고 있어 차별적 성격이 강한 보안처분이기 때문에 소급효금지원칙의 적용을 받는다는 대법원 판례(대법원 2008.7.24. 선고 2008어4결정)의 입장을 반영하고 있다. 다시 말해서 보안처분이라도 실질적으로 처벌적 효과가 지니고 있을 경우 형벌불소급원칙의 적용을 받아야 한다는 판례의 입장과 상충하지 않는다는 것이다. 이처럼 보안처분이라 하더라도 그 내용에 따라서는 소급효금지의 원칙이 적용될 수 있다는 것은 헌법재판소도 인정했기 때문에 전자장치 부착명령이 처분대상자에 처벌적 효과가 없는 비형벌적 보안처분인지에 대해서는 여전히 논란의 대상이 될 것이다. 왜냐하면, 이러한 결정을 할 당시 형 집행 종료자에 대한 소급적용 부분만을 위헌으로 본 재판관 4인의 위헌의견과 이 조항 전체를 위헌으로 본 재판관 1인의 주장도 간과할 수 없기 때문에 전자장치 처분에

81 보안처분도 형벌과 마찬가지로 기본권을 제한하는 형사제재이기 때문에 소급효금지원칙이 그대로 적용되어야 한다는 입장과 과거의 범죄행위에 대한 책임비난에 근거하고 있는 형벌에 대해 소급효금지원칙이 적용되는 것이 죄형법정주의의 당연한 귀결이지만 보안처분은 장래의 재범위험성으로부터 사회를 방위하려는 취지에서 부과되는 것이므로 소급효금지원칙이 적용되지 않는다는 입장이 대립되어 있다.

82 헌법재판소는 이 처분이 보안처분이라는 이유로 소급효를 인정하였다. 전자장치의 부착은 전통적 의미의 형벌이 아닐 뿐 아니라 성폭력범죄자의 성행교정과 재범방지를 도모하고 국민을 성폭력 범죄로부터 보호한다는 공익을 목적으로 하며, 부착명령은 범죄행위를 한 사람에 대한 응보를 주된 목적으로 책임을 추궁하는 사후적 처분인 형벌과 구분되는 보안처분으로 소급효금지 원칙이 적용되지 않는다고 밝혔다(헌법재판소 2012.12.27. 2010헌가82).

대한 논란은 지속될 것으로 본다. 특히 합헌 결정 당시 약 2천여 명이 추가로 전자장치를 부착하였고 2018년 7월 기준 전자장치 부착명령 개시인원이 8,531명에 이르는 것으로 나타나 향후 소급처분에 대한 위헌심판 제기 등이 지속될 수 있기 때문에 이에 대한 구체적인 논의와 사회적 합의도 필요하다고 본다.

4. 인권침해 및 부착기간 장기화에 따른 문제

전자감독제도의 도입 논의 시점인 1990년 후반 이후부터 전자장치 부착대상자의 인권침해 논란은 지속되어 왔다고 해도 과언은 아니다. 전자감독제도의 도입에 따른 비판적 내용을 세부적으로 살펴보면, 먼저 인간에 대한 기계적 감시가 헌법상의 기본권인 인간의 존엄성을 해할 수 있다는 점이다. 다시 말해서 전자적 장치에 의한 기계적 감시는 전자장치 부착대상자의 인격권이 침해될 소지가 충분히 있으며, 인간을 기계적 감시의 대상으로 전락시키는 것은 헌법상의 기본권인 인간의 존엄성을 침해하는 것이라 할 수 있다. 하지만 전자장치부착법의 제3차 개정을 통해 보호관찰제도가 도입됨으로써 이러한 문제는 어느 정도 해결되었다고 판단된다. 하지만 이러한 문제를 최소화하기 위해서는 전자장치 부착에 의한 기계적 감시는 보호관찰의 보조수단으로 활용되어야 할 것이며, 보호관찰관에 의한 인간적인 지도 · 감독이 우선시되어야 할 것으로 본다.

다음으로 전자장치 부착대상자의 이동경로와 행적을 상시적으로 감독함으로써 헌법상의 기본권인 프라이버시권을 침해한다는 비판도 제기되어 왔다. 전자장치부착법의 도입 당시 시민에 대한 국가의 감시가 급속한 기술적 진보와 맞물려 완벽한 통제사회로의 진입 가능성에 대한 두려움을 가지게 한 것 또한 사실이다. 하지만 현행 전자장치부착법의 전자장치 사용은 전자감독 대상자의 위치정보의 확인 및 수집을 위한 것이고 전자장치를 비롯한 전자장치도 대상자의 일상생활에 대한 육안감시로 대화내용에 대한 감청을 위해 개발된 것은 아니다. 특히 현행 전자장치 제16조에서 전자감독대상자의 위치정보를 통해 수집한 자료의 사용을 제한하고 있으며[83], 전자장치부착법 개정을 통해 수신자료의 변조 등에 관한 처벌을 더욱 강화하고 있다.

이밖에 범죄자에 대한 지역사회 처우 및 재사회화라는 전자감독제도의 목적에도 불구하

[83] 위치정보를 통해 수집한 자료는 1) 전자감독대상자의 특정범죄 혐의에 대한 수사나 재판의 자료로 사용하는 경우, 2) 보호관찰관이 지도 · 원호를 목적으로 사용하는 경우, 3) 전자장치 부착명령의 가해제와 그 취소에 관한 보호관찰심사시 위원회의 심사를 위하여 사용하는 경우로 한정하고 있다.

고 전자감독 대상자와 마찬가지로 주변 가족의 충격이나 피해의식 등의 문제도 제기되었는데, 한 예로 전자장치 부착대상자가 있는 가정의 경우 폭력이 발생할 확률이 매우 높다는 것이다[84]. 이처럼 전자감독제도의 도입이 전자감독대상자의 가족이나 동거인 등 밀접한 생활관계를 맺고 있는 제3자의 기본권을 침해할 수 있다는 우려도 제기되었다[85 86]. 특히 전자감독대상자의 주거지에 함께 동거하는 가족들에게 전자장치 부착대상자와 함께 감시받고 있다는 정신적 불안감을 줄 수도 있다. 아울러 전자감독제도의 도입 초기에는 전자장치에 의한 동거인의 사생활의 비밀이 누출될 가능성에 대한 문제도 함께 제기되었다. 하지만 현재 시행 중인 위치추적 전자장치는 전자감독 부착대상자의 위치정보만을 수집할 수 있고 그러한 위치정보의 활용도 엄격하게 제한되어 있기 때문에 동거인의 사생활 침해의 가능성은 적은 것으로 판단된다(김지선 외, 2015). 한편으로 전자감독 대상자의 가족이 오히려 가족관계가 돈독해지고 범죄자 또한 배우자와의 관계가 개선되거나 자녀양육에 대한 책임감이 강화되는 등의 긍정적인 효과도 있다는 연구결과도 제시되었다.

한편, 전자장치 부착기간의 장기화에 따른 부작용이 크다는 주장도 꾸준히 제기되어 왔다. 먼저 전자장치부차법 제정 당시 5년이었던 부착기간의 상한은 법률개정을 통해 10년, 그 이후 최장 30년으로 상향 조정되었다. 또한 특정범죄의 법정형에 따라 전자장치 부착기간의 하한도 1년 이상, 3년 이상, 10년 이상으로 각각 설정되었고 피해자가 19세 미만의 미성년자인 경우에는 2배 이상 가중하도록 하고 있다(전자장치부착법 제9조 제1항). 그리고 동조2항은 여러 특정범죄에 대해 동시에 부착명령을 선고한 경우 법정형이 가장 중한 죄의 부착기간 상한의 1/2까지 가중하도록 하였다. 이처럼 전자장치 부착기간을 확대하고 하한의 설정과 상한 가중규정을 둔 것은 형벌의 강화라고 볼 수 없는 보안처분의 기간가중이라 하더라도 전자장치 부착이라는 형사제재를 강화한 중형주의 정책이라 할 수 있으며, 이는 부착기간의 장기화를 가져오게 되었다.

전자장치 부착기간의 하한 설정은 필연적으로 부착기간의 장기화로 이어질 수밖에 없다. 특정범죄의 법정형과 피해자의 연령에 따른 하한의 설정으로 인한 부착기간의 장기화는

---

84 Muncie, J. 1990. A Prisoner in My Own Home: The Politics and Practice of Electronic Monitoring, Probation Journal, 37: 72–77.

85 전자감독 대상자의 이동을 GPS시스템이 추적함으로써 전자장치 부착대상자를 둘러싼 주변의 시민 및 건물 등에 관한 정보가 교정당국에 노출되는 문제도 발생한다. 다시 말해 전자감독 대상자 이외에 평범한 시민의 일상생활까지 간접적으로 감시받는 조지 오웰(George Orwell)의 소설 「1984」의 빅 브라더사회를 만든다는 지적도 있다(Petersilia, J. 1988. A Man's Home is His Prison, Criminal Justice, 17–19).

86 김일수, 2005, 범죄인의 전자감독에 관한 연구, 「보호관찰」, 5: 55–114.

전자감독제도의 본래의 목적과 상관없이 과거의 범죄행위에 대한 응보로써 부과하는 보안처분으로 전락할 수도 있다는 점을 간과해서는 안 된다. 다시 말해서 재범의 위험성에 대한 과학적이고 체계적인 평가에 기초하여 보안처분의 기간이 산출되고 이를 근거로 전자장치 부착기간이 정해져야 함에도 불구하고 과거 범죄행위의 법정형에 의거하여 부착기간의 하한과 상한이 정해졌고 그 범위 내에서 전자감독을 부과했다는 점에서 문제의 여지가 있다. 비록 전자감독 가해제의 장치를 마련하여 이러한 문제를 다소 완화시키려고 하고 있으나 가해제가 어느 정도 효과가 있을지에 대해서도 의문이 제기되고 있다(박성수, 2016)[87].

이러한 전자장치 부착기간의 장기화는 전자감독대상자에 좌절감을 안겨주어 정상적인 사회생활을 포기할 가능성도 배제할 수 없다. 기존의 연구에 따르면, 전자장치 부착기간의 장기화는 가족과의 갈등이나 수치심 등과 같은 부정적인 감정을 더 많이 야기하고 전자장치의 훼손율이나 부가사항에 대한 준수위반, 나아가 재범률을 높이는 역효과도 발생하는 것으로 나타났다(최정학, 2014). 나아가 부착기간의 장기화는 전자장치 착용에 따른 불안감과 수치심, 그리고 24시간 위치추적에 따른 스트레스가 복합적으로 나타날 수 있으며, 심지어 사회부적응으로 인한 자살과 경제적 안정의 어려움 등으로 범죄의 악순환에 빠질 위험성도 높다. 따라서 전자장치 부착기간의 장기화에 따른 다양한 문제를 예방하는 차원에서 적정 수준의 부착기간에 대한 방안도 마련할 필요가 있다.

[87] 박성수, 2016. 전자장치 부착기간 장기화에 따른 문제점 및 개선방안: 가해제 활용방안을 중심으로. 「한국치안행정논집」, 13(1): 73-94.

제5절 전자감독제도의 정책적 함의

지금까지 우리나라의 전자감독제도의 도입배경과 확대과정, 그리고 실태를 중심으로 성과와 문제점 등을 살펴보았다. 또한 전자감독제도의 법적 성격, 이중처벌금지와 과잉금지원칙의 위배 여부, 소급효문제, 인권침해 여부 등을 통해 법률적 쟁점을 고찰하였다. 이러한 법률적 쟁점 이외에도 운영상의 문제점으로 전자장치 및 위치추적시스템의 안정화 문제, 담당인력의 부족, 부착기간의 장기화와 가해제 활용도 저조 등의 다양한 문제가 지적되고 있다. 이러한 문제점을 해결하기 위해 최근 법무부는 전자감독제도 도입 10년을 맞아 2018년 9월부터 일체형 전자장치를 보급하고 더욱 작아진 차세대 전자장치와 신개념 '피해자 보호장치[88]'을 개발하여 선진 위치추적시스템을 구축할 것이라고 밝혔다. 또한 지역공동체 사례관리시스템의 하나인 서클 멘토링[89] 시행 등을 통해 전자감독대상자에 대한 관리감독을 체계화할 방침이며, 교정시설 과밀수용 해소를 위해 가석방 조건부 전자감독제도를 도입할 예정이라고 밝힌바가 있다. 이러한 내용을 토대로 전자감독제도의 활성화를 위해 몇 가지 개선방안을 제시하면 다음과 같다.

1. 전자장치 및 위치추적시스템의 내실화

전자장치와 운영시스템에 대한 신뢰는 전자감독제도의 성패를 좌우할 정도로 매우 중요한 문제이기 때문에 기존의 선행연구에서도 위치추적 전자감독시스템을 평가하기 위한 기준으로 제시하였다[90]. 이러한 내용을 중심으로 현재의 문제점을 살펴보면, 먼저 법무부는

---

88 현행 피해자 접근방식은 피해자의 주거지에만 적용 가능하여 피해자가 이동 중이거나 주거지 외 장소에 체류할 경우 피해예방에 한계가 있다. 따라서 최신 이동통신 기술을 활용하여 가해자와 피해자가 일정 거리 미만(약 1㎞ 내외)으로 근접할 경우 알람(경보)이 발생하여 관제센터와 보호관찰소에서 사전에 피해자와의 접촉을 차단하여 범죄 등을 예방한다는 신개념 피해자 보호시스템이다. 2020년 12월 조두순 출소 등에 대비하여 2019년까지 개발을 완료하고 2012년부터 현장 실무에 활용할 계획이다(법무부 보도자료 인용. 2018.9.5.: 8 참조)

89 서클 멘토링은 고위험 대상자의 통제능력 향상을 위해 조두순 등의 고위험 1인과 지역사회의 다양한 지원을 하나의 서클로 연결하여 대상자를 조력하는 지역공동체 사례관리시스템을 말한다. 현재 민간단체인 후원과 책임의 공동체(Circles of Support and Accountability)와 시범운영 중인데, 「후원과 책임의 공동체(CoSA)」는 2014년 8월 9일 비영리 민간단체로 출범하여 재소자 및 출소자 1:다수 자원봉사자(4-5명) 서클 멘토링을 실시하고 있다. 참고로 후원과 책임의 공동체의 정신과 실천은 1994년 캐나다 해밀턴에서 조두순과 같은 위험한 아동성범죄자의 출소를 앞두고 지역사회의 반감과 우려가 거세지자 그를 상담해 왔던 교정위원인 Harry 목사가 지역의 자원봉사자와 함께 그들을 친구, 가족같이 멘토링하여 성공적인 사회복귀를 이끌어 내면서 시작되었다(법무부 보도자료 인용, 2018.9.5.).

90 브라운(Brown) 등은 위치추적 전자감독시스템을 선택하거나 집행과정을 평가하기 위해서는 ① GPS 측위의 정확성, ② GPS 신호의 안전성, ③ 수신율, ④ GPS 장치의 크기, ⑤ GPS 장치의 수, ⑥ 장치의 견고성, ⑦ GPS 신호 수신시

전자장치의 견고성과 절단저항성(tamper resistance) 차원에서 훼손이 불가능한 부착장치의 개발을 위해 노력해 왔다[91]. 이처럼 절단저항성을 높이기 위한 재질의 변화로 인해 착용감이 저하되고 부착장치의 크기가 커져 365일 착용해야 하는 전자장치 부착대상자에게는 발목부의의 찰과상, 저림 증상, 피부질환 등의 부작용이 발생하여 전자장치 부착대상자의 편의성을 고려한 전자장치를 개발할 필요가 있다. 이러한 문제점을 개선하기 위해 법무부는 2018년 9월부터 일체형 전자장치를 순차적으로 보급할 것이라고 밝혔다[92].

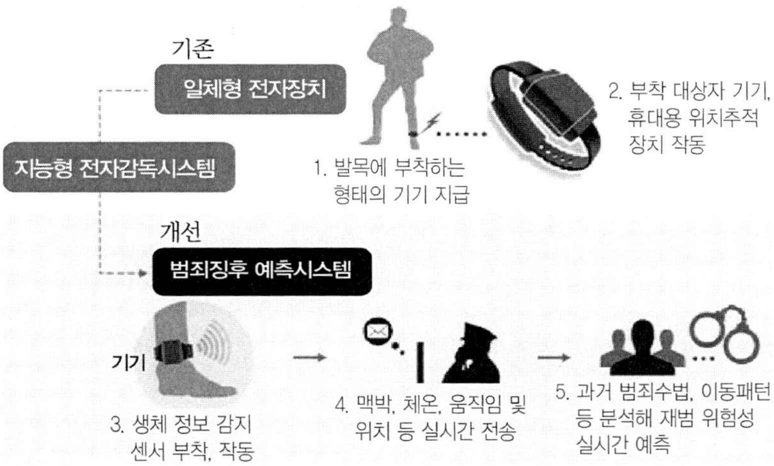

기존의 연구에 따르면, 전자감독 대상자들 대부분이 외부로 노출될 가능성이 있는 전자장치로 인해 두려움과 수치심을 느끼는 것으로 나타났다. 이러한 수치심은 분노, 좌절, 무력감 등의 부정적인 감정 상태로 이어져 준수사항 위반이나 전자장치의 훼손 충동 등의 결과를 초래할 수 있다. 이밖에 전자감독제도의 운영과 관련하여 전자장치 부착대상자들의

간, ⑧ 배터리 수명, ⑨ 전자장치를 통한 대상자와의 의사소통 여부 및 방식, ⑩ 절단저항성과 탐지기능, ⑪ 관리 소프트웨어, ⑫ 피해자에게 경보를 제공하는지의 여부, ⑬ 비용 등과 같은 요소를 점검할 것을 제시하고 있다(Brown, T., McCabe, S. A., & Wellford, C., 2007. Global Positioning System(GPS) Technology for Community Supervision: Lessons Learned(Noblis Technical Rep. No. NTR-2007-012).

91 전자감독제도 도입 당시인 2008년에 무독성 의료용 실리콘으로 제작한 부착장치를 사용했으나 2009년 부착장치 훼손사건이 연이어 발생하면서 2009년 부착장치 스트랩 내부에 강화필름을 삽입하였다. 이후 2010년에는 스프링 스틸, 2012년에는 스테인리스를 스틸을 삽입하는 등의 개선과정을 거쳐 최근의 부착장치는 2008년에 비해 인장강도가 4.4배 정도 강화되었다(김지선, 2018: 27).

92 이밖에 법무부는 2016년부터 외부정보감응형 전자장치(지능형 전자장치) 개발을 추진해 왔다. 지능형 전자장치는 전자감독 부착대상자의 위치뿐만 아니라 착용자의 다양한 생체정보를 관찰해 범죄를 사전에 예방하는 시스템이다. 다시 말해서 신체적 변화인 맥박과 움직임, 체온 등을 분석한 모니터링 정보를 장기간 분석한 후 평소와 다른 패턴을 보이면 보호관찰소가 범죄 징후로 간주한다(동아일보, 2018.6.15. 보도자료 일부 인용).

부착장치의 소형화, 배터리 수명연장, 일체형 장비제공 등의 개선을 우선적으로 요구하고 있는 것으로 나타났다(김지선 외, 2013; 이성칠 외, 2013)[93]. 따라서 앞에서 제시한 법률적 쟁점을 다소 완화하는 차원에서 전자장치 부착대상자의 요구 등을 반영하여 빠른 시일 내 전자장치의 착용감을 개선하고 전자장치를 간소화할 필요가 있다. 이러한 전자장치의 개선을 통해 사회적 낙인에 대한 두려움과 수치심을 줄이고 재범억제에 있어 중요한 요인인 안정적인 직업생활을 유지하는데 제약을 받지 않도록 배터리 성능의 기술적 문제를 보강하고 전자장치의 오작동 문제[94] 등을 우선적으로 해결해야 할 것으로 본다.

2. 부착기간의 재조정과 가해제의 활성화

우리나라는 전자감독제도 도입 이후 두 차례에 걸친 법개정을 통해 부착기간의 상한을 연장하고 하한을 도입함으로써 전자장치 부착대상자의 부착기간이 장기화되었다. 2017년 기준 부착대상자의 평균 부착기간은 6년으로 나타났으며, 부착기간이 5년 이상인 대상자가 전체의 67%를 차지하였다. 이처럼 전자감독제도가 고위험범죄자로부터 사회를 보호하기 위한 목적에서 시행된 장기화가 오히려 재범유발적 효과를 가져올 수 있고 부착기간의 장기화로 인한 많은 문제점[95]이 제기되고 있는 만큼 외국의 시행사례[96] 등을 참고로 법률개정을 통해 부착기간의 상한을 재조정할 필요가 있다. 예를 들어 부착기간 상한을 법개정 이전인 5년 혹은 최대 10년으로 한정하고 재범위험성을 고려하여 부착명령집행이 종료되는 시점에서 재위험성 평가를 실시하여 필요한 경우 이를 연장할 수 있도록 법률을 개정할 필요가 있다(김혜정, 2015; 박성수, 2016; 연성진 외, 2016)[97].

---

93 이성칠 · 김충섭, 2013. 전자장치대상자의 스트레스와 정신건강에 관한 연구. 「보호관찰」, 14: 111-137.

94 전자장치의 오작동으로 인한 현장출동은 전자감독 전담직원의 업무 피로도를 높이고 업무만족도를 낮추는 동시에 행정력을 낭비하는 결과를 초래하고 있다. 또한 전자장치 부착대상자들의 전자감독에 대한 신뢰성을 약화시켜 보호관찰관의 지시에 대한 순응정도를 감소시키고 지도감독을 어렵게 만드는 중요한 요인으로 작용하는 것으로 보고되고 있다(김지선, 2018: 29)

95 국내 연구결과에 따르면, 장기간의 부착명령은 부착대상자들에게 여러 가지 부적응과 저항을 야기하는 것으로 나타났다. 또한 이러한 부적응은 다시 전자감독에 대한 부적응과 일탈로 이어질 가능성이 높았고, 실제 보호관찰 준수사항 위반비율도 높은 것으로 조사되었다(김지선 외, 2013: 508-521 참조).

96 유럽에서는 전자감독이 부과될 수 있는 최소기간과 최대기간은 국가별로 차이가 있으나 일반적으로 미결단계(pre-trial)와 출소 후(post-release) 프로그램에서 전자장치가 사용되는 경우 그 기간이 길며, 부과되는 기간의 상한이 없는 국가도 있다. 그러나 앞문형(front door programme)에서는 최대기간이 1년을 넘지 않고 국가마다 최대기간과 최소기간의 차이가 크지만 평균에서는 큰 차이가 없다. 또한 대부분의 국가에서는 프로그램의 형태와는 상관없이 기간이 2-4개월인 점을 우리나라도 참고할 필요가 있다(정진수, 2012. 재범방지를 위한 교정보호의 선진화 방안 연구 Ⅰ. 한국형사정책연구원: 39).

한편, 전자장치 부착기간의 장기화에 따른 문제를 해결하기 위한 또 다른 방법으로 가해제를 활용하자는 주장이 꾸준히 제기되어 왔다. 현행 전자장치부착법 제17조에 의거하여 부착명령 집행이 개시된 3개월 이후부터 보호관찰소의 장 또는 피부착자 및 그 법정대리인은 심사위원회에 부착명령 가해제를 신청할 수 있다. 이에 따라 보호관찰심사위원회는 피부착자가 더 이상 필요하지 않을 만큼 재범의 위험성이 없다고 인정할 때에는 가해제를 결정할 수 있다. 또한 시행규칙 제12조의2에서는 피부착자 또는 보호관찰대상자의 연령, 건강상태, 가족관계, 가정환경, 범죄경력, 집행기관, 준수사항의 이행정도, 재범위험성 평가결과 등을 고려하도록 명시하고 있다. 특히 도입 초기에 입법과정에서 부착기간의 장기화에 따른 부작용에 대한 문제가 제기되었으나 가해제를 통한 탄력적 운영을 통해 이를 해결할 수 있다는 전제하에 법안이 통과되기도 했다(연성진 외, 2015)[98].

그러나 전자감독제도 운영방식 및 실무차원에서 가해제는 적극적으로 활용되지 못하고 있으며, 특히 성폭력범죄자의 경우 가해제 신청률과 인용률은 매우 저조한 실정이다. 전자감독제도 시행 이후 2015년 상반기까지 성범죄로 인한 부착대상자 2,868명 중 가해제 인용은 총 9명으로 가해제율이 0.3%로 매우 낮다. 또한 낮은 인용률로 인해 가해제 신청 자체도 120건에 불과하며, 범죄유형별로 가해제 불균형 현상이 극명하게 나타나고 있다[99]. 성폭력범죄에 대한 가해제 신청 자체가 저조하고 인용률이 낮은 이유는 성폭력범죄에 대한 국민들의 법감정과 이러한 분위기에서 가해제 결정을 내려 재범이 발생했을 때 이를 감당해야 할 사회적 파장에 따른 부담감 때문이라는 지적도 있다(이성칠 외, 2013).

➲ 성폭력범죄와 살인범죄의 가해제율 비교

(단위: 명, 건, %)

구분	누적인원	신청건수	신청률	인용건수	인용률	가해제율
성폭력범	2,868	120	4.1	9	7.5	0.3
살인범	1,548	745	48.0	538	72.2	34.0

자료: 법무부 범죄예방정책국 내부자료(2015.5. 기준)

97 박성수(2016)는 국민의 법감정상 현재의 30년 상한을 낮추는데 어려움이 있다면, 10년 정도의 선고 상한을 정하고 재범위험성 등을 고려하여 필요한 경우 30년을 초과하지 않는 범위에서 연장할 수 있는 방안을 제시한바 있다(박성수, 2016. 전자장치 부착기간 장기화에 따른 문제점 및 개선방안: 가해제 활용방안을 중심으로, 「한국치안행정논집」, 13(1): 87 참조).

98 특정성폭력범죄자에 대한 위치추적 전자장치부착에 관한 법률 일부개정법률안 심사보고서, 법제사법위원회(2008.5): 4

99 법무부 보호관찰심사위원회 내부자료에 따르면, 2014년 총 220건의 부착명령 가해제 심사 중 인용이 168건(인용률 76.3%), 기각이 52건이었다. 여기서 살인 · 유괴범의 인용률은 92.9%(159건), 강도 71.4%(5건), 성범죄 9.5%(4건)로 범죄유형에 따라 큰 차이를 보였다(연성진 외, 2015: 123 참조).

이밖에 지난 10년간 전자감독 누적 실시인원 22,647명 중 가해제 신청인원은 1,499명으로 가해제 신청률은 6.6%에 그치고 있고, 가해제가 신청된 1,499건 중 인용률은 61.4%로 나타났다. 또한 실시인원 대비 가해제 인원으로 집계한 가해제율은 4.1%였고, 전자감독 실시인원 중 대다수를 차지하고 있으며 대부분 형기종료자들로 구성되어 있어 부착기간이 상대적으로 긴 성폭력범죄자의 경우 지난 10년간 57명만 가해제 되어 가해제율은 0.4%에 그쳤다. 이는 전체 전자감독 대상자에 대비 가해제율의 1/10에도 못 미치는 수치이며, 전체적으로 볼 때 가해제 신청률, 인용률, 가해제율은 매우 낮고 저조한 개해제율 마저 살인 및 강도범죄자가 차지하고 있는 것으로 나타났다(김지선, 2018).

이러한 결과에서 알 수 있듯이 성범죄자의 경우 성적습벽이 쉽게 변화지 않아 재범의 위험이 지속될 것이라는 인식 때문에 부착명령기간 증가의 근거가 되는 동시에 가해제의 활성화를 가로막는 장애요인으로 작용하고 있는 것으로 판단된다. 따라서 다른 범죄유형에 비해 가해제율이 상당히 낮은 성폭력범죄에 대한 가해제를 활성화할 수 있는 방안을 모색할 필요가 있다. 왜냐하면, 전자장치 부착명령을 받은 성폭력범죄자의 대다수는 형집행 종료자로 이들에 대한 전자장치 부착은 재위험성을 근거로 이루어지는 보안처분의 성격을 갖고 있기 때문에 이들에 대한 가해제의 활성화는 제도의 목적과 기능에 비추어볼 때 반드시 필요하다고 본다. 이러한 문제를 해결하기 위해 재범위험성 등급, 준수사항 위반여부 등의 통일된 기준을 우선적으로 마련하고 일정수준이 충족되면 가해제를 결정할 수 있도록 가해제 결정의 부담을 줄여주는 방식도 하나의 대안으로 고민해볼 필요가 있다[100].

실제로 가해제가 활용되지 못한 이유 중의 하나로 감독공백으로 인한 범죄발생과 사회불안을 야기할 수 있다는 이유가 지배적이었다. 이러한 문제를 보완하기 위해 2016년 12월 법개정을 통해 부착명령 가해제 시 필요한 경우에 보호관찰 또는 준수사항을 부과할 수 있도록 규정을 신설하여 일반 보호관찰 대상자와 비슷한 수준의 월 2회 이상의 지도감독을 실시하고 있으나 이를 보다 더 강화하여 가해제 인용결정 부담을 덜어 줄 필요도 있다. 현재 법무부는 전자감독 가해제 이후에도 적정 수준의 지독감독을 유지하기 위해 주 1회 이상 지도감독과 월 1회 야간지도를 통한 지도를 강화하고, 준수사항의 일환으로 주간 생활계획 보고서 제출을 추가하는 동시에 심리치료프로그램을 지속적으로 실시할 계획을 가지고 있기 때문에 향후 가해제 활성화에 도움이 될 것으로 본다.

---

[100] 김혜정, 2015. 현행 전자감독제도의 발전방안에 관한 소고: 대상범죄 및 부착기간을 중심으로, 「보호관찰」, 15(2): 34-35.

3. 전담인력의 확충과 처우 개선

앞의 전자감독제도 유형에서 제시했듯이 우리나라의 위치추적방식(GPS tracking)은 지속적 감시시스템(active system)인 적극형(active) 방식으로 휴대용 추적장치에 위치추적 기술을 적용하여 수집된 GPS 정보를 실시간으로 중앙감시컴퓨터로 전송하는 방식이다. 적극형 위치추적방식의 전자감독제도가 운용되기 위해서는 위치추적관제센터의 관제인력, 전자감독 전담직원, 신속대응팀이 필요하다[101]. 먼저 2017년 기준 서울, 대전 2개의 위치추적관제센터에 52명의 관제인력이 배치되어 있는데, 2008년 전자감독제도 도입 당시 13명에 비해 4배 정도 증가하였다. 하지만 법무부는 관제요인이 1건의 경보를 처리하는데 소요되는 평균시간 등을 고려하여 1인당 부착대상자 인원을 약 100명으로 산출하였으나 2017년 기준 관제인원 1인당 331명이 담당하고 있어 동시다발적인 경보가 발생했을 때 업무처리지연 등의 장애가 발생할 개연성이 매우 크다는 것을 알 수 있다.

➲ 전자감독 인력현황 및 추이

(단위: 명)

구 분	2008	2009	2010	2011	2012	2013	2014	2015	2016	2017	계
관제인력	13	13	13	26	26	44	44	45	45	52	52
전담인력	48	48	48	65	119	119	119	141	141	162	162
전담인력 1인당 사건	3.1	2.6	8.2	14.3	8.7	14.3	17.9	16.4	19.1	18.4	–

자료: 법무부 범죄예방정책국 특정범죄관리과 내부통계자료

또한 2017년 기준으로 전국 56개 보호관찰소에 266명의 전담직원이 배치되어 있으며, 전자감독제도 도입 당시인 2008년 48명에 비해 5.5배 정도 증가하였다. 그러나 지난 10년간 전자감독 부착대상자가 19.8배 증가하여 전담직원 1인당 사건건수는 2008년 3.1명에서 2017년 18.4명으로 증가하였다. 특정범죄자 전자장치부착법 시행령에서 전담직원 1인당 최대 업무량을 10명으로 권장하고 있는 것을 감안할 때 전담직원의 업무량이 상당히 과중

[101] 관제인력은 24시간 가동되면서 전자감독 대상자의 이상행동 및 개별전자장치의 상태에 의한 경보 확인과 발생한 경보의 진위 여부를 파악하는 업무를 담당한다. 전자감독 전담인력은 부착대상자의 지도감독 및 원호활동 등 일상적인 보호관찰업무와 위치추적관제센터로부터 이관받은 경보에 근거해 발생한 경보의 진위, 사유 파악, 전자감독 대상자 이동경로의 시연 및 분석, 일일감독 소견서 작성, 전자장치의 보수 및 교체업무 등을 담당한다. 2013년 4월부터 무도유단자를 계약직으로 채용하여 전담직원과 조를 이루어 전자감독 업무를 담당하는 전자감독 신속대응팀을 25개 기관에 14개팀(32명)을 구성하게 되었다. 이후 법무부는 신속대응팀의 지속적인 확대를 추진하여 2017년에는 51개 기관에 42팀(130명)이 활동하고 있다(김지선, 2018: 32-33).

되어 있는 실정이다. 특히 266명의 전자감독 전담인력 중 전자감독 업무만 담당하는 전담인력이 전체의 39.8%(106명)에 불과하다는 점에 주목할 필요가 있다. 2013년 실질적인 전담인력이 20%에 불과했던 것과 비교해 볼 때 증가된 수치라고 하지만 여전히 60%의 담당인력은 전자감독업무와 일반보호관찰 등 기타 업무를 겸하고 있는 실정이다. 2008년 이후 전자장치부착법의 개정으로 인해 대상범죄의 확대, 성폭력범죄에 대한 소급적용의 실시 등으로 인해 실시인원이 급증했음에도 불구하고 새로운 인력이 충원되지 않아 자체적인 보충인력으로 인력부족을 해결하고 있기 때문에 처우개선 차원에서 인력충원이 우선적으로 이루어져야 할 것으로 판단된다.

이밖에도 신속대응팀에서도 인력부족 문제가 발생하고 있는데, 57개 기관 중 6개 기관에는 신속대응팀이 없고 신속대응팀을 단독으로 운영하는 기관은 57개 기관 중 33개 기관에 불과한 것으로 나타났다. 신속대응팀이 설치되지 않은 기관에서는 전담직원 및 보호관찰소 일반직원이 야간·주말근무에 투입되고 있어 보호관찰소 업무 전반의 부실화를 초래할 수 있다. 결국 인력부족 현상은 전문성 제고에도 부정적인 영향을 미치고 극심한 업무스트레스로 이어지고 있기 때문에 실질적인 전담인력을 확보하고 전자감독 전담인력에 적정한 사건수를 배당하여 직무상 발생하는 스트레스 관리를 위한 다각적인 방안을 모색해야 할 시점이다.

기사 엿보기 **전자장치 부착 관리 부실… 관찰관 1명당 331명 감독**

전자장치 부착 대상자 관리가 부실하다는 지적이 제기된다. 서울북부지법은 19일 특정 범죄자에 대한 보호관찰 및 전자장치 부착 등에 관한 법률 위반으로 김모(76) 씨에 대해 징역 3월을 선고했다고 밝혔다. 전자장치 부착 대상자인 김 씨는 9차례 휴대용 전자기기를 두고 외출했고, 12차례 외출 제한 시간대에 주거지를 이탈했다. 김 씨는 2010년 대구지방법원 영덕지원에서 성폭력범죄의 처벌 등에 관한 특례법 위반죄 등으로 징역 4년, 부착명령 7년, 특정 시간대(자정부터 6시까지) 주거지 이외로의 외출 제한 등을 선고받았다.

김 씨는 술을 마시러 외출하는 등을 이유로 길게는 3시간 15분, 짧게는 16분 동안 휴대용 전자기기를 임의로 소지하지 않았다. 김 씨는 서면 경고를 받고도 4차례나 더 휴대용 전자기기를 소지 하지 않아 결국 징역형을 받았다. 김 씨는 전자장치를 부착하고 있던 2016년에도 강제추행죄로 징역 1년6월을 선고받고 복역한 바 있다. 김 씨의 전자기기 미소지 시간이 최장 몇 시간에 불과하지만, 재범 가능성이 있다는 점에서 관리에 소홀했다는 비판이 나온다. 전자기기 부착 대상자가 임의로 장치를 휴대하지 않을 경우, 담당 보호관찰관이 상황을 조사한 후 수사 의뢰 등 필요한 제재조치를 취한다. 범행을 저지를 의도가 없고 단순 부주의나 실수라고 판단되면 보호관찰관이 경고 등을 내린다.

문제는 보호관찰 대상자들의 범위가 점차 확대되면서 보호관찰관 수가 부족하다는 데 있다. 법무부에 따르면 지난해 기준 전자장치 부착 대상자의 위치를 모니터링하는 관제센터 직원 1명당 331명을 담당하고 있다. 전자장치 훼손 등으로 현장에 출동하거나 대상자들의 상담, 심리치료 등의 역할을 하는 전자감독 전담 인력은 1명이 18.4명을 맡고 있다. 미국의 경우 전담직원 1인당 10명 미만을 배정하고 있다. 이웅혁 건국대 경찰학과 교수는 "미소지자들의 상황을 파악해 현장 방문의 빈도를 높이고 교화 등을 위한 행정적 대응을 강화하기 위해서라도 보호관찰관들의 수를 늘릴 필요가 있다"고 밝혔다.

출처: 문화일보(2018.10.19. 기사내용 인용)

CHAPTER 10

성충동 약물치료제도

범죄예방 정책사례(2)

핵심

화학적 거세(化學的 去勢, chemical castration)는 성적 활동이나 성욕을 감퇴시킬 목적으로 약물을 투여하는 것이다. 고환이나 난소를 몸에서 적출하는 물리적 거세와는 달리, 화학적 거세는 성 불구로 만들거나 실제 개인을 거세하는 것이 아니다. 간혹 골밀도의 저하와 같은 화학적인 부작용이 나타나기도 하지만, 화학적 거세는 일반적으로 약물의 투여가 지속되지 않으면 이전의 상태로 되돌릴 수 있는 방법으로 고려된다. 화학적 거세는 인권 침해와 부작용 가능성의 우려 등이 제기되고 있으나 사법 및 공공정책의 수단으로 종종 사용되고 있다. 화학적 거세의 대상자가 되면, 형 집행 종료 시 혹은 가석방 2개월 전에 약물투여를 시작한다. 석방되더라도 법원 선고 기간에는 약물치료를 받아야 한다. 치료에는 주로 남성호르몬인 테스토스테론의 생성을 억제하는 약물을 사용하며, 여성호르몬 등을 투여하는 경우도 있다. 성 충동 약물치료를 받는 동안에는 성적 충동이 줄어들고 성적 자극 능력이 감퇴한다. 본 장에서는 성충동 약물치료제도에 대한 입법의 특징을 중심으로 구체적으로 살펴보았다.

제1절 성충동 약물치료제도의 의의와 도입배경

1. 성충동 약물치료제도의 의의

일반적으로 성충동 약물치료라 함은 남성호르몬의 분비를 제어하는 방식으로 이루어지는 것을 말한다. 다시 말해서 뇌에서 분비되는 테스토스테론(testosterone)이라는 남성호르몬이 성욕에 관계된다는 전제 하에 약물을 통해 호르몬의 분비량을 제어하는 것을 의미한다. 이는 전립선암 등의 치료과정에서 남성호르몬을 제거하는 방식을 응용한 것이다. 여기서 사용하는 의학적 시술은 남성의 정소에서 분비되는 남성호르몬을 제거하는 방법, 여성호르몬을 투여 해 남성호르몬을 억제하는 방법, 그리고 남성호르몬을 차단하는 방법 등의 세 가지로 구분된다. 미국이나 유럽의 경우 대체적으로 여성호르몬을 투여해서 남성호르몬의 분비를 억제하거나 남성호르몬을 차단하는 방법을 많이 사용하고 있다[1].

성범죄자의 처벌 시 시행되는 거세는 시술방법에 따라 물리적 거세(surgical castration)와 화학적 거세(chemical castration)의 두 가지 방식이 있다[2]. 이 중 물리적 거세는 남성의 고환을 제거하는 방법으로 외과적 시술을 통해 외과적 거세를 하는 것으로 테스토스테론을 생성 · 차단하는 것이다[3]. 이에 비해 화학적 거세(化學的 去勢)는 성충동 약물치료를 뜻하는 말로 고환이나 난소를 제거하는 물리적 거세와는 달리 개인을 성 불구로 만드는 것은 아니다. 성범죄자들의 남성호르몬 생성을 줄여 성적 충동을 조절하기 위한 약물 투여방식이며, 투여를 중단하면 정상으로 돌아가기 때문에 일시적이고 잠정적인 거세라고도 한다. 화학적 거세는 의료적 약물치료로 각종 성범죄자를 포괄적으로 포함하여 상습적인 재범 성범죄자에 대해 성충동적 현상 및 남성호르몬을 감소 · 차단시켜 본능적 성범죄를 사전에 예방하려고 행해지는 의학적 약물치료를 말한다[4].

성충동 약물치료는 사람에 대하여 성폭력범죄를 저지른 성도착증 환자로서 성폭력범죄를 다시 범할 위험성이 있다고 인정되는 19세 이상의 사람에게 부과하는 제도이다. 다시 말해서 비정상적인 성적 충동이나 욕구를 억제하기 위한 조치로서 성도착증 환자에게 약물투여 및 심리치료 등의 방법으로 도착적인 성기능을 일정기간 동안 약화 또는 정상화하는 치료이다(성충동 약물치료법 제2조 제3호). 여기서 성도착증 환자는 소아기호증(pedophilia), 성적 가학증(sadism) 등 성적 성벽이 있는 정신성적 장애자로 금고 이상의 형에 해당하는 성폭력범죄를 저지르거나 정신건강의학과 전문의의 감정에 의하여 성적 이상 습벽으로 인해 자신의 행동을 스스로 통제할 수 없다고 판명된 사람을 말한다(성충동 약물치료법 제2조 제1호). 아울러 성충동 약물치료의 대상이 되는 성폭력범죄는 성충동 약물치료법 제2조 제2호에서 구체적으로 나열하고 있다[5]. 이밖에 성충동 약물치료제도는 사람에 대하여 성폭력범죄를

---

[1] 김현우 · 임유석. 2011. 성폭력범죄자에 대한 성충동 약물치료의 문제점 및 개선방안. 「사회과학연구」. 18(2): 85-106.

[2] Catherine, R. 2008. Lest We Regress to the Dark Ages: Holding Voluntary Surgical Cast Ration Cruel and Unusual, Even for Child Molesters. *16 Wm. & Mary Bill Rts.* J. 1305: 1333-1334; Druhm, W. 1997. Welcome Return To Draconia: California Penal Law § 645, The Castration of Sex Offenders and the Constitution. *Albany Law Review*. 285: 293-300.

[3] 물리적 거세는 사회질서와 안정에 초점을 둔 것이 아니라 통제장치의 한 방법으로 사용한 것으로 고대사회에서는 왕궁의 내시나 시중 노예를 대상으로 행해졌다. 현재 물리적 거세를 사용하는 나라는 미국의 일부 주(아이오와, 루이지애나, 캘리포니아, 플로리다, 텍사스 등)와 유럽의 체코 등에서만 시행되고 있다(Scott, C. L., & Holmberg, T. 2003. Castration of Sex Offenders: Prisoners' Rights Versus Public Safety, *Journal of the American Academy of Psychiatry and the Law*, 31: 502-509.

[4] Huh, K. M. 2010. The Study on the Chemical Castration Order to Sex Offenders, *Korean Journal Correction Review*, 12: 157-191.

[5] 가. 「아동 · 청소년의 성보호에 관한 법률」 제7조(아동 · 청소년에 대한 강간 · 강제추행 등)부터 제10조(강간 등 살인 ·

저지른 성도착증 환자로서 성폭력범죄를 다시 범할 위험성이 있다고 인정되는 사람에 대하여 성충동 약물치료를 통해 성폭력범죄의 재범을 방지하고 사회복귀를 촉진하는 것을 목적으로 하고 있다.

한편으로 성도착증에 관한 근본적인 원인과 관련해서는 명백하게 밝혀진 것은 없으나 과거 오랜 시간동안 인체신경생물학이 성기능에 미치는 영향에 관한 관심이 증가하면서 약물치료에 대한 연구가 진행되어 왔다. 이에 대한 예로 인간내분비적 요인, 신경전달물질, 인간중추신경계 요인 등이 대표적이라 할 수 있다[6]. 이를 근거로 하여 최근까지 성기능에 대한 화학적 치료제로 항우울증 치료제(antidepressants), 항경련치료제(anticonvulsants), 기분조절치료제(mood stabilizers), 항불안치료제(anxiolytics), 항남성호르몬치료제(antiandrogens) 등 각종 화학약물이 투여되고 있다. 특히 테스토스테론(testosterone)은 성적 욕구, 성적 흥분, 성적 공상 등과 관련된 성호르몬으로 이를 약화시킬 경우 성범죄의 발생위험을 줄이는 것으로 알려져 있다. 테스토스테론은 신체 성 기관에서 디하이드로테스토스테론(dihydrotestosterone, DHT)으로 변환되며, 두 호르몬은 전체 남성호르몬 수용체에 큰 영향을 미친다[7]. 지금까지 화학적 거세에 사용된 약물은 다양하며, 최근에 가장 많이 사용되고 있는 약물로는 MPA, CPA, 성선자극호르몬 억제제 등이 있으나 약물치료에 따른 부작용에 관한 논란도 지속적으로 제기되고 있는 실정이다.

치사)까지의 죄, 나. 성폭력범죄의 처벌 등에 관한 특례법」 제3조(특수강도강간 등)부터 제13조(통신매체를 이용한 음란행위)까지의 죄 및 제15조(미수범)의 죄(제3조 부터 제9조까지의 미수범만을 말함), 다. 「형법」제297조(강간) · 제297조의2(유사강간) · 제298조(강제추행) · 제299조(준강간, 준강제추행) · 제300조(미수범) · 제301조(강간 등 상해 · 치상) · 제301조의2(강간 등 살인 · 치사) · 제302조(미성년자등에 대한 간음) · 제303조(업무상위력 등에 의한 간음) · 제305조(미성년자에 대한 간음, 추행) · 제339조(강도강간), 제340조(해상강도)제3항(사람을 강간한 죄만을 말함) 및 제342조(미수범)의 죄(제339조 및 제340조제3항 중 사람을 강간한 죄의 미수범만을 말함). 라. 가목부터 다목까지의 죄로서 다른 법률에 따라 가중 처벌되는 죄를 대상으로 한다.

[6] Meston, C. M., & Frohlich, P. F. 2000. The Neurobiology of Sexual Function. *Arch Gen Psychiatry*, 57 : 1012–1030.

[7] 테스토스테론(testosterone)과 디하이드로테스토스테론(dihydrotestosterone)은 수용체 세포의 세포질 내에 있는 수용체 단백질에 큰 수용력을 동반하며 스테로이드 남성호르몬 분자가 수용체에 도착하면 스테로이드 수용체에 복합체가 조성된다. 이러한 생화학적 절차들이 결과적으로 비상식적 성적 행동을 포함한 성적 행동에 효과를 주게 된다(Saleh, F. M., & Guidry, L. L. 2003. Psychosocial and Biological Treatment Considerations for the Paraphilic and Nonparaphilic Sex Offender, *Journal of the American Academy of Psychiatry and the Law*, 31 : 486–493).

2. 성충동 약물치료제도의 입법추이와 주요 내용

1) 성충동 약물치료제도의 도입배경과 입법추이

성폭력 범죄로부터 사회를 보호하기 위한 입법적 강화조치에 대한 논의는 2004년 유영철의 연쇄 성폭행 살인사건을 계기로 본격화되었다. 특히 아동을 대상으로 하는 성폭력범죄가 2000년대 후반 이후 지속적으로 발생하면서 강성형사정책을 취하게 되었다고 볼 수 있다[8]. 이러한 일련의 사건을 계기로 전자감독제도의 도입 및 확대 시행, 신상정보 공개제도 및 신상정보 등록제도의 확대 시행, 신상정보 고지제도 도입[9], 소아기호증 등 정신성적 장애자를 대상으로 하는 치료감호제도의 도입, 형법 및 아동·청소년의 성보호에 관한 법률상의 징역형기 상한조정, 성폭력범죄의 처벌 등에 관한 특례법상의 공소시효 배제·배제대상 확대·특례규정 신설, 형법상 상습강간죄 및 유사강간죄의 신설, 성폭력범죄에 대한 친고죄 규정의 폐지 등의 보다 강력한 조치가 이루어져 왔다.

이처럼 성폭력범죄의 심각성에 대처하기 위해 강력한 형사대응책이 도입되었는데, 그 중의 하나가 화학적 거세라고 하는 '성충동 약물치료제도'이다. 당시 신상공개제도나 전자감독제도, 그리고 성폭력치료 수강명령이나 성폭력범죄자에 대한 치료감호가 시행된 상황에서 성폭력범에 대한 처벌강화와 사회안전망을 구축하기 위해 성충동 약물치료제도까지 도입된 것이다. 여기서 성충동 약물치료제도의 입법 과정을 보면, 먼저 이 법은 2008년 9월 8일 박민식 의원 등 31인이 제안하였으며, 2008년 9월 9일 소관상임위원회에 회부된 이후 2010년 2월 김길태 사건과 김수철 사건이 잇따르면서 여야가 심의를 서둘러 2010년 6월 29일 성폭력범죄자의 성충동 약물치료에 관한 법률이 본회의에 통과(재석의원 180명 중 찬성 137명, 반대 13명, 기권 30명)된 후 2011년 7월 24일부터 시행되었다.

이 법률안을 제안한 후 2여년의 기간이 소요된 이유는 먼저 화학적 '거세'라는 방법에 대한 거부감과 수치감 등이 작용했으며, 특정 약물을 투여함으로써 사람의 신체에 직접적

---

[8] 예를 들어 정성현 사건(일명 혜진·예슬양 사건, 2007), 조두순 사건(일명 나영이 사건, 2008), 강호순 사건(2009), 김길태 사건(2010), 김수철 사건(2010), 오원춘 사건(2012), 고종석 사건(2012) 등 흉악한 성범죄가 발생하면서 인터넷과 여론에 의해 증폭되자 이에 대한 대책으로 성충동약물치료법이 도입되었다(박찬걸, 2013. 성충동 약물치료의 시행과 향후 과제. 「형사정책연구」, 24(1): 265-297).

[9] 2011년 4월 16일부터 성인 대상 성범죄자에 대해 신상정보 등록 및 공개·고지제도가 시행되었고 2013년 6월 9일 「성폭력범죄의 처벌 등에 관한 특례법」 개정으로 신상정보 등록업무는 법무부, 공개·고지업무는 여성가족부가 담당하고 있다. 또한 등록 대상 범죄 확대, 신상공개 3년 소급적용, 신상정보의 진위 확인 주기 단축 및 관리 강화 등의 제도가 변경되었다.

인 침해를 수반했다는 점이다. 아울러 특정 약물에 대한 효과와 부작용이 의학적으로 명확하게 입증되지 않았으며, 법안 제안 당시에 위치추적 전자감독제도 및 치료감호제도 등 성범죄자에 대한 다른 종류의 형사제재가 도입되었기 때문이다[10]. 또한 성충동약물치료법은 2008년 9월 8일 박민식 의원이 대표 발의한 '상습적 아동성폭력범의 예방 및 치료에 관한 법률'에서 시작되었으나 입법과정에서 원안과 달리 많은 수정이 가해지면서 오히려 인권 침해적인 요소가 많이 가미되었다는 비판이 제기되기도 했다[11].

➲ 원안 및 수정안 비교

구분	원안 (2008.9.8.)	수정안 (2010.6.29.)
법안이름	상습적 아동 성폭력범의 예방 및 치료에 관한 법률	성폭력범죄자의 성충동 약물치료에 관한 법률안
투여 대상	2회 이상 성폭력범 중 재범의 우려가 있는 자	재범의 우려가 있는 경우 초범도 가능
약물요법 대상 연령	25세 이상	만 19세 이상
당사자 동의 여부	반드시 당사자 동의 필요	동의 불필요
심리치료 병행 여부	반드시 병행	심리치료 병행
약물투여 시기	수용시점부터	출소 2개월 전
비용 부담	국고보조	본인부담 원칙(경제력 없을 경우 국가가 부담 할 수 있음)

그 이후 2012년 12월 18일 법률개정으로 연령제한이 폐지되어 2013년 3월 17일 법무부는 '성폭력 범죄자의 성충동 약물 치료에 관한 법률' 개정안을 19일부터 시행한다고 공고하였다. 개정법의 주요 내용을 살펴보면, 먼저 2013년 3월 19일 이후 성범죄를 저지른 사람만 해당되는 것이 아니라 그 이전의 성범죄자에게도 소급 적용되었다. 그 이유는 성년 여성을 대상으로 성범죄를 저지른 사람도 출소한 뒤 다시 같은 범행을 저지를 확률이 높다는 지적

[10] 이원경, 2016. 성충동약물치료법의 정당성과 문제점에 대한 검토, 「교정연구」, 26(1): 163-187.

[11] 성충동약물치료법 제정 당시의 원안과 달리 ① 화학적 거세라는 용어가 수치심과 거부감 등을 줄 우려가 있어 성충동 약물치료로 수정된 점, ② 약물치료 대상자를 상습적 성폭력범죄자에서 상습성 요건을 삭제하여 초범자도 가능하게 한 점, ③ 아동을 대상으로 하는 성폭력범죄를 16세 미만으로 그 대상을 확대한 점, ④ 약물치료 대상자의 연령을 25세에서 이상에서 19세 이상으로 확대한 점, ⑤ 치료명령을 결정에서 판결로 강화함으로써 본인 동의를 받지 않도록 한 점, ⑥ 치료명령이 청구되지 않은 성폭력 수행자에 대해 본인의 동의하에 치료명령을 법원의 결정으로 하는 제도를 신설한 점, ⑦ 약물치료의 시기를 수용 시에서 출소 2개월 전으로 변경한 점, ⑧ 법 시행 시기를 공포 후 6개월에서 공포 후 1년으로 변경한 점 등에서 변경사항이 발생하였다(국회사무처, 제291회 국회법제사법위원회 회의록 제6호, 2010.6.29. 4면 참조).

을 국회가 받아들여 법을 개정함에 따라 피해자의 나이와 관계없이 성도착 증세를 보이는 19세 이상의 모든 범죄자로 치료 대상을 확대한 것이다. 법 개정 당시에는 피해자가 16세 미만의 아동, 청소년일 때만 화학적 거세를 청구할 수 있었지만 법 개정 이후 피해자의 나이와 상관없이 모든 성폭력 범죄자를 대상으로 성충동 약물치료를 할 수 있게 되었다.

2015년 12월에는 대상 범죄의 직접적 성행위 외에 신체의 다른 부위나 도구를 이용하는 '유사강간(2016.1.19. 개정)'과 동성 성폭행도 포함시켰다. 또한 장애인인 아동 · 청소년에 대한 간음 등의 죄(2017.10.31. 개정), 아동 · 청소년 강간 등 살인 · 치사죄, 형법상 강도강간미수죄 및 해상강도강간미수죄(2017.12.19. 개정)가 약물치료 대상범죄에 추가되었다[12]. 이밖에 헌법재판소는 2015년 12월 23일 일부 제도에 대해 헌법불합치 결정을 함에 따라 그 취지를 반영하여 약물치료 대상자가 치료명령의 집행 면제를 신청할 수 있도록 하는 절차를 마련하여 위헌성을 해소하였다(2017.12.19. 개정)[13]. 이러한 성충동 약물치료제도의 운영을 위해 2017년 말 기준으로 37명의 성충동 약물치료 전담보호관찰관이 대상자를 집중적으로 관리하고 있다.

2) 성충동 약물치료제도의 주요 내용

① 약물치료의 요건

성충동 약물치료는 비정상적인 성적 충동이나 욕구를 억제하기 위한 조치로서 성도착증

---

[12] 강간 미수범에 대해 이른바 '화학적 거세'를 하는 내용을 담은 성폭력 범죄자 성충동약물치료법 개정안이 12월 1일 국회를 통과했다. 국회가 의결한 성폭력범죄자 성충동약물치료법 개정안은 성충동 약물치료 대상범죄에 강도강간미수죄 등을 추가하는 것을 골자로 한다. 다만 카메라 등을 이용한 촬영죄, 이른바 '몰카범'의 경우 정부가 제출한 법안에는 약물치료 대상에 포함됐지만, 상임위 심사 과정에서 제외됐다. 법사위는 "약물치료 제도는 한정적으로 도입하는 것이 적절하다는 점을 고려해 개정안에서는 카메라 등을 이용한 촬영의 죄를 삭제해 의결했다"고 밝혔다(서울신문, 2017.12.1. 보도자료 인용).

[13] 헌법재판소는 2015년 5월 '화학적 거세'를 규정한 성폭력 범죄자의 성충동 약물치료에 관한 법률 4조 1항과 8조 1항에 대한 위헌 여부와 관련한 첫 공개변론이 열렸다. 이후 헌법재판소는 2015년 12월 23일 성폭력 범죄자들에 대한 성충동 약물치료가 합헌이라고 판단했다. 헌재는 성충동 약물치료는 대상자 자신을 위한 치료로 한시적이며, 치료 중단 시 남성 호르몬 생성과 작용의 억제가 회복 가능하다는 점에서 침해의 최소성이 인정된다고 보았다. 반면, 김이수, 이진성, 안창호 재판관은 반대의견에서 "성충동 약물치료에 사용되는 약물은 성도착증의 병리적 문제를 근본적으로 해결하는 치료제는 아닌 점 등을 고려할 때, 과연 성충동 약물치료가 성폭력범죄의 재범 억제에 기여하는 적절한 수단이라고 볼 수 있는지 의문"이라고 밝혔다. 그러나 헌재는 '법원이 15년의 범위에서 치료기간을 정해 판결로 치료명령을 선고'하도록 한 8조 1항에 대해 "법원이 치료 명령을 선고하는 시점과 집행 시점 사이에 상당한 시간적 간극이 있어 불필요한 치료가 이뤄질 수 있다"며 집행 시점에서 대상자의 재범 가능성을 다시 살펴봐야 한다는 취지에서 헌법불합치 결정을 내렸다. 이에 따라 2017년 12월 31일까지 이의 절차를 마련하는 등 관련법을 개정하도록 주문했다. 이에 따라 성충동약물치료법 제8조의2(치료명령의 집행 면제 신청 등), 제8조의3(치료감호심의위원회의 치료명령 집행 면제 등), 제8조의4(치료명령의 집행 면제 결정 통지) 등을 신설하였다.

환자에게 약물 투여 및 심리치료 등의 방법으로 도착적인 성기능을 일정기간 동안 약화 또는 정상화하는 치료를 말한다. 성충동 약물치료의 요건으로는 비정상적 성적 충동이나 욕구를 억제 또는 완화시키는 것으로서 의학적으로 알려진 것이어야 하며, 과도한 신체적 부작용을 초래하지 않는 동시에 의학적으로 알려진 방법대로 시행해야 한다. 따라서 이 제도의 요건은 비정상적 성적욕구를 억제 또는 완화하는 목적과 방법 자체는 의학적이고 한계는 과도한 신체적 부작용을 초래해서는 안 된다고 규정하고 있어 성충동 약물치료의 요건을 목적, 방법, 한계로 구분하여 규정하고 있다.

② 약물치료의 대상 및 절차

성충동 약물치료의 대상자는 성폭력범죄를 저지른 성도착증 환자로서 성폭력 범죄를 다시 범할 위험성이 있다고 인정되는 19세 이상의 사람이다. 정신건강의학과 전문인의 감정에 의해 자신의 행위를 스스로 통제할 수 없다고 판단되는 사람으로 만일 형선고 시 치료명령이 있지 않았다고 해도 재발 위험이 있거나 본인 동의가 있으면 치료명령이 내려질 수 있다. 다시 말해서 적용 대상은 성범죄자 중 19세 이상의 성도착증 환자로서 재범 위험성이 있는 사람으로 법원이 치료명령을 선고하며 집행은 출소 2개월 전부터 이뤄진다. 여기에는 약물치료 대상자의 동의 여부[14]에 따라 먼저 재판중인 피고인으로서 징역형 또는 치료감호 선고자에 대해 치료명령을 선고할 때는 대상자의 동의 없이 법원이 치료명령을 선고할 수 있다[15]. 검사는 필요한 경우 보호관찰소장에게 조사를 요청할 수 있고 법원은 검사의 청구가 이유가 있다고 인정할 때는 15년의 범위 내에서 판결로 치료명령을 선고해야 한다. 또한 치료명령을 받은 자는 보호관찰관 등에 관한 법에 따라 보호관찰을 받아야 하고 준수사항을 이행해야 한다[16]. 아울러 초범이라도 정신과 전문의의 진단과 감정을 거쳐 성도착증 환자라고 판단되고 재범의 위험성이 인정되면 본인의 동의가 없어도 약물치료 명령을 선고할 수 있다. 이밖에 치료명령 대상자는 보호관찰 등에 관한 준수사항도 부과될

[14] 성충동 약물치료를 결정하는 절차는 3가지로 ① 법원이 징역형 또는 치료감호 종료 이후 치료명령을 선고한 경우(최장 15년), ② 형 집행 중 가석방 요건을 갖춘 수형자가 치료에 동의하여 법원이 치료명령을 결정한 경우(최장 15년), ③ 법무부 치료감호심의위원회가 치료명령을 부과한 경우(최장 3년)로 구분된다.

[15] 검사는 사람에 대해 성폭력범죄를 한 성도착증환자로서 재범위험성이 인정되는 19세 이상의 사람에 대해 정신건강의학과 전문의의 진단과 감정을 받은 후 법원에 치료명령을 청구할 수 있다. 또한 법원은 피고사건의 심리결과 치료명령을 할 필요가 있다고 인정하는 때에는 검사에게 치료명령의 청구를 요구할 수 있다(성충동약물치료법 제14조 참조).

[16] 치료명령을 받은 사람은 석방 전 2개월 안에 성호르몬을 억제하는 약물을 투여하고 석방 후에도 보호관찰을 받으며 주기적으로 호르몬 수치 검사와 약물치료, 심리치료 등에 응해야 한다. 이를 이행하지 않을 경우에는 7년 이하의 징역 또는 2천만원 이하의 벌금에 처할 수 있다(법 제35조).

수 있으며[17], 동의를 필요로 하지 않는 부동의 치료명령은 국가가 치료비용을 부담한다.

한편, 검사는 사람에 대해 성폭력범죄로 징역형 이상의 형이 확정되었으나 치료명령이 선고되지 않은 가석방 요건을 갖춘 성폭력 수행자 중 성도착증 환자로 성폭력범죄를 재범할 위험성이 있다고 인정되고 해당 수형자가 약물치료에 동의하는 경우에 검사의 청구로 법원은 15년을 초과하지 않는 범위에서 일정한 절차를 거쳐 치료명령을 청구할 수 있다. 성충동 약물치료제도 시행 전에 성폭력범죄를 범하여 수감된 자에 대해서도 가석방의 요건을 갖추고 가석방된 후 약물치료에 동의한 경우에는 치료명령을 선고할 수 있도록 한 것이다[18]. 이 경우에는 원칙적으로 치료명령의 결정을 받은 사람이 치료기간 동안 치료비용을 부담하고 예외적으로 비용을 부담할 경제력이 없는 경우에는 국가가 그 비용을 부담할 수 있다. 또한 치료감호법에 의한 치료감호심의위원회는 성폭력범죄자 중 성도착증 환자로서 치료감호의 집행 중 가종료 또는 치료 위탁되는 피치료감호자나 보호감호의 집행 중 가출소되는 피보호감호자에 대해 보호관찰 기간의 범위에서 치료명령을 부과할 수 있고 일정한 절차를 거쳐 진행된다[19].

➲ 성충동 약물치료의 대상 및 주요 내용

유형	대상자	절차	판결주체와 기간
부동의 치료명령	징역형 치료감호 선고자 (동법 제4조)	- 성폭력범죄를 범한 성도착증 환자로 재범위 험성이 있는 19세 이상의 사람 - 검사 청구, 법원은 징역형 또는 치료감호 선고와 함께 판결로서 치료명령 선고 - 비용은 국가 부담	법관 15년까지 가능
	치료감호 가종료, 보호감호 가출소자 (동법 제25조)	- 성폭력범죄자 중 성도착증 환자로 치료감호 집행 중 가종료 또는 치료위탁되거나 보호 감호 집행 중 가출소자에 대해 심의위원회가 보호관찰 기간 내에 치료명령부과 - 비용은 국가 부담	치료감호심의위원회 3년까지 가능

[17] 준수사항으로는 ① 주거지에 상주하고 생업에 종사할 것, ② 범죄로 이어지기 쉬운 나쁜 습관을 버리고 선행을 하며 범죄를 저지를 염려가 있는 사람들과 교제하거나 어울리지 말 것, ③ 보호관찰관의 지도 · 감독에 따르고 방문하면 응대해야 한다(보호관찰관 등에 관한 법률 제32조 제2항 참조).

[18] 정영주, 2014, 아동 대상 성폭력범죄자에 대한 성충동 약물치료의 형사정책적 정당성 및 헌법적 정당성, CHUNGBUK LAW JOURNAL, 8(1).

[19] 치료감호심의위원회는 치료명령을 부과하는 결정을 할 경우에는 결정일 전 6개월 이내에 실시한 정신건강의학과 전문의의 진단 또는 감정결과를 반드시 참작해야 한다. 치료감호심의위원회는 치료명령을 부과하는 결정을 할 경우 즉시 가종료자 등의 주거지를 관할하는 보호관찰소의 장에게 통보해야 한다(성충동약물치료법 제25조). 또한 보호관찰관은 가종료자 등이 가종료 · 치료위탁 또는 가출소되기 전 2개월 이내에 치료명령을 집행해야 한다(동법 제27조).

동의 치료명령	동의한 수형자 (동법 제22조)	– 성폭력범죄로 징역형 이상 확정되었으나 치료명령이 선고되지 않은 수형자 중 성도착환자로 재범위험성이 있고 치료에 동의할 경우 검사의 청구로 법원이 결정(가석방 심사 시 고려) – 비용부담은 대상자 부담이 원칙	법관 15년까지 가능

③ 약물치료명령의 집행

치료명령은 검사의 지휘 하에 보호관찰관이 집행절차에 의해 집행하며[20], 치료명령을 받는 자의 경우 성충동약물치료법 제15조에 의해 일정한 의무가 있으며, 이를 위반할 경우 행정제재가 따른다. 여기서 의무로는 먼저 치료명령을 받은 사람은 치료기간 중 상쇄약물의 투약 등의 방법으로 치료의 효과를 해하여서는 안 된다. 아울러 치료명령을 받은 사람은 형의 집행이 종료되거나 면제·가석방 또는 치료감호의 집행이 종료·가종료 또는 치료위탁되는 날부터 10일 이내에 주거지를 관할하는 보호관찰소에 출석하여 서면으로 신고해야 한다. 마지막으로 치료명령을 받은 사람은 주거 이전 또는 7일 이상의 국내여행을 하거나 출국할 경우에는 미리 보호관찰관의 허가를 받아야 한다. 이밖에도 보호관찰소장, 치료명령을 받은 자 및 그 법정대리인은 해당 보호관찰소를 관할하는 보호관찰실시위원회에 치료명령의 집행이 개시된 6개월이 지난 후부터 치료명령의 가해제를 신청할 수 있다(성충동약물치료법 제17조). 심사위원회는 가해제를 심사할 시 치료명령을 받은 사람의 인격, 생활태도, 치료명령 이행사항 및 재범 위험성에 대한 전문가의 의견 등을 고려하여 가해제의 심사와 결정을 한다. 다시 말해서 심사위원회는 치료명령을 받은 사람이 치료명령을 계속 집행할 필요가 없을 정도로 개선되어 죄를 다시 범할 위험성이 없다고 인정한 때에는 치료명령의 가해제를 결정할 수 있다.

[20] 성충동약물치료법 제14조의 내용을 보면, ① 치료명령은 「의료법」에 의한 의사의 진단과 처방에 의한 약물투여, 「정신건강증진 및 정신질환자 복지서비스 지원에 관한 법률」에 따른 정신보건전문요원 등 전문가에 의한 인지행동 치료 등 심리치료 프로그램의 실시 등의 방법으로 집행한다. ② 보호관찰관은 치료명령을 받은 사람에게 치료명령을 집행하기 전에 약물치료의 효과, 부작용 및 약물치료의 방법·주기·절차 등에 관하여 충분히 설명해야 한다. ③ 치료명령을 받은 사람이 형의 집행이 종료되거나 면제·가석방 또는 치료감호의 집행이 종료·가종료 또는 치료위탁으로 석방되는 경우 보호관찰관은 석방되기 전 2개월 이내에 치료명령을 받는 사람에게 치료명령을 집행하여야 한다.

기사 엿보기 고종석 사건 재조명, 성충동 약물치료(화학적 거세) 명령 첫 사례

나주 초등학생 성폭행 사건으로 알려진 고종석 사건이 다시 주목 받고 있다. 지난 2012년 나주 피의자 고종석은 새벽 1시경 피해자 집에 침입해 자고 있던 7살 아이인 피해자를 납치해 성폭행한 혐의와 살인 미수 혐의를 받고 무기 징역을 선고받았다. 피해자 부모는 다음날 7시 피해자가 사라진 걸 파악하고 바로 경찰에 신고했고, 사건 발생 11시간 만에 피해자가 발견됐다.

고종석은 재판 당시 잘못을 반성하는 듯 행동을 하다가 무기징역이 선고되자 재판부를 향해 불만을 표시하는 등 무례한 행동을 한 것으로 알려져 비판을 받은 바 있다. 경찰에 따르면 범인 고종석은 당시 23세로 평소 아동 음란물을 즐겨본 것으로 드러났다.

막노동을 하며 떠돌던 그는 모텔에 설치된 컴퓨터로 아동 음란물을 보며 자신도 어린 여자와 성행위를 하고 싶다는 충동을 느껴 범죄를 저질렀다는 의견이 경찰 수사 결과다. 한편 고종석은 2018년 2월 5번에 걸친 재판 끝에 무기징역과 위치추적 전자장치(전자장치) 부착 30년, 정보공개 10년, 성충동 약물치료 5년 등을 선고 받았다. 화학적 거세로 알려진 성충동 약물 치료 명령이 적용된 첫 사례다.

출처: 국제신문(2018.11.15. 검색)

참고로 대법원 제2부(주심 김소영 대법관)는 2013년 8월 원심이 개정된 법이 아닌 과거 법을 적용했다고 지적하며 사건을 광주고법으로 돌려보냈고, 광주고법에서 법리적용을 다시 판단했다. 형량은 그대로 유지했다. 그러나 고종석씨가 양형부당 등을 이유로 다시 상고해 대법원으로 올라온 사건이다. 대법원 제1부(주심 김창석 대법관)는 2018년 2월 27일 고종석씨에게 무기징역, 개인신상정보공개 10년을 선고하고, 또 30년간 위치추적 전자장치(전자장치) 부착과 5년간 성충동 약물치료(이른바 화학적 거세)를 명령한 원심을 확정했다.

제2절 외국의 성충동 약물치료제도 개관

성범죄자에 대한 약물치료는 서구유럽에서 처음으로 시작되었으며, 덴마크가 유럽에서 처음으로 1929년 6월 거세에 대한 형벌절차 등을 규정하는 법안을 입법화하였다. 이후 독일(1933), 노르웨이(1934), 핀란드(1935), 에스토니아(1937), 아이슬란드(1938), 라트비아(1938), 스웨덴(1944), 체코(1966), 폴란드(2009) 등으로 확대 시행되었다. 최근에는 미국을 중심으로 화학적 거세를 포함한 성범죄자의 처우에 대한 관심이 증대하고 있다. 특히 주목할 것은 미국의 일부 주를 비롯하여 유럽의 일부 국가에서 본인의 동의를 요건으로 하고 있으며, 인권침해적 요소가 많은 물리적 거세라고 하는 외과적 거세도 시행하고 있다. 여기서는 미국, 독일, 덴마크, 폴란드, 영국 등을 중심으로 현황을 살펴보았다.

1. 미국의 성범죄 약물치료제도

1990년대 이후 미국 사회는 각종 성범죄의 증가에 따른 우려와 염려에서 출발하여 몇몇 주와 연방차원에서 각종 성범죄의 예방 및 사회보호와 방위라는 목적 하에 각종 성범죄 관련 규제제도를 채택하기 시작하였다[21]. 먼저 캘리포니아 주는 1996년 미국에서 최초로 13세 미만의 아동을 성 대상으로 행하는 재범 이상의 각종 성범죄자에게 적용 시행하는 강제적인 화학적 거세법을 제정하였다[22]. 여기서 재범 이상의 경우는 필요적 강제처분, 초범의 경우에는 임의적으로 처분한다. 또한 가석방의 조건으로 처벌적 목적에서 운영하고 있으며, 13세 미만의 아동을 대상으로 성범죄를 저지른 사람과 강제협박에 의한 성범죄자에게 화학적 거세를 시행하고 있다. 전문가의 의학적 소견이 없이도 가능하고 본인의 선택

---

[21] 미국에 있어 아동에 대한 성범죄와 관련된 미국의 대표적인 법은 매건법(Megan's Law)과 제시카법(Jessica Act) 등이 있다. 먼저 매건법은 1994년 미국 뉴저지 주에서 7살 소녀 메건이 이웃에 있는 성폭력 전과자에게 성폭행당한 뒤 살해되면서 제정됐다. 이 법은 성범죄자에 대한 모든 정보를 지역 주민들에게 인터넷과 무료전화 등을 통해 제공하는 것을 원칙으로 한다. 성범죄자가 출소한 뒤 보복을 하지 못하도록 피해 아동의 집 반경 10㎞ 이내에 접근을 금지하고, 범죄자는 거주지를 옮길 경우 신고해야 한다. 이후 1996년 연방법으로 제정됐다. 다음으로 2005년 미국 플로리다 주는 이웃에 사는 아동성폭행 전과자에 의해 살해된 9살 소녀 제시카 런스퍼드(Jessica Lunsford)의 이름을 딴 제시카법을 제정했다. 이 법은 아동 성폭행범에게 최하 징역 25년을 선고하고 출소 후에도 평생 전자팔찌를 채워 감시하도록 했다. 이밖에 캔자스 주에서는 1994년에 상습적이거나 폭력적인 성범죄자, 어린이 대상 성범죄자를 대상으로 한 성(性)맹수법(Sexual Predator Law)을 도입하였다. 재범 가능성이 높은 성범죄자를 형기 만료 후 우려가 사라질 때까지 정신병원에 강제 입원시킨다.

[22] 황성기. 2008. 상습적 성범죄 예방수단으로서의 거세에 관한 헌법적 고찰. 「공법학연구」, 9(3): 121-147.

에 따라 외과적 거세도 가능하다. 캘리포니아 주의 성범죄자 치료법은 1997년 1월 1일부터 시행하였으며, 입법방식은 캘리포니아 주 기본 형법 제645조를 대체하는 방안으로 새로운 조항을 제정 입법화 한 것이다[23].

여기서 캘리포니아 주의 화학적 거세와 관련하여 그 특징을 살펴보면, 성범죄자의 화학적 거세가 가석방의 법률적 조건으로 되어 있고 재범 이상의 모든 전과자 성범죄자에 대해 강제적으로 시행된다. 다시 말해서 적용대상 성범죄자의 각종 유형을 제도 자체가 법률적으로 구분하고 있지 않는다는 점이다. 또한 화학적 거세가 적용 시행되는 성범죄자에 대한 의학적 소견이나 진단, 그리고 치료과정에서의 개별상담과정은 유명무실하다. 결론적으로 캘리포니아 주에서 시행되는 화학적 거세 관련 제도는 각종 성범죄자에 대한 통상적인 법제도적 통제장치의 연장선상으로 규명된다.

이밖에 몬태나 주는 화학적 거세를 1997년 법률로 제정해 피해자가 16세 미만이고 가해자가 3세 이상 연상인 경우 법원결정에 따라 임의적으로 처리하고 있다. 성추행과 동의 없는 강제성교 등을 범한 성범죄자에 대해서는 전문가의 의학적 소견 없이 적용시키고 있다. 화학적 거세 기간은 교정당국이 더 이상 중요하지 않다고 생각할 때까지 실행하고 비용은 전액 주정부가 부담하며, 명령에 불응하는 경우에는 법정모욕으로 10년에서 100년까지 징역형을 과할 수 있도록 규정하고 있다. 화학적 거세는 대상자가 형기집행을 종료하거나 가석방 등으로 인해 석방되는 경우 석방 1주일 전에 교정당국에서 반드시 집행해야 하며, 집행은 집행기관이 더 이상의 치료가 필요하지 않다고 판단할 때까지 지속된다[24]. 미국의 주별 화학적 거세 관련 제도와 입법례를 살펴보면 다음과 같다.

---

[23] 신규로 제정된 성범죄자 처벌규정인 캘리포니아 주 형법 제645조는 '성범죄(sex offense), 가석방(parole) 메드록시프로게스테론 초산염에 의한 치료 등'이라는 명목 하에 각종 성범죄자에 대해 적용되는 화학적 거세의 실체적 · 절차적 요건을 규정하고 있다(한상훈, 2009. 상습적 아동 성폭력범의 예방 및 치료에 관한 법률안. 「국회법제사법위원회 공청회 토론자료」, 11. 9).

[24] 양현호, 2018. 외국의 사례를 통한 국내 아동 성범죄자 약물치료의 실효적 운영 방향. 「한국치안행정논집」, 14(4): 213-242.

➲ 미국의 주별 화학적 거세 관련 법률

구분	방법	도입 시기	결정주체
텍사스	외과적 거세	1997.5.20. 발효	법원
캘리포니아	화학적 거세	1996 법률제정	법원
플로리다	화학적 거세	1997 법률제정	법원
몬태나	화학적 거세	1997 법률제정	법원
오리건	화학적 거세	1999 법률제정	교정국
아이오와	화학적 거세	1999 법률제정	법원
루이지애나	화학적 거세	2008.6.25. 발효	법원

참고 캘리포니아, 플로리다, 아이오와 등은 본인 선택 시 외과적 거세가 가능함

➲ 미국의 성충동 약물치료 입법례

구분	주요내용	
텍사스	요 건	범죄자가 동의할 경우에만 치료적 목적 시행(가석방 받기 위한 거세 불허)
	대 상	17세 미만 아동 대상 외설행위, 성폭력행위 2회 이상 범죄자, 범죄자가 21세 이상이어야 함
	전문가의견	정신과의사 또는 심리학자 등 전문가 진단 필요
	결정주체	법원
	기 간	규정 없음
캘리포니아	요 건	재범 이상의 경우 필요적 강제처분, 초범의 경우 임의적 처분, 가석방의 조건으로 처벌적 목적에서 운영
	대 상	13세 미만 아동을 대상으로 한 Sodomy(항문 · 구강 성교, 수간 등), 강제 · 협박에 의한 음란행위, 도구를 이용한 성범죄자 등
	전문가의견	전문가의 의학적 소견 없이 가능
	결정주체	법원
	기 간	교정국이 형기심의위원회에 더 이상 치료가 필요하지 않다고 증명할 때까지
플로리다	요 건	재범 이상의 경우 필요적 강제처분, 초범은 임의적 처분, 위반 시 중범죄 적용
	대 상	모든 성폭력범죄자
	전문가의견	재판부가 지정한 의료전문가의 진단 필요
	결정주체	법원
	기 간	법원에서 판결문에 구체적으로 명기
몬태나	요 건	피해자 16세 미만, 가해자 3세 연상인 경우 법원 결정에 따른 임의적 처분
	대 상	성추행, 동의 없는 성교 등 성범죄자
	전문가의견	전문가의 의학적 소견 없이 가능
	결정주체	법원
	기 간	교정국이 더 이상 필요하지 않다고 판단할 때까지
오리건	요 건	교정당국의 행정처분

	대 상	성범죄 전과가 있는 가석방 예정자
	전문가의견	전문가의 의학적 소견 필요
	결정주체	교정국
	기 간	주정부에서 가석방 및 보호관찰 기준 중 일부 또는 전기간을 결정, 비용 범죄자 부담
아이오와	요 건	재범 이상의 경우 필요적 강제처분, 초범의 경우 임의적 처분
	대 상	13세 미만 아동 상대 성학대, 성추행범
	전문가의견	치료효과에 대한 전문가의 진단 필요
	결정주체	법원
	기 간	치료감독 담당부서의 치료종료 결정시까지, 치료의 적정 비용 범죄자 부담
루이지애나	요 건	법률적 규정에 의한 필요적 강제처분위반 시 집행유예 · 가석방 · 선고유예 철회
	대 상	13세 미만 아동 상대 성범죄자 및 성폭력 재범자
	전문가의견	성범죄자 치료경험이 있는 전문보건 전문자격 소지자 소견 필요
	결정주체	법원
	기 간	교정당국에서 치료가 필요 없다고 판단할 때까지, 치료의 모든 비용은 범죄자 부담

2. 유럽 국가의 성범죄 약물치료제도

1) 독일의 약물치료제도

독일은 1933년부터 성범죄자에 대한 강제적 거세를 실시했으나 2차 대전 이후 1945년에 이를 폐지했다. 그 이후 1969년 8월에 「자발적인 거세와 다른 치료방법에 관한 법률」을 제정한 후 1970년 남성호르몬으로 정신장애가 있거나 살인, 상해, 성범죄 등의 범죄가 예상되는 사람에 대해 외과적 거세의 요건과 절차를 규정한 '거세법'을 시행하고 있다[25]. 독일에서 거세의 대상이 되는 범죄는 형법에 규정되어 있는데, 여기에는 성범죄자에게만 국한된 것이 아니라 살인, 상해 등 중범죄를 범한 자의 범죄행위가 비정상적인 성적 충동에 의한 것이면 가능하다(Kastrationsgesetz, 2, 2). 독일의 거세법 제1조에는 거세에 대하여 비정상적인 성욕 발현 내지 성적 충동을 억제하기 위한 방편과 목적으로 남성의 생식선을 의도적으로 제거하거나 성기능을 영구적으로 불능화하는 처우로 규정하고 있다(양현호, 2018).

[25] 이러한 경우에도 본인의 동의와 의사의 진단이 필요하며, 요건과 절차가 갖춰지지 않은 상태에서 의사가 거세를 시행할 경우 상해죄로 처벌받도록 하고 있다. 독일은 25세 이상의 성인에 대해서만 거세 시술을 허용하고 있다. 독일의 화학적 거세법은 외과적 거세의 경우 의사가 상해죄로 처벌받지 않기 위한 요건과 절차 등을 규정하는 것을 주목적으로 하고 있다(한상훈, 2009)

독일에 있어 거세의 궁극적인 목적은 자기결정권으로 본인의 정신적 결함이나 비정상적인 성적 충동과 관련된 심각한 질병, 병적 장애 또는 고통 등을 치료, 완화하기 위한 경우에 한해서 허용되고 있다. 또한 거세 대상자가 비정상적인 충동으로 인하여 독일 형법 제176조부터 제179조, 제184조, 제211조, 제212조, 제223조부터 제227조의 범죄를 범할 것으로 예상되고 이러한 위험에 대처하기 위해 의학적 지식에 따라 거세가 인정되는 경우에 가능하다. 거세 대상자는 25세 이상 성인으로 거세로 인해 과도한 신체적, 정신적 부작용이 있어서는 안 된다. 다시 말해서 당사자가 거세의 이유와 의미, 부작용에 대한 설명을 들은 이후에 동의를 전제로 하여 의사의 진단서가 있어야 하며, 후견법원의 승인도 받아야 한다.

독일은 현행 거세법상 실형 범법자인 교도소 재소자도 거세를 요청할 수 있으나 실제 교도소에서 시행하는 경우는 전무하고 독일 형법 제61조 제1항의 정신병원 수용, 제2항의 금단치료시설 수용, 제3항의 보안감호 수용시설에서만 시행하고 있다. 시행규정 절차는 정신병원이나 보안감호자 수용 교도소 내 정신과에서 심리치료 또는 우울증 등 정신장애 치료를 진행하는 과정에서 약물치료의 필요성이 요구되는 경우 피감호자에게 이를 설명하고 본인이 동의하는 경우에 약물치료를 시행하고 법원의 결정을 필요로 하지 않는다[26]. 이처럼 독일의 약물치료 관련 거세법의 경우 거세 대상 범죄로 성범죄자만 국한하는 것이 아니라 살인, 상해, 중상해 등도 포함하고 중범죄자에게 비정상적인 성충동이 있을 경우 거세의 대상이 된다. 또한 동성애 금지, 아동간음 및 추행, 강간, 강제 추행, 음부노출행위에 해당하는 경우 거세의 대상이 되며, 성적자기불구를 지원하는 특이한 법으로 평가되고 있다.

2) 덴마크의 약물치료제도

외과적 거세를 합법화한 국가인 덴마크는 1929년 거세법을 제정했으며, 그 이후 외과적 거세가 비인간적이라는 비판이 제기되자 이를 폐기하고 1973년 화학적 거세를 제한적으로 시행하고 있다. 덴마크의 화학적 거세의 절차를 보면, 먼저 행동치료를 한 뒤에도 성적 충동을 계속 느낄 경우에만 약물을 투여하고 당사자가 성적 본능으로 재범의 가능성이 있다

[26] 독일의 약물치료 실태와 관련하여 보면, 독일 전 지역과 바이에른 주 전체의 약물치료 실태자료는 없으나 바이에른 주에서 가장 규모가 큰 법정 정신병원인 IAK 뮌헨 동부병원의 경우 2011년 60명의 성폭력범죄자 중 17명이 약물치료를 받았다. 또한 안스바흐 병원의 경우 지난 5년간 30명이 약물치료를 받았으며, 비용은 전액 국가가 부담하였다(윤웅장, 2011. 성충동 약물치료제도 시행계획 및 유럽 주요국가의 시행 실태. 「화학적 거세법 및 진술녹화법 개정을 위한 공청회자료」).

고 판단하거나 심각한 정서적 고통을 겪고 있다며 화학적 거세를 신청할 때 약물투여가 가능하다. 이처럼 덴마크의 화학적 거세법은 시행절차를 신청자의 성적 본능으로 인해 자신이 범죄를 범할 가능성이 있거나 심각한 정신적 혼란과 고통 내지 사회적 문제와 어려움을 동반한 경우에 한해 이를 시행하고 있다. 약물투여 대상자의 나이는 21세 이상이어야 하고 거세 대상자의 자의적 동의가 있는 경우에만 허용된다. 화학적 거세는 외과의사에 의해 서술되어야 하고 직접적인 결과 및 발생 가능한 신체적 위험성에 대해 사전에 설명된 상황 하에서 동의가 있어야 한다. 화학적 거세 대상자가 의사표현을 할 수 없을 경우에는 보호자가 동의할 수 있다[27].

3) 폴란드의 약물치료제도

폴란드는 2009년부터 아동과 직계가족을 피해 대상으로 한 성폭력범죄자에 대해서는 화학적 거세를 본인의 동의 없이 강제적으로 시행하고 있다. 2009년 9월에 15세 미만의 아동을 대상으로 한 성폭행범 혹은 친족 간의 성폭행범에 대해 강제적으로 화학적 거세를 규정하는 법률을 통과시켰다[28]. 화학적 거세는 2010년 6월부터 본격적으로 시행되었으며, 15세 미만의 아동이나 친족에 대한 성폭력범죄자 등은 본인의 동의 여부와 관계없이 법원의 명령이 있으면 석방 6개월 전부터 성충동을 감소시키는 약물을 복용해야 한다. 약물치료 당사자의 동의를 요하지 않기 때문에 폴란드는 유럽에서 유일하게 강제로 화학적 거세가 가능하며, 이에 대해 유럽 인권변호사들로부터 많은 비판을 받았다. 법원은 정신의학자의 의견을 고려하여 약물복용명령을 할 수 있는데, 당사자의 동의를 전제로 요구하지 않는다. 이러한 내용은 우리나라의 성충동 약물치료에 관한 법률과 동일하다.

4) 기타 유럽국가의 약물치료제도

노르웨이(1934), 핀란드(1935), 스웨덴(1944)은 비밀준수의 규정을 두어 의사가 범죄자의 시술 여부를 외부에 누설할 경우에 형사처벌을 받는다. 이들 국가의 공통점은 본의의 동의

---

27 강은영 · 황만성, 2010. 「상습적 성폭력범죄자 거세법에 관한 연구」, 서울: 한국형사정책연구원.

28 당시의 상황을 보면, 2008년 폴란드 동부의 한 남자(45)가 자신의 딸(21)을 6년간 감금하고 성 관계를 강요하여 남아 2명을 낳게 한 사건이 계기가 되었다. 폴란드의 도널드 투스크 총리는 약품 투여에 의한 강제 거세를 법제화 하도록 사법성과 보건성에 형법 개정을 위한 준비를 지시했다. 당시 폴란드 유력지 젠니크의 여론 조사에서 국민의 84%가 찬성하였으며, 여야당의 대부분도 지지할 방침으로 형법 개정은 거의 확실한 상황이라고 밝혔다(http://wnews.tistory.com 977, 뉴스로그A).

가 있어야 화학적 거세를 할 수 있다. 특히 핀란드는 정신적 고통 이외에도 거세로 인해 범죄행위가 감소할 것이라는 합당한 근거가 있는 경우에만 본인의 신청에 의해 허용하고 있다. 다음으로 체코는 1966년 거세법을 제정한 이후 매우 제한적으로 이를 허용하고 있다. 본인의 자발적인 요청이 있더라도 법률가와 불임전문의사, 거세시술을 하지 않는 의료진 등 5명으로 구성된 전문가위원회(specialists' committee)의 동의가 있어야 약물투여가 가능하다. 체코는 1998년부터 이후 10년간 성범죄자 94명을 대상으로 외과적 거세를 시행하였다. 이밖에 스위스는 완치 불가능한 아동 성폭행범은 교도소에 수감하고, 심각한 성적 정신질환자는 외과적 거세를 시행하고 있다. 한편, 영국은 화학적 거세를 야만적인 행위로 보기 때문에 입법화하지 않고 당사자가 요청할 경우에만 화학적 거세를 허용하고 있다. 한 예로 40년 동안 아동을 성폭행한 성범죄자가 외과적 거세를 요청했으나 거부되자 자살과 자해 위협을 한 이후에 화학적 거세가 허용되었으며, 화학적 거세가 시행될 경우에는 가석방 중에도 심리치료요법을 진행하고 있다[29].

➲ 유럽의 국가별 약물치료제도

구분	방법	도입	주요 내용
독일	외과적 거세	1969년	– 대상: 성범죄자, 상해, 살인 등 비정상적인 중범죄자 중 성적 충동이 있는 자 – 결정주체는 법원이며, 기간 관련 규정은 없음
덴마크	외과적 거세 화학적 거세	1929년	– 유럽 최초로 외과적 거세 합법화, 1973년부터 화학적 거세적용
스웨덴	외과적 거세	1944년	– 23세 이상의 성범죄자 중 본인의 동의와 국가건강 및 복지 위원회 승인 필요
폴란드	화학적 거세	2010년	– 아동 성폭력범죄자와 직계가족을 대상으로 한 성폭력범죄자에 대해 본인 동의 없이 강제적 시행

참고 체코(1966), 핀란드(1970), 노르웨이(1977) 등에서 외과적 거세법을 제정하였음

[29] 영국의 화학적 거세와 관련해서는 Alan Turing 사건을 빼놓을 수 없는데, 유명한 수학자인 Turing은 2차 대전 당시 독일의 이니그마 암호(Enigma codes)을 해독하여 연합군의 승리에 기여한 인물이다. 하지만 1952년 동성애자라고 기소되어 유죄판결과 화학적 거세를 선고받아 여성호르몬 치료를 받은 후 2년 뒤 자살하였다. 영국의 고든 브라운 총리는 이 사건에 대하여 2009년 9월 10일 공식적으로 사과하였다(http://news.bbc.co.kr).

제3절 성충동 약물치료제도의 주요 쟁점

우리나라는 2011년 7월 24일부터 성충동 약물치료법이 시행된 이후 성폭력범죄자 중 성도착증 환자에 대한 성충동 약물치료의 근거규정이 마련되었다. 그럼에도 불구하고 형사정책적 관점에서 재범방지대책의 수단으로서의 실효성 문제, 법적 성격이나 이중처벌의 문제, 소급효의 문제, 인권침해 여부 등 다양한 이유로 정당성에 대한 논란은 지속되고 있다. 이밖에도 약물의 부작용 문제와 본인 동의 여부, 그리고 비용부담의 문제 등과 관련해서도 다수의 문제가 지적되고 있는 만큼 이에 대한 충분한 검토와 논의가 필요하다고 본다. 본 절에서는 성충동 약물치료제도의 실효성 여부, 법적 성격 및 이중처벌 여부 등을 중심으로 살펴보고 약물의 부작용 등의 내용은 정책적 함의에서 다루고자 한다.

1. 성충동 약물치료제도의 실효성

성충동 약물치료제도의 실효성 여부와 관련하여 이 제도가 형사정책적으로 성폭력범죄를 예방하는데 효과가 있는지에 대하여 문제가 제기되었다. 이들의 주장에 따르면, 성범죄가 특이한 사람에게만 발생하는 것이 아니라 정상적인 일반인 또는 친족, 지인 등에 의해 발생하고 있으며, 그 원인은 성도착증과 같은 정신과적 질병이 아니라 성에 대한 왜곡된 의식, 성적 폭력성에 대해 관대한 사회적 분위기 등과 같은 사회환경적 요인에 의해 발생한다는 것이다[30]. 또한 약물치료명령을 집행하더라도 성폭력범죄를 완전히 방지할 수 없다는 이유로 약물치료의 실효성을 비판하는 견해도 있으며[31], 약물투여를 중지하면 정상적으로 회복되어 일시적인 효과만 있기 때문에 실효성이 없다는 주장도 제기되었다[32].

이러한 주장에 대한 비판으로 아동 성폭력범죄자의 경우 일반 성폭력범죄자와 달리 정상적인 일반인이 아닌 소아기호증 등 성도착증 환자가 많기 때문에 사회환경적 요인에 기인하기보다는 정신과적 질병이 그 원인이라는 것이다. 특히 아동 성폭력범죄의 경우 보다

---

30 박봉진, 2012. 성폭력범죄자의 성충동약물치료에 관한 법률의 헌법적 · 형사정책적 검토, 「법학연구」, 47: 171-195; 박상기, 2010. 소위 화학적 거세와 '성폭력범죄자 성충동 약물치료에 관한 법률'의 문제점, 「형사정책연구」, 21(3): 205-221.

31 김현우 · 임유석, 2011. 성폭력범죄자에 대한 성충동 약물치료의 문제점과 개선방안, 사회과학연구 18(2): 99; 황일호, 2015. 성범죄자의 재범방지를 위해 새로 도입된 제도들의 효과성에 관한 연구, 「교정연구」, 69: 147.

32 황일호, 2012. 성충동 약물치료의 재범억지 효과성에 관한 연구, 「교정연구」, 56: 58.

근본적이고 치료적인 개입이 필요하기 때문에 성충동 약물치료제도의 도입 자체가 실효성 있는 재범방지대책이라는 것이다. 또한 약물치료명령은 성기능을 완전히 마비시키는 것이 아니라 약물을 통해 호르몬을 약화 내지 정상화시켜 성도착증의 치료에 도움이 될 목적으로 시행한다는 점에서 그 목적에 부합한다고 보고 있다. 아울러 약물투여가 일시적인 효과만 있기 때문에 실효성이 없다는 주장에 대해 약물치료의 효과가 절대적이거나 영속적이지 않고 회복가능하기 때문에 인권침해의 여지는 그만큼 줄어들 것이며, 그러한 주장 자체가 성폭력범죄의 원인을 단순하게 생각하고 약물투여를 성폭력범죄에 대한 만병통치약으로 보는 단편적인 시각의 발로라는 비판도 함께 제기되었다(이원경, 2016).

우리나라의 경우 성충동 약물치료제도의 실효성과 관련하여 제도를 도입한지 오래되지 않았기 때문에 약물치료명령의 선고나 집행 건수가 적어 실증적 연구가 미미한 관계로 외국의 사례를 참고로 활용하고 있다. 예를 들어 미국의 오리건 주는 2000년부터 2004년까지 5년간 가석방된 성폭력범죄자의 재범률을 분석한 결과 약물치료에 불응한 55명 중 10명(18.2%)이 재범한 것으로 나타난데 반해 약물치료를 받은 78명의 경우 재범자가 한명도 나오지 않아 재범률이 0%인 것으로 나타났다[33]. 또한 캘리포니아 주는 1997년부터 상습적 아동 성폭력범에 대해 성적 욕구를 조절하기 위해 주기적으로 투여하는 약물치료요법을 심리치료와 병행하여 실시한 결과 아동 성폭력범의 재범률을 낮추는데 효과가 있는 것으로 나타났다(정영주, 2014).

국내에서는 2012년 5월 법무부 치료감호심의위원회에서 국내 최초로 13세 미만 아동 성폭력 전과가 있고 정신감정결과 성도착증으로 감정된 피보호감호자에 대해 성충동 약물치료명령을 부과하여 치료감호소와 보호관찰소에서 보호관찰기간 동안 약물치료를 실시하였다. 그 결과에 의하면 남성호르몬인 테스토스테론(testosterone)의 수치가 매우 낮아진 것으로 확인되어 약물치료가 성적 충동 억제에 효과가 있다는 사실을 입증하기도 했다. 또한 성충동 약물치료에 관한 다수의 사례에서 성도착증 환자인 성폭력범죄자에게 약물치료가 성적 환상과 성충동, 성적 흥분 및 성적 행동을 감소시킴으로써 재범률을 낮추는 것으로 나타났다[34]. 하지만 성충동 약물치료는 약물 투여 자체만으로 재범을 막는 것에 한계가 있기 때문에 필수적으로 인지행동치료를 비롯한 심리치료프로그램과 체계적인 관리가 수반되어야 한다. 현재 성

---

[33] 윤웅장. 2010. 성폭력범에 대한 성충동 약물치료제도의 효율적 운영방안 검토. 2010년 한국보호관찰학회 추계 학술대회자료.

[34] 선종수. 2011. 성폭력범죄자의 성충동 약물치료에 관한 법률에 대한 비판적 검토. 「법학논총」. 23(2): 73; 허경미. 2010. 성범죄자에 대한 약물치료명령에 관한 연구. 「교정연구」. 49: 178.

충동약물치료법에도 약물치료명령과 함께 월 1회 이상 전문가에 의한 심리프로그램을 실시할 것을 규정하고 있으나 더욱 전문적이고 내실화할 수 있는 방안을 모색할 필요가 있다.

한편, 성충동약물치료법이 2011년 7월 시행된 이후 2013년 3월 법 개정 전까지 피해자가 16세 미만인 성폭력범죄자만 대상으로 하였기 때문에 판결건수는 적다. 그 이후 2013년 개정법률 시행에 따라 피해자의 연령이 배제되자 판결건수는 다소 증가하였다. 새정치민주연합 우윤근 의원실에서 제공한 자료에 따르면, 2013년부터 2015년 6월까지 성충동 약물치료에 관한 판결건수는 총 42건이 청구되었다. 그 중 21건이 인용되었고 21건이 기각되어 인용률이 50%인 것으로 나타났는데, 문제는 지방법원별 혹은 동일법원내 각 재판부별로 약물치료명령 확정판결의 인용률이 0%에서 100%로 법원별 편차가 판결에 있어서도 다소 문제의 소지가 있다는 것으로 나타났다[35]. 이러한 점을 고려할 때 약물치료명령의 실효성 제고 차원에서 선고와 양형 기준의 통일성을 명료하게 확립할 필요가 있다.

➲ 약물치료명령 판결 현황(2013-2015.6)

구분	처리(건수)			인용률(%)
	계	인용	기각	
서울중앙지방법원	6	–	6	0.0
서울동부지방법원	2	1	1	50.0
서울남부지방법원	2	1	–	100.0
서울북부지방법원	4	1	3	25.0
인천지방법원	6	2	4	33.3
수원지방법원	4	4	–	100.0
대전지방법원	1	1	–	100.0
대구지방법원	2	2	–	100.0
부산지방법원	4	2	2	50.0
창원지방법원	4	3	1	75.0
광주지방법원	8	4	4	50.0
합 계	43	21	21	50.0

[35] 예를 들어 서울중앙지방법원은 6건 모두를 기각해 인용률이 0%인 반면, 수원지방법원은 4건 모두 인용해 100%의 인용률을 보였다. 광주지방법원의 경우 동일 법원 내에서 재판부별로 상이한 결과가 나왔는데, 형사제11재판부는 총 4건 중 4건 모두 기각했고 제2재판부는 4건 모두 인용하여 정반대의 결과가 나왔다. 또한 약물치료명령을 내린 제2재판부 사건의 본형은 징역 2년 6월인데 반해 기각된 제11재판부의 본형은 징역 7년의 중형으로 중한 사건이 기각된 것으로 나타났다. 이밖에도 정신장애가 있는 11세 여아를 상대로 성범죄를 반복하고 정신감정 의사가 소아기호증으로 진단해 성적 이상습벽으로 자신의 행위를 통제할 수 없는 정신성적 장애자로 진단했음에도 불구하고 화학적 거세 청구가 기각된 것으로 나타나 문제로 지적되었다(파이낸셜 뉴스, 2015.10.5. 보도자료 재인용).

이처럼 성충동 약물치료의 실효성 여부는 약물의 부작용이나 본인의 동의여부 등의 인권침해에 관한 논란 못지않게 중요한 쟁점중의 하나라고 볼 수 있다. 그러나 앞에서도 제시했듯이 시행기간이 오래되지 않아 실증적인 연구가 미흡하고 외국의 연구결과를 토대로 긍정적인 측면을 강조하고 있다. 그렇지만 약물치료제도의 실효성을 부정하는 것은 시기상조라고 보며, 국민들이 인식하는 안전감이 잠재적인 성범죄자들에 대한 범죄억제효과도 무시할 수 없다. 특히 성충동 약물치료가 어느 정도 효과가 있는 것도 사실이기 때문에 성도착증으로 인한 성폭력범죄자에게 제한적으로 적용된다는 점에서 실효성 차원에서 향후 보다 체계적인 연구와 논의가 필요하다고 본다.

2. 성충동 약물치료제도의 법적 성격

형사제재에 관한 일반론에 의하면, 형벌은 본질적으로 행위자가 범한 과거의 불법행위에 대한 책임을 전제로 부과되는 제재를 말한다. 이에 반해 보안처분은 행위자의 장래 위험성에 근거하여 범죄자의 개선을 통해 범죄를 예방하고 사회보호 차원에서 형벌을 대신하거나 보충하여 부과되는 자유의 박탈과 제한 등의 처분을 의미하는 것으로 양자는 근거와 목적을 달리하는 형사제제이다. 보안처분은 형벌로는 행위자의 사회복귀와 범죄예방이 불가능하거나 행위자의 특수한 위험성으로 인해 형벌의 효과를 기대할 수 없는 경우 개선 · 치료하는 예방적 성질의 목적적 조치로서 행위자의 위험성으로부터 사회를 보호하기 위해 형사정책적 필요에 따라 만든 제재이기 때문에 형벌과는 본질적으로 차이가 있다.

전자감독제도와 마찬가지로 성충동 약물치료제도가 형벌의 일종인지 보안처분인지에 대해서도 상반된 주장으로 대립해 왔다. 성충동 약물치료제도는 다른 범죄와는 달리 성범죄자만의 위험성 때문에 형벌로는 소기의 목적을 달성할 수 없어 별도로 부과하는 형사제재이다. 특히 행위자의 재범방지 및 사회복귀를 촉진하고 범죄자의 특성에 따라 처벌보다는 치료에 초점을 맞추고 있다는 점에서 일종의 보안처분으로 평가되고 있다. 다시 말해서 성충동 약물치료의 법적 성격에 대해 형벌로 보는 입장[36]과 보안처분으로 보는 입장으로 구

[36] 신체형으로서의 형벌의 성격을 부정할 수 없다는 견해와 보안처분은 형벌과 달라 과거의 범죄행위에 대한 처벌의 성격을 가져서는 안 되며, 보안처분이라는 형식을 갖추었지만 실질이 범죄행위에 대한 응보 또는 일반예방의 효과를 요구할 경우에는 보안처분이 아닌 형벌로 보아야 한다는 견해도 있다(류병관, 2012. 성충동약물치료법에 관한 비교법적 고찰, 「법학논총」, 32(2): 436; 박창범 · 최관호, 2018. 성충동 약물치료 효과의 문제점과 법적 요건, 「민주법학」, 67: 117-147).

분되지만, 보안처분으로 보는 것이 주류적인 견해이다[37]. 이처럼 성충동 약물치료제도의 경우 성도착증으로 인한 특정한 범죄자의 비정상적인 성적 충동을 억제하는 동시에 인지행동치료 등 심리치료프로그램과 필수적으로 결합하도록 설계되어 있다는 점에서 약물치료의 법리적 해석은 형벌이라기보다 보안처분이라 보는 것이 타당하다고 본다.

따라서 성충동 약물치료제도는 성도착증으로 인한 흉악한 성범죄자에 대한 사형 또는 물리적 거세와는 다른 형사정책적 대안으로 볼 필요가 있으며, 여러 가지 부작용과 인권침해적 요소를 최대한 줄이고 부득이한 경우에 보충적으로 적용해야 할 것이다. 또한 성충동 약물치료는 신체에 직접 가해지거나 신체의 자유를 박탈하는 정도가 형벌에 준할 정도로 형벌로서의 성격을 전적으로 부인할 수 없기 때문에 이에 대한 제도적 보완과 개선책도 마련해야 한다. 다시 말해서 성충동 약물치료제도의 실질이 재범방지와 사회복귀 촉진을 목적으로 하는 보안처분이라 하더라도 약물치료 대상자의 입장에서는 신체의 자유에 대한 침해로 볼 수 있기 때문에 약물치료명령의 운영에 있어 인권보장에 최대한 부합하도록 노력할 필요가 있다.

3. 이중처벌금지와 과잉금지원칙의 위배 문제

성충동 약물치료제도의 법적 성격을 보안처분으로 보더라도 대체주의를 취하는 치료감호제도와는 달리 형벌이 종료된 이후에 다시 집행하는 병과주의를 취하고 있다는 점에서 이중처벌이라는 비판이 꾸준히 제기되어 왔다. 예를 들어 결정의 형식으로 형사처벌과 함께 치료명령을 부과하는 것은 헌법상의 이중처벌금지원칙에 위배된다는 것이다. 이중처벌에서 말하는 처벌은 형벌뿐만 아니라 형벌과 유사한 성격을 지닌 성충동 약물치료도 이에 포함된다고 해석하는 것이 동 원칙을 실질적으로 해석한 것으로 본 것이다[38]. 또한 약물치료제도 시행 이전에 과거 범죄로 형벌을 선고받은 형 집행중이거나 치료감호 · 보호감호의 집행 중에 있는 재소자에 대해 본인의 동의 없이 사후적으로 법원이 약물치료 선고를 할

[37] 보안처분으로 보는 입장을 간략하게 살펴보면, ① 성충동 약물치료제도가 재범방지와 사회복귀를 촉진한다는 목적으로 시행된다는 점, ② 처벌보다는 치료에 초점을 맞추어 강력한 처벌보다는 범죄자의 특성에 맞게 처우하려고 한다는 점, ③ 행위자의 특수한 위험으로 인해 형벌만으로 그 목적으로 달성할 수 없기 때문에 징역형의 선고와는 별도로 부가하는 형사제재라는 점, ④ 성충동 약물치료법의 내용에는 약물투여 뿐만 아니라 심리치료프로그램 의 운영 등도 필수적으로 요구된다는 점 등을 들 수 있다(박찬걸, 2013. 성충동 약물치료의 시행과 향후 과제, 「형사정책연구」, 24(1): 270-271).

[38] 박찬걸, 2013. 성충동 약물치료의 시행과 향후 과제, 「형사정책연구」, 24(1): 286.

수 있도록 한 것은 이중처벌의 금지원칙에 위배된다는 것이다[39]. 이밖에도 약물치료명령은 집행유예, 가석방 등 집행종료 이전으로 한정해야 한다는 주장도 있다[40]. 특히 형벌이외에 신상정보공개와 전자감독제도, 그리고 약물치료명령이 중첩적으로 적용하는 것도 이중처벌인 동시에 과잉처벌이라는 견해도 있다.

이와는 달리 약물치료명령을 보안처분으로 본다면 성질상 형벌과 동시에 선고될 수 있고 필요에 따라 다른 보안처분과 병과적으로 부과될 수도 있다는 것이다. 따라서 성폭력범죄자에 대해 형 집행 중의 심리치료나 보호관찰과 성폭력치료 수강명령, 치료감호에 의한 처우를 우선적으로 적용하고 필요에 따라 신상공개와 전자감독을 선택할 수 있다는 것이다. 이러한 성폭력범죄에 대한 대책으로는 특정 성도착증에 기인한 성폭력범죄의 재범을 방지할 수 없다고 판단되는 부득이한 경우에는 약물치료명령을 더불어 부과할 수 있으며, 이를 이중처벌이라고 볼 수 없다고 보는 견해이다. 이는 형벌과 사회봉사·수강명령 또는 보호관찰이 동시에 부과되는 것이 이중처벌이라고 할 수 없는 것과 같은 논리이다.

헌법재판소는 헌법 제13조 제1항에 규정한 처벌은 원칙적으로 범죄에 대한 국가의 형벌권 실행으로서의 과벌을 의미하는 것이고 국가가 행하는 일체의 제재나 불이익처분을 모두 처벌에 포함시킬 수 없다고 하였다. 이를 토대로 형벌에 보호감호나 보안처분을 병과하거나 청소년의 성 매수자에 대해 형벌 이외에 신상공개를 병과하는 경우 모두 이중처벌금지의 원칙에 위배되지 않는다고 결정했다[41]. 이러한 헌법재판소의 입장에서 볼 때 성충동 약물치료는 보안처분이기 때문에 동일한 성폭력범죄에 대해 형벌 또는 치료감호와 병과하여 집행한다고 해서 이중처벌금지의 원칙에 위배된다고 볼 수 없다는 주장도 제기되었다(정영주, 2014).

하지만 성충동 약물치료제도가 이중처벌이 아니라고 해서 모든 제재수단의 정당성이 인정되는 것은 아니기 때문에 다른 척도로 이를 분석하여 평가할 필요도 있다. 이중처벌이 아니기 때문에 이를 허용한다는 식의 논의는 지양되어야 하며, 보다 엄격한 심사를 거쳐 부가처분의 침해성을 판단하는 작업도 병행되어야 할 것이다. 이밖에 과잉금지원칙의 위배 여부와 관련해서도 의견이 분분하다. 일부에서는 성폭력범죄자에 대해 여러 종류의 보안처분을 불필요하게 중첩적으로 적용하는 것은 과잉금지의 원칙에 위배된다고 보았다(이원경,

---

39 양현호. 2018. 외국의 사례를 통한 국내 아동 성범죄자 약물치료의 실효적 운영 방향. 「한국치안행정논집」. 14(4): 232.

40 김태명. 2011. 성폭력범죄의 실태와 대책에 대한 비판적 고찰. 「형사정책연구」. 22(3): 36.

41 헌법재판소 2001.3.1. 99헌바7 결정; 헌법재판소 2012.12.27. 2011헌바89 결정 참조.

2016). 이러한 주장과는 달리 성충동 약물치료제도가 목적의 정당성, 수단의 적절성, 피해의 최소성을 갖추고 있다는 견해도 다수 있다.

4. 소급효금지원칙의 위배 문제

성충동약물치료법 제8조에 의한 치료명령청구는 이 법을 시행하기 전에 범한 성폭력범죄에 대해서도 적용한다(부칙 제1조 제2항)고 하여 이른바 '재판시법주의'를 취한 것으로 이에 대한 소급효금지원칙의 위배 여부도 주요 쟁점 중의 하나이다. 통상적으로 형벌이 아닌 보안처분의 경우에 있어 행위 이후에 새로 만들어진 신법을 재판 시에 적용해도 소급효금지원칙에 위배되지 않는다는 견해도 있으나 다수설은 보안처분도 형벌의 실질을 가지기 때문에 행위자에게 불이익한 소급효는 금지되는 것이 죄형법정주의에 부합한다고 보았다. 특히 보안처분의 범위가 넓고 다양한 이상 보안처분에 속한다고 일률적으로 소급효금지원칙이 적용된다거나 그렇지 않다고 단정하는 것도 문제의 소지가 있다. 따라서 보안처분이라 하더라도 형벌적 성격이 강해 신체의 자유를 박탈하거나 박탈에 가까울 정도로 신체의 자유를 제한하는 경우에는 소급효금지원칙을 적용하는 것이 법치주의 및 죄형법정주의에 부합한다고 볼 수 있다. 이러한 논리로 볼 때 보안처분이면서 형벌적 성격을 갖는 경우에는 소급효금지원칙을 적용하는 것이 내용적으로 타당하다고 본다(박찬걸, 2013; 이원경, 2016).

이보다 더 심각한 문제로 부칙(제10371호, 2010.7.23.) 제1조 3항은 '제22조 및 제25조에 따른 치료명령은 성폭력범죄를 저질러 이 법 시행 당시 형의 집행 또는 치료감호·보호감호의 집행 중에 있는 성도착증 환자에 대하여도 적용한다'고 규정하여 '형집행시법주의'를 취함으로써 논란을 더욱 가중시켰다. 다시 말해서 기존에는 형사법의 적용시점에 관해 '행위시법'과 '재판시법'이 논란의 주요 쟁점이 되었으나 성충동약물치료법은 여기에다 '형집행시법'까지 추가된 것이다. 재판시법에 대한 소급적용의 문제에 대해서도 찬반의 의견이 대립되는 가운데 형집행시법에 대한 소급적용의 문제까지 가미되어 현행 입법에 대한 새로운 차원의 문제를 야기하고 있다[42].

따라서 약물치료명령 자체에 대해 인권침해의 논란이 지속되고 있는 것을 감안할 때 성충동 약물치료제도가 보안처분의 성질을 갖지만 신상정보공개나 전자감독제도와 달리 직

---

[42] 예를 들어 '5. 18 민주화운동에 관한 특별법'과 같이 중대한 공익적 필요가 있는 경우에만 진정 소급입법이 예외적으로 인정될 수 있기 때문에 성충동약물치료법을 소급적용하는 것은 법치국가원리에 반하는 것이며 과잉입법이라는 비판이 제기되었다(김태명, 2011: 36-37 참조).

접적으로 신체를 침해하는 형벌적 성격이 강한 보안처분이기 때문에 재판 확정 후에 형 집행 중에 있거나 치료감호, 보호감호의 집행 중인 사람에게까지 약물치료 대상을 확대하여 소급적용하는 것은 타당하지 않다고 판단된다[43]. 다시 말해서 성폭력범죄로 형 집행 중인 수형자들이 갖는 법적 신뢰나 안정성보다 성폭력범죄의 재범방지와 예방이라는 공익이 더 중요하고 시급하다고 해서 소급효금지의 원칙을 파기하는 것은 문제의 소지가 있기 때문에 향후 죄형법정주의 원칙에 입각하여 다각적인 관점에서 재검토할 필요가 있다.

제4절 성충동 약물치료제도의 정책적 함의

2015년 헌법재판소는 원칙적으로 법원의 판결에 의한 본인의 동의가 없는 약물치료명령에 대해 재판관 6대 3의 의견으로 헌법에 위배되지 않는다고 결정하였다. 당시 판결내용을 보면, 성충동치료명령은 헌법 제12조의 신체의 자유 및 제17조의 사생활의 자유, 그리고 제10조의 자기결정권과 인격권을 제한하는 것은 인정하였으나 과잉금지의 원칙에 위반되지 않기 때문에 신체의 자유 등 기본권을 침해한다고 볼 수 없다고 했다. 먼저 과잉금지원칙의 위배 여부와 관련하여 성충동 약물치료는 잔인하고 충격적인 성폭력범죄가 증가함에 따라 재범방지와 성폭력범죄자의 사회복귀를 촉진하고 국민을 보호하기 위한 것으로 재판관 전원이 입법목적의 정당성을 인정했다. 또한 남성호르몬의 생성 및 작용을 억제하는 성충동 약물치료는 성도착증 환자에게 재범방지효과가 있기 때문에 수단의 적합성도 인정했다.

이밖에도 중대한 성폭력범죄를 저지른 성도착증 환자로서 재범의 위험성이 있는 경우로 피치료자의 범위가 제한되어 있다는 점, 검사가 치료명령 청구 시 전문의의 진단을 반드시 거치고 의사에 의한 약물 투여 시 부작용에 대한 검사 및 치료도 이루어지고 부작용이 클 경우 약물투여를 일시적으로 중단할 수 있는 점, 약물치료 중단 시 정상으로 회복이 가능하다는 점을 들어 침해의 최소성도 인정된다고 보았다. 마지막으로 약물치료의 효과가 회복가능하며 부작용이 비교적 적기 때문에 성폭력범죄자의 재범을 억제하고 사회방위를 달성함으로써 얻는 공익과 비교하여 볼 때 법익균형성도 충족된다고 판단한 것이다. 이러

[43] 일부에서는 전자감독제도에서 형집행시법주의에 따라 소급효를 인정하는 것에 대하여 헌법재판소가 합헌성을 인정(헌법재판소 2012.12.27. 2010헌가82 · 2011헌바393(병합)결정)하였다고 하여 약물치료명령에 대해서도 똑같이 적용하는 것은 모순이 있다는 주장이 제기되었다. 성충동 약물치료제도와 전자감독제도는 같은 보안처분에 속하지만 성격을 달리 보아야 한다고 보았다(이원경, 2016: 13 참조).

한 결정에도 불구하고 지금까지 약물치료의 실효성, 이중처벌과 과잉금지원칙의 위배, 소급효 문제 등을 두고 비판이 제기되고 있기 때문에 현행 성충동 약물치료제도의 재검토를 통해 체계적인 정비가 우선적으로 이루어져야 할 것이다. 이러한 주요 쟁점 외에 약물치료에 의한 부작용, 치료대상자의 선정기준과 비용부담, 본인 동의 여부 등과 관련된 문제가 지속적으로 제기되고 있기 때문에 여기서는 성충동약물치료의 개선방향 등을 중심으로 정책적 함의를 제시하고자 한다.

1. 약물치료 효과의 체계적 검증

성충동 약물치료의 대상자는 이상성욕에 의한 성도착증[44] 증세를 보이는 성폭력범에 한하여 시행되고 있다. 그러나 일부에서는 과도한 테스토스테론은 폭력성과 공격성을 유발할 가능성이 매우 높고 폭력적인 범죄자의 경우 이러한 성향이 과도하게 표출되기 때문에 약물치료로 모든 본능을 통제하는데 있어 한계가 있다고 주장하였다[45]. 성충동 약물치료에 있어 제기되고 있는 약리학적 문제는 남성호르몬을 억제시키는 약물을 장기간 투여할 경우 만성피로, 두통, 우울증 등의 부작용이 발생한다는 의학적 보고가 있는 상황 하에서 장기간에 걸친 약물투여의 부작용이 얼마나 클지도 알 수 없다는 것이다[46]. 또한 성범죄자에 대한 약물치료의 부작용이 의학계에 다소 보고되고 있으며, 이에 대한 대안으로 세로토닌계 항우울제(SRIs, Serotonergic antidepressants)를 이용한 치료도 시도되었다[47]. 최근 미국에서 약물치료명령에 주로 사용되는 데포-프로베라(Depo–provera)는 주사제로서 주로 피임약으로 사용되는데 이를 치료명령에 사용할 경우 피임약의 43배 양을 주사하기 때문에 이에 대한 부작용의 위험성에 관해 우려가 제기되기도 했다.

한편, 우리나라에서 성충동 약물치료제도가 시행될 당시 가장 논란이 된 것 중의 하나로 약물치료의 부작용에 관한 우려도 한 몫을 차지했다. 성충동 약물치료제도에서 치료약물에

---

44 성도착증(Paraphilia)은 반복적인 강력한 성적 각성 환상, 성적 욕구, 행동으로서 비인간적인 개체, 본인 또는 상대에 대해 고통 혹은 모욕감, 아동이나 동의하지 않은 상대에 재해서 나타나며, 6개월 이상 지속되는 경우를 말한다. 성도착증은 성주체성 장애에 포함되어 있으며, 노출증, 여성물건애, 접촉도착증, 소아기호증, 의상도착증, 관음증, 성적가학증, 성적피학증 등 8개의 하위유형으로 분류된다(박진혁 · 이재우 · 유미경 · 장소영 · 김종균, 2013, 핵심 프로그램이 성범죄자의 인지 및 사회적 그리고 정서적 특성에 미치는 영향, 「한국법의학학회지」, 37: 145–152.

45 허경미, 2010, 성범죄자에 대한 약물치료명령에 관한 연구, 「교정연구」, 49: 157–191.

46 한영수, 2013, 위험한 범죄자에 대한 실효성 확보방안, 「형사정책연구」, 24(1): 173–209.

47 Barratta, A., Javelot, H., Morali, A., Halleguen, O. & Weiner, L., 2012, The role of antidepressants in treating sex offenders, *Sexologies*, 21: 106–108.

관련하여 충동약물치료법 시행령(제8조 제1항)에 치료명령을 받은 사람에게 투여할 약물을 ① 성호르몬의 생성을 억제 · 감소시키는 약물과 ② 성호르몬이 수용체에 결합하는 것을 방해하는 약물 중에서 법무부장관이 고시할 수 있도록 규정하고 있다[48]. 하지만 여기에 고시된 약물인 메드록시프프로게스테론(MPA), 사이프로테론 아세테이트(CPA), 트립토렐린(Tritorelin), 류프롤리드(Leuprolide)를 이용한 다수의 환자들에게 골밀도 감소, 남성유방, 무력감, 얼굴홍조, 주사부위 동종, 체중증가, 하지혈전형성, 탈모, 근육통, 우울증, 간 손상의 부작용이 발생했으며, 이 외에도 치료 6-12개월 후에 발기부진, 성욕감소, 성생활 불능 등의 부작용이 있는 것으로 나타났다.

국내에서는 성충동 약물치료의 효과에 관해 구체적인 추적연구가 충분히 이루어지지 않았으나 2011년부터 치료감호소에 수용중인 감호대상자 38명을 대상으로 성호르몬 약물치료를 실시한 결과 성욕이나 성적 환상 수준이 감소하였으나 그 효과는 성도착증 여부와 관계없이 유사한 수준으로 나타났다[49]. 특히 남성호르몬 억제제의 부작용은 많은 연구결과에서 지적되고 있는데, 대표적으로 무기력감이나 체중증가, 고혈압 등 신체적 이상 징후 외에도 우울감이나 분노감의 증가 등 정신적인 측면에서도 나타나는 것으로 알려져 있다[50]. 이러한 약물 부작용을 고려할 때 고시된 약물억제제가 비교적 안전하고 부작용이 생명을 위협할 정도는 아니라고 하지만 성충동 억제를 위한 치료목적으로 최대 15년간 투여할 경우 과다복용으로 인해 또 다른 문제를 발생시킬 수 있다. 따라서 약물치료에 사용되는 약물의 적정용량과 장기투여 시 나타날 수 있는 부작용에 관한 확실한 검증결과가 나올 때까지 안전성이나 인권침해적 요소를 고려하여 15년의 기간에 대한 재검토도 필요하다고 본다. 또한 정부차원에서 성충동 약물치료 집행협의체를 구성하여 약리적 부작용에 대한 주기적인 임상실험과 안전성에 대한 체계적인 검증을 통해 약물치료 대상자의 치료 및 집행과정에서 나타난

48 법무부 고시 제2017-1호(2017.6.26.)에서는 ①에 해당되는 약물로 메드록시프프로게스테론(MPA, Medroxyprogesterone Acetate), 류프롤리드 아세테이트(Leuprolide Acetate), 고세렐린 아세테이트(Goserelin Acetate), 트립토렐린 아세테이트(Tritorelin Acetate)를 정하고, ②에 속하는 약물로 사이프로테론 아세테이트(CPA, Cyproterone Acetate)를 지정하고 있다.

49 그러나 류프롤리드(Leuprolide)로 치료받은 총 38명의 대상자들은 평균 9.3개월 치료기간 동안 68%가 부작용을 호소하였다. 얼굴홍조, 체중증가, 고환크기 감소 등 비교적 경미한 부작용 외에도 골밀도 감소(11%), 우울감(21%) 등의 중증도 및 고도의 부작용을 호소하였으며, 기존에 골다공증을 가진 7명 중 4명은 3개월 간 약물치료 후 골다공증 악화 소견을 보여 치료를 중단하였다(Koo, Kyo Chul, Shim, Geum Sook, Park, Hyoun Hee, Rha, Koon Ho, Choi, Young Deuk, Chung, Byung Ha, Hong, Sung Joon & Lee, Hae Woo, 2013, Treatment Outcomes of Chemical Castration on Korean Sex Offenders, Journal of Forensic and Legal Medicine, 20(6): 563-566).

50 박상기, 2010, 소위 화학적 거세와 성폭력범죄자의 성충동 약물치료에 관한 법률의 문제점, 「형사정책연구」, 21(3): 217-218

결과를 공유하고 문제점을 최소화할 수 있는 대책과 방안을 마련해야 한다[51].

2. 대상자 선정기준과 비용부담 문제의 재검토

성충동약물치료법 제4조 제1항에 약물치료 대상자는 성폭력범죄를 범한 성도착증 환자로 재범의 위험성이 있는 19세 이상의 사람으로 정의하고 있다. 특히 법 제정과정에서 상습적 요건의 삭제로 전과자나 초범자도 대상에 포함되었고 피해자의 연령제한도 폐지되었기 때문에 성폭력범죄를 범한 19세 이상의 사람이면 청구될 수 있다[52]. 하지만 성도착증 환자로 판별할 수 있는 의료적 검사도구[53]나 의학적 소견 진단절차가 불명확하고 의료적 표준화가 획일화되어 있지 않은 현실을 감안할 때 초범자에 대해서도 재범위험성으로 약물을 투여하는 것은 다소 문제의 소지가 있다고 본다. 아울러 미국의 경우 본인의 동의를 요건으로 하지 않는 경우에 피해자의 연령이 아동이나 청소년에 제한되어 있는 것과 비교할 때 우리나라는 약물치료명령을 부과할 수 있는 대상범위가 확대되어 있다고 볼 수 있기 때문에 대상범위의 조정과 관련하여 재검토도 필요하다고 판단된다.

또한 성충동 약물치료를 청구할 수 있는 대상 연령이 19세 이상인 것이 적절한지도 재검토 할 필요가 있다고 본다. 앞의 외국의 성충동 약물치료제도에서 일부 제시했듯이 독일의 경우 물리적 거세는 25세 이상이나 약물치료는 25세 미만도 가능하다. 이밖에 노르웨이는 25세 이상, 스웨덴은 23세 이상이 약물대상자이다. 약물치료 선고시점과 명령시점의 시간적 차이를 어느 정도 감안하더라도 외국의 입법례에 비해 대상자의 연령이 낮은 것은 아닌지에 대해 보다 심도 있는 논의가 필요하다[54]. 왜냐하면, 전자감독제도나 보호감호제도 등

[51] 성충동 약물치료는 인권을 직접적으로 침해할 가능성이 높고 약물 부작용으로 신체적 고통이나 훼손을 동반할 수 있기 때문에 약물치료가 효과적인지 과학적으로 증명하기 위한 연구를 우선적으로 시행해야 한다는 주장이 제기되고 있다. 무엇보다도 성충동 약물치료에 사용되고 있는 약제의 효과를 검증하기 위해 무작위대조시험연구(RCT, Randomized Controlled Trial)가 필요하다고 지적하였다(박창범 · 최관호, 2018, 성충동 약물치료 효과의 문제점과 법적 요건, 「민주법학」, 67: 117–147).

[52] 2008년 9월 8일 발의된 법률안에는 13세 미만의 아동을 대상으로 한 성폭력범죄자 중에서 성도착증 환자로 판명된 25세 이상의 상습적 성범죄자에 대해 본인의 동의를 받아 치료명령을 청구하도록 되어 있었다. 또한 2010년 7월 23일 처음 제정된 성충동약물치료법에는 16세 미만의 사람에 대해 성폭력범죄를 저지른 자에서 2012년 12월 18일 개정에 따라 피해자의 연령을 불문하고 성폭력범죄를 저지른 자로 대상이 확대되었기 때문에 치료명령 대상자를 선정하기 위해서는 성도착증 환자라는 판단과 재범의 위험성이 중요한 판단기준이 되었다.

[53] 최근 의학적으로 알려진 성도착증 환자에 대한 가장 정확한 진단방법으로 자극에 대한 음경변화도(Penile PlethysmoGraph, PPG)검사가 유일하다. 우리나라의 현실을 감안할 때 PPG검사는 PPG의 검사대상자에 대한 침해성이나 막대한 비용으로 인해 사실상 불가능하고 미국에서 상당한 정확성을 가져 PPG검사의 대안으로 제시된 Abel검사(Abel Assessment for Sexual Interest)도 제대로 행해질 가능성에 대해 의문이 제기되었다(정우일, 2014: 170–171 참조).

의 간접적인 예방대책과는 달리 약물치료명령은 직접적인 방법으로 본인의 동의 없이 신체에 약물을 투여하여 통제하는 것으로 최후에 사용해야 할 처우이기 때문에 더욱 신중을 기해야 한다.

이밖에 절차적인 측면에서 볼 때 검사가 치료명령을 청구하기 위해서는 필수적으로 청구대상자에 대한 정신건강의학과 전문의의 진단이나 감정을 받아야 한다. 만약 법원의 치료명령 피청구자의 성도착증 여부를 판단하기 어려운 경우 다른 정신건강의학과 전문의에게 다시 진단을 명할 수 있다. 그러나 앞에서도 지적했듯이 현재 성도착증을 판별할 수 있는 의료적 전문검사 도구나 과학적이고 의학적인 진단절차가 표준화되어 있지 않은 실정이다. 따라서 성충동 약물치료의 실효성 확보 차원에서도 약물치료가 제대로 시행되기 위해서는 우선적으로 고려해야 할 사항은 성도착증 환자를 어떤 평가과정을 통해 어떤 기준으로 누가 평가할 것인지에 대해 보다 구체적인 매뉴얼 및 가이드라인이 필요하다. 이를 위해서는 지정종합병원 정신과전문의들이 각 분야에 전문적 소견으로 진단과 감정을 할 수 있는 충분한 대책방안이 선행되어야 한다(양현호, 2018). 아울러 재범의 위험성은 단지 재범의 가능성이 있는 것으로는 부족하고 장래에 다시 성폭력범죄를 범할 상당한 개연성이 있는 경우로 제한해야 한다(이원경, 2016). 끝으로 성충동 약물치료는 전자감독과 달리 대상자의 신체에 약물을 강제 투여한다는 점에서 일종의 신체형에 해당되어 인권침해의 소지가 다분히 있기 때문에 기존의 재범위험성 평가척도보다 더 전문적이고 과학적인 평가척도를 마련해야 한다.

한편, 성충동 약물치료의 비용부담 주체와 관련하여 미국의 경우에도 재정 부담이 많은 주에서 확대시행을 어렵게 하는 요인으로 작용하고 있다. 우리나라의 경우 성충동약물치료법 제24조에서 제22조에 의하여 치료결정을 받은 자에 대해 그 비용을 대상자가 부담하도록 하는 것을 원칙으로 규정하는 것도 재정 부담과 관련이 있다고 본다[55]. 하지만 치료명령을 받은 사람에게 연간 적지 않은 비용을 전가하는 것은 문제의 소지가 있다. 왜냐하면, 판결 당시에 약물치료명령을 할 경우에는 그 비용을 국가가 부담하고 형 집행 도중에 부가

---

[54] 법무부 보도자료(2011.7.26.)에 따르면, 우리나라의 경우 국회 심의과정에서 19세에서 25세 사이는 성적으로 가장 왕성할 시기이므로 치료 필요성이 더 높다는 점과 치료명령 청구 대상연령을 19세 이상으로 하더라도 실형이나 치료감호를 마치고 출소하여 치료명령을 집행할 시점에는 대상자 대부분 20세 초반을 지났을 때라는 점을 감안하여 청구 대상연령을 19세 이상으로 결정한 것으로 밝히고 있다.

[55] 법무부에 따르면, 1인당 연간 약물치료 180만원, 호르몬 수치 및 부작용검사 50만원, 심리치료 비용 270만원 등 총 500만 원 정도의 비용이 필요한 것으로 추산하였다.

하는 형식인 제22조에 의한 치료명령은 대상자가 부담하도록 차별을 두는 것은 형평성 차원에서도 맞지 않기 때문에 국가가 부담하는 것을 원칙으로 해야 할 것으로 본다.

3. 약물치료의 강제성에 대한 재검토

성충동약물치료법 제8조에 의한 약물치료는 본인의 동의 여부와 상관없이 강제적인 약물치료를 하고 있는데, 이는 치료명령을 결정에서 판결로 절차를 강화한 데에 그 원인이 있다[56]. 이러한 근거로 미국의 캘리포니아, 플로리다, 몬태나, 아이오와주의 입법례가 동의를 필요로 하지 않는다는 점을 들고 있다. 그러나 미국의 경우에도 대부분 주에서 대상자의 동의를 요하지는 않지만 16세 미만 또는 13세 미만 아동대상 성폭력범죄자로 한정하고 있다. 유럽의 경우 폴란드를 제외한 노르웨이, 스웨덴, 핀란드, 덴마크, 체코 등 대부분의 국가에서 비정상적인 성적장애로 신체적 · 정신적 고통을 겪거나 범죄로 인해 다른 사람에게 피해를 입힐 우려가 있는 사람은 본인이 약물치료를 위원회에 신청하고 위원회는 의료진의 객관적인 진단을 거쳐 약물치료의 필요성이 있을 경우 국가의 비용부담으로 약물치료를 실시하고 있다[57].

이러한 외국의 입법례를 볼 때 우리나라의 경우 성충동 약물치료 대상 당사자의 사전 동의를 전제로 하지 않는 것은 문제의 소지가 충분히 있다고 본다. 생물학적 치료요법인 약물치료가 인권측면에서 비판의 대상이 되고 있고 본인 동의의 생략 문제는 국제적으로 인권 수준에 대한 평가에서 부정적인 결과를 초래할 수 있다[58]. 또한 약물치료 대상자의 동의 없이 검사의 청구로 법원의 명령을 통해 강제 약물치료가 가능한 성충동약물치료법은 형벌의 비례성원칙에 반하고 본인의 동의를 받지 아니한 의료조치로 정당하지 못하다는 주장도 꾸준히 제기되고 있다[59]. 의학계에서도 대상자의 자발성이 결여된 상황에서 의사의 진단이 대상자의 치료와 처벌을 결정짓고 약물치료의 효과를 입증할 수 있는 충분한 근거

[56] 2008년 4월에 제출된 법률안에 따르면, '화학적 거세 치료 대상자의 동의가 있을 것'이라는 명문규정이 있었다. 그러나 그 후 제5차 법제사법위원회 회의에서 자발적 동의 규정을 삭제하였다. 그 이유로는 기존 법률안에서 성충동 약물치료명령이 '결정'의 형식으로 되어 있었으나 '판결'의 형식으로 변경하여 그 절차를 강화하였다(국회사무처, 제291회 국회 법제사법위원회 회의록, 2010.6.29. 4면 참조).

[57] 대표적인 예로 노르웨이의 불임화조치위원회, 스웨덴의 국가건강복지위원회, 핀란드의 국가복지관 등에서 승인을 거쳐 이를 시행하고 있다(박찬걸, 2013: 279-280 참조)

[58] 이보영 · 홍기원, 2011, 성폭력범죄자의 성충동약물 치료에 관한 법률의 정당성 및 실효성 검토, 「외법논집」, 35(4): 217-237.

[59] 신동일, 2011, 성폭력범죄자의 성충동 약물치료에 관한 법률" 의 평가, 「형사정책」, 23(1): 255-276.

가 많지 않은 상황에서 진단과 판단을 해야 하는 어려움을 제기한 적도 있다[60].

이처럼 약물치료와 관련하여 본인 동의 여부가 논란의 쟁점[61]이 되고 있고 외국의 경우 대체적으로 본인의 동의를 요건으로 하고 있다는 점을 고려해 볼 때 성충동약물치료법 제4조의 법원에 대한 약물치료명령 청구의 경우에 원칙적으로 본인의 동의를 조건으로 하는 법 개정이 필요하며, 제25조에 의한 치료감호위원회에 의한 치료명령의 부과도 필요적 동의를 얻는 방법으로 전환할 필요가 있다. 아울러 모든 경우에 있어 당사자의 동의를 요건으로 하는 것이 현 시점에서 타당하지 않다고 판단되면 적어도 초범의 경우라도 강제적인 치료명령의 부과는 지양되어야 할 것으로 본다.

4. 심리치료프로그램의 내실화와 전문 인력 양성

성폭력범죄는 반사회적 성격장애를 가진 특정 사람에 의해서만 발생하는 것이 아니기 때문에 이러한 성범폭력죄자에 대해서는 약물치료와 더불어 인지행동·심리치료가 병행되어야 한다. 현재 우리나라의 경우 치료명령은 의료법에 따라 의사의 진단과 처방에 의해 약물을 투여하고 정신건강증진 및 정신질환자 복지서비스 지원에 관한 법률에 근거하여 정신보건전문요원 등 전문가에 의한 인지행동 치료 등 심리치료 프로그램의 실시 등의 방법으로 집행하고 있다. 그러나 아동 성폭력범죄자에 대한 의료적 약물치료는 그 대상과 과정만 조명할 뿐 정신심리치료와 관련된 체계적인 순서와 방안, 그리고 분야별 전문가들의 활동 범위 등에 대해서는 구체적으로 언급하고 있지 않다.

또한 약물치료와 병행하는 심리치료 프로그램에서 포함해야 할 내용[62]은 포함하고 있으나 심리치료와 관련하여 어떤 모델을 기초로 해야 하는지에 대한 지침도 없는 실정이다. 외국의 경우에는 어떤 심리치료프로그램을 사용하든지 간에 '최상의 실천'이라는 가이드라

---

[60] 문수진 · 민정원 · 반건호. 2011. 미성년자 대상 성범죄자의 화학적 거세에 대한 임상적 고찰. 「대한정신약물학회지」. 22: 119-126.

[61] 예를 들어 약물치료 당사자의 본인 동의를 배제한 것에 대해 첫째, 신체의 처분과 관련된 자기결정권의 침해로 보았다. 둘째, 자발적인 동의를 전제로 하지 않는 약물치료는 범죄인을 최소한의 인격체로서가 아니라 범죄퇴치의 수단으로 취급함으로써 인간의 존엄성을 보장한 헌법 제10조의 이념에 배치되고 대상자가 유부남일 경우 상대 배우자가 가지고 있는 성행위의 자유에 대한 제한도 문제가 될 수도 있다. 마지막으로 강제적인 약물치료는 강력한 심리적 저항감을 유발할 수 있기 때문에 치료의 효과를 제대로 발현할 수 없다고 보았다(박찬걸, 2013: 277-278 참조).

[62] 성충동약물치료법 시행령 제5조 제1항에는 법 제10조 제1항 제3호에 따른 인지행동 치료 등 심리치료 프로그램은 다음 각 호의 내용을 포함하여야 한다(1. 인지 왜곡과 일탈적 성적 기호(嗜好)의 수정, 2. 치료 동기의 향상, 3. 피해자에 대한 공감 능력 증진, 4. 사회적응 능력 배양, 5. 일탈적 성행동의 재발 방지, 6. 그 밖에 성폭력범죄의 재범 방지를 위하여 필요한 사항).

인을 유지하고 있고 그 효과성도 입증되었다[63]. 따라서 약물치료에 있어서 반드시 인지행동·심리치료를 병행하되 전문화된 가이드라인에 따른 인지행동 처우기법을 사전에 개발하고 향후 인지행동 및 심리치료프로그램을 구상할 때 환자군을 세분화하여 각 군에 적절한 치료가 실시되어야 할 것이다. 아울러 현재 실시되고 있는 성폭력범죄자 교정프로그램은 강제성이 없어 실질적인 교육효과를 기대하기 어렵기 때문에 체계적인 치료와 교정프로그램도 동시에 진행할 필요가 있다(정우일, 2014).

끝으로 성충동약물치료법 시행령 제10조 제3항에 제시한 것처럼 법무부장관은 심리치료프로그램의 개발과 전문 집행 인력의 양성을 위하여 노력해야 한다고 명시하고 있다. 따라서 약물치료명령이 단순한 처벌에 그치지 않고 재범가능성이 높은 병리적 성범죄자에게 보다 효과적인 범죄예방책이 될 수 있도록 상설 연구기관을 설립할 필요가 있다. 이 기관의 주도로 전문적이고 체계적인 심리치료프로그램을 개발하고 이를 운영할 전문 인력을 육성하고 교육해야 한다. 동시에 약물치료에 사용하는 약물의 부작용 및 안전성에 대하여 지속적으로 연구하고 치료대상자에 대한 치료명령 이후의 심리적·의학적 관리시스템을 구축해야 할 것이다. 또한 성충동 약물치료를 성공적으로 시행하고 있는 외국의 사례를 벤치마킹하고 정부 주도하에 전문치료를 담당할 수 있는 지도자를 양성하고 관련 전문가협회와의 연대를 통해 제도적 장치를 마련하여 공조할 수 있는 T/F팀도 마련되어야 할 것이다.

[63] 이완희, 2013, 성충동 약물치료대상자의 인지행동치료 처우기법 개발, 「한국경찰학회보」, 15(6): 179-202.

기사 엿보기 어금니 아빠' 같은 범죄는 느는데 "성충동 약물치료 효과는 불명확"

일부 성범죄자가 최근 형을 마치고 만기 출소한다는 소식이 들린다. 또 성범죄자가 특정 지역으로 이사를 오면 그 지역 주민은 불안하다. 다시 성범죄를 저지르지 않을까 하는 우려 때문이다. 성범죄자 중 재발 위험이 있는 자는 약물치료를 받도록 돼 있다. 그런데 성범죄자에게 사용하는 약물치료가 성범죄 재발 방지 효과는 명확하지 않으면서 부작용만 발생한다는 연구결과가 의학계에서 나왔다.

박창범 강동경희대학교병원 심장혈관내과 교수는 최근 연구 논문(성 충동 약물치료 효과의 문제점과 법적 요건)을 통해 성범죄자에 대한 약물치료의 효용성을 지적했다. 박 교수는 "성충동 약물치료법의 효과란 성범죄 재발 방지를 말한다"며 "법 전문가와 함께 연구한 결과, 성범죄 재발 방지를 입증할만한 근거가 부족한 것으로 나타났다. 치료 효과를 검증하기 위한 연구(RCT, 무작위대조시험연구)가 필요하지만, 실제로 진행한 연구는 거의 없다. 있더라도 연구 대상자 수가 매우 적어 실제로 효과를 입증할 증거가 부족하다"고 밝혔다.

성충동 약물치료는 성폭력 범죄를 저지른 성도착증 환자 중에서 재범 위험성이 있다고 인정되는 사람에게 약물 투여 및 심리치료 등으로 도착적인 성 기능을 약화 또는 정상화하는 치료다. 이 치료에 대한 근거 법안은 2010년 제정돼 2011년부터 시행됐다. 성범죄 재발률은 60%에 이르는 것으로 추정된다. 박 교수는 "법 제정 당시 충분한 검토가 없었지만, 계속된 성범죄로 악화한 여론과 이미 외국에서도 이런 치료가 시행되고 있다는 이유로 법이 시행됐다"고 말했다.

이 약물은 성호르몬 생성을 억제하거나 감소하는 효과가 있다. 그러나 부작용도 있는 것으로 나타났다. 박 교수는 "국립법무병원에 성범죄로 입원해 치료받은 환자를 대상으로 한 연구결과, 약 70%가 부작용을 호소했다. 체중증가, 고환 크기 감소 등의 경미한 부작용부터 골밀도감소, 우울증 등 중증의 부작용까지 다양하게 나타났다"고 지적했다.

이 연구 결과대로라면, 국내 성충동 약물치료는 원점에서부터 다시 점검할 필요가 있다. 박 교수는 "성범죄는 처벌받아야 마땅한 강력범죄이고 재발 방지를 위한 조치가 필요하다. 그러나 성충동 약물치료의 재발 방지 효과는 명확하지 않으면서 부작용이 심각하다면 성충동 약물치료는 잔인하고 비상식적인 형벌이 될 수 있다"며 "국책 연구를 통해 성충동 약물치료의 성범죄 재발 방지 효과와 부작용 등을 확인할 필요가 있다"고 강조했다.

자료: 시사저널(2018.9.18. 보도자료 인용)

CHAPTER 11

범죄예방환경설계(CPTED)

범죄예방 정책사례(3)

핵심

범죄예방환경설계는 건축·도시계획 및 설계기법 등을 활용하여 공간 내에 범죄유발요인을 최소화하여 범죄발생을 사전에 차단하여 예방함으로서 주민들의 삶의 질을 향상시키는 것을 목적으로 하는 종합적인 범죄예방 전략이라 할 수 있다. 또한 범죄예방환경설계에서 말하는 환경은 단순한 물리적 환경 또는 도시·건축 설계만을 지칭하는 것이 아니라 사회과학, 법집행, 행동에 대한 인식, 지역사회 공동체 등 넓은 의미에서의 포괄적 개념을 의미한다. 기본적 원리로는 자연적 감시, 접근통제, 영역성 강화, 활동의 활성화, 유지 및 관리 등이 있다. 최근 들어 기존의 범죄예방환경설계(CPTED)의 개념을 포함하여 2세대 CPTED로 다섯 가지 원리 외에 공동체의 강화가 중시되고 있다. 우리나라는 고령화 사회가 시작된 2000년을 기점으로 범죄예방환경설계(CPTED)에 관한 사회적 관심이 고조되었다. 최근 2세대 CPTED의 출현에 따라 제도적, 정책적 측면에서 범죄예방의 주요 항목으로 부각되면서 관련 범죄예방환경설계 사업 등이 활발하게 진행되고 있다. 본 장에서는 국내외 CPTED의 법·제도적 현황과 국내 CPTED 관련 지침(가이드라인), 중앙정부 및 지방자치단체 차원의 조례 및 법령을 중심으로 문제점과 한계 등을 검토하였다.

제1절 범죄예방환경설계(CPTED)의 이론적 배경과 의의

1. 범죄예방환경설계의 도입과 이론적 배경

도시화로 인해 많은 인구가 유입되면서 범죄는 점차적으로 복잡화, 흉포화 되었고 사회적 차원에서 범죄를 예방하고 삶의 질을 확보하기 위한 지역사회의 요구가 증가하고 있다. 범죄는 범죄자(ability), 범죄기회(opportunity), 범죄대상(motive) 등 세 가지 조건이 충족되어야 발생하는 것으로 범죄를 저지르는 범죄자로부터 범죄가 행해지는 장소(place) 및 공간(space) 등 물리적 환경(environment)을 개선하여 범죄를 예방하기 위한 연구가 지속되고 있다. 범죄예방은 인류가 범죄를 사회문제로 인식하고 이를 제지하려는 노력으로부터 시작된 개념으로 범죄가 발생하기 이전에 사전에 차단하는 것을 말한다. 이러한 범죄예방을 위해 지금까지 많은 노력을 했음에도 불구하고 그 수단을 명확하게 제시하지 못하고 있다. 기존 범죄학 이론에서는 범죄의 원인을 주로 개인 및 심리적 요인에서 찾으려고 했으나 최근

환경범죄학 등이 등장하면서 환경적 요인에 관심을 가지기 시작하였다[1].

특히 산업화와 도시화가 진행되면서 범죄의 원인이 범죄자 내부의 문제보다 그를 둘러싼 환경문제에 대해 보다 많은 관심을 가지게 되었다. 1920년대 시카고 대학을 중심으로 범죄와 환경간의 관련성에 주목한 범죄생태학(ecology of crime)이 대두되었고, 그 이후 범죄생태학은 일상활동이론, 합리적 선택이론, 범죄패턴이론[2], 깨진 유리창 이론, 상황적 범죄예방이론 등의 생성에 기초가 되었으며, 범죄예방환경설계(CPTED)도 이러한 이론들로부터 직·간접적으로 영향을 받았다[3]. 물론 범죄예방환경설계와 관련된 이론들이 앞에서 제시한 전통적인 범죄원인론과 연계성이 있으나 이러한 이론에 비해 시·공간적으로 구체적이고 재한적인 연구 분석을 통해 실질적인 처방을 제시하고 있다는 점에서 차이를 보인다는 견해도 있다[4].

범죄예방환경설계(CPTED)의 이론적 배경을 살펴보면, 먼저 환경적 조건이 범죄예방과 관련이 있다는 주장은 제이콥스(Jacobs, 1961)에 의해 제기되었다. 제이콥스(Jacobs)는 지역, 건축물, 그리고 도시의 물리적 환경 개선을 통해 범죄를 예방하고자 하는 범죄예방환경설계(CPTED)의 개념을 제시하였다. 1961년 그녀의 저서 『위대한 미국 도시들의 삶과 죽음(The Death and Life of Great American Cities)』에서 용도구분에 의한 근대적 도시계획을 비판하였다. 특히 도시의 거리가 활성화되고 거리에서 사람들의 삶이 다양해질 경우 '거리의 눈 혹은 도시의 양면성(eyes on the street)'이 성립하게 된다고 주장하였다[5]. 또한 범죄예방을

---

1 길링(Gilling)은 범죄예방을 '범죄행위로 이루어지는 메커니즘의 개입'으로 정의하고 범죄에 대한 전반적인 예방방식을 사회적 예방과 상황적 예방으로 구분하였다. 사회적 예방(social prevention)은 사회정책, 주거환경, 복지제도, 교육환경, 고용정책 등 광범위한 사회 환경을 개선함으로써 범죄를 줄일 수 있다는 입장이다. 이에 반해 상황적 예방(situational prevention)은 물리적 환경에 대한 통제와 조절을 통해 범죄발생의 기회를 최소화하고 범죄가 발생할 경우에는 이를 감지할 수 있는 능력을 최대화하는 것으로 범죄예방환경설계가 대표적이라 할 수 있다(Gilling, D. 1997. Crime Prevention: Theory, Policy and Politics, London: UCL Press).

2 Brantingham 등(1984)이 주장한 범죄패턴이론(crime pattern theory)은 범죄는 일정한 장소적 패턴이 있다는 것이다. 범죄패턴은 범죄자의 일상적인 행동패턴과 유사하다는 사실에 착안하여 잠재적 범죄자는 일상 활동과정에서 적절한 범죄대상을 찾고 그들이 잘 알고 있는 지역 내에서 잘 알고 있는 이동경로나 수단을 이용해 적당한 기회가 왔을 때 범행을 저지른다고 주장하였다(박현호, 2017: 27-28 참조).

3 신의기 외, 2008. 「범죄예방을 위한 환경설계의 제도화 방안」, 한국형사정책연구원.

4 박현호, 2017. 「CPTED와 범죄과학」, 서울: 박영사.

5 제인 제이콥스(Jacobs, J.)는 'Eyes on the Street'라는 표현을 썼는데, 그녀는 길을 따라 집이 지어지고 집집마다 사람의 눈이 길을 내다볼 수 있는 환경을 예찬했다. 또한 감시나 경비로서는 범죄를 막을 수 없고 오직 사람들이 모여 살면서 서로에게 믿음직한 이웃이 되어 주는데 따라 사회 안전이 보장된다는 것이다. 아울러 이웃지역을 파괴하는 것을 반대하였고 시민들이 그들의 정상적인 생업을 영위하면서 전통적으로 자신의 이웃지역의 치안을 유지할 수 있었던 거리에서 고층 블록으로 이루어진 빌딩들이 사람들을 내몰았다고 주장하였다(Ainsworth, Peter. 2001. Offender Profiling and Crime Analysis, Cullompton, Devon: Willan Publishing; 임준태, 2012. 「범죄예방론」, 서울: 대영문화사: 203 참조).

위해서 비공식적 사회통제(informal social control), 영역의 정체성(territorial identity)[6], 자연적 감시(natural surveillance) 등을 강조했으며, 이 중 자연적 감시를 범죄예방을 위한 주요 억제요소로 제시하였다[7].

범죄예방환경설계(CPTED)라는 용어는 제프리(Jeffery, 1971)가 「Crime Prevention Through Environmental Design」이라는 제목으로 도시설계와 범죄와의 관계를 설명하는 책을 출간하면서 처음으로 소개되었다[8]. 제프리(Jeffery)는 기존 범죄학의 낡은 보호이론을 대신하여 다학제적 접근을 통해 범죄예방을 위한 도시설계 이론을 정립하고자 하였다. 그의 CPTED 개념은 워싱턴에서 실시된 재건 프로젝트에서 나온 것으로 지역 내 청소년의 학교 환경을 통제하기 위해 시도되었으며, 미국 국민들에 대한 범죄와 도시설계 간의 직접적인 관계에 대해 경고하였다[9]. 하지만 건축물, 지역 또는 도시의 물리적 환경을 개선하여 범죄예방 효과를 거두고자 하는 CPTED의 개념을 가장 먼저 체계화한 사람은 앞에서 제시한 제이콥스(Jacobs)라 할 수 있다.

또한 범죄예방환경설계(CPTED)와 관련한 이론은 원래 뉴먼(Newman)이 1972년에 제창한 방어공간(defensible space)에서 유래되었다. 그는 제퍼리(Jeffery)의 이론 중에서 영역성에 관한 개념을 더욱 발전시켜 방어공간이론(defensible space theory)을 제시하였다[10]. 뉴먼은 뉴욕시 주택청의 범죄 관련 자료를 이용하여 범죄를 예방하기 위한 환경적 요인을 검토하고 실태조사를 실시하였는데, 방어공간이론을 기초로 범죄자 자체와 범행동기보다는 범죄자들의 범죄행위 유발을 억제하는 물리적 환경으로서의 건축이 어떻게 기여하는지에 주목하였다(유광흠 외, 2014)[11]. 뉴먼(Newman)은 범죄예방에 대한 방어공간을 조성하기 위한 물리적인 설계요소를 영역성(territoriality), 감시(surveillance), 이미지(image), 사회적 환경(milieu) 등 네

[6] 영역의 정체성(territorial identity) 개념은 이후에 지리적 소유, 방어표시, 배타적 사용, 제어 등의 의미를 가지고 어떤 물건이나 장소를 개인화하고 상징화함으로서 자신의 관리 하에 있음을 분명히 한다는 뜻을 내포하는 영역성(territoriality)이라는 개념으로 발전하였다.

[7] Jacobs, J. 1993. The Death and Life of Great American Cities, Modern Library: 45-47.

[8] 그는 1964년부터 1968년 사이 미국 대도시에서 발생한 다수의 도시 내 폭력과 인종불안에 관해 연구한 미국 '폭력의 원인과 예방에 관한 국가위원회'의 1968년 보고서 초안을 기초로 책을 집필하였다. 범죄예방에 대한 그의 관점은 목표물 강화를 넘어 인간행동과 학습이론에 관한 기본적인 이슈를 포함하고 있다(Jeffery, J. 1977. Crime Prevention Through Environmental Design, Sage Publications Inc: Beverly Hills, and London).

[9] 표창원, 2002. CPTED(환경설계를 통한 범죄예방)이론과 '범죄피해 예방'에 대한 행정의 책임, 한국행정학회 2002년도 동계학술대회발표논문집.

[10] Newman, O. 1972. Defensible Space, New York: Macmillan Publishing Co. Inc.

[11] 유광흠 외 7인 공저, 2014.「실무자를 위한 범죄예방환경설계 가이드북」, 건축도시공간연구소.

가지 관점을 기준으로 접근하였다. 특히 그는 자신들의 거주지역이나 장소를 자신들의 영역이라 생각하고 감시를 게을리 하지 않으면 어떤 지역이나 장소든 범죄로부터 안전할 수 있다고 보았다. 이러한 주장은 정책결정자들에게 많은 공감을 얻어 미국의 경우 공동주택을 건설함에 있어 하나의 중요한 기준으로 채택되기도 했다[12].

나아가 콜먼(Alice Coleman)은 방어공간이론을 더욱 발전시켜 물리적 환경 그 자체가 특정 지역의 높은 범죄율에 대해 책임이 있다고 보았다[13]. 다시 말해서 나쁜 설계가 공동체의 파괴에 일조한다고 주장하면서 그러한 부정적인 특징이 있는 지역은 주민들이 체계적인 자위방범활동을 하지 않는 경향이 커서 범죄의 수준을 더욱 증가시킨다고 주장하였다[14]. 방어공간이론은 보다 광의의 개념으로 범죄가 주거공간의 건축설계를 통해 예방될 수 있으며, 감시효과를 극대화할 수 있도록 거리에 조명을 설치하거나 범죄자의 침입 및 도주로를 차단할 수 있도록 건축구조를 설계하는 등의 물리적 수단을 통해 범죄를 감소시킬 수 있다는 이론으로 범죄와 무질서가 환경적 설계를 통해 통제되고 완화될 수 있다는 논리이다.

방어공간(Defensible Space)[15]

방어공간은 설계와 조경을 통해 마을의 물리적 환경을 변화시켜 마을에 범죄를 예방할 수 있는 토대를 만드는 것을 목적으로 하는 설계 패러다임이다. 중범죄자는 물론 비상식적 공간 이용자, 자기 조절이 잘 되지 않는 이들은 감시와 배제의 대상이 되어야 하며, 마을 주민들은 공동 화단 조성, 벽화 그리기, 범죄가능 지역 가로등 배치, 건물 창문 재배치, 외부인 출입 제한 표시판 설치 등과 같은 조치를 취함으로서 마을의 자기 치안 능력을 높일 수 있다. 뉴먼(Newman)은 뉴욕시 주택청의 범죄관련 자료를 이용해 범죄예방을 위한 환경요인을 분석하고 실태조사를 통해 검증을 실시하였다. 그 결과 범죄자와 범죄동기보다는 범죄자들에 대해 범죄행위를 유발하는 물리적 환경으로서의 건축을 분석하여 방어공간이론을 제시하였다.

---

12 Cheong, J. 2008. Neighborhood Disorder, Dilapidated Housing, and Crime: Multilevel Analysis within a Midsized Midwestern City Context, Dissertation, Ph. D. Michigan State University.

13 예를 들어 형편없는 환경에서 성장하는 아이들은 환경 그 자체에 의해 범죄와 파괴행동을 하도록 독려되고 낙서와 쓰레기에 뒤덮여서 관리 부실로 보이는 건물들은 주민들이 생활환경을 보호하거나 자긍심을 갖지 못하게 된다는 것이다(Coleman, A. 1985. Utopia on Trial, London: Hilary Shipman).

14 Ainsworth, P. B. 2002. Psychology and Policing, London: Willan Publishing.

15 뉴먼(Newman)의 방어공간 개념은 1970년대 이성적 판단과 범죄기회에 주목하며 등장한 합리적 선택이론과 일상활동이론 등의 신고전주의 범죄학이론의 활성화에 힘입어 범죄예방환경설계(CPTED)의 전략으로 발전하였다(이동수. 2017. 안전도시 조성을 위한 환경설계 기법 도입의 법적 과제, 「토지공법연구」, 79: 221-246).

한편, 무질서한 환경이 심리적으로 범죄를 발생시킨다는 이론은 미국의 심리학자인 짐바르도(Zimbardo, 1969)의 실험에서 입증되었다[16]. 이러한 실험결과는 1980년대에 윌슨과 켈링(Wilson & George L. Kelling)에 의해 지역사회의 무질서와 범죄발생의 개념으로 보다 구체화되었다. 그들은 1982년 3월 『깨진 유리창(Fixing Broken Windows: Restoring Order and Reducing Crime in Our Communities)[17]』이라는 글에서 깨진 유리창 이론(broken windows theory)을 제창하였다. 깨진 유리창 이론(broken windows theory)은 황폐이론이라고도 하며, 사회적 무질서 현상에 관한 것으로 깨진 유리창 하나를 방치해 두면 그 장소를 중심으로 범죄가 확산되기 시작하여 사회에 영향을 끼치게 되며, 사소한 무질서를 방치하면 큰 문제로 이어질 가능성이 높다는 의미를 내포하고 있다[18]. 다시 말해서 무질서한 행위와 환경을 방치하게 되면 주민들이 그 장소를 피하고 두려움을 느끼게 되며, 잠재적 범죄자들과 비행 청소년들의 일탈 욕구를 증대시켜 무질서가 더욱 심각해지고 비공식적 사회통제가 약화된다는 것을 의미한다.

이처럼 1980년대에 범죄예방환경설계(CPTED) 이론과 원리는 깨진 유리창 이론과 많은 실증연구로 인해 건축물과 환경의 관리(maintenance)에 대한 중요성을 강조하게 되었다. 이러한 관리의 중요성은 콜먼(Alice Coleman)이 1985년 영국의 시영 임대아파트단지(council housing estates)에 대한 연구결과에 의해 심화되었다(유광흠 외, 2014). 그 이후 2000년대 접어들어 크로우(Crowe)는 기존의 연구성과를 기반으로 범죄예방환경설계(CPTED)의 실천전략을 체계화하였다. 그는 뉴먼(Newman)의 방아공간이론에서 도출한 범죄예방을 위한 원칙을 포함해 방어공간이론에서 다루지 않았던 공간의 관리와 사용에 초점을 둔 상황적 범죄예방에 대한 연구도 진행하였다. 이러한 연구를 통해 범죄예방설계 기법을 6가지 원리(자연적 감시, 접근통제, 영역성 강화, 명료성 강화, 활용성 증대, 유지 관리)로 체계화하였다.

---

[16] 짐바르도(Zimbardo)는 번호판이 없고 유리창이 깨진 차를 뉴욕 거리에, 온전한 차를 캘리포니아의 팔로알토시에 각각 세워두고 관찰한 결과 유리창이 깨진 차에 집중적인 파손과 손상이 발생하였고 온전한 차에는 일주일 이상 아무런 파손이 없었다. 이러한 실험결과를 토대로 그는 무질서한 요소가 범죄를 유발한다는 명제를 제시하였다(Zimbardo, P. G. 1969. The Human Choice: Individuation, Reason and Order versus Deindividuation, Impulse and Chaos, In Nebraska Symposium on Motivation, edited by Amold, W. J., and Levine D, Lincoln: University of Nebraska Press).

[17] Wilson, J. Q., & Kelling, G. I. 1982. Broken Windows The Atlantic Monthly.

[18] 윌슨과 켈링(Wilson & Kelling, 1982)의 주장은 동네단위에서 도시의 영역으로 확대되어 뉴욕 지하철 사례에서도 적용되었다. 1980년대 당시 연간 60만 건 이상의 중범죄 사건이 발생한 뉴욕시는 이들의 주장을 받아들여 지하철의 낙서를 지우고 주변을 깨끗이 청소하였다. 결과적으로 낙서지우기 완수된 이후 범죄는 75% 정도 감소하였다. 깨진 유리창 이론은 이후 1990년대 중반 뉴욕시 루디 줄리아니(Rudy Giuliani) 시장 하에서 범죄에 대한 무관용 법칙(Zero Tolerance) 및 삶의 질(Quality of Life) 정책의 이념적 기반이 되었고 바람직하지 않은 도시 거주민들을 도시의 거리 및 공원으로부터 몰아내고, 그들의 행동을 규제하고 처벌하는 도구로 활용되었다.

2. 범죄예방환경설계의 개념과 논리

범죄예방은 범죄의 발생빈도와 더불어 사람들에게 인식되는 두려움을 동시에 감소시킬 수 있는 모든 활동을 포함한다. 일상활동이론에 따르면, 범죄자와 피해자, 취약한 공간구조의 세 가지 조간이 갖추어질 때 범죄가 발생한다고 보고 있다. 따라서 이러한 세 가지 요인의 각 관점에서 범죄를 예방하기 위한 다양한 접근이 가능하지만 장소를 중심으로 하는 일상활동이론에 따라 공간구조의 관점에서 범죄를 예방하기 위해 각종 기회요인을 감소하기 위한 계획요소가 공간구조를 설계하는데 반영되어야 한다. 범죄예방환경설계(CPTED)는 범죄행동을 위한 기회를 제공하거나 혹은 범죄를 촉진시키는 물리적, 사회적 환경에 관한 조건을 확인하고 그러한 조건의 변경을 통해 범죄가 발생하는 것을 예방하는 것이다.

또한 CPTED는 범죄에 대한 두려움 그리고 삶의 질에 충격을 줄 수 있는 기회 등에 영향을 미칠 수 있는 인간 행동에 직접적으로 효과를 미치는 환경의 설계와 사용에 있다. 다시 말해서 적절한 설계와 물리적 환경을 효과적으로 사용함으로서 범죄와 범죄에 대한 두려움을 감소시키고 더 나아가 삶의 질을 개선할 수 있다는 것이다. 아울러 상업적 이윤을 강화하는 행위적 효과를 산출해 낼 수 있고 물리적 환경이 변화될 수 있으며, 관리될 수 있다는 전제를 가지고 있다[19]. 이밖에도 환경의 설계와 이용을 통해 감시효과를 증대시키고자 하는 것으로 물리적 설계, 주민참여, 경찰활동 등 세 가지 요소를 종합적 · 계획적으로 결합시켜 지역사회 전체, 범죄 다발지역, 교육기관, 특정 구역, 교통수단 등을 안전하게 보호하고 범죄에 대한 두려움을 제거하려는 범죄통제 전략이라 할 수 있다(이건종, 1994; 임준태, 2012). 도시의 건축 환경을 범죄 예방적 측면에서 계획하고 지속적으로 유지 · 관리할 수 있다고 가정하면 범죄는 물론 그로 인한 불안감을 해소시킬 수 있으며, 나아가 공동체 활성화를 통해 삶의 질까지 개선시킬 수 있다는 것이 범죄예방환경설계의 논리와 가치라 할 수 있다.

범죄예방환경설계(CPTED)의 개념에 관해 구체적으로 살펴보면, 먼저 미국의 범죄예방연구소(National Crime Prevention Institute, NCPI)는 건축 환경의 적절한 설계와 건축 환경의 효과적인 사용을 통해 범죄발생 수준 및 범죄에 대한 두려움을 감소시키고 삶의 질을 향상시키는 것으로 정의하고 있다[20]. 현재 건축도시 분야에서 사용되고 있는 범죄예방설계의 개념과

[19] Siegel, Larry J. 2003. Criminology, Belmont, CA: Wadsworth/Tomson Learning, 8th ed.

[20] Atlas, Randall I. 2013. 21st Century Security and CPTED: Designing for Critical Infrastructure Protection and Crime Prevention, 2nd ed, Florida, CRC Press: 60.

전략을 구체화한 학자는 크로(Crowe)이다. 그는 범죄예방환경설계를 건축 환경의 효과적인 사용을 통해 범죄의 불안감과 발생 범위를 줄이고 삶의 질을 증대시키는 기법으로 정의하였다[21]. 이밖에 범죄예방환경설계 프로그램은 범죄행동을 유인하는 물리적 환경을 개선하여 특정지역의 방어 공간적 특성을 제고하고 범죄의 위험성을 감소시키는 것으로 환경과 연관된 변수를 조작함으로써 일정한 환경 내에서 발생하는 특정범죄나 두려움을 예방하는 것으로도 정의된다[22].

경찰청의 환경설계를 통한 범죄예방 방안에서는 건축설계나 도시계획 등의 도시 환경을 조성하는데 있어서 범죄에 대한 방어적 디자인과 적절한 관리를 통해 근본적으로 범죄의 발생 기회를 줄임으로서 범죄를 예방하고 범죄에 대한 두려움을 감소시킴으로서 삶의 질 향상을 목적으로 하는 종합적 범죄예방 전략으로 정의하고 있다. 이와 반대로 적절하지 못한 건축설계나 도시계획은 범죄의 기회를 증가시키고 범죄에 대한 안전감을 확보하지 못하여 삶의 질을 저하시킬 수 있다[23]. 또한 도시생활공간 등 지역의 환경을 범죄를 저지르기 어려운 구조로 설계하여 범죄자의 범법심리를 억제하고 주민의 범죄에 대한 두려움을 줄이는 기법이라 할 수 있다(경찰백서, 2018)[24].

이처럼 환경에 대하여 범죄안전을 목적으로 하는 설계가 범죄예방환경설계이며, 이는 범죄와 무질서에 대한 기회를 감소하기 위해 환경을 디자인하는 것으로 이해할 수 있다. 아울러 범죄예방환경설계의 궁극적인 목표는 적절한 환경설계와 주변 환경의 조성이 범죄에 대한 두려움을 감소시켜 삶의 질을 향상시키는 것으로 요약된다. 따라서 범죄예방환경설계는 건축 · 도시계획 및 설계기법 등을 활용하여 공간 내에 범죄유발요인을 최소화하여 범죄발생을 사전에 차단하고 예방함으로서 주민들의 삶의 질을 향상시키는 것을 목적으로 하는 종합적인 범죄예방 전략이다. 또한 범죄예방환경설계에서 말하는 환경은 단순한 물리적 환경 또는 도시 · 건축 설계만을 지칭하는 것이 아니라 사회과학, 법집행, 행동에 대한 인식, 지역사회 공동체 등 넓은 의미에서의 포괄적 개념을 의미한다(Crowe, 2000).

---

[21] Crowe, T. 2000. Crime Prevention Through Environmental Design, Boston: Butterworth– Heinemann.

[22] Kim, K., & Kim, B. S. 2011. A Study on the Case Of Crime Prevention Through Environmental Design in Japan, *Community Safety & Environmental Design*: 61–72.

[23] 경찰청. 2005. 「환경설계를 통한 범죄예방 방안」.

[24] 경찰청. 2018. 「2018 경찰백서」.

범죄예방환경설계(CPTED)

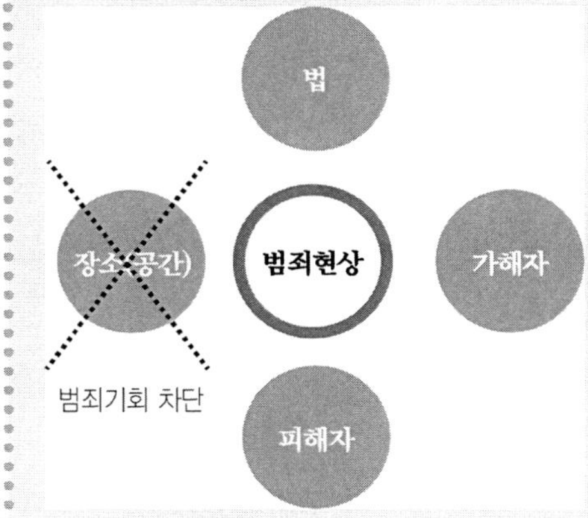

- CPTED(Crime Prevention Through Environmental Design)는 범죄를 발생시키는 요인 중 하나인 장소(공간)에 대한 방어적 디자인을 통하여 범죄기회를 줄이고 범죄발생 두려움을 저감시키기 위해 고안된 범죄예방기법
- CPTED 효과를 증가시키기 위해서는 특정 지역의 환경적 패턴과 국지적 상황에 대한 분석을 통해 환경적인 영향요인을 개선함으로서 범죄를 예방하는 대안이 필요
- 또한 도시개발 및 건축 행위가 끝난 이후에 CPTED기법을 적용하면 많은 비용이 투입되어야 하기 때문에 계획단계부터 CPTED기법을 적용하는 것이 중요

다음으로 범죄예방환경설계(CPTED)의 개념을 확대하여 논리적 근거를 살펴보면, 범죄행위가 행위자에게 주어진 기회나 외부적 상황에 의해 영향을 받는다는 전제 하에서 잠재적 범죄자는 범죄로부터 얻게 될 이익과 그 결과로 인해 받게 될 불이익을 비교하여 범행을 결정한다고 가정한다. 이러한 논리를 근거로 범죄예방환경설계는 환경설계를 통해 범죄발생 유발요인을 감소시켜 범죄를 예방하고자 하는 것이다. 다시 말해서 인간의 행동은 인간과 환경의 상호작용의 결과인 만큼 이러한 관계를 이해하고, 이를 바탕으로 인간에게 주어진 환경을 변화시키면 인간의 행동을 통제할 수 있다는 것이다[25·26]. 또한 환경설계를 통해 사람들의 행동이 변할 수 있다는 것은 넛지 효과(nudge effect)[27]에서도 알 수 있다. 범죄발생의 가능성이 있는 환경에 대해 직접 관리하고, 설계 및 조작을 통해서 범죄를 예방하는 것으로 미국의 범죄예방환경설계(CPTED)의 원리와 같은 이론이다(이동수, 2017). 이밖에도 물리적 환경설계가 범죄에 직접적으로 영향을 미치기보다는 중간 목표인 접근통제(access

---

[25] 이경훈 외 4인 공저, 2017. 「범죄를 예방하는 환경설계」, 서울: 커뮤니케이션북스.

[26] 이러한 내용을 주로 OTREP과 관련하여 설명하고 있는데, 범죄기회(Opportunity)는 범죄대상(Target), 위험(Risk), 범행을 위한 노력(Effort), 범죄행위로 인한 이익(Payoff)의 결과라는 것이다. 이는 범죄가 기대하는 이익이 낮고 체포의 위험이 높을 때 억제될 수 있기 때문에 물리적 환경을 조작하여 이러한 상황을 연출할 수 있다는 논리이다(Kaplan, H. M., & O'Kane, K. C., & Lavrakas, P. J., & Pesce, E. J. 1978. Crime Prevention Through Environmental Design: Final Report on Commercial Demonstration, Portland, Oregon: Westinghouse Electric Corp: 24).

[27] 타인의 행동을 유도하는 부드러운 개입을 뜻하는 말로, 똑똑한 선택을 유도하는 선택설계의 틀을 의미한다. 미국의 행동법학자인 캐스 R. 선스타인(Cass R. Sunstein)과 행동경제학자인 리처드 탈러(Richard H. Thaler)가 공저한 《넛지》에 의하면, 팔을 잡아끄는 것처럼 강제와 지시에 의한 억압보다 팔꿈치로 툭 치는 것과 같은 부드러운 개입으로 특정한 행동을 유도하는 것이 더 효과적이라고 주장하였다(매경시사용어사전 인용).

control), 감시(surveillance), 활동촉진(activity support), 동기부여 강화(motivation reinforcement)[28]를 범죄예방의 중요한 요소로 보기도 한다[29].

제2절 범죄예방환경설계(CPTED)의 기본원리와 원칙

1. 범죄예방환경설계의 기본원리

범죄예방환경설계(CPTED)는 범죄 자체를 가해자에 대한 불법적 행위로 간주하는 기존의 범죄학과는 달리 범죄자와 피해자가 동시에 특정장소에서 벌이는 역동적인 이벤트로 정의하고 있다. 이는 환경적 요인이 범죄발생에 있어 보다 중요성을 가진 것에 초점을 두는 접근방법으로 범죄가 시간적·공간적으로 발생지역의 상황적 여건에 영향을 받고 범죄의 유형별로 시공간적 패턴이 형성된다고 보는 입장이다. 다시 말해서 특정 시간 및 특정 지역에서 발생하는 범죄가 다른 시간 및 다른 지역과 비교하여 차이가 날 수 있다는 것을 말한다. 이러한 시공간적인 집적패턴(agglomeration pattern)을 분석하면 범죄와 환경요인의 관련성을 나타내는 경험적 증거를 발견할 수 있다는 것이다. 최근에 범죄예방환경설계(CPTED)를 통한 도시민의 삶을 향상시키기 위한 방어적 전략수단으로 그 중요성이 강조되고 있다. 따라서 CPTED의 효과를 극대화하기 위해서는 광의의 범죄 예방정책보다 특정 지역의 환경적 패턴과 국지적 상황에 대한 분석을 통해 환경요인을 조작함으로서 범죄를 예방하기 위한 대안이 필요 하다. 이를 위해서는 범죄예방환경설계에서 강조하는 기본원리와 구성요소 등을 우선적으로 파악할 필요가 있다.

범죄예방환경설계(CPTED)의 기본적 원리는 학자에 따라 다양하게 제시되고 있는데, 일반적으로 자연적 감시(natural surveillance), 접근통제(natural access control), 영역성 강화(territoriality)로 정리된다. 이밖에 활동의 활성화(activity reinforcement)와 유지 및 관리(maintenance and management)의 개념을 추가하여 범죄예방환경설계의 기본원리로 제시되고 있다. 최근 들

[28] 동기부여 강화(motivation reinforcement)는 지역주민들이 지역에 대한 영역성을 명백하게 인식하면서 주인의식을 가지도록 하는 것을 말한다(Kushmuk, J., & Whittemore, S. L. 1981. A Reevaluation of the Crime Prevention Through Environmental Design Program in Portland, Oregon, National Institute of Justice, Washington DC: 40).

[29] Clarke, R. V 1983. Situational Crime Prevention: Its Theoretical Basis and Practical Scope, *Crime and Justice: An Annual Review of Research*, Univ. of Chicago Press: 225–256.

어 기존의 범죄예방환경설계(CPTED)의 개념을 포함하여 2세대 CPTED로 다섯 가지 원리 외에 공동체의 강화(community building)가 중시되고 있다.

1) 자연적 감시(Natural Surveillance)

자연적 감시는 관찰을 이용하는 것으로 침입자를 지속적으로 감시하는 설계 개념이며, 감시의 원리는 공간 및 시설배치와 설계를 통해서 사람들, 다시 말해 잠정적인 범죄자와 피해자를 감시범위에 두는 것을 말한다. 여기서 감시는 범죄자가 감시가 있는 장소에서는 범죄를 저지르기 힘들다는 가정에 기초한 것으로 범죄자에게 검거가능성이 높다는 인식을 심어줌으로서 범죄 자체를 억제시키고 피해자에게는 안전하게 보호를 받고 있다는 느낌을 주어 범죄에 대한 두려움을 감소시킬 수 있다는 논리이다. 자연적 감시는 자연적 가시성 혹은 관찰력을 최대화하는 물리적인 형태의 배치 및 활동으로 가시권을 최대화시킬 수 있도록 건물이나 시설물을 배치하는 것이다. 그리고 쉽게 관찰할 수 있는 상태를 만들어 주민들이 이웃이나 낯선 사람들의 활동을 쉽게 구분할 수 있고 범죄의 용의점이 있다고 판단할 때 적절한 조치를 함으로서 범죄가 발생할 가능성을 감소시키는 것이다.

자연적 감시에는 조명과 조경, 그리고 가로등의 역할이 중요하며, 조명과 조경은 가정이나 건물 내부에서 혹은 외부에서 이웃이나 지나가는 행인들에 대한 자연적 관찰을 증진시키기 위해 설계될 수 있다. 특히 야간 활동 시 가시성을 극대화하기 위해 주차장, 건물 현관, 보행로와 도로, 공원 등 적절한 위치에 적정한 조도의 조명을 설치하고 조경수의 수고, 식재위치 및 간격 등을 알맞게 조성하여 자연스러운 감시가 가능하도록 하는 것이 중요한 수단이 된다. 여기서 말하는 감시는 순찰 강화, 전자감시 장치의 설치, 가로 조명 개선, 지역주민의 조직화 등을 통해 침입자에 대한 감시를 강화하는 것으로 이러한 감시의 종류에는 경찰 및 경비원의 순찰에 의한 조직적 감시, 가로등과 CCTV 등에 의한 기계적 감시, 창문 및 출입구를 통한 자연적 감시 등이 있다.

감시활동에는 잠재적 범죄자들이 지역주민들에 의해 관찰될 수 있는 기회를 증가시키는 활동을 포함하고 있다. 환경설계를 통해 자연 감시를 강화하기 위해서는 건물주변에 형성된 사각지대를 최소화시키고 가로공간의 전방 시야를 확보할 수 있는 환경조성이 필요하다. 예를 들어 야간 안전을 위해서는 가시성을 확보하는 차원에서 출입구, 보행로와 도로, 주차구역, 정원 벤치 등에 적절한 조명설치가 필요하다(유광흠 외, 2014). 이러한 원리는 범죄의 구성요소인 범죄자, 피해자, 범죄환경을 구성하는 장소 및 상황간의 상관성에 근거한 상황이론에 기초한 것으로 이들 간의 상관성을 분석하여 일반인들에 의한 가시권을 최대화시킬 수 있도록 건물이나 시설물을 배치하는 원리이다[30]. 다시 말해서 자연스러운 관찰이 가능하도록 공간을 조성함으로서 사각지대를 형성하는 공간시설물을 개선하고 인적이 드물거나 시야 확보가 어려운 보행로를 개선하고 출입구 등에 시야 확보가 용이하도록 개선하는 방안을 적용하게 된다. 예를 들어 뉴먼(Newman, 1972)은 건축공학적 설계 측면에서 주택의 모든 방향으로 창문을 설치하여 주민들로 하여금 외부의 모든 행동을 관찰할 수 있도록 제안하였다.

2) 접근통제(Natural Access Control)

접근통제는 목표물에 대한 접근을 억제하고 범죄자에게 위험 요소와 관련된 인식도를 높이는 것을 말한다. 이는 범죄예방을 위한 가장 효과적이면서 직접적인 전략의 하나로 도로, 보행로, 조경, 출입문 등을 통해 일정한 공간으로 사람들을 유도하고 허가받지 않은 사람들의 전출입을 차단하여 목표물의 접근을 어렵게 만들어 범죄기회를 원천 봉쇄하는 설계 개념이다[31]. 접근통제는 전반적으로 타운, 주택, 주거단지를 간통하는 가로나 출입구의 수가 많을수록, 또한 주요 도로나 공공가로에 인접한 주택가일수록, 다시 말해 침투성(permeability), 연결성(connectivity), 접근성(accessibility)이 높을수록 더 많은 침입절도 등의 범죄피해를 당한다는 상식을 확인시켜주고 있기 때문에 접근성이나 침투성을 통제하여 피해를 완화하자는 원리라 할 수 있다[32]. 이러한 접근통제에는 울타리, 출입구, 조명, 조경 등의 시설물을 적절히 배치하여 허가받지 않은 사람들의 접근을 차단하고 출입을 통제하는 것이다. 접근통제에는 경비원 등에 의한 조직적 통제, 잠금장치나 보안시설을 통한 기계적 통제, 그리고 차량과 보행자 동선을 지정된 경로로 유도하는 쿨데삭(cul-de-sac)과 같은 공간배치나 출입구 디자인을 통한 자연적 통제가 있다.

특히 공적 공간과 사적 공간의 구분이 어려운 공간에 대해 접근통제를 적용할 수 있으며, 공간에 대하여 사적, 반사적, 공적 영역을 구분하여 영역성과 소속감을 강화할 수 있도록 하여 범죄자의 침입을 방지하고 지역주민의 안전감을 확보할 수 있도록 하는 방법이라 할 수 있다. 이러한 전략은 흔히 대상물 강화전략(target hardening strategies)이라고도 하며,

---

[30] Moffat, R. 1983. Crime Prevention Through Environmental Design: A Management Perspective, *Canadian Journal of Criminology*, 25(4): 19–31.

[31] 여기서의 접근통제는 과도한 불편을 야기하면서 사람들의 통행을 통제하자는 의미가 아니라 이용자들의 통행에 불편을 주지 않으면서 보호대상 건물이나 공간에의 접근을 적절한 수준에서 제한하는 것을 말한다(박현호, 2017: 35).

[32] Schneider, R. H., & Kitchen, T. 2007. Crime Prevention and the Built Environment, London: Routledge.

잠재적인 범행 표적물이 피해를 입지 않도록 하는 노력의 일환이라 할 수 있다.

주택가 '쿨데삭(막다른 골목) 설계'…도주로가 없다
(경찰 '미래 방범시스템' 부천서 '실험')

어두운 밤 다세대 주택가 좁은 골목길에 가스관을 타고 집안에 침입하려던 절도범 A씨가 골목 입구에 설치된 철대문을 보고 황당해 한다. 범죄가 다발하는 샛길에서 주민들만 열쇠를 가지고 이용할 수 있도록 만든 '앨리게이터(allegate·대문)' 설계 때문이다. A씨는 차를 세워둔 인근 공원으로 발길을 돌리지만 누군가 다가오는 것을 감지하고 갑자기 켜지는 가로등(모션 디텍터)에 화들짝 놀라 넘어진다.

차를 몰고 황급히 달아나지만 웬일인지 막다른 골목에 이르게 된다. 도주로를 막다른 골목에 이르게 한 '쿨데삭(Cul de sac)'설계 때문이다. 폐쇄회로(CC)TV를 통해 경찰은 24시간 이를 지켜보고 있다. 동네 모든 편의점은 밖에서 안을 훤히 들여다 볼 수 있게 돼 있다.

머지않은 미래에 경기도 부천시의 한 동네에서 벌어질 풍경이다. 경찰청은 순찰 등의 전통적인 방범활동에서 탈피, 환경설계를 통한 범죄예방(셉테드·CPTED) 프로그램을 국내 처음으로 도입, 추진할 계획이라고 23일 밝혔다. '셉티드'는 '범죄는 치밀하게 계획된 후에 저질러지기보다는 물리적인 환경에 따라 발생빈도가 달라진다'는 개념에서 미국·영국 등 선진국에서 환경설계지침으로 적용되고 있다.

경찰청은 오는 25일 경기도 부천시의 2~3개 동을 '셉티드' 시범구역으로 선정해 6개월 동안 범죄발생추이를 지켜본 뒤 이를 전국적으로 점차 확대하는 방안을 추진 중이다. 이를 위해 건설교통부와 부천시, 자문교수단 등으로 태스크포스팀을 구성, 시범실시를 한 뒤 결과분석을 통해 범죄예방을 위한 관련법 개정도 추진할 방침이다.......,

출처: 문화일보(2005.05.23. 기사 인용)

3) 영역성 강화(Territoriality)

영역은 특정 대상에 대해 권리를 주장하거나 책임의식을 유발할 수 있는 심리적, 물리적 범위 또는 경계를 의미하는 것으로 지역의 이미지와 환경을 고려하여 도색을 하거나 영역의 위계가 명확한 출입구 계획, 안내시설 설치, 시설물 설치 등의 계획요소가 적용된다. 영역성(territoriality)[33]은 그들이 느끼는 영역이 자신의 소유라고 생각하는 영역을 보호하며, 다른 사람들의 영역에 대해서는 존중감을 갖고 있는 것을 말한다. 또한 알트만(Irwin Altman)은 영역성을 '자신과 타인 사이의 경계조절도구'로 정의하면서 특정 공간이나 사물의 배타적 사용을 강조하였고 그 공간을 표식화하여 개인화하거나 소유권을 나타내는 모든 의사전

[33] 영역성의 개념은 비교행동학자인 하워드(E. Howard)의 동물들의 영역적 행동을 기록한 연구에서 처음으로 제시되었고, 인간의 영역에 관한 개념은 파스탈란(Leon Pastalan)에 의해 정의되었다. 여기서 영역은 개인 또는 집단이 사용하며, 독점적인 영역으로서의 외부에 대하여 방어하는 한정된 공간이다. 아울러 영역성은 장소에 대한 심리적 독자성을 수반하며, 소유 태도나 영역 안에 사물을 배치함으로써 상징화된다고 정의하였다(Lang, Jon. 1987. Creating Architectural Theory, New York: Van Nostrand Reinhold Company).

달 수단을 포함시켰다[34]. 그리고 그는 인간이 구별할 수 있는 영역성의 종류를 1차 영역(primary territories), 2차 영역(secondary territories), 공공영역(public territories) 등 3가지로 구분하여 접근하였다.

여기서 1차 영역은 자신의 확장된 영역으로 간주되기도 하는데, 이는 사람의 자존감과 정체성 영역에 가깝게 연결되어 있기 때문이다. 1차 영역의 사용자는 울타리, 관목, 문패 등을 이용하여 명확한 범위표시를 하며, 사람들의 태도, 가치, 정체성을 나타내는 물건이나 장식을 개인화한다. 2차 영역도 인간의 소유권 정도에 기초하고 있으나 사용자가 영역에 대한 권리를 전적으로 가지고 있는 것은 아니다. 사람이 영역을 점유하는 기간은 보통 일시적이며, 영역에 대한 완전한 통제를 이루지도 못한다. 알트만(Altman)은 이러한 공간을 반공공의 영역으로 정의하였고 2차 영역의 사용은 비형식적인 규제에 의해 통제되고 소유자가 폭력이나 침입에 방어하지 못한다고 보았다. 마지막으로 공공영역에서는 모든 사람들이 동등한 권리를 가지며, 공공영역에의 접근이 자유롭지만 점유된 영역 내에서는 그 행동이 자유롭고 타인의 통제행위를 저지할 수 있다. 다시 말해서 공공영역에 대한 소유를 지속하기 위해서는 물리적으로 그곳에 존재해야만 한다는 것을 의미한다(정승희, 2011; 유광흠 외, 2014).

이밖에도 말론(Malone)은 공간과 영역의 위계를 공적 공간(public space), 반공적 공간(semi-public space), 사적 공간(private space) 등으로 구분하였다[35]. 이처럼 영역성은 지역주민들의 영토적 소속감을 말하며, 지역주민들이 사용하고 점유함으로서 소유권을 주장할 수 있는 가상의 영역이라 할 수 있다. 아울러 영역성 강화는 공적 공간과 사적 공간을 명확하게 구별하고 대지의 경계선을 인식하도록 함으로서 소유권을 가시적으로 표현하게 된다. 공적 공간과 사적 공간 간에 통제된 경계를 명확하게 구분함으로서 공간 사용자의 공간에 대한 소유감을 높일 수 있다. 결국 범죄예방환경설계(CPTED)의 원리 중의 하나인 영역성은 소유자 또는 거주자 입장에서 특히 보호받아야 할 사적인 주거지역이 침범당하지 않도록 현관의 바닥재를 달리하거나 잔디 등을 심어 방어적 완충공간을 형성하여 자신의 관리 및 소유 영역을 뚜렷하게 표시해 줌으로써 진입해서 변명할 이유를 제공하지 않도록 도모하는 것이라 할 수 있다. 영역성은 울타리, 도로의 포장된 처리, 미술품 설치, 표지판, 훌륭한 외관 유지 그리고 조경 등을 통해 자신의 소유물이라는 것을 외적으로 알리는 일종의 물리

[34] Altman, I. 1975. The Environment & Social Behavior, California: Books/Cole Publishing Company.

[35] Malone, K. 2001. Children, Youth and Sustainable Cites' (Editorial Special Issue), *Local Environment*, 6(1): 5–12.

적 방법들이다. 적절하게 공간을 배치하고 시설을 설계함으로서 영역이 명료한 환경을 설계하여 해당 역역에서 범죄자는 그 영역에서 불안감을 느끼게 되고 범죄를 저지르고자 하는 동기가 감소될 것으로 본다(박현호, 2017).

4) 활동의 활성화(Activity Reinforcement)

활동의 활성화 혹은 지원은 지역주민들이 함께 어울릴 수 있는 환경이나 상황을 조성하고 그 장소를 활발하게 시용할 수 있도록 유도 및 자극함으로서 범죄기회를 차단하는 것을 말한다. 다시 말해서 장소 등을 사람들이 활발하게 사용함으로서 자연스러운 감시를 강화하여 범죄위험을 감소시키고 주민들로 하여금 안전감을 느끼도록 하는 것이다. 활용성의 증대는 공간과 시설을 활발하게 사용할 수 있도록 환경을 설계함으로서 거리의 눈(eyes on the street)에 의한 감시효과를 높일 수 있다. 예를 들면, 레크리에이션 시설의 설치, 산책길 벤치 설치 등 당해 지역에 일반인의 이용을 장려하여 거리의 눈에 대한 감시기능을 강화하는 것으로 활동의 활성화는 공적 공간에서 합법적 활동을 지원하는 것이 범제를 억제하는데 도움이 된다는 것이다. 또 다른 예로 대청소의 날, 블록 파티, 이웃 간 감시활동, 시민들의 자발적 모임 등도 범죄를 예방하는데 도움이 될 수 있다.

따라서 활동의 활성화는 지역 내에 방치된 공·폐가를 정비하여 마을 공동 공간, 주민들의 모임장소로 활용하거나 지역적 특성에 적합한 외부 시설을 선정하여 배치하거나 다양한 활동을 할 수 있는 공간과 시설을 설계하는 동시에 주민들이 이용할 수 있는 커뮤니티 공간 및 시설을 배치하는 등의 계획요소가 사용된다. 이러한 전략은 단순히 물리적 환경개선을 통한 범죄예방효과를 넘어서 지속적인 예방효과를 기대할 수 있고 지역공동체를 활성화하는데 도움이 될 수 있다.

5) 유지 및 관리(Maintenance and Management)

체계적으로 정비된 환경은 거주민들의 생활을 활성화시키고 삶의 만족도를 증가시킨다. 이와 동시에 해당지역이 지속적으로 관리되고 있다는 인식은 범죄자로 하여금 범죄행위를 위축시킬 수 있고 준법정신을 강화시킬 수 있다. 유지 및 관리는 '깨진 유리창 이론(broken windows theory)'에서 나온 개념으로서 구조물이나 시설물 등의 지속적인 관리를 통해 처음과 같은 상태를 유지하는 것을 말하고 사용자의 일탈행동을 사전에 방지함으로써 범죄예방에 효과가 있다는 논리이다(손동필 외, 2017)[36]. 다시 말해서 범죄예방을 위해 조성된 공간과

시설물에 대해 그 기능이 유지되도록 하고 훼손된 시설물에 대해 신속하게 보수하는 것을 말한다. 또한 주변 환경에 대한 소유권이나 책임의식 등을 통해 범죄자의 행동을 위축시키는 동시에 거주민들에게는 주변에 대한 관심과 준법의식을 고취시키는 등 사용자의 참여에 기반을 둔 범죄예방의 원리이다.

이러한 원리를 강화시키기 위해 대상지역이 주민들에 의해 철저히 관리되고 있음을 범죄자들에게 인식시킬 수 있도록 주변 환경을 정비하거나 공간과 시설을 쉽게 인식하고 올바르게 이용될 수 있도록 계획해야 한다. 특히 유지 및 관리라 함은 신속한 보수와 낙서의 제거가 가능한 건축물이나 시설물을 디자인하고 내구성이 높고 유지관리가 용이한 재료를 사용할 수 있도록 해야 한다. 또한 오염 및 스티커 부착을 방지할 수 있도록 표면 처리된 재료 등을 사용하는 등의 전략이 요구된다. 이밖에 관리되지 않은 환경에서는 사소한 경범죄부터 나아가 강력범죄에 이르기까지 다양한 범죄가 발생할 수 있기 때문에 주변 환경을 지속적으로 유지 내지 관리하는 것이 중요하다.

6) 공동체의 강화(Community Building)

2세대 범죄예방환경설계(CPTED)는 도시와 건축물의 안전설계를 기반으로 사회·경제적 측면과 물리적 측면을 통합한 총체적 발전을 목적으로 하고 있으며, 사회적 응집, 연계성, 지역사회 문화, 한계역량으로 요약된다[37]. 또한 집합효율성(collective efficacy theory) 관점에 의하면, 지역주민간의 상호 신뢰 또는 연대감과 범죄 등 사회문제에 대한 적극적인 개입을 통해 나타나게 되며, 결속과 상호 신뢰가 지역을 지키기 위해 개입하고자 하는 주민들의 공유된 기대와 연계될 때 범죄문제에 효과적으로 대응할 수 있다고 본다.

이처럼 2세대 범죄예방환경설계(CPTED)와 집합효율성의 관점은 기존의 범죄예방환경설계 부문에서 논의된 5대 원리 외에 공동체의 강화 내지 협력 문제를 추가적으로 보완할 필요가 있다는 점을 강조하고 있다. 최근 범죄예방 환경개선사업 완료 이후 유지관리의 주체로서 주민에 대한 관점이 부각됨에 따라 사업계획 단계부터 수요자인 주민들의 협력을 강화가기 위해 공동체 등 비물리적 방안에 대한 적극적인 고려가 필요하다.

이밖에 크로(Crowe, 2000)는 범죄예방의 수단은 물리적 구성요소를 넘어 사회적 구성요소의 상호결합인 거버넌스(governance) 차원으로 확산되는 것이 바람직하다고 주장하였다. 범

[36] 손동필 외 4인 공저. 2017. 「도농복합지역의 범죄예방환경설계 가이드라인」. 건축도시공간연구소.

[37] 김양규 외. 2014. 물리적 환경개선 사업시행 이후의 유지관리 실태에 관한 연구. 「한국셉테드학회」. 5(2): 42.

죄통제와 관련한 거버넌스는 지역사회의 구성요소들이 범죄 및 범죄의 두려움을 해결하기 위해 협력하는 행위자간의 상호연계로 개념화할 수 있다. 지역사회 범죄통제 거버넌스의 예로는 경찰조직과 지역사회와의 교류 프로그램, 의사결정 과정에서 주민의 의견을 수렴하는 참여제도, 그리고 범죄 관련 정보를 원활하게 제공하는 정보제공, 자율방범체계, 경찰과 주민이 함께 순찰하는 합동방범체계 등이 있다[38].

➲ 범죄예방환경설계(CPTED)의 기본원리

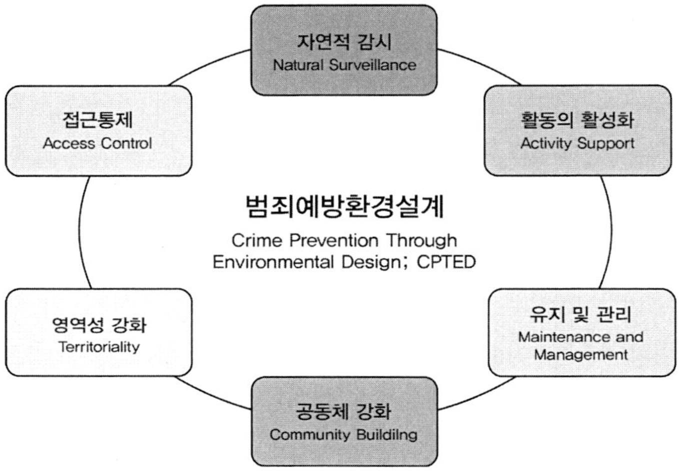

---

[38] 예를 들면, 미국에서는 경찰조직과 지역사회 교류 차원에서 지역사회 경찰활동(community policing) 또는 동네 경찰활동(neighborhood policing)이 활발하게 진행되고 있다. 1994년 법무부 산하에 지역공동체 지향적 치안서비스국(office of community-oriented policing services)을 설치하고 많은 예산을 배정하여 지역사회에서 발생하는 범죄를 줄이기 위해 특별한 노력을 하고 있다. 이들의 주된 활동은 지역주민과 경찰의 교류프로그램을 활성화하여 지역에 경찰이 자주 방문하게 하면서 범죄 관련 정보수집과 주민들의 도움을 적극적으로 수용하고 있다.

➲ CPTED의 기본원리(요약)

구분	관련 제도 및 프로그램	예시
자연적 감시	- 침입자를 지속적으로 감시하는 설계 개념으로 공간 및 시설배치와 디자인을 통해 잠정적인 범죄자와 피해자를 감시범위에 두는 것을 말함 - 범죄자가 감사가 있는 장소에서는 범죄행위를 하기 어렵다는 가정에 기초한 것으로 검거가능성이 높다는 인식을 심어줌으로서 범죄를 억제시키고, 지역주민들이 안전하게 보호받고 있다는 인식을 주어 범죄에 대한 두려움을 감소시킴	투시형 담장 시야학보를 고려한 수목정리
접근통제	- 직접적으로 잠재적인 범죄자의 접근을 막는 범죄예방환경설계 전략으로 무분별한 진출입을 차단하여 범죄목표물에의 접근을 어렵게 만들어 범죄행위 및 시도를 차단하는 설계개념을 의미함 - 울타리, 출입구, 조명, 조경 등의 시설물을 적절히 배치하여 허가받지 않은 사람들의 접근을 통제함	공·폐가 출입방지시설 설치
영역성 강화	- 영역성은 지역주민들이 시설물이나 공간을 사용하고 점유함으로써 소유권을 주장할 수 있는 가상의 영역으로 주로 공적 공간과 사적 공간을 구별하고 대지의 경계선 등을 나타냄 - 이를 위해 울타리, 담장, 표지판, 정원 가꾸기, 조경, 도로포장 등과 같이 물리적 방안을 사용하여 소유권을 가시적으로 표현함	표지판 및 벽면 도색 산책로와 주변 공간 분리
활동의 활성화	- 지역주민과 함께 공유할 수 있는 환경이나 상황을 조성하고 그 장소를 활발하게 사용하도록 유도 및 자극함으로서 범죄기회를 차단하는 것으로 사람들의 활발한 사용을 통한 자연스러운 감시를 강화하여 범죄위험을 감소시키는 원리를 의미함 - 사람들이 사용하지 않은 공간에 공원, 산책로, 벤치 등을 조성함으로서 자연감시가 이루어지도록 하고 가족단위, 청소년, 노인 등 다양한 사람들이 사용할 수 있도록 놀이시설 및 휴게시설을 계획하는 것이 대표적인 방법임	미술관·박물관 운영 주민 텃밭 조성
유지·관리	- 구조물이나 시설물 등의 지속적인 관리를 통해 처음과 같은 상태를 유지하는 것을 의미하며, 사용자 참여에 기반을 둔 범죄예방 개념임 - 이 개념을 강화시키기 위해 대상지역 주민들에 의해 잘 관리하고 있음을 범죄자들에게 인식시킬 수 있도록 환경을 정비하거나 공간과 시설을 쉽게 인식하고 올바르게 이용할 수 있도록 계획해야 함	내구성 강한 쓰레기통 사용
공동체 강화	- 2세대 범죄예방환경설계(CPTED)와 집합효율성의 관점은 기존의 범죄예방환경설계 부문에서 논의된 5대 원리 외에 공동체의 강화 내지 협력 문제를 추가적으로 보완할 필요가 있다는 점을 제시하고 있음 - 최근 범죄예방 개선사업 완료 이후 유지관리의 주체로서 주민에 대한 관점이 부각됨에 따라 사업계획 단계부터 수요자인 주민들의 협력을 강화가기 위해 공동체 등 비물리적 방안에 대한 적극적인 고려가 필요함	민간인 야간 방범활동 참여

자료: 법무부(2015). 「범죄예방 환경개선사업 표준 매뉴얼」을 참고로 재구성

2. 범죄예방환경설계(CPTED)의 기본원칙과 적용방법

1) 범죄예방환경설계의 기본원칙

일반적으로 기존의 범죄예방환경설계(CPTED)는 범죄예방에 관한 실제 생활에 활용되면서 범죄가 발생하는 환경(setting)과 그러한 환경의 취약성을 감소시킬 수 있는 기법에 초점을 맞추고 있었다. 왜냐하면, CPTED의 주요 전제는 물리적 환경의 양상에 따라 범죄 발생이 용이하게 될 수 있거나 혹은 어려워질 수 있기 때문이다[39]. 플레이스너와 하이젤만(Fleissner & Heinzelmann, 1996)의 주장에 의하면, CPTED의 기본 원칙에는 건물에 관한 물리적 환경을 설계하고 관리하는 것, 목표물을 강화시킴으로써 주거지역의 근린 관계와 사업장을 변화시키는 것, 그리고 감시를 증가시키는 것과 영역성을 권장하는 것 등이 포함되어 있다[40].

범죄예방환경설계(CPTED)가 성공하기 위해서는 실용적이고 잘 알려져야 한다. 예를 들어 거주자, 상점주인, 학교 공무원, 주차장 주인들은 이러한 방법을 실행하기 이전에 CPTED의 이익을 가시화해야 한다. 크로(Crowe, 1991)는『환경설계를 통한 범죄예방(Crime Prevention Through Environmental Design: Applications of Architectural Design and Space Management Concepts)』이라는 저서에서 상업지역, 주거지역, 그리고 학교 주변 환경을 포함하여 다양한 환경에서 활용될 수 있는 CPTED 전략을 설명하기 위해 공간에 대한 3차원에 기초한 '3D(Three D: Designation, Definition, and Design)' 방식을 활용하였다[41]. 이러한 CPTED에 관한 3D 원칙은 국제 CPTED협회(International CPTED Association), 국제 보안관리 및 범죄예방 연구소, 그리고 CPTED에 관한 국제회의와 같은 조직에 의해 발전되었다. 이러한 측면에서 CPTED는 체계적인 방식으로 범죄가 발생할 수 있는 직접적인 환경에 대한 구체적인 관리, 설계 혹은 조작이라고 말한다(임준태, 2012). 이밖에도 범죄예방환경설계(CPTED)의 유럽표준인 EN 14383-2에서는 CPTED의 15대 원칙과 전략을 제시하고 있다[42].

---

[39] Clarke, Ronald V. 1995. Situational Crime Prevention, in : M. Tonry & D. Farrington(eds.) Building a Safer Society: Strategic Approaches to Crime Prevention, Crime and Justice 19, Chicago, IL: University of Chicago Press.

[40] Paulsen, Derek J., & Robinson, Matthew B. 2004. Spatial Aspects of Crime: Theory and Practice.

[41] 크로(Crowe)는 비전문가들을 위한 지침으로 사용될 공간 평가에 대한 3D 접근방법을 지지했다. 이 접근방법은 인류 공간에 대한 세 가지 기능과 3차원에 토대를 두고 있다. 여기서 세 가지 기능은 첫째, 모든 인간의 공간은 지정된 목적을 가지고 있다. 둘째, 모든 인간의 공간은 소망되고 받아들여질 수 있는 행동들을 규정하는 사회적, 문화적, 법적, 물리적 정의를 가지고 있다. 셋째, 모든 인간의 공간은 소망된 행동을 지지하고 통제하기 위해 고안되었다(Crowe, T. D. 1991. Crime Prevention Through Environmental Design: Application of Architectural Design and Space Management Concept, Boston: Butterworth– Heinemann).

[42] CPTED의 15대 전략은 도시계획(① 기존 환경 계승, ② 활동성, ③복합 사용, ④ 밀도), 도시설계(⑤ 가시성, ⑥ 접근

➲ **CPTED에 관한 3D 규칙** 가이드로서 세 가지 'D' 규칙을 활용하면서 주어진 공간은 다음과 같은 유형의 질문을 제기함으로써 평가될 수 있다.
공간의 지정(designation) - 이 공간이 지정된 목적은 무엇인가?
- 원래 이 공간은 무슨 목적으로 의도되었는가? - 이 공간의 현재의 용도를 위해 혹은 그것의 원래 의도된 용도를 위해 얼마나 잘 뒷받침하고 있는가? - 공간에 대해 어떤 갈등 사항이 있는가?
공간에 대한 정의(definition) - 이 공간은 어떻게 정의되고 있는가? - 이 공간은 누가 소유하고 있는지 명확한가? - 이 공간의 경계들은 어디인가? - 공간이 잘 활용되고 있는지에 관해 사회적 혹은 문화적 정의들은 있는가? - 어떤 법률적인 혹은 행정적인 규칙들이 방침 상으로 명확하게 제시되어 있는가 혹은 강조되어 있는가? - 어떤 표시들이 있는가? - 공간의 사용 목적과 개념 사이에 어떤 갈등이나 혼란이 있는가?
설계(design) - 물리적 설계가 공간에 대한 의도된 기능을 얼마나 잘 뒷받침하고 있는가? - 물리적 설계가 의도된 혹은 받아들여진 행동들을 얼마나 잘 뒷받침하고 있는가? - 물리적 설계가 공간에 대한 생산적인 활용 혹은 원래 의도한 사람의 행동에 관한 적절한 기능과 갈등을 야기하거나 방해를 하고 있는가? - 물리적 설계가 사람의 행동을 통제하기 위해 의도된 방식으로 혼란스럽거나 혹은 갈등을 빚고 있는가?

자료: Paulsen, D J., & Robinson, M. B. 2004. Spatial Aspects of Crime: Theory and Practice: 91.

2) 범죄예방환경설계(CPTED)의 적용방법

범죄예방환경설계(CPTED)의 기본원리를 토대로 이에 따른 각 영역별 실천전략이 필요하며, 이에 따른 적용방법도 중요하다. CPTED의 적용범위는 물리적 환경을 개선하는 차원을 넘어 사회문화적 환경개선을 포괄하여 접근할 필요가 있다. 일반적으로 CPTED는 현황파악 및 분석, 계획수립, 전략시행, 운영관리 및 평가 순으로 진행된다(유광흠 외, 2014).

(1) 1단계: 현황파악 및 분석

범죄예방환경설계(CPTED)를 적용하는데 있어 가장 먼저 범죄현황, 물리적 환경, 사회문화적 환경 등이 우선적으로 파악되어야 한다. 먼저 범죄현황은 공식적으로 경찰에서 제시

성, ⑦ 영역성, ⑧ 매력성, ⑨ 강건성), 도시관리(⑩ 대상물 강화/제거, ⑪ 감시, ⑫ 유지보수, ⑬ 공공규칙, ⑭ 취약집단 보호, ⑮ 방범 경고/ 홍보) 등을 말한다(박현호, 2017: 226-227 참조).

하는 통계자료를 활용해야 하지만 범죄현황 관련 자료는 비공개가 많기 때문에 또 다른 접근방법을 모색할 필요도 있다. 예를 들어 대상지역의 주민들을 대상으로 범죄피해 현황 및 불안감 관련 조사를 통해 현황파악 및 일차적인 분석이 가능하다. 이러한 현황파악을 위해서는 단순 설문조사보다 면대면 조사나 대표성을 가진 주민들을 대상(예: Focus group)으로 집단조사를 통해 자료를 수집해야 자료에 대한 신뢰도를 높일 수 있다. 주요 조사항목으로는 범죄피해 여부, 범죄피해에 대한 두려움, 범죄예방을 위해 개선해야 할 장소 및 필수 설치 시설 등이 있다. 다음으로 물리적 환경분석은 범죄에 취약한 공간이나 물리적 요소를 파악하기 위한 것으로 현장조사를 위해 대상지역을 잘 알고 있는 지역주민, 해당지역 관할 경찰 등과 동행하여 현장을 탐방하는 것이 효율적이다. 또한 잠재적으로 범죄발생 위험이 있는 공간 및 물리적 요소들을 포함하여 포괄적으로 현장조사가 이루어져야 한다.

➲ 현장 Check List 항목

- 사람들이 잘 다니지 않는 공간(빈집)
- 가려져 있는 폐쇄적 공간 및 막다른 골목
- 방범창 설치 유무
- 가스배관의 위치 등

끝으로 사회문화적 환경 분석은 물리적 환경 분석을 통해 예측할 수 없는 범죄 관련 지역적 특성을 파악하기 위한 것으로 대상지역의 문화와 역사, 경제수준, 인구학적 특성(예: 노인인구 비율)에 관한 내용을 파악하는 것이다. 아울러 설문조사 등을 통해 지역주민의 범죄예방환경 만족도, 범죄예방시설 도입 시 지불가능 금액 등을 수렴한 후 전문가들이 제안하는 CPTED에 대한 필요성, 선호도, 관심의 제고 등을 파악할 수 있다.

➔ 1단계: 현황분석 시 주의사항

- 1세대 CPTED에서는 물리적 환경설계가 강조되었으나 2세대 CPTED에서는 인문학적인 현황분석과 주민 참여가 강조
- 2세대 CPTED의 한 방법인 사용자 참여디자인의 경우 기존 디자인 프로세스에 시간과 비용이 많이 소요되는 만큼 CPTED 실무자가 작업의 효율성에만 치중하여 사용자들이 참여하는 Design Workshop 등을 소홀히 할 경우 사업은 실패
- CPTED의 본질은 지역특성을 분석하여 지리적 상황에 적합한 전략을 수립하는 것이기 때문에 CPTED 실무자들은 이러한 상황을 고려하여 작업을 진행

(2) 2단계: 계획수립

범죄예방환경설계(CPTED)의 전략을 실행하기 위한 계획수립의 대상에는 물리적인 환경과 비물리적 환경이 포함된다. 물리적 환경개선은 주로 가로(골목길), 가로 시설물, 개별 건축물을 대상으로 범죄 기회를 억제하고 불안감을 해소시킬 수 있는 디자인 요소가 중심이 된다. 바물리적 환경개선은 안전지도 만들기, 마을 축제 및 전시회 개최, 마을 순찰하기 등 주민들의 활동을 통해 공간의 활용성을 증대시키고 공동체 의식을 강화시키는 요소이다. 따라서 계획수립단계에서는 CPTED의 적용대상과 적용범위를 고려해야 하는데, 대상과 범위는 공간적 범위(space range), 사회적 범위(social range), 시간적 범위(time range) 차원에 따라 달라지기 때문에 현황분석 단계에서 파악된 지역의 자원들을 각각의 차원에 따라 효율적으로 활용할 수 있는 방안들을 도출하는 것이 매우 중요하다.

➲ 적용범위 차원의 활용방안 도출

구분	활용방안 도출
공간적 대상	– 공간적 대상은 가로(차도와 보도), 시설물, 구조물, 건축물 등으로 분류되는데, 어느 수준까지 CPTED의 대상에 포함시킬 것인가에 따라서 도출되는 해법도 다양 – 예를 들어 단일 건물이나 공간만을 대상으로 한다면 필요한 CPTED 전략도 제한적이지만, 여러 건물이나 길게 이어진 골목길을 대상으로 설정한다면 다양한 전략을 도출할 수 있고 필요한 자원(비용, 시간, 참여인력 등)도 많이 요구 – 공간적 대상의 결정은 범죄예방 효과의 영향범위를 설정하는 것과도 연계되는 것으로 대상 지역의 범죄특성(대인범죄, 대물범죄, 침입범죄, 노상범죄 등)을 고려하여 환경개선의 범위를 결정하는 것이 중요
사회적 대상	– 사회적 대상은 CPTED를 통해 혜택을 받는 대상이나 범위를 결정하는 것으로 범죄는 여성과 남성, 노약자와 청장년, 내국인과 외국인 등 사회적 계층에 따라서 발생하는 패턴이나 심각성이 달라짐 – 대상지역의 범죄특성을 분석한 뒤 모든 계층의 안전을 담보할 것인지 아니면 아동과 여성 등 특정계층의 안전을 우선적으로 확보할 것인지에 따라서 도출되는 디자인 대안도 달라짐 – 이와 연계되는 내용으로 통제의 대상이 되는 범죄유형이 대인범죄인지 대물범죄인지 또는 침입범죄인지 노상범죄인지에 따라서도 필요한 CPTED 전략은 달라짐
시간적 대상	– 시간적 대상은 범죄가 주로 발생하는 시간대와 셉테드가 효과를 발휘하는 시간대를 가늠 – 범죄위험 요소들이 존재하거나 부각되는 시기는 일정한 패턴으로 유형화할 수 있는데, 일 단위에서는 새벽, 오전, 오후, 저녁(심야) 시간대로, 주 단위에서는 평일(주 중의 특정 요일)과 휴일, 계절단위에서는 봄, 여름, 가을, 겨울에 발생하는 범죄유형이나 피해수준이 다르기 때문에 이를 고려한 CPTED 계획을 수립

➔ 2단계: 계획수립 시 주의사항

- 최근 종합적인 CPTED 계획수립 과정을 생략하고 마을단위의 CCTV설치, 노후 주택의 담장 도색, 벽화그리기를 시행하는 사례가 증가
- CCTV의 경우 범죄자의 물리적, 심리적인 접근차단과 함께 사후 검거를 위한 자료의 효과도 기대할 수 있지만 고가의 장비이기 때문에 마을의 모든 지역에 설치하지 못하는 한계
- 담장 도색과 벽화그리기는 일시적인 환경개선의 효과는 있지만, 야간에는 범죄예방 효과를 기대하기 어렵고 이러한 활동만으로 침입범죄나 살인, 강도, 방화와 같은 강력범죄 예방 기대 No
- CPTED 계획수립을 통해 지역의 스토리텔링을 담은 도색과 벽화 작업을 주민들과 함께 계획하여 진행하고, 환경이 개선된 이후에도 주민들이 쉽게 유지관리, 보수를 할 수 있도록 한다면, 지역 이미지 개선과 정체성 확립 등 영역성과 명료성 강화에 도움이 되어 범죄예방의 효과를 기대

(3) 3단계: 전략실행

다음으로 전략실행 단계에는 물리적 환경개선(H/W) 성격의 소규모 대안, 물리적 환경개선(H/W) 성격의 대규모 대안, 주민참여 프로그램(S/W) 성격의 소규모 대안, 주민참여 프로그램(S/W) 성격의 대규모 대안 등 4가지 유형이 있다.

➲ 전략실행 단계에의 4가지 유형

구분	주요 내용
물리적 환경개선 (H/W)(소규모 전략)	보안시설 설치 및 기존 시설물 개선 - CCTV설치 및 성능개선, 조명시설 설치 및 성능개선, 방범창 및 잠금장치 설치, 비상벨 설치, 각종 가로시설물 개선, 조경수목 관리, 출입통제장치 등의 출입구 보안장치 강화 등
물리적 환경개선(H/W) (중대규모 전략)	가로환경 및 주거환경개선 사업 - 건축물 개보수, 간판정비, 도로시설 정비, 대지 및 건물 용도계획, 녹화사업 등
주민참여 프로그램(S/W) (소규모 전략)	통·반, 주택단지, 마을 단위의 주민활동 - CPTED 주민교육, 주민자율 방범대, 아동안전지도 제작 등
주민참여 프로그램(S/W) (중대규모 전략)	동, 블록단위의 주민활동 - 안전마을 축제, 안전마을 디자인가이드 개발 등

➔ 3단계: 전략실행 시 주의사항

- CPTED가 필요한 곳은 주로 경제적으로 어렵고 소외된 이웃들이 많이 거주하는 지역일 가능성이 높음. 이러한 지역에서 주민들의 관심과 참여를 유도하는 것은 매우 어렵고 시간이 걸리는 일이기 때문에 마을 만들기 프로그램 전문가나 해당 주민자치센터의 협조가 필요
- 특히 개별 건축물을 대상으로 한 CPTED나 이미 개발이 예정된 지역 또는 대지를 대상으로 한 CPTED에서는 상대적으로 다양한 아이디어를 개발하고 적용하기 용이하지만, 특정 지역의 환경개선 대상 건축주와 토지 소유주의 동의가 반드시 필요
- 모든 주민들의 동의를 구하기 어려운 현실적인 조건을 고려한다면, 대표성을 갖는 주민대표자 협의회나 자율 방범대 등 지역조직을 활용하는 것도 한 가지 방법이 될 수 있음. 다만, 이러한 경우는 사회적 계층(성별, 연령, 거주유형)이 다양하게 분포하지 않기 때문에 이를 보완할 수 있는 계층참여에 대한 대안이 반드시 준비

(4) 4단계: 유지관리 및 평가

마지막으로 현황파악, 계획수립, 전략실행 단계를 거쳐 유지관리 및 평가가 이루어져야 한다. 유지관리는 처음의 안전하고 쾌적한 환경을 유지하는 것을 말하며, 이를 관리하고 유지하는 책임은 사용자에게 있다. 어떤 환경이건 처음에는 정돈되고 쾌적한 이미지를 제공하지만 시간이 흐를수록 감가상각이 되거나 노후되는 것은 환경과 시설의 특성이기 때문에 정기적이고 지속적인 유지관리가 범죄예방을 위해서는 필수적이다. 지역주민이나 사용자가 유지관리를 잘하기 위해서는 지역사회에 대한 관심을 가지고, CPTED에 대한 이해를 도모할 필요가 있다. 이를 위해서는 꾸준한 교육이 제공되어야 하고 자체적으로 유지관리를 실행할 수 있는 프로그램도 병행되어야 한다. 또한 범죄예방환경설계(CPTED)에 대한 주민만족도 및 CPTED 실행의 효과성 등 사후조사(모니터링)도 진행되어야 하며, 지속적인 모니터링을 통해 도출된 문제점은 향후 CPTED 사업에 반영되도록 해야 한다(박준휘 외, 2014).

제3절 국내외 범죄예방환경설계(CPTED) 관련 법·제도 고찰

범죄예방환경설계(CPTED)는 감시 강화와 접근통제, 영역성 강화 등의 원리를 이용해 민생 침해형 범죄 및 범죄피해에 대한 두려움을 보다 직접적이고 구체적으로 제거 또는 완화시켜준다는 측면에서 국내외에서 활발히 추진되고 있다. 특히 국외의 CPTED 관련 조례 및 법규는 범죄와 무질서의 대응과 예방에 대해 범죄의 도시 환경적 요인과 변수를 다루는 관계기관 및 주무기관인 경찰과 공동으로 범죄예방을 위한 도시환경의 구축과 개선을 위해 노력해 오고 있다. 여기서는 미국과 영국을 중심으로 CPTED 관련법 등을 간략하게 고찰한 후 국내의 법 · 제도 등의 현황을 구체적으로 살펴보았다.

1. 국외 범죄예방환경설계(CPTED)의 법 · 제도 현황

1) 미국의 범죄예방환경설계 관련 법 · 제도

미국의 경우 1960년대 대도시 공동주택의 범죄가 심각해지면서 환경설계를 통해 범죄를 예방하려는 시도가 시작되었다. 그 이후 정부주도로 1968년 거리보존법(The Safe Street Act of 1968)을 제정하고 1972년 뉴먼(Newman)이 도시 주거지역 방범설계 프로젝트를 수행하면서 범죄와 도시환경의 연관성에 관한 다양한 시도가 이루어졌다[43]. 또한 미국도시계획협회(American Planning Association, APA)는 도시보안정책가이드(policy guide on security)를 발간하여 도시계획 시 범죄에 취약하지 않은 건축물과 공공 공간설계, GIS · 관련 보안기술의 적용 등을 제시하여 범죄예방환경설계(CPTED)의 적용을 적극적으로 권고하고 있다[44]. 미국의 CPTED의 특징은 광범위한 지역공동체 구성원인 거주자, 전문가, 정부당국자 등이 함께 문제를 정의하고 해결방안을 제시하는 동시에 그들이 직접 문제해결을 위한 계획을 구체화한

---

43 앞에서 제시했듯이 뉴먼(Newman)은 범죄예방에 필수적인 방어공간이 가져야 할 네 가지 필수요소로 영역성(territoriality), 감시(surveillance), 이미지(image), 사회적 환경(milieu)을 강조하였고 이러한 필수요소들을 실제 프로젝트에 구현할 수 있는 실천방안을 동시에 제시하였다. 이러한 공간 설계적 실천방안은 미국정부의 관심을 이끌어내 그를 중심으로 다양한 실현사업 및 후속연구가 진행되어 현재의 CPTED 이론 및 설계원칙의 근간이 되었다(박형민 외 4인 공저, 2009. 「범죄예방을 위한 환경설계(CPTED)의 제도화방안(Ⅱ)」, 한국형사정책연구원: 42 참조).

44 도시보안정책가이드의 주요 목적은 다음과 같다. 첫째, 지역사회의 방범 요소를 적극 규명하고 이를 제어한다. 둘째, 방범환경조성을 위한 지역사회의 참여를 적극적으로 지원화고 활성화한다. 셋째, 지역 고유의 물리적 특성과 역사성을 저해하지 않는 범위 내에서 투자자 · 개발자의 참여를 활성화시킨다. 넷째, 개인의 사생활을 침해하지 않는 범위 내에서 방범계획을 고려하며 궁극적으로 삶의 질 향상을 추구하는 것을 목적으로 한다(이동수, 2017: 233 참조).

후 그 결과를 평가하여 지역의 자원을 효율적으로 활용 하고 있다.

특히 미국의 주정부는 물론 각 도시별로 조례 형태의 다양한 CPTED의 가이드라인을 규정하여 이를 시행하고 있다. 예를 들어 애리조나 템페(Tempe)시는 1997년 'Cpted-Guidelines' 이라는 조례를 제정하여 건축, 도시개발, 환경 분야에 CPTED 관련 조항을 신설했다[45]. 이 규정에는 주점, 성인용품점, 당구장, 호텔, 모텔, 편의점 등 범죄 다발 장소에 대한 토지 및 공간 사용을 규제하는 시 조례들과 연계되도록 만들어졌다. 또한 경찰에게 이 장소들의 범죄예방 계획에 대해 평가하고 조례의 기준에 부합하지 않을 경우 건축 작업을 중단하거나 경고장을 부여할 수 있도록 권한을 부여하고 있다. 이러한 CPTED 규정은 앞에서 제시한 장소 외에도 모든 새로운 건축과 건축물 가액의 50%를 초과하는 증 · 개축, 개조 및 용도변경은 물론 기존의 다세대 주택을 세대별로 분할등기 할 경우에도 적용된다(Tempe Police Department, 1997; 박형민 외, 2009; 박현호, 2017)[46].

한편, 템페(Tempe)시의 CPTED 조례는 경찰활동에 기반을 두고 있으나 그 집행에 있어서는 매우 다기능적(multi-disciplinary)이고 다기관적(multi-agency)인 접근방법을 채택하고 있는데, 그 중심에는 CPTED 관련사항을 담당하는 CPTED과(課)가 있다. 개발업무국 산하의 CPTED課에는 경찰관들이 시 건축담당 공무원, 소방공무원, 공원관리 공무원 등과 함께 근무하면서 건축 및 개발계획에 대한 점검과 평가를 담당하고 있다. 이처럼 CPTED課에 소속된 경찰관들에게 CPTED 조례 내용에 부합하지 않는 건축에 작업을 중단시키거나 과태료를 발부할 수 있는 권한을 부여하고 있다는 점에서 다른 지역과 차이가 있다[47]. 템페(Tempe)시의 CPTED 규정에는 내부 공간, 조명, 조경, 벽과 접근통제를 위한 출입구, 표지판 설치, 주소의 표시, 건축물 내 영역의 목록 게시, 감시창의 설치 및 주차장의 구조 등에 관한 기준과 규격을 정하고 있다. 이러한 규정의 논리적 근거는 CPTED 이론의 기본원리인 영역성, 감시, 접근통제, 활동의 활성화, 유지관리이다(Tempe City Council, 1997).

---

[45] 1989년 애리조나 주 템페(Tempe)시에서 한 경찰관이 CPTED의 입법화 필요성을 제기한 이후 약 6년간에 걸쳐 시 당국과 경찰 및 건축업자간에 논쟁과 협상이 이루어진 후에 1996년 초안이 마련되었고 1997년 시 건축, 개발 및 환경 관련 법규에 관련 조항이 신설됨으로써 현실화되었다(박현호, 2017: 45 참조).

[46] 표창원, 2003, CPTED(환경설계를 통한 범죄예방) 이론과 Premises Liability(장소 소유 · 관리자의 법적 책임)에 대한 고찰, 한국경찰연구, 1(2): 81-100.

[47] Schneider, R. H., & Kitchen, T. 2002, Crime Prevention and the Built Environment, London: Routledge

➲ 미국 템페 시의 사례

미국 템페 시 조닝 및 개발코드(Zoning and Development Code)
- 공간 계획 시 건축가, 계획가, 개발자 등이 범죄발생 위험을 최소화할 수 있도록 가이드라인을 제시하고 있으며, 디자인 리뷰 과정에서 범죄예방환경설계의 적용 여부를 확인할 수 있도록 관련 조항을 명시

다음으로 플로리다 주 게인스빌(Gainesville) 시는 1986년 4월에 '편의점 행정조례'를 제정하여 가장 많은 강도사건이 발생하는 저녁 8시부터 새벽 4시 사이에 편의점에 반드시 2명의 점원을 두도록 강제하였다[48]. 또한 유리창을 가리는 안내문이나 게시물 등의 부착을 금지하고 계산대를 편의점 밖의 거리에서 잘 보이는 장소에 설치하도록 의무화하였다. 또한 주차장 조도기준과 감시카메라(CCTV)의 설치 · 운영기준을 마련하는 등 CPTED의 감시 원리를 법제화하였다. 이 외에도 편의점 내에 보유할 수 있는 현금의 한도를 제한하고 기준을 초과할 경우 즉시 보안요원이 운반해 갈 수 있도록 운반용 상자에 넣도록 규정하는 한편 이러한 보안조치가 이루어지고 있음을 표시해 두도록 규정하여 '현금관리원칙'을 입법화하였고 종업원들로 하여금 강도예방교육 이수를 의무화하였다. 이러한 편의점의 행정조례(Convenience Store Ordinance) 시행 이후 7년 동안 게인스빌(Gainesville) 시에서 발생한 편의점 강도사건이 이전 6년간에 비해 80% 정도 감소하는 범죄예방 효과가 나타나자 다른 지방정부에서도 이와 유사한 입법이 이루어졌다[49]. 예를 들어 1992년 1월 플로리다 주에서 이와 유사한 법을 제정하였고, 1996년부터는 범인들이 도주할 수 없도록 마이애미 북부 주거지역으로 연결되는 78개의 도로를 막는 '접근통제' CPTED를 도입했다. 특히 게인스빌 시 조례는 버지니아, 오클라호마, 캘리포니아, 텍사스, 워싱턴[50] 등 다른 주(州) 입법과 미연방 '직장 안전 및 보건청'에서 제정한 '편의점 종업원을 위한 가이드라인' 및 외국의 입법에 있어 그 모델이 되기도 했다(표창원, 2003).

2) 영국의 범죄예방환경설계 관련 법 · 제도

영국에서는 부총리실(Office of the Deputy Prime Minister)과 내무성(Home Office)의 주도로 범

[48] Micco, L. 1997. Night Retailers Task Stock of Workers' Safety, in HR Magazine(Published by Society for Human Resource Management), June Issue.

[49] Clifton, W. 1993. Convenience Store Robberies in Gainesville, Florida: An Intervention Strategy by the Gainesville Police Department. Gainesville, FL: Gainesville Police Department.

[50] 워싱턴의 시택시(SeaTac City)의 시조례(ORDINANCE NO. 03-1033)에 의하면, 야외 조명, 지상 주차장 조명, 주차장 구조, 주유소와 편의점 설계 및 관리, 보행로, 자전거 도로, 공원의 조명, 건물의 전면, 조경, 내부 공간, 자연적 감시와 관련한 CPTED 원칙과 의무가 자세히 규정되어 있다.

죄예방 정책과 법제도를 추진해 오고 있다[51]. 내무성은 1998년 범죄와 무질서에 관한 법률(Crime and Disorder Act)을 제정하여 범죄예방을 위한 환경설계기법의 도입을 제도화하였다. 이를 통해 CPTED가 영국의 도시계획 및 도시설계 체계 속에서 활용되는 근거 및 계기를 마련하였고, 동법 17조에는 지방정부와 경찰에게 예산, 정책, 전략, 계획 등 모든 세부전략을 수립할 때 범죄와 무질서의 예방을 포함한 지역사회의 안전을 고려할 의무를 부여하고 있다. 다시 말해서 제17조의 범죄와 무질서 영향을 고려할 의무(duty to consider crime and disorder implications)에 의하여 지방정부와 경찰에게 모든 의사결정과 업무 수행 시 범죄예방을 우선적으로 고려해야 할 책임을 부여한 것이다(유광흠 외, 2013; 이동수, 2017). 특히 지방정부가 범죄예방을 위한 적절한 조치를 취하지 않은 경우 이에 대한 법적인 책임에 근거하여 소송의 대상이 될 수 있다는 점에서 중요한 의미를 함축하고 있다. 후속조치로는 세부매뉴얼을 배포하여 지역별로 구체적인 범죄예방 전략을 수립하였다. 또한 제도의 원활한 수행과 지속성을 유지하기 위해 범죄예방센터를 통해 경찰관들을 중심으로 한 CPTED 전문가를 양성하고 영국 CPTED협회의 주도로 환경설계와 범죄예방 관련 학위과정을 개설하여 지원하고 있다.

➲ 영국의 「범죄와 무질서 법(Crime and Disorder Act, 1998, CADA)」

- CPTED의 영국 도시계획 및 도시설계 체계 속 활용 근거
  - 영국 내무성(Home Office)와 ODPM(Office of the Deputy Minister)에서 직접 범죄와 무질서법을 제정하여 건축사업 진행 초기에 범죄예방협회(CPI: Crime Prevention Initiative)가 참여하여 CPTED를 적용하도록 하는 방범환경설계(SBD: Secured by Design) 제도를 구축
  - 제17조의 범죄와 무질서 영향을 고려할 의무를 통해 CPTED의 구체적 수행을 위해 지역의 범죄수준과 패턴에 대한 진단을 바탕으로 범죄와 무질서에 대한 종합전략을 수립
  - 지방정부의 모든 기관과 부서들이 예산 및 정책결정, 세부전략 수립 시 지역 내 범죄의 무질서 예방을 고려하여 지역사회 안전을 증진하도록 의무화
- 지방정부의 능동적 범죄예방 노력 확산 및 협의체 형성
  - 지방정부별로 CPTED 지침서를 제작하여 적용하고 제17조에 의거 지방정부와 의회가 범죄에 대한 책임을 가지고 소송의 대상이 될 수 있게 됨에 따라 지방정부가 보다 능동적으로 범죄예방을 위해 노력함으로써 도시안전에 긍정적으로 작용
  - 지방의회에도 범죄예방에 대한 동등한 책임을 부과함으로써 의회가 경찰과 협력하게 하는 등 경찰과 지방정부 각 부서 간 협력 증대
  - 관련 업무 담당자 및 전문가 협의체를 형성하여 종합전략 시행 후 이에 대한 평가 및 개선 실시

---

51 영국의 부총리실이 2004년 발표한 도시계획정책안(Planning Policy Statement)은 CPTED 개념을 도시계획의 핵심사항으로 명시하고 세부 시행규칙으로 가이드라인을 제시하였다. 또한 영국 내무부(Home Office)는 '설계를 통한 범죄퇴치(Designing Out Crime)'를 통해 CPTED에 대한 정책을 추진하고 있다(유광흠 · 진현영, 2013. 영국의 사례를 통해 본 범죄예방환경설계(CPTED) 정책 · 제도방안, 건축도시공간연구소 auri brief, 67: 1-8).

또한 영국의 공식적이고 대표적인 CPTED 제도인 방범환경설계제도(Secured By Design Award Scheme, SBD)는 영국 전역을 대상으로 경찰에 의해 설립된 비영리 법인인 범죄예방회사와 건축연구소, 손실방지협회 등으로 구성된 협동체에 의해 시행되고 있다[52]. 각 지역의 건축개발사업자나 단지개발업자가 신축 및 재건축, 리모델링 계획수립 시 필요한 서류를 제출하면 CPTED 전문 경찰관인 건축확인자문관(Architectural Liaison Officer, ALO)과 범죄예방설계자문관(Crime Prevention Design Advisor, CPDA)이 시공단계, 건축단계, 완공단계에 걸쳐 현장조사를 통해 개발구역 전체에 대한 환경설계와 보안 경비를 점검한다. 또한 이 제도는 경찰이 제시한 구체적인 기준에 일치했을 때 방범환경설계제도(SBD) 인증서와 로고를 부착할 수 있는 권한을 부여하는 설계인증 및 자격제도이다. 방범환경설계제도와 관련하여 최근 네덜란드, 독일 및 기타 유럽의 여러 국가에서 이 제도를 모델로 삼아 도입을 적극적으로 검토하고 있다.

이처럼 1998년 제정된 범죄와 무질서 법(Crime and Disorder Act)에 의해 제도적으로 정착한 영국의 CPTED는 그 이후 2004년 부총리실(ODPM)에서 이 법과 지방정부법(Local Government Act, 2000)에 근거하여 도시 공간 및 건축계획 시 적용 가능한 세부시행규칙 매뉴얼(The Planning System and Crime Prevention)을 개발하여 배포하였다[53]. 2003년 2월에는 '지속가능한 공동체 계획(Sustainable Communities Plan)'을 발표하여 '도시계획을 통한 범죄의 퇴치(Planning Out Crime)'를 영국 정부의 핵심 도시계획 및 가이드라인인 도시계획 정책안(PPG1)의 중심이 되는 내용으로 삼고 있음을 분명히 하였다. 아울러 도시계획 정책안(PPG1)과 세부시행규칙을 근거로 각 지역 카운티에서는 경찰과 자치단체 등 관련 기관 간에 구체적인 수평적 협의를 거쳐 그 지역의 실정에 맞게 보충지침서인 'Supplementary Planning Guidance'를 만들어 각 자치단체별로 적용하고 있다.

이밖에도 1999년 제도화된 방범환경설계제도(Secured By Design Award Scheme, SBD)는 범죄와 무질서 법에 의한 법적 근거와 내무성 범죄감축국 및 교통지자체부 등 정부의 후원과

---

52 SBD는 경찰지휘관협회인 ACPO(Association of Chief Police Offers)의 소관으로 내무성, 커뮤니티 및 지방정부부(Communities and Local Government)와 지방정부의 지원을 받고 있는 공식적인 CPTED 제도이다. SBD는 CPTED의 원리에 근거하여 주로 물리적 요소를 다루고 설치하는 제품에 대한 인증, 화재 등의 재난에 관련된 요소 등에도 통합적으로 접근한다. 이밖에 방범대책에 건축 · 도시전문가의 참여를 유도하기 위해 주택 출입구의 시건장치 설치규정을 중심으로 계획에서 준공에 이르기까지 각 과정의 정성적 평가를 통한 인증을 시행하고 있다(유광흠 외, 2013: 5 참조).

53 2004년 2월 영국 내각 부총리실(ODPM)에서 '도시계획 정책안(Planning Policy Statement, PPG1)' 에 CPTED 개념을 핵심사항으로 명시하였고, 그 세부시행규칙(companion guide to PPG1)으로 보다 '안전한 장소: 도시계획체계와 범죄예방(Safer Places: The Planning System and Crime Prevention)' 을 제작하여 전국적으로 배포하였고 이를 근거로 지역단위별로 도시계획과 설계에 CPTED를 강력히 반영하도록 하고 있다(유광흠 외, 2013: 4-5; 박현호, 2017: 43 참조).

협의를 통해 설립됨으로써 자칫 권고와 홍보에 그치기 쉬운 CPTED 전략을 구체적으로 제도화하고 전국적으로 시행 가능하도록 했다는 점에서 그 의미가 남다르다. 그리고 제도의 운영을 위해 각 지역경찰서에 있는 건축확인자문관(Architectural Liaison Officer, ALO)과 범죄예방설계자문관(Crime Prevention Design Advisor, CPDA)들이 내무성의 지원 하에 범죄예방대학에서 CPTED와 상황적 범죄예방 기법 등의 전문화교육을 이수할 수 있도록 함으로써 경찰관들이 효율적으로 지역공동체 차원에서 CPTED 활성화에 기여할 수 있도록 하고 있다는 점은 CPTED의 발전에 시사하는 바가 크다고 할 수 있다. 마지막으로 영국은 범죄와 무질서 법 이외에 인권법(Human Rights Act, 1998) 제1조에 재물 등에 대한 개인 소유권의 향유, 그리고 제8조에 가족과 가정생활을 향유할 권리를 명시하고 있다. 이러한 권리가 도시계획이나 건축설계의 부실로 침입절도나 강도사건이 발생하게 될 경우 이 법을 근거로 건축회사나 자치단체를 상대로 소송을 할 수 있게 됨으로써 지방정부와 건축회사가 CPTED에 대한 관심을 갖도록 한 배경이 되었다(박현호, 2017).

➲ 영국의 범죄영향평가(Crime Impact Statements)

- 개별사업의 계획 결정 전 개발제안에 대한 범죄와 무질서 영향평가
  - 지방정부의 요청에 의해 주요 계획에 적용되며 범죄영향평가(Crime Impact Assessment, CIS) 또는 디자인을 통한 범죄퇴치평가(Design Out Crime Assessment, DOCA)라고 함
  - 2006년 맨체스터 경찰(Greater Manchester Police, GMP)과 맨체스터 도시계획청(Manchester Planning Authorities)에 의해 도입되었고 개발사업의 계획에 대한 결정이 내려지기 전에 개발제안에 대한 범죄와 무질서 영향평가
  - 범죄영향평가(CIS)는 방범환경설계제도(SBD)의 요구사항을 모두 포함하고 지방정부가 개발사업에 대한 범죄영향평가를 요구할 경우 필요한 주변 범죄정보와 대상지에 따른 설계 고려사항 등이 설계팀에게 제공되며 GIS 평가팀이 평가 실시
  - 범죄영향평가(CIS)의 목표는 도시계획 및 설계의 초기단계에서 개발계획안의 범죄 및 무질서 영향력을 찾아내고, 예측 · 평가하여 범죄 위험적 영향을 완화

이러한 영국의 범죄예방환경설계(CPTED)와 관련된 정책이나 제도를 참고로 우리나라도 범죄와 무질서 법(Crime and Disorder Act, 1998)과 같은 범죄예방환경설계(CPTED)의 제도적 구축을 위한 법 제정이 필요하다고 본다. 또한 건축 및 도시분야, 그리고 치안업무와 관련된 지침 등의 기준을 제도화하는 동시에 이를 지원하고 운영할 수 있는 기관을 지정한 후 범죄예방환경설계(CPTED)을 총체적으로 관리하는 통합시스템을 구축할 필요가 있다. 끝으로 범죄예방환경설계(CPTED)에 대한 관심과 제도의 활성화를 위해 영국의 사례에서처럼 디자인에 의한 안전(secured by design)과 유사한 인증제를 마련하고 필요시에는 범죄영향평가

를 실시할 수 있도록 평가시스템을 도입하는 방안도 검토할 필요가 있다(유광흠 외, 2013). 한 예로 영국의 맨체스터(Greater Manchester) 시는 개발 및 건축 허가 시에 CPTED 경찰관에 의한 범죄영향을 검토하도록 의무화하였다. 맨체스터 경찰청(GMP)에서 운영하는 DFSC(Design for Security Consultancy) 제도를 통해 개발업체와 건축주가 도시계획과에 타운이나 규모가 있는 건축물에 대한 개발계획 승인을 신청하기 전에 DFSC의 전문가들을 통해 컨설팅을 받아 작성하는 '범죄영향평가검토서(Crime Impact Statements)'를 제출해야 개발계획에 대한 승인절차를 진행할 수 있다[54].

2. 국내 범죄예방환경설계(CPTED)의 법 · 제도적 현황분석

우리나라의 경우 고령화 사회가 시작된 2000년을 기점으로 범죄예방환경설계(CPTED)에 대한 사회적 관심이 고조되었다. 최근에는 2세대 CPTED의 출현에 따라 제도적, 정책적 측면에서 범죄예방을 위한 주요 항목으로 부각되면서 관련 범죄예방환경설계 사업 등이 활발하게 진행되고 있다. 여기서는 국내 범죄예방환경설계(CPTED)의 법 · 제도적 현황을 살펴보기 위해 범죄예방환경설계(CPTED) 관련 지침(가이드라인), 중앙정부 및 지방자치단체 차원의 조례 및 법령을 중심으로 문제점과 한계 등을 검토하였다.

1) 범죄예방환경설계(CPTED) 지침 현황분석

최근 국내에서 수립된 범죄예방환경설계(CPTED)와 관련된 지침(가이드라인)은 경찰청의 범죄예방을 위한 설계지침(2005)에 CPTED 원리에 따른 건축 및 공간유형별 적용방안이 제시되면서 중앙정부 및 자치단체 등 다양한 주체에 의해 제안되었다. 먼저 중앙정부 차원에서 보면, 국토교통부는 건축물의 범죄예방설계 가이드라인을 주거유형에 따라 분류하였고 2014년 5월 건축법이 개정되면서 건축물의 범죄예방에 관한 조항을 추가하여 의무적으로 적용하게 되면서 범죄예방환경설계에 대한 제도적 기반을 마련하였다. 또한 LH공사는 내부 지침으로 건축 및 조경, 전기, 기계 등의 항목에 관한 기준을 제시하였으며, 교육부의 경우에도 2013년 학교 CPTED 가이드라인을 제정하여 초 · 중등학교 설계 시 CPTED 적용 의무화 및 학교 블루존 캠페인을 진행하는 등 그 범위를 확대시켰다.

---

[54] Monchuk, L. 2011. Mainstreaming Designing out Crime? Assessing the Impact of Greater Manchester Police Design for Security Consulting, Huddersfield: University of Huddersfield; 유광흠 외, 2013: 7; 박현호, 2017: 203-204 참조.

➲ 중앙정부의 CPTED 지침(가이드라인) 및 내용

구분	지침(가이드라인)	주요 내용
경찰청 (2005)	범죄예방을 위한 설계 지침	– CPTED의 개념 및 원리 소개 – 미국, 영국, 호주 등의 제도 및 적용사례 소개 – 가이드라인을 근거로 건축 및 공간유형별 적용방안 소개
LH공사 (2011)	범죄예방설계 내부 지침	– 건축 및 조경, 전기 및 기계 항목에 관한 CPTED 기준 적용
교육부 (2013)	학교 CPTED 가이드라인	– 사각지대에 CCTV 등 안전시설계획, 개방형 공간으로 설계 – 학생보호 환경 조성을 위한 유지관리 프로그램 – 외벽 도색, 인공감벽 등 설치로 학교분위기 개선
국토교통부 (2013)	건축물의 범죄예방설계 지침	– 사전검토, 영역성 확보, 조경, 조명 지침 제시 – 공동주택의 경우 단지출입구, 부대시설, 경비실, 주차장, 조경, 설비 등 세부기준 제시
국토교통부 (2015)	범죄예방 건축 기준	– 건축법령에 따른 법적 기준(고시) – 500세대 이상 공동주택 등의 의무기준 제시 등

다음으로 지방자치단체의 범죄예방환경설계(CPTED) 관련 지침을 개략적으로 살펴보면, 세종시(행복도시건설청), 판교 신도시의 경우 신도시 개발에 CPTED 기법을 도입하였으며, 특히 행복도시건설청은 주거지에 국한되어 있던 CPTED를 가로변까지 확대하였다. 부천시는 전국 최초로 재정비촉진지구를 대상으로 아파트와 기타 시설에 대한 지침을 마련하였다[55]. 서울시는 2007년 서울특별시 CCTV설치 및 운영지침을 시작으로 2009년, 2013년 범죄예방환경설계 가이드라인 등을 제시하였고 경기도도 2013년 범죄예방 설계 가이드라인을 마련하였다. 이 외에 광역자치단체 및 기초자치단체의 지침 또는 가이드라인을 시기별로 제시하면 다음과 같다.

➲ 광역 및 기초자치단체의 CPTED 지침 및 내용

구분	지침(가이드라인)	주요 내용
판교 신도시 (2005)	판교신도시 범죄예방 설계 지침	– 경찰청 지침을 근간으로 범죄예방을 위한 설계지침과 내용이 유사함
행복중심	행정중심복합도시	– 환경부문 시행지침 중 '안전도시' 조성계획 반영

[55] 부천시는 국내최초로 CPTED 시범운영지역으로 선정되어 부천시청과 경찰청의 지원을 받아 CCTV 설치, 조경 및 보안개선 사업을 추진하였고 이후 화성과 동탄 신도시, 광교 신도시 등 경기도 신도시와 행정중심복합도시의 기본계획에 CPTED를 반영하였다(이동수, 2017: 236 참조).

복합도시 (2007)	지구단위계획 안전도시 조성계획	- 단독주택, 공동주택, 상업용지, 공업용지에 대한 개략적 지침 제시(감시 및 접근통제 중심 전략)
행복도시 건설청 (2013)	안전한 가로환경 조성 지침	- 주거지에 국한되어 있었던 범죄예방환경설계를 가로변까지 확대 적용
행복중심 복합도시 (2014)	세종특별자치시 경관계획	- 경관계획 수립 시 CPTED 원리와 유니버셜 디자인 개념 도입(설계요소별 경관 가이드라인 제시)
전남 나주시 (2007)	광주 · 전남 공동 혁신도시 개발사업 중 안전도시에 관한 계획	- 단독주택 및 근린생활 용지, 공동주택 용지, 상업용지, 공공시설, 공공용지에 대한 CPTED 내용 반영한 지침 제시
부천시 (2009)	부천시 재정비촉진지구 내 범죄예방환경설계 지침	- 아파트, 기타시설(상업, 업무) 지침 분류 - CPTED 기본원리를 근거로 일반적 내용으로 구성
혁신도시 (2009)	혁신도시 CPTED 지침	- 혁신도시 별 위험도분석을 통한 CPTED 개발 프로세스 및 방법론 제시 - 혁신클러스터, 주거지역, 상업 · 업무지역, 공공시설, 학교시설에 관한 가이드라인 제시
서울시 (2009)	재정비촉진사업(뉴타운) 범죄예방환경설계 (CPTED) 지침	- 범죄예방환경설계 기본원칙 및 실행전략 제시 - 각 지침별 차등점수 부여 후 총점에 의한 정량적 평가
서울시 (2013)	주거환경관리사업 CPTED 가이드라인	- 안전마을 사업인 주민 참여형 재생사업에 CPTED 적용 - 주민참여 통해 범죄발생공간과 범죄 불안 유발 공간 등 을 표시하도록 하는 지역안전지도 작성
서울시 중구 (2013)	건축물의 범죄예방설계 가이드라인	- 국토교통부(2013) 지침을 근간으로 작성하되 CPTED 가이드라인과 내용이 유사
서울시 (2014)	디자인 서울 가이드라인	- 공공건축물, 공공 공간, 공공시설물, 공공 시각 매체 등에 대해 CPTED 내용을 반영하여 가이드라인 제시
인천시 (2013)	범죄예방환경설계 가이드라인	- 용도에 따른 주요 시설별 적용방안 가이드라인 제시
울산시 (2013)	울산시 범죄예방환경설계 적용방안 연구	- 울산시에 적용 가능한 CPTED 관련 조례 제정
경기도 (2013)	취약지역 범죄예방을 위한 공공서비스 디자인 매뉴얼	- 설계요소별 표준 가이드라인 - 공간유형별 매뉴얼, 시범사업 대상지 기본계획
경남 양산시 (2013)	양산시 범죄예방 관련 환경설계 가이드라인	- 공동주택 및 상업, 업무시설, 기타 시설에 대한 범죄예방설계지침
부산시 (2014)	범죄예방환경설계 가이드라인	- 공동주택단지의 신축, 재생, 가로 및 주차장, 공원 및 녹 지, 어린이 놀이터 설계기준 제시
충북 청주시 (2014)	청주시 범죄예방환경설계 가이드라인	- 설계 요소별 가이드라인 제시 - 각종 개발사업의 지구단위계획 등 도시계획 수립 시 적 용 방안 제시

충남 (2015)	충청남도 범죄예방 디자인 가이드라인	- 범죄예방 관련 조례 제정 - 범죄예방 사업 도입 및 절차 소개
경기 수원시 (2016)	수원시 공원조성 가이드라인	- 공원녹지의 CPTED 가이드라인 제시 - 장애인, 사회적 약자 위한 Barrier Free Design 제시
	수원시 안전한 골목 만들기 10원칙 설계	- CPTED 기초로 한 안전골목 10원칙 수립 - 10원칙에 따른 안전 체크리스트 제시
대전 유성구 (2016)	유성구 CPTED 가이드라인	- 설계요소별 환경디자인 가이드라인 제시 - CPTED 시범사업 도입 및 절차, 구상 및 적용 예시 제시

2) 범죄예방환경설계(CPTED) 관련 조례 현황분석

범죄예방환경설계(CPTED)에 대한 관심이 고조되면서 정부 차원에서 이러한 추세에 적극 대응하고 있는데, 대표적인 대응방안은 관련 법규를 제정하고 시행하여 CPTED 활동을 활성화한 것이다. 2017년 3월 기준 광역 및 기초자치단체를 포함하여 전국적으로 111개 지방자치단체에서 CPTED 관련 조례를 제정하여 범죄예방 환경개선사업의 근거로 활용하고 있으며, 2018년 12월 기준 225개(광역: 17, 기초: 208) 자치단체가 조례를 제정하여 2017년 3월 기준과 비교했을 때 상당히 증가했음을 알 수 있다.

➲ CPTED 관련 지방자치단체 조례 제정 현황(2017.3 / 2018.12 기준 비교)

구분	계	서울	부산	대구	인천	광주	대전	울산	세종	경기	강원	충북	충남	전북	전남	경북	경남	제주
광역	16	○	○	○	○	○	○	○	○	○	○	×	○	○	○	○	○	○
기초	95	6	14	3	9	4	2	1	-	7	14	3	7	4	6	13	2	-
광역	17	○	○	○	○	○	○	○	○	○	○	○	○	○	○	○	○	○
기초	208	24	16	11	10	5	6	4	-	20	17	13	16	9	15	25	17	-

자료: 국가법령정보센터(http://www.law.go.kr, 검색: 2018년 12월 31일)

이처럼 우리나라 지방자치단체 조례의 경우 대부분 2010년 이후에 제정되어 2010년을 기점으로 범죄예방환경설계에 대한 관심이 고조된 것으로 나타났다. 2017년을 기준으로 과거 3년 이내에 70개 이상의 자치단체에서 CPTED 관련 조례를 제정하였고 2015년과 2016년 상반기에 56개, 2017년 이후 2018년 12월까지 98개의 자치단체가 조례를 제정하여 최근 범죄 등 사회문제 해결을 위해 CPTED를 자치행정 분야에서 적극적으로 도입하고 있는 것으로 나타났다. 예를 들어 서울시는 2010년 '서울특별시 도시재정비 촉진을 위한 조례'를 통해 재정비촉진계획에 포함되어야 할 사항의 하나로 '환경설계를 통한 범죄예방에 관한 계획(제4조 제4호)'을 포함시켜 개정하였다. 경기도의 경우 2013년 '경기도 범죄예방을 위한 환경디자인 조례'에 범죄발생을 억제하는 환경디자인을 통하여 범죄를 예방하기 위한 기본원칙을 수립하고 범죄예방 환경을 종합적이고 체계적으로 개선 · 관리하는데 필요한 사항을 규정하고 있다. 이를 통해 시 · 군, 공공기관이 지원 또는 시행하는 건축이나 공간조성, 도시재개발 및 각종 환경개선사업 등에 우선적으로 범죄예방환경설계를 적용할 수 있도록 제도화하였다. 부산시의 경우에도 2013년 '부산광역시 범죄예방 도시디자인 조례'를 제정하여 범죄예방 도시디자인 기본계획을 5년마다 수립하도록 명시했다. 이러한 내용을 간략하게 제시하면 다음과 같다[56].

➲ CPTED 관련 주요 지방자치단체 조례 및 내용

구분	연도	조례	주요 내용
서울시	2010	서울특별시 도시재정비 촉진을 위한 조례 제4조	– 재정비촉진계획에 반드시 포함되어야 하는 사항으로 환경 설계를 통한 범죄 예방에 관한 계획 명시
서울시	2016	서울특별시 범죄예방을 위한 도시환경디자인 조례	– 범죄예방 도시환경디자인 기본계획을 5년마다 수립하도록 명시
부산시	2013	부산광역시 범죄예방 도시디자인 조례	– 범죄예방 도시디자인 기본계획을 5년마다 수립하도록 명시
대구시	2015	대구광역시 범죄예방 도시디자인 조례	– 범죄예방 도시디자인 기본계획을 5년마다 수립하도록 명시
인천시	2016	인천광역시 범죄예방 도시디자인 조례	– 범죄예방 도시디자인 기본계획을 5년마다 수립하도록 명시
광주시	2014	광주광역시 범죄예방 도시디자인 조례	– 범죄예방 도시디자인 기본계획을 5년마다 수립하도록 명시
대전시	2014	대전광역시 범죄예방 도시디자인 조례	– 범죄예방 도시디자인 기본계획을 5년마다 수립하도록 명시
세종시	2014	세종특별자치시 범죄예방 도시디자인 조례	– 범죄예방 도시디자인 기본계획을 5년마다 수립하도록 명시 – 범죄예방환경설계 요소를 건축설계 시 적용하도록 명시
울산시	2013	울산광역시 범죄예방 도시디자인 조례	– 범죄예방 도시디자인 기본계획을 5년마다 수립하도록 명시
경기도	2013	경기도 범죄 예방을 위한 환경 디자인 조례	– 범죄예방 환경 디자인을 공간과 건축물에 적용하고 관리 하는데 필요한 사항을 규정

[56] 강원도(2015), 충청북도(2017), 충청남도(2015), 전라북도(2018), 전라남도(2017), 경상북도(2014), 경상남도(2016), 제주특별자치도(2016)가 조례를 제정하여 운용하고 있는 것으로 나타났다.

한편, 우리나라의 광역 및 기초자치단체의 경우 범죄예방 환경조성과 관련된 정책을 추진함과 동시에 사업의 지속적 추진을 담보하기 위한 수단으로 조례를 추진하였다. 주요 내용에는 공통적으로 목적, 용어 정리, 적용범위, 기본원칙, 기본책무, 종합계획수립, 환경디자인 기준, 심의위원회 구성 및 운영, 관계 기관의 협조, 대상사업 등의 협의, 시행규칙 등을 포함하고 있다. 다음으로 지방자치단체의 조례와 관련하여 운영상의 공통점을 살펴보면, 먼저 조례의 주관 운영부서는 대부분 건축과 또는 도시과에서 담당하고 있고 CPTED 관련 내용의 범위가 포괄적이라 운영부서가 분산되어 있다. 조례는 목적 및 정의, 기본방향 및 책무, 기본계획 수립 · 시행, 적용범위 및 사업, 위원회 구성 및 운영, 협력체계, 교육 · 홍보 및 포상 등으로 구성되어 있으며, 대부분 제10조~제15조 이내이고 규제보다는 선언적 의미의 내용을 담고 있는 경우가 대부분인 것으로 나타났다.

범죄예방환경설계(CPTED)와 관련된 자치단체의 조례 내용은 자치단체별로 거의 공통된 특징과 자연적 감시, 접근통제, 영역성, 활동성 강화, 유지관리 등의 내용을 포함하고 있으며, 특이사항으로 대부분이 기본계획수립을 담고 있다. 특히 광역자치단체의 경우 기본계획을 경관계획이나 도시디자인 계획에 포함시켜 수립할 수 있다고 규정하고 있어 독자적으로 CPTED를 계획하고 추진할 수 있는 동력을 제공하지 못하고 있다[57]. 이밖에도 대부분의 지방자치단체가 범죄예방환경설계와 관련한 조례를 제정하여 도시를 관리하고 계획하고 있으나 적용범위가 한정적이고 그 실행력을 담보하고 있지 못하는 것으로 나타났다. 아울러 물리적인 환경설계의 구축을 지나치게 강조함으로써 범죄예방의 지속성과 효과성 제고를 위한 제도적 지원방안도 부족한 실정이다[58].

3) 범죄예방환경설계(CPTED) 관련 법 · 제도 현황

중앙정부 차원의 범죄예방환경설계(CPTED)는 경찰청이 문제를 제기하면서 CPTED의 필요성이 검토된 이후 국토교통부, 행정안전부, 법무부 등에서 이를 제도화하기 위한 노력들이 진행되어 왔다[59]. 먼저 CPTED 관련 법령과 제도를 살펴보기 이전에 경찰청에서 추진한

[57] 이창훈 · 최진혁 · 권도이. 2017. 국내 범죄예방환경설계(CPTED) 관련 법제적 문제점 및 개선 방향 연구. Journal of Community Safety and Security by Environmental Design, 8(1): 281-311.

[58] 조영진. 2016. 범죄예방 환경조성 관련 법제도 현황과 개선방향. 「건축과 도시공간」, 21: 12-20.

[59] 범죄예방 환경조성을 위한 국내의 노력은 1992년 국토교통부(당시 건설교통부)가 '방범설계를 위한 지침'을 전국 설계사무소에 배포한 것을 출발점으로 하고 있으나 그 내용이 미비하여 현재의 환경설계기법의 수준에 미치지 못했다(이동수, 2017: 236 참조).

CPTED 추진 경과를 보면, 2005년 부천시 고강동 등 3개 지역에 최초로 이를 도입하여 침입절도 38.3%, 강도 60.8%가 감소하였다. 그 이후 자치단체 등 유관기관과의 협업을 통해 많은 사업을 추진해 왔으며, CPTED의 법제화를 위해 관계법령의 발굴, 개정에 참여하고 있다(경찰백서, 2018). 이러한 내용을 세부적으로 살펴보면, 경찰은 2005년 부천시 CPTED 시범사업을 추진한 이후 자치단체 등 유관기관과의 협업을 통해 CPTED 사업을 추진해 왔다. 2016년부터는 국내 유일의 CPTED 전문 교육과정을 운영하여 연간 120여명의 전문 경찰관을 양성하고 있다. 특히 2016년 6월부터 범죄통계 등을 토대로 지역 내 범죄취약요소를 전문적으로 진단・분석하는 범죄예방진단팀(CPO)을 전국 경찰관서에 발족하여 운영 중에 있다[60].

➲ 경찰의 CPTED 사업성과

- 부천시 내 3개 지역 시범사업 (국내 최초 '05. 7)
- 판교신도시 CPTED 적용 국토교통부(당시 건교부) 협의 ('05. 9)
- 환경설계를 통한 범죄예방 방안, 범죄예방을 위한 설계지침 제작, 배포 ('05. 9)
- 마포 염리동 소금길 조성 ('12. 5)
- 부산광역시 16개 마을 행복마을 조성 ('14. 5)
- 원룸・편의점 방범인증제 ('14. 6~' 14. 11)

또한 2015년 9월 한국셉테드학회와 공동으로 국제 CPTED 컨퍼런스를 개최하였고 2017년부터 민간기업과의 협업으로 전국단위 범죄예방사업도 추진하였다. 그 예로 BGF리테일(CU편의점)과 협업하여 전국 편의점에 긴급신고 시스템을 설치하고 CPTED 기법을 적용한 안전한 편의점 설계를 제안했으며, KT와 협업하여 수도권 50개소에 비상벨을 설치하였다. 이밖에도 CPTED 법제화와 관련하여 2014년 국토교통부에 셉테드(CPTED) 제도화에 대한 법령(건축법) 개정을 요구하여 건축법 53조의 제2항(건축물의 범죄예방)이 신설되었고, 범죄예방을 위해서는 지역사회 전체 구성원의 협업이 필수라는 점을 인식하여 경찰, 자치단체, 주민 등 지역사회 구성원의 협업체계와 정부의 재정적 지원 등을 규정한 '범죄예방 기반조성에 관한 법율'이 발의(2016. 07)하기도 했다.

한편, 2003년 국토교통부는 주택법상 안전관리 책임자의 방범교육 및 안전교육에 관한 항목과 2004년 주차장법상 노외주차장 CCTV 설치기준을 신설하여 부분적으로 CPTED를

60 범죄예방진단팀(Crime Prevention Officer)은 각종 치안현황(범죄통계, 112신고현황 등)에 대한 객관적인 자료를 분석하는 동시에 사업현장 곳곳을 관할하거나 주민 인터뷰를 통해 범죄환경을 면밀히 진단하는 국내 유일의 현장 전문가 집단으로, 전국 모든 경찰서에 배치돼 활동 중에 있다 국내 모든 지역에 대한 범죄취약점 진단 및 분석이 가능하며, 범죄예방 관련 대외 협력을 위한 공식적인 창구역할을 수행하고 있다.

고려한 법 개정을 추진하였다. 경찰청은 2005년 9월 '범죄예방을 위한 설계지침'을 수립해 이를 판교신도시 기본계획에 적용할 것을 국토교통부와 협의하였다. 아울러 국토교통부와 경기도시공사는 경찰청에서 수립한 CPTED 지침을 판교신도시 외 나머지 제2기 신도시(화성 · 동탄 신도시, 광교 신도시 등)기본계획에도 적극 도입하기로 하고 지구단위계획 실행지침 상에 이를 명시적으로 적용하였다. 행정안전부는 공공기관의 개인정보보호에 관한 법률상 CCTV 설치기준 등에 관한 항목을 2007년에 신설하였고 이를 토대로 공공기관 CCTV 관리 가이드라인(2008)을 수립함으로써 CPTED 관련 규제 기반을 마련하였다. 이밖에 법무부는 행정안전부와 협의를 거쳐 2015년 지방자치단체 합동평가지표에 CPTED 적용 우수사례 및 CPTED 교육 이수율로 구성된 'CPTED 운영실적'을 포함시켰고 2014년 9월부터 법무연수원 사이버교육센터를 통해 CPTED 온라인 교육을 실시하였다. 2014년 9월부터 10월까지 17개 시 · 도 공무원을 대상으로 CPTED 실무교육을 실시하였고, 법질서 실천운동의 하나로 전국 14개 지역에서 CPTED 시범사업을 진행하였다.

➲ 중앙정부의 CPTED 관련 법 · 제도 고찰

소관 부처	수립년도	관련 법령	주요 내용
국토 교통부	1991	주택건설기준 등에 관한 규정 제12조 제2항	복합시설의 경우 주거공간의 방범과 안전 고려
	2003	주택법 제49조제1항	안전관리책임자의 안전관리 계획 및 교육 실행
	2003	주택법 시행규칙 제28조 제 1항	안전관리책임자의 방범교육 및 안전교육 실행
	2014	건축법 제13조의2	건축물, 건축설비 및 대지에 관한 범죄예방 기준 명시
	2014	건축법 시행령 제61조의3	범죄예방 기준을 적용하여야 하는 건축물 명시
금융감독 위원회	2007	은행감독 규정시행세칙	금융기관 자체 경비 대책 수립 강화
행정 안전부	2007	공공기관의 개인정보보호에 관한 법률 제4조의2, 제4조의3	CCTV 설치의 조건과 설치 및 관리에 대한 위탁시설의 기준, 안내판 설치
	2007	공공기관의 개인정보보호에 관한 법률 시행령 제4조, 제4조의2, 제4조의3	

이와 같이 2005년 경찰청이 범죄예방 원리에 따른 건축 및 공간유형별, 시설물별 기준 적용에 관한 지침을 발표한 이후 국토교통부, 행정안전부, 법무부 등 중앙정부와 지방자치단체에서 범죄예방 환경조성을 위한 실질적인 정책이 추진되었다. 또한 국내에서 범죄예방

환경조성 관련 법제도가 본격적으로 도입된 시기는 경찰청이 국토교통부에 범죄예방을 고려한 법률개정을 요구한 2010년 이후로 볼 수 있기 때문에 여기서는 2010년 이후 법 · 제도의 현황을 살펴보았다. 먼저 2010년 개정된 '지속가능한 신도시 계획기준'은 신도시의 자족성 확보와 범죄예방을 위해 자연적 감시와 접근통제가 잘 이루어질 수 있도록 건물 및 시설물을 배치하는 등의 안전한 신도시를 조성하고자 수립되었다. 이 기준에서는 자연감시와 접근통제를 중심으로 건물 및 시설물의 배치와 공공장소 · 가로조경 · 조명 등에 적용할 수 있는 원칙을 제시하고 있다(조영진, 2016).

다음으로 「도시재정비촉진을 위한 특별법」은 재정비 촉진사업의 계획수립 시 사업 시행기간 중 범죄예방대책을 수립할 수 있도록 규정(제9조 제1항 제13호의 2)하고 있고, 사업이 시행되는 경우 재정비촉진구역의 주민안전 등 범죄예방을 위해 필요한 사항을 지방경찰청장 또는 경찰서장에게 요청할 수 있도록 규정하였다. 「도시 및 주거환경정비법」은 사업시행 인가 후 정비구역 내 주민안전을 위해 필요하다고 인정하는 사항을 지방경찰청장 또는 경찰서장에게 요청할 수 있도록 규정하고 있고, 주거환경개선사업의 시행자가 사업시행계획서에 정비구역 내 가로등과 CCTV 설치 등 범죄예방대책을 수립하도록 규정화하였다. 「국토기본법 시행령」에서는 범죄의 사전예방 강화를 위해 도지사가 관할 지역의 장기적인 발전방향을 제시하는 도의 종합계획을 수립하는 경우에 범죄예방에 관한 사항을 규정하여 국토계획과 범죄예방을 연계하여 추진하고 있다.

이밖에 「도시공원 및 녹지 등에 관한 법률 시행규칙」에서는 도시공원 조성계획 수립단계에서 범죄예방에 관한 사항을 고려하도록 규정하고 있으며, 공원관리청은 도시공원에서의 범죄예방을 위하여 계획, 조성, 관리 시 범죄예방의 일반원칙을 적용하였다. 「도시개발법 시행규칙」은 도시개발사업의 개발계획 수립 시 건물배치와 도로형태 등 공간적 환경이 범죄예방에 적합하게 설계되도록 개발계획 내용에 범죄예방계획을 포함함으로써 계획단계부터 범죄예방 도시환경을 조성하여 국민생활의 안전을 확보하고 있다. 2014년 개정된 「건축법」과 「건축법 시행령」은 건축물 건축 시 시설단계부터 범죄예방을 의무화 한 것으로 우리나라 범죄예방 환경조성 관련 제도가 세계적 수준으로 발돋움하는 계기가 되었다. 아울러 2014년 5월 28일 건축법 제53조의 2(건축물의 범죄예방)가 신설되었고 같은 법 시행령의 개정 및 범죄예방 기준 고시의 공표 후 2014년 11월 29일부터 CPTED의 반영이 의무화 되었다.

➲ 범죄예방 환경조성 관련 법령 현황

관계 법령	개정 연월	주요 내용
지속가능한 신도시 계획기준	2010. 01.	범죄예방을 위한 계획기준 신설
도시재정비촉진을 위한 특별법	2011. 05.	재정비촉진사업의 시행자가 재정비 촉진계획 수립 시 재정비촉진사업 시행기간 동안 범죄예방대책 수립
도시 및 주거환경정비법	2012. 02.	주거환경개선사업의 시행자가 사업시행계획서에 정비구역 내 가로등과 CCTV설치 등 범죄예방대책 수립
국토기본법 시행령	2012. 05.	도 종합계획수립 시 범죄예방에 관한 사항 포함
도시공원 및 녹지 등에 관한 법률 시행규칙	2012. 12.	도시공원 조성계획 수립단계에서 범죄예방에 관한 사항 고려
도시개발법 시행 규칙	2013. 09.	도시개발사업의 개발계획 수립 시 범죄예방계획 포함
건축법	2014. 05.	건축물의 범죄예방 기준 의무 준수
건축법 시행령	2014. 11.	건축물의 범죄예방 기준의 적용 대상 구체화
범죄예방 건축기준 고시	2015. 04.	일정한 용도, 규모의 건축물 설계에 범죄예방 건축기준 준수

이러한 내용을 세부적으로 살펴보면, 국토교통부는 2014년 5월 「건축법」을 개정하여 제53조의 2(건축물의 범죄예방) 조항을 신설함으로써 같은 법 시행령으로 정한 건축물은 장관이 고시한 범죄예방 기준에 따라 건축하도록 규정하였다. 이러한 법 개정을 통해 범죄예방환경설계(CPTED)를 건축설계에 의무적으로 적용하도록 한 것은 실효성을 확보한 동시에 강력한 조치에 해당한다고 볼 수 있다.

➲ 「건축법」 제53조의 2(건축물의 범죄예방)

① 국토교통부장관은 범죄를 예방하고 안전한 생활환경을 조성하기 위하여 건축물, 건축설비 및 대지에 관한 범죄예방 기준을 정하여 고시할 수 있다.
② 대통령령으로 정하는 건축물은 제1항의 범죄예방 기준에 따라 건축하여야 한다.

[본조신설 2014.5.28.]

2014년 11월에는 「건축법 시행령」을 개정해 제61조 3(건축물의 범죄예방)을 신설하여 「건축법」 제53조의 2에 적용되는 대상을 보다 구체화하였다. 예를 들어 공동주택(500세대 이상)[61], 단독주택, 문화 및 집회시설, 교육연구시설, 노유자시설, 수련시설, 업무시설(오피스텔),

[61] 기존의 건축법 시행령 제61조의3 제1호의 경우 공동주택 중 세대수가 500세대 이상인 아파트로 규정하였으나 실제 범죄는 공동주택보다 단독 · 다가구 · 다세대주택 등의 소규모 주택에서 다수 발생하고 있다는 비판이 제기되어 왔다. 그 결과 2018년 12월 31일 다가구주택, 아파트, 연립주택 및 다세대주택으로 법률이 개정되었다.

관광휴게시설 및 고시원 건축물은 국토교통부 장관이 고시하는 건축물별 범죄예방 기준에 따라 설계하고 건축하도록 규정하였다.

➲ 「건축법 시행령」 제61조의 3(건축물의 범죄예방)

법 제53조의2제2항에서 대통령령으로 정하는 건축물이란 다음 각 호의 어느 하나에 해당하는 건축물을 말한다. 〈개정, 2018. 12. 31.〉

1. 다가구주택, 아파트, 연립주택 및 다세대주택
2. 제1종 근린생활시설 중 일용품을 판매하는 소매점
3. 제2종 근린생활시설 중 다중생활시설
4. 문화 및 집회시설(동 · 식물원은 제외)
5. 교육연구시설(연구소 및 도서관은 제외)
6. 노유자시설
7. 수련시설
8. 업무시설 중 오피스텔
9. 숙박시설 중 다중생활시설

[본조신설 2014.11.28.] [시행일 : 2019. 7. 1.] 제61조의3

2015년 4월 1일에는 범죄예방 건축기준을 고시하였는데, 범죄예방 건축기준은 3개의 장으로 구성되어 있다. 제1장에는 목적과 용어의 정리, 그리고 적용대상을 규정하고 있으며, 제2장에는 건축물의 용도와 상관없이 공통적으로 준수해야 하는 범죄예방 공통기준 등을 제시하고 있다. 마지막으로 3장에서는 건축물의 용도별로 범죄예방 기준을 제시하여 건축물 용도에 따라 준수해야 하는 범죄예방 기준을 차별화하였다.

➲ 범죄예방 건축기준(공통기준)

주요 항목	세부 기준
접근통제	– 보행로 자연감시 계획, 건축물 외벽에 범죄자 침입을 용이하게 하는 시설 설치 제한
영역성 확보	– 공적 · 사적 공간 위계의 명확한 구분
활동의 활성화	– 운동시설, 휴게시설 등 외부 시설은 지역특성에 적합한 시설로 상호 연계 설치
조경	– 사각 · 고립지대 없도록 식재, 건물과 일정거리 이격
조명	– 출입구, 건축물 진입로와 표지판에 충분한 조명 설치, 통행로 많은 구역은 사물 식별이 쉽도록 조명 설치, 범위와 각도 조정하여 눈부심 현상 방지
CCTV · 안내판	– 주 · 야간 식별이 가능하도록 계획

자료: 국토교통부(2015). 『범죄예방 건축기준』.

기사 엿보기 권익위, 소규모 다가구 주택까지 범죄예방 건축기준 강화해야

국민권익위원회는 소규모 다가구 주택으로까지 범죄예방 건축기준이 적용될 수 있도록 '범죄예방 건축기준 의무적용 주거지 확대' 방안을 마련, 국토교통부에 제도 개선을 권고했다고 14일 밝혔다. 범죄예방 건축기준이란 범죄 예방과 안전한 생활 환경 조성을 위해 자연 감시와 주거침입 방지가 용이하도록 건축물 배치, 조명 설치, 출입구 설계, CCTV(감시카메라) 설치 등에 대한 기준을 정한 것이다. 범죄예방 건축기준은 2015년 4월에 제정돼 시행되고 있다.

지금까지 주거지 중 범죄예방 건축기준이 의무 적용되는 주택은 500세대 이상 아파트에 한정되고 500세대 미만 아파트 등 나머지 주택들은 권장사항으로 돼 있어 소규모 다가구 주택이 상대적으로 범죄예방에 취약한 실정이다. 권익위는 이와 관련 국민 대상 설문조사를 한 결과 △500세대 미만 아파트 등에도 범죄예방 건축기준 의무적용이 필요하다는 의견이 94.1%였고 △소규모 주택에서 범죄에 가장 취약한 장소는 사각지대(고립지대)라고 응답한 비율이 77.8%였으며 △범죄예방 건축기준이 500세대 이상 아파트에만 의무 적용되고 있다는 사실조차 모르는 경우도 85.1%에 이르는 것으로 나타났다.

권익위는 국토교통부에 내년 10월까지 제도 개선할 것을 권고했다.

출처: 파이낸셜뉴스(2018.11.14. 기사내용 인용)

제4절 범죄예방환경설계(CPTED)에 관한 정책적 함의

범죄예방환경설계(CPTED)는 범죄발생을 초래하는 환경적 요인을 사전에 제거함으로써 범죄발생은 물론 범죄에 대한 불안감을 감소시키고, 궁극적으로는 지역의 범죄안전성을 강화해 삶의 질을 증진시킴으로써 지역사회의 지속가능성을 확보하는데 그 목적이 있다. 최근 중앙정부와 지방자치단체에서 범죄발생을 사전에 막고 주민들의 범죄 불안감을 감소시키기 위해 지역환경 개선사업에 범죄예방환경설계(CPTED) 기법을 도입하여 활발하게 사업을 시행하고 있다[62]. 그러나 국내 CPTED 관련 사업의 대부분이 사업비를 시설 정비 및 강화활동 등 지역의 시설개선 등 물리적 환경을 개선하는데 투입하였다. 이처럼 대부분의 범죄예방 환경조성 사업이 사회적 환경조성보다는 물리적 환경개선에 중점을 둠으로써 시간이 경과함에 따라 노후화되어 유지관리 문제가 발생하고 있다[63]. 또한 법률적 근거가 미비한 관계로 사업의 진행 및 유지, 그리고 재원의 조달 등에서 통일성과 지속적인 관리가 부족하다는 비판이 제기되었다. 이 밖에도 CPTED 사업 시행 이후 후속·연계 지원에 관한 법률 및 제도적 근거의 미흡으로 인해 사업을 통한 범죄 감소, 범죄 피해에 대한 두려움 여부 등에 대한 객관적 평가가 불가능하거나 어려운 것으로 평가되고 있다(한국셉테드학회 편찬위원회, 2015). 따라서 이러한 문제를 보완하기 위해 법·제도적 관점에서 정책적 개선방안을 제시하고자 한다.

첫째, 현 시점에서 범죄예방 환경조성사업 등을 추진하고 있는 중앙 관련 부처와 정부기관별로 제각각의 법규를 제정함으로서 CPTED의 원리 등을 구체적으로 명시한 법규는 없는 실정이다. 아울러 범죄예방환경설계(CPTED) 관련 법령의 부재로 인해 법적 구속력이 부족하여 범죄예방 환경개선사업을 활성화시키는데 한계가 따른다. 앞에서 제시한 미국과 영국 등 주요 선진국들은 1980년 말부터 안전한 사회조성을 위해 각종 법률 및 조례를 제정하여 운영 중이며[64], 이를 근거로 다양한 사업을 시행하고 있는 만큼 외국의 범죄예방환경

---

[62] 예를 들어 중앙부처 차원의 사업으로는 여성가족부의 여성친화도시 사업(2009), 교육부의 학교안전 강화사업(2010), 국민안전처의 안전마을 시범사업(2015) 등이 있다. 지방자치단체에서 추진한 주요 사업으로 서울시의 범죄예방 디자인사업(2012), 부산시의 범죄예방 환경디자인 사업(2013) 등이 있다. 특히 법무부는 2014년에 전국 14개 지역, 2015년에 11개 지역에서 범죄예방 환경개선사업을 진행하였다. 최근에는 전국 13개 지역에서 범죄예방 환경개선사업을 추진하였는데, 여기에는 국토교통부 '도시재생' 사업지 5곳, 국민안전처 '안전한 지역사회 만들기' 사업지 5곳, 지방자치단체 협업 사업지 3곳에서 사업을 추진하고 있다.

[63] 이창훈 · 최진혁, 2015, CPTED의 사회적 공간성 조명, 「형사정책」, 27: 103-146.

설계 관련 법 · 제도를 벤치마킹하여 우리나라도 범죄예방환경설계와 관련한 독립된 법을 조속히 마련할 필요가 있다. 이를 통해 건축 및 도시 분야 그리고 치안업무와 관련된 지침 등을 제도화하고 범죄예방환경설계의 제도적 구축을 위한 법률을 제정함으로써 기존의 「국토기본법」, 「건축법」, 「도시개발법」, 「도시 및 주거환경 정비법」, 「도시공원 및 녹지 등에 관한 법률」, 「도시재정비 촉진을 위한 특별법」, 「초중등교육법」, 「주차장법」, 「보행안전 및 편의 증진에 관한 법률」 등에서 CPTED의 원리가 각 개별 법령에서 구체적인 실천방안의 근거가 될 수 있도록 해야 할 것이다.

둘째, 범죄예방환경설계 관련법을 제정할 경우 CPTED의 주요 원리를 실천할 수 있는 구체적인 준거나 지침 등을 마련하고 법률적 근거를 기반으로 단편 사업에 머물기보다 지속적인 예산의 지원이나 조달 등이 가능하도록 강제 규정을 마련해야 한다. 예를 들어 범죄예방 환경조성사업을 추진할 경우 선행요건은 무엇이며, 범죄예방환경설계 시 어떠한 지역적 특성들이 반영되어야 하고 사후 관리는 어떻게 진행되어야 하는 지에 대한 실효성을 보장할 수 있는 구체적인 내용이 포함되어야 한다. 아울러 범죄예방 관련 사업을 추진할 시 시행 초기에 경찰청의 범죄예방전담팀(CPO)을 포함한 전문위원회 등을 구성하여 전문가의 자문을 받아 시행할 수 있는 근거도 마련해야 할 것으로 판단된다.

셋째, 현재 우리나라는 많은 부처에서 범죄예방환경설계에 기초한 사업을 진행하고 있는 만큼 개별 사업 주체의 노력을 조화시키고 효율적인 관리를 도모한다는 측면에서 범죄예방에 대한 국가적 역량을 이끌 컨트롤 타워가 필요하다. 한 예로 범죄예방환경설계(CPTED) 유관 사업을 실시하고 있는 관계부처 전체가 참여하는 가칭 '도시안전 평가위원회'와 같은 조직을 운영하여 관련 부처 간의 역할 조정과 업무 협조사항을 제도화 할 필요가 있다. 또한 범죄예방 환경조성사업의 원활한 진행과 성공을 위해서 관련 전문기관의 설립도 고려해야 한다. 이러한 전문기관에서 국내 CPTED 관련 제도와 사업에 대한 기획 · 수행, 모니터링 등 일련의 체계적인 업무를 수행할 경우 범죄예방 관련 환경조성사업이 더욱 효율적으로 진행될 것이다.

넷째, 최근 국내 대부분의 도시개발 및 관리에 관한 법령에서는 범죄예방을 고려하도록 하고 있으나 범죄예방의 효과성을 높이기 위한 범죄위험평가[65] 및 범죄위험평가도구의 구

---

[64] 영국은 내무성(Home Office)과 부총리실(ODPM)에서 범죄와 무질서 법(Crime and Disorder Act, 1998)을 제정하여 건축사업의 진행 초기에 범죄예방협회(CPI)가 참여하여 CPTED를 적용하도록 하는 방범환경설계(SBD) 제도를 구축하여 운영하고 있다(최재은 · 정윤남 · 김세용. 2011. 범죄로부터 안전한 주거환경 조성을 위한 법 · 제도 개선방안 연구. 「대학건축학회지」. 27(3): 269-276).

체적인 시행방법 및 기준에 관한 규정이 전무한 실정이다. 따라서 사업대상자의 계획 및 평가 등을 수행하는 범죄예방 관련 실무자가 현장에서 활용할 수 있도록 범죄예방환경설계 관련법을 제정할 시 범죄위험평가 등에 관한 내용을 구체적으로 명시할 필요가 있다. 또한 범죄예방환경설계를 통해 범죄발생의 기회요인을 감소시켜 범죄를 예방하기 위해서는 지역의 범죄발생 특성과 공간적 특성 등을 고려해야 한다. 다시 말해서 특정 지역의 범죄예방을 위한 전략으로서 범죄예방환경설계(CPTED)를 적용하기 위해서는 대상지역의 철저한 범죄 공간분석이 필요하며, 범죄발생 정보를 정확하게 데이터베이스로 구축하는 것이 무엇보다 중요하다. 따라서 해당 지역의 범죄발생 특성 및 공간적 특성과 이러한 정보를 획득하는 방법, 정보제공의 범위 및 절차 등에 대한 제도적 장치가 마련되어야 한다.

마지막으로 앞의 범죄예방환경설계(CPTED)의 기본 원리 중 공동체 강화에서 제시하였듯이 범죄예방 환경개선사업이 완료된 이후 유지관리의 주체로서 주민에 대한 관점이 부각됨에 따라 사업계획 단계부터 수요자인 주민들의 협력을 강화하기 위해 공동체 등 비물리적 방안에 대한 적극적인 고려가 필요하다. 특히 범죄예방환경설계(CPTED)의 구조적인 한계와 단점을 보완하고 보다 효율적인 범죄예방 환경조성을 대한 주민참여 방안을 모색하기 위한 제도적 장치를 마련하는 것이 무엇보다 중요하다. 이를 위해 범죄예방환경설계(CPTED) 관련 법령의 제 · 개정 시 범죄예방 환경조성사업의 수립 및 집행과정 전반에 걸쳐 지역주민들의 참여를 보장할 수 있는 구체적인 내용을 명문화할 필요가 있다.

➲ 참고: CPTED 관련 법령과 주요 내용

법령	주요관련 내용
건축법	제53조의2(건축물의 범죄예방) ① 국토교통부장관은 범죄를 예방하고 안전한 생활환경을 조성하기 위하여 건축물, 건축설비 및 대지에 관한 범죄 예방 기준을 정하여 고시할 수 있다. ② 대통령령으로 정하는 건축물은 제1항의 범죄예방 기준에 따라 건축하여야 한다.
건축법 시행령	제61조의3(건축물의 범죄예방) 동 법 제53조의2 제2항에서 "대통령령으로 정하는 건축물"이란 다음 각 호의 어느 하나에 해당하는 건축물을 말한다. 1. 다가구주택, 아파트, 연립주택 및 다세대주택 외 8가지 시설

[65] 위험관리 과정에서 위험평가(risk assessment)는 위험의 내용을 제대로 이해하고 발생할 가능성을 파악하여 위험의 발생가능성을 줄이기 위한 조치로서 위험이 미칠 영향을 예측할 수 있게 해 주는 과정이라 할 수 있다. ISO 31000에서는 위험평가를 위험 확인, 위험 분석, 위험 측정의 전반적인 프로세스로 정의하고 있다(박현호, 2017: 186 참조).

범죄예방 건축기준고시	위 건축법과 동법 시행령에 근거한 범죄예방환경설계(CPTED) 관련 고시
국토기본법 시행령	제5조(도 종합계획의 수립 등) ① (생략) ② 법 제13조 제1항 제7호에서 "대통령령으로 정하는 사항"이란 다음 각 호의 사항을 말한다. ~3. (생략) 3의2. 범죄예방에 관한 사항
도시개발법 시행규칙	제9조(개발계획에 포함될 사항) 제8조 제1항 제14호에서 "국토교통부령으로 정하는 사항"이란 다음 각 호의 사항을 말한다. 3. 범죄예방계획
도시 및 주거환경정비법 (2018.7.17.시행)	제130조(정비구역의 범죄예방) ② 시장 · 군수 등은 사업 시행 계획 인가를 한 경우 정비구역 내 주민 안전 등을 위하여 다음 각 호의 사항을 관할 지방경찰청장 또는 경찰서장에게 요청할 수 있다. 1. 순찰강화 2. 순찰초소의 설치 등 범죄예방을 위하여 필요한 시설의 설치 및 관리 3. 그 밖에 주민의 안전을 위하여 필요하다고 인정하는 사항 제52조(사업시행계획서의 작성) 5. 사업 시행 기간 동안 정비구역 내 가로등 설치, CCTV 설치 등 범죄예방 대책
도시 및 주거환경 정비법 시행령	제8조(정비계획의 내용) ③ 법 제9조 제1항 제12호에서 "대통령령이 정하는 사항"이란 다음 각 호의 사항을 말한다. 1~9(생략) 10. 안전 및 범죄예방에 관한 사항
도시공원 및 녹지 등에 관한 법률 시행규칙	제10조(도시공원의 안전기준) ① 법 제19조 제7항에 따라 공원시설은 안전성을 확보하기 위하여 다음 각 호의 기준에 따라 설치 · 관리되어야 한다. 1. 설치 안전기준 2. 관리 안전기준 ② 공원관리청은 도시공원에서의 범죄예방을 위하여 다음 각 호의 기준에 따라 도시공원을 계획 · 조성 · 관리하여야한다.
도시재정비 촉진을 위한 특별법	제9조(재정비촉진계획의 수립) ① 시장 · 군수 · 구청장은 다음 각 호의 사항을 포함한 재정비촉진계획을 수립하여 특별시장 · 광역시장 또는 도지사에게 결정을 신청하여야 한다. 13의2. 재정비촉진사업 시행기간 동안의 범죄예방대책 제30조의3(재정비촉진지구의 범죄 예방) 특별자치시장, 특별자치도지사 및 시장 · 군수 · 구청장은 제12조 제1항 및 제3항에 따라 재정비촉진계획이 결정 · 고시된 때에는 그 사실을 관할 경찰서장에게 통보하여야 하며, 재정비 촉진사업이 시행되는 경우 재정비 촉진구역의 주민 안전 등을 위하여 다음 각 호 사항을 관할 지방경찰청장 또는 경찰서장에게 요청할 수 있다.순찰강화 순찰초소의 설치 등 범죄예방을 위하여 필요한 시설의 설치 및 관리 그 밖에 주민의 안전을 위하여 필요하다고 인정하는 사항
중등교육법	제30조의8(학생의 안전대책 등) ① (생략) 학교시설(학교담장을 포함한다)을 설치 · 변경하는 경우에는 외부인의 무단출입이나 학교 폭력 및 범죄의 예방을 위하여 학생 안전 대책을 수립하여 시행하여야 한다. ② 학교의 장은 학생의 안전을 위해 다음 각 호 사항을 시행하여야 한다. 학교 내 출입자의 산분확인 절차 등의 세부기준 수립에 관한 사항 영상정보처리기기의 설치에 관한 사항 학교주변에 대한 순찰 · 감시 활동 계획에 관한 사항 ③ 제1항 및 제2항에 따른 학생의 안전대책 등에 필요한 사항은 대통령령으로 정한다.

주차장법 시행규칙	제6조(노외주차장의 구조 · 설비기준) ① 법 제6조 제1항에 따른 노외주차장의 구조 · 설비기준은 다음 각 호와 같다. 11. (생략) 다음 각 목의 사항을 준수하여야 한다. 가. 방범 설비는 주차장 바닥면으로부터 170센티미터의 높이에 있는 사물을 알아볼 수 있도록 설치하여야 한다. 나. 폐쇄회로 텔레비전과 녹화장치의 모니터 수가 같아야 한다. 다. 선명한 화질이 유지될 수 있도록 관리하여야 한다. 라. 촬영된 자료는 컴퓨터보안시스템을 설치하여 1개월 이상 보관하여야 한다.
보행안전 및 편의증진에 관한 법률	제24조(보행자 안전을 위한 영상정보처리기기 등의 설치) ① 국가 · 지방자치단체는 범죄로부터 보행자를 안전하게 보호하기 위해 필요하다고 인정하는 경우에는 보행자 길에 영상정보처리기기나 보안등을 설치할 수 있다. 다만, 우범지역이나 인적이 드문 외진 곳 등 범죄 발생의 위험이 높은 지역에 있는 보행자 길에는 영상정보처리기기와 보안등을 설치하여야 한다.

범죄의 심리적 기제

1. 스톡홀름 증후군과 리마 증후군

1) 스톡홀름 증후군[Stockholm syndrome]

스톡홀름 증후군은 인질이 인질범들에게 동화되어 그들에게 동조하는 비이성적 현상을 가리키는 범죄심리학 용어로 스톡홀름 신드롬(syndrome)이라고도 한다. 인질사건에서 인질로 잡힌 사람들이 인질범들에게 정신적으로 동화되어 오히려 자신들을 볼모로 잡은 범인들에게 호감과 지지를 나타내는 심리현상을 말한다. 먼저 등장배경을 살펴보면, 1973년 8월 23일부터 28일까지 스웨덴 스톡홀름 노르말름스토리의 크레디트 반켄(Kreditbanken) 은행에 침입한 4명의 무장 강도였던 잔 에릭 올슨 등은 은행 직원들을 볼모로 잡고 6일간 경찰과 대치한 사건에서 처음 관찰되었기 때문에 이런 이름이 붙었다. 처음에 올슨은 인질을 귀중품 보관함에 감금하였으나 후에 감방동료가 합류하여 두 명의 인질범과 네 명의 인질 등 모두 여섯 명이 131시간을 경찰과 대치하였다.

경찰과 대치 상태가 지속되면서 인질과 인질범들은 생명의 위협을 공유하였고 대치 상황에서 긴장감과 공포를 공감하고 심리적 유대 관계가 형성되었다. 결국 인질들도 처음에는 인질범들을 두려워했으나, 시간이 흐르면서 차츰 그들에게 동화되어 자신들을 구출하려는 경찰들을 적대시하고, 사건이 끝난 뒤에도 계속해서 강도들에게 불리한 증언을 하지 않았다. 특히 협상과정 중 한 여성 인질은 스웨덴 수상과의 전화에서 경찰의 공격에 맞서 자신들을 보호하는 것이 오히려 인질범이라고 주장하고, 심지어 성관계까지 가졌다고 하였다. 이 여인은 인질범이 사회적 희생자라는 생각을 하였고 인질범과 결국에는 결혼까지 했다. 이에 대해서 범죄심리학자인 닐스 베예로토(Nils Bejerot)가 뉴스 방송 중에 이 현상을 설명하면서 '스톡홀름 증후군'이라는 용어를 처음으로 썼다. 스톡홀름 증후군의 원인과 관련하여 심리학자들은 인질사건과 같은 극한상황에 처하게 되면 강한 스트레스와 두려움으로 인해 인질범들이 자신을 해치지 않는 것을 오히려 고맙게 여겨 차츰 그들에게 온정을 느끼게 되고, 결국은 자신을 구출하려는 경찰들에게 반감까지 가질 수 있다고 주장하였다.

이러한 현상을 정신분석학 측면에서 보면 인질이 공포의 대상에게 호감을 가짐으로써 그들에 대한 두려움으로부터 벗어나 생명에 대한 위협을 제거해야 한다고도 볼 수 있다. 아울러 이와 같은 오이디푸스(oedipus)적 해석이 아니더라도 일종의 세뇌과정으로서 인질범의 가치관에 대한 동일시(identification)[1]가 일어났다고 해석할 수 있다[2]. 또한 고다드와 스텐리(Goddard & Stanley, 1994)는 인질들이 인질범의 가치관을 내면화하게 되는 심리적 현상은 마치 학대하는 부모와 학대를 받는 아동의 관계와 흡사하다고 주장하였다. 그러나 인질이 인질범에게 호감을 갖는 이 같은 현상은 FBI의 HOBAS(Hostage Barricade System) 시스템에 입력된 1,200건의 연방 혹은 인질사건을 대상으로 하여 단지 8%의 인질들에게만 나타나는 매우 희귀한 현상으로 확인되었다(조엘 레비 저, 강경이 역, 2014)[3].

2013년 8월 발생한 '칠곡 아동학대 살인사건'의 가해자인 계모는 아이들을 구타하고 학대행위를 한 후 안아주거나 '사랑해서 그랬다, 미안하다'고 했다. 아이들은 학대를 당한 후에도 이같이 잠시 다정한 모습을 보여주는 계모를 동정하고 연민하는 스톡홀름 증후군의 모습을 보인 것으로 나타났다. 특히 친언니는 죽은 동생과 마찬가지로 심한 학대를 받았으나 판결이 나기 얼마 전까지도 자신이 동생을 죽인 가해자라고 주장하고 판사에게 계모의 선처를 요구한 탄원서를 여러 차례 제출하는 등 계모의 범행을 감싸는 행동을 보였다[4]. 이처럼 신체적, 감정적인 아동학대의 경우에 가해 부모에 대해 보호를 하는 태도를 보이고 피해 사실을 은폐하거나 오히려 아무 일이 없었다고 거짓말을 하는 경우가 발생한다.

한편, 학대를 경험한 아동들의 경우 폭력행위에 대해 처음에는 외부의 도움을 받으려고 노력하지만 자신들이 외부와 단절되어 있다는 것을 인식하게 된다. 시간이 지날수록 도움 자체를 포기하게 되고 기존의 사회적 통제와 보호로부터 전혀 도움을 구할 수 없다는 사실을 알게 되면서 무기력상태에 빠진다. 또한 학대를 받은 아동들은 학대하는 부모에 대한 미움과 공경이 동시에 공존하는 현상이 나타난다. 다수는 아니더라도 간혹 학대를 받은 아

---

[1] 동일시(identification)는 일종의 모방으로 한 개인이 타인을 믿고 좋아하고 본받아 그 사람의 특성을 받아들여서 자신의 일부분으로 만드는 과정을 말한다. 따라서 동일시는 좋아하는 사람의 행동을 무의식적으로 모방하면서 자신의 긴장을 해소해 가는 일종의 학습과정이다. 특히 프로이드(Freud)는 성격발달 단계에서 남근기(phallic stage)에 남자 아이들은 거세불안의 결과로 어머니에 대한 근친상간적 소원과 아버지에 대한 적의를 억압하게 되어 오이디푸스 콤플렉스(Oedipus complex)는 사라지고 아버지에 대해 동일시하게 된다고 주장하였다. 다시 말해서 동일시라는 방어기제를 사용함으로서 아버지로부터 받은 불안을 감소시킨다(김상균, 2008: 87; 황성현 외, 2015: 128).

[2] Bartol, C. R. 2002. Criminal Behavior: A Psychosocial Approack, New Jersey: Upper Saddle River.

[3] Fuselier, G. D. 1999. Placing the Stockholm Syndrome in Perspective, FBI Law Enforcement Bulletin: 9–12.

[4] http://www.hidoc.co.kr/news/healthtoday/item/C0000002499(2017년 3월 29일 검색)

동들이 오히려 학대하는 부모의 가치관을 동일시하는 아동성폭행 협응증후군(child sexual abuse accommodation syndrome) 상태에 놓이게 된다. 가정폭력의 경우에도 대다수의 피해자 여성들은 학대를 당했음에도 불구하고 지속적으로 남편에 대한 의존도가 높아지는 현상이 나타난다. 이는 피해자인 여성이 폭행을 당한 후의 감정이 분노보다는 동정심이 강하게 작용하기 때문이다.

스톡홀름 증후군에 관해 연구한 심리학자 프랭크 오츠버그(Dr. Frank Ochberg)는 이에 대해 3가지 단계를 제시하였는데, 먼저 유괴나 납치를 당한 피해자들이 느끼는 최초의 감정은 공포로서 그들은 자신이 죽임을 당할 것을 확신한다. 두 번째로 그들은 범죄자와 함께 생활을 하며 음식을 먹을지 말지, 그리고 화장실에 갈 때마다 허락을 받아야하는 등 유년시절 겪었던 경험을 바탕으로 어린애처럼 되는 경험을 하게 된다. 그리하여 인질범이 음식을 주는 등의 작은 친절 행위가 죽음을 예상했던 삶을 선물해준 것에 대한 원초적인 감사의 감정을 유발하도록 한다. 마지막으로 이러한 상황을 몰아넣은 것이 범인이라는 것을 스스로 부인하고 마음속으로 범인이 자신을 살려줄 것이라는 판단에 따라 가해자에게 우호적인 태도를 보인다는 것이다. 이러한 과정을 거쳐 피해자들이 범인을 옹호하는 비이성적인 상황이 발생한다고 주장했다. 스톡홀름 증후군의 발생 3단계 과정과 스톡홀름 증후군과 관련된 몇 가지 사례를 제시하면 다음과 같다.

➲ 스톡홀름 증후군 발생 3단계

STEP1: 불안과 공포

- 인질들은 적대감과 공포로 인한 정신적 억압을 경험하며 심리적 도피처를 구하려 한다.

STEP2: 동일시

- 인질들의 경우에 초기에는 인질범을 증오하고 공격심과 적개심을 보이지만 시간이 지날수록 인질범과 일체감을 느낀다. 경찰의 공격 목표인 인질범들이 자신들과 같은 또 하나의 인질이라 생각하고 그들과 자신들을 동일시하는 현상을 나타내기도 한다. 이는 인질범도 경찰의 포위에서 벗어 날 수 없고 인질이 인질범에게 느끼는 위험을 인질범이 경찰에서 느낀다고 이해하게 되면서 인질들은 위기 상황을 벗어나기 위해 경찰이 없다면 오히려 안전할 것이라는 기대를 하게 되는 것이다.

STEP3: 감정의 전이

- 인질 상황이 계속되면서 이들 사이에 상호의존감과 밀착감이 생길 수 있다. 또한 인질범과의 대화 과정에서 인질범들은 자신의 정당성을 호소하고 인질들은 억압된 상태에서 이를 받아들이는 자기세뇌 현상이 일어나는 것이다.

CASE ① 페트리시아 허스트 사건

1974년 미국의 언론 재벌 허스트 가문의 상속녀였던 Patricia Hearst는 19세 당시 극좌익 도시 게릴라인 공생해방군(Symbionese Liberation Army)에 납치되었으나 납치범에 감화되어 2개월 뒤 공생해방군의 샌프란시스코 은행 습격에 적극적으로 가담했다. 또한 인질범 중에서 애인을 만들었고, 경찰이 인질범을 체포하려 하자 자신의 몸으로 경찰의 발포를 막는 등 인질범을 옹호하면서 범인들의 인질극에 적극 참여했다. 페트리시아 허스트가 1975년 9월에 체포되었을 때, 변호사들은 패티 허스트가 스톡홀름 증후군 때문에 범죄에 가담했다고 주장했으나 받아들여지지 않았다. 1979년 2월에 지미 카터 대통령이 형량을 줄여주었고, 2001년 1월에는 빌 클린턴 대통령에게 사면을 받았다.

CASE ② 제이시 리 두가드 사건

두가드는 11살이던 1991년 6월 10일 캘리포니아 사우스레이크타호 인근 집 앞 정류장으로 향하던 도중 두 명의 괴한에게 차로 납치당했다. 두가드는 이후 18년간 필립 개리도, 낸시 개리도(54) 부부의 집 뒤뜰 오두막에 감금, 성폭행을 당해 15세, 11세 두 여아를 낳았다. 18년 만에 돌아온 두가드(29)는 납치범 필립 개리도(58)를 남편으로 인식하고 있었다.

CASE ③ 엘리자베스 스마트

엘리자베스 스마트라는 소녀는 정신이상자에게 납치되어 2002년부터 2003년까지 성적 학대를 당하고 부인 행세를 하도록 강요당했다. 스마트는 유타 주 솔트레이크 시에서 여러 달 동안 범인과 노숙을 했는데, 이 기간 동안 신체적 구속이 전혀 없는 상태였는데도 도망가지 않고 계속 범인과 같이 생활했다.

CASE ④ 나타샤 캄푸쉬

나타샤 캄푸쉬(1988년생)는 10세 때인 1998년 오스트리아 빈에서 등굣길에 성범죄자에게 납치되어 8년간 성노예로 생활하면서 갖은 학대를 당하다가 3096일(약 8년) 만인 2006년 극적으로 탈출하였다. 범인 볼프강 프리클로필은 8년간 나타샤 캄푸쉬를 수시로 성폭행하고 학대하여 자신의 노예로 만들었다고 생각했고, 8년이 지난 후에는 경계심이 풀어져 집안일을 시키는 등 감금 상태를 해제하였다. 어느 날 마당에 나가 차를 세차하라고 내보냈고 이를 틈타 담을 넘어 탈출했다. 범인 프리클로필은 경찰이 출동하자 자살했다. 하지만 이 소식을 접하게 된 나타샤 캄푸쉬는 눈물을 흘렸고, 영안실을 찾아 촛불을 켠 채 그의 명복을 빌었다.

하지만 나타샤 캄푸쉬는 말한다. 나는 '스톡홀름 증후군'이라는 용어를 붙이는 것 자체를 거부한다. 사람들이 특정한 상황에 처하게 되면 더 이상 소위 '이성적인 판단'은 고려되지 않기 때문이다. 납치범과 함께 있으면 인질 스스로가 그에게 적응하기 위해 노력하는 것이 매우 자연스럽다는 것을 깨달았다. 특히 납치범과 오랜 시간을 같이 있게 되면, 그 관계는 동정심과 소통으로 점철된다. 범죄라는 틀 안에서 정상상태를 찾으려는 노력을 증후군이라 부를 수 없다. 이는 생존전략이다.

스톡홀름 증후군을 묘사한 영화1 [홀리데이(Holiday, 2005)]

유전무죄, 무전유죄

"돈이 있으면 죄가 없고 돈이 없으면 죄가 된다...."

88년 무장탈주에 성공한 지강혁과 일당들에게 인질로 잡힌 사람들은 매스컴에서 말하는 흉악범이라는 이야기와 달리 인간적이고 예의바른 강혁 일당에게 연민의 정을 느낀다.

스톡홀름 증후군을 묘사한 영화2 [나쁜남자(2002)]

김기덕 감독의 영화《나쁜 남자》에서 여주인공 선화는 자신을 납치하여 가둬놓고 매춘을 시키는 한기를 어느 시점부터 동경하게 된다. 그녀가 가혹한 운명의 덫에서 벗어날 기회를 잡은 시점에서 남자에 대한 연민을 보이며 피학적 삶의 굴레 깊숙이 자신을 맡겨버린다.

2) 리마증후군(Lima syndrome)

인질범이 포로나 인질에게 강자로써 약자에게 갖는 동정심을 리마 증후군(Lima Syndrome)이라고 한다. 인질 사건에서 인질범이 인질의 문화에 익숙해지고 정신적으로 동화되면서 자신을 인질과 동일시하고 결과적으로 공격적인 태도가 완화되는 현상을 말한다. 1996년 12월 17일 페루 리마에서 발생한 일본 대사관저 점거 인질 사건에서 유래됐다. 당시 대사관을 점거한 페루의 반정부 조직 '투팍아마루 혁명운동(MRTA)' 요원들은 페루 정부군의 기습작전으로 사건이 마무리된 1997년 4월 22일까지 126일 동안 인질들과 함께 지냈다. 이 기간 동안 점차 인질들에게 동화돼 가족과의 안부 편지, 미사 개최, 의약품 의류 반입 등을 허용하고 자신들의 신상을 털어놓는 현상을 보였다. 이후 이런 현상을 심리학자들은 리마 증후군이라 부르고 있다.

1996년 페루 게릴라 일본대사관 점거 사건

- 햇살이 창문 사이를 비집고 들어오던 1997년 4월 22일 오후, 긴장도 오래가면 무뎌지는 것일까. 1층 중앙홀에선 10명의 인질범이 흥겹게 5인조 실내축구를 하고 있었고, 2층에선 72명의 인질들이 삼삼오오 모여 있었다. 시계추가 오후 3시 23분을 가리킬 때쯤 갑자기 '꽝'하는 폭발음이 났다. 진압군이 200m의 땅굴을 지나 1층 바닥을 뚫고 나오는 순간이었다. 섬광탄을 쏘며 진입한 특수부대원들은 전광석화처럼 실내를 장악했다. 인질범 14명은 모두 사살되었고 1명을 제외한 71명의 인질은 구출됐다. 18분 만에 끝난 기습작전으로 126일을 끌어온 페루 일본대사관 인질극은 막을 내렸다.
- 무장게릴라들이 리마의 일본 대사관저를 점거한 날은 인질 구출 넉 달 전인 1996년 12월 17일, 아키히토 일왕 생일 기념 리셉션이 열리던 날이었다. 웨이터로 위장해 잠입한 범인들은 폭탄을 터뜨리며 대사관저를 점령했다. 이원영 한국대사를 포함한 15개국 외교관과 페루 관료 등 400여 명이 인질이 됐다. 페루 유력 반군단체인 '투팍 아마루 혁명운동' 소속 인질범들은 수감된 동료 조직원 400여 명을 석방하고 신자유주의 정책을 폐지하라고 요구했다.
- 인질들의 안전을 걱정하는 국제 여론과 달리 후지모리 정부는 "협상은 없다"며 강경하게 대응했다. 인질범들은 협상에 진전이 없자 20일 39명, 22일 225명의 인질을 석방하며 국제사회의 여론을 유리하게 만들려고 했다. 당시 석방된 일부 인질은 "상황이 그렇게 살벌하진 않았다. 게릴라들의 교육 수준이 상당해 자주 토론을 벌였고 주제도 법률에서 요리까지 다양했다"고 전했다. 또 "인질범들이 인질들의 교양에 점차 동화되더니 가족과의 편지 교환과 미사의식도 허용했다"는 말도 소개됐다. 거기에서 유래한 '리마 증후군'은 인질이 인질범의 처지에 동화되는 '스톡홀름 증후군'과 대칭되는 용어로 쓰이고 있다.
- 리마 증후군은 결국 인질범들에게 독이 됐다. 인질들의 요청으로 들여온 기타와 보온병 속에 도청기가 설치되어 있었던 것이다. 진압군은 대사관 내부 사정을 훤히 들여다보며 허를 찌르는 구출작전을 짤 수 있었다. 게릴라 소탕으로 후지모리는 '강한 대통령'이라는 이미지를 만들어 3선에 성공했다. 후지모리의 퇴진을 목표로 봉기한 반군으로서는 뼈아픈 참패였다.

리마증후군을 묘사한 영화 [타인의 삶(The Lives of Others, 2006)]

냉혈인간 타인의 삶에 동화되다.

동독의 비밀경찰 비즐러는 극작가 드라이만과 여배우 크리스타를 감시하는 중대 임무를 맡게 되고 오히려 감시하는 대상인 드라이만과 크리스타를 통해 감동받는다.

2. 리플리 증후군[Ripley syndrome]

히스테리성 성격장애의 한 유형인 리플리 증후군은 자신의 현실을 부정하면서 마음속으로 꿈꾸는 허구의 세계를 진실이라고 믿고 거짓된 말과 행동을 반복하게 되는 반사회적 성격장애로 일종의 망상장애로 볼 수 있다. 열등감과 피해의식에 시달려 상습적인 거짓말을 일삼다가 이를 자신의 진짜 모습으로 믿고 행동하게 되는 현상이다. 거짓말을 할 때 눈 하나 깜박이지 않고 태연하게 하는 사람이나 아무렇지 않게 남을 잘 속이는 사람이라면 리플리 증후군을 의심해야 한다. 리플리는 미국의 여류 작가 패트리샤 하이스미스의 범죄 스릴러 소설 '리플리' 연작의 주인공이다. 하이스미스는 1955년 '재능 있는 리플리(The Talented Mr. Ripley)'를 시작으로 1991년 '심연의 리플리'까지 다섯 권으로 된 리플리 시리즈를 통해 톰 리플리라는 범죄적 인물의 심리를 밑바닥까지 섬세하게 들여다보며 20세기 문학사상 독창적이고도 기이한 캐릭터를 창조해냈다.

'재능있는 리플리'는 발표되자마자 화제를 일으켰으며, 이후 알랭 드롱 주연의 '태양은 가득히(1960)', 맷 데이먼 · 주드로 주연의 '리플리' 등 두 번에 걸쳐 영화로 만들어질 정도로 인기를 얻었다. 이 영화의 흥행한 이후 1970년대 정신병리학자들에 의해 새로운 연구대상이 되었고, 실제 이와 유사한 사건들이 자주 일어나면서 신조어로 자리 잡게 되었다. 소설과 영화 속 리플리는 신분 상승 욕구에 사로잡혀 거짓말을 일삼고 자기 자신까지 속이며 환상 속에 살다 파국으로 치닫는 불행한 인간이다. 리플리 증후군이라는 이름은 패트리샤 스미스의 소설인 재능 있는 리플리씨(The Talented Mr. Ripley)의 주인공 이름에서 유래되었다[5]. 심리학에서는 이와 같은 증상을 리플리 증후군(Ripley syndrome) 또는 리플리 병이라

[5] 주인공인 리플리는 재벌 아들인 친구 디키 그린리프를 죽이고 그 친구의 신분으로 인생을 대신 산, 거짓말을 현실로 믿

부른다. 리플리 증후군은 거짓이 탄로 날까 봐 불안해하는 단순 거짓말쟁이나 사기꾼과 달리 자신이 한 거짓말을 완전한 진실로 믿는다는 점에서 더 위험하다. 인간의 불행한 욕망과 뒤틀림, 끝없는 거짓말을 통해서라도 자신을 확인받고 싶어 하는 리플리는 사회적 신분 상승의 통로가 차단된 사회에서 나타나는 불행한 병적인 징후다. 이 리플리들이 전혀 다른 양상으로 한국사회 전면에 대거 등장하고 있으며, 사회지배집단이 기득권 유지에 리플리 증후군을 보이고 있다.

국내 사례

우리나라에서는 2007년 신정아의 학력위조 사건이 이슈가 되면서 리플리 증후군의 뜻이 알려졌다. 당시 영국의 일간지 인디펜던트에서 신정아의 학력위조 사건을 '재능 있는 리플리 씨'에 빗대어 '재능 있는 신씨(The Talented Ms.Shin)'를 보도하면서 이 용어가 널리 알려졌다.

또한 2011년 신정아 사건을 모티브로 한 MBC 드라마 '미스 리플리'가 방영되어 다시 리플리 증후군이 관심을 끌었고, 2014년에는 리플리 증후군을 가지고 있는 20대 남성이 무려 48개 대학에서 신입생 행세(신입생 X맨)를 한 것이 알려지면서 인터넷이 떠들썩했다.

3. 뮌하우젠 증후군[Munchausen syndrome]

뮌하우젠 증후군이란 주변인의 관심을 끌기 위해 아픈 증상을 꾸며내거나 일부러 만드는 것을 말한다. 리플리 증후군과 유사한 것으로 다른 사람들의 관심을 끌기 위한 정신질환의 하나로 일종의 관심병이다. 뮌하우젠 증후군은 1951년 미국 정신과 의사 리처드 애셔 박사가 정의했다[6]. 사회와 가정에서 관심과 애정을 받지 못한 이들은 상처 받은 자존감을 회복하기 위해 잘못된 수단으로라도 관심을 받으려 한다. 영화 미저리의 애니는 환자의 다

으며 환상 속에서 산 인물로 범죄소설이다. 거짓을 감추기 위한 대담한 거짓말과 행동으로 리플리의 행동은 완전범죄로 끝나는 것처럼 보이지만 결국 죽은 그린리프의 사체가 발견되면서 진실이 드러나게 된다(출처: http://100.daum.net/encyclopedia/view/b06r3469n201505. 2018년 10.31. 검색).

[6] 병적으로 거짓말을 하고, 그럴 듯하게 이야기를 지어내고, 마침내 자기도 그 이야기에 도취해버리는 증상으로 1720년 독일에서 태어난 뮌하우젠 남작의 이름을 따서 붙여진 것이다. 그는 터키와 러시아 전쟁에 참전하였고 1760년 퇴역하여 하노버에 정착했다. 뮌하우젠은 하노버에서 군인으로서, 사냥꾼으로서 그리고 스포츠맨으로서 자기가 했던 일들을 거짓말로 꾸며 사람들에게 들려주었는데 나중에 그 이야기들이 각색되어 1793년 [뮌하우젠 남작의 모험]이라는 책이 나왔다.

리를 부러뜨리고, '어메이징 스파이더맨 2'의 일렉트로(맥스)는 스파이더맨의 대적이 된다. 영화 '미저리'(1990)의 전직 간호사 애니(캐시 베이츠)는 다리를 다친 작가 폴을 돌보지만 그가 회복되자 망치로 다시 다리를 부러뜨린다. 돌보는 환자나 자녀를 아프게 해 관심을 얻으려는 '대리 뮌하우젠 증후군'이라 할 수 있다.

뮌하우젠 증후군은 뮌하우젠 남작처럼 병적인 거짓말은 하는 것이 특징적이다. 국외 사례로 2014년 미국에서 발생한 사건으로 싱글맘 레이시 스피어스(27)는 2009년부터 병약한 아들의 간병기를 블로그에 연재해 많은 이의 관심을 받았다. 2014년 아이가 숨지자 네티즌은 위로를 보냈다. 그랬던 스피어스가 2015년 2일(현지시간) 미국 웨체스터카운티 법원에서 '살인' 유죄 평결을 받았다. 부검 결과 스피어스가 치사량의 나트륨을 아들의 위장에 주입해 온 정황이 드러났기 때문이다. 전문가들은 스피어스가 뮌하우젠 증후군이라고 판단했다.

디지털 뮌하우젠

인터넷과 소셜네트워크서비스(SNS)로 개인의 표현 창구가 늘어난 디지털시대에 뮌하우젠 증후군은 보다 심각해졌다. 뮌하우젠 증후군은 인정을 충분히 받지 못한 때에 나타나는 자기애적 성격장애이며, 과거에는 목표가 주위 몇 사람에 불과했는데 인터넷 때문에 효과가 증폭됐다. "디지털이 만든 정신 증상 중 하나"라는 것이다.

디지털 뮌하우젠 징후

- 칭찬받는 사람을 폄하한다
- 관심 받기 위해 사고를 친다
- 주목받지 않으면 못 견딘다
- 오프라인 친구가 적다
- 또래 공통 주제에 관심이 없다
- 공감 능력이 부족하다

유사 용어

- 관종: 디지털 세상에는 관심병의 정도와 방식에 따른 용어들이 다양하게 나와 있다. 먼저 '관종'은 관심병 종자, 다시 말해서 관심병에 걸린 사람을 비하하는 은어다. 허세를 부리거나 SNS에 셀카를 과도하게 올리는 이까지 타인의 반응을 이끌어내는 데 집착하는 모든 사례를 통칭한다.

- '어그로'는 비난을 받는 방법을 써서라도 관심을 얻으려는 방식을 말한다. 공격적이라는 의미의 영어 aggressive에서 온 것으로 추정된다. 이들은 특정 계층이나 인물에게 심한 모욕이나 공격을 가한다. 거센 반발이 뻔히 예상되는 상황을 만드는 것이다. 한·일 관계나 정치 등이 단골 소재이며 스포츠 스타나 연예인의 팬 게시판에 일부러 그를 비난하는 글을 올리기도 한다. 이런 사람들을 어그로꾼이라고 부른다.
- 반대 사례인 '나빼X'('나 빼고 다 X놈')도 있다. 주로 결혼이나 데이트 비용 등 젊은 층의 관심이 높은 주제에 대해 '가난한 남자친구와 사랑 하나로 결혼한다'거나 '데이트 비용을 항상 내가 낸다'는 등 상대 성별이 좋아할 만한 글을 올리는 것이다. '개념 있다'고 칭송받기도 하지만 혼자 칭찬받으려고 글 내용을 조작한 것 아니냐는 의심을 받기도 한다. 네티즌들은 이런 경우 '자작나무 타는 냄새'나 '주작이여 날아오르라' 같은 표현을 쓰기도 한다.

4. 리셋 증후군[Munchausen syndrome]

리셋 증후군(reset syndrome)은 컴퓨터를 리셋(reset)하는 것처럼 현실도 리셋이 가능할 것이라 착각하는 사회적 병리현상을 말한다. 컴퓨터가 오류를 일으켰을 때 시스템을 초기화 상태로 되돌리는 것을 뜻하는 '리셋(reset)'과 증후군을 뜻하는 '신드롬(syndrome)'의 합성어이다. 컴퓨터를 초기화시키듯 현실세계에서도 잘못되거나 실수한 부분이 있으면 얼마든지 리셋이 가능할 것으로 착각하는 현상을 가리킨다. 주로 컴퓨터에 친숙한 세대에서 나타나며, 일부는 심각한 범죄로 이어지기도 한다.

이 용어는 1990년 일본에서 처음 생겨났다. 1997년 5월 일본 고베시에서 발생한 초등학생 토막살인 사건의 범인인 중학생(당시 14세)이 컴퓨터 게임광이었음이 밝혀지면서 널리 알려졌다. 1996년 일본 열도를 경악시킨 '사카키바라 사건'으로 범인이 쓴 쪽지에 적힌 이름이 사카키바라라는 이름 때문에 붙어진 사건은 리셋 증후군이 만든 범죄의 대표적인 사례이다. 그 해 5월 27일 일본의 고베시 수마구도모가오카 중학교 정문 바로 앞에서 당시 초등하교 6학년인 '하세 쥰'의 절단된 신체 일부가 검은 비닐봉지 속에서 발견된 끔찍한 사건이 발생했다. 시신에서 발견한 '자, 게임의 시작이다'라고 적힌 쪽지는 사건의 충격성을 더해줬다. 한국에서도 1990년대 말부터 경찰백서에 이 용어가 등장하였는데 현재 서울지방경찰청 사이버 수사대는 리셋증후군을 인터넷 중독의 한 유형으로 규정하고 있다.

리셋 증후군의 대표적인 특징은 현실세계와 가상세계를 구분하지 못한다는 점이다. 리셋 증후군을 가진 사람은 자신의 마음에 들지 않는 일이나 인간관계를 쉽게 버리고 다시 시작하려는 사회 부적응 현상을 보인다. 심할 경우 범죄를 저지르면서도 그것이 범죄행위라는 것을 인식하지 못하게 된다. 절도나 폭행 심지어 살인을 저질러도 그것을 단지 게임의 일종으로 여기고, 자신의 죄책감을 리셋하면 자신의 행위도 없던 일이 될 것이라 생각하는 것이다. 리셋 증후군을 보이는 범죄자는 심각한 범죄행위도 마치 게임의 일환으로 착각한다. 특히 리셋 증후군은 아이들 사이에 참을성 없는 행동과 타인을 배려하지 않는 자기위주의 행동으로 두드러지게 나타나고, 심지어 책임감 없는 행동으로까지 연장되고 있다. 그러나 이는 청소년들뿐만 아니라 20~30대 젊은 세대들에게서도 나타나고 있는 상황이다.

대표적인 특징

1. 무엇이든 인터넷으로 해결할 수 있다고 생각한다, 심지어 사랑도
2. 컴퓨터를 하루에 4시간 이상 사용한다.
3. 총과 칼을 사용하는 등의 폭력적인 게임을 즐긴다.
4. 게임(또는 인터넷) 속 세상이 현실처럼 느껴진다.
5. 자신이 현실보다 인터넷 속에서 더 능력 있는 존재라 느낀다.
6. 자기합리화가 심해지고 잘못을 저질러도 없던 일로 돌아갈 수 있다고 믿는다.
7. 책임감과 인내심이 부족해진다.

5. 로리타 콤플렉스[Lolita Complex]

로리타 콤플렉스(Lolita Complex)는 아직 성인이 되기 전의 여자 아이, 특히 10세 이하 또는 10대 초반의 미성숙한 소녀에 대해 성적인 매력을 느끼는 심리를 말한다. 로리타 콤플렉스는 가벼운 의미로서 10대 소녀들에 대한 정서적 동경이나 막연한 호감을 나타내는 것을 의미하기도 하나, 일반적으로는 어린 소녀들에 대해 병적인 성적 집착을 가지고 그들을 성적 대상으로 즐기려는 변태적 심리를 부정적으로 일컫는 말이다. 이것의 줄인 말을 로리콘(lolicon)이라 한다. 로리타 콤플렉스는 소수의 사람이 가질 수 있는 심리학적 성향을 의미하는 반면 로리콘은 그러한 성향을 가진 사람 자체를 가리킨다는 차이가 있다.

로리타 콤플렉스의 어원은 러시아계 미국작가 "블라디미르 나보코프(Bladimir Navokov, 1899~1977)"가 1954년 발표한 소설 "로리타(Lolita)"에서 비롯된 것이다. 이 소설은 주인공인 중년남성 "험프리"와 사별한 재혼녀의 딸 12살 소녀 "로리타"가 벌이는 로맨스가 줄거리로 대담한 성적 묘사와 윤리의식의 부정으로 세계 각국에 큰 파장을 던져 주었고 1964년에는 스텐릭 큐브릭 감독에 의해 영화로도 만들어 졌다. 로리타 콤플렉스라는 말은 일본에서 처음 만들어 졌으며, 애니메이션 산업이 발달함에 따라 일본인이 좋아하는 다소곳하고 청순가련한 소녀에 대한 동경이 캐릭터로서 정형화되기 시작했고 이를 추종하는 심리를 "로리타 콤플렉스"라고 지칭했던 것이 그 시초가 되었다.

로리콘, 일명 로리타 콤플렉스는 일반적인 성적 취향이 아니고 성도착증이다. 로리콘 문화의 옹호자들은 가공의 내용이므로 아동들에게 직접적인 해를 끼치지 않으며 자신들의 일반적인 성적 취향과 별로 다른 게 없기 때문에 그들이 성소수자라고 주장하거나, 어린이에 대한 성욕을 해방시킬 수 있다고 주장하고 있다. 반면, 그와 같은 가공의 내용이 아동을 성적인 대상으로 보도록 유도할 가능성이 있다고 반박하는 이들도 있다. 그러나 성인들에게는 미성년자와 아동을 보호하고 올바른 길로 이끌어야 할 의무가 있으며, 아동들의 미성숙한 정신적 발달 상태를 감안할 때 아동들이 스스로 성적자기 결정권이 있다고 보기는 어렵다. 그러므로 미성년자, 아동들에 대한 보호 차원에서라도 로리타 콤플렉스를 장난스럽게 미디어, 특히 애니메니션과 만화에서 인용하거나 농담 삼아 이야기하는 것은 지양되어야 한다.

➲ 참고: 페도필리아(Pedophilia)

페도필리아는 정신의학이나 심리학에서 소아기호증 또는 아동기호증으로 번역되고 있다. 페도필리아가 정신의학 용어라면 로리타 콤플렉스는 문화적 표현이다. 페도필리아는 사춘기 이전의 아이에게 강렬한 성적 욕구를 느끼는 것이나 사춘기 직후의 청소년에게 성적 관심 또는 성적 관계를 가지는 사람으로 확장해서 사용되는 것이 일반적이다.

출처: 위키백과, 페도필리아 정의

6. 쇼타로 콤플렉스[Shotaro Complex]

로리타 콤플렉스와 반대되는 개념으로 성인이 되기 전의 남자아이, 특히 초등학교 저학년의 귀여운 소년에서 느끼는 성적 매력을 의미한다. 쇼타로 콤플렉스의 줄인 말인 "쇼타콘"으로 더 많이 쓰이며 쇼타로 콤플렉스가 등장한 것은 불과 최근의 일이다. 일본에서 로리타 콤플렉스가 하나의 문화코드로 인정받게 되자 로리타 콤플렉스 추종자들 사이에서도 각자의 취향에 따라 여러 가지로 세분화되면서 시작되었다. 그중 대표적인 것이 어린 소년들을 추종하는 쇼타로 콤플렉스였고 그밖에 연상의 성숙한 여인을 동경하는 "오네(일본어로 누나) 콤플렉스" 그리고 중년의 남성을 동경하는 "오지(일본어로 아저씨) 콤플렉스" 등도 이와 같은 맥락에서 탄생한 것들이다.

쇼타로 콤플렉스의 어원은 일본의 TV 애니메이션인 "철인 28호"의 주인공 "카네다 쇼타로[金田正太郎]"에서 따온 것이다. 일본 소학교 남학생들의 일반적인 옷차림이자 극중 주인공 쇼타로의 복장인 체크무늬 양복 상의와 검은 반바지, 그리고 무릎까지 올라오는 흰 양말 차림의 남자 아이들에게 성적인 매력을 느꼈던 인터넷 상의 일부 애니메이션 마니아들이 자신들을 "쇼타콘" 이라 칭하면서 시작되었다. 로리타 콤플렉스와 쇼타로 콤플렉스 모두 애니메이션과 인터넷의 확산에 따라 확산된 경향이 있으며, 자신만의 독특한 개성과 취향을 추구하는 신세대의 심리와 잘 결합해 지금은 애니메이션 산업은 물론 게임 산업, 미디어 엔터테인먼트 산업 등과 같은 여러가지 분야에 적지 않은 영향을 끼치고 있다.

7. 방관자효과[Bystander Effect]

구경꾼 효과, 대중적 무관심, 제노비스 신드롬(Genovese syndrome) 등으로 불리기도 한다. 방관자의 사전적 정의는 어떤 일에 상관하지 않고 곁에서 지켜보기만 하는 사람이다. 사람들이 홀로 있을 때보다 주위에 사람이 많이 있을 때, 책임감이 분산돼 개인이 느끼는 책임감이 적어져 도와주지 않는 심리현상이다. 방관함으로써 생기는 여러 현상 가운데서도 특히 어려운 처지에 놓인 낯선 사람을 도와주지 않을 때 흔히 사용한다.

CASE ① 도요타 상사 살인 사건

노인들을 대상으로 7,500억 원을 횡령해 피해자가 만명이 넘은 일본 사상 최악의 사기 사건으로 불리는 도요타 상사 사기 사건의 주모자 도요타 상사 회장 나가노 가즈오가 1985년 6월 18일 연행되는 장면이 방송국을 통해 전국으로 생방송으로 나오고 있었다. 당시 회장의 거주지 앞에 약 30여 명의 기자들이 연행되는 장면을 찍기 위해 모여 있었다. 갑자기 두 명의 사나이가 "도요타 상사 회장을 죽이러 왔습니다"라는 말을 하며 아파트의 유리창을 깨고 회장의 집 안으로 침입, 살해를 한 후 걸어나왔다. 그러나 기자들을 포함하여 30여 명의 목격자들은 범행을 지켜보기만 하였다. 당시 회장을 살해한 두 명은 8년 징역을 부여받았다.

➲ 실험 1: 달리와 라테인의 실험(책임 분산)

- 1968년, 대학생들에게 집단 토론을 실시한다는 명목으로 불러서, 각자 다른 방에 혼자 있게 하고, 마이크로폰와 헤드폰을 이용해서 대화하게 했다. 대학생들 중에는 2명씩 대화하는 경우도 있었고 4명, 7명 이렇게 많은 수로 대화를 하는 경우도 있었다. 실험 도중, 한 사람이 갑자기 "머리가 아픕니다, 쓰러질 것 같아요" 라고 말하고는 조용해졌는데, 그 사람은 사실 실험을 위해 미리 짠 조교였다. 이때, 2명씩 1:1로 대화를 하고 있었던 학생들의 85%가 즉시 나와서 사고가 났음을 알렸다.
- 그러나 4명(조교 1명 포함)이 있던 경우는 62%가, 7명이 있던 경우는 31%만이 보고했다. 보고를 안했던 학생들에게 질문을 했는데, "알려야 되는지 말아야 되는지 몰랐지만 남들이 알릴 거라고 생각했습니다"라고 대답했다. 이 실험에서 본 것과 같이 서로에게 책임을 미룬다는 것을 심리학 용어로 '책임 분산'이라고 한다.

➲ 실험 1: 로딘과 라테인의 실험(대중적 무관심)

- 1969년, 대학생들에게 실험을 할 것이라는 명목으로 불러 대기실에서 기다리게 했다. 방을 여러 곳으로 나누어 어떤 사람들은 혼자 있게 하거나, 어떤 사람들은 여러 명씩 같이 있게 했다. 그리고 대기실마다 문틈으로 연기가 새어 들어가게 만들었다. 학생들은 불이 난 것인지 그냥 단순한 수증기인지 에어컨 증기인지 당연히 알 수 없다. 그렇게 문틈으로 연기가 새어 들어오자, 혼자서 대기실에서 기다리던 사람들의 75%는 2분 이내에 보고했다.
- 그러나 여러 명씩 기다리던 사람들은 6분 이내에 13%가 보고했다. 그리고 사람 수가 더 많을수록 그 비율은 더욱 떨어졌다. 실험에 참가한 대학생들 중에서 보고하지 않은 사람에게 질문을 했다. 그러자 "불안하긴 했는데, 남들이 가만히 있기에 저도 별일 아니라고 생각했습니다"라고 대답했다. 이 실험처럼 사람들이 판단을 잘못해 아무런 관심을 갖지 않는 상황을 심리학 용어로 '대중적 무관심'이라고 한다.

8. 죄수들의 딜레마게임[Prisoner's Dilemma Game]

게임이론(game theory)[7]은 어떤 결과가 개인의 선호에 의해서만 결정되는 것이 아니라 결정에 참여한 다른 행위자들의 선호와 개인이 선택한 서로 다른 집합의 결과에 따라 이루어지는 집단적 선택 상황에 관한 이론이다. 다시 말해서 자신의 이익을 가장 높게 하는 전략(Strategy)을 선택하는 각 행위자(Actor)들이 선택할 수 있는 몇 개의 전략들을 선택하여 최고의 보상(Payoff)을 얻기 위해 벌이는 행위를 말한다. 이 이론은 수학자 노이만과 모겐스턴(Neumann & Moegenstern)의 저서인 「게임이론과 경제적 행태(The Theory of Games and Economic Behavior, 1944)」에서 비롯되었다. 특히 1950년대 초반 터커(A. W. Tucker)의 '죄수

[7] 게임이론에는 크게 영합게임(zero-sum game)과 비영합게임(non zero-sum game)이 있다. 영합게임은 게임의 결과에 따라 자신의 이익과 상대방의 손실이 항상 0이 되는 경우로 두 사람은 서로 갈등적인 경쟁관계에 서게 된다. 반면, 비영합게임은 자신의 이익이 상대방의 손실과 정확하게 같지 않고 경쟁자의 손실보다 크거나 작을 경우이다. 비영합게임에서는 자신의 이득과 경쟁자의 이득이 모두 (+)가 될 수도 있고 모두 (−)가 될 수도 있다. 따라서 경쟁에 참여하지 않은 사람에게 이익과 손해가 전가되는 경우가 발생한다(백승기. 2017. 「정책학원론」, 서울: 대영문화사, pp. 316 참조).

들의 딜레마게임(prisoner's dilemma game)이 출현한 이후 현재 사회과학 분야에서 게임이론의 유용성이 인정되고 있다. 게임이론은 경제학과 매우 밀접한 연관을 맺고 있으며, 이 외에도 심리학은 물론 철학과 컴퓨터 공학, 생물학, 군사와 경영 등 다양한 영역에서 적용되고 있다.

게임이론에는 영합게임(zero-sum game)과 비영합게임(non zero-sum game)이 있는데, 죄수들의 딜레마게임은 비영합게임에 해당된다. 만약 비영합게임에서 정보교환이 가능하면 담합이 이루어질 것이다. 정보교환이 이루어지는 경우와 이루어지지 않는 경우의 성과를 극명하게 보여 주는 것이 '죄수들의 딜레마'다. 죄수의 딜레마에는 두 명의 죄수가 등장하며, 두 명의 죄수는 각각 분리되어 조사를 받는다. 검사가 자백을 끌어내려고 각 용의자에게 행동 여하에 따라 결과가 달라질 수 있다는 사실을 통보했다.

➲ 죄수들의 딜레마게임의 보상행렬(payoff matrix)

구분		용의자 B의 전략	
		b1(침묵)	b2(자백)
용의자 A의 전략	a1(침묵)	(−1, −1)	(−10, 0)
	a2(자백)	(0, −10)	(−5, −5)

여기서 한 사람은 죄를 자백하고 다른 사람은 자백하지 않을 경우 자백한 사람은 그 보상으로 풀려나게 되고 부인한 용의자는 10년을 받게 된다. 그리고 두 명 모두 자백할 경우에는 중간 정도의 처벌 5년을 받게 된다. 두 용의자 모두 끝까지 자백하지 않으면 1년형을 선고받는다. 죄수는 자백과 침묵의 두 가지 선택만이 있고, 두 죄수는 서로 사전합의나 의사소통을 할 수 없다는 가정이 존재한다. 만약 서로 합의를 할 수 있다면, 둘 다 침묵하여 가벼운 형벌을 받는 것이 서로에게 유리할 것이다. 그러나 상대방과 합의를 할 수 없는 상태에서 답을 유추하면 흥미로운 결과가 나타나게 된다.

먼저 용의자 A의 경우를 보자. 상대방이 침묵하고 있다고 가정했을 때 용의자 A는 침묵할 경우에 1년의 형벌, 자백할 경우에는 석방된다. 따라서 상대방이 침묵한다고 가정할 경우에 용의자 A는 자백하는 것이 자신에게 유리하게 된다. 반대로 상대방이 자백했다고 가정할 경우에 용의자가 침묵할 경우에는 10년의 중벌, 자백할 경우에는 중간 정도의 처벌인 5년의 형벌을 받게 된다. 결국 상대방이 자백했다고 가정할 경우에도 용의자 A는 자백하는 것이 자신에게 유리한 결과로 나타난다. 다시 말해서 죄수A는 상대방이 침묵하든, 아니면 자백하든 유리한 결과는 자백하는 것이 된다. 다음으로 용의자 B의 경우에도 똑같이 적용할 수 있어 용의자 B의 경우에도 자백하는 것이 자신에게 유리한 결과가 된다.

결과적으로 두 용의자 모두 자백하여 5년의 형벌을 받게 된다. 이러한 유인으로 인해 (a_2, b_2)와 같은 내쉬 균형[8]을 이루게 되는 것이다. 결국 서로 침묵하게 되면 최선의 결과인 1년의 가벼운 형벌을 받을 수 있었으나 각자가 최선의 선택을 하였지만, 결과적으로 최선의 결과가 아닌 최악의 결과가 나올 수 있다는 것이 죄수 딜레마의 핵심 내용이다. 이처럼 죄수들의 딜레마는 각 개인이 최악의 결과를 피하고자 상대적으로 덜 바람직한 전략을 선택하는 상황이라 할 수 있다. 그 이유는 각 용의자가 최악의 상태가 발생할 것을 염려하기 때문이다. 이와 같은 개인적 관점에서 합리적인 행동이 전체 관점에서는 비합리적인 결과를 초래하는 상황을 죄수의 딜레마 상황이라 한다. 끝으로 죄수들의 딜레마게임에서는 두 가지가 전제되는데, 먼저 협조가 이루어질 수 없는 상황이다. 두 용의자 사이에 무언의 협조만 이루어진다면 범행을 모두 부인하고 1년형을 받을 수 있지만 두 용의자가 격리되어 심문받기 때문에 협조가 이루어질 수 없는 상황이 조성되어 있다. 다음으로 게임이 단 한 번만 이루어진다는 점이다. 만약 게임이 여러 번 반복된다면 상대방이 어떤 전략을 쓰는지를 지켜본 다음 자신의 전략을 수정할 수 있기 때문이다.

[8] 존 내쉬(John Nash)는 서로 협력하고 경쟁을 줄였을 때 죄수의 딜레마와 같은 최악의 사태를 면할 수 있다는 개념을 제시했는데, 이것이 '내쉬의 균형(Nash equilibrium)'이다. 내쉬 균형(Nash equilibrium)은 게임 이론에서 경쟁자 대응에 따라 최선의 선택을 하면 서로가 자신의 선택을 바꾸지 않는 균형 상태를 말한다. 상대방이 현재 전략을 유지한다는 전제 하에 나 자신도 현재 전략을 바꿀 유인이 없는 상태를 말하는 것으로 죄수의 딜레마(Prisoner's Dilemma)와 밀접한 관계가 있다(https://ko.wikipedia.org/wiki/ 재인용).

TIP 1 죄수의 딜레마(prisoner's dilemma)

1950년 미국 국방성 소속 랜드 연구소의 경제학자 메릴 플로드(Merrill Flood)와 멜빈 드레셔(Melvin Dresher)의 연구에서 시작했다. 두 학자는 협력과 갈등에 관련한 게임이론을 연구하면서 서로 협력하는 것이 가장 좋은 결론을 얻을 수 있음에도 불구하고, 상대방의 선의를 믿지 못하고 자신에게 가장 유리한 조건을 선택하여 불리한 결과를 맞게 되는 모형을 발견했다. 이 모형을 1992년 캐나다 출신 프린스턴 대학교의 수학자 앨버트 터커(Albert Tucker)가 유죄 인정에 대한 협상을 하는 죄수의 상황에 적용하면서 '죄수의 딜레마'라는 이름이 붙었다.

죄수의 딜레마는 범죄자의 자백을 유도하려는 경찰의 회유로 시작한다. 두 명의 범죄자가 체포되어 왔다. 경찰은 두 명의 공범을 기소하기 위한 증거가 부족한 상황이다. 경찰은 이들에게서 자백을 받아 범죄를 입증할 계획을 세우고 각각 독방에 수감한다.

경찰은 독방에 수감된 두 공범에게 동일한 제안을 한다. 공범 둘 다 묵비권을 행사한다면 양쪽 모두 6개월만 복역하면 된다. 반면에 둘 다 자백하는 경우 모두 2년 징역형에 처한다. 하지만 어느 한 쪽만 자백하고, 다른 한 쪽이 묵비권을 행사하는 경우에는 자백한 사람은 풀려나고 묵비권을 행사한 사람은 징역 5년을 살아야한다.

결과적으로는 경찰의 제안에 두 범죄자는 모두 자백을 하게 된다. 상대방이 묵비권을 행사하고 자신이 자백하면 자신이 유리하고, 상대방이 자백하고 자신이 침묵하면 자신이 불리하기 때문이다. 서로 자백하지 않을 것을 믿고 협력하면 6개월만 살면 되지만, 서로를 믿지 못하고 자신에게 유리한 조건만을 선택할 경우 최선의 결과는 발생하지 않는다는 것을 보여주는 딜레마이다.

이 딜레마는 개인이 최대의 이익을 추구할 때 사회 전체가 최선의 결과를 얻는다는 애덤 스미스(Adam Smith)의 고전경제학 이론에 대한 반증으로 거론되면서, 신자유주의 이론가들이 고전경제학으로 설명되지 않는 국제정치적 상황들을 해석하는 데 활용되었다. 존 내쉬(John Nash)는 서로 협력하고 경쟁을 줄였을 때 죄수의 딜레마와 같은 최악의 사태를 면할 수 있다는 개념을 제시했는데, 이것이 '내쉬의 균형(Nash equilibrium)'이다.

출처: 다음백과(http://100.daum.net/encyclopedia/view/47XXXXXXb554)

9. 기타 인간심리 용어

1. 크렘볼트 증후군

연애망상이라고도 하며 주로 여성에게 나타나지만 폭력적 성향을 지닌 남성에게도 볼수 있다. 자신이 애착을 가진 상대의 사소한 행동에도 자신을 사랑한다고 착각하는 현상이다.

2. 네크로필리아 (Necrophilia)

네크로필리아 (Necrophilia) 는 정신분석학자 에리히 프롬이 만든 범죄심리학 용어로 '시신 · 유골 애착증 환자'를 뜻한다. 시체, 죽음을 나타내는 그리스어 'ν ε κ ρ ός(nekros)'와 갈망을 뜻하는 'φ ι λ ία (philia)'를 합친 단어이다. Krafft-Ebing의 1866년 작품 Psychopathia Sexualis에서 처음 거론되었다. 시신을 곁에 두려는 도착증 등 다양한 모습으로 표출된다. 이러한 행위는 윤리적, 법적으로 모두 금지되어있다.

3. 피터팬 증후군

성년이 되어 어른들의 사회에 적응할 수 없는 '어린 아이'를 뜻하는 피타팬 증후군은 현실에 만족하지 못하고 새로운 이상만을 추구하는 증세를 표현하는 용어이다. 주로 과잉보호를 받고 자란 정신적 성장이 더딘 사람에게 나타나는 증세이다.

4. 스마일 마스크 증후군

스마일 마스크 증후군은 겉으로 웃고 있지만 속으로는 절망감에 울고 있는 증상을 말하며, 의학용어로는 가면성 우울증이라 한다. 평소 자신의 감정을 드러내지 못하고 웃어야 하는 직업을 가진 세일즈맨, 연예인, 전화상담원 등에게 많이 나타난다.

5. 파랑새 증후군

파랑새 증후군은 현 직장에 만족하지 못하고 새로운 이상만을 추구하는 증후군으로 모리스 마테를링크의 동화극 파랑새의 주인공에서 유래되었다. 파랑새의 주인공처럼 막연한 미래의 행복만 추구하는 증상을 뜻하며, 현대사회에 적응하지 못하거나 현재 직업에 만족하지 목하는 직장인을 일컫는 용어로 사용된다.

TIP 2 므두셀라 증후군(Methuselah Syndrome)

과거의 좋은 기억만 남기려는 심리현상으로 과거 나쁜 기억은 지우고 좋은 기억만 남기려는 심리현상이다. 일종의 기억 왜곡 현상으로 과거를 실제보다 아름답게 포장해 추억한다. 좋은 일과 나쁜 일이 함께 있었다면 시간이 갈수록 나쁜 일은 잊어버리고 좋은 일만 기억하는 것이다. 첫사랑이나 유년시절에 대해 아름다운 기억만 떠올리는 현상이 므두셀라 증후군에 해당된다.

므두셀라 증후군은 구약성서 창세기에 나오는 므두셀라에서 유래한 것으로 알려지고 있다. 므두셀라는 969세까지 산 것으로 기록된 인물이다. 구약성서에 나오는 가장 ㅇ호래 산 인물로 노아의 홍수가 일어난 해 사망한 것으로 추정된다. 므두셀라 증후군은 나이가 들수록 좋았던 일만 기억하며 과거로 돌아가고 싶어 하는 일종의 도피심리로 장수의 대명사인 므두셀라의 이름을 딴 것이다.

현재 자신의 상황이 좋지 않거나 우울할수록 므두셀라 증후군을 보이는 경우가 많다. 므두셀라 증후군을 활용한 레트로 마케팅(Retro Marketing) 역시 불황기에 주로 등장한다. 레트로 마케팅은 향수를 불러일으키는 과거의 제품이나 서비스를 되살려 활용하는 복고 마케팅을 말한다. 새로운 컨셉을 잡는 것보다 적은 비용으로 사람들의 므두셀라 증후군을 자극해 광고효과를 높일 수 있다. 경기가 어려울수록 과거를 추억하는 소비자들이 레트로 마케팅을 통해 심리적 위안을 얻기 때문이다.

TIP 3 나르시시즘(narcissism)

자기 자신에게 애착을 느끼는 현상이다. 정신분석학적 용어로 독일의 정신과 의사 P. 네케가 만든 용어이다. 나르시시즘이란 말은 물에 비친 자기 모습에 반해 물에 빠져 죽은 그리스 신화의 미소년 나르키소스에서 딴 것이다. 한국어로는 자기애(自己愛)라 번역한다.

나르시시즘(narcissism) 또는 자기애(自己愛)는 정신분석학적 용어로 자신의 외모, 능력과 같은 어떠한 이유를 들어 지나치게 자기 자신이 뛰어나다고 믿거나 아니면 사랑하는 자기중심성 성격 또는 행동을 말한다. 이는 대부분 청소년들이 주체성을 형성하는 동안 거쳐 가는 하나의 과정이기도 하며, 정신분석학에서는 보통 인격적인 장애증상으로 본다. 자기의 신체에 대하여 성적 흥분을 느끼거나, 자신을 완벽한 사람으로 여기면서 환상 속에서 만족을 얻는다.

나르시시즘이란 용어가 알려지게 된 것은 지그문트 프로이드가 1914년 발표한 〈나르시시즘 서론(Zur Einführung des Narzi ß mus)〉을 통해서다. 그는 나르시시즘을 리비도가 자기 자신에게 향해진 상태, 다시 말해 자기 자신이 관심의 대상이 되어 있는 상태로 규정했다. 프로이드는 나르시시즘을 인격장애의 하나로 판단했으며 정신분석학적 개념으로 확립했다. 프로이드는 나르시시즘을 일차적 나르시시즘과 이차적 나르시시즘으로 분류했다. 일차적 나르시시즘은 나와 남을 구별하지 못하는 유아기에 리비도(욕망)가 자기 자신에게만 쏠려 있는 상태를 말한다. 이차적 나르시시즘은 유아기가 지나면서 리비도의 대상이 나 아닌 남에게로 향하지만, 어떤 문제에 부딪혀 남을 사랑할 수 없게 되어 다시 자기 자신을 사랑하는 상태로 돌아오는 상태를 일컫는다.

나르시시즘은 자기 자신을 욕망한다는 점에서 자기중심주의와는 차이가 있다. 현대에 들어서 나르시시즘은 사회문화적 현상으로 이해되기도 한다. 나르시시즘을 건강한 나르시시즘과 병적 나르시시즘으로 분류할 수도 있다. 이때 건강한 나르시시즘은 문제가 없지만, 병적 나르시시즘은 타인과의 관계에서 문제를 일으킬 수 있다.

TIP 4 그루밍(길들이기 · Grooming)

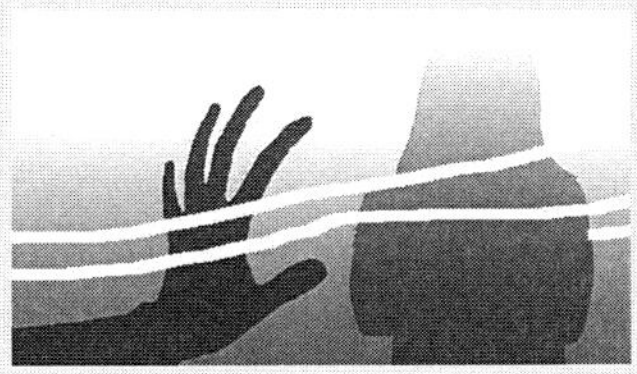

그루밍 수법은 가해자가 피해자를 길들여 성폭력을 용이하게 하거나 은폐하는 행위로 아동·청소년 성폭력 사건에 자주 등장한다. 그루밍(Grooming)이란 '다듬다, 길들이다'라는 뜻으로 사전에 피해자와 신뢰 관계를 형성해 성적 학대가 쉽게 이뤄지도록 만들고 학대가 시작된 뒤에는 이를 은폐하기 위해 하는 행위 전반을 의미한다. 주로 취약한 환경에 놓인 아동이나 청소년에게 접근해 신뢰를 얻은 다음 성적 학대를 시작하며, 이후로는 회유나 협박을 통해 폭로를 막는 방식으로 진행된다.

그루밍은 아동 · 청소년 대상 성폭력에서 나타나는 전형적인 수법이다. 특히 학대가 일어나기 전에 피해자와 신뢰 · 지배 관계를 형성한다는 점에서 심각한 피해를 줄 수 있다. 아동 · 청소년 피해자가 자신의 피해 사실을 인지하지 못하거나 두려움으로 인해 피해가 오랜 시간 지속될 수 있기 때문이다. 그러나 현행법상 범죄로 포섭할 수 있는 관련 법규가 미비해 대책 마련이 필요하다는 비판이 제기되고 있다.

출처: 다음백과(http://100.daum.net/encyclopedia/view/47XXXXXd1531).

TIP 5 콤플렉스 모음

파더 콤플렉스(파더콘)	아이가 아버지에게 비정상적일 정도로 가지는 애착
마더 콤플렉스(마더콘)	아이가 어머니에게 비정상적일 정도로 가지는 애착
엘렉트라 콤플렉스	딸의 모친에 대한 대항심
오이디푸스 콤플렉스	아들의 부친에 대한 대항심
열등감 콤플렉스	자신이 남보다 못하거나 부족하다는 생각에서 오는 느낌
착한아이 콤플렉스	착한 아이가 되기 위해 욕구를 억압하는 말과 행동을 반복하는 것

아도세 콤플렉스	모친과 아이의 심리 갈등
아그립피나 콤플렉스	모친의 밀착에 대한 아들의 혐오
브라더 콤플렉스(브라콘)	형제에 대한 애착
시스터 콤플렉스(시스콘)	자매에 대한 애착
카인 콤플렉스	형제자매 사이의 부모 사랑을 둘러싼 갈등
아브라함 콤플렉스	부친의 아들에 대한 증오
신데렐라 콤플렉스	여성의 높은 남성 지향
백설공주 콤플렉스	피학대아 증후군 및 모친의 딸에 대한 증오
메시아 콤플렉스	강박적으로 사람을 원조하는 심리
유디트 콤플렉스	강한 남자에게 몸을 맡기고 싶은 감정과 상대에 대한 미움이 겹친 여성의 이중 심리
디아나 콤플렉스	남성에게는 지고 싶지 않다는 여성 심리
카멜리아 콤플렉스	불행한 여성을 구하려는 남성의 심리
스페크타큐라 콤플렉스	성기호가 행동을 규율 하는 심리
피그말리온 콤플렉스	인형에 대한 애착
오레스테스 콤플렉스	부친의 규칙과 모친의 주박 안에서 마음이 찢어지는 심리
다프네 콤플렉스	처녀의 남성 혐오
프랑켄슈타인 콤플렉스	인공 존재를 창조하는 욕망과 그 대상에 대한 공포

기사 엿보기 미국 · 일본에 한참 뒤처진 트라우마(Trauma) 관리 정책

미국과 일본은 정부 · 민간차원에서 체계적으로 외상 후 스트레스장애(PTSD) 등 정신건강 관리가 이뤄지고 있는 반면 한국은 여전히 대응체계가 미약하다는 지적이다. 최근 국가인권위원회가 서울대 사회발전연구소에 의뢰해 실시한 '가축 살처분 트라우마 현황 실태조사' 결과 보고서에 따르면 미국은 1989년 베트남전 참전 군인들을 위해 보훈부 산하 국립 외상후스트레스장애 센터(National center for PTSD)를 설립했다. 현재는 참전군인들뿐 아니라 심리적 외상으로 인한 외상후스트레스장애를 겪고 있는 일반인들에 대한 전반적인 지원, 연구 및 치료, 진단, 교육도 진행하고 있다.

특히 2001년 9.11 테러 이후 시행된 세계무역센터 건강지원 프로그램(World Trade Center Health Program)은 테러에 의한 신체적 · 정신적 건강문제에 의료지원도 해주고 있다. 뉴욕시와 연방정부가 예산을 지원하며 미국 국립산업안전보건연구원이 전체 프로그램을 관할한다.

환태평양 지진대에 속해 심각하고 광범위한 재난을 주기적으로 겪고 있는 일본은 이에 대한 심리지원 체계를 꾸준히 발전시켜 왔다. 특히 2011년 3월 동일본 대지진 이후 재난 피해자들에게 지속적이고 효과적인 심리치료와 지원을 제공하기 위해 국립재난정신건강정보센터(National Information Center of Disaster Mental Health)을 설립했다. 2013년에는 보다 효율적인 재난 후 심리지원 체계를 구축하기 위해 후생노동성 산하 재난정신의료지원팀을 설립했는데, 이 팀은 재난뿐 아니라 범죄 사건 · 사고 등이 발생한 지역에도 파견돼 피해자의 정신과 의료 및 정신보건 활동 지원을 한다. 또 각 지역마다 자리 잡고 있는 심리지원 체계는 서로 유기적으로 연결되어 상호 지원망을 구축하고 있다.

반면, 한국의 경우 전쟁 및 많은 자연재난과 대규모 사고를 끊임없이 겪어 왔지만 아직까지 국민들의 정신건강에 대한 국가 수준의 대응 체계는 미약한 수준이다. 국방부는 트라우마를 입은 장병들의 외상 후 스트레스장애 예방 및 치료, 연구, 교육활동을 위해 2011년 국군수도병원 정신건강증진센터를 개설했다. 센터는 현재 소규모 재난 대응 체계는 갖추었지만 중대형 규모의 재난 발생 시에는 인력 부족 등으로 대응이 불가능한 상태라고 알려졌다. 또 각 광역시 · 도에 재난이나 사고의 경험으로 인한 충격 해소와 심리 회복 지원을 위해 재난 심리 회복 지원센터가, 안산과 광주 등에는 민간주도로 시작돼 예산을 보조받는 트라우마 센터가 각각 운영 중이다.

하지만 체계적 외형에도 실질적으로 재난 후 국민들의 정신건강을 관리 · 지원할 수 있는 시스템이 제대로 구축되어 있는지는 의문이라는 지적이다. 보고서는 "유사시에 동원할 수 있는 인적, 물적 자원이 어느 정도 예비돼 있으며, 이것이 실제로 어느 정도 효율적으로 가동 가능한가에 대해 보다 심도 있는 연구와 정책적 뒷받침이 필요하다"고 분석했다.

출처: 세계일보(2018.04.25. 재인용)

B·I·B·L·I·O·G·R·A·P·H·Y

참고문헌

… 국내문헌

1. 저서 및 역서

김동배·권중돈, 2005. 『인간행동이론과 사회복지실천』, 서울: 학지사.

김상균, 2004. 『범죄학원론』, 서울: 양서원

_____, 2008. 『범죄심리학』, 서울: 청목출판사.

김종재, 2013. 『지식사회와 인간관계』, 서울: 박영사.

나이젤 C. 벤슨 저, 윤길순 역. 2003. 『심리학』, 서울: 김영사.

로이 해이즐우드·스티븐 G. 미초드 공역, 허진 역. 2007. 『프로파일 노트』, 마티.

레리 J. 시에겔 저, 이민식 외 공역, 2012. 『범죄학: 이론과 유형』, 서울: 교우사.

마이클 J. 팔미오토 저, 양문승 역, 2001. 『지역사회 경찰활동』, 서울: 대영문화사.

박현호, 2017. 『CPTED와 범죄과학』, 서울: 박영사.

배종대, 2014. 『형사정책』, 서울: 홍문사.

백승기, 2017. 「정책학원론」, 서울: 대영문화사.

손동필 외 4인 공저, 2017. 「도농복합지역의 범죄예방환경설계 가이드라인」, 건축도시공간연구소.

신의기 외, 2008. 「범죄예방을 위한 환경설계의 제도화 방안」, 한국형사정책연구원.

오윤성, 2016. 『범죄, 그 심리를 말하다』, 서울: 박영사.

앤드류 D. A·제임스 본타 공저, 김시업 외 공역. 2017. 『범죄심리학』, 서울: 학지사.

유광흠 외 7인 공저, 2014. 「실무자를 위한 범죄예방환경설계 가이드북」, 건축도시공간연구소.

이경훈 외 4인 공저, 2017. 『범죄를 예방하는 환경설계』, 서울: 커뮤니케이션북스.

이상현·정석헌·곽대경·이완희, 2012. 『범죄심리학』, 서울: 박영사.

이수정, 2015. 『최신 범죄심리학』, 서울: 학지사.

이창환·황성현·김상원, 2012. 『신) 범죄학 형사정책』, 서울: 박영사.

임상곤, 2006. 『범죄심리학원론』, 서울: 백산출판사.

임준태, 2009. 『프로파일링』, 서울: 대영문화사.

_____, 2012. 『범죄예방론』, 서울: 대영문화사.

_____, 2015. 『법과학과 범죄수사론』, 서울: 대영문화사.

장석현·이창한 역, 2010. 『범죄심리학』, 서울: 나남출판사.

조엘 레비 저, 강경이 역, 2014. 『프로이드의 말실수』, 서울: 청아문화사.

조철옥, 2008. 『현대 범죄학』, 서울: 대영문화사.

_____, 2010. 『새 범죄심리학』, 서울: 21세기사.

치안정책연구소, 2016. 「데이트폭력의 실태 및 대응방안」. 치안정책연구소.

한영수·강호성·이형섭, 2013. 『한국 전자감독제도론: 범죄인 위치추적과 전자장치 운용에 관한 이론과 실무』, 서울: 박영사.

황성현·이창한·이강훈·이완희·한우재 공저, 2015. 『한국 범죄심리학』, 서울: 피앤시미디어.

홍성열, 2011. 『범죄자 프로파일링』, 서울: 학지사.

허경미, 2014. 『현대사회와 범죄학』, 서울: 박영사.

2. 논 문

강우예·박학모, 2009. 형사법개정연구(Ⅳ): 보안처분제도의 정비방안, 「한국형사정책연구원」.

강용길·박재풍·박원규·이춘삼, 2016. 데이트폭력 예방 및 대응 관련 쟁점사항에 관한 연구, 「치안정책연구」, 30(1): 185-196.

강은영·황만성, 2010. 상습적 성폭력범죄자 거세법에 관한 연구, 「한국형사정책연구원」.

곽금주·김연수, 2008. 발달적 관점에서 본 정신병질: 아동기와 청소년기를 중심으로, 「한국심리학회지」, 27(1): 71-89.

권호인·고선규, 2016. 심리부검에 대한 고찰과 제언, 「한국심리학회지: 문화 및 사회문제」, 22(4): 623-641.

김대진·최천근·정송미, 2015. 이슈관심주기 모형을 적용한 정책변동 분석: 강력범죄자 전자장치사례를 중심으로, 한국정책학회보, 24(2): 183-212.

김병철, 2010. 자살보도가 잠재적 자살자에게 미치는 영향, 「커뮤니케이션학 연구」, 18(1): 41-63.

김양규 외, 2014. 물리적 환경개선 사업시행 이후의 유지관리 실태에 관한 연구, 「한국셉테드학회」, 5(2): 42.

김일수, 2005. 범죄인 전자감독에 관한 연구. 한국보호관찰학회, 「2005 법무부 용역과제」.

_____, 2005, 범죄인의 전자감독에 관한 연구, 「보호관찰」, 5: 55-114.

김종오, 2010. 베르테르 효과에 대한 심리학적 분석: 연예인을 중심으로, 「한국범죄심리연구」, 6(3): 37-67.

김지선·장다혜·김정명·김성언·한영수·강호성·문희갑, 2014. 성폭력범죄자 사후관리시스템에 대한 평가연구(II): 전자감독제도에 관한 평가연구, 「한국형사정책연구원」.

김지선, 2018. 전자감독 도입 성과와 선진화 방안, 전자감독 시행 10주년 기념 학술대회 발표자료: 3-58.

김현우·임유석, 2011. 성폭력범죄자에 대한 성충동 약물치료의 문제점 및 개선방안. 「사회과학연구」, 18(2): 85-106.

김혜정, 2000. 전자감독제도의 적용가능성에 대한 검토: 전자감독은 새로운 형행의 신호탄인가?, 「형사정책」, 12(2): 110-111.

_____, 2011. 전자장치부착명령의 법적 성격과 제 문제. 「법조」, 660: 299-331.

_____, 2015. 전자감독제도의 도입 및 운영을 위한 예비연구, 「한국형사정책연구원」.

_____, 2015. 현행 전자감독제도의 발전방안에 관한 소고: 대상범죄 및 부착기간을 중심으로, 「보호관찰」. 15(2): 34-35.

김 혁, 2016. 일본의 데이트폭력 대응법제에 관한 고찰, 「경찰학연구」, 16(2): 87-120.

김태명, 2011, 성폭력범죄의 실태와 대책에 대한 비판적 고찰, 「형사정책연구」, 22(3): 36.

나경세·백종우·윤미경·김현수, 2015. 심리부검: 우리나라에서 향후 방향에 대한 검토 및 고찰, 대한신경정신의학회 (JKNA, Journal of Korean Neuropsychiatric Association), 54(1): 40-48.

류병관, 2012. 성충동약물치료법에 관한 비교법적 고찰, 「법학논총」, 32(2): 436

_____, 2014. 데이트폭력에 있어 피해자 보호 방안, 「법학연구」, 22(3): 91-114.

문국진, 1991. 자살의 증명과 심리부검, 「대한법의학회지」, 15(1): 1-13.

문수진·민정원·반건호, 2011. 미성년자 대상 성범죄자의 화학적 거세에 대한 임상적 고찰, 「대한정신약물학회지」, 22: 119-126.

박봉진, 2012. 성폭력범죄자의 성충동약물치료에 관한 법률의 헌법적·형사정책적 검토, 「법학연구」, 47: 171-195

박상기, 2010. 소위 화학적 거세와 '성폭력범죄자 성충동 약물치료에 관한 법률'의 문제점, 「형사정책연구」, 21(3): 205-221.

박상열, 2003. 미국의 스토킹금지법에 대한 연구, 「비교형사법연구」, 5(1): 737-746.

박선영, 2010. 전자감독제도의 효과성 연구, 「한국형사정책연구원」.

박성수, 2015. 가해제와 재범률 간의 상관관계분석 및 중간처우적 방안으로써 재택구금제 도입 연구, 「2015년 법무부 정책연구보고서」.

_____, 2016. 전자장치 부착기간 장기화에 따른 문제점 및 개선방안: 가해제 활용방안을 중심으로, 「한국치안행정논집」, 13(1): 73-94.

박지선·조준택. 2013. 내용분석을 통해 본 사이코패스 관련 언론보도 실태 및 추세, 「한국경찰연구」, 12(4): 175-200.

박진혁·이재우·유미경·장소영·김종균, 2013, 핵심 프로그램이 성범죄자의 인지 및 사회적 그리고 정서적 특성에 미치는 영향, 「한국법의학학회지」, 37: 145-152.

박찬걸, 2013. 성충동 약물치료의 시행과 향후 과제, 「형사정책연구」, 24(1): 265-297.

박창범·최관호, 2018. 성충동 약물치료 효과의 문제점과 법적 요건, 「민주법학」, 67: 117-147.

박현정, 2015. 데이트폭력의 위험요소와 대책에 관한 고찰, 「법학연구」, 22(2): 499-521.

박현정·정순형, 2017. 데이트폭력범죄에 대한 독자적 형사제재의 필요성에 관한 고찰, 「인문사회 21」, 8(3): 583-603.

배준성·허태균, 2010. 스트레스, 우울, 자살의 이해와 예방: 자살보도에 대한 지각과 인식(사회학습효과의 검증), 「한국심리학회지 사회문제」, 16(2): 179-195

소병도, 2016. 영국의 가정폭력전과제도 도입에 대한 고찰, 「경찰학연구」, 16(2): 61-86.

손동필, 2016. 범죄예방환경설계로 안전한 건축·도시공간을 꿈꾸다, 「건축과 도시공간」, 21: 6-11.

송진경, 2011. 위치추적 전자감시제도에 대한 비판적 검토. 「형사법연구」, 23(2): 311-337.

서종한·최선희·김경일, 2018. 심리부검 기반 자살유형 연구, 「보건사회연구」, 38(2): 350-393.

서혜석·이정은, 2016. 전자장치 부착 대상자들의 재범경험에 대한 질적 내용분석 연구: A시의 보호관찰 성범죄자들을 중심으로, 「보호관찰」, 16(2): 75-115.

선종수, 2011. 성폭력범죄자의 성충동 약물치료에 관한 법률에 대한 비판적 검토, 「법학논총」, 23(2): 59-91.

신동일, 2011, 성폭력범죄자의 성충동 약물치료에 관한 법률"의 평가, 「형사정책」, 23(1): 255-276.

신소라. 2018. 데이트폭력 피해 대학생의 심리적 특성에 대한 사례분석, 「한국범죄심리연구」, 14(2): 47-62.

안성조. 2008. 사이코패스의 범죄충동과 통제이론: 사이코패스의 특이성과 통제이론적 접근의 한계, 「경찰법연구」, 6(1): 196-233.

양현호. 2018. 외국의 사례를 통한 국내 아동 성범죄자 약물치료의 싱효적 운영 방향, 「한국치안행정논집」, 14(4): 213-242.

오삼광, 2012. 현행법상 전자감시제도의 문제점과 발전방안에 관한 연구, 「서울법학」, 20(1): 311-343.

오세연·곽영길, 2011. 데이트폭력의 실태와 대응방안에 관한 연구: 사례분석을 중심으로, 「한국경찰학회보」, 13(5): 3-27.

원혜욱, 2012. 전자장치 부착명령의 적용범위에 대한 고찰: 만 19세 미만의 자에게 부착명령을 선고할 수 있는가?", 「보호관찰」, 12(2): 285-312.

양현호, 2018. 외국의 사례를 통한 국내 아동 성범죄자 약물치료의 실효적 운영 방향, 「한국치안행정논집」, 14(4): 213-242.

유광흠·진현영, 2013. 영국의 사례를 통해 본 범죄예방환경설계(CPTED) 정책·제도방안, 건축도시연구소 auri brief, 67: 1-8.

윤상민, 2016. 데이트폭력에 대응하는 입법적 대책에 대한 검토, 「법학연구」, 16(4): 301-319.

윤웅장, 2010. 성폭력범에 대한 성충동 약물치료제도의 효율적 운영방안 검토, 「2010년 한국보호관찰학회 추계 학술대회자료」.

_____, 2011. 성충동 약물치료제도 시행계획 및 유럽 주요국가의 시행 실태, 「화학적 거세법 및 진술녹화법 개정을 위한 공청회자료」.

이동수, 2017. 안전도시 조성을 위한 환경설계 기법 도입의 법적 과제, 「토지공법연구」, 79: 221-246.

이미정, 2015. 심리부검 연구의 변화양상과 형사정책적 함의, 「한국범죄심리연구」, 11(1): 127-145.

이보영·홍기원, 2011. 성폭력범죄자의 성충동약물 치료에 관한 법률의 정당성 및 실효성 검토, 「외법논집」, 35(4): 217-237.

이상영, 2015. 우리나라 자살예방 대책의 문제점과 개선방안, 한국보건사회연구원, 보건복지포럼.

이수정·고려진·김재경, 2009. 한국판 Psychopathy Checklist-Revised(PCL-R)의 구성타당도 연구, 「한국심리학회보」, 23: 57-71.

이성칠·김충섭, 2013. 전자장치대상자의 스트레스와 정신건강에 관한 연구, 「보호관찰」, 14: 111-137.

이완희, 2013, 성충동 약물치료대상자의 인지행동치료 처우기법 개발, 「한국경찰학회보」, 15(6): 179-202.

이원경, 2016. 성충동약물치료법의 정당성과 문제점에 대한 검토, 「교정연구」, 26(1): 163-187.

이혜미, 2012. 전자감시제도의 문제점과 개선방안, 「이슈와 논점」, 제523호, 국회입법조사처.

이형섭, 2013. 위치추적 전자감독제도 시행 5년의 현황과 과제, 「보호관찰」, 13(1): 55-165.

이창훈·최진혁, 2015. CPTED의 사회적 공간성 조명, 「형사정책」, 27: 103-146.

이창훈·최진혁·권도이. 2017. 국내 범죄예방환경설계(CPTED) 관련 법제적 문제점 및 개선 방향 연구, Journal of Community Safety and Security by Environmental Design, 8(1): 281-311.

연성진·유진, 2015. 전자감독제도 운영성과 분석 및 효과적인 개선방안에 관한 연구, 「한국행사정책연구원 연구총서(15-AB-06)」.

연성진·유진, 2016. 전자감독제도 운영성과 분석 및 효과적인 개선방안에 관한 연구, 「KIC ISSUE PAPER」, 6: 1-12.

조윤오, 2010. 성폭력 범죄자에 대한 위치추적 전자감독제도의 효과성 연구, 「2009 법무부 용역과제」.

_____, 2010. 위치추적 전자감시제도의 저항이론 관련요인 분석, 「형사정책연구」, 21(2): 289-317.

조영진. 2016. 범죄예방 환경조성 관련 법제도 현황과 개선방향, 「건축과 도시공간」, 21: 12-20.

정승민·박영주. 2009. 자살보도가 자살위험성에 미치는 조건적 효과에 관한 연구, 「한국경찰연구」, 8(2): 153-182.

정우일. 2014. 성충동 약물치료에 관한 고찰, 「한국범죄심리연구」, 10(1): 159-174.

정영주, 2014. 아동 대상 성폭력범죄자에 대한 성충동 약물치료의 형사정책적 정당성 및 헌법적 정당성, CHUNGBUK LAW JOURNAL. 8(1).

정진수, 2012. 재범방지를 위한 교정보호의 선진화 방안 연구 Ⅰ, 「한국형사정책연구원」.

차민교·김동희·김태완·곽대경, 2014. 전자감독제도의 실태분석을 통한 지능형 전자장치 도입방안, 「한국재난정보학회논문집」, 10(3): 374-387.

최재은·정윤남·김세용, 2011. 범죄로부터 안전한 주거환경 조성을 위한 법·제도 개선방안 연구, 「대학건축학회지」, 27(3): 269-276.

최정학, 2007. 전자감시제도(electronic monitoring system)의 도입에 관한 연구: 특정 성범죄자에 대한 위치추적 전자장치 부착에 관한 법률의 비판적 분석, 「형사정책」, 19(2): 351.

_____, 2014. 전자감시제도의 적용확대에 따른 문제점 및 개선방안, 「법학연구」, 25(3): 179-220.

한성훈, 2017. 데이트폭력에 대한 대응방안에 관한 연구, 「법학연구」, 25(4): 9).--

한영수, 2013. 위험한 범죄자에 대한 실효성 확보방안, 「형사정책연구」, 24(1): 173-209.

황성기, 2008. 상습적 성범죄 예방수단으로서의 거세에 관한 헌법적 고찰, 「공법학연구」, 9(3): 121-147.

황일호, 2012. 성충동 약물치료의 재범억지 효과성에 관한 연구, 「교정연구」, 56: 58.

_____, 2015. 성범죄자의 재범방지를 위해 새로 도입된 제도들의 효과성에 관한 연구, 「교정연구」, 69: 147.

홍영오, 2015. 데이트폭력에 대한 효과적인 예방 및 대응방안, 한국형사정책연구원, 「KIC 이슈페이퍼」, 제9호: 10-11.

허경미, 2009. 지역사회교정 관점의 전자감시제의 한계 및 개선방향, 「교정연구」, 42: 75-107.

_____, 2010. 성범죄자에 대한 약물치료명령에 관한 연구, 「교정연구」, 49: 157-191.

_____, 2013. 미국 전자감독제의 효과성 및 정책적 시사점연구, 「교정연구」, 59: 35-60.

표창원, 2002. CPTED(환경설계를 통한 범죄예방)이론과 '범죄피해 예방'에 대한 행정의 책임, 한국행정학회 2002년도

동계학술대회발표논문집.
_____, 2003. CPTED(환경설계를 통한 범죄예방) 이론과 Premises Liability(장소 소유·관리자의 법적 책임)에 대한 고찰, 한국경찰연구, 1(2): 81-100.

3. 기타자료

경찰청, 「2017 경찰백서」. 경찰청
대검찰청, 「2015 범죄분석」, 대검찰청.
보건복지부·중앙심리부검센터, 2018. 「2017 심리부검 면담 결과보고서」.
법무연수원, 「2017 범죄백서」
대한신경정신의학회(http://terms.naver.com).
보건복지부(http://www.mohw.go.kr/)
법무부(http://www.moj.go.kr/).
중앙심리부검센터(http://kpac.bnifree.com/)
한국자살예방협회(http://suicideprevention.or.kr/)
http://www.inter-law.co.kr/BBS/BBSView.aspx?bbs=lawword&idx=2039.
http://100.daum.net/encyclopedia/view/24XXXXX58484.
http://100.daum.net/encyclopedia/view/b02g0740a.
http://ko.wikipedia.org/wiki.
http://100.daum.net/encyclopedia/view/47
http://ko.wikipedia.org/wiki/.
http://www.hidoc.co.kr/news/healthtoday/item/C0000002499(2017년 3월 29일 검색)
http://www.segye.com/newsView/20180331001720(2018년 4월 27일 검색)
http://biz.heraldcorp.com/common_prog/newsprint(2018년 4월 27일 검색).
http://100.daum.net/encyclopedia/view/검색일: 2018.08.31).
http://100.daum.net/encyclopedia/view/201XXX1711016: 2018년 9월 20일 검색).

··· 외국문헌

Adams, M., & Robertson, C., & Gray-Ray, C., & Ray, M. 2003. Labeling and Delinquency, *Adolescence*: 171-186.
Ageton, S. S., & Elliott, D. S. 1974. The Effects of Legal Processing on Delinquent Orientations, *Social Problem*, 22(1): 87-100.
Agnew, R. 1985. Social Control Theory and Delinquency: A Longitudinal Test, *Criminology*, 23: 47-61.
Agnew, R. 1994. The Techniques of Neutralization and Violence, *Criminology*, 32: 555-580
Aichorn, August. 1935, Wayward Youth, New York: Viking Press.
Ainsworth, Peter. 2001. Offender Profiling and Crime Analysis, Cullompton, Devon: Willan Publishing.
Ainsworth, P. B. 2002. Psychology and Policing, London: Willan Publishing.
Akers, R. L., & Cochran, J. K. 1985. Adolescent Marijuana Use: A Test of Three Theories of Deviant Behavior, *Deviant Behavior*, 6: 323-346.
Akers, Ronald. 1990. Rational Choice, Deterrence and Social Learning Theory in Criminology: The Path Not Taken,

Journal of Criminal Law and Criminology, 81: 653-676.

Akers, Ronald. 1994. Criminological Theories: Introduction and Evaluation, CA: Roxbury.

Akers, R., & Sellers, C. S. 2004. Criminological Theories: Introduction, Evaluation, and Application, Los Angeles, CA: Roxbury Publishing.

Akers, R. H., & Sellers, C. S. 2011. Criminological Theory: Introduction and Evaluation, Second Edition, Oxford University Press, Inc.

Akers, Ronald L. and Christine S. Sellers. 2004. Criminological Theories, Introduction, Evaluation, and Application, 4th Edition, Roxbury Publishing Company.

Adler, A. 1956. The Individual Psychology of Alfred Adler, NY: Basic Books.

Alexander, F. & Healy. 1935. Roots of Crime, New York: Knopf.

Altman, I. 1975. The Environment & Social Behavior, California: Books/Cole Publishing Company.

Andrews, D. A. and Bonta, James. 1994. The Psychology of Criminal Conduct, cincinnati, OH: Anderson.

Andrew, D. A. 1980. Some Experimental Investigations of the Principles of Differential Association through Deliberate Manipulations of the Structure of Service Systems, *American Sociological Review,* 45: 448-462.

Arlow, J. A. 1979. Psychoanalysis, in R. J. Corsini (eds.), Current Psychotherapies (2nd ed.), IL: F. E. Peacock Publishers, Inc.

Athens, L. 1992. The Creation of Dangerous Violent Criminals, Urbana Ⅲ: University of Illinois Press.

Atlas, Randall I. 2013. 21st Century Security and CPTED: Designing for Critical Infrastructure Protection and Crime Prevention, 2nd ed, Florida, CRC Press.

Baertlein, L. 1994. HIV Ruled Deadly Weapon in Rape Case, Boston Globe, 2 March.

Bales, W., Mann, K.., Blomberg, T., Gaes, G., Barrick, K., Dhungana, K., & McManus, B. 2010. A Quantitative Assessment of Electronic Monitoring, Tallahassee, The Florida State University, *College of Criminology and Criminal Justice*: 64.

Bandura, Albert. 1965. Influence of Models' Reinforcement Contingencies on the Acquisition of Imitative Responses, *Journal Personality and psychology*, Vol. 1: 589-595.

Barber, N. 2006. Why is Violent Crime So Common in the Americas?, *Aggressive Behavior*, 32: 442-450.

Barraclough, B. M., Bunch, J., Nelson, B., & Sainsbury, P. 1974. A Hundred Cases of Suicide: Clinical Aspects, *British Journal of Psychiatry,* 125: 355-373.

Barratta, A., Javelot, H., Morali, A., Halleguen, O. & Weiner, L., 2012. The Role of Antidepressants in Treating Sex Offenders, *Sexologies*, 21: 106-108.

Bartol, C. R. & Bartol, A. M. 2005. Criminal Behavior: A Psychological Approach, 7th ed., Upper Saddle River, New Jersey: Pearson Prentice Hall.

Bartol, C. R. & Bartol, A. M. 2005. Introduction to Forensic Psychology: Research and Application, California: SAGE Publication.

Basile, K. C., & Saltzman, L. E. 2009. Sexual Violence Surveillance: Uniform Definitions and Recommended Data Elements. 「Center for Disease Control and Prevention, National Center for Injury Prevention and Control.

Baumer, E., Horney, J., Felson, R. & Lauritsen, J. 2003. Neighborhood Disadvantage and the Nature of Violence, *Criminology*, 41: 39-71.

Beck, A. T. 1976. Cognitive Therapy and the Emotional Disorder, NY: International Universities Press.

Beck, J., Klien-Saffran, ., & Wooten, H. B. 1990. Home Confinement and the Use of Electronic Monitoring with Federal parolees, *Federal Probation*, 54: 22-31.

Beck, A. T. 2002. Prisoners of hate, *Behavior Research and Therapy*, 40: 209-216.

Becker, H. S. 1963. Outsider: Study in the Sociology of Deviance, New York: Free Press.

Beckett, R., Beech, A., Fisher, D., & Fordham, A. s. 1994. Community-Based Treatment for Sex Offenders: An Evaluation of Seven Treatment Programmes, London: Home Office.

Belvedere, K., Worrall, J. L., & Tibbetts, S. G. 2005. Explaining Suspect Resistance in Police-Citizen Encounters, *Criminal Justice Review*, 30: 30-44.

Bernberg, J. C., & Krohn, M. 2003. Labeling, Life Chances, and Adult Crime: The Direct and Indirect Effects of Official Intervention in Adolescence on Crime in Early Adulthood, *Criminology*, 41: 1287-1319.

Bingenheimer, J. B., Brennan, R. T., & Earls, F. 2005. Firearm Violence Exposure and Serious Violent Behavior, *Science*, 308: 1323-1326.

Bjerk, David. 2007. Measuring the Relationship Youth Criminal Participation and Household Economic Resource, *Journal of Quantitative Criminology*, 23: 23-39.

Blackburn, Ronald. 2003. The Psychology of Criminal Conduct-Theory, Research. Practice. John Wiley & Sons, Ltd.

Black, Matt., & Smith, Russell G. 2003. Electronic Monitoring in the Criminal Justice System, *Trend & Issue in Criminal Justice*, 254: 1-6

Blasi, A. 1980. Bridging Moral Cognition and Moral Action: A Critical Review of the Literature, *Psychological Science*, 2: 101-110.

Blumenthal, S., & Kuper, D. 1986. Generalizable Treatment Strategies for Suicidal Behavior, In J. Mann & M. Stanley(eds.), *Annuals of the New York Academy of Sciences*, 487: 327-340.

Blumenthal, S., Gudjonsson, G., & Burns, J. 1999. Cognitive Distortions and Blame Attribution in Sex Offenders Against Adults and Children, *Child Abuse and Neglect*, 23: 129-143.

Bonta, J., Wallace-Capretta, S., & Rooney, J. 2000. Can Electronic Monitoring make a Difference? An Evaluation of Three Canadian Programs, *Crime and Delinquency*, 46(1): 61-75.

Booth, Alan and D. Wayne Osgood. 1993. The Influence of Testosterone on Deviance in Adulthood: Assessing and Explaining the Relationship, *Criminology,* 31: 93-118.

Bouffard, L. A., & Piquero, N. L. 2010, Defiance Theory and Life Course Explanations of Persistent Offending, *Crime and Delinquency*, 56(2): 227-252.

Bottos, Shauna. 2007. An Overview of Electronic Monitoring in Collections: The Issue and Implications, Ottawa: Research Branch Correctional Service Canada.

Bradburm, W. E., 1992. Stalking Statutes: An Ineffective Legislative Remedy for Rectifying Perceived Problems with Today's Injunction System, *19 Ohio N.U.L. Rev*: 271.

Brainerd, C. J. & Reyna, V. F. 1998. Fuzzy-trace Theory and Children's False Memories, *Journal of Experimental Child Psychology*, 71: 81-129.

Braithwaite, j. 1989. Crime, Shame, and Reintegration, Melbourne, Australia: Cambridge University Press.

Brent E., & Turvey, M. S. 2002. Criminal Profiling, Academic Press.

Brown, Sandra., Creamer, Vicki., and Stetson, Barbara. 1987. Adolescent Alcohol Expectancies in Relation to Personal and Parental Drinking Patterns, *Journal of Abnormal Psychology* 96: 117-121.

Brown, T., McCabe, S. A., & Wellford, C., 2007. Global Positioning System(GPS) Technology for Community Supervision: Lessons Learned(Noblis Technical Rep. No. NTR-2007-012).

Brownfield, David. 1986. Social Class and Violent Behavior, *Criminology*. 24: 421-438.

Burgess, Ernest. 1925. The Gross of a City, in Robert Park and Ernest Burgess eds., The City, Chicago: University of Chicago Press.

Burgess, R. & Akers, R. L. 1966. A Differential Association-Reinforcement Theory of Criminal Behavior, *Social Problems*, 14: 363-383.

Cadigan, Timothy P. 1991. Electronic Monitoring in Federal Pretrial Release, *Federal Probation*, 55: 26-30.

Campell, M. A., Porter, S., & Santor, S. 2004. Psychopathic Traits in Adolescents Offenders: An Evaluation of Criminal History, Clinical, and Psychosocial Correlates, *Behavioral Sciences and the Law*, 22(1): 23-47

Casey, M. 1966. Sex Chromosomal Abnormalities in Two State Hospital for Patients Requiring Security, *Nature 5*, February: 152-153.

Catherine, R. 2008. Lest We Regress to the Dark Ages: Holding Voluntary Surgical Cast Ration Cruel and Unusual, Even for Child Molesters. *16 Wm. & Mary Bill Rts. J,* 1305: 1333-1334;

Cavanagh, J. T., Carson, A. J., Sharpe, M., & Lawrie, S. M. 2003. Psychological Autopsy Studies of Suicide: A Systematic Review, *Psychological Medicine*, 33(3): 395-405.

Cheong, J. 2008. Neighborhood Disorder, Dilapidated Housing, and Crime: Multilevel Analysis within a Midsized Midwestern City Context, Dissertation, Ph. D. Michigan State University.

Clark, D. C., & Horton-Deutsch, S. L. 1992. Assessment in Absentia: The Value of the Psychological Autopsy Methods for Studying Antecedents of Suicide and Predicting Future Suicides, In Maris, R. W., Berman, A. L., Maltsberger, J. T., Yufit, R. I. Assessment and Prediction of Suicide, The Guilford Press.

Clarke, R. V. 1983. Situational Crime Prevention: Its Theoretical Basis and Practical Scope, *Crime and Justice: An Annual Review of Research,* Univ. of Chicago Press.

Clarke, Ronald V. 1995. Situational Crime Prevention, in : M, Tonry & D. Farrington(eds.) Building a Safer Society: Strategic Approaches to Crime Prevention, Crime and Justice 19, Chicago, IL: University of Chicago Press.

Cleckley, H. 1959. Psychopathic States, in An American Handbook of Psychiatry, ed. S. Aneti, New York: Basic Books.

Cleckley, H. 1982. The Mask of Sanity, (4th ed.), St. Louis: Mosby.

Clifton, W. 1993. Convenience Store Robberies in Gainesville, Florida: An Intervention Strategy by the Gainesville Police Department. Gainesville, FL: Gainesville Police Department.

Cloward, Richard and Lloyd Ohlin, 1960. Delinquency and Opportunity, New York: Free Press.

Coleman, A. 1985. Utopia on Trial, London: Hilary Shipman.

Crick, N. R. & Dodge, K. A. 1996. Social Information Processing Mechanism in Reactive and Proactive Aggression, *Child Development*, 67: 74-101.

Crick, N. R. & Dodge, K. A. 1996. Social Information Processing Mechanisms in Reactive and Proactive Aggression, *Child Development*, 67(3): 993-1002.

Cohen, A. K. 1955. Delinquent Boys, New York: Free Press.

Cohen, Albert. 1965. The Sociology of the Deviant Act: Anomie Theory and Beyond, *American Sociological Review 30*: 5-14.

Cohen, Albert K. 1966. Deviance and Control, New Jersey: Prentice-Hall, Inc.

Cohen, L. E., & Felson, M. 1979. Social Change and Crime Rate Trends: A Routine Activities Approach, *American Sociological Review*, 44: 588-608.

Coie, J. D. & Dodge, K. A. 1987. Social Information-Processing Factors in Reactive and Proactive Aggression in Children's Peer Groups, *Journal of Personality and Social Psychology*, 53(6): 1146-1158.

Cole, G. F. 1992. The American System of Criminal Justice, 6th (ed.), CA: Brooks/Cole Publishing Co.

Conner, K. R., Beautrais, A. L., Brent, D. A., Conwell, Y., Phillips, M. R., & Schneider, B. 2012. The Next Generation of Psychological Autopsy Suicide; Part Ⅱ. Interview Procedures, *Suicide & Life-Threatening Behavior*, 42: 86-103.

Cooley, C. H. 1964. Human Nature and the Social Order, New York: Schocken.

Cooper, K., & Kerby, J. 1990. Practical Application of Electronic Monitoring at the Pretrial Stage, *Federal Probation*, 54: 28-35.

Corey, G. 2000. Theory and Practice of Counseling and Psychotherapy (6th ed.), CA: Wadsworth Publishing.

Crick, N. R. & Dodge, K. A. 1994. A Review and Reformulation of Social Information Processing Mechanisms in Children's Social Adjustment, *Psychological Bulletin*, 115(1): 74-101.

Crowe, T. D. 1991. Crime Prevention Through Environmental Design: Application of Architectural Design and Space Management Concept, Boston: Butterworth- Heinemann.

Crowe, T. 2000. Crime Prevention Through Environmental Design, Boston.

Butterworth- Heinemann. Dabbs, James M. Jr., and Marian F. Hargrove, Age, Testrone, and Behavior among Female Prison Inmates, *Psychometric Medicine*, Vol. 59: 447-480.

Dalton, Katharina. 1971. The Premenstrual Syndrome, Springfield, I II.: Chares C. Thomas.

Daly, M., & Wilson, M. 1994. Evolutionary Psychology of Male Violence, in Male Violence, ed., Archer, London: Routledge.

Davison, G. C., Neale, J. M., & Kring, A. M. 2004. Abnormal Psychology, 9th ed., Hoboken, NJ: John Wiley and Sons, Inc.

Decker, S. 1994. Gangs and Violence: The Expensive Character of Collective Involvement, University of Missouri-St. Louis.

Dejong, C., & Burgess-Proctor, A. 2006. A Summary of Personal Protection Order Statutes in the United States, *Violence Against Women*: 68-88.

Dietz, P. E. 1986. Mass, Serial and Sensational Homicides, *Bulletin of the New York Academy of Medicine*, 62(5): 477-491.

Diller, J. 1979. The Psychological Autopsy in Equivocal Deaths, *Perspective in Psychiatry Care,* 17: 156-161.

Dodge, K. A. 1980. Social Cognition and Children's Aggressive Behavior, *Child Development*, 51: 162-170.

Dodge, K. A. 1986. A Social Information Processing Model of Social Competence in Children, in *Minnesota Symposium On Child psychology*, 18, ed M. Perlmutter, Hilsdate, NJ: Erlbaum: 77-125.

Dodge, K. A. & Newman, J. P. 1981. Biased Decision-making Processing in Aggressive in Aggressive Boys, *Journal of Abnormal Psychology*, 90(4): 375-379.

Dodge, K. A. & Tomlin, A. M. 1987. Utilization of Self-Schemas as a Mechanism of Interpretational Bias in Aggressive Children, *Social Cognition*, 5(3): 280-300.

Dorpat, T. L., & Ripley, H. S. 1960. A Study of Suicide in the Seattle Area, *Comparative Psychiatry*, 1: 349-359.

Douglas, J. E., Burgess, A. W., Burgess, A. G., & Ressler, R. K. 1992. Crime Classification Manual, New York: Simon & Schuster.

Dugdale, R. 1910. The Jukes: *A Study in Crime, Pauperisms, Disease, and Heredity* (4th ed.) New York: Putnam.

Douglas, J., & Olshaker, M. 1998. Obsession, Pocket Books.

Druhm, W. 1997. Welcome Return To Draconia: California Penal Law §645, The Castration of Sex Offenders and the Constitution. *Albany Law Review*, 285: 293-300.

Earls, F. 1998. Linking Community Factors and Individual Development, Washington D.C: National Institute of Justice.

Ebensen, Finn-Aage,. & Huizinga, D. 1993. Gangs, Drugs and Delinquency in Survey of Urban Youth, *Criminology*, 31: 565-587.

Egger, S. A. 1999, Psychological Profiling, *Journal of Contemporary Criminal Justice,* 15, August.

Ellis, A. 1979. The Issue of Force and Energy in Behavioral Change, *Journal of Contemporary Psychotherapy*, 10(2): 83-97.

Elrod, P., & Brown, M. P. 1996. Predicting public support for electronic house arrest: Results from a New York county survey, *American Behavioral Scientist*, 39.

Elrod, L. D., & Honorable, J. P. 2013. Kansas Family Law, *Kansas Law and Practice Database Update November*: 2

Erickson, K. 1962. Notes on the Sociology of Deviance, *Social Problem*, 9: 397-414.

Erikson, E. H. 1968. Identity Youth and Crisis, NY: Norton.

Esmail, A. 2005. Physician as Serial Killer: The Shipman Case, *New England Journal of Medicine*, 352: 1483-1844.

Etzersdor, E., Voracek, M., & Sonneck, G. A. 2001. Dose-response Relationship of Imitational Suicides with Newspaper Distribution, *Aust N Z J Psychiatry*, 35(2): 251.

Ewing, C. P. 1990. When Children Kill, Lexington, MA: Lexington Books.

Eysenck, H. J. 1964. Crime and Personality, London: Routledgeand Kegan Paul.

Eysenck, H. J. 1987. Personality Theory and the Problem of Criminality, in B. J. McGurk, D. M. Thonton and M. Williams(eds), Applying Psychology to Impersonment, London: HMSO.

Eysenck, H. J. & Eysenck, S. B. J. 1976. Psychoticism as a Dimension of Personality, London: Hodder & Stoughton.

Eysenck. H. J., & Eysenck, B. G. 1978. Psychology, Personality, and Genetics, in R. D. Hare and Schalling(eds.), Psychopathic Behavior, New York: Wiley.

FBI, 2011. Crime in the United States 2010, Expanded Homicide Data Table 10, FBI. Gov.

Festinger, L. 1957. A Theory of Cognitive Dissonance. California: Stanford University Press.

Fisher, B., Diagle, L., Cullen, F., & Turner, M. 2003. Reporting Sexual Victimization to the Police and Others: Result from a National-Level Study of College Women, *Criminal Justice and Behavior*, 30: 6-39

Fisher, B., Cullen, F., & Daigle, L. 2005. The Discovery of Acquaintance Rape, *Journal of Interpersonal Violence*, 20: 493-500.

Fishbein, Diana. 1996. Selected Studies on the Biology of Antisocial Behavior, in New Perspectives in Criminology, ed. John Conklin(Needham Heights, Mass: Allyn and Bacon).

Flavell, J. H. 1985. Cognitive Development (2nd ed.), NJ: Prentice-Hall.

Fogel David. 1975. We are the Living Proof: The Justice Model for Corrections, OH: Anderson Publishing Co.

Fox, J. A., & Levin, J. 1994. Overkill: Mass Murder and Serial Killing Exposed, NY: Plenum.

Fox, J. A., & Levin, J. 1998. Multiple Homicide: Patterns of Serial and Mass Murder, in Crime and Justice: An Annual Edition, Vol. 23, ed. Tony, M., Chicago: University of Chicago Press.

Fox, J. A., & Levin, J. 2003. Mass Murder: An Analysis of Extreme Violence, *Journal of Applied Psychoanalytic Studies*, 5: 47-64.

Fox, J. A., & Levin, J., & Quinet, K. 2004. The Will to Kill: Making Sense of Senseless Murder, 2nd ed., Boston: Allyn & Bacon.

Freud, S. 1922. Beyond the Pleasure Principle, London: Interpsychoanalytic Press.

Freud, A. 1965. Normality and Pathology in Childhood, NY: International University Press.

Freud, S. 1966. Introductory Lectures on Psychoanalysis, NY: Norton.

Frick, P. J., O'Brien, B. S., Wootton, J. M., & Mcburnett, K. 1994. Psychopathy and Conduct Problems in Children, *Journal of Abnormal Psychology,* 103(4): 700-707.

Fuselier, G. D. 1999. Placing the Stockholm Syndrome in Perspective, FBI Law Enforcement Bulletin.

Gainey, Randy R., Brian K. Payne and Mike O'Toole, 2000. The relationship between time in jail, time on electronic monitoring, and recidivism: An event history analysis of a jail based program, *Justice Quarterly*, 17(4): 733-752.

Gendreau, P. & Andrews, D. A. 1990. What the Meta-analyses of the Offender Treatment: Literature Tells Us about "What Works", *Canadian Journal of Criminology*, 32: 173-184.

Gibbs, L. E. 1974. Effects of Juvenile Legal Procedures on Juvenile Offenders' Self- attitudes, *Journal of Research in Crime and Delinquency*, 11: 51-55.

Gilewski, M. J., & Farberow, N. L. 1991. Interaction of Depression and Bereavement on mental Health in the Elderly, *Psychology and Aging*: 67-75.

Gilling, D. 1997. Crime Prevention: Theory, Policy and Politics, London: UCL Press.

Glaser, D. 1956. Criminality Theories and Behavioral Images, *American Journal of Sociology,* 61: 441.

Goddard, H. H. 1920. Human Efficiency and Levels of Intelligence, Princeton University Press.

Goldstein, P., Bellucci, T., Spunt, B., & Miller, T. 1991. Volume of Cocaine Use and Violence: A Comparison and Between Men and Women, *Journal of Drug Issue*, 21: 345-367.

Goldstein, P., Brownstein, H., & Ryan P. 1993. Drug Related Homicide in New York: 1984-1988, *Crime and Delinquency,* 39: 106-124.

Goodstein, L. 1998. The Architect of the 'Gay Conversion' Campaign, *New York Times*, 13 August.

Gordon, R., Lahey, B., Kawai, E., Loeber, R., Loeber, M., & Farrington, D. 2004. Antisocial Behavior and Youth Gang Membership, *Criminology*, 42: 55-88.

Gottfredson, M., & Hirschi. 1990. A General Theory of Crime, Palo Alto, CA: Stanford University Press.

Gould, M. 2001. Suicide and the Media, *Annals of the New York Academy of Sciences*, 932: 200-221.

Gould, M., Jamieson, P., & Romer, D. 2003. Media Contagion and Suicide Among the Young, *American Behavioral Scientist*, 46(9): 1269-1284.

Greene, M. 1993. Chronic Exposure to Violence and Poverty: Interventions that Work for Youth, *Crime and Delinquency*, 39: 106-124.

Greenlees, G. T. 2012. Drawing the Necessary Line: A Review of Dating Domestic Violence Statutes Around the United States, *Family Court Review*, 50: 679.

Gretton, H. M., McBride, M., Hare, R. D., O'Shaughnessy, R., & Kumka, G. 2001. Psychopathy and Recidivism in Adolescent Sex Offenders, *Criminal Justice and Behavior*, 28: 427-449.

Gross, A., Winslett, A., Roberts, M., & Gohm, C. 2006. A Examinations of Sexual Violence Against College Women, *Violence Against Women*, 12: 288-300.

Gunnel, D. 1994. Reporting Suicide, *British Medical Journal*, 308(6941): 1446.

Hakanen, J., & Upanne, M. 1996. Evaluation Strategy for Finland's Suicide Prevention Project, *Crisis*, 17: 167-174.

Handsel, V. A. 2007. Psychological Variables in Battered Women's Stay/Leave Decisions: Risk-taking Perceived Control, and Optimistic Bias Doctoral Dissertation, University of North Carolina at Wilmington.

Hans, Toch. 1986. Psychology of Crime & Criminal Justice, Illinois: Waveland Press.

Hanson, R. K. & Morton-Bourgon, K. 2004. Predictor of Sexual Recidivism an Updated Meta-analysis, Ottawa, ON, Canada: Public Works and Government Services.

Hare, R. D. 1970. Psychopathy: Theory and Research, New York: John Wiley Sons.

Hare, R. D. 1999. Without Conscience: The Disturbing World of the Psychopaths among Us, New York: Guilford Press.

Hare, R. D. 2003. The Psychopathy Checklist Revised Manual, Second Edition, Toronto, Canada: Multi-Health Systems.

Hart, S. D., & Dempster, R. J. 1997. Impulsivity and Psychopathy, In C. D. Webster & M. A. Jackson (Eds.), Impulsivity Theory, Assessment and Treatment, New York: Guilford.

Hawton, K., Appleby, L., Platt, S., Foster T., Cooper, J., Malmberg, A. et al. 1998. The Psychological Autopsy Approach to Studying Suicide: A Review of Methodological Issues, *Journal of Affective Disorder*, 50: 269-276.

Hazelwood, R., & Michaud, S. G. 2002. Dark Dream, St. Martin's Paperbacks.

Heider, F. 1960. The gestalt theory of motivation. *Nebraska symposium on motivation*, 8: 145-172.

Henggeler, S. W. 1989. Delinquency in Adolescence, Newbury park, CA: Sage.

Herrnstein, R. J., & Murray, C. 1994. The Bell Curve: Intelligence and Class Structure in American Life, New York: Free Press.

Henry, M., & Greenfield, B. J. 2009. Therapeutic Effect of Psychological Autopsies: The Impact of Investigating Suicide on Interviewees, *Crisis*, 30(1): 20-24.

Hilbert, Richard. 1989. Durkheim and Merton on Anomie: An Unexplored Contrast in Its Derivatives, *Social Problem,* 36: 243.

Hindelang, M. 1970. The Commitment of Delinquents Drift?, *Social Problems*, 17: 500-509.

Hirokawa, S., Kawakami, N., Inagaki, A., Eguchi, N., Tsuchiya, M., et al. 2012. Mental Disorders and Suicide in Japan: A Nation-wide Psychological Autopsy Case-control Study, *Journal of Affective Disorders*, 140(2): 168-175.

Hirschi, T. 1969. Causes of delinquency, Berkeley, CA: University of California Press.

Hirschi, T., & Hindelang, M. J. 1977. Intelligence and Delinquency: A Revisionist Review, *American Sociological Review*, 42: 571-587.

Hochstetler, Andy., Heith Copes, and Matt DeLisi. 2002. Differential Association in Group and Solo Offending, *Journal of Criminal Justice*, 30: 559-566.

Hogan, R. 1976. Personality Theory: The Personological Tradition, NJ: Prentice-Hall.

Holliday, R. E., Brainerd, C. J. & Reyna, V. F. 2011. Developmental Reversals in False Memory: Now You see Don't!, *Developmental Psychology*, 47: 442-447.

Holmes, R., & DeBurger, J. 1988. Serial Murder, Studies in Crime, Law, and Justice, Vol.2, Sage Publication.

Holmes, R. M., & Holmes, S. T. 1998. Serial Murder, 2nd ed., Newbury Park, CA: Sage Publication.

Holmes, R. M., & Holmes, S. T. 1996. Profiling Violent Crimes: An Investigative Tool, Thousand Oaks, CA: Sage.

Holmes, R. M., & Holmes, S. T. 2002. Profiling Violent an Investigative Tool(3rd ed.), Sage Publication.

Holtzworth-Muroe, A., & Stuart, G. 1994. Typologies of Male Batterers: Three Subtypes and the Differences Among Them, *Psychological Bulletin*, 116: 476-497;

Home Office, 2016. Domestic Violence Disclosure Scheme(DVDS) Pilot Assessment: One Year on- Home Office Assessment of National Roll-out.

Howitt, D. 2002. Forensic and Criminal Psychology, Harlow, Essex: Pearson Education.

Howell, J. 1999. Youth Gang Homicides: A Literature Review, *Crime and Delinquency*, 45: 208-241.

Huh, K. M. 2010. The Study on the Chemical Castration Order to Sex Offenders, *Korean Journal Correction Review,* 12: 157-191.

Hung-en Sung and Linda Richter, 2007. Rational Choice and Environmental Deterrence in the Retention of Mandated Drug Abuse Treatment Clients, *International Journal of Offender Therapy and Comparative Criminology*, 51: 686-702.

Hutchings, Barry and Saranoff A. Mednick. 1977. Criminology in Adoptees and Their Adoptive and Biological Parents: A Pilot Study, in Saranoff A. Mednick and Karl O. Christensen (ed.), Biosocial Bases of Criminal Behavior, New York: Gardner.

Hutchison, I., & Hirschel, J. D. 2001. The Effect of Childen's Presence on Woman Abuse, *Violence and Victims*, 16: 3-17.

Isometsä, E. T. 2001. Psychology Autopsy Studies: A Review, *European Psychiatry*, 16: 379-385.

Jackson, L., & Hunter, J., & Hodge, C. 1995. Physical Attractiveness and Intellectual Competence: A Meta-Analytic Review, *Social Psychology Quarterly*, 58: 108-122.

Jacobs, P. A., & M. Brunton, and M. M. Melville. 1965. Aggressive Behavior, Mental Subnormality and XYY Male, *Nature,* 208: 1351-1352.

Jacobs, J. 1993. The Death and Life of Great American Cities, Modern Library.

Jeffery, J. 1977. Crime Prevention Through Environmental Design, Sage Publications Inc: Beverly Hills, and London.

Jhonson, R. 1972. Aggression in Man and Animals, Philadelphia: Saunders.

Jolin, A., & Stipak, B. 1992. Drug Treatment and Electronically Monitored Home Confinement: An Evaluation of a Community-based Sentencing Option, *Crime and Delinquency*, 38: 158-170.

Kagan, J. 1984. The Nature of child, NY: Basic Books.

Kandel, D. B., & Davis, M. 1991. Friendship Networks, Intimacy, and Drug Use in Young Adulthood: A Comparison of Two Competing Theories, *Criminology*, 29: 441-469.

Kaplan, H. M., & O'Kane, K. C., & Lavrakas, P. J., & Pesce, E. J. 1978. Crime Prevention Through Environmental Design: Final Report on Commercial Demonstration, Portland, Oregon: Westinghouse Electric Corp.

Kaura, S. A., & Lohman, B. J. 2007. Dating Violence Victimization, Relationship Satisfaction, Mental Health Problems, and Acceptability of Violence: A Comparison of Men and Women, *Journal of Family Violence,* 22: 367-369.

Keeney, B., & Heide, K. 1994, Gender Differences in Serial Murderers: A Preliminary Analysis, *Journal of Interpersonal Violence*, 9: 652-658

Kim, K., & Kim, B. S. 2011. A Study on the Case Of Crime Prevention Through Environmental Design in Japan, *Community Safety & Environmental Design*: 61-72.

Klinenberg, E. 2002. Heat Wave: A Social Autopsy of Disaster in Chicago, Chicago: Chicago University Press.

Knoll, J. L. 2008. The Psychological Autopsy, Part Ⅰ: Applications and Methods, *Journal Psychiatry Practice*, 14(6):

393-397.

Kocsis, R. N., & Cooksey, R. W. 2002. Criminal Psychological Profiling of Arson Crimes, *International Journal of Offender Therapy and Comparative Criminology,* 46(6): 631-656.

Kohlberg, L. 1969. Stage in the Development of Moral Thought and Action, New York: Holt, Rinehart & Winston.

Kohlberg, L. 1976. Moral Stages and Moralization: The Cognitive-Developmental Approach. In T. Lickona (Eds.), Moral Development and Behavior, New York: Holt, Rinehart, and Winston.

Kohlberg, L., Kauffman, K., Scharf, P. & Hickey, J. 1973. The Just Community Approach in Corrections: A Manual, Niantic: Connecticut Department of corrections.

Koo, Kyo Chul, Shim, Geum Sook, Park, Hyoun Hee, Rha, Koon Ho, Choi, Young Deuk, Chung, Byung Ha, Hong, Sung Joon & Lee, Hae Woo, 2013. Treatment Outcomes of Chemical Castration on Korean Sex Offenders", *Journal of Forensic and Legal Medicine,* 20(6): 563-566.

Krapelin, E. 1913. Clinical Psychiatry: A Textbook for Physicians, New York: Macmillan.

Kratochvil, R. 2009. Intimate Partner Violence During Pregnancy: Exploring the Efficacy of a Mandatory Statute, *10 Hours, J. Health L., & Poly,* 63: 90.

Krohn, Marvin., William Skinner, James Massey, and Ronald Akers. 1985. Social Learning Theory and Adolescent Cigarette Smoking: A Longitudinal Study, *Social Problems*, 32: 455-471.

Kushmuk, J., & Whittemore, S. L. 1981. A Reevaluation of the Crime Prevention Through Environmental Design Program in Portland, Oregon, National Institute of Justice, Washington DC.

LaGrange, Teresa, 1999. The Impact of Neighborhoods, Schools, and Malls on the Spatial Distribution of Property Damage, *Journal of Research in Crime and Delinquency*, 36: 393-422.

Lang, Jon. 1987. Creating Architectural Theory, New York: Van Nostrand Reinhold Company.

Lattimore, P., Visher, C., & Linster, R. 1995. Predicting Rearrest for Violence Among Serious Youthful Offenders, *Journal of Research in Crime and Delinquency,* 32: 54-83.

Leen, E., Sorbring, E., Mawer, M., Holdsworth, E., Helsing, B., & Bowen, E. 2013. Prevalence, Dynamic Risk Factors and the Efficacy of Primary Intervention for Adolescent Dating Violence: An International Review, *Aggression and Violent Behavior*, 18(1): 159-174.

Lemert, E. M. 1951. Social Pathology, New York: McGraw-Hill.

Lemert, E. M. 1967, Human Deviance, Social Problem, and Social Control, Englewood Cliff. NJ: Prentice Hall.

Lewis, D. O., Moy, E., Jackson, L., Aaronson, R,. Restifo, N., Serra, S., & Simos, A. 1985. Biopsychosocial Characteristics of Children Who Later Murder, *American Journal of Psychiatry,* 142: 1161-1167.

Lewis, D. O. 1998. Guilty by Reason of Insanity, New York: Fawcett Columbine.

Lidz, Theodore. 1968. The Person Throughtout the Life Cycle, NY: Basic Books, Inc.

Lilly, R., Richard A., Ball, G., Curry, D., & Smith, R. 1992. An Evaluation of 5 Years of Electronic Monitoring, *Federal Probation*, 56(4): 42-47.

Lipton, D. N., McDonel, E. C., & McFall, R. M. 1987. Heterosocial Perception in Rapists, *Journal of Consulting and Criminal Psychology*, 55: 17-21.

Litman, R. E. 1989. 500 Psychological Autopsies, *Journal of Forensic Science,* 34: 638-646.

Lnnes, Brian. 2003. Profile of a Criminal Mind, Human and Books Ltd.

Loeber, R., & Hay, D. 1997. Key Issues in the Development of Aggression and Violence from Childhood to Early Adulthood, *Annul Review of Psychology*, 48: 371-410.

Looft, W. R. 1971. Egocentrism and Social Interaction in Adolescence, *Adolescence*, 6: 485-495.

Lorenz, K. 1966. On Aggression, New York: Harcourt Brace Jovanovich.

Lowenstein, S. F. 1985. Freud's Metapsychology Revisited, *Social Casework*, 6(3): 139-151.

Luckenbill, D., & Doyle, D. 1989. Structural Position and Violence: Developing a Cultural Explanation, *Criminology*, 27: 419-436.

Lykken, D. 1996. Psychopath, Sociopath, and Crime, *Society*, 34: 30-38.

Lynam, D. 1996. Early Identification of Chronic: Who is Pledging Psychopath?, *Psychological Bulletin,* 120: 209-234.

Makepeace, J. M. 1981. Courtship Violence Among College Student, *Family Relations,* 30: 97-102.

Malone, K. 2001. Children, Youth and Sustainable Cites'(Editorial Special Issue), *Local Environment*, 6(1): 5-12.

Mann, R. E. & Beech, A. R. 2003. Cognitive Distortions, Schemas, and Implicit Theories, In T. Ward. D. R. Laws, & S. Hudson (eds.), Sexual Deviance: Issues and Controversies: 135-153, Thousand Oaks, CA: Sage.

Marcum, T. M., & Hoort, C. D. 2013. Albert be on the Lookout for Protection Orders in the Educational Setting, *30 T.M. Cooley L. Rev.*, 39: 41.

Mark, V. & Ervin F. 1970. Violence and the Brain, New York: Harper & Row.

Mair, G. 2005. Electronic Monitoring in England and Wales: Evidence Based or Not? *Criminal Justice*, 5.

Marshall, Jones and Donald R. Jones. 2000. The Contagious Nature of Antisocial Behavior, *Criminology*, 38: 25-46.

Marshall, L., & Cooke, D. J. 1999. The Childhood Experience of Psychopaths, *Journal of Personality Disorders*, 13(3): 211-225.

Martin, G. & Pear, J. 1983. Behavior Modification: What It is and How to Do It, NJ: Prentice-Hall.

Maslow, A. H. 1970. Motivation and Personality (2nd ed.), NY: Harper and Low.

Matsueda, R. 1992. Reflected Appraisals, Parental Labeling and Delinquency: Specifying Symbolic Interactionist Theory, *American Journal of Sociology*, 97: 1577-1611.

Matza, D. 1964. Delinquency and Drift, New York: John Wiley.

McAlinden, A. M. 2006. Managing Risk: From Regulation to the Reintegration of Sexual Offenders, *Criminology and Criminal Justice*, 6.

McGuire, S. 1996. The Dunblane Effect, *Newsweek*, 28: 46.

Mears, Daniel., Mattthew Ploeger, and Mark Warr. 1998. Explaining the Gender Gap in Delinquency: Peer Influence and Moral Evaluations of Behavior, *Journal of Research in Crime and Delinquency*, 35: 251-266.

Mednick, S. A., & Volavka, J., 1980. Biology and Crime, N. Morris & M. Tony (eds.), *Crime and Justice: An Annual Review of Research*, Vol. 12(Chicago: University of Chicago Press).

Mednick, S. A, W. F. Galbrielli, & B. Hutchings, Genetic Influences in Criminal Convictions: Evidence from an Adoption Cohort, *Science*, 234: 891-894.

Meloy, J. R. 2000. The Nature and Dynamics of Sexual Homicide: An Integrative Review, *Aggression and Violent Behavior*, 5(1): 1-22.

Merton, Robert K. 1938. Social Structure and Anomie, *American Sociology Review,* 3: 672-682.

Messner, S., & Tardiff, K. 1986. Economic Inequality and Levels of Homicide: An Analysis of Urban Neighborhoods, *Criminology*, 24: 297-317.

Messner, S., Deane, G., Anselin, L., & Nelson, B. 2005. Locating the Vanguard in Rising and Falling Homicide Rates Across Cities, *Criminology*, 43: 661-696.

Meston, C. M., & Frohlich, P. F. 2000. The Neurobiology of Sexual Function. *Arch Gen Psychiatry,* 57: 1012-1030.

Merton, Robert K. 1957. Social Structure and Anomie, in Social Theory and Social Structure, Glencoe, IL: Free Press.

Micco, L. 1997. Night Retailers Task Stock of Workers' Safety, in HR Magazine (Published by Society for Human Resource Management), June Issue.

Michaud, S. G., & Ayneswoth, H. 1983. The Only Living Witness: A True Account of Homicidal Insanity, New York: New American Library.

Miller, N. E. & J. Dollard. 1941. Social Learning and Imitation, Yale: Yale University.

Mitchell, A. M. 2009. Depression, Anxiety and Quality of Life in Suicide Survivors: A Comparison of Close and Distant Relationships, *Archives of Psychiatric Nursing*, 23: 2-10

Moffat, R. 1983. Crime Prevention Through Environmental Design: A Management Perspective', *Canadian Journal of*

Criminology, 25(4): 19-31.

Moffitt, Terri., Donald Lyman, and Phil Silva. 1994. Neuropsychological Test Predicting Persistent Male Delinquency, *Criminology,* 32: 227-300.

Monchuk, L. 2011. Mainstreaming Designing out Crime? Assessing the Impact of Greater Manchester Police Design for Security Consulting, Huddersfield: University of Huddersfield.

Mott, N. L. 1999. Serial Murder: Patterns in Unsolved Cases, *Homicide Studies*, 3(3): 241-255.

Muncie, J. 1990. A Prisoner in My Own Home: The Politics and Practice of Electronic Monitoring, *Probation Journal*, 37: 72-77.

Münsterberg, H. 1908. *On the Witness Stand*, Garden City, NY: Doubleday.

Neapolitan, J. 1999. A Comparative Analysis of Nations with Low and High Levels of Violent Crime, *Journal of Criminal Justice*, 27: 259-274.

Nellis, M. 1991. Electronic Monitoring of Offenders in England and Wales, *British Journal of Criminology*, 31(2): 165-185.

Nellis, M. 2004, Electronic Monitoring and the Community Supervision of Offenders: 224-247 in Alternatives to Prison, edited by Bottoms, A. E, Rex, S., and Robinson, G. Cullompton: Willan.

Newman, O. 1972. Defensible Space, New York: Macmillan Publishing Co. Inc.

Newman, B. M. & Newman, P. R. 1999. Development Through Life: A Psychosicial Approach (7th ed.), Belmont, CA: Book/Cole Wadsworth.

Nielsen, A., Martinez, R., & Lee, M. 2005. Alcohol, Ethnicity, and Violence: The Role of Alcohol Availability for Latino and Black Aggravated Assaults and Robberies, *Sociological Quarterly*, 46: 479-502.

O'Keefe, M. 1998. Factors Mediating The Link between Witnessing Interparental Violence and Dating, *Journal of Family Violence*, 13: 39-57

Padgett, K. G., Bales, W. D., & Blomberg, T. G. 2006. Under Surveillance: An Empirical Test of the Effectiveness and Consequences of Electronic Monitoring, *Criminology and Public Policy*, 5(1): 61-92.

Pallone, Nathaniel and James Hennessy. 1998. Brain Dysfunction and Criminal Violence, *Society,* 35: 25.

Park, Robert E. 1936. Human Ecology, *American Journal of Sociology*: 42

Paternoster, R., & Iovanni, L. A. 1989. The Labeling Perspectives and Delinquency: An Elaboration of the Theory and an Assessment of the Evidence, *Justice Quarterly*, 6: 379-394.

Patterson, Gerald R. and Patrica Chamberlain. 1994. A Function Analysis of Resistance during Parent Training Therapy, *Clinical Psychology: Science and Practice,* 1: 53-70.

Paulsen, Derek J., & Robinson, Matthew B. 2004. Spatial Aspects of Crime: Theory and Practice.

Payne, Brian K., & Gainey, Randy R. 2000. Is Good-time Appropriate for Offers on Electronic Monitoring? Attitudes of Electronic Monitoring Directors, *Journal of Criminal Justice*, 28: 497-506.

Payne, Brian K., & Gainey, Randy R. 2004. The Electronic Monitoring of Offenders Released from Jail or Prison: Safety, Control, and Comparisons to the Incarceration Experience, *The Prison Journal*, 84: 413-435.

Perry, D. G., Kusel, S. J. & Perry, L. C. 1988. Victims of Peer Aggression, *Development Psychology*, 24: 807-814.

Pervin, Lawrence A. 1975. Personality: Theory, Assessment, and Research, John Wiley & Sons, Inc.

Petersilia, J. 1988. A Man's Home is His Prison, *Criminal Justice*, 17-19.

Phillips, D. 1974. The Influence of Suggestion on Suicide: Substantive and Theoretical Implication of the Werther Effect, *American Sociology Review*, 39: 340-354.

Philips, M. R., Yang, G., Zhang, Y., Wang, L., Ji, H., & Zhou, M. 2002. Risk Factors for Suicide in China: A National Case-control Psychological Autopsy Study, *The Lancet*, 360: 1728-1736.

Phillips, S., Matusko, J., & Tomasovic, E. 2007. Reconsidering the Relationship Between Alcohol and Lethal Violence, *Journal of Interpersonal Violence*, 22: 66-84.

Piquero, A. 2000. Frequency, Specialization, and Violence in Offending Careers, *Journal of Research in Crime and*

Delinquency, 37: 392-418.

Piquero, N. L., & Tibbetts, S., & Blankenship, M. 2005. Examining the Role of Differential Association and Techniques of Neutralization in Explaining Corporate Crime, *Deviant Behavior*, 26: 159-188.

Price, W. H., & P. B. Whatmore. 1967. Behaviour Disorders and Patten of Crime Among XYY Males Identified at a Maximum Security Hospital, *British Medical Journal*: 500.

Quay, H. C. 1987. Intelligency, In H. C. Quay (Eds.), Handbook of Juvenile Delinquency, New York: Wiley.

Quiggle, N. L., Garber, J., Panak, W. & Dodge, K. A. 1992. Social Information Processing in Aggressive an Depressed Children, *Child Development*, 63: 1305-1320.

Reid, S. T. 1985. Crime and Criminology 4th ed. New York: Holt, Rinehart and Winston.

Raine, A., Brennan, P., & Mednick, S. 1997. Interaction Between Birth Complication and Early Maternal Rejection in Predisposing Individuals to Adult Violence: Specificity to Serious, Early-Onset Violence, *American Journal of Psychiatry,* 154: 1265-1271.

Rafter, N. 1997. Psychopath and Evolution of Criminological Knowlodge, *Theoretical Criminologe,* 1(2): 235.

Raine, Adrian., Monte Buchsbaum, and Lori LaCasse. 1997. Brain Abnomalities in Murders Indicated by Positron Emission Tomography. *Biological Psychiatry,* 42: 495-508.

Raine, Adrian., Patricia Brennan, Brigitte Mednick, and Sarnoff Mednick. 1966. High Rates of Violence, Crime, Academic Problems, and Behavioral Problems in with Neuromotor Deficits and Unstable Family Environments, *Archives of General Psychiatry,* 53: 544-549.

Randall, S., & Rose, V. M. 1984. Forceable Rape, in Major Forms of Crime, ed. Robert Meyer, Beverly Hills: sage.

Regoli R., & Poole, E. 1978. The Commitment of Delinquents to Their Misdeeds: A Reexamination, *Journal of Criminal Justice*, 6: 261-269.

Reid, S. T. 1985. Crime and Criminology (4th ed.), New York: Holt, Rinehart and Winson.

Reiss, A., & Roth, J. 1993. Understanding and Preventing Violence, Washington, D. C: National Academy Press.

Renzema, M., & Mayo-Wilson, E. 2005. Can Electronic Monitoring Reduce Crime for Moderate to High-risk Offenders? *Journal of Experimental Criminology*, 1(2): 215-237.

Reyna, V. F., Mills, B., Estrada, S. & Brainerd, C. J. 2007. False Memory in Children: Data, Theory, and Legal Implication, in M. Toglia & D. Read (Eds.), *The Handbook of Eyewitness Psychology, Volume 1: Memory for Events*: 473-510. NJ: Erlbaum.

Richard, B. A. & Dodge, K. A. 1982. Social Maladjustment and Problem Solving in School-aged Children, *Journal of Consulting and Clinical Psychology*, 50(2): 226-233.

Riegal, K. F. 1975. Toward a Dialectical Theory of Development, *Human Development*, Vol. 18: 50-64.

Riggs, D. S., & O'Leary, K. D. 1996. Aggression between Heterosexual Dating Partners: An Examination of Courtship Aggression, *Journal of Interpersonal Violence*, 11: 519-540.

Rice, M. E., & Harris, G. T. 1997. Cross-validation and Extension of the Violence Risk Appraisal Guide for Child Molesters and Rapists, *Law and human Behavior*, 21(2): 231-241.

Robins, E., Gassner, S., Kayes, J., Wilkinson, R. H., & Murphy, G. E. 1959, The Communication of Social Intent: A Study of 134 Consecutive Cases of Successful(Completed) Suicide, *American Journal of Psychiatry*, 115: 724-733.

Robins, L. N. 1993. Childhood Conduct Problems, Adult Psychopathology, and Crime, in Sheilagh Hodgins(ed.).

Rogers, C. R. 1961. On Becoming a Person, Boston: Houghron Miffin.

Rogers, R., Salekin, R., Sewell, K., Cruise, K. 2000. Prototypical Analysis of Antisocial Personality Disorder, *Criminal Justice Behavior*, 27: 234-255.

Rosenberg, M. L., Davidson, L. E., Smith, J. C., Berman, A. L., Buzbee, H., Gantner, G., et al. 1988. Operational Criteria for the Determination of Suicide, *Journal of Forensic Social*, 33: 1445-1456.

Rosental, D. 1984. *Heredity in Criminality*. In I. Jack & S. G. Cos (Eds.), Psychological Approach to Crime and Correction: Theory, Research, Practice, Chicago, IL: Nelson-Hall.

Ross, R. R. & E. A. Fabiano. 1985. Time to Think: A Cognitive Model of Delinquency Prevention and Offender Rehabilitation, Johnson City, Tenn: Institute of Social Sciences and Arts.

Rotter, J. B. 1966. Generalized Expectancies for Internal Versus External Control of Reinforcement, *Psychological Monographs*, 80, (Whole No. 609).

Rowe, David. 1995. The Limits of Family Influence: Genes, Experiences and Behavior, New York: Guiford Press.

Rowe, D. C. 2002. Biology and Crime, Los Angeles: Roxbury Publishing.

Runeson, B., & Beskow, J. 1991. Reactions of Survivors of Suicide Victims to Interviews, *Acta Psychiatrica Scandinavica*, 83: 169-173.

Sabina, C., & Straus, M. A. 2008. Polyvictimization by Dating Parters and Mental Health Among US College Student, *Violence and Victim*, 23(6): 667-682.

Saleh, F. M., & Guidry, L. L. 2003, Psychosocial and Biological Treatment Considerations for the Paraphilic and Nonparaphilic Sex Offender, *Journal of the American Academy of Psychiatry and the Law,* 31: 486-493.

Salekin, R. T., Rogers, R., & Machin, D. 2001. Psychopathy in Youth: Pursuing Diagnostic Clarity, *Journal of Youth and Adolescence*, 30: 173-195.

Saltaris, C. 2002. Psychopathy in Juvenile Offenders can Temperament and Attachment be Considered as Robust Developmental Precursors?, *Clinical Psychology Review*, 22: 739-752.

Sampson, R. J., & Laub, J. H. 1993. Crime in the Making: Pathway and Turning Points Through Life, Cambridge, MA: Harvard University Press.

Sampson, R. J., & Laub, J. H. 2003. Life-course Disasters? Trajectories of Crime Among Delinquent Boys Followed to Age 70, *Criminology*, 41: 555-592.

Santrock, J. W. 1999. Life-span Development (7th ed.), Boston: McGraw-hill.

Schmalleger, Frank. 2002. Criminology Today An Integrate Introduction, 3rd, NJ: Prentice Hall.

Schmidt, A. K. 1998; Electronic Monitoring: What Does the Literature Tell Us?, *Federal Probation*, 6(2): 11.

Schneider, K. 1958. Psychopathic Personalities, 9th ed., Hamilton, Trans, London: Cassell.

Schneider, S. L. & Wright, R. C. 2004. Understanding Denial in Sexual Offenders: A Review of Cognitive and Motivational Processes to Avoid Responsibility, *Trauma, Violence, & Abuse,* 5: 3-20.

Schechter, H. 2004. The Serial Killer Files, New York: Ballantine Books.

Scott, C. L., & Holmberg, T. 2003. Castration of Sex Offenders: Prisoners' Rights Versus Public Safety, *Journal of the American Academy of Psychiatry and the Law,* 31: 502-509.

Scudder, R., Blout, W., Heide, K., & Silverman, I. 1993. Important Links between Child Abuse, Neglect, and Delinquency, *International Journal of Offender Therapy*, 37: 315-323.

Shaushnessy, Rita. 1995. Psychopharmacotherapy of Neuropsychiatric Disorders, *Psychiatric Animals,* 25: 634-640.

Shaw, Clifford R. and Henry D. McKay. 1972. Juvinile Delinquency and Urban Areas, rev. ed. Chicago: University of Chicago Press.

Shekhter, S. 2011. Every Step You Take, They'll be Watching: The Legal and Practical Implications of Lifetime GPS Monitoring of Sex Offenders, *Hastings Constitutional Law Quarterly*, 38: 1,105.

Sheldon, W. H. 1949. *V*arieties of Delinquent Youth, New York: Harper & Bros.

Sherman, Lawrence & Richard Berk. 1984. The Specific Determent Effects of Arrest for Domestic Assault, *American Sociological Review,* 49: 261-272.

Sherman, L. W. 1993. Defiance, Deterrence, and Irrelevance: A Theory of the Criminal Sanction, *Journal of Research in Crime and Delinquency*, 30(4): 445-473.

Shneidman, E. 1969. On the Nature of Suicide, San Francisco: Jossey-Bass.

Shneidman, E. 1977. The Psychological Autopsy, In L. Gottschalk, F. Mcguire, E. Dinovo, H. Birch, & J. Heiser (Eds.), Guide to the Investigation and Reporting of Drug Abuse Deaths, Washington, D.C.: USDHEW, U.S. Government Printing Office.

Shneidman, E. 1981. The Psychological Autopsy, *Suicide and Life-Threatening Behavior*, 11: 323-340.

Schneider, R. H., & Kitchen, T. 2007. Crime Prevention and the Built Environment, London: Routledge.

Shoemaker, D. J. 1990. Theories of Delinquency (2nd ed.), NY: Oxford University Press.

Short, James. 1960. Differential Association as a Hypothesis: Problem of Empirical Testing, *Social Problems*, 8: 14-25.

Siegel, L. 2001. Criminology: Theories, Patterns, Typologies (7th ed.). Belmont, Califonia: Wadsworth.

Siegel, Larry J. 2012. Criminology: Theories, Patterns, and Typologies(Tenth Edition), Belmont, CA: Wadsworth.

Siegel, Larry J. 2003. Criminology, Wadworth, A Division of Thomson Learning, Inc.

Siegler, R. S. 1983. Information Processing Approaches to Development, In P. H. Mussen (ed.), Handbook of Child Psychology (Vol. 1), NY: John Wiley.

Siegel, L., & Rathus, S. & Ruppert, C. 1973. Values and Delinquent Youth: An Empirical Reexamination of Theories of Delinquency, *British Journal of Criminology*, 13: 237-244.

Simourd, B. L., & Hoge, R. D. 2000. Criminal Psychopathy: A Risk and Need Perspective, *Criminal Justice and Behavior*, 27: 256-272.

Sjoback, H. 1973. The Psychoanalytic Theory of Defensive Processes, New York: John Wiley & Sons.

Slaby, R. G. & Guerra, N. G. 1988. Cognitive Mediators of Aggression in Adolescent Offenders: I. Assessment, *Developmental Psychology*. 24(40): 580-588.

Stack, S. 2000. Media Impacts on Suicide; A Quantitative Review of 293 Findings, *Social Science Quarterly*, 81(4): 957-971.

Stets, J. E. 1992. Interactive Precess in Dating Aggression: A National Study, *Journal of Marriage and Family*, 54: 165-177.

Stolze, B. A. 2002. Criminal Justice Policy Making. Westport, CT: Praeger.

Straus, Murray. 1991. Discipline and Deviance: Physical Punishment of Children and Violence and Other Crime in Adulthood, *Social Problems*, 38: 101-154.

Straus, M. A., Hamby, S. L., Boney-MaCoy, S., & Sugarman, D. B. 1996. The Revised Conflict Tactics Scales(CTS2), *Journal of Family Issue*, 17(3): 283-316.

Straus, M. A. 2004. Prevalence of Violence Against Dating Partners by Male and Female University Students Worldwide, *Violence Against Women,* 10: 790-811.

Stack, S. 2005. Suicide in the Media: A Quantitative Review of Suicides Based on Nonfictional Stories, *Suicide Life Threat Behavior*, 35: 121-133.

Stevens, T., Ruggiero, K., Kilpatrick, D., & Saunders, B. 2005. Variables Differentiating Singly and Multiply Victimized Youth: Results from the National Survey of Adolescents and Implications for Secondary Prevention, *Child Maltreatment,* 10: 211-223.

Sugarman, D. B., & Hotaling, G. T. 1989. Dating Violence: Prevalence Context and Risk Markers: In M. A. Pirog-good and J. E. Stets(Eds), Violence in Dating Relationship: Emerging Social Issue, New York: Praeger Publishers.

Sutherland, E. H. 1931. Mental Deficiency and Crime, In Social Attitude, ed. Kimball Young, New York: Henry Holt.

Sutherland, Edwin. 1940. White-Collar Criminology, *American Sociology Riview,* 5: 2-10.

Sutherland, E. H. 1947. Principles of Criminology (4th ed.), Philadelphia: J. B. Lippincott.

Sutherland, Edwin. and Donald Cressy. 1970. Criminology, 8th ed., Philadelphia: Lippincott.

Sykes, G. & Matza, D. 1957. Techniques of Neutralization: A Theory of Delinquency, American Sociological Review, 22(6): 664-670.

Tannenbaum, F. 1938. crime and the Community, Boston: Ginn.

Tarr, N. W. 2003. Civil Orders for Protection: Freedom or Entrapment?, *11 wash, U. J.L. & Poly,* 157.

Taxman, F. S. 2006. Crime Control Strategies and Community Change: Reframing the Surveillance vs. Treatment Debate, *Federal Probation*, 70: 4.

Taylor, Ian., & Paul Walton and Jock Young. 1973. The New Criminology, New York: Harper and Row.

Taylor, B. and Brown, A. 1989. Social Casework and Environmental Cognition, *Social Work*, 34: 463-467.

Tina G., Petras, T., & Greenbaum, R. 2006. Crime and Residential Choice: A Neighborhood Level Analysis of the Impact of Crime on Housing Prices, *Journal of Quantitative Criminology*, 22: 299-317.

Tittle, C., 1983. Social Class and Criminal Behavior: A Critique of the Theoretical Foundations, *Social Forces*, 62: 334-358.

Tjaden, P., & Thoennes, N. 1998. Stalking in America: Finding from the National Violence Against Women Survey, *U.S. Department of Justice Programs National Institute of Justice*: 5-6.

Tolhurst, K. A. 1994. A Search for Solutions: Evaluating the Latest Anti-stalking Developments and the National Institute of Justice Model Stalking Code, *William & Mary Journal of Women and the Law*: 283.

Traveccchio, L. W. C., Stams, G. J. J. M., Brugman, D. & Thommer-Bouwens, M. A. E. 1999. Moral Judgement and Delinquency in Homeless Youth, *Journal of Moral Education*, 28(1): 63-79.

Tunnell, Kenneth. 1993. Inside the Drug Trade: Trafficking from the Dealer's Perspectives, *Qualitative Sociology*, 16: 361-381.

Turner·Hess·Myers·Shah·Werth·Whitby, 2007. Implementation and Early Outcomes for the San Diego High Risk Sex Offender(HRSO) GPS Pilot Program, Center for Evidence-Based Corrections, University of California Irvine.

Tyler, K., Hoyt, D., & Whitbeck, L. 1998. Coercive Sexual Strategies, *Violence and Victim*, 13: 47-63.

Valier, Claire. 2003. Foreigners, Crime and Changing Mobilities, *British Journal of Criminology*, 34: 1-21.

Van Wormor, K., & Odiha, C. 1999. The Psychology of Suicide Murder and the Death Penalty, *Journal of Criminal Justice*, 27: 361-370.

Veneziano, Scott & Louis Veneziano. 1992. The Relationship Between Deterrence and Moral Reasoning, *Criminal Justice Review,* 17: 209-216.

Vold, G. & Bernard, T. J. 1986. Theoretical Criminology, 3rd (ed.), NY: Oxford University Press.

Vold, G. B., & Bernard, T., & Snipers, J. B. 2002. Theoretical Criminology, Fifth Edition, New York: Oxford University Press.

Wadsworth. B. J. 1971. Piaget's Theory of Cognitive Development, NY: David McKay.

Walsh. A. 2002. Biosocial Criminology: Introduction and Intergration, Cincinatti, OH: Anderson, Publishing.

Walter Gove. 1985. The Effect of Age and Gender on Deviant Behavior: A Biopsychosocial Perspectives , in Gender and Life Course, ed., A. S. Rossi, New York: Aldine.

Warr, M. 1993. Parents, Peers, and Delinquency, *Social Forces*, 72: 247-264.

Warr, M. 2002. Companions in Crime: The Social Aspects of Criminal Conduct, Cambridge England: Cambridge University Press.

Watson, J. B. 1919. Psychology from Its Standpoint of a Behaviorist, Philadelphia: J. B. Lippencott.

Weiler, B. L., & Widom, C. S. 1996, Psychopathy and Violent Behavior in Abused and Neglected Young Adults, *Criminal Behavior and Mental Health*, 6: 253-271.

Wellsmith, M., & Burrel, A. 2005. The Influence of Purchase Price and Ownership Levels on Theft Targets: The Example of Domestic Burglary, *British Journal* of Criminology, 45: 741-764.

Whitman, T., & Akutagawa, D. 2004. Riddles in Serial Murder: A Synthesis, *Aggression and Violent Behavior*, 9: 693-703.

Wiatrowski, Michael., David Griswold, and Mark K. Roberts. 1981. Social Control Theory and Delinquency, *American Sociological Review,* 46: 525-541.

Williams, Katherine S. 2004. Criminology, 5th edition in the United State by Oxford University Press Inc., New York.

Williams, F. P., & McShane, M. D. 2004. Criminological Theory, Englewood Cliffs, NJ: Prentice Hall.

Wilson, J. Q. 1983. Thinking about Crime, rev. ed, New York: Vintage Books.

Wilson, J. Q. 1993. The Moral Sense, New York: Free Press.

Wilson, J. Q., & Kelling, G. I. 1982. Broken Windows The Atlantic Monthly.

Wilson, J. Q., & Herrnstein, R. J. 1985. Crime and Human Nature, New York: Simon & Schuster.

Winfree, L. T., Christine Sellers, and Dennis, L. Clason. 1993. Social Learning and Adolescent Deviance Abstention: Toward Understanding the Reasons for Initiating Quitting and Avoiding Drugs, *Journal of Quantitative Criminology*, 9: 101-125.

Wolfgang, Marvin. 1958. Patterns in Criminal Homicide, Philadelphia: University of Pennsylvania Press.

Wolfgang, M., & Ferracutti, F. 1967. The Subculture of Violence, London: Tavistock.

Woodworth, M., & Porter, S. 2003. In Cold Blood: Characteristics of Criminal Homicides as a Function of Psychopathy, *Journal of Abnormal Psychology*, 111: 436-445.

Wrightsman, L. S. 2001. *Forensic Psychology*, Stamford, CT: Wadsworth,

Yablonsky, L. 1970. The Violent Gang, Revised Edition, Baltimore: Penguin.

Yochelson, S. & S. Samenow. 1976. The Criminal Personality: Vol. 1: A Profile for Change, New York: Jacson Aronson.

Ysabel, Rennil. 1978. *T*he Search for Criminal Man, Lexington, Mass, Lexington Book.

Zayard, Z. A, S. A. Lewis, and R. P. Britain. 1969. An Encephagraphic and Psychiatric Study of 32 Insane Murders, *British Journal of Psychiatry,* 10: 1115-1124.

Zimbardo, P. G. 1969. The Human Choice: Individuation, Reason and Order versus Deindividuation, Impulse and Chaos, In Nebraska Symposium on Motivation, edited by Amold, W. J., and Levine D, Lincoln: University of Nebraska Press.

森武夫, 1980. 『犯罪心理學入門』, 東京: 大成出版社.

I·N·D·E·X 찾아보기

ㅅ

ㅈ

ㅊ

ㅋ

ㅌ

저자약력

한 동 효

■ 약력

- 한국행정학회 교육위원 역임
- 한국지방정부학회 연구위원
- 진주포럼 연구이사 역임
- 진주시업무평가위원 역임
- 경상남도의정비심의위원회 위원 역임
- KBS 진주방송국 논설위원 역임
- 경남신문 논설위원 역임
- 경상남도 지역균형발전위원회 위원 역임
- 경상남도 경남도사편찬위원회 위원 역임
- 경찰청 경미범죄 심사위원회 자문위원(현)
- 진주시 출자 · 출연기관 운영심의위원(현)
- 법무부 교정자문위원회 위원(현)
- 진주시 정책자문단교수(현)
- 한국국제대학교 경찰행정학과 교수(현)

■ 저서 및 주요논문

- 현대행정관리론(공저), 2004
- 정부인사혁신론(공저), 2007
- 지방정부의 정책평가(공저), 2010
- 지방자치의 현재와 미래(공저), 2011
- 경찰행정조사방법론, 2014
- 새경찰학개론(공저), 2013· 2014, 2017 외 다수
- 지방정부간 행정자치구역의 통합에 관한 연구(2008)
- 고령화 사회의 노인범죄의 추이와 영향요인 연구(2008)
- 지방정부 정책과정의 단계별 성과의 영향분석(2008)
- 재정분권화가 재정력격차에 미치는 영향에 관한 연구(2009)
- 지방자치단체의 정책실패 요인에 관한 연구(2010)
- 지방분권화에 따른 지역 간 격차의 비교분석(2010)
- 역대정부의 자치경찰제 도입 실패요인에 관한 연구(2012)
- 한국과 몽골의 부패원인과 특성에 관한 연구(2012)
- 도시재생을 통한 창조도시 형성과정의 특성분석(2013)
- 소규모 동 통폐합의 추진실태와 정책성과에 관한 연구(2014)
- 안전도시 구축과 지방자치단체의 책무(2015)
- 여성친화적 안전도시 조성을 위한 자치입법의 과제(2017)
- 도농통합시의 범죄예방환경설계(CPTED)에 관한 자치입법의 특성분석(2019)
- 여성친화적 안전도시 조성이 안전증진정책 수립에 미치는 영향연구(2019) 외 다수

이론과 정책사례중심의 **범죄심리분석론**

초판발행 2021년 12월 10일
초판 2쇄 발행 2023년 11월 10일

지은이 한동효
펴낸이 오판근
펴낸곳 (주) 교우
주 소 서울시 동대문구 약령시로 8 교우빌딩 2층 (주)교우
전 화 02-925-2861 / **팩 스** 02-925-2860, **편집부** 02-925-2825
홈페이지&북스토어 **www.kyowoo.co.kr** / **이메일** **kyowoo@kyowoo.co.kr**

등 록 1994년 3월 24일 제1994-000013호
ISBN 979-11-251-0298-4 (93180)

(주) 교우는 보다 혁신적이고 참신한 도서를 다양하게 기획하고 있습니다.
책으로 펴내고자 하는 아이디어나 원고는 메일로 보내주세요.
(주) 교우는 전과정을 책임지고 최선을 다하겠습니다.

값 45,000원

교우미디어는 (주) 교우의 Imprint 사입니다.
수학정원·과학정원은 (주) 교우의 새로운 브랜드명입니다.

잘못된 책은 구입하신 서점에서 교환해 드립니다.